EDUARD GIBBON

DIE GERMANEN
IM RÖMISCHEN WELTREICH

Konstantinbogen. Germanenschlacht. Relief. Rom

EDUARD GIBBON

DIE GERMANEN IM RÖMISCHEN WELTREICH

UNGEKÜRZTE TEXTAUSGABE
MIT 145 ABBILDUNGEN

EMIL VOLLMER VERLAG

Herausgegeben von P. G. Walos und übertragen von R. Scoos nach der Originalausgabe der Oakland University in ungekürzter Fassung mit sämtlichen Illustrationen der Originalausgabe.

Gesamtherstellung: Millium Media Management
Printed in Germany

ISBN 3-88851-190-9

INHALTSVERZEICHNIS

ERSTES KAPITEL

DIE TRENNUNG DER BEIDEN RÖMERREICHE

Regierung und Tod Jovians. – Wahl Valentinians, der sich seinem Bruder Valens beigesellt und die entscheidende Trennung zwischen dem östlichen und westlichen Reich vornimmt. – Empörung des Procopius. – Zivil- und Kirchenregierung. – Germanien. – Britannien. – Afrika. – Der Osten. – Die Donau. – Tod Valentinians. – Seine beiden Söhne Gratian und Valentinian II. folgen im westlichen Reiche

Der Tod Julians hatte die öffentlichen Angelegenheiten des Reiches in einer sehr zweifelhaften und gefährlichen Lage gelassen. Nachdem das römische Heer durch einen unrühmlichen, vielleicht notwendigen Vertrag gerettet worden war, widmete Jovian die ersten Augenblicke des Friedens der Wiederherstellung der inneren Ruhe der Kirche und des Staates. Die Unklugheit seines Vorfahren hatte den religiösen Krieg, statt ihn beizulegen, eifrig genährt, und das Gleichgewicht, das er scheinbar zwischen den feindlichen Parteien bewahrte, diente nur zur Verewigung des Kampfes durch den Wechsel von Hoffnung und Furcht und durch die wetteifernden Ansprüche alten Besitzes und gegenwärtiger Gunst. Die Christen hatten den Geist des Evangeliums vergessen, die Heiden den Geist der Kirche eingesogen. In den Familien wurden die Gefühle der Natur durch Religionseifer und Rache ausgelöscht, die Majestät der Gesetze verletzt oder mißbraucht, die Städte des Ostens mit Blut befleckt, und die unversöhnlichsten Feinde der Römer befanden sich in der Tat im Schoße ihres eigenen Vaterlandes. Jovian war in dem Bekenntnis des Christentums erzogen worden, und auf seinem Marsch von Nisibis nach Antiochia kündete die Kreuzfahne, das Labarum Konstantins, das abermals an der Spitze der Legionen glänzte, dem Volke den Glauben seines neuen Kaisers an. Kaum hatte er den Thron bestiegen, als er ein Rundschreiben an die Statthalter aller Provinzen erließ, worin er die göttliche Wahrheit des Christentums anerkannte und die gesetzliche Herrschaft desselben sicherte. Die hinterlistigen Edikte Julians wurden abgeschafft, die Kirchenfreiheiten hergestellt und erweitert, und Jovian klagte ohne Scheu, daß die Not der Zeit ihn zwinge, das Maß der frommen Beiträge zu vermindern. Einstimmig ertönte das laute und aufrichtige Lob, das die Christen Julians frommem Nachfolger zollten. Aber noch wußten sie nicht, welches Glaubensbekenntnis oder welche Synode er zur Fahne der Rechtgläubigkeit wählen würde, und den Frieden der Kirche störte sogleich wieder jenes wilde Gezänk, das während der Zeit der Verfolgung eingestellt gewesen war. Die bischöflichen Anführer der streitenden Parteien, die aus Erfahrung wußten, wie sehr ihr Schicksal von den ersten Eindrücken abhing, die sie auf den Geist eines ungelehrten Kriegsmannes machten, eilten an den Hof von Edessa oder Antiochia. Auf den Straßen des Orients drängten sich homousianische, arianische, semiarianische und eunomianische Bischöfe, die einander in dem heiligen Wettlaufe zuvorzukommen suchten: die Gemächer des Palastes widerhallten von ihren Streitigkeiten, und die Ohren des Fürsten wurden durch merkwürdige Mischung metaphysischer Gründe und leidenschaftlicher Schmähung belästigt, vielleicht in Erstaunen gesetzt. Die Mäßigung Jovians, der Eintracht und Milde empfahl und die Streitenden auf die Entscheidung einer künftigen Kirchenversammlung verwies, wurde als ein Zeichen der Gleichgültigkeit ausgelegt, bis sich endlich durch die Ehrfurcht, die er für die himmlischen Tugenden des großen Athanasius an den Tag legte, seine Anhänglichkeit an das nicäische Glaubensbekenntnis entdeckte und erklärte. Der unerschrockene Veteran des Glaubens, siebzigjährig, hatte auf die erste Nachricht vom Tode des Tyrannen seinen verborgenen Aufenthalt verlassen. Der Zuruf des Volkes setzte ihn abermals auf den bischöflichen Thron, und er nahm weislich die Einladung Jovians an oder kam ihr zuvor. Die ehrwürdige Gestalt des Athanasius, sein ruhiger Mut und seine gewinnende Beredsamkeit hielten den Ruf aufrecht, den er bereits an dem Hofe von vier aufeinanderfolgenden Fürsten erworben hatte. Sowie er das Vertrauen des christlichen Kaisers gewonnen und dessen Glauben gefestigt hatte, kehrte er im Triumph in seine Diözese zurück und fuhr mit reifen Ratschlägen und unverminderter Kraft noch zehn Jahre fort, die geistliche Regierung von Alexandria, Ägypten und der katholischen Kirche zu führen. Vor seiner Abreise von Antiochia sicherte er Jovian zu, daß seine rechtgläubige Frömmigkeit mit einer langen und friedlichen Regierung belohnt werden würde. Athanasius hatte Grund zu hoffen, daß ihm entweder das Verdienst einer erfolgreichen Prophezeiung zuteil werden oder daß man wenigstens sein dankbares, wenngleich unwirksames Gebet anerkennen würde.

Die geringste Kraft, wenn sie verwendet wird, dem natürlichen Falle ihres Gegenstandes beizustehen und ihn zu beschleunigen, wirkt mit unwiderstehlichem Druck, und Jovian hatte das Glück, sich zu jenen religiösen Meinungen zu bekennen, die vom Geist der Zeit und von dem Eifer und der Anzahl der mächtigsten Sekte unterstützt wurden. Unter seiner Regierung hatte das Christentum einen leichten und andauernden Sieg zu verzeichnen; der Genius des Heidentums dagegen, der durch Julians Künste erhoben und inbrünstig gepflegt worden war, sank, sowie ihm das Lächeln der kaiserlichen Gunst entzogen wurde, unwiederbringlich in den Staub. In vielen Städten wurden die Tempel geschlossen oder verlassen; die Philosophen, die ihre vorübergehende Gunst mißbraucht hatten, hielten es für klug, ihren Bart zu scheren und ihren Beruf zu verbergen, und die Christen freuten sich, daß sie sich nun in der Lage befanden, die Unbilden, die sie unter der vorherigen Regierung erlitten hatten, zu verzeihen oder zu rächen. Die Bestürzung der heidnischen Welt wurde durch ein weises und huldvolles Toleranzedikt gemildert, worin Jovian ausdrücklich erklärte, daß seine Untertanen, obwohl er die gottesfrevlerischen Zeremonien der Magie streng bestrafen würde, doch in Freiheit und mit Sicherheit den Ritus der alten Religion beobachten könnten. Dieses Gesetz wird der Nachwelt von dem Redner Themistius bewahrt, der vom Senat von Konstantinopel abgesandt worden war, um dessen pflichtmäßige Treue dem Kaiser auszudrücken. Themistius verbreitet sich über die Barmherzigkeit der göttlichen Natur, die Leichtigkeit des menschlichen Irrtums, die Rechte des Gewissens, die Freiheit des Geistes und schärft nicht ohne Beredsamkeit die Grundsätze der philosophischen Toleranz ein, deren Hilfe in der Stunde der Not sogar der Aberglaube sich nicht schäme anzuflehen. Er bemerkt mit Recht, daß in den neuerlichen Veränderungen beide Religionen durch offenbare Erwerbung wertloser Proselyten entwürdigt worden wären, jener Verehrer des regierenden Purpurs, die ohne Grund und Erröten von der Kirche in den Tempel und von den Altären Jupiters zu dem heiligen Tisch der Christen gehen könnten.

Im Laufe von sieben Monaten hatten die römischen Truppen, die nun nach Antiochia zurückgekehrt waren, einen Marsch von fünfzehnhundert Meilen zurückgelegt und dabei alle Drangsale des Krieges, Hungers und Klimas erduldet. Trotz ihrer Dienste, ihrer Beschwerden und dem Nahen des Winters gestattete der furchtsame und ungeduldige Jovian Menschen und Pferden nur eine Rast von sechs Wochen. Der Kaiser vermochte die unbescheidenen und boshaften Witzeleien des Volkes von Antiochia nicht zu ertragen. Er brannte vor Ungeduld, sich im Besitze des Palastes von Konstantinopel zu sehen und dem Ehrgeiz jedes Mitbewerbers zuvorzukommen, der die erledigte Untertanentreue Europas für sich gewinnen könnte. Indessen empfing er bald die angenehme Nachricht, daß seine Oberherrschaft vom thrakischen Bosporus bis zum atlantischen Ozean anerkannt wende. Durch die ersten Schreiben, die er aus dem Lager von Mesopotamien entsandte, hatte er den militärischen Oberbefehl von Gallien und Illyrien an Malarich, einen tapferen und treuen Unterfeldherrn aus fränkischem Stamme, und seinen Schwiegervater, den Grafen Lucillian, übertragen, der sich schon vorher durch die mutige und geschickte Verteidigung von Nisibis ausgezeichnet hatte. Malarich hatte ein Amt abgelehnt, dem er sich nicht gewachsen glaubte, und Lucillian war in Reims während einer zufälligen Meuterei der batavischen Kohorten ums Leben gekommen. Aber die Mäßigung des Obenbefehlshabers der Reiterei, Jovinus, der die gegen ihn beabsichtigte Ungnade verzieh, stillte den Aufruhr halb und befestigte die schwankenden Gemüter der Soldaten. Der Eid der Treue wurde ihnen unter loyalem Freudenruf abgenommen, und die Abgeordneten der westlichen Heere begrüßten ihren neuen Souverän, als er vom Berge Taurus nach der Stadt Tyana in Kappadokien niederstieg. Von Tyana setzte Jovian seinen eiligen Zug nach Ancyra, der Hauptstadt von Galatien, fort und nahm da (1. Januar 364) mit seinem unmündigen Sohn die Würde und Insignien des Konsulates an. Dadastana, eine unbedeutende Stadt in fast gleicher Entfernung zwischen Ancyra und Nicäa, war das vom Schicksal bezeichnete Ziel seiner Reise und seines Lebens. Nachdem er sich eine reichliche, vielleicht unmäßige Abendmahlzeit gegönnt hatte, zog er sich zur Ruhe zurück, und am nächsten Morgen (17. Februar) wurde Kaiser Jovian tot in seinem Bett gefunden. Die Ursache dieses plötzlichen Todes wurde verschiedentlich angegeben. Einige schrieben ihn den Folgen einer Magenüberladung zu, vielleicht durch die Menge des Weines oder durch die giftige Eigenschaft der Pilze, die er des Abends verschlungen hatte. Nach anderen wurde er im Schlafe durch Kohlendunst erstickt, der aus den frischgetünchten Wänden des Gemaches die schädliche Feuchtigkeit zog. Der Mangel einer ordnungsgemäßen Untersuchung der Ursachen des Todes eines Fürsten, dessen Regierung und Person bald vergessen wurde, scheint der einzige Umstand gewesen zu sein, der dem boshaften Geflüster von Giftmord und heimischem Verrat einigen Schein lieh. Die Leiche Jovians wurde nach Konstantinopel gebracht, um dort bei seinen Vorfahren beigesetzt zu werden. Dem traurigen Zuge begegnete auf der Straße seine Gattin Charto, die Tochter Lucillians, welche den eben erfolgten Tod ihres Vaters noch beweinte und nun eilte, ihre Tränen in den Umarmungen eines kaiserlichen Gemahls zu trocknen. Ihr Unglück und ihr Schmerz wurden noch durch die Bangigkeit mütterlicher Liebe verbittert. Sechs Wochen vor dem Tode Jovians war sein unmündiger Sohn auf den kurulischen Thron gesetzt, mit dem Titel Nobilissimus und mit den eitlen Würdezeichen des Konsulates geschmückt worden. Seines Schicksals sich unbewußt, wurde der fürstliche Knabe, der nach seinem Großvater Varronian hieß, nur durch die Eifersucht der Regierung erinnert, daß er der Sohn eines Kaisers sei. Sechzehn Jahre nachher war er noch am Leben, aber bereits eines Auges beraubt worden, und seine bekümmerte Mutter fürchtete jede Stunde, daß das unschuldige Opfer ihren Armen entrissen werden könnte, um mit seinem Blute den Argwohn des regierenden Fürsten auszulöschen.

Nach dem Tode Jovians blieb die römische Welt zehn Tage ohne Herrn. Die Minister und Feldherrn fuhren fort, sich zum Rate zu versammeln, ihre Amtspflichten zu vollziehen, die öffentliche Ruhe aufrechtzuerhalten und das Heer friedlich nach der Stadt Nicäa in Bithynien zu fahren, die zum Wahlort bestimmt worden war. In einer feierlichen Versammlung der Zivil- und Militärgewalten des Reiches wurde das Diadem abermals einstimmig dem Präfekten Sallust angeboten. Er weigerte sich nämlich ein zweites Mal, und als man die Tugenden des Vaters zugunsten des Sohnes anführte, erklärte der Präfekt den Wählern mit der Uneigennützigkeit eines Patrioten, daß das geschwächte Alter des einen und die unerfahrene Jugend des anderen für die schwierigen Pflichten der Regierung gleich ungeeignet wären. Mehrere Kandidaten wurden nacheinander vorgeschlagen und nach Abwägung der Einwürfe gegen ihren Charakter und ihre Lage wieder verworfen. Sobald aber der Name Valentinian ausgesprochen wurde, vereinigte das Verdienst dieses Befehlshabers die Stimmen der ganzen Versammlung, und Sallust selbst stimmte aufrichtig zu. Valentinian war der Sohn des Grafen Gratian, eines Eingeborenen von Cibalis in Pannonien, der sich aus dunkler Herkunft durch unvergleichliche Kraft und Gewandtheit bis zum militärischen Oberbefehl über Britannien und Afrika emporgeschwungen und sich mit einem großen Vermögen, aber verdächtiger Redlichkeit zurückgezogen hatte. Der Rang und die Verdienste Gratians trugen jedoch bei, die ersten Schritte zur Beförderung seines Sohnes zu bahnen und gaben diesem früh Gelegenheit, jene ernsten und nützlichen Eigenschaften zu entfalten, die seinen Charakter über das gewöhnliche Maß seiner Kriegsgenossen erhoben. Valentinians Gestalt war hoch, anmutig und majestätisch. Sein männliches Antlitz trug das tiefe Gepräge des Verstandes und Mutes und flößte seinen Freunden Ehrfurcht, seinen Feinden Furcht ein. Um die Bestrebungen seiner unerschrockenen Kühnheit zu unterstützen, hatte der Sohn Gratians auch die Vorteile einer starken und gesunden Leibesbeschaffenheit geerbt. Durch Keuschheit und Mäßigung, welche die Begierden zügeln und die Fähigkeiten stärken, bewahrte Valentinian seine eigene und die öffentliche Achtung. Der Beruf des Kriegslebens hatte seine Jugend den eleganten Studien der Literatur entfremdet, und er verstand weder die griechische Sprache noch die Künste der Rhetorik: da jedoch der Geist des Redners nie durch furchtsame Verlegenheit in Verwirrung geriet, vermochte er, sooft Veranlassung dazu eintrat, seine entschiedenen Ansichten in kühner und geläufiger Rede auszudrücken. Die Gesetze der Kriegszucht waren die einzigen, die er studiert hatte, und er zeichnete sich bald durch die unablässige Mühe und die unbeugsame Strenge aus, womit er die Pflichten des Lagers selbst erfüllte und deren Erfüllung erzwang. Zur Zeit Julians forderte er die Gefahr der Ungnade durch die Verachtung heraus, die er öffentlich gegen die herrschende Religion ausdrückte, und aus seinem späteren Benehmen scheint hervorzugehen, daß Valentinians unbescheidene und unzeitige Freiheit mehr die Wirkung kriegerischen Mutes als christlichen Eifers war. Der Fürst, der sein Verdienst schätzte, verzieh ihm jedoch und verwendete ihn weiter. In den verschiedenen Ereignissen des persischen Krieges erhöhte Valentinian den Ruf, den er bereits an den Ufern des Rheins erworben hatte. Die Schnelligkeit und der Erfolg, womit er sich eines wichtigen Auftrages entledigte, empfahlen ihn der Gunst Jovians, der ihm den ehrenvollen Befehl über die zweite Schule oder Kompanie der Tartschenträger der Haustruppen übertrug. Er hatte auf dem Marsch von Antiochia sein Quartier in Ancyra erreicht, als er unerwartet, ohne Schuld und Umtriebe, im dreiundvierzigsten Jahre seines Lebens berufen wurde, die unumschränkte Herrschaft des Römischen Reiches zu übernehmen.

Die Einladung der Minister und Feldherren zu Nicäa war von geringer Bedeutung, wenn sie nicht durch die Stimme des Heeres bestätigt wurde. Der greise Sallust, der die regellosen Schwankungen der Volksversammlungen von lange her kannte, schlug vor, bei Todesstrafe zu verbieten, daß einer der Männer, deren Rang im Dienste eine Partei zu ihren Gunsten errichten könnte, sich am Krönungstage öffentlich zeige. So groß war überdies die Herrschaft alten Aberglaubens, daß ein ganzer Tag zu diesem gefährlichen Intervall hinzugefügt wurde, weil er zufällig der Einschaltungstag des Bissextilis war. Endlich, als man die Stunde für günstig hielt, zeigte sich Valentinian von einem hohen Tribunale (26. Februar). Die weise Wahl erhielt Beifall, und der neue Fürst wurde unter dem Jubel der Truppen, die in kriegerischer Ordnung um das Tribunal standen, mit Diadem und Purpur bekleidet. Als er aber seine Hand ausstreckte, um zur bewaffneten Menge zu reden, erhob sich wie zufällig ein geschäftiges Geflüster in den Reihen und schwoll allmählich zu dem gebieterischen Geschrei an, er möge ohne Verzug einen Throngenossen ernennen. Die unerschrockene Ruhe Valentinians gebot Stillschweigen und Ehrfurcht. Er redete die Versammlung so an: „Vor wenigen Minuten stand es in eurer Gewalt, Kriegsgefährten, mich in der Dunkelheit des Privatstandes zu lassen. Aus dem Zeugnis meines vergangenen Lebens habt ihr gefolgert, daß ich der Herrschaft würdig sei und habt mich auf den Thron gehoben. Jetzt ist es meine Pflicht, für die Sicherheit und das Wohl der Republik Sorge zu tragen. Das Gewicht des Erdkreises ist ohne Zweifel zu schwer für die schwachen Hände eines Sterblichen. Ich kenne die Grenzen meiner Kräfte und die Ungewißheit meines Lebens, und, weit entfernt, den Beistand eines würdigen Genossen abzulehnen, sehne ich mich vielmehr danach. Wo aber Zwietracht verderblich sein muß, fordert die Wahl eines treuen Freundes reifliche und ernste Erwägung. Diese Erwägung wird meine Sorge sein. Euer Benehmen sei das der Pflicht und Treue. Geht in eure Quartiere, erfrischet Geist und Körper und erwartet das gewöhnliche Geschenk bei der Thronbesteigung eines neuen Kaisers." Die erstaunten Truppen gehorchten mit einer Mischung von Stolz, Zufriedenheit und Schrecken der Stimme ihres Gebieters. Ihr wildes Geschrei verwandelte sich in ehrfurchtsvolles Schweigen, und Valentinian wurde, umgeben von den Adlern der Legionen und von den verschiedenen Fahnen der Reiterei und des Fußvolkes, in kriegerischem Pomp nach dem Palasts von Nicäa geführt. Da er jedoch einsah, wie wichtig es war, irgendeiner raschen Erklärung der Soldaten zuvorzukommen, zog er die Versammlung der Anführer zu Rate, deren Ansicht der hochherzige Freimut des Dagalaiphus mit bündiger Kürze dahin aussprach: „Vortrefflichster Fürst", sagte dieser Befehlshaber, „wenn du nur deine Familie berücksichtigst, hast du einen Bruder, wenn du die Republik liebst, so suche den Würdigsten der Römer." Der Kaiser, der sein Mißvergnügen verbarg, ohne seine Absicht aufzugeben, zog langsam von Nicäa nach Nikomedia und Konstantinopel. In einer der Vorstädte dieser Hauptstadt, dreißig Tage nach seiner eigenen Erhebung, verlieh er seinem Bruder Valens den Titel Augustus; und da die kühnsten Patrioten überzeugt waren, daß ihr Widerstand, ohne dem Vaterlande zu nützen, nur ihnen selbst verderblich sein würde, so wurde diese Erklärung seines unumschränkten Willens mit schweigender Unterwerfung aufgenommen. Valens stand im sechsunddreißigsten Lebensjahre, seine Fähigkeiten waren bis jetzt weder in einem bürgerlichen noch in einem kriegerischen Amt geübt worden, sein Charakter hatte der Welt keine glänzenden Hoffnungen eingeflößt. Indessen besaß er eine Eigenschaft, die ihn dem Valentinian empfahl und die innere Ruhe des Reiches sicherte: eine hingebende und dankbare Anhänglichkeit an seinen Wohltäter, dessen höheren Geist und größere Macht Valens demütig und freudig in jeder Handlung seines Lebens anerkannte.

Bevor Valentinian die Provinzen teilte, reformierte er die Verwaltung des Reiches. Alle Klassen von Untertanen, die unter der Regierung Julians in ihren Rechten gekränkt oder unterdrückt worden waren, wurden aufgefordert, öffentlich Klage zu erheben. Das Schweigen der Menschen bezeugt die makellose Unbescholtenheit des Präfekten Sallust, und seine eigenen dringenden Bitten, man möge ihm gestatten, sich von den Staatsgeschäften zurückzuziehen, wurden von Valentinian mit dem ehrensten Ausdrücken der Freundschaft und Hochachtung verworfen. Unter den Günstlingen des verstorbenen Kaisers gab es auch Menschen, die seine Leichtgläubigkeit oder seinen Aberglauben mißbraucht hatten und nicht länger hoffen durften, durch die Gunst oder die Gerechtigkeit beschützt zu werden. Der größere Teil der Minister des Palastes und der Statthalter der Provinzen wurde von seinen Posten entfernt, jedoch ward das ausgezeichnete Verdienst einiger Beamter von der schuldigen Menge geschieden. Trotz eifrigen und grimmigen Gegengeschreis scheint diese milde Untersuchung mit großer Weisheit und Mäßigung geführt worden zu sein. Die Festlichkeiten einer neuen Regierung erlitten eine kurze und verdächtige Unterbrechung durch das plötzliche Erkranken der beiden Fürsten. Kaum war jedoch ihre Gesundheit wiederhergestellt, so verließen sie Konstantinopel zu Anfang des Frühlings. In dem Schloß oder Palast von Mediana, nur drei Meilen von Naissus, vollzogen sie (Juni) die feierliche und entscheidende Teilung des Römischen Reiches. Valentinian verlieh seinem Bruder die reiche Präfektur des Ostens, von der unteren Donau bis an die persische Grenze, während er für sich selbst die unmittelbare Regierung der kriegerischen Präfekturen von Illyrien, Italien und Gallien, von der Grenze Griechenlands bis zum kaledonischen Wall und von dem Wall von Kaledonien bis zu dem Fuß des Atlasgebirges, behielt. Die Verwaltung der Provinzen blieb auf ihrer früheren Grundlage: aber eine doppelte Anzahl von militärischen Befehlshabern und Zivilbeamten wurde für zwei Ratsversammlungen und zwei Höfe notwendig. Die Teilung geschah mit gerechter Rücksicht auf ihre besonderen Verdienste und Lage, und bald wurden sieben Oberbefehlshaber, teils der Reiterei, teils der Infanterie, ernannt. Nachdem diese wichtige Angelegenheit freundschaftlich zustande gebracht worden war, umarmten sich Valentinian und Valens zum letzten Male. Der Kaiser des Westens schlug seinen einstweiligen Sitz in Mailand auf, und der Kaiser des Ostens kehrte nach Konstantinopel zurück, um die Regierung über fünfzig Provinzen zu übernehmen, deren Sprache er nicht einmal verstand.

Die Ruhe des Ostens wurde bald durch Empörung gestört und der Thron des Valens durch die kühnen Wagnisse eines Nebenbuhlers bedroht, dessen Verwandtschaft mit dem Kaiser Julian sein einziges Verdienst und sein einziges Verbrechen war. Procopius war aus der dunklen Stellung eines Tribunen und Notars zum Mitoberbefehlshaber über das Heer von Mesopotamien befördert worden; die öffentliche Meinung bezeichnete ihn bereits als Nachfolger eines Fürsten, der keinen Leibeserben hatte, und das Gerücht wurde von seinen Freunden oder Feinden verbreitet, Julian habe vor dem Altar des Mondes zu Carrhä Procopius insgeheim mit dem kaiserlichen Purpur bekleidet. Er suchte die Eifersucht des Jovian durch pflichtmäßiges und unterwürfiges Benehmen zu entwaffnen, verzichtete ohne Sträuben auf seinen militärischen Oberbefehl und zog sich mit Gattin und Familie zurück, um seine weitläufigen Erbgüter zu verwalten, die er in der Provinz Kappadokien besaß. Diese harmlosen und nützlichen Beschäftigungen wurden durch das Erscheinen eines unteren Kriegsanführers mit einer Schar Soldaten unterbrochen, der im Namen seiner neuen Souveräne Valentinian und Valens entsendet war, um den unglücklichen Procopius entweder in ewige Gefangenschaft oder zu einem schmählichen Tode abzuführen. Seine Geistesgegenwart verschaffte ihm eine längere Frist und ein glänzenderes Schicksal. Ohne die geringste Einrede gegen den kaiserlichen Befehl zu wagen, erbat er sich Nachsicht von einigen Minuten, um seine weinende Familie umarmen zu dürfen. Während jedoch ein reiches Gelage die Achtsamkeit der Wachen erschlaffte, entkam er geschickt zum Gestade des Schwarzen Meeres und segelte von da nach dem Lande des Bosporus. In dieser abgelegenen Gegend blieb er mehrere Monate den Drangsalen der Verbannung, der Einsamkeit und der Entbehrung ausgesetzt; sein düsterer Sinn brütete fortwährend über sein Unglück, und sein Gemüt wurde durch die gerechte Besorgnis beunruhigt, daß die treulosen Barbaren, sowie irgendein Zufall seinen Namen verriet, ohne vieles Bedenken die Gesetze der Gastfreundschaft verletzen würden. In einem Augenblick der Ungeduld und Verzweiflung schiffte sich Procopius auf einem Handelsschiffe ein, das nach Konstantinopel segelte. Er strebte kühn nach dem Range eines Souveräns, da man ihm nicht gestattete, die Sicherheit eines Untertanen zu genießen. Anfangs verbarg er sich in den Dörfern von Bithynien und wechselte beständig Wohnung und Verkleidung. Allmählich wagte er sich in die Hauptstadt, vertraute sein Leben und sein Schicksal der Treue zweier Freunde, einem Senator und einem Eunuchen, an und schöpfte aus den Nachrichten, die er über den damaligen Stand der öffentlichen Angelegenheiten einzog, einige Hoffnung auf Erfolg. Die Masse des Volkes war vom Geiste der Unzufriedenheit angesteckt und beklagte den Verlust der Gerechtigkeitsliebe und der Fähigkeiten Sallusts, den man unklugerweise von der Präfektur des Ostens entlassen hatte. Man verachtete den Charakter des Valens, der rauh ohne Kraft und schwach ohne Milde war. Man fürchtete den Einfluß seines Schwiegervaters, des Patriziers Petronius, eines grausamen und habsüchtigen Ministers, der mit Strenge alle Steuerrückstände einforderte, die seit den Zeiten des Kaisers Aurelian unbezahlt geblieben waren. Die Umstände waren den Plänen des Usurpators günstig. Die feindlichen Maßregeln der Perser forderten die Anwesenheit des Valens in Syrien; von der Donau bis zum Euphrat waren die Truppen in Bewegung und die Hauptstadt zuweilen mit den Soldaten angefüllt, die über den thrakischen Bosporus hin- oder zurückgeschickt wurden. Zwei Kohorten Gallier ließen sich überreden, den geheimen, durch das Versprechen eines großen Geschenkes unterstützten Vorschlägen der Verschworenen Gehör zu schenken, und da sie das Andenken Julians noch immer verehrten, willigten sie leicht ein, das Erbrecht seines geächteten Blutsverwandten zu unterstützen. Mit Tagesanbruch (8. September 365) stellten sie sich bei den Bädern der Anastasia auf, und Procopius, mit einem Purpurgewand, wie es sich mehr für einen Schauspieler als für einen Monarchen ziemte, angetan, erschien, gleich als stände er von den Toten auf, inmitten Konstantinopels. Die Soldaten, die auf seine Aufnahme vorbereitet waren, begrüßten ihren bebenden Souverän mit Freudengeschrei und Treueschwüren. Ihre Anzahl wurde bald durch eine Schar handfester, in der Umgegend gesammelter Bauern vergrößert, und Procopius, von den Waffen seiner Anhänger beschirmt, wurde nacheinander auf das Tribunal, in den Senat und Palast geführt. Während der ersten Augenblicke seiner Herrschaft setzte ihn das düstere Schweigen des Volkes, das entweder von der Ursache nichts wußte oder um den Ausgang besorgt war, in Staunen und Schrecken. Aber seine kriegerische Macht war in dem Augenblick jedem Widerstand überlegen. Die Unzufriedenen strömten unter die Fahnen des Aufruhrs, die Armen wurden durch die Hoffnung auf eine allgemeine Plünderung erregt, die Reichen durch die Furcht davor eingeschüchtert und die unverbesserliche Leichtgläubigkeit der Menge abermals durch die verheißenen Vorteile einer Revolution betrogen. Die Obrigkeiten wurden festgenommen, die Gefängnisse und Arsenale erbrochen, die Tore und der Eingang zum Hafen sorgfältig besetzt, und in wenigen Stunden war Procopius der unumschränkte, obschon ungesicherte Gebieter der kaiserlichen Stadt. Der Usurpator benützte diesen unerwarteten Erfolg mit ziemlichem Mut und einer gewissen Gewandtheit. Er verbreitete mit Schlauheit die seinem Interesse günstigsten Gerüchte und Meinungen, während er das Volk betrog, indem er häufig erdichteten Gesandten ferner Nationen Audienz erteilte. Die großen Truppenabteilungen, die in den thrakischen Städten und in den Festungen an der unteren Donau lagen, wurden allmählich in die Empörung verwickelt, und die gotischen Fürsten willigten ein, dem Souverän von Konstantinopel mit der furchtbaren Macht mehrerer tausend Hilfstruppen Beistand zu leisten. Seine Feldherrn gingen über den Bosporus und unterjochten ohne Anstrengung die wehrlosen, aber reichen Provinzen von Bithynien und Kleinasien. Nach einer ehrenvollen Verteidigung ergaben sich Stadt und Insel Cyzikus seiner Gewalt. Die berühmten Legionen der Jovianer und Herkulianer ergriffen die Partei des Usurpators, zu dessen Vernichtung sie entsandt worden waren, und da die Veteranen beständig durch neue Aushebungen vermehrt wurden, erschien er bald an der Spitze eines Heeres, dessen Tapferkeit und Anzahl keineswegs im Mißverhältnis zur Größe des Kampfes standen. Der Sohn des Hormisdas, ein junger, mutiger und befähigter Mann, ließ sich herbei, sein Schwert gegen den rechtmäßigen Kaiser des Ostens zu ziehen, und der persische Prinz wurde unverzüglich mit der alten und außerordentlichen Gewalt eines römischen Prokonsuls bekleidet. Das Bündnis mit Faustina, der Witwe des Kaisers Constantius, die sich selbst und ihre Tochter den Händen des Usurpators anvertraute, erhöhte die Würde und Ehre seiner Sache. Die Prinzessin Constantia, die damals ungefähr fünf Jahre alt war, begleitete den Zug des Heeres in einer Sänfte. Sie wurde der Menge in den Armen ihres Adoptivvaters gezeigt, und sooft sie durch die Reihen kam, entbrannte die Liebe der Soldaten zu kriegerischer Wut; sie erinnerten sich des Ruhmes des Hauses Konstantins und erklärten mit anhänglichem Zurufe, daß sie ihren letzten Blutstropfen zur Verteidigung des Sprößlings ihrer Fürsten vergießen würden.

Inzwischen wurde Valentinian durch die zweifelhafte Nachricht von der Empörung des Ostens in Unruhe und Bestürzung versetzt. Die Gefahren eines germanischen Krieges zwangen ihn, seine unmittelbare Sorgfalt der Sicherheit seiner eigenen Gebiete zuzuwenden. Und da die Mitteilungen nur spärlich oder verstümmelt zu ihm gelangten, vernahm er mit verdoppelter Bangigkeit die geflissentlich verbreiteten Gerüchte, daß die Niederlage und der Tod des Valens Procopius zum alleinigen Herrn der Provinzen des Ostens gemacht hätten. Valens war nicht tot; aber auf die Nachricht von der Empörung, die ihm in Cäsarea zukam, verzweifelte er niedrigerweise an seinem Glück und Leben. Er schlug vor, mit dem Usurpator zu unterhandeln und offenbarte seine geheime Neigung, auf den kaiserlichen Purpur Verzicht zu leisten. Der furchtsame Monarch wurde vor Schmach und Untergang durch die Festigkeit seiner Minister gerettet, und ihre Fähigkeiten entschieden den Ausgang des Bürgerkrieges bald zu seinen Gunsten. In einem Zeitpunkte der Ruhe hatte Sallust sein Amt ohne Murren niedergelegt; als aber das öffentliche Wohl bedroht war, forderte er ehrgeizig den Vorrang in Beschwerden und Gefahren, und die Wiedereinsetzung dieses edlen Ministers in die Präfektur des Ostens war der erste Schritt, der Valens' Reue ankündigte und die Gemüter des Volkes zufriedenstellte. Die Herrschaft des Procopius wurde anscheinend durch mächtige Heere und gehorsame Provinzen unterstützt. Aber mehrere der vornehmsten Beamten sowohl des Heeres als der Verwaltung fühlten sich durch Beweggründe der Pflicht oder des Ehrgeizes gedrungen, sich dem Schauplatz der Schuld zu entziehen oder den Augenblick abzuwarten, um die Sache des Usurpators zu verraten und zu verlassen. Lupicinus rückte in Eilmärschen heran, um die syrischen Legionen Valens' zum Beistande zu bringen. Arintheus, der an Stärke, Schönheit und Tapferkeit alle Helden des Zeitalters übertraf, griff mit einer kleinen Truppenabteilung eine überlegene Anzahl Rebellen an.

Als er die Gesichter der Soldaten erblickte, die unter seinen Fahnen gedient hatten, gebot er ihnen mit lauter Stimme, ihren angeblichen Anführer auf der Stelle zu ergreifen und auszuliefern, und so groß war das Übergewicht seines Geistes, daß dieser außerordentliche Befehl unverzüglichen Gehorsam fand. Arbetio, ein ehrwürdiger Veteran Konstantins des Großen, der durch die Ehre des Konsulats ausgezeichnet worden war, ließ sich bewegen, seinen Ruhesitz zu verlassen und abermals ein Heer ins Feld zu führen. In der Hitze des Gefechtes nahm er ruhig seinen Helm ab, zeigte sein weißes Haupt und ehrwürdiges Antlitz, begrüßte die Soldaten des Procopius mit den teuren Namen Kinder und Kriegskameraden und forderte sie auf, die verlorene Sache eines verächtlichen Tyrannen nicht länger zu unterstützen, sondern ihrem alten Anführer zu folgen, der sie so oft zu Sieg und Ruhm geleitet habe. In den zwei Gefechten von Thyatira und Nakosia wurde der unglückliche Procopius von seinen durch Ermunterung und Beispiel ihrer treulosen Offiziere verführten Truppen verlassen. Nach einigem Umherirren in den Wäldern und Gebirgen Phrygiens wurde er von seinen verzagenden Anhängern verraten, in das kaiserliche Lager geschafft und unverzüglich enthauptet (28. Mai 366). Er erlitt das übliche Ende eines vom Glück verlassenen Usurpators; aber die Handlungen der Grausamkeit, die von dem Sieger unter den Formen gesetzmäßiger Gerechtigkeitspflege ausgeübt wurden, erregten das Mitleid und die Entrüstung der Menschheit.

Das sind gewöhnlich die Ergebnisse des Despotismus und der Empörung. Aber die von den beiden Brüdern mit solcher Strenge sowohl in Rom als in Antiochia gepflogenen Inquisitionen über die Verbrechen der Magie sind als unglückschwangeres Zeichen des Zornes des Himmels oder der Verderbtheit der Menschen ausgelegt worden. Wir dürfen keinen Anstand nehmen, stolz darauf zu sein, daß in unserer aufgeklärten Zeit ein grausames und abscheuliches Vorurteil abgeschafft wurde, das auf der ganzen Erde herrschte und jedem System religiöser Meinungen anhing. Die Völker wie die Sekten des Römischen Reiches ließen mit gleicher Leichtgläubigkeit und ähnlichem Abscheu die Wirklichkeit jener höllischen Kunst zu, die imstande wäre, die ewige Ordnung der Planeten und die freiwilligen Handlungen des menschlichen Geistes zu beherrschen. Sie fürchteten die geheimnisvolle Macht der Zaubersprüche und Beschwörungen, mächtiger Kräuter und abscheulicher Zeremonien, die das Leben auslöschen oder zurückrufen, die Leidenschaften der Seele entflammen, die Werke der Schöpfung verderben und den widerstrebenden Dämonen die Geheimnisse der Zukunft abnötigen könnten. Sie glaubten mit ausschweifendster Folgewidrigkeit, daß diese übernatürliche Herrschaft über Luft, Erde und Hölle aus den schmutzigsten Beweggründen der Bosheit oder Gewinnsucht von runzeligen Hexen oder fahrenden Zauberern geübt würde, die ihr dunkles Leben in Entbehrung und Verachtung hinbrachten. Die Künste der Magie wurden ebensosehr von der öffentlichen Meinung wie durch die römischen Gesetze verdammt: da sie aber zur Befriedigung der gewaltigsten Leidenschaften des menschlichen Herzens dienten, wurden sie beständig geächtet und beständig ausgeübt. Eine eingebildete Ursache ist imstande, die ernstesten und verderblichsten Wirkungen hervorzubringen. Die dunklen Vorhersagungen des Todes eines Kaisers oder des Gelingens einer Verschwörung waren nur darauf berechnet, die Hoffnungen des Ehrgeizes zu stacheln und die Bande der Treue zu lösen. Die Gedankensünde der Magie wurde durch die wirklichen Verbrechen des Hochverrats und Sakrilegiums erschwert. Derartig alberne Schrecknisse störten den Frieden der Gesellschaft und das Glück der einzelnen, und die harmlose Flamme, die allmählich ein Bild aus Wachs schmolz, konnte eine mächtige und verderbliche Kraft durch die aufgeschreckte Phantasie der Person erlangen, deren Darstellung boshafterweise beabsichtigt war. Von dem Aufguß jener Kräuter, denen man übernatürliche Kräfte zuschrieb, war es ein leichter Schritt zur Anwendung wesenvolleren Giftes, und die Torheit der

Menschen diente zuweilen den gräßlichsten Verbrechen zum Werkzeug und zur Maske. So wie der Eifer der Angeber durch die Minister des Valens und Valentinian ermuntert wurde, konnten sich diese nicht weigern, eine andere, nur zu häufig in die Szenen häuslicher Schuld gemischte Anklage anzunehmen, eine Anklage weicherer und nicht so bösartiger Natur, auf deren Erwiesenheit die fromme, obschon übermäßige Strenge Konstantins seinerzeit die Todesstrafe gesetzt hatte. Diese tödliche und zugleich alberne Mischung von Verrat und Zauberei, Gift und Ehebruch ließ unendliche Abstufungen der Schuld und Unschuld, der Milderung und Erschwerung zu, die bei diesen Prozeduren von den ungestümen oder bestochenen Leidenschaften der Richter beeinflußt zu sein scheinen. Sie machten bald die Entdeckung, daß der Grad ihres Eifers und ihrer Einsicht vom kaiserlichen Hofe nach der Zahl der Hinrichtungen geschätzt wurde, die von ihren betreffenden Tribunalen ausgingen. Nur mit äußerstem Widerstreben fällten sie einen Freispruch; gierig aber ließen sie Zeugnisse, die durch Meineid befleckt oder durch die Folter erpreßt worden waren, zu, um die unwahrscheinlichsten Beschuldigungen gegen die achtbarsten Personen zu beweisen. Die weitere Untersuchung enthüllte stets nur neue Gegenstände der kriminellen Verfolgung; der verwegene Angeber, dessen Lügenhaftigkeit erwiesen wurde, entfernte sich ungestraft, aber das unglückliche Opfer, das seine wirklichen oder angeblichen Mitschuldigen nannte, erwarb dadurch nur selten den Preis seiner Niederträchtigkeit. Von den äußersten Grenzen Italiens und Asiens wurden jung und alt in Ketten vor die Tribunale von Rom und Antiochia geschleppt. Senatoren, Matronen und Philosophen hauchten ihren Geist unter schmählichen und grausamen Martern aus. Die Soldaten, die zur Bewachung der Kerker aufgestellt waren, erklärten mit mitleidigem und entrüstetem Gemurre, daß ihre Anzahl nicht hinreiche, der Flucht oder Gewalttätigkeit der Gefangenen zu widerstehen. Die reichsten Familien wurden durch Geldbußen oder Einziehung des Vermögens ins Verderben gestürzt, die unschuldigsten Bürger zitterten um ihr Heil, und wir können uns von der Größe des Übels eine Vorstellung aus den wenngleich übertriebenen Angaben eines alten Schriftstellers machen, der sagt, daß in den angeschuldigten Provinzen die Eingekerkerten, Verbannten und Flüchtlinge die größere Mehrzahl der Bewohner bildeten.

Wenn Tacitus den Tod unschuldiger und erlauchter Römer, die der Grausamkeit der ersten Cäsaren geopfert wurden, beschreibt, erregt die Kunst des Historikers oder das Verdienst der Dulder in unserer Brust ein lebhaftes Gefühl des Entsetzens, der Bewunderung und des Mitleids. Aber der grobe und rücksichtslose Griffel des Ammianus hat seine Blutgestalten mit einförmiger, widerlicher Genauigkeit gemalt. Da unsere Aufmerksamkeit nicht länger durch den Gegensatz der Freiheit und Knechtschaft, vormaliger Größe und gegenwärtigen Elends gefesselt wird, wenden wir uns mit Abscheu von den häufigen Hinrichtungen ab, die in Rom und Antiochia die Regierung der beiden Brüder schändeten. Valens war furchtsamer, Valentinian ein cholerischer Mensch. Ängstliche Rücksicht auf seine persönliche Sicherheit war der leitende Grundsatz der Regierung des Valens. Als Untertan hatte er mit zitternder Scheu die Hand des Unterdrückers geküßt; als er den Thron bestieg, erwartete er daher ganz natürlich, daß dieselbe Furcht, die sein eigenes Herz unterjocht hatte, die geduldige Unterwerfung des Volkes sichern würde. Die Günstlinge des Valens verschafften sich durch das Vorrecht des Raubes und der Einziehung die Reichtümer, die ihnen seine Sparsamkeit versagt haben würde. Sie machten mit eindringlicher Beredsamkeit geltend, daß in allen Fällen des Hochverrats Verdacht dem Beweise gleichkomme; daß die Macht, Unheil zu stiften, die Absicht dazu in sich schließe; daß die Absicht nicht minder verbrecherisch sei als die Tat; daß endlich ein Untertan nicht länger zu leben verdiene, wenn sein Leben entweder die Sicherheit seines Souveräns bedrohe oder dessen Ruhe störe. Die Einsicht Valentinians wurde zuweilen betrogen und sein Vertrauen mißbraucht: aber mit dem Lächeln der Verachtung würde er die Angeber zum Schweigen gebracht haben, die es gewagt hätten, seine Unerschrockenheit durch das Wort Gefahr zu versuchen. Sie priesen im Gegenteil seine unbeugsame Gerechtigkeitsliebe, und in Ausübung der Gerechtigkeit war der Kaiser leicht geneigt,

Milde als Schwäche und Grimm als Tugend zu betrachten. Solange Valentinian mit seinesgleichen auf der kühnen Laufbahn eines tätigen und ehrgeizigen Lebens rang, wurde er ungestraft selten gekränkt und nie beleidigt. Wenn man auch seine Klugheit bezweifelte, zollte man doch seinem Mute Beifall, und die stolzesten und mächtigsten Feldherren scheuten sich, die Rache des furchtlosen Kriegers herauszufordern. Nachdem er Herr der Welt geworden, vergaß er unglücklicherweise, daß sich, wo Widerstand unmöglich ist, auch kein Mut bewähren kann; und statt den Geboten der Vernunft und Großmut zu folgen, überließ er sich der wütenden Heftigkeit seines Temperaments zu einer Zeit, wo sie ihn selbst entehrte und den wehrlosen Gegenständen seines Mißfallens verderblich war. In der Regierung seiner Hofhaltung, ja selbst des Reiches, wurden geringe, ja sogar eingebildete Vergehen, ein übereiltes Wort, eine zufällige Unterlassung, ein unfreiwilliges Zögern durch ein augenblicklich vollzogenes Todesurteil bestraft. Die Drohungen, die dem Kaiser des Westens am häufigsten entfuhren, waren: „Haut ihm den Kopf ab! – Verbrennt ihn lebendig! – Schlagt ihn mit Keulen tot!", und seine meistbegünstigten Minister machten bald die Erfahrung, daß sie durch den verwegenen Versuch, die Vollziehung seiner blutdürstigen Urteile zu bestreiten oder aufzuschieben, Gefahr liefen, selbst in Schuld des Ungehorsams und Strafe zu verfallen. Die wiederholte Befriedigung seiner barbarischen Gerechtigkeit verhärtete das Herz Valentinians gegen Mitleid und Gewissensbisse, und die Ausbrüche seiner Leidenschaften wurden durch die Gewohnheit der Grausamkeit unterstützt. Er konnte mit zufriedener Ruhe die Schmerzenszuckungen der Pein und des Todes ansehen; er bewahrte seine Freundschaft jenen treuen Dienern, deren Gemütsart seiner eigenen am meisten verwandt war. Das Verdienst Maximins, der die edelsten Familien Roms zur Schlachtbank geführt hatte, wurde mit dem kaiserlichen Lob und der Präfektur von Gallien belohnt. Zwei wilde und riesenhafte Bären, durch die Namen Innoxia und Mica Aurea unterschieden, waren allein würdig, mit Maximin seine Gunst zu teilen. Die Käfige dieser treuen Wächter befanden sich stets neben Valentinians Schlafgemach, und er weidete seine Augen häufig an dem angenehmen Schauspiel, wie sie die blutenden Gliedmaßen der Übeltäter, die ihrer Gier vorgeworfen wurden, zerrissen und verzehrten. Der römische Kaiser führte sorgfältige Aufsicht über ihre Fütterung und Leibesbewegungen, und als Innoxia durch eine lange Reihe wertvoller Dienste ihre Entlassung erworben hatte, wurde das treue Tier der Freiheit seiner heimischen Wälder zurückgegeben.

Aber in ruhigen Augenblicken des Nachdenkens, wenn Valens' Seele nicht von Furcht, Valentinians Herz nicht von Wut bewegt waren, nahm der Tyrann die Gesinnungen oder wenigstens das Benehmen eines Vaters seines Vaterlandes an. Das leidenschaftslose Urteil des westlichen Kaisers vermochte sein und das öffentliche Interesse klar einzusehen und genau zu handhaben, und der Souverän des Ostens, der die verschiedenen Beispiele, die ihm sein älterer Bruder gab, gelehrig und treu befolgte, ließ sich zuweilen durch die Tugend und Weisheit des Präfekten Sallust leiten. Beide Fürsten behielten im Purpur die keusche und nüchterne Einfachheit bei, die ihr Privatleben geziert hatte; unter ihrer Regierung riefen die Freuden des Hofes im Volke nie Schamröte oder Klagen hervor. Sie schafften allmählich viele Mißbräuche aus den Zeiten des Constantius ab, nahmen einsichtsvoll die Pläne Julians und seines Nachfolgers an und verbesserten sie. Sie entwickelten überhaupt einen Stil und Geist der Gesetzgebung, der geeignet ist, der Nachwelt die günstigste Meinung von ihren Charakteren und ihrer Regierung einzuflößen. Nicht von dem Gebieter der Innoxia hätte man jene zarte Rücksicht auf das Wohl seiner Untertanen erwarten können, die Valentinian veranlaßte, die Aussetzung neugeborener Kinder zu verdammen und vierzehn geschickte Ärzte mit Besoldung und Vorrechten in den vierzehn Vierteln Roms anzustellen. Die gesunde Einsicht eines ungelehrten Soldaten gründete eine nützliche und aufgeklärte Anstalt zur Erziehung der Jugend und zur Stütze der im Verfall begriffenen Wissenschaften. Es war sein Wille, daß die Rhetorik und Grammatik, die griechische und lateinische Sprache in der Hauptstadt jeder Provinz gelehrt werden sollten, und da die Größe und Würde der Schule gewöhnlich im Verhältnis zur Wichtigkeit der Stadt stand, nahmen die Akademien von Rom und Konstantinopel einen gerechten und bemerkenswerten Vorrang in Anspruch. Die Bruchstücke der auf literarische Einrichtungen Bezug habenden Edikte Valentinians geben ein unvollständiges Bild von der Akademie von Konstantinopel, die durch nachfolgende Anordnungen vervollkommnet wurde. Diese Schule zählte einunddreißig Professoren in den verschiedenen Zweigen des Wissens. Ein Philosoph und zwei Rechtsgelehrte; fünf Sophisten und zehn Grammatiker für die griechische und drei Redner und zehn Grammatiker für die lateinische Sprache; überdies sieben Schreiber oder Antiquare, wie sie genannt wurden, deren fleißige Federn die öffentliche Bibliothek mit schönen und genauen Abschriften der klassischen Autoren versahen. Das den Studenten vorgeschriebene Regulativ ihres Benehmens ist um so interessanter, weil es die ersten Grundlinien der Form und Disziplin einer neueren Universität darbietet. Es wurde vorgeschrieben, daß sie geeignete Zeugnisse von den Obrigkeiten der Provinz, in der sie geboren waren, beibringen sollten. Name, Stand und Wohnung jedes einzelnen wurden regelmäßig in ein öffentliches Verzeichnis eingetragen. Es war den studierenden Jünglingen streng verboten, ihre Zeit mit Schmausereien oder im Theater zu vergeuden; das Ziel ihrer Erziehung wurde auf das Alter von zwanzig Jahren festgesetzt. Der Präfekt der Stadt hatte Vollmacht, die Müßigen und Widerspenstigen mit Hieben oder durch Ausstoßung zu bestrafen und war angewiesen, einen jährlichen Bericht an den obersten Kanzleidirektor zu erstatten, auf daß die Kenntnisse und Fähigkeiten der Schüler nützlich zum öffentlichen Dienste verwendet werden konnten. Die Einrichtungen Valentinians trugen zur Sicherung des Friedens und zum Überfluß bei, und die Städte wurden durch die Einführung der Defensoren geschützt, die mittels freier Wahl zu Tribunen und Anwälten des Volkes bestellt waren, um vor den Tribunalen der bürgerlichen Obrigkeiten, ja selbst am Fuße des kaiserlichen Thrones seine Rechte zu verteidigen und seine Beschwerden anzubringen. Die Finanzen wurden von zwei Fürsten, die so lange an strenge Sparsamkeit mit ihrem Privatvermögen gewöhnt waren, emsig verwaltet: aber in Erhebung und Verwendung des Eigentums konnte ein scharfsehendes Auge einen gewissen Unterschied zwischen der Regierung des Ostens und Westens entdecken. Valens war überzeugt, daß die kaiserliche Freigebigkeit nur durch Unterdrückung des Volkes genährt werden könne, und sein Ehrgeiz strebte nie danach, dem Volke durch die Not der Gegenwart Kraft und Wohlstand in der Zukunft zu bereiten. Statt die Wucht der Steuern zu vermehren, die in dem Zeitraum von vierzig Jahren nach und nach verdoppelt worden waren, setzte er im ersten Jahre seiner Regierung die Abgaben des Orients um den vierten Teil herab. Valentinian scheint auf die Erleichterung der Lasten seines Volkes minder aufmerksam und erpicht gewesen zu sein. Er stellte zwar die Mißbräuche der Verwaltung des Fiskus ab, aber er forderte ohne Bedenken einen sehr beträchtlichen Teil des Vermögens seiner Untertanen, weil er überzeugt war, daß das Einkommen, das zur Bestreitung der Üppigkeit der einzelnen diente, mit viel größerem Vorteil zur Verteidigung und zum Wohle des Staates verwendet würde. Die Untertanen im Osten, die den Vorteil der Gegenwart genossen, zollten der Milde ihres Souveräns Beifall. Das gründlichere, aber nicht so glänzende Verdienst Valentinians wurde von den folgenden Generationen gefühlt und anerkannt.

Der ehrenvollste Zug im Charakter Valentinians ist aber die feste und besonnene Unparteilichkeit, welche er in einem Zeitalter religiöser Zwietracht gleichförmig bewahrte. Sein kräftiger, durch Studium nicht erleuchteter, aber auch nicht verkehrter Verstand wies mit achtungsvoller Unbekümmertheit die spitzfindigen Fragen theologischen Streites von sich. Die Regierung der Welt forderte seine Wachsamkeit und befriedigte seinen Ehrgeiz, und während er eingedenk war, daß er der Schüler der Kirche sei, vergaß er nie, daß er der Souverän der Geistlichkeit wäre. Unter der Regierung eines Apostaten hatte er seinen Eifer für die Ehre des Christentums an den Tag gelegt: er gestattete seinen Untertanen das gleiche Recht, das er für sich in Anspruch genommen hatte, und sie nahmen mit Dankbarkeit und Vertrauen die allgemeine Toleranz an, welche von einem Fürsten gewährt wurde, der zwar den Leidenschaften ergeben, aber der Furcht und Verstellung unfähig war. Die Heiden, die Juden und alle die verschiedenen Sekten, welche die göttliche Macht Christi anerkannten, wurden von den Gesetzen gegen willkürliche Gewalt wie gegen die Beleidigungen der Menge geschützt. Keine Art von Gottesverehrung war von Valentinian verboten, mit Ausnahme jener geheimen und verbrecherischen Gebräuche, die den Namen der Religion zu den dunklen Zwecken des Lasters und der Unordnung mißbrauchten. Die Kunst der Magie war, wie sie grausamer bestraft wurde, auch strenger verboten; aber der Kaiser ließ einen förmlichen Unterschied gelten, um die alten Methoden der Divination zu beschützen, die vom Senat gebilligt worden waren und von den tuskischen Haruspizes ausgeübt wurden. Er hatte mit Zustimmung der aufgeklärtesten Heiden die Ausschweifung der nächtlichen Opfer verdammt; aber er gewährte sogleich die Bitte des Prokonsuls Prätextatus von Achaja, der ihm vorstellte, daß das Leben der Griechen traurig und trostlos sein würde, wollte man sie der unschätzbaren Segnungen der eleusinischen Geheimnisse berauben. Nur die Philosophie kann sich rühmen (und vielleicht ist es nicht mehr als das Rühmen der Philosophie), daß ihre milde Hand imstande sei, aus dem menschlichen Geiste das verborgene und tödliche Prinzip des Fanatismus auszurotten. Aber dieser durch die weise und kräftige Regierung Valentinians erzwungene Waffenstillstand von zwölf Jahren (364–375) trug, indem er die Wiederholung gegenseitiger Beleidigungen einstellte, zur Milderung der Sitten und Verminderung der Vorurteile der religiösen Parteien bei.

Zum Unglück befand sich der Freund der Toleranz von dem Schauplatz der wildesten Kämpfe entfernt. Sobald die Christen des Westens aus den Schlingen des Glaubensbekenntnisses von Rimini sich losgemacht hatten, sanken sie glücklich in den Schlummer der Rechtgläubigkeit zurück, und die geringen Überreste der arianischen Partei, die es noch in Sirmium oder Mailand gab, mochten mehr als Gegenstände der Verachtung als des Grimmes betrachtet werden. Aber in den Provinzen des Ostens, vom Schwarzen Meer bis zu den äußersten Grenzen der Thebais, war die Stärke und Anzahl der feindlichen Parteien gleichmäßiger abgewogen; statt daß aber diese Gleichheit zu Maßregeln des Friedens führte, diente sie nur zur Verewigung der Schreckunisse eines Religionskampfes. Die Mönche und Bischöfe unterstützten ihre Beweisgründe durch Schmähungen, und auf Schmähungen folgten zuweilen Streiche. Athanasius herrschte noch zu Alexandria, die Throne von Konstantinopel und Antiochia waren von arianischen Prälaten besetzt, und jede bischöfliche Sitzeserledigung gab zu Volkstumulten Anlaß. Die Homouslaner waren durch die Versöhnung mit neunundfünfzig makedonischen oder semiarianischen Bischöfen verstärkt worden; aber deren geheime Abneigung, die Gottheit des Heiligen Geistes anzuerkennen, umwölkte den Glanz des Triumphes, und die Erklärung des Valens, der in den ersten Jahren seiner Regierung das unparteiische Benehmen seines Bruders nachahmte, war ein wichtiger Sieg auf der Seite des Arianismus. Die beiden Brüder hatten ihr Privatleben als Katechumenen verbracht; die Frömmigkeit des Valens gab ihm jedoch ein, um das Sakrament der Taufe nachzusuchen, bevor er seine Person den Gefahren eines gotischen Krieges aussetzte. Er wandte sich natürlich an Eudorus, den Bischof der Kaiserstadt, und wenn der unwissende Monarch von dem arianischen Seelenhirten in den Grundsätzen der heterodoxen Theologie unterrichtet wurde, war sein Unglück, denn von Schuld kann nicht die Rede sein, die unvermeidliche Folge dieser irrtümlichen Wahl. Der Entschluß des Kaisers mußte eine zahlreiche Partei seiner christlichen Untertanen beleidigen, weil die Häupter sowohl der Homousianer als der Arianer glaubten, daß sie, wenn man sie nicht herrschen ließe, grausam gekränkt und unterdrückt wären. Nachdem er diesen entscheidenden Schritt getan hatte, war es für ihn äußerst schwierig, auch nur den Ruf der Unparteilichkeit zu bewahren. Er machte nie wie Constantius auf den Ruhm eines gründlichen Theologen Anspruch: da aber Valens mit Herzenseinfalt und mit Ehrfurcht die Lehrsätze des Eudorus angenommen hatte, überließ er sein Gewissen der Leitung seiner geistlichen Führer und beförderte durch den Einfluß seiner Macht die Wiedervereinigung der athanasianischen Ketzer in dem Schoß der rechtgläubigen Kirche. Anfangs bemitleidete er ihre Blindheit, nach und nach wurde er jedoch durch ihre Hartnäckigkeit gereizt, und zuletzt haßte er diese Sektierer, denen er selbst ein Gegenstand des Hasses war. Der schwache Charakter des Valens wurde stets durch diejenigen beherrscht, mit denen er in vertrautem Verkehr stand, und Verbannung oder Einkerkerung von Privatpersonen sind die Gunstbezeugungen, die von einem despotischen Hofe am leichtesten gewährt werden. Solche Strafen wurden häufig über die Häupter der homousianischen Partei verhängt, und das Unglück, das achtzig Geistliche von Konstantinopel traf, die, vielleicht zufällig an Bord eines Schiffes verbrannten, schrieb man der grausamen und überlegten Bosheit des Kaisers und seines arianischen Rates zu. In jedem Kampfe wurden die Katholiken (wenn wir diese Benennung vorweg gebrauchen dürfen) gezwungen, ihre eigenen Fehler und die ihrer Gegner zu büßen. Bei jeder Wahl erhielten die Ansprüche des arianischen Kandidaten den Vorzug, und wenn ihm die Mehrheit des Volkes Widerstand leistete, wurde er gewöhnlich durch die Macht der Zivilobrigkeit, wohl auch durch die Schrecken militärischer Gewalt unterstützt. Die Feinde des Athanasius suchten die letzten Jahre seines ehrwürdigen Alters zu trüben, und als er sich auf kurze Zeit entfernte, um am Grabe seines Vaters zu beten, wurde dies als eine fünfte Verbannung angesehen. Aber der Eifer eines großen Volkes, das augenblicklich zu den Waffen griff, schüchterte den Präfekten ein, und es war dem Erzbischof gestattet, sein Leben in Frieden und Ruhm nach siebenundvierzigjähriger Regierung zu beenden. Der Tod des Athanasius (2. Mai 373) gab das Zeichen zur Verfolgung in Ägypten, und der heidnische Minister des Valens, der den unwürdigen Lucius mit Gewalt auf den erzbischöflichen Thron setzte, erkaufte die Gunst der herrschenden Partei durch das Blut und die Leiden ihrer christlichen Brüder. Die freie Duldung des heidnischen und jüdischen Gottesdienstes wurde bitterlich als ein Umstand beklagt, der das Elend der Katholiken und die Schuld des ruchlosen Tyrannen des Ostens noch größer machte.

Der Triumph der orthodoxen Partei hat dem Andenken des Valens ein tiefes Brandmal der Verfolgung aufgedrückt; und der Charakter eines Fürsten, dessen Tugenden wie Laster aus einem schwachen Verstande und einem kleinmütigen Herzen flossen, verdient kaum die Mühe einer Verteidigung. Die Unparteilichkeit vermag jedoch einige Gründe zu entdecken, aus denen sich zu ergeben scheint, daß die geistlichen Minister des Valens häufig die Befehle, ja selbst die Absichten ihres Gebieters überschritten, so wie auch, daß das wirkliche Maß der Tatsachen durch die heftige Redeweise und die außerordentliche Leichtgläubigkeit seiner Gegner höchst freigebig vergrößert worden ist. 1. Das Schweigen Valentinians dürfte mit Wahrscheinlichkeit darauf hindeuten, daß die parteiische Strenge, die im Namen und in den Provinzen seines Throngenossen ausgeübt wurde, sich auf einige dunkle und unbeträchtliche Abweichungen von dem bestehenden System der Duldung beschränkte. Auch hat der einsichtsvolle Geschichtsschreiber, der die gleichförmige Ruhe des älteren Bruders gepriesen hat, sich nicht für verpflichtet erachtet, dem Frieden des Westens die grausame Verfolgung des Ostens entgegenzusetzen. 2. Welchen Glauben man unbestimmten und fernen Gerüchten immer beilegen mag, läßt sich doch der Charakter oder wenigstens das Benehmen des Valens am deutlichsten aus seinen persönlichen Verhandlungen mit dem beredten Erzbischof Basilius von Cäsarea erfahren, der dem Athanasius in der Führung der trinitarischen Sache nachfolgte. Die umständliche Erzählung ist von den Freunden und Bewunderern des heiligen Basilius verfaßt worden, und sowie wir eine dicke Rinde von Floskeln und Mirakeln abgelöst haben, staunen wir über die unerwartete Milde des arianischen Tyrannen, der die Festigkeit seines Charakters bewunderte oder eine allgemeine Empörung der Provinz Kappadokien besorgte, wenn er Gewalt anwendete. Der Erzbischof, der mit unbeugsamem Stolz die Wahrheit seiner Meinungen und die Würde seines Ranges behauptete, wurde im freien Besitz seines Gewissens und seines bischöflichen Thrones gelassen. Der Kaiser wohnte mit Andacht dem feierlichen Gottesdienst in der Kathedrale bei, und statt eines Verbannungsurteiles unterzeichnete er eine wertvolle Schenkung von Ländereien an ein Hospital, das Basilius kürzlich in der Nähe von Cäsarea gegründet hatte. 3. Ich bin nicht imstande, zu entdecken, daß irgendein Gesetz (so wie später Theodosius eines gegen die Arianer erließ) von Valens gegen die athanasianischen Sektierer erlassen wurde; ja das Edikt, welches das heftigste Geschrei erregte, scheint gar nicht in so hohem Grade tadelnswert. Der Kaiser hatte in Erfahrung gebracht, daß viele seiner Untertanen, um ihren Hang zum Müßiggang unter dem Vorwand der Religion zu befriedigen, sich zu den Mönchen von Ägypten gesellt hatten; er befahl dem Grafen des Ostens, sie aus ihrer Einsamkeit zu ziehen und diese Flüchtlinge der Gesellschaft zu zwingen, entweder auf ihre zeitlichen Besitztümer Verzicht zu leisten oder die öffentlichen Pflichten von Menschen und Staatsbürgern zu erfüllen. Die Minister des Valens scheinen den Sinn dieses Strafgesetzes ausgedehnt zu haben, da sie das Recht in Anspruch nahmen, die jungen und rüstigen Mönche in die Heere des Kaisers einzureihen. Eine dreitausend Mann starke Abteilung Reiterei und Fußvolk marschierte von Alexandria nach der naheliegenden Wüste von Nitria, die von fünftausend Mönchen bevölkert war. Die Soldaten wurden von arianischen Priestern angeführt, und es wird berichtet, daß in den Klöstern, die den Befehlen ihres Souveräns Ungehorsam entgegensetzten, große Metzeleien angerichtet wurden.

Die strengen Maßnahmen, die von den neuen Souveränen ergriffen worden sind, um Reichtümer und Habsucht der Geistlichkeit einzuschränken, lassen sich ursprünglich von dem Beispiel des Kaisers Valentinian ableiten. Sein an den Bischof Damasus von Rom (370) gerichtetes Edikt wurde öffentlich in den Kirchen der Stadt verlesen. Er ermahnte die Geistlichen und Mönche, die Häuser von Witwen und Jungfrauen nicht zu besuchen, und bedrohte ihren Ungehorsam mit der Ahndung des weltlichen Richters. Dem Beichtvater war nicht mehr gestattet, ein Geschenk, Vermächtnis oder eine Erbschaft von der Freigebigkeit seiner geistlichen Tochter anzunehmen; jedes diesem Edikt zuwiderlaufende Testament wurde zu Frommen des Schatzes eingezogen. Durch eine spätere Verordnung wurden dieselben Verfügungen auch auf Nonnen und Bischöfe ausgedehnt, alle Personen geistlichen Standes für unfähig erklärt, testamentarische Gaben zu empfangen und strenge auf die natürlichen und gesetzlichen Rechte der Erbfolge beschränkt. Als Wächter über häusliches Glück und Tugend wendete Valentinian dieses strenge Mittel gegen das anwachsende Übel an. In der Hauptstadt des Reiches besaßen die Töchter edler und reicher Häuser einen sehr großen Anteil unabhängigen Eigentums, und viele dieser frommen Frauen hatten die Lehre des Christentums nicht nur mit dem Verstand, sondern mit warmer Neigung, vielleicht aber auch aus Modelaune umfaßt. Sie opferten Vergnügungen, Putz und Üppigkeit, verzichteten um des Ruhmes der Keuschheit willen auf die teuren Bande ehelicher Gemeinschaft. Irgendein Geistlicher von wirklicher oder scheinbarer Frömmigkeit wurde gewählt, um ihr schüchternes Gewissen zu leiten und die unbefriedigte Zärtlichkeit ihres Herzens auszufüllen; das unbegrenzte Zutrauen, das sie vorschnell verschenkten, wurde häufig von Schurken und Schwärmern mißbraucht, die von den äußersten Enden des Orients herbeieilten, um auf einem glänzenden Schauplatz die Früchte des Mönchsstandes zu genießen. Durch ihre Verachtung der Welt erwarben sie allmählich deren wünschenswerteste Vorteile: die tiefe Zuneigung eines vielleicht jungen und schönen Weibes, den Überfluß eines reichen Haushaltes und die ehrfurchtsvolle Huldigung der Sklaven, Freigelassenen und Schützlinge einer senatorischen Familie. Die unermeßlichen Glücksgüter der römischen Damen wurden allmählich in verschwenderischen Almosen und kostspieligen Wallfahrten vergeudet, und der schlaue Mönch, der sich selbst den ersten, vielleicht einzigen Platz im Testamente seiner geistlichen Tochter gesichert hatte, wagte mit dem glatten Antlitz der Heuchelei zu erklären, daß er bloß das Werkzeug der Mildtätigkeit und der Haushalter der Armen wäre. Das einträgliche, aber schmähliche Gewerbe, das von der Geistlichkeit geübt wurde, um die natürlichen Erben um ihre Hoffnungen zu betrügen, hatte die Entrüstung eines abergläubischen Zeitalters erregt, und zwei der achtbarsten Väter der lateinischen Kirche gestehen ehrlich, daß das sie beschimpfende Edikt Valentinians gerecht und notwendig sei; daß die christlichen Kleriker verdient hätten, ein Recht zu verlieren, dessen sich fortwährend die Schauspieler, Wagenlenker und Priester der Götzen erfreuten. Aber die Weisheit und Macht eines Gesetzgebers bleibt in dem

Kampf mit der wachsamen Gewandtheit des Privateigennutzes selten Sieger, und immerhin mochten Hieronymus oder Ambrosius sich mit Geduld in die Gerechtigkeit eines unwirksamen oder heilsamen Gesetzes ergeben. Wenn den Geistlichen auch in der Verfolgung persönlichen Nutzens Einhalt getan wurde, strengten sie einen löblichen Fleiß an, um das Eigentum der Kirche zu bewahren und ihre Habsucht mit den gleißenden Namen der Frömmigkeit und des Patriotismus zu bemänteln.

Der Bischof Damasus von Rom (366 – 384), der gezwungen war, die Habsucht seiner Geistlichkeit durch die Kundmachung des Gesetzes Valentinians zu brandmarken, hatte die Einsicht oder das Glück, den Eifer und die Talente des gelehrten Hieronymus für seine Dienste zu gewinnen, und der denkbare Heilige feierte dafür das Verdienst und die Reinheit eines sehr zweideutigen Charakters. Aber die glänzenden Fehler der Kirche von Rom sind von dem Geschichtsschreiber Ammianus interessant aufgefaßt worden. Er drückt seine unparteiische Ansicht in folgenden Worten aus: „Die Präfektur des Juventius war von Frieden und Überfluß begleitet, bald aber wurde die Ruhe seiner Verwaltung durch einen blutigen Aufruhr des wahnsinnigen Volkes gestört. Das eifrige Trachten des Damasus und Ursinus überstieg das gewöhnliche Maß menschlichen Ehrgeizes. Sie kämpften mit Parteiwut, der Streit wurde durch die Wunden und den Tod ihrer Anhänger unterhalten, und der Präfekt, der dem Tumulte weder zu widerstehen noch ihn zu unterdrücken vermochte, wurde durch überlegene Gewalt gezwungen, sich in die Vorstädte zurückzuziehen. Damasus behielt die Oberhand, der wohlerstrittene Sieg blieb auf seiten seiner Partei; hundertundsiebenunddreißig Leichen wurden in der Basilika des Sicininus, wo die Christen ihre religiösen Versammlungen hielten, aufgehoben, und es dauerte lange, bevor die zornigen Gemüter des Volkes die gewohnte Ruhe wiedererlangten. Wenn ich den Glanz der Hauptstadt betrachte, staune ich nicht, daß eine so wertvolle Beute das Verlangen ehrgeiziger Menschen entzündet und die wildesten, hartnäckigsten Kämpfe erzeugt. Der siegreiche Kandidat kann versichert sein, daß er durch die Gaben der Matronen bereichert werden wird. Sobald sein Anzug mit gehöriger Sorgfalt und Eleganz gewählt ist, wird er in seinem Wagen durch die Straßen Roms ziehen können, und der Aufwand der kaiserlichen Tafel wird den verschwenderischen und ausgesuchten Gelagen nicht gleichkommen, die durch den Geschmack und auf Kosten der römischen Pontifices ausgerichtet werden. Wie viel besser (fährt der ehrliche Heide fort) würden diese Hohenpriester für ihr wahrhaftes Glück sorgen, wenn sie, statt die Größe der Stadt als Entschuldigung ihrer Sitten anzuführen, das musterhafte Leben einiger Provinzialbischöfe nachahmen wollten, deren Mäßigkeit und Nüchternheit, deren geringer Anzug und gesenkte Blicke ihre reine und bescheidene Tugend der Gottheit und ihren wahren Verehrern empfehlen. Das Schisma des Damasus und Ursinus wurde durch die Verbannung des letzteren ausgelöscht, und die Weisheit des Präfekten Prätextatus stellte die Ruhe der Stadt wieder her. Prätextatus war ein philosophischer Heide, ein gelehrter Mann mit Geschmack und Feingefühl, der einen Vorwurf in die Form eines Scherzes kleidete, als er Damasus versicherte, daß er, wenn er Bischof von Rom werden würde, sich sogleich zur christlichen Religion bekehren wollte. Diese lebendige Schilderung des Reichtums und der Üppigkeit der Päpste im vierten Jahrhundert ist um so interessanter, als sie ein Mittelding zwischen der demütigen Armut der apostolischen Fischer und dem königlichen Pomp eines weltlichen Fürsten ist, dessen Gebiet sich von Neapel bis an die Ufer des Po erstreckt.

Als die Stimme der Feldherren und des Heeres das Zepter des Römischen Reiches den Händen Valentinians anvertraute, waren sein Waffenruhm, seine Geschicklichkeit im Kriege und sein strenges Festhalten an den Formen wie an dem Geist der alten Disziplin die Hauptgründe ihrer einsichtsvollen Wahl. Der Eifer der Truppen, die in ihn drangen, einen Throngenossen zu ernennen, war durch die gefährliche Lage der öffentlichen Angelegenheiten gerechtfertigt, und Valentinian selbst sah ein, daß auch die Fähigkeiten des tätigsten Geistes der Verteidigung der fernen Grenzen einer angegriffenen Monarchie nicht gewachsen waren. Kaum hatte der Tod Julians die Barbaren von dem Schrecken seines Namens erlöst, als die kühnsten Hoffnungen auf Sieg und

Beute die Nationen des Ostens, Nordens und Südens aufreizten. Ihre Einfälle waren häufig bedrückend und zuweilen furchtbar, aber während der zwölf Jahre der Regierung Valentinians (364 bis 375) beschützte seine Festigkeit und Wachsamkeit seine eigenen Gebiete, und sein gewaltiger Geist schien die schwachen Ratschlüsse seines Bruders anzufachen und zu leiten.

Eine gesonderte Übersicht der fünf großen Kriegsschauplätze: I. Deutschland, II. Britannien, III. Afrika, IV. der Osten, V. die Donau, wird ein genaues Bild des Kriegszustandes des Reiches unter den Regierungen Valentinians und Valens' geben.

I. Die Gesandten der Alemannen hatten das barsche und hochmütige Benehmen des Kanzlers Ursacius übelgenommen, der mit unvernünftiger Sparsamkeit sowohl den Wert als die Menge der Geschenke vermindert hatte, die sie entweder durch Herkommen oder Vertrag bei der Thronbesteigung eines neuen Kaisers beanspruchten. Sie drückten ihren tiefen Abscheu gegen diese Nationalbeschimpfung aus und teilten ihn den Vaterlandsgenossen mit. Die zornigen Führer wurden durch den Verdacht der Verachtung erbittert, und die kriegerische Jugend strömte unter die Fahnen. Bevor Valentinian über die Alpen gehen konnte, standen die Dörfer und Flecken Galliens in Flammen (365); bevor sein Feldherr Dagalaiphus den Alemannen begegnen konnte, hatten sie die Gefangenen und die Beute in die Wälder Germaniens in Sicherheit gebracht. Zu Beginn des folgenden Jahres durchbrach die Streitmacht der Nation in tiefen und geschlossenen Heeressäulen die Schranken am Rhein inmitten eines strengen nordischen Winters. Zwei römische Grafen wurden geschlagen und tödlich verwundet, und die Fahne der Heruler und Batave fiel in die Hände der Sieger, die mit beschimpfendem Geschrei und unter Drohungen das Zeichen ihres Sieges entfalteten. Die Fahne wurde wiedererobert, aber die Batave hatten in den Augen ihres strengen Richters die Schmach ihrer Beschimpfung und Flucht nicht ausgelöscht. Valentinian war der Ansicht, daß seine Soldaten ihre Feldherren fürchten lernen müssen, bevor sie aufhören könnten, den Feind zu fürchten. Die Truppen wurden feierlich versammelt und die zitternden Batave in den Kreis des kaiserlichen Heeres eingeschlossen. Valentinian bestieg hierauf sein Tribunal und, gleich als verschmähte er es, die Feigheit mit dem Tode zu bestrafen, brandmarkte er mit unauslöschlicher Schmach die Offiziere, deren schlechtes Benehmen und Feigheit sich als die erste Veranlassung der Niederlage erwiesen hatte. Die Batave wurden ihres Ranges entsetzt, ihrer Waffen beraubt und verurteilt, als Sklaven verkauft zu werden. Bei diesem furchtbaren Strafgericht fielen die Truppen auf ihr Antlitz, suchten flehend den Grimm ihres Souveräns zu erweichen und beteuerten, sie würden sich, wenn er ihnen eine Gelegenheit geben wollte, des Namens Römer und seiner Soldaten nicht unwürdig erweisen. Valentinian gab mit gemachtem Widerstreben ihren Bitten nach. Die Batave ergriffen ihre Waffen wieder und mit ihren Waffen den unbezwinglichen Entschluß, ihre Schmach in dem Blute der Alemannen zu tilgen. Dagalaiphus lehnte den Oberbefehl ab, und dieser erfahrene Feldherr, der vielleicht mit zu viel Vorsicht auf die außerordentlichen Schwierigkeiten des Unternehmens hingewiesen hatte, mußte noch vor Ende des Feldzuges die Kränkung erdulden, daß sein Nebenbuhler Jovinus diese Schwierigkeiten in einen entscheidenden Sieg über die zerstreuten Streitkräfte der Germanen verwandelte. An der Spitze eines wohldisziplinierten Heeres von Reiterei, Fußvolk und leichten Truppen rückte Jovinus ebenso behutsam als rasch bis in die Gegend von Skarponna, im Gebiete von Metz vor, wo er eine große Abteilung Alemannen überrumpelte, bevor sie Zeit hatte, zu ihren Waffen zu eilen, und belobte seine Soldaten durch das Vertrauen auf einen leichten und unblutigen Sieg. Eine andere Abteilung oder vielmehr Armee des Feindes rückte nach einer grausamen und mutwilligen Verwüstung des umliegenden Landes an den schattigen Ufern der Mosel aus. Jovinus, der die Gegend mit dem Blick eines Feldherrn überschaut hatte, zog schweigend durch ein tiefes und bewaldetes Tal heran, bis er die träge Sicherheit der Germanen deutlich wahrnehmen konnte. Einige badeten ihre riesigen Körper im Fluß, andere kämmten ihr langes blondes Haar, andere tranken in langen Zügen den edlen und köstlichen Wein. Urplötzlich hörten sie das schmettern der römischen Trompeten, sahen sie den

Feind in ihrem Lager. Staunen erzeugte Unordnung, der Unordnung folgte Flucht und Entsetzen, und das verworrene Gedränge tapferster Krieger wurde von den Schwertern und Wurfspießen der Legionssoldaten und Hilfstruppen durchbohrt. Die Flüchtlinge entrannen zu dem dritten, größten Lager in den katalaunischen Feldern bei Chalons in der Champagne. Die zerstreuten Abteilungen wurden eiligst zu ihren Fahnen zurückgerufen, und die Barbarenführer, durch das Schicksal ihrer Kriegsgenossen beunruhigt und gewarnt, rüsteten sich, den siegreichen Streitkräften des Stellvertreters Valentinians in entscheidender Schlacht zu begegnen. Der blutige und hartnäckige Kampf dauerte einen langen Sommertag mit gleicher Tapferkeit und abwechselndem Erfolg. Zuletzt behielten die Römer mit einem Verlust von zwölfhundert Mann die Oberhand. Sechstausend Alemannen wurden erschlagen, eintausend verwundet, und nachdem der tapfere Jovinus den Rest ihrer Scharen bis an die Ufer des Rheins gejagt hatte, kehrte er nach Paris zurück (Juli), um den Beifall seines Souveräns und die Würdezeichen des Konsulates für das folgende Jahr zu empfangen. Der Triumph der Römer wurde durch ihre Behandlung des gefangenen Königs entehrt, den sie ohne Vorwissen ihres entrüsteten Feldherrn an den Galgen hingen. Auf diese schmachvolle Tat der Grausamkeit, die man der Wut der Truppen zurechnen mußte, folgte der überlegte Mord des Withicab, des Sohnes Vadomairs, eines germanischen Fürsten mit einem schwachen und kränklichen Körper, aber einem kühnen und furchtbaren Geiste. Der heimische Meuchelmörder war von den Römern angestiftet worden und wurde von ihnen beschützt, und diese Verletzung der Gesetze der Menschlichkeit und Gerechtigkeit verriet ihre geheime Angst vor der Schwäche des sinkenden Reiches. Man schreitet in öffentlichen Ratschlüssen selten zur Anwendung des Dolches, solange man noch einiges Vertrauen in die Macht des Schwertes setzt.

Während die Alemannen durch ihr neuerliches Unglück gedemütigt zu sein schienen, wurde der Stolz Valentinians durch den unerwarteten Überfall von Moguntiacum oder Mainz, der Hauptstadt von Obergermanien, auf die Folter gespannt. Rando, ein kühner und schlauer Führer, der lange über dieses Unternehmen gebrütet hatte, setzte während der sorglosen Feier eines christlichen Festes plötzlich über den Rhein, brach in die wehrlose Stadt ein und zog sich mit einer Menge Gefangener beiderlei Geschlechtes wieder zurück. Valentinian beschloß, strenge Rache an der Gesamtheit der Nation zu üben. Graf Sebastian erhielt Befehl, mit den Heereshaufen von Italien und Illyrien, wahrscheinlich von Rhätien aus, in ihr Land einzubrechen. Der Kaiser in Person, von seinem Sohn Gratian begleitet, ging über den Rhein (368) an der Spitze eines furchtbaren Heeres, das auf beiden Flügeln von Jovinus und Severus, den zwei Oberbefehlshabern der Reiterei und des Fußvolks des Westens, unterstützt wurde. Da die Alemannen die Verheerung ihrer Dörfer nicht zu verhindern vermochten, schlugen sie ihr Lager auf einem hohen und fast unersteiglichen Berge, in dem jetzigen Herzogtum Württemberg, auf und erwarteten voll Entschlossenheit den Heranzug der Römer. Das Leben Valentinians wurde durch die unerschrockene Neugierde, womit er darauf bestand, einen geheimen und unbewachten Pfad zu erforschen, der augenscheinlichsten Gefahr ausgesetzt. Eine Schar Barbaren erhob sich plötzlich aus ihrem Hinterhalte, und der Kaiser, der sein Roß kräftig über den steilen und schlüpfrigen Abhang spornte, mußte seinen Waffenträger und seinen mit Gold und Edelsteinen geschmückten Helm zurücklassen. Auf das Zeichen zum allgemeinen Angriff umgaben und erstiegen die Römer den Berg von Solicinium von drei verschiedenen Seiten. Jeder Schritt, den sie gewannen, fachte ihren Eifer an, und nachdem sie mit vereinten Kräften den Gipfel des Berges erklommen hatten, drängten sie die Barbaren ungestüm über den nördlichen Abhang, wo Graf Sebastian aufgestellt war, um ihnen den Rückzug abzuschneiden. Nach diesem entscheidenden Sieg kehrte Valentinian in seine Winterquartiere nach Trier zurück, wo er den öffentlichen Vergnügungen durch glänzende Triumphe freien Spielraum ließ. Aber statt daß der weise Monarch nach der Eroberung Germaniens strebte, beschränkte er seine Aufmerksamkeit auf die wichtige und schwierige Verteidigung der gallischen Grenzen gegen einen Feind, dessen Stärke durch eine große Menge kühner Freiwilliger erneuert wurde, die ihm unaufhörlich aus den fernsten Stämmen des Nordens zuflossen. Die Ufer des Rheins wurden von seinem Ursprung bis an die Meerenge dicht mit starken Schlössern und festen Türmen besetzt. Neue Werke und neue Waffen wurden durch den Scharfsinn eines in den mechanischen Künsten erfahrenen Fürsten erfunden, und seine zahlreichen Rekruten aus der römischen und barbarischen Jugend wurden streng in allen kriegerischen Übungen ausgebildet. Die Fortschritte des Werkes, dem man sich bald durch bescheidene Vorstellungen und bald durch feindliche Versuche widersetzte, sicherten die Ruhe Galliens während der neun folgenden Jahre der Regierung Valentinians.

Dieser kluge Kaiser, der die weisen Maximen s fleißig in Anwendung brachte, war eifrig bemüht, innere Spaltungen zwischen den Stämmen Germaniens zu nähren und zu erregen. Gegen Mitte des vierten Jahrhunderts waren die Länder, vielleicht die Lausitz und Thüringen, auf beiden Ufern der Elbe der unbestimmten Herrschaft der Burgunder unterworfen, eines kriegerischen und zahlreichen Volkes aus vandalischem Stamme. Das Merkwürdigste in den alten Sitten der Burgunden scheint der Unterschied gewesen zu sein, den sie zwischen ihrer bürgerlichen und religiösen Verfassung machten. Der Name Hendinos wurde dem König oder dem Feldherrn und der Name Sinistus dem Hohepriester der Nation beigelegt. Die Person des Priesters war heilig und seine Würde immerwährend, aber die weltliche Regierung wurde unter einem sehr unsicheren Titel besessen. Wenn die Kriegsereignisse den Mut oder die Klugheit des Königs in Zweifel zogen, wurde er sogleich abgesetzt; ja die Ungerechtigkeit seiner Untertanen machte ihn für die Fruchtbarkeit der Erde und die Regelmäßigkeit der Jahreszeiten verantwortlich, was doch mehr in das Fach des Priesters zu schlagen schien. Der streitige Besitz einiger Salzwerke verwickelte die Alemannen und Burgunden in häufige Kämpfe. Die Burgunden ließen sich leicht durch geheime Bewerbungen und freigebige Anerbietungen des Kaisers verlocken, und ihre fabelhafte Abstammung von römischen Kriegern, die einst von Drusus als Besatzung der Festungen zurückgelassen worden waren, wurde durch gegenseitige Leichtgläubigkeit zugegeben, weil sie den beiderseitigen Interessen zusagte. Ein Heer von achtzigtausend Burgunden erschien bald am Rhein und forderte ungeduldig die Unterstützung und die Hilfsgelder, die Valentinian versprochen hatte, aber sie wurden durch Entschuldigungen und Verzögerungen hingehalten, bis sie sich nach fruchtlosem Harren endlich gezwungen sahen, sich zurückzuziehen. Die Streitkräfte und Befestigungen der gallischen Grenze hielten die Wut ihrer gerechten Rache im Zaum, und das Niedermetzeln ihrer Gefangenen diente zur Erbitterung der Erbfeindschaft zwischen Burgunden und Alemannen. Die Unbeständigkeit des klugen Fürsten läßt sich durch Veränderung der Umstände erklären; vielleicht ging die ursprüngliche Absicht Valentinians mehr auf Einschüchterung als auf Vernichtung, und das Gleichgewicht der Macht wäre durch die Ausrottung eines dieser beiden germanischen Völker in gleichem Maße gestört worden. Unter den Fürsten der Alemannen verdiente Macrianus, dem auch dem römischen Namen verdiente auch die Fähigkeiten eines römischen Soldaten und Staatsmannes angenommen hatte, seinen Haß und seine Achtung. Der Kaiser ließ sich herbei, persönlich mit einer leichten und durch nichts behinderten Schar über den Rhein zu gehen; er drang fünfzig Meilen weit ins Land ein und würde unfehlbar seines Feindes habhaft geworden sein, wenn seine klugen Maßnahmen nicht durch die Ungeduld der Truppen vereitelt worden wären. Macrianus wurde nachher die Ehre einer persönlichen Unterredung mit dem Kaiser zuteil, und die Gunstbezeigungen, die er empfing, verwandelten ihn bis zur Stunde seines Todes in einen aufrichtigen und treuen Freund der Republik.

Das Land war durch die Festungswerke Valentinians gedeckt, aber die Seeküsten Galliens und Britanniens blieben den Räubereien der Sachsen bloßgestellt. Dieser berühmte Name entging der Aufmerksamkeit des Tacitus, und auf den Karten des Ptolemäus bezeichnet er schwach die schmale Landenge der kimbrischen Halbinsel und drei kleine Inseln an der Mündung der Elbe. Dieses kleine Gebiet, das seinerzeitige Herzogtum Schleswig oder Holstein, konnte unmöglich jene unerschöpflichen Schwärme Sachsen hervorbringen, die über den Ozean herrschten, die britische Insel mit ihrer Sprache, ihren Gesetzen und ihren Kolonien füllten und die Freiheit des Nordens so lange gegen die Waffen Karls des Großen verteidigt haben. Diese Schwierigkeit findet indes eine leichte Lösung in den ähnlichen Sitten und der lockeren Verfassung der Stämme Germaniens, die durch die geringsten feindlichen oder freundschaftlichen Zwischenfälle durcheinandergewürfelt wurden. Die Lage der eigentlichen Sachsen am Meere erregte in ihnen die Neigung zu den gefährlichen Gewerben von Fischern und Seeräubern, und der Erfolg ihrer ersten Wagnisse entfachte natürlich den Wetteifer der Tapfersten ihrer Landsleute, die der düsteren Einsamkeit ihrer Wälder überdrüssig waren. Mit jeder Flut fuhren auf der Elbe ganze Flotten von Kähnen mit unternehmenden und kühnen Genossen hinunter, die nach dem grenzenlosen Ozean und dem Reichtum und der Üppigkeit unbekannter Welten lüstern waren. Aller Wahrscheinlichkeit nach erhielten die Sachsen ihre zahlreichsten Bundesgenossen aus den Völkern, die längs den Ufern der Ostsee wohnten. Sie besaßen Waffen und Schiffe, verstanden diese zu steuern und waren den Seekrieg gewohnt, aber die Schwierigkeit, durch den Sund, die sogenannten nördlichen Säulen des Herkules, zu fahren (die mehrere Monate des Jahres hindurch vom Eise versperrt sind), beschränkte ihre Geschicklichkeit und ihren Mut auf die Grenzen eines großen Sees. Das Gerücht von den erfolgreichen Geschwadern, die von der Mündung der Elbe absegelten, reizte sie bald, über die Landenge von Schleswig zu gehen und ihre Schiffe dem Weltmeer anzuvertrauen. Die verschiedenen Scharen Seeräuber und Abenteurer, die unter derselben Fahne fochten, schmolzen allmählich zu einer bleibenden Gesellschaft, anfangs des Raubes, später des Staates, zusammen. Ein kriegerischer Bund wurde unmerklich durch die wohltätige Wirkung der Ehe und Blutsverwandtschaft zu einem Nationalkörper ausgebildet, und die anwohnenden Stämme, die sich um das Bündnis der Sachsen bewarben, eigneten sich deren Namen und Gesetze an. Wäre die Tatsache nicht durch Zeugnisse erwiesen, die über allen Zweifel erhaben sind, so würde es scheinen, die Leichtgläubigkeit unserer Leser durch die Beschreibung der Schiffe zu mißbrauchen, in denen die sächsischen Seeräuber mit den Wellen der Nordsee, des Kanals und der Bucht von Biskaya kämpften. Der Kiel ihrer großen flachbodigen Schiffe war aus leichtem Bauholz gezimmert, die Seiten aber und die oberen Teile bestanden nur aus Weidengeflecht mit einer Deckung von starken Häuten. Im Laufe ihrer langen und weiten Fahrten mußten sie stets der Gefahr und sehr häufig dem Schiffbruch preisgegeben sein, und die Seeannalen der Sachsen waren ohne Zweifel mit Berichten über die Verluste angefüllt, die sie an den Küsten Britanniens und Galliens erlitten hatten. Aber der verwegene Mut der Seeräuber trotzte den Gefahren der See wie der Küste. Ihre Geschicklichkeit wurde durch die Gewohnheit der Wagnisse gestählt; der geringste ihrer Seeleute war gleich geeignet, ein Ruder zu handhaben, ein Segel aufzuziehen oder ein Schiff zu steuern; ja die Sachsen freuten sich beim Heranzuge eines Sturmes, der ihren Plan verbarg und die Flotten des Feindes zerstreute. Nachdem sie sich genaue Kenntnis von den Seeprovinzen des Reiches verschafft hatten, dehnten sie den Schauplatz ihrer Raubzüge aus, und selbst die abgelegensten Plätze waren nicht vor ihnen sicher. Die sächsischen Fahrzeuge gingen so wenig tief im Wasser, daß sie auf den großen Strömen leicht achtzig bis hundert Meilen stromaufwärts segeln konnten. Ihr Gewicht war so unbeträchtlich, daß es nicht schwer hielt, sie auf Wagen von einem Fluß zum andern zu schaffen; und die Seeräuber, die in den Rhein oder die Seine eingesegelt waren, konnten auf dem reißenden Rhonestrom wieder nach dem Mittelmeer fahren. Unter der Regierung Valentinians wurden die Seeprovinzen Galliens von den Sachsen heimgesucht (371); ein militärischer Graf wurde zur Verteidigung der Küste oder armorikanischen Grenze aufgestellt, und dieser Anführer, der seine Macht oder seine Fähigkeiten dem Unternehmen nicht gewachsen sah, bat um den Beistand des Oberbefehlshabers des Fußvolks, Severus. Die Sachsen wurden von überlegenen Streitkräften umzingelt und gezwungen, ihre Beute fahren zu lassen und eine auserlesene Schar ihrer hochgewachsenen und kräftigen Jugend zu stellen, um in dem kaiserlichen Heere zu dienen. Sie verlangten nur sicheren und ehrenvollen Rückzug, eine Bedingung die der römische Feldherr um so leichter gewährte, als er beabsichtigte, einen Treubruch zu begehen, was ebenso unklug wie unmenschlich war, solange ein Sachse noch am Leben und in Waffen blieb, um das Schicksal seiner Landsleute zu rächen. Die vorschnelle Gier des Fußvolks, das in einem tiefen Tal aufgestellt war, verriet den Hinterhalt; ja diese Truppen wären vielleicht als Opfer ihres eigenen Verrates gefallen, wenn eine Abteilung schwerbewaffneter Reiter, durch das Getöse des Kampfes aufgeschreckt, nicht schnell vorgesprengt wäre, um ihre Kameraden zu retten und die unerschrocken Sachsen zu überwältigen. Einige der Gefangenen blieben vom Schwert verschont, um ihr Blut im Amphitheater zu vergießen. Der Redner Symmachus beklagt, daß neunundzwanzig dieser verzweifelten Sachsen, indem sie sich mit eigenen Händen erwürgten, die Schaulust des Volkes getäuscht hätten. Nichtsdestoweniger wurden die verfeinerten und philosophischen Bürger Roms von tiefstem Schauder ergriffen, als sie hörten, daß die Sachsen den Göttern den Zehnten ihrer Menschenbeute darbrachten und daß sie durch das Los denjenigen bestimmten, der diesem barbarischen Brauch zum Opfer fiel.

II. Die fabelhaften Kolonien der Ägypter und Trojaner, der Skandinavier und Spanier in Britannien, auf die unsere Vorfahren in ihrer Leichtgläubigkeit so stolz waren, sind durch die aufklärende Wissenschaft und Geschichte allmählich verschwunden. Die Gegenwart gibt sich mit der einfachen und vernünftigen Meinung zufrieden, daß die Inseln Großbritannien und Irland nach und nach von dem nahe liegenden Festland Gallien bevölkert wurden. Von den Küsten von Kent bis an das äußerste Ende von Caithneß und Ulster blieb der keltische Ursprung in der immerwährenden Ähnlichkeit der Sprache, Religion und Sitten deutlich bewahrt, wogegen die eigentümlichen Charakterzüge der britischen Stämme ganz natürlich dem Einfluß zufälliger und lokaler Umstände zugeschrieben werden müssen. Die römische Provinz war auf den Zustand zivilisierter und friedlicher Knechtschaft herabgesunken: die Rechte wilder Unabhängigkeit waren auf die engen Grenzen von Kaledonien beschränkt. Die Bewohner dieses nördlichen Landes waren schon zu Konstantins Regierung in die zwei großen Stämme der Schotten und Pikten geteilt, die seither ein ganz verschiedenes Schicksal erfahren haben. Die Macht, ja fast die Erinnerung an die Pikten ist durch ihre glücklichen Nebenbuhler vernichtet worden, und Schottland hat, nachdem es sich Jahrhunderte hindurch als unabhängiges Königreich behauptet hat, durch eine freiwillige Vereinigung zur Ehre des englischen Namens beigetragen. Der Unterschied zwischen Schotten und Pikten war bereits durch die Natur bezeichnet. Jene waren die Männer der Berge, diese der Ebene. Die östliche Wüste von Kaledonien kann als ein ebenes und fruchtbares Land betrachtet werden, das selbst in den frühesten Anfängen des Ackerbaues eine beträchtliche Menge Korn hervorzubringen imstande war. Der Beiname Cruitnich oder Weizenesser drückte die Verachtung oder den Neid der fleischessenden Hochländer aus. Die Bebauung des Landes mußte eine genauere Scheidung des Eigentums und die Gewohnheit des seßhaften Lebens einführen, Krieg und Raub blieben jedoch die herrschende Leidenschaft der Pikten, und ihre Krieger, die zu einem Schlachttag die Kleider ablegten, machten sich in den Augen der Römer durch den seltsamen Gebrauch bemerkbar, ihre nackten Leiber mit bunten Farben und phantastischen Gestalten zu bemalen. Der westliche Teil von Kaledonien erhebt sich unregelmäßig zu wilden und kahlen Bergen, die die Mühe des Landwirtes kaum lohnen und noch am vorteilhaftesten zu Viehweiden benützt werden. Die Hochländer waren zu den Beschäftigungen der Hirten und Jäger verurteilt, und da sie selten feste Wohnungen besaßen, erwarben sie den ausdrucksvollen Namen Schotten, was in der keltischen Sprache soviel wie Wanderer oder Landstreicher bedeuten soll. Die Bewohner eines kahlen Landes waren gezwungen, neue Vorräte von Lebensmitteln im Wasser zu suchen. Die tiefen Seen und Buchten, die ihr Land durchschneiden, sind reich an Fischen, und allmählich wagten sie es, ihre Netze in den Wogen des Ozeans auszuwerfen. Die Nähe der Hebriden, die in so großer Menge längs der westlichen Küste von Schottland zerstreut sind, lockte ihre Neugierde und vermehrte ihre Geschicklichkeit. So erwarben sie langsam und allmählich die Kunst oder vielmehr die Gewohnheit, ihre Fahrzeuge im stürmischen Meere zu steuern und ihre nächtliche Bahn nach dem

Lichte wohlbekannter Sterne zu richten. Die zwei kühnen Landspitzen Schottlands berühren fast die Gestade jener großen Insel, die von ihrem üppigen Pflanzenwuchs das Beiwort grün erhalten und mit geringer Veränderung den Namen Erin oder Jerne oder Ireland bewahrt hat. Es ist wahrscheinlich, daß in einer fernliegenden Zeit des Altertums die fruchtbaren Ebenen von Ulster eine Kolonie hungriger Schotten empfingen und daß die Fremden des Nordens, die es mit den Waffen der Legionen aufzunehmen wagten, ihre Eroberungen über die wilden und unkriegerischen Eingeborenen einer einsamen Insel ausdehnten. Es ist gewiß, daß zur Zeit des Sinkens des Römischen Reiches Kaledonien, Irland und die Insel Man von Schotten bewohnt waren und daß die verwandten Stämme, die sich häufig zu kriegerischen Unternehmungen zusammengesellten, durch die verschiedenen Wechselfälle ihres gegenseitigen Schicksals tief berührt wurden. Sie nährten lange mit Vorliebe die lebendigen Sagen ihres gemeinsamen Namens und Ursprungs, und die Missionare von der Insel der Heiligen, die das Licht des Christentums über Nordbritannien ausgossen, verbreiteten die eitle Meinung, daß ihre irischen Landsleute ebensowohl die leiblichen als die geistigen Väter des Geschlechtes der Schotten wären. Die lockere und dunkle Überlieferung ist von dem ehrwürdigen Beda bewahrt worden, der das finstere achte Jahrhundert etwas aufgehellt hat. Über diesem seichten Boden wurde allmählich von Barden und Mönchen, zwei Klassen Menschen, die in gleichem Grade das Vorrecht der Dichtung mißbraucht haben, ein ungeheurer Fabelbau aufgeführt. Das schottische Volk nahm mit verkehrtem Stolz ihre irische Genealogie an, und die Annalen einer langen Reihe von erdichteten Königen sind durch die Phantasie des Boethius und die klassische Eleganz Buchanans geschmückt worden.

Sechs Jahre nach dem Tode Konstantins erforderten die zerstörenden Einfälle der Pikten und Schotten die Anwesenheit seines jüngsten Sohnes, der über das westliche Reich herrschte. Konstans besuchte sein britisches Gebiet. Wie wichtig indes seine Unternehmungen waren, können wir am besten einem Panegyrikus entnehmen, worin sein Triumph über die Elemente gepriesen wird, mit anderen Worten, das Glück einer sicheren und bequemen Überfahrt vom Hafen von Boulogne nach dem Hafen von Sandwich. Die Drangsale eines auswärtigen Krieges und innerer Tyrannei, welche die schwer heimgesuchten Provinzbewohner fortwährend in Angst versetzten, wurden noch durch die schwache und korrumpierte Verwaltung der Eunuchen des Constantius erschwert. Die vorübergehende Erleichterung, die ihnen durch Julian zuteil wurde, ging bald durch die Abwesenheit und den Tod dieses Wohltäters verloren. Die Summen in Gold und Silber, die zur Bezahlung der Truppen mühsam aufgebracht oder freigebig übersandt worden waren, wurden durch habsüchtige Befehlshaber aufgefangen. Befreiungen oder wenigstens Ausnahmen von Kriegsdiensten wurden öffentlich verkauft, die Soldaten ihrer gesetzlichen und spärlichen Mittel des Unterhaltes beraubt, durch Notstand zur Heeresflucht gereizt. Die Kriegszucht erschlaffte und die Heerstraßen waren durch Räuber unsicher gemacht. Die Unterdrückung der Gutgesinnten und die Ungestraftheit der Übelstifter trugen auf gleiche Weise zur Verbreitung des Geistes der Unzufriedenheit und des Aufruhrs über die Insel bei, und jeder herrschsüchtige Untertan, jeder verzweifelte Geächtete hegte die vernünftige Hoffnung, die schwache und zerrüttete Regierung von Britannien zu stürzen. Die feindlichen Stämme des Nordens, die den Stolz und die Macht des Königs der Welt verabscheuten, stellten ihre heimischen Fehden ein; und die Barbaren des Landes und Meeres, die Schotten, Pikten und Sachsen, verbreiteten sich rasch mit unwiderstehlicher Wut von Antoninus' Wall bis an die Gestade von Kent. Alle Erzeugnisse der Kunst oder Natur, alle Gegenstände der Bequemlichkeit und des Luxus, die sie weder durch Arbeit hervorzubringen noch durch Handel sich zu verschaffen vermochten, waren in der reichen und fruchtbaren Provinz Britannien aufgehäuft. Ein Philosoph mag die ewige Zwietracht des Menschengeschlechtes beklagen, wird aber zugeben, daß das Verlangen nach Beute eine viel vernünftigere Forderung sei als die Eitelkeit des Sieges. Vom Zeitalter Konstantins bis zu jenem der Plantagenets fuhr dieser Geist der Raubsucht fort, die armen und kühnen Kaledonier zu reizen, und dasselbe Volk, dessen hochherzige Menschlichkeit die

Gesänge Ossians zu begeistern scheint, wurde durch barbarische Unkenntnis der Wohltaten des Friedens und der Gesetze des Krieges entehrt. Die Raubzüge der Schotten und Pikten sind von ihren südlichen Nachbarn als grausam empfunden und vielleicht übertrieben worden. Ein tapferer Stamm Kaledoniens, die Attakotten, die Feinde und später die Soldaten Valentinians, werden sogar durch einen Augenzeugen beschuldigt, daß sie mit Wonne und großem Genuß Menschenfleisch aßen. Wenn sie in den Wäldern nach Beute jagten, sollen sie lieber den Hirten als die Herde angegriffen und wählerisch die zartesten und fleischigsten Teile sowohl von Männern als Frauen mitgenommen und für ihre schrecklichen Mahlzeiten bereitet haben. Wenn es in der Nachbarschaft der Handels- und Universitätsstadt Glasgow eine Rasse Kannibalen wirklich gegeben haben sollte, können wir in der schottischen Geschichte die äußersten Gegensätze des wilden und zivilisierten Lebens sehen.

Jeder Bote, der glücklich genug war, über den Kanal zu kommen, brachte Valentinian höchst niederschlagende und beunruhigende Nachrichten, und der Kaiser erfuhr bald, daß die zwei militärischen Befehlshaber der Provinz von den Barbaren überrumpelt und abgeschnitten worden wären. Severus, Graf der Haustruppen, wurde von dem Hofe von Trier schleunig abgesandt und ebenso plötzlich zurückgerufen. Die Vorstellungen des Jovinus dienten dazu, die Größe des Übels in ein noch grelleres Licht zu setzen, und nach langer und ernster Beratschlagung wurde die Verteidigung oder vielmehr die Wiedereroberung Britanniens den Fähigkeiten des tapferen Theodosius anvertraut (367). Die Taten dieses Feldherrn, des Ahnherrn einer Reihe von Kaisern, sind mit besonderem Wohlgefallen gepriesen worden: aber dieses Lob gebührt seinem Verdienste, und seine Ernennung wurde von dem Heer wie von der Provinz als sicheres Vorzeichen nahenden Sieges angesehen. Er benutzte den günstigen Moment zur Abfahrt und setzte die zahlreichen und erprobten Scharen der Heruler und Bataver, Jovianer und Viktorianer sicher ans Land. Auf seinem Marsch von Sandwich nach London schlug Theodosius mehrere Abteilungen Barbaren, befreite eine Menge Gefangener, und nachdem er unter die Soldaten einen kleinen Teil der Beute verteilt hatte, befestigte er den Ruf seiner uneigennützigen Gerechtigkeitsliebe, indem er den Rest den rechtmäßigen Eigentümern zurückgab. Die Bürger von London, die an ihrer Rettung beinahe verzweifelten, öffneten ihre Tore, und sobald Theodosius vom Hofe von Trier den wichtigen Beistand eines militärischen Stellvertreters und eines Zivilstatthalters erhalten hatte, führte er mit Weisheit und Kraft die schwierige Aufgabe der Befreiung von Britannien aus. Die umherirrenden Soldaten wurden zu ihren Fahnen zurückgerufen, die Besorgnisse des Volkes durch Erlassung einer Amnestie zerstreut, und die strenge Kriegszucht wurde durch sein freudiges Beispiel leicht gemacht. Das zerstreute und flüchtige Kriegführen der Barbaren, die zu Land und zu Wasser schwärmten, beraubte ihn des Ruhmes eines entscheidenden Sieges. Aber sein einsichtsvoller Mut und seine vollendete Geschicklichkeit entfalteten sich in den Unternehmungen von zwei Feldzügen (368 und 369), die nach und nach jeden Teil der Provinz aus den Händen eines grausamen und raubsüchtigen Feindes befreiten. Der Glanz der Städte und die Stärke der Befestigungen wurden durch die väterliche Sorge des Theodosius rasch wiederhergestellt. Er beschränkte die Kaledonier mit starker Hand auf den nördlichen Teil der Insel und verewigte durch Namen und Gründung der neuen Provinz Valentia den Ruhm der Regierung Valentinians. Die Dichter und Lobredner konnten mit einem gewissen Grad von Wahrheit hinzufügen, daß die unbekannten Gegenden des äußersten Thule mit dem Blute der Pikten bespritzt wurden, daß die Schiffe des Theodosius die Wogen des hyperboräischen Ozeans durchschnitten und daß die fernen Orkney-Inseln Zeugen seines Seesieges über die sächsischen Seeräuber gewesen sind. Er verließ die Provinz (370) mit einem ebenso reinen als glänzenden Rufe und wurde von einem Fürsten, der dem Verdienste seiner Untergebenen ohne Neid Beifall zu zollen vermochte, zum Range eines Oberbefehlshabers der Reiterei erhoben. Mit dem wichtigen Oberbefehl an der oberen Donau bekleidet, hielt er mehrere Heere der Alemannen auf und schlug sie, bevor er zur Unterdrückung der Empörung von Afrika entsandt wurde.

III. Ein Fürst, der sich weigert, der Richter seiner Minister zu sein, fordert sein Volk auf, ihn als ihren Mitschuldigen zu betrachten. Graf Romanus hatte lange den militärischen Oberbefehl in Afrika geführt, und seine Fähigkeiten waren seiner Stellung nichts weniger als nicht gewachsen. Da jedoch schmutzige Habsucht der einzige Beweggrund seines Benehmens war, so handelte er in den meisten Fällen, als wäre er der Feind der Provinz und der Bundesgenosse der Barbaren der Wüste. Die drei blühenden Städte Oea, Leptis und Sabrata, die unter dem Namen Tripolis lange eine Bundesvereinigung gebildet hatten, waren zum erstenmal genötigt, ihre Tore vor einem feindlichen Einbruch zu schließen; mehrere ihrer angesehensten Bürger wurden überrumpelt und niedergemetzelt, die Dörfer, ja selbst die Vorstädte geplündert und die Weinberge und Fruchtbäume des reichen Gebietes durch die böswilligen Barbaren von Getulien zerstört. Die unglücklichen Provinzbewohner flehten den Schutz des Romanus an, machten aber bald die Entdeckung, daß ihr militärischer Statthalter nicht minder grausam und raubsüchtig war als die Barbaren. Da sie die viertausend Kamele und das ungeheure Geschenk, das er forderte, bevor er zum Beistande von Tripolis marschieren würde, nicht zu geben imstande waren, kam sein Verlangen einer Weigerung gleich und er konnte mit Recht als Urheber des öffentlichen Unglücks beschuldigt werden. In der jährlichen Versammlung der drei Städte ernannten sie zwei Abgeordnete, um die gewöhnliche Gabe einer goldenen Viktoria zu Valentinians Füßen zu legen und diesen mehr aus Pflicht als aus Dankbarkeit geleisteten Tribut mit der demütigen Klage zu begleiten, daß sie vom Feinde ruiniert und von ihrem Statthalter verraten worden wären. Wenn die Strenge Valentinians richtig gezielt gewesen wäre, hätte sie auf das schuldige Haupt des Romanus fallen müssen. Aber der in allen Bestechungskünsten längst erfahrene Graf hatte einen schnellen und zuverlässigen Boten abgesandt, um sich die käufliche Freundschaft des Kanzlers Remigius zu sichern. Die Weisheit des kaiserlichen Rates wurde listig getäuscht und seine ehrenhafte Entrüstung durch Verzögerung abgekühlt. Als endlich die wiederholten Beschwerden durch die immer wiederkehrenden Plünderungen und Bedrückungen gerechtfertigt wurden, erhielt der Notar Palladius vom Hofe von Trier den Auftrag, den Zustand von Afrika und das Benehmen des Romanus zu untersuchen. Die strenge Unparteilichkeit des Palladius war schnell entwaffnet. Er ließ sich verleiten, einen Teil der öffentlichen Gelder für sich zu behalten, die er zur Bezahlung der Truppen mitgebracht hatte. Von dem Augenblick an, da er sich eigener Schuld bewußt war, konnte er sich nicht länger weigern, die Unschuld und die Verdienste des Grafen zu bestätigen. Die Anklage der Tripolitaner wurde für falsch und verräterisch erklärt und Palladius selbst von Trier nach Afrika mit dem besonderen Auftrag zurückgesandt, die Urheber dieser ruchlosen Verschwörung gegen den Stellvertreter ihres Souveräns ausfindig zu machen und zu verfolgen. Er leitete die Untersuchung mit solcher Gewandtheit und so großem Erfolg, daß er die Bürger von Leptis, die erst kürzlich eine achttägige Belagerung ausgehalten hatten, dazu brachte, die Wahrheit ihrer eigenen Beschlüsse zu leugnen und das Benehmen ihrer Abgeordneten zu tadeln. Ein Bluturteil erging ohne Verzug vorschnell durch den grausamen und eigensinnigen Valentinian. Der Präsident von Tripolis, der es gewagt hatte, die Drangsale der Provinz zu bemitleiden, wurde in Utica öffentlich hingerichtet. Desgleichen verloren vier ausgezeichnete Bürger als Mitschuldige des angeblichen Betruges ihr Leben, und zwei anderen wurde auf ausdrücklichen Befehl des Kaisers die Zunge herausgeschnitten. Romanus, durch Straflosigkeit übermütig gemacht und durch Widerstand erbittert, blieb auch fernerhin im Oberbefehl, bis die Afrikaner endlich durch seine Habsucht gereizt wurden, sich unter die rebellische Fahne des Mauren Firmus (372) zu reihen.

Sein Vater Nabal war einer der reichsten und mächtigsten maurischen Fürsten, welche die Oberhoheit der Römer anerkannten. Da er jedoch sowohl von seinen Frauen als von seinen Sklavinnen eine zahlreiche Nachkommenschaft hinterließ, stritt man sich gierig um die reiche Erbschaft, und Zamma, einer seiner Söhne, wurde aus Veranlassung eines häuslichen Streites von seinem Bruder Firmus erschlagen. Der unversöhnliche Eifer, womit Romanus die gesetzliche Rache dieser Mordtat betrieb, konnte nur einem Beweggrunde der Habsucht oder des persönlichen Hasses zugeschrieben werden. In diesem Falle jedoch stand ihm Gerechtigkeit zur Seite. Sein Einfluß war mächtig, und Firmus sah klar ein, daß er entweder seinen Nacken dem Scharfrichter darbieten oder vor dem Urteil des kaiserlichen Konsistoriums sich auf sein Schwert und auf das Volk berufen mußte. Er wurde als Befreier seines Vaterlandes aufgenommen, und sobald sich erwies, daß Romanus nur einer unterwürfigen Provinz gefährlich wäre, sank der Tyrann von Afrika zum Gegenstande allgemeiner Verachtung herab. Die Zerstörung von Cäsarea, das von den zügellosen Barbaren geplündert und verbrannt wurde, überzeugte die widerspenstigen Städte von den Gefahren des Widerstandes; die Macht des Firmus faßte, wenigstens in den Provinzen Mauritanien und Numidien, festen Fuß, und er schien über nichts im Zweifel zu sein als darüber, ob er das Diadem eines maurischen Königs oder den Purpur eines römischen Kaisers annehmen solle. Aber die unklugen und unglücklichen Afrikaner wurden bald gewahr, daß sie bei diesem unbesonnenen Aufruhr weder ihre eigene Stärke noch die Fähigkeiten ihres Anführers gehörig zu Rate gezogen hatten. Bevor er auch nur sichere Nachricht einziehen konnte, daß der Kaiser des Westens die Wahl eines Feldherrn getroffen oder daß sich an den Mündungen der Rhone eine Flotte von Transportschiffen gesammelt habe, erhielt er plötzlich Kunde, daß der große Theodosius mit einer kleinen Schar Veteranen bei Igilgilis oder Gigeri an der Küste gelandet sei, und der ängstliche Usurpator unterlag dem Übergewichte des Mutes und kriegerischen Genies. Obschon Firmus Waffen und Schätze besaß, trieb ihn seine Verzweiflung und seine Siegesunsicherheit unverzüglich dazu, jene Schliche anzuwenden, die einst in demselben Lande und unter ähnlichen Umständen von dem schlauen Jugurtha in Anwendung gebracht wurde. Er versuchte durch scheinbare Unterwerfung die Wachsamkeit des römischen Feldherrn zu täuschen, die Treue seiner Truppen auf die Probe zu stellen und die Dauer des Krieges zu verlängern, indem er nach und nach die unabhängigen Stämme Afrikas dazu verleitete, für ihn zu kämpfen oder seine Flucht zu beschützen. Theodosius ahmte das Beispiel seines Vorgängers Metellus mit gleich günstigem Erfolge nach. Als Firmus in der Eigenschaft eines Bittenden seine eigene Unbesonnenheit anklagte und demütig die Milde des Kaisers anflehte, empfing und entließ ihn der Stellvertreter Valentinians mit einer freundlichen Umarmung; aber er forderte äußerst bestimmt nützliche und wesentliche Pfänder aufrichtiger Reue und ließ sich durch keine Friedensversicherungen bewegen, die Unternehmungen eines tätigen Krieges auch nur einen Augenblick einzustellen. Eine dunkle Verschwörung wurde durch Theodosius' Scharfblick entdeckt, und ohne vieles Widerstreben beschwichtigte er die öffentliche Entrüstung, die er insgeheim erregt hatte. Viele der Schuldgenossen des Firmus wurden nach altem Brauche dem Tumulte einer militärischen Hinrichtung überantwortet, und viele andere, denen man beide Hände abgehauen hatte, dienten als warnendes Schauspiel des Entsetzens. Der Haß der Rebellen war von Furcht begleitet, und die Furcht vor den römischen Soldaten mit achtungsvoller Bewunderung vermengt. Es war unmöglich, in den unermeßlichen Ebenen von Getulien und in den zahllosen Tälern des Atlasgebirges die Flucht des Firmus zu verhindern, und wenn der Usurpator vermocht hätte, die Geduld seines Gegners zu ermüden, würde seine Person in tiefster, fernster Einsamkeit in Sicherheit gebracht worden sein und er eine künftige Umwälzung abgewartet haben. Er wurde durch die Beharrlichkeit des Theodosius besiegt, der den unbeugsamen Entschluß gefaßt hatte, daß der Krieg nur mit dem Tode des Tyrannen enden und daß jedes afrikanische Volk, welches wagen würde, seine Sache zu unterstützen, in seinen Untergang mitverwickelt werden solle. An der Spitze einer kleinen Truppenabteilung, die sich selten auf mehr als dreitausendfünfhundert Mann belief, drang der römische Feldherr mit stetiger, von Verwegenheit wie von Furcht gleich weit entfernter Klugheit in das Herz des Landes vor, wo er zuweilen von Scharen von zwanzigtausend Mauren angegriffen wurde. Die Kühnheit seines Angriffs setzte diese regellosen Barbaren in Schrecken, seine immer zur rechten Zeit ausgeführten und geordneten Rückzüge brachten sie in Verwirrung. Alle ihre Anstrengungen wurden durch die unbekannten Hilfsmittel seiner Kriegskunst vereitelt und sie fühlten und gestanden die Überlegenheit ein, die der Anführer einer zivilisierten Nation besaß. Als Theodosius in das ausgedehnte Gebiet des Igmazen, Königs der Isaflensen, einrückte, frug der hochmütige Barbar mit trotzigen Worten um seinen Namen und um den Zweck seines Zuges. „Ich bin", erwiderte der Graf streng und hochmütig, „Feldherr Valentinians, des Herrn der Welt, der mich hieher gesandt hat, um einen wilden Räuber zu verfolgen und zu bestrafen. Überliefere ihn augenblicklich meinen Händen und sei versichert, daß, wenn du den Befehlen meines unbesieglichen Gebieters nicht gehorchst, du und das Volk, über das du herrschst, gänzlich ausgerottet werden sollen." Sobald sich Igmazen überzeugte, daß sein Feind Macht und Entschlossenheit besitze, um die furchtbare Drohung in Vollzug zu setzen, willigte er ein, einen notwendigen Frieden durch Aufopferung eines schuldigen Flüchtlings zu erkaufen. Die Wachen, die aufgestellt worden waren, um sich der Person des Firmus zu versichern, beraubten ihn aller Hoffnung auf Flucht, und nachdem der maurische Tyrann durch Wein seine Furcht betäubt hatte, vereitelte er den Triumph der Römer, indem er sich in der Nacht erwürgte. Seine Leiche, das einzige Geschenk, welches Igmazen dem Sieger darbieten konnte, wurde achtlos auf ein Kamel geworfen. Theodosius führte seine siegreichen Truppen nach Sitifi zurück und wurde mit dem wärmsten Ausdruck der Freude und Anhänglichkeit begrüßt.

Afrika war durch die Laster des Romanus verlorengegangen, es wurde durch die Tugenden des Theodosius wieder erobert (373), und unsere Neugierde soll mit Nutzen auf Vergleichung der Behandlung geleitet werden, die den beiden Feldherren von dem kaiserlichen Hofe zuteil wurde. Die Macht des Grafen Romanus wurde durch den Oberbefehlshaber der Reiterei unterbunden und er in sicheren und ehrenvollen Gewahrsam bis zur Beendigung des Krieges gebracht. Seine Verbrechen waren durch zuverlässigste Zeugnisse bewiesen, und das Volk erwartete mit Ungeduld das Urteil einer strengen Gerechtigkeit. Aber die parteiische und mächtige Gunst des Mellobaudes ermutigte ihn, seine gesetzlichen Richter zu verwerfen, wiederholt Fristen zur Beibringung befreundeter Entlastungszeugen zu erhalten und seine verbrecherische Amtsführung schließlich durch Betrug und Fälschung zu bemänteln. Um dieselbe Zeit wurde der Wiedereroberer von Britannien und Afrika auf den unbestimmten Verdacht hin, daß sein Name und seine Verdienste größer wären, als es sich für einen Untertanen gezieme, in Karthago schimpflich enthauptet (376). Valentinian regierte nicht mehr, und der Tod des Theodosius sowie die Straflosigkeit des Romanus mögen mit Recht den Intrigen jener Minister zugeschrieben werden, die das Vertrauen seiner Söhne mißbrauchten und ihre unerfahrene Jugend täuschten.

Wenn Ammianus auf die Taten des Theodosius in Britannien geographische Genauigkeit verwendet hätte, würden wir, lebhaft interessiert, den Fußstapfen seines Marsches gefolgt sein. Die langweilige Aufzählung unbekannter und uninteressanter Stämme Afrikas mag sich auf die allgemeine Bemerkung beschränken, daß sie alle zur schwarzbraunen Negerrasse gehörten, daß sie die hinteren Ansiedlungen der mauretanischen und numidischen Provinzen, das Land der Datteln und Heuschrecken, wie es seitdem von den Arabern genannt worden ist, bewohnten und daß endlich, sowie die römische Macht in Afrika nach und nach abnahm, die Grenzen zivilisierter Sitten und bebauten Landes sich allmählich verengten. Jenseits der äußersten Grenzen Afrikas dehnt sich die unermeßliche und unwirtliche Wüste über tausend Meilen bis an die Ufer des Niger aus. Die Alten, die eine sehr unvollständige Kenntnis von der großen Halbinsel Afrika besaßen, waren versucht, zu glauben, daß der heiße Erdgürtel stets von Einwohnern entblößt bleiben müsse. Zuweilen ging ihre Phantasie so weit, daß sie den leeren Raum mit hauptlosen Menschen oder vielmehr Ungeheuern, mit gehörnten und bockfüßigen Satyrn, mit fabelhaften Zentauren und menschlichen Zwergen bevölkerten, die einen kühnen und zweifelhaften Krieg gegen die Kraniche führten. Karthago würde bei der außerordentlichen Nachricht gezittert haben, daß die Länder auf beiden Seiten des Gleichers mit unzählbaren Völkern angefüllt wären, die sich nur durch ihre Hautfarbe von dem Äußeren anderer Menschen unterschieden. Die römischen Untertanen würden vor Angst gezittert haben, wenn sie gewußt hätten, daß den Barbarenstämmen, die vom Norden herströmten, bald vom Süden neue Scharen ebenso wilder und ebenso furchtbarer Barbaren entgegenziehen konnten. Diese düsteren Schrecknisse wären jedoch in jedem Falle bald durch genauere Bekanntschaft mit ihren afrikanischen Feinden zerstreut worden. Die Untätigkeit der Neger scheint indes weder eine Folge ihrer Friedlichkeit noch ihrer Feigheit zu sein. Sie hängen wie andere Menschen ihren Leidenschaften und Begierden nach und die aneinander grenzenden Stämme sind häufig miteinander in Feindseligkeiten verwickelt. Aber ihre rohe Unwissenheit hat niemals wirksame Verteidigungs- oder Zerstörungswaffen erfunden; sie scheinen unfähig zu sein, umfassende Regierungs- oder Eroberungspläne zu entwerfen; und die augenscheinlich niedrige Stufe ihrer geistigen Fähigkeiten ist von den Völkern der gemäßigten Zone wahrgenommen und mißbraucht worden. Sechzigtausend Schwarze wurden früher jährlich an der Küste von Guinea eingeschifft, um nie wieder in ihr Vaterland zurückzukehren – aber sie wurden in Ketten eingeschifft. Die beständige Auswanderung, die im Laufe von zwei Jahrhunderten Heere hatte liefern können, um die ganze Erde zu überziehen, ist die Schuld Europas und die Schwäche Afrikas.

IV. Der schimpfliche Vertrag, der Jovians Heer rettete, war von seiten der Römer treu erfüllt worden, und da sie feierlich auf Souveränität und Bündnis über und mit Armenien und Iberien verzichtet hatten, waren diese zinsbaren Provinzen den Waffen des persischen Königs schutzlos preisgegeben. Sapor rückte in das armenische Gebiet an der Spitze eines furchtbaren Heeres Harnischreiter, Bogenschützen und Fußsoldaten ein. Es war jedoch die unwandelbare Gewohnheit dieses Fürsten, Krieg und Unterhandlung miteinander zu mengen und Falschheit und Meineid als die mächtigsten Werkzeuge der Politik der Könige zu betrachten. Er tat, als lobe er das kluge und gemäßigte Benehmen des Königs von Armenien, und der arglose Tiranus ließ sich durch die wiederholten Versicherungen hinterlistiger Freundschaft überreden, seine Person den Händen eines treulosen und grausamen Feindes anzuvertrauen. Inmitten eines glänzenden Gelages wurde er, als Ehre, die dem Abkömmling der Arsaciden gebührte, in Ketten von Silber gelegt und nach kurzer Einkerkerung im Turm der Vergessenheit in Ekbatana von seinem elenden Leben durch seinen eigenen Dolch oder durch den eines Meuchelmörders befreit. Das Königreich Armenien sank zu einer persischen Provinz herab, ein vornehmer Satrap und ein Lieblingseunuch teilten die Verwaltung unter sich, und Sapor zog ohne Aufschub aus, um den kriegerischen Geist der Iberier zu unterjochen. Sauromaces, der über dieses Land mit Genehmigung der Kaiser herrschte, wurde durch die Übermacht vertrieben, und um die Majestät Roms zu beschimpfen, setzte der König der Könige seinem verächtlichen Vasallen Aspacuras ein Diadem auf das Haupt. Die Stadt Artogerassa war der einzige Platz in Armenien, der es wagte, der Gewalt seiner Waffen zu widerstehen. Der in dieser starken Festung niedergelegte Schatz brachte die Habsucht des Königs in Versuchung, aber die Gefahr der Olympias, der Gattin oder Witwe des armenischen Königs, erregte das öffentliche Mitleid ihrer Untertanen und entfachte die Tapferkeit ihrer Soldaten. Die Perser wurden unter den Mauern von Artogerassa durch einen kühnen und wohlgeleiteten Ausfall der Belagerten überrumpelt und zurückgeschlagen. Aber die Streitkräfte Sapors wurden beständig erneuert und vermehrt. Der hoffnungslose Mut der Besatzung war erschöpft, die Stärke der Mauern wich den Angriffen und der stolze Sieger führte, nachdem er die rebellische Stadt mit Feuer und Schwert verwüstet hatte, die unglückliche Königin, die in einer glücklicheren Zeit dem Sohn Konstantins zur Braut bestimmt war, als Gefangene hinweg. Wenn aber Sapor auch über die leichte Eroberung zweier abhängiger Königreiche triumphierte, fühlte er bald, daß ein Land ununterjocht bleibt, solange die Gemüter des Volkes unter dem Einfluß eines feindseligen und widerspenstigen Geistes stehen. Die Satrapen, denen zu trauen er genötigt war, benützten die erste Gelegenheit, die Liebe ihrer Landsleute wiederzugewinnen und ihren unsterblichen Haß gegen die Perser an den Tag zu legen. Seit der Bekehrung der Armenier und Iberier betrachteten diese Völker die Christen als die

Lieblinge und die Magier als die Feinde des höchsten Wesens. Der Einfluß der Geistlichkeit auf ein abergläubisches Volk wurde unwandelbar für die Sache Roms ausgenützt, und solange die Nachfolger Konstantins mit dem Nachfolger des Artaxerxes um die Souveränität der zwischenliegenden Provinzen kämpften, warf die Religionsverbindung stets einen entscheidenden Vorteil in die Waagschale des Reiches. Eine zahlreiche und tätige Partei erkannte Para, den Sohn des Tiranus, als rechtmäßigen Souverän von Armenien an, dessen Anspruch auf den Thron in fünfhundertjähriger Erbfolge wurzelte. Durch einstimmige Einwilligung der Iberier wurde ihr Land zwischen den beiden sich bekämpfenden Fürsten gleich geteilt. Aspacuras, der sein Diadem der Wahl Sapors verdankte, sah sich zu der Erklärung genötigt, daß die Liebe zu seinen Kindern, die von dem Tyrannen als Geiseln festgehalten wurden, die einzige Rücksicht wäre, die ihn hindere, offen auf das Bündnis mit Persien Verzicht zu leisten. Der Kaiser Valens, der die Vertragsverpflichtungen achtete und sich scheute, den Osten in einen gefährlichen Krieg zu verwickeln, wagte nur zaghaft und vorsichtig Maßnahmen zu treffen, um die römische Partei in den Königreichen Iberien und Armenien zu unterstützen. Zwölf Legionen stellten die Herrschaft des Sauromaces an den Ufern des Cyrus wieder her. Der Euphrat wurde durch die Tapferkeit des Arintheus beschützt. Ein mächtiges Herr schlug unter dem Grafen Trajan und dem alemannischen König Vadomair sein Lager an den Grenzen von Armenien auf. Sie hatten jedoch strikten Befehl, nicht zuerst Feindseligkeiten zu beginnen, die als Bruch des Vertrages ausgelegt werden möchten. Und so unbedingt war der Gehorsam der römischen Feldherren, daß sie sich mit außerordentlichster Geduld unter einem Hagel persischer Pfeile zurückzogen, bis sie sich klar waren, gerechten Anspruch auf einen ehrenvollen und erlaubten Sieg erworben zu haben. Diese kriegerischen Aussichten machten jedoch allmählich vergeblichen und langwierigen Unterhandlungen Platz. Die streitenden Parteien unterstützten ihre Ansprüche durch gegenseitige Vorwürfe der Treulosigkeit und des Ehrgeizes; und man sollte glauben, daß der ursprüngliche Vertrag in sehr mystischen Ausdrücken abgefaßt gewesen sein muß, weil sie sich genötigt sahen, eine nicht schlüssige Berufung auf das parteiische Zeugnis der Feldherren der beiden Nationen einzulegen, welche den Unterhandlungen beigewohnt hatten. Der Einbruch der Goten und Hunnen, der bald nachher die Grundfesten des Römischen Reiches erschütterte, stellte die asiatischen Provinzen den Waffen Sapors bloß. Aber das hohe Alter und vielleicht die Schwäche des Monarchen gaben ihm neue Maximen, und zwar die Ruhe und Mäßigung, ein. Sein Tod, der nach vollem Verlaufe einer siebzigjährigen Regierung erfolgte (380), verwandelte in einem Augenblick den Hof und die Ratschlüsse Persiens, deren Aufmerksamkeit höchstwahrscheinlich durch innere Unruhen und die fernen Anstrengungen eines karmanianischen Krieges in Anspruch genommen wurde. Die Erinnerung an frühere Unbilden ging im Genuß des Friedens verloren. Den Königreichen Armenien und Iberien war durch gegenseitige, wenn auch stillschweigende Einwilligung beider Reiche gestattet, ihre zweifelhafte Neutralität wieder anzunehmen. In den ersten Regierungsjahren des Theodosius (384) langte eine persische Gesandtschaft in Konstantinopel an, um die frühere Regierung zu entschuldigen und als Tribut der Freundschaft, wohl gar der Ehrfurcht, glänzende Geschenke von Edelsteinen, Seide und indischen Elefanten zu überreichen.

In der allgemeinen Darstellung der Angelegenheiten des Ostens unter der Regierung des Valens bilden die Abenteuer Paras einen der auffallendsten und merkwürdigsten Gegenstände. Der edle Jüngling hatte sich auf Zureden seiner Mutter Olympias durch das persische Heer, das Artagerassa belagerte, durchgeschlichen und den Kaiser des Ostens um Schutz angefleht. Durch die ängstlichen Beschlüsse des Valens wurde Para abwechselnd unterstützt, zurückgerufen, wieder eingesetzt, verraten. Die Hoffnungen der Armenier wurden nicht selten durch die Anwesenheit ihres eingeborenen Herrschers belebt, und die Minister des Valens hielten sich für überzeugt, daß sie die öffentliche Treue der Verträge bewahrten, wenn sie ihrem Vasallen nicht gestatteten, das Diadem anzunehmen und den Königstitel zu führen. Bald aber bereuten sie ihre eigene Kühnheit. Die Vorwürfe und Drohungen des persischen Monarchen setzten sie in Bestürzung. Sie fanden Ursache, dem grausamen und unbeständigen Charakter Paras selbst zu mißtrauen, der bei dem geringsten Argwohn das Leben seiner treuesten Diener opferte und einen geheimen, schimpflichen Verkehr mit den Mördern seines Vaters und den Feinden seines Vaterlandes unterhielt. Unter dem gleißenden Vorwand, sich mit dem Kaiser über den Gegenstand ihres gemeinsamen Interesses zu beraten, ließ sich Para verlocken, von den Gebirgen Armeniens, wo seine Partei unter Waffen stand, herabzukommen und seine Unabhängigkeit und Sicherheit der Willkür eines treulosen Hofes anzuvertrauen. Der König von Armenien, denn als solcher erschien er in seinen eigenen Augen und in denen der Nation, wurde von den Statthaltern der Provinzen, durch die er kam, mit gebührenden Ehren empfangen; als er aber zu Tarsus in Kilikien anlangte, tat man seiner Weiterreise unter verschiedenen Vorwänden Einhalt, beobachtete seine Bewegungen ehrfurchtsvoll, und er entdeckte allmählich, daß er ein Gefangener in den Händen der Römer war. Para unterdrückte seine Entrüstung, verbarg seine Besorgnisse, und nachdem er seine Flucht insgeheim vorbereitet hatte, stieg er mit dreihundert seiner Getreuen zu Pferde. Der an der Tür seiner Wohnung wachhabende Offizier meldete seine Flucht sogleich dem Konsulat von Kilikien, der ihn in der Vorstadt einholte und ihm, jedoch fruchtlos, von der Ausführung seines verwegenen und gefährlichen Planes abzuraten suchte. Eine Legion erhielt Befehl, den königlichen Flüchtling zu verfolgen, aber die Verfolgung durch Fußvolk konnte für eine Schar leichter Reiterei nicht sehr beunruhigend sein, und bei dem ersten Pfeilhagel, der die Luft verdunkelte, zog es sich eilig nach den Toren von Tarsus zurück. Nach einem unablässigen Marsch von zwei Tagen und zwei Nächten erreichten Para und seine Armenier den Euphrat. Aber der Übergang über den Fluß, den sie durchschwimmen mußten, verzögerte sich etwas und war mit einem gewissen Verlust verbunden. Das Land war in Aufregung und die nur durch einen Zwischenraum von drei Meilen getrennten Straßen waren von tausend Bogenschützen zu Pferde unter den Befehlen eines Grafen und eines Tribunen besetzt. Para hätte der überlegenen Macht weichen müssen, wenn nicht die zufällige Ankunft eines befreundeten Wanderers ihm die Gefahr enthüllt und die Mittel, ihr zu entkommen, gezeigt hätte. Ein dunkler und fast ungangbarer Pfad führte das Häuflein Armenier sicher durch das Dickicht. Para hatte den Grafen und den Tribunen bereits hinter sich, während diese noch immer seine Annäherung auf der offenen Heerstraße erwarteten. Sie kehrten nach dem kaiserlichen Hof zurück, um ihren Mangel an Aufmerksamkeit oder Glück zu entschuldigen und führten ernsthaft an, daß der König von Armenien, der ein kundiger Zauberer wäre, sich selbst und seine Begleiter verwandelt habe und vor ihren Augen in erborgter Gestalt vorübergekommen sei. Para fuhr nach seiner Rückkehr in sein heimisches Königreich fort, sich den Freund und Bundesgenossen der Römer zu nennen: aber die Römer hatten ihn zu tief gekränkt, um je verzeihen zu können, und sein geheimes Todesurteil wurde im Rat des Valens unterzeichnet. Die Ausführung der blutigen Tat wurde der hinterlistigen Schlauheit des Grafen Trajan übertragen. Er hatte das Verdienst, sich in das Vertrauen des leichtgläubigen Fürsten einzuschmeicheln, damit er eine Gelegenheit finden könne, sein Herz zu durchbohren. Para wurde zu einem Bankett der Römer eingeladen, das mit aller Pracht und Üppigkeit des Ostens bereitet worden war; der Saal widerhallte von heiterer Musik, und die Gesellschaft war bereits vom Weine erhitzt, als sich der Graf für einen Augenblick entfernte, sein Schwert zog und das Zeichen zum Morde gab. Ein riesenhafter, äußerst mutiger Barbar stürzte augenblicklich auf den König von Armenien los, und obschon dieser sein Leben mit den ersten Waffen, die ihm der Zufall in die Hand gab, tapfer verteidigte, wurde doch die Tafel des kaiserlichen Feldherrn mit dem königlichen Blute eines Gastes und Bundesgenossen befleckt (374). So beschaffen waren die erbärmlichen und ruchlosen Maximen der römischen Regierung, daß, um einen zweifelhaften politischen Zweck zu erreichen, das Völkerrecht und das geheiligte Recht der Gastfreundschaft unmenschlich vor den Augen der Welt verletzt wurden.

V. Während eines friedlichen Zwischenraumes von dreißig Jahren befestigten die Römer ihre Grenzen und dehnten die Goten ihre Besitzungen aus. Die Siege des großen Hermanrich, König der Ostgoten, die Herrlichsten aus dem Geschlecht der Amaler, sind von dem Enthusiasmus seiner Landsleute mit den Taten Alexanders verglichen worden, jedoch mit dem merkwürdigen und fast unglaublichen Unterschied, daß der kriegerische Geist des gotischen Heros, statt von der Kraft der Jugend unterstützt zu werden, sich mit Ruhm und Erfolg in der äußersten Periode des menschlichen Lebens, zwischen achtzig und hundertzehn Jahren, entfaltete. Die unabhängigen Stämme wurden überredet oder gezwungen, den König der Ostgoten als den Souverän der gotischen Nation anzuerkennen: Die Anführer der Westgoten oder Thervinger verzichteten auf den königlichen Titel und nahmen die bescheidenere Benennung Richter an, und unter diesen Richtern waren Athanarich, Fritigern und Alavivus sowohl wegen ihres persönlichen Verdienstes als wegen ihrer Nähe an den römischen Provinzen die berühmtesten. Diese heimischen Eroberungen, welche die Kriegsmacht des Hermanrich vermehrten, erweiterten seine ehrgeizigen Absichten. Er bekriegte die benachbarten Länder des Nordens, und zwölf beträchtliche Völker, deren Namen und Grenzen nicht genau bestimmt werden können, wichen nacheinander der Überlegenheit der gotischen Waffen. Die Heruler, welche die sumpfigen Länder in der Nähe des Mäotis bewohnten, waren wegen ihrer Stärke und Behendigkeit berühmt, und der Beistand ihres leichten Fußvolkes wurde in allen Kriegen der Barbaren eifrig gesucht und äußerst geschätzt. Aber der tätige Geist der Heruler wurde durch die unerschütterliche Beharrlichkeit der Goten unterjocht, und nach einer blutigen Schlacht, in der ihr König den Tod fand, bildeten die Reste dieses kriegerischen Stammes eine nützliche Verstärkung des Lagers Hermanrichs. Er zog hierauf gegen die Veneder, die, im Gebrauch der Waffen ungeübt, nur durch ihre Anzahl furchtbar waren und die weiten Strecken der Ebenen des heutigen Polen bewohnten. Die siegreichen Goten, an Zahl nicht geringer, behielten im Kampfe durch die entscheidenden Vorteile der Übung und Kriegszucht die Oberhand. Nach der Unterwerfung der Veneder rückte der Sieger ohne Widerstand bis zu den Grenzen der Ästier vor, eines alten Volkes, dessen Name sich in der Provinz Estland erhalten hat. Diese fernen Bewohner der Küsten der Ostsee ernährten sich durch Ackerbau, bereicherten sich durch den Handel mit Bernstein und waren durch die besondere Verehrung der Mutter der Götter geheiligt. Mangel an Eisen zwang jedoch die ästischen Krieger, sich mit hölzernen Keulen zu begnügen, und die Unterwerfung dieses reichen Landes wird mehr der Klugheit als den Waffen Hermanrichs zugeschrieben. Sein Gebiet, das sich von der Donau bis an das baltische Meer erstreckte, schloß die alten Wohnsitze und die neuen Erwerbungen der Goten in sich, und er herrschte über den größten Teil von Germanien und Skythien mit der Macht eines Eroberers und zuweilen mit der Grausamkeit eines Tyrannen. Aber er herrschte über einen Teil der Erde, der unfähig war, den Ruhm seiner Helden zu verewigen und zu schmücken. Der Name Hermanrichs ist fast in Vergessenheit geraten. Seine Taten sind nur wenig bekannt, und die Römer selbst scheinen um die Fortschritte einer emporstrebenden Macht nicht gewußt zu haben, welche die Freiheit des Nordens und den Frieden des Reiches bedrohte.

Die Goten bewahrten eine erhebliche Anhänglichkeit an das kaiserliche Haus Konstantins, von dessen Macht und Freigebigkeit sie so viele Beweise empfangen hatten. Sie achteten den öffentlichen Frieden, und wenn ein feindlicher Haufen sich zuweilen herausnahm, die römische Grenze zu überschreiten, wurde sein regelwidriges Benehmen offenherzig dem unlenksamen Geiste der barbarischen Jugend zugeschrieben. Verachtung gegen zwei neue und unbekannte Fürsten, die durch Volkswahl auf den Thron gehoben worden waren, flößten den Goten kühnere Hoffnungen ein; und während sie mit dem Plane umgingen, mit vereinter Heeresmacht unter der Nationalfahne ins Feld zu rücken, ließen sie sich (366) verleiten, die Partei des Procopius zu ergreifen, um durch ihre gefährliche Hilfe die bürgerliche Zwietracht der Römer zu nähren. Der öffentliche Vertrag mochte nicht mehr als zehntausend Mann bedingen, aber so eifrig wurde jener Plan von den Führern der Westgoten ergriffen, daß das Heer, das über die Donau ging, dreißigtausend Krieger zählte. Sie rückten in dem stolzen Vertrauen vor, daß ihre unbesiegliche Tapferkeit das Schicksal des Reiches entscheiden werde, und die thrakischen Provinzen stöhnten unter der Wucht der Barbaren, die sich wie hochmütige Gebieter und zügellose Feinde benahmen. Aber die Unmäßigkeit, womit sie ihren Lüsten frönten, verzögerte ihren Marsch, und bevor noch die Goten sichere Kunde von der Niederlage und dem Tode des Procopius erhalten hatten, ersahen sie aus der feindlichen Verfassung des Landes, daß die Zivil- und Militärgewalt von seinem siegreichen Nebenbuhler wieder übernommen worden war. Eine von Valens oder den Feldherren des Valens geschickt aufgestellte Kette von Posten und Verschanzungen widerstand ihrem Vordringen, hemmte ihren Rückzug und ließ keine Lebensmittel durch. Die Wildheit der Barbaren wurde durch Hunger gezähmt und unterjocht. Voll Entrüstung legten sie ihre Waffen zu den Füßen des Siegers nieder, der ihnen Nahrung und Fesseln anbot. Die zahlreichen Gefangenen wurden in alle Städte des Ostens verteilt, und die Provinzbewohner, mit dem wilden Aussehen der Feinde bald vertraut, wagten es nach und nach, ihre eigene Stärke mit diesen furchtbaren Gegnern zu messen, deren Name für sie so lange ein Gegenstand des Schreckens gewesen war. Der König von Skythien (und nur Hermanrich hatte auf einen so erhabenen Titel Anspruch) trauerte tief über dieses Nationalunglück und war äußerst erbittert. Seine Gesandten beklagten sich am Hofe des Valens laut über den Bruch des alten und feierlichen Bündnisses, das so lange zwischen den Römern und Goten bestanden hatte. Sie führten an, daß sie ihre Pflicht treu erfüllt hätten, indem sie dem Verwandten und Nachfolger des Kaisers Julian Beistand leisteten. Sie forderten unverzügliche Auslieferung der Gefangenen und erhoben den höchst seltsamen Anspruch, daß die gotischen Feldherren, obgleich sie bewaffnet und in feindlicher Rüstung einherzögen, Anrecht auf den geheiligten Charakter und die Privilegien von Gesandten hätten. Die bescheidene, aber gemessene Weigerung, solchen außerordentlichen Forderungen Genüge zu leisten, wurde den Barbaren durch Viktor, den Oberbefehlshaber der Reiterei kundgegeben, der mit Kraft und Würde die gerechten Beschwerden des Kaisers des Ostens auseinandersetzte. Die Unterhandlungen wurden abgebrochen, und die energischen Ermahnungen Valentinians trugen dazu bei, daß sein ängstlicher Bruder die verletzte Staatsehre rächte.

Glanz und Größe des gotischen Krieges werden von dem zeitgenössischen Geschichtsschreiber Eunapius gefeiert. Aber die Ereignisse verdienen die Aufmerksamkeit der Nachwelt nur insofern, als sie Vorläufer des herandrohenden Sinkens und Untergangs des Römischen Reiches sind. Statt die Nationen von Skythien und Germanien an die Ufer der Donau und bis vor Konstantinopel zu fahren, überließ der greise Monarch der Goten dem tapferen Athanarich Gefahr und Ruhm eines Verteidigungskrieges gegen einen Feind, der die Kräfte eines mächtigen Reiches mit schwacher Hand lenkte. Eine Schiffbrücke wurde über die Donau geschlagen, und die Anwesenheit des Valens riß seine Truppen zur Begeisterung hin. Seine Unkenntnis in militärischen Dingen wurde durch seinen persönlichen Mut und die kluge Befolgung der Ratschläge seiner beiden Oberbefehlshaber, Viktor und Arintheus, wettgemacht. Die Operationen des Feldzuges wurden durch ihre Geschicklichkeit und Erfahrung geleitet; aber es gelang ihnen nicht, die Westgoten aus ihren festen Stellungen im Gebirge zu vertreiben. Die Verwüstung des flachen Landes zwang die Römer selbst, bei Annäherung des Winters wieder über die Donau zurückzugehen. Die unaufhörlichen Regen, welche die Fluten dieses Stromes anschwellten, brachten eine stillschweigende Waffenruhe hervor und beschränkten den Kaiser Valens während des ganzen folgenden Sommers auf sein Lager bei Marcianopolis. Das dritte Kriegsjahr (369) war den Römern günstiger, den Goten verderblicher. Die Unterbrechung des Handels stellte die Versorgung der Barbaren mit Luxusgegenständen ein, die sie bereits mit den notwendigen Bedürfnissen des Lebens verwechselten, und die Verheerung eines sehr ausgedehnten Landstriches bedrohte sie mit Hungersnot. Athanarich fühlte sich gereizt oder vielmehr gezwungen, eine Schlacht in der Ebene zu wagen, die er verlor, und die Verfolgung würde um so blutiger, da die Feldherren des Kaisers die grausame Maßregel ergriffen hatten, eine beträchtliche Belohnung für das Haupt jedes Goten zu versprechen, das in das kaiserliche Lager gebracht werde. Die Unterwerfung der Barbaren besänftigte den

Grimm des Valens und seines Rates; der Kaiser hörte mit Wohlgefallen die schmeichelhaften und beredten Vorstellungen des Senates von Konstantinopel an, der zum ersten Male an den öffentlichen Angelegenheiten teilnahm; und Viktor und Arintheus, dieselben Feldherren, welche die Führung des Krieges so erfolgreich geleitet hatten, erhielten auch Vollmacht, die Friedensbedingungen festzusetzen. Die Freiheit des Handels, welche die Goten bisher genossen hatten, wurde auf zwei Städte an der Donau beschränkt, die Verwegenheit ihrer Anführer durch die Einziehung ihrer Jahresgelder und Subsidien streng bestraft, und die nur zugunsten Athanarichs bedungene Ausnahme brachte dem Richter der Westgoten mehr Vorteil als Ehre. Athanarich, der bei dieser Veranlassung sein persönliches Interesse zu Rate gezogen zu haben scheint, ohne die Befehle seines Souveräns abzuwarten, behauptete in der persönlichen Zusammenkunft, die von den Ministern des Valens vorgeschlagen worden war, seine eigene und seines Stammes Würde. Er beharrte dabei, daß es ihm, ohne die Schuld des Eidbruches auf sich zu laden, unmöglich wäre, je seinen Fuß auf das Gebiet des Reiches zu setzen, und es ist mehr als wahrscheinlich, daß seine Ehrfurcht vor der Heiligkeit eines Eides durch die frischen und abschreckenden Beispiele römischen Verrates erhöht wurde. Die Donau, welche die Gebiete der beiden unabhängigen Nationen trennte, wurde zum Schauplatz der Unterredung gewählt. Der Kaiser des Ostens und der Richter der Westgoten, von einer gleichen Anzahl bewaffneten Gefolges begleitet, fuhren jeder in ihren Barken bis in die Mitte des Stromes. Nach Auswechslung des Vertrages und Auslieferung der Geiseln kehrte Valens im Triumph nach Konstantinopel zurück, und die Goten verharrten sechs Jahre lang in ruhigem Zustand, bis sie durch zahllose Scharen von Skythen, die aus den eisigen Gegenden des Nordens zu kommen schienen, mit aller Macht gegen das Römische Reich getrieben wurden.

Der Kaiser des Westens, der seinem Bruder den Befehl an der unteren Donau abgetreten hatte, behielt seinem unmittelbaren Befehl die Verteidigung der rhätischen und illyrischen Provinzen vor, die sich viele hundert Meilen längs dem größten europäischen Fluß ausdehnten. Die Politik Valentinians war beständig beschäftigt, die Sicherheit der Grenzen durch neue Befestigungen zu erhöhen, aber der Mißbrauch seiner Politik reizte den gerechten Groll der Barbaren. Die Quaden klagten, daß der Grund einer zu bauenden Feste auf ihrem Boden bezeichnet worden sei, und ihre Beschwerden wurden mit soviel Vernunft und Gerechtigkeit vorgebracht, daß der Oberbefehlshaber Equitius von Illyrien einwilligte, die Fortsetzung des Werkes einzustellen, bis er den Willen des Kaisers eingeholt haben würde. Diese treffliche Gelegenheit, einem Nebenbuhler weh zu tun und das Glück seines Sohnes zu fördern, wurde von Maximin, dem Präfekten oder vielmehr Tyrannen von Gallien, gierig ergriffen. Die Leidenschaften Valentinians duldeten keine Zügel und er hörte mit leichtgläubiger Geneigtheit den Versicherungen seines Günstlings zu, daß, wenn die Statthalterschaft von Valeria und die Förderung des Werkes dem Eifer seines Sohnes Marcellinus anvertraut wäre, der Kaiser durch die verwegenen Einwände der Barbaren nicht länger belästigt werden würde. Die Untertanen Roms und die Eingeborenen Germaniens wurden durch den Hochmut eines jungen und unwürdigen Statthalters beleidigt, der seine schnelle Erhebung als Beweis und Belohnung seines höheren Verdienstes betrachtete. Er tat indes so, als nähme er die bescheidene Verwendung des Gabinius, Königs der Quaden, aufmerksam und rücksichtsvoll an. Seine hinterlistige Höflichkeit verbarg aber einen dunklen, blutigen Plan, und der leichtgläubige Fürst ließ sich bereden, die dringende Einladung des Marcellinus anzunehmen. Ich bin in Verlegenheit, wie ich der Darstellung ähnlicher Verbrechen Abwechslung geben oder wie ich erzählen soll, daß im Laufe desselben Jahres, aber in entlegenen Teilen des Reiches, die ungastliche Tafel von zwei kaiserlichen Feldherren mit dem königlichen Blute zweier Gäste und Bundesgenossen befleckt ward, die unmenschlich auf ihren Befehl und in ihrer Gegenwart ermordet wurden. Das Schicksal des Gabinius und des Para war dasselbe, aber der grausame Tod ihres Souveräns wurde auf ganz verschiedene Weise von der knechtischen Sinnesart der Armenier und dem freien und kühnen Geiste der

Germanen aufgenommen. Die Quaden besaßen nicht mehr jene furchtbare Macht, die zur Zeit des Marcus Antoninus bis an die Tore Roms Schrecken verbreitet hatte; sie waren sehr heruntergekommen. Aber sie besaßen noch immer Waffen und Mut. Ihr Mut wurde durch die Verzweiflung erhöht, und sie erhielten von ihrem sarmatischen Bundesgenossen die gewöhnliche Verstärkung an Reiterei. So unvorsichtig war der Mörder Marcellinus, daß er den Augenblick gewählt hatte, da die tapfersten Veteranen abberufen worden waren, um die Empörung des Firmus zu unterdrücken, so daß die ganze Provinz nach einer sehr schwachen Verteidigung der Wut der bitteren Barbaren preisgegeben blieb. Sie brachen (374) in Pannonien zur Zeit der Ernte ein, zerstörten unbarmherzig alles, was sie nicht mit fortschleppen konnten und ließen die leeren Festungen entweder unberücksichtigt oder schleiften sie. Die Prinzessin Constantia, die Tochter Constantius' und Enkelin Konstantins des Großen, entkam mit knapper Not. Die kaiserliche Jungfrau, die als Kind unschuldig die Empörung des Procopius unterstützt hatte, war nun zur Gattin des Erben des westlichen Reiches bestimmt. Sie reiste durch die friedliche Provinz mit einem glänzenden und unbewaffneten Gefolge. Durch die Umsicht Messalas, Statthalters der Provinz, wurde ihre Person vor Gefahr und die Republik vor Schmach gerettet. Sobald er erfuhr, daß der Ort, wo sie anhielt, bloß um ein Mahl einzunehmen, von Barbaren fast umringt war, setzte er sie in seinen Wagen und fuhr in vollem Galopp, bis er die Tore des hundert Meilen entfernten Sirmium erreichte. Allein selbst Sirmium wäre nicht sicher gewesen, wenn die Quaden und Sarmaten während der allgemeinen Bestürzung der Obrigkeiten und des Volkes schleunigst vorgerückt wären. Ihre Saumseligkeit gewährte dem prätorianischen Präfekten Probus hinreichende Zeit, um seine Fassung wiederzugewinnen und den Mut der Bürger zu beleben. Er leitete geschickt ihre kräftigsten Anstrengungen zur Aufbesserung der verfallenen Festungswerke und holte den rechtzeitigen und wirksamen Beistand einer Abteilung Bogenschützen herbei, um die Hauptstadt der illyrischen Provinzen zu verteidigen. In ihren Angriffen gegen die Mauern von Sirmium gescheitert, wandten die entrüsteten Barbaren ihre Waffen gegen den Oberbefehlshaber der Grenze, dem sie mit Unrecht an der Ermordung ihres Königs schuld gaben. Equitius konnte nicht mehr als zwei Legionen ins Feld stellen, aber sie enthielten den erprobten alten Kern der pannonischen und mösischen Truppen. Die Hartnäckigkeit, womit sie um die eitle Ehre des Vorranges und Vortrittes stritten, war die Ursache ihrer Vernichtung, und während sie mit getrennten Kräften und nach geteilten Ratschlägen handelten, wurden sie durch die behende Tapferkeit der sarmatischen Reiterei überrumpelt und niedergemetzelt. Der Erfolg dieses Einbruches reizte den Wetteifer der angrenzenden Stämme, und die Provinz Mösien wäre unvermeidlich verloren gewesen, wenn nicht der jüngere Theodosius, der Herzog oder militärische Befehlshaber der Grenze, durch die Niederlage des öffentlichen Feindes eine Unerschrockenheit an den Tag gelegt hätte, die seines berühmten Vaters und seiner künftigen Größe würdig war.

Valentinian, der damals zu Trier residierte, war von den Drangsalen Illyriens tief ergriffen. Die vorgerückte Jahreszeit schob jedoch die Ausführung seiner Pläne bis zum folgenden Frühling auf. Er brach (375) in Person mit einem beträchtlichen Teil der Streitkräfte Galliens von den Ufern der Mosel auf. Den Gesandten der Sarmaten, die ihm auf dem Wege begegneten, gab er die zweideutige Antwort, daß er, sobald er den Schauplatz der Taten erreicht hätte, untersuchen und entscheiden würde. Als er zu Sirmium anlangte, erteilte er den Abgeordneten der illyrischen Provinzen Audienz, die laut ihr Glück unter der weisen Verwaltung seines prätorianischen Präfekten Probus priesen. Valentinian, dem diese Beweise ihrer Treue und Dankbarkeit schmeichelten, fragte unklugerweise den Abgeordneten von Epirus, einen zynischen Philosophen mit unerschrockener Aufrichtigkeit, ob er durch die freien Wünsche der Provinz gesandt worden sei? „Mit Tränen und Seufzern (erwiderte Iphikles) bin ich von einem unwilligen Volke gesandt." Der Kaiser schwieg; aber die Straflosigkeit seiner Minister führte die verderbliche Maxime ein, daß sie seine Untertanen unterdrücken konnten, ohne seinem Dienste zu schaden. Eine strenge Untersuchung ihres Benehmens würde das öffentliche Mißvergnügen behoben haben. Die strenge Verdammung des Mordes des Gabinius war das einzige Mittel, womit das Vertrauen der Barbaren wiederhergestellt und die Ehre des römischen Namens gerettet werden konnte. Aber der stolze Monarch war jener Hochherzigkeit unfähig, die einen Fehler anzuerkennen wagt. Er vergaß die Herausforderung, gedachte nur der Unbill und rückte mit unersättlichem Durst nach Blut und Rache in das Land der Quaden ein. Die beispiellose Verheerung und das keinen Unterschied machende Schlachten eines wilden Krieges wurde in den Augen des Kaisers und vielleicht in denen der Welt durch das grausame Gesetz der Wiedervergeltung gerechtfertigt. So trefflich war aber die Disziplin der Römer und so groß die Bestürzung des Feindes, daß Valentinian, ohne auch nur einen einzigen Mann zu verlieren, wieder über die Donau zurückging. Da er beschlossen hatte, die Vernichtung der Quaden in einem zweiten Feldzug zu vollenden, schlug er bei Bregetio an der Donau, in der Nähe der jetzigen Stadt Preßburg, seine Winterquartiere auf. Während der Einstellung der kriegerischen Unternehmungen wegen der großen Kälte machten die Quaden einen demütigen Versuch, den Grimm ihres Besiegers abzuwenden. Ihre Gesandten wurden auf die dringenden Vorstellungen des Equitius vom Kaiser zur Audienz gelassen. Sie näherten sich dem Throne mit gebeugtem Körper und bestürzten Mienen, und ohne es zu wagen, sich über die Ermordung ihres Königs zu beschweren, beteuerten sie mit feierlichen Eiden, daß der neuerliche Einbruch das Verbrechen einiger regelloser Räuber gewesen wäre die von dem öffentlichen Rat der Nation verdammt und verabscheut würden. Die Antwort des Kaisers ließ auf von seiner Milde oder seinem Mitleid nur wenig hoffen. Er warf ihnen in den herabwürdigendsten Ausdrücken ihre Niederträchtigkeit, ihre Undankbarkeit, ihre Verwegenheit vor. – Blick, Stimme, Farbe, Gebärden drückten die Heftigkeit seiner unbezähmbaren Wut aus, und während sein ganzer Körper vor Leidenschaft verzerrt war, barst plötzlich ein großes Blutgefäß in seinem Leibe und Valentinian sank stumm in die Arme seines Gefolges. Ihre Pflicht und Fürsorge suchte seine Lage augenblicklich vor der Menge zu verbergen. In wenigen Minuten aber verschied der Kaiser des Westens nach schmerzlichem Todeskampf (7. November 375), indem er sein Bewußtsein bis zum letzten Augenblick beibehielt und sich vergeblich anstrengte, den Feldherren und Ministern, die das Lager des Fürsten umgaben, seinen Willen kundzutun. Valentinian war beinahe vierundfünfzig Jahre alt und es fehlten nur hundert Tage, um die zwölf Jahre seiner Regierung zu vervollständigen.

Die Polygamie Valentinians wird von einem Kirchengeschichtsschreiber allen Ernstes behauptet. „Die Kaiserin Severa (ich erzähle die Fabel) würdigte die liebenswürdige Justina, die Tochter eines italienischen Statthalters, ihrer vertrauten Gesellschaft: sie drückte ihre Bewunderung jener körperlichen Reize, die sie oft im Bade gesehen hatte, mit so ungemessenem und unvorsichtigem Lobe aus, daß der Kaiser versucht ward, eine zweite Gattin in sein Bett aufzunehmen, und ein öffentliches Edikt dehnte auf alle Untertanen des Reiches dasselbe Recht aus, das er für sich in Anspruch genommen hatte." Aber wir können uns sowohl durch das Zeugnis der Vernunft als der Geschichte für versichert halten, daß die zwei Ehen Valentinians, mit Severa und mit Justina, aufeinanderfolgten und daß er sich der alten Erlaubnis der Ehetrennung bediente, welche die Gesetze jederzeit gestatteten, obwohl sie von der Kirche verboten war. Severa war die Mutter Gratians, der in sich alles vereinigte, was ihm ein Recht auf die unbestrittene Nachfolge im westlichen Reiche geben konnte. Er war der älteste Sohn eines Monarchen, dessen glorreiche Regierung die freie und ehrenvolle Wahl seiner Kriegsgefährten gerechtfertigt hatte. Noch vor Erreichung seines neunten Jahres empfing der fürstliche Jüngling aus den Händen seines liebenden Vaters das Purpurgewand mit dem Diadem und dem Augustustitel: die Wahl wurde durch die Zustimmung und den Beifall des gallischen Heeres feierlich genehmigt und der Name Gratian zu den Namen Valentinians und Valens' allen gesetzlichen Kundmachungen des Reiches hinzugefügt. Durch seine Vermählung mit der Enkelin Konstantins erwarb der Sohn Valentinians alle Erbrechte des flavischen Hauses, die in einer Reihe von drei kaiserlichen Generationen durch Zeit, Religion und die Ehrfurcht des Volkes geheiligt worden waren. Bei dem Tode seines Vater stand der kaiserliche Jüngling im siebzehnten Jahre und seine guten Eigenschaften rechtfertigten bereits die günstige Meinung des Heeres und Volkes. Aber Gratian residierte, nichts ahnend, im Palast von Trier, während Valentinian in einer Entfernung von vielen hundert Meilen plötzlich im Lager von Bregetio verschied. Die Leidenschaften, die durch die Gegenwart des Gebieters so lange unterdrückt worden waren, lebten im kaiserlichen Rat augenblicklich wieder auf, und die ehrgeizige Absicht, im Namen eines Kindes zu herrschen, wurde von Mellobaudes und Equitius schlau durchgesetzt, die über die Anhänglichkeit der Truppen von Illyrien und Italien geboten. Sie verfielen auf die ehrenvollsten Vorwände, um die beliebten Anführer und die Truppen von Gallien zu entfernen, welche die Ansprüche des rechtmäßigen Nachfolgers hätten verteidigen können. Sie schützten die dringende Notwendigkeit vor, durch eine kühne und entscheidende Maßnahme die Hoffnungen der einheimischen und auswärtigen Feinde zu vernichten. Die Kaiserin Justina, die in einem ungefähr vierhundert Meilen von Bregetio entfernten Palast zurückgelassen worden war, wurde ehrfurchtsvoll eingeladen, mit dem Sohn des verblichenen Kaisers im Lager zu erscheinen. Am sechsten Tage nach Valentinians Tode wurde der damals vierjährige Fürstensohn Valentinian in den Armen seiner Mutter den Legionen gezeigt, die ihn feierlich mit den Titeln und Würden der höchsten Gewalt bekleideten. Den drohenden Gefahren eines Bürgerkrieges wurde durch das weise und gemäßigte Benehmen des Kaisers Gratian zur rechten Zeit vorgebeugt. Er nahm die Wahl des Heeres freudig an, erklärte, daß er den Sohn der Justina stets als Bruder und nie als Nebenbuhler betrachten werde, und riet der Kaiserin, ihre Residenz mit ihrem Sohn in Mailand in der schönen und friedlichen Provinz Italien aufzuschlagen, während er selbst die schwierigere Herrschaft über die Länder jenseits der Alpen fahren würde. Gratian verbarg seinen Groll, bis er die Urheber der Verschwörung mit Sicherheit bestrafen oder in Ungnade stürzen konnte. Obwohl er stets die liebevollste Rücksicht gegen seinen noch im Kindesalter stehenden Throngenossen zeigte, vertauschte er allmählich in der Verwaltung des westlichen Reiches das Amt eines Vormundes mit der Macht eines Souveräns. Die Regierung des Römischen Reiches wurde unter den vereinigten Namen des Valens und seiner beiden Neffen geführt, aber der schwache Kaiser des Ostens, der seinem älteren Bruder im Range nachfolgte, erhielt nie Gewicht oder Einfluß auf die Ratschläge des Westens.

ZWEITES KAPITEL

DER GOTISCHE KRIEG

Sitten der Hirtenvölker. – Fortschritte der Hunnen von China bis Europa. –
Flucht der Goten. – Sie gehen über die Donau. – Niederlage und Tod Valens'. –
Gratian verleiht das östliche Reich dem Theodosius. – Sein Charakter und Sieg. –
Friede und Ansiedlung der Goten

Im zweiten Jahre der Regierung des Valentinian und Valens, am Morgen des 21. Juli 365, wurde der größte Teil der römischen Welt durch ein heftiges und zerstörendes Erdbeben erschüttert. Die Wirkung teilte sich den Gewässern mit. Die Gestade des Mittelländischen Meeres trockneten durch den plötzlichen Rücktritt des Meeres aus, eine außerordentliche Menge Fische wurde mit der Hand gefangen, große Schiffe standen im Schlamm. Aber die See kehrte mit der Wucht einer unermeßlichen und unwiderstehlichen Flut zurück, deren Folgen man an den Küsten Siziliens, Dalmatiens, Griechenlands und Ägyptens schwer fühlte. Große Boote wurden über die Dächer der Häuser oder bis zwei Meilen in das Land hinein fortgeführt, die Einwohner mit ihren Häusern von den Gewässern hinweggespült. Alexandria beging darauf alljährlich den unheilvollen Tag, an dem fünfzigtausend Menschen durch die Überschwemmung ihr Leben verloren. Dieses Gerücht, das vergrößert von Provinz zu Provinz eilte, setzte die Untertanen Roms in Staunen und Furcht, und ihre geängstigte Phantasie erweiterte den Umfang eines augenblicklichen Mißgeschicks. Sie erinnerten sich der früheren Erdbeben, welche die Städte von Palästina und Bythnien eingestürzt hatten, betrachteten diese furchtbaren Stöße nur als das Vorspiel noch schrecklicheren Unglücks, und ihre eitle Furcht fühlte sich geneigt, die Zeichen eines untergehenden Reiches und einer untergehenden Welt zu vermengen. Es war Sitte der Zeit, jedes merkwürdige Ereignis dem besonderen Willen der Gottheit zuzuschreiben. Die Veränderungen der Natur wurden durch eine unsichtbare Kette mit den moralischen und metaphysischen Meinungen des menschlichen Geistes in Zusammenhang gebracht. Die scharfsinnigsten Theologen vermochten zu unterscheiden, daß die Festigung der Ketzerei schuld an dem Erdbeben oder daß eine Überschwemmung die unvermeidliche Folge des Überhandnehmens der Sünde und des Irrtums sei. Ohne sich anzumaßen, die Richtigkeit oder Angemessenheit dieser erhabenen Ansichten zu erörtern, mag sich der Geschichtsschreiber mit der durch die Erfahrung gerechtfertigten Bemerkung begnügen, daß der Mensch weit mehr von den Leidenschaften seiner Mitmenschen als von den Zerrüttungen der Elemente zu fürchten hat. Die unheilvollen Wirkungen eines Erdbebens, einer Überschwemmung, eines Orkans oder des Ausbruchs eines Vulkans stehen übrigens in einem sehr geringen Verhältnis zu den gewöhnlichen Drangsalen des Krieges. In der unglücklichen Periode des Verfalles des Römischen Reiches, die man mit Recht von der Regierung des Valens an datieren kann, waren das Glück und die Sicherheit jedes einzelnen angegriffen, und die Künste und Arbeiten von Jahrhunderten wurden durch die Barbaren Skythiens und Germaniens verwüstet. Der Einbruch der Hunnen stürzte auf die Provinzen des westlichen Reiches das Volk der Goten (376), die in weniger als vierzig Jahren von der Donau an das Atlantische Meer vorrückten und durch den Erfolg ihrer Waffen den Einfällen so vieler feindlicher Stämme, roher als sie selbst, den Weg bahnten. Der ursprüngliche Anstoß der Bewegung war in den fernen Ländern des Nordens verborgen, und die interessante Betrachtung des Hirtenlebens der Skythen oder Tataren wird die geheime Ursache dieser zerstörenden Wanderungen beleuchten.

Die verschiedenen Charaktere, welche die zivilisierten Nationen des Erdballs unterscheiden, können dem Gebrauch oder Mißbrauch der Vernunft zugeschrieben werden, der die Sitten und Meinungen eines Europäers oder eines Chinesen so verschieden gestaltet und so künstlich zusammensetzt. Aber die Wirkung des Instinkts ist sicherer und einfacher als die der Vernunft: es ist viel leichter, die Begierden eines Tieres als die Gedanken eines Philosophen zu ermitteln, und die wilden Stämme des Menschengeschlechtes, wie sie dem Zustande der Tiere näherstehen, bewahren auch mit sich selbst und untereinander eine stärkere Ähnlichkeit. Die Gleichförmigkeit ihrer Sitten ist die natürliche Folge der Nichtausbildung ihrer Fähigkeiten. Auf eine ähnliche Lage beschränkt, sind ihre Bedürfnisse, Begierden und Genüsse stets dieselben: der Einfluß der Nahrung und des Klimas, der in einem vollkommenen Zustand der Gesellschaft durch so viele moralische Ursachen ausgeschaltet oder unterjocht wird, trägt mächtig bei, den Nationalcharakter der Barbaren zu bilden und zu erhalten. In jedem Jahrhundert sind die unermeßlichen Ebenen von Skythien oder der Tatarei von wandernden Jäger- und Hirtenstämmen bewohnt gewesen, deren Trägheit sie hindert, die Erde zu bebauen, und deren rastloser Geist die Beschränkung eines seßhaften Lebens verschmäht. In jedem Jahrhundert sind die Skythen und Tataren wegen ihres unbezwinglichen Mutes und ihrer schnellen Eroberungen berühmt gewesen. Die Throne Asiens sind durch die Hirten des Nordens wiederholt gestürzt worden. Ihre Waffen haben Schrecken und Verwüstung über die fruchtbarsten und kriegerischsten Länder von Europa verbreitet. Bei dieser Gelegenheit wird der nüchterne Historiker aus einer angenehmen Täuschung geweckt und gezwungen, einzugestehen, daß die Sitten der Hirten, die mit den schönsten Eigenschaften des Friedens und der Unschuld geschmückt worden sind, sich viel besser zu den wilden und grausamen Gewohnheiten des Kriegslebens eignen. Um diese Bemerkung zu erläutern, werde ich nun ein Volk von Hirten und Kriegern in den drei wichtigen Punkten betrachten: I. ihrer Nahrung; II. ihrer Wohnung; III. ihren Übungen.

I. Das Korn und auch der Reis, die gewöhnliche und gesunde Nahrung eines zivilisierten Volkes, können nur durch den geduldigen Fleiß des Landmannes erzielt werden. Einige jener glücklichen Wilden, die zwischen den Wendekreisen wohnen, werden durch die Freigebigkeit der Natur reichlich ernährt. Aber unter dem Himmelsstriche des Nordens ist ein Hirtenvolk auf seine Herden beschränkt. Erfahrene Ärzte mögen entscheiden, inwiefern der Charakter der Menschen durch den Genuß tierischer oder vegetabilischer Nahrung bestimmt wird und ob nicht die gewöhnliche Verknüpfung der Vorstellungen fleischessend und grausam in einem anderen Licht als dem eines unschuldigen, vielleicht heilsamen Vorurteils der Menschlichkeit zu betrachten ist. Wenn es indessen wahr ist, daß das Gefühl des Mitleids unmerklich durch das Beispiel und die Ausübung häuslicher Grausamkeit abgestumpft wird, müssen wir darauf hinweisen, daß all das Schreckliche, was europäische Verfeinerung verbirgt, in seiner nackten und ekelhaften Einfachheit im Zelte eines Hirten der Tatarei täglich vor Augen geführt wurde. Das Rind oder Schaf wird von derselben Hand geschlachtet, von der es gewohnt ist, seine tägliche Nahrung zu empfangen, und die blutenden Glieder werden mit sehr wenig Vorbereitung auf den Tisch ihres gefühllosen Schlächters gesetzt. Im Kriegsgewerbe, besonders in der Führung eines zahlreichen Heeres, scheint der ausschließliche Gebrauch der tierischen Nahrung mit dem sichersten Vorteil verbunden zu sein. Korn ist eine raumkostende und vergängliche Ware, und die großen Vorräte, die zum Unterhalt starker Heere unerläßlich sind, müssen langsam durch die Anstrengung von Pferde- oder Menschenkraft nachgeschafft werden. Aber die Herden, die den Zug der Tataren begleiteten, gewährten ihnen einen sicheren und zunehmenden Vorrat von Milch und Fleisch. In dem bei weitem größeren Teile der unbebauten Wüste ist der Graswuchs schnell und üppig und es gibt nur wenige so außerordentlich kahle Plätze, wo das abgehärtete Rindvieh des Nordens nicht eine erträgliche Weide fände. Der Vorrat wird durch den keinen Unterschied kennenden Appetit und die Enthaltsamkeit der Tataren vermehrt. Sie nähren sich in gleichem Maße von dem Fleisch der Tiere, die für das Mahl geschlachtet worden oder an Krankheit verendet sind. Pferdefleisch, das in jedem Jahrhundert und Lande von den zivilisierten Nationen Europas und Asiens geächtet worden ist, verzehren sie mit besonderer Gier, und dieser eigentümliche Geschmack erleichtert den Erfolg ihrer kriegerischen Unternehmungen. Der behenden Reiterei Skythiens folgt stets, auch auf ihren fernsten und schnellsten Streifzügen, eine angemessene Zahl von Handpferden, die je nach der Veranlassung entweder zur Beschleunigung der Geschwindigkeit oder zur Stillung des Hungers der Barbaren dienen. Mut und Not haben viele Hilfsquellen. Wenn die Weide rings um ein Tatarenlager fast verzehrt ist, schlachten sie den größten Teil ihres Viehs und bewahren das Fleisch entweder geräuchert oder in der Sonne getrocknet auf. Bei plötzlicher Notwendigkeit eines eiligen Marsches versehen sie sich mit einer hinreichenden Menge kleiner Kügelchen von Käse oder vielmehr getrockneter Molken, die sie gelegentlich in Wasser auflösen, und diese wenige Nahrung reicht hin, um das Leben, ja sogar die gute Laune des geduldigen Soldaten mehrere Tage lang zu bewahren. Aber auf diese außerordentliche Enthaltsamkeit, um welche sie der Stoiker und der Einsiedler beneiden würde, folgt die Befriedigung des gefräßigsten Heißhungers. Die Weine eines glücklichen Klimas sind das angenehmste Geschenk und die wertvollste Ware, die den Tataren geboten werden kann. Aber ihre einzige Industrie scheint darin zu bestehen, daß sie aus der Stutenmilch eine gegorene Flüssigkeit bereiten, die eine stark berauschende Kraft besitzt. Raubtieren gleich ertragen die Wilden, sowohl der alten als der neuen Welt, abwechselnd Mangel und Überfluß. Ihr Magen ist an die Extreme des Hungers und der Übersättigung gewöhnt.

II. In Zeiten roher und kriegerischer Einfachheit war ein Volk von Landwirten und Soldaten über ein ausgedehntes und wenig bebautes Land zerstreut, und es dauerte geraume Zeit, ehe die kriegerische Jugend Griechenlands oder Italiens sich unter derselben Fahne versammeln konnte, um ihre eigenen Grenzen zu verteidigen oder in das

Gebiet angrenzender Stämme einzufallen. Das Fortschreiten der Gewerbe und des Handels sammelt allmählich eine größere Menschenmenge innerhalb einer Stadt. Aber diese Bürger sind nicht mehr Soldaten. Mit den Künsten und der Wissenschaft, die eine bürgerliche Gesellschaft schmücken und vervollkommnen, werden die Gewohnheiten des kriegerischen Lebens verdorben. Die Hirtensitten der Skythen scheinen die Vorteile der Einfachheit und Verfeinerung zu verbinden. Die Individuen eines Stammes sind beständig vereinigt; aber sie sind in einem Lager vereinigt, und der angeborene Mut dieser kühnen Hirten wird durch gegenseitige Hilfeleistung und durch Wetteifer angefacht. Die Häuser der Tataren sind weiter nichts als kleine ovale Zelte, die der nebeneinander lebenden Jugend beider Geschlechter eine kalte und schmutzige Wohnung gewähren. Die Paläste der Reichen bestehen aus hölzernen Hütten von solchem Umfang, daß sie bequem auf große Wagen gebracht und von einem Gespann von vielleicht zwanzig bis dreißig Ochsen gezogen werden können. Die Herden ziehen sich, nachdem sie den ganzen Tag auf den anliegenden Weiden gegrast haben, bei Annäherung der Nacht innerhalb des schützenden Lagers zurück. Die Notwendigkeit, der heillosesten Verwirrung in einem solchen Gedränge von Menschen und Tieren zuvorzukommen, mußte allmählich in der Verteilung, Ordnung und Bewachung des Lagers die Anfangsgründe der Kriegskunst einführen. Sowie das Futter eines großen Distriktes aufgezehrt ist, setzt sich der Stamm oder vielmehr das Heer von Hirten in ordentlichem Marsch in Bewegung, um neue Weide zu finden und erwirbt so in der gewöhnlichen Beschäftigung des Hirtenlebens die praktische Kenntnis einer der wichtigsten und schwierigsten Operationen des Krieges. Die Wahl der Stationen wird durch die Verschiedenheit der Jahreszeiten geregelt: im Sommer ziehen die Tataren gegen Norden und schlagen ihre Zelte an einem Strom oder wenigstens nicht fern von einem fließenden Wasser auf. Gegen den Winter zu aber kehren sie nach Süden zurück und schützen ihre Lager hinter einer bequemen Anhöhe gegen die eisigen Winde, die von Sibirien kommen. Diese Sitten sind außerordentlich geeignet, unter den Nomadenstämmen den Geist des Wanderns und der Eroberung zu verbreiten. Der Zusammenhang zwischen dem Volke und seinem Gebiete ist ein so schwaches Band, daß es durch den geringsten Zufall zerrissen werden kann. Das Lager, nicht der Boden, ist das natürliche Vaterland des eigentlichen Tataren. Innerhalb des Bereiches dieses Lagers sind seine Familie, seine Gefährten, sein Eigentum stets eingeschlossen, und selbst auf den fernsten Streifzügen ist er beständig von den Gegenständen umgeben, die seinen Augen teuer, wertvoll oder gewohnt sind. Durst nach Beute, Furcht vor Ahndung einer Unbill und Widerwille gegen Knechtschaft sind in jedem Jahrhundert hinreichende Ursachen gewesen, um die Stämme Skythiens zu veranlassen, kühn nach unbekannten Ländern vorzudringen, wo sie reichlichen Unterhalt oder einen minder furchtbaren Feind zu finden hofften. Die Umwälzungen des Nordens haben häufig das Schicksal des Südens entschieden, und in dem Kampf feindlicher Nationen sind Sieger und Besiegte abwechselnd von den Grenzen Chinas bis zu den Marken getrieben worden oder freiwillig gewandert. Diese großen Wanderungen, die zuweilen mit fast unglaublicher Schnelligkeit ausgeführt worden sind, wurden durch die besondere Natur des Klimas erleichtert. Bekanntlich ist die Kälte der Tatarei viel strenger, als man es in der gemäßigten Zone vernünftigerweise erwarten sollte; diese ungewöhnliche Rauhheit wird der Höhe der Ebenen, die sich besonders gegen Osten mehr als zwei Meilen über den Meeresspiegel erheben und der Menge Salpeter zugeschrieben, womit der Boden geschwängert ist. Im Winter sind die breiten und reißenden Ströme, die ihre Gewässer in das Schwarze, das Kaspische und das Eismeer ergießen, stark gefroren. Das Land ist mit einer Schneelage bedeckt, und die flüchtigen oder siegreichen Stämme konnten mit ihren Familien Wagen und Herden sicher über die glatte und harte Fläche einer unermeßlichen Ebene gelangen.

III. Das Hirtenleben ist, verglichen mit den Arbeiten des Ackerbaues und der Gewerbe, ohne allen Zweifel ein Leben des Müßiganges, und da die vornehmeren Hirten des tatarischen Stammes die häusliche Versorgung der Herden ihren Gefangenen überlassen, werden ihre Mußestunden nur selten durch knechtische oder fleißige Arbeit gestört. Aber statt daß diese Ruhe dem sanften Genuß der Liebe und Eintracht geweiht ist, wird sie nutzbringend mit dem blutigen Handwerk der Jagd verbracht. Die Ebenen der Tatarei sind mit einer starken und tauglichen Zucht Pferde besetzt, die sich leicht zu Kriegs- und Jagdzwecken abrichten lassen. Die Skythen aller Zeiten sind als kühne und geschickte Reiter berühmt gewesen. Beständige Übung hat ihnen einen so festen Sitz auf dem Rücken der Pferde verliehen, daß Fremde glaubten, sie vollbrächten die täglichen Verrichtungen des gewöhnlichen Lebens, Essen, Trinken, ja selbst Schlafen, ohne von ihren Pferden zu steigen. Sie zeichnen sich durch geschickte Handhabung der Lanze aus. Der lange Tatarbogen wird mit nervigem Arme gespannt und der gewichtige Pfeil nach seinem Gegenstande mit nie irrender Sicherheit und unwiderstehlicher Gewalt geschnellt. Kraft und Geduld sowohl der Männer als Pferde werden durch die Beschwerlichkeiten der Jagd beständig geübt, und die reiche Beute an Wild trägt zum Unterhalte, ja selbst zum Luxus eines tatarischen Lagers bei. Aber die Taten des skythischen Jägers sind nicht auf die Erlegung schüchterner und unschädlicher Tiere beschränkt; sie kämpfen kühn mit dem grimmigen, wilden Eber, wenn er sich gegen seine Verfolger kehrt, regen den trägen Mut des Bären auf und reizen die Wut des Tigers, wenn er im Dickicht schlummert. Wo Gefahr ist, gibt es Ruhm, und die Art Jagd, die der Übung des Mutes das schönste Feld bietet, kann mit Recht als die Schule des Krieges betrachtet werden. Die allgemeinen Jagdzüge, der Stolz und die Wonne der tatarischen Fürsten, gewähren eine sehr belehrende Übung für ihre zahlreiche Reiterei. Ein Kreis von vielen Meilen im Umfang wird gezogen, um das Wild eines ausgedehnten Distriktes einzuschließen, und die den Kreis bildenden Truppen dringen regelmäßig gegen einen gemeinsamen Mittelpunkt vor, wo die gefangenen, von jeder Seite umzingelten Tiere den Geschossen der Jäger preisgegeben sind. Bei einem solchen Zug, der oft mehrere Tage dauert, muß die Reiterei Berge übersteigen, Flüsse durchschwimmen und sich durch Schluchten winden, ohne die vorgeschriebene Ordnung des allmählichen Vorrückens zu unterbrechen. Sie erwerben die Übung, Auge und Schritte nach einem entfernten Gegenstande zu richten, ihre Zwischenräume zu beobachten, ihren Ritt nach den Bewegungen der Truppen zur Rechten und Linken zu verzögern oder zu beschleunigen, die Signale ihrer Anführer zu beachten und zu wiederholen. Ihre Anführer erlernen in dieser praktischen Schule einen wichtigen Teil der Kriegskunst: das schnelle und genaue Beurteilen des Bodens, der Entfernung und der Zeit. Gegen einen menschlichen Feind dieselbe Geduld und Tapferkeit, dieselbe Geschicklichkeit und Ordnung beobachten, ist die einzige Veränderung, die der wirkliche Krieg fordert, und das Vergnügen der Jagd dient als Beispiel der Eroberung eines Reiches. Die politische Gesellschaft der alten Germanen hat den Anschein eines freiwilligen Bündnisses unabhängiger Krieger. Die skythischen Stämme, durch den neueren Namen Horden unterschieden, nehmen die Gestalt einer zahlreichen und anwachsenden Familie an, die im Laufe mehrerer Geschlechter von demselben ursprünglichen Stamm fortgepflanzt worden ist. Die geringsten und unwissendsten Tataren bewahren mit selbstbewußtem Stolze das unschätzbare Kleinod ihrer Geschlechtsfolge, und welche Rangesunterschiede auch durch die ungleiche Verteilung des Reichtums der Hirten entstanden sein mögen, achten sie sich doch selbst gegenseitig als die Abkömmlinge des ersten Gründers des Stammes. Die noch herrschende Gewohnheit, die tapfersten und treuesten der Gefangenen zu adoptieren, leiht der sehr wahrscheinlichen Vermutung Grund, daß diese ausgedehnte Blutsverwandtschaft in hohem Grade nur gesetzlich und erfunden sei. Aber diese überlieferte Ansicht ihrer reinen Blutsverwandtschaft hat wenigstens den einen Nutzen, daß die hochmütigen Barbaren freudigen und freiwilligen Gehorsam dem Haupte ihres Blutes zollen. Ihr Fürst oder Mursa übt als Stellvertreter ihres großen Vaters die Macht eines Richters im Frieden und eines Anführers im Kriege aus. Im ursprünglichen Zustand der Hirtenvölker handelte jeder der Mursas als unabhängiges Haupt einer großen und besonderen Familie, und die Grenzen ihrer Gebiete wurden allmählich durch überlegene Gewalt oder gegenseitige Einwilligung bestimmt. Aber verschiedene und bleibende Ursachen trugen bei, die wandernden Horden in Nationalgemeinden unter dem

Befehl eines obersten Hauptes zu vereinigen. Die Schwachen sehnten sich nach Schutz und die Starken geizten nach Herrschaft. Die Macht, das Ergebnis der Einigung, unterdrückte und sammelte die zerstreuten Streitkräfte der angrenzenden Stämme, und da die Unterworfenen zum Anrecht an den Vorteilen eines Sieges frei zugelassen wurden, eilten die tapfersten Anführer, sich und ihre Anhänger unter die gefürchtete Fahne einer verbündeten Nation zu stellen. Der glücklichste der tatarischen Fürsten nahm den kriegerischen Oberbefehl an, auf den er entweder durch die Überlegenheit seiner Verdienste oder seiner Macht Anspruch hatte. Er wurde durch den Zuruf seines Stammes auf den Thron erhoben, und der Titel *Khan* drückt in der Sprache von Nordasien den vollen Umfang der königlichen Würde aus. Das Recht der Erbfolge wurde lange auf das Blut des Gründers der Monarchie beschränkt. Noch heute sind alle Khane gerade Abkömmlinge des berühmten Dschingis-Khan. Da es jedoch unerläßliche Pflicht eines tatarischen Souveräns ist, seine kriegerischen Untertanen ins Feld zu führen, bleiben die Rechte eines Kindes häufig unberücksichtigt, und irgendein Verwandter von fürstlichem Geblüt, der sich durch Alter und Tapferkeit auszeichnet, wird mit dem Schwerte und dem Zepter seines Vorfahren betraut. Zwei besondere und regelmäßige Steuern werden von den Stämmen erhoben, um die Würde ihres Nationalmonarchen und die ihres besonderen Anführers aufrechtzuhalten. Und jede dieser Abgaben beträgt den Zehnten sowohl von ihrem Eigentum als von ihrer Beute. Ein tatarischer Souverän verfügt daher über den zehnten Teil des Reichtums seines Volkes, und da seine eigenen Besitztümer an Herden jeder Art sich in einem größeren Verhältnis vermehren als die des Volkes, ist er reichlich imstande, den hohen Glanz seines Hofes zu erhalten, die Verdientesten oder Begünstigtesten seiner Anhänger zu belohnen und durch Bestechung den Gehorsam zu erlangen, der zuweilen den strengen Geboten der Gewalt verweigert werden dürfte. Die Sitten seiner Untertanen, an Blut und Raub gewöhnt wie er selbst, mögen in ihren Augen solche einzelne Handlungen der Tyrannei entschuldigen, die den Abscheu eines zivilisierten Volkes erregen, aber die Macht eines Despoten ist in den Wüsten von Skythien nie anerkannt worden. Die unmittelbare Gerichtsbarkeit des Khans ist auf die Grenzen seines eigenen Stammes beschränkt und die Ausübung seiner königlichen Vorrechte ist durch die alte Einrichtung eines Nationalrates gemäßigt worden. Der Korultai oder Reichstag der Tataren ist regelmäßig im Herbst und Frühling auf einer Ebene abgehalten worden, wo sich die Fürsten des regierenden Geschlechtes und die Mursas der Stämme mit ihrem zahlreichen, kriegerischen Gefolge zu Pferde vereinigen konnten und wo der ehrgeizige Monarch, der über die Macht eines bewaffneten Volkes Schau hielt, dessen Neigung zu Rate ziehen mußte. Die Uranfänge einer Feudalregierung lassen sich in der Verfassung der skythischen oder tatarischen Völker erkennen, aber der beständige Kampf dieser feindlichen Völker endete zuweilen mit der Gründung eines mächtigen und despotischen Reiches. Der Sieger, durch den Tribut abhängiger Könige bereichert und durch ihre Waffen verstärkt, breitete seine Eroberungen über Asien oder Europa aus: die siegreichen Hirten des Nordens unterwarfen sich der Verfeinerung der Künste, Gesetze und Städte, und die überhandnehmende Üppigkeit untergrub nach Zerstörung der Freiheit des Volkes die Grundfesten des Thrones.

Die Erinnerung an vergangene Ereignisse kann bei den häufigen und fernen Wanderungen schriftunkundiger Barbaren nicht lange anhalten. Die neueren Tataren wissen nichts von den Eroberungen ihrer Altvordern, und unsere Kunde der Geschichte der Skythen verdanken wir ihrem Verkehr mit den gelehrten und zivilisierten Nationen des Südens, den Griechen, Persern und Chinesen. Die Griechen, die das Schwarze Meer befuhren und ihre Kolonien längs der Seeküste anlegten, entdeckten allmählich einen Teil Skythiens, von der Donau und den Grenzen Thrakiens bis zu dem eisigen Mäotis, dem Sitze ewigen Winters, und dem Berge Kaukasus, in der Sprache der Dichter die äußerste Grenze der Erde. Sie priesen mit leichtgläubiger Einfalt die Tugenden des Hirtenlebens, hatten aber eine vernünftigere Furcht vor der Kraft und Anzahl der kriegerischen Barbaren, die verächtlich der Macht des Darius, des Sohnes des Hystaspes, Trotz boten. Die persischen Monarchen hatten ihre westlichen Eroberungen bis an die Ufer der Donau und an die Grenzen des europäischen Skythiens ausgedehnt. Die östlichen Provinzen ihres Reiches waren den Skythen von Asien preisgegeben, den wilden Bewohnern der Ebenen jenseits des Oxus und Jaxartes, zweier mächtiger Ströme, die ihren Lauf nach dem Kaspischen Meer nehmen. Der langwierige und denkwürdige Kampf zwischen Iran und Turan ist ein beständiges Thema der Geschichte oder des Romans; die berühmte, vielleicht fabelhafte Tapferkeit der persischen Helden Rustan und Asfendiar glänzte in der Verteidigung ihres Vaterlandes gegen die Afrasiabs des Nordens, und der unbezwingliche Mut derselben Barbaren widerstand auf dem gleichen Boden den siegreichen Waffen Cyrus' und Alexanders. In den Augen der Griechen und Perser wurde Skythien östlich durch das Gebirge Imaus oder Kaf begrenzt, und ihr ferner Blick nach den äußersten und unzugänglichen Teilen Asiens war durch Ungewißheit umwölkt und durch Fabel verworren. Aber jene unzugänglichen Gegenden sind der Sitz einer mächtigen und zivilisierten Nation, die nach einer wahrscheinlichen Überlieferung über vierzig Jahrhunderte hinaufreicht und imstande ist, eine Reihe von fast zweitausend Jahren durch das Zeugnis genauer zeitgenössischer Geschichtsschreiber zu bewahrheiten. Die Jahrbücher von China erläutern den Zustand und die Umwälzungen der Hirtenstämme, die fortwährend durch die unbestimmte Benennung Skythen oder Tataren bezeichnet werden sollten, der Vasallen, der Feinde und zuweilen der Eroberer eines großen Reiches, dessen Politik sich gleichförmig der blinden und ungestümen Tapferkeit der Barbaren des Nordens widersetzt hat. Von der Mündung der Donau bis zu dem Japanischen Meer beträgt die ganze Länge von Skythien gegen hundertzehn Grade. Die Breite dieser ausgedehnten Steppen kann weder so leicht noch so genau gemessen werden: aber vom vierzigsten Grad, der die Mauer von China berührt, kann man getrost tausend englische Meilen nach Norden gehen, bevor sibirische Kälte dem Weiterzug Einhalt tut. In diesem traurigen Klima verrät der aus der Erde oder vielmehr aus dem Schnee aufsteigende Rauch die unterirdischen Wohnungen der Tungusen und Samojeden. Der Mangel an Pferden und Rindvieh wird unvollkommen durch die Benutzung von Rentieren und großen Hunden ersetzt, und die Eroberer der Erde entarten allmählich zu einer Rasse mißgestalteter und winziger Wilder, die bei dem Klang der Waffen zittern.

Die Hunnen, die unter der Regierung des Valens das Römische Reich bedrohten, waren in einer viel früheren Zeit dem chinesischen furchtbar gewesen. Ihr alter, vielleicht ihr ursprünglicher Sitz war ein ausgedehnter, obschon dürrer und kahler Landstrich unmittelbar an der Nordseite der großen Mauer. Aber die Tapferkeit der Hunnen hatte die engen Grenzen ihrer Gebiete ausgedehnt; ihre bäuerischen Anführer, die den Namen Tandschu annahmen, wurden allmählich die Eroberer und die Souveräne eines furchtbaren Reiches. Gegen Osten setzte ihren siegreichen Waffen nur der Ozean Grenzen, und die Stämme, die zwischen dem Amur und der äußersten Halbinsel Korea dünn zerstreut sind, folgten unwillig den Fahnen der Hunnen. Gegen Westen, in der Nachbarschaft der Quellen des Irtisch und in den Tälern des Imaus, fanden sie ein ausgebreitetes Gebiet und zahlreiche Feinde. Einer der Unterfeldherren des Tandschu unterwarf in einem einzigen Feldzuge sechsundzwanzig Völker. Die Iguren, die sich über die übrigen Barbaren durch den Gebrauch der Buchstabenschrift erhoben, gehörten zur Zahl seiner Vasallen. Durch einen merkwürdigen Zusammenhang rief die Flucht eines dieser Nomadenstämme die siegreichen Parther von der Eroberung Syriens ab. Gegen Norden war der Ozean der Macht der Hunnen als Grenze zugewiesen. Ohne Feinde, die ihren Fortschritten hätten Einhalt tun, und ohne Zeugen, die ihrer Eitelkeit hätten widersprechen können, waren sie in Wirklichkeit oder in der Einbildung die Eroberer der Eisküste von Sibirien. Das Nordmeer wurde als äußerste Grenze ihres Reiches angegeben. Aber der Name dieses Meeres, an dessen Gestade der Patriot Sovu das Leben eines Hirten und Verbannten führte, kann mit weit mehr Wahrscheinlichkeit auf den Baikal übertragen werden, ein großes, über dreihundert Meilen langes Wasserbecken, das den bescheidenen Titel eines Sees verschmäht und in dauernder Verbindung mit dem Nordmeer durch den langen Lauf der Angara, Tonguska und des Jenisei steht. Die Unterwerfung so vieler ferner Völker mochte dem

Stolze des Tandschu schmeicheln, aber die Tapferkeit der Hunnen konnte nur durch den Genuß des Reichtums und der Üppigkeit eines Reiches des Südens belohnt werden. Im dritten Jahrhundert vor Christo wurde eine Mauer von fünfzehnhundert englischen Meilen Länge gebaut, um die Grenzen von China gegen die Einfälle der Hunnen zu schützen; aber dieses staunenswürdige Werk, das auf der Weltkarte einen so ausgezeichneten Platz einnimmt, hat nie zur Sicherheit eines unkriegerischen Volkes beigetragen. Die Reiterei des Tandschu bestand häufig aus zwei- bis dreihunderttausend Mann, furchtbar durch die unvergleichliche Gewandtheit, womit sie Pfeile und Pferde handhaben, durch ihr beispielloses Ausharren in der strengsten Witterung und durch die unglaubliche Schnelligkeit ihres Zuges, der nur selten durch Gießbäche oder Abgründe, durch die tiefsten Ströme oder höchsten Berge aufgehalten wurde. Sie breiteten sich (201 v. Chr.) mit einemmal über das Land aus, und ihre ungestüme Schnelligkeit überraschte, erstaunte und brachte die ernste und ausgeklügelte Taktik eines chinesischen Heeres in Verwirrung. Kaiser Kaoti, ein militärischer Emporkömmling, den sein persönliches Verdienst auf den Thron gehoben hatte, zog gegen die Hunnen mit jenen alten Kriegern, die in den bürgerlichen Kämpfen von China gebildet worden waren. Aber er wurde bald von den Barbaren umzingelt, und nach einer Belagerung von sieben Tagen mußte der Monarch, ohne Hoffnung auf Hilfe, seine Befreiung durch eine schimpfliche Kapitulation erkaufen. Die Nachfolger Kaotis, deren Leben den Künsten des Friedens oder der Üppigkeit des Palastes gewidmet war, unterwarfen sich noch größerer Schmach. Sie bekannten allzu voreilig die Unzulänglichkeit der Waffen und Befestigungen. Sie hielten sich allzu leicht für überzeugt, daß, während die Feuerzeichen auf allen Seiten die Annäherung der Hunnen verkündeten, die chinesischen Truppen, die mit dem Helm auf dem Haupte und dem Panzer auf dem Rücken schliefen, durch die unaufhörliche Anstrengung unwirksamer Märsche aufgerieben werden würden. Regelmäßige Entrichtung von Geld und Seide wurde als Bedingung eines zeitlichen und unsicheren Friedens festgesetzt, und der elende Behelf, einen wirklichen Tribut unter dem Namen eines Geschenkes oder Hilfsgeldes zu verschleiern, wurde sowohl von den chinesischen als von den römischen Kaisern vorgeschoben. Es blieb aber noch ein schändlicher Artikel des Tributes, der die Gefühle der Natur und Menschlichkeit verletzte. Die Drangsale des Lebens der Barbaren, wodurch die Kinder, die mit einer minder gesunden und kräftigen Konstitution geboren werden, im zarten Alter hingerafft werden, bringen ein merkwürdiges Mißverhältnis zwischen der Zahl der beiden Geschlechter zustande. Die Tataren sind eine häßliche, ja mißgestaltete Rasse. Während sie ihre eigenen Weiber als Werkzeug häuslicher Arbeiten betrachten, sind ihre Wünsche oder vielmehr ihre Begierden nach dem Genuß edlerer Schönheiten gerichtet. Eine auserlesene Anzahl der schönsten Mädchen von China wurde jährlich den rohen Umarmungen der Hunnen geweiht und das Bündnis der hochmütigen Tandschus durch ihre Vermählung mit den echten und angenommenen Töchtern der kaiserlichen Familie gesichert, die sich umsonst der frevelhaften Befleckung zu entziehen strebten. Die Lage dieser unglücklichen Opfer ist in den Versen einer chinesischen Prinzessin beschrieben, worin sie beweint, daß sie von ihren Eltern zu einem fernen Exil unter einem barbarischen Gemahl verdammt worden sei. Sie klagt, daß saure Milch ihr einziges Getränk, rohes Fleisch ihre einzige Speise und ein Zelt ihr einziger Palast sei, und in Weisen pathetischer Einfachheit drückt sie den natürlichen Wunsch aus, in einen Vogel verwandelt zu werden, um nach ihrem teuren Vaterlande zurückzufliegen, dem Gegenstand ihrer schmerzlichen und ewigen Sehnsucht.

Die Eroberung von China ist von den Hirtenstämmen des Nordens zweimal vollbracht worden: die Streitkräfte der Hunnen standen denen der Mongolen oder Mandschus nicht nach, und ihr Ehrgeiz hegte die größte Hoffnung auf Erfolg. Aber ihr Stolz wurde gedemütigt und ihren Fortschritten Einhalt getan durch die Waffen und die Politik Vutis, des fünften Kaisers der Dynastie Han. Während seiner langen Regierung von vierundfünfzig Jahren (141 bis 87) unterwarfen sich die Barbaren der südlichen Provinzen den Gesetzen und Sitten von China: die alten Grenzen der Monarchie wurden von dem großen Strom Kiang bis zum Hafen von Kanton erweitert. Statt sich auf die Operationen eines Verteidigungskrieges zu beschränken, drangen seine Stellvertreter mehrere hundert Meilen in das Land der Hunnen vor. In diesen grenzenlosen Wüsteneien, wo Magazine anzulegen unmöglich und hinreichende Vorräte von Lebensmitteln fortzuschaffen sehr schwierig ist, wurden die Heere des Vuti wiederholt den unerträglichsten Drangsalen ausgesetzt: von einhundertundvierzigtausend Soldaten, die gegen die Barbaren zogen, kehrten nur dreißigtausend geborgen zu ihrem Gebiete zurück. Diese Verluste wurden jedoch durch einen glänzenden und entscheidenden Sieg entschädigt. Die chinesischen Feldherren benutzten die Überlegenheit, die ihnen die Beschaffenheit ihrer Waffen, ihre Streitwagen und die Dienste ihrer tatarischen Bundesgenossen gaben. Das Lager der Tandschu wurde überfallen, während es in Schlaf und Ausschweifung versunken war, und obschon der Monarch der Hunnen sich tapfer durch die Reihen seiner Feinde schlug, ließ er über fünfzehntausend seiner Untertanen auf dem Schlachtfelde. Dieser entscheidende Sieg, dem mehrere blutige Gefechte vorangegangen waren und nachfolgten, trug indessen weniger zur Zerstörung der Macht der Hunnen bei als die wirksame Politik, die man in Anwendung brachte, um die zinsbaren Völker dem Gehorsam gegen sie zu entziehen. Durch die Waffen eingeschüchtert oder durch die Versprechungen Vutis und seiner Nachfolger verlockt, warfen die beträchtlichsten Stämme sowohl des Ostens als des Westens die Oberherrschaft des Tandschu ab (70). Einige bekannten sich als Bundesgenossen oder Vasallen des Reiches, alle aber wurden die unversöhnlichen Feinde der Hunnen, und die Anzahl dieses stolzen Volkes, auf seine natürliche Stärke herabgebracht, konnte vielleicht innerhalb der Mauern einer der großen und volkreichen Städte von China eingeschlossen werden. Der Abfall seiner Untertanen und die Drangsale eines Bürgerkrieges zwangen endlich den Tandschu selbst, auf die Würde eines unabhängigen Souveräns und auf die Freiheit eines kriegerischen und hochherzigen Volkes Verzicht zu leisten. Er wurde in Sigan, der Hauptstadt der Monarchie, von den Truppen, den Mandarinen und dem Kaiser selbst mit allen Ehren empfangen, die den Triumph chinesischer Eitelkeit schmücken und verschleiern konnten. Ein prächtiger Palast wurde zu seinem Empfang in Bereitschaft gesetzt, ihm der Platz über alle Prinzen der kaiserlichen Familie angewiesen und die Geduld des barbarischen Königs durch die Zeremonien eines Banketts erschöpft, das aus acht Trachten und neun feierlichen Musikstücken bestand. Aber er huldigte auf seinen Knien dem Kaiser von China, leistete in seinem eigenen und im Namen seiner Nachfolger einen Eid der Treue und empfing dankbar ein Siegel, das ihm als Zeichen seiner königlichen Abhängigkeit verliehen wurde. Nach dieser demütigenden Unterwerfung wichen die Tandschus zuweilen von ihrer Treue ab und benutzten die günstigen Gelegenheiten des Krieges und Raubes. Aber die Monarchie der Hunnen sank allmählich, bis sie durch bürgerliche Zwietracht in zwei feindliche und gesonderte Königreiche getrennt wurde. Einer der Fürsten des Volkes sah sich durch Furcht und Ehrgeiz genötigt, sich mit acht Horden, die aus vierzig- bis fünfzigtausend Familien bestanden, nach dem Süden zurückzuziehen (A. D. 48). Er erhielt mit dem Titel Tandschu ein angemessenes Gebiet an der Grenze der chinesischen Provinzen, und seine dauernde Anhänglichkeit an den Dienst des Reiches blieb aus Schwäche und Durst nach Rache gesichert. Von der Zeit dieser verderblichen Spaltung an schmachteten die Hunnen des Nordens noch gegen fünfzig Jahre, bis sie von allen Seiten durch heimische und auswärtige Feinde unterdrückt wurden. Die stolze Inschrift einer Säule, auf hohem Berge errichtet, kündete der Nachwelt an, daß ein chinesisches Heer siebenhundert Meilen in das Herz ihres Landes eingedrungen sei. Die Sienpi, ein östlicher Tatarenstamm, vergolten das Unrecht, das sie früher erlitten hatten, und die Macht der Tandschus war nach einer Dauer von dreizehnhundert Jahren vor dem Ende des ersten Jahrhunderts der christlichen Zeitrechnung völlig vernichtet (A. D. 93).

Das Schicksal der besiegten Hunnen nahm je nach den verschiedenen Einflüssen des Charakters und der Lage eine verschiedene Gestalt an. Über hunderttausend Personen, die ärmsten allerdings und feigsten des Volkes, ließen es sich gefallen, in ihrem

Vaterlande zu bleiben, auf ihren besonderen Namen und Ursprung zu verzichten und sich unter die siegreiche Nation der Sienpi zu mengen. Achtundfünfzig Horden, gegen zweimal hunderttausend Köpfe, zogen sich, nach minder schmählicher Knechtschaft geizend, gegen Süden, flehten den Schutz der Kaiser von China an und erhielten Erlaubnis, die äußersten Grenzen der Provinz Chansi und das Land der Ortus zu bewohnen und zu verteidigen. Aber die kriegerischsten und mächtigsten Stämme der Hunnen bewahrten auch in ihrem widrigen Geschick den unerschrockenen Mut ihrer Altvordern. Die westliche Welt stand ihrer Tapferkeit offen und sie beschlossen, unter Anführung ihrer erblichen Anführer irgendein fernes Land, das den Waffen der Sienpi und den Gesetzen Chinas noch unzugänglich wäre, aufzusuchen und zu unterjochen. Der Verlauf ihrer Wanderung führte sie bald über den Imaus und die Grenzen chinesischen Gebietes. Aber wir sind nicht imstande, die zwei großen Abteilungen dieser furchtbaren Flüchtlinge zu unterscheiden, die ihren Zug nach dem Oxus und der Wolga richteten. Die erste dieser Kolonnen gründete ihre Herrschaft in den fruchtbaren und ausgedehnten Ebenen von Sogdiana an der Ostseite des Kaspischen Meeres, wo sie die Benennung Hunnen mit dem Beinamen Euthaliten oder Nephthaliten beibehielten. Ihre Sitten sänftigten, ja sogar ihre Züge veredelten sich allmählich durch die Milde des Klimas und ihren langen Aufenthalt in einer blühenden Provinz, die noch ein schwaches Gepräge der Künste Griechenlands bewahrte. Die weißen Hunnen, ein von der Veränderung ihrer Hautfarbe hergeleitetes Unterscheidungswort, verzichteten bald auf skythisches Hirtenleben. Gorgo, das unter der Benennung Karism seitdem eines temporären Glanzes sich erfreut hat, war die Residenz des Königs, der eine gesetzliche Oberherrschaft über ein gehorsames Volk ausübte. Ihre Üppigkeit wurde durch die Arbeit der Sogdianer erhalten, und die einzige Spur ihrer alten Barbarei war der Brauch, der alle Genossen, vielleicht bis zu zwanzig, welche die Freigebigkeit eines reichen Gebieters geteilt hatten, verpflichtete, sich lebendig in demselben Grabe begraben zu lassen. Die Nähe der Hunnen an den Provinzen von Persien verwickelte sie häufig in blutige Kämpfe mit dieser mächtigen Monarchie. Aber sie achteten im Frieden die Vertragstreue, im Kriege die Gebote der Menschlichkeit, und ihr denkwürdiger Sieg über Peroses oder Firuz bewies sowohl die Mäßigung als die Tapferkeit dieser Barbaren. Die zweite Abteilung ihrer Landsleute, die Hunnen, die allmählich nach Nordwest vorrückten, wurden durch die Drangsale eines kalten Klimas und eines beschwerlichen Zuges gestählt. Notwendigkeit zwang sie, die Seide Chinas mit dem Pelzwerke Sibiriens zu vertauschen; die unvollständigen Uranfänge des zivilisierten Lebens wurden ausgelöscht und die angeborene Grimmigkeit der Hunnen durch ihren Verkehr mit rohen Stämmen erhöht, die man mit den wilden Tieren der Wüste verglich. Ihr Unabhängigkeitssinn warf bald die Erfolge der Tandschus ab, und während jede Horde durch ihren besonderen Mursa regiert wurde, lenkten ihre tumultuarischen Ratsversammlungen die öffentlichen Maßregeln der ganzen Nation. Bis zum dreizehnten Jahrhundert legte der Name Hungaria Magna für ihren vorübergehenden Aufenthalt an den westlichen Ufern der Wolga Zeugnis ab. Im Winter stiegen sie mit ihren Rinder- und Lämmerherden zur Mündung dieses mächtigen Stromes nieder, und ihre Sommerzüge reichten bis zur Breite von Saratow oder vielleicht bis zur Mündung des Kama. Das waren wenigstens in neuerer Zeit die Grenzen der schwarzen Kalmücken, die ungefähr ein Jahrhundert unter dem Schutze Rußlands geblieben und seit dieser Zeit nach ihren ursprünglichen Sitzen an den Grenzen des chinesischen Reiches zurückgekehrt sind. Der Zug und die Rückkehr dieser nomadischen Tataren, deren vereintes Lager aus fünfzigtausend Zelten oder Familien bestand, erläutert die fernen Wanderungen der alten Hunnen.

Es ist unmöglich, die dunkle Zeit zu erhellen, die verfloß, nachdem die Hunnen der Wolga den Augen der Chinesen entschwunden waren und bevor sie sich den Römern zeigten. Man hat jedoch Grund zu glauben, daß dieselbe Gewalt, die sie von ihren ursprünglichen Sitzen vertrieb, fortfuhr, ihren Zug gegen die Grenze von Europa zu drängen. Die Macht der Sienpi, ihrer unversöhnlichen Feinde, die sich über dreitausend Meilen von Osten nach Westen erstreckte, mußte sie allmählich durch die Wucht und den Schrecken einer furchtbaren Nachbarschaft unterdrücken, und die Flucht der skythischen Stämme mußte unvermeidlich beitragen, entweder die Stärke der Hunnen zu vermehren oder ihre Gebietsgrenze zu verengen. Die rauhklingenden und unbekannten Namen dieser Stämme würden das Ohr beleidigen, ohne den Verstand des Lesers zu unterrichten. Aber die sehr natürliche Vermutung darf ich nicht verschweigen, daß die Hunnen des Nordens eine sehr beträchtliche Verstärkung durch den Sturz der Dynastie des Südens erlangten, die sich im Laufe des dritten Jahrhunderts der Herrschaft von China unterwarf; daß ferner die tapfersten Krieger davonzogen, um ihre freien und kühnen Stammesgenossen aufzusuchen, und daß, gleichwie sie durch das Glück getrennt worden waren, sie durch die gemeinsamen Drangsale eines widrigen Geschicks vereinigt wurden. Die Hunnen verpflanzten sich mit ihren Rinder- und Lämmerherden, ihren Weibern und Kindern, ihren Abhängigen und Bundesgenossen nach dem westlichen Ufer der Wolga und drangen kühn vor, um das Land der Alanen anzugreifen, eines Hirtenvolkes, das einen ausgedehnten Strich der Einöden Skythiens bewohnte oder verheerte. Die Ebenen zwischen der Wolga und dem Don waren mit den Zelten der Alanen bedeckt, aber ihr Name und ihre Sitten über den ganzen Umfang ihrer Eroberungen verbreitet und die bemalten Stämme der Agathyrsen und Gelonen unter ihren Vasallen vermengt. Gegen Norden drangen sie in die starren Eisländer von Sibirien, unter Wilden, gewohnt, in der Wut des Hungers Menschenfleisch zu verzehren. Ihre südlichen Streifzüge erstreckten sich bis an die Grenzen von Persien und Indien. Die Mischung von sarmatischem und germanischem Geblüt hatte beigetragen, die Gesichtszüge der Alaner zu veredeln, ihre schwärzliche Hautfarbe weißer zu machen und ihren Haaren einen blonden Anflug zu geben, den man bei der Tatarenrasse selten findet. Ihre Körper waren weniger ungestaltet, ihre Sitten minder roh als die der Hunnen, standen aber diesen furchtbaren Barbaren keineswegs nach an kriegerischem Mut und an Unabhängigkeitssinn, an Liebe zur Freiheit, die selbst den Gebrauch häuslicher Sklaven verschmähte, und an Liebe zu den Waffen, die Krieg und Raub als Wonne und Ruhm des Menschengeschlechtes betrachtete. Ein entblößtes, in den Erdboden gestecktes Schwert war der einzige Gegenstand ihrer religiösen Verehrung. Die Skalpe ihrer Feinde bildeten das kostbarste Behänge ihrer Pferde und sie blickten mit Mitleid und Verachtung auf jene kleinmütigen Krieger, die geduldig die Schwäche des Alters und die Qualen einer langwierigen Krankheit abwarteten. An den Ufern des Don stieß die Kriegsmacht der Hunnen und Alanen mit gleicher Tapferkeit, aber ungleichem Glück aneinander. Die Hunnen behielten in dem blutigen Kampf die Oberhand. Der König der Alanen wurde erschlagen, und dem Rest der Nation blieb nur die Wahl zwischen Flucht und Unterwerfung. Eine Kolonie Flüchtlinge fand eine sichere Freistätte in den Gebirgen des Kaukasus zwischen dem Schwarzen und Kaspischen Meer, wo sie noch immer ihren Namen und ihre Unabhängigkeit behaupten. Eine andere Kolonie drang mit kühnerem Mute nach den Gestaden der Ostsee vor, vereinigte sich mit den nördlichen Stämmen Germaniens und nahm an der Eroberung der römischen Provinzen Spanien und Gallien teil. Aber der größte Teil der Nation der Alanen nahm das Anerbieten einer ehrenvollen und vorteilhaften Vereinigung an; und die Hunnen, welche die Tapferkeit ihrer minder glücklichen Feinde achteten, schritten mit vermehrter Anzahl und erstarktem Vertrauen zum Einbruch in die Grenzen des gotischen Reiches.

Der große Hermanrich, dessen Gebiet sich von der Ostsee bis zum Schwarzen Meer ausdehnte, genoß in voller Reife seiner Jahre und seines Ruhmes die Frucht seiner Siege, als er durch den furchtbaren Heranzug einer Schar unbekannter Feinde, denen sogar seine barbarischen Untertanen nicht mit Unrecht den Namen Barbaren geben konnten, in Unruhe versetzt wurde. Die Anzahl, Stärke, schnellen Bewegungen und unerbittliche Grausamkeit der Hunnen wurden von den erstaunten Goten gefühlt, gefürchtet und vergrößert, die ihre Felder und Flecken von den Flammen verzehrt und durch ein allgemeines Gemetzel mit Blut überschwemmt sahen. Zu diesen wirklichen Schrecknissen kamen noch das Staunen und der Abscheu, den die gellende Stimme, die ungeschlachte Gebärde und das befremdende häßliche Äußere der Hunnen einflößten. Die Wilden von Skythien (und das Bild hat einige Ähnlichkeit) wurden mit Tieren verglichen, die ungeschickt auf zwei Füßen gehen, und mit jenen mißgestalteten Figuren, den Termini, die zuweilen auf den Brücken der Antike angebracht waren. Sie unterschieden sich von den übrigen Menschen durch ihre breiten Schultern, platten Nasen und kleinen, schwarzen, tief im Kopfe begrabenen Augen, und da es ihnen an Bart fast gänzlich fehlte, zierte sie nie die männliche Anmut der Jugend und nie das ehrwürdige Aussehen des Alters. Eine fabelhafte Herkunft, würdig ihrer Gestalt und Sitten, wurde ihnen zugeschrieben: die Zauberinnen Skythiens nämlich, wegen ihrer schändlichen und tödlichen Kunstgriffe aus der Gesellschaft verjagt, hätten sich in der Wüste mit höllischen Geistern begattet, und die Hunnen wären die Nachkommen dieser abscheulichen Verbindung. Eine so schreckliche und zugleich so widersinnige Sage wurde von dem leichtgläubigen Haß der Goten gierig aufgenommen. Aber während sie ihrem Groll zusagte, vermehrte sie ihre Furcht, weil die Nachkommen von Dämonen und Zauberinnen einen Teil der übernatürlichen Kräfte sowie des bösartigen Charakters ihrer Eltern geerbt haben. Hermanrich rüstete sich, gegen diese Feinde die vereinigten Streitkräfte des gotischen Reiches zu führen, aber er entdeckte bald, daß die ihm als Vasallen pflichtigen Stämme, erbittert durch Unterdrückung, weit mehr geneigt wären, den Einbruch der Hunnen zu begünstigen als zurückzuweisen. Einer der Anführer der Roxolanen hatte früher die Fahne Hermanrichs verlassen, worauf der grausame Tyrann die unschuldige Gattin des Verräters verdammte, durch wilde Pferde zerrissen zu werden. Die Brüder dieser unglücklichen Frau benutzten die willkommene Gelegenheit zur Rache. Der greise König der Goten siechte nach den gefährlichen Wunden, die er von ihren Dolchen erhalten hatte, einige Zeit hin. Die Führung des Krieges wurde durch seine Schwäche verzögert und der öffentliche Rat der Nation durch Neid und Zwietracht zerrüttet. Sein Tod, den man seiner eigenen Verzweiflung zuschrieb, ließ die Zügel der Regierung in den Händen Withimers, der mit der zweifelhaften Hilfe einiger skythischer Söldnerscharen den ungleichen Kampf gegen die Waffen der Hunnen und Alanen fortsetzte, bis er in einer entscheidenden Schlacht besiegt und getötet wurde. Die Ostgoten unterwarfen sich ihrem Schicksal, und das königliche Geschlecht der Amalen wird später unter den Untertanen des hochmütigen Attila gefunden werden. Aber die Person Witherichs, des unmündigen Königs, wurde durch die Emsigkeit des Alatheus und Saphrax, zweier Krieger von bewährter Tapferkeit und Treue, gerettet. Mit behutsamen Märschen führten sie die unabhängigen Überreste der Ostgoten nach dem Danastus oder Dnjestr, einem beträchtlichen Strom, der jetzt das türkische Gebiet von dem russischen trennt. An den Ufern des Dnjestr hatte der kluge Athanarich auf sein eigenes Heil mehr als auf das allgemeine bedacht, das Lager mit den Westgoten mit dem festen Entschluß aufgeschlagen, sich den siegreichen Barbaren, die herauszufordern er minder rätlich fand, zu widersetzen. Die gewöhnliche Schnelligkeit der Hunnen wurde durch die Schwere des Gepäcks und das Mitschleppen der Gefangenen gehemmt, aber ihre Kriegsgeschicklichkeit täuschte und vernichtete beinahe das Heer des Athanarich. Während der Richter der Westgoten die Ufer des Dnjestr verteidigte, wurde er von einer zahlreichen Abteilung Reiterei, die bei Mondschein durch eine gangbare Furt des Flusses gesetzt hatte, umzingelt und angegriffen, und er war nur mit äußerster Anstrengung des Mutes und der Geschicklichkeit imstande, seinen Rückzug nach dem bergigen Lande zu bewerkstelligen. Der unerschrockene Feldherr hatte bereits einen neuen und einsichtsvollen Plan zu einem Verteidigungskriege gefaßt, und die starken Linien, die er zwischen dem Gebirge, dem Pruth und der Donau zu errichten sich anschickte, würden das ausgedehnte und fruchtbare Gebiet, das den neueren Namen der Walachei führt, vor den zerstörenden Einfällen der Hunnen bewahrt haben. Aber die Hoffnungen und Maßnahmen des Richters der Westgoten wurden bald durch die bebende Ungeduld seiner erschrockenen Landsleute vereitelt. Sie ließen sich von ihrer Furcht überreden, daß die zwischenliegende Donau die einzige Schranke wäre, die sie vor der schnellen Verfolgung und unbesieglichen Tapferkeit der Barbaren von Skythien retten könne. Unter dem Befehl Fritigerns und Alavivus rückte das Hauptheer der Nation eilig an die Ufer dieses großen Stromes und flehte den römischen Kaiser des Ostens um Schutz an. Athanarich selbst, der stets der Schuld des Meineides auszuweichen beflissen war, zog sich in das gebirgige Kaukaland, das durch die undurchdringlichen Wälder in Transsylvanien beschützt und fast verborgen gewesen zu sein scheint.

Nachdem Valens den gotischen Krieg mit einigem Schein von Ruhm und Erfolg beendigt hatte, durchreiste er seine asiatischen Gebiete und schlug endlich seine Residenz in der Hauptstadt von Syrien auf. Die fünf Jahre, die er in Antiochia zubrachte, verwendete er, um aus sicherer Entfernung die feindlichen Pläne des persischen Monarchen zu bewachen, die räuberischen Sarazenen und Isaurier im Zaum zu halten, durch triftigere Gründe als die der Vernunft und Beredsamkeit den Glauben der arianischen Theologie zu erzwingen und seinen ängstlichen Argwohn durch gleichmäßige Hinrichtung der Unschuldigen wie der Schuldigen zu befriedigen. Aber die Aufmerksamkeit des Kaisers wurde durch die wichtige Nachricht, die er von den Zivil- und Militärbeamten erhielt, denen die Verteidigung der Donau anvertraut war, auf das ernsteste in Anspruch genommen. Er erfuhr, daß ein wütender Barbarenstamm den Norden durchraste, daß der Einbruch der Hunnen, einer unbekannten und scheußlichen wilden Rasse, die Macht der Goten gestürzt habe, und daß die fliehenden Scharen dieser kriegerischen Nation, deren Stolz jetzt in den Staub gezerrt sei, einen Raum von mehreren Meilen längs den Ufern der Donau bedeckten. Mit ausgestreckten Armen und pathetischem Wehklagen beweinten die Goten laut ihre vergangenen Unglücksfälle und ihre gegenwärtige Gefahr, erkannten an, daß ihre einzige Hoffnung auf dem Erbarmen der römischen Regierung beruhe, und beteuerten feierlichst, daß sie, wenn die huldreiche Freigebigkeit des Kaisers ihnen gestatten sollte, die ödeliegenden Ländereien von Thrakien zu bebauen, sich durch die stärksten Verbindlichkeiten der Pflicht und Dankbarkeit verbunden erachten würden, den Gesetzen der Republik zu gehorchen und ihre Grenzen zu verteidigen. Diese Versicherungen wurden durch die Gesandten der Goten bestätigt (376), die mit Ungeduld vom Munde des Valens eine Antwort erwarteten, die das Schicksal ihrer unglücklichen Landsleute für immer entscheiden mußte. Der Kaiser des Ostens wurde nicht mehr durch die Weisheit und das Ansehen seines älteren Bruders geleitet, dessen Tod gegen Ende des verflossenen Jahres erfolgt war. Und da der Notstand der Goten eine augenblickliche und unbedingte Entscheidung forderte, war er auch des beliebten Ausweges schwacher und furchtsamer Gemüter beraubt, welche die Anwendung verschiebender und zweideutiger Maßregeln als die bewunderungswürdigsten Anstrengungen der vollendetsten Klugheit ansehen. Aber auch der erfahrenste Staatsmann von Europa ist nie in dem Falle gewesen, die Angemessenheit oder die Gefahren zu erwägen, eine zahllose Schar von Barbaren, die durch Hunger und Verzweiflung getrieben wurden, eine Ansiedlung auf dem Gebiete einer zivilisierten Nation zu erflehen, zuzulassen oder abzuweisen. Als dieser wichtige, mit der Sicherheit des Reiches in so wesentlichem Zusammenhang stehende Punkt der Beratung der Minister des Valens vorgelegt wurde, gerieten sie in Verlegenheit und waren geteilter Meinung, beruhigten sich jedoch bald bei jener schmeichelnden Ansicht, die dem Stolze, der Trägheit und dem Geize ihres Souveräns am meisten zusagte. Die Sklaven, die mit den Titeln Präfekt und Feldherr geschmückt waren, verheimlichten oder übersahen die Schrecknisse einer Nationalauswanderung, die sich so außerordentlich von den partiellen und zufälligen Kolonien unterschied, die an den äußersten Grenzen des Reiches aufgenommen worden waren. Im Gegenteil, sie freuten sich der Freigebigkeit des Glücks, das von den fernsten Ländern des Erdballs her eine zahlreiche und unbezwingliche Schar von Fremdlingen geführt habe, um den Thron des Valens zu verteidigen, der nun zu dem kaiserlichen Schatz die unermeßlichen Summen Goldes fügen könne, welche die Provinzbewohner zahlten, um ihr jährliches Verhältnis an Rekruten zu ersetzen. Die Bitten der Goten wurden bewilligt, ihre Dienste vom kaiserlichen Hofe angenommen und sogleich Befehle an die Zivil- und Militärstatthalter der thrakischen Diözese erlassen, um die nötigen Vorbereitungen für den Übergang und den Unterhalt eines großen Volkes zu treffen, bis ihnen ein geeignetes und hinreichendes Gebiet zu ihrer künftigen Wohnstätte angewiesen werden würde. Die Freigebigkeit des Kaisers war jedoch von zwei harten und strengen Bedingungen begleitet, welche die Klugheit von seiten der Römer rechtfertigen mochte, zu deren Annahme aber die entrüsteten Goten nur durch die Not gezwungen werden konnten. Bevor sie über die Donau gingen, mußten sie die Waffen abliefern. Auch bestand man darauf, daß ihnen ihre Kinder genommen und in den Provinzen Asiens zerstreut werden sollten, um da durch die Erziehung Gesittung zu empfangen und als Geisel zur Sicherung der Treue ihrer Eltern zu dienen.

Während der langen Dauer einer zweifelhaften und fernen Unterhandlung machten die ungeduldigen Goten einige verwegene Versuche, über die Donau ohne Erlaubnis der Regierung zu gehen, die sie um Schutz angefleht hatten. Ihre Bewegungen wurden von der Wachsamkeit der Truppen, die längs des Flusses aufgestellt waren, genau bewacht und die vordersten Abteilungen mit beträchtlichem Gemetzel geschlagen. So beschaffen waren jedoch die furchtsamen Ratschlüsse der Regierung des Valens, daß die tapferen Offiziere, die ihrem Vaterlande in Ausübung ihrer Pflicht gedient hatten, mit dem Verlust ihrer Ämter bestraft wurden und mit genauer Not dem Verlust ihrer Häupter entgingen. Endlich langte der kaiserliche Befehl an, die ganze Schar des gotischen Volkes über die Donau zu schaffen. Aber die Vollziehung dieses Geheißes war eine mühevolle und schwierige Aufgabe. Der Donaustrom, der in dieser Gegend über eine Meile breit ist, war infolge unaufhörlicher Regengüsse angeschwollen, und bei dem tumultuarischen Übergang wurden durch das Ungestüm des reißenden Flusses viele fortgetrieben, die in den Fluten umkamen. Man sorgte für eine große Flotte von Schiffen, Booten und Kähnen; viele Tage fuhr man hin und wieder in unermüdlicher Arbeit, und die Beamten des Valens boten die größte Mühe auf, daß auch kein einziger der Barbaren, die bestimmt waren, die Grundlagen des Römischen Reiches einzustürzen, am entgegengesetzten Ufer bleibe. Man hielt es für geraten, eine genaue Liste ihrer Zahl anzufertigen, aber die damit beauftragten Personen standen verwundert und erschrocken bald von der Fortsetzung einer endlosen und unausführbaren Arbeit ab. Der Hauptgeschichtsschreiber des Zeitalters versichert mit heiligem Ernst, daß die ungeheuren Heere des Darius und Xerxes, die so lange als Fabeln des eitlen und leichtgläubigen Altertums betrachtet worden, nun in den Augen der Menschen durch den Beweis von Tatsachen und eigener Erfahrung gerechtfertigt wären. Ein wahrscheinliches Zeugnis hat die Zahl der gotischen Krieger auf zweihunderttausend Mann festgesetzt, und wenn wir dazu das angemessene Verhältnis von Frauen, Kindern und Sklaven fügen, muß die Gesamtmasse dieser furchtbaren Auswanderung nahe an eine Million Menschen beiderlei Geschlechts und jedes Alters betragen haben. Die Kinder der Goten, wenigstens diejenigen von Rang, wurden von der Menge getrennt. Sie wurden ohne Verzug nach den fernen Plätzen geführt, die zu ihrem Aufenthalt und ihrer Erziehung bestimmt worden waren. Und als der zahlreiche Zug von Geiseln und Gefangenen durch die Städte kam, erregte ihre schmucke und glänzende Tracht, ihre kräftige und kriegerische Gestalt das Erstaunen und den Neid der Provinzbewohner. Aber die Bedingung, die für die Goten die anstößigste, für die Römer die wichtigste war, wurde schmählich umgangen. Die Barbaren, die ihre Waffen als Ehrenzeichen und als Bürgschaft ihrer Sicherheit betrachteten, sahen sich geneigt, einen Preis zu bieten, zu dessen Annahme sich die Lust oder Habsucht der kaiserlichen Beamten nur zu willig finden ließ. Um ihre Waffen zu behalten, willigten die stolzen Krieger mit einigem Widerstreben ein, ihre Frauen oder ihre Töchter preiszugeben; die Reize einer schönen Jungfrau oder eines lieblichen Knaben sicherten die Nachsicht der Inspektoren, die zuweilen gierige Blicke auf die befransten Teppiche oder leinenen Gewänder ihrer neuen Bundesgenossen warfen oder ihre Pflicht der niedrigen Rücksicht zum Opfer brachten, ihre Meiereien mit Vieh, ihre Häuser mit Sklaven zu füllen. Die Goten durften mit Waffen in ihren Händen in die Boote steigen, und als ihre Macht am anderen Ufer des Flusses gesammelt war, nahm das unermeßliche Lager, das sich über die Ebenen und Berge von Niedermösien verbreitete, ein drohendes, sogar feindseliges Aussehen an. Die Anführer der Ostgoten, Alatheus und Saphrax, die Hüter des unmündigen Königs, erschienen bald nachher am nördlichen

Ufer der Donau und schickten unverzüglich ihre Gesandten an den Hof von Antiochia, um durch dieselben Beteuerungen der Treue und Dankbarkeit dieselbe Gunst zu erhalten, die den bittenden Westgoten gewährt worden war. Die unbedingte Weigerung des Valens hemmte ihren Weiterzug und offenbarte die Reue, den Argwohn und die Besorgnisse des kaiserlichen Rates.

Eine undisziplinierte und unangesessene Nation von Barbaren machte die unwandelbarste Festigkeit und das geschickteste Benehmen notwendig. Der tägliche Lebensunterhalt von fast einer Million außerordentlicher Untertanen konnte nur durch eine stetige und einsichtsvolle Tätigkeit beigeschafft und konnte jeden Augenblick durch Fehlgriffe oder Zufälle unterbrochen werden. Der Übermut oder die Entrüstung der Goten, sofern sie sich als Gegenstände der Furcht oder Verachtung behandelt glaubten, konnte sie zu den allerverzweifeltsten Entschlüssen treiben, und das Schicksal des Staates hing offenbar ebensosehr von der Klugheit als von der Redlichkeit der Feldherren des Valens ab. In dieser verhängnisvollen Krisis ruhte der militärische Oberbefehl von Thrakien in den Händen des Lupicinus und Maximus, in deren käuflichen Gemütern die geringste Aussicht auf Befriedigung persönlichen Eigennutzes jede Rücksicht auf das öffentliche Wohl aufwog und deren Schuld durch nichts gemildert wurde als durch ihre Unfähigkeit, die verderblichen Wirkungen ihrer vorschnellen und verbrecherischen Verwaltung einzusehen. Statt den Befehlen ihres Souveräns zu gehorchen und durch eine verständige Freigebigkeit die Forderungen der Goten zufriedenzustellen, erhoben sie eine ungroßmütige und bedrückende Steuer von dem Notstand der hungernden Barbaren. Die schlechteste Nahrung wurde zu einem phantastischen Preise verkauft, und statt gesunder und guter Nahrungsmittel waren die Märkte mit Hundefleisch und Fleisch von kranken Tieren angefüllt. Um sich die wertvolle Erwerbung eines Pfundes Brot zu verschaffen, verzichteten die Goten auf den Besitz eines kostspieligen, obwohl nützlichen Sklaven, und ein kleines Gewicht Fleisch wurde gierig mit zehn Pfund eines kostbaren, aber unnützen Metalls erkauft. Nachdem ihr Eigentum erschöpft war, setzten sie diesen notwendigen Handel durch den Verkauf ihrer Söhne und Töchter fort, und trotz der Freiheitsliebe, welche die Brust jedes Goten beseelte, unterwarfen sie sich der demütigenden Maxime, daß es für ihre Kinder besser wäre, in Knechtschaft erhalten zu werden, als in einem Zustand elender und hilfloser Unabhängigkeit umzukommen. Der bitterste Groll wird durch die Tyrannei angeblicher Wohltäter erregt, die mit Strenge die Schuld der Dankbarkeit fordern, die sie durch nachfolgende Unbilden selbst zerrissen haben. Ein Geist der Unzufriedenheit erhob sich allmählich im Lager der Barbaren, die sich ohne Erfolg auf das Verdienst ihres geduldigen und pflichtmäßigen Benehmens beriefen und laut über die ungastfreundschaftliche Behandlung klagten, die ihnen von ihren neuen Bundesgenossen zuteil würde. Rings um sich sahen sie den Reichtum und Überfluß einer fruchtbaren Provinz, während sie die unerträglichsten Qualen einer künstlichen Hungersnot litten. Aber die Mittel der Abhilfe, sogar der Rache, befanden sich in ihren Händen, da die Raubsucht ihrer Tyrannen einem unterdrückten Volke den Besitz und Gebrauch von Waffen gelassen hatte. Das Geschrei der Menge, die nicht gelernt hatte, ihre Gesinnungen zu verheimlichen, verriet die ersten Zeichen des Widerstandes und setzte die furchtsamen und schuldbeladenen Herzen des Lupicinus und Maximus in Bestürzung. Diese schlauen Minister, welche die List temporärer Hilfsmittel den weisen und heilsamen Ratschlüssen einer allgemeinen Politik vorzogen, versuchten es, die Goten von ihrer gefährlichen Stellung an den Grenzen des Reiches zu entfernen und sie durch die inneren Provinzen in getrennten Lagern zu verteilen. Da sie sich bewußt waren, wie wenig sie die Achtung oder das Vertrauen der Barbaren verdienten, sammelten sie emsig von allen Seiten militärische Streitkräfte, um den zögernden und unwilligen Marsch eines Volkes zu beschleunigen, das bis jetzt weder dem Namen noch den Pflichten römischer Untertanen entsagt hatte. Aber während die Aufmerksamkeit der Feldherren des Valens einzig und allein auf die unzufriedenen Westgoten gerichtet war, entwaffneten sie unvorsichtigerweise die Schiffe und Befestigungen, welche die Verteidigung der Donau bildeten. Dieser unheilschwangere Mißgriff wurde von Alatheus und Saphrax bemerkt und benützt, die mit ängstlicher Spannung auf den günstigen Augenblick lauerten, der Verfolgung der Hunnen zu entgehen. Die Anführer der Ostgoten setzten mit Hilfe solcher Flöße und Fahrzeuge, wie sie sie in aller Schnelligkeit auftreiben konnten, ihren König und ihr Heer ohne Widerstand auf das andere Ufer über und schlugen kühn ein feindliches und unabhängiges Lager auf dem Boden des Reiches auf.

Unter dem Namen „Richter" waren Alavivus und Fritigern die Anführer der Westgoten im Frieden und im Kriege, und das Ansehen, das sie von ihrer Geburt herleiteten, wurde durch die freie Zustimmung des Volkes anerkannt. In einem Zeitraum der Ruhe wären vielleicht ihre Macht wie ihr Rang gleichgeblieben, aber sowie ihre Landsleute durch Hunger und Unterdrückung erbittert wurden, übernahm das höhere Talent Fritigerns den kriegerischen Oberbefehl, den er zum öffentlichen Wohle zu führen befähigt war. Er zügelte den ungeduldigen Mut der Westgoten, bis die Unbilden und Beleidigungen von seiten ihrer Tyrannen in der öffentlichen Meinung ihren Widerstand rechtfertigen würden: aber keineswegs war er geneigt, dem leeren Ruhm der Gerechtigkeit und Mäßigung irgendeinen wohlbegründeten Vorteil zum Opfer zu bringen. Da er den Nutzen einsah, der sich aus einer Vereinigung der gotischen Streitkräfte unter derselben Fahne ergeben mußte, pflegte er insgeheim die Freundschaft der Ostgoten. Und während er unbedingten Gehorsam gegen die Befehle der römischen Feldherren bekannte, rückte er in langsamen Märschen bis Marcianopolis, der Hauptstadt von Niedermösien, ungefähr siebzig Meilen von den Ufern der Donau. An diesem unheilvollen Orte loderten die Flammen der Zwietracht und des gegenseitigen Hasses zu schrecklichem Brand empor. Lupicinus hatte die gotischen Anführer zu einem glänzenden Gelage eingeladen, und ihr kriegerisches Gefolge blieb unter Waffen am Eingang des Palastes. Aber die Tore der Stadt wurden streng bewacht und die Barbaren mit Härte von der Benutzung eines überflüssig gefüllten Marktes ausgeschlossen, auf den sie ein gleiches Recht als Untertanen und Bundesgenossen in Anspruch nahmen. Ihre demütigen Bitten wurden mit Hochmut und Hohn zurückgewiesen, und da ihre Geduld endlich erschöpft war, sahen sich Städter, Soldaten und Goten bald in einen Kampf leidenschaftlichen Wortgezänkes und zorniger Vorwürfe verwickelt. Ein Schlag wurde unklug gegeben, ein Schwert vorschnell gezogen, und das erste Blut, das in diesem zufälligen Streite floß, gab das Zeichen zu einem langen und zerstörenden Kriege. Mitten in dem Toben und Schreien erfuhr Lupicinus, daß mehrere seiner Soldaten erschlagen und ihrer Waffen beraubt worden wären, und da er bereits vom Weine erhitzt und vom Schlafe befallen war, gab er den unüberlegten Befehl, daß ihr Tod durch die Niedermetzelung der Leibwache des Fritigern und Alavivus gerächt werden solle. Tobendes Geschrei und das Stöhnen Sterbender setzten Fritigern von der äußersten Gefahr, in welcher er schwebte, in Kenntnis. Da er jedoch den ruhigen und unerschrocknen Mut eines Helden besaß, sah er ein, daß er verloren wäre, wenn er dem Manne, der ihn so tödlich beleidigt hatte, auch nur einen Augenblick Zeit zur Überlegung ließe. „Ein unbedeutender Zank", sagte der gotische Anführer mit fester aber ruhiger Stimme, „scheint zwischen den beiden Völkern entstanden zu sein; er könnte jedoch die gefährlichsten Folgen haben, wenn der Tumult nicht sogleich durch die Überzeugung von unserer Unversehrtheit und das Gewicht unserer Gegenwart gestillt würde." Mit diesen Worten zogen Fritigern und seine Gefährten ihre Schwerter, öffneten sich Bahn durch die keinen Widerstand leistende Menge, die den Palast, die Straßen und die Tore von Marcianopolis füllte, stiegen zu Pferde und verschwanden eiligst den Blicken der staunenden Römer. Wildes Freudengeschrei bewillkommnete die Feldherren der Goten in ihrem Lager, Krieg wurde unverzüglich beschlossen und der Beschluß ohne Aufschub ausgeführt. Die Fahnen der Nation wurden nach dem Brauch ihrer Altvordern aufgerollt, und die Luft widerhallte von den rauhen Klagetönen der Barbarenhörner. Der schwache, schuldbelastete Lupicinus, der seinen furchtbaren Feind herauszufordern gewagt, ihn zu vernichten vernachlässigt hatte und sich fortwährend vermaß, ihn zu verachten, zog gegen die Goten an der Spitze von Streitkräften, wie er sie eben bei dieser plötzlichen Dringlichkeit hatte zusammenbringen können. Die Barbaren harrten seiner Ankunft ungefähr neun Meilen von Marcianopolis, und bei dieser Veranlassung erwiesen sich die Talente des Feldherrn weit wirksamer als die Waffen und Disziplin der Truppen. Die Tapferkeit der Goten wurde von Fritigern so geschickt geleitet, daß sie in einem gedrängten und kräftigen Angriff die Reihen der römischen Legionen durchbrachen. Lupicinus ließ seine Waffen und Fahnen, seine Tribunen und tapfersten Krieger auf dem Schlachtfeld, und ihr vergeblicher Mut diente nur zur Beschützung der schmählichen Flucht ihres Anführers. „Dieser glückliche Tag machte der Not der Barbaren und der Sicherheit der Römer ein Ende: von diesem Tage an übernahmen die Goten, indem sie die unsichere Lage als Fremde und Auswanderer abschüttelten, die Rolle von Bürgern und Gebietern, machten ein unbedingtes Recht über die Grundeigentümer geltend und besaßen kraft eigenen Anspruches die nördlichen Provinzen des Reiches, die von der Donau begrenzt werden." Das sind die Worte des gotischen Geschichtsschreibers Jornandes, der in forschem Ton den Ruhm seiner Landsleute feiert. Aber die Barbaren übten ihre Herrschaft nur zu Zwecken des Raubes und der Verheerung aus. Da sie durch die Minister des Kaisers der allgemeinen Wohltaten der Natur und des redlichen Verkehrs des geselligen Lebens beraubt worden waren, vergolten sie diese Ungerechtigkeit den Untertanen des Reiches, und die Verbrechen des Lupicinus wurden durch den Ruin der friedlichen Landwirte von Thrakien, den Brand ihrer Städte und die Niedermetzelung oder Gefangennahme ihrer schuldlosen Familien gebüßt. Das Gerücht vom gotischen Sieg verbreitete sich schnell über das umliegende Land, und während es die Herzen der Römer mit Schrecken und Entsetzen erfüllte, trug ihre eigene vorschnelle Unklugheit zur Vermehrung der Streitkräfte Fritigerns und der Drangsale der Provinz bei. Einige Zeit vor dieser großen Auswanderung war eine zahlreiche Abteilung Goten unter dem Befehl Suerids und Kolias in den Schutz und Dienst des Reiches genommen worden. Sie hatten ein Lager unter den Mauern von Hadrianopel bezogen, aber die Minister des Valens beschlossen, sie über den Hellespont, fern von der gefährlichen Lockung, zu versetzen, die ihnen so leicht durch die Nähe und den Erfolg ihrer Landsleute mitgeteilt werden konnte. Die ehrfurchtsvolle Unterwerfung, womit sie den Befehl zum Aufbruch empfingen, hätte als Beweis ihrer Treue betrachtet werden können, auch war ihre maßvolle Bitte um hinreichende Lieferung von Lebensmitteln und um einen Aufschub von nur zwei Tagen pflichtmäßig abgefaßt. Aber der erste obrigkeitliche Vorstand von Hadrianopel war über einige Unordnungen, die auf seinem Landsitze vorgefallen waren, erbittert und verweigerte ihnen diese Nachsicht; er bewaffnete die Einwohner und Arbeiter einer volkreichen Stadt und drang unter feindseligen Drohungen auf ihren augenblicklichen Abzug. Die Barbaren standen in schweigendem Staunen, bis das beschimpfende Geschrei und die Wurfwaffen des Volkes sie erbitterten. Als aber endlich ihre Geduld oder Verachtung erschöpft war, zermalmten sie die undisziplinierte Menge, brachten manche schimpfliche Wunde dem Rücken ihrer fliehenden Feinde bei und beraubten sie der glänzenden Rüstungen, die sie zu tragen unwürdig waren. Die Ähnlichkeit der Leiden und Taten vereinigte diese siegreiche Abteilung mit dem Volke der Westgoten. Die Truppen des Kolias und Suerid warteten die Ankunft des großen Fritigern ab, reihten sich unter seine Fahne und zeichneten sich durch Tapferkeit bei der Belagerung von Hadrianopel aus. Aber der Widerstand der Besatzung belehrte die Barbaren, daß im Angriff regelmäßiger Festungen die Anstrengungen unkundigen Mutes selten ausgiebig sind. Ihr Feldherr erkannte seinen Irrtum, hob die Belagerung auf, erklärte, „daß er mit steinernen Mauern in Frieden lebe" und rächte an dem umliegenden Lande das Fehlschlagen seines Versuches. Er nahm mit Freude die nützliche Verstärkung abgehärteter Arbeiter an, die sich in den Goldbergwerken von Thrakien zum Nutzen und unter der Geißel eines gefühllosen Gebieters abmühten; und diese neuen Verbündeten führten die Barbaren auf geheimen Pfaden nach den abgelegensten Plätzen, welche die Einwohner gewählt hatten, um ihr Vieh und ihre Kornvorräte in Sicherheit zu bringen. Mit dem Beistand solcher Führer konnte nichts undurchdringlich und unzugänglich bleiben: Widerstand brachte Verderben, Flucht war unmöglich, und die geduldige

Unterwerfung der hilflosen Unschuld fand selten Gnade vor den Augen eines barbarischen Siegers. Im Laufe dieser Raubzüge wurde eine große Anzahl der Kinder der Goten, die in die Sklaverei verkauft worden waren, den bekümmerten Eltern wiedergegeben. Aber dieses glückliche Wiedersehen, das in ihrem Herzen Gefühle der Menschlichkeit hätte erwecken müssen, trug nur dazu bei, ihre angeborene Wildheit und ihren Rachedurst zu entflammen. Sie hörten gierig den Klagen ihrer gefangenen Kinder zu, welche die grausamsten Unwürdigkeiten von den lüsternen und grimmigen Leidenschaften ihrer Gebieter erduldet hatten. Dieselben Grausamkeiten, dieselben Unwürdigkeiten wurden nun an den Söhnen und Töchtern der Römer aufs strengste wiedervergolten.

Die Unklugheit des Valens und seiner Minister hatte eine feindliche Nation in das Herz des Reiches geführt; aber noch jetzt hätten die Westgoten durch ein männliches Bekenntnis begangener Fehler und aufrichtige Erfüllung früherer Versprechungen versöhnt werden können. Diese heilenden und lindernden Maßregeln schienen dem schüchternen Charakter des Souveräns des Ostens zu entsprechen, aber bei dieser einzigen Veranlassung war Valens kühn, und seine unzeitige Kühnheit brachte ihm selbst und seinen Untertanen Verderben. Er erklärte seine Absicht, von Antiochia nach Konstantinopel zu marschieren, um diesen gefährlichen Aufruhr zu unterdrükken; da er jedoch mit den Schwierigkeiten der Unternehmung wahlvertraut war, bat er um den Beistand seines Neffen, des Kaisers Gratian, der über die gesamten Streitkräfte des Westens gebot. Die altgedienten Truppen wurden eiligst von der Verteidigung von Armenien abberufen, diese wichtige Grenze der Willkür Sapors überlassen und die unmittelbare Leitung des gotischen Krieges während der Abwesenheit des Valens seinen Stellvertretern Trajan und Profuturus übertragen, zwei Feldherren, die eine günstige, aber unbegründete Meinung von ihren eigenen Fähigkeiten hegten. Bei ihrer Ankunft in Thrakien stieß Richomer, der Graf der Haustruppen, zu ihnen, und die Hilfsvölker des Westens, die unter seiner Fahne marschierten, bestanden aus den gallischen Legionen, die durch den eingerissenen Geist der Heeresflucht nur noch dem Scheine nach kraftvoll und zahlreich waren. In einem Kriegsrat, in dem viel mehr Stolz als Einsicht den Vorsitz führte, wurde beschlossen, die Barbaren, die auf den ausgedehnten und fruchtbaren Fluren in der Nähe der südlichsten der sechs Donaumündungen ein Lager bezogen hatten, aufzusuchen und zu bekämpfen. Ihr Lager war von der gewöhnlichen Befestigung einer Wagenburg umgeben, und die Barbaren, sicher innerhalb dieser ausgedehnten Einfriedung, genossen die Frucht ihrer Tapferkeit und ihrer Raubzüge in der Provinz. Inmitten geräuschvoller Unmäßigkeit beobachtete der wachsame Fritigern die Bewegungen und erriet die Pläne der Römer. Er gewahrte, daß die Zahl der Feinde in beständigem Zunehmen begriffen war, und da er ihre Absicht einsah, seine Nachhut anzugreifen, sobald Mangel an Lebensmitteln ihn zwingen würde, sein Lager abzubrechen, rief er die auf Raub ausgezogenen Scharen, die das umliegende Land bedeckten, unter seine Fahnen zurück. Sobald sie die flammenden Leuchtfeuer erblickten, gehorchten sie mit unglaublicher Schnelligkeit dem Zeichen ihres Anführers; das Lager füllte sich mit den kriegerischen Scharen der Barbaren, ihr ungeduldiges Geschrei forderte Schlacht, und ihr tumultuarischer Eifer wurde durch den Mut ihrer Führer gebilligt und entflammt. Der Abend war bereits weit vorgerückt, und die beiden Heere rüsteten sich zu dem herannahenden Kampf, der bis zum Morgengrauen verschoben wurde. Während die Trompeten zu den Waffen bliesen, wurde der unerschrockene Mut der Goten durch die gegenseitige Verpflichtung eines feierlichen Schwures noch erhöht, und als sie dem Feinde entgegenrückten, mengten sich die rauhen Gesänge, worin sie den Ruhm ihrer Altvordern priesen, in das wilde und mißstimmige Geschrei, das sie der kunstvollen Harmonie des römischen Schlachtrufes entgegensetzten. Fritigern entwickelte ziemliche Kriegserfahrenheit, um den Vorteil einer herrschenden Anhöhe zu gewinnen; aber der blutige Kampf, der mit Tagesbeginn anfing und endete, wurde auf beiden Seiten durch persönliche und hartnäckige Anstrengungen der Stärke, Tapferkeit und Behendigkeit behauptet. Die Legionen von Armenien bewährten ihren Waffenruhm, aber sie wurden durch die unwiderstehliche Wucht der feindlichen Scharen erdrückt, der linke Flügel der Römer geriet in Unordnung, und das Feld war mit ihren verstümmelten Leichnamen bedeckt. Die teilweise Niederlage wurde jedoch durch teilweisen Erfolg aufgewogen, und als die beiden Heere in später Abendstunde nach ihren Lagern zurückkehrten, konnte sich keines die Ehren oder die Vorteile eines entscheidenden Sieges zuschreiben. Schwerer fühlten allerdings die Römer den erlittenen Verlust wegen ihrer verhältnismäßig geringen Anzahl. Aber die Goten waren durch diesen kräftigen und unerwarteten Widerstand so überrascht und betreten, daß sie sieben Tage innerhalb des Umkreises ihrer Befestigungen blieben. Leichenbegängnisse, wie sie die Umstände der Zeit und des Ortes gestatteten, wurden pflichtgemäß einigen Anführern von ausgezeichnetem Rang erwiesen, aber die gemeinen Krieger blieben unbegraben auf der Ebene. Ihr Fleisch wurde gierigen Raubvögeln zum Fraß, die sich in jenem Zeitalter sehr häufiger und wonnevoller Schmäuse erfreuten, und noch mehrere Jahre nachher boten die gebleichten Gebeine, die den weiten Umfang dieser Gefilde bedeckten, den Blicken des Ammianus ein furchtbares Denkmal der Schlacht von Salices dar.

Die Fortschritte der Goten wurden durch den zweifelhaften Ausgang dieses blutigen Tages gehemmt; die kaiserlichen Feldherren dagegen, deren Heer durch die Wiederholung eines solchen Kampfes aufgerieben worden wäre, huldigten dem vernünftigen Plane, die Barbaren durch Mangel aufzureiben und mit ihren eigenen Scharen zu erdrücken. Sie rüsteten sich, die Westgoten in den engen Landstrichen zwischen der Donau, der skythischen Wüste und dem Hämusgebirge einzuschließen, bis ihre Stärke und ihr Mut nach und nach durch die unausbleiblichen Wirkungen der Hungersnot erschöpf seien. Dieser Plan wurde nicht ohne Geschicklichkeit und Erfolg ins Werk gesetzt; die Barbaren hatten ihre eigenen Vorräte und die Ernten des Landes fast verzehrt. Saturninus, der Oberbefehlshaber der Reiterei, war daher bestrebt, die Stärke der römischen Verschanzungen zu vermehren und ihre Ausdehnung zu vermindern. Seine Anstrengungen wurden durch die beunruhigende Nachricht unterbrochen, daß neue Schwärme Barbaren über die unbewachte Donau gegangen wären, entweder um die Sache Fritigerns zu unterstützen oder sein Beispiel nachzuahmen. Die gerechte Besorgnis, von den Streitkräften feindlicher und unbekannter Völker umzingelt und überwältigt zu werden, zwang Saturninus, die Blockade des gotischen Lagers aufzuheben. Die entrüsteten Westgoten, aus ihrem Kerker hervorbrechend, stillten nun ihren Hunger und ihre Rache durch wiederholte Verheerung des fruchtbaren Landes, das sich über dreihundert Meilen weit von den Ufern der Donau bis zum Hellespont ausdehnt. Der scharfblickende Fritigern hatte sich mit Erfolg an die Leidenschaften und Interessen seiner barbarischen Bundesgenossen gewendet. Raubsucht und Haß gegen Rom unterstützten die Beredsamkeit seiner Gesandten, ja kamen ihr sogar zuvor. Er schloß ein enges und nützliches Bündnis mit der großen Schar seiner Landsleute, die dem Alatheus und Saphrax, als Vormündern ihres jungen Königs, gehorchten: die lange Feindseligkeit eifersüchtiger Stämme wurde durch den Sinn für ihr gemeinsames Interesse eingestellt, der unabhängige Teil der Nation unter einer Fahne vereint, und die Führer der Ostgoten scheinen den überlegenen Talenten des Feldherrn der Westgoten gewichen zu sein. Fritigern gewann die furchtbare Hilfe der Taifalen, deren kriegerischer Ruhm durch die Schändlichkeit ihrer heimischen Sitten entehrt und befleckt wurde. Jeder Jüngling wurde schon von seiner Geburt an zu ehrenvoller Freundschaft und tierischer Liebe mit einem Krieger eines Stammes vereint, und es winkte ihm keine Hoffnung, sich einer so unnatürlichen Verbindung zu entziehen, bis er seine Mannheit durch eigenhändige Erlegung eines ungeheuren Bären oder wilden Ebers des Forstes bewährt hatte. Aber die mächtigsten Bundesgenossen der Goten waren dem Lager jener Feinde entnommen, die sie aus ihren heimischen Sitzen vertrieben hatten. Die lockere Unterordnung und die ausgedehnten Besitzungen der Hunnen und Alanen verzögerten die Eroberungen und entzweiten die Ratschlüsse dieses siegreichen Volkes. Mehrere Horden wurden durch die freigebigen Versprechungen Fritigerns angelockt, und die schnelle Reiterei Skythiens verlieh den stetigen und mannhaften Anstrengungen des gotischen Fußvolkes Kraft und Nachdruck. Die Sarmaten, die dem Nachfolger Valentinians nie zu verzeihen vermochten, benutzten die allgemeine Verwirrung und vermehrten sie, und ein Einbruch der Alemannen in die gallischen Provinzen fesselte zur rechten Zeit die Aufmerksamkeit und teilte die Streitkräfte des Kaisers des Westens.

Eine der gefährlichsten Widerwärtigkeiten, wovon die Einführung der Barbaren in Staat und Heer begleitet war, machte sich in deren Verkehr mit ihren feindlichen Landsleuten kund, denen sie entweder aus Unvorsichtigkeit oder aus Bosheit die Schwächen des Römischen Reiches offenbarten. Ein Krieger der Leibwache Gratians gehörte dem Volke der Alemannen, und zwar dem Stamme der Lentinser an, die jenseits des Bodensees saßen. Häusliche Angelegenheiten nötigten ihn, um Urlaub zu bitten. Während seines kurzen Besuches bei Verwandten und Freunden war er ihren neugierigen Fragen ausgesetzt, und der geschwätzige Krieger ließ sich durch Eitelkeit verlocken, mit seiner vertrauten Kenntnis der Geheimnisse des Staates und der Ratschlüsse seines Gebieters zu prahlen. Die Kunde, daß Gratian sich rüste, die Streitkräfte Galliens und des Westens seinem Oheim Valens zu Hilfe zu führen, zeigte dem rastlosen Geiste der Alemannen den Zeitpunkt und die Art eines erfolgreichen Einbruches an. Das Unternehmen einiger leichter Abteilungen, die im Februar 378 über den zugefrorenen Rhein setzten, war das Vorspiel zu einem wichtigeren Kriege. Die kühnsten Hoffnungen auf Raub, vielleicht Eroberung, überwogen die Betrachtungen schüchterner Klugheit und völkerrechtlicher Worttreue. Jeder Forst, jedes Dorf lieferte eine Schar tapferer Abenteurer, und das große Heer der Alemannen, das die Besorgnisse des Volkes auf vierzigtausend Mann veranschlagten, wurde nachher durch die eitle und leichtgläubige Schmeichelei des kaiserlichen Hofes auf siebzigtausend vergrößert. Die Legionen, denen der Auftrag geworden war, sich nach Pannonien in Bewegung zu setzen, wurden sogleich zur Verteidigung Galliens entweder zurückberufen oder gar nicht fortgelassen. Der Heeresoberbefehl ward zwischen Nanienus und Mellobaudes geteilt, und der jugendliche Kaiser, obschon er die lange Erfahrung und leidenschaftslose Weisheit des ersteren achtete, war weit mehr geneigt, das kriegerische Ungestüm seines Kollegen zu bewundern und zu befolgen, dem gestattet wurde, die unvereinbaren Eigenschaften eines Grafen der Haustruppen und Königs der Franken zu vereinigen. Sein Gegner Priarius, König der Alemannen, wurde von derselben verwegenen Tapferkeit geleitet oder vielmehr angetrieben, und da ihre Truppen von demselben Geiste wie die Anführer beseelt waren, trafen sie sich, oder vielmehr stürzten sie sich aufeinander in den Ebenen des Elsaß (Mai), nahe bei Argentaria, dem jetzigen Kolmar. Den Ruhm des Tages schrieb man mit Recht den Geschossen und geübten Bewegungen der römischen Krieger zu. Die Alemannen, die lange standhielten, wurden mit unnachsichtiger Wut niedergemetzelt; nur fünftausend der Barbaren entkamen in die Wälder und Gebirge, und der rühmliche Tod ihres Königs auf dem Schlachtfeld rettete ihn vor den Vorwürfen der Menge, die stets geneigt ist, entweder die Gerechtigkeit oder die Klugheit eines unglücklichen Krieges in Frage zu stellen. Nach diesem entscheidenden Sieg, der den Frieden Galliens sicherte und die Ehre der römischen Waffen aufrechterhielt, schien Kaiser Gratian ohne Aufschub seinen Zug nach dem Osten fortsetzen zu wollen: als er sich aber der Grenze der Alemannen näherte, schwenkte er plötzlich links, überraschte sie durch seinen unerwarteten Rheinübergang und drang kühn in das Herz ihres Landes vor. Die Barbaren setzten seinem Vorrücken alle Hindernisse der Natur und Tapferkeit entgegen und fuhren fort, sich von einem Berge zum anderen zurückzuziehen, bis sie sich in wiederholten Kämpfen von der Macht und Beharrlichkeit ihrer Feinde überzeugt hatten. Ihre Unterwerfung wurde allerdings nicht so sehr als Beweis ihrer aufrichtigen Reue als vielmehr ihrer gegenwärtigen Not angenommen und eine auserlesene Anzahl der tapfersten und kräftigsten Jünglinge der treulosen Nation als die wesentlichste Bürgschaft ihrer künftigen Mäßigung abgedrungen. Die Untertanen des Reiches, die schon so oft die Erfahrung gemacht hatten, daß die Alemannen weder durch Waffen bezwungen noch durch Verträge im Zaum gehalten werden könnten, mochten sich keineswegs feste und andauernde Ruhe versprechen, gewahrten aber in den Tugenden ihres jungen Beherrschers die Aussicht auf eine lange und glückliche Regierung. Wenn die Legionen die Berge der Barbaren erstiegen und ihre Befestigungen erstürmten, zeichnete sich die Tapferkeit Gratians in den vordersten Reihen aus, und die vergoldeten und bunten Rüstungen seiner Leibwachen waren durchbohrt und zerschmettert durch die Stöße und Schläge, die sie in ihrer Anhänglichkeit an die Person ihres Fürsten erhalten hatten. Im Alter von neunzehn Jahren schien der Sohn Valentinians alle Talente des Friedens und Krieges zu besitzen, und seine persönlich gewonnenen Erfolge über die Alemannen wurden als sicheres Vorzeichen seiner Triumphe über die Goten ausgelegt.

Während Gratian den Beifall seiner Untertanen verdiente und empfing, wurde Kaiser Valens, der endlich mit seinem Hof und Heer von Antiochia aufbrach, von den Bewohnern von Konstantinopel als der Urheber des öffentlichen Elends empfangen. Bevor er noch zehn Tage in der Hauptstadt ausgeruht hatte, wurde er durch tobendes Geschrei im Hippodrom gezwungen, gegen die Barbaren zu ziehen, die er selbst in seine Gebiete eingeladen hatte, und die Bürger, die stets tapfer sind, sobald sie sich in sicherer Entfernung von der wirklichen Gefahr wissen, erklärten zuversichtlich, sie allein würden, wenn man sie anders mit Waffen versähe, es übernehmen, die Provinzen von den Verwüstungen eines übermütigen Feindes zu befreien. Die nichtigen Vorwürfe der unwissenden Menge beschleunigten den Sturz des Reiches, indem sie in Valens, der weder in seinem Rufe noch in seinem Geiste Mittel fand, mit Festigkeit die öffentliche Verachtung zu ertragen, den tollen Mut der Verzweiflung rege machten. Die glücklichen Unternehmungen seiner Unterfeldherren beeinflußten ihn, bald die Macht der Goten zu verachten, die sich nun infolge der Anstrengungen Fritigerns in der Nähe von Hadrianopel gesammelt hatten. Der Marsch der Taifalen wurde durch den tapferen Frigerid abgeschnitten, der König dieser wilden Barbaren in der Schlacht getötet und die flehenden Gefangenen in ferne Verbannung gesandt, um die Ländereien Italiens zu bebauen, die ihnen in den menschenleeren Gebieten von Modena und Parma zu Niederlassungen angewiesen worden waren. Die Taten Sebastians, der kurz vorher in den Dienst Valens' getreten und zum Obenbefehlshaber des Fußvolkes befördert worden war, brachten ihm noch mehr Ehre und noch größeren Nutzen der Republik. Er erhielt die Erlaubnis, dreihundert Soldaten aus jeder Legion zu wählen. Diese abgesonderte Heeresabteilung erwarb bald jene Kriegszucht und Waffengewandtheit, die unter der Regierung Valens' fast vergessen worden war. Durch die Tapferkeit und Feldherrngeschicklichkeit Sebastians wurde eine große Schar Goten in ihrem Lager überrumpelt, und die unermeßliche Beute, die man von ihnen wieder eroberte, füllte die Stadt Hadrianopel und die anstoßende Ebene. Die glänzende Schilderung, welche der Feldherr von seinen eigenen Taten übersandte, beunruhigte den kaiserlichen Hof als Zeichen überlegenen Verdienstes. Obschon er vorsichtig, aber dringend auf die Schwierigkeiten des gotischen Krieges aufmerksam machte, pries man wohl seine Tapferkeit, verwarf aber seinen Rat, und Valens, der mit Stolz und Freude die schmeichelhaften Reden der Eunuchen des Palastes vernahm, brannte vor Ungeduld, die Lorbeeren eines leichten und gewissen Sieges zu erringen. Sein Heer wurde durch eine große Schar Veteranen verstärkt und sein Marsch von Konstantinopel nach Hadrianopel mit so ausgezeichneter militärischer Geschicklichkeit vollbracht, daß er der Tätigkeit der Barbaren zuvorkam. Sie hatten den Plan gefaßt, die zwischenliegenden Engpässe zu besetzen und entweder die Truppen selbst oder die Zufuhr der Lebensmittel abzuschneiden. Das Lager des Valens war unter den Mauern von Hadrianopel aufgeschlagen, nach Gewohnheit der Römer durch Wall und Graben befestigt, und ein höchst wichtiger Kriegsrat trat zusammen, um über das Schicksal des Kaisers und des Reiches zu beraten. Viktor unterstützte kräftig die Partei, die zur Vernunft und zum Aufschub riet. Die Erfahrung hatte das Ungestüm seines sarmatischen Charakters gezügelt, während Sebastian mit der geschmeidigen und unterwürfigen Beredsamkeit eines Höflings jede Vorsicht, jede Maßregel, die auf Zweifel an unverzüglichem Siege deutete, als des Mutes und der Majestät ihres unbesieglichen

Herrschers unwürdig darstellte. Das Verderben des Valens wurde durch die trügerischen Bewegungen Fritigerns und die klugen Ratschläge des Kaisers des Westens beschleunigt. Der Feldherr der Barbaren verstand sich vollkommen auf die Vorteile, mitten im Kriege zu unterhandeln, und ein christlicher Geistlicher wurde als heiliger Bote des Friedens abgesandt, um die Ratschlüsse des Feindes zu erforschen und zu verwirren. Die Leiden sowie die erlittenen Unbilden der gotischen Nation wurden von ihrem Gesandten kräftig und wahrheitsgetreu geschildert. Er beteuerte in Fritigerns Namen, daß dieser noch immer bereit sei, die Waffen niederzulegen oder sie lediglich zur Verteidigung des Reiches zu gebrauchen, wenn er für seine wandernden Landsleute eine ruhige Niederlassung auf den veröderten Gebieten Thrakiens und eine ausreichende Lieferung an Korn und Nutzvieh sichern könnte. Aber als Freund fügte er vertraulich hinzu, daß die erbitterten Barbaren so vernünftigen Bedingungen abgeneigt wären und daß Fritigern nicht wüßte, ob er den Abschluß des Vertrages bewirken könne, außer er fände sich durch die Anwesenheit eines furchtbaren kaiserlichen Heeres unterstützt. Um dieselbe Zeit kam Graf Richomer aus dem Westen zurück, um die Niederlage und Unterwerfung der Alemannen zu melden. Ferner setzte er Valens in Kenntnis, daß sein Neffe in Eilmärschen an der Spitze der alten und siegreichen Legionen Galliens heranrücke. Im Namen Gratians und der Republik bitte er, jede gefahrvolle und entscheidende Maßregel aufzuschieben, bis die Vereinigung der beiden Kaiser den günstigen Ausgang des gotischen Krieges gesichert haben würde. Aber der schwache Kaiser des Ostens stand lediglich unter dem Einfluß eines verderblichen Stolzes. Der neidische Valens wies den ungelegenen Rat zurück, verwarf den demütigen Beistand, verglich insgeheim die schimpfliche oder wenigstens unrühmliche Periode seiner eigenen Regierung mit dem Ruhme eines unbärtigen Jünglings und stürzte in die Schlacht, um seine erträumte Trophäe zu erringen, bevor die Geschwindigkeit seines Throngenossen sich irgendeinen Anteil an dem siegreichen Tage aneignen könnte.

Am 9. August 378, einem Tage, der es verdiente, unter die unglücklichsten des römischen Kalenders versetzt zu werden, rückte der Kaiser Valens, sein Gepäck und seinen Kriegsschatz unter starker Bedeckung zurücklassend, von Hadrianopel aus, um die Goten anzugreifen, die ungefähr zwölf Meilen von der Stadt gelagert waren. Durch irgendeinen Mißgriff in den Befehlen oder aus Unkenntnis des Bodens langte der rechte Flügel oder die Heeressäule der Reiterei vor dem Feind an, während der linke Flügel noch in beträchtlicher Entfernung zurück war. Die Soldaten mußten in schwüler Sommerhitze ihren Schritt beschleunigen, und die Schlachtlinie wurde mit langwieriger Unordnung und Verzögerung gebildet. Die gotische Reiterei war entsandt worden, um in der umliegenden Gegend zu fouragieren, und Fritigern fuhr fort, seine gewohnten Listen anzuwenden. Er sandte Friedensboten, machte Vorschläge, forderte Geiseln und zog so die Stunden hin, bis die ohne Schutz den brennenden Sonnenstrahlen ausgesetzten Römer von Durst, Hunger und unerträglichen Strapazen erschöpft waren. Der Kaiser ließ sich bereden, einen Gesandten in das gotische Lager zu schikken. Richomer, der allein Mut genug hatte, die gefährliche Sendung zu übernehmen, wurde beifällig aufgenommen, und der Graf der Haustruppen, mit dem glänzenden Abzeichen seiner Würde geschmückt, hatte bereits eine Strecke des Raumes, der beide Heere trennte, zurückgelegt, als er plötzlich durch Schlachtlärm zurückgerufen wurde. Der voreilige und unkluge Angriff geschah durch Bacurius den Iberier, der eine Abteilung der Bogenschützen und Tartschenträger befehligte, und so wie sie mit Unbesonnenheit vorgerückt waren, mußten sie mit Schimpf zurückweichen. In demselben Augenblicke sausten die fliegenden Geschwader des Alatheus und Saphrax, deren Rückkehr der Feldherr der Goten sehnsüchtig erwartete, wie ein Wirbelwind von den Höhen nieder, stürmten über die Ebene und fügten neuen Schrecken zu dem tumultuarischen, aber unwiderstehlichen Angriff der Barbarenhaufen. Der Ausgang der Schlacht von Hadrianopel, so verderblich für Valens und das Reich, läßt sich mit wenigen Worten beschreiben: die römische Reiterei floh, das Fußvolk wurde im Stich gelassen, umzingelt, niedergemetzelt. Die geschicktesten Bewegungen und der festeste Mut reichen kaum hin, um eine Abteilung Fußvolk zu retten, das auf offener Ebene von einer überlegenen Anzahl Reiterei umringt wird: aber die Truppen des Valens, durch die Wucht des Feindes und ihre eigene Angst erdrückt, waren auf einen engen Raum zusammengedrängt, wo es ihnen unmöglich war, ihre Linie auszudehnen oder auch nur ihre Schwerter und Wurfspieße mit Erfolg zu gebrauchen. Inmitten der Verwirrung des Gemetzels und des Schreckens suchte der Kaiser, verlassen von seinen Leibwachen und, wie man glaubt, durch einen Pfeilschuß verwundet, Schutz bei den Lancearii und Mattiarii, die ihren Posten noch mit einigem Anschein von Ordnung und Festigkeit behaupteten. Seine treuen Feldherren Trajan und Viktor, die seine Gefahr gewahrten, riefen laut, daß alles verloren wäre, wenn die Person des Kaisers nicht gerettet würde. Einige Truppen, durch ihre Ermahnung ermuntert, rückten zur Hilfe vor: sie fanden nur einen blutigen, mit zerbrochenen Waffen und verstümmelten Leichen bedeckten Platz, ohne imstande zu sein, ihren unglücklichen Fürsten unter den Lebenden oder den Toten zu entdecken. Ihr Suchen konnte in der Tat keinen Erfolg haben, wenn das wahr ist, was einige Geschichtsschreiber über den Tod des Kaisers erzählen. Von seinem Gefolge wurde Valens vom Schlachtfelde in eine nahe Hütte gebracht, um hier seine Wunde zu verbinden und seine künftige Rettung zu bewerkstelligen. Aber dieser armselige Zufluchtsort wurde unverzüglich von den Barbaren umzingelt: sie suchten die Türe zu sprengen. Ein Pfeilregen vom Dach setzte sie in Wut, bis sie zuletzt, weiteren Zögerns müde, einen Haufen trockener Reisbündel anzündeten und die Hütte samt dem unglücklichen Kaiser und seinem Gefolge verbrannten. Valens kam in den Flammen um; ein Jüngling allein, der aus dem Fenster sprang, entkam, und die traurige Kunde zu bestätigen und die Goten von dem unschätzbaren Preis in Kenntnis zu setzen, dessen sie durch ihre eigene Voreiligkeit verlustig gegangen waren. Eine große Anzahl tapferer und ausgezeichneter Anführer kam in der Schlacht von Hadrianopel um, die, dem Unglücke, das die Römer einst auf den Gefilden von Kannä erlitten haben, an wirklichem Verluste gleichkam, es aber an verderblichen Folgen weit übertraf. Zwei Oberbefehlshaber der Reiterei und des Fußvolkes, zwei Großbeamte des Palastes und fünfunddreißig Tribunen wurden unter den Erschlagenen gefunden. Der Tod Sebastians mochte die Welt insoweit zufriedenstellen, als er ebensowohl das Opfer als der Urheber des öffentlichen Unglücks gewesen ist. Über zwei Drittel des römischen Heeres wurden vernichtet. Die Dunkelheit der Nacht war noch ein äußerst günstiger Umstand, weil sie die Flucht der Menge und den ordentlichen Rückzug Viktors und Richomers schützte, die unter der allgemeinen Bestürzung allein ruhigen Mut und regelmäßige Heereszucht bewahrt hatten.

Während die Eindrücke des Schmerzes und Schreckens in den Gemütern der Menschen noch frisch waren, verfaßte der berühmteste Rhetor des Jahrhunderts die Leichenrede eines besiegten Heeres und eines unbeliebten Fürsten, dessen Thron bereits ein Fremder bestiegen hatte. „Es fehlt nicht an Menschen", sagt der freimütige Libanius, „welche die Klugheit des Kaisers in Zweifel ziehen und das öffentliche Unglück dem Mangel an Mut und Zucht der Truppen beimessen. Was mich betrifft, ehre ich das Andenken ihrer früheren Taten, ehre den ruhmvollen Tod, den sie unerschrocken, in ihren Reihen stehend und kämpfend, empfingen, ehre das Schlachtfeld, das mit ihrem Blute und dem der Barbaren gedüngt ist. Diese ehrenreichen Spuren sind bereits von den Fluten des Regens hinweggewaschen, aber die stolzen Denkmäler ihrer Gebeine, der Gebeine von Feldherren, Centurionen und tapferen Kriegern werden länger erhalten bleiben. Der Fürst selbst focht und fiel in den vordersten Reihen der Schlacht. Seine Begleiter boten ihm die flüchtigsten Renner des kaiserlichen Stalles, die ihn schnell der Verfolgung des Feindes entrückt haben würden. Umsonst drangen sie in ihn, sein wichtiges Leben dem künftigen Dienste der Republik zu retten. Er beharrte dabei, daß es unwürdig wäre, so viele der Tapfersten und Treuesten seiner Untertanen zu überleben, und der Monarch fand ein edles Grab unter einem Berg von Erschlagenen. Möge daher niemand es wagen, den Sieg der Barbaren der Furcht, der Schwäche oder der Unklugheit der römischen Truppen zuzuschreiben. Die Anführer und die Krieger waren von der Tapferkeit ihrer Altvordern beseelt, denen sie an

Manneszucht und Kriegskunst gleichkamen. Ihr hochherziger Wetteifer ward durch Ruhmesliebe unterstützt, die sie anfachte, zugleich gegen Hitze, Durst, gegen Flammen und Schwert zu kämpfen und freudig einen ehrenvollen Tod als Rettung vor Flucht und Schande zu wählen. Der Zorn der Götter ist die einzige Ursache des Erfolges unserer Feinde gewesen." Die Wahrhaftigkeit der Geschichte mag einige Punkte dieser Lobrede, die sich mit dem Charakter des Valens und den Umständen der Schlacht nicht wohl vereinigen lassen, verwerfen: aber der wärmste Beifall gebührt der Beredsamkeit und noch mehr dem Edelmute des Sophisten von Antiochia.

Der Stolz der Goten wurde durch diesen denkwürdigen Sieg erhöht, aber zugleich ihre Habsucht durch die ärgerliche Entdeckung getäuscht, daß der größte Teil der kaiserlichen Reichtümer sich in Hadrianopel befinde. Sie eilten, sich in den Besitz des Lohnes ihrer Tapferkeit zu setzen; aber die Reste des besiegten Heeres traten ihnen mit unerschrockenster Entschlossenheit entgegen, welche die Wirkung der Verzweiflung und die einzige Hoffnung auf Rettung war. Die Mauern der Stadt und die Wälle des anstoßenden Lagers waren mit Kriegsmaschinen besetzt, die ungeheure Steine schleuderten und die unwissenden Barbaren durch Gedröhn und Schnelligkeit der Entladung viel mehr in Erstaunen setzten als durch ihre eigentliche Wirkung. Die Soldaten, die Bürger, die Provinzbewohner, die Haustruppen des Palastes waren in der Gefahr und zur Verteidigung vereint: die wütenden Angriffe der Goten wurden abgeschlagen, ihre geheimen Kunstgriffe der Hinterlist und des Verrates entdeckt, und sie zogen sich nach einem mehrstündigen, hartnäckigen Kampf in ihre Zelte mit der Überzeugung zurück, daß es weit rätlicher sei, den Vertrag zu beobachten, den ihr einsichtsvoller Anführer mit den Festungswerken großer und volkreicher Städte stillschweigend geschlossen hatte. Nach der eiligen und unklugen Niedermetzelung von dreihundert Heeresflüchtigen, eine Handlung der Gerechtigkeit, die der Kriegszucht der römischen Heere außerordentlich nützlich war, hoben die Goten die Belagerung von Hadrianopel entrüstet auf. Der geräuschvolle Kriegsschauplatz wurde augenblicklich in eine schweigende Einöde verwandelt, die Scharen verschwanden plötzlich, die geheimen Pfade der Wälder und Gebirge zeigten die Spuren der Fußstapfen bebender Flüchtlinge, die in den fernen Städten von Illyrien und Makedonien Zuflucht suchten. Die treuen Beamten des Haushaltes und Schatzes wagten sich nun vorsichtig heraus, um den Kaiser zu suchen, dessen Tod ihnen noch unbekannt war. Die Flut der gotischen Überschwemmungen wälzte sich von den Mauern von Hadrianopel bis zu den Vorstädten von Konstantinopel. Die Barbaren staunten über das glänzende Aussehen der Hauptstadt des Ostens, die Höhe und den Umfang der Mauern, die Myriaden reicher und unerschrockener Bürger, welche die Wälle füllten und über den vielgestaltigen Anblick des Meeres und des Landes. Während sie mit hoffnungsloser Sehnsucht nach den unzugänglichen Schönheiten von Konstantinopel starrten, wurde aus einem der Tore ein Ausfall von einer Abteilung Sarazenen gemacht, die von Valens glücklich in Dienst genommen worden waren. Die Reiter Skythiens mußten der bewunderungswürdigen Schnelligkeit und dem Feuer der arabischen Pferde weichen, deren Lenker besonders in dieser Art Kriegskunst erfahren waren, und die nordischen Barbaren wurden durch den unmenschlichen Grimm der Barbaren des Südens in Staunen und Schrecken versetzt. Ein gotischer Krieger war vom Dolche eines Arabers getroffen worden. Der behaarte, nackte Barbar drückte seine Lippen an die Wunde und trank mit entsetzlicher Wonne das Blut seines besiegten Feindes. Das Heer der Goten, mit der Beute der reichen Vorstädte und des umliegenden Landes beladen, zog sich langsam vom Bosporus nach den Gebirgen, welche die westliche Grenze von Thrakien bilden, zurück. Der wichtige Paß von Succi fiel durch die Flucht oder das schlechte Verhalten des Maurus in ihre Gewalt, und die Barbaren, die keinen weiteren Widerstand von den versprengten und besiegten Truppen des Ostens zu befürchten hatten, breiteten sich über das fruchtbare und wohlangebaute Land bis zu den Grenzen von Italien und des Adriatischen Meeres aus.

Die Römer, die kaltblütig und kurz die Handlungen der Gerechtigkeit erwähnen, die von den Legionen ausgeübt wurden, zeigen nur Mitleid und Interesse für ihre eigenen Leiden, weil die Provinzen von den Waffen der siegreichen Barbaren überschwemmt und verwüstet wurden. Die einfache Erzählung (wenn eine solche vorhanden wäre) von dem Untergange einer einzigen Stadt, von den Unglücksfällen einer einzigen Familie würde ein interessantes und belehrendes Gemälde der menschlichen Sitten bieten, während die widerliche Wiederholung leerer, deklamatorischer Klagen die Aufmerksamkeit auch des geduldigsten Lesers ermüdet. Die weltlichen wie die kirchlichen Schriftsteller dieser unglücklichen Periode trifft ferner, wiewohl vielleicht nicht in gleichem Grade, der Vorwurf, daß ihre Gemüter durch Volkshaß wie durch Religionsfeindschaft entflammt waren, wodurch die eigentliche Gestalt und Farbe jedes Dinges gefälscht und übertrieben wurde. Der streitbare Hieronymus konnte wohl die Leiden, welche die Goten und ihre barbarischen Bundesgenossen seinem Vaterlande Pannonien und den Provinzen von Konstantinopel bis zum Fuße der Julischen Alpen zufügten, die Schäden, die Niedermetzelungen, die Brände und vor allem die Entweihung der Kirchen, die in Ställe verwandelt wurden, und die verächtliche Behandlung der heiligen Märtyrer mit Recht beklagen. Aber gewiß hat sich der Kirchenvater über alle Grenzen der Natur und Geschichte hinreißen lassen, wenn er behauptet, „daß in jenen verödeten Ländereien nichts übriggelassen wurde als der Himmel und die Erde, daß nach Zerstörung der Städte und Ausrottung des menschlichen Geschlechtes das Land mit dichten Wäldern und undurchdringlichem Dornengebüsch überwachsen war und daß die allgemeine, von dem Propheten Zephaniah angekündigte Verödung durch Mangel an wilden Tieren, Vögeln, sogar Fischen vollendet war." Diese Klagen wurden zwanzig Jahre nach dem Tode Valens' vorgebracht. Aber die illyrischen Provinzen, fortwährend dem Einbruch und Durchzuge der Barbaren ausgesetzt, lieferten nach einer unglücksschwangeren Periode von zehn Jahrhunderten nichtsdestoweniger immer wieder frischen Stoff für Raub und Zerstörung. Ja, ließe sich auch annehmen, daß ein großer Landstrich ohne Anbau und Bewohner gelassen wurde, so konnte doch die Folge für die niederen Lebewesen der Natur nicht in gleichem Maße verderblich sein. Die nützlichen und schwachen Tiere, die durch die Hand des Menschen Nahrung empfangen, mochten, seines Schutzes beraubt, leiden und untergehen, aber die Tiere des Waldes, seine Feinde oder Opfer, hätten sich in dem freien und ungestörten Besitze ihres einsamen Gebietes vervielfältigen müssen. Die verschiedenen Lebewesen, die Luft und Gewässer bevölkerten, stehen in noch geringerem Zusammenhang zu dem Schicksal der Menschen. Es ist in hohem Grade wahrscheinlich, daß die Fische der Donau bei Annäherung eines gefräßigen Heeres mehr Schreck und Qual empfunden haben mögen als bei dem feindlichen Einbruch eines ganzen Heeres von Goten.

Was aber immer das richtige Maß des Unglücks in Europa gewesen sein mag, so hatte man doch Grund, zu befürchten, daß dasselbe Unglück sich bald über die friedlichen Länder Asiens verbreiten würde. Die Söhne der Goten waren weislich durch die Städte des Ostens verteilt, und man hielt alle Künste der Erziehung angewendet, um die angeborene Wildheit ihrer Charaktere zu glätten und zu unterjochen. Im Verlaufe von zwölf Jahren hatte ihre Zahl beständig zugenommen, und die Knaben, die bei der ersten Auswanderung über den Hellespont gesandt worden waren, hatten in schnellem Wachstum die Kraft und den Mut vollkommener Männlichkeit erreicht. Es war unmöglich, die Kunde der Ereignisse des gotischen Krieges vor ihnen zu verbergen, und da diese kühnen Jünglinge die Sprache der Schmeichelei nicht erlernt hatten, verrieten sie ihren Wunsch, ihr Verlangen, vielleicht ihre Absicht, das glorreiche Beispiel ihrer Väter nachzuahmen. Die Gefahr der Zeiten rechtfertigte wohl den eifersüchtigen Argwohn der Provinzbewohner, und dieser Argwohn wurde als zweifelloser Beweis aufgenommen, daß die Goten von Asien eine geheime und gefährliche Verschwörung gegen die öffentliche Sicherheit angezettelt hätten. Der Tod des Valens hatte den Osten ohne Herrscher gelassen. Julius, der die wichtige Stelle eines Oberbefehlshabers der Truppen bekleidete und als tatkräftig und geschickt berühmt war, hielt es für seine Pflicht, den Senat von Konstantinopel, den er während einer Thronerledigung als den stellvertretenden Rat der Nation betrachtete, um seine Willensmeinung zu fragen. Sowie er die uneingeschränkte Macht erhalten hatte, zum Wohle der Republik nach eigenem bestem Ermessen zu handeln, versammelte er die vornehmsten Anführer und verabredete insgeheim die wirksamen Maßnahmen zur Ausführung seines blutigen Planes. Es wurde unverzüglich ein Befehl erlassen, daß sich die gotische Jugend an einem bestimmten Tage in den Hauptstädten der Provinzen, worin sie sich aufhielt, versammeln sollte. Und da man mit aller Geflissenheit das Gerücht verbreitet hatte, daß sie berufen würden, um ein freigebiges Geschenk an Ländereien und Geld zu erhalten, milderte diese angenehme Hoffnung die Wut ihres Grimmes und stellte vielleicht die Bewegungen ihrer Verschwörung ein. An dem festgesetzten Tage (378) ward die unbewaffnete Schar der gotischen Jugend sorgfältig auf dem großen Platze oder Forum versammelt, die Straßen und Zugänge wurden von römischen Truppen besetzt, und die Dächer der Häuser waren mit Bogenschützen und Schleuderern bedeckt. Um dieselbe Stunde wurde in allen Städten des Ostens das Zeichen zu einem schonungslosen Gemetzel gegeben und die Provinzen Asiens durch die grausame Klugheit des Julius von einem inneren Feinde befreit, der in wenigen Monaten Feuer und Schwert vom Hellespont bis zum Euphrat hätte tragen können. Dringende Rücksicht auf die öffentliche Sicherheit ermächtigt ohne Zweifel zur Verletzung jedes positiven Gesetzes. Wie weit jedoch diese oder was immer für eine andere Rücksicht wirken darf, die natürlichen Verpflichtungen der Menschlichkeit und Gerechtigkeit zu lösen, ist eine Lehre, in der ich unwissend zu bleiben wünsche.

Der Kaiser Gratian war auf seinem Marsch nach den Ebenen von Hadrianopel bereits weit vorgerückt, als er, zuerst durch die verworrene Stimme des Gerüchtes und dann durch die umständlicheren Berichte Viktors und Richomers erfuhr, daß sein ungeduldiger Throngenosse in der Schlacht erschlagen und zwei Dritteile des römischen Heeres von den Schwertern der siegreichen Goten vernichtet worden seien. Welchen Groll auch das vorschnelle, eitle Handeln des Neides seines Oheims verdienen mochte, wird der Zorn eines edlen Gemütes doch schnell durch die sanfteren Empfindungen des Schmerzes und des Mitleids unterdrückt. Aber selbst das Gefühl des Mitleids verlor sich bald in der ernsten und beängstigenden Betrachtung der Lage der Republik. Gratian kam zu spät, um seinem unglücklichen Reichsgenossen zu helfen; er war zu schwach, ihn zu rächen, und der tapfere, bescheidene Jüngling fühlte sich nicht gewachsen, eine sinkende Welt zu stützen. Ein furchtbarer Sturm der Barbaren Germaniens schien bereit zu sein, über die Provinzen Galliens loszubrechen, und der Geist Gratians ward durch die Verwaltung des westlichen Reiches erdrückt und zerrüttet. In dieser wichtigen Krisis forderte die Regierung des Ostens und die Führung des gotischen Krieges die ungeteilte Aufmerksamkeit eines Helden und Staatsmannes. Ein Untertan, dem man einen so umfassenden Oberbefehl übertragen hätte, würde die Treue gegen einen fernen Wohltäter nicht lange bewahrt haben. Der kaiserliche Rat griff daher zu dem weisen und männlichen Entschluß, lieber eine Verpflichtung aufzuerlegen, als einem Schimpf zu weichen. Gratian wünschte den Purpur als Belohnung des Verdienstes zu vergeben; aber in einem Alter von neunzehn Jahren ist es für einen Fürsten, der im Besitze des höchsten Ranges erzogen worden war, nicht leicht, die wahren Charaktere seiner Minister und Feldherren zu erkennen. Er versuchte, mit unparteiischer Hand ihre verschiedenen Verdienste und Mängel abzuwägen, und während er die vorschnelle Zuversicht des Ehrgeizes zügelte, mißtraute er jener allzu vorsichtigen Weisheit, die an der Republik verzweifelte. Da jeder Augenblick des Aufschubs die Macht und die Hilfsquellen des künftigen Herrschers des Ostens minderte, gestattete die Lage keine langwierigen Erörterungen. Gratian erklärte sich endlich zugunsten eines Verbannten, dessen Vater nur drei Jahre früher mit seiner Billigung einen ungerechten und schimpflichen Tod erlitten hatte. Theodosius der Große, ein in der Geschichte berühmter und der katholischen Kirche teurer Name, wurde an den kaiserlichen Hof gerufen, der sich allmählich von der Grenze von Thrakien nach der gesicherten Station Sirmium zurückgezogen hatte. Fünf Monate nach dem Tode des Valens (19. Jänner 379) stellte Kaiser Gratian den versammelten Truppen seinen Throngenossen, ihren Gebieter vor, der nach einem bescheidenen und vielleicht aufrichtigen Widerstand genötigt wurde, unter allgemeinem Freudenzuruf das Diadem, den Purpur und den gleichen Titel Augustus anzunehmen. Die Provinzen Thrakien, Asien und Ägypten, über welche Kaiser Valens geherrscht hatte, wurden dem neuen Kaiser überlassen. Da er jedoch mit der Führung des gotischen Krieges insbesondere beauftragt war, teilte man die illyrische Präfektur und fügte die zwei großen Diözesen Dazien und Makedonien zu dem Gebiet des östlichen Reiches.

Dieselbe Provinz, vielleicht dieselbe Stadt, die dem Throne die Tugenden Trajans und die Talente Hadrians gegeben hatte, war der ursprüngliche Sitz eines anderen spanischen Geschlechtes, das in einem minder glücklichen Zeitalter fast achtzig Jahre das sinkende Römische Reich besaß. Es erhob sich aus der Dunkelheit der Munizipalehrenstellen durch die Tatkraft des älteren Theodosius, eines Feldherrn, dessen Taten in Britannien und Afrika mit goldenen Lettern in den Annalen Valentinians verzeichnet waren. Der Sohn dieses Feldherrn, der gleichfalls den Namen Theodosius führte, wurde von geschickten Lehrern unterrichtet, in der Kunst des Krieges aber durch die zärtliche Sorgfalt und strenge Zucht des Vaters unterwiesen. Unter der Fahne eines solchen Anführers sucht der junge Theodosius Ruhm und Kenntnis auf den fernsten Kriegsschauplätzen, gewöhnte seinen Leib an die Verschiedenheit der Jahreszeiten und Himmelsstriche, zeichnete sich durch Tapferkeit zu Wasser und zu Lande aus und beobachtete die verschiedenen Arten der Kriegführung der Schotten, Sachsen und Mauren. Sein eigenes Verdienst und die Rücksicht auf den Besieger von Afrika erhoben ihn bald zu einem besonderen Oberbefehl, und im Range eines Dux von Mösien überwand er ein Heer Sarmaten, rettete die Provinz, erwarb die Liebe der Soldaten und erregte den Neid des Hofes. Seinem emporsteigenden Glück wurde bald durch die Ungnade und Hinrichtung seines berühmten Vaters Einhalt getan. Theodosius erhielt als eine Gunst die Erlaubnis, sich ins Privatleben nach seiner Geburtsprovinz in Spanien zu begeben. Er entwickelte viel Charakterstärke und fand sich leicht in seine neue Lage. Seine Zeit war fast gleich zwischen der Stadt und dem Lande geteilt: derselbe Geist, der sein öffentliches Benehmen beseelt hatte, zeigte sich auch in der emsigen und liebevollen Verrichtung jeder geselligen Pflicht. Die Tatkraft des Kriegers wurde nützlich zur Verbesserung seines großen Erbguts verwendet, das zwischen Valladolid und Segovia inmitten eines fruchtbaren Distriktes lag, der noch heute wegen seiner ausgesuchten Schafzucht berühmt ist. Von der unschuldigen Beschäftigung mit seiner Meierei wurde Theodosius in weniger als vier Monaten auf den Thron des östlichen Reiches erhoben, und die ganze Weltgeschichte bietet vielleicht kein gleiches Beispiel einer zugleich so reinen und so ehrenvollen Erhöhung dar. Die Fürsten, die das Zepter ihrer Väter in Frieden erben, erfreuen sich eines ihnen zukommenden gesetzlichen Rechtes, das um so gesicherter ist, als es sich wesentlich von den Eigenschaften ihres persönlichen Charakters unterscheidet. Die Untertanen, die in einer Monarchie oder Republik den Besitz der höchsten Gewalt erwerben, mögen sich durch die Überlegenheit entweder ihres Genies oder ihrer Tugend über die Häupter ihresgleichen erhoben haben: aber ihre Tugend ist selten frei von Ehrgeiz, und die Sache des glücklichen Bewerbers ist häufig mit der Schuld einer Verschwörung oder eines Bürgerkrieges befleckt. Selbst bei jenen Verfassungen, die dem regierenden Monarchen gestatten, einen Throngenossen oder Nachfolger zu bestimmen, fällt seine parteiische Wahl, die unter dem Einfluß der blindesten Leidenschaften getroffen werden kann, häufig auf einen Unwürdigen. Aber auch die argwöhnischste Bosheit vermochte dem Theodosius in seiner Einsamkeit zu Caucha weder die Intrigen noch die Begierden, ja selbst nur die Hoffnungen eines ehrgeizigen Staatsmannes zuzuschreiben. Der Name des Verbannten würde längst in Vergessenheit versunken sein, wenn seine echten und ausgezeichneten Charaktereigenschaften am kaiserlichen Hofe nicht einen tiefen Eindruck hinterlassen hätten. Während der Zeit des Glückes war er vernachlässigt worden; aber in der allgemeinen Not wurde sein überlegenes Verdienst allgemein gefühlt und anerkannt. Welches Vertrauen mußte man in seine Seelengröße gesetzt haben, da Gratian fest darauf bauen konnte, daß ein frommer Sohn um der Republik willen die Ermordung seines Vaters verzeihen würde! Welche Erwartungen mußte man von seinen

Fähigkeiten hegen, um die Hoffnung nähren zu können, daß ein einziger Mann das Reich des Ostens zu retten und wiederherzustellen vermöge! Theodosius wurde im dreiunddreißigsten Jahre seines Lebens mit dem Purpur bekleidet. Das Volk schaute mit Bewunderung die männliche Schönheit seines Antlitzes und die anmutige Majestät seiner Gestalt, die es mit den Abbildungen und Münzen des Kaisers Trajan zu vergleichen liebte, während kundige Beobachter in den Eigenschaften seines Herzens und Verstandes eine wichtigere Ähnlichkeit mit den besten und größten der römischen Fürsten wahrnahmen.

Es geschieht nicht ohne das aufrichtigste Bedauern, daß ich jetzt von einem getreuen Führer scheiden muß, der die Geschichte seiner eigenen Zeiten schrieb, ohne jenen Vorurteilen und Leidenschaften zu frönen, die gewöhnlich auf das Gemüt eines Zeitgenossen ihren Einfluß ausüben. Ammianus Marcellinus, der sein brauchbares Werk mit der Niederlage und dem Tode des Valens endet, empfiehlt den ruhmreichen Gegenstand der folgenden Regierung der jugendlichen Kraft und Beredsamkeit des nachfolgenden Geschlechtes. Dieses Geschlecht war aber nicht geneigt, seinen Rat zu befolgen oder sein Beispiel nachzuahmen. Bei dem Studium der Regierung des Theodosius sind wir darauf beschränkt, die parteiische Erzählung des Zosimus durch dunkle Winke aus Bruchstücken und Chroniken, durch den bilderreichen Stil der Poesie oder Panegyrik und durch den unsichtbaren Beistand der kirchlichen Schriftsteller zu erläutern, die in der Hitze religiöser Parteilichkeit sich hinreißen ließen, die profane Wahrhaftigkeit und Mäßigung zu verachten. Im Bewußtsein dieser Nachteile, die einen beträchtlichen Teil des Sinkens und Sturzes des Römischen Reiches verschweigen, vermag ich nur mit zaghaften Schritten vorzugehen. Dennoch darf ich kühn behaupten, daß die Schlacht von Hadrianopel niemals durch einen großen oder entscheidenden Sieg des Theodosius über die Barbaren gerächt worden ist. Das ausdrucksvolle Stillschweigen seiner käuflichen Lobredner läßt sich durch einen Blick auf Lage und Umstände der Zeiten bestätigen. Das Gebäude eines mächtigen Staates, errichtet durch die Anstrengungen mehrerer Jahrhunderte, konnte nicht durch das Mißgeschick eines einzigen Tages vernichtet werden, wenn nicht die verderbliche Macht der Einbildung das wirkliche Maß des Unglückes übertrieb. Der Verlust von vierzigtausend Römern, die in der Schlacht von Hadrianopel fielen, ließ sich bald durch Aushebungen in den volkreichen Provinzen des Ostens ergänzen, die so viele Millionen Einwohner enthielten. Soldatenmut ist die wohlfeilste und gewöhnlichste Eigenschaft der menschlichen Natur, und hinreichende Geschicklichkeit, um einem undisziplinierten Feinde entgegenzutreten, konnte bald durch die überlebenden Centurionen gelehrt werden. Wenngleich die Barbaren mit den Pferden ihrer besiegten Feinde beritten und mit ihren Rüstungen gewappnet waren, vermochten doch die zahlreichen Gestüte von Kappadokien und Spanien neue Reitergeschwader zu bilden. In den vierunddreißig Arsenalen des Reiches waren Vorräte von Verteidigungs- und Angriffswaffen im Überfluß vorhanden, und der Reichtum Asiens konnte fortwährend hinreichende Gelder zur Bestreitung der Kriegsausgaben liefern. Aber die Wirkungen, die durch die Schlacht von Hadrianopel auf die Gemüter der Barbaren wie der Römer hervorgebracht wurden, dehnten den Sieg jener und die Niederlage dieser weit über die Grenzen eines einzigen Tages aus. Man hörte einen gotischen Anführer mit hochmutsvoller Mäßigung erklären, daß er für seinen Teil des Gemetzels müde sei, daß er aber staune, wie ein Volk, das vor ihm wie eine Herde Schafe geflohen wäre, es noch immer wagen könnte, den Besitz seiner Schätze und Provinzen streitig zu machen. Derselbe Schrecken, den der Name der Hunnen unter den gotischen Stämmen verbreitet hatte, wurde den Untertanen und Soldaten des Römischen Reiches durch die furchtbaren Namen der Goten eingeflößt. Wenn Theodosius seine zerstreuten Streitkräfte eiligst gesammelt und ins Feld geführt hätte, um einen siegreichen Feind zu bekämpfen, würde sein Heer durch eigene Furcht geschlagen worden sein und seine Tollkühnheit hätte nicht durch Hoffnung auf Erfolg entschuldigt werden können. Aber Theodosius der Große, ein Beiname, den er bei diesem verhängnisvollen Stand der Dinge ehrenvoll verdiente, benahm sich als fester und treuer Hüter der Republik.

Er schlug sein Hauptquartier zu Thessaloniki, der Hauptstadt der makedonischen Diözese auf, von wo er die regellosen Bewegungen der Barbaren bewachen und die Unternehmungen seiner Unterfeldherren von den Toren von Konstantinopel bis zum Gestade des Adriatischen Meeres leiten konnte. Die Befestigungen und Besatzungen der Städte wurden vermehrt und die Truppen, unter denen der Sinn für Ordnung und Heereszucht wieder belebt wurde, unmerklich durch das Vertrauen in ihre eigene Sicherheit ermutigt. Aus diesen festen Stellungen fühlten sie sich ermuntert, häufige Ausfälle auf die Barbaren zu wagen, die das umliegende Land verheerten. Und da man ihnen ohne entschiedene Überlegenheit entweder des Bodens oder der Anzahl niemals gestattete, sich in ein Gefecht einzulassen, waren ihre Unternehmungen größtenteils vom Glück begleitet, und sie überzeugten sich bald durch eigene Erfahrung von der Möglichkeit, ihre unbezwinglichen Feinde zu besiegen. Die Truppen dieser gesonderten Besatzungen wurden allmählich zu kleinen Heeren vereinigt und dieselben vorsichtigen Maßregeln in Übereinstimmung mit einem ausgedehnten und wohldurchdachten Operationsplan befolgt, so daß die Ereignisse jedes Tages die Kraft und Kühnheit der römischen Truppen vermehrten, während die schlaue Emsigkeit des Kaisers, der die günstigsten Gerüchte über den Erfolg des Krieges verbreiten ließ, beitrug, den Stolz der Barbaren zu beugen und die Hoffnungen und den Mut seiner Untertanen wieder zu beleben. Wenn wir statt dieses schwachen, unvollständigen Umrisses der Ratschlüsse und Taten des Theodosius in vier aufeinanderfolgenden Feldzügen genau darzustellen vermöchten, ist Grund zu dem Glauben vorhanden, daß seine vollendete Geschicklichkeit den Beifall jedes kriegsverständigen Lesers erwerben würde. Die Republik war einst durch das Zögern des Fabius gerettet worden, und während die glänzenden Trophäen des Scipio auf dem Schlachtfelde von Zama die Augen der Nachwelt auf sich ziehen, haben die Lager und Märsche des Diktators in den Gebirgen von Campanien einen gerechten Anspruch auf jenen festbegründeten und unabhängigen Ruhm, den ein Feldherr weder mit dem Glück noch mit seinen Truppen zu teilen genötigt ist. Dieses Verdienst gebührt auch dem Theodosius, und die Schwäche seines Körpers, da er sehr zur Unzeit unter einer langwierigen und gefährlichen Krankheit hinsiechte, vermochte weder die Kraft seines Geistes zu erdrücken noch seine Aufmerksamkeit vom Staatsdienst abzulenken.

Die Befreiung und der Friede der römischen Provinzen war mehr das Werk der Klugheit als der Tapferkeit: die Klugheit des Theodosius wurde aber vom Glück unterstützt, und der Kaiser ermangelte nie, jeden günstigen Umstand zu ergreifen und zu benutzen. So lange Fritigerns überlegener Geist die Einheit der Barbaren bewahrte und ihre Bewegungen leitete, war ihre Macht der Eroberung eines großen Reiches nicht unangemessen. Der Tod dieses Helden, des Vorgängers und Lehrers der berühmten Alarich, erlöste ihre ungeduldige Menge von dem unerträglichen Joch der Zucht und Einsicht. Die Barbaren, die durch sein Ansehen im Zaum gehalten worden waren, überließen sich ihren Leidenschaften, die selten gleichförmig und stetig waren. Ein Heer von Eroberern löste sich in viele ordnungslose Banden wilder Räuber auf, und ihre blinde, regellose Wut war ihnen selbst nicht weniger verderblich als ihren Feinden. Ihr boshafter Charakterzug betätigte sich durch die Zerstörung aller Gegenstände, die sie fortzuschleppen nicht Kraft oder zu genießen nicht Geschmack genug besaßen, und sie verbrannten mit unvorsichtiger Wut oft die Ernten oder Kornmagazine, die demnächst zu ihrem eigenen Unterhalt notwendig gewesen wären. Der Geist der Zwietracht erhob sich unter den unabhängigen Stämmen und Nationen, die nur das Band eines lockeren und freiwilligen Bündnisses vereinigt hatte. Die Scharen der Hunnen und Alanen warfen natürlich den Goten ihre Flucht vor, die hinwieder nicht geneigt waren, die Vorteile ihres Glückes mit Mäßigung zu genießen. Die alte Eifersucht zwischen Ost- und Westgoten konnte nicht lange unterdrückt bleiben, und die hochmütigen Anführer gedachten der Beschimpfungen und Unbilden, die sie sich gegenseitig zugefügt und erlitten hatten, als sie in ihren Ländern jenseits der Donau saßen. Die Fortschritte innerer Parteiung milderten das mehr oberflächlich verbreitete Gefühl des Nationalhasses, und die Unterbefehlshaber des Theodosius erhielten Auftrag, durch freigebige Geschenke und Versprechungen entweder den Rückzug oder die Dienste der mißvergnügten Partei zu erkaufen. Die Erwerbung Modars, eines Fürsten aus dem königlichen Geblüt der Amalen, gab der Sache Roms einen kühnen und getreuen Kämpfer. Der erlauchte Überläufer erhielt bald Feldherrenrang und ein wichtiges Kommando, überrumpelte eine Abteilung seiner Landsleute, die in Wein und Schlaf versunken waren, und kehrte nach einer grausamen Schlächterei unter den bestürzten Goten mit einer unermeßlichen Beute und viertausend Wagen in das kaiserliche Lager zurück. In den Händen eines geschickten Politikers können die verschiedenartigsten Mittel mit Erfolg zur Erreichung desselben Zweckes verwendet werden. Der Friede des Reiches, der durch die Teilungen der gotischen Nation befördert worden war, wurde durch die Wiedervereinigung vollendet.

Athanarich, der einen geduldigen Zuschauer dieser außerordentlichen Ereignisse abgegeben hatte, wurde endlich durch den Wechselfall der Waffen aus der dunklen Tiefe der Wälder von Kaukaland vertrieben. Er trug nun kein längeres Bedenken, über die Donau zu gehen, und ein sehr beträchtlicher Teil der Untertanen Fritigerns, die bereits die mißlichen Folgen der Anarchie fühlten, ließ sich bereden, als ihren König einen gotischen Richter anzuerkennen, dessen Geburt sie ehrten und dessen Talente sie oft erfahren hatten. Aber das Alter hatte den kühnen Geist des Athanarich gedämpft, und statt sein Volk zum Kampf und Sieg zu führen, lieh er weislich dem annehmbaren Vorschlage eines ehrenvollen und vorteilhaften Vertrages Gehör. Theodosius, mit den hohen Eigenschaften und der Macht seines neuen Bundesgenossen wohl vertraut, ließ sich herab, ihm bis auf eine Entfernung von mehreren Meilen von Konstantinopel entgegenzugehen. Er bewirtete ihn in der kaiserlichen Stadt mit dem Vertrauen eines Freundes und der Großartigkeit eines Monarchen. Der Barbarenfürst betrachtete mit neugieriger Aufmerksamkeit die verschiedenartigen Gegenstände, die seine Blicke auf sich zogen, und brach endlich in einen aufrichtigen und leidenschaftlichen Ruf des Staunens aus. „Ich sehe nun", sagte er, „was ich nie glauben konnte, die Wunder dieser erstaunlichen Hauptstadt!" Und als er die Augen umherschweifen ließ, erblickte und bewunderte er die herrschende Lage der Stadt, die Stärke und Schönheit ihrer Mauern und öffentlichen Gebäude, die Geräumigkeit des mit zahllosen Schiffen bedeckten Hafens, den beständigen Verkehr ferner Völker und die Waffen und Heereszucht der Truppen. „Fürwahr", fuhr Athanarich fort, „der Kaiser der Römer ist ein Gott auf Erden, und der verwegene Sterbliche, der es wagt, seine Hand gegen ihn zu erheben, wird seines eigenen Blutes schuldig". Der gotische König genoß diese glänzende und ehrenvolle Aufnahme nicht lange. Da aber Mäßigkeit die Tugend seines Volkes nicht war, kann man mit Grund vermuten, daß er sich seine Todeskrankheit durch die Freuden der kaiserlichen Bankette zuzog. Aber die Politik des Theodosius gewann aus dem Tode seines Verbündeten gründlichere Vorteil, als er je von dessen treuesten Diensten hätte erwarten können. Das Leichenbegängnis Athanarichs fand mit feierlichem Gepränge in der Hauptstadt des Ostens statt (25. Jänner 381); ein stattliches Denkmal wurde zu seinem Gedächtnis errichtet, und sein ganzes Heer, durch Theodosius' freigebige Freundlichkeit und ehrenhaften Schmerz gewonnen, trat unter die Fahnen des Römischen Reiches. Die Unterwerfung einer so großen Schar Westgoten brachte die heilsamsten Wirkungen hervor, und der vereinte Einfluß der Gewalt, Vernunft und Bestechung wurde jeden Tag mächtiger und ausgedehnter. Jeder unabhängige Führer beeilte sich, einen abgesonderten Vertrag zu erhalten, aus Furcht, hartnäckiges Zaudern möchte ihn allein und unbeschützt der Rache oder Gerechtigkeit des Siegers aussetzen. Die allgemeine oder vielmehr schließliche Kapitulation der Goten kann vier Jahre, einen Monat und fünfundzwanzig Tage nach der Niederlage und dem Tode des Kaisers Valens datiert werden (3. Oktober 382).

Die Provinzen an der Donau waren von der drückenden Wucht der Grutunger oder Ostgoten bereits durch den freiwilligen Rückzug des Alatheus und Saphrax befreit worden, denn ihr unruhiger Geist hatte sie angetrieben, neuen Ruhm und neue Beute zu suchen. Ihre zerstörende Bahn war gegen Westen gerichtet; wir müssen uns jedoch mit einer sehr dunklen und unvollständigen Kunde ihrer verschiedenen Abenteuer begnügen. Die Ostgoten warfen verschiedene deutsche Stämme gegen die Grenzen von Gallien, schlossen und verletzten bald einen Vertrag mit dem Kaiser Gratian, drangen in die unbekannten Länder des Nordens vor und kehrten nach mehr als vier Jahren mit vermehrten Streitkräften nach der Niederdonau zurück. Ihre Truppen waren durch die grimmigsten Krieger Skythiens und Germaniens verstärkt worden und die Soldaten erkannten Namen und Aussehen ihrer früheren Feinde nicht mehr. Der Feldherr, der die Streitkräfte der thrakischen Grenze zu Wasser und zu Lande befehligte, sah bald ein, daß seine Überlegenheit dem öffentlichen Dienste Nachteil bringen und daß die Barbaren, durch die Anwesenheit der Legionen und der Flotte eingeschüchtert, den Übergang über den Fluß wahrscheinlich bis zum nächsten Winter verschieben würden. Die Gewandtheit der Spione, die er in das gotische Lager gesendet hatte, lockte sie in eine verderbliche Schlinge. Sie ließen sich überreden, daß sie durch einen kühnen Versuch während der Stille und Dunkelheit der Nacht das Heer der Römer im Schlafe würden überrumpeln können, und die ganze Schar schiffte sich hastig auf einer Flotte von dreitausend Piroguen ein. Die tapfersten der Ostgoten führten das Vordertreffen, das Haupttreffen bestand aus ihren übrigen Untertanen und Kriegern, und in der Nachhut folgten ruhig Weiber und Kinder. Eine mondlose Nacht (Oktober 386) war zur Ausführung ihres Vorhabens gewählt worden. Sie hatten das feindliche Ufer in dem festen Vertrauen, eine leichte Landung und ein unbewachtes Lager zu finden, fast erreicht. Die Fortschritte der Barbaren wurden jedoch plötzlich durch ein unerwartetes Hindernis gehemmt: eine dreifache Linie von Schiffen, die stark miteinander verbunden waren und eine undurchdringliche Kette von zwei und einer halben Meile längs des Flusses bildeten. Während sie sich in dem ungleichen Kampf Bahn zu brechen suchten, wurde ihr rechter Flügel durch den unwiderstehlichen Angriff einer Flotte von Galeeren überwältigt, die von der vereinten Kraft der Ruder und der Fluten den Strom heruntergetrieben wurden. Die Wucht und Schnelligkeit dieser Kriegsschiffe durchbrach, versenkte und zerstreute die rohen und schwachen Kähne der Barbaren. Ihre Tapferkeit half zu nichts, und Alatheus, der König oder Feldherr der Ostgoten, kam mit seinen tapfersten Truppen entweder durch das Schwert der Römer oder in den Wogen der Donau um. Die letzte Abteilung dieser unglücklichen Flotte hätte das entgegengesetzte Ufer wieder erreichen können, Not und Unordnung machten aber die verworrene Menge gleich unfähig zur Tat wie zum Entschluß, und sie flehten bald die Gnade des siegreichen Feindes an. Es ist bei dieser Gelegenheit so wie bei vielen anderen eine schwierige Aufgabe, die Leidenschaften und Vorurteile der Schriftsteller aus dem Zeitalter des Theodosius miteinander zu vereinigen. Der parteiische und boshafte Schriftsteller Gosimus, der jede Handlung seiner Regierung entstellt, versichert, der Kaiser habe sich auf dem Schlachtfelde erst gezeigt, nachdem die Barbaren durch die Tapferkeit und Geschicklichkeit seines Feldherrn Promotus besiegt worden waren. Der schmeichelnde Poet, der am Hofe des Honorius den Ruhm des Vaters und des Sohnes feierte, schreibt den Sieg dem persönlichen Mute des Theodosius zu und deutet fast an, der König der Ostgoten sei von den Händen des Kaisers selbst erschlagen worden. Die historische Wahrheit mag in richtiger Mitte zwischen diesen äußersten und widersprechenden Behauptungen gefunden werden.

Der ursprüngliche Vertrag, der die Niederlassung der Goten bezeichnete, ihre Vorrechte bestimmte und ihre Verpflichtungen festsetzte, würde sehr zur Erläuterung der Geschichte des Theodosius und seiner Nachfolger dienen. Die Annalen derselben haben jedoch nur unvollkommen den Geist und die Wesenheit dieses sonderbaren Vergleiches bewahrt. Die Verheerungen des Krieges und der Tyrannei hatten für große Strecken fruchtbaren, aber unangebauten Landes zur Benutzung von jenen Barbaren gesorgt, die den Ackerbau nicht verschmähen wollten. Eine zahlreiche Kolonie Westgoten siedelte sich in Thrakien an, die Reste der Ostgoten wurden nach Phrygien und Lydien verpflanzt; für ihre unmittelbaren Bedürfnisse sorgte eine Verteilung von Korn und Nutzvieh, und ihren künftigen Fleiß ermutigte Steuerbefreiung für eine gewisse Anzahl von Jahren. Sie verlangten und erhielten den alleinigen Besitz der ihnen zu Wohnplätzen angewiesenen Städte und Landstriche. Sie pflegten und bewahrten auch weiterhin ihre angeborenen Sitten und ihre Muttersprache, behaupteten im Schoße des Despotismus die Freiheit ihrer inneren Regierung und erkannten die Souveränität des Kaisers an, ohne sich der untergeordneten Gerichtsbarkeit der römischen Gesetze und Obrigkeiten zu unterwerfen. Die Erbfürsten der Stämme und Geschlechter durften fernerhin die Herrschaft über ihre Untergebenen im Frieden und im Kriege führen, aber die königliche Würde wurde abgeschafft und die Feldherren der Goten nach Belieben der Kaiser ein- und abgesetzt. Ein Heer von vierzigtausend Goten wurde zum beständigen Dienste des östlichen Reiches unterhalten, und diese stolzen Truppen, die den Titel Foederati oder Bundesgenossen führten, waren durch goldenen Halsschmuck, hohen Sold und unerhörte Vorrechte ausgezeichnet. Ihr angeborener Mut wurde durch den Gebrauch der Waffen und durch Erlernung der Disziplin veredelt, und während das Schwert der unsicheren Barbaren die Republik beschützte oder bedrohte, erloschen in den Herzen der Römer auch die letzten Funken des kriegerischen Feuers. Theodosius hatte die Gewandtheit, seine Bundesgenossen zu überreden, daß die Friedensbedingungen, die ihm durch Klugheit und Notwendigkeit abgedrungen worden waren, das freiwillige Ergebnis seiner aufrichtigen Freundschaft für das gotische Volk seien. Eine andere Art von Rechtfertigung oder Entschuldigung mußte den Klagen des Volkes entgegengesetzt werden, das diese schimpflichen und gefährlichen Zugeständnisse laut tadelte. Die Drangsale des Krieges wurden in den lebendigsten Farben geschildert und die ersten Zeichen der Wiederkehr der Ordnung, des Überflusses und der Sicherheit sorgfältig übertrieben. Die Verteidiger des Theodosius konnten mit einigem Schein von Wahrheit und Vernunft behaupten, daß es unmöglich sei, so viele durch den Verlust ihres Vaterlandes in Verzweiflung gebrachte kriegerische Volksstämme auszurotten und daß die erschöpften Provinzen durch frischen Zufluß an Kriegern und Landwirten neu belebt werden würden. Die Barbaren zeigten noch immer ein grollendes und feindliches Gesicht, aber die Erfahrung früherer Zeiten ließ hoffen, daß sie die Gewohnheiten des Fleißes und Gehorsams erlangen, ihre Sitten sich durch Zeit, Erziehung und Einfluß des Christentums glätten und ihre Nachkommen allmählich mit der großen Schar des römischen Volkes in eins verschmelzen würden.

Trotz dieser gleißenden Gründe und Hoffnungen war doch jedem hellsehenden Auge offenbar, daß die Goten lange die Feinde des Römischen Reiches bleiben und bald dessen Eroberer werden würden. Ihr rohes und unverschämtes Benehmen bewies, wie sehr sie die Bürger und Provinzen verachteten, an denen sie sich ungestraft vergingen. Dem Eifer und der Tapferkeit der Barbaren verdankte Theodosius den Erfolg seiner Waffen: aber ihr Beistand war unzuverlässig, und sie ließen sich zuweilen durch ihren verräterischen und unsteten Hang verleiten, seine Fahne in dem Augenblick zu verlassen, wo er ihrer Dienste am nötigsten bedurfte. Zur Zeit des Bürgerkrieges gegen Maximus zog sich eine große Anzahl gotischer Heeresflüchtiger in die sumpfigen Gegenden von Makedonien zurück, verwüstete die benachbarten Provinzen und zwang den unerschrockenen Monarchen, seine Person der Gefahr auszusetzen und seine Macht aufzubieten, um die aufkeimende Flamme der Empörung zu ersticken. Die Besorgnisse des Volkes wurden durch den starken Argwohn vergrößert, daß diese Tumulte nicht das Ergebnis zufälliger Leidenschaft, sondern Folge eines tiefdurchdachten Planes seien. Man glaubte allgemein, die Goten hätten den Friedensvertrag in einem feindseligen und hinterlistigen Geiste unterzeichnet und daß sich ihre Anführer zuvor durch einen feierlichen und geheimen Eid verbunden hätten, den Römern niemals Treue und Glauben zu halten, den gleißendsten Schein der Ergebenheit und Freundschaft zu beobachten und die günstige Gelegenheit des Raubes, der Eroberung und Rache zu erlauern. Da jedoch die Gemüter der Barbaren der Dankbarkeit nicht unzugänglich waren, weihten sich einige gotische Führer aufrichtig dem Dienste des Reiches oder wenigstens des Kaisers: die ganze Nation teilte sich allmählich in zwei feindliche Parteien und viel Sophisterei wurde im Gespräch und Zank aufgewandt, um die Verbindlichkeit ihrer ersten und ihrer nachfolgenden Verträge zu vergleichen. Die Goten, die sich als die Freunde des Friedens, der Gerechtigkeit und Roms betrachteten, wurden durch das Ansehen Fravittas geleitet, eines tapferen und ehrenhaften jungen Mannes, der sich durch geglättete Sitten, Adel der Gesinnungen und die angenehmen Eigenschaften des geselligen Lebens vor allen seinen übrigen Landsleuten auszeichnete. Die zahlreichere Partei hing jedoch dem grimmigen und treulosen Priulf an, der die Leidenschaften seiner kriegerischen Anhänger entflammte und ihre Unabhängigkeit verteidigte. Bei einem jener feierlichen Feste, an dem die Häupter beider Parteien zur kaiserlichen Tafel gezogen worden waren, erhitzte der Wein sie allgemach, bis sie die gewöhnlichen Schranken der Klugheit und Ehrfurcht vergaßen und in Theodosius' Gegenwart das verderbliche Geheimnis ihrer inneren Zwistigkeiten verrieten. Der Kaiser, welcher der unwillige Zeuge dieses außerordentlichen Streites gewesen war, verheimlichte Besorgnis und Entrüstung und entließ bald die lärmende Versammlung. Fravitta, voll Bestürzung und Erbitterung über die Unverschämtheit seines Nebenbuhlers, dessen Weggang aus dem kaiserlichen Palast die Losung zum Bürgerkriege hätte sein können, folgte ihm kühn, zog das Schwert und streckte Priulf tot zu Boden. Die Begleiter flogen zu den Waffen, und der treue Kämpe Roms wäre durch die Übermacht gefallen, wenn ihn nicht noch zur rechten Zeit die Dazwischenkunft der kaiserlichen Leibwache gerettet hätte. Das waren die Schauspiele barbarischer Wut, die Palast und Tafel des römischen Kaisers entehrten, und da die ungestümen Goten nur durch den festen und gemäßigten Charakter des Theodosius im Zaum gehalten werden konnten, schien das öffentliche Wohl abhängig von dem Leben und den Talenten eines einzigen Mannes.

DRITTES KAPITEL

ENDE DES ARIANISMUS. BÜRGERKRIEGE

Tod Gratians. – Der heilige Ambrosius. – Der erste Bürgerkrieg gegen Maximus.
– Charakter, Regierung und Buße des Theodosius. – Tod Valentinians II. –
Zweiter Bürgerkrieg gegen Eugenius. – Tod des Theodosius

Bevor Gratian sein zwanzigstes Jahr vollendet hatte, war sein Ruf jenem der berühmtesten Fürsten gleich. Seine milde und liebenswürdige Sinnesart machte ihn seinen persönlichen Freunden lieb und wert. Die anmutige Leutseligkeit seines Benehmens gewann die Liebe des Volkes. Die Gelehrten und Künstler, welche die Freigebigkeit ihres Souveräns genossen, erkannten seinen Geschmack und seine Beredsamkeit an. Gleichen Beifall zollten die Soldaten seiner Tapferkeit und Waffengewandtheit, und die Geistlichkeit betrachtete die demütige Frömmigkeit Gratians als die erste und nützlichste seiner Tugenden. Der Sieg von Kolmar hatte den Westen von einem furchtbaren Barbareneinbruch erlöst, und die dankbaren Provinzen des Ostens schrieben die Verdienste des Theodosius dem Urheber seiner Größe und des öffentlichen Wohles zu. Gratian überlebte diese merkwürdigen Ereignisse nur vier bis fünf Jahre, aber er überlebte seinen Ruhm, und bevor er als Opfer der Empörung fiel, hatte er in hohem Grade die Achtung und das Vertrauen der römischen Welt verloren.

Die merkwürdige Veränderung in seinem Charakter und Benehmen kann weder der Intrige und Schmeichelei, die den Sohn Valentinians von Kindheit an umgaben, noch den jähen Leidenschaften zugeschrieben werden, denen dieser sanfte Jüngling entgangen zu sein scheint. Wenn wir das Leben Gratians genauer betrachten, werden wir vielleicht erfahren, weshalb die Hoffnungen des Staates in bezug auf ihn getäuscht wurden. Seine glänzenden Charaktereigenschaften waren nicht die Ergebnisse erfahrenen Unglücks, sondern die frühreifen und künstlichen Früchte fürstlicher Erziehung. Der zärtlich besorgte Vater wachte beständig darüber, ihm jene Vorzüge zu verschaffen, die er vielleicht darum um so höher schätzte, weil er ihrer selbst entbehrte. Und so hatten denn die kundigsten Meister jeder Wissenschaft und Kunst gearbeitet, Seele und Leib dieses jungen Fürsten zu bilden. Die Kenntnisse, die sie ihm mühsam beibrachten, wurden mit Prunk gezeigt und mit verschwenderischem Lobe gefeiert. Sein weicher, bildungsfähiger Charakter empfing die Eindrücke ihrer weisen Lehren und Leidenschaftslosigkeit mochte leicht für vernünftige Willensstärke genommen werden. Seine Lehrer stiegen allmählich zu Rang und Bedeutung von Staatsministern empor, und da sie ihre geheime Macht weislich verbargen, schien er bei den wichtigsten Anlässen seines Lebens und seiner Regierung mit Festigkeit, Würde und Einsicht zu handeln. Aber der Einfluß dieser mühsamen Erziehung drang nicht tiefer als bis zur Oberfläche, und die kundigen Lehrer, die mit solcher Genauigkeit die Schritte ihres kaiserlichen Zöglings lenkten, waren nicht imstande, seinem schwachen und trägen Charakter jenen mächtigen, unabhängigen Tatentrieb einzuflößen, der das mühevolle Streben nach Ruhm für das Glück, ja fast für das Dasein eines Helden wesentlich notwendig macht. Sobald Zeit und Zufall diese treuen Ratgeber vom Thron entfernt hatten, sank der Kaiser des Westens allmählich zur Unbedeutendheit seines angeborenen Charakters herab, überließ die Zügel der Regierung den Händen, die sich ausstreckten, um sie zu ergreifen und verbrachte seine Zeit mit den armseligsten Vergnügungen. Öffentlicher Verkauf von Vergünstigungen und Ungerechtigkeit wurden sowohl am Hofe als in den Provinzen durch die unwürdigen Abgeordneten seiner Macht gepflogen, deren Verdienste in Zweifel zu ziehen zu einem Sakrilegium erklärt worden war. Das Gewissen des leichtgläubigen Fürsten wurde von den Heiligen und Bischöfen geleitet, die ein kaiserliches Edikt erwirkten, wonach die Übertretung, die Vernachlässigung, ja auch nur die Unkunde des göttlichen Gesetzes für ein todeswürdiges Verbrechen erklärt wurden. Unter den verschiedenen Künsten, worin der junge Gratian ausgebildet worden war, hatte er sich mit besonderer Neigung und glücklichem Erfolg auf Reiten, Bogenschießen und Wurfspießschleudern gelegt, und diese Fertigkeiten, die für einen Krieger nützlich sein mochten, wurden nur zum Zwecke der Jagd mißbraucht. Große Parks wurden zur Befriedigung des Vergnügens des Kaisers eingehegt und reichlich mit allen Arten wilder Tiere gefüllt. Gratian vernachlässigte die Pflichten, sogar die Würde seines Ranges, indem er ganze Tage mit der Entfaltung seiner Geschicklichkeit und Kühnheit auf der Jagd zubrachte. Der Stolz und Wunsch des römischen Kaisers, sich in einer Kunst auszuzeichnen, worin er durch den geringsten seiner Sklaven übertroffen werden konnte, erinnerte die zahlreichen Zuschauer an die Beispiele Neros und Commodus'; aber dem keuschen und mäßigen Gratian waren die Laster fremd, und seine Hände wurden nur mit dem Blute der Tiere befleckt.

Das Benehmen Gratians, das seinen Charakter in den Augen der Menschen herabsetzt, würde die Sicherheit seiner Herrschaft nicht gestört haben, wenn das Heer sich aufgefordert gefühlt hätte, seine besonderen Unbilden zu rächen. Solange der junge Kaiser sich durch die Unterweisung seiner Lehrer lenken ließ, bekannte er sich selbst als Freund und Schützling der Soldaten; viele seiner Stunden verbrachte er im vertraulichen Gespräch im Lager, und die Gesundheit, das Wohl, die Belohnungen und die Ehre seiner treuen Truppen schienen der Gegenstand seiner aufmerksamsten Sorge zu sein. Nachdem jedoch Gratian seinem Hang zur Jagd und zum Pfeilschießen rücksichtsloser nachhing, schloß er sich natürlich enger an die geschicktesten Diener seiner Lieblingsvergnügungen an. Eine Schar Alanen wurde in den Kriegs- und inneren Dienst des Palastes aufgenommen, und die bewunderungswürdige Geschicklichkeit, die sie in den unermeßlichen Ebenen Skythiens zu entfalten gewohnt gewesen waren, auf einem engeren Schauplatz in den Parken und Gehegen von Gallien geübt. Gratian bewunderte die Fertigkeiten und Gebräuche seiner Lieblingsleibwachen, denen allein er die Verteidigung seiner Person anvertraute. Er zeigte sich, gleich als wollte er der öffentlichen Meinung Hohn sprechen, häufig dem Volke und den Soldaten in Tracht und Waffen mit dem langen Bogen, dem klingenden Köcher und dem Pelzwerk eines skythischen Kriegers. Das unwürdige Schauspiel eines römischen Fürsten, der auf Tracht und Sitten seines Vaterlandes verzichtete, erfüllte die Herzen der Legionen mit Schmerz und Entrüstung. Sogar die Germanen, die in den Heeren des Reiches so stark und so furchtbar waren, verachteten das fremdartige und schreckhafte Aussehen der Wilden des Nordens, die im Laufe weniger Jahre von den Ufern der Wolga an die Seine gewandert waren. Lautes und zügelloses Murren widerhallte in den Lagern und Besatzungen des Westens, und da die milde Trägheit Gratians es vernachlässigte, die ersten Zeichen der Unzufriedenheit zu unterdrücken, wurde der Mangel an Liebe und Achtung durch den Einfluß der Furcht nicht ersetzt. Aber der Sturz einer bestehenden Regierung ist stets ein Werk von etwas wirklicher und sehr viel scheinbarer Schwierigkeit. Der Thron Gratians war durch die Heiligkeit des Herkommens, des Gesetzes, der Religion und das wunderbare Gleichgewicht der Zivil- und Militärgewalten, das die Politik Konstantins eingeführt hatte, gestützt. Es ist unwichtig, zu erfahren, welche Ursachen die Empörung von Britannien hervorbrachten. Der Zufall ist gewöhnlich der Vater der Unordnung; der Same der Empörung fiel gerade auf einen Boden, den man für fruchtbarer als jeden anderen an Tyrannen und Usurpatoren hielt. Die Legionen dieser entlegenen Insel waren von jeher wegen ihres Hochmutes und ihrer Anmaßung verrufen gewesen, und der Name des Maximus erscholl in tumultuarischem, aber einstimmigem Geschrei sowohl der Soldaten als der Provinzbewohner. Der Kaiser oder Rebell – denn seinen Titel hatte die Entscheidung des Glückes noch nicht festgesetzt – war ein geborener Spanier, der Landsmann, Kriegsgenosse und Nebenbuhler des Theodosius, dessen Erhöhung er nicht ohne ein gewisses Gefühl des Neides und Grolles gesehen hatte. Durch die Ereignisse seines Lebens war er seit langer Zeit in Britannien seßhaft. Leider ist es mir nicht möglich, einen Beweis für die Ehe zu finden, die er mit der Tochter eines reichen Grundbesitzers von Caernarvonshire geschlossen haben soll. Sein Rang in der Provinz konnte mit Recht als eine Art Verbannung angesehen werden, denn wenn Maximus ein Zivil- und Militäramt erhalten hatte, war er doch weder mit der Macht eines Statthalters noch eines Feldherrn bekleidet. Seine Fähigkeit, ja sogar seine Unbescholtenheit werden von den parteiischen Schriftstellern des Jahrhunderts anerkannt, und das Verdienst muß in der Tat glänzend gewesen sein, das ein solches Geständnis zugunsten des besiegten Feindes des Theodosius abnötigte. Unzufriedenheit mochte Maximus reizen, das Benehmen seines Herrschers zu tadeln und das Gemurre der Truppen, vielleicht ohne irgendeine ehrgeizige Absicht, zu ermutigen. Aber inmitten des Aufruhrs weigerte er sich schlauer- oder bescheidenerweise, den Thron zu besteigen, und es scheint, daß man seiner eigenen bestimmten Behauptung, er sei zur Annahme des gefährlichen Geschenkes des kaiserlichen Purpurs gezwungen worden, einigen Glauben beigemessen hat.

Aber auch in der Ablehnung der Herrschaft lag Gefahr, und von dem Augenblick an, als Maximus die Treue gegen seinen rechtmäßigen Souverän verletzt hatte, konnte er nicht hoffen, zu regieren oder zu leben, wenn er seinen maßvollen Ehrgeiz auf die engen Grenzen von Britannien beschränkte. Er beschloß daher kühn und klüglich, den Plänen Gratians zuvorzukommen. Die Jugend Britanniens strömte unter seine Fahnen. Er griff Gallien mit einer Flotte und einem Heere an, das lange nachher noch als die Auswanderung eines beträchtlichen Teiles der britischen Nation betrachtet wurde. Der Kaiser wurde in seiner friedlichen Residenz Paris durch den feindlichen Heranzug in Bestürzung versetzt, und die Wurfspieße, die er müßiger Weise gegen Löwen und Bären verschwendete, hätten mit mehr Ehre gegen die Rebellen verwendet werden können. Seine schwachen Anstrengungen verkündeten seinen aus der Art geschlagenen Mut und seine verzweifelte Lage. Sie beraubten ihn der Hilfsquellen, die er noch immer in der Unterstützung seiner Untertanen und Bundesgenossen hätte finden können. Statt daß die Heere von Gallien sich dem Zuge des Maximus widersetzten, empfingen sie ihn vielmehr mit freudigem und getreuem Zuruf, und die Schmach des Abfalles wurde von dem Fürsten auf das Volk übertragen. Die Truppen, deren Stellung sie inniger mit dem Dienst des Palastes in Zusammenhang brachte, verließen die Fahne Gratians das erste Mal, als sie in der Nachbarschaft von Paris entfaltet wurde.

Der Kaiser des Westens floh mit einer Bedeckung von nur dreihundert Reitern gegen Lyon, und in den Städten auf dem Wege, wo er Zuflucht oder wenigstens Durchzug zu finden hoffte, belehrte ihn eine grausame Erfahrung, daß vor dem Unglücklichen jedes Tor verschlossen ist. Dennoch hätte er in Sicherheit die Gebiete seines Bruders erreichen und bald mit den Streitkräften von Italien und des Ostens zurückkehren können, wenn er sich nicht durch den Statthalter der Lyoner Provinz auf verderbliche Weise hätte täuschen lassen. Gratian ließ sich durch Beteuerungen zweifelhafter Treue und durch Hoffnungen auf Unterstützung, die doch nicht hätte wirksam sein können, hinhalten, bis die Ankunft des Andragathius, des Oberbefehlshabers der Reiterei des Maximus, der Ungewißheit ein Ende machte. Dieser entschlossene Soldat führte ohne Gewissensbisse die Befehle oder Absichten des Usurpators aus (25. August 383). Sowie Gratian vom Abendessen aufstand, wurde er den Händen des Mörders überliefert. Seine Leiche wurde den frommen und dringenden Bitten seines Bruders Valentinian verweigert. Auf den Tod des Kaisers folgte die Ermordung seines mächtigen Feldherrn Mellobaudes, des Königs der Franken. Er bewahrte bis zum letzten Augenblick seines Lebens den zweideutigen Ruf, welcher die gerechte Belohnung einer finsteren, krumme Wege gehenden Politik ist. Diese Hinrichtungen mochten für die öffentliche Ruhe notwendig sein: der glückliche Thronräuber aber, dessen Macht von allen Provinzen des Westens anerkannt wurde, hatte das Verdienst und die Genugtuung, sich rühmen zu können, daß sein Triumph mit Ausnahme derjenigen, die durch die Wechselfälle des Krieges umkamen, mit dem Blute der Römer nicht befleckt worden sei.

Die Ereignisse dieser Umwälzungen hatten sich in so rascher Aufeinanderfolge zugetragen, daß es für Theodosius unmöglich war, seinem Wohltäter zu Hilfe zu eilen, bevor er die Nachricht von seiner Niederlage und seinem Tode empfing. In seinem aufrichtigen Schmerz oder seiner prunkenden Trauer wurde der Kaiser des Ostens durch die Ankunft des obersten Kämmerers des Maximus unterbrochen, und die Wahl eines ehrwürdigen alten Mannes zu einem Amte, das gewöhnlich von Eunuchen bekleidet wurde, kündete dem Hofe von Konstantinopel den Ernst und die Mäßigkeit des britischen Usurpators an. Der Gesandte ließ sich herbei, das Benehmen seines Gebieters zu rechtfertigen oder zu entschuldigen und in pathetischer Sprache zu beteuern, daß die Ermordung Gratians ohne sein Vorwissen und ohne seine Einwilligung durch den vorschnellen Eifer der Soldaten begangen worden wäre. Aber in festem, ruhigem Ton fuhr er fort, Theodosius die Wahl zwischen Krieg und Frieden freizustellen. Der Gesandte schloß seine Rede mit der mutigen Erklärung, daß Maximus, obschon er als Römer und Vater seines Volkes seine Streitkräfte lieber zur gemeinsamen Verteidigung der Republik zu verwenden wünsche, doch bewaffnet und gerüstet sei, um die Herrschaft der Welt, falls seine Freundschaft zurückgewiesen werden sollte, auf dem Schlachtfelde zu erkämpfen. Unverzügliche und entscheidende Antwort wurde gefordert. Aber es war für Theodosius äußerst schwierig, bei dieser wichtigen Veranlassung die Gefühle seines eigenen Herzens und die Erwartungen des Volkes zu befriedigen. Die gebieterische Stimme der Ehre und Dankbarkeit rief laut nach Rache. Von der Freigebigkeit des Gratian hatte er das kaiserliche Diadem empfangen; seine Geduld mußte den bösen Argwohn erregen, daß er vergangenen Mißgeschicks mehr eingedenk sei als neuerlicher Verpflichtungen, und wenn er die Freundschaft des Mörders annahm, schien er offenbar dessen Schuld zu teilen. Selbst die Grundsätze der Gerechtigkeit und das Interesse des sozialen Lebens mußten durch die Straflosigkeit des Maximus einen verderblichen Stoß erhalten und das Beispiel glücklichen Thronraubes dahin zielen, das künstliche Gebäude der Regierung aufzulösen und das Reich wieder in die Verbrechen und Drangsale des vergangenen Jahrhunderts zurückzuschleudern. Aber gleichwie die Gefühle der Dankbarkeit und Ehre unwandelbar das Benehmen eines einzelnen regeln sollen, dürfen sie in der Seele eines Souveräns durch das Gefühl höherer Pflichten überwogen werden, und die Grundsätze der Gerechtigkeit und Menschlichkeit müssen das Entkommen eines Verbrechers gestatten, wenn ein schuldloses Volk in die Folgen seiner Bestrafung verwickelt wird. Der Mörder Gratians hatte die kriegerischsten Provinzen des Westens usurpiert, aber er befand sich in ihrem wirklichen Besitz: der Osten war durch das Unglück, ja selbst durch den Erfolg des gotischen Krieges erschöpft, und es stand ernstlich zu befürchten, daß nach Vergeudung der Lebenskräfte der Republik in einem zweifelhaften und verderblichen Streite der schwache Sieger eine leichte Beute für die Barbaren des Nordens bleiben würde. Diese gewichtigen Rücksichten veranlaßten Theodosius, seinen Grimm zu verheimlichen und das Bündnis des Thronräubers anzunehmen (383 bis 387). Er stellte jedoch die Bedingung, daß sich Maximus mit dem Besitz der Länder jenseits der Alpen begnügen solle. Der Bruder Gratians wurde in der Souveränität von Italien, Afrika und dem westlichen Illyrien bestätigt und gesichert, so wie man auch einige ehrenvolle Bedingungen in den Vertrag einschaltete, um das Andenken und die Gesetze des hingeschiedenen Kaisers zu schützen. Nach der Gewohnheit des Zeitalters wurden die Bilder der drei kaiserlichen Throngenossen zur Verehrung des Volkes ausgestellt. Wir dürfen indes nicht vergessen, daß Theodosius im Augenblick feierlicher Versöhnung insgeheim auf Treubruch und Rache sann.

Gratians Vernachlässigung der römischen Soldaten hatte ihn der verderblichen Wirkung ihrer Rache ausgesetzt. Seine tiefe Verehrung der christlichen Geistlichkeit wurde durch Beifall und Dankbarkeit eines mächtigen Standes belohnt, der in jedem Jahrhundert das Vorrecht in Anspruch genommen hat, die Ehren sowohl auf Erden als im Himmel zu verteilen. Die orthodoxen Bischöfe beweinten seinen Tod und ihren eigenen unersetzlichen Verlust, fanden aber bald Trost in der Entdeckung, daß Gratian das Zepter des Ostens den Händen eines Fürsten anvertraut habe, dessen demütiger Glaube und feurige Andacht von dem Mute und den Fähigkeiten eines kräftigen Charakters unterstützt wurde. Unter den Wohltätern der Kirche wetteiferte mit Konstantins Ruf der Ruhm des Theodosius. Wenn Konstantin den Vorzug besaß, die Fahne des Kreuzes errichtet zu haben, hatte der Wetteifer seines Nachfolgers das Verdienst, in der römischen Welt die arianische Ketzerei zu unterdrücken und den Götzendienst abzuschaffen. Theodosius war der erste aller Kaiser, der in dem wahren Dreieinigkeitsglauben getauft wurde. Obschon in einer christlichen Familie geboren, veranlaßten ihn doch die Grundsätze oder wenigstens die Gewohnheit des Jahrhunderts, die Zeremonie seiner Taufe zu verschieben, bis er durch die erste Krankheit, die sein Leben gegen Ende des ersten Jahres seiner Regierung bedrohte, auf die Gefahr des Verzuges aufmerksam gemacht wurde. Bevor er wieder gegen die Goten ins Feld rückte, empfing er das Sakrament der Taufe (28. Februar 380) von Acholius, dem orthodoxen Bischof von Thessaloniki. Und wie der Kaiser aus der heiligen Quelle emporstieg, noch glühend von den Gefühlen der Wiedergeburt, erließ er ein feierliches Edikt, das seinen eigenen Glauben kundtat und die Religion seiner Untertanen vorschrieb. „Es ist unser Wille (so ist der kaiserliche Stil), daß alle Völker, die durch unsere Milde und Mäßigung regiert werden, fest der Religion anhängen, die durch den heiligen Petrus den Römern gelehrt wurde, durch getreue Überlieferung bewahrt worden ist und jetzt durch den Papst Damasus und durch den Bischof Peter von Alexandria, einen Mann von apostolischer Heiligkeit, bekannt wird. Nach der Vorschrift der Apostel und den Lehren des Evangeliums lasset uns glauben an die alleinige Gottheit des Vaters, des Sohnes und des heiligen Geistes unter gleicher Majestät und heiligster Dreieinigkeit. Wir ermächtigen die Bekenner dieser Lehre, den Titel ‚katholische Christen‘ anzunehmen, und da wir alle anderen für Wahnsinnige erachten, brandmarken wir sie mit dem schmählichen Namen ‚Ketzer‘ und erklären, daß ihre Konventikel nicht länger mehr den ehrwürdigen Namen ‚Kirchen‘ führen dürfen. Außer dem Verdammungsurteil göttlicher Gerechtigkeit müssen sie gewärtig sein, die strengsten Strafen zu erleiden, die unsere Macht, geleitet durch himmlische Weisheit, für zweckmäßig erachten wird ihnen zuzuerkennen." Der Glaube eines Soldaten ist gewöhnlich mehr die Frucht der Belehrung als der eigenen Erkenntnis. Da jedoch der Kaiser seine Augen stets auf die sichtbaren Kennzeichen der Rechtgläubigkeit, die er klüglich festgesetzt hatte, richtete, machten auf seine religiösen Meinungen weder die gleißenden Texte noch die spitzfindigen Gründe noch die zweideutigen Glaubensbekenntnisse der arianischen Gottesgelehrten einen Eindruck der Veränderung. Einmal nur drückte er den schwachen Wunsch aus, mit dem berühmten und gelehrten Eunomius zu sprechen, der in geringer Entfernung von Konstantinopel in Zurückgezogenheit lebte. Die gefährliche Zusammenkunft ward jedoch durch die Bitten der Kaiserin Flaccilla, die für die ewige Seligkeit ihres Gemahls zitterte, hintertrieben und Theodosius' Glaube durch ein auf die gewöhnlichste Fassungskraft berechnetes theologisches Argument gefestigt. Er hatte vor kurzem seinem ältesten Sohn Arcadius Namen und Würde eines Augustus verliehen, und die beiden Fürsten saßen auf einem glänzenden Thron, um die Huldigung ihrer Untertanen zu empfangen. Der Bischof Amphilochius von Iconium nahte sich dem Throne. Nachdem er mit gebührender Ehrfurcht die Person seines Souveräns begrüßt hatte, bewillkommnete er mit derselben vertraulichen Zärtlichkeit, die er sich gegen das Kind eines Plebejers erlaubt haben würde, den kaiserlichen Jüngling. Durch dieses unverschämte Benehmen erbittert, gab der Kaiser Befehl, den bäuerlichen Priester unverzüglich aus seiner Umgebung zu vertreiben. Während ihn jedoch die Leibwachen nach der Türe rissen, hatte der gewandte Polemiker Zeit genug, seinen Plan auszuführen, indem er mit lauter Stimme ausrief: „Dies ist die Behandlung, o Kaiser, die der König des Himmels für jene ruchlosen Menschen aufbewahrt hat, welche sich stellen, den Vater zu verehren, aber sich weigern, die gleiche Majestät seines göttlichen Sohnes anzuerkennen." Theodosius umarmte sofort den Bischof von Iconium und vergaß nie die wichtige Lehre, die er durch diese dramatische Parabel empfangen hatte.

Konstantinopel war der Hauptsitz und das Hauptbollwerk des Arianismus. Vierzig Jahre lang, von 340–380, wurde der Glaube der Fürsten und Prälaten, die in der Hauptstadt des Ostens herrschten, in den reineren Schulen von Rom und Alexandria verworfen. Der erzbischöfliche, mit so vielem Christenblute befleckte Thron des Macedonius war nach ihm von Eudoxus und Damophilus besetzt worden. Ihre Diözese genoß freie Einbringung des Lasters und Irrtums aus jeder Provinz des Reiches; der gierige Hang zu Religionsstreitigkeiten gab dem geschäftigen Müßiggang der Hauptstadt neue Nahrung, und wir dürfen den Worten eines aufgeklärten Beobachters Glauben schenken, der einigermaßen scherzhaft die Wirkungen ihres geschwätzigen Eifers beschreibt. „Diese Stadt", sagt er, „strotzt von Handwerkern und Sklaven, die sämtlich gründliche Theologen sind und in den Buden, auf den Straßen predigen. Wenn man einen Menschen ersucht, ein Silberstück zu wechseln, belehrt er uns, worin der Sohn sich vom Vater unterscheidet; wenn man um den Preis eines Brotes fragt, erhält man zur Antwort, daß der Sohn geringer sei als der Vater, und wenn man sich erkundigt, ob das Bad bereit wäre, erfährt man, daß der Sohn aus nichts geschaffen wurde." Die Ketzer aller Arten lebten in Frieden unter dem Schutze der Arianer von Konstantinopel, die sich die Anhänglichkeit dieser dunklen Sektierer zu sichern wünschten, während sie den Sieg, den sie über die Anhänger der nicäischen Kirchenversammlung erhalten hatten, mit unnachsichtiger Strenge ausnutzten. Unter den parteiischen Regierungen des Constantius und Valens wurde der schwache Rest der Homousianer der öffentlichen und privaten Ausübung ihrer Religion beraubt. In pathetischer Sprache wurde geklagt, daß die zerstreute Herde ohne Hirten gelassen sei, um auf den Bergen umherzuirren oder von gefräßigen Wölfen zerrissen zu werden. Da jedoch ihr Glaubenseifer, statt gebrochen zu werden, frische Stärke und Kraft aus der Unterdrückung sog, benutzten sie den ersten Augenblick unvollständiger Freiheit, den ihnen der Tod des Valens ließ, um sich in eine geordnete Gemeinde unter der Leitung eines bischöflichen Hirten zu vereinigen. Zwei Eingeborene von Kappadokien, Basilius und Gregor von Nazianz, zeichneten sich vor allen ihren Zeitgenossen durch die seltene Vereinigung weltlicher Beredsamkeit und rechtgläubiger Frömmigkeit aus. Diese Redner, von denen zuweilen einer den andern oder auch das Publikum mit den berühmtesten Rednern der alten Griechen verglich, waren durch die engsten Freundschaftsbande miteinander verbunden. Sie hatten mit gleichem Eifer dieselben freien Studien in den Schulen von Athen betrieben, sie hatten sich mit gleicher Frömmigkeit in dieselbe Einsamkeit der Einöden von Pontus zurückgezogen, und jeder Funke von Eifersucht und Neid schien in den gotterfüllten und hochsinnigen Herzen Gregors und

Basilius' erstickt. Aber die Erhebung Basilius' aus dem Priesterstand zum erzbischöflichen Throne von Cäsarea enthüllte der Welt und vielleicht ihm selbst seinen stolzen Charakter. Die erste Gunst, die er sich herabließ seinem Freunde zu erzeigen, wurde als grausame Kränkung aufgenommen, und vielleicht war sie auch beabsichtigt. Statt die überlegenen Talente Gregors in irgendeiner nützlichen und ausgezeichneten Stellung zu verwenden, wählte der stolze Prälat für ihn unter den fünfzig Bistümern seines großen Sprengels den elenden Flecken Sasima, ohne Wasser, ohne Grün, ohne Gesellschaft, an drei Heerstraßen gelegen und nur durch das unaufhörliche Vorbeieilen roher und lärmender Fuhrleute belebt. Gregor unterwarf sich mit Widerstreben dieser demütigenden Verbannung: er wurde zum Bischof von Sasima geweiht, beteuert aber feierlich, die geistliche Ehe mit seiner widerwärtigen Braut nie vollzogen zu haben. Er willigte später ein, die Regierung der Kirche seines Geburtsortes Nazianz zu übernehmen, wo sein Vater über fünfundvierzig Jahre Bischof gewesen war. Da er sich aber bewußt war, daß er ein anderes Publikum und einen anderen Schauplatz verdiene, nahm er mit unsträflichem Ehrgeiz die ehrenvolle Einladung an (Nov. 378), die ihm von der rechtgläubigen Partei von Konstantinopel zukam. Bei seiner Ankunft in der Hauptstadt wurde Gregor in dem Hause eines gottesfürchtigen und mildtätigen Verwandten aufgenommen, das geräumigste Gemach für den Gottesdienst gewählt und ihm der Name Anastasia gegeben, um dadurch das Wiederaufleben des nicäischen Glaubens zu bezeichnen. Diese geheime Kapelle wurde später in eine herrliche Kirche verwandelt, und die Leichtgläubigkeit des folgenden Jahrhunderts war bereit, die Wunder und Zeichen für wahr zu halten, welche die Anwesenheit oder wenigstens den Schutz der Mutter Gottes bezeugten. Die Kanzel der Anastasia war der Schauplatz der Arbeiten und Triumphe Gregors von Nazianz. Im Verlaufe von zwei Jahren erfuhr er alle Freuden und Leiden, die das günstige und widrige Geschick eines Missionars bilden. Die Arianer, herausgefordert durch die Kühnheit seiner Unternehmungen, stellten seine Lehre dar, gleich als hätte er drei besondere und gleiche Gottheiten gepredigt. Der fromme Pöbel wurde aufgereizt, die ungesetzlichen Versammlungen der athanasianischen Ketzer durch Gewalttat und Tumult zu unterdrücken. Aus der Kathedrale von St. Sophia strömte eine bunte Schar „von gemeinen Bettlern, die ihr Anrecht auf Mitleid verwirkt hatten, Mönchen, die wie Böcke oder Satyrn aussahen, und von Weibern schrecklicher als ebenso viele Jezabels." Die Tore der Anastasia wurden erbrochen, viel Unheil mit Stöcken, Steinen und Feuerbränden angerichtet oder versucht, und da ein Mensch im Tumult das Leben verlor, hatte Gregor, der am nächsten Morgen vor den Richter gefordert wurde, die freudige Genugtuung, öffentlich den Namen Christi zu bekennen. Nachdem er von Furcht und Gefahr vor einem auswärtigen Feinde erlöst war, wurde seine junge Kirche durch innere Parteiung geschändet und zerrüttet. Ein Fremdling, der den Namen Maximus und den Mantel eines zynischen Philosophen angenommen hatte, schlich sich in Gregors Vertrauen ein, täuschte und mißbrauchte seine günstige Meinung und suchte, indem er einen geheimen Bund mit einigen ägyptischen Bischöfen schloß, seinen Beschützer durch eine geheime Ordination auf dem bischöflichen Throne von Konstantinopel zu ersetzen. Diese Kränkungen mochten den kappadokischen Missionar verleiten, sich zuweilen nach seiner dunklen Einsamkeit zu sehnen. Aber seine Anstrengungen wurden durch die Zunahme seines Rufes und seiner Gemeinde belohnt. Er bemerkte mit Vergnügen, daß der größere Teil seiner zahlreichen Zuhörer von seinen Predigten schied, zufrieden mit der Beredsamkeit des Kanzelredners oder unzufrieden über die vielfachen Unvollkommenheiten ihres Glaubens und Wandels.

Die Katholiken von Konstantinopel bekamen durch die Taufe und das Edikt des Theodosius neues Vertrauen und harrten ungeduldig der Wirkungen seiner huldreichen Verheißung. Ihre Hoffnungen gingen schleunig in Erfüllung: der Kaiser hielt, sowie er die Operationen des Feldzuges beendet hatte, an der Spitze eines siegreichen Heeres öffentlichen Einzug in die Hauptstadt. Schon den nächsten Tag nach seiner Ankunft entbot er Damophilus zu sich und stellte dem arianischen Prälaten die harte Wahl, entweder das nicäische Glaubensbekenntnis zu unterzeichnen oder den Recht-

gläubigen Gebrauch und Besitz des erzbischöflichen Palastes, der Kathedrale der heiligen Sophie und aller Kirchen von Konstantinopel zu überlassen. Damophilus wählte aus Glaubenseifer, der bei einem katholischen Heiligen mit Recht gepriesen worden wäre, ohne Zögern ein Leben der Armut und Verbannung, und auf seine Entfernung folgte unmittelbare Reinigung der Kaiserstadt. Die Arianer beschwerten sich nicht mit Unrecht darüber, daß eine unbeträchtliche Gemeinde von Sektierern die hundert Kirchen, die sie nicht einmal füllen könnte, usurpieren solle, während der bei weitem größere Teil des Volkes grausamerweise von jedem Platz der Gottesverehrung ausgeschlossen blieb. Theodosius blieb unerbittlich: da aber die Engel, welche die katholische Sache beschirmten, nur den Augen der Gläubigen sichtbar waren, verstärkte er klüglich diese himmlischen Scharen mit der ausgiebigeren Hilfe irdischer und körperlicher Waffen und ließ die Sophienkirche von einer zahlreichen Abteilung der kaiserlichen Leibwache besetzen. Wenn Gregors Herz des Stolzes empfänglich war, mußte er eine äußerst lebhafte Genugtuung fühlen, als der Kaiser ihn in feierlichem Triumph durch die Straßen führte und ihm mit eigener Hand ehrfurchtsvoll auf den erzbischöflichen Thron von Konstantinopel setzte. Aber der Heilige – der die Unvollkommenheiten menschenfreundlicher Tugend nicht unterjocht hatte – fühlte sich tief von der kränkenden Betrachtung ergriffen, daß sein Einzug in die Hürde des Wolfes und nicht in die des Hirten war. Ferner mußte er bemerken, daß die glänzenden Waffen, die seine Person umgaben, zu seiner Sicherheit notwendig waren und daß er allein den Gegenstand der Verwünschungen einer großen Partei bildete, die er als Menschen und Bürger unmöglich verachten konnte. Gregor sah die zahllose Schar jedes Geschlechtes und Alters, die sich in den Straßen, an den Fenstern, auf den Dächern der Häuser drängte; er hörte das lärmende Geschrei der Wut, des Schmerzes, des Staunens, der Verzweiflung, und bekannte offen, daß die Hauptstadt des Ostens an dem denkwürdigen Tage seiner Einsetzung (26. November 380) mehr das Ansehen einer durch Sturm eingenommenen, in die Hände eines barbarischen Eroberers gefallenen Stadt darbot. Ungefähr sechs Wochen nachher (10. Jan. 381) verkündete Theodosius seinen Entschluß, aus allen Kirchen seiner Gebiete die Bischöfe und Geistlichen zu vertreiben, die sich hartnäckig weigern würden, die Lehren der Kirchenversammlung zu Nicäa zu glauben oder wenigstens zu bekennen. Sein Statthalter Sapor war mit der umfassenden Gewalt eines allgemeinen Gesetzes, eines besonderen Auftrages und einer kriegerischen Macht versehen, und diese Kirchenumwälzung wurde mit solcher Klugheit und Kraft vollbracht, daß die Religion des Kaisers ohne Aufruhr und Blutvergießen in allen Provinzen des Ostens eingeführt wurde. Wenn man den Schriften der Arianer fortzubestehen gestattet hätte, würden sie vielleicht die bedauerliche Geschichte der Verfolgung enthalten, durch welche die Kirche unter der Regierung des Theodosius heimgesucht wurde, und die Leiden ihrer heiligen Bekenner könnten das Mitleid des unparteiischen Lesers in Anspruch nehmen. Man hat jedoch Grund, zu glauben, daß die Heftigkeit des Eifers und der Verfolgung bis zu einem gewissen Grade durch den Mangel an Widerstand gemildert wurde und daß die Arianer in ihrem widrigen Geschicke eine weit geringere Standhaftigkeit bewährten als jene, welche die rechtgläubige Partei unter den Regierungen des Constantius und Valens an den Tag gelegt hatte. Der moralische Charakter und das Benehmen der feindlichen Sekten scheint unter dem Einfluß derselben gemeinsamen Prinzipien der Natur und Religion gestanden zu haben. Allein es läßt sich ein sehr wesentlicher Umstand entdecken, der dahin zielte, die Grade ihres theologischen Glaubens zu unterscheiden. Beide Parteien erkannten und verehrten sowohl in den Schulen als in den Tempeln die göttliche Majestät Christi, und da wir stets geneigt sind, unsere eigenen Empfindungen und Leidenschaften der Gottheit zuzuschreiben, dürfte es für klüger und ehrfurchtsvoller gehalten worden sein, die anbetungswürdigen Vollkommenheiten des Sohnes Gottes zu übertreiben, als sie zu beschränken. Der Jünger des Athanasius jubelte in stolzem Vertrauen, daß er ein Recht auf die göttliche Gnade erworben habe, während der Anhänger des Arius durch die geheime Sorge gequält wurde, daß er sich durch das sparsame Lob und die zu geringen Ehren, die er dem Richter der Welt erwiesen, vielleicht eines unverzeihlichen

Vergehens schuldig gemacht habe. Die Ansichten des Arianismus mochten einen kalten und spekulativen Geist befriedigen, aber die Lehre des nicäischen Glaubensbekenntnisses, mächtigst empfohlen durch die Verdienste des Glaubens und der Andacht, war weit geeigneter, in einem gläubigen Zeitalter volkstümlich und siegreich zu werden.

Die Hoffnung, Wahrheit und Weisheit in den Versammlungen der rechtgläubigen Geistlichkeit zu finden, veranlaßte den Kaiser, in Konstantinopel eine Synode von hundertfünfzig Bischöfen zusammenzuberufen (Mai 381), die ohne viele Schwierigkeit und Verzögerung zur Vervollständigung des von dem Konsilium zu Nicäa begründeten theologischen Systems schritt. Die heftigen Streitigkeiten des vierten Jahrhunderts hatten sich hauptsächlich auf die Natur des Sohnes Gottes erstreckt, und die verschiedenen Meinungen, die man in betreff der zweiten Person der Dreieinigkeit angenommen hatte, wurden durch eine natürliche Analogie auch auf die dritte ausgedehnt und übertragen. Die siegreichen Gegner des Arianismus hielten es jedoch für nötig, die zweideutige Sprache einiger achtbarer Gottesgelehrten zu erklären, den Glauben der Katholiken zu befestigen und eine volksunbeliebte und folgewidrige Sekte der Makedonianer zu verdammen, die unbedenklich zuließen, daß der Sohn wesensgleich sei mit dem Vater, während sie den Schein befürchteten, drei Götter anzuerkennen. Ein einmütiges Schlußurteil wurde erlassen, um die gleiche Göttlichkeit des Heiligen Geistes festzusetzen; die geheimnisvolle Lehre wurde von allen Nationen und allen Kirchen der christlichen Welt angenommen, und ihre dankbare Verehrung hat den Bischöfen des Theodosius den zweiten Rang unter den allgemeinen Kirchenversammlungen angewiesen. Ihre Kunde religiöser Wahrheit mochte durch Überlieferung bewahrt oder durch göttliche Eingebung mitgeteilt worden sein: aber das nüchterne Zeugnis der Geschichte kann dem persönlichen Ansehen der Väter von Konstantinopel wenig Gewicht einräumen. In einem Zeitalter, in dem die Geistlichen auf Ärgernis erregende Weise von dem Vorbild apostolischer Reinheit weit entfernt waren, fühlten sich gerade die Unwürdigsten und Verderbtesten am geeignetsten, die bischöflichen Versammlungen zu besuchen und zu stören. Der Kampf und die Gärung so vieler entgegengesetzter Interessen und Charaktere entflammten die Leidenschaften der Bischöfe, und ihre herrschenden Leidenschaften waren Liebe zum Gold und Liebe zum Gezänk. Viele jener selben Prälaten, die jetzt die rechtgläubige Frömmigkeit des Theodosius priesen, hatten mit weltkluger Gefügigkeit wiederholt ihre Glaubensbekenntnisse und Meinungen geändert, und in den verschiedenen Umwälzungen der Kirche und des Staates die Religion ihres Souveräns zur Richtschnur ihres gehorsamen Glaubens gemacht. Wenn der Kaiser seinen obherrschenden Einfluß ruhen ließ, wurde die tumultuarische Synode von den widersinnigen oder selbstischen Beweggründen des Stolzes, Hasses und Grolles blind angetrieben. Der Tod des Meletius, der sich während der Kirchenversammlung von Konstantinopel ereignete, bot die günstigste Gelegenheit, das Schisma von Antiochia zu beendigen, indem man seinen greisen Nebenbuhler Paulinus seine Tage in Frieden auf dem bischöflichen Throne enden ließ. Der Glaube und die Tugenden des Paulinus waren untadelhaft. Aber seine Sache wurde von den westlichen Kirchen unterstützt, und die Bischöfe der Synode beschlossen, lieber das Unheil der Zwietracht durch die heilige Weihe eines meineidigen Kandidaten zu verewigen, als der eingebildeten Würde des Ostens, der durch Geburt und Tod des Sohnes Gottes ausgezeichnet war, etwas zu vergeben. Ein so ungerechtes und regelwidriges Verfahren veranlaßte die würdigsten Mitglieder der Versammlung, ihre entgegengesetzte Meinung zu erkennen zu geben und auszuscheiden, und die lärmende Mehrheit, die Meister des Schlachtfeldes blieb, konnte nur den Wespen oder Elstern, einer Flucht Kraniche oder einer Schar Gänse verglichen werden.

Wohl mag der Verdacht entstehen, daß ein so ungünstiges Gemälde der kirchlichen Synode von der parteiischen Hand irgendeines hartnäckigen Ketzers oder boshaften Ungläubigen herrühre. Aber der Name des aufrichtigen Geschichtsschreibers, der diese belehrende Kunde der Nachwelt hinterlassen hat, muß das ohnmächtige Gemur-

re des Aberglaubens und der Scheinfrömmigkeit zum Schweigen bringen. Er war einer der frömmsten und beredtsten Bischöfe des Jahrhunderts, ein Heiliger und Arzt der Kirche, die Geißel des Arianismus und der Pfeiler des orthodoxen Glaubens, ein ausgezeichnetes Mitglied der Kirchenversammlung von Konstantinopel, in welcher er nach dem Tode des Meletius das Amt eines Präsidenten versah, kurz: – Gregor von Nazianz selbst. Die rauhe und ungroßmütige Behandlung, die er erfuhr, statt der Wahrheit seines Zeugnisses Abbruch zu tun, liefert im Gegenteil einen Beweis mehr von dem Geiste, welcher die Beratschlagungen der Synode leitete. Ihr einstimmiges Urteil hatte die Ansprüche bestätigt, die dem Bischof von Konstantinopel aus der Wahl des Volkes und der Genehmigung des Kaisers erwachsen waren. Gregor wurde jedoch bald ein Opfer der Bosheit und des Neides. Die Bischöfe des Ostens, seine stärksten Anhänger, erbost über seine Mäßigung in den Angelegenheiten von Antiochia, gaben ihn ohne Unterstützung der feindlichen Partei der Ägypter preis, welche die Gültigkeit seiner Wahl bestritten und mit Strenge den veralteten Kanon geltend machten, der die Versetzung eines Bischofs verbot. Stolz oder Demut gaben Gregor ein, einem Kampfe auszuweichen, der seinem Ehrgeiz oder seiner Habsucht zugeschrieben werden konnte, und er erbot sich öffentlich, nicht ohne Beimischung von Entrüstung, auf die Regierung einer Kirche, die durch seine Anstrengungen wiederhergestellt, ja fast geschaffen worden war, Verzicht zu leisten. Seine Entsagung wurde von der Synode und dem Kaiser mit größerer Bereitwilligkeit aufgenommen, als er erwartet zu haben scheint. Zur Zeit, wo er hoffen mochte, die Früchte seines Sieges zu genießen, wurde sein bischöflicher Thron von dem Senator Nectarius eingenommen (381). Der neue Erzbischof, zufällig durch seinen gefügigen Charakter und sein ehrwürdiges Aussehen empfohlen, mußte aber die Feier seiner Weihe verschieben, bis er zuvor durch die Zeremonien der Taufe gegangen war. Nachdem Gregor diese merkwürdige Erfahrung von der Undankbarkeit der Fürsten und Prälaten gemacht hatte, kehrte er wieder in seine dunkle Einsamkeit von Kappadokien zurück, wo er den Rest seines Lebens, ungefähr acht Jahre, in der Ausübung der Dichtkunst und Frömmigkeit zubrachte. Der Titel eines Heiligen ist seinem Namen hinzugefügt worden, aber die Zartheit seines Herzens und die Eleganz seines Geistes umstrahlen das Andenken Gregors von Nazianz mit einem angenehmeren Glanz.

Es genügte Theodosius nicht, die hochmütige Herrschaft des Arianismus unterdrückt und die Unbilden, welche die Katholiken von dem Eifer des Constantius und Valens erlitten hatten, reichlich gerächt zu haben. Der rechtgläubige Kaiser betrachtete jeden Ketzer als einen Rebellen gegen die obersten Mächte des Himmels und der Erde, und jede dieser Gewalten konnte ihre besondere Gerichtsbarkeit über Seele und Leib der Schuldigen ausüben. Die Beschlüsse der Kirchenversammlung von Konstantinopel hatten das richtige Maß des Glaubens festgesetzt, und die Geistlichen, welche das Gewissen des Theodosius leiteten, gaben ihm die wirksamsten Methoden der Verfolgung ein. Im Zeitraum von fünfzehn Jahren (380–394) erließ er mindestens fünfzehn strenge Edikte gegen die Ketzer, besonders gegen diejenigen, welche die Dreieinigkeitslehre verwarfen; und um sie jeder Rettungshoffnung zu berauben, verfügte er für den Fall, daß zu ihren Gunsten was immer für Gesetze oder Reskripte angeführt werden sollten, mit Strenge sie als die ungesetzlichen Erzeugnisse entweder des Betruges oder der Fälschung zu betrachten. Die Strafgesetze waren gegen die Geistlichen, die Versammlungen und die Personen der Ketzer gerichtet und die Leidenschaften des Gesetzgebers in hochtrabender Sprache der Schmähung ausgedrückt. I. Die ketzerischen Lehrer, die sich die Titel von Bischöfen oder Priestern anmaßten, wurden nicht nur von den Vorrechten oder Nutznießungen ausgeschlossen, die dem rechtgläubigen Klerus so freigebig erteilt waren, sondern verfielen auch den schweren Strafen der Verbannung und Vermögenseinziehung, sofern sie es wagten, die Lehren ihrer verfluchten Sekten zu predigen oder deren Rechte auszuüben. Eine Strafe von zehn Pfund Gold (über vierhundert Pfund Sterling) wurde jedem angedroht, der sich unterstehen würde, eine ketzerische Weihe zu erteilen, zu empfangen oder zu befördern. Nicht ohne Grund hoffte man, daß, wenn der Stamm der Hirten ausgerottet werden könnte, die hilflosen Herden durch Unwissenheit und Hunger gezwungen wären, in den Schoß der katholischen Kirche zurückzukehren. II. Das strenge Verbot der Konventikel wurde sorgfältig auf jeden Ort ausgedehnt, wo die Ketzer sich in der Absicht versammelten, Gott und Christus nach den Geboten ihres Gewissens zu verehren. Ihre religiösen Versammlungen, ob öffentlich oder geheim, bei Tag oder bei Nacht, in den Städten oder auf dem Lande, wurden durch die Edikte des Theodosius in gleicher Weise geächtet, und das Gebäude oder der Grund, welcher zu diesem ungesetzlichen Zwecke verwendet worden war, verfiel dem kaiserlichen Schatz. III. Man nahm an, daß der Irrtum der Ketzer lediglich aus dem hartnäckigen Charakter ihrer Seelen entspringe und daß ein solcher hartnäckiger Charakter Buße und Strafe verdiene. Die Bannflüche der Kirche wurden durch eine Art bürgerlicher Exkommunikation, die sie von ihren Mitbürgern durch ein besonderes Brandmal der Ehrlosigkeit schied, verstärkt, und ein solche Maßregel der obersten Behörde zielte darauf hin, die Beleidigungen der fanatischen Menge zu rechtfertigen oder wenigstens zu entschuldigen. Die Sektierer wurden allmählich zum Besitze ehrenvoller oder einträglicher Ämter ungeeignet, und Theodosius war mit seiner eigenen Gerechtigkeit höchst zufrieden, als er erklärte, daß die Eunomianer, weil sie die Natur des Vaters von der des Sohnes unterschieden, unfähig sein sollten, letztwillige Anordnungen zu treffen oder irgendeinen Vorteil aus testamentarischen Verfügungen zu ziehen. Die Schuld der manichäischen Ketzerei wurde für so ungeheuer erachtet, daß sie nur durch den Tod eines solchen Verbrechers gesühnt werden konnte. Die gleiche Strafe wurde gegen die Audianer oder Quartodecimaner verhängt, die es wagten, das gräßliche Verbrechen zu begehen, Ostern an einem ungehörigen Tag zu feiern. Jedem Römer stand das Recht der öffentlichen Anklage frei; das Amt eines Inquisitors des Glaubens, ein so verdientermaßen verabscheuter Name, wurde aber zuerst unter der Regierung des Theodosius eingeführt. Indes wird uns versichert, daß die Vollstreckung seiner Strafgesetze selten erfolgte und daß der fromme Kaiser seine widerspenstigen Untertanen weniger zu strafen als vielmehr zu bessern oder zu schrecken wünschte.

Die Theorie der Verfolgung wurde von Theodosius eingeführt, dessen Gerechtigkeit und Frömmigkeit die Heiligen Beifall gezollt haben; aber die Ausübung derselben in ihrem vollsten Umfang blieb seinem Nebenbuhler und Throngenossen Maximus vorbehalten, dem ersten aller christlichen Fürsten, der das Blut seiner christlichen Untertanen ihrer religiösen Meinungen wegen vergossen hat. Der Prozeß der Priscillianisten, einer neuen Ketzersekte, welche die Provinzen Spaniens beunruhigte, ward durch Berufung auf den höheren Richter von der Synode von Bordeaux an das kaiserliche Konsistorium von Trier übertragen, und durch Urteilsspruch des prätorianischen Präfekten wurden sieben Personen gefoltert, zum Tod verdammt und hingerichtet (385). Der erste von ihnen war Priscillian selbst, Bischof von Avila in Spanien, der die Vorteile der Geburt und des Reichtums mit den Vorzügen der Beredsamkeit und Gelehrsamkeit verband. Zwei Priester und zwei Diakone begleiteten ihren geliebten Lehrer in seinen Tod. Sie hielten diesen für ein glorreiches Märtyrertum, und die Zahl der Religionsopfer wurde vervollständigt durch die Hinrichtung des Latronian, eines Dichters, der mit dem Ruhme der Alten wetteiferte, und der Euchrocia, einer edlen Matrone von Bordeaux, Witwe des Senators Delphidius. Zwei Bischöfe, die sich zu den Meinungen Priscillians bekannt hatten, wurden zur Verbannung verurteilt. Milde wurde nur den geringeren Verbrechern erwiesen, die sich das Verdienst einer frühen Reue erworben hatten. Wenn man durch Furcht oder Schmerz erpreßten Bekenntnissen und unbestimmten Gerüchten, der Ausgeburt der Bosheit und Leichtgläubigkeit, Vertrauen schenken dürfte, hätte die Ketzerei der Priscillianisten die verschiedenen Abscheulichkeiten der Magie, Gottesverleugnung und Unzucht in sich geschlossen. Priscillian, der in Begleitung seiner geistlichen Schwestern durch die Welt wanderte, ward beschuldigt, völlig nackt in seiner Gemeinde zu beten, und es wurde zuversichtlich behauptet, daß die Wirkungen seines verbotenen Umganges mit der Tochter der Euchrocia durch noch viel verbrecherischere und abscheulichere Mittel unterdrückt worden wären. Aber eine genaue oder vielmehr unparteiische Untersuchung wird dartun, daß die Priscillianisten, wenn sie die Gesetze der Natur verletzten, dies nicht durch die Ausschweifung, sondern durch die Strenge ihres Lebenswandels taten. Sie verdammten den Gebrauch des Ehebettes unbedingt, und der Friede der Familien wurde häufig durch unkluge Trennungen gestört. Sie übten oder empfahlen gänzliche Enthaltsamkeit von jeder tierischen Nahrung, und ihr beständiges Beten, Fasten und Nachtwachen schärfte die strengste und vollständigste Frömmigkeit ein. Die spekulativen Lehren der Sekte in betreff der Person Christi und der Natur der menschlichen Seele waren dem System der Gnostiker und Manichäer entnommen, deren eitle Philosophie, die den Weg von Ägypten nach Spanien gefunden hatte, auf die gröberen Geister des Westens schlecht berechnet war. Die mystischen Schüler Priscillians erlitten den Tod, schmachteten hin und verschwanden allmählich. Seine Lehren wurden von der Geistlichkeit und dem Volke verworfen, aber seine Hinrichtung war der Gegenstand eines langen und heftigen Streites, wobei die einen die Gerechtigkeit des Urteils leugneten, die anderen es guthießen. Es tut uns wohl, die menschenfreundliche Folgewidrigkeit der berühmten Heiligen und Bischöfe, Ambrosius' von Mailand und Martins von Tours, erwähnen zu können, die bei dieser Gelegenheit die Sache der Duldung verfochten. Sie bemitleideten die Unglücklichen, die in Trier hingerichtet worden waren, sie weigerten sich, Gemeinschaft mit ihren bischöflichen Mördern zu pflegen, und wenn auch Martin von diesem hochherzigen Entschluß abwich, waren doch seine Beweggründe lobenswert und seine Reue exemplarisch. Die Bischöfe von Tours und Mailand sprachen ohne Zögern die ewige Verdammung der Ketzer aus, aber sie waren überrascht und entsetzt bei dem blutigen Bilde ihres Todes, und die Gefühle der Natur widerstanden den Vorurteilen der Theologie. Die Menschlichkeit des Ambrosius und Martins wurde durch die schmachvolle Ungesetzlichkeit des Verfahrens gegen Priscillian und seine Genossen bestärkt. Die bürgerlichen und kirchlichen Obrigkeiten hatten die Grenzen ihrer Gerichtsbarkeit überschritten. Der weltliche Richter hatte sich erdreistet, in einer Sache des Glaubens und bischöflicher Gerichtsbarkeit eine Berufung anzunehmen und ein Endurteil zu fällen. Die Bischöfe selbst hatten sich entehrt, indem sie das Amt von Anklägern in einem Kriminalprozeß übernahmen. Die Grausamkeit des Ithacius, der die Martern der Ketzer mitangesehen und auf ihren Tod gedrungen hatte, machte die gerechte Entrüstung der Menschen rege, und die Laster des ausschweifenden Bischofs galten als Beweis, daß sein Eifer durch schmutzige Beweggründe des Interesses aufgestachelt worden war. Seit dem Tode Priscillians sind diese rohen Versuche der Verfolgung durch das Inquisitionsgericht, das der geistlichen und der weltlichen Macht zwei gesonderte Rollen anweist, verfeinert und methodisiert worden. Das verfemte Opfer wird regelmäßig von dem Priester der Obrigkeit und von der Obrigkeit dem Henker überliefert und das unerbittliche Verdammungsurteil der Kirche, das die geistliche Schuld des Übertreters ausspricht, in der milden Sprache der Frömmigkeit und Fürbitte ausgedrückt.

Unter den Geistlichen, die Glanz über die Regierung des Theodosius ausgegossen haben, zeichnete sich Gregor von Nazianz durch die Talente eines beredten Predigers aus. Der Ruf der Wundergabe erhöhte den Einfluß und die Würde der mönchischen Tugenden Gregors von Tours, aber die Palme bischöflicher Kraft und Fähigkeit wurde mit Recht von dem unerschrockenen Ambrosius in Anspruch genommen. Er stammte von einer edlen römischen Familie ab. Sein Vater hatte das wichtige Amt eines prätorianischen Präfekten von Gallien verwaltet. Der Sohn erlangte, nachdem er die Studien einer liberalen Erziehung absolviert hatte, in regelmäßiger Stufenfolge bürgerlicher Ehrenstellen den Rang eines Konsulars von Ligurien, einer Provinz, die die kaiserliche Residenz Mailand in sich schloß. Im Alter von vierunddreißig Jahren wurde Ambrosius, bevor er noch das Sakrament der Taufe empfangen hatte, zu seinem eigenen und zu der Welt Erstaunen plötzlich aus einem Statthalter in einen Erzbischof verwandelt (374). Ohne die geringste Beimischung, wie es heißt, von Falschheit oder Intrige begrüßte ihn das gesamte Volk einstimmig mit dem bischöflichen Titel. Die Einstimmigkeit und Beharrlichkeit des Beifalls wurde einem übernatürlichen Antrieb zugeschrieben, und der sich sträubende Statthalter sah sich gezwungen, ein geistliches Amt zu übernehmen, für das er weder durch die Gewohnheiten noch durch die Beschäftigungen seines früheren Lebens vorbereitet war. Aber die Tatkraft seines Geistes setzte ihn bald in den Stand, mit Eifer und Klugheit die Pflichten seiner kirchlichen Gerichtsbarkeit zu erfüllen. Während er freudig auf das eitle und glänzende Gepränge weltlicher Größe Verzicht leistete, ließ er sich zum Wohle der Kirche bereitfinden, das Gewissen der Kaiser zu leiten und die Verwaltung des Reiches zu beaufsichtigen. Gratian liebte und verehrte ihn wie einen Vater, und die Abhandlung des Ambrosius über den Dreieinigkeitsglauben war zur Belehrung des jungen Fürsten bestimmt. Als nach seinem tragischen Tode die Kaiserin Justina um ihre eigene Sicherheit und um die ihres Sohnes zitterte, wurde der Erzbischof von Mailand mit zwei verschiedenen Sendungen an den Hof von Trier geschickt. Er handhabe mit gleicher Festigkeit und Gewandtheit die Gewalt seiner geistlichen wie seiner politischen Rolle und trug vielleicht durch sein Ansehen und seine Beredsamkeit bei, den Ehrgeiz des Maximus zu zügeln und den Frieden von Italien zu beschützen. Ambrosius hatte sein Leben und seine Fähigkeiten dem Dienste der Kirche gewidmet. Reichtum verachtete er, hatte auf sein Privatvermögen Verzicht geleistet und verkaufte ohne Zögern die geweihten Gefäße zur Auslösung von Gefangenen. Geistlichkeit und Volk von Mailand hingen fest an ihrem Erzbischof, und er erwarb sich die Achtung seiner schwachen Souveräne, ohne um ihre Gunst zu buhlen oder ihre Ungnade zu fürchten.

Die Herrschaft über Italien und den jungen Kaiser ging natürlich auf seine Mutter Justina über, eine schöne, geistreiche Frau. Sie hatte indes das Unglück, sich zur arianischen Ketzerei zu bekennen und war bestrebt, sie dem Gemüte ihres Sohnes einzuflößen. Justina hielt sich für überzeugt, daß ein römischer Kaiser in seinen eigenen Gebieten die öffentliche Ausübung seiner Religion fordern könne. Sie verlangte daher von dem Erzbischof als Zugeständnis die Überlassung einer einzigen Kirche, entweder in der Stadt oder in den Vorstädten von Mailand. Aber die Handlungsweise des Ambrosius wurde durch äußerst verschiedene Grundsätze gelenkt. Die Paläste der Erde gehörten allerdings dem Kaiser, aber die Kirchen waren die Häuser Gottes und innerhalb der Grenzen seiner Diözese er selbst als rechtmäßiger Nachfolger der Apostel der einzige Stellvertreter Gottes. Die Vorrechte der Christenheit, geistliche wie weltliche, waren auf die wahren Gläubigen beschränkt, und Ambrosius hielt sich im Innersten für überzeugt, daß seine eigenen theologischen Meinungen die Richtschnur der Wahrheit und Rechtgläubigkeit seien. Der Erzbischof, der sich weigerte, mit den Werkzeugen des Satans Verkehr oder Unterhandlung zu pflegen, erklärte mit bescheidener Festigkeit seinen Entschluß, lieber als Märtyrer zu sterben, als in den ruchlosen Gottesfrevel zu willigen. Justina, die die Weigerung als eine Handlung des Hochmuts und Aufruhrs zürnend vernahm, faßte den voreiligen Entschluß, das kaiserliche Vorrecht ihres Sohnes auszuüben. Da sie ihre öffentliche Andacht am bevorstehenden Osterfest zu verrichten wünschte, erhielt Ambrosius Befehl, vor dem Rat zu erscheinen. Er gehorchte der Aufforderung mit der Ehrfurcht eines getreuen Untertanen, aber ihm folgte ohne seine Einwilligung zahlloses Volk; es drängte mit ungestümem Eifer gegen die Tore des Palastes, und statt daß die erschrockenen Minister Valentinians ein Verbannungsurteil gegen den Bischof von Mailand aussprachen, baten sie demütig, er möge sein Ansehen gebrauchen, um die Person des Kaisers zu schützen und die Ruhe der Hauptstadt wiederherzustellen. Aber die Verheißungen, die Ambrosius empfing und mitteilte, wurden bald durch einen treulosen Hof verletzt. Sechs Festtage lang, welche die christliche Frömmigkeit für die Übung der Religion bestimmt hatte, wurde die Stadt durch Tumulte und Umzüge in Unruhe versetzt (April 385). Die Beamten des Haushaltes erhielten Befehl, zuerst die portianische, dann die neue Basilika zur unmittelbaren Aufnahme des Kaisers und seiner Mutter vorzubereiten. Der glänzende Baldachin und die Tapeten des kaiserlichen Sitzes waren auf die herkömmliche Weise angeordnet; man fand es aber für nötig, sie durch eine starke Wache gegen die Zudringlichkeit des Volkes zu schützen. Die arianischen Geistlichen, die sich auf den Straßen zu zeigen wagten, setzten sich dadurch der unmittelbarsten

Lebensgefahr aus, und Ambrosius erfreute sich des Verdienstes wie des Ruhmes, seine persönlichen Feinde den Händen der wütenden Menge zu entreißen.

Während er sich aber bemühte, die Wirkungen ihres Glaubenseifers zu zügeln, entflammte das pathetische Ungestüm seiner Kanzelreden dauernd den zornmütigen und aufrührerischen Hang des Volkes von Mailand. Die Mutter des Kaisers wurde mit einer Eva, einem Weib Hiobs, einer Jezabel, einer Herodias verglichen und ihr Verlangen, eine Kirche für die Arianer zu erhalten, den grausamsten Verfolgungen an die Seite gestellt, welche die Christenheit unter der Herrschaft des Heidentums erduldet hatte. Die Maßnahmen des Hofes dienten nur dazu, um das Übel noch größer zu machen und noch greller zu beleuchten. Eine Buße von zweihundert Pfund Gold wurde der Innung der Kaufleute und Fabrikanten auferlegt, allen Beamten und unteren Dienern der Gerichtshöfe im Namen des Kaisers der Befehl erteilt, sich während der Dauer der Unordnungen streng in ihren Häusern zu halten. Ja die Minister Valentinians gestanden unklugerweise ein, daß der achtbarste Teil der Einwohner von Mailand der Sache seines Erzbischofs anhänge. Er wurde abermals gebeten, seinem Vaterlande durch rechtzeitige Fügsamkeit in den Willen des Kaisers den Frieden wiederzugeben. Die Antwort des Ambrosius war in den demütigsten und ehrfurchtsvollsten Ausdrücken gegeben, die jedoch als ernste Erklärung des Bürgerkrieges ausgelegt werden konnten. „Sein Leben und Vermögen befinde sich in den Händen des Kaisers; nie aber werde er die Kirche Christi verraten oder die Würde des bischöflichen Standes herabsetzen. In einer solchen Sache sei er bereit, zu dulden, was immer die Bosheit Satans ihm zufügen könne. Er wünsche nichts, als im Angesicht seiner treuen Herde und am Fuße des Altars zu sterben. Er habe nicht beigetragen, die Wut des Volkes zu erregen, aber nur bei Gott stehe es, sie zu stillen; er flehe den Himmel an, die Szenen von Blut und Verwirrung, die wahrscheinlich folgen würden, abzuwenden, und es sei sein inbrünstiges Gebet, daß er nicht leben bleiben möge, um das Verderben einer blühenden Stadt und vielleicht die Verheerung von ganz Italien zu schauen." Die hartnäckige Bigotterie der Justina würde die Herrschaft ihres Sohnes in Gefahr gebracht haben, wenn sie sich in diesem Kampf mit der Kirche und dem Volk von Mailand auf den tätigen Gehorsam der Palasttruppen hätte verlassen können. Eine zahlreiche Schar Goten war herangerückt, um die Basilika, den Gegenstand des Streites, zu besetzen. Es ließ sich von den arianischen Grundsätzen und barbarischen Sitten dieser fremden Soldtruppen erwarten, daß sie nicht im geringsten zögern würden, auch die blutdürstigsten Befehle auszuführen. Auf der heiligen Schwelle trat ihnen der Erzbischof entgegen und fragte sie, indem er eine Sentenz der Exkommunikation gegen sie schleuderte, im Ton eines Vaters und Gebieters: „Ob sie den gastfreundschaftlichen Schutz der Republik angefleht hätten, um in das Haus Gottes einzubrechen?" Das Zögern der Barbaren gestattete einige Stunden wirksamer Unterhandlung, und die Kaiserin ließ sich durch das Gutachten ihrer weisesten Räte überreden, die Katholiken im Besitz aller Kirchen von Mailand zu lassen und ihre Rachepläne bis auf eine gelegenere Zeit zu verschieben. Die Mutter Valentinians konnte den Triumph des Ambrosius nie verzeihen, und der kaiserliche Jüngling brach in den leidenschaftlichen Ausruf aus, seine eigenen Diener seien bereit, ihn den Händen eines unverschämten Priesters zu verraten.

Die Gesetze des Reiches, von denen einige den Namen Valentinians trugen, verdammten dauernd die arianische Ketzerei und schienen den Widerstand der Katholiken zu entschuldigen. Durch den Einfluß der Justina wurde 386 ein Toleranzedikt in allen Provinzen des Reiches, die dem Hof von Mailand unterworfen waren, kundgemacht, darin freie Religionsausübung allen denjenigen bewilligt, die sich zu dem Glauben von Rimini bekannten, und von dem Kaiser wurde erklärt, daß alle Personen, die dieses geheiligte und heilsame Gesetz verletzen würden, als Feinde des öffentlichen Friedens mit dem Tode bestraft werden sollten. Charakter und Sprache des Erzbischofs von Mailand rechtfertigen die Vermutung, daß sein Benehmen bald einen vernünftigen Grund oder wenigstens einen Vorwand den Verfechtern des Arianismus darbot. Sie lauerten nur auf die Gelegenheit, ihn auf irgendeiner ungesetzlichen

Handlung zu ertappen. Ambrosius wurde eine leichte, ehrenvolle Verbannung auferlegt und ihm befohlen, Mailand ohne Verzug zu verlassen, während man ihm gestattete, den Ort seines Exils und die Zahl seiner Gefährten zu wählen. Aber das Ansehen der Heiligen, welche die Grundsätze leidenden Gehorsams gepredigt und befolgt hatten, war für Ambrosius von minderem Gewicht als die äußerste und dringende Gefahr der Kirche. Er weigerte sich kühn, zu gehorchen, und seine Weigerung wurde durch die einmütige Beistimmung seines treuen Volkes unterstützt. Die Einwohner wechselten in der Bewachung der Person ihres Erzbischofs ab, die Tore der Kathedrale und des bischöflichen Palastes wurden sorgfältig verrammelt, und die kaiserlichen Truppen, welche die Blockade bildeten, waren nicht geneigt, den Angriff auf diese uneinnehmbare Festung zu wagen. Die zahlreichen Armen, denen die Freigebigkeit des Ambrosius hilfreich gewesen war, benutzten diese schöne Gelegenheit, ihren Eifer und ihre Dankbarkeit zu zeigen. Und da die Standhaftigkeit der Menge leicht durch Dauer und Einförmigkeit der Nachtwachen erschöpft werden konnte, führte er klugerweise in der Kirche von Mailand die nützliche Einrichtung einer lauten und regelmäßigen Litanei ein. Während er diesen schwierigen Kampf ausfocht, gab ihm ein Traum ein, den Boden an einem Platz zu öffnen, wo die Überreste der zwei Märtyrer Gervasius und Protasius seit mehr als dreihundert Jahren beigesetzt waren. Unmittelbar unter dem Pflaster der Kirche fand man zwei vollständig erhaltene Skelette mit vom Rumpf getrennten Häuptern und reichlichem Blut. Die heiligen Reliquien wurden in feierlichem Pomp der Verehrung des Volkes ausgesetzt und jeder Umstand dieses glücklichen Fundes mit bewundernswerter Geschicklichkeit benutzt, um die Pläne des Erzbischofs zu fördern. Man schrieb den Gebeinen, dem Blut, den Gewändern der Märtyrer heilende Kräfte zu, und ihr übernatürlicher Einfluß wurde den fernsten Dingen mitgeteilt, ohne irgend etwas von seiner ursprünglichen Macht zu verlieren. Die außerordentliche Heilung eines Blinden und das sträubende Bekenntnis mehrerer Besessenen schien den Glauben und die Heiligkeit des Ambrosius zu rechtfertigen. Die Wahrheit dieser Wunder wird von Ambrosius selbst, seinem Geheimschreiber Paulinus und seinem Proselyten, dem berühmten Augustin, bestätigt, der zu jener Zeit die Redekunst in Mailand lehrte. Unsere aufgeklärte Zeit wird wahrscheinlich der Ungläubigkeit der Justina und ihres arianischen Hofes beipflichten. Sie verhöhnten die theatralischen Darstellungen, die auf Anstiften und Unkosten des Erzbischofs gegeben wurden. Ihre Wirkung auf das Volk war jedoch unwiderstehlich, und der schwache Souverän von Italien sah sich außerstande, gegen den vom Himmel Begünstigten zu kämpfen. Auch die Mächte der Erde legten sich zum Schutz des Ambrosius ins Mittel. Der uneigennützige Rat des Theodosius war das echte Ergebnis der Frömmigkeit und Freundschaft, und die Maske des Religionseifers verbarg die feindlichen und ehrgeizigen Absichten des Tyrannen von Gallien.

Die Regierung des Maximus würde wahrscheinlich in Frieden und Glück geendet haben, wenn er sich mit dem Besitz der drei großen Länder, die jetzt die drei blühendsten Reiche des neueren Europa bildeten, begnügt hätte. Aber der aufstrebende Thronräuber, dessen schmutziger Ehrgeiz durch Ruhmes- und Waffenliebe nicht veredelt war, betrachtete seine gegenwärtige Macht nur als Mittel zu künftiger Größe, und sein Glück war die unmittelbare Ursache seines Verderbens. Die Reichtümer, die er von den unterdrückten Provinzen Gallien, Spanien und Britannien erpreßte, verwendete er zur Anwerbung und Erhaltung eines furchtbaren Heeres von Barbaren, die größtenteils aus den wildesten Völkern Germaniens gewählt waren. Die Eroberung von Italien war das Ziel seiner Hoffnungen und Rüstungen, und er brütete insgeheim über das Verderben eines unschuldigen Jünglings, dessen Regierung von seinen katholischen Untertanen verabscheut und verachtet wurde. Da jedoch Maximus ohne Widerstand die Alpenpässe zu besetzen wünschte, so empfing er mit treulosem Lächeln Domninus von Syrien, den Abgesandten Valentinians, und drang in ihn, die Hilfe einer beträchtlichen Truppenabteilung für den Dienst im pannonischen Krieg anzunehmen. Der Scharfblick des Ambrosius hatte die Schlingen eines Feindes unter den Beteuerungen der Freundschaft entdeckt, aber der Syrier Domninus wurde durch die freigebigen Gunstbezeigungen des Hofes von Trier bestochen oder getäuscht, und der Rat von Mailand verwarf hartnäckig jede Ahnung einer Gefahr mit jenem blinden Vertrauen, das keineswegs das Ergebnis des Mutes, sondern der Furcht ist. Der Marsch der Hilfstruppen wurde von dem Gesandten angeführt und man ließ sie ohne Mißtrauen in die Festungen der Alpen ein. Allein der schlaue Tyrann folgte mit eiligen, aber leisen Schritten im Rücken, und da er sorgfältig alle Nachrichten von seinen Bewegungen zurückhielt, verkündete erst der Glanz der Waffen und der durch die Reiterscharen aufgewirbelte Staub den Heranzug eines Fremden gegen die Tore Mailands (August 387). In dieser äußersten Not hatten Justina und ihr Sohn ihren Mangel an Vorsicht und die treulosen Listen des Maximus zu beklagen. Aber es fehlte ihnen an Zeit, Kraft und Entschlossenheit, gegen die Gallier und Germanen standzuhalten, sowohl im Felde als auch in einer großen und mißvergnügten Stadt. Ihre einzige Hoffnung beruhte auf Flucht; Aquileja war ihr einziger Rettungsort, und da Maximus jetzt seinen eigentlichen Charakter entfaltete, konnte der Bruder Gratians von den Händen desselben Mörders dasselbe Schicksal besorgen. Maximus zog in Mailand im Triumph ein, und wenn der kluge Erzbischof einen gefährlichen und verbrecherischen Bund mit dem Thronräuber ablehnte, vermochte er doch mittelbar zum Erfolg seiner Waffen beizutragen, indem er von der Kanzel mehr die Pflicht der Ergebung in den Willen Gottes als jene des Widerstandes einschärfte. Die unglückliche Justina erreichte sicher Aquileja; sie mißtraute der Stärke der Festungswerke, fürchtete die Ereignisse einer Belagerung und beschloß, den Schutz des großen Theodosius anzurufen, dessen Macht und Tugend in allen Ländern des Westens gepriesen wurden. Ein Fahrzeug wurde insgeheim für die Aufnahme der kaiserlichen Familie besorgt, worauf sie sich eiligst in einem der geringen Häfen von Venetia oder Istrien einschiffte, das adriatische und ionische Meer in seiner ganzen Ausdehnung durchfuhr, um das äußerste Vorgebirge des Peloponneses bog und nach einer langen, aber glücklichen Fahrt endlich in dem Hafen von Thessaloniki ausruhte. Alle Untertanen Valentinians verließen die Sache eines Fürsten, der sie durch seine Flucht von der Pflicht der Treue losgesprochen hatte, und Maximus würde, wenn es die kleine Stadt Aemona am Rande von Italien nicht gewagt hätte, seiner unrühmlichen Siegerlaufbahn Einhalt zu tun, ohne Kampf den alleinigen Besitz des westlichen Reiches erhalten haben.

Statt seine kaiserlichen Gäste nach dem Palast von Konstantinopel einzuladen, hatte Theodosius einige unbekannte Gründe, Thessaloniki ihre Residenz bleiben zu lassen; aber diese Gründe lagen nicht in Verachtung oder Gleichgültigkeit, da er, von dem größten Teil seines Hofes und Senates begleitet, unverzüglich einen Besuch in dieser Stadt machte. Nach den ersten liebenswürdigen Beteuerungen der Freundschaft und Teilnahme ermahnte der fromme Kaiser des Ostens Justina mit Milde, daß die Schuld der Ketzerei zuweilen schon in dieser Welt bestraft werde gleichwie in jener und daß das öffentliche Bekenntnis des nicäischen Glaubens der wirksamste Schritt zur Wiedereinsetzung ihres Sohnes wegen der Zufriedenheit wäre, die er auf Erden und im Himmel hervorbringen würde. Die wichtige Frage über Krieg und Frieden wurde von Theodosius auf die Erörterung seines Rates verwiesen, obschon die Gründe, die zugunsten der Ehre und Gerechtigkeit angeführt werden konnten, seit dem Tode Gratians ziemlich verstärkt worden waren. Die Verfolgung der kaiserlichen Familie, der Theodosius selbst sein Glück verdankte, war jetzt durch neue und wiederholte Unbilden erschwert worden. Weder Eide noch Verträge konnten den grenzenlosen Ehrgeiz des Maximus zügeln, und die Verzögerung kräftiger und entscheidender Maßnahmen, statt die Segnungen des Friedens zu verlängern, mußten das östliche Reich der Gefahr eines feindlichen Einbruchs aussetzen. Die Barbaren, die über die Donau gegangen waren, hatten erst seit kurzem den Charakter von Soldaten und Untertanen angenommen; aber ihre angeborene Wildheit war noch ungezähmt, und die Kriegsoperationen trugen, da sie ihrer Tapferkeit zu tun gaben und ihre Anzahl verminderten, zur Erleichterung der Provinzen von einem unerträglichen Druck bei. Trotz dieser glänzenden und von der Mehrheit des Rates gebilligten Gründe zögerte

Theodosius noch immer, ob er das Schwert in einem Kampfe ziehen solle, der dann keine Aussicht auf friedliche Beilegung mehr bot. Es war für seinen hochherzigen Charakter durchaus keine Schande, daß er für die Sicherheit seiner unmündigen Söhne und das Wohl seines erschöpften Volkes besorgt war. In diesem Augenblick bangen Zweifels, in dem das Schicksal der römischen Welt von dem Entschluß eines einzigen Mannes abhing, hatten die Reize der Prinzessin Galla auf die Sache ihres Bruders Valentinian den mächtigsten Einfluß. Das Herz des Theodosius wurde durch die Tränen der Schönheit weich gestimmt, seine Liebe unmerklich durch die Anmut der Jugend und Unschuld gewonnen. Die Kunst der Justina handhabte und leitete den Antrieb der Leidenschaft, und die Feier der kaiserlichen Vermählung war die Bürgschaft und das Zeichen zum Bürgerkrieg. Die gefühllosen Kritiker, die jede Schwäche aus Liebe als einen unauslöschlichen Flecken auf dem Andenken eines großen und orthodoxen Kaisers betrachten, sind bei dieser Veranlassung geneigt, das verdächtige Zeugnis des Geschichtsschreibers Zosimus in Zweifel zu ziehen. Was mich betrifft, bekenne ich offen, daß ich in den Umwälzungen der Welt gerne einige Spuren von dem milden und zärtlichen Gefühle des intimen Lebens finde, ja selbst suche, und ich vermag mit besonderem Wohlgefallen unter einer Schar grimmiger und ehrgeiziger Eroberer einen sanften Helden zu unterscheiden, den man sich vorstellen kann, wie er die Waffen aus den Händen der Liebe empfängt. Die Freundschaft des persischen Königs war durch Vertragstreue gesichert, die kriegerischen Barbaren fühlten sich gedrungen, der Fahne eines tatkräftigen und freigebigen Monarchen zu folgen oder dessen Grenzen zu ehren, und das Reich des Theodosius, vom Euphrat bis zum Adriatischen Meer, widerhallte von Kriegsrüstungen zu Lande und zur See. Die geschickte Anordnung der Streitkräfte des Ostens schien ihre Zahl zu vervielfältigen und teilte die Aufmerksamkeit des Maximus. Er hatte Grund zu fürchten, daß ein auserlesenes Heer unter dem Befehl des unerschrockenen Arbogastes längs den Ufern der Donau marschieren und durch die rhätischen Provinzen kühn in das Herz von Gallien dringen könnte. Eine mächtige Flotte wurde in den Häfen von Griechenland und Epirus in der offenbaren Absicht ausgerüstet, Valentinian und seine Mutter, sowie durch einen Seesieg Bahn gebrochen wäre, in Italien an Land zu setzen, um sich ohne Verzug nach Rom zu begeben und sich des Sitzes der Kirche und des Reiches zu bemächtigen. Inzwischen rückte Theodosius selbst an der Spitze eines tapferen und wohldisziplinierten Heeres vor, um seinen unwürdigen Gegner zu bekämpfen, der nach der Belagerung von Aemona sein Lager in der Nähe von Siscia aufgeschlagen hatte, einer pannonischen, durch den breiten und reißenden Savestrom stark befestigten Stadt.

Die Veteranen, die sich noch des langen Widerstandes und der unerschöpflichen Hilfsquellen des Tyrannen Magnentius erinnerten, hatten sich auf drei blutige Feldzüge gefaßt gemacht. Aber der Kampf mit seinem Nachfolger, der gleich ihm den Thron des Westens geraubt hatte, war bereits binnen zwei Monaten (Juni bis August 388) und innerhalb eines Raumes von zweihundert Meilen entschieden. Das überlegene Talent des Kaisers des Ostens trug allein über den schwachen Maximus, der in dieser wichtigen Krisis aller Kriegsgeschicklichkeit und allen persönlichen Mutes entbehrte, den Sieg davon. Theodosius' Fähigkeiten wurden überdies noch durch den Vorteil des Besitzes einer zahlreichen und behenden Reiterei unterstützt. Die Hunnen, Alanen und, nach ihrem Beispiele, sogar die Goten waren in Schwadronen von Pfeilschützen formiert, die zu Pferde fochten und durch die schnellen Bewegungen tartarischen Kriegsbrauchs die unbewegliche Tapferkeit der Gallier und Germanen in Verwirrung brachten. Nach einem langen, ermüdenden Marsch in schwüler Sommerhitze spornten sie ihre dampfenden Pferde in die Fluten der Sau, schwammen im Angesicht des Feindes über den Strom, griffen auf der Stelle an und schlugen die zur Bewachung der Anhöhen des anderen Ufers aufgestellten Truppen. Marcellinus, des Tyrannen Bruder, eilte ihnen mit den auserlesenen Kohorten, die für die Hoffnung und den Kern des Heeres galten, zu Hilfe. Das durch den Einbruch der Nacht unterbrochene Gefecht wurde am Morgen erneuert, und nach scharfem Kampfe legten die am Leben gebliebenen tapfersten Krieger des Maximus ihre Waffen zu den Füßen des Siegers nieder.

Ohne seinen Marsch einzustellen, um die Huldigung der Bürger von Aemona zu empfangen, drängte Theodosius vorwärts, um den Krieg durch den Tod oder die Gefangennahme seines Nebenbuhlers, der vor ihm in höchster Angst und Eile floh, zu beendigen. Von dem Gipfel der Julischen Alpen stieg er mit so unglaublicher Schnelligkeit in die italienische Ebene nieder, daß er Aquileja am Abend des ersten Tages erreichte: Maximus, der sich von allen Seiten eingeschlossen sah, hatte kaum Zeit, die Tore der Stadt zu schließen. Aber die Tore der Stadt vermochten den Anstrengungen eines siegreichen Feindes nicht lange zu widerstehen: Verzweiflung, Abneigung und Gleichgültigkeit der Soldaten und des Volkes beschleunigten den Sturz des elenden Maximus. Er wurde von seinem Throne gerissen, brutal des kaiserlichen Schmuckes, des Mantels, Diadems und der purpurnen Pantoffel beraubt und gleich einem Übeltäter in das ungefähr drei Meilen von Aquileja entfernte Lager und vor Theodosius geführt. Das Benehmen des Kaisers zielte keineswegs ab, den Tyrannen des Westens, der nie sein persönlicher Feind gewesen und jetzt der Gegenstand seiner Verachtung geworden war, zu beschimpfen, ja er zeigte sogar Neigung zu Mitleid und Verzeihung. Unser Mitgefühl wird am Mächtigsten durch jene Unglücksfälle erregt, denen wir selbst ausgesetzt sind, und das Schauspiel eines stolzen Rivalen, der nun gestürzt zu seinen Füßen lag, konnte nicht verfehlen, in dem Geiste des siegreichen Kaisers sehr ernste und feierliche Gedanken zu wecken. Aber die schwache Regung unfreiwilligen Mitleids wurde durch die Rücksicht auf die öffentliche Gerechtigkeit und das Andenken Gratians erstickt. Er überließ das Opfer der Rache der Soldaten, die den Usurpator aus der Nähe des Kaisers entfernten und auf der Stelle sein Haupt vom Rumpf trennten. Die Nachricht von seiner Niederlage und seinem Tode wurde mit aufrichtiger oder wohlgeheuchelter Freude aufgenommen; sein Sohn Viktor, dem er den Augustustitel beigelegt hatte, starb auf Befehl, vielleicht durch die Hand des kühnen Arbogastes, und alle militärischen Entwürfe des Theodosius wurden vollständig ausgeführt. Nachdem er so den Bürgerkrieg mit weniger Schwierigkeit und Blutvergießen, als er zu erwarten Ursache gehabt, beendet hatte, verwendete er die Wintermonate in seiner Residenz in Mailand, um den zerrütteten Zustand der Provinzen zu ordnen, und hielt im frühen Frühling nach Konstantins und Constantius' Beispiel seinen Triumpheinzug in der alten Hauptstadt des Reiches.

Die Nachwelt wird anerkennen, daß der Charakter des Theodosius Stoff zu einem aufrichtigen und ausführlichen Lobgesang zu liefern imstande ist. Die Weisheit seiner Gesetze und der Erfolg seiner Waffen verschafften seiner Regierung Achtung sowohl in den Augen seiner Untertanen als seiner Feinde. Er liebte das häusliche Leben und seine Tugenden, die in den Palästen der Könige selten ihren Sitz aufschlagen. Theodosius war keusch und mäßig; er genoß ohne Übermaß die sinnlichen und geselligen Freuden der Tafel, und seine Liebesneigungen schweiften nie von ihrem rechtmäßigen Gegenstand ab. Der stolze Titel kaiserlicher Größe war mit dem eines treuen Gatten und liebevollen Vaters vereint, und sein Oheim wurde durch seine achtungsvolle Zuneigung zum Range eines zweiten Vaters erhoben. Theodosius umarmte die Kinder seines Bruders und seiner Schwester gleich seinen eigenen, und die Beweise seiner rücksichtsvollen Teilnahme dehnten sich auf die fernsten und unbekanntesten Zweige seiner zahlreichen Verwandtschaft aus. Seine vertrauten Freunde waren weise aus jenen Personen gewählt, die im Privatleben vor ihm ohne Maske erschienen waren. Das Bewußtsein persönlichen und überlegenen Verdienstes setzte ihn in den Stand, die zufällige Auszeichnung des Purpurs zu verachten, und er bewies durch sein Benehmen, daß er alle Unbilden vergessen habe, während er sich höchst dankbar aller Dienste der Freundschaft und des Wohlwollens erinnerte, die er empfangen hatte, bevor er den Thron des Römischen Reiches bestieg. Je nach dem Alter, Rang oder Charakter jener Untertanen, die er seines Umganges würdigte, war der Ton seiner Unterhaltung mit ihnen ernst oder heiter, und in der Leutseligkeit seines Benehmens spiegelte sich seine Seele. Theodosius ehrte die Einfachheit der Guten und Tugendhaften: jede Kunst, jedes nützliche oder auch nur unbedeutende Talent wurde durch seine einsichtsvolle Freigebigkeit belohnt. Mit Ausnahme der Ketzer, die er mit unversöhnlichem Haß verfolgte, war der weitspendende Kreis seines Wohlwollens nur durch die Grenze menschlicher Macht beschränkt. Die Regierung eines mächtigen Reiches genügt gewiß vollkommen, die Zeit und Fähigkeiten eines Sterblichen zu beschäftigen: indessen bewahrte der emsige Fürst, ohne übrigens auf den Ruf tiefer Gelehrsamkeit Anspruch zu machen, doch stets einige Augenblicke seiner freien Zeit für belehrende Lektüre. Die Geschichte, die seine Erfahrung erweiterte, war sein Lieblingsstudium. Die römischen Annalen boten ihm in der langen Periode von elfhundert Jahren ein vielgestaltiges und glänzendes Gemälde des menschlichen Lebens. Man hat insbesondere aufgezeichnet, „daß er, so oft er von den grausamen Taten eines Cinna, Marius oder Sulla las, mit Wärme seinen hochherzigen Abscheu gegen diese Feinde der Menschheit und der Freiheit ausdrückte." Seine leidenschaftslose Ansicht über vergangene Ereignisse wurde mit Nutzen als Richtschnur seiner eigenen Handlungen angewendet. Theodosius hat das seltene Lob verdient, daß seine Tugenden sich stets mit seinem Glück ausdehnten: die Epoche seines Glückes war die seiner Mäßigung, und seine Milde leuchtete nie heller als nach der Gefahr und den Erfolgen des Bürgerkrieges. Die maurische Leibwache des Tyrannen war in der ersten Hitze des Sieges niedergemetzelt worden, und eine kleine Anzahl der schuldbeladensten Verbrecher wurde hingerichtet. Aber der Kaiser zeigte weit mehr Beflissenheit, den Schuldlosen zu helfen, als die Schuldigen zu bestrafen. Die unterdrückten Untertanen des Westens, die sich schon mit der Wiedererlangung ihrer Ländereien glücklich erachtet hätten, wurden in Erstaunen gesetzt, als sie eine Summe Geld erhielten, die ihrem Verluste gleichkam, ja die Freigebigkeit des Siegers unterstützte die greise Mutter und erzog die verwaisten Töchter des Maximus. Ein so herrlicher Charakter entschuldigt fast die Annahme des Redners Pacatus, der meinte, wenn es dem älteren Brutus gestattet wäre, die Erde wieder zu besuchen, so würde der strenge Republikaner zu den Füßen des Theodosius seinen Haß gegen die Könige abschwören und freimütig bekennen, daß ein solcher Monarch der treueste Beschützer des Glückes und der Würde des römischen Volkes sei.

Aber der durchdringende Blick des Gründers der Republik würde zwei wesentliche Mängel entdeckt haben, die vielleicht seine neue Liebe für den Despotismus abgekühlt hätten. Die reine Seele des Theodosius erschlaffte oft aus Trägheit und flammte zuweilen in Leidenschaft auf. In Verfolgung eines wichtigen Zweckes war sein tätiger Mut der kräftigsten Anstrengungen fähig; sowie aber der Plan ausgeführt oder die Gefahr überwunden war, sank der Held in unrühmliche Ruhe zurück und überließ sich, vergessend, daß die Zeit eines Fürsten das Eigentum des Volkes ist, dem Genuß unschuldiger, aber nichtiger Vergnügungen eines üppigen Hofes. Das angeborene Temperament des Theodosius war ungestüm und cholerisch, und in einer Stellung, in der niemand den verderblichen Wirkungen seines Zornes zu widerstehen vermochte und nur wenige einen Gegenrat zu geben wagten, fühlte sich der menschliche Monarch mit Recht durch das Bewußtsein seiner Schwäche und Macht beunruhigt. Er war in seinem Leben ständig bemüht, diese ungemäßigten Ausbrüche seines Zornes zu unterdrücken oder in Schranken zu halten, und der Erfolg seiner Anstrengungen erhöhte das Verdienst seiner Milde. Aber die schwere Tugend, die das Verdienst des Sieges in Anspruch nimmt, ist der Gefahr einer Niederlage ausgesetzt, und die Regierung eines weisen und barmherzigen Fürsten wurde durch eine grausame Handlung befleckt, die die Annalen eines Nero oder Domitian geschändet haben würde. Innerhalb eines Zeitraumes von drei Jahren ist der sich widersprechende Geschichtsschreiber des Theodosius leider gezwungen, die edelmütige Begnadigung der Bürger von Antiochia sowohl, als auch die unmenschliche Niedermetzelung der Bewohner von Thessaloniki zu erzählen.

Die rastlose Ungeduld der Bewohner von Antiochia war weder je mit ihrer eigenen Lage noch mit dem Charakter und Benehmen der einander folgenden Souveräne zufrieden. Die arianischen Untertanen des Theodosius beklagten den Verlust ihrer Kirchen, und da sich drei rivalisierende Bischöfe den Thron von Antiochia streitig machten, erregte der Urteilsspruch, der ihre Ansprüche entschied, die Unzufriedenheit der beiden vom Glück nicht begünstigten Gemeinden. Die Erfordernisse des gotischen Krieges und die mit dem Friedensschluß verbundenen, unvermeidlichen Ausgaben hatten den Kaiser gezwungen, die Lasten der öffentlichen Auflagen zu vermehren, und da die asiatischen Provinzen nicht mit in die Drangsale verwickelt wurden, waren sie auch weniger geneigt, zur Erleichterung Europas beizusteuern. Auch kam die glückliche Periode des zehnten Jahres seiner Regierung heran, ein Fest, das den Soldaten, die ein großes Geschenk erhielten, größere Freude machte als den Untertanen, deren freiwillige Gaben seit langer Zeit in eine außerordentliche und drückende Last verwandelt worden waren. Die Steueredikte unterbrachen die Ruhe und Freude von Antiochia, und das Tribunal des Statthalters war von einer flehenden Schar umgeben, die in pathetischer, anfangs ehrfurchtsvoller Sprache um Abhilfe ihrer Beschwerde bat. Durch den Stolz ihrer hochmütigen Beherrscher, die ihre Klagen als verbrecherischen Widerstand behandelten, wurden sie allmählich erbittert, ihr satirischer Witz artete in scharfe und giftige Schmähungen aus, und die Schmähungen des Volkes erhoben sich nach und nach von den untergeordneten Regierungsgewalten, um die geheiligte Würde des Kaisers selbst anzutasten. Ihre durch schwachen Widerstand gereizte Wut entlud sich gegen die Standbilder der kaiserlichen Familie (26. Februar 387), die zur öffentlichen Verehrung auf den bedeutendsten Plätzen der Stadt aufgestellt waren. Die Statuen des Theodosius, seines Vaters, seiner Gemahlin Flaccilla, seiner beiden Söhne Arcadius und Honorius wurden verächtlich von ihren Gestellen gerissen, in Stücke gebrochen oder schmachvoll durch die Straßen geschleift, und diese kaiserlicher Majestät angetanen Unwürdigkeiten gaben hinreichend die ruchlosen und hochverräterischen Wünsche der Menge zu erkennen. Der Aufruhr ward fast auf der Stelle durch die Ankunft einer Abteilung Bogenschützen unterdrückt, und Antiochia hatte nun Muße, über die Natur und die Folgen seines Verbrechens nachzudenken. In Gemäßheit seiner Amtspflicht entsandte der Statthalter der Provinz einen umständlichen Bericht des ganzen Vorganges ab, während die zitternden Bürger das Bekenntnis ihres Verbrechens und die Beteuerung ihrer Reue dem Eifer ihres Bischofs Flavian und der Beredsamkeit des Senators Hilarius anvertrauten, des Freundes und wahrscheinlichen Schülers des Libanius, dessen Talente bei dieser niederschlagenden Veranlassung für seine Vaterstadt nicht von Nutzen gewesen sind. Aber die beiden Hauptstädte, Antiochia und Konstantinopel, waren achthundert Meilen voneinander entfernt. Trotz der Schnelligkeit der kaiserlichen Posten wurde die schuldige Stadt doch durch eine lange und schreckliche Wartezeit der Spannung strenge bestraft. Jedes Gerücht setzte die Hoffnungen und Besorgnisse der Antiochienser in Bewegung. Sie vernahmen mit Entsetzen, daß ihr Souverän, erbittert durch die Schmach, die seinem eigenen Standbild, besonders aber dem seiner geliebten Gattin angetan worden war, beschlossen habe, die verbrecherische Stadt der Erde gleich zu machen und ohne Unterschied des Alters und Geschlechts die schuldbeladenen Einwohner niederzumetzeln. Viele von ihnen wurden durch ihre Angst in der Tat getrieben, Zuflucht in den Gebirgen von Syrien und in der angrenzenden Wüste zu suchen. Endlich, vierundzwanzig Tage nach dem Aufruhr, verkündeten General Hellebicus und der Kanzler Cäsarius den Willen des Kaisers und den Urteilsspruch gegen Antiochia. Die stolze Hauptstadt wurde des Ranges einer Stadt entsetzt, und die Metropole des Ostens, ihrer Ländereien, Vorrechte und Einkünfte beraubt, unter dem herabwürdigenden Namen eines Fleckens der Gerichtsbarkeit von Laodicea unterworfen. Die Bäder, der Zirkus und die Theater wurden geschlossen, und damit zugleich jede Quelle des Überflusses und des Vergnügens verstopft werde, wurde durch die strengen Befehle des Theodosius die Getreideverteilung abgeschafft. Seine Kommissäre schritten hierauf zur Untersuchung der Schuld der einzelnen, derjenigen, welche die Zerstörung der geheiligten Standbilder begangen, und derjenigen, die sie nicht gehindert hatten. Das von bewaffneten Soldaten umgebene Tribunal des Hellebicus und Cäsarius war mitten im Forum errichtet. Die edelsten und reichsten Bürger erschienen vor ihnen in Ketten. Dem Verhör stand die Anwendung der Folter bei, und das Urteil wurde nach dem Ermessen dieser außerordentlichen Richter entweder gesprochen oder aufgehoben.

Die Häuser der Verbrecher wurden zum Verkauf gegeben, ihre Gattinnen und Kinder von Überfluß und Üppigkeit plötzlich ins größte Elend gebracht. Man erwartete, daß blutige Hinrichtungen die Schrecken eines Tages schließen würden, den der Prediger von Antiochia, der beredte Chrysostomus, als ein lebendiges Bild des jüngsten Gerichts dargestellt hat. Aber die Minister des Theodosius vollzogen mit Widerstreben den grausamen Auftrag, der ihnen geworden war; sie vergossen menschliche Tränen über die Drangsale des Volkes und hörten mit Ehrfurcht auf die dringenden Bitten der Mönche und Einsiedler, die in Schwärmen von dem Gebirge niederstiegen. Hellebicus und Cäsarius ließen sich bewegen, die Vollstreckung ihres Urteils zu verschieben. Sie kamen überein, daß Hellebicus in Antiochia bleiben solle, während Cäsarius mit aller nur möglichen Eile nach Konstantinopel zurückkehrte und es auf sich nahm, die Willensmeinung seines Souveräns noch einmal einzuholen. Der Grimm des Theodosius hatte sich bereits gelegt; die Abgesandten des Volks, sowohl der Bischof als der Redner, hatten günstiges Gehör erlangt; die Vorwürfe des Kaisers waren mehr Klagen gekränkter Freundschaft als strenge Drohungen des Stolzes und der Macht. Unbeschränkte und allgemeine Verzeihung wurde der Stadt und den Bürgern von Antiochia gewährt. Die Tore der Gefängnisse öffneten sich, die Senatoren, die bereits an ihrem Leben verzweifelten, erlangten ihre Häuser und Güter wieder, und die Hauptstadt des Ostens wurde abermals in den Genuß ihrer alten Würde und Herrlichkeit eingesetzt. Theodosius geruhte, den Senat von Konstantinopel zu loben, der für seine bedrängten Brüder edelmütige Fürsprache eingelegt hatte; er belohnte die Beredsamkeit des Hilarius mit der Statthalterschaft von Palästina und entließ den Bischof von Antiochia mit den wärmsten Ausdrücken seiner Hochachtung und Dankbarkeit (25. April). Tausend neue Standbilder erhoben sich für die Milde des Theodosius. Der Beifall seiner Untertanen wurde durch die Billigung seines eigenen Herzens genehmigt, und der Kaiser bekannte, daß Gerechtigkeit zwar die wichtigste Pflicht, Übung der Gnade aber das ausgesuchteste Vergnügen eines Souveräns sei.

Der Aufruhr zu Thessaloniki (390) wird einer schändlicheren Ursache zugeschrieben und brachte schrecklichere Folgen hervor. Diese große Stadt, die Metropole aller illyrischen Provinzen, war gegen die Gefahren des gotischen Krieges durch starke Festungswerke und eine zahlreiche Besatzung geschützt worden. Botherich, der Anführer dieser Truppen und, wie es seinem Namen nach scheint, ein Barbar, besaß unter seinen Sklaven einen schönen Knaben, der die unflätigen Begierden eines der Wagenlenker des Zirkus erregte. Der schamlose Liebhaber wurde auf Befehl Botherichs in den Kerker geworfen. Er wies mit Strenge das zudringliche Geschrei der Menge zurück, die am Tage der öffentlichen Spiele die Abwesenheit ihres Lieblings beklagte und die Geschicklichkeit eines Wagenlenkers als einen Gegenstand von weit höherer Wichtigkeit betrachtete als seine Tugend. Die Wut des Volkes war durch verschiedene vorhergegangene Streitigkeiten erbittert, und da der Kern der Besatzung zum Dienste im italienischen Feldzuge weggezogen war, vermochte der schwache, durch Desertion verringerte Rest den unglücklichen General nicht gegen seine ausgelassene Wut zu beschützen. Botherich und mehrere seiner vornehmsten Offiziere wurden unmenschlich ermordet, ihre verstümmelten Leichen durch die Straßen geschleppt und der Kaiser, der damals in Mailand residierte, durch die Nachricht von der verwegenen Grausamkeit der Einwohner von Thessaloniki in Erstaunen gesetzt. Das Urteil eines leidenschaftslosen Richters würde über die Urheber des Verbrechens eine strenge Strafe verhängt haben, und die Verdienste Botherichs mochten zur Erbitterung des Schmerzes und der Entrüstung seines Gebieters beitragen. Das feurige und cholerische Gemüt des Theodosius aber vermochte die weitschweifigen Formen gerichtlicher Untersuchung nicht abzuwarten, und er beschloß vorschnell, daß das Blut seines Stellvertreters durch das Blut des schuldigen Volkes gesühnt werden solle. Dennoch schwankte sein Gemüt zwischen Maßnahmen der Milde und der Rache, ja der Eifer der Bischöfe hätte dem sich sträubenden Kaiser beinahe das Versprechen einer allgemeinen Verzeihung erpreßt. Aber sein Zorn wurde abermals durch die schmeichelnden Ratschläge seines Ministers Rufinus entflammt, und nachdem Theodosius die Todesboten entsandt hatte, versuchte er, als es zu spät war, die Vollstreckung seiner Befehle zu hindern. Die Bestrafung einer römischen Stadt wurde blind dem Schwerte der rücksichtslosen Barbaren anvertraut und die feindseligen Maßregeln mit der Hinterlist einer gesetzwidrigen Verschwörung vorbereitet. Die Bewohner von Thessaloniki wurden im Namen ihres Souveräns verräterisch zu den Zirkusspielen eingeladen, und ihre Gier nach diesen Unterhaltungen war so groß, daß die zahlreichen Zuschauer jede Vorsicht außer acht ließen und weder Furcht noch Argwohn hegten. Sowie die Versammlung vollständig war, erhielten die Soldaten, die man insgeheim um den Zirkus aufgestellt hatte, das Zeichen, nicht zu dem Wettrennen, sondern zu allgemeinem Gemetzel. Die tolle Schlächterei währte ohne Unterschied, ob es Fremde oder Eingeborene, Greise oder Kinder, Frauen oder Männer, Unschuldige oder Schuldige waren, volle drei Stunden. Die gemäßigten Berichte geben die Anzahl der Erschlagenen auf siebentausend an, einige Schriftsteller aber bekräftigen, daß mehr als fünfzehntausend Menschen den Mannen Botherichs geopfert worden sind. Ein fremder Kaufmann, der mit seiner Ermordung wahrscheinlich nichts zu schaffen hatte, bot sein eigenes Leben und alle seine Reichtümer, um wenigstens einen seiner Söhne zu retten; während aber der Vater mit gleicher Liebe zögerte und nicht wußte, welchen er retten und welchen er opfern sollte, machten die Soldaten seiner Unentschlossenheit ein Ende, indem sie ihre Dolche zu gleicher Zeit in die Brust der wehrlosen Jünglinge stießen. Die Entschuldigung der Mörder, daß sie verpflichtet waren, die vorgeschriebene Anzahl von Köpfen zu bringen, vermehrte durch den Anschein der Ordnung und Planmäßigkeit die Schrecken des Gemetzels, das auf Befehl des Theodosius stattfand. Die Schuld des Kaisers wird durch seinen langen und häufigen Aufenthalt zu Thessaloniki erschwert. Die Lage der unglücklichen Stadt, der Anblick der Straßen und Gebäude, der Anzug und die Gesichter der Einwohner waren ihm wohl bekannt, ja sogar gegenwärtig, und Theodosius hatte eine klare und lebendige Vorstellung von dem Volke, das er vernichtete.

Die ehrfurchtsvolle Anhänglichkeit des Kaisers an die rechtgläubige Geistlichkeit hatte ihn geneigt gemacht, den Charakter des Ambrosius, der alle bischöflichen Tugenden im höchsten Grade in sich vereinigte, zu lieben und zu bewundern. Die Freunde und Minister des Theodosius ahmten das Beispiel ihres Souveräns nach, und er nahm mehr mit Überraschung als mit Mißvergnügen wahr, daß alle seine geheimen Ratschlüsse sogleich dem Bischof mitgeteilt wurden. Dieser aber handelte in der löblichen Überzeugung, daß jede Maßregel der Zivilregierung in irgendeinem Zusammenhang mit dem Ruhme Gottes und dem Interesse der wahren Religion stehe. Die Mönche und der Pöbel von Callinicum, einer unbedeutenden Stadt an der Grenze von Persien, hatten, aufgereizt durch ihren eigenen und durch den Fanatismus ihres Bischofs, aufrührerisch ein Konventikel der Valentinianer und eine Synagoge der Juden verbrannt. Der gewalttätige Prälat wurde durch den Richter der Provinz verurteilt, entweder die Synagoge wieder aufzubauen oder den Schaden zu ersetzen, und dieser gemäßigte Urteilsspruch wurde von dem Kaiser bestätigt. Aber nicht bestätigt wurde er von dem Erzbischof von Mailand. Er diktierte (388) ein tadelndes, vorwurfsvolles Schreiben, das vielleicht passender gewesen wäre, wenn der Kaiser das Zeichen der Beschneidung empfangen und auf den Glauben seiner Taufe Verzicht geleistet hätte. Ambrosius betrachtet darin die Duldung der jüdischen Religion als Verfolgung der christlichen, erklärt kühn, daß er selbst und jeder echte Gläubige mit dem Bischof von Callinicum um das Verdienst der Tat und die Krone des Märtyrertums wetteifern würde, und beklagt in den pathetischsten Ausdrücken, daß die Vollstreckung des Urteils für den Ruhm und die ewige Seligkeit des Theodosius verderblich sein müsse. Da diese geheime Ermahnung keine unmittelbare Wirkung hervorbrachte, redete der Erzbischof von seiner Kanzel den Kaiser auf seinem Throne öffentlich an und weigerte sich, das Opfer auf dem Altar darzubringen, ehe er von Theodosius eine feierliche und bestimmte Erklärung erhalten hatte, welche die Straflosigkeit des Bischofs und der Mönche von Callinicum sicherte. Der Widerruf des Theodosius war aufrichtig, und während der ganzen Zeit seines Aufenthaltes in Mailand nahm seine Neigung für Ambrosius durch die Gewohnheit frommen und vertrauten Gespräches dauernd zu.

Als Ambrosius Kunde von dem Gemetzel in Thessaloniki erhielt, wurde er mit Angst und Entsetzen erfüllt. Er zog sich aufs Land zurück, um seinem Schmerz freien Lauf zu lassen und die Begegnung mit Theodosius zu vermeiden. Da sich jedoch der Erzbischof überzeugte, daß schüchternes Stillschweigen ihn zum Schuldgenossen machen würde, schilderte er in einem Geheimschreiben das Ungeheure des Verbrechens, das nur durch Reuetränen gesühnt werden könne. Die bischöfliche Energie des Ambrosius wurde durch Klugheit gemäßigt, und er begnügte sich, ihm eine mittelbare Art der Ausschließung aus der Kirchengemeinschaft durch die Versicherung anzukündigen, er sei in einem Gesichte gewarnt worden, das Opfer im Namen oder in Gegenwart des Theodosius darzubringen. Ferner habe man ihm geraten, Theodosius solle sich auf den Gebrauch des Gebets beschränken, ohne zu wagen, dem Altar Christi zu nahen oder das heilige Abendmahl mit jenen Händen zu empfangen, die noch mit dem Blute eines unschuldigen Volkes befleckt wären. Der Kaiser war von seinen eigenen und den Vorwürfen seines geistlichen Vaters tief ergriffen, und nachdem er die schrecklichen und unersetzlichen Folgen seiner vorschnellen Wut beweint hatte, begab er sich in gewohnter Weise nach der Hauptkirche von Mailand, um seine Andacht darzubringen. Auf der Schwelle aber ward er von dem Bischof aufgehalten, der in Ton und Sprache eines Abgesandten des Himmels seinem Souverän erklärte, geheime Reue reiche nicht hin, eine öffentliche Schuld zu büßen oder die Gerechtigkeit der beleidigten Gottheit zu versöhnen. Theodosius brachte demütig vor, daß er zwar die Schuld der Menschentötung auf sich geladen habe, daß aber David, der Mann nach dem Herzen Gottes, nicht nur des Mordes, sondern auch des Ehebruchs schuldig gewesen sei. „Du hast David in seinem Verbrechen nachgeahmt, ahme ihn in seiner Buße nach", war die Antwort des unerschrockenen Ambrosius. Die strengen Bedingungen des Friedens und der Verzeihung wurden angenommen, und die öffentliche Kirchenbuße des Kaisers Theodosius (390) ist als eines der ehrenvollsten Ereignisse in den Annalen der Kirche aufgezeichnet worden. Nach den mildesten Regeln der im vierten Jahrhundert bestehenden Kirchendisziplin wurde das Verbrechen des Mordes durch zwanzigjährige Buße gesühnt, und da es unmöglich war, während menschlicher Lebensdauer die gehäufte Schuld des Gemetzels zu Thessaloniki zu büßen, hätte der Mörder von der heiligen Kommunion bis zur Stunde seines Todes ausgeschlossen bleiben sollen. Der Erzbischof zog jedoch die Grundsätze der Religionspolitik zu Rate und gewährte dem Range des erlauchten Büßenden, der die Würde der Kaiserkrone in den Staub getreten hatte, einige Nachsicht, besonders da auch die öffentliche Erbauung als ein gewichtiger Grund für die Abkürzung der Dauer der Strafe angesehen werden konnte. Es war hinreichend, daß der Kaiser der Römer, der Zeichen seiner Würde bar, in der Stellung eines Trauernden und Flehenden erschien und daß er in der Kirche von Mailand unter Seufzern und Tränen demütig um Verzeihung seiner Sünde bat. Bei dieser geistigen Heilung wendete Ambrosius alle die verschiedenen Mittel der Milde und Strenge an. Nach Ablauf von acht Monaten wurde Theodosius wieder in die Gemeinschaft der Gläubigen aufgenommen, und das Edikt, das einen heilsamen Zwischenraum von dreißig Tagen zwischen das Urteil und die Vollstreckung legt, mag als die würdige Frucht seiner Reue angenommen werden. Die Nachwelt hat der edlen Festigkeit des Erzbischofs, ihren Beifall gezollt, und das Beispiel des Theodosius mag den heilsamen Einfluß jener Grundsätze beweisen, die einen über die Furcht vor irdischer Strafe erhabenen Monarchen zu zwingen vermochten, die Gesetze und Diener eines unsichtbaren Gottes zu ehren. „Ein Fürst", sagt Montesquieu, „der durch die Hoffnungen und Befürchtungen der Religion geleitet wird, kann mit einem Löwen verglichen werden, der nur auf die Stimme seines Wärters hört und nur der Hand desselben gehorcht. Die Bewegungen des Königs der Tiere werden daher von der Neigung und dem Interesse des Mannes abhängen, der eine so gefährliche Herrschaft über ihn erworben hat: der Priester, der das Gewissen eines Königs in seiner Hand hält, kann dessen blutdürstige Leidenschaften entflammen oder mäßigen. Ambrosius hat sowohl das Menschliche bei dieser Sache als auch die Verfolgung mit Kraft und Erfolg verteidigt."

Nach der Niederlage und dem Tode des Tyrannen von Gallien befand sich die römische Welt in der Hand des Theodosius. Er verdankte der Wahl Gratians sein ehrenvolles Recht auf die Provinzen des Ostens, er hatte den Westen durch das Recht der Eroberung erworben, und die drei Jahre, die er in Italien zubrachte, (388–391), wurden nützlich auf Herstellung des Ansehens der Gesetze und auf Abschaffung der Mißbräuche verwendet, die während der Straflosigkeit des Maximus und der Minderjährigkeit Valentinians eingerissen waren. Der Name Valentinians wurde regelmäßig in die öffentlichen Erlässe eingeschaltet, aber das zarte Alter und der zweifelhafte Glaube des Sohnes der Justina schienen die kluge Wachsamkeit eines orthodoxen Vormundes zu fordern, und sein gleißender Ehrgeiz hätte den unglücklichen Jüngling ohne Kampf, ja fast ohne Gemurre von der Regierung, sogar von dem Erbe des Reiches ausschließen können. Wenn Theodosius die strengen Maximen des Interesses und der Politik zur Richtschnur genommen hätte, wäre sein Verfahren von seinen Freunden gerechtfertigt worden; sein Edelmut bei dieser denkwürdigen Gelegenheit hat auch seinen bittersten Feinden Beifall abgenötigt. Er setzte Valentinian auf den Thron von Mailand und gab ihm, ohne sich irgendwelche gegenwärtige oder künftige Vorteile zu bedingen, die unbeschränkte Herrschaft über alle Provinzen zurück, aus denen er durch die Waffen des Maximus vertrieben worden war. Zur Wiedergabe dieses großen väterlichen Erbes fügte Theodosius das freiwillige und hochherzige Geschenk der Länder jenseits der Alpen, die seine siegreiche Tapferkeit von dem Mörder Gratians wiedereroberte hatte. Sich mit dem wohlerworbenen Ruhme begnügend, den Tod seines Wohltäters gerächt und die Provinzen des Westens von dem Joch der Tyrannei befreit zu haben, kehrte der Kaiser von Mailand nach Konstantinopel heim und sank im ruhigen Besitze des Ostens allmählich wieder in seine frühere üppige und träge Lebensweise zurück. Theodosius erfüllte seine Pflicht gegen den Bruder, gab sich der zärtlichsten Eheliebe gegen die Schwester Valentinians hin, und die Nachwelt, die den reinen und seltenen Ruhm seiner Erhebung bewundert, muß seinen beispiellosen Edelmut als Sieger preisen.

Die Kaiserin Justina überlebte ihre Rückkehr nach Italien nicht lange. Obschon sie Zeuge vom Triumph des Theodosius war, wurde ihr doch nicht gestattet, Einfluß auf die Regierung ihres Sohnes auszuüben. Die verderbliche Anhänglichkeit an die arianische Sekte, die Valentinian aus ihrem Beispiele und ihren Lehren eingesogen hatte, wurde bald durch den Unterricht einer orthodoxen Erziehung verwischt. Sein wachsender Eifer für das nicäische Glaubensbekenntnis und seine kindliche Ehrfurcht vor dem Charakter und dem Ansehen des Ambrosius machte die Katholiken geneigt, die günstigste Meinung von den Charaktereigenschaften des jungen Kaisers des Westens zu hegen. Sie priesen seine Keuschheit und Mäßigkeit, seine Verachtung des Vergnügens, seinen Geschäftsfleiß und seine zärtliche Liebe für seine beiden Schwestern. Dennoch hätte diese Familienbande niemals seine unparteiische Gerechtigkeitsliebe verleiten können, ein ungerechtes Urteil gegen den Geringsten seiner Untertanen zu fällen. Aber dieser liebenswürdige Jüngling wurde vor Vollendung des zwanzigsten Jahres seines Lebens durch Verrat gestürzt und das Reich abermals in die Schrecken eines Bürgerkrieges verwickelt. Arbogastes, ein tapferer Krieger aus dem Frankenvolke, nahm den zweiten Rang im Dienste Gratians ein. Nach dem Tode seines Gebieters reihte er sich unter die Fahnen des Theodosius, trug durch seine Tapferkeit und Kriegsgeschicklichkeit zur Vernichtung des Tyrannen bei und wurde nach dem Sieg zum Oberbefehlshaber der gallischen Heere ernannt. Sein wirkliches Verdienst und scheinbare Treue hatten das Vertrauen sowohl des Fürsten als des Volkes gewonnen. Seine grenzenlose Freigebigkeit hatte die Treue der Truppen untergraben, und während er allgemein als der Pfeiler des Staates betrachtet wurde, hatte der schlaue Barbar insgeheim beschlossen, das westliche Reich zu beherrschen oder zu vernichten. Die wichtigsten Befehlshaberstellen im Heere wurden Franken gegeben, die Kreaturen des Arbogastes zu allen Würden und Ämtern der Zivilregierung befördert. Das Umsichgreifen der Verschwörung entfernte aus Valentinians Nähe jeden treuen Diener, und der Kaiser, ohne Macht und Einsicht, sank allmählich in die unsichere und abhängige Lage eines Gefangenen herab. Seine Entrüstung, obgleich sie nur das Ergebnis des vorschnellen und ungeduldigen Temperamentes der Jugend gewesen sein wird, mag unparteiisch dem hochherzigen Geiste eines Fürsten zugeschrieben werden, der fühlte, daß er der Herrschaft nicht unwürdig sei. Er lud den Erzbischof von Mailand ein, das Amt eines Vermittlers zu übernehmen, als Bürge seiner Aufrichtigkeit und Beschützer seiner Sicherheit. Er wußte es anzustellen, den Kaiser des Ostens von seiner hoffnungslosen Lage in Kenntnis zu setzen und erklärte, daß er, wenn Theodosius nicht schleunig zu seinem Beistand heranrücke, versuchen müsse aus dem Palast oder vielmehr Kerker von Vienna in Gallien, wo er unklugerweise seine Residenz inmitten der feindlichen Partei aufgeschlagen hatte, zu entfliehen. Aber die Hoffnung auf Hilfe war fern und zweifelhaft, und da jeder Tag irgendeine neue Herausforderung brachte, beschloß der Kaiser, ohne Kraft und Rat, übereilt einen Kampf mit seinem mächtigen Feldherrn zu wagen. Er empfing Arbogastes auf dem Throne, und da der Graf sich ihm mit einigem Anschein von Ehrfurcht nahte, überreichte er ihm eine Urkunde, die ihn aller seiner Ämter enthob. „Meine Macht", erwiderte Arbogastes mit beleidigender Kälte, „hängt weder von dem Lächeln noch von dem Dräuen eines Monarchen ab", und damit warf er die Schrift verachtungsvoll zur Erde. Der entrüstete Monarch griff nach dem Schwerte eines Kriegers der Leibwache, das er mühsam aus der Scheide zu ziehen vermochte, und nur mit Gewalt wurde er verhindert, die tückische Waffe gegen seinen Feind oder gegen sich selbst zu gebrauchen. Wenige Tage nach diesem außerordentlichen Streite, in dem der unglückliche Valentinian seinen Grimm und seine Schwäche zur Schau gestellt hatte, wurde er erdrosselt in seinem Gemach aufgefunden (15. Mai 392). Man gab sich Mühe, die offenbare Schuld des Arbogastes zu verschleiern und die Welt zu überreden, der Tod des jungen Kaisers sei die freiwillige Tat seiner eigenen Verzweiflung gewesen. Seine Leiche wurde mit gebührendem Pomp nach der Gruft von Mailand gebracht, und der Erzbischof hielt eine Leichenrede zum Andenken seiner Tugend und seines Unglücks. Bei dieser Veranlassung ließ sich Ambrosius durch seine Menschlichkeit zu einer seltsamen Verletzung seines theologischen Systems hinreißen, indem er die weinenden Schwestern Valentinians durch die feste Zusicherung tröstete, daß ihr frommer Bruder, obwohl er das Sakrament der Taufe noch nicht empfangen hatte, ohne Schwierigkeit in die Gefilde der Seligen aufgenommen worden sei.

Die Klugheit des Arbogastes hatte das Gelingen seiner Pläne vorbereitet, und die Provinzbewohner, in deren Brust jedes Gefühl von Vaterlandsliebe und Treue erloschen war, erwarteten mit zahmer Ergebung den unbekannten Gebieter, den die Wahl eines Franken auf den kaiserlichen Thron heben würde. Einige Überbleibsel von Stolz und Vorurteil widersetzten sich jedoch noch der Erhebung des Arbogastes selbst, und der einsichtsvolle Barbar hielt es für rätlicher, unter dem Namen eines von ihm abhängigen Römers zu regieren. Er verlieh den Purpur dem Rhetor Eugenius, den er bereits von seinem Privatsekretär zum Range eines Kanzlers erhoben hatte. Der Graf hatte die Anhänglichkeit und die Fähigkeiten des Eugenius sowohl im Laufe seiner Privat- als seiner öffentlichen Dienste stets mit Wohlgefallen bemerkt; seine Gelehrsamkeit und Beredsamkeit, unterstützt durch strenge Sitten, empfahlen ihn der Achtung des Volkes, und das Widerstreben, womit er den Thron zu besteigen schien, war ein günstiges Zeichen für seinen Edelsinn und seine Mäßigung. Gesandte des neuen Kaisers wurden unverzüglich nach dem Hofe des Theodosius abgefertigt, um ihm mit verstelltem Schmerze das unglückliche Ereignis des Todes Valentinians anzuzeigen. Ohne daß des Namens Arbogastes' Erwähnung geschah, baten sie den Monarchen des Ostens, er möge als rechtmäßigen Throngenossen den hochachtbaren Bürger anerkennen, welcher die einmütige Stimme der Heere und Provinzen des Westens erhalten habe. Theodosius war mit Recht erbittert, daß die Treulosigkeit eines Barbaren in einem Augenblick die Arbeiten und die Frucht seines früheren Sieges vernichtet hatte. Durch die Tränen seiner geliebten Gattin wurde er gereizt, das Schicksal ihres unglücklichen Bruders zu rächen und abermals mit den Waffen die Majestät des Thrones zu behaupten. Da aber die zweite Eroberung des Westens eine sehr schwierige und gefahrvolle Aufgabe war, entließ er die Gesandten des Eugenius mit prächtigen Geschenken und einer zweideutigen Antwort, und fast zwei Jahre vergingen mit den Rüstungen zum Bürgerkrieg. Bevor der fromme Kaiser einen entscheidenden Entschluß faßte, sehnte er sich, den Willen des Himmels kennenzulernen. Da die Fortschritte des Christentums jedoch die Orakel zu Delphi und Dodona zum Schweigen gebracht hatten, befragte er einen ägyptischen Mönch, der nach dem Glauben jener Zeit die Gabe Wunder zu wirken und die Kenntnis der Zukunft besaß. Eutropius, einer der Lieblingseunuchen des Palastes von Konstantinopel, schiffte sich nach Alexandria ein, von wo er den Nil aufwärts bis zur Stadt Lykopolis oder der Wölfe in der fernen Provinz Thebais segelte. In der Nähe dieser Stadt und auf dem Gipfel eines hohen Berges hatte der heilige Johann mit eigenen Händen eine kleine Zelle gebaut, in der er seit fünfzig Jahren wohnte, ohne seine Türe zu öffnen, ohne das Antlitz eines Weibes zu sehen und ohne irgendeine, durch Feuer oder Menschenkunst zubereitete Nahrung zu berühren. Fünf Tage in der Woche brachte er in Gebet und Nachdenken zu, an Sonnabenden und Sonntagen aber öffnete er regelmäßig ein kleines Fenster und gab den Scharen von Flehenden Gehör, die nach und nach aus allen Teilen der christlichen Welt herbeiströmten. Der Eunuch des Theodosius nahte dem Fenster mit ehrfurchtsvollen Schritten, stellte seine Fragen den Ausgang des Bürgerkrieges betreffend und kehrte alsbald mit einem günstigen Orakel zurück, das den Mut des Kaisers durch die Zusicherung eines zwar blutigen, aber unfehlbaren Sieges belebte. Die Erfüllung der Weissagung wurde durch alle Mittel, die menschlicher Klugheit zu Gebote standen, befördert. Die beiden Oberbefehlshaber Stilicho und Timasius wurden angewiesen, die Truppenzahl der römischen Legionen zu ergänzen und ihre Disziplin neu zu beleben. Die furchtbaren Haufen marschierten unter den Fahnen ihrer angestammten Führer. Der Iberer, der Araber und der Gote, die sich mit gegenseitigem Erstaunen betrachteten, wurden in denselben Dienst desselben Fürsten genommen, und der berühmte Alarich erwarb in Theodosius' Schule jene Kenntnis der Kriegskunst, die er nachher so verderblich zur Zerstörung von Rom anwandte.

Der Kaiser des Westens, oder besser sein Feldherr Arbogastes, war durch verkehrte Maßnahmen und durch das Unglück des Maximus belehrt worden, wie gefährlich es sei, die Verteidigungslinie gegen einen kundigen Gegner auszudehnen, dem es freistand, seine verschiedenen Angriffsmethoden kräftig zu betreiben oder einzustellen, zu verengen oder zu vervielfältigen. Arbogastes nahm seine Stellung an den Grenzen Italiens. Die Truppen des Theodosius konnten ohne Widerstand die Pannonischen Provinzen bis zum Fuße der Julischen Alpen besetzen, ja die Gebirgspässe wurden aus Nachlässigkeit, vielleicht sogar auch aus Berechnung, dem kühnen Angreifer preisgegeben. Er stieg von den Bergen nieder und erblickte mit Erstaunen das furchtbare Lager der Gallier und Germanen. Es bedeckte mit Waffen und Zelten die offene Gegend, die sich bis zu den Mauern von Aquileja und den Ufern des Frigidus oder kalten Flusses erstreckt. Dieser enge, von den Alpen und dem Adriatischen Meer umschlossene Kriegsschauplatz gewährte strategischen Operationen keinen großen Raum. Der Mut des Arbogastes würde Verzeihung verschmäht haben, seine Schuld schloß die Hoffnung einer Unterhandlung aus, und Theodosius brannte vor Ungeduld, seinen Ruhm und seine Rache durch Bestrafung der Mörder Valentinians zu befriedigen. Ohne die natürlichen und künstlichen Hindernisse, die seinen Anstrengungen im Wege standen, zu erwägen, griff der Kaiser des Ostens ohne Verzug die Verschanzungen seines Gegners an, teilte den ehrenvollen Posten der Gefahr den Goten zu und nährte den geheimen Wunsch, der blutige Kampf möge den Stolz und die Zahl der Sieger verringern. Zehntausend dieser Hilfstruppen mit Bacurius, dem Anführer der Iberer, fanden den Heldentod auf dem Schlachtfelde. Aber der Sieg wurde durch ihr Blut nicht erkauft: die Gallier behaupteten ihren Vorteil, und der Einbruch der Nacht deckte die unordentliche Flucht oder den Rückzug des Theodosius. Der Kaiser zog sich in die nahen Berge zurück, wo er eine trostlose Nacht ohne Schlaf, ohne Lebensmittel und ohne Hoffnung zubrachte. Nur jene starke Zuversicht, die eine unabhängige Seele unter den verzweifelten Umständen aus der Verachtung des Glücks und Lebens zu schöpfen vermag, verließ ihn nicht. Eugenius feierte in seinem Lager den Sieg mit schimpflicher, ausgelassener Freude, während der tätige und wachsame Arbogastes insgeheim eine große Truppenabteilung entsandte, um die Gebirgspässe zu besetzen und den Rücken der Armee des Ostens zu überflügeln. Der grauende Morgen zeigte den Blicken des Theodosius den ganzen Umfang und äußersten Grad der Gefahr. Seine Besorgnisse wurden aber bald durch eine freundliche Botschaft von den Anführern dieser Truppen behoben. Sie drückten nämlich den Wunsch aus, die Fahne des Tyrannen zu verlassen. Die Belohnung an Ehren und Gütern, die sie sich als Preis ihrer Treulosigkeit ausbedungen, wurden ohne Zögern bewilligt, und der Kaiser unterzeichnete sofort in Ermangelung eines anderen Dokumentes auf seinem eigenen Täfelchen die Genehmigung des Vertrages. Der Mut der Soldaten wurde durch diese zur rechten Zeit erlangte Verstärkung neu belebt, und sie rückten abermals mit Zuversicht vor, um das Lager eines Tyrannen zu überrumpeln, dessen vornehmste Heerführer der Gerechtigkeit oder dem Erfolg seiner Waffen zu mißtrauen schienen. In der Hitze der Schlacht (6. Sept. 394) erhob sich plötzlich von Osten her einer jener heftigen Stürme, die in den Alpen häufig einzutreten pflegen. Das Heer des Theodosius war durch seine Stellung gegen das Ungestüm des Windes geschützt. Die Feinde hingegen hatten ihn gerade in der Front. Der Sturm brachte ihre Reihen in Unordnung, entwand ihren Händen die Waffen und lenkte ihre Wurfspieße ab oder schleuderte sie zurück. Dieser zufällige Vorteil wurde geschickt benutzt und die Heftigkeit des Sturmes durch die abergläubische Furcht der Gallier vergrößert, welche ohne Scham den unsichtbaren Mächten des Himmels wichen, die auf Seite des frommen Kaisers zu streiten schienen. Sein Sieg war entscheidend und die Todesart seiner Nebenbuhler ihren Charakteren angemessen. Der Rhetor Eugenius, der beinahe die Herrschaft der Welt erworben hätte, sah sich gezwungen, die Gnade des Siegers anzuflehen, aber die unbarmherzigen Soldaten hieben sein Haupt vom Rumpf, während er bittend zu den Füßen des Kaisers lag. Arbogastes irrte nach dem Verlust einer Schlacht, in der er die Pflichten eines Soldaten und Feldherrn erfüllt hatte, mehrere Tage im Gebirge umher. Als er sich aber überzeugte, daß seine Sache rettungslos verloren und sein Entkommen unmöglich sei, ahmte der unerschrockene Barbar das Beispiel der alten Römer nach und kehrte das Schwert gegen die eigene Brust. Das Schicksal des Reichs wurde in einem engen Winkel Italiens entschieden, der rechtmäßige Nachfolger des Hauses Valentinian umarmte den Erzbischof von Mailand und empfing huldreich die Unterwerfung der Provinzen des Westens. Die Provinzen waren mitschuldig an der Empörung, während der unbeugsame Mut des Ambrosius allein den Forderungen eines geglückten Thronraubes widerstanden hatte. Mit männlichem Freimute, der jedem andern Untertanen verderblich gewesen wäre, hatte der Erzbischof die Geschenke des Eugenius abgelehnt und jeden Verkehr mit ihm zurückgewiesen. Um zu vermeiden, mit dem verhaßten Tyrannen zusammenzutreffen, dessen Sturz er in vorsichtigen und doppelsinnigen Ausdrücken voraussagte, hatte er sich von Mailand entfernt. Das Verdienst des Ambrosius wurde von dem Sieger, der die Anhänglichkeit des Volkes durch ein enges Bündnis mit der Kirche sicherte, gepriesen und die Milde des Theodosius der menschenfreundlichen Fürbitte des Erzbischofs von Mailand zugeschrieben.

Nach der Niederlage des Eugenius wurde das Verdienst sowie die Oberherrschaft des Theodosius freudig von allen Bewohnern der römischen Welt anerkannt. Aus seinem früheren Verhalten schöpfte man die besten Hoffnungen für seine künftige Regierung, und das Alter des Kaisers, das fünfzig Jahre nicht überstieg, schien zur Annahme zu berechtigen, daß das Glück des Landes lange währen würde. Sein nur vier Monate nach dem Siege erfolgender Tod wurde auch von dem Volke als ein unvorhergesehenes und verderbliches Ereignis betrachtet, das in einem Augenblick die Hoffnungen der kommenden Generation vernichtete. Aber Neigung zur Bequemlichkeit und Üppigkeit hatte den Stoff der Krankheit insgeheim genährt. Theodosius' Kräfte waren nicht imstande, den plötzlichen Übergang vom Palast ins Lager zu ertragen, und die zunehmenden Zeichen einer Wassersucht verkündeten die baldige Auflösung des Kaisers. Die Meinung und vielleicht auch das Interesse des Volkes hatten die Trennung des östlichen und westlichen Reichs bestätigt, und die beiden kaiserlichen Jünglinge Arcadius und Honorius, die von ihrem Vater bereits den Augustustitel erhalten hatten, waren bestimmt, die Throne von Konstantinopel und Rom zu besteigen. Man hatte diesen Fürsten nicht gestattet, die Gefahr und den Ruhm des Bürgerkrieges zu teilen. Kaum hatte Theodosius aber über seine unwürdigen Nebenbuhler triumphiert, so berief er seinen jüngeren Sohn Honorius, um die Früchte des Sieges zu pflücken und aus den Händen seines sterbenden Vaters das Zepter des Westens zu empfangen. Honorius wurde bei seiner Ankunft in Mailand durch glänzende Spiele im Zirkus begrüßt, und der Kaiser trug, obschon durch die Fortschritte seiner Krankheit gebeugt, durch seine Anwesenheit zur öffentlichen Freude bei. Aber seine Kräfte waren bereits von den schmerzhaften Anstrengungen erschöpft, die er sich am Morgen auferlegt hatte, um den Schauspielen beizuwohnen. Honorius vertrat für den übrigen Teil des Tages die Stelle seines Vaters, und Theodosius der Große verschied in der folgenden Nacht (17. Januar 395). Trotz des noch frischen Hasses aus dem Bürgerkrieg wurde sein Tod allgemein beklagt. Die Barbaren, die er besiegt hatte, und die Geistlichkeit, durch die er unterjocht worden war, feierten mit lautem und aufrichtigem Beifall jene Eigenschaften des verstorbenen Kaisers, die in ihren Augen am wertvollsten erschienen. Den Römern bangte vor den Gefahren einer schwachen und geteilten Verwaltung, und jeder schimpfliche Augenblick der unglücklichen Regierung des Arcadius und Honorius frischte das Andenken ihres unersetzlichen Verlustes auf.

In dem treuen Gemälde der Tugenden des Theodosius sind seine Fehler nicht verheimlicht worden, namentlich die grausame Tat und seine gewohnte Trägheit, die den Ruhm eines der größten der römischen Fürsten beflecken. Der Geschichtsschreiber Zosimus, der dem Rufe des Theodosius beständig feindselig entgegentritt, hat seine Fehler und ihre verderblichen Wirkungen übertrieben. Er behauptet kühn, alle Untertanen, ob arm oder reich, hätten die weichlichen Sitten ihres Herrschers nachgeahmt; alle Art Sittenverderbnis habe das öffentliche und auch das private Leben befleckt. Die schwachen Zügel der Ordnung und des Anstandes seien nicht hinreichend gewesen, um den Fortschritten jenes entarteten Geistes zu widerstehen, der schamlos alle Rücksicht auf Pflicht und Interesse dem niedrigen Hang zu Müßiggang und Sinneslust opfert. Die Klagen zeitgenössischer Schriftsteller, die sich über die Zunahme des Luxus und die Verschlechterung der Sitten beschweren, tragen das Gepräge ihrer persönlichen Veranlagung und Stellung. Es gibt nur wenige Beobachter, die eine klare und umfassende Übersicht der sozialen Umwälzungen besitzen und imstande sind, die feinen und geheimen Triebfedern der Handlungen zu entdecken, welche die blinden und launenhaften Leidenschaften einer Menge von Individuen in derselben gleichförmigen Richtung antreiben. Wenn man mit gewisser Berechtigung behauptet haben mag, daß die Üppigkeit der Römer unter der Regierung des Theodosius schamloser und ausschweifender gewesen sei als zur Zeit Konstantins oder vielleicht des Augustus, kann man diese Veränderung keinen wohltätigen Verbesserungen zuschreiben, die allmählich die Masse der Nationalreichtümer vermehrt hätten. Eine lange Periode des Unglücks oder Verfalls muß den Fleiß gehemmt und den Reichtum des Volkes vermindert haben, seine verschwenderische Üppigkeit mithin das Ergebnis jener Verzweiflung gewesen sein, welche die Gegenwart genießt und alle Gedanken auf die Zukunft von sich weist. Die unsichere Lage ihres Eigentums entmutigte die Untertanen des Theodosius, sich in jene nützlichen und schwierigen Unternehmungen einzulassen, die unmittelbare Ausgaben erfordern und nur Vorteile in weiter Ferne versprechen. Die häufigen Beispiele des Ruins und der Verwüstung verlockten sie, die Reste eines Vermögens nicht zu sparen, das in jeder Stunde die Beute der räuberischen Goten werden konnte. Jene wahnsinnige Verschwendung, die in der Verwirrung eines Schiffbruches oder einer Belagerung herrscht, mag zur Erklärung der Fortschritte des

Luxus mitten unter den Unglücksfällen und Schrecknissen einer im Untergang begriffenen Nation dienen.

Die weibische Üppigkeit, welche die Sitten der Höfe und Städte ansteckte, hatte den Lagern der Legionen ein geheimes und zerstörendes Gift eingeträufelt. Ihre Entartung ist durch die Feder eines militärischen Schriftstellers beschrieben worden, der die echten und alten Grundsätze römischer Heereszucht genau studiert hatte. Vegetius bemerkt sehr richtig, daß das Fußvolk von Gründung der Stadt bis zur Regierung Gratians unwandelbar mit einer und derselben Verteidigungsausrüstung bekleidet war. Die Erschlaffung der Heereszucht und der Umstand, daß die Übungen außer Gebrauch kamen, verminderte die Fähigkeit und Geneigtheit der Soldaten, die Strapazen des Dienstes zu ertragen; sie klagten über die Schwere der Rüstung, die sie selten trugen, und erhielten allmählich die Erlaubnis, ihre Brustharnische und Helme beiseite zu legen. Die schweren Waffen ihrer Vorfahren, das kurze Schwert und das furchtbare Pilum, welche die Welt unterjocht hatten, entsanken nach und nach ihren schwachen Händen. Da der Gebrauch des Schildes mit dem des Bogens unverträglich ist, rückten sie widerstrebend ins Feld, verurteilt, entweder schmerzende Wunden oder schmachvolle Flucht zu dulden und stets geneigt, den schimpflicheren Zufall vorzuziehen. Die Reiterei der Goten, Hunnen und Alanen hatte die Wohltaten der Verteidigungsrüstung erfahren und angenommen, und da sie sich in Handhabung der Geschosse auszeichneten, überwältigten sie leicht die nackten und zitternden Legionen, deren Haupt und Brust den Pfeilen der Barbaren ohne Verteidigung bloßgestellt waren. Der Verlust von Heeren, die Zerstörung von Städten und der geschändete Name Roms waren für die Nachfolger Gratians keine Gründe, die Helme und Brustharnische des Fußvolkes wieder einzuführen. Die entnervten Soldaten gaben ihre eigene und die Verteidigung des Staates auf, und ihre feige Trägheit darf als die unmittelbare Ursache des Sturzes des Reiches angesehen werden.

VIERTES KAPITEL

TRIUMPH DES CHRISTENTUMS

*Gänzliche Vernichtung des Heidentums. – Einführung der Verehrung der
Heiligen und Reliquien unter den Christen*

Der Sturz des Heidentums zur Zeit des Theodosius ist vielleicht das einzige Beispiel der gänzlichen Ausrottung eines alten Volksglaubens und kann daher als ein in seiner Art einziges Ereignis in der Geistesgeschichte der Menschheit betrachtet werden. Die Christen, insbesondere die Geistlichkeit, hatten nur mit Ungeduld das kluge Zögern Konstantins und die gleichmäßige Toleranz des älteren Valentinian ertragen; wirklich vermochten sie ihren Sieg nicht für vollständig und sicher zu halten, solange es ihren Gegnern gestattet war, zu existieren. Der Einfluß, den Ambrosius und seine Brüder über die Jugend Gratians erworben hatten und die Frömmigkeit des Theodosius wurden benützt, um den Geist der Verfolgung den Herzen ihrer kaiserlichen Zöglinge einzuimpfen. Zwei einleuchtende Grundsätze des Religionsrechtes wurden angenommen, aus denen sie eine unmittelbare und strenge Schlußfolgerung gegen jene Untertanen des Reiches zogen, die noch immer dem Kult ihrer Altvordern anhingen. Der eine Grundsatz war der, daß die Obrigkeit in einem gewissen Grade die Mitschuld der Verbrechen trage, die sie zu verbieten oder zu bestrafen vernachlässigt. Der andere: daß der Bilderdienst gefabelter Gottheiten und wirklicher Dämonen das abscheulichste Verbrechen gegen die oberste Majestät des Schöpfers sei. Die Gesetze Moses' und das Beispiel der jüdischen Geschichte wurden vorschnell und vielleicht irrtümlich von der Geistlichkeit auf die milde und allgemeine Herrschaft des Christentums angewendet. Der Glaubenseifer der Kaiser ward aufgereizt, ihre eigene Ehre und die Ehre der

Gottheit zu rächen, und so wurden die Tempel der römischen Welt ungefähr sechzig Jahre nach der Bekehrung Konstantins zerstört.

Von der Zeit Numas bis zur Regierung Gratians behielten die Römer in regelmäßiger Folge die verschiedenen Kollegien des priesterlichen Standes bei. Fünfzehn Pontifizes übten die oberste Gerichtsbarkeit über alle Dinge und Personen aus, die dem Dienste der Götter geweiht waren, und die verschiedenen Fragen, die sich beständig in einem lockeren und nur auf Überlieferung beruhenden System erhoben, wurden dem Ausspruch ihres heiligen Tribunals unterworfen. Fünfzehn würdevolle und gelehrte Auguren beobachteten die Gestalt des Himmels und schrieben die Handlungen der Helden nach dem Fluge der Vögel vor. Fünfzehn Bewahrer der sibyllinischen Bücher (ihr Name Quindecimviri ward von ihrer Anzahl hergeleitet) zogen zu Zeiten die Geschichte künftiger und, wie es scheint, außerordentlicher Ereignisse zu Rate. Sechs Vestalinnen weihten ihre Jungfräulichkeit der Bewachung des heiligen Feuers und der unbekannten Palladien der Dauer Roms, die kein Sterblicher ungestraft schauen durfte. Sieben Epulones bereiteten den Tisch der Götter, führten die feierlichen Prozessionen an und regelten die Zeremonien des Jahresfestes. Die drei Flamines des Jupiter, Mars und Quirinus wurden als die besonderen Diener der drei mächtigsten Götter betrachtet, die über das Schicksal Roms und des Alls wachten. Den König der Opfer stellte die Person Numas und seiner Nachfolger in jenen religiösen Verrichtungen vor, die nur von einer königlichen Hand vollzogen werden durften. Die Bruderschaften der Salier, Luperkalier usw. übten Zeremonien, die jedem vernünftigen Mann ein Lächeln abnötigen mußten, mit dem lebendigsten Vertrauen, sich dadurch der Gunst der unsterblichen Götter zu empfehlen. Der Einfluß, den die römischen Priester früher auf die Ratschlüsse der Republik erlangt hatten, wurde allmählich durch die Einführung der Monarchie und die Verlegung des Sitzes des Reiches abgeschafft. Aber die Würde ihres geheiligten Charakters wurde fortwährend durch die Gesetze und Sitten ihres Vaterlandes geschützt, und sie fuhren, insbesondere das Kollegium der Pontifizes, fort, in der Hauptstadt und zuweilen auch in den Provinzen die Rechte ihrer geistlichen und weltlichen Gerichtsbarkeit auszuüben. Ihre Purpurgewänder, Staatswagen und kostbaren Gelage erregten immer die Bewunderung des Volkes, und sie bezogen von den geweihten Ländereien und dem öffentlichen Einkommen ein beträchtliches Gehalt, womit sie reichlich den Glanz der Priesterwürde und die Ausgaben der religiösen Verehrung des Staates bestreiten konnten. Da der Altardienst mit dem Befehl über Heere nicht unverträglich war, strebten die Römer, nachdem sie das Konsulat verwaltet und Triumphe gefeiert hatten, nach der Stelle eines Pontifex oder Augurs; die Sitze des Cicero und Pompejus wurden im vierten Jahrhundert von den erlauchtesten Mitgliedern des Senates eingenommen, und die Würde ihrer Geburt erhöhte den Glanz ihres priesterlichen Standes. Die fünfzehn Priester, aus denen das Kollegium der Pontifizes bestand, erfreuten sich als Genossen ihres Souveräns eines erhabenen Ranges, und die christlichen Kaiser ließen sich herab, die dem Amte eines Pontifex Maximus zusagenden Gewänder und Würdezeichen anzunehmen. Als aber der gewissenhaftere oder aufgeklärtere Gratian den Thron bestieg, wies er diese profanen Symbole streng zurück. Er verwendete die Einkünfte der Priester und Vestalinnen zum Dienste des Staates oder der Kirche, schaffte ihre Ehren und Vorrechte ab und zerbrach den alten Bau des römischen Götterglaubens, der sich auf die Meinungen und Sitten von elfhundert Jahren gestützt hatte. Das Heidentum blieb jedoch die verfassungsmäßige Religion des Senates. Die Halle oder der Tempel, worin er sich versammelte, war durch das Standbild und den Altar der Viktoria geschmückt, einer majestätischen Frauengestalt, die auf einer Erdkugel stand, mit fliegenden Gewändern, ausgebreiteten Fittichen und einem Lorbeerkranz in der ausgestreckten Hand. Die Senatoren leisteten ihren Eid, die Gesetze des Kaisers und des Reiches zu beobachten, auf den Altar der Göttin, und ein feierliches Opfer von Wein und Weihrauch ging regelmäßig ihren öffentlichen Beratschlagungen voran. Die Entfernung dieses alten Denkmals war die einzige Kränkung, die Constantius dem Glauben der Römer zugefügt hatte. Der Altar der Viktoria wurde von Julian wieder hergestellt, von Valentinian geduldet und durch

Gratian abermals aus dem Senat verbannt. Indessen schonte der Kaiser die Götterbilder, die der öffentlichen Verehrung ausgesetzt waren; vierhundertvierundzwanzig Tempel oder Kapellen standen noch, um der Andacht des Volkes zu genügen, und in jedem Viertel Roms wurde das Zartgefühl der Christen durch den Rauch der Götzenopfer beleidigt.

Aber die Christen bildeten die am wenigsten zahlreiche Partei im Senat, und nur durch ihre Abwesenheit konnten sie ihren Widerspruch gegen die gesetzlichen, obwohl profanen Handlungen einer heidnischen Mehrheit zu erkennen geben. In dieser Versammlung wurden die erlöschenden Funken der Freiheit für einen Augenblick durch den Hauch des Fanatismus wieder belebt und entzündet. Vier achtbare Abordnungen wurden nacheinander an den kaiserlichen Hof beschlossen, um die Beschwerden des Priesterstandes und des Senates darzubringen und um Wiederherstellung des Altars der Viktoria zu bitten. Die Betreibung dieser wichtigen Angelegenheit wurde dem beredten Symmachus anvertraut, einem reichen und edlen Senator, der die geheiligten Charaktere eines Pontifex und Augurs mit den bürgerlichen Würden eines Prokonsuls von Afrika und Präfekten der Stadt vereinigte. Symmachus war von dem wärmsten Eifer für die verscheidende Sache des Heidentums beseelt, und seine Religionsgegner beklagten den Mißbrauch seiner Talente und die Unwirksamkeit seines ethischen Charakters. Der Redner, dessen Bittschreiben an den Kaiser Valentinian noch vorhanden ist, war sich der Schwierigkeit und Gefahr des Auftrages, den er übernommen hatte, wohl bewußt. Er vermeidet sorgfältig jeden Punkt, von dem es scheinen könnte, als enthielte er einen Tadel gegen die Religion seines Souveräns, erklärt demütig, daß Bitten und Flehen seine einzigen Waffen seien und entlehnt weislich seine Gründe mehr aus den Schulen der Rhetorik als aus denen der Philosophie. Symmachus bemüht sich, die Einbildungskraft eines jungen Fürsten zu verführen, indem er die Eigenschaften der Göttin des Sieges beschreibt; er deutet an, daß die Einziehung der dem Dienste der Götter gewidmeten Einkünfte eine seines großmütigen und uneigennützigen Charakters unwürdige Maßnahme sei und behauptet, daß die römischen Opfer alle Kraft und Macht verlieren müßten, wenn sie nicht mehr auf Kosten und im Namen der Republik gefeiert würden. Selbst der Skeptizismus muß eine Entschuldigung für den Aberglauben hergeben. Das große und unbegreifliche Geheimnis des Weltalls entweiche der Forschung des Menschen. Wo die Vernunft nicht belehren kann, dürfe man das Herkommen als Führer annehmen, und jede Nation folge durch treue Anhänglichkeit an jene Gebräuche und Meinungen, welche die Heiligung von Jahrhunderten erhalten haben, den Geboten der Klugheit. Wenn diese Jahrhunderte mit Ruhm und Glück gekrönt waren, wenn das fromme Volk häufig die Segnungen erhalten hat, um die es an den Altären der Götter gebeten, scheine es noch um so viel rätlicher, bei dieser heilsamen Religionsübung zu beharren und jene unbekannten Gefahren nicht herauszufordern, die mit raschen Neuerungen verknüpft seien. Roma selbst, jener himmlische Genius, der über das Schicksal der Stadt wachte, wird von dem Redner angeführt, um ihre Sache vor dem Tribunal der Kaiser zu verteidigen. „Vortreffliche Fürsten", spricht diese ehrwürdige Matrone, „Väter des Vaterlandes! Bemitleidet und ehret mein Alter, das bis jetzt in einem ununterbrochenen Laufe von Frömmigkeit verflossen ist. Da ich es nicht bereue, so gestattet mir, in der Ausübung meiner alten Religionsgebräuche fortzufahren. Da ich frei geboren bin, so gestattet mir, mich meiner heimischen Einrichtungen zu freuen. Diese Religion hat die Welt unter meine Herrschaft gebracht. Diese Zeremonien haben Hannibal von der Stadt und die Gallier von dem Kapitol zurückgetrieben. Sollte meinen grauen Haaren so unerträgliche Schmach vorbehalten sein! Ich kenne das neue System nicht, dessen Annahme man von mir fordert, wohl aber weiß ich, daß die Züchtigung hohen Alters stets ein undankbares und schimpfliches Amt war." Die Besorgnisse des Volkes ergänzten, was die Klugheit des Redners verschwiegen hatte, und die Drangsale, die das sinkende Reich heimsuchten oder bedrohten, wurden von den Heiden allgemein der neuen Religion Christi und Konstantins zugeschrieben.

Aber die Hoffnungen des Symmachus wurden wiederholt durch den festen und gewandten Widerstand des Erzbischofs von Mailand, der den Kaiser gegen die trügerische Beredsamkeit des Anwaltes Roms stärkte, zunichte gemacht. In diesem Kampf läßt sich Ambrosius herab, die Sprache eines Philosophen zu reden und einigermaßen verächtlich zu fragen, warum man es für notwendig halte, eine eingebildete und unsichtbare Macht als die Ursache jener Siege anzuführen, die durch die Tapferkeit und Heereszucht der Legionen hinreichend erklärt würden. Er verspottet mit Recht die alberne Ehrfurcht vor dem Alten, die nur dahin zielen könne, den Fortschritten der Künste Einhalt zu tun und die Menschheit in die ursprüngliche Barbarei zurückzustürzen. Sich dann allmählich zu einem erhabeneren und theologischen Ton erhebend, verkündet er, daß nur das Christentum die Lehre der Wahrheit und Seligmachung sei und daß jede Art von Vielgötterei ihre getäuschten Verehrer auf den Pfaden des Irrtums zum Abgrunde des ewigen Verderbens führe. Gründe wie diese und von einem begünstigten Bischof vorgetragen, besaßen die Macht, die Wiederherstellung des Altars der Viktoria zu hindern. Aber dieselben Gründe flossen mit viel größerer Energie und Gewalt von dem Munde eines Siegers, und die Götter des Altertums wurden im Triumphe an den Wagenrädern des Theodosius nachgeschleppt. In öffentlicher Versammlung des Senates (388) brachte der Kaiser nach den Formen der Republik die wichtige Frage vor: „Ob der Dienst Jupiters oder Christi die Religion der Römer sein solle!" Die Stimmfreiheit, die er vorgab zu gestatten, war durch die Hoffnungen und Besorgnisse zerstört, die seine Gegenwart einflößte, und die willkürliche Verbannung des Symmachus gemahnte noch frisch daran, daß es gefährlich sei, sich den Wünschen des Monarchen entgegenzusetzen. Zufolge einer Abstimmung des Senates wurde Jupiter durch den Beschluß einer sehr großen Mehrheit verurteilt und abgesetzt. Aber es ist überraschend, daß es doch noch immer Mitglieder gab, die kühn genug waren, durch ihre Reden und ihr Votum zu erklären, daß sie einer gestürzten Gottheit auch weiterhin anhängen würden. Die schleunige Bekehrung des Senates muß entweder übernatürlichen oder eigennützigen Beweggründen zugeschrieben werden, und viele dieser widerstrebenden Proselyten verrieten bei jeder günstigen Gelegenheit ihre Neigung, die Maske verhaßter Verstellung abzuwerfen. Allmählich aber wurden sie, je hoffnungsloser die Sache der alten Religion erschien, desto mehr in ihrer neuen befestigt. Sie gaben dem Ansehen des Kaisers, der Mode der Zeit und den Bitten ihrer von der Geistlichkeit Roms und den Mönchen des Ostens angestifteten und beherrschten Gattinnen und Kinder nach. Das erbauliche Beispiel der Anicischen Familie wurde bald von dem übrigen Adel nachgeahmt: die Bassi, Paulini, Gracchi bekannten sich zur christlichen Religion, und „die Leuchten der Welt, die ehrwürdige Versammlung der Catonen (das sind die hochtrabenden Ausdrücke des Prudentius), brannten vor Begierde, ihr Hohenpriestergewand abzulegen, die Haut der alten Schlange abzuwerfen, das schneidige Kleid der Taufunschuld anzuziehen und den Stolz der konsularischen Fasces vor den Gräbern der Märtyrer zu demütigen". Die Bürger, die von ihrem Gewerbefleiß lebten, und der Pöbel, der von der öffentlichen Freigebigkeit unterstützt wurde, füllten die Kirchen des Lateran und Vatikan mit einem unabsehbaren Gedränge frommer Proselyten. Die Senatsbeschlüsse, welche die Götzenverehrung verboten, wurden durch die allgemeine Zustimmung der Römer genehmigt, der Glanz des Kapitols entstellt und die einsamen Tempel dem Ruin und der Verachtung preisgegeben. Rom unterwarf sich der Herrschaft des Evangeliums, und die besiegten Provinzen hatten ihre Ehrfurcht für den Namen und das Ansehen Roms noch nicht verloren.

Die kindliche Ehrerbietung der Kaiser veranlaßte sie, in der Reformation der ewigen Stadt mit gewisser Vorsicht und Zartheit zu Werke zu gehen. Diese unumschränkten Herrscher handelten aber mit geringerer Rücksichtnahme auf die Vorurteile der Provinzbewohner. Die fromme Arbeit, die seit dem Tode des Constantius, fast zwanzig Jahre lang, eingestellt war, wurde von Kaiser Theodosius wieder kräftig aufgenommen und glücklich zu Ende geführt. Während dieser kriegerische Fürst noch mit den Goten, nicht um den Ruhm, sondern um das Dasein der Republik kämpfte, wagte er es, eine sehr beträchtliche Anzahl seiner Untertanen durch einige Handlungen zu beleidigen, die vielleicht den Schutz des Himmels sichern mochten, aber in den Augen menschlicher Klugheit vorschnell und unzeitig erscheinen mußten. Der Erfolg seiner ersten Versuche gegen die Heiden ermutigte den frommen Kaiser, seine Ächtungsedikte zu wiederholen und zu verschärfen. Dieselben Gesetze, die ursprünglich nur für die Provinzen des Ostens kundgemacht worden waren, wurden nach der Niederlage des Maximus auch auf den ganzen Umfang des westlichen Reiches angewendet, und jeder Sieg des orthodoxen Theodosius trug zum Triumph des christlichen und katholischen Glaubens bei. Er griff den Aberglauben an seinem wichtigsten Lebensteile an, indem er die Opfer verbot, die er für verbrecherisch und für ehrlos erklärte. Wenn auch die Ausdrücke seiner Edikte genauer genommen nur die ruchlose Neugierde, die Eingeweide der Opfer zu untersuchen, verdammten, zielte doch jede folgende Erklärung dahin ab, in dieselbe Schuld den allgemeinen Brauch der Immolation zu verwickeln, der wesentlich den Gottesdienst der Heiden bildete. Da die Tempel zum Behufe der Opfer errichtet worden waren, war es die Pflicht eines wohlwollenden Fürsten, seinen Untertanen die gefährliche Versuchung, gegen die von ihnen erlassenen Gesetze zu freveln, aus dem Wege zu räumen. Cynegius, prätorianischer Präfekt des Ostens und später die Grafen Jovius und Gautentius, zwei ausgezeichnete hohe Befehlshaber im Westen, erhielten besondere Vollmacht, wodurch sie angewiesen wurden, die Tempel zu schließen, sich der Werkzeuge des Götzendienstes zu bemächtigen oder sie zu zerstören, die Vorrechte der Priester abzuschaffen und das geweihte Eigentum zum Nutzen des Kaisers, der Kirche oder des Heeres einzuziehen. Hier hätte die Zerstörung stehenbleiben und die leeren, zu Götzendienst nicht mehr mißbrauchten Tempel hätten gegen die Vernichtungswut des Fanatismus geschützt werden sollen. Viele dieser Tempel waren die prächtigsten und schönsten Denkmäler griechischer Baukunst, und der Kaiser selbst hatte ein Interesse, daß der Glanz seiner Städte nicht geschändet, der Wert seiner Besitzungen nicht vermindert werde. Man konnte diese herrlichen Gebäude als dauernde Siegesdenkmale Christi bestehen lassen. Bei dem gesunkenen Zustande der Künste konnten sie nützlich in Magazine, Manufakturen oder öffentliche Versammlungsplätze verwandelt, ja vielleicht, nachdem die Mauern des Tempels durch heilige Zeremonien hinreichend gereinigt worden waren, konnte darin die Verehrung des wahren Gottes die alte Schuld des Götzendienstes sühnen. Solange sie aber standen, nährten die Heiden sehnsüchtig die geheime Hoffnung, daß eine günstige Revolution, ein zweiter Julian die Altäre der Götter wiederherstellen werde, und der Ernst, womit sie ihre nutzlosen Bitten vor den Thron brachten, mehrte den Eifer der christlichen Reformatoren, die Wurzel des heidnischen Glaubens ohne Erbarmen auszurotten. Die Gesetze der Kaiser zeigen einige Symptome milderer Gesinnung, aber ihre kalten und schwachen Bestrebungen reichten nicht hin, dem ungestümen Strom des Fanatismus und der Raubsucht Einhalt zu tun, der von den geistlichen Herrschern der Kirche geleitet oder vielmehr veranlaßt wurde. In Gallien zog der heilige Martin, Bischof von Tours, an der Spitze seiner getreuen Mönche, um die Götzenbilder, Tempel und heiligen Bäume seines ausgedehnten Sprengels zu zerstören. Der einsichtsvolle Leser mag selbst entscheiden, ob Martin bei Ausführung seines schwierigen Unternehmens durch die Hilfe wunderwirkender Mächte oder irdischer Waffen unterstützt worden ist. In Syrien beschloß der göttliche und vortreffliche Marcellus, wie er von Theodoret genannt wird, ein von apostolischem Eifer beseelter Bischof, die stattlichen Tempel innerhalb des Sprengels von Awamea der Erde gleich zu machen. Seinem Angriffe widerstand die Geschicklichkeit und Festigkeit, womit der Tempel des Jupiter erbaut worden war. Das Gebäude stand auf einer Anhöhe; auf jeder der vier Seiten wurde das hohe Dach von fünfzehn massiven, sechzehn Fuß im Umkreise messenden Säulen getragen, und die großen Steine, aus denen sie bestanden, waren mit Blei und Eisen fest verkittet. Die stärksten und schärfsten Werkzeuge wurden wirkungslos versucht. Man sah sich genötigt, die Grundfesten der Säulen zu untergraben, die zusammenstürzten, sowie die einstweiligen hölzernen Strebepfeiler vom Feuer verzehrt waren. Ja die Schwierigkeiten des Unternehmens werden einem schwarzen Dämon zugeschrieben, der die Anstrengungen der christlichen Ingenieure verzögerte, obschon er sie nicht zunichte zu machen vermochte. Stolz auf seinen Sieg, zog Marcellus in Person gegen die Mächte der Finsternis zu Felde. Ein zahlreicher Trupp Soldaten und Gladiatoren marschierte unter dem Banner des Bischofs, und er griff nacheinander die Tempel in den Flecken und auf dem Lande des Sprengels von Apamea an. Sooft Widerstand oder Gefahr zu befürchten war, faßte der Verfechter des Glaubens, dessen Lahmheit ihm weder zu fechten noch zu fliehen gestattete, in gehöriger Entfernung jenseits des Bereiches der Pfeile Posto. Aber seine Vorsicht wurde die Ursache seines Todes: eine Schar erbitterter Bauern überrumpelte und erschlug ihn, und die Synode der Provinz fällte ohne Zögern den Ausspruch, daß der heilige Marcellus Gottes Sache sein Leben zum Opfer gebracht habe. Bei Verteidigung dieser Sache zeichneten sich die Mönche, die in wütendem Aufruhr aus der Wüste herbeiströmten, durch Eifer und Tätigkeit aus. Sie verdienten die Feindschaft der Heiden, und manche von ihnen mochten auch den Vorwurf der Habsucht und Unmäßigkeit verdienen; der Habsucht, die sie durch heilige Beute befriedigten, und der Unmäßigkeit, die sie sich auf Kosten des Volkes überließen, das ihre zerlumpten Gewänder, ihr lautes Psalmodieren und ihre künstliche Blässe töricht bewunderte. Eine kleine Anzahl Tempel wurde durch die Fürsorge, die Käuflichkeit, den Geschmack oder die Klugheit der bürgerlichen und kirchlichen Machthaber beschützt. Der Tempel der himmlischen Venus zu Karthago, dessen geheiligter Grund eine Größe von zwei Meilen hatte, wurde klugerweise in eine christliche Kirche verwandelt. Eine ähnliche Weihung hatte den majestätischen Dom des Pantheons zu Rom unverletzt bewahrt. Aber fast in jeder Provinz des Römischen Reiches bekriegte ein Heer von Fanatikern ohne Ermächtigung und Zucht die friedlichen Einwohner, und der Ruin der schönsten Gebäude des Altertums bezeugt noch die Verwüstungen dieser Barbaren, die allein Zeit und Neigung hatten, eine so mühsame Zerstörung zu bewerkstelligen.

In diesem weiten und vielgestaltigen Schauplatze der Verwüstung kann der Reisende noch immer die Ruinen des Temyels des Serapis zu Alexandria unterscheiden. Serapis scheint keiner der eingeborenen Götter oder Ungeheuer gewesen zu sein, die dem fruchtbaren Boden des abergläubischen Ägypten entsprungen sind. Der erste Ptolemäer hatte in einem Traum den Auftrag erhalten, den geheimnisvollen Fremdling von der Küste von Pontus, wo er seit langer Zeit von den Einwohnern von Sinope verehrt worden war, einzuführen, aber seine Attribute und seine Macht waren so in Dunkel gehüllt, daß es ein Gegenstand des Streites wurde, ob er das strahlende Gestirn des Tages oder den düsteren Herrscher der Unterwelt vorstellte. Die Ägypter, die der Religion ihrer Väter hartnäckig ergeben waren, weigerten sich, die fremde Gottheit in ihre Städte einzulassen. Aber die geschmeidigen, durch die Freigebigkeit der Ptolemäer verführten Priester unterwarfen sich ohne Widerstand der Macht des Gottes von Pontus. Eine ehrenvolle und vaterländische Genealogie wurde für ihn besorgt und dieser glückliche Usurpator auf den Thron und in das Bett des Osiris als Gemahl der Isis und himmlischer Monarch von Ägypten aufgenommen. Alexandria, das auf seinen besonderen Schutz Anspruch machte, war stolz auf den Titel der Stadt des Serapis. Sein Tempel, der mit der Pracht und Größe des Kapitols wetteiferte, war auf dem geräumigen Gipfel eines künstlichen Berges erbaut, der sich hundert Stufen über die Ebene der angrenzenden Teile der Stadt erhob. Die innere Höhlung wurde durch mächtige Bogen gestützt und war in Gruften und unterirdische Gemächer geteilt. Die heiligen Gebäude waren von einem viereckigen Portikus umgeben; die stattlichen Hallen und Statuen von ausgesuchter Schönheit entfalteten den Triumph der Künste, und die Schätze alter Gelehrsamkeit wurden in der berühmten Alexandrinischen Bibliothek bewahrt, die sich mit neuem Glanz aus ihrer Asche erhoben hatte. Nach dem strengen Verbot der heidnischen Opfer durch die Edikte des Theodosius wurden sie noch in der Stadt und in dem Tempel des Serapis geduldet und diese seltsame Nachsicht unklugerweise den abergläubischen Befürchtungen der

Christen selbst zugeschrieben, gleich als fürchteten sie sich, jene alten Zeremonien abzuschaffen, die allein die Überschwemmung des Nils, die Ernten von Ägypten und den Unterhalt von Konstantinopel sichern konnten.

Zu jener Zeit saß auf dem erzbischöflichen Thron von Alexandria Theophilus, der beständige Feind des Friedens und der Sitte, ein kühner, ruchloser Mann, dessen Hände abwechselnd von Gold und von Blut befleckt waren. Seine fromme Entrüstung wurde durch die Ehre des Serapis erregt, und die Schmach, die er einer alten Kapelle des Bacchus antat, überzeugte die Heiden, daß er auf ein wichtiges und gefährliches Unternehmen sinne. In der aufgeregten Hauptstadt Ägyptens genügte die geringste Herausforderung zur Entzündung eines Bürgerkrieges. Die Verehrer des Serapis, die an Stärke und Zahl ihren Gegnern weit nachstanden, griffen, vom Philosophen Olympius aufgereizt, in Verteidigung der Altäre der Götter zu sterben, zu den Waffen. Die fanatischen Heiden verschanzten sich in dem Tempel oder vielmehr in der Festung des Serapis, schlugen die Belagerer durch kühne Ausfälle und eine entschlossene Verteidigung zurück, und die unmenschlichen Grausamkeiten, die sie an ihren christlichen Gefangenen verübten, gewährten ihnen den letzten Trost ihrer Verzweiflung. Die Bestrebungen des klugen Statthalters führten glücklicherweise einen Waffenstillstand herbei, bis die Antwort des Theodosius das Schicksal des Serapis entschieden haben würde. Die beiden Parteien versammelten sich ohne Waffen auf dem Hauptplatz, wo das Reskript des Theodosius öffentlich verlesen wurde. Als aber das Urteil der Zerstörung gegen die Götzen von Alexandria verlautete, brachen die Christen in freudigen Jubelruf aus, während die unglücklichen Heiden, deren Wut der Bestürzung Platz gemacht hatte, sich in aller Eile und Stille entfernten und durch ihre Flucht oder Unbedeutendheit der Rache ihrer Feinde zu entgehen suchten. Theophilus schritt (389) zur Zerstörung des Serapistempels, ohne auf andere Schwierigkeiten zu stoßen als auf diejenigen, die ihm die Last und Stärke der Materialien entgegensetzten. Diese Hindernisse erwiesen sich aber als so unübersteiglich, daß er die Grundfesten stehen ließ und sich begnügen mußte, das Gebäude selbst in einen Schutthaufen zu verwandeln, wovon später ein Teil hinweggeräumt wurde, um Platz für eine zu Ehren der christlichen Märtyrer errichtete Kirche zu gewinnen. Die wertvolle Bibliothek von Alexandria wurde geplündert oder zerstört, und noch beinahe zwanzig Jahre später erregte der Anblick der leeren Fächer das Bedauern und die Entrüstung jedes Beschauers, dessen Gemüt nicht gänzlich durch religiöse Vorurteile mit Blindheit geschlagen war. Die Werke des Genius der Alten, von denen so viele unwiederbringlich verlorengingen, hätten von dem Schiffbruch des Götzendienstes zur Unterhaltung und Belehrung der kommenden Jahrhunderte ausgenommen und sowohl der Eifer als die Habsucht des Erzbischofs durch die reiche Beute, die der Lohn seines Sieges war, befriedigt werden sollen. Während die Bilder und die goldenen und silbernen Gefäße sorgfältig eingeschmolzen und die von geringerem Metall zerbrochen und auf die Straße geworfen wurden, suchte Theophilus die Betrügereien und Laster der Götzenpriester aufzudecken: ihre Geschicklichkeit in Handhabung des Magnetes, ihre geheimen Kunstgriffe, einen menschlichen Schauspieler in eine hohle Statue zu bringen und ihren schändlichen Mißbrauch des Vertrauens frommer Gatten und argloser Frauen. Beschuldigungen dieser Art scheinen gewissen Glauben zu verdienen, weil sie dem schlauen und eigennützigen Geiste des Aberglaubens nicht widersprechen. Aber derselbe Geist ist gleich geneigt zu dem niedrigen Kunstgriffe, einen gefallenen Feind zu beschimpfen und zu verleumden, und unseren Glauben mindert ganz natürlich die Betrachtung, daß es bei weitem weniger schwierig ist, eine Fabel zu erfinden, als einen praktischen Betrug aufrechtzuerhalten. Die kolossale Statue des Serapis wurde mit in die Zerstörung seines Tempels und seiner Religion einbezogen. Eine große Anzahl künstlich aneinandergefügter Platten von verschiedenen Metallen bildeten die majestätische Gestalt des Gottes, der auf jeder Seite die Mauern des Heiligtums berührte. Der Anblick des Serapis, seine sitzende Stellung und das Zepter, das er in der linken Hand trug, machten ihn den gewöhnlichen Darstellungen des Jupiter außerordentlich ähnlich. Er unterschied sich von Jupiter durch den Korb oder Scheffel auf seinem Haupte und durch das sinnbildliche Ungeheuer, das er in seiner rechten Hand hielt: Kopf und Leib einer Schlange, die sich in drei Schweife teilte, die wieder in den dreifachen Häuptern eines Hundes, eines Löwen und eines Wolfes endigten. Man versicherte zuversichtlich, daß, wenn eine ruchlose Hand es wagen sollte, die Majestät des Gottes zu verletzen, Himmel und Erde sogleich in ihr ursprüngliches Chaos zurückstürzen würden. Ein unerschrockener Soldat, vom Glaubenseifer beseelt und mit einer gewichtigen Streitaxt bewaffnet, stieg die Leiter empor, und sogar die Christenmenge erwartete mit ziemlicher Besorgnis den Ausgang des Kampfes. Er führte einen kräftigen Schlag nach der Wange des Serapis; die Wange fiel zu Boden; der Donner schwieg noch immer, und sowohl Himmel als Erde bewahrten ihre gewohnte Ruhe und Ordnung. Der siegreiche Soldat wiederholte seine Streiche. Das riesige Götzenbild wurde umgestürzt, in Stücke zerschlagen und die Gliedmaßen des Serapis mit Schmach durch die Straßen von Alexandria geschleift. Sein verstümmelter Leib wurde im Amphitheater unter dem Jubelruf der Menge verbrannt, und viele Personen schrieben ihre Bekehrung dieser Entdeckung der Ohnmacht ihrer Schutzgottheit zu. Jene volkstümlichen Religionen, die der Verehrung sichtbare und materielle Gegenstände darbieten, haben den Vorteil, daß sie sich den Sinnen der Menschen vertraut machen: dieser Vorteil wird aber durch die vielfachen und unvermeidlichen Zufälle aufgewogen, denen der Glaube des Götzenanbeters preisgegeben ist. Es scheint kaum denkbar, daß er in jeder Gemütsstimmung die unbedingte Verehrung der Götzenbilder oder Reliquien beibehalte, die das nackte Auge oder die profane Hand von den gewöhnlichsten Erzeugnissen der Kunst oder Natur nicht zu unterscheiden vermag, und wenn in der Stunde der Gefahr ihre geheime und wunderbare Kraft nicht ihre eigene Rettung bewirkt, weist er die eitlen Schirmreden der Priester zurück und verlacht mit Recht Gegenstand und Torheit seiner eigenen abergläubischen Anhänglichkeit. Nach dem Sturze des Serapis hegten die Heiden noch etwas Hoffnung, daß der Nil den ruchlosen Beherrschern von Ägypten seinen Beistand versagen würde, und wirklich schien die außerordentliche Verzögerung der Überschwemmung den Zorn des Flußgottes anzudeuten. Aber dieser Verzug wurde bald durch ein schnelles Steigen der Gewässer ausgeglichen. Sie erhoben sich plötzlich zu einer so ungewöhnlichen Höhe, daß sich die mißvergnügte Partei mit der angenehmen Aussicht auf eine Sintflut schmeichelte, bis der friedliche Strom zu dem wohlbekannten und befruchtenden Maße von sechzehn Vorderarmslängen oder dreißig englischen Fuß niedersank.

Die Tempel des Römischen Reiches waren geschlossen oder zerstört; aber der erfinderische Glaube der Heiden versuchte es fortwährend, die Gesetze des Theodosius, die alle Opfer streng verboten, zu umgehen. Die Bewohner des flachen Landes, deren Betragen dem Auge boshafter Neugierde minder ausgesetzt war, verschleierten ihre religiösen Versammlungen unter dem Schein von gastlichen Zusammenkünften. An feierlichen Festtagen versammelten sie sich in großer Anzahl unter dem ausgedehnten Schatten einiger geheiligter Bäume. Schafe und Rinder wurden geschlachtet und gebraten und dieses ländliche Gelage durch Weihrauch und durch Hymnen geweiht, die man zur Ehre der Götter sang. Man führte an, daß, da aus keinem Teile des Tieres ein Brandopfer gemacht, da für keinen Altar gesorgt ward, um das Blut zu empfangen, da man ferner die vorläufige Weihegabe von Salzkuchen und die Schlußzeremonie der Libationen ausließ, diese festliche Zusammenkunft die Teilnehmer weder in Schuld noch in Strafe eines ungesetzlichen Opfers verwickeln könne. Wie jedoch die Wahrheit der Tatsachen oder der Sinn der Unterscheidung immer beschaffen sein mochte, wurden diese nichtigen Vorwände doch durch das letzte Edikt des Theodosius entfernt, das der Religion der Heiden eine tödliche Wunde beibrachte. Dieses Verbotsgesetz (390) war in den unbeschränktesten und umfassendsten Ausdrücken abgefaßt. „Es ist unser Wille und Befehl", sagt der Kaiser, „daß keiner unserer Untertanen, sie mögen Obrigkeiten oder Privatpersonen, von noch so hohem oder noch so niedrigem Stande sein, es wage, in einer Stadt oder sonstwo ein lebloses Götzenbild durch das Opfer eines schuldlosen Geschöpfes zu verehren." Die Handlung des Opferns und der Gebrauch der Wahrsagerei aus den Eingeweiden des Opfertieres werden (ohne Rücksicht auf den Gegenstand der Befragung) als Verbrechen des Hochverrates gegen den Staat erklärt, das nur durch den Tod des Schuldigen gesühnt werden kann. Die Zeremonien des heidnischen Glaubens, wie unblutig und wie wenig gräßlich sie auch scheinen mögen, werden, als der Wahrheit und Ehre der Religion in hohem Grade nachteilig, abgeschafft; Kerzen, Blumenkränze, Weihrauch und Libationen von Wein werden namentlich angeführt und verdammt, und die harmlosen Rechte der häuslichen Genien, der Laren und Penaten, sind in diese strenge Ächtung miteingeschlossen. Die Ausübung irgendeiner dieser profanen und ungesetzlichen Zeremonien unterwirft den Übertreter der Verwirkung des Hauses oder des Grundes, worauf sie vorgenommen worden sind. Sollte er listigerweise das Eigentum eines anderen zum Schauplatze seiner Gottlosigkeit gewählt haben, muß er ohne Verzug eine schwere Geldbuße von fünfundzwanzig Pfund Goldes bezahlen. Eine nicht minder beträchtliche Geldbuße wird der Nachsicht der geheimen Feinde der Religion auferlegt, welche die Pflicht ihrer Stellung, die Schuld der Götzenverehrung entweder anzuzeigen oder zu bestrafen, vernachlässigen sollten. So beschaffen war der Verfolgungsgeist der Gesetze des Theodosius, die von seinen Söhnen und Enkeln unter dem einstimmigen Beifall der christlichen Welt wiederholt eingeschärft wurden.

Unter den grausamen Regierungen des Decius und des Diocletians war das Christentum als Empörung gegen die alte und angestammte Religion des Reiches geächtet worden, und der ungerechte Verdacht, den man gegen eine im Finstern schleichende und gefährliche Partei hegte, wurde bis zu einem gewissen Grade durch die unzertrennliche Einheit und die schnellen Eroberungen der katholischen Kirche unterstützt. Aber die christlichen Kaiser, welche die Vorschriften der Menschlichkeit und des Evangeliums verletzten, können wir nicht mit Furcht und Unwissenheit entschuldigen. Jahrhundertelange Erfahrung hatte ebensowohl die Schwäche als die Torheiten des Heidentums verraten. Aufklärung des Geistes, Vernunft und Glaube hatten dem größten Teile der Menschheit die Nichtigkeit der Götzenbilder bereits aufgedeckt, und man hätte der im Sinken begriffenen Sekte, die noch an ihrem Götterkult festhing, gestatten sollen, die religiösen Zeremonien ihrer Ahnen in Frieden unauffällig auszuüben. Wenn die Heiden von demselben unerschrockenen Eifer, der die ersten Gläubigen durchwehte, beseelt gewesen wären, so müßte der Triumph der Kirche mit Blut befleckt worden sein, und die Märtyrer des Jupiter und Apollo würden die glorreiche Gelegenheit benützt haben, Gut und Blut am Fuße der Altäre zum Opfer zu bringen. Aber ein so hartnäckiger Eifer stimmte nicht mit dem losen und unbekümmerten Geiste des Polytheismus überein. Die heftigen und wiederholten Schläge rechtgläubiger Fürsten wurden durch den weichen und nachgiebigen Stoff, gegen den sie gerichtet waren, unwirksam gemacht, und der bereitwillige Gehorsam der Heiden schützte sie gegen die Strafen und Geldbußen des Theodosianischen Kodex. Statt zu behaupten, daß die Macht der Götter jener des Kaisers überlegen sei, standen sie mit Wehklagen und murrend von jenen geheiligten Gebräuchen ab, die ihr Souverän verdammt hatte. Wenn sie zuweilen durch einen Ausbruch der Leidenschaft oder durch Hoffnung auf Verborgenheit versucht wurden, ihrem Lieblingsglauben nachzugeben, entwaffnete ihre demütige Reue die Strenge der christlichen Obrigkeit, und sie weigerten sich selten, ihre Übereilung dadurch zu sühnen, daß sie sich, wenn auch innerlich unwillig, dem Evangelium unterwarfen. Die Kirchen waren mit den zunehmenden Scharen dieser unwürdigen Proselyten angefüllt, die sich aus zeitlichen Beweggründen zur herrschenden Religion bekannten. Während sie scheinbar voll Andacht die Stellungen der Gläubigen nachahmten und ihre Gebete nachsagten, beschwichtigten sie ihr Gewissen durch innerliche und aufrichtige Anrufung der Götter des Altertums. Da es den Heiden an Geduld zum Leiden fehlte, mangelte es ihnen auch an Mut zum Widerstand, und die zerstreuten Myriaden, welche die Vernichtung der Tempel betrauerten, wichen ohne Kampf dem Glück ihrer Gegner. Der wilde Widerstand der syrischen Bauern und des Pöbels von Alexandria gegen die

Wut des persönlichen Fanatismus wurde durch den Namen und das Ansehen des Kaisers zum Schweigen gebracht. Die Heiden des Westens entehrten, ohne zur Erhebung des Eugenius beizutragen, durch ihre parteiische Anhänglichkeit die Sache und den Charakter des Thronräubers. Die Geistlichkeit schrie gewaltig, daß er das Verbrechen der Empörung durch die Schuld der Apostasie erschwere; daß mit seiner Erlaubnis der Altar der Viktoria wiederhergestellt worden sei und daß die Götzensymbole des Jupiter und Herkules im Felde abermals gegen die unbesiegliche Fahne des Kreuzes entfaltet würden. Aber die eitlen Hoffnungen der Heiden wurden durch die Niederlage des Eugenius bald vernichtet, und sie blieben dem Zorn des Siegers ausgesetzt, der sich bestrebte, durch Ausrottung des Götzendienstes die Gunst des Himmels zu erwerben.

Ein Sklavenvolk ist stets geneigt, der Milde seines Gebieters Beifall zu zollen, wenn er im Mißbrauch der unumschränkten Gewalt nicht zu den äußersten Extremen der Ungerechtigkeit und Unterdrückung schreitet. Theodosius hätte seinen heidnischen Untertanen ohne allen Zweifel die Wahl zwischen Taufe oder Tod vorschreiben können, ja der beredte Libanius hat die Mäßigung eines Fürsten gepriesen, der niemals durch ein positives Gesetz befahl, daß alle Untertanen sogleich sich zur Religion ihres Souveräns bekennen und sie ausüben müßten. Das Bekenntnis der christlichen Religion wurde weder zu einer wesentlichen Bedingung des Genusses der bürgerlichen Rechte der Gesellschaft gemacht, noch wurden den Sektierern, welche die Fabeln des Ovid gläubig annahmen, aber die Wunder des Evangeliums hartnäckig verwarfen, irgend besondere Drangsale aufgebürdet. Palast, Schulen, Heer und Senat waren mit offenkundigen und frommen Heiden angefüllt; sie erlangten ohne Unterschied die bürgerlichen und militärischen Ehrenstellen des Reiches. Theodosius zeigte seine aufgeklärte Achtung vor Tugend und Talent durch die Verleihung der konsularischen Würde an Symmachus und die persönliche Freundschaft, die er für Libanius ausdrückte, und nie wurde von diesen beiden beredten Schirmrednern des Heidentums verlangt, ihre religiösen Meinungen zu ändern oder zu verheimlichen. Es war den Heiden die größte Freiheit der Rede und Schrift gestattet; die historischen und philosophischen Reste der Werke des Eunapius, Zosimus und der fanatischen Lehrer der platonischen Schule verraten die wütendste Feindschaft und enthalten die schärfsten Schmähungen der Gesinnungen und des Benehmens ihrer siegreichen Gegner. Wenn diese verwegenen Schmähschriften öffentlich bekannt waren, können wir dem gesunden Sinne der christlichen Fürsten, welche die letzten Kämpfe des Heidentums und der Verzweiflung mit dem Lächeln der Verachtung betrachteten, nur unseren Beifall zollen. Die kaiserlichen Gesetze jedoch, welche die Opfer und Zeremonien des Heidentums verboten, wurden streng vollzogen, und jede Stunde trug zur Vernichtung des Einflusses einer Religion bei, die sich mehr auf Herkommen als auf Überzeugung gestützt hatte. Die Andacht des Dichters und Philosophen kann insgeheim durch Gebet, Nachdenken und Studium genährt werden, aber die Ausübung des öffentlichen Gottesdienstes scheint die einzige sichere Stütze der religiösen Gefühle des Volkes zu sein, weil sie ihre Stärke der Nachahmung und Gewohnheit entlehnt. Die Unterbrechung des öffentlichen Gottesdienstes kann in einer Zeit von wenigen Jahren das wichtige Werk einer Nationalrevolution vollenden. Theologische Meinungen können ohne die künstliche Hilfe von Priestern, Tempeln und Büchern nicht lange bewahrt werden. Der unwissende Pöbel, dessen Gemüt stets durch die blinden Hoffnungen und Schrecken des Aberglaubens bewegt ist, wird sich bald von Höheren überreden lassen, seine Gebete den herrschenden Gottheiten des Zeitalters zuzuwenden, ja er wird unmerklich für die Verteidigung und Fortpflanzung jener Religion, zu deren Annahme ihn anfangs geistiger Hunger zwang, glühenden Eifer einsaugen. Das Geschlecht, das in der Welt nach Kundmachung der theodosianischen Gesetze erwuchs, wurde in den Schoß der katholischen Kirche gezogen, und so schnell und doch so gelinde war der Fall des Heidentums, daß nach dem Tode des Theodosius kaum achtundzwanzig Jahre vergangen und schon die schwachen und winzigen Reste für das Auge des Gesetzgebers nicht mehr sichtbar waren.

Der Untergang der heidnischen Religion wird von den Sophisten als ein schreckliches und außerordentliches Wunderereignis geschildert, das die Erde mit Finsternis deckte und die alte Herrschaft des Chaos und der Nacht wiederherstellte. Sie erzählen in feierlichem und pathetischem Schwung, daß die Tempel in Gräber verwandelt und die heiligen Stätten, die durch die Statuen der Götter geschmückt gewesen, durch die Überreste christlicher Märtyrer schmählichst befleckt worden wären. „Die Mönche (eine Art schmutziger Tiere, denen Eunapius versucht ist, den Namen von Menschen zu verweigern) sind die Urheber der neuen Religion, die an die Stelle jener Gottheiten, die durch den Verstand begriffen werden, die niedrigsten und verächtlichsten Sklaven gestellt hat. Die eingesalzenen und eingemachten Häupter dieser berüchtigten Übeltäter, die für ihre zahllosen Verbrechen einen gerechten und schimpflichen Tod erlitten hatten, ihre Leiber noch gezeichnet durch den Eindruck der Geißel und die Narben jener Martern, die ihnen durch den Urteilsspruch des Richters zugefügt worden, das sind", fährt Eunapius fort, „die Götter, welche die Erde in unseren Tagen hervorbringt; das sind die Märtyrer, die obersten Schiedsrichter unserer Gebete und Bitten zur Gottheit, deren Gräber jetzt als Gegenstände der Verehrung des Volkes geweiht werden." Ohne der Bosheit Beifall zu zollen, ist das Staunen des Sophisten, des Zeugen einer Umwälzung, begreiflich, welche die Opfer der römischen Gesetze zu dem Range himmlischer und unsichtbarer Beschützer des Römischen Reiches erhob. Die dankbare Ehrfurcht der Christen gegen die Märtyrer des Glaubens wurde durch Zeit und Sieg zu religiöser Verehrung gesteigert und die berühmtesten Heiligen und Propheten verdientermaßen den Ehren des Märtyrertums beigesellt. Einhundertfünfzig Jahre nach dem ruhmreichen Tode des heiligen Petrus und des heiligen Paulus zeichnete sich die vatikanische und die ostianische Straße durch die Gräber oder vielmehr Trophäen dieser geistigen Heroen aus. In dem Jahrhundert, das der Bekehrung Konstantins folgte, besuchten die Kaiser, Konsuln und Anführer der Heere voll Demut die Grabmäler eines Zeltmachers und Fischers, deren ehrwürdige Gebeine unter den Altären Christi beigesetzt wurden, auf denen die Bischöfe der kaiserlichen Stadt das unblutige Opfer unaufhörlich darbrachten. Die neue Hauptstadt der östlichen Welt, unfähig, alte und einheimische Trophäen aufzuweisen, wurde durch Raub an abhängigen Provinzen bereichert. Die Leiber des heiligen Andreas, des heiligen Lukas und des heiligen Timotheus, die seit fast drei Jahrhunderten in ihren Gräbern geruht hatten, wurden in feierlichem Pomp in die Kirche der Apostel übergeführt, die Konstantins Freigebigkeit an den Ufern des thrakischen Bosporus gegründet hatte. Ungefähr fünfzig Jahre später wurden dieselben Gestade durch die Anwesenheit Samuels, des Richters und Propheten des Volkes Israel, geehrt. Seine in einer goldenen, mit einem seidenen Schleier bedeckten Urne niedergelegte Asche wurde von den Bischöfen einander gegenseitig in die Hände geliefert. Das Volk empfing die irdischen Reste Samuels mit derselben Freude und Ehrfurcht, die es dem lebenden Propheten erwiesen haben würde; die Straßen waren von Palästina an bis zu den Toren von Konstantinopel mit einer ununterbrochenen Prozession angefüllt. Kaiser Arcadius selbst ging an der Spitze der erlauchtesten Mitglieder der Geistlichkeit und des Senates seinem außerordentlichen Gast, der bereits die Huldigung von Königen verdient und in Anspruch genommen hatte, entgegen. Das Beispiel von Rom und Konstantinopel setzte den Glauben und Kirchengebrauch der katholischen Welt fest. Die Verehrung der Heiligen und Märtyrer wurde allgemein eingeführt, und im Jahrhundert des Ambrosius und Hieronymus glaubte man, daß die Heiligkeit einer Kirche unvollständig wäre, wenn sie nicht durch irgendeinen Teil heiliger Reliquien, der die Andacht der Gläubigen fesselte und entflammte, geweiht würde*.

---

*) Hier folgt in der englischen Ausgabe eine kurze polemische Auseinandersetzung über religiöse Fragen, die der Herausgeber weggelassen hat, weil sie unzeitgemäß sind und nichts mit dem historischen Meisterwerk zu tun haben.

FÜNFTES KAPITEL

DIE NACHFOLGER DES THEODOSIUS

Endgültige Teilung des Römischen Reiches zwischen den Söhnen des Theodosius.
– Regierung des Arcadius und Honorius. – Verwaltung des Rufinus und Stilicho.
– Empörung und Niederlage Gildos in Afrika

Der Genius Roms war mit Theodosius, dem letzten der Nachfolger Augustus' und Konstantins, geschieden, die im Kampfe an der Spitze ihrer Heere standen und deren Herrschaft im ganzen Reich anerkannt war. Durch die Erinnerung an seine guten Eigenschaften wurde jedoch weiterhin die schwache und unerfahrene Jugend seiner beiden Söhne beschützt. Nach dem Tode ihres Vaters wurden Arcadius und Honorius mit einmütiger Zustimmung des Menschengeschlechtes als die rechtmäßigen Kaiser des Ostens und Westens ausgerufen; alle Stände des Reiches leisteten den Eid der Treue mit freudiger Hast, die Senate des alten und neuen Rom, Geistlichkeit, Obrigkeiten, Soldaten und Volk. Arcadius, damals gegen achtzehn Jahre alt, war in Spanien in der geringen Wohnung einer Privatfamilie geboren. Aber er empfing eine fürstliche Erziehung in dem Palast von Konstantinopel, und sein ruhmloses Leben verging in diesem friedlichen und glänzenden Sitze der Kaiserwürde, von wo aus er über die Provinzen Thrakien, Kleinasien, Syrien und Ägypten, von der unteren Donau bis an die Grenzen von Persien und Äthiopien zu herrschen schien. Sein jüngerer Bruder Honorius übernahm in seinem elften Jahre die nominelle Regierung von Italien, Afrika, Gallien, Spanien und Britannien, und die Truppen, welche die Grenzen seines Reiches bewachten, standen auf der einen Seite den Kaledoniern, auf der anderen den Mauren gegenüber. Die große und kriegerische Provinz Illyrien war zwischen den beiden Fürsten geteilt; Verteidigung und Besitz der Provinzen Noricum, Pannonien und Dalmatien blieben fortwährend dem westlichen Reich; aber die zwei großen Diözesen Dazien und Makedonien, die Gratian der Tapferkeit des Theodosius anvertraut hatte, wurden für immer mit dem östlichen Reich vereinigt. Die Grenze in Europa war nicht sehr verschieden von jener, die jetzt die Deutschen und Türken scheidet, und die jeweiligen Vorteile des Ländergebietes, der Reichtümer, Bevölkerung und kriegerischen Macht wurden in dieser endgültigen und andauernden Teilung des Römischen Reiches unparteiisch abgewogen und vergütet. Das erbliche Zepter der Söhne des Theodosius schien das Geschenk der Natur und ihres Vaters zu sein; die Feldherren und Minister waren gewohnt, die Majestät der kaiserlichen Kinder zu verehren, und Heer und Volk waren an ihre Rechte und an ihre Macht durch kein neuerliches Beispiel einer Wahl gemahnt worden. Die allmähliche Überzeugung von den Schwächen des Arcadius und Honorius und die wiederholten Unglücksfälle ihrer Regierung vermochten die tiefen und frühen Eindrücke der Treue nicht auszulöschen. Die Untertanen Roms, die fortwährend die Personen oder vielmehr die Namen ihrer Souveräne verehrten, betrachteten die Empörer, die sich der Macht des Thrones widersetzten, und die Minister, die sie mißbrauchten, mit gleichem Abscheu.

Theodosius hatte den Ruhm seiner Regierung durch die Erhebung des Rufinus befleckt, eines hassenswerten Günstlings, der in einem Zeitalter bürgerlicher und religiöser Spaltung von jeder Partei jedes Verbrechens beschuldigt worden ist. Der mächtige Antrieb des Ehrgeizes und der Habsucht hatte Rufinus veranlaßt, seinen Geburtsort, einen unbedeutenden Winkel Galliens, zu verlassen, um sein Glück in der Hauptstadt des Ostens zu machen: das Talent der kühnen und fließenden Rede machte ihn geeignet, es im einträglichen Advokatenberufe weit zu bringen, und sein Erfolg in diesem Gewerbe war ein gewöhnlicher Schritt zu den ehrenvollsten und wichtigsten Staatsämtern. Er stieg auf der bestimmten Stufenleiter bis zum Kanzler empor. In der Ausübung seiner verschiedenen Amtspflichten, die so wesentlich mit dem ganzen System der Zivilregierung zusammenhingen, erwarb er das Vertrauen eines Monarchen, der bald seinen Geschäftsfleiß und seine Geschicklichkeit entdeckte, aber über den Stolz, die Bosheit und die Habgier seines Charakters lange in Unwissenheit blieb. Diese Laster waren unter der Maske tiefer Heuchelei verborgen, und seine Leidenschaften dienten nur den Leidenschaften seines Gebieters: trotzdem entflammte bei dem schrecklichen Gemetzel von Thessaloniki der grausame Rufinus die Wut des Theodosius, ohne dessen Reue zu teilen. Der Minister, der das ganze übrige Menschengeschlecht mit stolzer Gleichgültigkeit betrachtete, verzieh nie auch nur den Schein einer Beleidigung, und seine persönlichen Feinde hatten seiner Meinung nach alle Rechte, die ihnen ihre dem Staate geleisteten Dienste gaben, verwirkt. Promotus, der Oberbefehlshaber des Fußvolkes, hatte das Reich von einem Einbruch der Ostgoten gerettet: aber er trug mit Entrüstung den Vorrang eines Nebenbuhlers, dessen Charakter und Gewerbe er verachtete, und inmitten einer öffentlichen Ratsversammlung ließ sich der ungestüme Krieger hinreißen, den unangebrachten Hochmut des Günstlings durch einen Schlag zu züchtigen. Diese Gewalttätigkeit wurde dem Kaiser als eine Beschimpfung dargestellt, die zu rächen seiner Würde obliege. Promotus erfuhr seine Ungnade und Verbannung durch den gemessenen Befehl, unverzüglich nach einem kriegerischen Posten an den Ufern der Donau abzureisen, und der Tod dieses Feldherrn, obschon er in einem Scharmützel mit den Barbaren erschlagen ward, wurde den treulosen Künsten des Rufinus zugeschrieben. Die Hinopferung eines Helden befriedigte seine Rache, die Ehren des Konsulates schmeichelten seiner Eitelkeit; aber seine Macht blieb unvollständig und schwankend, so lange die beiden wichtigen Stellen des Präfekten des Ostens und des Präfekten von Konstantinopel von Tatian und dessen Sohn Proculus, deren vereintes Ansehen eine Zeitlang dem Ehrgeiz und der Gunst für den Kanzler das Gleichgewicht hielt, bekleidet wurden. Die beiden Präfekten wurden des Raubes und der Bestechlichkeit in der Verwaltung der Justiz und der Finanzen beschuldigt. Der Kaiser bestimmte zum Verhör der erlauchten Verbrecher eine spezielle Kommission: mehrere Richter wurden ernannt, um Schuld und Ungerechtigkeit zu trennen, aber die Macht, das Urteil zu fällen, blieb dem Präsidenten allein vorbehalten, und dieser Präsident war Rufinus. Der Vater wurde der Präfektur des Ostens entsetzt, in einen Kerker geworfen; der Sohn jedoch, der einsah, daß wenige Minister als unschuldig erkannt werden können, wenn ein Feind ihr Richter ist, war insgeheim entflohen, und Rufinus hätte sich mit dem minder verhaßten Opfer begnügen müssen, wenn der Despotismus nicht zu der niederträchtigsten List herabgestiegen wäre. Der Prozeß wurde mit einem Anschein von Billigkeit und Mäßigung geführt, so daß Tatian sich mit der Hoffnung eines günstigen Ausganges schmeichelte; sein Vertrauen wurde durch die feierlichen Versicherungen und treulosen Schwüre des Präsidenten, der es wagte, den geheiligten Namen des Theodosius selbst vorzuschieben, bekräftigt und der unglückliche Vater endlich dazu gebracht, durch ein geheimes Schreiben den flüchtigen Proculus zurückzurufen. Dieser wurde sogleich ergriffen, verhört, verurteilt und in einer der Vorstädte von Konstantinopel mit einer Eilfertigkeit, die die Milde des Kaisers vereitelte, enthauptet. Ohne das Unglück eines konsularischen Senators zu ehren, zwangen die grausamen Richter Tatian, die Hinrichtung seines Sohnes zu schauen; die unheilvolle Schnur war bereits auch um seinen Nacken gelegt, aber in dem Augenblicke, als er Erlösung durch schnellen Tod erwartete und vielleicht wünschte, kündigte man ihm an, daß er den elenden Rest seines hohen Alters in Armut und in der Verbannung zubringen dürfe. Die Bestrafung der beiden Präfekten könnte vielleicht durch die tadelnswerten Seiten ihres Benehmens entschuldigt, die Feindschaft des Rufinus durch die eifersüchtige und ungesellige Natur des Ehrgeizes beschönigt werden: aber er huldigte einem Geiste der Rache, welcher der Klugheit ebensosehr widerstrebte wie der Gerechtigkeit, indem er ihr Vaterland Lyzien des Ranges einer römische Provinz entsetzte, ein schuldloses Volk mit dem Zeichen der Schmach brandmarkte und erklärte, daß die Vaterlandsgenossen des Tatian und Proculus für immer unfähig sein sollten, unter der kaiserlichen Regierung ein Amt, das Ehre oder Vorteil brächte, zu bekleiden. Der neue Präfekt des Ostens, denn Rufinus trat unverzüglich die erledigten Ehrenstellen seines Gegners an, wurde jedoch selbst durch die verbrecherischsten Bestrebungen nicht von Erfüllung der religiösen

Pflichten abgehalten, die in jenem Zeitalter als die wesentlichsten Bedingungen der ewigen Seligkeit betrachtet wurden. In der Vorstadt von Chalzedon, zubenannt die Eiche, hatte er eine prächtige Villa erbaut, zu welcher er frommerweise eine stattliche, den Aposteln Petrus und Paulus geweihte und fortwährend durch die Gebete und Bußübungen einer regelmäßigen Gesellschaft von Mönchen geheiligte Kirche fügte. Eine zahlreiche und fast allgemeine Synode der Bischöfe des Ostens wurde berufen, um zu gleicher Zeit die Einweihung der Kirche und die Taufe ihres Stifters zu feiern. Diese doppelte Zeremonie ging mit außerordentlichem Pomp vor sich, und als Rufinus in der heiligen Quelle von allen Sünden, die er bisher begangen hatte, gereinigt wurde, erbot sich ein ehrwürdiger Einsiedler unbesonnen zum Taufbürgen eines stolzen und ehrgeizigen Staatsmannes.

Der Charakter des Theodosius erlegte seinem Minister die Notwendigkeit der Heuchelei auf, die den Mißbrauch der Gewalt verschleierte und zuweilen zügelte; denn Rufinus mußte besorgen, den trägen Schlummer eines Fürsten zu stören, der noch immer imstande war, jene Fähigkeiten und jene Kraft zu äußern, die ihn auf den Thron gehoben hatten. Die Abwesenheit jedoch und bald nachher der Tod des Kaisers bestätigten die unbeschränkte Macht des Rufinus über Person und Gebiete des Arcadius, eines schwachen Jünglings, den der hochfahrende Präfekt mehr als seinen Zögling denn als seinen Souverän betrachtete. Unbekümmert um die öffentliche Meinung, überließ er sich seinen Leidenschaften ohne Scheu und Widerstand, und sein bösartiger, raubsüchtiger Geist verwarf jede Leidenschaft, die zu seinem eigenen Ruhm oder zum Glück des Volkes hätte beitragen können. Seine Habsucht, die in seiner verderbten Seele jedes andere Gefühl überwogen zu haben scheint, zog den Reichtum des Ostens durch die verschiedenen Künste einzelner und allgemeiner Erpressung an sich: drückende Steuern, schändliche Bestechung, übermäßige Geldstrafen, ungerechte Vermögenseinziehungen, erzwungene oder gefälschte Testamente, wodurch der Tyrann die Kinder von Fremden oder Feinden ihres rechtmäßigen Erbes beraubte und öffentlicher Verkauf sowohl der Gerechtigkeit als Gunst, den er im Palast von Konstantinopel einführte. Der ehrgeizige Kandidat bewarb sich gierig mit Aufopferung des besten Teiles seines Vermögens um die Ehren und Vorteile der Statthalterschaft irgendeiner Provinz: Leben und Habe des unglücklichen Volkes wurden dem Meistbietenden überlassen und die öffentliche Unzufriedenheit zuweilen durch die Opferung eines verhaßten Verbrechers gestillt, dessen Strafe nur dem Präfekten des Ostens, seinem Mitschuldigen und Richter, Vorteil brachte. Wenn Habsucht nicht die blindeste aller menschlichen Leidenschaften wäre, würden die Beweggründe des Rufinus unsere Neugierde erregen und wir wären versucht, zu erforschen, in welcher Absicht er alle Grundsätze der Menschlichkeit und Gerechtigkeit verletzte, um jene unermeßlichen Schätze aufzuhäufen, die er ohne Torheit nicht verschwenden, ohne Gefahr nicht besitzen konnte. Vielleicht bildete er sich eitlerweise ein, er arbeite für das Beste einer einzigen Tochter, der er seinen kaiserlichen Mündel und den erhabenen Rang einer Kaiserin des Ostens zu geben beabsichtigte. Vielleicht täuschte er sich durch die Ansicht, seine Habsucht sei das Werkzeug seines Ehrgeizes. Er strebte danach, sein Schicksal auf eine sichere und unabhängige Grundlage, die nicht länger von den Launen des jungen Kaisers abhänge, zu stellen: nichtsdestoweniger vernachlässigte er es, die Herzen der Soldaten und des Volkes durch eine freigebige Verteilung jener Reichtümer zu gewinnen, die er mit so viel Mühe und Schuld erlangt hatte. Die äußerste Kargheit des Rufinus ließ ihm nur den Vorwurf und den Neid ungerecht erworbener Schätze; seine Anhänger dienten ihm ohne Liebe, und der allgemeine Haß des Menschengeschlechtes wurde nur durch knechtische Furcht zurückgehalten. Das Schicksal Lukians verkündete dem Osten, daß der Präfekt, dessen Eifer in Erledigung der gewöhnlichen Geschäfte gar sehr abgenommen hatte, in der Befriedigung seiner Rache tätig und unermüdlich wäre. Lukian, der Sohn des Präfekten Florentius, des Unterdrückers von Gallien und Freundes Julians, hatte einen beträchtlichen Teil seines Erbes, der Frucht der Erpressung und Bestechung, verwendet, um die Freundschaft des Rufinus und das hohe Amt eines Grafen des Ostens zu erkaufen. Aber der neue Amtsherrscher wich unklugerweise von den Maximen des Hofes und der Zeiten ab, beschimpfte seinen Wohltäter durch den Gegensatz einer Verwaltung voll Tugend und Mäßigung und nahm sich heraus, eine Handlung der Ungerechtigkeit, die dem Oheim des Kaisers Nutzen gebracht hätte, zu verweigern. Arcadius ließ sich leicht bereden, die vermeintliche Beleidigung zu rächen, und der Präfekt des Ostens beschloß, in Person die grausame Rache zu vollziehen, die er gegen seinen undankbaren Machtabgeordneten ausgesonnen hatte. Er vollbrachte mit rastloser Eile die Reise von sieben- bis achthundert Meilen von Konstantinopel nach Antiochia, langte in der Hauptstadt von Syrien in der Mitternachtsstunde an und verbreitete allgemeine Bestürzung unter einem Volke, das zwar nicht seine Absicht, wohl aber seinen Charakter kannte. Der Graf der fünfzehn Provinzen des Ostens wurde wie der niedrigste Verbrecher vor den willkürlichen Richterstuhl des Rufinus geschleppt. Trotz der klarsten Beweise seiner nicht einmal durch die Stimme eines Angebers verdächtigten Redlichkeit wurde Lukian fast ohne Verhör verurteilt, eine grausame und schimpfliche Strafe zu erleiden. Die Diener des Tyrannen schlugen auf Befehl und in Anwesenheit ihres Gebieters mit Lederriemen, die an den Enden mit Blei bewaffnet waren, nach seinem Hals, und nachdem er unter der Heftigkeit des Schmerzes ohnmächtig geworden, wurde er in einer verschlossenen Sänfte weggetragen, um seine Todesqualen vor den Augen der entrüsteten Stadt zu verbergen. Kaum hatte Rufinus diese unmenschliche Handlung, den einzigen Zweck seiner Reise, vollbracht, so kehrte er, mit den tiefen und stillen Flüchen eines zitternden Volkes beladen, von Antiochia nach Konstantinopel zurück, und seine Eile wurde durch die Hoffnung beschleunigt, die Vermählung seiner Tochter mit dem Kaiser des Ostens ohne Verzug zu feiern.

Rufinus machte jedoch bald die Erfahrung, daß ein kluger Minister sich seines fürstlichen Gefangenen stets durch die starke, aber unsichere Kette der Gewohnheit versichern solle und daß das Verdienst und noch mehr das Wohlwollen des Abwesenden in der Seele eines schwachen und launenhaften Souveräns verlöscht wird. Während der Präfekt seine Rache zu Antiochia sättigte, untergrub eine geheime, von dem Obristkämmerer geleitete Verschwörung der Lieblingseunuchen seine Macht im Palast zu Konstantinopel. Sie machten die Entdeckung, daß Arcadius keine Neigung fühlte, die Tochter des Rufinus zu lieben, die ohne seine Einwilligung zu seiner Braut gewählt worden war, und verstanden an ihre Stelle die schöne Eudoxia unterzuschieben, die Tochter Bautos, eines Frankenhäuptlings im Dienste der Republik, die seit dem Tode ihres Vaters in der Familie der Söhne des Promotus erzogen worden war. Der junge Kaiser, dessen Keuschheit durch die fromme Sorgfalt seines Erziehers Arsenius strenge bewahrt worden war, horchte gierig den schlauen und schmeichelhaften Beschreibungen der Reize der Eudoxia; mit feuriger Sehnsucht betrachtete er ihr Bild und sah die Notwendigkeit ein, seine Liebesabsichten vor der Kunde eines Ministers zu verbergen, der ein so großes Interesse hatte, sich der Vollendung seines Glückes zu widersetzen. Bald nach der Rückkehr des Rufinus wurde die herannahende Feier der Vermählung des Kaisers dem Volke von Konstantinopel angekündigt, das sich anschickte, das Glück seiner Tochter mit falschem und hohlem Jubel zu preisen. Eine glänzende Schar von Eunuchen und Beamten bewegte sich (27. April 395) in hochzeitlichem Pomp aus den Toren des Palastes und trug, allen sichtbar, das Diadem, die Gewänder und den unschätzbaren Schmuck der künftigen Kaiserin. Der feierliche Zug ging durch die Straßen der Stadt, die mit Blumengewinden geschmückt und mit Zuschauern angefüllt waren; als er jedoch das Haus der Söhne des Promotus erreichte, begab sich der erste Eunuch ehrfurchtsvoll in die Wohnung, bekleidete die schöne Eudoxia mit den kaiserlichen Gewändern und führte sie im Triumphe in den Palast und das Bett des Arcadius. Das Geheimnis und der Erfolg, womit diese Verschwörung gegen Rufinus durchgeführt worden war, drückte das Siegel unlöschbarer Lächerlichkeit dem Charakter eines Ministers auf, der sich auf einem Posten, wo die Künste des Betruges und der Verstellung das ausgezeichnetste Verdienst bildeten, hatte täuschen lassen. Er betrachtete mit einer Mischung von Entrüstung und Furcht den Sieg eines ehrgeizigen Eunuchen, der insgeheim die Gunst seines Souveräns errungen hatte; und die Schmach seiner Tochter, deren Interesse unzertrennlich mit seinem eigenen verbunden war, verwundete die Zärtlichkeit oder wenigstens den Stolz des Rufinus. In dem Augenblick, in dem er sich schmeichelte, der Ahnherr einer langen Reihe von Kaisern zu werden, wurde eine Ausländerin, erzogen in dem Hause seiner unversöhnlichen Feinde, in das kaiserliche Bett geführt; bald auch entwickelte Eudoxia eine Überlegenheit der Einsicht und des Geistes, um sich jene Herrschaft zu sichern, welche die Schönheit ihr über das Herz eines zärtlichen und jugendlichen Gemahls geben mußte. In kurzem dürfte der Kaiser lernen, den mächtigen Untertanen, welchen er beleidigt hatte, zu hassen, zu fürchten und zu vernichten, und das Bewußtsein der Schuld beraubte Rufinus jeder Hoffnung auf Sicherheit und Glück in der Zurückgezogenheit des Privatlebens. Noch aber besaß er die ausgiebigsten Mittel, seine Würde zu verteidigen und vielleicht auch seine Feinde zu erdrücken. Noch übte er eine uneingeschränkte Herrschaft über die Zivil- und Militärverwaltung des Ostens aus, und seine Schätze, konnte er sich anders als bisher entschließen, sie zu gebrauchen, konnten verwendet werden, sich geeignete Werkzeuge zur Ausführung der schwärzesten Pläne zu verschaffen, die Stolz, Ehrgeiz und Rache einem verzweifelten Staatsmanne einzugeben vermögen. Der Charakter des Rufinus scheint die Beschuldigungen zu rechtfertigen, daß er sich gegen die Person seines Souveräns, um selbst den erledigten Thron zu besteigen, verschworen und insgeheim die Hunnen und Goten eingeladen habe, in das Reich einzubrechen und die öffentliche Verwirrung zu mehren. Der schlaue Präfekt, dessen Leben in den Intrigen des Palastes vergangen war, setzte den listigen Maßregeln des Eunuchen Eutropius gleiche Waffen entgegen; aber die furchtsame Seele des Rufinus erbebte bei dem feindlichen Heranzuge eines furchtbaren Nebenbuhlers, des großen Stilicho nämlich, des Feldherrn oder vielmehr Gebieters des westlichen Reiches.

Das himmlische Geschenk eines Dichters, das Achilles erhielt und Alexander beneidete, der würdig war, Taten der Helden zu preisen, erfreute Stilicho in einem weit höheren Grade, als man es von dem schlechten Zustande des Genius und der Kunst erwarten sollte. Die Muse Claudians, seinem Dienste geweiht, war stets gerüstet, seine Gegner Rufinus oder Eutropius mit ewiger Schmach zu brandmarken oder die Siege und Tugenden seines mächtigen Wohltäters mit den glänzendsten Farben zu schildern. Bei der Prüfung einer Periode, die nur sparsam mit authentischen Materialien versehen ist, dürfen wir es nicht verschmähen, die Annalen des Honorius durch die Schmähungen oder die Lobsprüche eines damaligen Schriftstellers zu erläutern; da jedoch Claudian sich des Vorrechtes eines Dichters und Höflings im weitesten Maße bedient zu haben scheint, wird einige Kritik erforderlich sein, um die Sprache der Dichtung oder Überlieferung in die Wahrheit und Einfachheit historischer Prosa zu übersetzen. Sein Schweigen, die Familie Stilicho betreffend, kann als Beweis angenommen werden, daß dieser sich einer langen Reihe erlauchter Vorfahren zu rühmen weder vermochte noch wünschte, und die oberflächliche Erwähnung seines Vaters, eines Offiziers in der Reiterei der Barbaren im Dienste des Valens, scheint die Behauptung zu rechtfertigen, daß der Feldherr, der die Heere Roms so lange befehligte, von dem wilden und treulosen Volk der Vandalen abstammte. Wenn Stilicho nicht die äußerlichen Vorzüge der Körperkraft und des Wuchses besessen hätte, würde auch der schmeichlerischste Barde Anstand genommen haben, in Anwesenheit so vieler tausend Zeugen zu versichern, daß er das Maß der Halbgötter des Altertums übertraf und daß, sooft er sich mit stolzen Schritten durch die Straßen der Hauptstadt bewegte, die erstaunte Menge Platz dem Fremdling machte, der im Privatstande die ehrfurchtgebietende Majestät eines Helden entfaltete. Von frühester Jugend an widmete er sich dem Kriegshandwerk, seine Klugheit und Tapferkeit zeichneten sich bald im Felde aus, die Reiter und Bogenschützen des Ostens bewunderten seine überlegene Gewandtheit, und bei jedem Grade seiner militärischen Beförderungen kam die öffentliche Stimme der Auswahl seines Souveräns stets zuvor und billigte sie. Er wurde von Theodosius bestimmt, einen feierlichen Vertrag mit dem Monarchen von Persien zu ratifizieren, bewährte bei dieser wichtigen Gesandtschaft die Würde des römischen Namens, und nach seiner Rückkehr nach Konstantinopel belohnte eine innige und ehrenvolle Verbindung mit der kaiserlichen Familie sein Verdienst. Theodosius war durch einen frommen Beweggrund brüderlicher Liebe dazu gebracht worden, die Tochter seines Bruders Honorius als seine eigene anzunehmen; die Schönheit und die Gaben der Serena wurden von dem geschmeidigen Hofe allgemein bewundert, und Stilicho erhielt den Vorzug vor einer Schar von Nebenbuhlern, die sich ehrgeizig die Hand der Prinzessin und die Gunst des Adoptivvaters streitig machten. Die Überzeugung, daß der Gemahl der Serena dem Throne, dem er sich nähern hatte dürfen, treu sein würde, bewog den Kaiser, den einsichtsvollen und unerschrockenen Stilicho immer höher zu heben und immer mehr von seinen Talenten Gebrauch zu machen. Er stieg nacheinander vom Befehlshaber der Reiterei und Grafen der Haustruppen bis zum obersten Range eines Oberbefehlshabers der gesamten Reiterei und des Fußvolkes des Römischen oder wenigstens des westlichen Reiches empor, und seine Feinde selbst bekannten, daß er es unwandelbar verschmähte, die Belohnungen für seine Verdienste um Gold zu verhandeln oder den Soldaten den Sold und die Geschenke zu entziehen, die sie von der Freigebigkeit des Staates verdienten oder in Anspruch nahmen. Die Tapferkeit und Geschicklichkeit, die er später in der Verteidigung Italiens gegen die Waffen Alarichs und Radagaisus' an den Tag legte, rechtfertigen den Ruhm, den ihm seine früheren Taten erworben hatten, und in einem auf die Gesetze der Ehre oder des Stolzes minder achtsamen Zeitalter wären die römischen Feldherren willig der Überlegenheit des Ranges und der Überlegenheit des höheren Genius gewichen. Er beklagte und rächte den Tod des Promotus, seines Nebenbuhlers und Freundes, und die Niedermetzelung von mehreren Tausenden fliehender Bastarner wird von dem Dichter als ein blutiges Opfer geschildert, die der römische Achilles den Mannen eines zweiten Patroklus darbrachte. Die Tugenden und Siege Stilichos zogen sich den Haß des Rufinus zu und die Künste der Verleumdung würden vielleicht Erfolg gehabt haben, wenn die liebevolle und wachsame Serena ihren Gatten nicht gegen seine heimischen Feinde geschützt hätte, während er im Felde die Feinde des Reiches besiegte. Theodosius hielt fortwährend einen unwürdigen Minister in Gunst, dessen Emsigkeit er die Regierung des Palastes und des Ostens anvertraute: als er aber gegen den Tyrannen Eugenius auszog, teilte er mit seinem treuen Feldherrn die Anstrengungen und den Ruhm des Bürgerkrieges, und in den letzten Augenblicken seines Lebens vertraute der sterbende Monarch Stilicho die Obsorge über seine Söhne und die Republik an. Der Ehrgeiz und die Fähigkeiten Stilichos waren dem wichtigen Amte keineswegs unangemessen, und er machte auf die Vormundschaft der beiden Reiche während der Minderjährigkeit des Arcadius und Honorius Anspruch. Die erste Maßregel seiner Verwaltung oder vielmehr seiner Regierung zeigte den Völkern die Kraft und Tätigkeit eines der Herrschaft würdigen Geistes. Er ging im tiefen Winter über die Alpen, zog den Rheinstrom abwärts von der Festung Basel bis zu den Sümpfen Bataviens, besichtigte den Zustand der Besatzungen, hemmte die Unternehmungen der Germanen und kehrte, nachdem er längs den Ufern einen festen und ehrenvollen Frieden hergestellt hatte, mit unglaublicher Schnelligkeit nach dem Palast von Mailand zurück. Die Person und der Hof des Honorius waren dem Oberbefehlshaber des Westens unterworfen, und die Heere und Provinzen Europas gehorchten ohne Zögern einer regelmäßigen Herrschaft, die im Namen ihres jungen Souveräns ausgeübt wurde. Nur zwei Nebenbuhler gab es, um Stilichos Ansprüche zu bestreiten und seine Rache herauszufordern. Innerhalb der Grenzen Afrikas behauptete Gildo der Maure eine stolze und gefährliche Unabhängigkeit, und der Minister von Konstantinopel übte gleiche Herrschaft über den Kaiser und das Reich des Ostens.

Die Unparteilichkeit, die Stilicho als gemeinsamer Vormund der kaiserlichen Brüder zu zeigen beflissen war, befähigte ihn, die gleiche Teilung der Waffen, Juwelen und der prächtigen Garderobe und Hauseinrichtung des verblichenen Kaisers durchzuführen. Aber der wichtigste Gegenstand der Erbschaft bestand aus den zahlreichen Legionen, Kohorten und Schwadronen Römer und Barbaren, die der Ausgang des Bürgerkrieges unter den Fahnen des Theodosius vereint hatte. Die verschiedengestaltigen, durch neue Feindseligkeiten noch erbitterten Scharen von Europa und Asien wurden durch das Ansehen eines einzigen Mannes eingeschüchtert: Stilichos strenge Heereszucht schützte die Besitzungen der Bürger vor Beraubung durch übermütige Soldaten. Voll Sehnsucht jedoch und Ungeduld, Italien von der Anwesenheit dieser furchtbaren Heeresmenge, die nur an den Grenzen des Reiches nützlich sein konnte, zu erlösen, hörte er auf die gerechte Forderung des Ministers des Arcadius, erklärte seine Absicht, die Truppen des Ostens selbst zurückzuführen und benutzte gewandt das Gerücht von einem gotischen Aufruhr, um seine Privatpläne des Ehrgeizes und der Rache zu verbergen. Die schuldbelastete Seele des Rufinus geriet über den Heranzug eines Kriegers und Nebenbuhlers, dessen Feindschaft er verdiente, in Bestürzung; mit wachsendem Entsetzen berechnete er die enge Spanne seines Lebens und seiner Größe und stellte als letzte Rettungshoffnung die Herrschaft des Kaisers Arcadius dagegen. Stilicho, der seinen Marsch längs der Küste des adriatischen Meeres genommen zu haben scheint, befand sich bereits unfern der Stadt Thessaloniki, als er eine gemessene Botschaft erhielt, worin die Truppen des Ostens zurückgerufen und erklärt wurde, daß seine weitere Annäherung von dem byzantinischen Hofe als eine Handlung der Feindseligkeit betrachtet werden würde. Das sofortige Gehorchen des Oberbefehlshabers des Westens überzeugte das Volk von seiner Pflichttreue und Mäßigung; da er sich jedoch die Liebe der Truppen des Ostens bereits erworben hatte, empfahl er ihrem Eifer die Ausführung des blutigen Vorhabens, das in seiner Abwesenheit mit vielleicht weniger Gefahr und Gehässigkeit vollbracht werden konnte. Stilicho ließ den Befehl der Truppen des Ostens dem Goten Gainas, auf dessen Treue er sich fest, wenigstens aber mit der Überzeugung verließ, daß der kühne Barbar sich weder durch Furcht noch Gewissensskrupel von seinem Vorsatz abbringen lassen würde. Die Soldaten waren leicht beredet, den Feind Stilichos und Roms zu bestrafen, und so groß war der allgemeine Haß, den Rufinus erregt hatte, daß das todschwangere, Tausenden mitgeteilte Geheimnis, auf dem langen Marsch von Thessaloniki bis zu den Toren von Konstantinopel treu bewahrt wurde. Nachdem sein Tod beschlossen war, ließen sie sich herab, seinem Stolze zu schmeicheln; der ehrgeizige Präfekt ward zu dem Glauben verleitet, daß diese mächtigen Hilfstruppen verführt werden könnten, das Diadem auf sein Haupt zu setzen, und die Schätze, die er spät und mit zögernder Hand verteilte, wurden von der entrüsteten Menge mehr als eine Beschimpfung denn als ein Geschenk angenommen. In einer Entfernung von einer Meile von der Stadt, auf dem Marsfeld vor dem Palast Hebdomon, machten die Truppen Halt (27. November 395), und der Kaiser sowie sein Minister kamen nach alter Gewohnheit, um ehrfurchtsvoll die Macht zu begrüßen, die ihren Thron stützte. Sowie Rufinus an den Reihen vorüberkam und unter gelernter Höflichkeit seinen angeborenen Hochmut verschleierte, schwenkten die Flügel unmerklich zur Rechten und zur Linken und schlossen das verfemte Opfer in den Kreis ihrer Waffen ein. Bevor Rufinus noch die Gefahr seiner Lage erwägen konnte, gab Gainas das Todeszeichen, ein verwegener Soldat stieß sein Schwert in die Brust des schuldbeladenen Präfekten, und dieser stürzte zu des erschrockenen Kaisers Füßen nieder, stöhnte und hauchte sein Leben aus. Wenn die Schmerzensqualen eines Augenblicks die Verbrechen eines ganzen Lebens sühnen oder wenn die einem entseelten Körper angetanen Beschimpfungen ein Gegenstand des Mitleides sein konnten, würde unsere Menschlichkeit wohl von den schrecklichen Umständen, welche die Ermordung des Rufinus begleiteten, berührt werden. Sein verstümmelter Leichnam blieb der viehischen Wut des Pöbels beiderlei Geschlechtes überlassen, der aus jedem Teile der Stadt in Scharen herbeieilte, um die Überreste eines stolzen Ministers mit Füßen zu treten, vor dessen finsterem Blicke sie noch vor so wenigen Augenblicken gezittert hatten. Seine rechte Hand wurde abgeschnitten und in grausamem Hohn durch die Straßen von Konstantinopel getragen, um für den habsüchtigen Tyrannen, dessen Kopf auf einer langen Lanze dem Anblicke aller preisgegeben war, Beisteuern zu erpressen. Nach der blutdürstigen Maxime der griechischen Republiken würde seine unschuldige Familie die Strafe seiner Verbrechen geteilt haben. Rufinus' Gattin und Tochter verdankten ihre Rettung dem Einfluß der Religion. Ihr Heiligtum schützte sie vor der wahnsinnigen Wut des Volkes, und man gestattete ihnen, den Überrest ihres Lebens mit christlichen Andachtsübungen in der friedlichen Zurückgezogenheit von Jerusalem hinzubringen.

Der knechtische Dichter des Stilicho preist mit wilder Freude die schreckliche Tat, die vielleicht in Ausübung der Gerechtigkeit jedes Gesetz der Natur und der Gesellschaft verletzte, die Majestät des Fürsten entweihte und das Beispiel soldatischer Zügellosigkeit erneuerte. Die Betrachtung der allgemeinen Ordnung und Harmonie hatte Claudian von dem Dasein eines Gottes überzeugt, aber die glückliche Straflosigkeit des Lasters schien seinen moralischen Eigenschaften zu widerstreben, und das Ende des Rufinus war das einzige Ereignis, das die religiösen Zweifel des Poeten zerstreuen konnte. Ein solche Tat mochte die Ehre der Vorsehung retten, aber zum Glück des Volkes trug sie nicht viel bei. In weniger als drei Monaten erfuhr es die Maxime der neuen Verwaltung durch ein sonderbares Edikt, das die ausschließlichen Rechte der Schatzkammer auf die Beute des Rufinus festsetzte und unter schweren Strafen den verwegenen Ansprüchen der Untertanen des östlichen Reiches, die durch seine räuberische Tyrannei gelitten hatten, Stillschweigen auferlegte. Selbst Stilicho erhielt durch die Ermordung seines Nebenbuhlers nicht die Früchte, die er mit ihr bezweckt hatte, und obschon er seine Rache befriedigte, war sein Ehrgeiz enttäuscht. Die Schwäche des Arcadius heischte unter dem Namen eines Günstlings einen Gebieter, aber der Kaiser zog natürlich die geschmeidigen Künste des Eunuchen Eutropius, der sein häusliches Vertrauen besaß, vor und betrachtete den finsteren und strengen Sinn eines fremden Kriegers mit Schreck und Abscheu. Die Begünstigung des Obristkämmerers des Palastes wurde durch das Schwert des Gainas und die Reise Eudoxias unterstützt, bis die Eifersucht auch seine Macht entzweite: der treulose Gote, zum Oberbefehlshaber der Heere des Ostens ernannt, verriet ohne Bedenken das Interesse seines Wohltäters, und dieselben Truppen, die noch vor so kurzer Zeit den Feind Stilichos niedergemetzelt hatten, standen nun im Begriff, gegen ihn die Unabhängigkeit des Thrones von Konstantinopel zu verteidigen. Die Günstlinge des Arcadius unterhielten einen geheimen und unversöhnlichen Krieg gegen einen furchtbaren Helden, der danach geizte, die zwei Reiche Roms und die zwei Söhne des Theodosius zu beherrschen und zu verteidigen. Sie arbeiteten unaufhörlich daran, ihn durch schwarze und verräterische Machinationen der Achtung seines Fürsten, der Ehrfurcht des Volkes und der Freundschaft der Barbaren zu berauben. Wiederholt wurde versucht, durch den Dolch gedungener Meuchelmörder Stilichos Leben zu enden, und von dem Senat von Konstantinopel ward ein Dekret erwirkt, das ihn zum Feinde der Republik erklärte und seine weitläufigen Besitzungen im Osten einzog. Zu einer Zeit, in der die einzige Hoffnung, den Ruin des römischen Namens hinauszuschieben, auf der festen Vereinigung und gegenseitigen Hilfe aller Völker beruhte, denen derselbe nach und nach gegeben worden war, wurden die Untertanen des Arcadius und Honorius durch ihre bezüglichen Gebieter unterwiesen, einander in fremdem, sogar feindseligem Lichte zu betrachten, sich ihrer wechselseitigen Unglücksfälle zu freuen und die Barbaren, die sie in die Gebiete ihrer Vaterlandsgenossen einzubrechen reizten, als ihre treuen Alliierten zu betrachten. Die Eingeborenen von Italien stellten sich, als verachteten sie die knechtischen und verweichlichten Griechen von Byzanz, die sich erdreisteten, die Tracht römischer Senatoren nachzuahmen und ihre Würde zu usurpieren, und die Griechen hatten hinwieder die Gefühle des Hasses und der Verachtung nicht vergessen, die ihre gebildeten Vorfahren so lange gegen die rohen Völker des Westens genährt hatten. Die Scheidung in zwei Regierungen, die bald auch die Trennung in zwei Nationen hervorbrachte, wird meine Absicht rechtfertigen, mit der byzantinischen Geschichtsfolge innezuhalten und ohne Unterbrechung die schmähliche, aber denkwürdige Regierung des Honorius zu schildern.

Der kluge Stilicho, statt darauf zu beharren, die Neigung eines Fürsten und Stolzes zu erzwingen, die seine Regierung verwarfen, überließ Arcadius weislich seinen unwürdigen Günstlingen, und sein Widerwille, die beiden Reiche in einen Bürgerkrieg zu verwickeln, bewies die Mäßigung eines Ministers, der so oft seinen kriegerischen

Mut und seine Feldherrengeschicklichkeit an den Tag gelegt hatte. Wenn jedoch Stilicho die Empörung von Afrika länger geduldet hätte, würde er die Sicherheit der Hauptstadt und die Majestät des westlichen Reiches an die launenhafte Unverschämtheit eines maurischen Rebellen verraten haben. Gildo, der Bruder des Tyrannen Firmus, hatte als Lohn seiner scheinbaren Treue das unermeßliche Erbgut, das durch Hochverrat verwirkt worden war, bewahrt und erhalten. Langer und ausgezeichneter Dienst in dem römischen Heere beförderte ihn zur Würde eines militärischen Grafen, die kurzsichtige Politik des Hofes Theodosius' hatte zu dem unheilvollen Mittel gegriffen, eine rechtmäßige Regierung durch den Einfluß einer mächtigen Familie zu stützen, und der Bruder des Firmus wurde mit dem Befehl von Afrika betraut. Seine Herrschsucht bemächtigte sich bald der Verwaltung des Rechtes und der Finanzen, ohne Rechenschaft abzulegen oder unter Aufsicht zu stehen, und er blieb während einer Regierung von zwölf Jahren (386 – 398) im Besitze eines Amtes, dessen man ihn ohne Gefahr eines Bürgerkrieges nicht zu entsetzen vermochte. Während dieser zwölf Jahre seufzten die Provinzen von Afrika unter der Herrschaft eines Tyrannen, der den fühllosen Charakter eines Ausländers mit dem unversöhnlichen Grimm heimischer Parteiung zu vereinen schien. Die Formen des Gesetzes wurden oft durch Gebrauch von Gift überflüssig gemacht, und wenn die zitternden Gäste, die zu Gildos Tafel eingeladen waren, ihre Besorgnisse auszudrücken wagten, diente dieser beschimpfende Argwohn nur zur Entflammung der Wut des Tyrannen, und er rief laut nach den Dienern des Todes. Gildo frönte wechselweise den Leidenschaften der Habsucht und der Wollust, und wenn seine Tage den Reichen furchtbar waren, waren seine Nächte nicht minder schrecklich für Gatten und Eltern. Die schönsten ihrer Frauen und Töchter wurden durch die Umarmungen des Tyrannen geschändet und dann einer wilden Schar von Barbaren und Mördern preisgegeben, den schwarzen oder schwarzbraunen Eingeborenen der Wüste, die Gildo als die einzigen Hüter seines Thrones betrachtete. In dem Bürgerkrieg zwischen Theodosius und Eugenius bewahrte der Graf oder vielmehr der Souverän von Afrika eine stolze und verdächtige Neutralität, weigerte sich, einer der streitenden Parteien mit Truppen oder Schiffen beizustehen, wartete die Entscheidung des Glückes ab und behielt dem Sieger die eitlen Beteuerungen seiner Treue vor. Solche Beteuerungen würden den Herrn der römischen Welt nicht zufriedengestellt haben: aber der Tod des Theodosius und die Schwäche und Zwietracht seiner Söhne befestigten die Macht des Mauren, der sich zum Beweis seiner Mäßigung herabließ, sich des Gebrauches des Diadems zu enthalten und Rom mit dem gewöhnlichen Tribut oder vielmehr Subsidium von Getreide zu versehen. Bei jeder Teilung des Reiches waren die fünf Provinzen von Afrika unwandelbar dem Westen zugewiesen worden, und Gildo hatte eingewilligt, dieses ausgedehnte Land im Namen des Honorius zu regieren; seine Kenntnis des Charakters und der Absicht Stilichos brachte ihn bald dazu, seine Huldigung einem entfernteren und schwächeren Souverän darzubringen. Die Minister des Arcadius ergriffen die Partei eines treulosen Rebellen, und die trügerische Hoffnung, die zahlreichen Städte von Afrika zum östlichen Reich fügen zu können, verführte sie, einen Anspruch zu erheben, den sie weder durch Vernunftgründe noch durch die Waffen aufrechtzuerhalten imstande waren.

Nachdem Stilicho eine feste und entscheidende Antwort auf die Zumutungen des byzantinischen Hofes gegeben hatte, klagte er den Tyrannen von Afrika feierlich vor dem Tribunal an, das einst über die Könige und Völker der Erde gerichtet hatte, und das Bild der Republik wurde nach einem langen Zwischenraum unter der Regierung des Honorius erneuert. Der Kaiser legte dem römischen Senat eine umständliche Darstellung der Beschwerden der Provinzbewohner und der Verbrechen Gildos vor und forderte die Mitglieder dieser ehrwürdigen Versammlung auf, die Verurteilung des Rebellen auszusprechen. Sie erklärten ihn einmütig zum Feind der Republik (397), und der Senatsbeschluß gab den römischen Waffen eine uraltehrwürdige und gesetzmäßige Heiligung. Ein Volk, das sich noch immer erinnerte, daß seine Vorfahren die Herren der Erde gewesen, würde mit selbstbewußtem Stolze diesem Bild alter Freiheit Beifall gezollt haben, wenn es nicht seit langer Zeit gewohnt gewesen wäre, die greifbare Sicherung des Brotes den weselosen Träumen von Unabhängigkeit und Größe vorzuziehen. Der Unterhalt Roms hing von den Ernten Afrikas ab, und es war klar, daß eine Kriegserklärung das Signal der Hungersnot sein würde. Der Präfekt Symmachus, der in den Beratschlagungen des Senates den Vorsitz führte, gab dem Minister seine begründete Besorgnis zu erkennen, daß in dem Augenblick, in dem der rachsüchtige Maure die Ausfuhr des Kornes verböte, die Ruhe, vielleicht die Sicherheit der Hauptstadt durch die Wut des Hungers einer tumultuarischen Menge gefährdet werden würden. Die Klugheit Stilichos ersann und führte ohne Verzug die wirksamste Maßregel aus, um dem Notstand des römischen Volkes zu steuern. Zur rechten Zeit wurden große Kornvorräte in den Binnenprovinzen von Gallien aufgebracht, auf der schnellen Rhone verladen und zur See mit Leichtigkeit aus der Rhone nach dem Tiber geschifft. Während der ganzen Dauer des afrikanischen Krieges waren die Kornböden Roms beständig gefüllt, seine Würde wurde vor demütigender Abhängigkeit bewahrt und die Gemüter einer zahlreichen Bevölkerung durch das ruhige Vertrauen zum Frieden und Überfluß beschwichtigt.

Die Sache Roms und die Führung des afrikanischen Krieges (398) wurde von Stilicho einem tätigen Feldherrn anvertraut, der feurig wünschte, seine persönlichen Kränkungen an dem Haupte des Tyrannen zu rächen. Der Geist der Zwietracht, der im Hause Nabals herrschte, hatte eine Todfeindschaft zwischen seinen beiden Söhnen, Gildo und Mascezel, erregt. Der Usurpator verfolgte mit unversöhnlicher Wut das Leben seines jüngeren Bruders, dessen Mut und Talente er fürchtete; Mascezel, durch die Übermacht erdrückt, suchte am Hofe von Mailand Zuflucht und erhielt dort bald die schmerzliche Nachricht, daß seine beiden unschuldigen und hilflosen Kinder von ihrem unmenschlichen Oheim ermordet worden waren. Der Betrübnis des Vaters setzte nur der Durst nach Rache Grenzen. Der wachsame Stilicho schickte sich bereits an, die Streitkräfte des westlichen Reiches zu Lande und zu Wasser zu sammeln und hatte beschlossen, in Person gegen ihn zu ziehen, falls der Tyrann einen gleichen und zweifelhaften Krieg zu führen imstande sein sollte. Da jedoch Italien seine Gegenwart forderte und es gefährlich sein mochte, die Grenzen des Reiches zu schwächen, erachtete er es für ratsamer, daß Mascezel an der Spitze der gallischen Veteranen, die vor kurzem unter der Fahne des Eugenius gedient hatten, das schwierige Unternehmen versuche. Diese Truppen, die ermahnt wurden, der Welt zu zeigen, daß sie den Thron eines Usurpators ebensogut zu stürzen wie zu verteidigen vermöchten, bestanden aus den jovianischen, herkulianischen und augustischen Legionen, aus den nervischen Hilfsvölkern, aus den Soldaten, deren Fahnen das Bild eines Löwen entfalteten und aus den Truppen, die durch die vielversprechenden Titel „Glückliche" und „Unbesiegliche" ausgezeichnet waren. So gering war jedoch ihre gewöhnliche Zahl oder die Schwierigkeit, sie zu ergänzen, daß diese sieben Korps, von hoher Würde und Berühmtheit im Dienste Roms, sich auf nicht mehr als fünftausend streitbare Männer beliefen. Die Flotte von Kriegs- und Transportschiffen segelte bei ungestümem Wetter aus dem Hafen Pisa in Toskana ab und hielt auf der kleinen Insel Capraria an, die ihren Namen von den wilden Ziegen erhalten hatte, ihren ursprünglichen Bewohnern, deren Stelle nun von einer neuen, ebenso seltsam wie wild aussehenden Kolonie eingenommen wurde. „Die ganze Insel", sagt ein geistreicher Reisender jener Zeit, „wird von Männern, die das Licht fliehen, angefüllt oder vielmehr beschmutzt. Sie nennen sich Mönche oder Einsiedler, weil sie es vorziehen, allein, ohne Zeugen ihrer Handlung, zu leben. Sie fürchten die Gaben des Glücks aus Besorgnis, sie zu verlieren, und ergreifen, um nicht elend zu sein, ein Leben freiwilligen Notstandes. Wie unsinnig ist ihre Wahl! Wie verkehrt ihr Verstand! Die Übel des menschlichen Zustandes zu fürchten, ohne dessen Segnungen ertragen zu können. Entweder ist dieser traurige Wahnsinn die Wirkung einer Krankheit, oder das Bewußtsein der Schuld treibt diese unglücklichen Menschen, ihren eigenen Körper mit jenen Martern zu peinigen, die die Hand der Gerechtigkeit flüchtigen Sklaven zufügt." Das war die Verachtung eines profanen Richters gegen die Mönche von Capraria, die dagegen von dem frommen Mascezel als die auserwählten Diener Gottes verehrt wurden. Einige von ihnen ließen sich durch seine Bitten bewegen, sich an Bord der Flotte zu begeben, und es wird zum Ruhme des römischen Feldherrn erwähnt, daß er seine Tage und Nächte mit Beten, Fasten und Psalmsingen hinbrachte. Der andächtige Anführer, der mit einer solchen Verstärkung den Sieg für sicher zu halten schien, vermied die gefährlichen Felsen von Korsika, fuhr längs der östlichen Küste Sardiniens hin und schützte seine Schiffe gegen die Heftigkeit des Südwindes, indem er in dem sicheren und geräumigen Hafen von Cagliari in einer Entfernung von hundertvierzig Meilen von den Gestaden Afrikas vor Anker ging.

Gildo hatte sich gerüstet, dem Einbruch mit allen Streitkräften Afrikas Widerstand zu leisten. Durch die Freigebigkeit seiner Geschenke und Versprechungen strebte er, die zweifelhafte Treue der römischen Soldaten zu sichern, während er die fernen Stämme von Gätulien und Äthiopien unter seine Fahne zog. Mit Stolz hielt er Schau über ein Heer von siebzigtausend Mann und rühmte sich mit vorschneller Anmaßung, dieser sicheren Vorläuferin der Schmach, daß seine zahlreiche Reiterei die Truppen Mascezels mit den Hufen ihrer Rosse zerstampfen und die Eingeborenen der kalten Länder Gallien und Germanien unter Wolken glühenden Sandes begraben würde. Aber der Maure, der die Legionen des Honorius befehligte, war mit den Sitten seiner Landsleute zu vertraut, um ernste Besorgnisse vor einer nackten und ordnungslosen Schar von Barbaren zu hegen, deren linker Arm statt durch einen Schild nur durch einen Mantel geschützt wurde, die gänzlich entwaffnet waren, sobald sie den Wurf-spieß aus ihrer Rechten entsendet, und deren Pferde nie gelernt hatten, die Herrschaft des Zügels zu tragen oder seiner Leitung zu gehorchen. Er schlug sein Lager von fünftausend Veteranen im Angesicht eines an Zahl überlegenen Feindes auf und gab nach einem Zögern von drei Tagen das Zeichen zum allgemeinen Gefecht. Während Mascezel vor der Front mit billigen Anerbietungen des Friedens und der Verzeihung herzog, traf er auf einen der vordersten Fahnenträger der Afrikaner, und da sich dieser weigerte, sich zu ergeben, schlug er mit dem Schwerte nach seinem Arm. Der Arm und die Fahne sanken unter der Wucht des Streiches, und diese scheinbare Handlung der Unterwerfung wurde eiligst von allen Fahnen der feindlichen Linie nachgeahmt. Auf dieses Zeichen riefen die mißvergnügten Kohorten den Namen ihres rechtmäßi-gen Souveräns aus; die Barbaren, durch den Abfall ihrer römischen Bundesgenossen in Bestürzung gebracht, zerstreuten sich nach ihrer Sitte in wilder Flucht, und Masce-zel erwarb die Ehre, einen leichten, fast unblutigen Sieg erfochten zu haben. Der Tyrann entkam von dem Schlachtfelde nach dem Meeresküste und warf sich in ein kleines Schiff mit der Hoffnung, irgendeinen befreundeten Hafen des östlichen Rei-ches ohne Gefahr zu gewinnen: aber die Hartnäckigkeit des Windes trieb ihn nach der Reede von Tabraca zurück, das gleich der ganzen übrigen Provinz die Herrschaft des Honorius und die Amtsgewalt seines Stellvertreters anerkannt hatte. Die Einwohner ergriffen als Beweis ihrer Reue und Treue Gildo und warfen ihn in einen Kerker, wo seine eigene Verzweiflung ihn vor der unerträglichen Marter bewahrte, den Anblick eines beleidigten und siegreichen Bruders ertragen zu müssen. Die Gefangenen und die Beute von Afrika wurden dem Kaiser zu Füßen gelegt: Stilicho jedoch, dessen Mäßigung inmitten des Glückes um so leuchtender und aufrichtiger erschien, stellte sich, als gehorchte er den Gesetzen der Republik und überließ es dem römischen Senat und dem Volke, die Verbrecher höheren Ranges zu richten. Ihr Prozeß war öffentlich und feierlich, aber die Richter zeigten in Ausübung ihrer veralteten und ungesicherten Gerichtsbarkeit Ungeduld, die afrikanischen Obrigkeiten zu bestrafen, die die Unter-haltsmittel des römischen Volkes zurückgehalten hatten. Die reiche und schuldige Provinz wurde von den kaiserlichen Ministern, die ein sichtliches Interesse hatten, die Zahl der Mitschuldigen Gildos zu vervielfältigen, unterdrückt; und wenngleich ein Edikt des Honorius den boshaften Fleiß der Angeber zügeln zu wollen scheint, wird doch durch ein anderes Edikt, das zehn Jahre später erschien, die Verfolgung wegen Verbrechen, die zur Zeit der allgemeinen Empörung begangen worden waren, fortge-setzt und erneuert. Die Anhänger des Tyrannen, die der ersten Wut der Soldaten und Richter entgingen, mochten einigen Trost aus dem tragischen Schicksal seines Bruders schöpfen, der für die außerordentlichen Dienste, die er geleistet hatte, nie Verzeihung erhalten konnte. Nachdem Mascezel einen wichtigen Krieg im Laufe eines einzigen Winters beendet hatte, wurde er am Hofe von Mailand mit lautem Beifall, scheinbarer Dankbarkeit und geheimer Eifersucht empfangen, und sein Tod, der vielleicht die Wirkung des Zufalls gewesen, ist als das Verbrechen des Stilicho betrachtet worden. Bei dem Ritt über eine Brücke wurde der maurische Fürst, der den Oberbefehlshaber des Westens begleitete, plötzlich von seinem Pferde in den Fluß geworfen; ein grausames und treuloses Lächeln, welches das Gefolge auf dem Antlitze Stilichos bemerkte, hemmte den geschäftigen Eifer der Begleiter, und während sie den nötigen Beistand verzögerten, ertrank der unglückliche Mascezel ohne Rettung.

Die Freude über den afrikanischen Triumph traf zufällig mit der Vermählung des Kaisers Honorius mit seiner Cousine Maria, der Tochter Stilichos, zusammen, und diese gleiche und ehrenvolle Verbindung schien dem mächtigen Minister väterliche Gewalt über seinen unterwürfigen Zögling zu geben. Die Muse Claudians war an diesem freudenreichen Tage nicht stumm: er besang in verschiedenartigen und lebendigen Weisen das Glück des kaiserlichen Paares und den Ruhm des Helden, des Schöpfers dieser Vereinigung und der Stütze des Thrones. Die alten Fabeln Griechenlands, die beinahe ganz aufgehört hatten, Gegenstand religiösen Glaubens zu sein, wurden durch den Genius der Dichtkunst vor Vergessenheit gerettet. Die Schilderung des cyprischen Haines, des Sitzes der Eintracht und Liebe, der Triumphzug der Venus über ihr mütterliches Meer und der milde Einfluß, den ihre Anwesenheit im Palast von Mailand fühlbar machte, drücken für jedes Zeitalter die natürlichen Gefühle des Herzens in der schönen und angenehmen Sprache allegorischer Dichtung aus. Aber die verliebte Ungeduld, die Claudian dem jungen Fürsten zuschreibt, mußte das Lächeln des Hofes erregen, denn seine schöne Braut, wenn sie das Lob der Schönheit verdiente, hatte von den Leidenschaften ihres Anbeters nicht viel zu fürchten oder zu hoffen. Honorius befand sich erst im vierzehnten Lebensjahre; Serena, die Mutter seiner Braut, verzögerte durch List oder Überredung die Vollziehung der kaiserlichen Vermählung; Maria starb als Jungfrau, nachdem sie zehn Jahre Gattin gewesen, und die Keuschheit des Kaisers war durch die Kälte, vielleicht Schwäche seiner körperlichen Veranlagung gesichert. Seine Untertanen, die aufmerksam den Charakter ihres jungen Kaisers studierten, machten bald die Entdeckung, daß Honorius keine Leidenschaften, folglich auch keine Talente besitze und daß sein schwacher und hinfälliger Charakter gleich unfähig war, die Pflichten seines Ranges zu erfüllen, wie die Freuden seines Alters zu genießen. In seiner früheren Jugend hatte er einige Fortschritte in der Reitkunst und im Bogenschießen gemacht: er gab aber diese ermüdenden Beschäftigungen bald wieder auf, und das Vergnügen, Hühner zu füttern, wurde die ernste und tägliche Arbeit des Monarchen des Westens, der die Zügel des Reiches der festen und erfahrenen Hand seines Vormundes Stilicho überließ. Die Erfahrung der Geschichte gibt der Vermutung Raum, daß ein Fürst, der in Purpur geboren wurde, eine schlechtere Erziehung erhielt als der geringste Bauer in seinen Reichen und daß sein ehrgeiziger Minister ihn das Alter der Mannbarkeit erreichen ließ, ohne zu versuchen, seinen Mut zu erregen oder seinen Verstand zu erwecken. Die Vorgänger des Honorius waren gewohnt, durch ihr Beispiel oder wenigstens durch ihre Anwesenheit die Tapferkeit der Legionen anzufeuern, und das Datum ihrer Gesetze bezeugt die immerwährende Tätigkeit in ihren Reisen durch die Provinzen der römischen Welt. Der Sohn des Theodosius aber verbrachte den Schlummer seines Lebens als Gefangener in seinem Palast, als Fremdling in seinem Lande und als geduldiger, fast gleichgültiger Zuschauer des Ruins des Römischen Reiches, das von den Barbaren wiederholt angegriffen und endlich gestürzt wurde. In der ereignisreichen Geschichte einer Regierung von achtundzwanzig Jahren wird es nur selten notwendig sein, den Namen des Kaisers Honorius zu erwähnen.

SECHSTES KAPITEL

BARBARENKÄMPFE UND MINISTERSTREITIGKEITEN

Empörung der Goten. – Sie plündern Griechenland. – Zwei große Einfälle in Italien durch Alarich und Radagaisus. – Sie werden von Stilicho zurückgetrieben. – Usurpation Konstantins im Westen. – Ungnade und Tod Stilichos

Wenn die Untertanen Roms ihre Verpflichtungen gegen Theodosius den Großen hätten verkennen können, würden sie bald überzeugt worden sein, wie mühsam der Mut und die Fähigkeiten ihres verblichenen Kaisers das schwache und morsche Gebäude der Republik aufrechterhalten hatten. Er starb im Monat Jänner 395, und noch vor Winterende desselben Jahres stand das Volk der Goten unter den Waffen. Die barbarischen Bundesgenossen pflanzten die unabhängige Fahne auf und bekannten dreist die feindseligen Pläne, die sie seit langer Zeit in ihren grimmigen Herzen genährt hatten. Ihre Landsleute, die durch die Bedingungen des letzten Vertrages zu einem Leben der Ruhe und Arbeit verurteilt waren, verließen ihre Meiereien beim ersten Trompetenstoß und griffen wieder gierig zu den Schwertern, die sie mit Widerstreben abgelegt hatten. Die Schranken der Donau wurden gebrochen, Skythiens wilde Krieger brachen aus ihren Wäldern hervor, und die ungewöhnliche Strenge des Winters gab dem Dichter Veranlassung, zu sagen: „daß sie ihre schweren Wagen über den breiten und eisigen Rücken des entrüsteten Stromes rollten". Die unglücklichen Bewahrer der Provinzen im Süden der Donau unterwarfen sich den Drangsalen, die im Laufe von zwanzig Jahren ihrer Phantasie fast vertraut geworden waren; und die mannigfaltigen Scharen der Barbaren, die sich des gotischen Namens rühmten, breiteten sich regellos von dem bewaldeten Gestade Dalmatiens bis an die Mauern von Konstantinopel aus. Die Einstellung oder wenigstens die Verminderung der Hilfsgelder, die die Goten von Theodosius' kluger Freigebigkeit empfangen hatten, lieh einen trefflichen Vorwand zur Empörung; die Beleidigung ward durch ihre Verachtung der unkriegerischen Söhne des Theodosius verbittert und ihre Rache durch die Schwäche oder Verräterei des Ministers des Arcadius entflammt. Die häufigen Besuche des Rufinus im Lager der Barbaren, deren Tracht und Waffen er sich nachzuahmen stellte, wurden als hinreichender Beweis seines schuldvollen Einverständnisses angesehen, und die Feinde des Staates schonten entweder aus Dankbarkeit oder Politik mitten unter der allgemeinen Verwüstung sorgfältigst die Privatbesitzungen des vom Volke gehaßten Präfekten. Statt daß die Goten von den blinden und halsstarrigen Leidenschaften ihrer Häuptlinge angetrieben wurden, leitete sie jetzt Alarichs kühner und listenreicher Geist. Dieser berühmte Anführer stammte aus dem edlen Geschlecht der Balten, die nur der königlichen Würde der Amalen nachstand: er hatte sich um den Oberbefehl der römischen Heere beworben, und der kaiserliche Hof reizte ihn, demselben die Torheit seiner Weigerung und die Größe seines Verlustes zu beweisen. Welche Hoffnungen auf Eroberung Konstantinopels die Goten auch hegen mochten, gab der einsichtsvolle Feldherr doch bald ein unausführbares Unternehmen auf. Inmitten eines geteilten Hofes und eines unzufriedenen Volkes schreckte den Kaiser Arcadius der Anblick der gotischen Waffen: der Mangel an Weisheit und Tapferkeit wurde jedoch durch die Stärke der Stadt ersetzt, und die Befestigungen sowohl auf der Land- als Meeresseite konnten getrost den ohnmächtigen, auf das Geratewohl abgeschossenen Pfeilen der Barbaren trotzen. Alarich verschmähte es, länger die unterworfenen und ruinierten Länder Thrakien und Dazien zu zerstampfen und beschloß, eine ergiebige Ernte von Ruhm und Reichtümern in einer Provinz zu suchen, die bisher den Verheerungen des Krieges entgangen war.

Der Charakter der Zivil- und Militärbeamten, denen Rufinus die Regierung von Griechenland anvertraut hatte, bestärkte den allgemeinen Argwohn, daß er den alten Sitz der Freiheit und Geistesbildung an den gotischen Dränger verraten habe. Der Prokonsul Antiochus war der unwürdige Sohn eines achtbaren Vaters und Gerontius, der die Truppen der Provinz befehligte, war viel geeigneter, die Unterdrückungsgebote eines Tyrannen zu vollziehen, als mit Mut und Geschicklichkeit ein Land zu verteidigen, das schon die Hand der Natur höchst merkwürdig befestigt hatte. Alarich hatte ohne Widerstand die Ebenen von Makedonien und Thessalien durchzogen bis zum Berge Oeta (396), einer steilen und bewaldeten, für seine Reiterei fast unwegsamen Gebirgskette. Sie erstreckte sich von Osten nach Westen bis an den Rand des Meeresufers und ließ sich zwischen dem steilen Absturz und dem malianischen Golf nur einen Raum von dreihundert Fuß, der an einigen Plätzen zu einem Wege verengt war, wo nur ein einziger Wagen durchkommen konnte. In diesem Engpaß der Thermopylen, wo Leonides und die dreihundert Spartaner ihr Leben ruhmvoll geopfert, hätten die Goten von einem geschickten Feldherren aufgehalten oder vernichtet werden können, ja vielleicht würde der Anblick dieses geheiligten Platzes einige Funken kriegerischen Feuers in der Brust der entarteten Griechen entflammt haben. Die Truppen jedoch, die aufgestellt waren, um die Engen der Thermopylen zu verteidigen, zogen sich, wie ihnen befohlen worden war, zurück, ohne es zu versuchen, den sicheren und raschen Durchzug Alarichs aufzuhalten; und die fruchtbaren Gefilde von Phocis und Böotien wurden augenblicks von einer Sintflut von Barbaren überschwemmt, welche die waffenfähige, männliche Bevölkerung niedermetzelten und die schönen Frauen samt der Beute und dem Vieh aus den brennenden Dörfern fortführten. Reisende, die Griechenland Jahre nachher besuchten, konnten leicht die tiefen und blutigen Spuren des Zuges der Goten entdecken; Theben verdankte seine Rettung weniger der Stärke seiner sieben Tore als der ungestümen Eile Alarichs, womit er vorrückte, um sich der Stadt Athen und des wichtigen Hafens Piräus zu bemächtigen. Dieselbe Ungeduld trieb ihn an, der Verzögerung und Gefahr einer Belagerung durch das Anerbieten einer Kapitulation vorzubeugen, und sowie die Athenienser den Ruf des gotischen Herolds vernahmen, ließen sie sich leicht bereden, den größten Teil ihrer Reichtümer als Lösegeld der Stadt der Minerva und ihrer Bewohner auszuliefern. Der Vertrag wurde durch feierliche Schwüre geheiligt und mit gegenseitiger Treue gehalten. Der gotische Fürst ward mit einem kleinen und auserlesenen Gefolge in die Stadt eingelassen, gönnte sich die Erfrischung eines Bades, nahm ein glänzendes Bankett an, das ihm die Machthaber gaben, und es gefiel ihm, zu zeigen, daß er mit den Sitten zivilisierter Nationen nicht unvertraut wäre. Aber das ganze Gebiet von Attika, von dem Vorgebirge von Sunium bis zur Stadt Megara, wurde durch seine verderbliche Anwesenheit verhört, und wenn wir den Ausdruck eines zeitgenössischen Philosophen gebrauchen dürfen, glich Athen selbst dem blutigen und leeren Fell eines geschlachteten Opfertieres. Die Entfernung Megaras von Korinth übersteigt dreißig Meilen nicht um viel: aber die schlechte Straße, ein ausdrucksvoller Name, den sie noch jetzt bei den Griechen führt, war für den Marsch eines Feindes unwegsam oder konnte es leicht gemacht werden. Die dichten und düsteren Wälder des Berges Cithäron bedeckten das innere Land; die scironischen Felsen drangen bis an den Rand des Wassers vor und hingen über den engen und gewundenen Weg, der auf eine Strecke von sechs Meilen längs dem Meeresgestade eingeengt war. Dieser, in jedem Jahrhundert so verrufene Felsenweg endete am Isthmus von Korinth, und eine kleine Schar entschlossener und unerschrockener Soldaten hätte eine in Eile aufgeworfene Verschanzung von fünf bis sechs Meilen vom Ionischen bis zum Ägäischen Meer mit Erfolg verteidigen können. Das Vertrauen der Städte des Peloponneses in ihr natürliches Bollwerk hatte sie verleitet, die Ausbesserung ihrer alten Mauern zu vernachlässigen, und die Habsucht der römischen Statthalter hatte die unglückliche Provinz erschöpft und verraten. Korinth, Argos, Sparta ergaben sich ohne Widerstand den Waffen der Goten, und die Einwohner waren noch die Glücklichsten, die durch den Tod davor bewahrt wurden, die Sklaverei ihrer Familie und den Brand ihrer Städte zu schauen. Die Vasen und Statuen wurden unter den Barbaren mehr mit Rücksicht auf den Wert des Stoffes, als auf die Meisterschaft der Arbeit verteilt; die weiblichen Gefangenen verfielen dem Kriegsrecht, der Genuß der Schönheit war der Lohn der Tapferkeit, und die Griechen konnten sich vernünftigerweise nicht über einen Gebrauch beklagen, der durch das Beispiel der heroischen Zeiten gerechtfertigt wurde. Die Nachkommen jenes außerordentlichen Volkes, das Tapferkeit und Kriegszucht als die Mauern von Sparta betrachtet hatte, erinnerten sich nicht mehr der hochherzigen Antwort ihrer Ahnen an einen furchtbareren Feind als Alarich: „Wenn du ein Gott bist, so wirst du denen kein Leid zufügen, die dich niemals beleidigt haben; bist du aber Mensch, so tritt vor und du wirst Menschen finden, die dir gleich sind." Von den Thermopylen bis Sparta setzte der Anführer der Goten seinen siegreichen Zug fort, ohne auf sterbliche Gegner zu treffen: einer der Verteidiger des sterbenden Heidentums jedoch hat zuversichtlich behauptet, daß die Mauern von Athen von der Göttin Minerva mit ihrem furchtbaren Schilde und von dem zürnenden Schatten des Achilles beschützt und der Eroberer durch die Anwesenheit der feindlichen Gottheiten Griechenlands zurückgeschreckt worden wäre. Es dürfte vielleicht ungerecht sein, in einem Jahrhundert der Wunder den Anspruch des Geschichtsschreibers Zosimus auf die allgemeine Wohltat zu bestreiten; indessen darf man auch nicht verheimlichen, daß das Gemüt Alarichs sehr schlecht vorbereitet war, in Wach- oder Traumgesichten die Eindrücke des griechischen Aberglaubens zu empfangen. Die Gesänge des Homer und der Ruhm des Achilles hatten das Ohr des ungebildeten Barbaren wohl niemals erreicht, und der christliche Glaube, den er mit Inbrunst angenommen, lehrte ihn, die eingebildeten Götter Roms und Athens zu verachten. Der Einbruch der Goten, weit entfernt, die Ehre des Heidentums zu retten, trug vielmehr, wenigstens zufällig, zur Ausrottung der letzten Spuren desselben bei, und die Mysterien der Ceres, die seit achtzehn Jahrhunderten bestanden hatten, überlebten die Zerstörung von Eleusis und die Drangsale Griechenlands nicht.

Die letzte Hoffnung eines Volkes, das sich auf seine Waffen, seine Götter, seinen Fürsten nicht mehr verlassen konnte, beruhte auf dem mächtigen Beistand des Oberfeldherren des Westens: Stilicho, dem man nicht gestattet hatte, die in Griechenland einbrechenden Feinde zurückzudrängen, rückte nun heran (397), um sie zu züchtigen. Eine zahlreiche Flotte wurde in den Häfen von Italien ausgerüstet und setzte die Truppen nach einer kurzen und glücklichen Überfahrt über das Ionische Meer in Sicherheit auf der Landenge in der Nähe der Ruinen von Korinth an das Land. Das waldreiche und bergige Land Arkadien, der Fabelwohnsitz Pans und der Dryaden, ward der Schauplatz eines langen und zweifelhaften Kampfes zwischen zwei einander nicht unwürdigen Feldherren. Die Geschicklichkeit und Beharrlichkeit des Römers gewann endlich die Oberhand, und die Goten zogen sich, nachdem sie durch Krankheit und Heeresflucht eine beträchtliche Einbuße erlitten hatten, allmählich nach dem hohen Gebirge Pholoe in der Nähe der Quellen des Peneus und an die Grenzen von Elis zurück, ein geheiligter Landstrich, der früher von den Drangsalen des Krieges verschont geblieben war. Das Lager der Barbaren wurde unverzüglich eingeschlossen, das Wasser des Flusses in ein anderes Bett abgeleitet und während die Goten den unerträglichen Druck des Durstes und Hungers litten, eine starke Umschanzungslinie gezogen, um ihr Entkommen zu hindern. Nach diesen Vorsichtsmaßregeln entfernte sich Stilicho, der sich des Sieges für allzu sicher hielt, um seinen Triumph in den theatralischen Spielen und üppigen Tänzen der Griechen zu genießen; seine Soldaten verließen ihre Fahnen, breiteten sich über das Land ihrer Bundesgenossen aus und nahmen ihnen alles, was vor den räuberischen Händen des Feindes gerettet worden war. Alarich scheint den günstigen Augenblick ergriffen zu haben, um eine jener kühnen Taten auszuführen, in denen sich die Talente eines Feldherren mit echterem Glanze entfalten, als in dem Lärm eines Schlachttages. Um sich aus dem Gefängnis des Peloponneses zu befreien, war es notwendig, daß er die Verschanzungslinien durchbrach, die sein Lager umgaben; daß er einen schwierigen und gefährlichen Marsch von dreißig Meilen bis zum Golf von Korinth bewerkstelligte; daß er endlich seine Truppen, seine Gefangenen und seine Beute über einen Meeresarm setzte, der in dem engen Raum zwischen Rhium und dem entgegengesetzten Ufer doch wenigstens eine halbe Meile breit war. Die Bewegungen des Alarich müssen geheim, wohlberechnet und schnell gewesen sein, weil den römischen Feldherren die Kunde bestürzte, daß die

Goten, die seine Bestrebungen vereitelt hatten, im vollen Besitze der wichtigen Provinz Epirus wären. Diese unglückliche Verzögerung ließ Alarich hinreichende Zeit, einen Vertrag abzuschließen, über welchen er insgeheim mit den Ministern zu Konstantinopel unterhandelte. Furcht vor einem Bürgerkrieg zwang Stilicho auf den stolzen Befehl seiner Nebenbuhler, sich aus den Gebieten des Arcadius zurückzuziehen, und er achtete in dem Feinde Roms den ehrenvollen Charakter eines Bundesgenossen und Dieners des Kaisers des Ostens.

Ein griechischer Philosoph, der Konstantinopel bald nach dem Tode des Theodosius besuchte, veröffentlichte seine aufgeklärten Ansichten betreffs der königlichen Pflichten und des Zustandes der römischen Republik. Synesius bemerkte und beklagte den verderblichen Mißbrauch, der durch die unweise Güte des verstorbenen Kaisers in dem Kriegsdienst eingeführt worden war. Die Bürger und Untertanen hatten Befreiung von der unerläßlichen Pflicht, ihr Vaterland zu verteidigen, erkauft, das durch die Waffen barbarischer Söldner beschützt wurde. Den Flüchtlingen Skythiens gestattete man, die Würden des erlauchten Reiches zu beflecken; ihre rohe Jugend, die den heilsamen Zwang der Gesetze verachtete, geizte mehr danach, Reichtümer zu erwerben, als die Künste eines Volkes nachzuahmen, das der Gegenstand ihrer Verachtung und ihres Hasses war; und die Macht der Goten blieb das Schwert des Damokles, das fortwährend über Friede und Heil des verfemten Staates in drohender Schwebe hing. Die Maßregeln, die Synesius empfiehlt, sind die Vorschriften eines kühnen und hochherzigen Patrioten. Er mahnt den Kaiser, den Mut seiner Untertanen durch das Beispiel männlicher Tugend wieder zu beleben, Üppigkeit vom Hofe und aus dem Lager zu verbannen; an Stelle barbarischer Lohntruppen ein Heer von Männern aufzustellen, die an der Verteidigung ihrer Gesetze und ihres Eigentums ein Interesse hätten; in einem solchen Augenblick öffentlicher Gefahr den Handwerker aus seiner Werkstätte und den Philosophen aus seiner Schule zu zwingen; den trägen Bürger aus seinem Freudentraum zu wecken und die Hände des arbeitsamen Landwirtes zum Schutze des Ackerbaues zu bewaffnen. Er ermuntert den Sohn des Theodosius, an der Spitze solcher Truppen, die den Römernamen verdienen und Römermut entfalten würden, gegen ein Geschlecht Barbaren zu ziehen, dem es an allem wirklichem Mute fehle und die Waffen nicht eher wieder niederzulegen, als bis er sie weit hinweg in die Einöden Skythiens getrieben oder in einen solchen Zustand der Knechtschaft gebracht hätte, wie sie die Lacedämonier einst den gefangenen Heloten auferlegt hatten. Der Hof des Arcadius duldete den Eifer, lobte die Beredsamkeit und vernachlässigte den Rat des Synesius. Vielleicht hat sich der Philosoph, der den Kaiser des Ostens in der Sprache der Vernunft und Tugend anredete, wie er sich ihrer gegen einen spartanischen König bedient haben würde, nicht herabgelassen, einen ausführbaren, zu dem Geiste und den Umständen eines entarteten Zeitalters passenden Plan zu entwerfen. Vielleicht verwarf der Stolz der Minister, deren Geschäfte selten durch Nachdenken unterbrochen wurden, jeden Vorschlag als träumerisch und abenteuerlich, der das Maß ihrer Fähigkeit überstieg und von den Formen und Gewohnheiten des Amtes abwich. Während die Rede des Synesius und der Sturz der Barbaren allgemeine Gesprächsgegenstände waren, erschien zu Konstantinopel ein Edikt, das die Beförderung Alarichs zum Oberbefehlshaber des östlichen Illyrien enthielt (398). Die römischen Provinzbewohner und die Bundesgenossen, die die Heiligkeit der Verträge geachtet hatten, waren mit Recht entrüstet, daß man den Ruin von Griechenland und Epirus so freigebig belohnte. Der gotische Eroberer wurde in den Städten, die er erst kürzlich noch belagert hatte, als gesetzmäßige Obrigkeit empfangen. Die Väter, deren Söhne er niedergemetzelt, die Männer, deren Gattinnen er geschändet hatte, waren seiner Amtsgewalt unterworfen, und der Erfolg seiner Empörung ermutigte den Ehrgeiz jedes Anführers fremder Soldtruppen. Der Gebrauch, den Alarich von seinem neuen Oberbefehl machte, beweist den festen und einsichtvollen Charakter seiner Politik. Er erließ an die vier Arsenale und Fabriken von Angriffs- und Verteidigungswaffen, Margus, Ratiaria, Naissus und Thessaloniki Befehle, seine Truppen mit einer außerordentlichen Lieferung von Schilden, Helmen, Schwertern und Speeren zu versehen; die unglücklichen

Provinzbewohner waren gezwungen, die Werkzeuge ihrer eigenen Vernichtung zu schmieden, und die Barbaren beseitigten den einzigen Mangel, der zuweilen die Anstrengungen ihrer Tapferkeit vereitelt hatte. Alarichs Geburt, der Ruhm seiner vergangenen Taten und das Vertrauen in seine zukünftigen Pläne vereinigten die Masse der Nation allmählich unter seiner siegreichen Fahne, und der Oberbefehlshaber von Illyrien wurde mit einhelliger Zustimmung der barbarischen Häuptlinge nach altem Gebrauch auf einen Schild erhoben und feierlich zum König der Westgoten ausgerufen. Mit dieser doppelten Gewalt bewaffnet und an der Grenze der beiden Reiche sitzend, verkaufte er abwechselnd seine trügerischen Versprechungen den Höfen des Arcadius und Honorius, bis er endlich seinen Entschluß, in die Gebiete des Westens einzufallen, erklärte und ausführte. Die dem Kaiser des Ostens untertänigen europäischen Provinzen waren bereits erschöpft, die asiatischen unzugänglich, und die Stärke von Konstantinopel würde seinem Angriffe widerstanden haben. Aber der Ruhm, die Schönheit und der Reichtum Italiens, das er zweimal besucht hatte, lockten ihn, und er geizte insgeheim danach, die gotische Fahne auf den Mauern Roms aufzupflanzen und sein Heer durch die aufgehäufte Beute von dreihundert Triumphen zu bereichern.

Der Mangel an Tatsachen und die Ungewißheit der Zeitangaben stellen sich gegen unsere Versuche, die Umstände des ersten Einfalles in Italien (400–403) durch Alarichs Heer zu beschreiben. Sein Zug, vielleicht von Thessaloniki aus, durch das kriegerische und feindliche Land Pannonien bis zum Fuße der Julischen Alpen; sein Übergang über diese Gebirge, die durch Truppen und Verhaue stark geschützt waren; die Belagerung von Aquileja und die Eroberung der Provinzen Istrien und Venetien scheinen eine beträchtliche Zeit in Anspruch genommen zu haben. Außer daß seine Operationen außerordentlich langsam und vorsichtig gewesen sind, muß die Länge der Zeit auf die wahrscheinliche Vermutung führen, daß der gotische König gegen die Ufer der Donau zurückzog und sein Heer mit frischen Barbarenschwärmen verstärkte, bevor er abermals versuchte, in das Herz Italiens einzudringen. Da die öffentlichen und wichtigen Ereignisse sich dem Fleiß des Geschichtsforschers entziehen, kann er sich einen Augenblick damit vergnügen, den Einfluß der Waffen Alarichs auf das Schicksal zweier dunkler Individuen, eines Presbyters von Aquileja und eines Landwirtes von Verona, zu betrachten. Der gelehrte Rufinus, von seinen Feinden vor eine römische Synode geladen, zog weislich die Gefahren einer belagerten Stadt vor, und die Barbaren, die die Mauern von Aquileja wütend erschütterten, mochten ihn vor einem harten Urteil wie gegen einen andern Ketzer gerettet haben, der auf Forderung derselben Bischöfe grausam gegeißelt und zu ewiger Verbannung auf eine öde Insel verdammt worden war. Der alte Mann, der sein einfaches und schuldloses Leben in der Umgebung von Verona zubrachte, war ein Fremdling den Zänken der Könige und Bischöfe; seine Freuden, seine Wünsche, sein Wissen waren in dem kleinen Kreis seiner väterlichen Meierei eingeschlossen, und ein Stab stützte des Greises Schritte auf demselben Boden, wo er als Kind gespielt. Aber selbst dieses demütige und ländliche Glück, das Claudian mit so viel Wahrheit und Gefühl beschreibt, war der Wut des Krieges, die keinen Unterschied kannte, ausgesetzt. Seine Bäume, seine alten, gleichzeitig gepflanzten Bäume mußten im Brand des ganzen Landes lodern, eine Abteilung gotischer Reiterei durfte seine Familie und seine Hütte wegfegen, und die Macht Alarichs konnte ein Glück zerstören, das er weder zu genießen noch zu verleihen fähig war. „Die Fama", sagt der Dichter, „ihre düsteren Fittiche unter Entsetzen entfaltend, verkündete den Zug des Barbarenheeres und erfüllte Italien mit Bestürzung". Die Besorgnisse jedes einzelnen stiegen im selben Verhältnis zum Maß seines Vermögens, und die Furchtsamsten, die bereits ihre kostbare Habe eingeschifft hatten, standen auf dem Punkte, nach der Insel Sizilien oder nach der afrikanischen Küste zu entfliehen. Die öffentliche Not wurde durch die Schrecken und Vorwürfe des Aberglaubens vermehrt. Jede Stunde brachte irgendeine schreckliche Sage außerordentlicher und unglückkündender Ereignisse: die Heiden wehklagten über die Vernachlässigung der Omen und die Unterbrechung der Opfer, die Christen dagegen hegten noch einige Hoffnung, durch die mächtige Fürbitte der Heiligen und Märtyrer.

Der Kaiser Honorius zeichnete sich vor seinen Untertanen ebensowohl durch überragende Furcht wie durch überragenden Rang aus. Der Stolz und Glanz, worin er erzogen worden, hatte auch nicht die entfernteste Ahnung in ihm aufkommen lassen, daß es auf Erden eine Macht gebe, verwegen genug, die Ruhe eines Nachfolgers des Augustus zu stören. Die Künste der Schmeichelei verbargen die drohende Gefahr, bis Alarich sich dem Palast von Mailand näherte. Als jedoch der Kriegslärm den jungen Kaiser weckte, gab er, statt mit dem Mute oder auch nur mit der Übereilung der Jugend zu den Waffen zu flitzen, jenen furchtsamen Räten Gehör, die vorschlugen, seine geheiligte Person und seine treuen Diener an irgendeinen fernen und sicheren Platz der Provinzen von Gallien zu versetzen. Stilicho allein besaß Mut und Ansehen genug, um sich dieser schimpflichen Maßregel, welche Rom und Italien den Barbaren preisgegeben hätte, zu widersetzen: da aber die Palasttruppen kürzlich nach der rätischen Grenze entsendet worden waren und man sich auf neue Aushebungen ihrer Langsamkeit und Unsicherheit wegen nicht verlassen konnte, vermochte der Feldherr des Westens nur zu versprechen, daß er, wenn der Hof von Mailand während seiner Abwesenheit seinen Platz behaupten wollte, bald mit einem Heer zurückkehren würde, groß genug, um dem König der Goten die Spitze zu bieten. Ohne einen Augenblick zu verlieren, da jeder Augenblick so wichtig für das öffentliche Wahl war, schiffte sich Stilicho hastig auf dem larischen See ein, ging während der Strenge eines Alpenwinters über die Eis und Schneegebirge und drängte durch seine unerwartete Gegenwart plötzlich den Feind zurück, der die Ruhe von Rätien gestört hatte. Die Barbaren, vielleicht einige Alemannenstämme, ehrten die Festigkeit eines Anführers, der fortwährend eine gebieterische Sprache führte, und die Auswahl einer erlesenen Anzahl ihrer tapfersten Jünglinge, die er traf, wurde als ein Zeichen der Achtung und Gunst betrachtet. Die von dem nahen Feinde befreiten Kohorten stellten sich unverzüglich unter die kaiserliche Fahne, und Stilicho erließ an die entferntesten Truppen des Westens gemessene Befehle, in Eilmärschen zur Verteidigung Honorius' und Italiens herbeizurücken. Aus den Festungswerken am Rhein wurden die Besatzungen gezogen und die Sicherheit Galliens lediglich dem Schutze der Worttreue der Germanen und des alten Schreckens des römischen Namens anvertraut. Selbst die Legion, die den britischen Wall gegen die Kaledonier des Nordens bewachte, wurde eiligst zurückberufen und eine zahlreiche Reiterschar der Alanen veranlaßt, in den Dienst des Kaisers zu treten, der ängstlich der Rückkehr seines Feldherrn harrte. Die Klugheit und Tatkraft Stilichos leuchtete im hellsten Glanze bei dieser Gelegenheit, welche zugleich die Schwäche des sinkenden Reiches offenbarte. Die römischen Legionen, die seit langer Zeit in dem allmählichen Verfall des Heereszucht und des Mutes ein sieches Dasein hingeschleppt hatten, waren durch die gotischen und die Bürgerkriege ausgerottet worden, und es erwies sich als unmöglich, ein Heer zur Verteidigung Italiens aufzubringen, ohne die Provinzen zu erschöpfen und bloßzustellen. Als Stilicho seinen Souverän in dem unbeschützten Palast von Mailand preiszugeben schien, hatte er wahrscheinlich die Dauer seiner Abwesenheit, die Entfernung des Feindes und die Hindernisse berechnet, die seine Annäherung verzögern könnten. Er verließ sich hauptsächlich auf die Flüsse Italiens, die Etsch, den Mincio, den Oglio und die Addua, die im Winter und Frühling infolge der Regengüsse und der Schneeschmelze zu breiten und reißenden Strömen anzuschwellen pflegen. Aber die Jahreszeit war so ungewöhnlich trocken, daß die Goten ohne Hindernis über die breiten und steinigen Bette, deren Mitte bloß durch den Lauf eines seichten Stromes bezeichnet war, zu setzen vermochten. Der Brücke und des Überganges über die Addua versicherte sich eine starke Abteilung des gotischen Heeres, und als sich Alarich den Mauern oder vielmehr Vorstädten von Mailand näherte, hatte er die stolze Genugtuung, den Kaiser der Römer vor sich fliehen zu sehen. Honorius floh mit einem schwachen Gefolge von Staatsmännern und Eunuchen eilig den Alpen in der Absicht zu, seine Person in der Stadt Arles, die oft die Residenz seiner kaiserlichen Vorfahren gewesen, in Sicherheit zu bringen. Kaum aber war Honorius über den Po gegangen, so wurde er durch die Schnelligkeit der gotischen Reiterei eingeholt, und die Nähe der Gefahr zwang ihn, in der Festung Asta, einer kleinen, an den Ufern des Tanaro gelegenen Stadt Liguriens oder Piemonts, vorübergehenden Schutz zu suchen. Die Belagerung eines unbedeutenden Platzes, der eine so reiche Beute enthielt und jedes längeren Widerstandes unfähig schien, wurde von dem König der Goten sogleich unternommen und unermüdlich betrieben; die kühne Erklärung, die der Kaiser später verlautbaren ließ, daß seine Brust stets unzugänglich für die Furcht gewesen wäre, erhielt wahrscheinlich selbst an seinem eigenen Hof wenig Glauben. In der äußersten, fast hoffnungslosen Not, nachdem die Barbaren bereits die Schmach einer Kapitulation vorgeschlagen hatten, wurde der kaiserliche Gefangene plötzlich durch den Ruf, die Annäherung und endlich die Gegenwart eines Helden erlöst, den er so lange erwartet hatte. An der Spitze einer auserlesenen und unerschrockenen Vorhut schwamm Stilicho über die Addua, um die Zeit zu gewinnen, die bei dem Angriff auf die Brücke hätte verlorengehen müssen; mit weit weniger Gefahr und Schwierigkeit war der Übergang über den Po verbunden, und das glückliche Gefecht, durch das er sich unter den Wällen von Asta einen Weg durch das gotische Lager bahnte, belebte wieder die Hoffnungen und rettete die Ehre Roms. Statt die Frucht seines Sieges zu brechen, wurde der Barbar allmählich durch die Truppen des Westens, die glücklich aus allen Alpenpässen hervorbrachen, von allen Seiten umzingelt, sein Lager immer mehr eingeengt, seine Zufuhren abgeschnitten, und die Wachsamkeit der Römer schickte sich an, eine Kette von Verschanzungen zu bilden und die Linien der Belagerer zu belagern. Ein Kriegsrat der langhaarigen Häuptlinge der gotischen Nation, jener greisen Krieger, deren Leiber in Felle gehüllt, deren strenge Antlitze mit ehrenvollen Wunden gezeichnet waren, wurde einberufen. Sie wogen den Ruhm, auf ihrem Unternehmen zu beharren, gegen den Vorteil, ihre Beute zu sichern, ab und empfahlen die klugen Maßregeln eines Rückzuges zur rechten Zeit. Bei dieser wichtigen Beratung entwickelte Alarich den Mut des Eroberers von Rom, und nachdem er seine Vaterlandsgenossen an ihre Taten und Pläne erinnert hatte, schloß er seine feurige Rede durch die feierliche und gemessene Beteuerung, daß er entschlossen sei, in Italien entweder ein Königreich oder ein Grab zu finden.

Die lockere Heereszucht der Barbaren setzte sich stets der Gefahr einer Überrumpelung aus; anstatt aber, daß Stilicho die zügellosen Stunden der Schwelgerei und Unmäßigkeit wählte, beschloß er, die christlichen Goten anzugreifen, während sie frommerweise mit der Feier des Osterfestes beschäftigt waren. Die Ausführung der Kriegslist oder, wie die Geistlichkeit es nannte, des Frevels wurde Saul, einem Barbaren und Heiden, anvertraut, der jedoch unter den alten Feldherren des Theodosius mit ausgezeichnetem Rufe gedient hatte. Das Lager der Goten, welches Alarich in der Nähe von Pollentia aufgeschlagen hatte, wurde durch den plötzlichen und ungestümen Angriff der kaiserlichen Reiterei in Verwirrung gebracht (29. März 403); in wenigen Augenblicken jedoch gab ihnen das unerschrockene Genie ihres Anführers die Ordnung und ein Schlachtfeld wieder, und sobald sie sich von ihrem Erstaunen erholt hatten, mehrte das fromme Vertrauen, daß der Gott der Christen ihre Sache führen werde, ihre angeborene Tapferkeit mit frischer Stärke. In diesem Kampf, der lange mit gleichem Mut und Erfolg fortgeführt wurde, bewies der Häuptling der Alanen, dessen winzige Wildengestalt eine hochherzige Seele barg, seine in Zweifel gezogene Treue durch den Eifer, womit er im Dienste der Republik focht und fiel, und der Ruhm des ritterlichen Barbaren ist in den Versen Claudians nur unvollständig bewahrt worden, weil der Dichter, der seine Tapferkeit und Ergebenheit feiert, den Namen zu nennen vernachlässigt hat. Sein Tod hatte die Bestürzung und Flucht des Geschwaders, dessen Befehlshaber er gewesen, zur Folge, und die Niederlage des Flügels der Reiterei würde den Sieg zugunsten Alarichs entschieden haben, wenn Stilicho nicht unverzüglich das römische und barbarische Fußvolk zum Angriff geführt hätte. Die Geschicklichkeit des Feldherrn und die Tapferkeit der Soldaten überwanden jedes Hindernis. Am Abend des blutigen Tages zogen sich die Goten vom Schlachtfeld zurück; die Verschanzungen ihres Lagers wurden erstürmt, und die nun folgende Szene der Plünderung und des Gemetzels sühnte einigermaßen die Drangsale, die sie den Untertanen des Reiches zugefügt hatten. Die großartige Beute von Korinth und Argos bereicherte die Veteranen des Westens; die gefangene Gattin Alarichs, die mit Ungeduld die Erfüllung seines Versprechens von römischen Juwelen und Kammerfrauen begehrte, sah sich gezwungen, die Gnade des stolzen Feindes anzuflehen, und mehrere tausend von den gotischen Ketten erlöste Gefangene verbreiteten durch die Provinzen Italiens den Ruhm ihres heldenmütigen Befreiers. Der Triumph Stilichos wurde von dem Dichter und vielleicht dem Volke mit jenem des Marius verglichen, der in derselben Gegend Italiens ein anderes Heer nordischer Barbaren bekämpft und vernichtet hatte. Die riesigen Gebeine und leeren Helme der Kimbern und Goten konnten von den nachfolgenden Geschlechtern leicht verwechselt werden, und die Nachwelt mochte dem Andenken der zwei berühmtesten Feldherren, die auf demselben denkwürdigen Boden die zwei furchtbarsten Feinde Roms besiegt hatten, eine gemeinsame Trophäe errichten.

Die Beredsamkeit Claudians hat den Sieg von Pollentia, einen der glorreichsten Tage im Leben seines Beschützers, mit verschwenderischem Beifall gefeiert; aber seine sich sträubende und parteiische Muse zollt dem Charakter des gotischen Königs echteres Lob. Sein Name wird allerdings mit dem schimpflichen Namen eines Räubers und Mordbrenners, worauf die Eroberer jedes Jahrhunderts mit Recht Anspruch haben, gefeiert; aber der Dichter des Stilicho ist gezwungen, anzuerkennen, daß Alarich jene unbesiegliche Willensstärke besaß, die aus jedem Unglück überlegen auftaucht und neue Hilfsmittel aus widrigem Geschick schöpft. Nach der gänzlichen Niederlage seines Fußvolkes entwich er oder zog sich vielmehr mit dem größten Teil seiner Reiterei, völlig unzersprengt, vom Schlachtfeld zurück. Ohne einen Augenblick mit Wehklagen über den Verlust so vieler tapferer Gefährten zu vergeuden, ließ er seinen siegreichen Feind die eroberten Bilder eines gotischen Königs in Fesseln legen und beschloß kühn, durch die unbewachten Pässe der Apenninen zu brechen, das fruchtbare Toskana zu verheeren und vor den Toren Roms zu siegen oder zu sterben. Die Hauptstadt wurde durch die tätige und unablässige Wachsamkeit Stilichos gerettet; aber er berücksichtigte die Verzweiflung seines Feindes, und statt das Schicksal der Republik dem Ungefähr einer zweiten Schlacht anzuvertrauen, machte er den Vorschlag, den Abzug der Barbaren zu erkaufen. Alarichs Mut würde solche Bedingungen, die Erlaubnis des Rückzuges und das Anerbieten eines Jahrgehaltes, mit Verachtung und Entrüstung verworfen haben: aber er übte nur eine beschränkte und unsichere Macht über die unabhängigen Häuptlinge, die ihn zu ihrem Besten über seinesgleichen erhoben hatten; noch viel weniger waren sie geneigt, einem unglücklichen Feldherrn zu gehorchen, und mehrere von ihnen ließen sich verleiten, für ihr Interesse durch geheime Unterhandlungen mit dem Minister des Honorius zu sorgen. Der König unterwarf sich dem Willen seines Volkes, genehmigte den Vertrag mit dem Reich des Westens und ging mit den Überresten des glänzenden Heeres, das er nach Italien geführt hatte, über den Po zurück. Ein beträchtlicher Teil der römischen Streitkräfte fuhr fort, seine Bewegungen zu bewachen, und Stilicho, der ein geheimes Einverständnis mit einigen der barbarischen Häuptlinge unterhielt, bekam pünktlich von den Plänen Kunde, die man im Lager und Kriegsrat Alarichs entwarf. Der König der Goten, begierig, seinen Rückzug durch eine glänzende Tat zu verbrämen, hatte beschlossen, sich der wichtigen Stadt Verona, des Schlüssels zu dem Hauptpaß der rätischen Alpen, zu bemächtigen, um durch die Gebiete jener germanischen Stämme, deren Bündnis seine erschöpfte Macht wiederherstellen könnte, zu ziehen und von der Seite des Rheins her in die reichen und arglosen Provinzen Galliens einzubrechen. Den Verrat nicht ahnend, der dem Feind bereits Kunde von seinem kühnen und einsichtsvollen Unternehmen gegeben, rückte er gegen die schon von den kaiserlichen Truppen besetzten Gebirgspässe vor, wo er zu fast gleicher Zeit einem allgemeinen Angriff von vorne, in den Flanken und im Rücken preisgegeben war. In diesem blutigen Gefecht, das in geringer Entfernung von den Mauern von Verona stattfand, war der Verlust der Goten nicht minder groß als jener, den sie in der Schlacht von Pollentia erlitten hatten, und ihr tapferer König, den nur die Schnelligkeit seines Rosses rettete, würde entweder erschlagen oder zum Gefangenen gemacht worden sein, wenn der übereilte Ungestüm der Alanen nicht die Maßregeln des römischen Feldherrn vereitelt hätte. Alarich sicherte die Überreste seines Heeres auf dem naheliegenden Felsen und schickte sich mit unerschrockener Entschlossenheit an, eine Belagerung durch die überlegene Anzahl des Feindes, der ihn von allen Seiten einschloß, auszuhalten. Aber er konnte weder dem verderblichen Fortschritt des Hungers noch der Krankheit Einhalt tun, noch war es ihm möglich, die beständige Heeresflucht seiner ungeduldigen und eigensinnigen Barbaren zu verhindern. Dennoch fand er in dieser äußersten Not Hilfsmittel in seinem eigenen Mute oder in der Mäßigung seines Gegners, und der Rückzug des gotischen Königs wurde als die Befreiung Italiens betrachtet. Indessen erdreistete sich das Volk, ja selbst die Geistlichkeit, unfähig, ein vernünftiges Urteil über die Angelegenheiten des Friedens und Krieges zu fällen, die Politik Stilichos anzuklagen, der den unversöhnlichen Feind der Republik so oft besiegt, so oft eingeschlossen und so oft hatte entkommen lassen. Der erste Augenblick der Rettung des Staates ist der Dankbarkeit und Freude geweiht, emsig aber füllen Neid und Verleumdung den zweiten.

Die Bürger Roms waren durch die Annäherung Alarichs in Bestürzung versetzt worden, und die Emsigkeit, mit der sie an der Wiederherstellung der Mauern der Hauptstadt arbeiteten, legte Zeugnis für die eigenen Besorgnisse und für den Verfall des Reiches ab. Nach dem Abzug der Barbaren wurde dem Honorius geraten, die pflichtgetreue Einladung des Senates anzunehmen und in der kaiserlichen Stadt die glückliche Mitra des Sieges über die Goten und seines sechsten Konsulates zu feiern. Die Vorstädte und die Straßen von der milvischen Brücke bis zum palatinischen Berge waren von dem römischen Volk gefüllt (404), das im Zeitraum von hundert Jahren nur dreimal mit der Anwesenheit seiner Souveräne beehrt worden war. Während die Blicke der Menschen auf Stilicho hafteten, der verdientermaßen an der Seite seines kaiserlichen Zöglings saß, riefen sie dem Gepränge eines Triumphs Beifall zu, der nicht wie jener Konstantins oder des Theodosius mit Bürgerblut befleckt war. Der Zug ging durch einen hohen zu diesem Zweck eigens errichteten Bogen: aber in weniger als in sieben Jahren konnten die Eroberer Roms die herrliche Inschrift auf diesem Denkmal lesen, wenn sie dessen fähig waren, die die gänzliche Niederlage und Zerstörung ihrer Nation verkündete. Der Kaiser residierte mehrere Monate in der Hauptstadt, und sein Benehmen war durchaus mit Sorgfalt darauf berechnet, sich die Zuneigung der Geistlichkeit, des Senates und des Volkes von Rom zu erwerben. Die Geistlichkeit wurde durch seine häufigen Besuche und reichen Opfergaben an die heiligen Gräber der Apostel erbaut. Der Senat, den man bei dem Triumphzuge mit der demütigen Zeremonie, dem kaiserlichen Wagen zu Fuß voranzuschreiten, verschont hatte, wurde mit dem ehrerbietigen Anstande behandelt, den Stilicho sich stets gegen diese Versammlung an den Tag zu legen bestrebt hatte. Dem Volk schmeichelte wiederholt die Aufmerksamkeit und Leutseligkeit des Honorius bei den öffentlichen Spielen, die man bei dieser Gelegenheit mit einer des Zuschauers würdigen Großartigkeit feierte. Sobald die festgesetzte Zahl von Wagenrennen vorbei war, verwandelte sich plötzlich die Dekoration des Zirkus, die Jagd wilder Tiere bot ein vielgestaltiges und glänzendes Schauspiel und das Ganze schloß mit einem kriegerischen Tanz, der nach Claudians lebendiger Beschreibung Ähnlichkeit mit einem neueren Turnier gehabt zu haben scheint.

In diesen Spielen des Honorius befleckten die unmenschlichen Kämpfe der Gladiatoren zum letzten Male das Amphitheater von Rom. Der erste christliche Kaiser hat auf die Ehre des ersten Ediktes Anspruch, das die Kunst und das Vergnügen des Vergießens von Menschenblut verdammte, aber dieses wohlwollende Edikt drückte den Wunsch des Fürsten aus, ohne einen Mißbrauch abzustellen, der eine zivilisierte Nation unter das Maß wilder Kannibalen erniedrigte. Mehrere hundert, vielleicht mehrere tausend Opfer wurden jährlich in den großen Städten des Reiches geschlachtet, und der Monat Dezember, der besonders den Gladiatorenkämpfen gewidmet war, entfaltete fortwährend vor den Augen des römischen Volkes das angenehme Schauspiel des Blutvergießens und der Grausamkeit. Inmitten der allgemeinen Freude wegen des Sieges von Pollentia ermahnte ein christlicher Dichter den Kaiser, durch seine Gewalt jenen entsetzlichen Gebrauch abzuschaffen, der so lange der Stimme der Menschlichkeit und Religion Widerstand geleistet hätte. Die pathetischen Vorstellungen des Prudentius brachten eine geringere Wirkung hervor als die hochherzige Verwegenheit des Telemachus, eines asiatischen Mönches, dessen Tod für die Menschheit nützlicher war als sein Leben. Die Römer wurden über die Störung ihres Vergnügens ergrimmt, und der kühne Mönch, der in die Arena gesprungen war, um die Gladiatoren zu trennen, erlag einem Steinregen. Aber der Wahnsinn des Volkes legte sich bald; es ehrte das Andenken des Telemachus, der den Ruhm des Märtyrertums verdient hatte und unterwarf sich ohne Murren den Gesetzen des Honorius, wodurch die Menschenopfer des Amphitheaters für immer abgeschafft wurden. Die Bürger, die an den Sitten ihrer Altvordern hingen, mochten vielleicht sagen, daß in dieser Schule der Standhaftigkeit, die die Römer an den Anblick des Blutes und an die Verachtung des Todes gewöhnte, die letzten Reste des kriegerischen Geistes bewahrt würden: ein nichtiges und grausames Vorurteil, so edel widerlegt durch die Tapferkeit des alten Griechenland und des neueren Europa!

Die neuerliche Gefahr, der die Person des Kaisers in dem verteidigungslosen Palast von Mailand ausgesetzt gewesen war, trieb ihn an, Zuflucht in irgendeiner unzugänglichen Festung Italiens zu suchen, wo er sicher weilen konnte, während das offene Land von einer Barbarensintflut überschwemmt wurde. An der Küste des Adriatischen Meeres, ungefähr zehn oder zwölf Meilen von der südlichsten der sieben Pomündungen, hatten die Thessalier die alte Kolonie Ravenna gegründet, die sie später den Eingeborenen von Umbrien überließen. Augustus, dem die günstige Lage des Platzes auffiel, ließ in einer Entfernung von drei Meilen von der alten Stadt einen geräumigen Hafen zur Aufnahme von zweihundertfünfzig Kriegsschiffen bauen. Diese Marineanstalt, welche die Arsenale und Magazine, die Kasernen für die Truppen und die Häuser der Arbeiter in sich schloß, leitete Ursprung und Namen von dem bleibenden Standort der römischen Flotte her; der Zwischenraum wurde bald mit Gebäuden und Bewohnern gefüllt, und die drei ausgedehnten und volkreichen Viertel von Ravenna trugen allmählich dazu bei, eine der wichtigsten Städte Italiens zu bilden. Der Hauptkanal des Augustus führte einen mächtigen Teil der Gewässer des Po durch die Stadt bis zum Eingang des Hafens; dieselben Gewässer wurden in die tiefen Gräben, welche die Wälle umgaben, und durch tausend Nebenkanäle nach jedem Punkt der Stadt geleitet, die sie in viele kleine Insel teilten; die Verbindung ward nur durch Boote und Brücken erhalten, und die Häuser von Ravenna, dessen Anblick mit dem von Venedig verglichen werden kann, ruhten mit ihrem Grundbau auf hölzernen Pfählen. Die umliegende Gegend bildete bis zu einer Entfernung von mehreren Meilen einen tiefen und ungangbaren Morast, und der künstliche Dammweg, welcher Ravenna mit dem Festland verband, konnte bei Annäherung eines Feindes leicht verteidigt oder zerstört werden. In diese Moraste waren jedoch Weingärten eingestreut, und obschon der Boden durch vier bis fünf Ernten erschöpft wurde, erfreute sich die Stadt doch eines reichlicheren Vorrates von Wein als von Trinkwasser. Die Luft, statt die faulen und fast pestilenzartigen Ausdünstungen des niedrigen Sumpfbodens aufzunehmen, zeichnete sich vielmehr gleich der Umgebung von Alexandria als ungewöhnlich rein und gesund aus, und dieser eigentümliche Vorzug wurde der regelmäßigen Ebbe und Flut des Adriatischen Meeres zugeschrieben, welche die Kanäle reinigten, den gesundheitsschädlichen Stillstand der Gewässer unterbrachen und täglich die Schiffe von dem umliegenden Land in das Herz von Ravenna führten. Der allmähliche Rücktritt der See hat die neuere Stadt in einer Entfernung von vier Meilen vom Adriatischen Meer gelassen, ja schon im fünften oder sechsten Jahrhundert der christlichen Zeitrechnung war der Hafen des Augustus in angenehme Gärten verwandelt und ein einsamer Fichtenwald bedeckt den Boden, wo einst die römische Flotte vor Anker lag. Aber selbst diese Veränderung trug zur Vermehrung der natürlichen Stärke des Platzes bei, weil die Seichtigkeit des Wassers eine hinreichende Schutzwehr gegen die großen Schiffe des Feindes bildete. Diese vorteilhafte Lage wurde durch

Kunst und Arbeit noch weiter befestigt, und der nur um seine persönliche Sicherheit besorgte Kaiser des Westens zog sich in seinem zwanzigsten Jahre in die immerwährende Einkerkerung der Mauern und Sümpfe von Ravenna zurück (404). Das Beispiel des Honorius wurde von seinen schwachen Nachfolgern, den gotischen Königen und später den Exarchen, die Thron und Palast der Kaiser einnahmen, befolgt und Ravenna bis zur Mitte des achten Jahrhunderts als der Sitz der Regierung und als Hauptstadt von Italien betrachtet.

Die Besorgnisse des Honorius waren nicht ohne Grund und seine Vorsichtsmaßregeln nicht ohne Erfolg. Während Italien über seine Befreiung von den Goten jubelte, hatte sich ein furchtbarer Sturm unter den Völkern Deutschlands erhoben, die dem unwiderstehlichen Antrieb gehorchten, der allmählich von dem östlichen Ende des asiatischen Festlandes ausgegangen zu sein scheint. Die chinesischen Annalen, die durch den gelehrten Fleiß des laufenden Jahrhunderts verdolmetscht worden sind, lassen sich mit Nutzen verwenden, um die geheimen und fernen Ursachen des Sturzes des römischen Reiches zu enthüllen. Das ausgedehnte Gebiet im Norden der großen Mauer wurde nach der Flucht der Hunnen von den siegreichen Sienpi besessen, die zuweilen in unabhängige Stämme gespalten und zuweilen unter einem obersten Fürsten vereinigt waren, bis sie sich endlich Topa oder Herren der Erde nannten und eine festere Verfassung und eine furchtbarere Macht erlangten. Die Topa zwangen bald die Hirtenvölker der östlichen Wüste, die Herrschaft ihrer Waffen anzuerkennen, brachen in China zu einer Periode der Schwäche und inneren Zwietracht ein, und diese Tataren gründeten, indem sie Sitten und Gesetze des besiegten Volkes annahmen, eine kaiserliche Dynastie, welche hundertsiebzig Jahre lang über die nördlichen Provinzen der Monarchie herrschte. Mehrere Generationen ehe sie den Thron von China bestiegen, besaß einer der Topafürsten unter seinen Reitern einen Sklaven namens Moko, der wegen seiner Tapferkeit berühmt war, sich aber durch Furcht vor Strafe verleiten ließ, seine Fahne zu verlassen und die Wüste an der Spitze von hundert Anhängern zu durchziehen. Diese Bande von Räubern und Geächteten schwoll allmählich zu einem Lager, einem Stamme, einem zahlreichen Volke an, das durch die Benennung Geougen ausgezeichnet wurde, und ihre Erbfürsten, die Nachkommen des Sklaven Moko, nahmen ihren Rang unter den skythischen Monarchen ein. In der Jugend wurde Tuluns, der Größte seiner Abkömmlinge, durch jene Unglücksfälle geübt, welche die Schule der Helden sind. Er kämpfte tapfer gegen das Mißgeschick, zerbrach das herrische Joch der Topa und wurde der Gesetzgeber seines Volkes und der Eroberer der Tatarei. Seine Truppen wurden in regelmäßige Rotten von hundert und tausend Mann eingeteilt, Memmen zu Tode gesteinigt, die glänzendsten Ehren als Lohn für Tapferkeit verheißen, und Tulun, der Einsicht genug besaß, um die Gelehrsamkeit der Chinesen zu verachten, übernahm nur solche Künste und Einrichtungen, die dem kriegerischen Geiste seiner Regierung günstig waren. Seine Zelte, die in der strengen Jahreszeit nach einer südlichen Gegend geschafft wurden, waren während des Sommers an den fruchtbaren Ufern der Selinga aufgeschlagen. Seine Eroberungen erstreckten sich von Korea bis jenseits des Flusses Irtisch. Er besiegte in dem Land nördlich vom Kaspischen Meer das Volk der Hunnen, und der neue Titel Khan oder Cagan drückte den Ruhm und die Macht aus, welche er diesem denkwürdigen Siege verdankte.

Die Folge der Ereignisse wird unterbrochen oder vielmehr verhüllt, wie sie von der Wolga zur Weichsel durch den dunklen Raum geht, der die äußersten Grenzen des chinesischen und Römischen Reiches trennt. Indessen deuten der Charakter der Barbaren und die Erfahrungen der aufeinanderfolgenden Auswanderungen hinreichend darauf hin, daß die Hunnen, die durch die Waffen der Geougen unterdrückt wurden, sich bald aus der Nähe des hochmütigen Siegers entfernten. Die Länder gegen das Schwarze Meer zu waren bereits von Stammverwandten besetzt, und ihre eilige Flucht, die sich jedoch bald in einen kühnen Angriff verwandelte, mochte sich daher ganz natürlich nach den reichen und ebenen Flächen richten, durch welche die Weichsel sanft dem Baltischen Meere zufließt. Der Norden muß abermals durch den Einbruch der Hunnen beunruhigt und erschüttert worden sein, und die Nationen, die sich vor ihnen zurückzogen, müssen mit unaufhaltsamer Wut gegen die Grenzen Germaniens gedrückt haben. Die Bewohner jener Gegenden, welche die Alten den Sueven, Vandalen und Burgunden zugewiesen haben, mochten den Entschluß ergriffen haben, den Flüchtlingen aus Samartien ihre Wälder und Moraste zu überlassen oder wenigstens ihre überflüssige Bevölkerung gegen die Provinzen des römischen Reiches zu entsenden. Ungefähr vier Jahre nach des siegreichen Tulun Annahme des Titels Khan der Geougen rückte ein anderer Barbar, der hochmütige Rhodogast oder Radagaisus, von dem nördlichen Deutschland bis fast an die Tore Roms, und überließ den Resten seines Heeres die Vollendung des Verderbens des Westens (405). Die Vandalen, Sueven und Burgunden bildeten den Kern dieser gewaltigen Schar; aber die Alanen, die gastfreie Aufnahme in ihren neuen Sitzen gefunden hatten, fügten ihre behende Reiterei zu dem schweren Fußvolk der Germanen, und die gotischen Abenteurer strömten mit solcher Gier unter die Fahne des Radagaisus, daß er von einigen Geschichtsschreibern König der Goten genannt worden ist. Zwölftausend Krieger, die über den gemeinen Haufen durch edle Geburt oder tapfere Taten emporragten, glänzten in der Vorhut, und die ganze Heeresmenge, die nicht weniger als zweihunderttausend wirkliche Streiter betrug, mochte sich mit Hinzufügung der Weiber, Kinder und Sklaven auf vierhunderttausend Personen belaufen. Diese furchtbare Auswanderung strömte von derselben Küste der Ostsee her, welche die Myriaden Cimbern und Teutonen ausgegossen hatte, um Rom und Italien anzugreifen. Nach dem Abzug der Barbaren blieb ihr Vaterland, das als Zeichen ihrer Größe lange Wälle und riesige Dämme zeigte, mehrere Jahrhunderte hindurch eine weite, traurige Einöde, bis das Menschengeschlecht sich durch die Macht der Zeugung erneuerte und die Leere durch Zufluß frischer Einwohner gefüllt wurde. Den Völkern, die jetzt eine Landausdehnung besitzen, die sie zu bebauen unfähig sind, würde bald die fleißige Armut ihrer Nachbarn beistehen, wenn das Staatenrecht Europas die Herrschafts- und Eigentumsrechte nicht beschützte.

Der Verkehr zwischen den Völkern war in jenem Zeitalter so unvollkommen und unsicher, daß die Umwälzungen des Nordens der Kunde des Hofes von Ravenna entgangen sein mochten, bis die finstere Wolke, die sich an der Küste der Ostsee gesammelt hatte, an den Ufern der oberen Donau als Ungewitter losbrach. Der Kaiser des Westens begnügte sich, wenn seine Minister ja seine Unterhaltungen mit der Nachricht von der drohenden Gefahr störten, damit, die Veranlassung und der Zuschauer des Krieges zu sein. Die Sicherheit Roms wurde den Ratschlüssen und dem Schwerte Stilichos anvertraut; aber der schwache und erschöpfte Zustand des Reiches war so beschaffen, daß es eine Unmöglichkeit blieb, die Befestigungen an der Donau herzustellen oder durch eine kräftige Anstrengung den Einbruch der Germanen abzuhalten. Die Hoffnungen des wachsamen Ministers des Honorius waren auf die Verteidigung Italiens beschränkt. Er gab die Provinzen abermals preis, rief die Truppen zurück, beschleunigte die neuen Aushebungen, die scharf betrieben und feigherzig umgangen wurden, ergriff die wirksamsten Mittel, nach Heeresflüchtlingen zu sehen oder sie zurückzulocken, und bot allen Sklaven, die sich anwerben lassen würden, das Geschenk der Freiheit und zwei Goldstücke an. Durch diese Anstrengungen brachte er von den Untertanen eines großen Reiches mit Mühe ein Heer von dreißig- oder vierzigtausend Mann zusammen, das in den Tagen des Scipio oder Camillus von den freien Bürgern des Stadtgebietes von Rom augenblicklich gestellt worden sein würde. Die dreißig Legionen Stilichos wurden durch eine große Schar barbarischer Hilfsvölker verstärkt: die treuen Alanen waren durch persönliche Bande an seinen Dienst gefesselt, und die Truppen der Hunnen und Goten, die unter den Fahnen ihrer angestammten Fürsten Huldin und Sarus marschierten, wurden durch Eigennutz und Rache angefeuert, sich dem Ehrgeiz des Radagaisus zu widersetzen. Der König der verbündeten Germanen ging, ohne auf Widerstand zu stoßen, über die Alpen, den Po und die Apenninen, ließ auf der einen Seite den unzugänglichen Palast des Honorius, sicher vergraben in den Sümpfen von Ravenna, auf der anderen das Lager des Stilicho liegen. Dieser hatte sein Hauptquartier zu Ticinum oder Pavia aufgeschlagen, aber scheint eine entscheidende Schlacht, bevor er seine fernen Streitkräfte an sich gezogen, vermieden zu haben. Viele Städte Italiens wurden geplündert oder zerstört, und Radagaisus' Belagerung von Florenz, dessen Festigkeit die ungeschickte Wut der Barbaren brach und aufhielt, bildet eines der frühesten Ereignisse in der Geschichte dieser berühmten Republik. Senat und Volk zitterten bei ihrer Annäherung bis auf hundertachtzig Meilen von Rom und verglichen die Gefahr, der sie entgangen waren, angstvoll mit der neuen, die sie bedrohte. Alarich war ein Christ und Soldat, war der Anführer eines disziplinierten Heeres, welches die Kriegsgesetze kannte, die Heiligkeit der Verträge achtete und mit den Untertanen des Reiches in denselben Lagern und denselben Kirchen vertrauten Umgang gepflogen hatte. Der wilde Radagaisus aber war den Sitten, der Religion, ja selbst der Sprache der zivilisierten Völker des Südens fremd. Grausamer Aberglaube steigerte die Wildheit seines Charakters, und es herrschte allgemein die Meinung, er habe sich durch einen feierlichen Eid verpflichtet, die Stadt in einen Haufen von Schutt und Asche zu verwandeln und die erlauchtesten Senatoren auf den Altären jener Götter, die durch Menschenblut verehrt werden, zum Opfer zu bringen. Die öffentliche Gefahr, die alle heimischen Zwistigkeiten hätte versöhnen sollen, brachte den unheilbaren Wahnsinn religiöser Parteiung an das Licht. Die unterdrückten Anbeter Jupiters und Merkurs ehrten in dem unversöhnlichen Feind Roms den Charakter eines frommen Heiden, erklärten laut, daß sie sich vor den Opfern des Radagaisus mehr fürchteten als vor seinen Waffen, und freuten sich insgeheim der Drangsale ihres Vaterlandes, den Glauben ihrer christlichen Gegner verdammend.

Florenz war bereits auf das äußerste gebracht, und der sinkende Mut der Bürger wurde nur noch durch das Ansehen des heiligen Ambrosius, der in einem Traumgesichte schleunigen Entsatz verheißen hatte, aufrechterhalten. Plötzlich erblickten sie von ihren Wällen die Banner des Stilicho, der mit seiner ganzen vereinten Macht zur Rettung der treuen Stadt heranrückte und bald diesen gefeierten Ort als Grab der Barbarenschar bezeichnete. Die scheinbaren Widersprüche der Schriftsteller, welche die Niederlage des Radagaisus auf verschiedene Weise erzählen, lassen sich vereinigen, ohne ihren bezüglichen Zeugnissen viel Gewalt anzutun. Orosius und Augustin, die durch Freundschaft und Religion eng verbunden waren, schreiben diesen wunderbaren Sieg mehr Gottes Vorsicht als menschlicher Tapferkeit zu. Sie schließen streng jeden Gedanken an einen Zufall, ja auch nur an Blutvergießen aus und versichern mit Bestimmtheit, daß die Römer, deren Lager der Schauplatz des Müßigganges und Überflusses war, sich an der Hungersnot der Barbaren weideten, die auf der kahlen und unfruchtbaren Bergkette von Fäsulä, die sich über die Stadt Florenz erhebt, langsam verschmachteten. Ihre ausschweifende Behauptung, daß nicht ein einziger Soldat des christlichen Heeres getötet oder auch nur verwundet wurde, mag mit schweigender Verachtung übergangen werden; die übrige Darstellung Augustins und Orosius' aber verträgt sich vollkommen mit der Lage des Krieges und dem Charakter des Stilicho. Wohl wissend, daß er das letzte Heer der Republik befehlige, vermied seine Klugheit es, dasselbe im offenen Felde der ungestümen Wut der Barbaren bloßzustellen. Die Methode, den Feind mit starken Umschanzungslinien zu umgeben, die er zweimal gegen den gotischen König angewendet hatte, wurde in einem größeren Maßstab und mit wirksamerem Erfolg wiederholt. Die Beispiele Cäsars mußten auch dem Schriftgelehrtesten der römischen Krieger bekannt sein, und die Schanzlinien von Dyrrhachium, die vierundzwanzig Kastelle durch einen fortlaufenden, fünfzehn Meilen langen Graben und Wall verbanden, dienten als Muster einer Umschanzung, die das zahlreichste Barbarenheer einschließen und aushungern konnte. Die römischen Truppen hatten weniger den Fleiß als die Tapferkeit ihrer Altvordern verloren, und wenn die knechtische und beschwerliche Arbeit den Stolz der Soldaten beleidigte, konnte Toskana mehrere tausend Bauern stellen, die für die Rettung ihres Vaterlandes schanzgraben mochten, wenn sie vielleicht auch nicht für dasselbe zu kämpfen wagten. Die eingeschlossene Menge von Pferden und Menschen wurde allmählich, und zwar mehr durch Hunger als durch das Schwert, aufgerieben (406), obwohl die Römer während der Fortschritte dieses ausgedehnten Werkes den häufigen Angriffen eines ungeduldigen Feindes ausgesetzt waren. Verzweiflung mochte die hungernden Barbaren gegen die Schanzen Stilichos peitschen oder der Feldherr zuweilen dem Eifer seiner tapferen Hilfstruppen nachgeben, die das Lager der Germanen zu stürmen begehrten, und diese verschiedenen Ereignisse erzeugten wohl jene scharfen und blutigen Kämpfe, die der Erzählung des Zosimus und den Chroniken des Prosper und Marcellinus Würde verleihen. Noch zur rechten Zeit waren Verstärkungen und Lebensmittel in die Mauern von Florenz gebracht worden, und die hungernden Heereshaufen des Radagaisus wurden nun ihrerseits belagert. Der stolze Monarch so vieler kriegerischer Nationen sah sich nach dem Verlust seiner tapfersten Mannen gezwungen, entweder auf Treue und Glauben einer Kapitulation zuzustimmen oder sich auf die Gnade Stilichos zu verlassen. Aber der Tod des königlichen Gefangenen, der schimpflich enthauptet wurde, schändete den Triumph Roms und der Christenheit, und der kurze Aufschub seiner Hinrichtung reichte hin, um den Sieger mit der Schuld kalter und überlegter Grausamkeit zu brandmarken. Die verhungerten Germanen, die der Wut der Hilfstruppen entronnen waren, wurden zu dem verächtlichen Preise von einem Goldstück für den Kopf als Sklaven verkauft; das ungewohnte Klima aber und die veränderte Nahrung rafften große Scharen dieser unglücklichen Fremdlinge hinweg, und man machte die Bemerkung, daß die unmenschlichen Käufer, statt die Früchte ihrer Arbeit zu ernten, bald gezwungen waren, die Kosten ihres Begräbnisses zu bestreiten. Stilicho erstattete dem Kaiser und dem Senate Bericht von seinem Erfolg und verdiente zum zweiten Male den glorreichen Titel eines Befreiers von Italien.

Der Ruf des Sieges und insbesondere des Wunders hatte den eitlen Glauben verbreitet, daß das ganze Heer oder vielmehr die Nation der Germanen, die von den Gestaden der Ostsee ausgewandert war, unter den Mauern von Florenz elendiglich umgekommen wäre. Das war in der Tat das Schicksal des Radagaisus selbst, seiner tapferen und treuen Gefährten und eines Drittels der bunten Menge von Sueven und Vandalen, Alanen und Burgunden, die unter der Fahne ihres Feldherrn gefochten hatten. Die Vereinigung eines solchen Heeres mag unser Staunen erregen, aber die Ursachen der Trennung sind augenfällig und mächtig: Stolz der Geburt, Hochmut der Tapferkeit, Herrscheifersucht, Unfähigkeit, sich unterzuordnen, und der hartnäckige Kampf der Meinungen, Interessen und Leidenschaften unter so vielen Königen und Kriegern, die nicht gelernt hatten, nachzugeben oder zu gehorchen. Nach der Niederlage des Radagaisus blieben zwei Teile der germanischen Heeresscharen, welche die Zahl von hunderttausend Mann übersticen haben müssen, fortwährend zwischen den Apenninen und den Alpen oder zwischen den Alpen und der Donau unter Waffen. Es ist ungewiß, ob sie es versuchten, ihren Feldherrn zu rächen; ihre regellose Wut aber wurde bald durch die Klugheit und Festigkeit Stilichos abgelenkt, der sich ihrem Vordringen widersetzte, ihren Rückzug erleichterte, die Rettung Roms und Italiens als den großen Zweck aller seiner Anstrengungen betrachtete und mit zu großer Gleichgültigkeit den Reichtum und die Ruhe der fernen Provinzen opferte. Die Barbaren erlangten durch einige pannonische Heeresflüchtlinge, die zu ihnen stießen, Kunde des Landes und der Straßen, und der Einbruch in Gallien, den Alarich beabsichtigt hatte, wurde von den Überresten des großen Heeres des Radagaisus (31. Dezember 406) bewerkstelligt.

Wenn sie jedoch auf Beistand von germanischen Stämmen hofften, welche die Rheinufer bewohnten, täuschten sie sich in ihren Erwartungen. Die Alemannen beobachteten tatenlose Neutralität, und die Franken zeichneten sich in Eifer und Mut durch Verteidigung des Reiches aus. In dem schnellen Zuge den Rhein abwärts, der die erste Handlung während der Verwaltung Stilichos gewesen war, hatte er sich mit besonderer Aufmerksamkeit bemüht, die Freundschaft der kriegerischen Franken zu sichern und die unversöhnlichen Feinde des Friedens und der Republik zu entfernen. Markomir, einer ihrer Könige, wurde öffentlich und vor dem Tribunale des römischen

Richters überführt, die Vertragstreue verletzt zu haben. Seine Strafe war eine milde: ferne Verbannung in die Provinz Toskana, und seine Entsetzung von der königlichen Würde war weit entfernt, den Groll seiner Untertanen zu erregen, diese bestraften vielmehr den unruhigen Sunno, der seinen Bruder zu rächen versuchte, mit dem Tode und bewahrten ihre pflichtmäßige Treue den Fürsten, die durch Stilichos Wahl auf den Thron gesetzt worden waren. Als die Grenzen Galliens und Germaniens durch die Wanderung aus dem Norden erschüttert wurden, widerstanden die Franken tapfer der vereinzelten Macht der Vandalen, die ungeachtet der Lehren der Erfahrung ihre Streitkräfte abermals von der Fahne ihrer barbarischen Bundesgenossen getrennt hatten. Sie büßten ihre Unbesonnenheit: zwanzigtausend Vandalen und ihr König Godigisclus wurden auf dem Schlachtfelde erschlagen. Das ganze Volk würde ausgerottet worden sein, wenn die Geschwader der Alanen nicht zu ihrer Hilfe herbeigeeilt wären und das Fußvolk der Franken überritten hätten, die nach einem ehrenvollen Widerstand gezwungen waren, den ungleichen Kampf aufzugeben. Die siegreichen Verbündeten setzten ihren Zug fort, und am letzten Tage des Jahres, zu einer Zeit, in der die Gewässer des Rheins höchstwahrscheinlich gefroren waren, betraten sie, ohne auf Widerstand zu stoßen, die wehrlosen Provinzen Galliens. Dieser denkwürdige Übergang der Sueven, Vandalen, Alanen und Burgunden, die sich nachher nie wieder zurückzogen, kann als der Sturz der römischen Herrschaft in den Ländern jenseits der Alpen betrachtet werden: die Schranken, die so lange die wilden und zivilisierten Nationen des Erdbodens getrennt hatten, waren von diesem unheilvollen Augenblick an eingerissen.

Während der Friede mit Germanien durch die Anhänglichkeit der Franken und die Neutralität der Alemannen gesichert war, erfreuten sich die Untertanen Roms, die drohenden Drangsale nicht ahnend, eines Friedens und Glücks, deren Segnungen die gallischen Grenzen nur selten erfahren hatten. Ihre Rinder- und Lämmerherden durften auf den Weiden der Barbaren grasen, und ihre Jäger drangen ohne Furcht oder Gefahr in die dunkelsten Gründe des hercynischen Waldes. Die Ufer des Rheins waren gleich jenen des Tibers mit eleganten Landhäusern und gut gehaltenen Meiereien geschmückt, und wenn ein Dichter den Fluß hinuntergefahren wäre, würde er in Zweifel geschwebt haben, auf welcher Seite sich das römische Gebiet befinde. Dieser Schauplatz des Friedens und des Wohlstandes wurde plötzlich in eine Wüste verwandelt (407), und der Anblick rauchender Trümmer war es allein, woran man die Einöde der Natur von verheerten Menschenstätten unterscheiden konnte. Die blühende Stadt Mainz wurde überrumpelt und zerstört und viele tausend Christen in den Kirchen unmenschlich niedergemetzelt. Worms wurde nach einer langen und hartnäckigen Belagerung in einen Schutthaufen verwandelt; Straßburg, Speier, Reims, Tournay, Arras, Amiens erfuhren den grausamen Druck des germanischen Joches, und die verheerenden Flammen des Krieges breiteten sich von den Ufern des Rheins über den größten Teil der siebzehn Provinzen von Gallien aus. Dieses reiche und große Land bis zum Ozean, den Alpen und den Pyrenäen wurde den Barbaren preisgegeben, die in Scharen Bischöfe, Senatoren und Jungfrauen, mit der wertvollen Habe ihrer Häuser und Altäre beladen, vor sich hertrieben. Die Geistlichen, denen wir diese unbestimmte Beschreibung der öffentlichen Drangsale verdanken, benützten diese Gelegenheit, um die Christen zu ermahnen, die Sünden zu bereuen, welche die göttliche Gerechtigkeit herausgefordert hätten, und auf die vergänglichen Güter einer elenden und trügerischen Welt Verzicht zu leisten. Da aber der pelagianische Streit, der darum ging, den Abgrund der Gnade und Vorherbestimmung zu messen, bald die ernste Beschäftigung des lateinischen Klerus wurde, wog man die Vorsehung, die eine solche Flut der moralischen und physischen Übel bestimmt, vorgesehen oder zugelassen hatte, übereilt in der trügerischen und unvollkommenen Waagschale der Vernunft ab. Die Verbrechen und Drangsale des leidenden Volkes wurden verwegen mit denen der Vorfahren verglichen, und man klagte die Gerechtigkeit Gottes an, weil sie von dem allgemeinen Verderben den schwachen, den schuldlosen und den im Kindesalter befindlichen Teil des menschlichen Geschlechtes nicht ausgenommen hatte. Die müßigen Streiter übersahen die unwandelbaren Gesetze der Natur, die Frieden mit Unschuld, Überfluß mit Fleiß und Sicherheit mit Tapferkeit verbunden haben. Die furchtsame und selbstische Politik des Hofes von Ravenna rief die Palastlegionen zur Verteidigung Italiens zurück; die Überreste der stehenden Truppen waren wohl der schwierigen Aufgabe nicht gewachsen, und die barbarischen Hilfsvölker mochten die unbegrenzte Zügellosigkeit des Raubes der Wohltat eines mäßigen und pünktlichen Jahrgeldes vorziehen. Aber die Provinzen Galliens besaßen ein zahlreiches Geschlecht starker und kräftiger Jünglinge, die, wenn sie den Mut gehabt hätten, in der Verteidigung ihrer Häuser, Familien und Altäre zu sterben, zu siegen verdient haben würden. Die Kenntnis ihres Vaterlandes hätte sie instand gesetzt, den Fortschritten des Feindes beständige und unübersteigliche Hindernisse entgegenzustellen, und der Mangel der Barbaren, sowohl an Waffen wie an Heereszucht, entfernte den einzigen Vorwand, der die Unterwerfung eines volkreichen Landes unter ein an Zahl geringeres, aber kampferprobtes Veteranenheer entschuldigt. Als Karl V. in Frankreich einfiel, fragte er einen Gefangenen, „wieviele Tage Paris von der Grenze entfernt sein mochte?" „Etwa zwölf; aber es werden Schlachttage sein." Das war die hochherzige Antwort, die den Stolz dieses ehrgeizigen Fürsten zügelte. Die Untertanen des Honorius und Franz I. waren von einem ganz anderen Geiste beseelt, und in weniger als zwei Jahren drangen die gesonderten Truppen der Wilden, deren Anzahl, wenn genau angegeben, verächtlich erscheinen würde, vom Baltischen Meer ohne ein Treffen bis zum Fuße der pyrenäischen Gebirge vor.

In der ersten Zeit der Regierung des Honorius hatte Stilichos Wachsamkeit die ferne Insel Britannien mit Erfolg vor ihren rastlosen Feinden des Ozeans, der Gebirge und der irländischen Küste bewahrt. Aber diese unruhigen Barbaren konnten die gute Gelegenheit für den gotischen Krieg nicht vorübergehen lassen, wo die Wälle und militärischen Posten der Provinz von den römischen Truppen entblößt worden waren. Wenn es einigen der Legionssoldaten erlaubt war, aus dem italienischen Feldzug zurückzukehren, mußte ihre redliche Schilderung des Hofes und Charakters des Honorius dahin zielen, die Bande der Treue zu lösen und den aufrührerischen Sinn des britischen Heeres zu erbittern. Der Geist der Empörung, der einst das Zeitalter des Gallienus zerrüttet hatte, ward durch die launenhafte Gewalttätigkeit der Soldaten neu geweckt, und die unglücklichen, vielleicht ehrgeizigen Kandidaten, die der Gegenstand ihrer Wahl waren, wurden die Werkzeuge und endlich die Opfer ihrer Leidenschaft. Marcus war der erste, den sie als rechtmäßigen Kaiser Britanniens und des Westens auf den Thron setzten. Sie verletzten durch seine schnelle Ermordung den Eid der Treue, den sie sich selbst auferlegt hatten, und ihr Tadel seiner Sitten scheint ein ehrenvolles Epitaphium auf seinem Grab zu sein. Gratian war der nächste, den sie mit Diadem und Purpur schmückten; aber schon nach Verlauf von vier Monaten traf ihn das Schicksal seines Vorgängers. Das Andenken an Konstantin den Großen, den die britischen Legionen der Kirche und dem Reich gegeben hatten, war der seltsame Beweggrund zu ihrer dritten Wahl. Sie entdeckten in den Reihen einen gemeinen Soldaten, der Konstantin hieß, und ihr ungestümer Leichtsinn hatte ihn bereits auf den Thron gehoben (407), bevor sie seiner Unfähigkeit gewahr wurden, das Gewicht dieser glorreichen Berufung zu tragen. Nichtsdestoweniger war seine Macht minder unsicher und seine Regierung von größeren Erfolgen begleitet als die vorübergehenden Regierungen des Marcus und Gratian. Die Gefahr, die Truppen untätig in jenen Lagern zu lassen, die schon zweimal mit Blut und Aufruhr befleckt worden waren, veranlaßte ihn, die Unterwerfung der westlichen Provinzen zu versuchen. Er landete mit unbeträchtlichen Streitkräften zu Boulogne, und nachdem er einige Tage ausgeruht hatte, forderte er die Städte Galliens, die dem Joch der Barbaren entgangen waren, auf, ihren rechtmäßigen Souverän anzuerkennen. Sie leisteten der Aufforderung ohne Widerstreben Folge. Die Vernachlässigung des Hofes von Ravenna hatte ein preisgegebenes Volk der Pflicht der Treue entbunden; ihr gegenwärtiger Notstand ermutigte sie, jeden Wechsel der Umstände ohne Besorgnis und vielleicht mit einiger Hoffnung anzunehmen, und sie mochten sich schmeicheln, daß die Truppen, das Ansehen, ja selbst der Name eines römischen Kaisers, der seine Residenz in Gallien aufschlüge, das unglückliche Land gegen die Wut der Barbaren schützen würde. Die ersten Erfolge Konstantins gegen die Streifpartien der Germanen wurden durch die Stimme der Schmeichelei zu glänzenden und entscheidenden Siegen vergrößert, die jedoch die Vereinigung und der Übermut des Feindes bald auf ihr richtiges Maß brachte. Seine Unterhandlungen verschafften ihm einen kurzen und unsicheren Waffenstillstand, und wenn sich auch einige Barbarenstämme durch die Freigebigkeit seiner Geschenke und Versprechungen bewegen ließen, die Verteidigung des Rheins zu übernehmen, dienten doch diese kostspieligen und unzuverlässigen Verträge, statt die frühere Stärke der gallischen Grenze wiederherzustellen, nur zur Schändung der Majestät des Fürsten und zur Erschöpfung jener Schätze, die von der Republik noch übrig waren. Durch seinen eingebildeten Triumph jedoch stolz gemacht, rückte der eitle Befreier von Gallien in die südlichen Provinzen vor, um eine dringendere und persönliche Gefahr zu bekämpfen. Sarus der Gote hatte Befehl erhalten, den Kopf des Rebellen zu den Füßen des Kaisers Honorius niederzulegen, und die Streitkräfte von Britannien und Italien wurden unwürdigerweise in diesem inneren Zwist vergeudet. Nach dem Verlust seiner zwei tapfersten Feldherren, Justinian und Nevigastes, von denen der erstere auf dem Schlachtfelde, der letztere in einer friedlichen aber verräterischen Zusammenkunft getötet wurde, verschanzte sich Konstantin innerhalb der Mauern von Vienna. Dieser Platz wurde ohne Erfolg sieben Tage lang angegriffen, und das kaiserliche Heer ertrug während eines übereilten Rückzuges die Schmach, von Freibeutern und Geächteten sicheren Alpenübergang erkaufen zu müssen. Diese Gebirge trennten jetzt die Gebiete zweier feindlicher Monarchen und die Befestigungen der doppelten Grenze wurden von den Truppen des Reiches bewacht, deren Waffen nützlicher zur Verteidigung der römischen Marken gegen die Barbaren Germaniens und Skythiens verwendet worden wären.

Auf Seite der Pyrenäen mochte der Ehrgeiz Konstantins durch die größte Nähe der Gefahr gerechtfertigt werden; sein Thron wurde jedoch bald durch die Eroberung oder vielmehr Selbstunterwerfung von Spanien befestigt (408), das dem Einfluß einer regelmäßigen und langgewohnten Unterordnung nachgab und die Gesetze und Beamten der gallischen Präfektur annahm. Der einzige Widerstand, den die Macht Konstantins erfuhr, war nicht das Ergebnis der Regierungsgewalten oder des Volksgeistes, sondern des besonderen Eifers und Interesses der Familie Theodosius'. Vier Brüder hatten von ihrem Blutsverwandten, dem verstorbenen Kaiser, einen ehrenvollen Rang und weitläufige Besitzungen erhalten, und die dankbaren Jünglinge beschlossen, diese Vorteile im Dienste seines Sohnes auf das Spiel zu setzen. Nach der mißglückten Bemühung, sich an der Spitze der stehenden Truppen von Lusitanien zu behaupten, zogen sie sich auf ihre Güter zurück, wo sie auf ihre Kosten eine beträchtliche Schar Sklaven und Anhänger aufbrachten, bewaffneten und kühn auszogen, um die festen Punkte der pyrenäischen Gebirge zu besetzen. Dieser innere Aufstand beunruhigte den Souverän von Gallien und Britannien und setzte ihn in Verlegenheit, und er sah sich gezwungen, mit einigen Truppen barbarischer Hilfsvölker um Dienstleistung für den spanischen Krieg zu unterhandeln. Sie waren durch den Titel Honorianer ausgezeichnet, ein Name, der sie an Treue für ihren rechtmäßigen Souverän erinnern sollte, und wenn man auch immerhin einräumen mag, daß die Schotten dem Einfluß ihrer parteiischen Vorliebe für einen britischen Fürsten nachgegeben hatten, konnten doch die Mauren und Markomannen nur durch die verschwenderische Freigebigkeit des Usurpators, der den Barbaren die militärischen, ja selbst die bürgerlichen Ehrenstellen Spaniens zuteilte, verlockt worden sein. Die neun Abteilungen der Honorianer, die sich aus der Art der Einrichtung des westlichen Reiches leicht nachweisen lassen, konnten die Zahl von fünftausend Mann nicht übersteigen, und doch reichten diese unbeträchtlichen Streitkräfte hin, um einen Krieg zu beenden, der die Macht und die Sicherheit Konstantins bedroht hatte. Die Bauernarmee der theodosianischen Familie wurde in den Pyrenäen umzingelt und vernichtet: zwei der Brüder hatten das Glück, zur See nach Italien oder dem Osten zu entkommen, die zwei anderen wurden nach einigem Zögern zu Arles hingerichtet, und wenn Honorius auch gegen die öffentliche Schmach unempfindlich bleiben konnte, mochte er doch durch die ihn persönlich berührenden Unglücksfälle seiner hochherzigen Verwandten ergriffen werden. Das waren die schwachen Waffen, durch die der Besitz der westlichen Provinzen Europas von dem Wall des Antoninus bis zu den Säulen des Herkules entschieden wurde. Die Friedens- und Kriegsereignisse sind ohne Zweifel durch die kleinliche und unvollständige Anschauung der Geschichtsschreiber jener Zeiten, die sich in ebenso tiefer Unwissenheit über die Ursachen wie über die Wirkungen der wichtigsten Umwälzungen befanden, verkleinert worden. Aber der gänzliche Verfall der Nationalkraft hatte selbst die letzte Hilfsquelle einer despotischen Regierung vernichtet; denn die Einkünfte der erschöpften Provinzen vermochten nicht mehr den Kriegsdienst eines mißvergnügten und feigherzigen Volkes zu erkaufen.

Der Dichter, dessen Schmeichelei dem römischen Adler die Siege von Pollentia und Verona zugeschrieben hat, verfolgt den eiligen Rückzug Alarichs von den Grenzen Italiens mit einer Schar luftiger Gespenster, die über einem Barbarenheere schweben mochten, das durch Krieg, Hunger und Seuchen beinahe vernichtet war. Im Laufe dieses unglücklichen Feldzuges mußte der König der Goten in der Tat einen beträchtlichen Verlust erlitten haben, und seine hart mitgenommenen Streitkräfte bedurften einer Ruhezeit, um ihre Zahl zu ergänzen und ihr Selbstvertrauen wiederherzustellen. Das Unglück hatte das Genie Alarichs sowohl vergrößert als auch in seinem Glanze gezeigt, und der Ruf seiner Tapferkeit lockte die heldenmütigsten der barbarischen Krieger unter die Fahne der Goten, die vom Schwarzen Meer bis zum Rhein von dem Drang nach Raub und Eroberung in Bewegung gesetzt wurden. Er hatte die Achtung Stilichos erworben und nahm bald dessen Freundschaft an. Indem Alarich dem Dienste des östlichen Kaisers entsagte, schloß er mit dem Hofe von Ravenna einen Friedens- und Allianzvertrag, durch den er zum Oberbefehlshaber der Präfektur von Illyrien erklärt wurde, die der Minister des Honorius nach ihren wahren und alten Grenzen in Anspruch nahm. Die Ausführung dieses herrschsüchtigen Planes, der in den Artikeln des Vertrages entweder bedungen oder stillschweigend verstanden worden war, scheint durch den furchtbaren Einbruch des Radagaisus aufgeschoben worden zu sein, und die Neutralität des Gotenkönigs kann mit der Gleichgültigkeit Cäsars verglichen werden, der sich in der Verschwörung des Catilina weigerte, sowohl den Feinden der Republik beizustehen, als sich ihnen zu widersetzen. Nach der Niederlage der Vandalen erhob Stilicho wieder seine Ansprüche auf die Provinzen des Ostens, ernannte Zivilobrigkeiten zur Verwaltung des Rechts und der Finanzen und erklärte seinen ungeduldigen Wunsch, die vereinten Heere der Römer und Goten vor die Tore von Konstantinopel zu führen. Allein Stilichos Klugheit, sein Abscheu gegen den Bürgerkrieg und die völlige Kenntnis der Schwäche des Staates, die er besaß, unterstützen die Vermutung, daß sein Zweck seiner Politik vielmehr innerer Friede als auswärtige Eroberung war und daß seine Hauptsorge dahin zielte, den Streitkräften Alarichs fern von Italien Beschäftigung zu geben. Diese Absicht konnte aber nicht lange dem Scharfblick des gotischen Königs entgehen, der ein zweideutiges und vielleicht verräterisches Einverständnis mit den eifersüchtigen Höfen zu unterhalten fortfuhr und der gleich einem mißvergnügten Söldlinge die Langsamkeit seiner Bewegungen in Thessalien und Epirus vergrößerte und dann schnell zurückkehrte, um übermäßigen Lohn für unerhebliche Dienste zu fordern. Aus seinem Lager bei Aemona an der Grenze Italiens übersandte er dem Kaiser des Westens eine lange Liste von Versprechungen, Unkosten und Forderungen, verlangte unverzügliche Befriedigung und deutete die Folgen einer Weigerung klar an. War aber sein Benehmen auch feindselig, so war doch seine Sprache anständig und pflichtgetreu. Er nannte sich demütig den Freund Stilichos und den Soldaten des Honorius, erbot sich, in Person mit seinen Truppen unverzüglich gegen den Usurpator von Gallien zu ziehen und verlangte als bleibende Siedlungsstätte des Volkes der Goten irgendeine der entvölkerten Provinzen des westlichen Reiches.

Die politischen und geheimen Verhandlungen zwischen zwei Staatsmännern, die

sich gegenseitig und die Welt zu täuschen suchten, würden für ewig in dem undurchdringlichen Dunkel des Kabinetts begraben geblieben sein, wenn die Debatten einer
öffentlichen Versammlung nicht einige Lichtstrahlen auf die Verbindung zwischen
Alarich und Stilicho geworfen hätten. Die Notwendigkeit, irgendeine künstliche Stütze für eine Regierung zu finden, die nicht aus Mäßigung, sondern aus Schwäche dahin
gebracht worden war, mit ihren eigenen Untertanen zu unterhandeln, hatte unmerklich das Ansehen des römischen Senates wieder aufleben lassen, und der Minister des
Honorius zog ehrerbietig die gesetzgebende Versammlung der Republik zu Rate. Stilicho versammelte den Senat in dem Palast der Cäsaren (408), schilderte in sorgfältig
ausgearbeiteter Rede den gegenwärtigen Stand der Angelegenheiten, trug die Forderung des Königs der Goten vor und überließ die Wahl zwischen Krieg und Frieden der
Entscheidung der Versammlung. Die Senatoren, gleich als erwachten sie plötzlich aus
einem Traume von vierhundert Jahren, schienen bei dieser wichtigen Veranlassung
mehr von dem Mute als von der Weisheit ihrer Vorfahren beseelt zu sein. Sie erklärten in geregelter Rede oder tumultuarischen Rufen laut, daß es der Majestät des
römischen Namens unwürdig sei, von einem Barbarenkönig einen unsicheren und
schimpflichen Waffenstillstand zu erkaufen und daß nach dem Urteile eines hochherzigen Volkes die Möglichkeit des Unterganges stets der Gewißheit der Schande vorzuziehen wäre. Der Minister, dessen Friedensabsichten nur durch die Stimmen weniger
knechtischer und käuflicher Anhänger unterstützt wurden, versuchte es, die allgemeine Gärung durch eine Verteidigung seines eigenen Benehmens, ja selbst der Forderungen des gotischen Fürsten zu unterdrücken. „Die Bezahlung von Hilfsgeldern,
welche die Entrüstung der Römer erregt", sagte Stilicho, „dürfte nicht in dem gehässigen Lichte eines durch die Drohungen eines barbarischen Feindes erpreßten Tributes
oder Lösegeldes betrachtet werden. Alarich habe die gerechten Ansprüche der Republik auf die Provinzen, die von dem Hofe von Konstantinopel usurpiert würden, treu
verteidigt; er bitte bescheidentlich um die gerechte und bedungene Belohnung seiner
Dienste, und wenn er von Verfolgung seines Unternehmens abgestanden sei, habe er
durch seinen Rückzug dem gemessenen obschon geheimen Schreiben des Kaisers
selbst gehorcht. Diese widersprechenden Befehle (er wolle die Mißgriffe seiner Familie
nicht verheimlichen) wären durch die Fürbitte der Serena erwirkt worden. Die zärtliche Liebe seiner Gattin wäre durch den Zwist zwischen den kaiserlichen Brüdern, den
Söhnen ihres Adoptivvaters, zu tief berührt worden, und die Gefühle der Natur hätten
nur zu leicht die Oberhand über die ernsten Gebote der öffentlichen Wohlfahrt gewonnen." Diese Scheingründe, welche die dunklen Intrigen des Palastes von Ravenna
nur schwach verschleiern, wurden durch Stilichos Ansehen gestützt und erhielten
nach heißen Debatten die widerstrebende Billigung des Senates. Der Tumult der Tugend und Freiheit ließ nach und die Summe von viertausend Pfund Goldes wurde
bewilligt, um unter dem Namen eines Hilfsgeldes den Frieden Italiens zu sichern und
die Freundschaft des Königs der Goten zu erkaufen. Nur Lampadius, einer der erlauchtesten Mitglieder des Senates, beharrte fortwährend auf seiner Weigerung und
rief mit lauter Stimme aus: „Das ist kein Friedensvertrag, sondern ein Knechtschafts-
vertrag!" und entging der Gefahr wegen so kühnen Widerstandes, indem er sich
unverzüglich in das Heiligtum einer christlichen Kirche flüchtete.

Aber die Herrschaft Stilichos ging ihrem Ende entgegen, und der stolze Minister
mochte die Zeichen seiner heranbrechenden Ungnade gewahren. Der hochherzigen
Kühnheit des Lampadius war Beifall gezollt worden, und der Senat, der mit solcher
Ergebung eine so lange Knechtschaft erduldet hatte, verwarf mit Verachtung das
Anerbieten einer gehässigen und eingebildeten Freiheit. Die Truppen, die sich fortwährend Namen und Vorrechte römischer Legionen anmaßten, wurden durch die
parteiische Vorliebe des Stilicho für die Barbaren erbittert, und das Volk schrieb der
verderblichen Politik des Ministers die öffentlichen Unglücksfälle zu, welche doch die
natürliche Folge ihrer eigenen Entartung waren. Indessen hätte Stilicho dem Geschrei
des Volkes, ja sogar der Soldaten fortwährend Trotz bieten können, wenn er die
Herrschaft über das schwache Gemüt seines Zöglings zu behaupten vermocht hätte.

Aber die ehrfurchtsvolle Anhänglichkeit des Honorius war in Furcht, Argwohn und Haß verwandelt. Der listige Olympius, der seine Laster unter der Maske christlicher Frömmigkeit verbarg, hatte die Stellung des Wohltäters, durch dessen Gunst er zu den Ehrenämtern des Palastes befördert worden war, insgeheim untergraben. Olympius offenbarte dem arglosen Kaiser, der das fünfundzwanzigste Jahr seines Lebens erreicht hatte, daß er in seinem eigenen Staate ohne Einfluß und Ansehen sei und setzte durch eine lebendige Schilderung der Absichten Stilichos, der bereits auf den Tod seines Souveräns in der ehrgeizigen Absicht sinne, das Diadem auf die Stirne seines Sohnes Eucherius zu setzen, seine furchtsame und zur Trägheit geneigte Seele in unruhige Aufregung. Der Kaiser wurde durch seinen neuen Günstling gereizt, den Ton unabhängiger Herrscherwürde anzunehmen, und der Minister war erstaunt, als er fand, daß am Hofe und im Rate geheime Beschlüsse gefaßt wurden, die im Widerspruch mit seinen Interessen und Absichten standen. Statt im Palast von Rom zu residieren, erklärte Honorius, daß es sein Wille sei, nach der sicheren Festung Ravenna zurückzukehren. Auf die erste Kunde von dem Tode seines Bruders Arcadius schickte er sich an, Konstantinopel zu besuchen, um mit dem Ansehen eines Vormundes die Regierung der Provinzen des Kindes des Theodosius zu ordnen. Die Darstellung der Schwierigkeit und Kostspieligkeit einer so fernen Reise zügelte diesen seltsamen und plötzlichen Ausbruch rühriger Tätigkeit: aber der gefährliche Beschluß, den Kaiser dem Lager von Pavia zu zeigen, das aus den römischen Truppen, den Feinden Stilichos und aus seinen barbarischen Hilfsvölkern bestand, blieb fest und unverändert. Der Minister wurde durch den Rat seines Vertrauten Justinian, eines römischen Anwaltes von aufgewecktem und scharfsichtigem Geiste, veranlaßt, sich einer seinem Rufe und seiner Sicherheit so nachteiligen Reise zu widersetzen. Seine eifrigen aber unwirksamen Bestrebungen befestigten den Triumph des Olympius und der kluge Advokat zog sich vor dem bevorstehenden Sturze seines Gönners zurück.

Beim Zuge des Kaisers durch Bologna war eine Meuterei der Leibwachen durch die geheime Politik Stilichos erregt und gestillt worden, welcher den erhaltenen Befehl, die Schuldigen zu dezimieren, verkündete und seiner eigenen Fürbitte das Verdienst ihrer Begnadigung zuschrieb. Nach diesem Tumult umarmte Honorius zum letzten Male den Minister, den er jetzt als einen Tyrannen betrachtete, und setzte seinen Zug nach dem Lager von Pavia fort, wo er von den Truppen, die zum Dienste des gallischen Krieges zusammengezogen worden waren, mit pflichtgetreuem Jubel empfangen wurde. Am Morgen des vierten Tages hielt er, wie ihm einstudiert worden war, eine militärische Rede an die Soldaten, die durch die wohltätigen Besuche und schlauen Worte des Olympius zur Ausführung einer schwarzen und blutigen Verschwörung vorbereitet worden waren. Auf das erste Zeichen metzelten sie die Freunde Stilichos, des Reiches erlauchteste Beamte nieder: zwei prätorianische Präfekten, einen von Italien und einen von Gallien; zwei Oberbefehlshaber, einen der Reiterei und einen des Fußvolkes; den Kanzler, den Quästor, den Schatzmeister und den Grafen der Haustruppen. Viele Leben gingen verloren, viele Häuser wurden geplündert, der wütende Aufruhr raste bis zum Abend fort und der bebende Kaiser, den man ohne Purpur und Diadem in den Straßen von Pavia gesehen hatte, gab dem Zureden seines Günstlings nach, verdammte das Andenken der Gemordeten und genehmigte feierlich die Unschuld und Treue ihrer Mörder. Die Kunde des Gemetzels von Pavia füllte Stilichos Seele mit gerechten und düsteren Besorgnissen, und er berief unverzüglich in das Lager von Bologna einen Rat der Anführer der Bundesgenossen, die seinem Dienste ergeben waren und in seinen Sturz mit verwickelt werden mußten. Die Versammlung rief laut und ungestüm nach Waffen und Rache, verlangte ohne einen Augenblick Verzuges unter der Fahne eines Helden, dem sie so oft zum Siege gefolgt war, auszuziehen, um den schuldigen Olympius und seine entarteten Römer zu überrumpeln, zu schlagen, auszurotten und vielleicht das Diadem auf das Haupt ihres schwergekränkten Anführers zu setzen. Statt einen Entschluß auszuführen, den der Erfolg gerechtfertigt haben möchte, zögerte Stilicho, bis er unrettbar verloren war. Noch kannte er das Schicksal des Kaisers nicht, mißtraute der Treue seiner eigenen Partei und er-

schrak vor den verderblichen Folgen, eine Schar zügelloser Barbaren gegen die Soldaten und das Volk von Italien zu waffnen. Die Bundesgenossen, seines schüchternen
und zweifelvollen Zauderns müde, entfernten sich eilig voll Furcht und Entrüstung.
Um die Stunde der Mitternacht überfiel Sarus, ein gotischer, selbst unter den Barbaren wegen seiner Stärke und Tapferkeit berühmter Krieger, plötzlich das Lager seines
Wohltäters, plünderte das Gepäck, hieb die treuen Hunnen, die seine Person bewachten, in Stücke und drang in das Zelt, wo der Minister, nachdenkend und schlaflos, über
den Gefahren seiner Lage brütete. Stilicho entkam mit Schwierigkeit dem Schwerte
der Goten, und nachdem er noch eine letzte und hochherzige Mahnung, die Tore
gegen die Barbaren zu schließen, an die Städte Italiens hatte er gehen lassen, trieb ihn
Zutrauen oder Verzweiflung, sich nach Ravenna zu werfen, das sich bereits in unbedingtem Besitz seiner Feinde befand. Olympius, der nun den Honorius beherrschte,
wurde schleunigst benachrichtigt, daß sein Nebenbuhler als Flehender den Altar einer
christlichen Kirche umfangen habe. Der niedrige und grausame Charakter des Heuch-
lers war ebenso unzugänglich für Mitleid wie für Reue; aber scheinheilig versuchte er
mehr das Vorrecht des Heiligtums zu umgehen, als es zu verletzen. Graf Heraclian
erschien mit Anbruch des Tages an der Spitze einer Abteilung Soldaten vor dem Tore
der Kirche von Ravenna. Der Bischof wurde durch einen feierlichen Eid überzeugt,
daß das Gebot des Kaisers ihnen nur befohlen hatte, sich der Person Stilichos zu
versichern: kaum war aber der unglückliche Minister über die heilige Schwelle hinaus-
gelockt worden, wies Heraclian den Befehl zu seiner augenblicklichen Hinrichtung
vor. Stilicho ertrug mit ruhiger Fassung die beleidigenden Namen „Verräter" und
„Vaterlandsmörder", zügelte den unzeitgemäßen Eifer seiner Anhänger, die auf dem
Standpunkte standen, eine augenblickliche Befreiung zu versuchen, und bot mit einer
Festigkeit, nicht unwürdig des letzten römischen Feldherrn, seinen Nacken dem
Schwerte Heraclians (23. August 408).

Die knechtische Schar des Palastes, die so lange das Glück Stilichos angebetet hatte,
wetteiferte nun, seinen Sturz zu beschimpfen, und die entfernteste Verbindung mit
dem Oberbefehlshaber des Westens, die noch vor so kurzer Zeit Anspruch auf Reichtum und Ehrenstellen gegeben hatte, wurde nun emsig geleugnet und strenge bestraft.
Seine Familie, die durch dreifache Verschwägerung mit dem Hause des Theodosius
verwandt war, konnte die Lage des ärmsten Bauern beneiden. Sein Sohn Eucherius,
der die Flucht ergriffen hatte, wurde festgenommen, und der Tod des unschuldigen
Jünglings folgte bald der Ehescheidung der Thermantia, die den Platz ihrer Schwester
Maria eingenommen und wie Maria eine Jungfrau in dem kaiserlichen Bette geblieben
war. Die Freunde des Stilicho, die dem Gemetzel von Pavia entgangen waren, wurden
von der unversöhnlichen Rache des Olympius verfolgt, und man wendete gegen sie
die ausgesuchteste Grausamkeit an, um das Geständnis einer hochverräterischen und
majestätsverbrecherischen Verschwörung zu erpressen. Sie starben, aber sie schwiegen; ihre Festigkeit rechtfertigte die Wahl und erhärtete vielleicht die Unschuld ihres
Gönners; denn die despotische Macht, die ihm das Leben ohne Urteil rauben und sein
Andenken ohne Beweis brandmarken konnte, hat keine Richtergewalt über die unparteiische Stimme der Nachwelt. Die Dienste Stilichos sind groß und offenkundig, seine
Verbrechen, die unbestimmt in der Sprache der Schmeichelei und des Hasses angeführt werden, wenigstens unklar und unwahrscheinlich. Ungefähr vier Monate nach
seinem Tode wurde im Namen des Honorius ein Edikt verkündet, das dazu diente, den
freien Verkehr zwischen den beiden Reichen wiederherzustellen, der durch den öffentlichen Feind so lange unterbrochen worden war. Der Minister, dessen Ruhm und
Glück von dem Heile des Staates abhing, wurde beschuldigt, Italien den Barbaren
verraten zu haben, die er wiederholt bei Pollentia, bei Verona, unter den Mauern von
Florenz besiegt hatte. Sein vorgeblicher Plan, das Diadem auf das Haupt seines Sohnes
Eucherius zu setzen, hätte ohne Vorbereitungen und Mitschuldige nicht ausgeführt
werden können, und der ehrgeizige Vater würde den künftigen Kaiser gewiß nicht bis
in sein zwanzigstes Lebensjahr in der geringen Stellung eines Tribunen der Notare
gelassen haben. Sogar die Religion Stilichos wurde durch seine boshaften Gegner

angeschuldigt. Die rechtzeitige, fast wunderbare Befreiung von ihm wurde durch den Beifall der Geistlichkeit, die behauptete, daß die Wiederherstellung der Götzenbilder und die Verfolgung der Kirche die erste Maßregel der Regierung des Eucherius gewesen sein würde, mit großer Frömmigkeit gefeiert. Der Sohn Stilichos war indessen im Schoße des Christentums, das sein Vater stets bekannt und eifrigst unterstützt hatte, erzogen worden. Serena hatte ihr prachtvolles Halsgeschmeide von der Statue der Vesta entlehnt, und die Heiden verwünschten das Andenken des tempelräuberischen Ministers, auf dessen Befehl die sybillinischen Bücher, die Orakel Roms, den Flammen übergeben worden waren. Der Stolz und die Macht Stilichos bildeten seine eigentliche Schuld. Ein ehrenhaftes Widerstreben, das Blut seiner Vaterlandsgenossen zu vergießen, scheint zu dem Erfolge seines unwürdigen Nebenbuhlers beigetragen zu haben, und es ist die äußerste Erniedrigung für das Andenken des Honorius, daß die Nachwelt sich nicht einmal herabgelassen hat, ihm seine schändliche Undankbarkeit gegen den Beschützer seiner Jugend und die Stütze des Reiches zum Vorwurf zu machen.

Unter der Schar von Anhängern, deren Reichtum und Rang die Aufmerksamkeit ihrer eigenen Zeiten weckte, wird unsere Neugierde durch den berühmten Namen des Dichters Claudian erregt, der die Gunst Stilichos genossen und in den Sturz seines Gönners verwickelt wurde. Die Titularämter Tribun und Notar setzten seinen Rang an dem kaiserlichen Hofe fest; er verdankte der mächtigen Empfehlung Serenas seine Vermählung mit einer sehr reichen Erbin der Provinz Afrika, und das auf dem Forum des Trajan errichtete Standbild Claudians war ein Denkmal des Geschmackes und Edelsinnes des römischen Senates. Nachdem es zur Beleidigung und zum Verbrechen geworden war, Stilicho zu preisen, sah sich Claudian der Feindschaft eines mächtigen und unversöhnlichen Höflings bloßgestellt, den er durch einen beißenden Witz gereizt hatte. Er hatte die entgegengesetzten Charaktere der beiden prätorianischen Präfekten von Italien in einem geistreichen Epigramm verglichen, worin er die schuldlose Ruhe eines Philosophen, der die Geschäftsstunden zuweilen dem Schlummer, vielleicht den Studien widmete, mit dem eigennützigen Fleiße eines räuberischen, in der Verfolgung ungerechten und frevelhaften Gewinnes unermüdlichen Ministers in Gegensatz bringt. „Wie glücklich", fährt Claudian fort, „wäre Italien, wenn Mallius beständig wachte und Hadrian beständig schliefe!" Die Ruhe des Mallius wurde durch diese freundliche und gelinde Mahnung nicht gestört; aber die grausame Wachsamkeit Hadrians erlauerte die Gelegenheit zur Rache und erhielt von den Feinden Stilichos ohne Mühe das geringe Opfer eines verrufenen Poeten. Der Poet verbarg sich jedoch während des Lärmes der Umwälzung und richtete, den Geboten der Klugheit gehorsamer als denen der Ehre, in Form einer Epistel einen flehenden und demütigenden Widerruf an die beleidigten Präfekten. Er beklagt in reuigem Ton die verderbliche Unbescheidenheit, zu der er sich durch Leidenschaft und Torheit habe hinreißen lassen, legt seinem Feinde die Nachahmung der edlen Beispiele der Milde von Göttern, Helden und Löwen nahe und drückt die Hoffnung aus, daß der hochherzige Hadrian einen verächtlichen und wehrlosen Feind nicht zertreten werde, der durch Schmach und Armut ohnedies hinreichend gedemütigt und durch die Verbannung, die Folterqualen und den Tod seiner teuersten Freunde auf das tiefste verwundet war. Was immer der Erfolg dieser Bitte gewesen sei und wie sich auch die Ereignisse seines ferneren Lebens gestaltet haben, lagen doch nach Verlauf einiger weniger Jahre der Minister wie der Dichter im Grabe: aber der Name Hadrians ist fast in Vergessenheit versunken, während Claudian mit Vergnügen in jedem Lande gelesen wird, das die Kenntnis der lateinischen Sprache beibehalten oder erworben hat. Wenn wir seine Vorzüge und Mängel unparteiisch abwägen, müssen wir bekennen, daß Claudian unsere Vernunft weder befriedigt noch beruhigt. Es dürfte nicht leicht fallen, eine Stelle anzuführen, die das Beiwort erhaben oder pathetisch verdiente, einen Vers auszuwählen, der das Herz rührte oder die Phantasie erweiterte. Wir würden in Claudians Gedichten vergeblich nach der glücklichen Erfindung und kunstreichen Ausführung einer interessanten Fabel oder nach der wahren und lebendigen Darstellung der Charaktere, Situationen des wirklichen Lebens suchen. Im Dienste seines Gönners schrieb er gelegentlich Lobpreisungen und Schmähungen, und der Zweck dieser sklavischen Erzeugnisse ermutigte seine Neigung, die Grenze der Wahrheit und Natur zu überschreiten. Diese Unvollkommenheiten werden jedoch in einem gewissen Grade durch die poetischen Tugenden Claudians ausgeglichen. Er war mit dem seltenen und köstlichen Talente begabt, die geringsten Gegenstände zu erhöhen, die dürftigsten zu schmücken und die ähnlichsten zu verändern; seine Färbung, insbesondere in der beschreibenden Poesie, ist lieblich und glänzend, und er unterläßt es selten, die Vorteile eines gebildeten Verstandes, einer reichen Phantasie, einer ungezwungenen und zuweilen kräftigen Ausdrucksweise und eines ununterbrochenen Flusses harmonischer Versbildung zu entfalten, ja sogar zu mißbrauchen. Zu diesem von allen Zufällen der Zeit und des Ortes unabhängigen Lobe müssen wir das besondere Verdienst fügen, das Claudian von den ungünstigen Umständen seiner Geburt ableitet. Zur Zeit des Verfalles der Künste und des Reiches eignete sich ein geborener Ägypter, der die Erziehung eines Griechen erhalten hatte, in reifem Alter den ungezwungenen Gebrauch und die unbedingte Beherrschung der lateinischen Sprache an, schwang sich über die Häupter seiner schwachen Zeitgenossen empor und nahm nach Verlauf von dreihundert Jahren einen Platz unter den Dichtern des alten Rom ein.

SIEBENTES KAPITEL

ALARICH UND HONORIUS

Einbruch Alarichs in Italien. – Sitten des römischen Senates und Volkes. – Rom wird dreimal belagert und endlich von den Goten geplündert – Tod Alarichs. – Die Goten räumen Italien. – Fall Konstantins. – Gallien und Spanien werden von den Barbaren in Besitz genommen. – Unabhängigkeit Britanniens

Die Unfähigkeit einer schwachen und zerrütteten Regierung kann oft den Schein annehmen, ja selbst die Wirkungen eines hochverräterischen Einverständnisses mit dem öffentlichen Feinde hervorrufen. Wenn Alarich in dem Rat von Ravenna zugegen gewesen wäre, würde er wahrscheinlich zu denselben Maßregeln geraten haben, welche die Minister des Honorius tatsächlich ergriffen. Der König der Goten würde sich, vielleicht mit einigem Widerstreben, verschworen haben, den furchtbaren Gegner zu verderben, durch dessen Waffen er zweimal, sowohl in Italien wie in Griechenland, zu Paaren getrieben worden war. Ihr tätiger und eigenmächtiger Haß hatte mühsam die Ungnade und den Sturz des großen Stilicho herbeigeführt. Die Tapferkeit des Sarus, sein Waffenruhm und sein persönlicher oder erblicher Einfluß über die barbarischen Bundesgenossen konnte ihn nur den Freunden ihres Vaterlandes empfehlen, welche die wertlosen Charaktere eines Turpilio, eines Varanes, eines Vigilantius verachteten oder verabscheuten. Auf die dringenden Bitten der neuen Günstlinge wurden diese Generale, obwohl sie sich des Namens Soldaten unwürdig gezeigt hatten, zu Oberbefehlshabern über die Reiterei, über das Fußvolk und über die Haustruppen befördert. Der gotische Fürst würde mit Freuden das Edikt unterschrieben haben, das der Fanatismus des Olympius dem einfältigen und andächtigen Kaiser diktierte. Honorius schloß alle Personen, die der katholischen Religion abgeneigt waren, von der Bekleidung jedes Staatsamtes aus, verwarf hartnäckig den Dienst aller derjenigen, die sich zu einer anderen Religion als der seinigen bekannten, und erklärte unbesonnen viele seiner tapfersten und geschicktesten Offiziere, die dem heidnischen Gottesdienst anhingen oder den Glauben des Arianismus eingesogen hatten, für dienstuntauglich. Diese einem Feinde so vorteilhaften Maßregeln würde Alarich gebilligt, vielleicht angeraten haben; zu bezweifeln aber ist, ob der Barbar sein Interesse mit jener unmenschlichen und albernen Grausamkeit gefördert haben würde, die auf den Befehl oder wenigstens mit Zulassung der kaiserlichen Minister verübt worden ist. Die fremden Hilfsvölker, die an Stilichos Person gehangen hatten, beklagten seinen Tod; aber ihr Drang nach Rache wurde durch die natürliche Besorgnis um die Sicherheit ihrer Gattinnen und Kinder gezügelt, die in den festesten Städten Italiens, wo sie auch den größten Teil ihrer wertvollen Habe niedergelegt hatten, als Geiseln festgehalten wurden. Zur selben Stunde und auf ein gemeinsames Zeichen wurden die Städte Italiens mit den gleichen Szenen allgemeiner Niedermetzelung und Plünderung befleckt, welche die Familien und die Habe der Barbaren einer gemeinsamen Vernichtung unterwarfen. Durch eine solche Untat, die auch den zahmsten und knechtischsten Geist gereizt haben würde, erbittert, blickten sie mit Entrüstung und Hoffnung auf das Lager Alarichs und schworen einmütig, mit gerechtem und unversöhnlichem Krieg die treulose Nation zu verfolgen, welche die Gesetze der Gastfreundschaft auf eine so niederträchtige Weise verletzt hatte. Durch das unkluge Benehmen der Minister des Honorius verlor die Republik den Beistand und erwarb die Feindschaft von dreißigtausend ihrer tapfersten Soldaten, und das Gewicht dieses furchtbaren Heeres, das allein dem Kriege den Ausschlag geben konnte, wurde aus der Waagschale der Römer in jene der Goten übertragen.

In den Künsten der Unterhandlung wie des Krieges behauptete der gotische König seine Überlegenheit über einen Feind, dessen veränderliche Maßregeln das Ergebnis der vollkommensten Rat- und Planlosigkeit waren. Alarich beobachtete aus seinem Lager an den Grenzen Italiens aufmerksam die Palastumwälzungen, bewachte die Fortschritte der Spaltung und Unzufriedenheit, verschleierte das feindliche Aussehen eines barbarischen Eindringlings und nahm den beliebteren Schein eines Freundes und Bundesgenossen des großen Stilicho an, dessen Tugenden er, als sie nicht länger furchtbar waren, den gerechten Zoll aufrichtigen Lobes und Bedauerns darbringen konnte. Die dringende Einladung der Unzufriedenen, die den König der Goten drängten, in Italien einzubrechen, fand ein Echo in dem lebendigen Gefühl der ihm selbst zugefügten Unbilden; er konnte sich mit Recht beklagen, daß die Minister die Bezahlung der viertausend Pfund Goldes, die ihm von dem römischen Senat als Lohn seiner Dienste oder als Besänftigungsmittel seiner Wut bewilligt worden waren, noch immer verzögerten und umgingen. Seine anstandsvolle Festigkeit wurde durch eine schlaue Mäßigung unterstützt, die zum Erfolg seiner Pläne beitrug. Er forderte billige und vernünftige Befriedigung, gab aber die stärksten Zusicherungen, daß er, sobald er sie erhalte, sich sogleich zurückziehen werde. Er weigerte sich, der Treue der Römer zu vertrauen, wenn nicht Ätius und Jason, die Söhne von zwei Großstaatsbeamten, als Geiseln in sein Lager gesendet würden: aber er erbot sich, zum Tausche mehrere der edelsten Jünglinge der gotischen Nation auszuliefern. Die Bescheidenheit Alarichs wurde von den Ministern zu Ravenna als zuverlässiger Beweis seiner Schwäche und Furcht ausgelegt. Sie verschmähten sowohl Unterhandlung wie Zusammenziehung eines Heeres und verabsäumten mit einem unbesonnenen Vertrauen, das nur aus ihrer Unkunde der außerordentlichen Gefahr folgen konnte, die entscheidenden Augenblicke zum Krieg und Frieden. Während sie in halsstarrigem Schweigen erwarteten, daß die Barbaren die Grenzen von Italien räumen würden, überschritt Alarich in kühnen Eilmärschen die Alpen und den Po; plünderte hastig die Städte Aquileja, Altinum, Concordia und Cremona, die sich seinen Waffen ergaben; vermehrte seine Streitkräfte durch Zuziehung von dreißigtausend Mann Hilfstruppen und rückte, ohne auch nur einen einzigen Feind im Felde zu treffen, bis zum Rande des Morastes vor, der die uneinnehmbare Residenz des Kaisers des Westens schirmte. Statt die hoffnungslose Belagerung von Ravenna zu versuchen, marschierte der kluge Anführer der Goten auf Rimini, dehnte seine Verwüstungen längs der Küste des Adriatischen Meeres aus und sann auf die Eroberung der alten Beherrscherin der Welt. Ein italienischer Einsiedler, dessen Eifer und Heiligkeit selbst von den Barbaren geachtet wurde, trat vor den siegreichen Monarchen und verkündete kühn die Rache des Himmels gegen die Unterdrücker der Erde: aber den Heiligen brachte die feierliche Beteuerung Alarichs zum Schweigen, daß er einen geheimen und übernatürlichen Antrieb empfinde, der ihn dränge, ja zwänge, gegen Rom zu marschieren. Er fühlte, daß sein

Genie und Glück den schwierigsten Unternehmungen gewachsen sei, und der Enthusiasmus, den er den Goten mitteilte, vernichtete allmählich die allgemeine, fast abergläubische Verehrung der Nationen für die Majestät des römischen Namens. Seine Truppen, durch Hoffnung auf Beute angefeuert, folgten dem Lauf der flaminischen Straße, besetzten die unbewachten Pässe der Apenninen, stiegen in die reichen Ebenen von Umbrien nieder, und als sie an den Ufern des Clitumnus lagerten, schlachteten sie mutwillig die milchweißen Ochsen und verzehrten sie, die seit so langer Zeit zum Gebrauche für römische Triumphe aufbewahrt worden waren. Die hohe Lage und ein zu rechter Zeit eintretendes furchtbares Gewitter bewahrten die kleine Stadt Narni; aber der König der Goten rückte, unedle Beute verachtend, mit unvermindertem Eifer vor (Oktober 408) und schlug, nachdem er durch die herrlichen, mit den Spolien barbarischer Siege geschmückten Bogen gezogen war, sein Lager unter den Mauern von Rom auf.

Während eines Zeitraumes von sechshundertneunzehn Jahren war der Sitz des Reiches niemals durch die Anwesenheit eines Feindes verletzt worden. Der erfolglose Zug Hannibals diente nur dazu, den Charakter des Senates und Volkes vorteilhaft zu entfalten: eines Senates, der durch den Vergleich mit einer Versammlung von Königen eher herabgesetzt als erhoben wird und eines Volkes, dem der Gesandte des Pyrrhus die unerschöpflichen Hilfsquellen der Hydra zugeschrieben hat. Zur Zeit des punischen Krieges hatte jeder der Senatoren entweder in niederer oder höherer Stellung sein Maß an Kriegsdiensten geleistet, und der Beschluß, der alle diejenigen, die Konsuln, Zensoren oder Diktatoren gewesen waren, mit einem vorübergehenden Kommando bekleidete, gab der Republik den sofortigen Beistand vieler tapferer und erfahrener Feldherren. Im Anfang des Krieges zählte das römische Volk zweihundertundfünfzigtausend Bürger in waffenfähigem Alter. Fünfzigtausend waren bereits in Verteidigung ihres Vaterlandes gefallen, und die dreiundzwanzig Legionen, die in den verschiedenen Lagern von Italien, Griechenland, Sardinien, Sizilien und Spanien verwendet wurden, enthielten ungefähr einhunderttausend Mann. Aber noch immer blieb eine gleiche Anzahl in Rom und dem naheliegenden Gebiet zurück, alle von demselben unerschrockenen Mute beseelt und jeder Bürger von frühester Jugend an in der Mannszucht und den Übungen der Krieger geschult. Hannibal staunte über die Standhaftigkeit des Senates, der seinen Heranzug erwartete, ohne die Belagerung von Capua aufzuheben oder seine zerstreuten Streitkräfte zurückzurufen. Er lagerte an den Ufern des Anio in einer Entfernung von drei Meilen von der Stadt, und bald kam ihm Kunde zu, daß der Boden, auf dem sein Zelt stand, in einer öffentlichen Versteigerung um einen angemessenen Preis verkauft und daß eine Truppenabteilung auf der entgegengesetzten Seite entsendet worden sei, um die Legionen von Spanien zu verstärken. Er führte seine Afrikaner gegen die Tore Roms, wo er drei Heere in Schlachtordnung, bereit, ihn zu empfangen, fand: Hannibal scheute aber den Ausgang des Kampfes, aus dem er nicht zu entkommen hoffen durfte, außer er vernichtete den letzten seiner Feinde, und sein schleuniger Rückzug legte Zeugnis für den unbezwinglichen Mut der Römer ab.

Seit der Zeit des punischen Krieges hatte die ununterbrochene Folge von Senatoren den Namen und das Bild der Republik bewahrt, und die entarteten Untertanen des Honorius leiteten ehrgeizig ihre Herkunft von den Helden ab, die Hannibals Waffen widerstanden und die Völker der Erde unterjocht hatten. Die weltlichen Ehren, welche die fromme Paula erbte und verachtete, werden von Hieronymus, ihrem Gewissensrate und Biographen, sorgfältig aufgezählt. Die Geschlechtsfolge ihres Vaters Rogatus, die bis hinauf zu Agamemnon reicht, mag einen griechischen Ursprung anzeigen; aber ihre Mutter Bläsilla zählte die Scipionen Aemilius Paulus, die Gracchen zu der Reihe ihrer Ahnen, und Toxotius, der Gemahl Paulas, leitete seinen königlichen Ursprung von Aeneas, dem Ahnherrn des julischen Geschlechtes, ab. Der Eitelkeit der Reichen, die hoher Herkunft zu sein wünschten, wurde durch diese stolzen Ansprüche geschmeichelt. Von dem Beifall ihrer Schmarotzer ermutigt, wirkten sie ohne Mühe auf die Leichtgläubigkeit des Pöbels, wobei sie bis zu einem gewissen Grade durch die

Gewohnheit, den Namen des Patrons anzunehmen, die stets unter den Freigelassenen und Klienten erlauchter Familien geherrscht hatte, unterstützt wurden. Die meisten dieser Familien aber, angegriffen durch äußere Gewalttätigkeit oder inneren Verfall, waren allmählich ausgerottet worden, ja es würde viel vernünftiger gewesen sein, in den Alpengebirgen oder in den feindlichen Einöden von Apulien nach einer geradlinigen Abstammung von zwanzig Generationen zu suchen, als dies auf der Bühne Roms, dem Sitze des Glücks, der Gefahr und beständiger Umwälzungen, zu tun. Unter jeder der aufeinanderfolgenden Regierungen und aus jeder Provinz des Reiches usurpierte eine Schar kühner Abenteurer, die durch ihre Talente oder Laster zu Rang und Reichtum emporstiegen, die Würden und die Paläste Roms und unterdrückte oder beschützte die armen Überbleibsel konsularischer Familien, die vielleicht von dem Ruhm ihrer Ahnen nicht einmal etwas wußten.

Zur Zeit des Hieronymus und Claudian ließen die Senatoren einstimmig dem Geschlecht der Anicier den Vorrang, und eine kurze Übersicht ihrer Geschichte wird am besten dazu dienen, den Rang und das Altertum der edlen Familien zu würdigen, die sich bloß um den zweiten Platz bewarben. Während der ersten fünf Jahrhunderte der Stadt war der Name der Anicier unbekannt, sie schienen ihre Herkunft von Präneste abgeleitet zu haben, und der Ehrgeiz dieser neuen Bürger begnügte sich lange mit der plebejischen Ehre von Volkstribunen. Einhundertachtundsechzig Jahre vor der christlichen Zeitrechnung wurde die Familie durch die Prätur des Anicius geadelt, der den illyrischen Krieg rühmlich durch die Bezwingung der Nation und die Gefangennahme ihres Königs endigte. Von dem Triumph dieses Feldherrn an bezeichnen drei Konsulate in einander entfernten Zeiten die Fortvererbung des anicischen Namens. Von der Regierung s bis zum gänzlichen Untergang des westlichen Reiches strahlte dieser Name mit einem Glanze, der in der öffentlichen Meinung selbst durch die Majestät des kaiserlichen Purpurs nicht überboten wurde. Die verschiedenen Zweige, auf die derselbe überging, vereinigten durch Heirat oder Erbschaft den Reichtum und die Titel der annischen, petronischen und olybrischen Häuser, und in jeder Generation wurde die Zahl der Konsulate durch erblichen Anspruch vervielfältigt. Die Anicier zeichneten sich durch Reichtum und Glaubenseifer aus; sie waren die ersten der Senatoren, die sich zum Christentum bekannten und es ist wahrscheinlich, daß Anicius Julian, der später Konsul und Präfekt der Stadt wurde, seine Anhänglichkeit an die Partei des Maxentius durch die Bereitwilligkeit sühnte, womit er die Religion Konstantins annahm. Ihr großes Erbe wurde durch die Tätigkeit des Probus vermehrt, des Hauptes der anicischen Familie, der mit Gratian die Ehre des Konsulates teilte und viermal das hohe Amt eines prätorianischen Präfekten bekleidete. Seine unermeßlichen Besitzungen waren über den weiten Umfang der römischen Welt zerstreut, und obschon das Volk die Art, wie sie erlangt worden waren, beargwohnen oder mißbilligen mochte, verdiente doch die Großmut und Pracht des glücklichen Staatsmannes die Dankbarkeit seiner Klienten und die Bewunderung der Fremden. So groß war die Verehrung, die man für das Andenken des Probus hegte, daß seine zwei Söhne in frühester Jugend und auf Bitte des Senates ihm in der konsularischen Würde beigesellt wurden: eine merkwürdige, in den Annalen Roms beispiellose Auszeichnung.

Die marmornen Kunstwerke des anicinischen Palastes wurden als sprichwörtlicher Ausdruck für Reichtum und Glanz gebraucht, und die Edlen und Senatoren Roms suchten diese erlauchte Familie entsprechend nachzuahmen. Die genaue, im Zeitalter des Theodosius verfaßte Beschreibung Roms zählte eintausendsiebenhundertachtzig Häuser als Residenzen der reichen und ehrenwerten Bürger auf. Viele dieser Prachtgebäude rechtfertigten fast die Übertreibung des Dichters, „daß Rom zahllose Paläste enthalte und jeder Palast einer Stadt gleichkäme", weil er in seinem Umfange alles einschloß, was zum Gebrauch oder Luxus dienen konnte: Märkte, Hippodrome, Tempel, Fontänen, Bäder, Säulengänge, schattige Haine und künstliche Vogelbehälter. Der Geschichtsschreiber Olympiodorus, der den Zustand Roms zur Zeit der gotischen Belagerung schildert, fügt hinzu, daß mehrere der reichsten Senatoren von ihren Grundbesitzungen jährlich ein Einkommen von viertausend Pfund Goldes, über hundertsechzigtausend Pfund Sterling, bezogen, ohne die festgesetzten Lieferungen von Korn und Wein zu rechnen, die, wenn sie verkauft worden wären, im Werte einem Dritteile dieser Summe gleichgekommen wären. Mit diesem übermäßigen Reichtum verglichen, konnte ein jährliches Einkommen von eintausend oder fünfzehnhundert Pfund Goldes nur als ein der Würde des senatorischen Ranges, die viele öffentliche und prahlerische Ausgaben erforderte, angemessenes Einkommen betrachtet werden. Es werden aus dem Zeitalter des Honorius mehrere Beispiele eitler und volksbeliebter Großer erzählt, die das Jahr ihrer Prätur durch ein Fest feierten, das sieben Tage dauerte und über einhunderttausend Pfund Sterling kostete. Die Landgüter der römischen Senatoren, die das Maß jetzigen Reichtums so weit überstiegen, waren nicht auf die Grenzen von Italien beschränkt. Ihre Besitzungen dehnten sich weit jenseits des Ionischen und ägäischen Meeres bis in die fernsten Provinzen aus: die Stadt Nicopolis, die Augustus als ewiges Denkmal des Sieges bei Actium gegründet hatte, war das Eigentum der frommen Paula, und es wird von Seneca bemerkt, daß die Ströme, die einst feindliche Völker trennten, später durch die Ländereien von Privatbürgern flossen. Je nach Ansichten und Umständen wurden die Besitzungen der Römer entweder von Sklaven bebaut oder gegen eine gewisse, feste Rente fleißigen Pächtern verliehen. Die landwirtschaftlichen Schriftsteller des Altertums empfehlen dringend die erstere Methode, wo sie irgend anwendbar: wenn aber die Besitzung durch ihre Entfernung oder Größe der unmittelbaren Aufsicht des Gebieters entrückt wäre, ziehen sie die tätige Pflege eines alten Erbpächters, der Anhänglichkeit an den Boden und Interesse an dessen Ertrag hat, der Lohnverwaltung eines nachlässigen, vielleicht ungetreuen Pflegers vor.

Die reichen Großen einer unermeßlichen Hauptstadt, niemals entflammt durch den Wetteifer kriegerischen Ruhmes und sich selten nur mit den Angelegenheiten der Zivilregierung befassend, widmeten ihre Muße ganz natürlicherweise den Beschäftigungen und der Unterhaltung des Privatlebens. Zu Rom wurde der Handel stets verachtet: aber seit den ersten Zeiten der Republik vergrößerten die Senatoren ihr Erbvermögen und vermehrten die Zahl ihrer Klienten durch die gewinnreiche Ausübung des Wuchers, wobei die veralteten Gesetze durch die wechselseitigen Neigungen und das Interesse beider Parteien umgangen oder verletzt wurden. Eine große Menge an Reichtümern muß in Rom entweder in der gangbaren Münze des Reiches oder in Gold- und Silbergefäßen stets vorhanden gewesen sein, ja es gab zur Zeit des Plinius manche Kredenztische, die mehr gediegenes Silber enthielten, als durch Scipio von dem besiegten Karthago überbracht worden war. Die Mehrzahl der Großen, die ihr Vermögen in verschwenderischer Üppigkeit vergeudeten, war arm inmitten des Reichtums und müßig in einem beständigen Wirbel von Zerstreuungen. Ihre Wünsche wurden beständig durch die Arbeit von tausend Händen befriedigt, dem zahlreichen Gedränge häuslicher Sklaven, die Furcht vor Strafe trieb und den verschiedenen Gewerben der Künstler und Kaufleute, die auf Gewinn hofften. Es fehlte indessen den Alten an so manchen Lebensbequemlichkeiten, die durch die Fortschritte der Industrie geschaffen oder vervollkommnet worden sind, und der Überfluß an Glas und Leinwand hat unter den jüngeren Nationen Europas mehr wirkliches Wohlbefinden verbreitet, als die römischen Senatoren aus allen Verfeinerungen pomphafter und sinnlicher Üppigkeit schöpfen konnten. Ihr Luxus und ihre Sitten sind Gegenstand der genauesten und mühsamsten Forschungen gewesen; da mich jedoch solche Untersuchungen zu weit von dem Zweck des gegenwärtigen Werkes abführen würden, werde ich eine authentische Beschreibung Roms und seiner Einwohner geben, die insbesondere auch auf die Zeit des gotischen Krieges paßt. Ammianus Marcellinus, der klüglich die Hauptstadt des Reiches als den für einen Geschichtsschreiber seiner eigenen Zeiten geeigneten Aufenthalt wählte, hat unter die Erzählungen der öffentlichen Ereignisse eine lebendige Darstellung der Szenen gemischt, mit deren Anblick er vertraut war. Der einsichtsvolle Leser wird nicht immer die Bitterkeit des Tadels, die Wahl der Umstände oder die Weise des Ausdruckes billigen, er wird vielleicht die geheimen Vorurteile und den persönlichen Groll, der das Gemüt des Ammianus verstimmte, gewahren, aber doch gewiß mit philosophischer Wißbegierde das interessante Originalgemälde der Sitten Roms betrachten.

„Die Größe Roms", sagt der Geschichtsschreiber, „war auf der seltenen und fast unglaublichen Vereinigung der Tugend und des Glückes gegründet. Ihre lange Kindheit verging in schwerem Kampf gegen die italienischen Stämme, die Nachbarn und Feinde der aufstrebenden Stadt. In der Kraft und Glut der Jugend hielt sie die Kriegsstürme aus, trug ihre siegreichen Waffen über die Meere und Gebirge und brachte Triumphlorbeeren aus jedem Lande der Erde heim. Endlich, als sie sich dem Alter näherte und zuweilen durch den Schrecken ihres bloßen Namens siegte, suchte sie die Segnungen des Friedens und der Ruhe. Die ehrwürdige Stadt, die ihren Fuß auf den Nacken der grimmigsten Völker gestellt und ein System von Gesetzen, das die Freiheit und das Recht beständig bewachte, eingeführt hatte, begnügte sich zuletzt, wie eine reiche und weise Mutter, die Sorge für die Verwaltung ihres weiten Besitztums ihren Lieblingssöhnen, den Cäsaren, zu übertragen. Ein sicherer und tiefer Friede, wie er einst unter Numas Regierung gewaltet, folgte auf die Tumulte der Republik, während Rom fortwährend als die Königin der Erde angebetet wurde und die unterworfenen Nationen noch immer den Namen des Volkes und die Majestät des Senates verehrten. Aber dieser angeborene Glanz (fährt Ammianus fort) wird durch das Benehmen einiger Großer entehrt und geschändet, die, uneingedenk ihrer eigenen und der Würde ihres Vaterlandes, unbegrenzter Zügellosigkeit des Lasters und der Torheit frönen. Sie wetteifern in der nichtigen Eitelkeit der Titel und Zunamen und wählen oder erfinden sorgfältigst die stolzesten und hochklingendsten Namen, Reburrus oder Fabunius, Pagonius oder Tarrasius, die den Ohren des Pöbels Erstaunen und Ehrfurcht einflößen mögen. Aus eitlem Ehrgeiz, ihr Andenken zu verewigen, lassen sie ihr Bild in ehernen und marmornen Standbildern vervielfältigen, auch dadurch fühlen sie sich nicht befriedigt, außer diese Standbilder werden mit Goldplatten bedeckt: eine ehrenvolle Auszeichnung, die zuerst dem Konsul Acilius bewilligt wurde, nachdem er durch seine Waffen und seine Klugheit die Macht des Königs Antiochus gebrochen hatte. Die ruhmsüchtige Zurschaustellung, vielleicht Vergrößerung des Einkommensverzeichnisses der Ländereien, die sie in allen Provinzen vom Aufgang bis zum Niedergang der Sonne besitzen, erregt den gerechten Groll eines jeden, der sich erinnert, daß ihre armen und unbesieglichen Ahnen sich in ihrer Nahrung und in ihrer Tracht von dem geringsten Krieger nicht unterschieden. Die jetzigen Edlen dagegen messen ihren Rang und ihre Wichtigkeit nach der Höhe ihrer Wagen und der schweren Pracht ihres Anzuges. Ihre langen Gewänder aus Seide und Purpur flattern im Winde, und wenn dieselben durch Kunst oder Zufall bewegt werden, zeigen sie gelegentlich die Unterkleider, die reichen Tuniken, in welche die Gestalten verschiedener Tiere eingestickt sind. Ein Gefolge von fünfzig Dienern hinter sich, rasen sie durch die Straße mit derselben ungestümen Eile, als ob sie mit Postpferden reisten, und das Beispiel der Senatoren wird kühn von den Matronen und Frauen nachgeahmt, deren bedeckte Wagen beständig die riesige Stadt und die Vorstädte durchfahren. Sooft diese hohen Standespersonen sich herablassen, die öffentlichen Bäder zu besuchen, nehmen sie bei ihrem Eintritt einen lauten, unverschämt befehlshaberischen Ton an und eignen sich für ihren Gebrauch die Bequemlichkeiten an, die für das römische Reich bestimmt waren. Wenn sie an diesen öffentlichen und allgemeinen Versammlungsplätzen einen der schändlichen Diener ihrer Lüste treffen, drücken sie ihre Zuneigung durch eine zärtliche Umarmung aus, während sie voll Stolz die Begrüßung ihrer Mitbürger ablehnen, denen nicht gestattet ist, nach einer höheren Ehre zu streben, als ihre Hände und Knie zu küssen. Sobald sie die Erfrischung des Bades übermäßig genossen, legen sie wieder ihre Ringe und die übrigen Zeichen ihrer Würde an, wählen aus ihrem Kleidervorrat von den feinsten Stoffen, reich genug, um ein Dutzend Personen zu versehen, die ihrer Laune gerade zusagenden Gewänder und beobachten beim Gehen dasselbe stolze Benehmen, das vielleicht dem großen Marcellus nach der Eroberung von Syrakus hätte nachgesehen werden können. Zuweilen wagen sich diese Heroen allerdings an schwierige Unternehmungen; sie besuchen ihre Landgüter in Italien und verschaffen sich durch die Bemühungen ihrer Sklaven die Vergnügungen der Jagd. Wenn sie ja jemals, insbesondere an einem heißen Tage, Mut haben, in ihren bemalten Galeeren aus dem lucrinischen See nach ihren schönen Villen an der Meeresküste von Puteoli und Cayeta zu segeln, vergleichen sie ihr Wagnis mit den Zügen Cäsars und Alexanders. Sollte sich jedoch eine Fliege unterstehen, sich auf den seidenen Falten ihrer vergoldeten Sonnenschirme niederzulassen, sollte ein Sonnenstrahl durch irgendeine unbewachte und unwahrnehmbare Ritze dringen, so beschweren sie sich über ihre unerträglichen Strapazen und klagen in affektierter Sprache, daß sie nicht im Lande der Cimmerier, dem Sitze ewiger Finsternis, geboren seien. Bei solchen Reisen auf das Land zieht der ganze Haushalt mit seinem Herrn. Gerade wie die Reiterei und das Fußvolk, die schwer- und leichtbewaffneten Truppen, die Vorhut und die Nachhut von ihrem militärischen Befehlshaber geführt werden, so verteilen und ordnen die Hausbeamten, die einen Stab als Zeichen ihrer Macht tragen, den zahlreichen Zug von Sklaven und Dienern. Das Gepäck und die Garderobe werden vorausgesandt; unmittelbar darauf folgt eine Schar von Köchen und unteren Dienern, die im Dienste der Küche oder der Tafel verwendet werden. Das Hauptkorps besteht aus einem gemischten Haufen von Sklaven, vergrößert durch zufälliges Hinzuströmen müßiger oder abhängiger Plebejer. Die Nachhut wird von der Lieblingsschar der Eunuchen gebildet, die nach dem Alter geordnet sind. Ihre Zahl und Häßlichkeit erregen in den entrüsteten Zuschauern Schauder, die das Andenken der Semiramis wegen der von ihr erfundenen Kunst verwünschen, die Zwecke der Natur und die Hoffnung künftiger Geschlechter zu vernichten. In der Ausübung ihrer häuslichen Gerichtsbarkeit zeigen die römischen Großen eine außerordentliche Empfindlichkeit gegen jede ihre Person treffende Unannehmlichkeit, aber die verachtungsvollste Gleichgültigkeit gegen das übrige Menschengeschlecht. Wenn sie warmes Wasser verlangt haben und der Sklave ist im Gehorsam säumig gewesen, wird er sogleich mit dreihundert Geißelhieben gezüchtigt: sollte jedoch derselbe Sklave einen vorsätzlichen Mord vollbringen, so wird sein Gebieter milde bemerken, daß es ein nichtsnutziger Bursche wäre, daß er aber, wenn er ein solches Vergehen wieder beginge, der Strafe nicht entgehen würde. Gastfreiheit war einst die Tugend der Römer, und jeder Fremde, der sich auf Verdienst oder Unglück berufen konnte, erhielt durch ihren Edelmut Belohnung oder Hilfe. Wird dagegen jetzt ein Ausländer von vielleicht keineswegs verächtlichem Range einem der stolzen und reichen Senatoren vorgestellt, so empfängt man ihn allerdings bei der ersten Audienz mit so warmen Beteuerungen und so gütigen Nachfragen, daß er sich, von der Leutseligkeit seines erlauchten Freundes bezaubert, voll Bedauern entfernt, seine Reise nach Rom, dem geborenen Sitze der guten Sitten wie des Rechtes, solange verschoben zu haben. Einer günstigen Aufnahme versichert, wiederholt er seinen Besuch am folgenden Tage, macht aber zu seiner Kränkung die Entdeckung, daß seine Person, sein Name und sein Vaterland bereits wieder vergessen sind. Beharrt er bei seinem Entschluß, so wird er allmählich zur Schar der oberwähnten Abhängigen gerechnet und erhält Erlaubnis, einem stolzen Herrn, welcher der Dankbarkeit wie der Freundschaft unfähig ist und kaum sein Dasein, sein Gehen oder sein Wiederkommen bemerkt, fleißig und zwecklos den Hof zu machen. Sooft die Reichen eine feierliche Volksbewirtung veranstalten, so oft sie mit verderblicher Üppigkeit ihre Privatbankette feiern, ist die Wahl der Gäste Gegenstand der sorgfältigsten Beratung. Bescheidene, Mäßige und Gelehrte werden selten vorgezogen, dagegen schalten die fast immer von eigennützigen Beweggründen beherrschten Hofmeister in die Einladungsliste gewandt die dunklen Namen der Wertlosesten aller Menschen ein. Die gewöhnlichsten und vertrautesten Gefährten der Großen sind aber jene Parasiten, welche die einträglichste aller Künste, die Schmeichelei, treiben, gierig jedes Wort, jede Handlung ihres unsterblichen Gönners bewundern, mit Entzücken seine marmornen Bildwerke und Mosaikböden betrachten und den Prunk und die Eleganz, die man ihn gelehrt hat als einen Teil seines persönlichen Verdienstes anzusehen, aus allen Kräften preisen. Auf den römischen Tafeln werden Vögel, Eichhörnchen und Fische von ungewöhnlicher Größe mit der gierigsten Aufmerksamkeit betrachtet; ihr Gewicht wird mittels einer

Waage auf das genaueste ermittelt, und während die vernünftigen Gäste sich bei der nichtigen und ekelhaften Wiederholung einer und derselben Sache langweilen, werden Notare zugezogen, um in einer authentischen Urkunde die Wahrheit eines so wunderbaren Ereignisses zu beglaubigen. Eine andere Art, sich Zutritt in die Häuser und zur Gesellschaft der Großen zu verschaffen, beruht auf dem Gewerbe oder, wie es artiger genannt wird, auf der Kunst des Spieles. Die Verbündeten sind durch ein enges und unauflösliches Band der Freundschaft oder vielmehr Verschwörung verkettet und ein höherer Grad von Geschicklichkeit in der Ars tesseraria (das als Brett- und Würfelspiel angesehen werden mag) ein sicherer Weg zu Reichtum und Ruf. Ein Meister in dieser erhabenen Kunst, der bei einem Mahle oder in einer Gesellschaft seinen Platz unterhalb einer obrigkeitlichen Person angewiesen erhält, zeigt in seinem Antlitz dieselbe Überraschung und Entrüstung, wie sie Cato gefühlt haben mochte, als ihm durch die Abstimmung des launenhaften Volkes die Prätur verweigert worden war. Erwerbung von Kenntnissen beschäftigt selten die Neugierde der Großen, welche die Mühen des Studiums verabscheuen und dessen Vorteile verachten: die einzigen Bücher, die sie lesen, sind die Satiren Juvenals und die wortreichen und fabelartigen Geschichten des Marius Maximus. Die Büchersammlungen, die sie von ihren Vätern geerbt haben, werden gleich schrecklichen Gruften dem Lichte des Tages verschlossen. Aber kostbare Theaterinstrumente, Flöten, riesenhafte Lyren und Wasserorgeln werden zu ihrem Gebrauch gebaut, und Harmonie der Vokal- und Instrumentalmusik erschallt unaufhörlich in den Palästen Roms. In diesen Prunksitzen wird Schall dem Sinne und Sorge um den Leib jener des Geistes vorgezogen. Es gilt als heilsame Maxime, daß der geringe und kleinliche Argwohn einer ansteckenden Krankheit hinreiche, von dem Besuch der vertrautesten Freunde zu entbinden; sogar die Diener, die zu höflicher Nachfrage entsendet werden, dürfen nicht heimkehren, ohne vorher eine völlige Waschung gemacht zu haben. Nichtsdestoweniger weicht diese selbstische und unmännliche Verzärtelung gelegentlich der gewaltigeren Leidenschaft der Habsucht. Aussicht auf Gewinn jagt einen reichen und mit der Gicht behafteten Senator bis Spoleto; jedes Gefühl des Stolzes und der Würde wird durch die Hoffnung auf eine Erbschaft, ja auch nur auf ein Vermächtnis vernichtet, und ein wohlbegüterter kinderloser Bürger ist der Mächtigste aller Römer. Man versteht sich vollkommen auf die Kunst, die Unterzeichnung eines günstigen Testaments zu erhalten und auch zuweilen die Vollstreckung desselben zu beschleunigen; ja es hat sich zugetragen, daß in einem und demselben Hause, obschon in verschiedenen Gemächern, Gatte und Gattin in der löblichen Absicht, einander zu übervorteilen, ihre bezüglichen Anwälte versammelt haben, um zu gleicher Zeit ihre gegenseitigen, aber einander widersprechenden Erklärungen aufzuzeichnen. Not, diese natürliche Folge und Zuchtrute ausschweifender Verschwendung, zwingt die Großen oft, zu den allerdemütigendsten Mitteln ihre Zuflucht zu nehmen. Wenn sie borgen wollen, wenden sie den niedrigen und flehenden Stil des Sklaven im Lustspiel an; wenn sie dagegen zur Bezahlung aufgefordert werden, nehmen sie den hohen, tragischen Deklamationston der Enkel des Herkules an. Wird die Forderung wiederholt, verschaffen sie sich ohne Mühe irgendeinen zuverlässigen Sykophanten, den sie beauftragen, eine Klage wegen Vergiftung oder Magie gegen den unverschämten Gläubiger anzustellen, der selten wieder aus dem Gefängnis befreit wird, außer er unterzeichnet eine Quittung über die ganze Schuld. Diese Laster, die den moralischen Charakter der Römer schänden, sind mit einem knabenhaften Aberglauben gemengt, der ihren Verstand verunehrt. Sie schenken den Weissagungen der Haruspizes Vertrauen, die in den Eingeweiden der Opfer die Zeichen künftiger Größe und Glückseligkeit zu lesen vorgeben; ja es gibt viele, die weder zu baden noch zu speisen, noch öffentlich zu erscheinen wagen, bevor sie nicht nach den Regeln der Astrologie emsig die Stellung des Merkur und die Aspekten des Mondes zu Rate gezogen haben. Und es ist in der Tat merkwürdig, daß sich diese eitle Leichtgläubigkeit häufig bei jenen profanen Skeptikern findet, die frevelhaft an dem Dasein einer himmlischen Macht zweifeln oder sie leugnen."

In volkreichen Städten, die der Sitz des Handels und Gewerbes sind, bilden die mittleren Klassen der Einwohner, die der Geschicklichkeit oder Arbeit ihren Unterhalt verdanken, gewöhnlich den fruchtbarsten, nützlichsten und in dieser Beziehung achtungswertesten Teil der Gemeinde. Aber die Plebejer von Rom, die solche stille und knechtische Beschäftigungen verachteten, waren von den frühesten Zeiten an durch das Gewicht der Schulden und des Wuchers unterdrückt worden, und der Landwirt mußte während der Dauer seiner Kriegsdienste den Anbau seiner Felder im Stich lassen. Die Ländereien von Italien, die ursprünglich unter die Familien freier und dürftiger Bürger verteilt worden waren, wurden allmählich von der Habsucht der Reichen angekauft oder an sich gerissen, und in dem Zeitalter, das dem Sturze der Republik voranging, berechnete man, daß nur zweitausend Bürger ein unabhängiges Vermögen besaßen. Solange indessen das Volk durch seine Abstimmung die Ehrenstellen des Staates, den Befehl der Legionen und die Verwaltung reicher Provinzen vergab, erleichterte selbstbewußter Stolz in einem gewissen Grade die Drangsale der Armut, und dem Mangel half zur rechten Zeit die ehrgeizige Freigebigkeit der Kandidaten ab, die sich in den fünfunddreißig Tribus oder hundertdreiundneunzig Zenturien Roms eine käufliche Mehrheit zu sichern strebten. Als aber die verschwenderischen Gemeinen unbesonnenerweise nicht nur die Ausübung, sondern auch das Erbgut der Macht veräußert hatten, sanken sie unter der Herrschaft der Cäsaren zu einem niedrigen und elenden Pöbel herab, der in wenigen Generationen gänzlich hätte erlöschen müssen, wenn er nicht beständig durch freigelassene Sklaven und zuströmende Fremde ergänzt worden wäre. Schon zur Zeit Hadrians klagten die echten Eingeborenen mit Recht, daß die Hauptstadt die Laster der ganzen Erde und die Sitten der verschiedensten Völker angezogen habe. Die Unmäßigkeit der Gallier, die Verschmitztheit und der Leichtsinn der Griechen, die wilde Hartnäckigkeit der Ägypter und Juden, der knechtische Charakter der Asiaten und die zügellose weibische Schändlichkeit der Syrier waren in der bunten Menge gemischt, die sich unter dem stolzen und falschen Namen Römer herausnahm, ihre Mituntertanen, sogar ihre Souveräne zu verachten, die außer dem Bereich der ewigen Stadt wohnten.

Dennoch wurde der Name dieser Stadt fortwährend mit Ehrfurcht ausgesprochen; man bestrafte die häufigen und eigensinnigen Tumulte ihrer Einwohner nicht, und statt daß die Nachfolger Konstantins die letzten Überreste der Demokratie mit dem starken Arm der bewaffneten Macht zermalmten, huldigten sie der milden Politik des Augustus und strebten, die Armut eines zahllosen Volkes zu erleichtern und ihm in seinem Müßiggang Unterhaltung zu verschaffen. I. Zur Bequemlichkeit der trägen Plebejer wurden die monatlichen Verteilungen von Korn in eine tägliche Verteilung von Brot umgewandelt; eine große Anzahl Öfen ward eingerichtet und auf öffentliche Kosten unterhalten; zur festgesetzten Stunde empfing jeder Bürger, der mit einem Anweisungszettel versehen war und die Flucht der Stufen emporstieg, die seinem besonderen Viertel oder seiner Abteilung zugewiesen war, entweder als Geschenk oder zu einem sehr geringen Preise ein dreipfündiges Brot für seine Familie. II. Die Wälder von Lukanien, deren Eicheln große Herden wilder Schweine mästeten, lieferten als eine Art Tribut einen reichen Überfluß an wohlfeilem und gesundem Fleisch. Während fünf Monaten im Jahre wurde eine regelmäßige Ration von Speck unter die ärmeren Bürger verteilt, und der jährliche Verbrauch der Hauptstadt zu einer Zeit, in der sie von ihrem früheren Glanze schon sehr viel verloren hatte, wird durch ein Edikt Valentinians III. mit drei Millionen sechshundertachtundzwanzigtausend Pfund bestimmt. III. Der Lebensweise des Altertums zufolge war der Gebrauch des Öls sowohl für die Lampe als zum Bade unerläßlich; der jährliche Tribut, der Afrika zugunsten Roms auferlegt wurde, betrug drei Millionen Pfund, etwa dreihunderttausend Gallonen englischen Maßes. IV. Die Sorgfalt Augustus', die Hauptstadt mit einer hinreichenden Menge Korn zu versehen, ging über diesen notwendigen Artikel des menschlichen Unterhaltes nicht hinaus; und als das Volksgeschrei sich über Verteuerung und Mangel des Weines beschwerte, erließ der ernste Reformator eine Kundmachung, worin er seinen Untertanen zu verstehen gab, daß sich vernünftigerweise niemand über Durst beklagen könne, da die Aquädukte des Agrippa der Stadt so viele reichhaltige Ströme reinen und gesunden Wassers zuführten. Diese strenge Mäßigkeit erschlaffte allmählich, und obschon der edle Plan Aurelians nicht in seinem vollen Umfange ausgeführt worden zu sein scheint, wurde doch der Genuß des Weines unter sehr leichten und billigen Bedingungen gestattet. Die Verwaltung der öffentlichen Keller war einem Beamten von würdigem Rang anvertraut, und ein beträchtlicher Teil der Weinlese von Campanien blieb den glücklichen Bewohnern Roms vorbehalten.

Die staunenswerten Aquädukte, so mit Recht durch das Lob des Augustus selbst gepriesen wurden, füllten die Thermae oder Bäder, die in jedem Teile der Stadt mit kaiserlicher Pracht erbaut worden waren. Die Bäder des Antoninus Caracalla, die zu bestimmten Stunden ohne Unterschied zum Gebrauch der Senatoren wie des Volkes geöffnet waren, enthielten über sechzehnhundert Marmorsitze und mehr als dreitausend wurden in den Bädern s gezählt. Die Wände der hohen Säle waren mit kunstreicher Mosaikarbeit bedeckt, welche die Kunst der Malerei in dem Adel der Zeichnung und in dem Reichtum der Farben nachahmte. Der ägyptische Granit war mit dem kostbaren grünen Marmor aus Numidien überzogen; ein immerwährender Strom heißen Wassers ergoß sich in geräumige Becken und ebenso viele Mündungen von strahlendem und massivem Silber, und der geringste Römer konnte sich um eine kleine Kupfermünze den täglichen Genuß einer Szene der Pracht und der Üppigkeit verschaffen, die den Neid der Könige Asiens erregen konnte. Aus diesen großartigen Palästen ergoß sich ein Schwarm schmutziger und zerlumpter Plebejer ohne Schuhe und ohne Mantel, die ganze Tage auf der Straße oder in dem Forum verständelten, um Neuigkeiten zu hören oder zu zanken, in ausschweifendem Spiele die geringe Habe ihrer Gattinnen und Kinder verschleuderten und die Stunden der Nacht in schlechten Schenken und liederlichen Häusern zubrachten, der gröbsten und gemeinsten Sinnlichkeit frönend.

Aber die lebhafte und glänzendste Unterhaltung der müßigen Menge waren häufige Aufführungen öffentlicher Spiele und theatralischer Vorstellungen. Die Frömmigkeit christlicher Kaiser hatte die unmenschlichen Kämpfe der Gladiatoren unterdrückt, aber das römische Volk betrachtete fortwährend den Zirkus als seine Heimat, seinen Tempel und als den Sitz der Republik. Die ungeduldige Menge drängte sich bei Tagesanbruch herbei, um sich Plätze zu sichern, ja es gab viele, die eine schlaflose und ängstliche Nacht in den naheliegenden Säulengängen zubrachten. Vom Morgen bis zum Abend, unbekümmert um Sonne oder Regen, verharrten die Zuschauer, deren Zahl zuweilen bis auf vierhunderttausend stieg, in gespannter Aufmerksamkeit; ihre Blicke hafteten auf den Pferden und Wagenlenkern, ihre Seelen waren von Furcht und Hoffnung ob des Erfolges der Farben bewegt, für die sie Partei ergriffen hatten, und das Heil Roms schien von dem Ausgang eines Wettrennens abzuhängen. Derselbe unmäßige Eifer begeisterte sie zu Geschrei oder Beifall, sooft sie durch die Hetze wilder Tiere und die verschiedenen Arten theatralischer Vorstellungen unterhalten wurden. Diese Vorstellungen können in den neueren Hauptstädten als die schöne und elegante Schule des Geschmackes, vielleicht der Tugend betrachtet werden. Aber die tragische und komische Muse der Römer, die sich nur selten über die Nachahmung des attischen Genius erhob, hatte seit dem Sturze der Republik fast ganz geschwiegen, und ihre Stelle ward unwürdigerweise durch ausgelassene Possen, weibische Musik und glänzenden Prunk eingenommen. Die Mimiker, die ihren Ruhm von den Zeiten des Augustus bis zum sechsten Jahrhundert bewahrten, stellten, ohne Worte zu gebrauchen, die verschiedenen Fabeln der Götter und Helden des Altertums dar, und die Vollkommenheit ihrer Kunst, die zuweilen selbst den Ernst des Philosophen entwaffnete, erregte stets den Beifall und das Staunen des Volkes. Die ungeheuren und prachtvollen Bühnen Roms waren mit dreitausend Tänzerinnen und dreitausend Sängerinnen gefüllt, ungerechnet die Anführer der bezüglichen Chöre. So groß war die Volksgunst, deren sich dieselben erfreuten, daß zu einer Zeit des Mangels, in der alle Fremden aus Rom verbannt wurden, das Verdienst, zu den öffentlichen Vergnügungen beizutragen, sie von einem Gesetze ausnahm, das mit Strenge gegen alle Ausübenden freier Künste vollzogen wurde.

Die törichte Neugierde des Heliogabal soll versucht haben, aus der Menge der Spinnengewebe die Zahl der Bewohner Roms zu ermitteln. Eine vernünftigere Erforschungsmethode dürfte der Aufmerksamkeit der weisesten Fürsten nicht unwürdig gewesen sein, die eine für die römische Regierung so wichtige und für die Nachwelt so interessante Frage gar leicht zu lösen vermocht hätten. Die Geburts- und Sterbefälle der Bürger wurden genau eingetragen, und wenn ein Schriftsteller des Altertums für gut befunden hätte, den jährlichen Betrag oder die gewöhnliche Durchschnittszahl aufzuzeichnen, wären wir jetzt imstande, eine genügende Berechnung anstellen zu können, welche die ausschweifenden Behauptungen der Kritiker über den Haufen werfen und die bescheidenen und wahrscheinlichen Vermutungen der Philosophen vielleicht bestätigen würde. Die emsigsten Forschungen haben nur folgende Umstände ergeben, die, so oberflächlich und unvollständig sie sein mögen, doch in einem gewissen Grade dazu dienen, die Frage über die Bevölkerung des alten Rom zu beleuchten. I. Als die Hauptstadt des Reiches von den Goten belagert wurde, maß der Mathematiker Ammonius genau den Umfang der Mauern und fand dieselben einundzwanzig Meilen lang. Man darf nicht übersehen, daß die Gestalt der Stadt fast einen Kreis bildete, mithin jene geometrische Figur, von der man weiß, daß sie den größten Raum innerhalb eines gegebenen Umfanges einschließt. II. Der Architekt Vitruvius, der im Zeitalter des Augustus in Mode war und dessen Zeugnis in diesem Falle besonderes Gewicht und Ansehen hat, bemerkt, daß die unzählbaren Wohnungen des römischen Volkes sich weit über die engen Grenzen der Stadt ausgebreitet haben würden, und daß der Mangel an Grund und Boden, der wahrscheinlich auf allen Seiten durch Gärten und Villen verengt wurde, zu dem gewöhnlichen, wenn auch unbequemen Gebrauche geführt habe, die Häuser bis zu einer beträchtlichen Höhe zu bauen. Aber die übermäßige Höhe dieser Häuser, welche oft übereilt gebaut worden waren und aus schlechten Materialien bestanden, gab zu häufigen und verderblichen Unfällen Veranlassung, und es wurde wiederholt sowohl von Augustus als von Nero das Verbot eingeschärft, die Privatgebäude innerhalb der Ringmauern Roms höher als siebzig Fuß vom Erdboden an gerechnet zu bauen. III. Juvenal beklagte, und zwar wie es scheint aus eigener Erfahrung, die Drangsale der ärmeren Bürger, denen er den heilsamen Rat erteilt, ohne Verzug aus dem rauchigen Rom auszuwandern, weil sie in den kleinen Städten Italiens heitere und bequemere Häuser zu demselben Preise kaufen könnten, den sie jährlich für eine finstere und elende Wohnung in Rom bezahlen müßten. Hausmiete war daher unmäßig teuer; die Reichen kauften für ungeheure Summen den Boden, den sie mit ihren Palästen und Gärten bebauten: aber die Masse des römischen Volkes war in einen engen Raum zusammengedrängt, und die verschiedenen Geschosse und Gemächer desselben Hauses waren, wie es noch in Paris und anderen Städten Brauch ist, zwischen Plebejerfamilien geteilt. IV. Die Gesamtzahl der Häuser in den vierzehn Vierteln der Stadt ist in der unter der Regierung des Theodosius verfaßten Beschreibung von Rom genau angegeben, und zwar mit achtundvierzigtausenddreihundertzweiundachtzig. Die zwei Klassen der „domus" und „insulae", in die sie geteilt sind, schließen alle Wohnungen der Hauptstadt, jedes Ranges und jeder Beschaffenheit, ein, von dem Marmorpalast der Anicier mit einem zahlreichen Haushalt von Freigelassenen und Sklaven bis zu dem hohen und engen Mietshaus, wo der Dichter Codrus und seine Gattin eine elende Bodenstube unmittelbar unter dem Dach mieten durften. Wenn wir diese Durchschnittszahl annehmen, die unter ähnlichen Umständen auf Paris anwendbar gefunden wurde und ohne Unterschied für jedes Haus jeder Art fünfundzwanzig Personen rechnen, dürfen wir dreist die Einwohner von Rom auf zwölfhunderttausend anschlagen: eine Zahl, die für die Hauptstadt eines gewaltigen Reiches nicht für übertrieben angesehen werden kann, obschon sie die Bevölkerung mancher der größten Städte des neueren Europa übersteigt.

Das war der Zustand Roms unter der Regierung des Honorius, zur Zeit, als das gotische Heer die Stadt belagerte (408) oder vielmehr blockierte. Durch geschickte Verteilung seiner zahlreichen Streitkräfte, die ungeduldig auf den Augenblick des Sturmes harrten, schloß Alarich Rom ein, beherrschte die zwölf Haupttore, schnitt alle Verbindung mit dem benachbarten Lande ab und bewachte emsig die Schiffahrt auf dem Tiber, der die Römer ihre sicherste und reichste Zufuhr von Lebensmitteln verdankten. Die ersten Regungen der Großen und des Volkes waren die des Staunens und der Entrüstung, daß ein elender Barbar es wagte, der Hauptstadt der Welt Schimpf anzutun: aber ihr Stolz wurde bald durch das Unglück gedemütigt und ihre Wut, statt sich gegen einen bewaffneten Feind zu kehren, abscheulicherweise an einem wehrlosen und unschuldigen Opfer ausgelassen. Man hätte denken sollen, daß die Römer in der Person der Serena die Nichte des Theodosius, die Tante, sogar die Adoptivmutter des regierenden Kaisers ehren würden: aber sie verabscheuten die Witwe Stilichos und liehen mit leichtgläubigem Grimm dem verleumderischen Gerüchte Gehör, welches dieselbe beschuldigte, ein geheimes und verbrecherisches Einverständnis mit dem gotischen Belagerer zu unterhalten. Von dem Wahnsinn des Volkes angesteckt oder in Schrecken gesetzt, sprach der Senat, ohne irgendeinen Beweis ihrer Schuld zu fordern, ihr Todesurteil aus. Serena wurde schimpflich erdrosselt, und die verblendete Menge staunte, als sie fand, daß diese grausame Handlung der Ungerechtigkeit nicht sogleich den Rückzug der Barbaren und die Befreiung von Rom zur Folge hatte. Diese unglückliche Stadt litt allmählich Mangel und endlich kam eine entsetzliche Hungersnot. Die tägliche Ration von drei Pfund Brot wurde allmählich auf die Hälfte, auf ein Drittel, auf nichts herabgesetzt; der Preis des Korns dagegen stieg schnell und furchtbar. Die ärmeren Bürger, die nicht imstande waren, die unentbehrlichsten Lebensbedürfnisse zu kaufen, flehten die unbeständige Milde der Reichen an, und eine Zeitlang wurde das öffentliche Elend durch die Menschenfreundlichkeit der Läta, der Witwe des Kaisers Gratian, erleichtert, die ihre Residenz in Rom aufgeschlagen hatte und das fürstliche Einkommen, das sie alljährlich von den dankbaren Nachfolgern ihres Gemahls bezog, zur Unterstützung der Dürftigen verwendete. Aber diese nicht lange andauernden Privatgeschenke reichten nicht hin, um den Hunger eines zahllosen Volkes zu stillen, der endlich auch in die marmornen Paläste der Senatoren selbst eindrang. Jene Personen beiderlei Geschlechtes, die im Schoße der Fülle und Üppigkeit erzogen waren, machten nun die Entdeckung, wie wenig man bedarf, um die Forderungen der Natur zu befriedigen, und verschwendeten ihre nutzlosen Schätze von Gold und Silber, um sich jene grobe und dürftige Nahrung zu verschaffen, die sie früher mit Verachtung zurückgewiesen haben würden. Die Wut des Hungers brachte es dazu, daß die für Sinne und Phantasie widerwärtigste Nahrung, die dem Körper schädlichsten und verderblichsten Stoffe gierig verschlungen wurden und man sich sie mit Wildheit streitig machte. Man hegte die schreckliche Vermutung, daß einige verzweifelte Elende die Leichen ihrer Mitmenschen verzehrten, die sie insgeheim ermordet hatten; sogar Mütter (so entsetzlich war der Kampf zwischen den zwei mächtigsten Trieben, welche die Natur in die Brust des Menschen gelegt hat) sollen von dem Fleisch ihrer geschlachteten Kinder genossen haben! Viele tausende der Einwohner Roms starben aus Mangel an Nahrung in ihren Häusern oder auf den Straßen; und da die öffentlichen Begräbnisplätze außerhalb der Mauern sich in der Gewalt des Feindes befanden, verpestete der Gestank, der sich aus so vielen faulenden und unbegrabenen Leichnamen erhob, die Luft, und die Drangsale der Hungersnot wurden durch das Umsichgreifen der durch sie herbeigeführten pestilenzartigen Seuche vergrößert. Die Zusicherungen schleuniger und ausgiebiger Hilfe, die von dem Hofe von Ravenna wiederholt eintrafen, stützten eine Zeitlang die ermattende Standhaftigkeit der Römer, bis sie endlich, an menschlicher Hilfe verzweifelnd, das Anerbieten einer übernatürlichen Befreiung annahmen. Pompejanus, der Präfekt der Stadt, hatte sich durch die List oder den Fanatismus einiger toskanischer Wahrsager überreden lassen, sie könnten durch die geheimnisvolle Kraft von Zaubersprüchen und Opfern den Wolken den Blitz entlocken und das Feuer des Himmels gegen das Lager der Barbaren lenken. Das wichtige Geheimnis wurde dem Bischof von Rom, Innozenz, mitgeteilt, und der Nachfolger des heiligen Petrus wird, vielleicht ohne Grund, beschuldigt, er habe die Rettung der Republik der unnachsichtigen Strenge des Christentums vorgezogen. Als aber die Frage im Senat erwogen und als wesentliche Bedingung gefordert wurde, daß diese Opfer auf dem Kapitol mit Ermächtigung und in Gegenwart der Obrigkeiten vollzogen werden sollten, weigerte sich die Mehrheit dieser achtbaren Versammlung, aus Scheu entweder vor dem göttlichen oder dem kaiserlichen Mißfallen, an einer Handlung teilzunehmen, die unbezweifelbar beinahe der öffentlichen Wiederherstellung des Heidentums gleichkam.

Die letzte Hoffnung der Römer war die Milde oder wenigstens Mäßigung des Königs der Goten. Der Senat, der in dieser äußersten Not die oberste Regierungsgewalt übernahm, ernannte zwei Gesandte, um mit dem Feinde zu unterhandeln. Dieses wichtige Geschäft wurde dem Basilius, einem Senator von spanischer Abkunft, der sich bereits in der Verwaltung der Provinzen ausgezeichnet, und Johann, dem ersten Tribun der Notare, anvertraut, der hierzu sowohl durch seine Geschäftsgewandtheit wie durch seine frühere genaue Bekanntschaft mit dem gotischen Fürsten ganz besonders geeignet war. Als sie zur Audienz gelassen wurden, erklärten sie vielleicht in einem stolzeren Ton, als sich für ihre erbärmliche Lage ziemte, daß die Römer entschlossen wären, ihre Würde sowohl im Kriege als im Frieden zu behaupten und daß Alarich, wenn er ihnen eine billige und ehrenvolle Kapitulation versagen sollte, nur die Trompeten ertönen lassen und sich anschicken möge, mit einem zahllosen, in den Waffen geübten und durch Verzweiflung angefeuerten Volke zu kämpfen. „Je dichter das Heu, desto leichter ist es gemäht", war die kurze Antwort des Barbaren, und diese von der Beschäftigung des Landmannes hergeholte Metapher wurde von einem lauten und beschimpfenden Gelächter begleitet, das seine Verachtung der Drohungen einer unkriegerischen Volksmenge kundgab, die längst durch Üppigkeit entnervt, bevor sie durch Hunger ausgemergelt worden war. Hierauf ließ er sich herab, das Lösegeld zu bestimmen, das er als Preis seines Rückzuges von den Mauern Roms annehmen wolle: alles Gold und Silber in der Stadt, gleichviel ob Eigentum des Staates oder der Privatpersonen; alle reichen und kostbaren beweglichen Gegenstände; alle Sklaven, die ihr Recht auf den Namen Barbaren beweisen könnten. Die Bevollmächtigten des Senates wagten es, in dem bescheidenen Ton Flehender zu fragen: „Wenn das, o König, deine Forderungen sind, was beabsichtigst du uns zu lassen?" „Euer Leben", erwiderte der stolze Eroberer. Sie zitterten und zogen sich zurück. Bevor sie sich jedoch entfernten, wurde ein kurzer Waffenstillstand bewilligt, der hinreichende Zeit für eine Unterhandlung über gemäßigtere Forderungen ließ. Das finstere Antlitz Alarichs glättete sich allmählich, er ging von seinen strengen Bedingungen sehr ab und willigte endlich ein, gegen unverzügliche Übergabe von fünftausend Pfund Goldes, dreißigtausend Pfund Silbers, viertausend seidener Gewänder, dreitausend Stück feinen Scharlachtuches und dreitausend Pfund Pfeffer die Belagerung aufzuheben. Aber der öffentliche Schatz war erschöpft, die Jahreseinkünfte von den großen Ländereien in Italien und den Provinzen waren infolge der Drangsale des Krieges ausgeblieben, Gold und Edelsteine während der Hungersnot für die abscheulichste Nahrung hingegeben worden, und die Schätze geheimen Reichtums wurden vom halsstarrigen Geize fortwährend verborgengehalten, so daß einige Überreste geheiligter Spolien die einzigen Hilfsmittel boten, um das Verderben von der Stadt abzuwenden. Sowie die Römer die Raubsucht Alarichs befriedigt hatten, erlangten sie wieder in gewissem Grade den Genuß des Friedens und der Sicherheit. Einige Tore wurden vorsichtig geöffnet, die Goten hinderten die Zufuhr von Mundvorräten auf dem Fluß aus der Umgegend nicht länger; die Bürger strömten in Scharen zu dem offenen Markt, der drei Tage hindurch in den Vorstädten gehalten wurde, und während die Kaufleute, die diesen einträglichen Handel betrieben, einen ansehnlichen Gewinn erzielten, ward für den künftigen Unterhalt der Stadt durch große Vorräte gesorgt, die in den Kornböden des Staates und der Privatpersonen aufgespeichert wurden. Alarich handhabe in seinem Lager eine regelmäßigere Manneszucht, als man hätte erwarten sollen, und der einsichtsvolle Barbar bewährte seine Achtung der Vertragstreue durch die gerechte Strenge, womit er eine Abteilung zügelloser Goten bestrafte, die einige römische Bürger auf der Straße nach Ostia gröblich angefallen hatten. Sein durch die Brandsteuer der Hauptstadt bereichertes Heer zog langsam in die schöne und fruchtbare Provinz Toskana ab, wo er seine Winterquartiere aufzuschlagen gedachte, und das gotische Banner wurde die Zufluchtsstätte von vierzigtausend Sklaven barbarischer Herkunft, die ihre Ketten zerbrochen hatten und sich inbrünstig sehnten, unter der Anführung ihres großen Befreiers die Unbilden und die Schmach ihrer grausamen Sklaverei zu rächen. Um dieselbe Zeit empfing er eine ehrenvollere Verstärkung von Goten und Hunnen, die Adolph, der Bruder seiner Gattin, auf seine dringende Einladung von den Gestaden der Donau an die Ufer des Tiber geführt und die sich mit einiger Schwierigkeit und Einbuße durch die an Zahl überlegenen kaiserlichen Truppen durchgeschlagen hatten. Ein siegreicher Anführer, der den verwegenen Mut eines Barbaren mit der Kriegskunst und Heereszucht eines römischen Feldherrn vereinte, stand an der Spitze von hunderttausend Streitern, und Italien sprach mit Schrecken und achtungsvoller Scheu den gefürchteten Namen Alarichs aus.

Da vierzehn Jahrhunderte verflossen sind, mögen wir uns begnügen, die Kriegstaten der Überwinder Roms zu erzählen, ohne uns herauszunehmen, die Beweggründe ihrer Politik zu erforschen. Vielleicht war sich Alarich inmitten seines glänzenden Glückes irgendeiner geheimen Schwäche, eines inneren Mangels bewußt; vielleicht auch war mit der Mäßigung, die er zeigte, nur die Absicht verbunden, die Leichtgläubigkeit der Minister des Honorius zu täuschen und sie zu entwaffnen. Der König der Goten erklärte wiederholt, er wünsche als Freund des Friedens und der Römer betrachtet zu werden. Auf sein dringendes Begehren wurden drei Senatoren an den Hof von Ravenna entsandt, um gegenseitige Geiselstellung und Abschluß eines Friedens zu verlangen, und die Bedingungen, die er im Laufe der Unterhandlungen (409) noch klarer ausdrückte, konnten nur deshalb Zweifel an seiner Aufrichtigkeit erregen, weil sie seinem Glücksstande unangemessen schienen. Der Barbar strebte fortwährend nach dem Rang eines Oberbefehlshabers der Heere des Westens, bedang sich jährliche Subsidien an Korn und Geld und wählte die Provinzen Dalmatien, Noricum und Venetia als den Sitz seines neuen Königreiches, das die wichtige Verbindung Italiens mit der Donau beherrscht haben würde. Sollten diese bescheidenen Bedingungen verworfen werden, zeigte Alarich Geneigtheit, seine Geldforderungen fallen zu lassen, ja sich sogar nur mit dem Besitz von Noricum zu begnügen, einem erschöpften und verarmten, beständig den Einfällen der Barbaren Germaniens ausgesetzten Lande. Aber die Friedenshoffnungen wurden durch die alberne Hartnäckigkeit oder die eigennützigen Absichten des Ministers Olympius vereitelt. Ohne den vernünftigen Vorstellungen des Senates Gehör zu geben, entließ er dessen Abgesandte unter dem Geleite einer militärischen Bedeckung, zu zahlreich für ein Ehrengefolge und zu schwach für ein Verteidigungsheer. Sechstausend Dalmatier, der Kern der kaiserlichen Truppen, erhielten Befehl, von Ravenna nach Rom durch ein offenes, von den Myriaden der Barbaren besetztes Land zu ziehen. Diese tapferen Legionäre fielen, umzingelt und verraten, als Opfer ministerieller Torheit; ihr Anführer Valens entkam mit hundert Soldaten vom Schlachtfelde, und einer der Gesandten, der nun den Schutz des Völkerrechts nicht länger in Anspruch nehmen konnte, sah sich genötigt, seine Freiheit mit einem Lösegeld von dreißigtausend Goldstücken zu erkaufen. Alarich jedoch, statt jene Handlung ohnmächtiger Feindseligkeit zu ahnden, erneuerte unverzüglich wieder seine Friedensanträge, und die zweite Gesandtschaft des Senates, die durch persönliche Teilnahme des Bischofs Innozenz von Rom Gewicht und Würde erhielt, wurde gegen die Gefahren des Weges durch eine Abteilung gotischer Soldaten geschützt.

Olympius hätte dem gerechten Grimm des Volkes, das ihn laut als den Urheber der öffentlichen Unglücksfälle anklagte, fortwährend trotzen können, wenn seine Macht nicht durch die geheimen Intrigen des Palastes untergraben worden wäre. Die Lieblingseunuchen übertrugen die Herrschaft über Honorius und das Reich dem prätorianischen Präfekten Jovius, einem unwürdigen Diener, der für die Mißgriffe und Unglücksfälle seiner Verwaltung nicht einmal durch das Verdienst persönlicher Anhänglichkeit Ersatz bot. Durch Verbannung oder Flucht erfuhr der schuldbeladene Olympius noch mehrere Wechselfälle des Glückes: er erlebte die Abenteuer eines dunklen

Wanderlebens, stieg abermals zur Macht empor, fiel zum zweiten Male in Ungnade, verlor seine Ohren, verschied unter Geißelhieben, und sein schmachvoller Tod bot den Freunden Stilichos ein angenehmes Schauspiel dar. Nach der Entfernung des Olympius, dessen Charakter ein tiefes Gepräge religiösen Fanatismus trug, wurden die Heiden und Ketzer von der unpolitischen Ächtung befreit, die sie von allen Staatswürden ausschloß. Der tapfere Gennerid, ein Krieger von barbarischer Herkunft, der fest an der Religion seiner Ahnen hing, war gezwungen worden, das kriegerische Wehrgehänge beiseite zu legen; ja, obschon der Kaiser selbst ihm die wiederholte Versicherung gab, daß die Gesetze für Personen seines Ranges oder Verdienstes nicht gegeben wären, weigerte er sich dennoch, eine nur für ihn geltende Ausnahme anzunehmen und blieb in ehrenvoller Ungnade, bis er von der Not der römischen Regierung eine allgemeine Maßregel der Gerechtigkeit erzwungen hatte. Die Aufführung Gennerids in dem wichtigen Amt eines Oberbefehlshabers von Dalmatien, Pannonien, Noricum und Rhätien, zu dem er entweder erst befördert oder das ihm zurückgegeben worden war, schien die Disziplin und den Mut der Republik wieder aufzufrischen. Von einem Leben des Müßigganges und Mangels wurden seine Truppen bald zu strengen Kriegsübungen und Überfluß an Lebensmitteln gebracht, und seine persönliche Freigebigkeit ersetzte häufig die Belohnungen, die entweder durch den Geiz oder die Armut des Hofes von Ravenna verweigert worden waren. Die Tapferkeit Gennerids, den angrenzenden Barbaren furchtbar, war das festeste Bollwerk des Reiches in Illyrien, und seine wachsame Sorgfalt verschaffte dem Reich eine Verstärkung von zehntausend Hunnen, die an der Grenze von Italien mit solchen Vorräten an Lebensmitteln und solchen Herden von Rindern und Schafen anlangten, wie sie nicht bloß für den Marsch eines Heeres, sondern zur Gründung einer Kolonie hingereicht haben würden. Aber Hof und Rat des Honorius blieben fortwährend der Schauplatz der Schwäche und Zerrüttung, der Verderbtheit und Anarchie. Von Jovius aufgehetzt, erhoben sich die Leibwachen in wütender Meuterei und verlangten die Köpfe von zwei Generälen und von zwei der vornehmsten Eunuchen. Die Generäle wurden mit dem treulosen Versprechen persönlicher Sicherheit an Bord von Schiffen gesendet und insgeheim enthauptet, während die Gunst, in der die Eunuchen standen, ihnen zu Mailand und Konstantinopel eine sichere Zufluchtsstätte verschaffte. Der Eunuch Eusebius und der Barbar Allobich erhielten den Befehl über das Schlafgemach und die Leibwachen, und die gegenseitige Eifersucht dieser untergeordneten Diener war die Ursache ihres beiderseitigen Verderbens. Auf den vermessenen Befehl des Anführers der Haustruppen wurde der Oberkämmerer in Gegenwart des erstaunten Kaisers schmachvoll mit Stökken zu Tode geschlagen, und die nachfolgende Ermordung Allobichs inmitten einer öffentlichen Prozession bildet den einzigen Fall im Leben des Honorius, in dem er ein schwaches Zeichen von Mut und Grimm blicken ließ. Bevor Eusebius und Allobich jedoch fielen, hatten sie ihren Teil zum Verderben des Reiches beigetragen, indem sie sich dem Abschluß eines Vertrages widersetzten, den Jovius aus eigennützigen und vielleicht verbrecherischen Beweggründen mit Alarich in einer persönlichen Zusammenkunft unter den Mauern von Rimini geschlossen hatte. Während der Abwesenheit des Jovius hatte sich der Kaiser bewegen lassen, einen stolzen Ton unbeugsamer Würde anzunehmen, den durchzuführen ihn weder seine Lage noch sein Charakter in den Stand setzte, und ein mit dem Namen des Honorius unterzeichnetes Schreiben wurde unverzüglich an den prätorianischen Präfekten abgesendet, worin ihm freie Verfügung über die Gelder des Staates gegeben, aber streng untersagt wurde, die stolzen Forderungen eines Barbaren um die militärischen Ehrenstellen zu erfüllen. Der Inhalt dieses Schreibens wurde unklugerweise Alarich selbst mitgeteilt, und der Gote, der sich bei der ganzen Verhandlung mit Mäßigung und Anstand benommen hatte, drückte in den beleidigendsten Ausdrücken sein lebhaftes Gefühl über den Schimpf aus, der so mutwillig seiner Person und seinem Volke angetan worden war. Die Konferenz von Rimini wurde plötzlich abgebrochen, und der Präfekt Jovius sah sich nach seiner Rückkehr nach Ravenna gezwungen, die am Hofe herrschenden Gesinnungen anzunehmen, ja sogar zu steigern. Auf seinen Rat und sein Beispiel hin mußten die vornehmsten Beamten des Staates und der Armee schwören, daß sie unter keinen Umständen keinerlei Friedensbedingungen Gehör schenken, vielmehr in immerwährendem und unversöhnlichem Kriege gegen den Feind der Republik beharren würden. Diese unbesonnen übernommene Verpflichtung setzte allen künftigen Unterhandlungen eine unübersteigliche Schranke entgegen. Man hörte die Minister des Honorius erklären, daß sie, wenn sie bloß Gott angerufen hätten, das öffentliche Heil berücksichtigen und ihre Seelen der Barmherzigkeit des Himmels anvertrauen würden: so aber hatten sie bei dem geheiligten Haupte des Kaisers selbst geschworen, hätten sich feierlich durch Berühren des erhabenen Sitzes der Majestät und Weisheit gebunden, und die Verletzung ihres Eides würde die weltliche Strafe der Majestätsbeleidigung und der Empörung nach sich ziehen.

Während der Kaiser und sein Hof in finsterem Stolz auf die Sümpfe und Festungswerke von Ravenna trotzten, überließen sie Rom fast ohne Verteidigung dem Grimm Alarichs. So groß war jedoch die Mäßigung, die er fortwährend bewahrte oder heuchelte, daß er, während er mit seinem Heer den flaminischen Weg entlangzog, nacheinander die Bischöfe der Städte Italiens entsandte, um seine Friedensverträge zu erneuern und den Kaiser zu beschwören, er möge die Stadt und ihre Bewohner vor feindlichem Feuer und dem Schwerte der Barbaren retten. Dieses drohende Unglück wurde jedoch von der Stadt abgewendet, keineswegs durch die Weisheit des Honorius, sondern durch die Klugheit oder Menschlichkeit des gotischen Königs, der zu einem milderen, aber darum nicht minder wirksamen Mittel griff, um die Eroberung durchzuführen. Statt die Hauptstadt zu stürmen, richtete er seine Anstrengungen mit Erfolg gegen den Hafen von Ostia, einem der kühnsten und staunenswertesten Werke römischer Größe. Die Zufälle, denen die ungesicherte Versorgung der Stadt mit Lebensmitteln während der Winterschiffahrt und auf einer offenen Reede beständig unterworfen war, hatte dem Genie des ersten Cäsar den nützlichen Plan eingegeben, der unter der Regierung des Claudius ausgeführt wurde. Die künstlichen Dämme, die eine enge Einfahrt gewährten, erstreckten sich weit in das Meer hinaus und brachen unerschüttert die Wut der Wogen, während in drei tiefen und geräumigen Becken, die den nördlichen Arm des Tibers ungefähr zwei Meilen von der alten Kolonie Ostia aufnahmen, die größten Schiffe sicher vor Anker lagen. Der römische Hafen wuchs allmählich zur Größe einer bischöflichen Stadt an, wo das zum Gebrauche der Hauptstadt bestimmte Korn Afrikas in geräumigen Speichern aufbewahrt wurde. Sobald Alarich sich in den Besitz dieses wichtigen Platzes gesetzt hatte (409), forderte er die Stadt auf, sich auf Gnade und Ungnade zu ergeben, und sein Verlangen erhielt durch die gemessene Erklärung Nachdruck, daß eine Weigerung, ja auch nur eine Verzögerung sogleich die Zerstörung der Magazine, von denen das Leben des römischen Volkes abhing, zur Folge haben würde. Das Geschrei des Volkes und die schreckliche Aussicht auf eine Hungersnot brachen den Stolz des Senates; er lieh dem Vorschlag, einen neuen Kaiser auf den Thron des unwürdigen Honorius zu setzen, ohne Widerstreben Gehör, und durch die Stimme des gotischen Eroberers erhielt Attalus, Präfekt der Stadt, den Purpur. Der dankbare Monarch erkannte unverzüglich seinen Beschützer als Oberfeldherrn der Heere des Westens an; Adolph erhielt mit dem Rang eines Grafen der Haustruppen die Bewachung der Person des Attalus, und die beiden feindlichen Nationen schienen durch die engsten Bande der Freundschaft und des Bündnisses verknüpft zu sein.

Die Tore der Stadt wurden geöffnet und der neue Kaiser der Römer, auf allen Seiten von den gotischen Waffen umgeben, in tumultuarischem Zuge nach dem Palast des Augustus und Trajan geführt. Nachdem Attalus die Zivil- und Militärwürden unter seine Günstlinge und Anhänger verteilt hatte, berief er eine Versammlung des Senates ein, vor dem er in einer förmlichen und wortreichen Rede seinen Entschluß verkündete, die Majestät der Republik wiederherzustellen und mit dem Reich die Provinzen Ägyptens und des Ostens zu vereinigen, die einst die Herrschaft Roms anerkannt hatten. Solche übertriebene Verheißungen flößten jedem verständigen Römer eine gerechte Verachtung für den Charakter des unkriegerischen Usurpators ein, dessen Erhebung die tiefste und schimpflichste Wunde war, welche die Republik noch je von dem Übermute der Barbaren empfangen hatte. Aber der große Haufe klatschte der Veränderung der Gebieter mit seinem gewöhnlichen Leichtsinne Beifall. Die öffentliche Unzufriedenheit war dem Nebenbuhler des Honorius günstig, und die durch die Verfolgungsedikte des letzteren unterdrückten Sektierer versprachen sich von einem Fürsten, der in seinem Vaterlande Ionien im heidnischen Aberglauben erzogen worden war und seitdem das Sakrament der Taufe von den Händen eines arianischen Bischofs empfangen hatte, einen gewissen Schutz oder wenigstens Duldung. Die ersten Tage der Regierung des Attalus waren schön und glücklich. Ein zuverlässiger Befehlshaber wurde mit einer geringen Anzahl Truppen entsendet, um den Gehorsam von Afrika zu sichern; der größte Teil Italiens unterwarf sich dem Schrecken der gotischen Macht, und wenn auch Bologna einen kräftigen und wirksamen Widerstand leistete, bejubelte doch das Volk von Mailand, wahrscheinlich unzufrieden über Honorius' Entfernung, die Wahl des römischen Senates. An der Spitze eines furchtbaren Heeres führte Alarich seinen kaiserlichen Gefangenen bis fast vor die Tore von Ravenna, wo eine feierliche Gesandtschaft, die aus den ersten Ministern, dem prätorianischen Präfekten Jovius, dem Oberbefehlshaber der Reiterei und des Fußvolkes Valens, dem Quästor Potamius und dem ersten der Notare, Julian, bestand, mit kriegerischem Pomp in das Lager der Goten geführt wurde. Sie willigten im Namen ihres Souveräns ein, die Wahl seines Mitbewerbers anzuerkennen und die Provinzen von Italien und des Westens zwischen den beiden Kaisern zu teilen. Ihre Vorschläge wurden mit Verachtung verworfen und die abschlägige Antwort durch die beschimpfende Milde des Attalus verbittert, der sich herabließ, zu versprechen, daß Honorius, wenn er unverzüglich den Purpur niederlegen würde, Erlaubnis erhalten solle, den Rest seines Lebens in friedlicher Verbannung auf irgendeiner fernen Insel zuzubringen. So verzweifelt, fürwahr, erschien die Lage des Sohnes des Theodosius denjenigen, die mit seiner Macht und seinen Hilfsquellen am besten vertraut waren, daß Jovius und Valens, jener sein Minister, dieser sein Feldherr, das in sie gesetzte Vertrauen verrieten, die sinkende Sache ihres Wohltäters niedrigerweise verließen und ihre trügerische Treue dem Dienste seines glücklicheren Nebenbuhlers widmeten. Durch solche Beispiele häuslichen Verrates in staunende Bestürzung versetzt, bebte Honorius bei dem Nahen jedes Dieners, bei der Ankunft jedes Boten. Er fürchtete die geheimen Feinde, die in seiner Hauptstadt, seinem Palast, seinem Schlafgemach lauern könnten, und einige Schiffe lagen im Hafen von Ravenna bereit, um den abgedankten Monarchen nach dem Gebiet seines unmündigen Neffen, des Kaisers des Ostens, zu bringen.

Aber es gibt eine Vorsehung (wenigstens war das die Meinung des Geschichtsschreibers Procopius), die über Unschuld und Einfalt wacht, wie denn auch die Ansprüche des Honorius auf ihre besondere Fürsorge nicht in Zweifel gezogen werden können. In dem Augenblicke, in dem seine Verzweiflung, unfähig jedes weisen oder männlichen Entschlusses, auf schmachvolle Flucht sann, landete zur rechten Zeit eine Verstärkung von viertausend Veteranen unvermittelt im Hafen von Ravenna. Diesen tapferen Fremden, deren Treue durch die Parteien des Hofes nicht untergraben worden war, vertraute der Kaiser die Mauern und Tore der Stadt an, und sein Schlummer wurde nicht mehr durch die Furcht unmittelbarer und innerer Gefahr gestört. Die günstige Nachricht, die aus Afrika eintraf, wandelte plötzlich die Meinungen der Menschen und den Stand der öffentlichen Angelegenheiten: die Truppen und Offiziere, die Attalus in diese Provinz gesendet hatte, waren geschlagen und getötet worden, und die eifrige Tätigkeit Heraclians bestätigte seine eigene Treue und die seines Volkes. Der redliche Graf von Afrika übersandte eine große Geldsumme, welche die Anhänglichkeit der kaiserlichen Leibwachen sicherte, und die Wachsamkeit, womit er das Ausführen von Korn und Öl verhinderte, veranlaßte innerhalb der Mauern Roms Hungersnot, Tumulte und Unzufriedenheit. Das Scheitern der Unternehmung in Afrika war die Quelle gegenseitiger Beschwerden und Beschuldigungen in der Partei des Attalus, und das Gemüt seines Beschützers wurde allmählich dem Interesse eines Fürsten entfremdet, dem es an Mut zu befehlen, oder an Gelehrigkeit zu gehorchen, mangelte. Die unklugsten Maßregeln wurden ohne Vorwissen und gegen den Rat Alarichs ergriffen, und die hartnäckige Weigerung des Senates, auf dem Geschwader auch nur fünfhundert Goten mit einschiffen zu lassen, verriet Neigung zu Argwohn und Mißtrauen, die in dessen Lage weder hochherzig noch weise war. Der Groll des gotischen Königs wurde durch die boshaften Künste des Jovius gesteigert, der zum Rang eines Patriziers erhoben worden war und nachher seine doppelte Treulosigkeit entschuldigte, indem er ohne Erröten erklärte, er habe den Dienst des Honorius nur scheinbar verlassen, um die Sache des Usurpators um so gewisser zu verderben. In einer großen Ebene bei Rimini und im Angesicht einer unzähligen Menge Römer und Barbaren wurde der elende Attalus öffentlich des Diadems und des Purpurs beraubt (410), und Alarich sandte diese Abzeichen der kaiserlichen Würde dem Theodosius als Pfand des Friedens und der Freundschaft. Die Beamten, die zu ihrer Pflicht zurückkehrten, wurden in ihre Ämter wieder eingesetzt, ja sogar saumseligen Reuigen verziehen: der abgesetzte Kaiser der Römer aber, lebensgierig und unempfindlich gegen Schmach, erflehte die Erlaubnis, dem gotischen Heer im Gefolge eines stolzen und launenhaften Barbaren nachziehen zu dürfen.

Die Entsetzung des Attalus beseitigte das einzige wirkliche Hindernis des Friedensschlusses, und Alarich rückte bis auf drei Meilen von Ravenna vor, um die unentschlossenen kaiserlichen Minister, deren Hochmut mit der Wiederkehr des Glückes gleichfalls wiederkehrte, zum Handeln zu bringen. Sein Grimm wurde durch die Nachricht entflammt, daß ein Nebenbuhler, der Häuptling Sarus, der persönliche Gegner Adolphs und Erbfeind des Hauses der Balten, in den Palast aufgenommen worden sei. An der Spitze von dreihundert Getreuen machte dieser furchtbare Barbar unverzüglich aus den Toren von Ravenna einen Ausfall, überrumpelte eine beträchtliche Abteilung Goten, hieb sie nieder, zog wieder in die Stadt im Triumphe ein, ja man gestattete ihm, seinen Gegner durch den Ausruf eines Herolds zu beschimpfen, der öffentlich erklärte, daß Alarichs Verbrechen ihn für immer von der Freundschaft und dem Bündnis des Kaisers ausgeschlossen hätten. Die Schuld und Torheit des Hofes von Ravenna wurde zum dritten Male durch die Drangsale Roms gebüßt. Der König der Goten, seinen Durst nach Beute und Rache nun nicht länger verheimlichend, erschien mit Heeresmacht unter den Mauern der Hauptstadt, und der bebende Senat, ohne Aussicht auf Entsatz, rüstete sich, durch eine verzweifelte Verteidigung das Verderben des Vaterlandes zu verzögern. Aber er war nicht imstande, sich gegen die geheime Verschwörung seiner Sklaven und Diener zu schützen, die entweder wegen ihrer Herkunft oder aus Eigennutz der Sache des Feindes ergeben waren. Um Mitternacht wurde das salarische Tor in der Stille geöffnet, und der schreckliche Klang der gotischen Drommeten weckte die Bewohner. Elfhundertdreiundsechzig Jahre nach Gründung Roms wurde die kaiserliche Stadt, die einen so beträchtlichen Teil des menschlichen Geschlechtes unterjocht und zivilisiert hatte, der zügellosen Wut der Völker Germaniens und Skythiens ausgeliefert (24. August 410).

Alarichs Proklamation, als er seinen Einzug in eine besiegte Stadt erzwang, zeigte jedoch einige Rücksicht für die Gesetze der Menschlichkeit und Religion. Er munterte seine Truppen auf, kühn nach dem Lohne der Tapferkeit zu greifen und sich mit der Habe eines reichen und weibischen Volkes zu bereichern: er ermahnte sie aber zu gleicher Zeit, das Leben der wehrlosen Bürger zu schonen und die Kirchen der Apostel Petrus und Paulus als heilige und unverletzliche Freistätten zu betrachten. Unter den Schrecken eines nächtlichen Tumultes zeigten mehrere christliche Goten die Inbrunst einer noch frischen Bekehrung, und der Glaubenseifer der christlichen Schriftsteller hat mehrere Beispiele ihrer ungewöhnlichen Frömmigkeit und Mäßigung erzählt und vielleicht ausgeschmückt. Während die Barbaren beutesuchend durch die Stadt strichen, wurde die geringe Wohnung einer betagten Jungfrau, die ihr Leben dem Dienste des Altars gewidmet hatte, von einem mächtigen Goten mit Gewalt geöffnet. Er verlangte sogleich, obschon in milden Ausdrücken, alles Gold und Silber, das sie besitze, und staunte über die Bereitwilligkeit, womit sie ihn vor einen Hort massiver Gefäße aus den kostbarsten Materialien und kunstreichster Arbeit führte. Der Barbar betrachtete mit Bewunderung und Wonne diese wertvolle Erwerbung, da unterbrach ihn eine ernste, in folgenden Worten an ihn gerichtete Mahnung: „Dies sind", sagte sie, „die geweihten, dem heiligen Petrus gehörigen Gefäße; wenn du dir erlaubst, sie wegzunehmen, wird die Freveltat auf deinem Gewissen lasten. Ich jedoch wage nicht, zu behalten, was ich nicht verteidigen kann." Der gotische Häuptling, von ehrfurchtsvoller Scheu ergriffen, entsandte einen Boten, um dem König von dem entdeckten Schatz Nachricht zu geben, und er empfing von Alarich den strengen Befehl, das ganze geweihte Geschirr und Schmuckwerk ohne Schaden und Verzug in die Kirche des Apostels zu bringen. Von dem vielleicht äußersten Ende des quirinalischen Hügels bis zum fernen Viertel des Vatikans beschützte eine zahlreiche, in Schlachtordnung durch die Hauptstraßen marschierende Abteilung Goten mit glänzenden Waffen den langen Zug ihrer frommen Gefährten, die auf ihren Häuptern die heiligen Gefäße aus Gold und Silber trugen, und in das kriegerische Freudengeschrei der Barbaren mischte sich der Klang religiöser Psalmodie. Von allen benachbarten Häusern eilten Scharen von Christen herbei, um sich dieser erbaulichen Prozession anzuschließen, und eine Menge von Flüchtlingen, ohne Unterschied des Alters, Ranges oder auch nur der Sekte hatte das Glück, nach dem sicheren und gastlichen Freistätte des Vatikans zu entkommen. Das gelehrte Werk, die Stadt Gottes betreffend, wurde von dem heiligen Augustin ausdrücklich verfaßt, um die Wege der Vorsehung bei der Zerstörung der römischen Größe zu rechtfertigen. Er feiert mit besonderer Freude diesen denkwürdigen Triumph Christi und beschimpft seine Gegner, indem er sie auffordert, ein ähnliches Beispiel einer im Sturm genommenen Stadt nachzuweisen, wo die Fabelgötter des Altertums sich selbst oder ihre betrogenen Verehrer zu beschützen imstande gewesen wären.

Einige seltene und außerordentliche Beispiele barbarischer Tugend während der Plünderung Roms sind verdientermaßen gepriesen worden. Aber der heilige Bereich des Vatikans und der apostolischen Kirchen konnte nur einen sehr kleinen Teil des römischen Volkes aufnehmen: viele tausend Krieger, insbesondere Hunnen, die unter dem Banner Alarichs dienten, waren dem Namen oder wenigstens dem Glauben Christi fremd, ja wir dürfen, ohne uns einer Verletzung der Nächstenliebe oder Aufrichtigkeit schuldig zu machen, vermuten, daß in der Stunde wilder Ausgelassenheit, in der jede Leidenschaft entflammt und jeder Zügel entfernt war, die Gebote des Christentums nur selten einen Einfluß auf das Benehmen der gotischen Christen ausübten. Selbst die Schriftsteller, die am meisten dazu geneigt sind, ihre Milde zu übertreiben, haben frei bekannt, daß ein grausames Gemetzel unter den Römern angerichtet wurde und die Straßen der Stadt mit Leichen bedeckt waren, die während der allgemeinen Bestürzung ohne Begräbnis blieben. Die Verzweiflung der Bürger verwandelte sich zuweilen in Wut, und so oft Widerstand die Barbaren reizte, dehnten sie ihr Schlachten ohne Unterschied auf Schwache, Unschuldige und Wehrlose aus. Der Rachedurst von vierzigtausend Sklaven wurde ohne Milde und Reue befriedigt, und die schimpflichen Peitschenhiebe, die sie früher empfangen hatten, mit dem Blute der schuldigen oder verhaßten Familien weggewaschen. Die verheirateten Frauen und die Jungfrauen Roms waren bezüglich ihrer Keuschheit noch schrecklicheren Unbilden als selbst dem Tode ausgesetzt, und der Kirchengeschichtsschreiber hat ein Beispiel weiblicher Tugend zur Bewunderung künftiger Jahrhunderte ausgewählt. Eine römische Dame von ungewöhnlicher Schönheit und strenger Frömmigkeit hatte die glühenden Begierden eines jungen Goten erregt, der nach der scharfsinnigen Bemerkung des Sozomenus der arianischen Ketzerei zugetan war. Durch ihren hartnäckigen Widerstand erbittert, zog er sein Schwert und verwundete sie mit dem Grimm eines Liebenden leicht im Nacken. Die blutende Heldin fuhr nichtsdestoweniger fort, seinem Zorn zu trotzen und seine Liebe zurückzuweisen, bis der Schändungslustige von seinen fruchtlosen Anstrengungen abstand, sie achtungsvoll nach dem Heiligtum des Vatikans führte und den Wächtern der Kirche sechs Goldstücke unter der Bedingung gab, sie unverletzt ihrem Gatten zu übergeben. Solche Beispiele von Mut und Edelsinn waren jedoch nicht außerordentlich häufig. Die viehischen Krieger befriedigten ihre sinnlichen Begierden, ohne sich um Neigung oder Pflichten ihrer weiblichen Gefangenen zu kümmern, und später wurde allen Ernstes die kasuistische Frage erörtert: Ob diese zarten Opfer, die ihre Einwilligung zur Schändung, die sie erlitten, unbeugsam verweigert hatten, durch ihr Unglück die glorreiche Jungfrauenkrone verloren hätten? Es gab jedoch andere Verluste von wesentlicherer Art und allgemeinerer Beschaffenheit. Man kann nicht annehmen, daß alle Barbaren zu allen Zeiten fähig waren, solche Liebesgewalttaten zu begehen, und Mangel an Jugend, Schönheit oder Keuschheit schützte den größeren Teil der römischen Frauen vor der Gefahr der Schändung. Die Habsucht aber ist eine unersättliche und allgemeine Leidenschaft, weil man sich den Genuß fast jeden Gegenstandes, der den Menschen je nach ihrem verschiedenen Geschmack und Charakter Vergnügen bereitet, durch den Besitz des Reichtums verschaffen kann. Bei der Plünderung Roms wurde mit Recht Gold und Edelsteinen der Vorzug gegeben, weil sie den größten Wert bei kleinstem Raum und Gewicht enthalten: nachdem aber diese leicht fortzuschaffenden Reichtümer durch die emsigeren Räuber erschöpft worden waren, wurden die Paläste Roms roherweise ihres glänzenden und kostbaren Hausrates beraubt. Die Schreine voll massiven Silberzeugs und die bunten Kleidervorräte an Seide und Purpur wurden ohne Ordnung auf die Wagen aufgeschichtet, die dem Zuge eines gotischen Heeres stets nachfolgten. Die ausgesuchtesten Kunstwerke wurden roh umhergeworfen oder mutwillig vernichtet, manche Statue wegen des kostbaren Materials geschmolzen, manche Vase bei der Teilung der Beute durch den Schlag der Streitaxt in Bruchstücke zersplittert. Die Erwerbung von Reichtümern diente nur dazu, die Habsucht der räuberischen Barbaren noch mehr zu reizen, die durch Drohungen, Schläge und Foltern ihren Gefangenen das Bekenntnis verborgener Schätze zu erpressen suchten. Sichtbarer Glanz und Aufwand wurde als Beweis großen Vermögens angesehen, der Schein der Armut dem Hang zur Sparsamkeit zugeschrieben, und die Hartnäckigkeit einiger Geizhälse, welche die grausamsten Martern aushielten, bevor sie den geheimen Gegenstand ihrer Liebe preisgaben, ward vielen unglücklichen Menschen verderblich, die unter Geißelhieben umkamen, weil sie sich weigerten, die ihnen zugeschriebenen Schätze zu entdecken. Die Gebäude Roms litten durch die Gewalttätigkeit der Goten einigen Schaden, derselbe wurde jedoch stark übertrieben. Bei ihrem Eindringen durch das salarische Tor steckten sie die benachbarten Häuser in Brand, die ihrem Zuge als Leuchte zu dienen und die Aufmerksamkeit der Einwohner zu teilen hatten; die Flammen, denen in der Verwirrung der Nacht kein Widerstand entgegengesetzt wurde, verzehrten viele öffentliche und Privatgebäude, und die Trümmer des Palastes Sallusts bildeten noch zur Zeit Justinians ein stolzes Wahrzeichen der gotischen Feuersbrunst. Ein zeitgenössischer Schriftsteller hat jedoch die Bemerkung gemacht, daß das Feuer die riesigen Balken aus massivem Erz kaum zerstören konnte und daß Menschenkraft nicht hinreichte, um die Grundfesten der alten Baudenkmäler zu zerstören. Vielleicht liegt einige Wahrheit in der frommen Behauptung verborgen, daß der Zorn des Himmels die Ohnmacht der Feindeswut ersetzt habe und daß das stolze, mit den Standbildern so vieler Götter und Helden verzierte Forum von Rom durch Blitzschläge der Erde gleichgemacht wurde.

Wie groß auch die Anzahl der Ritter oder Plebejer gewesen sein mag, die in dem Gemetzel von Rom umkamen, wird doch zuversichtlich behauptet, daß nur ein Senator sein Leben durch das Schwert des Feindes verloren habe. Nicht so leicht aber ist es, die Scharen derjenigen zu berechnen, die früher von hohem Rang und in günstigen Verhältnissen plötzlich in die elende Lage von Gefangenen und Auswanderern kamen. Da es den Barbaren bei weitem mehr um Geld als um Gefangene zu tun war, setzten sie für die Loskaufung ihrer armen Gefangenen einen mäßigen Preis fest, den oft wohlwollende Freunde oder menschenliebende Fremde bezahlten. Die Gefangenen, die regelmäßig entweder auf offenem Markte oder privat verkauft wurden, hätten ihre angeborene Freiheit, deren Verlust oder Veräußerung für einen Bürger unmöglich war, gesetzlich wieder erlangt. Da man aber bald die Entdeckung machte, daß die rechtliche Wiedererlangung ihrer Freiheit ihr Leben gefährdet hätte und daß die Goten, wenn man ihnen nicht ermöglichte, ihre nutzlosen Gefangenen zu verkaufen, zu deren Ermordung gereizt würden, war die Zivilgesetzgebung bereits durch die Verfügung modifiziert worden, daß sie verpflichtet sein sollten, die kurze Zeit von fünf Jahren zu dienen, bis sie durch ihre Arbeit den Preis für ihre Freiheit bezahlt hätten.

Die Völker, die in das Römische Reich eingebrochen waren, hatten Scharen hungriger und bebender Provinzbewohner vor sich her nach Italien getrieben, die weit weniger Knechtschaft als Hungersnot fürchteten. Die Drangsale Roms und Italiens trieben die Bewohner nach den einsamsten, sichersten und fernsten Zufluchtsplätzen. Während die gotische Reiterei Schrecken und Verwüstung längs der Seeküste von Campanien und Etrurien verbreitete, wies die kleine Insel Igilium, die von dem argentarischen Vorgebirge nur durch einen schmalen Meeresarm getrennt war, ihre feindlichen Angriffe entweder zurück oder vereitelte dieselben, und in einer so geringen Entfernung von Rom waren sehr viele Bürger in den dichten Wäldern dieses abgelegenen Punktes sicher verborgen. Die weitläufigen Besitzungen, die viele senatorische Familien in Afrika besaßen, brachten sie, wenn sie genug Zeit und Klugheit hatten, auf den Gedanken, dem Verderben ihrer Vaterstadt zu entfliehen, um den Schutz dieser gastfreundlichen Provinz aufzusuchen. Von diesen Flüchtlingen war die edle und fromme Proba, die Witwe des Präfekten Petronius, die erlauchteste. Nach dem Tode ihres Gemahls, Roms mächtigstem Untertanen, war sie das Haupt der anicischen Familie geblieben und hatte nacheinander aus ihrem Privatvermögen die Unkosten der Konsulate ihrer drei Söhne bestritten. Als die Stadt von den Goten belagert und eingenommen wurde, ertrug Proba mit christlicher Ergebung den Verlust unermeßlicher Reichtümer, stach auf einem kleinen Fahrzeuge, von dem aus sie die Flammen ihres brennenden Palastes erblickte, in die See und floh mit ihrer Tochter Läta und ihrer Enkelin, der berühmten Jungfrau Demetrias, nach der afrikanischen Küste. Die wohlwollende Freigebigkeit, womit die Matrone den Ertrag oder den Preis ihrer Ländereien verteilte, trug zur Erleichterung des Unglückes des Exils oder der Gefangenschaft bei. Aber selbst die Familie der Proba war von der räuberischen Unterdrückung des Grafen Heraclian nicht ausgenommen, der niedrigerweise zu ehelicher Schändung die edelsten Jungfrauen Roms der Sinnengier oder Habsucht syrischer Kaufleute verkaufte. Die italienischen Flüchtlinge waren in den Provinzen längs der Küste von Ägypten und Asien bis Konstantinopel und Jerusalem zerstreut, und der Flecken Bethlehem, der einsame Aufenthalt des heiligen Hieronymus und seiner Proselytinnen, war mit erlauchten Bettlern jeden Geschlechtes und Alters angefüllt, die das öffentliche Mitleid durch das Andenken an ihr früheres Glück erregten. Diese furchtbare Katastrophe Roms füllte das erstaunte Reich mit Schmerz und Bangigkeit. Ein so ergreifender Gegensatz von Größe und Sturz machte die teilnehmende Leichtgläubigkeit des Volkes geneigt, die Heimsuchung der Königin der Städte zu beklagen und zu übertreiben. Die Geistlichkeit, die auf neue Ereignisse die erhabenen Metaphern orientalischer Prophezeiung anwendete, fühlte sich zuweilen versucht, die Zerstörung der Hauptstadt und den Untergang der Welt zu verwechseln.

Es wohnt der menschlichen Natur eine starke Neigung inne, die Vorzüge der Gegenwart gering zu achten und ihre Übel zu vergrößern. Sobald jedoch die ersten stürmischen Gefühle sich gelegt hatten und eine richtigere Schätzung des wirklichen Schadens ermittelt wurde, sahen sich die kundigeren und einsichtsvolleren Zeitgenossen zu dem Geständnis gezwungen, daß Rom einst in seiner Kindheit von den Galliern wesentlichere Unbilden erlitten hatte, als ihm in seinem Alter von den Goten zugefügt wurden. Die Erfahrung von elf Jahrhunderten hat die Nachwelt in den Stand gesetzt, eine höchst eigentümliche Parallele nachzuweisen und zuversichtlich zu behaupten, daß die Verwüstungen der Barbaren, die Alarich von den Ufern der Donau hergeführt hatte, kleiner waren als jene, die durch die Truppen Karls V., eines katholischen Fürsten, der sich Römischer Kaiser nannte, angerichtet worden sind. Die Goten räumten die Stadt nach sechs Tagen; in den Händen der Kaiserlichen dagegen blieb Rom über neun Monate, und jede Stunde wurde durch irgendeine gräßliche Tat der Grausamkeit, Wollust oder Habsucht befleckt. Durch das Ansehen Alarichs wurde einige

Ordnung und Mäßigung unter den wilden Scharen bewahrt, die ihn als ihren Anführer und König anerkannten; aber der Konnetabel von Bourbon war bei dem Angriff auf die Mauern ruhmvoll gefallen, und der Tod dieses Feldherrn entfernte jeden Zügel der Manneszucht aus einem Heere, das aus drei unabhängigen Nationen, Italienern, Spaniern und Deutschen, bestand. Im Anfang des sechzehnten Jahrhunderts boten die Sitten Italiens ein merkwürdiges Schauspiel der Verderbtheit des Menschengeschlechtes. Sie verbanden die blutigen Verbrechen, die in den unteren Schichten der Gesellschaft vorherrschen, mit den glänzenden Lastern, die aus dem Mißbrauch der Kunst und Üppigkeit entstehen; und die zügellosen Abenteurer, die jedes Vorurteil des Patriotismus und Aberglaubens verletzten, indem sie den Palast des römischen Bischofs stürmten, verdienen mit Recht als die Lasterhaftesten aller Italiener betrachtet zu werden. Um dieselbe Zeit waren die Spanier der Schrecken sowohl der alten als neuen Welt: aber ihre hochherzige Tapferkeit wurde durch finsteren Stolz, räuberische Habsucht und erbarmungslose Grausamkeit geschändet. Unermüdlich in der Jagd nach Ruhm und Reichtum hatten sie durch Wiederholung und Übung die ausgesuchteste und wirksamste Methode, ihre Gefangenen zu peinigen, erfunden: viele der Kastilianer, die Rom plünderten, waren vertraute Diener der heiligen Inquisition und einige Freiwillige vielleicht erst kürzlich von der Eroberung von Mexiko zurückgekehrt. Die Deutschen waren minder verderbt als die Italiener, weniger grausam als die Spanier, und das bäuerische, sogar wilde Aussehen dieser tramontanen Krieger verhüllte häufig ein einfaches und mildes Gemüt. Aber sie hatten in der ersten Hitze der Reformation sowohl den Geist als die Grundsätze Luthers eingesogen. Ihr Lieblingsvergnügen war, die geweihten Gegenstände des katholischen Glaubens zu verunehren oder zu vernichten; sie frönten ohne Mitleid und Reue einem frommen Haß gegen die Geistlichkeit jeder Art und jeden Ranges, die einen so beträchtlichen Teil der Einwohner Roms bildet, und ihr fanatischer Eifer mochte lüstern sein, den Thron des Antichristen zu stürzen und die Abscheulichkeiten des geistlichen Babylon durch Blut und Feuer zu reinigen.

Der Rückzug der siegreichen Goten, die Rom am sechsten Tage räumten, konnte das Ergebnis der Klugheit sein, war aber zuverlässig keine Wirkung der Furcht. An der Spitze eines mit reicher und schwerer Beute belasteten Heeres rückte dessen unerschrockener Anführer längs der appischen Straße in die südlichen Provinzen Italiens vor, vernichtete alles, was sich seinem Zuge zu widersetzen wagte, und begnügte sich mit Ausplünderung des wehrlosen Landes. Das Schicksal Capuas, der stolzen und üppigen Metropole Campaniens, selbst in ihrem Verfall als die achte Stadt des Reiches geehrt, liegt in Vergessenheit begraben, während die benachbarte Stadt Nola bei dieser Gelegenheit durch die Heiligkeit des Paulinus, der nacheinander Konsul, Mönch und Bischof gewesen, berühmt wurde. Im Alter von vierzig Jahren leistete er Verzicht auf den Genuß von Reichtum und Ehrenstellen, Gesellschaft und Literatur, um ein Leben der Einsamkeit und Buße zu führen, und der laute Beifall der Geistlichkeit ermutigte ihn, die Vorwürfe seiner weltlichen Freunde zu verachten, die seinen verzweifelten Entschluß irgendeiner Krankheit des Geistes oder Körpers zuschrieben. Eine frühzeitige und leidenschaftliche Anhänglichkeit bestimmte ihn, seine geringe Wohnung in einer der Vorstädte von Nola in der Nähe des wundertätigen Grabes des heiligen Felix aufzuschlagen, das durch die öffentliche Andacht bereits mit fünf großen und zahlreich besuchten Kirchen umgeben war. Der Rest seines Vermögens und seiner Einsicht war dem Dienste dieses glorreichen Märtyrers gewidmet, dessen Lob Paulinus an seinem Festtage nie verfehlte durch eine feierliche Hymne zu verherrlichen und in dessen Namen er eine sechste Kirche von größerer Pracht und Schönheit als die übrigen errichtet hatte, die mit mehreren kunstreichen Gemälden aus der Geschichte des Alten und Neuen Testamentes geschmückt war. Ein so emsiger Eifer sicherte ihm die Gunst des Heiligen oder wenigstens des Volkes, und nach fünfzehnjähriger Zurückgezogenheit wurde der römische Konsul genötigt, das Bistum Nola, wenige Monate bevor die Stadt von den Goten eingeschlossen wurde, anzunehmen. Während der Belagerung hielten sich einige fromme Personen für überzeugt, sie hätten in Träumen oder Gesichten die himmlische Gestalt ihres Schutzheiligen erblickt; der Ausgang bewies jedoch bald, daß es Felix entweder an Macht oder an Neigung fehle, die Herde zu bewahren, deren Hirt er einst gewesen. Nola entging der allgemeinen Vernichtung nicht, und der gefangene Bischof wurde nur durch die allgemeine Überzeugung von seiner Unschuld und Armut beschirmt. Über vier Jahre (408 – 412) vergingen zwischen dem siegreichen Angriff auf Italien durch Alarichs Waffen bis zum freiwilligen Rückzug der Goten unter Anführung seines Nachfolgers Adolph, und während dieser ganzen Zeit herrschten sie unbeschränkt über ein Land, das nach der Meinung der Alten alle Vorzüge der Natur und Kunst in sich vereinigte. Jener hohe Wohlstand jedoch, den Italien in dem glücklichen Zeitalter der Antonine erlangt, hatte allmählich mit dem Sinken des Reiches abgenommen. Die Früchte eines langen Friedens wurden von der rohen Faust der Barbaren vernichtet, die unfähig waren, die edlen Verfeinerungen der Üppigkeit zu genießen, die zum Genuß der verwöhnten und gebildeten Italiener dienten. Jeder Soldat forderte aber einen ausgiebigen Teil von dem substantielleren Überfluß an Korn und Fleisch, Öl und Wein, welche Dinge täglich in das Lager gebracht und verzehrt wurden, und die vornehmsten Krieger hausten übermütig in den einst von Lucullus und Cicero bewohnten Villen und Gärten längs der schönen kampanischen Küste. Bebende Gefangene, Söhne und Töchter römischer Senatoren, kredenzten in Bechern von Gold und Edelsteinen Salernerwein den stolzen Siegern, welche ihre riesigen Gliedmaßen im Schatten der Platanen ausstreckten, die mit Kunst so gepflanzt waren, daß sie die sengenden Strahlen der Sonne abhielten, aber ihre belebende Wärme zuließen. Diese Wonne wurde durch das Andenken vergangener Entbehrungen erhöht, und der Vergleich mit ihrem Vaterlande, den kalten und unfruchtbaren Hochebenen Skythiens und den gefrorenen Gestaden der Elbe und Donau liehen neue Reize der Lieblichkeit des italienischen Himmels.

Ob Ruhm, Eroberung oder Reichtum Alarichs Ziel sein mochte, er verfolgte dieses Ziel mit unermüdlichem Eifer, den weder Mißgeschick zu ermatten noch Erfolg zu befriedigen vermochte. Sobald er die äußerste Landspitze von Italien erreicht hatte, wurde er durch den nahen Anblick einer fruchtbaren und friedlichen Insel angezogen. Aber auch den Besitz von Sizilien betrachtete er nur als ein Sprungbrett für den wichtigen Zug, den er bereits gegen das Festland von Afrika entwarf. Die Meerenge von Reggio und Messina ist zwölf Meilen lang und an der engsten Stelle gegen eine und eine halbe Meile breit. Die fabelhaften Ungeheuer der Tiefe, die Felsen der Scylla und die Wirbel der Charybdis konnten nur die furchtsamsten und ungeschicktesten Seefahrer schrecken. Sowie sich jedoch die erste Abteilung der Goten eingeschifft hatte, erhob sich ein plötzlicher Sturm, der ihre Fahrzeuge teils zum Sinken brachte, teils zerstreute; ihr Mut wurde durch die Schrecken eines neuen Elementes gebrochen und der ganze Plan durch Alarichs frühzeitigen Tod (410) vereitelt, der nach kurzer Krankheit seinen Eroberungen das letzte Ziel setzte. Der wilde Charakter der Barbaren zeigte sich bei dem Leichenbegängnis eines Helden, dessen Tapferkeit und Glück sie mit trauerndem Lobe feierten. Durch die Arbeit gefangener Scharen ließen sie den Lauf des Busentinus, eines kleinen Flusses, der die Mauern von Cosentia bespült, ablenken. Das königliche Grab, mit den glänzenden Spolien und Trophäen Roms geschmückt, wurde in dem leeren Bett errichtet, die Gewässer wieder in ihren natürlichen Kanal geleitet, und der geheime Ort, wo die Überreste Alarichs beigesetzt worden waren, durch die unmenschliche Niedermetzelung der Gefangenen, die an der Ausführung des Werkes gearbeitet, für immer verborgen.

Die persönlichen Feindschaften und Erbfehden der Barbaren wurden durch die ernste Notwendigkeit ihrer Lage eingestellt und der tapfere Adolph, Schwager des verstorbenen Monarchen, einstimmig zum Nachfolger auf dem Throne gewählt. Der Charakter und das politische System des neuen Königs der Goten lassen sich am besten aus seiner eigenen Unterredung mit einem angesehenen Bürger von Narbonne begreifen, der sie nachher gelegentlich einer Wallfahrt in das Heilige Land dem heiligen Hieronymus in Gegenwart des Geschichtsschreibers Orosius erzählte. „In der vollen Zuversicht der Tapferkeit und des Sieges" sagte Adolph, „strebte ich einst danach, die Gestalt der Erde zu verändern, den Namen Roms auszulöschen, auf seinen Trümmern die Herrschaft der Goten zu gründen und gleich Augustus den unsterblichen Ruhm des Stifters eines neuen Reiches zu erwerben. Durch wiederholt gemachte Erfahrungen erlangte ich allmählich die Überzeugung, daß Gesetze notwendig wären, um einen wohleingerichteten Staat zu erhalten und zu ordnen, und daß der wilde und unbezähmbare Charakter der Goten unfähig sei, das heilsame Joch der Gesetze und der Zivilregierung zu tragen. Von diesem Augenblick an setzte ich meinem Ruhm und Ehrgeiz ein anderes Ziel, und es ist jetzt mein aufrichtiger Wunsch, daß die Dankbarkeit künftiger Jahrhunderte dem Verdienste eines Fremden Gerechtigkeit widerfahren lasse, der das Schwert der Goten verwendete, nicht um das Römische Reich zu stürzen, sondern um dessen Wohlfahrt wiederherzustellen und zu bewahren." Mit diesen friedlichen Absichten stellte der Nachfolger Alarichs die Kriegsoperationen ein und unterhandelte mit dem kaiserlichen Hofe ernstlich wegen eines Freundschafts- und Allianzvertrages. Es lag im Interesse der Minister des Honorius, die nun ihres unbesonnenen Eides entbunden waren, Italien von der unerträglichen Wucht der gotischen Heeresscharen zu befreien, und sie nahmen bereitwillig deren Dienste gegen die Barbaren und Tyrannen an, welche die Provinzen jenseits der Alpen bedrückten. Adolph trat in dem Charakter eines römischen Feldherrn seinen Marsch von dem äußersten Ende von Campanien nach den südlichen Provinzen Galliens an (412). Seine Truppen besetzten entweder mit Gewalt oder durch Übereinkommen unverzüglich die Städte Narbonne, Toulouse und Bordeaux, und obschon sie durch den Grafen Bonifaz von den Mauern von Marseille zurückgeschlagen wurden, dehnten sich doch bald ihre Standquartiere vom Mittelmeer bis zum Ozean aus. Die unterdrückten Provinzbewohner mochten klagen, daß der geringe Rest ihrer Habe, den der Feind verschont hatte, von ihren angeblichen Bundesgenossen geraubt würde; es fehlte jedoch nicht an blendenden Vorwänden, um die Gewalttätigkeit der Goten zu beschönigen oder zu rechtfertigen. Die Städte Galliens, die sie angriffen, waren vielleicht in Empörung gegen die Regierung des Honorius begriffen; die Vertragsartikel oder die geheimen Verhaftungsbefehle des Hofes mochten zuweilen zugunsten der scheinbaren Usurpationen Adolphs angeführt werden; und die Schuld jeder unregelmäßigen, erfolglosen Handlung der Feindseligkeit ließ sich stets mit dem Anschein der Wahrheit dem unlenksamen Geiste einer barbarischen, Friede und Heereszucht hassenden Schar zuschreiben. Die Üppigkeit Italiens diente weniger zur Besänftigung des Charakters als zur Erschlaffung des Mutes der Goten, und sie hatten die Laster der zivilisierten Gesellschaft eingesogen, ohne deren Künste und Einrichtungen nachzuahmen.

Die Erklärungen Adolphs waren wahrscheinlich aufrichtig, und seine Anhänglichkeit an die Sache der Republik wurde durch den Einfluß gesichert, den eine römische Fürstin über Herz und Verstand des barbarischen Königs erlangt hatte. Placidia, die Tochter des großen Theodosius von seiner zweiten Gemahlin Galla, hatte im Palast von Konstantinopel eine kaiserliche Erziehung erhalten; die ereignisreiche Geschichte ihres Lebens aber steht mit den Umwälzungen im Zusammenhang, welche das westliche Reich unter der Regierung ihres Bruders Honorius erschütterten. Als Rom zuerst von dem Heer der Goten belagert wurde, residierte Placidia, die damals zwanzig Jahre zählte, in dieser Stadt, und ihre bereitwillige Zustimmung zum Tode ihrer Kusine Serena hat den Anschein der Grausamkeit und Undankbarkeit, die je nach den Umständen der Tat durch die Berücksichtigung ihres zarten Alters erschwert befunden oder entschuldigt werden kann. Die siegreichen Barbaren hielten die Schwester des Honorius entweder als Geisel oder als Gefangene zurück; während sie aber der Schmach ausgesetzt war, den Bewegungen der Goten durch Italien zu folgen, erfuhr sie eine anständige und achtungsvolle Behandlung. Das Zeugnis des Jornandes, der die Schönheit Placidias preist, mag vielleicht durch das ausdrucksvolle Stillschweigen ihrer Schmeichler aufgewogen werden: indessen machten der Glanz ihrer Geburt, die Blüte der Jugend, die Eleganz des Benehmens und die gewandte Einschmeichelung, zu der sie sich herabließ, einen tiefen Eindruck auf Adolphs Herz, und der gotische König geizte danach, des Kaisers Schwager zu werden. Die Minister des Honorius verwarfen jedoch eine jedes Gefühl römischen Stolzes so sehr beleidigende Verbindung und drangen wiederholt auf Rückgabe Placidias als unerläßliche Bedingung des Friedensvertrages. Aber die Tochter des Theodosius gab sich ohne Widerstreben den Wünschen des Siegers hin, eines jungen und tapferen Fürsten, der Alarich an hohem Wuchse nachstand, aber anziehend durch Anmut und Schönheit war. Die Ehe Adolphs mit Placidia wurde vollzogen, bevor die Goten Italien räumten, und der feierliche Jahrestag ihrer Vermählung im Hause des Ingenuus, eines der erlauchtesten Bürger von Narbonne, begangen. Die Braut, gekleidet und geschmückt wie eine römische Kaiserin, saß auf einem Staatsthrone, und der König der Goten, der bei dieser Gelegenheit die römische Tracht anlegte, begnügte sich mit einem minder ehrenvollen Sitze an ihrer Seite. Das Hochzeitsgeschenk, welches der Placidia nach Sitte seines Volkes dargebracht wurde, bestand aus der seltenen und prachtvollen Beute ihres Vaterlandes. Fünfzig schöne Jünglinge in seidenen Gewändern trugen in jeder Hand ein Becken, und eines dieser Becken war stets mit Goldstücken, das andere mit Edelsteinen von unschätzbarem Werte angefüllt. Attalus, so lange der Spielball des Glükkes und der Goten, wurde zum Chorführer der Hochzeitshymnen ernannt, und der abgesetzte Kaiser mochte Anspruch auf das Lob haben, ein geschickter Musiker zu sein. Die Barbaren genossen ihren anmaßenden Triumph, und die Provinzbewohner freuten sich über eine Verbindung, die durch den milden Einfluß der Liebe und Vernunft den wilden Sinn ihres gotischen Gebieters mäßigte.

Die hundert Becken mit Gold und Edelsteinen, welche der Placidia an ihrem Hochzeitsfeste überreicht wurden, bildeten einen unbeträchtlichen Teil der gotischen Schätze, von denen mehrere außerordentliche Proben aus der Geschichte der Nachfolger Adolphs bekannt wurden. Viele kunstreiche und kostbare mit Edelsteinen besetzte Gegenstände von gediegenem Gold wurden in ihrem Palast zu Narbonne gefunden, als die Franken denselben im sechsten Jahrhundert plünderten: sechzig Pokale oder Kelche, fünfzehn Patenen oder Teller zum Gebrauche bei der Kommunion, zwanzig Kästchen oder Futterale, um die heiligen Bücher des Evangeliums darin zu bewahren, und diese geweihten Schätze wurden von dem Sohn Clodwigs an die Kirchen seiner Gebiete verteilt. Seine fromme Freigebigkeit scheint die Goten irgendeines früheren Tempelraubes zu zeihen. Mit besserem Gewissen besaßen sie das berühmte Missorium oder die große Schüssel zum Dienste der Tafel, von massivem Gold, fünfhundert Pfund schwer und von noch weit höherem Werte durch die vielen Edelsteine, die Meisterschaft der Ausführung und die Sage, daß sie von dem Patrizier Aetius dem Gotenkönig Torismund zum Geschenk gemacht worden. Einer der Nachfolger Torismunds erkaufte die Hilfe des Monarchen der Franken durch das Versprechen, ihm diese Schüssel zu schenken. Als er fest auf dem spanischen Throne saß, lieferte er es mit Widerstreben den Gesandten Dagoberts aus, beraubte sie auf dem Wege, bewilligte nach langen Unterhandlungen das unangemessene Lösegeld von zweihunderttausend Goldstücken, und behielt das Missorium als die stolzeste Zierde des gotischen Schatzes. Als die Araber nach der Eroberung von Spanien diesen Schatz plünderten, bewunderten sie und priesen einen noch merkwürdigeren Gegenstand, eine Tafel von beträchtlichem Umfange, die aus einem einzigen fehlerfreien Smaragd bestand, der von drei Reihen schöner Perlen umgeben war, durch dreihundertfünfundsechzig Füße, von massivem Gold und mit Edelsteinen besetzt, getragen und auf fünfhunderttausend Goldstücke geschätzt wurde. Ein Teil der gotischen Schätze mochte das Geschenk der Freundschaft oder der Tribut des Gehorsams sein; der bei weitem größere Teil war die Frucht des Krieges und Raubes, die dem Reich und vielleicht Rom abgenommene Beute.

Nach der Befreiung Italiens von der Unterdrückung der Goten ward es mitten in den Intrigen des Palastes irgendeinem geheimen Ratgeber gestattet, die Wunden dieses schwer heimgesuchten Landes zu heilen. Durch eine weise und menschliche Verfügung erhielten die acht am härtesten mitgenommenen Provinzen Campanien, Toskana, Picenum, Samnium, Apulien, Kalabrien, Brutium und Lukanien Steuernachlaß auf fünf Jahre; die gewöhnlichen Steuern wurden auf ein Fünftel herabgesetzt und selbst dieses Fünftel dazu bestimmt, die nützlichen öffentlichen Ämter wiederherzustellen und zu unterstützen. Durch ein anderes Gesetz wurden die Ländereien, die ohne Einwohner oder Anbau geblieben waren, mit einiger Abgabenverminderung den Nachbarn, die sie in Besitz nehmen wollten, oder den Fremden, die sich darum bewarben, verliehen und die neuen Besitzer gegen die künftigen Ansprüche der flüchtigen Eigentümer sichergestellt. Um dieselbe Zeit wurde im Namen des Honorius eine allgemeine Amnestie erlassen, welche die Schuld aller unfreiwilligen Vergehen, die von seinen unglücklichen Untertanen während öffentlicher Unordnung und Drangsal begangen worden waren, verzieh. Der Wiederherstellung der Hauptstadt wurde große und angemessene Aufmerksamkeit gewidmet; man ermunterte die Bürger, die Häuser wieder aufzubauen, die durch das feindliche Feuer zerstört oder beschädigt worden waren und sorgte für außerordentliche Zufuhren Korns von der afrikanischen Küste. Die Scharen, die noch vor kurzer Zeit vor dem Schwerte der Barbaren geflohen waren, wurden durch die Aussicht auf Überfluß und Vergnügen bald zurückgelockt, und der Präfekt von Rom, Albinus, berichtete mit einiger Betretenheit und mit Staunen an den Hof, daß er an einem einzigen Tage Nachricht von der Ankunft von vierzehntausend Fremden erhalten habe. In weniger als sieben Jahren waren die Spuren des gotischen Einbruches fast verwischt, und die Stadt nahm sichtlich wieder ihren vorigen Glanz und ihre sonstige Ruhe an. Die ehrwürdige Matrone setzte den Lorbeerkranz, der durch die Stürme des Krieges in Unordnung gebracht worden war, wieder zurecht und verkündete noch in der letzten Epoche ihres Verfalles Prophezeiungen von Rache, Sieg und ewiger Herrschaft.

Diese scheinbare Ruhe wurde bald durch die Ankunft einer feindlichen Kriegsflotte aus einem Lande, das den täglichen Unterhalt des römischen Volkes lieferte, gestört (413). Der Graf Heraclian von Afrika, der unter den schwierigsten und unglücklichsten Umständen mit tatkräftigem Pflichteifer die Sache des Honorius unterstützt hatte, wurde versucht, im Jahre seines Konsulates die Rolle eines Rebellen und den Titel eines Kaisers anzunehmen. Die afrikanischen Häfen füllten sich alsbald mit Seestreitkräften, an deren Spitze er sich rüstete, in Italien zu landen, und als seine Flotte an der Mündung des Tiber vor Anker ging, übertraf sie unstreitig die Flotten Xerxes' und Alexanders, falls sich alle Schiffe, mit Einschluß der königlichen Galeere und des kleinsten Bootes, wirklich auf die unglaubliche Zahl dreitausendzweihundert beliefen. Nichtsdestoweniger machte der Usurpator mit einer solchen Armada, womit die größten Reiche der Erde gestürzt oder hergestellt hätten werden können, einen sehr schwachen und geringen Eindruck auf die Provinzen seines Nebenbuhlers. Als er von dem Hafen auf der Straße vorrückte, die zu den Toren Roms führt, wurde er von einem kaiserlichen Befehlshaber angegriffen, in Schrecken gesetzt und geschlagen, und der Gebieter dieser gewaltigen Schar, sein Glück und seine Freunde verlassend, floh schmachvoll mit einem einzigen Schiffe. Als Heraclian im Hafen von Karthago landete, fand er, daß die ganze Provinz, einen so unwürdigen Beherrscher verschmähend, zu ihrer Untertanenpflicht zurückgekehrt sei. Der Rebell wurde in dem alten Tempel der Memoria enthauptet, sein Konsulat abgeschafft und die Reste seines Privatvermögens, welches die mäßige Summe von viertausend Pfund Goldes nicht überstieg, dem tapferen Constantinus gegeben, der den Thron, den er nachher mit seinem schwachen Souverän teilte, bereits verteidigt hatte. Honorius sah mit träger Gleichgültigkeit die Drangsale Roms und Italiens; aber die aufrührerischen Angriffe des Attalus und Heraclian gegen seine persönliche Sicherheit weckten für einen Augenblick den erstarrten Instinkt seines Charakters. Wahrscheinlich kannte er weder die Ursachen noch die Ereignisse, die ihn von diesen drohenden Gefahren befreiten, und da Italien von keinen fremden oder einheimischen Feinden weiter angegriffen wurde, lebte er friedlich im Palast zu Ravenna, während die Tyrannen jenseits der Alpen wiederholt im Namen und von den Stellvertretern des Sohnes des Theodosius besiegt wurden. Im Laufe einer ereignisreichen und interessanten Erzählung könnte ich möglicherweise vergessen, den Tod eines solchen Fürsten zu erwähnen: ich gebrauche daher die Vorsicht, gleich hier zu bemerken, daß er die letzte Belagerung Roms etwa dreizehn Jahre überlebte.

Die Gewaltherrschaft Konstantins, der von den britischen Legionen den Purpur empfing, war von Erfolg begleitet gewesen und schien fest begründet zu sein. Sein Herrscherrecht wurde von Antonins Wall bis zu den Säulen des Herkules anerkannt, und inmitten der öffentlichen Verwirrung teilte er die Herrschaft und die Beute von Gallien und Spanien mit den Barbarenstämmen, deren verheerenden Zügen nun der Rhein und die Pyrenäen keine Schranken mehr setzten. Obschon mit dem Blute der Verwandten des Honorius befleckt, erpreßte er von dem Hofe von Ravenna, mit welchem er insgeheim verkehrte, die Genehmigung seiner aufrührerischen Ansprüche. Konstantin verpflichtete sich durch ein feierliches Versprechen, Italien von den Goten zu befreien, rückte bis an die Ufer des Po vor und kehrte, nachdem er seinen kleinmütigen Bundesgenossen mehr beunruhigt als ihm Beistand geleistet hatte, eiligst nach dem Palast von Arles zurück, um mit unmäßiger Verschwendung seinen eitlen und prahlerischen Triumph zu feiern. Aber dieses vorübergehende Glück wurde bald durch die Empörung des Grafen Gerontius, des tapfersten seiner Feldherren, gestört und vernichtet, der während der Abwesenheit seines bereits mit dem kaiserlichen Purpur bekleideten Sohnes Konstans im Oberbefehl über die spanischen Provinzen gelassen worden war. Aus irgendeinem uns unbekannten Grunde setzte Gerontius das Diadem, statt es selbst anzunehmen, auf das Haupt seines Freundes Maximus, der zu Tarragona seine Residenz aufschlug, während der tätige Graf über die Pyrenäen vordrang, um die beiden Kaiser Konstantin und Konstans zu überraschen, bevor sie sich auf Verteidigung hatten gefaßt machen können. Der Sohn wurde zu Vienna gefangengenommen und unverzüglich hingerichtet; dem unglücklichen Jüngling blieb kaum Zeit, die Erhöhung seiner Familie zu beklagen, die ihn überredet oder gezwungen hatte, frevelhaft die friedliche Dunkelheit des klösterlichen Lebens zu verlassen. Der Vater hielt eine Belagerung in den Mauern von Arles aus; aber diese Mauern hätten die Stürmenden nicht aufhalten können, wenn die Stadt nicht unerwartet durch die Annäherung einer italienischen Armee befreit worden wäre. Der Name des Honorius und die Proklamation eines rechtmäßigen Kaisers erschreckten die kämpfenden Parteien der Rebellen. Gerontius, von seinen eigenen Truppen verlassen, entfloh nach der Grenze Spaniens und entriß durch den Römermut, der ihn in den letzten Augenblicken seines Lebens anfeuerte, seinen Namen der Vergessenheit. Inmitten der Nacht wurde sein Haus, das er stark verbarrikadiert hatte, von einer großen Schar seiner treulosen Soldaten umzingelt und angegriffen. Seine Gattin, ein tapferer Freund aus dem Alanenvolk und einige treue Sklaven waren seiner Person immer ergeben geblieben, und er benützte einen großen Vorrat von Pfeilen und Wurfspießen mit solcher Geschicklichkeit und Entschlossenheit, daß dreihundert der Angreifenden bei dem Versuche das Leben verloren. Als alle Geschosse verbraucht waren, flohen seine Sklaven mit Anbruch des Tages, und Gerontius hätte, wenn er nicht durch seine Gattenliebe zurückgehalten worden wäre, ihrem Beispiele folgen können, bis endlich die Soldaten, über eine so hartnäckige Verteidigung erbittert, das Haus an allen Seiten in Brand steckten. In dieser äußersten Not erfüllte er die Bitte seines barbarischen Freundes und hieb ihm den Kopf ab. Die Gattin des Gerontius, die ihn beschwor, sie nicht einem Leben des Elends und der Schmach preiszugeben, bot ihren Nacken willig seinem Schwerte, und die tragische Szene schloß mit dem Tode des Grafen selbst, der nach drei vergeblichen Streichen einen kurzen Dolch zog und ihn sich in das Herz stieß. Der wehrlose Maximus, den er mit dem Purpur bekleidet hatte, verdankte sein Leben der Mißachtung, die man gegen seine Macht und seine Fähigkeiten hegte. Der Eigensinn der Barbaren, die Spanien verwüsteten, setzte dieses Phantom von einem Kaiser noch einmal auf den Thron: sie überließen ihn aber bald der Gerechtigkeit des Honorius, und der Tyrann Maximus wurde, nachdem er dem Volke von Ravenna und Rom gezeigt worden, öffentlich hingerichtet.

Jener Feldherr, Constantius war sein Name, der durch seinen Heranzug die Belagerung von Arles aufhob und die Truppen des Gerontius zerstreute, war ein geborener

Römer, und diese merkwürdige Auszeichnung ist äußerst charakteristisch für den Verfall des kriegerischen Geistes unter den Untertanen des Reiches. Die Kraft und Majestät, die in der Person dieses Feldherrn leuchteten, bezeichneten ihn in der öffentlichen Meinung als einen des Thrones, den er nachher auch bestieg, würdigen Kandidaten. Im vertrauten Verkehr des Privatlebens war sein Benehmen munter und einnehmend, auch verschmähte er zuweilen in der ausgelassenen Fröhlichkeit eines Gelages nicht, mit den Mimikern selbst in ihrer Lachen erregenden Kunst zu wetteifern. Wenn ihn aber die Trompete zu den Waffen rief, wenn er sich auf sein Roß schwang, sich fast bis auf den Nacken (denn das war seine eigentümliche Gewohnheit) beugte und seine großen, feurigen Augen wild über das Feld hinrollen ließ, jagte Constantius seinen Feinden Entsetzen ein und belebte seine Soldaten mit der Zuversicht des Sieges. Er hatte von dem Hofe von Ravenna den wichtigen Auftrag erhalten, die Empörung in den Provinzen des Westens auszurotten, und der sogenannte Kaiser Konstantin wurde, nachdem er einen kurzen und bangen Aufschub genossen, abermals in seiner Hauptstadt durch die Streitkräfte eines furchtbareren Feindes belagert. Dieser Aufschub hatte ihm jedoch hinreichende Zeit zu einer erfolgreichen Unterhandlung mit den Franken und Alemannen gegönnt, und sein Gesandter Edobich kehrte bald an der Spitze eines Heeres zurück, um die Fortschritte der Belagerung von Arles zu stören. Der römische Feldherr jedoch, statt den Angriff in seinen Linien abzuwarten, beschloß mit ebensoviel Kühnheit wie vielleicht Klugheit, über die Rhone und den Barbaren entgegenzugehen. Seine Maßregeln waren mit solcher Geschicklichkeit und so geheim getroffen, daß die Feinde, während das Fußvolk Constantius' sie vorn beschäftigte, von der Reiterei seines Unterfeldherrn Ulphilas, der in aller Stille einen vorteilhaften Punkt im Rücken besetzt hatte, plötzlich angegriffen, umzingelt und geschlagen wurden. Die Reste des Heeres Edobichs retteten sich durch Flucht oder Unterwerfung, und der Anführer floh von dem Schlachtfelde nach der Behausung eines treulosen Freundes, der nur zu sehr überzeugt war, daß das Haupt des schuldbeladenen Gastes dem kaiserlichen Feldherrn ein angenehmes und ihm einträgliches Geschenk sein würde. Constantius benahm sich bei dieser Gelegenheit mit der Hochherzigkeit eines echten Römers. Indem er jedes Gefühl der Eifersucht unterdrückte oder verbarg, erkannte er öffentlich die ausgezeichneten Dienste des Ulphilas an: von dem Mörder Edobichs aber wandte er sich mit Abscheu ab und ließ ihn seinen strengen Befehl wissen, daß das Lager von der Anwesenheit eines undankbaren Elenden, der die Gesetze der Freundschaft und des Gastrechtes verletzt habe, gereinigt werden müsse. Der Usurpator, der von den Wällen von Arles die Vernichtung seiner letzten Hoffnung sah, ließ sich verleiten, ein wenig Vertrauen in einen so edelmütigen Sieger zu setzen. Er forderte die feierliche Zusage seiner Sicherheit und wagte es, nachdem er durch Auflegen der Hände den geheiligten Charakter eines christlichen Priesters erhalten hatte, die Tore der Stadt zu öffnen. Er erfuhr jedoch bald, daß die Grundsätze der Ehre und der Redlichkeit, die dem gewöhnlichen Benehmen des Constantius zur Richtschnur dienen mochten, durch die lockeren Maximen der politischen Moral verdrängt wurden. Der römische Feldherr unterließ es allerdings, seine Lorbeeren mit dem Blute Konstantins zu beflecken; aber der abgedankte Kaiser und sein Sohn Julian wurden unter starker Bedeckung nach Italien gesandt, und bevor sie noch den Palast von Ravenna erreichten, nahmen die Vollstrecker des Todesurteils (28. November 411) sie in Empfang.

Zu einer Zeit, in der man sich allgemein gestand, daß fast jeder Untertan des Reiches an persönlichem Verdienste dem Fürsten überlegen war, die der Zufall der Geburt auf den Thron gesetzt hatte, tauchten doch fortwährend neue Usurpatoren, des Schicksals ihrer Vorgänger uneingedenk, nacheinander auf. Dies Unheil fühlte man besonders in den Provinzen Spanien und Gallien, wo die Grundsätze der Ordnung und des Gehorsams durch Krieg und Empörung vernichtet worden waren. Noch ehe Konstantin auf den Purpur Verzicht leistete und im vierten Monate der Belagerung von Arles langte in dem kaiserlichen Heere die Kunde an, daß Jovinus zu Mainz in Obergermanien das Diadem angenommen habe, und zwar auf Aufhetzung des Königs der

Alanen, Goar, und des Königs von Burgund, Günther, und daß der Kandidat, dem sie das Reich verliehen hatten, mit einer furchtbaren Schar von Barbaren von den Ufern des Rheins nach jenen der Rhone vorrückte. Alle Umstände der kurzen Regierung des Jovinus sind dunkel und außergewöhnlich. Es war natürlich zu erwarten, daß ein tapferer und geschickter Feldherr an der Spitze eines siegreichen Heeres auf dem Schlachtfelde die gerechte Sache des Honorius verteidigen würde. Der eilige Rückzug des Constantius mochte aus gewichtigen Gründen unternommen worden sein; aber er gab den Besitz von Gallien ohne Kampf auf, und der prätorianische Präfekt Dardanus wird als der einzige Beamte genannt, der dem Usurpator Gehorsam verweigerte. Als die Goten zwei Jahre nach der Belagerung von Rom ihre Sitze in Gallien aufschlugen, ließ sich natürlich erwarten, daß ihre Neigungen nun zwischen dem Kaiser Honorius, mit dem sie erst kürzlich ein Bündnis geschlossen, und dem entsetzten Attalus, den sie im Lager behielten, um gelegentlich die Rolle eines Musikers oder Monarchen zu spielen, geteilt sein würden. Aber in einem Augenblicke des Unmutes (wofür es nicht leicht ist, den Grund oder das Datum anzugeben) verbündete sich Adolph mit dem Usurpator von Gallien und trug dem Attalus das schimpfliche Geschäft auf, über einen Vertrag zu unterhandeln, der seine eigene Schmach ratifizierte. Abermals lesen wir mit Erstaunen, daß Jovinus, statt das Bündnis mit den Goten als die sicherste Stütze seines Thrones zu betrachten, in dunklen und zweideutigen Ausdrücken die zudringliche Geschäftigkeit des Attalus tadelte; daß er, den Rat seines mächtigen Bundesgenossen verachtend, seinen Bruder Sebastian mit dem Purpur bekleidete und daß er höchst unbesonnenerweise die Dienste des Sarus annahm, als dieser tapfere Anführer, der Soldat des Honorius, sich gedrungen fühlte, den Hof eines Fürsten zu verlassen, der weder zu belohnen noch zu bestrafen verstand. Adolph, erzogen unter einem Volke von Kriegern, welche die Rache als den kostbarsten und geheiligtsten Teil ihres Erbes betrachteten, rückte mit einem Heere von zehntausend Goten dem Erbfeinde des Hauses der Balten entgegen. Er griff Sarus in einem unbewachten Augenblick, als derselbe nur von achtzehn bis zwanzig seiner tapferen Genossen begleitet war, an. In Freundschaft vereint, durch Verzweiflung angefeuert, endlich aber durch die Überzahl erdrückt, erwarb dieses Häuflein von Helden die Achtung ihrer Feinde, ohne ihr Mitleid zu erregen, und sobald der Löwe in den Schlingen gefangen war, wurde er auf der Stelle getötet. Sarus' Tod löste das lockere Bündnis, das Adolph mit dem Usurpator von Gallien noch hatte. Er schenkte abermals den Geboten der Liebe und Klugheit Gehör und stellte den Bruder Placidias durch die Verheißung zufrieden, daß er unverzüglich die Häupter der beiden Usurpatoren Jovinus und Sebastian nach dem Palast von Ravenna senden würde. Der König der Goten erfüllte sein Versprechen ohne Schwierigkeit und Aufschub: die hilflosen, durch keinerlei persönliches Verdienst gestützten Brüder wurden von ihren barbarischen Bundestruppen verlassen und der kurze Widerstand Valentias durch die Zerstörung einer der schönsten Städte Galliens gebüßt. Der von dem römischen Senat gewählte Kaiser, der erhoben, entsetzt, verhöhnt, wieder erhoben, abermals entsetzt und abermals verhöhnt worden war, wurde zuletzt seinem Schicksal überlassen: als ihm aber der gotische König seinen Schutz entzog, hielt ihn Mitleid oder Verachtung zurück, Gewalttätigkeit gegen Attalus zu üben. Der unglückliche Attalus, ohne Untertanen und ohne Bundesgenossen, schiffte sich in einem der spanischen Häfen ein, um irgendeinen sicheren und verborgenen Aufenthalt zu suchen; er wurde aber zur See aufgegriffen, vor Honorius gebracht, im Triumphe durch die Straßen von Rom und Ravenna geführt und auf der zweiten Stufe des Thrones seines unüberwindlichen Siegers öffentlich der gaffenden Menge ausgestellt. Dieselbe Strafe, womit er, wie man ihm nachsagte, in den Tagen des Glückes seine Gegner bedroht, wurde an ihm selbst vollzogen und er nach der Amputierung von zwei Fingern zur ewigen Verbannung auf die Insel Lipari verurteilt, wo man ihm jedoch einen anständigen Lebensunterhalt gewährte. Die restliche Regierungszeit des Honorius wurde durch keine Usurpatoren gestört, und es sei bemerkt, daß im Laufe von fünf Jahren sieben Usurpatoren dem Glück eines Fürsten weichen mußten, der selbst weder zu raten noch der Tat fähig war.

Die Lage Spaniens, auf allen Seiten von den Feinden Roms durch das Meer, durch Gebirge und dazwischenliegende Provinzen getrennt, hatte die lange Ruhe dieses fernen und abgelegenen Landes gesichert, und es kann als sicheres Zeichen inneren Glücks angesehen werden, daß Spanien in einer Zeit von vier Jahrhunderten nur sehr wenig Stoff zur Geschichte des Römischen Reiches geliefert hat. Die Fußstapfen der Barbaren, die unter der Regierung des Gallienus über die Pyrenäen gedrungen waren, wurden durch die Wiederkehr des Friedens bald wieder ausgelöscht, und im vierten Jahrhundert der christlichen Zeitrechnung zählte man die Städte Emerita oder Merida, Corduba, Sevilla, Bracara und Tarragona zu den berühmtesten der römischen Welt. Der große Reichtum an Tieren, Pflanzen und Mineralien wurde durch die Geschicklichkeit eines fleißigen Volkes veredelt und verarbeitet, und der besondere Vorteil des Besitzes aller Gegenstände für die Schiffahrt trug zur Unterhaltung eines ausgedehnten und einträglichen Handels bei. Die Künste und Wissenschaften blühten unter dem Schutze der Kaiser, und wenn auch der Charakter der Spanier durch Frieden und Knechtschaft geschwächt worden war, schien doch der feindliche Heerzug der Germanen, die Schrecken und Verwüstung vom Rhein bis zu den Pyrenäen verbreitet hatten, einige Funken kriegerischen Mutes wieder zu entzünden. Solange die Verteidigung der Gebirge der kühnen und treuen Miliz des Landes anvertraut blieb, hatte dieselbe wiederholt die häufigen Versuche der Barbaren zunichte gemacht. Kaum waren aber die Nationaltruppen gezwungen worden, ihre Posten dem Korps der Honorianer im Dienste Konstantins zu überlassen, als die Gebirgstore von Spanien ungefähr zehn Monate vor der Plünderung Roms durch die Goten schimpflicherweise dem öffentlichen Feind verraten wurden (13. Oktober 409). Das Bewußtsein der Schuld und Durst nach Beute veranlaßte Söldlinge, welche die Pyrenäen bewachen sollten, ihre Posten zu verlassen, die Scharen der Sueven, Alanen und Vandalen einzuladen und den Strom zu vergrößern, der sich mit unwiderstehlicher Gewalt von der gallischen Grenze bis an das afrikanische Meer ergoß. Das Unglück Spaniens mag mit den Worten seines beredtesten Historikers beschrieben werden, der die leidenschaftlichen und vielleicht übertriebenen Deklamationen zeitgenössischer Geschichtsschreiber inhaltsschwer und kurz zusammengefaßt hat. „Dem Einbruch dieser Völker folgten die schrecklichsten Drangsale, da die Barbaren ihre keinen Unterschied kennende Grausamkeit an den Römern und Spaniern übten und mit gleicher Wut die Städte wie das offene Land verheerten. Das Umsichgreifen der Hungersnot zwang die unglücklichen Einwohner, sich vom Fleisch ihrer Mitmenschen zu nähren; sogar die wilden Tiere, die sich in der Einöde ungehindert vermehrten, wurden durch Lust am Blute und die Wut des Hungers gereizt, kühn die Menschen anzufallen und zu fressen. Bald kam auch die Pest, die unzertrennliche Begleiterin der Hungersnot; ein großer Teil des Volkes wurde hinweggerafft, und das Stöhnen der Sterbenden erregte nur den Neid ihrer sie überlebenden Freunde. Endlich schlugen die Barbaren, von Gemetzel und Raub gesättigt und durch die ansteckenden Krankheiten, die sie veranlaßt hatten, in Bestürzung versetzt, ihre bleibenden Wohnsitze in dem entvölkerten Lande auf. Das alte Galicien, dessen Grenzen das Königreich Altkastilien einschlossen, wurde zwischen den Sueven und Vandalen geteilt; die Alanen zerstreuten sich über die Provinzen Karthagena und Lusitanien vom Mittelmeere bis zu dem Atlantischen Ozean, und das fruchtbare Gebiet von Bätica wurde den Silingern, einem anderen Stamme des Vandalenvolkes, angewiesen. Nachdem diese Teilung zustande gebracht worden, gingen die Sieger mit ihren neuen Untertanen wechselseitige Verpflichtungen zum Schutze und Gehorsam ein; die Ländereien wurden wieder bebaut, die Städte und Flecken wieder von einem unterjochten Volke bewohnt. Der größte Teil der Spanier war sogar geneigt, diesen neuen Zustand der Barbarei und Armut dem schweren Druck der römischen Regierung vorzuziehen; jedoch gab es viele, die ihre angeborene Freiheit behaupteten und sich, besonders in den Gebirgen von Galicien, weigerten, sich dem Joch der Barbaren zu unterwerfen."

Das wichtige Geschenk der Häupter Jovinus' und Sebastians hatte die Freundschaft Adolphs bewährt und Gallien wieder zum Gehorsam gegen dessen Schwager Honorius gebracht. Friede war aber mit der Lage und dem Charakter des Gotenkönigs unvereinbar. Er nahm bereitwillig den Vorschlag an, seine siegreichen Waffen gegen die Barbaren von Spanien zu kehren (414); die Truppen des Constantius schnitten seine Verbindung mit den Seehäfen von Gallien ab und drängten ihn langsam gegen die Pyrenäen: er ging über diese Gebirge und nahm die Stadt Barcelona im Namen des Kaisers durch einen Handstreich. Die zärtliche Liebe Adolphs für seine römische Gattin verminderte sich weder durch die Zeit noch durch den Besitz, und die Geburt eines Sohnes, der nach seinem berühmten Großvater Theodosius genannt wurde, schien ihn für immer an das Interesse der Republik zu fesseln. Der Tod dieses Kindes, dessen Leiche in einem silbernen Sarg in einer der Kirchen von Barcelona beigesetzt wurde, betrübte die Eltern; aber der Schmerz des gotischen Königs wurde durch kriegerische Unternehmungen und seine Siegesbahn bald durch heimischen Verrat unterbrochen. Er hatte in seinen Dienst unklugerweise einen Anhänger des Sarus genommen, einen Barbaren von verwegenem Geiste, aber winziger Gestalt, dessen geheimer Drang, den Tod seines geliebten Beschützers zu rächen, durch die Sarkasmen seines übermütigen Gebieters beständig gesteigert ward. Adolph wurde im Palast von Barcelona ermordet (August 415), die Gesetze der Erbfolge wurden durch eine tumultuarische Partei verletzt und ein dem königlichen Hause Fremder, ja sogar Bruder des Sarus, Singerich, auf den gotischen Thron erhoben. Die erste Handlung seiner Regierung war die Ermordung der sechs Kinder Adolphs, der Sprossen einer früheren Ehe, die er ohne Erbarmen aus den schwachen Armen eines ehrwürdigen Bischofs riß. Die unglückliche Placidia, statt achtungsvolles Mitleid zu finden, das sie auch in der Brust des wildesten Menschen erregt haben würde, wurde mit grausamem und mutwilligem Schimpfe behandelt. Die Tochter des Kaisers Theodosius war gezwungen, mit einem Troß gemeiner Gefangener, vor dem Pferde eines Barbaren, des Mörders ihres Gatten, den Placidia liebte und beweinte, zwölf Meilen zu Fuß herzuziehen.

Placidia genoß aber bald die Lust der Rache, und der Anblick ihrer schimpflichen Leiden mochte ein entrüstetes Volk gegen einen Tyrannen gereizt haben, den es am siebenten Tage seiner Gewaltherrschaft ermordete. Nach dem Tode Singerichs verlieh die freie Wahl der Nation den gotischen Zepter an Wallia, dessen kriegerischer und ehrsüchtiger Charakter sich im Beginn seiner Regierung außerordentlich feindlich gegen die Republik erwies. Er zog mit Heeresmacht von Barcelona bis an die Gestade des Atlantischen Ozeans, den die Alten als die Grenze der Welt verehrten und fürchteten. Als aber Wallia das südliche Vorgebirge von Spanien erreichte und von dem Felsen, den nun die Festung Gibraltar krönt, die benachbarte fruchtbare Küste Afrikas betrachtete, nahm er die Eroberungspläne wieder auf, die durch Alarichs Tod unterbrochen worden waren. Abermals scheiterte die Unternehmung der Goten an Wind und Wellen, und die Gemüter eines abergläubischen Volkes wurden durch die wiederholten Unglücksfälle der Stürme und Schiffbrüche tief ergriffen. In solcher Stimmung weigerte sich der Nachfolger Adolphs nicht länger, einem römischen Gesandten Gehör zu leihen, dessen Vorschläge durch die wirkliche oder angebliche Annäherung eines zahlreichen Heeres unter dem Oberbefehl des tapferen Constantius Nachdruck erhielten. Ein feierlicher Vertrag wurde geschlossen und gehalten, Placidia ihrem Bruder ehrenvoll zurückgegeben, sechshunderttausend Scheffel Weizen den hungernden Goten geliefert, und Wallia verpflichtete sich, sein Schwert im Dienste der Republik zu ziehen. Ein blutiger Krieg flammte alsbald unter den Barbaren von Spanien auf, und die streitenden Fürsten sollen Schreiben, Gesandte und Geiseln an den Thron des westlichen Kaisers gesandt und diesen ermahnt haben, ein ruhiger Zuschauer ihres Kampfes zu bleiben, dessen Ereignisse für die Römer durch das gegenseitige Gemetzel ihrer gemeinsamen Feinde günstig ausfallen müßten. Der spanische Krieg wurde in drei Feldzügen hartnäckig, mit verzweifelter Tapferkeit und wechselndem Erfolg geführt, und die Kriegstaten Wallias verbreiteten durch das ganze Reich den überlegenen Ruhm dieses gotischen Helden. Er rottete die Silinger aus, die unwiederbringlich den herrlichen Wohlstand der Provinz Bätica zerstört hatten. Er tötete in der Schlacht den König der Alanen, und die Reste dieses skythischen Wandervolkes, die von der

Walstatt entkamen, suchten, statt einen neuen Anführer zu wählen, demütig Zuflucht bei dem Banner der Vandalen, mit denen sie von nun an für immer vereinigt blieben. Die Vandalen selbst und die Sueven wichen den Anstrengungen der unüberwindlichen Goten. Die bunte Menge der Barbaren, denen der Rückzug abgeschnitten worden war, wurden in die Berge von Galicien getrieben, wo sie in einem kleineren Raume und auf einem unfruchtbaren Boden fortfuhren, ihre inneren und unversöhnlichen Feindseligkeiten auszufechten. Auf der Höhe des Sieges blieb Wallia seinen eingegangenen Verbindlichkeiten treu; er brachte das eroberte Spanien wieder zum Gehorsam gegen Honorius, und die Tyrannei der kaiserlichen Beamten brachte das unterdrückte Volk bald dazu, daß es die Zeit seiner barbarischen Knechtschaft zurückwünschte. Während der Ausgang des Krieges noch zweifelhaft war, brachten die ersten Vorteile, die Wallias Waffen errangen, den Hof von Ravenna dazu, seinem schwachen Souverän die Ehre des Triumphes zuzuerkennen. Er zog in Rom gleich den alten Völkerbezwingern ein, und wenn die Denkmäler knechtischer Nichtswürdigkeit nicht schon längst von dem Schicksale, das sie verdienten, ereilt worden wären, würden wir wahrscheinlich finden, daß eine Schar von Dichtern, Rednern, Obrigkeiten und Bischöfen dem Glück, der Weisheit und dem unbezwinglichen Mute des Kaisers Honorius Beifall zugejubelt habe.

Ein solcher Triumph würde mit Recht von den Bundesgenossen Roms in Anspruch genommen worden sein, wenn Wallia, bevor er über die Pyrenäen zurückging, den Samen des spanischen Krieges ausgerottet hätte. Die siegreichen Goten wurden dreiundvierzig Jahre nachdem sie über die Donau gegangen waren, nach dem Inhalt der Verträge für immer in den Besitz von Aquitania secunda gesetzt (419), einer an die See grenzenden Provinz zwischen der Garonne und Loire unter der weltlichen und geistlichen Gerichtsbarkeit von Bordeaux. Diese für den Meereshandel günstig gelegene Hauptstadt war regelmäßig und schön gebaut, und ihre zahlreichen Einwohner zeichneten sich unter den Galliern durch Reichtum, Bildung und gute Sitten aus. Die anstoßende Provinz, die man mit dem Garten des Paradieses zu vergleichen liebte, ist mit einem fruchtbaren Boden und einem gemäßigten Klima gesegnet; das Antlitz des Landes prangte mit den Künsten und zeigte den Lohn des Fleißes, und die Goten schöpften nach ihren kriegerischen Mühen üppig aus den reichen Weinbergen Aquitaniens. Die gotische Grenze wurde durch das hinzugefügte Geschenk einiger benachbarter Diözesen erweitert, und Alarichs Nachfolger schlugen ihren Königssitz zu Toulouse auf, das geräumig innerhalb seiner Mauern fünf volkreiche Viertel oder Städte einschloß. Fast zu gleicher Zeit, in den letzten Regierungsjahren des Honorius nämlich, erhielten außer den Goten auch die Burgunden und Franken dauernde Sitze und Herrschaft in den Provinzen von Gallien. Die freigebige Verleihung des Thronräubers Jovinus an seine burgundischen Bundesgenossen wurde durch den rechtmäßigen Kaiser bestätigt; die Bezirke der Germania prima oder von Obergermanien wurden diesen furchtbaren Barbaren abgetreten, und sie erwarben allmählich durch Eroberung und Vertrag die zwei Provinzen, die als Herzogtum und Grafschaft dauernd den Nationalnamen Burgund beibehalten haben. Die Franken, die tapferen und getreuen Bundesgenossen der römischen Republik, kamen bald in Versuchung, das Beispiel der Eindringlinge nachzuahmen, denen sie so mutigen Widerstand geleistet hatten. Trier, Galliens Hauptstadt, wurde von ihren regellosen Scharen geplündert, und die kleine Kolonie, die sie so lange in dem Distrikt von Toxandria in Brabant behauptet hatten, dehnte sich allmählich bis an die Ufer der Maas und Schelde aus, bis ihre unabhängige Macht ganz Germania secunda oder Niedergermanien ausfüllte. Diese Tatsachen ließen sich durch historische Beweise hinreichend dartun: aber die Gründung der französischen Monarchie durch Pharamund, die Eroberungen, die Gesetze, ja selbst das Dasein dieses Helden sind mit Recht von der unparteiischen Strenge der neueren Kritik angegriffen worden.

Der Ruin der reichen Provinzen Galliens läßt sich von der Ansiedlung dieser Barbaren an rechnen, deren Bündnis gefährlich und bedrückend war und die sich durch Eigennutz und Leidenschaft launisch verleiten ließen, den öffentlichen Frieden zu brechen. Schweres und ungerechtes Lösegeld wurde den überlebenden Provinzbewohnern, die den Drangsalen des Krieges entronnen waren, auferlegt; die schönsten und fruchtbarsten Ländereien wurden den räuberischen Fremdlingen zum Gebrauche ihrer Familien, Sklaven und Nutztiere zugeteilt, und die bebenden Eingeborenen verließen mit einem Seufzer das Erbe ihrer Väter. Dieses häusliche Unglück, das selten das Los eines besiegten Volkes ist, wurde von den Römern selbst nicht nur im Übermute bei der Eroberung fremder Länder, sondern auch im Wahnsinne des Bürgerzwistes gefühlt und zugefügt. Die Triumvirn ächteten achtzehn der blühendsten Kolonien Italiens und verteilten deren Ländereien und Häuser an die Veteranen, die den Tod Cäsars rächten und die Freiheit ihres Vaterlandes unterdrückten. Zwei Dichter von ungleichem Rufe haben unter ähnlichen Umständen den Verlust ihres Erbes beklagt, aber die Legionäre des Augustus scheinen an Gewalttätigkeit und Ungerechtigkeit die Barbaren, die unter der Regierung des Honorius in Gallien einbrachen, übertroffen zu haben. Nur mit knappester Not entging Virgil dem Schwerte des Centurio, der seine Meierei in der Nähe von Mantua an sich riß, Paulinus von Bordeaux empfing dagegen von seinem gotischen Käufer eine Geldsumme, die er überrascht mit Vergnügen annahm, und obschon sie tief unter dem wirklichen Werte der Besitzung stand, wurde der Raub doch wenigstens mit einem Scheine von Billigkeit und Mäßigung verschleiert. Der häßliche Name Eroberer wurde in die milde und freundliche Benennung Gäste der Römer umgewandelt, ja die Barbaren Galliens, insbesondere die Goten, erklärten wiederholt, daß sie dem Volke durch die Bande der Gastfreundschaft und dem Kaiser durch die Pflicht der Treue und der Kriegsdienste verbunden wären. Der Titel des Honorius und seiner Nachfolger, ihre Gesetze und Zivilobrigkeiten wurden in den Provinzen Galliens, die sie den Barbaren, ihren Bundesgenossen, abgetreten hatten, dauernd geachtet, und die Könige, die über ihre eingeborenen Untertanen die oberste und unabhängige Macht ausübten, bewarben sich ehrgeizig um den höheren Rang von Oberbefehlshabern der kaiserlichen Heere. So groß war die unfreiwillige Ehrfurcht, die der römische Name fortwährend den Seelen jener Krieger, welche die Spolien des Kapitols im Triumphe davongetragen hatten, einflößte.

Während Italien durch die Goten verwüstet und die Provinzen jenseits der Alpen durch eine Reihe schwacher Tyrannen unterdrückt wurden, trennte sich die britische Insel selbst von dem Römischen Reich. Die regelmäßigen Truppen, die diese entfernte Provinz verteidigten, waren allmählich abgezogen worden, und Britannien blieb ohne Verteidigung den sächsischen Seeräubern und den Wilden von Irland und Kaledonien ausgesetzt. In dieser äußersten Not verließen sich die Briten nicht länger auf die zögernde und zweifelhafte Hilfe einer sinkenden Monarchie. Sie griffen zu den Waffen (409), trieben die Feinde zurück und freuten sich über die wichtige Entdeckung ihrer eigenen Kraft. Von ähnlichen Drangsalen heimgesucht und von demselben Mute beseelt, beschlossen die armorikanischen Provinzen (ein Name, der die Küstenländer Galliens zwischen der Seine und der Loire zusammenfaßte), das Beispiel der Nachbarinsel nachzuahmen. Sie vertrieben die römischen Obrigkeiten, die im Namen des Usurpators Konstantin herrschten, und unter einem Volke, das so lange der Willkür eines Herrn unterworfen gewesen war, wurde eine freie Regierungsverfassung eingeführt. Die Unabhängigkeit von Britannien und Armorika wurde später von Honorius, dem rechtmäßigen Kaiser des Westens, selbst bestätigt, und die Schreiben, womit er den neuen Staaten die Sorge für ihre eigene Sicherheit anvertraute, konnten als unbedingte und dauernde Verzichtleistung auf die Ausübung und Rechte der Souveränität ausgelegt werden. Diese Auslegungen wurden in einem gewissen Grade durch den Erfolg gerechtfertigt. Nachdem die Usurpatoren Galliens nacheinander gestürzt worden waren, wurden die Seeprovinzen zwar dem Reiche zurückgegeben, ihr Gehorsam war jedoch unvollständig und unzuverlässig; der eitle, unbeständige, zum Aufruhr geneigte Charakter des Volkes vertrug sich weder mit Freiheit noch mit Knechtschaft, und obschon Armorika die Form einer Republik nicht länger beibehalten konnte, wurde es doch durch häufige und verderbliche Empörungen zerrüttet. Britannien aber ging unwiederbringlich verloren. Da sich die Kaiser jedoch die Unabhängigkeit einer fernen Provinz weislich gefallen ließen, wurde die Trennung durch keinerlei Vorwürfe über Tyrannei oder Rebellion verbittert, und auf die Forderungen von Treue und Schutz folgten die gegenseitigen und freiwilligen guten Dienste nationaler Freundschaft.

Diese Umwälzung vernichtete das künstliche Gebäude der Zivil- und Militärregierung, und das unabhängige Land wurde vierzig Jahre hindurch (409 bis 449) bis zur Landung der Sachsen durch die Gewalt der Geistlichkeit, der Edlen und der Munizipalstädte beherrscht. I. Zosimus, der allein das Andenken dieser eigentümlichen Vorgänge bewahrt hat, verzeichnet genau, daß das Schreiben des Honorius an die Städte von Britannien gerichtet ist. Unter dem Schutze der Römer waren in den verschiedenen Teilen dieser großen Provinz zweiundneunzig beträchtliche Flecken, die wir sämtlich Städte nennen würden, entstanden, und unter diesen zeichneten sich dreiunddreißig eigentliche Städte durch ihre umfassenderen Vorrechte und ihre größere Wichtigkeit vor den übrigen aus. Jede dieser letzteren bildete, wie in allen Provinzen des Reiches, eine gesetzliche Gemeinde, die ihre inneren Verhältnisse ordnete, und die Gewalten der Munizipalregierung waren nach dem ursprünglichen Muster der römischen Verfassung zwischen einjährig amtierenden Obrigkeiten, einem gewählten Senat und der Volksversammlung geteilt. Die Verwaltung des Gemeindeeinkommens, die Handhabung der Zivil- und Kriminalgerichtsbarkeit und öffentliche Maßregeln und Befehle waren für diese kleinen Republiken wesentlich, und als sie ihre Unabhängigkeit in Anspruch nahmen, gesellte sich die Jugend der Stadt und Umgegend ganz natürlich der Fahne der Obrigkeit zu. Aber der Wunsch, die Vorteile des Staates zu erlangen und seinen Lasten zu entgehen, ist eine beständige und unerschöpfliche Quelle der Zwietracht: vernünftigerweise kann man daher nicht annehmen, daß die Wiederherstellung der britischen Freiheit von Tumulten und Parteiungen verschont gewesen sei. Der Vorrang der Geburt und des Reichtums muß durch kühne und volksbeliebte Bürger häufig verletzt worden sein, und die stolzen Großen, die klagten, sie wären die Untertanen ihrer eigenen Knechte geworden, mochten sich wohl zuweilen nach der Herrschaft eines unumschränkten Monarchen zurücksehnen. II. Die Herrschaft jeder Stadt über das umliegende Land wurde durch den Einfluß des Erbgrundbesitzes der ersten Senatoren gestützt, und die kleinen Städte, die Dörfer und die Grundeigentümer suchten für ihre Sicherheit zu sorgen, indem sie sich an diese aufkeimenden Republiken anlehnten. Die Größe ihrer Anziehungskraft stand im Verhältnis zu den verschiedenen Graden ihres Reichtums und ihrer Bevölkerung; die Erbherren großer Besitzungen jedoch, die durch die Nachbarschaft keiner mächtigen Stadt erdrückt wurden, strebten nach dem Range unabhängiger Fürsten und übten dreist in Krieg und Frieden eigene Kräfte aus. Die Gärten und Landhäuser, die eine schwache Nachahmung italienischer Eleganz zur Schau stellten, wurden bald in feste Schlösser verwandelt, die bei eintretender Gefahr den Bewohnern des umliegenden Landes als Zufluchtsort dienen konnten; der Ertrag des Landes wurde zum Ankaufe von Waffen und Pferden, zum Unterhalt einer Streitmacht von Sklaven, Bauern und freigelassenen Anhängern verwendet, und der Häuptling übte wohl innerhalb der Grenzen seines Gebietes die obrigkeitliche und richterliche Gewalt aus. Manche dieser britischen Häuptlinge mochten die echten Nachkommen alter Könige sein und noch mehrere der Versuchung nachgeben, eine so ehrenvolle Abstammung und mit ihr Erbrechte, die während der Gewaltherrschaft der Cäsaren aufgehoben waren, in Anspruch zu nehmen. Ihre Lage und Hoffnungen machten sie geneigt, Tracht, Sprache und Gebräuche ihrer Altvordern wieder aufzufrischen. Wenn so die Fürsten Britanniens in Barbarei zurücksanken, während die Städte sorgfältig die römischen Gesetze und Sitten bewahrten, mußte sich die ganze Insel allmählich in zwei große, scharfgetrennte Nationalparteien geteilt haben, die sich wieder als Folge verschiedenartigen Interesses und aus Gründen der Rache in tausend sich befehdende Abteilungen und Parteien spalteten. Die Kräfte des Landes, statt gegen einen auswärtigen Feind vereinigt zu sein, wurden in dunklen und inneren Feindseligkeiten aufgezehrt, und das persönliche Verdienst, das einen glücklichen Anführer an die Spitze seinesgleichen gestellt hatte,

178

konnte ihn in den Stand setzen, die Freiheit einiger benachbarter Städte zu unterdrükken und einen Rang unter den Tyrannen, von denen Britannien nach Auflösung der
römischen Regierung heimgesucht wurde, in Anspruch zu nehmen. III. Die britische
Kirche bestand aus etwa dreißig bis vierzig Bischöfen und entsprechender niederer
Geistlichkeit, und der Mangel an Reichtümern (denn sie scheinen arm gewesen zu
sein) mochte sie nötigen, die öffentliche Achtung durch ein anständiges und muster-
haftes Benehmen zu verdienen. Das Interesse sowie die Stimmung der Geistlichkeit
waren dem Frieden und der Einigkeit ihres zerrütteten Vaterlandes günstig; die dahin
zielenden heilsamen Lehren mochten durch öffentliche Predigten häufig eingeschärft
werden, und die bischöflichen Synoden waren die einzigen Versammlungen, die auf
das Gewicht und das Ansehen eines Nationalrates Anspruch machen konnten. In
diesen Versammlungen, bei denen die Fürsten und die Oberhäupter der Städte vermengt mit den Bischöfen saßen, wurden wohl die wichtigen Angelegenheiten des
Staates wie der Kirche frei erörtert, Zwistigkeiten ausgeglichen, Bündnisse geschlossen, Abgaben auferlegt, weise Beschlüsse häufig gefaßt und zuweilen ausgeführt, ja
man hat Ursache, zu vermuten, daß in Zeiten dringendster Gefahr ein Pendragon oder
Diktator durch allgemeine Zustimmung der Briten gewählt wurde. Diese des bischöflichen Charakters so würdige Hirtensorge wurde jedoch durch Fanatismus und Aberglauben unterbrochen, und die britische Geistlichkeit arbeitete unaufhörlich daran, die
pelagianische Ketzerei auszurotten, die sie als besondere Schmach ihres Vaterlandes
verachtete.

Es ist etwas merkwürdig, oder vielmehr, es ist äußerst natürlich, daß die Empörung
von Britannien und Armorika den gehorsamen Provinzen von Gallien einen Schein
von Freiheit gab. In einem feierlichen, mit wärmsten Zusicherungen väterlicher Liebe,
die Fürsten so oft im Munde führen und so selten im Herzen fühlen, angefüllten
Edikte verkündete der Kaiser Honorius seine Absicht, eine jährliche Versammlung der
sieben Provinzen zu berufen, unter welchem Namen insbesondere Aquitanien und das
alte Narbonnensis, die seit langer Zeit ihre keltische Roheit mit den nützlichen und
schönen Künsten Italiens vertauscht hatten, inbegriffen waren. Arles, der Sitz der
Regierung und des Handels, ward zum Orte der Versammlung (418) bestimmt, die
gewöhnlich achtundzwanzig Tage, vom fünfzehnten August bis zum dreizehnten September jedes Jahres, dauerte. Sie bestand aus dem prätorianischen Präfekten von Galli-
en, sieben Provinzialstatthaltern, einem Konsular und sechs Präsidenten, aus den Obrigkeiten und vielleicht auch aus dem Bischöfen von sechzig Städten und aus einer
angemessenen, obschon unbestimmten Anzahl der ehrenwertesten und vermögend-
sten Grundeigentümer, die mit Recht als die Vertreter ihres Vaterlandes angesehen
werden konnten. Sie hatten Vollmacht, die Gesetze ihres Souveräns auszulegen und
kundzumachen, die Beschwerden und Wünsche ihrer Abgeordneten darzulegen, den
ungleichen oder zu großen Druck der Steuern zu mäßigen und über jeden Gegenstand
von lokaler oder nationaler Wichtigkeit, der zur Wiederherstellung des Friedens und
Wohlstandes der sieben Provinzen führen konnte, zu beratschlagen. Wenn eine solche
Einrichtung, die dem Volke erlaubte, an seiner eigenen Regierung teilzunehmen, unter Trajan oder unter den Antoninen allgemein eingeführt worden wäre, so würde
vielleicht der Same der öffentlichen Weisheit und Tugend in dem Römischen Reich
gepflegt und fortgepflanzt worden sein. Die Rechte und Freiheiten der Untertanen
würden den Thron des Monarchen gesichert haben, die Mißbräuche einer willkürlichen Verwaltung durch das Dazwischentreten dieser repräsentativen Versammlungen
in einem beträchtlichen Grade verhindert oder abgestellt und das Vaterland gegen
auswärtige Feinde durch die Waffen eingeborener und freier Männer verteidigt worden sein. Unter dem milden und veredelnden Einfluß der Freiheit wäre das Römische
Reich unbezwinglich geblieben, oder wenn sich auch dessen übermäßige Größe und
die Wandelbarkeit der menschlichen Angelegenheiten einer ewigen Dauer entgegengestellt hätten, würden doch seine wesentlichen Lebensbestandteile ihre Kraft und
Unabhängigkeit getrennt beibehalten haben. Aber im Verfalle des Reiches, während
alles Leben und Gesundheit bereits erschöpft waren, vermochte die späte Anwendung

dieses halben Mittels weder wichtige noch heilsame Wirkungen hervorzubringen. Der Kaiser Honorius drückte sein Erstaunen darüber aus, daß er die widerstrebenden Provinzen zwingen müsse, Vorrechte anzunehmen, um die sie auf das feurigste hätten flehen sollen. Eine Geldbuße von drei, sogar von fünf Pfund Goldes wurde den ausbleibenden Vertretern auferlegt, die dieses scheinbare Geschenk einer freien Verfassung als die äußerste und grausamste Beleidigung von seiten ihrer Unterdrücker abgelehnt zu haben scheinen.

ACHTES KAPITEL

GESCHICHTE DES OSTRÖMISCHEN REICHES

Arcadius. Kaiser des Ostens. – Verwaltung und Ungnade des Eutropius. – Empörung Gainas. – Verfolgung des heiligen Johannes Chrysostomus. – Theodosius II., Kaiser des Ostens. – Seine Schwester Pulcheria. – Seine Gemahlin Eudoxia. – Krieg mit Persien und Teilung von Armenien

Die Teilung der römischen Welt zwischen den Söhnen des Theodosius begründet endgültig das orientalische Kaisertum, das von der Regierung des Arcadius (395 – 408) bis zur Einnahme von Konstantinopel durch die Türken (1453) eintausendundachtundfünfzig Jahre in einem frühreifen Zustande des dauernden Verfalls bestand. Der Souverän nahm den eitlen und zuletzt unberechtigten Titel eines Kaisers der Römer an, behielt denselben hartnäckig bei, und die erblichen Benennungen Cäsar und Augustus verkündeten immer, daß er der gesetzliche Nachfolger des ersten aller Menschen wäre, der über das erste aller Völker geherrscht hatte. Der Palast von Konstantinopel wetteiferte mit der Pracht von Persien, übertraf sie vielleicht, und die glühenden Reden des heiligen Chrysostomus verdammen zwar den Pomp und die Üppigkeit des Hofes des Arcadius, feiern denselben aber auch zugleich. „Der Kaiser", sagt er, „trägt auf dem Haupte entweder ein Diadem oder eine goldene Krone, geschmückt mit Edelsteinen von unschätzbarem Werte. Dieser Schmuck sowie der Purpur ist seiner geheiligten Person allein vorbehalten, und in seinen Gewändern aus Seide sind die Gestalten goldener Drachen eingestickt. Sein Thron ist von gediegenem Gold. So oft er öffentlich erscheint, ist er von seinen Höflingen, Leibwachen und Dienern umgeben. Ihre Schwerter, Schilde, Harnische, Zäune und Geschirre der Pferde sind entweder Gold oder schimmern wie dieses und der große glänzende Buckel in der Mitte ihres Schildes ist von kleineren umgeben, die das menschliche Auge darstellen. Die zwei Maultiere, die den Wagen des Monarchen ziehen, sind vollkommen weiß und strotzen von Gold. Der Wagen selbst aus reinem und gediegenem Gold fesselt die Bewunderung der Zuschauer, welche die Purpurvorhänge, den schneeweißen Teppich, die Größe der Edelsteine und die strahlenden Goldplatten betrachten, die blitzen, wenn sie durch die Bewegung des Wagens gleichfalls bewegt werden. Die Abbildungen der Kaiser sind weiß auf blauem Grunde; man sieht den Kaiser auf seinem Throne sitzen, seine Waffen, Pferde, Leibwachen um ihn, besiegte Feinde gefesselt zu seinen Füßen."
Die Nachfolger Konstantins schlugen ihren dauernden Wohnsitz in der kaiserlichen Stadt auf, die dieser an den Grenzscheiden zwischen Europa und Asien gegründet hatte. Unzugänglich für die Drohungen ihrer Feinde, vielleicht auch für die Klagen ihrer Untertanen, empfingen sie aus allen Gegenden die Erzeugnisse jeden Himmelsstriches als Zins, während die uneinnehmbare Stärke ihrer Hauptstadt Jahrhunderte hindurch den feindlichen Versuchen der Barbaren trotzte. Ihre Gebiete waren von dem Adriatischen Meer und dem Tigris begrenzt, und der ganze Raum, dessen Durchmessung einer 25tägigen Schiffahrt bedurfte und der die äußerste Kälte Skythiens von der glühenden Zone Äthiopiens trennte, lag innerhalb der Grenzen des Reiches des Ostens. Die volkreichen Länder dieses großen Staates waren der Sitz der Kunst und

Gelehrsamkeit, der Üppigkeit und des Reichtums, und die Bewohner, die Sprache und Sitten der Griechen angenommen hatten, nannten sich selbst mit einiger Berechtigung den aufgeklärtesten und gebildetsten Teil des menschlichen Geschlechtes. Die Form der Regierung war eine einfache Monarchie; die Bezeichnung römische Republik, die so lange eine schwache Überlieferung der Freiheit bewahrte, ward auf die lateinischen Provinzen beschränkt, und die Fürsten von Konstantinopel maßen ihre Größe nach dem knechtischen Gehorsam des Volkes. Sie wußten nicht, wie sehr diese passive Richtung des Charakters jede Seelenkraft schwächt und den Menschen herabwürdigt. Die Untertanen, die ihren Willen den unumschränkten Befehlen eines Herrn unterworfen hatten, wurden ebenso unfähig, ihr Leben und Vermögen gegen die Angriffe der Barbaren zu verteidigen, als ihre Vernunft vor den Schrecken des Aberglaubens zu schützen.

Die ersten Ereignisse der Regierung des Arcadius und Honorius sind so innig miteinander verbunden, daß die Empörung der Goten und der Sturz des Rufinus bereits ihren Platz in der Geschichte des Westens in Anspruch genommen haben. Es ist damals erwähnt worden, daß Eutropias, einer der vornehmsten Eunuchen des Palastes von Konstantinopel, dem hochmütigen Minister nachfolgte, dessen Verderben er vollendet hatte und dessen Laster er bald nachahmte. Alle Staatsbeamten beugten sich vor dem neuen Günstling, und ihre zahme und gefügige Unterwerfung munterte ihn auf, die Gesetze und, was noch schwieriger und gefährlicher ist, die Sitten seines Vaterlandes zu beschimpfen. Unter den schwächsten der Vorfahren des Arcadius war die Herrschaft der Eunuchen geheim und fast unsichtbar gewesen. Sie hatten sich zwar in das Vertrauen des Fürsten eingeschmeichelt, aber ihre scheinbare Tätigkeit beschränkte sich auf den geringen Dienst der Garderobe und des kaiserlichen Schlafgemaches. Sie mochten durch Einflüsterungen die öffentlichen Räte leiten oder durch ihre boshaften Vorschläge die Ehre und das Glück der erlauchtesten Bürger vernichten; niemals aber wagten sie es, sich an der Spitze des Reiches zu zeigen oder die öffentliche Würde des Staates zu beflecken. Eutropias war der erste seines künstlichen Geschlechtes, der sich erfrechte, sich den Charakter eines römischen Richters und Feldherrn anzumaßen. Zuweilen bestieg er in Anwesenheit des errötenden Senates das Tribunal, um Urteile zu fällen oder ausgearbeitete Reden zu halten, und zuweilen erschien er zu Pferde an der Spitze der Truppen, in Tracht und Rüstung eines Helden. Rücksichtslosigkeit auf Sitte und Anstand verrät stets einen schwachen und untergeordneten Geist; auch scheint Eutropius keineswegs für die Verrücktheit seiner Pläne durch überlegene Fähigkeit oder Geschicklichkeit in deren Ausführung Ersatz geleistet zu haben. Seine frühere Lebensart hatte ihn weder mit dem Studium der Gesetze, noch mit den Übungen im Felde vertraut gemacht; seine linkischen und erfolglosen Versuche erregten die geheime Verachtung der Zuschauer, die Goten drückten den Wunsch aus, daß stets ein solcher Feldherr die Armeen Roms befehligen möge, und der Name des Ministers wurde durch Lächerlichkeit, die für einen öffentlichen Stand viel gefährlicher als Haß ist, gebrandmarkt. Die Untertanen des Arcadius ergrimmten, wenn sie sich erinnerten, daß dieser mißgestaltete und abgelebte Eunuch, der so verkehrt das Tun der Männer nachäffte, in dem verworfensten Zustande der Sklaverei geboren war; daß er, bevor er in den kaiserlichen Palast gekommen, von hundert Gebietern nacheinander gekauft und verkauft worden sei, die seine Jugendkraft in jedem niedrigen und schändlichen Dienste erschöpft und ihn endlich in seinem Alter zu Freiheit und Armut entlassen hatten. Während diese entehrenden Geschichten in geheimen Gesprächen umliefen und vielleicht Übertreibung erfuhren, wurde der Eitelkeit des Günstlings durch die außerordentlichsten Ehren geschmeichelt. Im Senat, in der Hauptstadt, in den Provinzen wurden die Standbilder des Eutropius in Erz und Marmor aufgestellt, mit den Abzeichen seiner bürgerlichen und kriegerischen Eigenschaften geziert, beschrieben mit dem hochtrabenden Titel des dritten Gründers von Konstantinopel. Er wurde zum Range eines Patriziers befördert, was in der Volks-, ja selbst der Gesetzessprache Vater des Kaisers zu bedeuten begann, und das letzte Jahr des vierten Jahrhunderts wurde durch das Konsulat eines Eunuchen und eines Sklaven befleckt. Eine so außerordentliche und unsühnbare Ungeheuerlichkeit weckte jedoch die Vorurteile der Römer. Der entmannte Konsul wurde von dem Westen als ein unauslöschlicher Flecken in den Annalen der Republik verworfen, und ohne die Schatten des Brutus und Camillus anzurufen, vertrat der Amtsgenosse des Eutropius, ein gelehrter und achtbarer Richter, hinreichend die verschiedenen Maximen der beiden Regierungen.

Die dreiste und robuste Seele des Rufinus scheint von einem blutdürstigeren und rachsüchtigeren Geiste beherrscht worden zu sein, aber die Habsucht des Eunuchen war nicht minder unersättlich als jene des Präfekten. So lange Eutropius jene Unterdrücker, die sich durch Aussaugung des Volkes bereichert hatten, ausplünderte, konnte er seinen Hang zum Geize ohne große Gehässigkeit und Ungerechtigkeit befriedigen: aber die Fortschritte seines Raubsystems griffen bald nach solchem Reichtum, der durch gesetzliche Erbschaft oder löblichen Fleiß erworben worden war. Die gewöhnlichen Methoden der Erpressung wurden in Anwendung gebracht und vervollkommnet, und Claudian hat eine lebendige und eigentümliche Schilderung von der öffentlichen Versteigerung des Staates entworfen. „Das männliche Unvermögen des Eunuchen", sagt dieser sympathische Satiriker, „hat nur zur Steigerung seiner Habsucht beigetragen; dieselbe Hand, die sich während der Sklavenzeit in kleinen Diebstählen, im Aufbrechen der Koffer seines Herrn übte, greift nun nach den Reichtümern der Welt, und dieser schändliche Mäkler des Reiches schätzt und verteilt die römischen Provinzen vom Hämusigebirge bis zum Tigris. Der eine wird durch Opferung seiner Villa zum Prokonsul von Asien gemacht, ein anderer kauft Syrien um die Juwelen seines Weibes, und ein dritter klagt, daß er sein väterliches Erbgut für die Statthalterschaft von Bithynien hingegeben habe. Im Wohngemach des Eunuchen ist eine große Tafel, welche die Preise der Provinzen zeigt, zur öffentlichen Schau ausgestellt. Der verschiedene Wert von Pontus, von Galatien, von Lydien ist genau angegeben. Lycien kann man für so und so viele tausend Goldstücke erhalten, das reiche Phrygien jedoch kostet eine beträchtlichere Summe. Der Eunuch will durch allgemeine Schmach seine persönliche Schande auslöschen, und da er selbst verkauft worden ist, gelüstet es ihn nun, das ganze übrige Menschengeschlecht zu verkaufen. In dem gierigen Kampfe schwankt das Zünglein der Waage, auf der Schicksal und Habe der Provinzen liegen, häufig, und solange sich nicht eine der Schalen mit der schwereren Last senkt, bleibt auch das Gemüt des unparteiischen Richters in angstvoller Spannung. Das", fährt der entrüstete Dichter fort, „sind die Früchte römischer Tapferkeit, die Früchte der Niederlage des Antiochus und der Triumph des Pompejus!" Diese Schändung der öffentlichen Würden sicherte die Straflosigkeit künftiger Verbrecher; die Reichtümer jedoch, die Eutropius der Konfiskation verdankte, waren bereits mit Ungerechtigkeit bedeckt, weil es Pflicht war, die Besitzer des Vermögens, das er einzuziehen wünschte, anzuklagen und zu verurteilen. Edles Blut wurde durch die Hand des Henkers vergossen und die unwirtlichsten Gegenden des Reichs mit unschuldigen und edlen Verbannten gefüllt. Von den Feldherren und Konsuln des Ostens hatte Abundantius Ursache, die ersten Wirkungen des Grolles des Eutropius zu fürchten. Er hatte sich des unverzeihlichen Verbrechens schuldig gemacht, den verworfenen Sklaven in den Palast von Konstantinopel eingeführt zu haben, und man muß einem mächtigen und undankbaren Günstlinge ein wenig Lob dafür zugestehen, daß er sich damit begnügte, seinen Wohltäter in Ungnade fallen zu lassen. Abundantius wurde durch ein kaiserliches Reskript seines großen Vermögens beraubt und nach Pityus am Schwarzen Meer, der äußersten Grenze der römischen Welt, verbannt, wo er von dem wandelbaren Mitleid der Barbaren lebte, bis er nach dem Fall des Eutropius die mildere Verbannung nach Sidon in Phönizien erlangte. Der Sturz des Timasius erforderte eine ernstere und regelmäßigere Angriffsweise. Dieser Großwürdenträger, Oberbefehlshaber der Heere des Theodosius, hatte seine Tapferkeit durch einen entscheidenden Sieg bewiesen, den er in Thessalien über die Goten errang; aber nach dem Beispiele seines Souveräns war er nur zu geneigt, in der Üppigkeit des Friedens zu schwelgen und sein Vertrauen an nichtswürdige und hinterlistige Schmeichler wegzuwerfen. Timasius hatte das öffentliche Geschrei verachtet, als er einen schändlichen Untergebenen zum Befehlshaber einer Kohorte machte, und er verdiente, die Undankbarkeit des Bargus zu fühlen, der von dem Günstling insgeheim angestiftet wurde, seinen Beschützer einer hochverräterischen Verschwörung anzuklagen. Der Feldherr wurde vor das Tribunal des Arcadius selbst gestellt, und der erste Eunuch stand an der Seite des Thrones, um seinem Souverän Fragen und Antworten zuzuflüstern. Da jedoch diese Form des gerichtlichen Verfahrens für parteiisch und willkürlich angesehen werden konnte, wurde die weitere Untersuchung der Verbrechen des Timasius dem Saturninus und Procopius übertragen; jener ein Mann konsulanischen Ranges, letzterer noch immer als Schwiegervater des Kaisers Valens geehrt. Der Anschein eines offenen und gesetzlichen Verfahrens wurde von der einfältigen Ehrenhaftigkeit des Procopius beibehalten, und nur mit Widerstreben gab er der geschmeidigen Fügsamkeit seines Kollegen nach, der ein Verdammungsurteil gegen den unglücklichen Timasius fällte. Die unermeßlichen Reichtümer des letzteren wurden im Namen des Kaisers und zum Nutzen seines Günstlings eingezogen, und er selbst zu ewiger Verbannung nach der Großen Oase, einem abgelegenen Fleck inmitten der Sandwüsten von Libyen, verdammt. Von allem Verkehr mit dem übrigen Menschengeschlechte ausgeschlossen, war der Oberbefehlshaber der römischen Heere für immer für die Welt verloren; die Umstände, unter denen er den Tod fand, werden auf eine verschiedene und widersprechende Weise erzählt. Es wird angedeutet, daß Eutropius einen geheimen Befehl zu seiner geheimen Hinrichtung ausfertigte. Es heißt, daß er bei dem Versuche, aus der Oase zu entfliehen, in der Wüste vor Durst und Hunger umkam und daß seine Leiche in dem Sande Libyens gefunden worden sei. Es ist aber mit mehr Zuversicht behauptet worden, daß sein Sohn Syagrius der Verfolgung der Diener und Sendlinge des Hofes zu entgehen wußte, eine Bande afrikanischer Räuber sammelte, Timasius von dem Platze seiner Verbannung befreite und daß sowohl Vater als Sohn der Kunde des Menschengeschlechtes bald entschwanden. Statt daß man jedoch den undankbaren Bargus im Besitze des Lohnes seiner Schlechtigkeit ließ, wurde er bald nachher durch die überlegene Schurkerei des Ministers selbst, der Einsicht und Geist genug besaß, um das Werkzeug seiner eigenen Verbrechen zu verachten, umgarnt und vernichtet.

Der öffentliche Haß und die Verzweiflung einzelner bedrohten beständig, oder schienen dies zu tun, sowohl die persönliche Sicherheit des Eutropius als jene der zahlreichen Anhänger, die an sein Schicksal gekettet und durch seine käufliche Gunst befördert worden waren. Zu ihrer wechselseitigen Sicherung ersann er ein Gesetz (4. Sept. 397), das jeden Grundsatz der Menschlichkeit und Gerechtigkeit verletzte. I. Im Namen und durch die Herrschaft des Arcadius wird festgesetzt, daß alle diejenigen, die sich, sei es mit Untertanen oder mit Ausländern, gegen das Leben irgendeiner der Personen, die der Kaiser als Stück seines eigenen Leibes betrachtet, verschwören würden, mit Tod und Güterentziehung bestraft werden sollen. Diese Art von fingiertem und bildlichem Hochverrate wird zum Schutze nicht nur aller erlauchten Würdenträger des Staates und Heeres, die in das geheiligte Konsistorium Zutritt haben, sondern in gleicher Weise auch auf die vornehmsten Beamten des Palastes, die Senatoren von Konstantinopel, die militärischen Befehlshaber und Zivilobrigkeiten der Provinzen ausgedehnt; eine große und unbestimmte Liste, die unter Konstantins Nachfolgern einen schlechten und zahlreichen Troß untergeordneter Diener in sich schloß. II. Die äußerste Strenge würde sich vielleicht haben rechtfertigen lassen, wenn sie bloß dahin gezielt hätte, die Stellvertreter des Souveräns gegen jede wirkliche Gewalttat bei Ausübung ihres Amtes zu schützen. Aber die ganze Schar der kaiserlichen Anhänger nahm ein Vorrecht oder vielmehr eine Straflosigkeit in Anspruch, welche sie in den lockersten Augenblicken ihres Lebens gegen den übereilten, vielleicht aber gerechten Groll ihrer Mitbürger schützte; und durch eine seltsame Verkehrung der Gesetze wurde derselbe Grad von Schuld und Strafe auf einen privaten Streit angewendet wie auf eine überlegte Verschwörung gegen Kaiser und Reich. Das Edikt des Arcadius erklärt auf das Bestimmteste und Widersinnigste, daß in solchen Fällen des Hochverrates Gedanken und Handlungen mit gleicher Strenge bestraft werden sollen; daß das Wissen um eine böse Absicht, außer dieselbe werde unverzüglich angezeigt, dasselbe

Verbrechen sei wie die Absicht selbst und daß jene verwegenen Menschen, die sich erkühnen würden, um Begnadigung von Hochverrätern zu flehen, selbst mit öffentlicher und unauslöschlicher Ehrlosigkeit gebrandmarkt sein sollten. III. „Was die Söhne der Verräter betrifft", fährt der Kaiser fort, „sollten sie zwar die Strafe ihrer Eltern teilen, weil sie wahrscheinlich deren Vergehen nachahmen werden; aus besonderer kaiserlicher Milde schenken wir ihnen jedoch ihr Leben, erklären sie aber zu gleicher Zeit für unfähig, zu erben, sei es von Vater- oder Mutterseite, oder irgendein Geschenk oder Vermächtnis zu empfangen, durch das Testament von Verwandten oder Fremden. Mit erblicher Ehrlosigkeit gebrandmarkt, ausgeschlossen von jeder Hoffnung auf Ehre und Vermögen, sollen sie die Qualen der Verachtung tragen, bis sie das Leben als Unglück, den Tod als Trost und Erlösung betrachten." In solchen Worten, die wie berechnet waren, das allgemeine Menschengefühl zu verletzen, zollte der Kaiser, oder vielmehr sein Lieblingseunuch, einem Gesetze Beifall, das die ungerechtesten und unmenschlichsten Strafen auf die Kinder aller derjenigen häufte, welche die fingierten Verschwörungen unterstützt oder sie nicht angezeigt hatten. Man hat einige der edelsten Einrichtungen der römischen Rechtspflege aufgehoben: dieses Edikt aber, ein bequemes und kräftiges Werkzeug des Theodosius und Justinian, aufgenommen, und gleiche Maximen sind in späterer Zeit zum Schutze der Kurfürsten von Deutschland und der Kardinäle der römischen Kirche wieder eingeführt worden.

Dennoch waren diese blutdürstigen Gesetze, die unter einem schwachen und entmutigten Volke Schrecken verbreiteten, von zu schwachem Gewebe, um die kühne Unternehmung Tribigilds, des Ostgoten, zu hemmen. Die Kolonie dieses kriegerischen Volkes, die von Theodosius in einen der fruchtbarsten Bezirke von Phrygien versetzt worden war, verglich voll Ungeduld den geringen Ertrag anstrengender Landwirtschaft mit der Beute des glücklichen Raubkrieges Alarichs, und ihr Anführer grollte über seine ungnädige Aufnahme im Palast von Konstantinopel als über eine persönliche Beschimpfung. Eine weibische und reiche Provinz im Herzen des Reiches ward plötzlich durch Kriegslärm aufgeschreckt (399), und der treue Vasall, der geringgeschätzt und unterdrückt worden war, wurde wieder geehrt, sobald er den feindlichen Charakter eines Barbaren angenommen hatte. Die Weinberge und fruchtbaren Gefilde zwischen dem reißenden Marsyas und dem gewundenen Mäander wurden vom Feuer verheert; die verfallenen Mauern der Städte versanken beim ersten Angriff des Feindes in Staub; die bebenden Einwohner flohen aus einem blutigen Gemetzel nach den Gestaden des Hellespont, und ein beträchtlicher Teil von Kleinasien ward durch die Empörung Tribigilds verwüstet. Seinen schnellen Fortschritten tat der Widerstand der Bauern von Pamphylien Einhalt, und die Ostgoten, in dem Engpaß zwischen der Stadt Selgä, einem tiefen Sumpf und den Felsenriffen des Taurusgebirges angegriffen, erlitten eine Niederlage, in der sie ihre tapfersten Truppen verloren. Aber der Mut ihres Anführers wurde durch das Unglück nicht gebrochen und sein Heer fortwährend durch Schwärme von Barbaren und Geächteten ergänzt, welche das Räuberhandwerk unter dem ehrenvolleren Namen Krieg und Eroberung zu treiben wünschten. Die Gerüchte von Tribigilds Erfolgen mochten einige Zeit hindurch von Furcht unterdrückt oder von Schmeichelei verschleiert werden, setzten aber allmählich den Hof und die Hauptstadt in Bestürzung. Jeder Unfall wurde durch dunkle und zweifelhafte Gerüchte übertrieben, und die künftigen Pläne der Rebellen bildeten den Gegenstand angstvoller Vermutung. Sooft Tribigild tiefer in das Binnenland vordrang, waren die Römer zu glauben geneigt, er beabsichtige über den Taurus zu gehen und in Syrien einzubrechen. Rückte der gotische Häuptling dagegen nach der See vor, so schrieben sie ihm die gefährliche Absicht zu, in den ionischen Häfen eine Flotte auszurüsten und seine Verheerungen längs der Seeküste von den Mündungen des Nil bis zum Hafen von Konstantinopel ausdehnen zu wollen, ja machten ihn vielleicht darauf aufmerksam. Die drohende Annäherung der Gefahr und Tribigilds Hartnäckigkeit, womit er alle Vergleichsvorschläge verwarf, nötigten Eutropius, einen Kriegsrat zu berufen. Nachdem der Eunuch für sich selbst das Vorrecht eines Veteranen in Anspruch genommen hatte, vertraute er die Bewachung Thrakiens und des Hellespontes dem

Goten Gainas, den Befehl über das Heer in Asien aber seinem Günstlinge Leo an, zwei Feldherren, die auf verschiedene, aber ausgiebige Weise die Sache der Rebellen förderten. Leo, wegen des Umfanges seines Körpers und der Stumpfheit seines Geistes der Ajax des Ostens genannt, hatte sein ursprüngliches Gewerbe eines Wollkämmerers verlassen, um mit viel weniger Geschicklichkeit und Erfolg das Kriegshandwerk auszuüben, und seine unsicheren Operationen wurden in Unkenntnis der wahren Schwierigkeiten und mit furchtsamer Vernachlässigung jeder günstigen Gelegenheit eigensinnig entworfen und ausgeführt. Die Unbesonnenheit der Ostgoten hatte sie in eine mißliche Stellung zwischen den Flüssen Melas und Eurymedon gebracht, wo sie von den Bauern von Pamphylien fast belagert wurden: die Ankunft des kaiserlichen Heeres aber, statt ihre Vernichtung zu vollenden, gab ihnen Mittel zur Rettung und zum Sieg. Tribigild überrumpelte in der Dunkelheit der Nacht das unbewachte Lager der Römer, verführte die Treue des größten Teiles der barbarischen Hilfsvölker und sprengte ohne viele Mühe die Truppen auseinander, die durch die Erschlaffung der Heereszucht und die Üppigkeit der Hauptstadt verderbt worden waren. Die Unzufriedenheit des Gainas, der die Ermordung des Rufinus mit solcher Kühnheit geplant hatte, wurde durch das Glück seines unwürdigen Nachfolgers gesteigert; er klagte seine eigene entehrende Geduld unter der Knechtsherrschaft eines Eunuchen an, und der ehrgeizige Gote wurde wenigstens der öffentlichen Meinung nach überführt, die Empörung Tribigilds, mit dem er sowohl durch Verwandtschaft als durch Nationalität verbunden war, insgeheim begünstigt zu haben. Als Gainas über den Hellespont ging, um unter seiner Fahne die Überreste der asiatischen Truppen zu vereinigen, paßte er seine Bewegungen geschickt den Wünschen der Ostgoten an, gab durch seinen Rückzug den Landstrich preis, den sie zu überziehen wünschten, oder erleichterte durch seine Annäherung die Heeresflucht der barbarischen Hilfstruppen. Dem kaiserlichen Hof gegenüber vergrößerte er wiederholt die Tapferkeit, Talente und unerschöpflichen Hilfsquellen Tribigilds, gestand seine eigene Unfähigkeit, den Krieg fortzusetzen, ein und erzwang die Erlaubnis, mit seinem unüberwindlichen Gegner zu unterhandeln. Die Friedensbedingungen wurden von dem stolzen Rebellen vorgeschrieben, und die entscheidende Forderung des Kopfes des Eutropius zeigte Urheber und Zweck dieser feindlichen Verschwörung.

Der kühne Satiriker, der seinem Unwillen durch den parteiischen und leidenschaftlichen Tadel der christlichen Kaiser Luft gemacht hat, verletzt mehr die Würde als die Wahrheit der Geschichte, indem er den Sohn des Theodosius mit einem jener harmlosen und einfältigen Tiere vergleicht, die kaum fühlen, daß sie das Eigentum ihres Hirten sind. Zwei Leidenschaften indessen, Furcht und eheliche Liebe, rüttelten die matte Seele des Arcadius auf; die Drohungen eines siegreichen Barbaren erschreckten ihn und er gab der beredten Zärtlichkeit seiner Gattin Eudoxia nach, die unter einem Strom künstlicher Tränen ihre unmündigen Kinder dem Vater darreichte und ihn um Bestrafung eines wirklichen oder eingebildeten Schimpfes anflehte, den ihr der verwegene Eunuch angetan haben sollte. Der Kaiser wurde veranlaßt, die Verdammung des Eutropius (399) zu unterzeichnen; der magische Bann, der vier Jahre hindurch den Fürsten und das Volk gefesselt hatte, war im Augenblicke gelöst, und der Jubel, der noch vor so kurzer Zeit dem Verdienste und Glück des Günstlings zuteil geworden war, verwandelte sich in ungestümes Geschrei der Soldaten und des Volkes, in Vorwürfe über seine Verbrechen, in stürmisches Drängen auf seine unverzügliche Hinrichtung. In dieser Stunde der Not und Gefahr blieb das Heiligtum der Kirche, deren Rechte er kluger- oder ruchloserweise zu beschränken gesucht hatte, seine einzige Zuflucht, und der beredteste aller Heiligen, Johannes Chrysostomus, feierte den Triumph, einen gefallenen Minister, dessen Wahl ihm auf den erzbischöflichen Thron von Konstantinopel geholfen hatte, zu beschützen. Der Erzbischof bestieg die Kanzel der Kathedrale, um von einer zahllosen Menge jedes Geschlechtes und Alters deutlich gesehen und gehört zu werden, und hielt eine passende und ergreifende Rede über die Verzeihung von Verbrechen und die Unbeständigkeit der menschlichen Größe. Die Todesangst des bleichen und bebenden Eutropius, der voll namenlosen Entsetzens unter dem Altartische kauerte, bot ein feierliches und lehrreiches Schauspiel dar, und der Redner, der später beschuldigt wurde, er habe dem Unglücke des Eutropius Hohn gesprochen, suchte die Verachtung des Volkes rege zu machen, nur um dessen Wut zu besänftigen. Die Macht der Menschlichkeit, des Aberglaubens und der Beredsamkeit trug den Sieg davon. Die Kaiserin Eudoxia wurde durch ihre eigenen oder die Vorurteile des Volkes abgehalten, das Heiligtum der Kirche zu verletzen, und Eutropius ließ sich durch die milden Künste der Überredung und durch einen Eid, daß seines Lebens geschont werden solle, verleiten, zu kapitulieren. Unbekümmert um die Würde ihres Souveräns verkündeten die neuen Minister des Palastes unmittelbar darauf ein Edikt, worin sie erklärten, daß sein gewesener Günstling die Namen Konsul und Patrizier geschändet habe, seine Standbilder niederzureißen, sein Vermögen einzuziehen befahlen und ihn selbst zu ewiger Verbannung auf die Insel Zypern verdammten. Ein verächtlicher und abgelebter Eunuch konnte die Besorgnisse seiner Feinde nicht länger erregen, und ebensowenig war er imstande, was noch blieb, zu genießen, den Trost des Friedens, der Einsamkeit und eines glücklichen Klimas. Aber ihre unversöhnliche Rache neidete ihm die letzten Augenblicke eines erbärmlichen Lebens, und kaum hatte Eutropius die Gestade von Zypern betreten, so wurde er eilig wieder zurückgerufen. Die nichtige Hoffnung, durch eine Ortsveränderung dem Zwang eines Eides zu entgehen, veranlaßte die Kaiserin, den Schauplatz seines Prozesses und seiner Hinrichtung von Konstantinopel nach der Vorstadt Chalcedon zu verlegen. Der Konsul Aurelian fällte das Urteil, dessen Beweggründe die Rechtspflege einer despotischen Regierung charakterisieren. Die Verbrechen, die Eutropius gegen das Volk begangen, hätten seine Hinrichtung rechtfertigen können, er wurde jedoch für schuldig erkannt, seinem Wagen die geheiligten Tiere vorgespannt zu haben, die ihrer Zucht oder Farbe wegen dem Gebrauche des Kaisers allein vorbehalten waren.

Während diese innere Umwälzung vor sich ging, brach Gainas öffentlich die Treue, vereinte zu Tyatira in Lydien seine Streitkräfte mit jenen Tribigilds und bewahrte dauernd seinen überwiegenden Einfluß auf den rebellischen Anführer der Ostgoten. Die verbündeten Heere rückten ohne Widerstand bis zur Meerenge des Hellespont und an den Bosporus vor, und man wies Arcadius an, dem Verlust seiner Besitzungen in Asien dadurch zuvorzukommen, daß er seine Macht und seine Person dem guten Glauben der Barbaren anvertraute. Die Kirche der heiligen Märtyrerin Euphemia, auf einer beherrschenden Höhe in der Nähe von Chalcedon gelegen, wurde zum Platze der Zusammenkunft ausersehen. Gainas beugte sich ehrfurchtsvoll zu den Füßen des Kaisers, während er die Aufopferung Aurelians und Saturnins forderte, zweier Minister von konsularischem Range, deren Hälse von den hochmütigen Rebellen dem Schwerte zugedacht wurden, bis er sich herabließ, ihnen ungesicherte und schimpfliche Begnadigung zu gewähren. Die Goten wurden gemäß der Vertragsbedingungen unverzüglich aus Asien nach Europa übergesetzt, und ihr siegreicher Häuptling, der den Titel eines Oberbefehlshabers der römischen Heere annahm, füllte bald Konstantinopel mit seinen Truppen und verteilte die Würden und Belohnungen des Reiches unter seine Anhänger. Gainas war in seiner frühen Jugend als Flehender und Flüchtling über die Donau gegangen; seine Erhebung war das Werk der Tapferkeit und des Glückes gewesen, und sein unkluges oder treuloses Benehmen wurde die Ursache seines schnellen Sturzes. Trotz des kräftigen Widerstandes des Erzbischofs forderte er mit Ungestüm für seine arianischen Sektierer den Besitz einer eigenen Kirche, und der Stolz der Katholiken ward durch die öffentliche Duldung der Ketzerei beleidigt. Jeder Stadtteil von Konstantinopel widerhallte von Tumult und Unordnung, und die Barbaren betrachteten mit solcher Gier die reichen Buden der Juweliere und die mit Gold und Silber bedeckten Tische der Wechsler, daß man es für klug hielt, diese gefährlichen Versuchungen ihrem Anblick zu entziehen. Sie grollten ob der beleidigenden Vorsicht, und während der Nacht (20. Juli 400) geschahen einige beunruhigende Versuche, den kaiserlichen Palast anzugreifen und in Brand zu stecken. In diesem Zustand gegenseitiger und argwöhnischer Feindschaft schlossen Besatzung und Volk von Konstantinopel die Tore und griffen zu den Waffen, um die Verschwörung der Goten am vollen Ausbruch zu hindern oder zu bestrafen. Während der Abwesenheit des Gainas wurden seine Truppen überrumpelt, erdrückt und in dem Gemetzel siebentausend Barbaren erschlagen. In der Wut der Verfolgung deckten die Katholiken das Dach der Kirche oder des Bethauses, darin sich die Arianer geflüchtet hatten, ab und fuhren fort, flammende Holzpflöcke auf ihre Gegner zu stürzen, bis sie dieselben überwältigt hatten. Gainas war entweder unschuldig an dem Anschlag oder zu voll von dem Vertrauen auf sein Glück und staunte über die Nachricht, daß die Blüte seines Heeres unrühmlich vernichtet, er selbst zum öffentlichen Feind erklärt worden sei und daß sein Landsmann Fravitta, ein treuer und tapferer Bundesgenosse, die Führung des Krieges zu Lande und zu Wasser übernommen hätte. Den Unternehmungen des Rebellen gegen die Städte Thrakiens setzte eine feste und wohlgeordnete Verteidigung Grenzen; seine hungernden Soldaten waren bald gezwungen, das Gras zu verzehren, das am Rande der Festungswerke wuchs, und Gainas, der sich umsonst nach dem Reichtum und der Üppigkeit von Asien sehnte, griff zu dem verzweifelten Entschluß, den Übergang über den Hellespont zu erzwingen. Es fehlte ihm an Schiffen, aber die Wälder von Chersoneses lieferten die Materialien zu Flößen, und seine unerschrockenen Barbaren nahmen keinen Anstand, sich den Wellen anzuvertrauen (23. Dezember). Fravitta hatte jedoch ein aufmerksames Auge auf die Fortschritte ihres Unternehmens. Sobald sie die Mitte der Flut erreicht hatten, fuhren die römischen Galeeren, von der vollen Wirkung der Ruder, der Strömung und eines günstigen Windes angetrieben, in dichter Ordnung und mit unwiderstehlicher Gewalt daher, und der Hellespont ward mit den Trümmern der gotischen Schiffe bedeckt. Nach der Vernichtung seiner Hoffnungen und dem Verlust so vieler Tausende seiner tapfersten Krieger beschloß Gainas, der nun nicht länger danach geizen konnte, die Römer zu regieren oder zu unterwerfen, wieder zur Unabhängigkeit eines wilden Wanderlebens zu greifen. Eine leichte und behende Schar reitender Barbaren, des Fußvolks und Gepäcks ledig, konnte in acht bis zehn Tagen einen Marsch von dreihundert Meilen, von dem Hellespont bis zur Donau, zurückzulegen; die Besatzungen dieser wichtigen Grenze waren allmählich bis auf nichts herabgesunken; der Fluß mußte im Dezember tief gefroren sein, und die grenzenlosen Flächen Skythiens taten sich dem Ehrgeiz des Gainas auf. Dieser Plan wurde insgeheim den Nationaltruppen, die sich dem Schicksal ihres Anführers geweiht hatten, mitgeteilt und, bevor das Zeichen zum Aufbruch gegeben ward, eine große Anzahl der Hilfsvölker aus den Provinzen, die man der Anhänglichkeit an ihr Vaterland beargwohnte, treuloserweise niedergemetzelt. Die Goten rückten in Eilmärschen durch die Ebenen Thrakiens, wurden aber bald von der Furcht vor Verfolgung durch die Eitelkeit des Fravitta befreit, der, statt den Krieg zu beenden, enteilte, um den Beifall des Volkes zu genießen und die friedlichen Ehren des Konsulats zu empfangen. Aber ein furchtbarer Bundesgenosse erschien unter Waffen, um die Majestät des Reiches zu rächen und die Freiheit und den Frieden von Skythien zu bewahren. Die überlegenen Streitkräfte des Königs der Hunnen, Uldin, stellten sich den Fortschritten des Gainas entgegen; ein feindliches und ruiniertes Land wehrte den Rückzug, er verschmähte, zu kapitulieren, und nachdem er wiederholt versucht hatte, sich durch die Linien des Feindes zu schlagen, wurde er mit seinen verzweifelten Anhängern auf dem Schlachtfeld getötet. Elf Tage nach dem Seesieg auf dem Hellespont ward das Haupt des Gainas, das unschätzbare Geschenk seines Überwinders, zu Konstantinopel mit den lebhaftesten Ausdrücken der Dankbarkeit empfangen und die öffentliche Befreiung durch Feste und Beleuchtungen gefeiert. Die Triumphe des Arcadius wurden in epischen Gedichten gepriesen, und der durch keine Feindesschrecken länger gemarterte Monarch unterwarf sich der milden und unumschränkten Herrschaft seiner Gattin, der schönen und schlauen Eudoxia, die ihren Ruhm durch die Verfolgung des heiligen Johannes Chrysostomus befleckt hat.

Nach dem Tod des trägen Nectarius, des Nachfolgers Gregors von Nazianz, wurde die Kirche von Konstantinopel durch den Ehrgeiz eifersüchtiger Kandidaten zerrüttet, die sich nicht schämten, sich durch Geld und Schmeichelei um die Stimme des Volkes oder des Günstlings zu bewerben. Bei dieser Gelegenheit scheint Eutropius jedoch von seinen gewöhnlichen Maximen abgegangen und sein unverderbtes Urteil nur durch das höhere Verdienst eines Fremdlings bestimmt worden zu sein. Bei einer kurz zuvor unternommenen Reise durch den Osten hatte er die Predigten Johannes', eines Eingeborenen und Priesters von Antiochia, bewundert, der durch das Beiwort Chrysostomus oder Goldmund ausgezeichnet wurde. Ein geheimer Befehl ging an den Statthalter von Syrien ab, und da das Volk vielleicht seinen Lieblingsprediger nicht hätte missen wollen, ward er in einem Postwagen mit Schnelligkeit und geheim nach Konstantinopel befördert. Der einstimmige und ungesuchte Beifall des Hofes, der Geistlichkeit und des Volkes billigte die Wahl des Ministers (398), und der neue Erzbischof übertraf die gespannten Erwartungen des Publikums ebenso als frommer Mann wie als großer Redner. Aus einer edlen und reichen Familie der Hauptstadt Syriens stammend und auch dort geboren, ward er unter der Obsorge einer zärtlichen Mutter unter der Anleitung der geschicktesten Lehrer erzogen. Er studierte die Rednerkunst in Libanius' Schule, und dieser berühmte Sophist, der die Talente seines Zöglings bald erkannte, gestand freimütig, daß Johannes verdient haben würde, sein Nachfolger zu werden, wenn ihn die Christen nicht bereits weggestohlen hätten. Seine Frömmigkeit erregte binnen kurzer Zeit in ihm die Neigung, das Sakrament der Taufe zu empfangen, den einträglichen und ehrenvollen Beruf der Rechtsgelehrsamkeit zu verlassen und sich in der benachbarten Wüste zu vergraben, wo er die fleischlichen Lüste durch sechsjährige strenge Bußübungen unterjochte. Seine schwächliche Gesundheit nötigte ihn, in die Gesellschaft der Menschen zurückzukehren, und der Einfluß des Meletius weihte seine Talente dem Dienste der Kirche: aber inmitten seiner Familie, wie später auf dem erzbischöflichen Thron, fuhr Chrysostomus fort, der Ausübung der mönchischen Tugenden getreu zu bleiben. Das große Einkommen, das seine Vorgänger in Pracht und Üppigkeit verschwelgt hatten, wandte er emsig für die Errichtung von Hospitälern an, und die zahlreichen Armen, die durch seine christliche Milde unterstützt wurden, zogen die beredten und erbauenden Vorträge ihres Erzbischofs den Vergnügungen des Theaters oder des Zirkus vor. Die Denkmäler seiner Beredsamkeit, die beinahe zwanzig Jahre zu Antiochia und Konstantinopel bewundert wurden, sind sorgfältig aufbewahrt worden, und nahe an tausend Reden oder Homilien haben die Kritiker der späteren Zeiten in den Stand gesetzt, das wahre Verdienst des Chrysostomus zu würdigen. Sie gestehen dem christlichen Redner einstimmig die freie Beherrschung einer schönen und reichen Sprache, die Geschicklichkeit, die Vorteile zu verbergen, die ihm die Kenntnis der Rhetorik und Philosophie gab, einen unerschöpflichen Reichtum an Metaphern und Vergleichen, Ideen und Bildern, um den alltäglichsten Gegenständen Abwechslung und Interesse zu verleihen, und die glückliche Kunst zu, die Leidenschaften in dem Dienste der Tugend zu fesseln und sowohl die Torheit als die Schändlichkeit des Lasters durch die Wahrheit und das Leben einer dramatischen Darstellung bloßzulegen.

Die Arbeiten des Erzbischofs von Konstantinopel als Seelenhirt reizten und vereinten gegen ihn allmählich zwei Arten von Feinden: die ehrgeizige Geistlichkeit, die ihm seinen Erfolg neidete, und die hartnäckigen Sünder, die sich durch seine Vorwürfe verletzt fühlten. Wenn Chrysostomus von der Kanzel der Sankt Sophienkirche gegen die Entartung der Christen donnerte, wurden seine Pfeile unter die Menge verschossen, ohne den Ruf irgendeines einzelnen zu verletzen oder auch nur anzutasten. Wenn er gegen die eigentümlichen Laster der Reichen losstürmte, mochte die Armut einen vorübergehenden Trost aus seinen Schmähungen schöpfen: aber die Schuldigen blieben fortwährend durch ihre Zahl geschützt und der Vorwurf selbst wurde durch einige Ideen von Überlegenheit und Genuß gemildert. So wie die Pyramide oben in eine Spitze ausläuft, so war bei den Obrigkeiten, den Ministern, den Lieblingseunuchen, den Hofdamen, der Kaiserin Eudoxia selbst ein weit größerer Anteil von Schuld und eine viel geringere Zahl von Verbrechern. Die direkte Beschuldigung der Zuhörer wurde durch das Zeugnis ihres eigenen Gewissens vorweggenommen oder bestätigt, und der unerschrockene Prediger maßte sich das gefährliche Vorrecht an, sowohl Vergehen als Missetäter dem öffentlichen Abscheu bloßzustellen. Der geheime Groll des Hofes wurde durch das Mißvergnügen der Geistlichkeit und Mönche von Konstantinopel ermutigt, die durch das Feuer des Erzbischofs zu hastig reformiert wurden. Er verdammte von der Kanzel herab die in den Häusern der Geistlichkeit lebenden Frauen, die unter dem Namen von Dienerinnen oder Schwestern eine beständige Veranlassung entweder zur Sünde oder zum Ärgernis boten. Die stillen und einsamen Asketiker, die sich von der Welt losgesagt hatten, empfingen das wärmste Lob des Chrysostomus; aber er verachtete und brandmarkte als die Schmach ihres heiligen Berufes jene Schar entarteter Mönche, die aus unwürdigen Beweggründen der Lust oder des Gewinnes so häufig die Straßen der Stadt belagerten. Der Erzbischof sah sich gezwungen, zum Mittel der Überredung die Schrecken der Amtsgewalt zu fügen, und sein Eifer in Ausübung der kirchlichen Gerichtsbarkeit war weder immer von Leidenschaft frei, noch stets von Klugheit geleitet. Chrysostomus besaß von Natur aus ein cholerisches Temperament. Obschon er sich nach den Vorschriften des Evangeliums bestrebte, seine persönlichen Feinde zu lieben, frönte er doch dem Vorrechte, die Feinde Gottes und der Kirche zu hassen, und seine Gesinnungen wurden zuweilen mit zu großer Kraft der Gebärden und Worte ausgedrückt. Er behielt wegen der Gesundheit oder Enthaltsamkeit seine frühere Gewohnheit bei, seine Mahlzeiten allein zu genießen, und diese ungastliche Sitte, die seine Feinde dem Stolz zuschrieben, trug dazu bei, seine finstere und ungesellige Laune zu nähren. Getrennt von jenem freundschaftlichen Umgang, der die Kenntnis und Besorgung der Geschäfte erleichtert, setzte er argloses Vertrauen in seinen Diakon Serapion und wandte seine abstrakte Kenntnis der menschlichen Natur selten auf die individuellen Charaktere seiner Untergebenen oder seinesgleichen an. Im Bewußtsein der Reinheit seiner Absichten und vielleicht auch der Überlegenheit seines Geistes dehnte der Erzbischof von Konstantinopel die Gerichtsbarkeit der kaiserlichen Stadt aus, um den Kreis seiner Seelsorgerarbeiten zu erweitern, und sein Benehmen, dem die Weltlinge ehrgeizige Beweggründe unterschoben, erschien Chrysostomus selbst im Licht einer heiligen und unabweisbaren Pflicht. Auf seiner Visitationsreise durch die asiatischen Provinzen setzte er dreizehn Bischöfe von Lydien und Phrygien ab und erklärte unklugerweise, daß ein tiefes Verderbnis der Simonie und Ausgelassenheit den ganzen bischöflichen Stand verpestet habe. Wenn diese Bischöfe unschuldig waren, mußte eine solche übereilte und ungerechte Verdammung eine wohlbegründete Unzufriedenheit erregen. Wenn sie dagegen schuldig waren, mußten die zahllosen Genossen ihrer Schuld bald entdecken, daß ihre eigene Rettung vom Sturz des Erzbischofs abhänge, den sie als den Tyrannen der orientalischen Kirche darzustellen suchten.

Diese Verschwörung der Geistlichkeit wurde von dem Erzbischof Theophilus von Alexandria geleitet, einem tätigen und ehrgeizigen Prälaten, der die Früchte des Raubes in Denkmälern des Prunks zur Schau stellte. Sein Widerwille gegen die zunehmende Größe einer Stadt, die ihn von dem zweiten auf den dritten Rang in der christlichen Welt herabsetzte, wurde durch einige persönliche Streitigkeiten mit Chrysostomus selbst vergrößert. Auf vertraute Einladung der Kaiserin landete (403) Theophilus zu Konstantinopel mit einer handfesten Schar ägyptischer Matrosen, um dem Pöbel zu begegnen, und mit einem Gefolge abhängiger Bischöfe, um sich durch sie in einer Synode die Stimmenmehrheit zu sichern. Die Synode ward in einer Vorstadt von Chalcedon, die Eiche genannt, wo Rufinus eine stattliche Kirche und ein Kloster gebaut hatte, versammelt, und sie dauerte vierzehn Tage. Ein Bischof und ein Diakon klagten den Erzbischof von Konstantinopel an, aber die nichtige und unwahrscheinliche Natur der siebenundvierzig gegen ihn vorgebrachten Klageartikel kann mit Recht als ein vollkommener und unverwerflicher Panegyrikus betrachtet werden. Vier Vorladungen wurden Chrysostomus nacheinander zugesandt, aber er weigerte sich fortwährend, seine Person oder seinen Ruf den Händen unversöhnlicher Feinde anzuvertrauen, die es weislich ablehnten, jede Beschuldigung zu prüfen, sein Ausbleiben als Ungehorsam verdammten und eilig ein Absetzungsurteil fällten. Die Synode der Eiche wandte sich unmittelbar an den Kaiser um Bestätigung und Vollstreckung ihres Schiedsspruches und trug christmilde darauf an, daß die Strafe des

Hochverrates auf den verwegenen Prediger, der unter dem Namen der Jezabel die Kaiserin Eudoxia selbst geschmäht habe, in Anwendung gebracht werden möchte. Der Erzbischof wurde mit Roheit verhaftet und von einem der kaiserlichen Boten durch die Stadt geführt, der ihn nach kurzer Schiffahrt an der Einmündung des Schwarzen Meeres an das Land setzte, von wo er nach Verlauf von zwei Tagen ruhmvoll zurückgerufen wurde.

Das erste Staunen seines treuen Volkes war stumm und leidend, plötzlich aber erhob es sich mit einstimmiger und unwiderstehlicher Wut. Theophilus entkam; aber die vermengte Schar von Mönchen und ägyptischen Matrosen wurde in den Straßen von Konstantinopel ohne Mitleid niedergemetzelt. Ein zur rechten Zeit eintretendes Erdbeben bewies die Teilnahme des Himmels, der Sturm des Aufruhrs wälzte sich vorwärts zu den Toren des Palastes, und die Kaiserin, von Furcht und Reue bewältigt, warf sich zu Arcadius' Füßen nieder und bekannte, daß die öffentliche Ruhe nur durch die Wiedereinsetzung des Chrysostomus erkauft werden könne. Der Bosporus ward mit zahllosen Schiffen bedeckt, die Gestade von Europa und Asien wurden verschwenderisch erleuchtet, und das Freudengeschrei eines Volkes begleitete vom Hafen bis zur Kathedrale den Triumph des Erzbischofs, der zu leicht einwilligte, die Ausübung seiner Amtsgewalt wieder zu übernehmen, noch ehe das Urteil gegen ihn durch die Macht einer geistlichen Synode gesetzlich umgestürzt worden war. Mit der drohenden Gefahr entweder unbekannt oder um sie unbekümmert, ließ Chrysostomus seinem Eifer, vielleicht seiner Rache freien Lauf, predigte mit besonderer Bitterkeit gegen weibliche Laster und verdammte die frevelhaften Ehrenbezeigungen, die dem Standbilde der Kaiserin fast im Umkreise der St. Sophienkirche erwiesen wurden. Seine Unklugheit verleitete seine Feinde, den stolzen Geist der Eudoxia zu erbittern, indem sie den berühmten Anfang einer Predigt hinterbrachten oder erfanden: „Herodias ist wieder wütend, Herodias tanzt wieder, sie verlangt abermals des Johannes Haupt", eine beleidigende Anspielung, die zu verzeihen ihr als Frau und Fürstin unmöglich war. Die kurze Zeit eines treulosen Waffenstillstrandes wurde verwendet, um wirksame Maßregeln zur Schmach und zum Sturz des Erzbischofs zu treffen. Eine zahlreiche Versammlung orientalischer Prälaten, die durch Theophilus' Rat aus der Ferne geleitet wurden, bestätigte die Gültigkeit des früheren Urteils, ohne dessen Gerechtigkeit zu untersuchen, und eine Abteilung barbarischer Truppen wurde in die Stadt beordert, um Volksbewegungen zu unterdrücken. Am Ostervorabend wurde die feierliche Erteilung der Taufe roherweise durch Soldaten unterbrochen, welche die Schamhaftigkeit der nackten Katechumenen beunruhigten und durch ihre Gegenwart die ehrfurchtgebietenden Mysterien des christlichen Gottesdienstes verletzten. Arsacius nahm die Kirche der heiligen Sophia und den erzbischöflichen Thron ein. Die Katholiken zogen sich nach den Bädern Konstantins und dann auf die Felder zurück, wo sie fortwährend von den Leibwachen, Bischöfen und Obrigkeiten verfolgt und mißhandelt wurden. Der unglückliche Tag der zweiten und endgültigen Verbannung des Chrysostomus (404) ward durch den Brand der Kathedrale, des Senatshauses oder der anstoßenden Gebäude bezeichnet und die Verursachung dieses Unglücks ohne Beweis, aber nicht ohne Wahrscheinlichkeit der Verzweiflung der verfolgten Partei zugeschrieben.

Cicero konnte, wenn sein freiwilliges Exil den Frieden der Republik bewahrte, auf einiges Verdienst Anspruch machen, aber die Unterwerfung des Chrysostomus war die unerläßliche Pflicht eines Christen und Untertanen. Statt seiner demütigen Bitte, man möge ihm gestatten, seinen Wohnsitz zu Cyzicus oder Nicomedien zu nehmen, Gehör zu schenken, wies ihm die unbeugsame Kaiserin die ferne und öde Stadt Cucusus zwischen den Gipfeln des Taurusgebirges in Kleinarmenien zum Verbannungsplatz an. Man hatte die geheime Hoffnung, der Erzbischof würde in einem beschwerlichen und gefährlichen Marsch in Sommershitze durch die Provinzen in Kleinasien umkommen, wo er beständig von den feindlichen Angriffen der Isaurier und von der noch unerbittlicheren Wut der Mönche bedroht war. Chrysostomus kam jedoch an dem Ort seines Exils wohlbehalten an, und die drei Jahre, die er zu Cucusus und in der benachbarten Stadt Arabissus verlebte, waren die letzten und ruhmreichsten seines Lebens. Sein Charakter wurde durch Abwesenheit und Verfolgung geheiligt, der Fehler seiner Verwaltung gedachte man nicht mehr, jede Zunge dagegen wiederholte das Lob seiner Talente und Tugenden, und die ehrfurchtsvolle Aufmerksamkeit der christlichen Welt blieb an einen öden Ort mitten im Taurusgebirge gefesselt. Aus seiner Einsamkeit unterhielt der Erzbischof, dessen tätiger Geist durch das Unglück nur gekräftigt worden war, einen vertrauten und lebhaften Briefwechsel mit den fernsten Provinzen, ermahnte die besondere Gemeinde seiner treuen Anhänger, in ihrem Stande zu beharren, betrieb die Zerstörung der Tempel von Phönizien und die Ausrottung der Ketzerei auf der Insel Zypern, dehnte seine geistliche Hirtensorge auf die Missionen in Persien und Skythien aus, unterhandelte durch seine Abgesandten mit dem römischen Bischof und dem Kaiser Honorius und berief sich dreist vor einer parteiischen Synode auf das höchste Gericht einer freien und allgemeinen Kirchenversammlung. Der Geist des berühmten Verbannten blieb immer ungebeugt, aber sein gefangener Leib blieb der Rache der Unterdrücker preisgegeben, die den Namen und die Macht des Arcadius zu mißbrauchen fortfuhren. Ein Befehl zur unverzüglichen Entfernung des Chrysostomus nach der äußersten Wüste von Pityus wurde erteilt und seine Wächter vollzogen ihre grausamen Verhaftungsbefehle so pünktlich, daß er, bevor er die Küste des Schwarzen Meeres erreichte, zu Comana in Pontus im sechzigsten Jahre seines Lebens den Geist aufgab (14. September 407). Das nachfolgende Geschlecht erkannte seine Unschuld und sein Verdienst an. Die Erzbischöfe des Ostens, die erröten mochten, daß ihre Vorgänger Chrysostomus' Feinde gewesen, wurden durch die Festigkeit des römischen Papstes allmählich bestimmt, die Ehre dieses ehrwürdigen Namens wiederherzustellen. Auf die fromme Bitte der Geistlichkeit und des Volkes von Konstantinopel wurden seine Reliquien dreißig Jahre nach seinem Tode aus ihrem dunklen Grabe nach der kaiserlichen Stadt überbracht. Der Kaiser Theodosius ging zu ihrem Empfang bis Chalcedon entgegen, fiel am Sarg auf die Knie und flehte im Namen seiner schuldbeladenen Eltern die Verzeihung der beleidigten Heiligen an.

Man kann jedoch vernünftige Zweifel hegen, ob erbliche Schuld von Arcadius auf seinen Nachfolger habe übergehen können. Eudoxia war eine schöne junge Frau, die ihren Leidenschaften anhing und ihren Gemahl verachtete; Graf Johann genoß das innigste Zutrauen zumindest der Kaiserin, und das Volk nannte ihn den eigentlichen Vater des jüngeren Theodosius. Die Geburt eines Sohnes wurde jedoch von dem frommen Gemahl als das glücklichste und ehrenvollste Ereignis für ihn selbst, sein Haus und die östliche Welt betrachtet, und das kaiserliche Kind mit den Titeln Cäsar und Augustus, eine bisher beispiellose Gunst, geziert. Nicht ganz vier Jahre nachher starb Eudoxia in der Blüte der Jugend an den Folgen einer Fehlgeburt, und dieser frühzeitige Tod machte die Prophezeiung eines frommen Bischofs zunichte, der mitten in der allgemeinen Freude sich erdreistet hatte, vorauszusagen, sie werde die lange und glückliche Regierung ihres ruhmgekrönten Sohnes schauen. Die Katholiken zollten der Gerechtigkeit des Himmels Beifall, welcher die Verfolgung des heiligen Chrysostomus rächte, und vielleicht war der Kaiser der einzige Mensch, der den Verlust der hochmütigen und raubsüchtigen Eudoxia aufrichtig beweinte. Ein solches häusliches Unglück betrübte ihn tiefer als die öffentlichen Drangsale des Ostens, die Greuelzüge der isaurischen Räuber von Pontus bis Palästina, deren Straflosigkeit die Schwäche der Regierung anklagte, als Erdbeben, Feuersbrünste, Hungersnot und Heuschreckenzüge, die das Mißvergnügen des Volkes gleichfalls der Unfähigkeit des Monarchen zuzuschreiben geneigt war. Endlich, in seinem einunddreißigsten Jahre, nach einer Regierung (wenn wir dieses Wort mißbrauchen dürfen) von dreizehn Jahren, drei Monaten und fünfzehn Tagen, verschied Arcadius im Palast von Konstantinopel (1. Mai 408). Es ist unmöglich, seinen Charakter zu schildern, weil man in einer mit historischem Material reichlich versehenen Periode nicht imstande gewesen ist, auch nur eine Handlung aufzuzeichnen, die eigentlich von dem Sohn Theodosius' des Großen getan worden ist.

Der Geschichtsschreiber Procopius hat übrigens die Seele des sterbenden Kaisers mit einem Strahl menschlicher Klugheit oder himmlischer Weisheit geschmückt. Arcadius erwog mit sorgender Voraussicht die hilflose Lage seines Sohnes Theodosius, der erst sieben Jahre zählte, die gefährlichen Parteiungen während seiner Minderjährigkeit und den aufstrebenden Geist des persischen Monarchen Yesdischird. Statt die Treue eines ehrgeizigen Untertanen durch dessen Teilnahme an der höchsten Gewalt in Versuchung zu führen, wandte er sich kühn an die Hochherzigkeit eines Königs und legte durch feierliches Testament das Zepter des Ostens in die Hände Yesdischirds selbst. Der königliche Vormund nahm dieses ehrende Vertrauensamt an, verwaltete es mit beispielloser Treue, und die Kindheit des Theodosius wurde durch die Waffen und Ratschläge Persiens geschützt. Das ist die sonderbare Erzählung des Procopius, und seine Wahrhaftigkeit wird von Agathias keineswegs in Zweifel gezogen, obschon sich dieser herausnimmt, von seinem Urteil abzuweichen und die Weisheit eines christlichen Kaisers anzuklagen, der so unbesonnen, wenn auch glücklich, seinen Sohn und das Reich der unbekannten Treue eines Fremden, Nebenbuhlers und Heiden anvertraut habe. Nach einem Zeitraum von einhundertfünfzig Jahren konnte diese politische Frage am Hofe des Justinian erörtert werden, ein vorsichtiger Historiker wird sich aber enthalten, die Angemessenheit des Testaments des Arcadius zu prüfen, bevor er dessen Wahrheit nachgewiesen hat. Da es in der Weltgeschichte ohne Beispiel dasteht, dürfen wir mit Recht fordern, daß es durch das bestimmte und einstimmige Zeugnis der Zeitgenossen bestätigt werde. Die unerhörte Neuheit des Ereignisses, die unser Mißtrauen weckt, müßte ihre Aufmerksamkeit erregt haben, und ihr allgemeines Stillschweigen zerstört die eitle Sage des nachfolgenden Jahrhunderts.

Wenn die Maximen der römischen Rechtspflege ungefährdet vom privaten Gebiet auf das öffentliche hätten angewendet werden dürfen, würden sie dem Kaiser Honorius die Vormundschaft über seinen Neffen, wenigstens bis derselbe das vierzehnte Jahr erreicht hätte, zuerkannt haben. Aber die Schwäche des Honorius und die Unglücksfälle seiner Regierung machten es ihm unmöglich, sein natürliches Recht zu verfolgen, und so unbedingt war bereits die Trennung der beiden Reiche, sowohl was Interesse als Neigung betraf, daß man zu Konstantinopel mit geringerem Widerstreben den Befehlen des persischen als italienischen Hofes gehorcht haben würde. Unter einem Fürsten, dessen Schwäche durch die äußeren Zeichen der Mannbarkeit und Einsicht verschleiert wird, können die unwürdigsten Günstlinge sich insgeheim die Herrschaft des Palastes streitig machen und den untertänigen Provinzen die Befehle eines Gebieters erteilen, den sie lenken und verachten. Aber die Minister eines Kindes, das unfähig ist, sie mit der Bestätigung des königlichen Namens zu versehen, müssen eine unabhängige Macht erlangen und ausüben. Die Großbeamten des Staates und Heeres, die vor Arcadius' Tode ernannt worden waren, bildeten eine Aristokratie, die sich mit der Idee einer freien Republik hätte begeistern können, doch wurde glücklicherweise die Regierung des östlichen Reiches von dem Präfekten Anthemius ergriffen, der durch seine überlegenen Fähigkeiten ein dauerndes Übergewicht (408–415) über seine Standesgenossen erlangte. Die Sicherheit des jungen Kaisers bewies die Tugend und Unbescholtenheit des Anthemius, und seine kluge Festigkeit hielt die Kraft und den Ruf der Herrschaft eines Kindes aufrecht. Uldin lagerte mit einem furchtbaren Barbarenheere im Herzen von Thrakien; hochmütig verwarf er alle Vergleichsvorschläge und erklärte den römischen Gesandten, indem er nach der aufgehenden Sonne deutete, daß nur der Lauf dieses Gestirns den Eroberungen der Hunnen Grenzen legen sollte. Aber der Abfall seiner Verbündeten, die sich insgeheim von der Gerechtigkeit und Freigebigkeit der kaiserlichen Minister überzeugten, nötigte Uldin über die Donau zurückzugehen; der Stamm der Scyrren, der seine Nachhut bildete, wurde fast ganz ausgerottet und viele tausend Gefangene durch Asien zerstreut, um als Knechte die Felder zu bebauen. Inmitten des öffentlichen Triumphes wurde Konstantinopel durch eine neue, starke und ausgedehntere Mauer geschützt; dieselbe wachsame Sorgfalt ward auf Herstellung der Befestigungen der illyrischen Städte verwendet und ein einsichtsvoller Plan entworfen, der binnen sieben Jahren durch Errichtung einer ständigen Flotte von zweihundertfünfzig bewaffneten Schiffen die Herrschaft der Donau sichergestellt haben würde.

Aber die Römer waren seit so langer Zeit an die Herrschaft eines Monarchen gewöhnt, daß das nächstbeste, sogar weibliche Mitglied der kaiserlichen Familie, das einigen Mut oder Fähigkeit an den Tag legte, den leeren Thron des Theodosius besteigen durfte. Seine Schwester Pulcheria, die nur zwei Jahre älter als er selbst war, empfing im Alter von sechzehn Jahren den Titel Augusta, und obschon ihr Einfluß zuweilen durch Laune oder Intrige vermindert werden mochte, fuhr sie fort, das östliche Reich beinahe vierzig Jahre (414–453) zu beherrschen, während der langen Minderjährigkeit ihres Bruders und nach seinem Tode in ihrem eigenen und im Namen Marcians, ihres nominellen Gemahls. Entweder aus Klugheit oder Religiosität wählte sie ein Zölibatsleben, und trotz einiger Verleumdungen ihrer Keuschheit wurde dieser Entschluß, den sie ihren Schwestern Arcadia und Marina mitteilte, von der christlichen Welt als die erhabene Tat heroischer Frömmigkeit gepriesen. Vor einer Versammlung der Geistlichkeit und des Volkes widmeten die drei Töchter des Arcadius ihre Jungfrauschaft Gott, und der sie feierlich verpflichtende Schwur wurde auf einer Tafel von Gold und Edelsteinen eingegraben, die sie öffentlich in der großen Kirche von Konstantinopel zum Opfer brachten. Ihr Palast wurde in ein Kloster verwandelt und alle männlichen Individuen, mit Ausnahme ihrer Beichtväter, der Heiligen, die den Unterschied der Geschlechter vergessen hatten, von der heiligen Schwelle mit Strenge ausgeschlossen. Pulcheria, ihre beiden Schwestern und ein gewähltes Gefolge auserwählter Damen bildeten eine religiöse Gemeinde, leisteten auf die Eitelkeit des Putzes Verzicht, unterbrachen durch häufige Fasten ihre einfache und spärliche Diät, gestatteten sich, einen Teil ihrer Zeit zu weiblichen Stickereien zu verwenden und widmeten mehrere Stunden des Tages und der Nacht dem Gebete und Psalmsingen. Die Frömmigkeit einer christlichen Jungfrau wurde durch den Eifer und die Freigebigkeit einer Kaiserin geschmückt. Die Kirchengeschichte beschreibt die prachtvollen Tempel, die auf Kosten der Pulcheria in allen Provinzen des Ostens gebaut wurden, ihre milden Stiftungen zum Wohle der Fremden und Armen, die großen Schenkungen, die sie zum beständigen Unterhalt klösterlicher Gesellschaften bestimmte, endlich die tätige Strenge, womit sie die widerstreitenden Ketzereien des Nestorius und Eutyches zu unterdrücken strebte. Solche Tugenden erachtete man der besonderen Gunst der Gottheit für würdig, und die Reliquien der Märtyrer wie die Kunde künftiger Ereignisse wurden der kaiserlichen Heiligen in Gesichten und durch Offenbarungen mitgeteilt. Indessen lenkte Pulcherias Frömmigkeit ihre unermüdliche Aufmerksamkeit niemals von den weltlichen Angelegenheiten ab, und von allen Abkömmlingen des Theodosius scheint sie allein einen Teil seines männlichen Geistes und seiner Fähigkeiten geerbt zu haben. Sie hatte sich zur Meisterin sowohl der griechischen als lateinischen Sprache gemacht und verstand es, bei vorkommenden Gelegenheiten mit Eleganz und Leichtigkeit über Staatsgeschäfte zu sprechen und zu schreiben; ihre Ratschlüsse wurden reiflich erwogen, ihre Handlungen waren schnell und entscheidend, und während sie ohne Geräusch und Prunk das Rad der Regierung lenkte, schrieb sie bescheidentlich dem hohen Geiste des Kaisers die lange Ruhe seiner Regierung zu. In den letzten Jahren seiner friedlichen Regierung wurde Europa allerdings von den Waffen des Attila heimgesucht, die ausgedehnten Provinzen Asiens fuhren aber fort, sich einer tiefen und andauernden Ruhe zu erfreuen. Theodosius der Jüngere wurde nie zu der schimpflichen Notwendigkeit gezwungen, einen rebellischen Untertanen bekämpfen und bestrafen zu müssen, und wenn wir gleich die Stärke der Regierung Pulcherias nicht preisen können, gebührt doch ihrer milden und glücklichen Verwaltung einiges Lob.

Die römische Welt war auf das tiefste an der Erziehung ihres Beherrschers beteiligt. Ein regelmäßiger Plan der Studien und Leibesübungen, der kriegerischen Künste des Reitens und Bogenschießens und der edlen Wissenschaften der Grammatik, Rhetorik und Philosophie wurde voll Einsicht festgesetzt; die kundigsten Lehrer des Ostens bemühten sich mit Ehrgeiz, die Aufmerksamkeit ihres kaiserlichen Zöglings zu fesseln, und mehrere edle Jünglinge wurden in den Palast eingeführt, um durch freundschaftlichen Wetteifer seinen Fleiß anzufeuern. Pulcheria allein befaßte sich mit der wichtigen Aufgabe, ihren Bruder in der Regierungskunst zu unterrichten; ihre Vorschriften scheinen aber zu berechtigen, entweder an ihren Fähigkeiten oder an der Reinheit ihrer Absichten zu zweifeln. Sie lehrte ihn eine ernste und majestätische Haltung bewahren, in der eines großen Fürsten würdigen Weise schreiten, seine Gewänder fassen, sich auf den Thron niederlassen, sich des Lachens enthalten, mit Herablassung zuhören, passende Antworten erteilen, abwechselnd ein ernstes oder ein heiteres Antlitz zeigen, kurz die äußere Rolle eines römischen Kaisers mit Anmut und Würde spielen. Aber Theodosius wurde nie gereizt, die Bürde und den Ruhm eines großen Namens zu tragen, und statt danach zu streben, seine Ahnen nachzuahmen, sank er (wenn wir uns herausnehmen dürfen, die Grade der Unfähigkeit zu messen) noch unter die Schwäche seines Vaters und seines Oheims herab. Arcadius und Honorius hatten doch wenigstens die bevormundende Sorgfalt eines Vaters erfahren, dessen Lehren durch Herrschaft und Beispiel eingeschärft wurden. Aber der unglückliche Fürst, der im Purpur geboren ist, muß der Wahrheit ein Fremdling bleiben, und der Sohn des Arcadius war verurteilt, seine immerwährende Kindheit lediglich in der knechtischen Umgebung von Weibern und Eunuchen zu verleben. Die reiche Muße, die er sich durch Vernachlässigung der wesentlichen Pflichten seines hohen Amtes erwarb, wurde durch eitle Unterhaltungen und nutzlose Studien ausgefüllt. Die Jagd war der einzige tätige Zeitvertreib, der ihn außer die Grenzen des Palastes zu locken vermochte; aber er beschäftigte sich auf das emsigste, zuweilen beim Scheine der mitternächtigen Lampe, mit Malen und Schnitzen, und die Eleganz, womit er Bücher religiösen Inhaltes abschrieb, berechtigte den römischen Kaiser zu dem besonderen Beinamen: der Kalligraph oder Schönschreiber. Von der Welt durch einen undurchdringlichen Schleier getrennt, vertraute Theodosius den Personen, die er liebte; er liebte diejenigen, die gewohnt waren, seiner Trägheit zu schmeicheln und ihn zu unterhalten, und da er die Papiere nie durchlas, die zur kaiserlichen Unterschrift vorgelegt wurden, wurden häufig in seinem Namen Taten der Ungerechtigkeit begangen, die seinem Charakter im höchsten Grade widerstrebten. Der Kaiser selbst war keusch, mäßig, freigebig und barmherzig, und diese Eigenschaften, die nur dann den Namen von Tugenden verdienen können, wenn sie durch Mut unterstützt und durch Einsicht kontrolliert werden, erwiesen sich für die Menschheit selten wohltätig, zuweilen sogar unheilbringend. Seine durch eine kaiserliche Erziehung entnervte Seele wurde durch übermäßige Kasteiungen unterdrückt und entwürdigt; er fastete, er sang Psalmen, nahm blindlings die Wunder und Lehrsätze an, durch die sein Glaube beständig genährt wurde. Theodosius verehrte voll Andacht die verstorbenen wie die lebendigen Heiligen der katholischen Kirche, und er weigerte sich einst, Speise zu sich zu nehmen, bis ein unverschämter Mönch, welcher den Bannstrahl gegen seinen Souverän geschleudert hatte, sich herabließ, die geistige Wunde, die er ihm geschlagen, wieder zu heilen.

Die Geschichte einer schönen und tugendhaften Jungfrau, die aus dem Privatstande zum kaiserlichen Throne erhoben wurde, möchte für einen unglaublichen Roman gehalten werden, wenn ein solcher Roman sich in der Verehelichung des Theodosius nicht verwirklicht hätte. Die berühmte Athenaïs war von ihrem Vater Leontius in der Religion und den Wissenschaften der Griechen erzogen worden, und eine so vorteilhafte Meinung hatte der atheniensische Philosoph von seinen Zeitgenossen, daß er seine Habe zwischen seinen beiden Söhnen teilte und seiner Tochter nur ein kleines Vermächtnis von hundert Goldstücken in dem stärksten Vertrauen hinterließ, daß ihre Schönheit und Gaben eine hinreichende Aussteuer wären. Eifersucht und Geiz ihrer Brüder zwangen Athenaïs bald, Zuflucht in Konstantinopel zu suchen, und sie warf sich mit einiger Hoffnung auf Gunst oder auf Gerechtigkeit Pulcheria zu Füßen. Diese scharfsichtige Fürstin schenkte ihrer beredten Klage Gehör und bestimmte insgeheim die Tochter des Philosophen Leontius zur künftigen Gattin des

Kaisers des Ostens, der nun das zwanzigste Jahr erreicht hatte. Leicht erregte sie die Neugierde ihres Bruders durch eine interessante Schilderung der Reize der Athenaïs: große Augen, wohlproportionierte Nase, weißer Teint, goldene Locken, schlanke Gestalt, anmutsvolles Benehmen, durch Studium gebildeten Verstand, durch Unglück geprüfte Tugend. Hinter einem Vorhang im Gemach seiner Schwester verborgen, durfte Theadosius die atheniensische Jungfrau betrachten: der züchtige Jüngling erklärte unverzüglich seine reine und ehrenhafte Liebe, und die kaiserliche Vermählung wurde unter dem Jubel der Hauptstadt und der Provinzen gefeiert (421). Athenaïs ließ sich leicht überreden, den Irrtümern des Heidentums zu entsagen, und erhielt in der Taufe den christlichen Namen Eudocia: die vorsichtige Pulcheria enthielt ihr jedoch den Titel Augusta vor, bis die Gattin des Theodosius ihre Fruchtbarkeit durch die Geburt einer Tochter bewiesen hatte, die fünfzehn Jahre nachher mit dem Kaiser des Westens vermählt wurde. Die Brüder der Eudocia gehorchten mit einiger Bangigkeit deren kaiserlicher Einladung; da sie ihnen jedoch ihre glückbringende Härte leicht zu verzeihen vermochte, frönte sie der zärtlichen Liebe, vielleicht der Eitelkeit einer Schwester, indem sie dieselben zum Range von Konsuln und Präfekten beförderte. In der Üppigkeit des Palastes pflegte sie fortwährend jene edlen Künste, die zu ihrer Größe beigetragen hatten, und widmete weislich ihre Talente der Ehre der Religion und ihres Gemahls. Eudocia verfaßte eine poetische Paraphrase der ersten acht Bücher des alten Testamentes und der Prophezeiungen Daniels und Zacharias, ein Sammelgedicht aus den Versen Homers, auf das Leben und die Wundertaten Christi angewendet, die Legende des heiligen Cyprian und einen Panegyrikus auf die persischen Siege des Theodosius, und ihre Schriften, die den Beifall eines knechtischen und abergläubischen Zeitalters erhielten, sind von der Aufrichtigkeit unparteiischer Kritik nicht verworfen worden. Die Zärtlichkeit des Kaisers wurde weder durch Zeit noch durch Besitz vermindert, und Eudocia erhielt nach der Vermählung ihrer Tochter die Erlaubnis, ihr dankbares Gelübde durch eine feierliche Wallfahrt nach Jerusalem zu lösen. Ihr Prachtzug durch die Provinzen des Ostens scheint mit dem Geiste der christlichen Demut unvereinbar zu sein; sie hielt von einem Throne von Gold und Edelsteinen eine vorbereitete Rede an den Senat von Antiochia, erklärte ihre kaiserliche Absicht, die Mauern der Stadt zu erweitern, schenkte zweihundert Pfund Goldes zur Wiederherstellung der Bäder und nahm die Standbilder an, welche die dankbare Stadt ihr zu errichten beschlossen hatte. Im heiligen Lande überstiegen ihre Almosen und frommen Stiftungen die Freigebigkeit der großen Helena, und ob auch der öffentliche Schatz durch diese übermäßige Gebelust verarmen mochte, genoß sie doch das stolze Bewußtsein, nach Konstantinopel mit den Ketten des heiligen Petrus, dem rechten Arme des heiligen Stephan und einem unbezweifelbaren, von dem heiligen Lukas gemalten Bilde der Mutter Gottes zurückzukehren. Aber diese Wallfahrt war für die Glorie der Eudocia die verderbliche Grenze. Mit eitlem Pomp gesättigt und vielleicht ihrer Verpflichtungen gegen Pulcheria uneingedenk, strebte sie ehrgeizig nach der Regierung des östlichen Reiches; der Palast wurde durch Frauenzwietracht zerrüttet, der Sieg jedoch zuletzt durch den größeren Einfluß der Schwester des Theodosius entschieden. Die Hinrichtung des Kanzlers Paulinus und die Ungnade des prätorianischen Präfekten des Ostens, Cyrus, überzeugte das Volk, daß die Gunst der Eudocia nicht hinreiche, ihre treuesten Freunde zu schützen, und die ungewöhnliche Schönheit des Paulinus veranlaßte das geheime Gerücht, seine Schuld wäre die eines glücklichen Liebhabers gewesen. Sobald die Kaiserin gewahrte, daß sie die Neigung des Theodosius unwiderruflich verloren habe, bat sie um Erlaubnis, sich in die ferne Einsamkeit von Jerusalem zurückziehen zu dürfen. Ihr Ansuchen wurde gewährt, aber die Eifersucht des Theodosius oder die Rachsucht der Pulcheria verfolgte sie auch in diesem letzten Zufluchtsorte, und Saturnius, Graf der Haustruppen, erhielt Befehl, zwei Geistliche, ihre begünstigtesten Diener, hinzurichten. Eudocia rächte sich sogleich durch Ermordung des Grafen; die wütenden Leidenschaften, denen sie bei dieser verdächtigen Veranlassung frönte, schienen die Strenge des Theodosius zu rechtfertigen, und die Kaiserin, der Ehren ihres Ranges schimpflich beraubt, wurde in den Augen der Welt, vielleicht mit Unrecht, gebrandmarkt. Der Rest des Lebens der Eudocia, ungefähr sechzehn Jahre, verging in Verbannung und Frömmigkeitsübung: das Herannahen des Alters, der Tod des Theodosius, das Unglück ihrer einzigen Tochter, die als Gefangene von Rom nach Karthago geführt wurde und die Gesellschaft der frommen Mönche von Palästina stärkten unmerklich den religiösen Hang ihrer Seele. Nachdem die Tochter des Philosophen Leontius im vollen Umfange die Wechselfälle des menschlichen Lebens erfahren hatte, verschied sie zu Jerusalem im siebenundsechzigsten Jahre ihres Lebens (460) und beteuerte mit ihrem letzten Atemzuge, daß sie die Grenzen der Unschuld und Freundschaft niemals überschritten habe.

Das weiche Gemüt des Theodosius wurde nie durch Eroberungssucht und Durst nach Kriegsruhm entflammt, und der geringe Lärm eines persischen Krieges (422) unterbrach kaum die Ruhe des Ostens. Die Beweggründe dieses Krieges waren gerecht und ehrenvoll. In dem letzten Jahre der Regierung Yesdischirds, des angeblichen Vormundes des Theodosius, hatte ein Bischof, der nach der Krone des Märtyrertums strebte, einen der Feuertempel von Susa zerstört. Sein Eifer und seine Hartnäckigkeit wurde an seinen Brüdern gerächt, die Magier veranlaßten eine grausame Verfolgung, und der unduldsame Glaubenseifer Yesdischirds wurde von seinem Sohn Varanes oder Bahram, der bald nachher den Thron bestieg, nachgeahmt. Einige christliche Flüchtlinge, die über die römische Grenze entkamen, wurden mit Barschheit zurückverlangt und mit Edelmut verweigert, und die Weigerung und einige Handelsmißhelligkeiten entzündeten bald einen Krieg zwischen den eifersüchtigen Monarchien. Die Gebirge von Armenien und die Ebenen von Mesopotamien füllten sich mit feindlichen Heeren, aber die Unternehmungen von zwei aufeinanderfolgenden Feldzügen führten weder zu entscheidenden noch zu denkwürdigen Ereignissen. Einige Gefechte fanden statt, einige Städte wurden mit wechselndem und zweifelhaftem Erfolge belagert, und wenn es den Römern mißlang, die längstverlorene Besitzung von Nisibis wieder zu erobern, wurden die Perser vor den Mauern einer mesopotamischen Stadt durch den kriegerischen Eifer eines Bischofs zurückgeschlagen, der die Wurfmaschinen im Namen des heiligen Apostels Thomas richtete. Nichtsdestoweniger wurden die glänzenden Siege, die der unglaublich schnelle Staatsbote Palladius im Palast von Konstantinopel wiederholt verkündete, durch Feste und Lobreden gefeiert. Aus diesen Lobreden schöpften die Geschichtsschreiber jener Zeit ihre außerordentlichen und vielleicht fabelhaften Erzählungen von der stolzen Herausforderung eines persischen Helden, der durch das Netz des Goten Areobindus gefangen und durch sein Schwert getötet wurde; von den zehntausend Unsterblichen, die bei dem Angriff auf das römische Lager fielen, und von den hunderttausend Arabern oder Sarazenen, die sich, getrieben von panischem Schrecken, kopfüber in den Euphrat stürzten. Solche Ereignisse mögen nicht geglaubt oder nicht beachtet werden; die christliche Milde eines Bischofs jedoch, Acacius' von Amida, dessen Name den Kalender der Heiligen geziert haben würde, darf nicht in Vergessenheit geraten. Der hochherzige Prälat erklärte kühn, daß goldene und silberne Gefäße einem Gott, der weder ißt noch trinkt, nichts nützen, verkaufte das Geschirr der Kirche von Amida, verwendete den Erlös auf Loskaufung von siebentausend persischen Gefangenen, sorgte für ihre Bedürfnisse mit liebevoller Freigebigkeit und entließ sie in ihr Vaterland, um ihren König von dem wahren Geiste der Religion, die er bekenne, in Kenntnis zu setzen. Ausübung guter Taten inmitten eines Krieges muß stets dahin zielen, den Haß der kämpfenden Nationen zu mildern, und ich möchte mich gern überreden, daß Acacius zur Wiederherstellung des Friedens beigetragen habe. In der Besprechung, die an den Grenzen der beiden Reiche gehalten wurde, setzten die römischen Gesandten den persönlichen Charakter ihres Souveräns durch den eitlen Versuch, den Umfang seiner Macht zu vergrößern, herab, indem sie den Persern ernstlich rieten, durch Fügsamkeit zur rechten Zeit dem Grimm eines Monarchen zuvorzukommen, der bis jetzt von diesem fernen Kriege noch nichts wisse. Ein hundertjähriger Waffenstillstand wurde feierlich genehmigt, und obschon die Umwälzungen in Armenien die öffentliche Ruhe zu bedrohen schienen, hielten doch die Nachfolger Konstantins und Artaxerxes' durch beinahe achtzig Jahre die wesentlichen Bedingungen dieses Vertrages.

Seit der Zeit, als die römischen und parthischen Fahnen zum ersten Male sich am Euphrat begegneten, wurde das Königreich Armenien abwechselnd von seinen furchtbaren Beschützern unterdrückt, und im Laufe dieser Geschichte sind schon mehrere Ereignisse erzählt worden, welche die Waagschale des Krieges oder Friedens sinken oder steigen machten. Ein schimpflicher Vertrag hatte Armenien dem Ehrgeiz Sapors überlassen, und die Waagschale Persiens schien die schwerere. Aber das königliche Geschlecht des Arsaces unterwarf sich nur knirschend dem Hause der Sassaniden, die unruhigen Großen behaupteten oder verrieten ihre erbliche Unabhängigkeit, und das Volk blieb den christlichen Fürsten von Konstantinopel dauernd zugetan. Im Anfang des fünften Jahrhunderts wurde Armenien durch das Überhandnehmen des Krieges und der Parteiung geteilt, und diese unnatürliche Teilung beschleunigte den Sturz der alten Monarchie. Chosroes, der Vasall Persiens, regierte über den östlichen und ausgedehnteren Teil des Landes, während die westliche Provinz die Herrschaft des Arsaces und die Oberhoheit des Kaisers Arcadius anerkannte. Nach dem Tode des Arsaces unterdrückten die Römer die königliche Regierung und betrachteten ihre Bundesgenossen als Untertanen. Der militärische Oberbefehl wurde dem Grafen der armenischen Grenze übertragen, die Stadt Theodosiopolis in einer starken Lage auf einem fruchtbaren und hohen Boden in der Nähe der Quellen des Euphrat gebaut, die über die abhängigen Gebiete von fünf Satrapen herrschte, deren Würde ein besonderes Gewand aus Gold und Purpur auszeichnete. Die minder glücklichen Edlen, die den Verlust ihres Königs beklagten und die Ehren ihresgleichen neideten, ließen sich dadurch verleiten, mit dem persischen Hofe wegen Frieden und Verzeihung zu unterhandeln; sie kehrten mit ihren Anhängern nach dem Palast von Artaxata zurück und erkannten Chosroes als ihren rechtmäßigen Souverän an. Etwa dreißig Jahre später zog sich Artasires, der Neffe und Nachfolger Chosroes', das Mißfallen des stolzen und eigensinnigen Großen von Armenien zu, und sie verlangten einstimmig einen persischen Statthalter an Stelle eines unwürdigen Königs. Die Antwort des Erzbischofs Isaac, um dessen Genehmigung sie sich emsig bewarben, ist bezeichnend für den Charakter eines abergläubischen Volkes. Er beklagte die offenkundigen und unentschuldbaren Laster des Artasires und erklärte, daß er keinen Anstand nehmen würde, ihn vor dem Tribunale eines christlichen Kaisers zu belangen, der den Sünder bestrafen möchte, ohne ihn zu verderben. „Unser König", fuhr Isaac fort, „ist ausschweifenden Vergnügungen zu sehr ergeben, er ist aber in dem heiligen Wasser der Taufe gereinigt worden. Er liebt die Weiber zu sehr, betet aber weder das Feuer noch die Elemente an. Er mag den Vorwurf der Unzucht verdienen, aber er ist ein unbezweifelter Katholik, und sein Glaube ist rein, wenn auch seine Sitten ausgelassen sind. Ich werde nie einwilligen, meine Schafe der Wut reißender Wölfe preiszugeben, und ihr würdet den übereilten Tausch der Schwächen eines Gläubigen mit den gleißenden Tugenden eines Heiden bald bereuen." Durch die Festigkeit Isaacs erbittert, klagten die aufrührerischen Großen so wohl den König wie den Erzbischof als geheime Anhänger des Kaisers an und freuten sich albernerweise des Verdammungsurteiles, das nach einem parteiischen Verhör von Bahram selbst feierlich ausgesprochen wurde. Die Nachkommen des Arsaces wurden der königlichen Würde, die sie über fünfhundertsechzig Jahre besessen hatten, entkleidet und die Gebiete des unglücklichen Artasires unter dem neuen und bedeutungsvollen Namen Persarmenien in eine Provinz verwandelt. Dieser Thronraub erregte die Eifersucht der römischen Regierung, aber der aufkeimende Zwist wurde bald durch eine freundschaftliche, obgleich ungleiche Teilung des alten Königreichs Armenien beigelegt, und eine Gebietserwerbung, die Augustus verachtet haben würde, verbreitete etwas Glanz über das sinkende Reich des jüngeren Theodosius.

NEUNTES KAPITEL

DIE VANDALEN

Tod des Honorius. – Valentinian III., Kaiser des Westens. – Verwaltung seiner Mutter Placidia. – Aetius und Bonifazius. – Eroberung von Afrika durch die Vandalen

Während einer langen und schmachvollen Regierung von achtundzwanzig Jahren blieb Honorius, der Kaiser des Westens, von der Freundschaft seines Bruders und nachher seines Neffen, die über den Osten herrschten, getrennt, und Konstantinopel sah mit offenkundiger Gleichgültigkeit und geheimer Freude die Drangsale Roms. Die seltsamen Abenteuer der Placidia erneuerten allmählich und befestigten das Bündnis beider Reiche. Die Tochter Theodosius' des Großen war Gefangene und Königin der Goten gewesen; sie verlor einen geliebten Gemahl, ward von seinem höhnenden Mörder in Ketten fortgeschleppt, genoß die Süßigkeit der Rache und wurde in dem Friedensvertrag gegen sechshunderttausend Scheffel Weizen ausgewechselt. Nach ihrer Rückkehr aus Spanien nach Italien erfuhr Placidia eine neue Verfolgung im Schoße ihrer Familie. Sie war einer Vermählung abgeneigt, die ohne ihre Zustimmung beschlossen worden war, und der tapfere Constantius erhielt als edlen Lohn für seine Siege über die Tyrannen aus des Kaisers eigenen Händen die sich sträubende und unwillige Hand der Witwe Adolphs. Ihr Widerstand endete jedoch nach der Vermählungsfeier, und Placidia wurde die Mutter der Honoria und Valentinians des Dritten und übte eine unumschränkte Herrschaft über den Geist ihres dankbaren Gemahls aus. Der hochherzige Soldat, dessen Zeit bisher zwischen geselligen Freuden und Kriegsdienst geteilt gewesen, lernte neue Lehren der Habsucht und Herrschsucht; er erzwang den Augustustitel, und der Diener des Honorius wurde der Herrschaft über das abendländische Kaisertum beigesellt. Der Tod des Constantius, der sich im siebenten Monat seiner Regierung ereignete, schien die Macht der Placidia zu vermehren statt zu vermindern, und die unanständige Vertraulichkeit ihres Bruders zu ihr, die nichts anderes als Zeichen kindlicher Zuneigung sein mochte, wurde allgemein blutschänderischer Liebe zugeschrieben. Plötzlich verwandelte sich infolge der niedrigen Intrigen eines Haushofmeisters und einer Amme diese übertriebene Zärtlichkeit in unversöhnlichen Haß; die Streitigkeiten des Kaisers mit seiner Schwester blieben nicht auf das Innere des Palastes beschränkt, und da die gotischen Soldaten an ihrer Königin hingen, wurde die Stadt Ravenna durch blutige und gefährliche Tumulte beunruhigt, die nur durch die erzwungene oder freiwillige Entfernung der Placidia und ihrer Kinder beigelegt werden konnten. Die fürstlichen Flüchtlinge landeten zu Konstantinopel bald nach der Vermählung des Theodosius und während der Feste wegen der Siege über die Perser. Sie wurden mit Güte und Glanz aufgenommen; da jedoch die Standbilder des Kaisers Constantius von dem Hofe des morgenländischen Kaisertums zurückgewiesen worden waren, konnte seiner Witwe der Titel Augusta wohl nicht zugestanden werden. Wenige Monate nach der Ankunft der Placidia überbrachte ein Eilbote die Kunde von dem Tode des Honorius, der an einer Wassersucht gestorben war (27. August 423); aber das wichtige Geheimnis wurde nicht eher kundgetan, als bis eine große Truppenabteilung nach der Küste von Dalmatien entsendet worden war. Die Kaufläden und Tore von Konstantinopel blieben sieben Tage hindurch geschlossen, und der Tod eines auswärtigen Fürsten, der weder geachtet noch bedauert werden konnte, wurde mit lauten und erheuchelten Beweisen der öffentlichen Trauer geehrt.

Während die Minister zu Konstantinopel ratschlagten, wurde der leere Thron des Honorius durch den Ehrgeiz eines Fremden usurpiert. Der Name des Rebellen war Johann; er hatte den Vertrauensposten eines Primicerius oder ersten Geheimschreibers, und die Geschichte hat seinem Charakter mehr Tugenden zugeschrieben, als mit der Verletzung der heiligsten Pflicht leicht in Übereinstimmung gebracht werden können. Durch die Unterwerfung Italiens und die Hoffnung eines Bündnisses mit den Hunnen stolz gemacht, wagte es Johann, die Majestät des Kaisers des Ostens durch eine Botschaft zu beleidigen; als er jedoch erfuhr, daß seine Sendlinge verbannt, eingekerkert und zuletzt mit verdienter Schmach verjagt worden wären, schickte er sich an, die Ungerechtigkeit seiner Ansprüche mit den Waffen durchzusetzen. In einem solchen Falle hätte der Enkel Theodosius' des Großen in Person in das Feld rücken sollen, aber der junge Kaiser wurde durch seine Ärzte leicht von einem so kühnen und waghalsigen Entschluß abgehalten und die Leitung des italienischen Feldzuges weislich dem Ardaburius und seinem Sohn Aspar übertragen, die ihre Tapferkeit gegen die Perser bewiesen hatten. Es wurde beschlossen, daß sich Ardaburius mit dem Fußvolk einschiffen sollte, während Aspar an der Spitze der Reiterei Placidia und ihren Sohn Valentinian längs der Küste des Adriatischen Meeres geleitete. Der Marsch der Kavallerie geschah mit so wohlberechneter Geschwindigkeit, daß sie ohne Widerstand die wichtige Stadt Aquileja überrumpelte; plötzlich wurden jedoch die Hoffnungen Aspars durch die Nachricht zerschmettert, ein Sturm habe die kaiserliche Flotte zerstreut und sein Vater sei mit nur zwei Galeeren ergriffen und als Gefangener nach dem Hafen von Ravenna gebracht worden. So unglücklich auch dieses Ereignis scheinen mochte, erleichterte es doch die Eroberung von Italien. Ardaburius verwendete oder mißbrauchte vielmehr die Freiheit, die ihm edlerweise gestattet wurde, um unter den Truppen wieder das Gefühl der Pflichttreue und Dankbarkeit zu wecken, und sobald die Verschwörung zum Ausbruch reif war, lud er durch geheime Boten Aspar ein und drang auf dessen Annäherung. Ein Hirte, den die Leichtgläubigkeit des Volkes in einen Engel verwandelte, führte die morgenländische Reiterei auf einem geheimen und, wie man glaubte, ungangbaren Pfade durch die Sümpfe des Po; die Tore von Ravenna wurden nach kurzer Gegenwehr geöffnet und der wehrlose Tyrann der Gnade oder vielmehr der Grausamkeit der Sieger überliefert. Zuerst hieb man Johann die rechte Hand ab, dann wurde er auf einem Esel reitend dem öffentlichen Hohn preisgegeben, endlich im Zirkus von Aquileja enthauptet (425). Als der Kaiser Theodosius die Nachricht von dem Sieg empfing, unterbrach er das Wagenrennen, stimmte, indem er durch die Straßen zog, einen passenden Psalm an und führte sein Volk aus dem Hippodrom nach der Kirche, wo er den Rest des Tages in Dankgebeten zubrachte.

In einer Monarchie, die je nach den verschiedenen früheren Vorgängen als ein Wahlreich oder als ein Erbreich oder als ein Erbgut betrachtet werden mochte, konnten die verworrenen Ansprüche weiblicher Nachfolger und solcher aus Nebenlinien unmöglich klar sein, und Theodosius hätte kraft des Rechtes der Blutsverwandtschaft oder des Siegers als alleiniger, rechtmäßiger Kaiser der Römer regieren können. Einen Moment vielleicht wurden seine Augen durch die Aussicht auf unbegrenzte Herrschaft geblendet, aber seine träge Seele beruhigte sich allmählich und befolgte die Gebote einer geraden, schlichten Politik. Er begnügte sich mit dem Besitz des Morgenlandes und verzichtete weislich auf den mühsamen Beruf, einen fernen und zweifelhaften Krieg gegen die Barbaren jenseits der Alpen zu führen oder den Gehorsam der Italiener und Afrikaner zu sichern, deren Gemüter durch die unüberbrückbare Verschiedenheit der Sprache und der Interessen getrennt waren. Statt der Stimme der Herrschgier Gehör zu geben, beschloß Theodosius, die Mäßigung seines Großvaters nachzuahmen und seinen Vetter Valentinian auf den Thron des Abendlandes zu erheben. Das königliche Kind wurde zu Konstantinopel durch den Titel Nobilissimus ausgezeichnet; es wurde vor seinem Abgang von Thessaloniki zum Rang und zur Würde eines Cäsaren erhoben, und nach der Eroberung von Italien begrüßte der Patrizier Helion kraft der Vollgewalt des Theodosius und in Anwesenheit des Senates Valentinian den Dritten mit dem Namen Augustus und bekleidete ihn feierlich mit dem Diadem und dem kaiserlichen Purpur. Infolge des Übereinkommens der drei Frauen, welche die römische Welt beherrschten, wurde der Sohn der Placidia mit Eudoxia, der Tochter des Theodosius und der Athenaïs, verlobt und sobald Braut und Bräutigam das Alter der Mannbarkeit erreicht hatten, ward das ehrenvolle Bündnis gewissenhaft vollzogen. Zur selben Zeit, vielleicht als Entschädigung für die Kriegskosten, wurde das westliche Illyrien von dem italienischen Gebiet losgetrennt und dem Thron von Konstantinopel abgetreten. Der Kaiser des Morgenlandes erwarb das nutzbringende Gebiet der reichen Seeprovinz Dalmatien und die gefährliche Souveränität über Pannonien und Noricum, welche Länder seit mehr als zwanzig Jahren von vermengten Scharen von Hunnen, Ostgoten, Vandalen und Bajuwaren beherrscht und verwüstet worden waren. Theodosius und Valentinian fuhren fort, die Verpflichtungen ihres Staats- und Familienbündnisses zu ehren; aber die Einheit der römischen Regierung wurde völlig zerrissen. Eine ausdrückliche Erklärung beschränkte die Gültigkeit aller künftigen Gesetze auf die Gebiete ihres besonderen Urhebers, außer er fände für gut, sie von seiner Hand unterzeichnet, seinem unabhängigen Kollegen zur Billigung zu unterbreiten.

Als Valentinian den Augustustitel erhielt, war er nicht älter als sechs Jahre, und seine lange Minorität blieb der vormundschaftlichen Obsorge einer Mutter anvertraut, die kraft ihrer Abstammung auf die Nachfolge im abendländischen Reich Anspruch machen konnte. Placidia beneidete den Ruhm und die Tugenden der Gattin und Schwester des Theodosius; den gebildeten Geist der Eudoxia und die weise und erfolgreiche Staatsklugheit der Pulcheria, vermochte sie aber nicht zu erreichen. Die Mutter Valentinians war eifersüchtig auf die Macht, für deren Ausübung sie keine Talente besaß; sie regierte fünfundzwanzig Jahre lang im Namen ihres Sohnes (425–450), und der Charakter dieses unwürdigen Kaisers bestärkte allmählich den Argwohn, Placidia habe seine Jugend durch eine ausschweifende Erziehung entnervt und geflissentlich seine Aufmerksamkeit von jeder männlichen und ehrenvollen Beschäftigung abgelenkt. Mitten unter dem Verfall des kriegerischen Geistes wurden ihre Heere von zwei Feldherren befehligt, Aetius und Bonifazius, die mit Recht die letzten Römer genannt zu werden verdienen. Ihre Eintracht hätte ein sinkendes Reich stützen können, ihre Zwietracht war die verderbliche und unmittelbare Ursache des Verlustes von Afrika. Der Einbruch und die Niederlage Attilas haben dem Namen des Aetius Unsterblichkeit verliehen, und obschon die Zeit ihre Schatten über die Taten seines Nebenbuhlers gebreitet hat, bezeugen doch die Verteidigung von Marseille und die Befreiung von Afrika die militärischen Talente des Grafen Bonifazius. Auf dem Schlachtfelde, in kleinen Gefechten, in Zweikämpfen war er fortwährend der Schrekken der Barbaren; die Geistlichkeit, insbesondere sein Freund Augustin, war durch die christliche Frömmigkeit erbaut, die ihn einst versuchte, sich aus der Welt zurückzuziehen; das Volk zollte seiner fleckenlosen Redlichkeit Beifall, und das Heer fürchtete seine gleichmäßige und unerbittliche Gerechtigkeit, die durch ein sehr sonderbares Beispiel erläutert werden kann: ein Bauer, der über das verbrecherische Einverständnis zwischen seiner Gattin und einem gotischen Soldaten Klage führte, ward angewiesen, am folgenden Tage wieder vor dem Richterstuhl zu erscheinen; des Abends stieg der Graf, der sich sorgfältig um Zeit und Ort des Stelldicheins erkundigt hatte, zu Pferde, ritt zehn Meilen ins Land hinein, überraschte das schuldige Paar, bestrafte den Soldaten mit augenblicklichem Tode und stillte die Klagen des Mannes, indem er ihm am nächsten Morgen das Haupt des Ehebrechers darreichte. Die Talente des Aetius und Bonifazius hätten gegen die öffentlichen Feinde mit Nutzen verwendet werden können, hätten beide getrennte und wichtige Befehlshaberstellen erhalten, aber die Erfahrung über ihr früheres Benehmen hätte über die eigentliche Gunst und das Vertrauen der Kaiserin Placidia entscheiden sollen. Während der traurigen Epoche ihrer Verbannung und Not hatte Bonifazius allein ihre Sache mit unerschütterlicher Treue aufrechterhalten, und die Truppen und Schätze Afrikas hatten wesentlich dazu beigetragen, die Empörung zu ersticken. Dieselbe Empörung wurde durch den Eifer und die Tätigkeit des Aetius unterstützt, der ein Heer von sechzigtausend Hunnen im Dienste des Thronräubers von der Donau nach der Grenze von Italien führte. Der vorzeitige Tod Johanns nötigte ihn, einen vorteilhaften Vergleich anzunehmen; er fuhr jedoch als Untertan und Soldat Valentinians fort, ein geheimes, vielleicht verräterisches Einverständnis mit seinen barbarischen Verbündeten zu unterhalten, deren Rückzug durch große Geschenke und noch größere Versprechungen erkauft worden war. Aetius besaß aber einen Vorteil, der bei der Regierung eines Weibes von besonderer Wichtigkeit ist: er war anwesend, bestürmte den Palast von Ravenna mit schlauer und unaufhörlicher Schmeichelei, verbarg seine schwarzen Pläne unter der Maske der Treue und Freundschaft und betrog endlich sowohl seine Gebieterin als seinen abwesenden Nebenbuhler durch eine listige Verschwörung, wie sie ein schwaches Weib und ein wackerer Mann nicht leicht ahnen konnten. Er beredete insgeheim Placidia, Bonifazius von der Regierung Afrikas zurückzuberufen; dem Bonifazius riet er insgeheim, dem kaiserlichen Befehl nicht zu gehorchen. Diesem stellte er den Befehl als sein Todesurteil vor, jener schilderte er seine Weigerung als Zeichen der Empörung; und nachdem der leichtgläubige und arglose Graf die Provinzen zu seiner Verteidigung bewaffnet hatte (427), zollte Aetius seinem eigenen Scharfsinn Beifall, eine Empörung vorausgesehen zu haben, die durch seine eigene Treulosigkeit erregt worden war. Eine leidenschaftslose Untersuchung der eigentlichen Beweggründe des Bonifazius würde einen treuen Diener seiner Pflicht der Republik zurückgegeben haben; aber Aetius fuhr kunstvoll fort, zu verraten und aufzuhetzen, und der Graf wurde durch Verfolgung gezwungen, zu dem verzweifeltsten Entschluß zu greifen. Der Erfolg, womit er den ersten Angriffen auswich oder sie zurückwies, konnte ihm keineswegs das eitle Vertrauen einflößen, daß er an der Spitze einiger undisziplinierter und regelloser Afrikanerhaufen imstande sein werde, den regelmäßigen Streitkräften des Abendlandes zu widerstehen, die von einem Nebenbuhler angeführt wurden, dessen militärischen Charakter zu verachten ihm unmöglich war. Nach einigem Zögern, den letzten Kämpfen der Klugheit und Treue, sandte Bonifazius einen vertrauten Freund an den Hof oder vielmehr in das Lager des Gunderich, Königs der Vandalen, mit dem Vorschlag eines engen Bündnisses und dem Anerbieten für eine vorteilhafte und bleibende Niederlassung.

Nach dem Rückzug der Goten wurde die Herrschaft des Honorius in Spanien vorübergehend wiederhergestellt, außer in der Provinz Gallicien, wo die Sueven und Vandalen ihre Lager, sich gegenseitig befehdend und in feindseliger Unabhängigkeit, aufgeschlagen hatten. Die Vandalen behielten die Oberhand und belagerten ihre Gegner in den nervasischen Bergen zwischen Leon und Oviedo, bis die Annäherung des Grafen Asterius die siegreichen Barbaren zwang oder vielmehr reizte, den Kriegsschauplatz in die Ebene von Bätica zu verlegen. Die schnellen Fortschritte der Vandalen forderten bald wirksameren Widerstand, und der Oberbefehlshaber Castinus rückte gegen sie mit einem zahlreichen Heere von Römern und Goten. In der Schlacht von einem an Zahl geringeren Feinde besiegt, floh Castinus mit Schmach nach Tarragona, und diese denkwürdige Niederlage, die als Strafe einer unbesonnenen Verwegenheit dargestellt worden ist, war wahrscheinlich deren Folge. Sevilla und Carthagena wurden die Belohnung oder vielmehr Beute der blutdürstigen Sieger, und die Schiffe, die sie in dem Hafen von Carthagena fanden, konnten sie leicht nach den Inseln Majorca und Minorca bringen, wo die spanischen Flüchtlinge einen sicheren Zufluchtsort für ihre Familien und Schätze gefunden zu haben glaubten. Erfahrung in der Schiffahrt und vielleicht der Anblick von Afrika ermunterte die Vandalen, die von dem Grafen Bonifazius erhaltene Einladung anzunehmen (428), ja der Tod Gunderichs diente nur zur Förderung und Anfeuerung des kühnen Unternehmens. Statt eines Fürsten, der sich weder durch überlegene Gaben des Geistes noch des Körpers ausgezeichnet hatte, besaßen sie nun seinen Bastardbruder, den furchtbaren Genserich, ein Name, der in der Geschichte der Zerstörung des römischen Reiches gleichen Rang mit den Namen Alarich und Attila verdient. Der König der Vandalen wird als von mittlerer Statur beschrieben, auf dem einen Fuß lahm, welches Übel er sich durch einen zufälligen Sturz vom Pferde zugezogen hatte. Seine kargen und vorsichtigen Worte enthüllten selten die tiefen Pläne seiner Seele, er verschmähte Nachahmung der Üppigkeit der Besiegten, fröhnte aber den wilderen Leidenschaften des Zornes und der Rache. Genserichs Ehrgeiz war unbegrenzt und gewissenlos, und dieser Krieger vermochte mit Gewandtheit die verborgenen Hebel der Politik zu handhaben, um sich die Verbündeten zu verschaffen, die ihm zum Erfolge behilflich sein konnten, und um unter seinen

Feinden den Samen des Hasses und der Zwietracht auszustreuen. Im Augenblick der Abfahrt empfing er die Nachricht, daß Hermanrich, König der Sueven, es gewagt habe, die spanischen Gebiete zu verwüsten, die er zu verlassen beabsichtigte. Durch einen solchen Schimpf aufgebracht, verfolgte Genserich den eiligen Rückzug der Sueven bis Merida, trieb den König und sein Heer in den Fluß Anas und kehrte ruhig nach dem Gestade zurück, um seine siegreichen Truppen einzuschiffen. Die Schiffe, welche die Vandalen über den jetzt die Meerenge von Gibraltar genannten, nur zwölf Meilen breiten Kanal brachten, wurden von den Spaniern, die ihre Entfernung sehnlichst wünschten, und von dem afrikanischen Befehlshaber geliefert, der um ihre furchtbare Hilfe gebeten hatte.

Unsere Einbildungskraft, seit so langer Zeit gewohnt, die kriegerischen Barbarenschwärme, die dem Norden zu entströmen schienen, zu überschätzen und zu vervielfältigen, wird durch die Schilderung des Heeres, über das Genserich an der Küste von Mauritanien Schau hielt, überrascht sein. Die Vandalen, die binnen zwanzig Jahren von der Elbe bis zum Atlasgebirge drangen, waren unter dem Oberbefehl ihres kriegerischen Königs vereint, und mit gleicher Macht herrschte er über die Alanen, die in einem Menschenalter aus der skythischen Kälte bis zur übermäßigen Glut des afrikanischen Himmelsstriches vorgerückt waren. Die mit der kühnen Unternehmung verknüpften Hoffnungen hatten viele tapfere Abenteurer des Gotenvolkes herbeigelockt, und viele verzweifelte Provinzbewohner ließen sich verleiten, ihr Geschick durch dieselben Mittel zu verbessern, die es zerstört hatten. Dennoch betrug diese bunte Menge nur fünfzigtausend streitbare Männer, und obschon Genserich seine scheinbare Stärke durch die Ernennung von achtzig Chiliarchen oder Befehlshabern über tausend Mann künstlich vergrößerte, vermochte die trügerische Mitrechnung von Greisen, Kindern und Sklaven sein Heer kaum auf achtzigtausend Personen zu vergrößern. Seine Gewandtheit aber und die Unzufriedenen von Afrika verstärkten bald die Streitkräfte der Vandalen durch den Beitritt zahlreicher und tätiger Verbündeter. Die an die große Wüste und den Atlantischen Ozean grenzenden Teile von Mauritanien waren von einem grimmigen und unbezähmbaren Geschlecht von Menschen bewohnt, deren wilder Sinn durch die Furcht vor den römischen Waffen mehr erbittert als gebrochen worden war. Als die nomadischen Mauren es allmählich wagten, sich dem Gestade und Lager der Vandalen zu nähern, sahen sie mit Schrecken und Staunen Tracht und Rüstung, Kriegerstolz und Heereszucht der unbekannten Fremdlinge, die an ihrer Küste gelandet waren; und die blonde Gesichtsfarbe der blauäugigen Krieger Germaniens bildete einen wundersamen Gegensatz zu dem schwarzen oder Oliventeint der Eingeborenen, der die Wirkung der Nähe der heißen Zone war. Nachdem die ersten in der gegenseitigen Unkenntnis ihrer bezüglichen Sprache begründeten Schwierigkeiten einigermaßen überwunden waren, schlossen die Mauren, unbekümmert um alle künftigen Folgen, Bündnis mit Roms Feinden, und Scharen nackter Wilder ergossen sich aus den Wäldern und Tälern des Atlasgebirges, um an den glänzenden Tyrannen, von denen sie unrechtmäßigerweise von ihrem angestammten Land vertrieben worden waren, ihre Rache zu kühlen.

Die Verfolgung der Donatisten war ein zweites den Plänen Genserichs nicht minder günstiges Ereignis. Siebzehn Jahre vor seiner Landung in Afrika war zu Karthago auf Befehl des Statthalters eine öffentliche Konferenz abgehalten worden. Die Katholiken überzeugten sich, daß nach den unwiderleglichen Gründen, die sie angeführt hatten, die Hartnäckigkeit der Schismatiker unentschuldbar und freiwillig wäre, und der Kaiser Honorius wurde veranlaßt, die strengsten Strafen über eine Partei zu verhängen, die seine Langmut und Milde seit so langer Zeit mißbrauchte. Dreihundert Bischöfe und viele Tausende des unteren Klerus wurden von ihren Kirchen entfernt, ihrer geistlichen Besitzungen beraubt, nach den Inseln verbannt und durch Gesetze in Acht erklärt, wenn sie es wagen sollten, sich in den Provinzen von Afrika zu verbergen. Ihre zahlreichen Gemeinden wurden sowohl in den Städten als auf dem Lande des Bürgerrechtes und der Erlaubnis der Ausübung des Gottesdienstes beraubt. Eine regelmäßige Auflage von Geldbußen von zehn bis zweihundert Pfund Silber wurde je nach dem

Unterschied des Ranges und Vermögens genau festgesetzt, um das Verbrechen der Teilnahme an den Konventikeln der Schismatiker zu bestrafen; war die Geldbuße fünfmal erhoben worden, ohne die Hartnäckigkeit des Übertreters zu brechen, so wurde die künftige Bestrafung dem Ermessen des kaiserlichen Hofes überlassen. Durch diese strengen Maßregeln, welche die wärmste Billigung des heiligen Augustin erhielten, wurden große Scharen von Donatisten zur katholischen Kirche zurückgeführt. Die Fanatiker aber, die noch immer auf ihrem Widerstande beharrten, wurden zu Wahnsinn und Verzweiflung gereizt; das zerrüttete Land ward mit Aufruhr und Blutvergießen überzogen; die bewaffneten Banden der Circumcellionen kehrten ihre Wut bald gegen sich selbst, bald gegen ihre Gegner, und der Kalender der Märtyrer erhielt auf beiden Seiten einen ansehnlichen Zuwachs. Unter solchen Umständen zeigte sich Genserich, zwar Christ, aber Feind der orthodoxen Gemeinde, den Donatisten als ein mächtiger Befreier, von dem sie mit Grund Aufhebung der verhaßten Unterdrückungsedikte der römischen Kaiser erwarten konnten. Die Eroberung von Afrika wurde durch den tätigen Eifer oder die geheime Begünstigung einer einheimischen Partei erleichtert; die mutwilligen Gewalttätigkeiten gegen Kirchen und Geistlichkeit, deren die Vandalen beschuldigt werden, können mit Grund auf Rechnung des Fanatismus ihrer Bundesgenossen gesetzt werden, und der Geist der Intoleranz, der den Triumph des Christentums entehrte, trug zum Verlust der wichtigsten Provinz des Westens bei.

Hof und Volk staunten über die befremdende Kunde, daß ein jugendhafter Held nach so vielen Gunstbezeigungen, nach so vielen Diensten sich seiner Treue entschlagen und die Barbaren zur Zerstörung der Provinz, die seinem Oberbefehl anvertraut war, aufgefordert habe. Die Freunde des Bonifazius, die fortwährend glaubten, daß sein verbrecherisches Benehmen durch irgendeinen ehrenvollen Vorwand entschuldigt werden könne, erflehten in Abwesenheit des Aetius die Erlaubnis zu einer freien Unterredung mit dem Grafen von Afrika, und Darius, ein Beamter von hohem Rang, wurde mit der wichtigen Sendung betraut. Bei ihrer ersten Unterredung zu Karthago klärten sich die vermeintlichen Herausforderungen gegenseitig auf, die widersprechenden Briefe des Aetius wurden vorgezeigt und verglichen und der Betrug dadurch leicht entdeckt. Placidia und Bonifazius beklagten ihren gefährlichen Irrtum, und der Graf besaß die nötige Seelengröße, der Verzeihung seiner Gebieterin zu trauen oder sein Haupt ihrer künftigen Rache darzubieten (430). Seine Reue war heftig und aufrichtig, aber er machte bald die Entdeckung, daß es nicht mehr in seiner Gewalt stand, das Gebäude wiederherzustellen, das er in seinen Grundfesten erschüttert hatte. Karthago und die römischen Besatzungen kehrten mit ihrem Feldherrn zur Pflichttreue gegen Valentinian zurück, das übrige Afrika jedoch blieb von Krieg und Parteien zerrüttet, und der unerbittliche König der Vandalen, alle Vergleichsbedingungen verschmähend, weigerte sich hartnäckig, seine Beute wieder fahren zu lassen. Die Schar der Veteranen, die der Fahne des Bonifazius folgte, und die Truppen, die er eilig in der Provinz ausgehoben, wurden mit beträchtlichem Verlust geschlagen; die siegreichen Barbaren verwüsteten das offene Land, und Karthago, Cirta und Hippo Regius waren die einzigen Städte, die in der allgemeinen Überschwemmung noch ihr Haupt emporhielten.

Der lange und schmale Strich der afrikanischen Küste war mit vielen Denkmälern römischer Kunst und Größe angefüllt, und die verschiedenen Grade von Kultur ließen sich genau durch die Entfernung von Karthago und dem Mittelmeer messen. Eine einfache Betrachtung wird jedem denkenden Menschen einen Begriff von der Fruchtbarkeit und dem Anbau geben: das Land war äußerst bevölkert, die Bewohner behielten reichen Unterhalt für sich zurück, und die jährliche Ausfuhr, besonders von Weizen, war so regelmäßig und groß, daß Afrika den Namen der allgemeinen Kornkammer von Rom und des Menschengeschlechtes erwarb. Plötzlich wurden die sieben fruchtbaren Provinzen von Tanger bis Tripolis durch den Einbruch der Barbaren überschwemmt, deren Zerstörungswut vielleicht durch Volkshaß, Religionsfeindschaft und ausschweifende Klage übertrieben worden ist. Denn der Krieg auch in seiner mildesten Form hat eine fortwährende Verletzung der Menschlichkeit und Gerechtigkeit zur Folge, und die Feindseligkeiten der Barbaren sind durch jenen Geist der Wildheit und Gesetzlosigkeit gekennzeichnet, der unaufhörlich ihre friedliche und heimische Genossenschaft zerrüttet. Wo die Vandalen auf Widerstand trafen, ließen sie selten Gnade walten, und der Tod ihrer tapferen Landsleute ward durch den Ruin der Städte gesühnt, unter deren Mauern sie gefallen waren. Mit Hintansetzung jedes Unterschiedes des Alters, Geschlechtes und Ranges wandten sie alle Arten der Beschimpfung und Tortur an, um von ihren Gefangenen die Entdeckung verborgener Reichtümer zu erpressen. Die grausame Politik Genserichs rechtfertigt seine häufigen Beispiele militärischer Hinrichtungen: er war nicht immer Meister seiner eigenen oder seiner Anhänger Leidenschaften, und die Drangsale des Krieges wurden durch die Zügellosigkeit der Mauren und den Fanatismus der Donatisten vergrößert. Ich werde mich aber nicht leicht zu der Ansicht überreden lassen, daß es ein allgemeiner Gebrauch der Vandalen war, in einem Lande, wo sie sich anzusiedeln gedachten, die Öl- und anderen Fruchtbäume umzuhauen; noch weniger kann ich glauben, daß sie gewöhnlich zu der Kriegslist Zuflucht nahmen, eine große Anzahl ihrer Gefangenen vor den Mauern einer belagerten Stadt niederzumetzeln, bloß um die Luft zu verpesten und ansteckende Krankheit zu erzielen, deren erste Opfer sie selbst hätten werden müssen.

Die hochherzige Seele des Grafen Bonifazius wurde durch die außerordentliche Qual gemartert, das Verderben zu schauen, das er veranlaßt hatte und dessen reißende Fortschritte er zu hemmen außerstande war. Nach dem Verlust einer Schlacht zog er sich nach Hippo Regius zurück, wo er sogleich von einem Feinde belagert wurde, der ihn als das eigentliche Bollwerk Afrikas betrachtete. Die Kolonie Hippo, am Meere, ungefähr zweihundert Meilen westlich von Karthago, erhielt früher wegen der Residenz der numidischen Könige den Beinamen Regius, und einige Spuren des damaligen Handels und der Bevölkerung sind der neueren Stadt geblieben, die in Europa unter dem Namen Bona bekannt ist. Die militärischen Arbeiten und sorgenvollen Gedanken des Grafen Bonifazius wurden durch erbauliche Unterredung mit seinem Freunde, dem heiligen Augustin, erleichtert, bis dieser Bischof, das Licht und die Säule der katholischen Kirche, im dritten Monate der Belagerung und im sechsundsiebzigsten Jahre seines Lebens durch einen gelinden Tod den wirklichen und drohenden Gefahren seines Vaterlandes entrückt wurde (28. Aug. 430). Die Jugend Augustins war durch die Laster und Irrtümer befleckt gewesen, die er so aufrichtig bekennt; von dem Augenblick seiner Bekehrung aber bis zu seinem Tod waren die Sitten des Bischofs rein und streng, und die leuchtendste seiner Tugenden war sein Feuereifer gegen die Ketzer jeder Art, die Manichäer, Donatisten und Pelagianer, gegen die er einen beständigen Krieg führte. Als die Vandalen einige Monate nach seinem Tode die Stadt verbrannten, wurde glücklicherweise die Bibliothek gerettet, die seine umfangreichen Schriften enthielt: zweihundertzweiunddreißig Bücher oder Abhandlungen über theologische Gegenstände, außer einer vollständigen Erklärung der Psalmen und des Evangeliums und einem reichen Magazin von Briefen und Erbauungsreden. Nach dem Urteile der unparteiischsten Kritiker beschränkte sich die oberflächliche Gelehrsamkeit Augustins auf die lateinische Sprache, und sein Stil ist, obgleich zuweilen durch die Beredsamkeit der Leidenschaft belebt, gewöhnlich durch falsche und gezierte Rhetorik gekennzeichnet. Er besaß jedoch einen kräftigen, umfassenden und logischen Geist; er erforschte kühn den dunklen Abgrund der Gnade, der Vorherbestimmung des freien Willens und der Erbsünde, und das strenge System des Christentums, das er gründete oder wiederherstellte, ist von der lateinischen Kirche mit öffentlichem Beifall und geheimen Widerstreben angenommen worden.

Durch die Geschicklichkeit des Bonifazius und vielleicht durch die Unwissenheit der Vandalen wurde die Belagerung von Hippo über vierzehn Monate verlängert; der Zugang zur See blieb beständig offen, und nachdem das umliegende Land durch regellosen Raub erschöpft worden war, sahen sich die Belagerer selbst durch Hunger gezwungen, ihr Unternehmen aufzugeben. Die Regentin des Abendlandes fühlte die

Wichtigkeit und Gefahr Afrikas auf das tiefste. Placidia flehte um Beistand ihres morgenländischen Bundesgenossen, worauf die italienische Flotte und Mannschaft durch Aspar verstärkt wurde, der von Konstantinopel, mächtig gerüstet, anlangte. Sobald die Streitkräfte der beiden Reiche unter dem Oberbefehl des Bonifazius vereinigt waren, rückte er kühn den Vandalen entgegen, aber der Verlust einer zweiten Schlacht entschied das Schicksal von Afrika unwiderruflich (431). Er schiffte sich mit Eilfertigkeit und Verzweiflung ein, und den Einwohnern von Hippo wurde gestattet, mit ihren Familien und Habseligkeiten den leeren, von den Soldaten nicht mehr benötigten Platz einzunehmen, deren größerer Teil von den Vandalen entweder erschlagen oder gefangengenommen worden war. Der Graf, dessen verderbliche Leichtgläubigkeit die Republik vital verwundet hatte, mochte wohl den Palast in Ravenna mit Bangigkeit betreten, die jedoch durch die Freundlichkeit der Placidia bald zerstreut wurde. Bonifazius nahm mit Dankbarkeit den Rang eines Patriziers und die Würde eines Oberbefehlshabers der römischen Heere an; aber erröten mußte er bei dem Anblick jener Denkmünze, auf der er mit dem Namen und den Attributen des Sieges dargestellt war. Die Entdeckung seines Betruges, das Mißfallen der Kaiserin und die besondere Begünstigung seines Nebenbuhlers erbitterten die stolze und treulose Seele des Aetius. Er kehrte mit einem Gefolge oder vielmehr Heere barbarischer Anhänger schleunig von Gallien nach Italien zurück, und so groß war die Schwäche der Regierung, daß die beiden Feldherren ihre Privatstreitigkeiten in einer blutigen Schlacht entscheiden durften. Bonifazius siegte, empfing aber im Kampf eine tödliche Wunde von dem Speer seines Gegners, an welcher er nach wenigen Tagen mit so christlichen und milden Gesinnungen verschied (432), daß er seine Gattin, eine reiche spanische Erbin, ermahnte, Aetius zu ihrem zweiten Gemahl zu nehmen. Aetius konnte aber von der Hochherzigkeit seines sterbenden Feindes keinen unmittelbaren Vorteil ziehen; er wurde von der gerechten Placidia zu einem Rebellen erklärt, und obschon er es versuchte, einige feste Plätze, die er auf den ihm gehörenden Besitzungen errichtet hatte, zu verteidigen, zwangen ihn doch die kaiserlichen Waffen, nach Pannonien zu den Zelten seiner getreuen Hunnen zu fliehen. So ward die Republik ihrer beiden berühmtesten Feldherren durch deren gegenseitige Zwietracht beraubt.

Es ließ sich natürlich erwarten, daß die Vandalen nach Bonifazius' Abzug die Eroberung von Afrika ohne Widerstand oder Verzug vollenden würden. Acht Jahre verstrichen indessen zwischen der Räumung von Hippo und der Bezwingung von Karthago. Mitten in diesem Zeitraum schloß der eroberungssüchtige Genserich in der Hochflut seines scheinbaren Glückes einen Friedensvertrag, durch den er seinen Sohn Hunnerich als Geisel gab und einwilligte, den abendländischen Kaiser im ungestörten Besitze der drei Mauritanien zu lassen. Diese Mäßigung, die der Gerechtigkeitsliebe des Eroberers nicht zugeschrieben werden kann, muß seiner Politik zugeschrieben werden. Sein Thron war von inneren Feinden umgeben, die seine uneheliche Geburt lästerten und die rechtmäßigen Ansprüche seiner Neffen, der Söhne Gunderichs, verteidigten. Diese Neffen opferte er allerdings seiner Sicherheit und ließ ihre Mutter, die Witwe des verstorbenen Königs, in den Fluß Ampsaga stürzen. Das öffentliche Mißvergnügen äußerte sich aber in gefährlichen und häufigen Verschwörungen, und dem kriegerischen Tyrannen wird Schuld gegeben, er habe mehr Vandalenblut durch die Hand des Henkers als auf dem Schlachtfelde vergossen. Die Zerrüttung Afrikas, die seinen Angriff erleichtert hatte, erschwerte die feste Begründung seiner Macht, und die häufigen Empörungen der Mauren und Germanen, der Donatisten und Katholiken beunruhigten oder bedrohten fortwährend die schwankende Herrschaft des Eroberers. Als er gegen Karthago vorrückte, mußte er seine Truppen aus den westlichen Provinzen abziehen, die Meeresküste blieb den Angriffen der Römer aus Spanien und Italien bloßgestellt, und im Herzen Numidiens beharrte die starke Binnenstadt Corta fortwährend in hartnäckiger Unabhängigkeit. Diese Schwierigkeiten wurden allmählich durch den Mut, die Beharrlichkeit und die Grausamkeit Genserichs bewältigt, der abwechselnd die Künste des Friedens und Krieges zur Gründung seines afrikanischen Königreiches anwendete. Er unterzeichnete einen feierlichen Vertrag in der Hoffnung, Vorteil während seiner Dauer sowie aus seiner Verletzung zu ziehen. Die Wachsamkeit seiner Gegner erschlaffte infolge der Freundschaftsbeteuerungen, unter denen er seinen feindlichen Heranzug verbarg, und Karthago wurde endlich, fünfhundertundfünfundachtzig Jahre nach Zerstörung der Stadt und der Republik durch den jüngeren Scipio, von den Vandalen überrumpelt (9. Oktober 439).

Eine neue Stadt war aus ihren Ruinen mit dem Titel Kolonie entstanden, und obschon Karthago geringere kaiserliche Vorrechte für den Handel als Konstantinopel oder Alexandrien genoß oder Antiochien an Glanz weichen mochte, bewahrte es doch den zweiten Rang im Westen als das Rom (wenn wir uns der Redeweise der Zeitgenossen bedienen dürfen) der afrikanischen Welt. Diese reiche und mächtige Metropole entfaltete in abhängiger Lage das Bild einer blühenden Republik. In Karthago befanden sich die Fabriken, die Waffen und die Schätze der sechs Provinzen. Eine regelmäßige Einteilung der bürgerlichen Ehrenstellen von den Gassen- und Viertelsmeistern der Stadt bis zum Tribunal des obersten Beamten war getroffen, welch letzterer mit dem Titel eines Prokonsuls den Glanz und die Würde eines Konsuls des alten Rom verkörperte. Schulen und Gymnasien waren für den Unterricht der afrikanischen Jugend errichtet, und die freien Künste und edlen Sitten, die Grammatik, Rhetorik und Philosophie wurden öffentlich in lateinischer und griechischer Sprache gelehrt. Die Gebäude von Karthago waren gleichförmig und prächtig; ein schattiger Hain war in der Mitte der Hauptstadt angepflanzt; der neue, sichere und geräumige Hafen diente der Handelstätigkeit der Einheimischen und Fremden, und die glänzenden Spiele des Zirkus und Theaters wurden fast während der Anwesenheit der Barbaren gefeiert. Der Ruf der Karthagenienser war dem ihres Landes nicht gleich, und der Vorwurf der punischen Treue haftete immer ihrem schlauen und treulosen Charakter an. Die Formen des Handels und der Mißbrauch des Luxus hatten ihre Sitten verderbt, und ihre ruchlose Verachtung der Mönche und schamlose Befriedigung unnatürlicher Gelüste sind die zwei Abscheulichkeiten, welche die fromme Heftigkeit Salvians, des Sittenpredigers jener Zeit, erregten. Der König der Vandalen hemmte strenge die Ausübung der Laster eines wollüstigen Volkes, und die alte, edle und angeborene Freiheit von Karthago (diese Ausdrücke Victors sind nicht ohne Kraft) wurde von Genserich in einen Zustand schimpflicher Knechtschaft verwandelt. Nachdem er seinen zügellosen Truppen gestattet hatte, ihre Wut und Habsucht zu befriedigen, führte er ein regelmäßigeres System des Raubes und der Bedrückung ein. Ein Edikt erging, wodurch allen Personen befohlen wurde, ihr Gold, Silber, ihre Juwelen, wertvollen Gerätschaften und Kleider an die königlichen Beamten ohne Trug und Zögern auszuliefern; der Versuch, irgendeinen Teil ihres Besitztums zu verheimlichen, wurde unerbittlich als Hochverrat gegen den Staat mit Tod und Folter bestraft. Die Ländereien der prokonsulischen Provinz, die das unmittelbare Gebiet von Karthago bildeten, wurden genau vermessen und unter die Barbaren verteilt, und als eigene Domäne behielt der Eroberer den fruchtbaren Bezirk von Byzacium und die angrenzenden Teile von Numidien und Getulien.

Es war sehr natürlich, daß Genserich diejenigen haßte, die er in ihren Rechten gekränkt hatte; die Großen und Senatoren von Karthago waren daher seiner Eifersucht und seinem Grimm ausgesetzt, und alle diejenigen, welche die schimpflichen Bedingungen, die ihnen Ehre und Religion anzunehmen verboten, zurückwiesen, wurden von dem arianischen Tyrannen gezwungen, den Zustand ewiger Verbannung zu wählen. Rom, Italien und die Provinzen des Ostens füllten sich mit Verbannten, Flüchtlingen und entronnenen Gefangenen, die das öffentliche Mitleid in Anspruch nahmen; und die menschenfreundlichen Briefe des Theodoret haben den Namen und das Unglück des Cölestian und der Maria verewigt. Der syrische Bischof beklagt das Mißgeschick des Cölestian, eines edlen und reichen Senators von Karthago, der dahin gebracht worden war, daß er mit Weib, Familie und Dienerschaft um sein Brot in einem fremden Lande betteln mußte; aber er preist die Resignation des christlichen Verbannten und den philosophischen Gleichmut, der unter dem Drucke solcher Unglücksfälle mehr echtes Glück zu genießen vermochte, als gewöhnlich dem Reichtum und Wohlstand beschieden ist. Die Geschichte der Maria, der Tochter des freigebigen Eudämon, ist eigenartig und interessant. Bei der Plünderung von Karthago wurde sie den Vandalen von einigen syrischen Kaufleuten abgekauft, die sie nachher als Sklavin in ihrem Vaterlande weiterverkauften. Eine Dienerin, auf demselben Schiffe fortgeschafft und an dieselbe Familie verkauft, fuhr fort, die Gebieterin zu ehren, die das Schicksal zu der gleichen Sklaverei erniedrigt hatte, und die Tochter Eudämons empfing jetzt von ihrer dankbaren Zuneigung die gleichen häuslichen Dienste, die sie einst von ihrem Gehorsam gefordert hatte. Dieses merkwürdige Benehmen tat den eigentlichen Stand Marias kund, die in der Abwesenheit des Bischofs von Cyrrhus durch den Edelmut einiger Soldaten der Besatzung aus der Sklaverei losgekauft wurde. Die Freigebigkeit Theodorets sorgte für ihren anständigen Unterhalt, und sie brachte zehn Monate unter den Diakonissinnen der Kirche zu, bis sie unerwartet erfuhr, daß ihr Vater, der dem Verderben von Karthago entronnen war, ein ehrenvolles Amt in einer der westlichen Provinzen bekleide. Der fromme Bischof unterstützte ihre kindliche Sehnsucht, und in einem noch vorhandenen Schreiben empfiehlt Theodoret Maria dem Bischof von Aegä. Dies war eine Seestadt in Kilikien, die während der jährlichen Messe von den Schiffen des Westens besucht wurde; er bittet darin inständigst, sein Kollege möge die Jungfrau mit einem ihrer Herkunft angemessenen Wohlwollen empfangen und sie der Obsorge solcher vertrauenswürdiger Kaufleute übergeben, die es für hinreichenden Gewinn erachten würden, eine jeglicher menschlicher Hoffnung verloren gewesene Tochter den Armen ihres bekümmerten Vaters zuzuführen.

Ich fühle mich versucht, aus den schalen Legenden der Kirchengeschichte die merkwürdige Fabel der sieben Schläfer hervorzuheben, die angeblich zur Zeit der Regierung des jüngeren Theodosius und der Eroberung Afrikas durch die Vandalen spielt. Als der Kaiser Decius die Christen verfolgte, verbargen sich sieben edle Jünglinge von Ephesus in einer geräumigen Höhle am Abhang eines benachbarten Berges, wo der Tyrann sie zum Hungertod verdammte, indem er befahl, den Eingang mit einem Haufen großer Steine fest zu verschließen. Sie sanken sogleich in einen tiefen Schlaf, der, ohne ihrer Lebenskraft zu schaden, wunderbarerweise einhundertsiebenundachtzig Jahre dauerte. Nach Ablauf dieser Zeit räumten die Sklaven des Adolius, dem der Berg durch Erbschaft zugekommen war, die Steine hinweg, um Materialien für irgendeinen ländlichen Bau zu gewinnen; das Licht der Sonne drang in die Höhle, und die sieben Schläfer durften erwachen. Nach einem Schlummer von, wie sie vermeinten, nur wenigen Stunden fühlten sie die Mahnung des Hungers und beschlossen, daß Jamblichus, einer aus ihrer Mitte, insgeheim in die Stadt zurückkehren sollte, um Brot für seine Gefährten zu kaufen. Der Jüngling (wenn wir diese Benennung weiterhin gebrauchen dürfen) konnte das ihm sonst so vertraute Bild seiner Vaterstadt nicht mehr erkennen, und sein Erstaunen wurde durch den Anblick eines großen Kreuzes vermehrt, das triumphierend über dem Haupttor von Ephesus prangte. Seine sonderbare Tracht und veraltete Sprache setzte den Bäcker, dem er eine Münze des Decius als gangbares Geld des Reiches darreichte, in Verwirrung, und Jamblichus wurde auf den Verdacht, er habe einen Schatz entdeckt, vor den Richter geführt. Gegenseitige Fragen brachten den außerordentlichen Vorfall zum Vorschein, daß fast zwei Jahrhunderte seit der Zeit, da Jamblichus und seine Freunde der Wut eines heidnischen Tyrannen entrannen, verstrichen waren. Der Bischof von Ephesus, die Geistlichkeit, die Obrigkeiten, das Volk und, wie es heißt, der Kaiser Theodosius selbst beeilten sich, die Grotte der sieben Schläfer zu besuchen, die ihren Segen erteilten, ihre Geschichte erzählten und in dem gleichen Augenblick sanft verschieden. Der Ursprung dieser wundervollen Fabel kann keineswegs dem frommen Betrug und der Leichtgläubigkeit der neueren Griechen zugeschrieben werden, weil man die authentische Sage bis auf ein halbes Jahrhundert nach dem vermeintlichen Wunder verfolgen kann. Jakob von Sarug, ein syrischer Bischof, der nur zwei Jahre nach dem Tode des jüngeren Theodosius geboren war, hat eine seiner zweihundertunddreißig Erbarmungsreden dem Lobe der Jünglinge von Ephesus gewidmet. Diese Legende wurde vor Ablauf des sechsten Jahrhunderts auf Veranlassung Gregors von Tours aus der syrischen in die lateinische

Sprache übersetzt. Die feindseligen Gemeinden des Ostens bewahren ihr Andenken mit gleicher Verehrung, und ihre Namen sind im römischen, im abessinischen und im russischen Kalender ehrenvoll eingezeichnet. Auch hat sich ihr Ruhm keineswegs bloß auf die christliche Welt beschränkt. Diese Volkssage, die Mohammed vielleicht gehört hat, als er seine Kamele nach den syrischen Märkten trieb, ist in den Koran als göttliche Offenbarung aufgenommen. Die Geschichte der sieben Schläfer ist von allen Völkern, von Bengalen bis Afrika, die sich zur mohammedanischen Religion bekennen, angenommen und ausgeschmückt, und Spuren einer ähnlichen Sage sind auch an den äußersten Grenzen von Skandinavien entdeckt worden. Dieser willige und allgemeine Glaube, so bezeichnend für das Gefühl des Menschengeschlechtes, darf dem inneren Werte der Fabel selbst zugeschrieben werden. Wir rücken unmerklich von der Jugend zum Alter vor, ohne die allmähliche, aber unaufhörliche Wandlung der menschlichen Angelegenheiten zu bemerken, ja selbst in unserer größeren geschichtlichen Erfahrung ist der Geist durch eine ewige Reihe von Ursachen und Wirkungen gewohnt, die fernsten Umwälzungen zu verknüpfen. Aber wenn der Unterschied zwischen zwei denkwürdigen Epochen wirklich vernichtet werden könnte, wenn es möglich wäre, nach einem nur Augenblicke scheinenden Schlafe von zweihundert Jahren die neue Welt vor den Augen eines Beschauers zu entfalten, der noch den lebendigen und frischen Eindruck der alten beibehalten hat, so würden sein Erstaunen und seine Bemerkungen einen interessanten Gegenstand für eine philosophische Romanze abgeben. Die Handlung konnte zu keiner vorteilhafteren Zeit spielen, wie in den zwei Jahrhunderten, die zwischen den Regierungen des Decius und des jüngeren Theodosius vergingen. Während dieser Periode war der Sitz der Regierung von Rom nach einer neuen Stadt an den Ufern des thrakischen Bosporus verlegt worden und die Entartung des militärischen Geistes durch ein künstliches System zahmer und zeremoniöser Sklaverei ersetzt worden. Der Thron des angriffslustigen Decius war von einer Reihe christlicher und rechtgläubiger Fürsten, welche die fabelhaften Götter des Altertums ausgerottet hatten, eingenommen worden, und die öffentliche Andacht des Zeitalters strebte mit Ungeduld danach, die Heiligen und Märtyrer der katholischen Kirche auf die Altäre des Herkules und der Diana zu stellen. Die Einheit des Römischen Reiches war aufgelöst, sein Genius in Staub getreten, und Heeresführer unbekannter, aus den eisigen Ländern des Nordens gekommener Barbaren hatten ihre siegreiche Herrschaft über die schönsten Provinzen von Europa und Afrika aufgerichtet.

ZEHNTES KAPITEL

ATTILA, KÖNIG DER HUNNEN

*Charakter, Eroberungen und Hof Attilas, Königs der Hunnen. – Tod Theodosius'
des Jüngeren. – Erhebung Marcians auf den Thron des morgenländischen
Reiches*

Die abendländische Welt war von den Goten und Vandalen, die vor den Hunnen flohen, erdrückt worden; aber die Taten der Hunnen selbst waren ihrer Macht und ihrem Glück keineswegs angemessen. Ihre siegreichen Horden hatten sich von der Wolga bis an die Donau ausgebreitet, aber die öffentliche Macht wurde durch die Zwietracht unabhängiger Häuptlinge erschöpft, ihre Tapferkeit in geringfügigen Raubzügen vergeudet, und sie erniedrigten häufig ihre Würde als Nation, indem sie sich aus Hoffnung auf Beute unter die Fahnen ihrer besiegten Feinde scharten. Unter der Herrschaft des Attila wurden die Hunnen abermals der Schrecken der Welt, und ich werde nun den Charakter und die Taten dieses furchtbaren Barbaren beschreiben, der abwechselnd das Abendland und das Morgenland bedrängte, mit Krieg überzog und den schnellen Sturz des Römischen Reiches beschleunigte.

In dem Strom der Auswanderung, der mit Ungestüm von den Grenzen Chinas bis zu jenen Germaniens rollte, waren die mächtigsten und volkreichsten Stämme gewöhnlich am Rande der römischen Provinzen zu finden. Der gestaute Druck wurde eine Zeitlang von den künstlichen Schranken ausgehalten, und die gefügigen Zugeständnisse der Kaiser reizten die unverschämte Gier der Barbaren, die ein brünstiges Verlangen nach den Üppigkeiten des zivilisierten Lebens eingesogen hatten, ohne dieselbe zu befriedigen. Die Ungarn, die den Namen Attila voll Ehrgeiz auf die Liste ihrer eingeborenen Könige schreiben, behaupten mit gutem Grunde, daß die Horden, welche seinem Oheim Roas oder Rugilas gehorchten, ihr Lager innerhalb der Grenzen des jetzigen Ungarn aufgeschlagen hatten, eines fruchtbaren Landes, das die Bedürfnisse einer Nation von Jägern und Hirten im Überfluß befriedigte. In einer so vorteilhaften Lage waren Rugilas und seine tapferen Brüder, die ihre Macht und ihren Ruf beständig vermehrten, Gebieter über Krieg und Frieden mit den beiden Reichen. Sein Bündnis mit den Römern des Abendlandes ward durch seine persönliche Freundschaft mit dem großen Aetius befestigt, der sich stets darauf verlassen konnte, in dem Lager der Barbaren gastfreundschaftliche Aufnahme und mächtige Unterstützung zu finden. Auf sein Ansuchen und im Namen des Thronräubers Johann rückten sechzigtausend Hunnen bis an die Grenzen von Italien; ihr Zug und Rückzug war für den Staat gleich kostspielig, und des dankbaren Aetius Politik überließ seinen treuen Verbündeten den Besitz von Pannonien. Die Römer des Morgenlandes schwebten in nicht geringer Besorgnis vor den Waffen des Rugilas, welche die Provinzen, sogar die Hauptstadt bedrohten. Einige Kirchengeschichtsschreiber haben die Barbaren durch Donner und Pest vernichtet; Theodosius war jedoch genötigt, zu dem demütigeren Ausweg zu schreiten, eine jährliche Bezahlung von dreihundertfünfzig Pfund Goldes zu versprechen und diesen entehrenden Tribut durch den Titel eines römischen Feldherrn, den der König der Hunnen anzunehmen sich herabließ, zu verschleiern. Die öffentliche Ruhe wurde häufig durch die wilde Ungeduld der Barbaren und die treulosen Intrigen des byzantinischen Hofes gestört. Vier abhängige Völker, von denen wir die Bayern hervorheben, verleugneten die Souveränität der Hunnen, und ihre Empörung wurde durch Bündnis mit den Römern ermutigt und unterstützt, bis die gerechten Forderungen und die furchtbare Macht des Rugilas durch die Stimme seines Gesandten Eslaw vertreten wurde. Friede war der einstimmige Wunsch des Senates; der Kaiser genehmigte dessen Denkart und ernannte zwei Gesandte, Plinthas, einen Feldherrn von skythischer Abkunft, aber konsularischem Range, und den Quästor Epigenes, einen weisen und erfahrenen Staatsmann, den sein ehrgeiziger Kollege zu diesem Amte empfohlen hatte.

Der Tod des Rugilas hemmte die Fortschritte der Unterhandlungen. Seine beiden Neffen, Attila und Bleda, die ihrem Oheim auf dem Throne nachfolgten, willigten in eine persönliche Zusammenkunft mit den Gesandten von Konstantinopel; da sie sich jedoch stolz weigerten, abzusteigen, wurde das Geschäft zu Pferde auf einer geräumigen Ebene in der Nähe der Stadt Margus in Obermösien abgeschlossen. Die Könige der Hunnen nahmen ebensowohl die gründlichen Vorteile als die eitlen Ehren des Vertrages an. Sie schrieben die Friedensbedingungen vor, und jede Bedingung war eine Beschimpfung der Majestät des Reiches. Außer dem Vorrecht eines sicheren und wohlversehenen Marktes an den Ufern der Donau verlangten sie Vergrößerung der Jahreszahlung von dreihundertfünfzig auf siebenhundert Pfund Goldes, eine Buße oder Auslösungssumme von acht Goldstücken für jeden gefangenen Römer, der seinem barbarischen Gebieter entlaufen war, Verzichtleistung von seiten des Kaisers auf alle Verträge und Verbindlichkeiten gegen die Feinde der Hunnen und Auslieferung aller Flüchtlinge, die an dem Hofe oder in den Provinzen des Theodosius Schutz gesucht hatten, an ihren beleidigten Souverän. Ein Urteil ward mit Strenge gegen einige unglückliche Jünglinge von königlicher Abkunft gefällt. Sie wurden auf Attilas Befehl und auf dem Gebiete des Reiches gekreuzigt, und nachdem der König der Hunnen den Römern den Schrecken seines Namens eingeflößt hatte, gönnte er ihnen eine kurze Gnadenfrist, während er die aufrührerischen oder unabhängigen Völker von Skythien und Germanien unterjochte.

Attila, Sohn Mundzuks, leitete seine edle, vielleicht königliche Abkunft von den alten Hunnen her, die einst mit den Monarchen von China gekämpft hatten. Seine Züge trugen, wie ein gotischer Geschichtsschreiber bemerkt, das Gepräge seines Nationalursprunges; Attilas Bildnis zeigt in der Tat die echte Häßlichkeit eines neueren Kalmücken, großen Kopf, schwarze Gesichtsfarbe, kleine tiefliegende Augen, flache Nase, wenige Haare statt des Bartes, breite Schultern und kurzen gedrungenen Leib voll Nervenstärke, wenn auch mißgestaltet. Der stolze Schritt und das Benehmen des Königs der Hunnen drückten das Bewußtsein seiner Überlegenheit über die übrige Menschheit aus, und er hatte die Gewohnheit, seine Augen wild zu rollen, gleich als wünschte er den Schrecken, den er einflößte, zu genießen. Dieser Barbarenheld war jedoch dem Mitleid nicht unzugänglich; flehende Feinde konnten fest auf seine Zusicherung der Gnade und Verzeihung bauen, und von seinen Untertanen wurde Attila als ein gerechter und gelinder Gebieter betrachtet. Krieg war seine Wonne; nachdem er jedoch den Thron im reiferen Alter bestieg (433), vollendete mehr sein Kopf als seine Hand die Eroberung des Nordens, und er vertauschte den Ruhm eines kühnen Soldaten mit Gewinn mit jenem eines klugen und glücklichen Feldherrn. Die Wirkungen der persönlichen Tapferkeit sind, ausgenommen in Gedichten und Romanzen, so unbeträchtlich, daß selbst unter Barbaren der Sieg von dem Grade der Geschicklichkeit abhängt, womit die Leidenschaften der Menge im Dienste eines einzigen vereint und gelenkt werden. Die Eroberer Attila und Dschingis übertrafen ihre rohen Vaterlandsgenossen mehr an Klugheit als an Mut, und es verdient bemerkt zu werden, daß die Monarchien sowohl der Hunnen als der Mongolen von ihren Stiftern auf der Basis des Volksaberglaubens errichtet wurden. Die wunderbare Empfängnis, welche Betrug und Leichtgläubigkeit der jungfräulichen Mutter des Dschingis zuschrieb, erhob ihn über das gewöhnliche Maß der menschlichen Natur, und der nackte Prophet, der ihn im Namen der Gottheit mit der Herrschaft über die Erde bekleidete, vergrößerte die Tapferkeit der Mongolen durch unwiderstehlichen Enthusiasmus. Nicht minder waren Attilas religiöse Künste auf den Charakter seiner Zeit und seines Volkes berechnet. Es war nur natürlich, daß die Skythen besondere Verehrung dem Kriegsgott erwiesen; da sie indessen gleich unfähig waren, einen abstrakten Begriff oder ein körperliches Bild hervorzubringen, verehrten sie ihren Schutzgott unter dem Symbol eines eisernen Schwertes.

Ein hunnischer Hirte bemerkte, daß ein Kalb sich auf der Weide am Fuß verwundet hatte, folgte neugierig der Blutspur und entdeckte endlich unter dem hohen Gras die Spitze eines alten Schwertes, das er ausgrub und Attila überreichte. Dieser hochherzige oder vielmehr schlaue Fürst empfing mit frommer Dankbarkeit die Himmelsgunst und erhob als rechtmäßiger Besitzer des Schwertes des Kriegsgottes seinen göttlichen und ewigen Anspruch auf die Herrschaft der Erde. Wenn die Skythen bei dieser feierlichen Veranlassung ihren Gottesdienst hielten, ward ein hoher Altar oder vielmehr ein Haufen von Holzbündeln, dreihundert Ellen lang und breit, auf einer geräumigen Ebene errichtet und das Schwert des Kriegsgottes auf dem Gipfel dieses rohen Altars aufgepflanzt, den jährlich das Blut von Schafen, Pferden und des hundertsten Gefangenen weilte. Ob nun Menschenopfer einen Teil von Attilas religiöser Verehrung bildeten oder ob er sich den Kriegsgott durch die Opfer geneigt machte, die er jährlich auf dem Schlachtfeld tötete, erlangte der Günstling des Mars doch bald einen geheiligten Charakter, der seinen Eroberungen größere Leichtigkeit und dauerhafteren Bestand gab, und die Barbarenfürsten bekannten in der Sprache der Schmeichelei, daß sie es nicht vermöchten, der göttlichen Majestät des Königs der Hunnen festen Blickes in das Auge zu sehen. Sein Bruder Bleda, der über einen beträchtlichen Teil der Nation herrschte, war gezwungen, auf Zepter und Leben Verzicht zu leisten. Aber selbst diese grausame Tat wurde übernatürlichem Antriebe zugeschrieben, und die Kraft, womit Attila das Schwert des Kriegsgottes schwang, überzeugte die Welt, daß es seinem unbezwinglichen Arm vorbehalten gewesen sei. Der Umfang seines Reiches liefert jedoch das einzige vorhandene Zeugnis für Zahl und Größe seiner Siege, und der skythische Monarch, wie unvertraut er auch mit dem Werte der Wissenschaft und

Philosophie war, mochte wohl beklagen, daß es seinen schriftungelehrten Untertanen an der Kunst fehle, das Andenken seiner Taten zu verewigen.

Wenn eine Trennungslinie zwischen den bebauten und öden Ländern der Erde, zwischen den Bewohnern der Städte, die Landwirtschaft treiben, und den Jägern und Hirten, die in Zelten leben, gezogen wird, hat Attila ein Anrecht auf den Titel des obersten und alleinigen Beherrschers der Barbaren. Von allen Eroberern alter und neuer Zeit vereinte er allein die zwei mächtigen Königreiche Germanien und Skythien, und wenn diese unbestimmten Namen auf sein Reich angewendet werden, dürfen sie im weitesten Umfange verstanden werden. Thüringen, das sich weit über seine jetzigen Grenzen bis an die Donau erstreckte, gehörte zur Zahl seiner Provinzen; er mischte sich mit der Macht eines mächtigen Nachbarn in die inneren Angelegenheiten der Franken und einer seiner Unterfeldherren züchtigte die Burgunden des Rheins oder rottete sie vielmehr aus. Er unterjochte die Inseln des Ozeans, die Königreiche des von der Ostsee umgebenen Skandinavien, und die Hunnen empfingen Tribut an Pelzwerk aus jenem hohen Norden, den die Strenge des Klimas und der Mut seiner Bewohner vor allen anderen Eroberern bewahrt hatte. Es hält schwer, gegen Osten die Grenzen der Herrschaft Attilas über die skythischen Steppen zu bestimmen; gewiß indessen ist, daß er an den Ufern der Wolga gebot, daß der König der Hunnen nicht bloß als Krieger, sondern auch als Zauberer gefürchtet wurde, daß er den Khan der mächtigen Avaren demütigte und überwand, daß er Gesandte schickte, um mit dem Kaiserreich von China einen Vertrag auf gleichem Fuße abzuschließen. In der stolzen Schau der Völker, welche die Souveränität Attilas anerkannten und, so lange er lebte, auch keinen Gedanken an Empörung hegten, zeichneten sich die Gepiden und Ostgoten durch Zahl, Tapferkeit und persönliches Verdienst ihrer Anführer aus. Der berühmte Gepidenkönig Ardarich war der treue und weise Ratgeber eines Monarchen, der seinen unerschrockenen Sinn ehrte, während er die milden und bescheidenen Tugenden des alten Walamir, des Königs der Ostgoten, liebte. Die Schar gemeiner Könige, die Anführer der vielen kriegerischen Stämme, die unter der Fahne Attilas dienten, war um die Person ihres Gebieters in der geringen Stellung von Leibwachen und Dienern beschäftigt. Sie lauerten auf seinen Wink, zitterten bei seinem Dräuen und führten auf das erste Zeichen seines Willens ohne Murren oder Zögern seine strengen und unumschränkten Machtgebote aus. In Friedenszeiten fanden sich die abhängigen Fürsten im königlichen Lager mit ihren Nationaltruppen in regelmäßiger Reihenfolge ein; wenn jedoch Attila seine Streitkräfte aufbot, war er imstande, ein Heer von fünf- oder, nach anderen Berichten, von siebenhunderttausend Barbaren in das Feld zu stellen.

Die Gesandten der Hunnen vermochten die Beachtung des Theodosius zu erzwingen, indem sie ihn erinnerten, daß sie sowohl in Asien als in Europa seine Nachbarn wären, weil sie die Donau mit der einen Hand berührten und bis zum Tanais mit der anderen reichten. Unter der Regierung seines Vaters Arcadius hatte ein Haufen kühner Hunnen die Provinzen des Morgenlandes verwüstet, von wo sie reiche Beute und zahllose Gefangene fortschleppten. Sie zogen einen geheimen Weg längs dem Gestade des Kaspischen Meeres, überstiegen die Schneegebirge von Armenien, setzten über den Tigris, den Euphrat und den Halys, ersetzten ihre abgematteten durch edle kappadokische Pferde, besetzten das Bergland von Cilicien und störten die Festgesänge und Freudentänze der Bewohner von Antiochia. Ägypten bebte vor ihrer Annäherung, und die Mönche und Pilger des heiligen Landes schickten sich an, ihrer Wut durch schleunige Einschiffung zu entgehen. Die Erinnerung an diesen Einbruch lebte noch im Gedächtnis der Morgenländer. Die Untertanen des Attila vermochten mit überlegenen Kräften den Plan auszuführen, den diese Abenteurer mit solcher Kühnheit entworfen hatten, und es wurde bald Gegenstand der peinlichsten Mutmaßungen, ob der Sturm gegen die Gebiete von Persien oder Rom toben würde. Einige der großen Vasallen des Hunnenkönigs, selbst im Range mächtiger Fürsten, waren entsendet worden, um ein Bündnis zu Schutz und Trutz mit dem Kaiser oder vielmehr dem Feldherrn des Westens abzuschließen. Während ihres Aufenthaltes zu Rom erzählten sie die Begebnisse eines Kriegszuges, den sie kürzlich im Morgenlande unternommen hatten. Nachdem sie durch eine Wüste und einen Morast, von den Römern für den Mäotis gehalten, gekommen waren, überstiegen sie Gebirge und langten nach fünfzehntägigem Marsch an den Grenzen von Medien an, wo sie bis zu den unbekannten Städten Basik und Kursik vordrangen. Sie kämpften mit der persischen Armee in den Ebenen von Medien, und die Sonne wurde, nach ihrem eigenen Ausdruck, durch Wolken von Pfeilen verdunkelt. Die Hunnen mußten sich jedoch vor der Zahl des Feindes zurückziehen. Ihr schwieriger Rückzug wurde auf einem anderen Weg bewerkstelligt, sie verloren den größten Teil ihrer Beute und kehrten endlich nach dem königlichen Lager mit einiger Kenntnis des Landes und dem glühenden Durste nach Rache zurück. In der offenen Unterhaltung der kaiserlichen Gesandten am Hofe Attilas, in der sie den Charakter und die Pläne ihres furchtbaren Feindes erörterten, drückten die Minister von Konstantinopel die Hoffnung aus, daß seine Streitmacht durch einen langen und zweifelhaften Kampf mit den Fürsten aus dem Hause Sassan abgelenkt werden möge. Die einsichtsvolleren Italiener machten jedoch ihre morgenländischen Brüder auf die Torheit und Gefahr einer solchen Hoffnung aufmerksam und überzeugten sie, daß die Meder und Perser den Waffen der Hunnen nicht zu widerstehen vermochten und daß die Leichtigkeit und Wichtigkeit der Eroberung sowohl die Macht als den Stolz des Siegers erhöhen müsse. Statt sich mit einem mäßigen Tribut und einem militärischen Titel zu begnügen, der ihn bloß den Generälen des Theodosius gleichstellte, würde Attila dem Nacken der niedergeschmetterten, gefangenen und auf allen Seiten von dem Reiche der Hunnen umgebenen Römer ein schimpfliches und unerträgliches Joch auferlegen.

Während die Mächte von Europa und Asien die drohende Gefahr abzuwenden strebten, erhielt das Bündnis mit Attila die Vandalen im Besitz von Afrika. Zwischen den Höfen von Ravenna und Konstantinopel war eine Unternehmung zur Wiedereroberung dieser wertvollen Provinz verabredet worden und die Häfen von Sizilien bereits mit Theodosius' Streitkräften zu Wasser und zu Lande gefüllt. Der schlaue Genserich, dessen Unterhandlungen die ganze Welt umspannten, vereitelte ihre Pläne, indem er den König der Hunnen reizte, in das morgenländische Reich einzubrechen, und ein an sich geringfügiger Umstand wurde Beweggrund oder Vorwand zu einem verheerenden Krieg. Auf Treue und Glauben des Vertrages von Margus hin wurde ein freier Markt am nördlichen Ufer der Donau gehalten und durch eine römische Feste, die Constantia hieß, beschützt. Ein Barbarenhaufen verletzte die Handelssicherheit, tötete oder versprengte die arglosen Kaufleute und machte die Feste der Erde gleich (441). Die Hunnen rechtfertigten diese Untat als eine Handlung der Wiedervergeltung, führten an, der Bischof von Margus sei in ihr Gebiet eingedrungen, um einen geheimen Schatz ihrer Könige aufzufinden und zu stehlen, und forderten gebieterisch den schuldigen Prälaten, den frevelhaften Raub und die flüchtigen Untertanen, die der Gerechtigkeit Attilas entronnen wären. Die Weigerung des byzantinischen Hofes gab das Zeichen zum Krieg, und die Mösier priesen anfangs die hochherzige Festigkeit ihres Souveräns. Sie wurden jedoch bald durch die Zerstörung von Viminiacum und der benachbarten Städte eingeschüchtert, und die Bewohner ließen sich überreden, den bequemen Grundsatz anzunehmen, daß ein Privatmann, wie unschuldig und achtungswert er auch sein möge, mit vollem Rechte der Sicherheit des Vaterlandes zum Opfer gebracht werden dürfe. Der Bischof von Margus, der keine Lust hatte, Märtyrer zu werden, beschloß jedoch, den Plänen, die er ahnte, zuvorzukommen. Er unterhandelte dreist mit den Fürsten der Hunnen, sicherte sich durch feierliche Eide Verzeihung und Belohnung, stellte einen zahlreichen Barbarenhaufen an die Donau in stillen Hinterhalt und öffnete zur festgesetzten Stunde eigenhändig die Tore seiner bischöflichen Stadt. Dieser durch Verrat gewonnene Vorteil war nur ein Vorspiel ehrenvollerer und entscheidenderer Siege. Die Grenze von Illyrien war durch eine Reihe von Schlössern und Festungswerken gedeckt, und obschon die meisten nur aus einem einzigen Turm mit einer kleinen Besatzung bestanden, reichten sie doch gewöhnlich hin, um die Einfälle eines Feindes, dem es an der nötigen Kunde und an

Geduld zu einer regelmäßigen Belagerung fehlte, zurückzuweisen oder zu unterbinden. Diese geringen Hindernisse wurden jedoch von den alles überschwemmenden Hunnen in einem Augenblick überwältigt. Sie verheerten durch Feuer und Schwert die volkreichen Städte Sirmium und Singidunum, Ratiaria und Marcianopolis, Naissus und Sardica, wo sowohl die Gewohnheiten des Volkes als der Bau der Häuser allmählich dem einzigen Zwecke der Verteidigung dienten.

Die ganze Breite von Europa, die vom Schwarzen bis zum Adriatischen Meer über fünfhundert Meilen beträgt, wurde durch die Myriaden Barbaren, die Attila ins Feld führte, mit einem Male angegriffen, besetzt und verwüstet. Die Gefahren und Drangsale des Staates konnten jedoch Theodosius nicht bewegen, seine Unterhandlungen oder seine Andachtsübungen zu unterbrechen und an der Spitze der römischen Legionen zu erscheinen. Die Truppen aber, die gegen Genserich geschickt worden waren, wurden eilig aus Sizilien abberufen, die festen Plätze von Persien von ihren Besatzungen entblößt und in Europa ein Heer zusammengezogen, furchtbar durch die Zahl wie durch Bewaffnung, wenn die Feldherren sich auf die Kunst der Führung und die Soldaten zu gehorchen verstanden hätten. Die Heere des morgenländischen Reiches wurden in drei aufeinanderfolgenden Gefechten besiegt, und die Fortschritte Attilas lassen sich nach Schlachtfeldern zählen. Die zwei ersten Schlachten an den Ufern des Utus und unter den Mauern von Marcianopolis, wurden in den ausgedehnten Ebenen zwischen der Donau und dem Hämusgebirge geschlagen. Als die Römer von dem siegreichen Feinde gedrängt wurden, zogen sie sich allmählich und ungeschickt nach dem Chersonesus von Thrakien zurück, und diese schmale Halbinsel, das äußerste Ende des Landes, war die Stätte ihrer dritten und endgültigen Niederlage. Durch die Vernichtung dieses Heeres war Attila unbestrittener Meister des Feldes. Vom Hellespont bis zu den Thermopylen und zu den Vorstädten von Konstantinopel verheerte er ohne Erbarmen und ohne Widerstand zu finden die Provinzen Thrakien und Makedonien. Heraclea und Hadrianopel entgingen vielleicht diesem furchtbaren Einbruch der Hunnen: aber Ausdrücke, die gänzliche Ausrottung und Gleichmachung mit der Erde am schärfsten wiedergeben, werden auf die Drangsale angewandt, die sie siebzig Städten des morgenländischen Kaisertums zufügten. Theodosius, sein Hof und das unkriegerische Volk wurden durch die Mauern von Konstantinopel geschützt; diese Mauern waren jedoch durch ein neues Erdbeben erschüttert worden, und der Einsturz von achtundfünfzig Türmen hatte eine große und furchtbare Lücke gerissen. Der Schaden wurde allerdings augenblicklich ausgebessert, aber dieser Unfall war von der abergläubischen Furcht begleitet, daß der Himmel selbst die kaiserliche Stadt den skythischen Hirten überliefert habe, die den Gesetzen, der Sprache und der Religion der Römer fremd waren.

Bei allen ihren Einbrüchen in die zivilisierten Reiche des Südens waren die skythischen Hirten gleichmäßig von dem Geiste der Wildheit und Zerstörungswut beherrscht. Das Kriegsrecht, welches Plünderung und Mord der unterworfenen Völker einschränkt, ist aus zwei wesentlichen Grundsätzen entstanden: aus der Kenntnis der bleibenden Wohltaten, die durch eine mäßige Ausübung des Rechtes der Eroberung erzielt werden, und der gerechten Besorgnis, daß die Verheerung, die man dem Lande des Feindes zufügt, dem eigenen wieder vergolten werden dürfte. Solche Betrachtungen der Hoffnungen und Furcht sind aber unter Hirtenvölkern unbekannt. Die Hunnen Attilas konnten berechtigt mit den Mongolen und Tataren verglichen werden, bevor ihre ursprünglichen Sitten durch Religion und Üppigkeit geändert wurden, und die orientalische Geschichte wird einiges Licht auf die kurzen und unvollständigen Annalen Roms werfen. Nachdem die Mongolen die nördlichen Provinzen von China unterworfen hatten, wurde allen Ernstes, und zwar nicht in den Stunden des Sieges und der Leidenschaft, sondern in ruhiger und besonnener Ratsversammlung vorgeschlagen, alle Einwohner dieses dichtbevölkerten Reiches auszurotten, um das leere Land in Weide für die Herden zu verwandeln. Die Festigkeit eines chinesischen Mandarins, der den Dschingis-Khan einige vernünftige Grundsätze der Politik lehrte, brachte diesen von der Ausführung des schrecklichen Vorhabens ab. In den asiatischen

Städten jedoch, die sich der Macht der Mongolen ergaben, wurde der unmenschliche Mißbrauch der Rechte des Krieges gewöhnlich ausgeübt, den man, wenn auch unbewiesen, den siegreichen Hunnen zuschreibt. Die Einwohner, die sich ihnen auf Gnade und Ungnade ergeben hatten, erhielten Befehl, ihre Häuser zu räumen und sich auf einer an die Stadt stoßenden Ebene zu versammeln, wo die Besiegten in drei Haufen gesondert wurden. Die erste Klasse bestand aus den Soldaten der Besatzung und aus der waffenfähigen Jugend, und ihr Schicksal ward bald entschieden: sie wurden entweder unter die Mongolen eingereiht oder von den Truppen, die mit gefällten Speeren und gespannten Bogen einen Kreis um die gefangene Schar bildeten, auf der Stelle niedergemetzelt. Die zweite Klasse war aus den jungen und schönen Weibern, den Künstlern jedes Ranges und Gewerbes und aus den reicheren und vornehmeren Bürgern, von denen man ein persönliches Lösegeld erwarten durfte, zusammengesetzt, und sie wurden in gleiche oder verhältnismäßige Teile unterteilt. Der Überrest, deren Leben oder Tod den Siegern gleich nutzlos war, durfte in die Stadt, die in der Zwischenzeit jeder wertvollen Habe beraubt worden war, zurückkehren, und diesen elenden Bewohnern wurde eine schwere Steuer für die Erlaubnis auferlegt, die Luft ihres Heimatlandes atmen zu dürfen. Das war das Verhalten der Mongolen, wenn sie sich zu keiner außerordentlichen Strenge gedrungen fühlten. Die geringste Herausforderung jedoch, die leichteste Laune oder der geringste Beweggrund reizte sie häufig, eine ganze Bevölkerung sonder Unterschied niederzumetzeln, und das Verderben blühender Städte wurde mit so erbarmungsloser Beharrlichkeit vollendet, daß, nach ihrem eigenen Ausdruck, Pferde über den Boden, wo sie einst gestanden, ohne zu straucheln, galoppieren konnten. Die drei großen Hauptstädte von Khorasan, Meru, Nischabur und Herat wurden von den Heeren Dschingis-Khans vernichtet, und die genaue Liste der Erschlagenen, die angefertigt worden war, gab deren Zahl auf vier Millionen dreihundertsiebenundvierzigtausend an. Timur oder Tamerlan war in einem minder barbarischen Zeitalter und im Bekenntnis der mohammedanischen Religion erzogen worden: wenn indessen Attila es den feindlichen Verwüstungen Tamerlans gleichtat, verdienten sowohl der Tatar als der Hunne den Beinamen Geißel Gottes.

Mit größerer Bestimmtheit kann behauptet werden, daß die Hunnen die Provinzen des Reiches durch die Anzahl der römischen Untertanen, die sie in Gefangenschaft führten, entvölkerten. In den Händen eines weisen Gesetzgebers würde eine solche gewerbfleißige Kolonie zur Verbreitung der Anfänge der nützlichen und schönen Künste in den Einöden von Skythien beigetragen haben; die Kriegsgefangenen wurden jedoch, wie es der Zufall brachte, unter die Horden verteilt, die dem Zepter Attilas gehorchten. Die Abschätzung ihres entsprechenden Wertes wurde nach dem einfachen Urteil unaufgeklärter und vorurteilsfreier Barbaren vorgenommen. Allerdings mochten uns das Verdienst eines in den Streitfragen der Dreieinigkeit und Menschwerdung tief erfahrenen Theologen nicht gehörig zu würdigen verstehen; aber sie achteten die Diener jeder Religion, und der tätige Eifer der christlichen Missionare arbeitete, ohne sich indessen der Person oder dem Palast des Monarchen zu nähern, mit Erfolg an der Ausbreitung des Evangeliums. Die Hirtenstämme, die den Unterschied des Grundeigentums nicht kannten, mußten sowohl den Nutzen wie den Mißbrauch der bürgerlichen Gerechtigkeitspflege geringschätzen, und die Geschicklichkeit eines beredten Anwaltes konnte nur ihre Verachtung oder ihren Abscheu erregen. Der beständige Verkehr der Hunnen und Goten hatte ihnen die vertraute Kenntnis beider Nationalsprachen vermittelt, und die Barbaren geizten danach, lateinisch, das militärische Idiom selbst des morgenländischen Reiches, zu sprechen. Sie verachteten jedoch die Sprache und Wissenschaften der Griechen, und der eitle Sophist oder der ernste Philosoph, die sich des schmeichelnden Beifalls der Schulen erfreut hatten, machten die kränkende Erfahrung, daß ihr körperkräftiger Diener ein bei weitem wertvollerer Gefangener war als sie selbst. Die mechanischen Künste wurden ermuntert und geschätzt, weil sie zur Befriedigung der Bedürfnisse der Hunnen dienten. Ein Architekt im Dienste des Onegesius, eines Lieblings Attilas, ward zum Bau eines Bades verwendet; aber ein solches Werk war nur ein Beispiel der Üppigkeit einzelner, und die Gewerbe des Schmiedes, Zimmermanns und Waffenschmiedes waren weit geeigneter, ein Wandervolk mit den nützlichen Werkzeugen des Krieges und Friedens zu versehen. Die Geschicklichkeit eines Arztes erfreute sich allgemeiner Gunst und Achtung; die Barbaren, die den Tod verachteten, fürchteten Krankheit, und der stolze Eroberer bebte in Gegenwart eines Gefangenen, dem er vielleicht die Macht zuschrieb, sein Leben verlängern oder bewahren zu können. Die Hunnen mochten wohl das Elend ihrer Sklaven, über die sie despotische Gewalt übten, verhöhnen, aber ihre Sitten waren keines verfeinerten Unterdrückungssystems fähig, und die Anstrengungen des Mutes und Fleißes wurden häufig durch das Geschenk der Freiheit belohnt. Der Geschichtsschreiber Priscus, dessen Sendung eine Quelle nützlicher Belehrung ist, wurde im Lager Attilas von einem Fremden angeredet, der ihn in griechischer Sprache begrüßte, dessen Tracht und Äußeres aber den Anschein eines reichen Skythen zeigte. Er hatte nach seiner eigenen Erzählung in der Belagerung von Viminiacum Habe und Freiheit verloren und war Sklave des Onegesius geworden; seine treuen Dienste gegen die Römer und Akatziren hatten ihn aber allmählich zu dem Rang geborener Hunnen erhoben, denen er durch eine neue Gattin und mehrere Kinder verbunden war. Kriegsbeute hatte sein Eigentum wiederhergestellt und vermehrt; er ward zur Tafel seines früheren Gebieters zugelassen, und der abtrünnige Grieche segnete die Stunde seiner Gefangennahme, weil sie für ihn die anfängliche Ursache zur Erwerbung eines glücklichen und unabhängigen Besitztums war, das er als ehrenvollen Lohn für Kriegsdienste innehatte. Diese Betrachtung führte natürlich zu einer Erörterung über die Vorteile und Mängel der römischen Regierung, die von dem Abtrünnigen hart angegriffen und von Priscus durch eine wortreiche und schwache Deklamation verteidigt wurde. Der Freigelassene des Onegesius schilderte mit wahren und lebendigen Farben die Laster eines sinkenden Reiches, deren Opfer er so lange Zeit gewesen; die grausame Albernheit der römischen Fürsten, die ihre Untertanen gegen die öffentlichen Feinde nicht zu schützen vermochten und ihnen doch keine Waffen zur Selbstverteidigung anvertrauen wollten; das unerträgliche Gewicht der Steuern, welche durch die verworrenen und willkürlichen Erhebungsmethoden noch drückender gemacht wurden; die Dunkelheit der zahlreichen, einander widersprechenden Gesetze; die langsamen und kostspieligen Formen des gerichtlichen Verfahrens; die parteiische Verwaltung der Justiz und die allgemeine Verderbtheit, die den Einfluß der Reichen steigerte und die Drangsale der Armen vergrößerte. Zuletzt wachte das Gefühl patriotischer Teilnahme in der Brust des glücklichen Verbannten wieder auf, und er beklagte unter einem Strom von Tränen die Schuld oder Schwäche jener Obrigkeiten, welche die weisesten und wohltätigsten Einrichtungen verderbt hatten.

Die furchtsame oder eigennützige Politik der abendländischen Römer hatte das morgenländische Reich den Hunnen preisgegeben. Der Verlust von Armeen und der Mangel an Heereszucht und Tapferkeit fand in den persönlichen Fähigkeiten des Monarchen keinen Ersatz. Wenn auch Theodosius das Leben und den Titel eines unüberwindlichen Augustus fortführte, sah er sich doch gezwungen, die Milde Attilas anzuflehen, der harte und demütigende Friedensbedingungen gebieterisch vorschrieb (446). I. Der Kaiser des Morgenlandes trat durch laute oder stillschweigende Übereinkunft eine große und wichtige Gebietsstrecke ab, die sich längs dem südlichen Ufer der Donau von Singidunum oder Belgrad bis Novä in der Diözese Thrakien ausdehnte. Die Breite wurde nach der unbestimmten Berechnung von fünfzehn Tagesreisen festgesetzt; aus dem Vorschlag des Attila, den Nationalmarkt zu verlegen, ergab sich jedoch bald, daß er die verheerte Stadt Naissus als in die Grenzen seines Gebietes einbegriffen betrachtete. II. Der König der Hunnen forderte und erlangte Erhöhung des Tributes oder der Hilfsgelder von siebenhundert Pfund Goldes jährlich auf die Summe von zweitausendeinhundert, auch bedang er sich unverzügliche Bezahlung von sechstausend Pfund Goldes als Entschädigung für die Kosten oder als Sühne für die Schuld des Krieges aus. Man sollte meinen, daß eine solche Summe, die das Maß des Privatreichtums kaum erreichte, durch das wohlhabende Reich des Ostens mit Leichtigkeit bezahlt worden wäre; die öffentliche Not legt aber einen merkwürdigen Beweis für den verarmten oder unordentlichen Zustand der Finanzen ab. Eine große vom Volke erpreßte Steuerauflage wurde in ihrem Laufe zu dem Schatz von Konstantinopel durch die trübsten Kanäle aufgefangen und zurückbehalten. Das Einkommen wurde von Theodosius und seinen Günstlingen in übermäßiger und verschwenderischer Üppigkeit, die unter dem Namen kaiserlicher Großartigkeit oder christlicher Freigebigkeit verschleiert ward, zersplittert und vergeudet. Die unmittelbaren Einkünfte waren durch die unvorhergesehene Notwendigkeit kriegerischer Rüstungen erschöpft worden. Eine Kopfsteuer, die den Mitgliedern des senatorischen Standes mit Strenge, aber nach Laune auferlegt wurde, war das einzige Hilfsmittel, um ohne Zeitverlust die ungeduldige Habsucht Attilas zu befriedigen, und die Armut der Großen zwang sie zu dem schmählichen Ausweg, die Juwelen ihrer Gattinnen und den erblichen Schmuck ihrer Paläste durch öffentliche Versteigerung zu veräußern. III. Der König der Hunnen stellte als Grundsatz des Völkerrechtes auf, daß er das Eigentumsrecht auf die Personen derjenigen, die sich seiner Macht freiwillig oder gezwungen unterworfen hatten, nie wieder verlieren könne. Aus diesem Satz folgerte Attila, und seine Folgerungen waren unwiderrufliche Gesetze, daß die Hunnen, die im Kriege gefangengenommen wurden, ohne Verzug wie ohne Lösegeld zurückgegeben werden müßten; daß jeder römische Gefangen, der es gewagt, zu entfliehen, sein Recht auf Freiheit um den Preis von zwölf Goldstücken erkaufen solle; daß endlich alle Barbaren, welche die Fahne des Attila verlassen hatten, ihm ohne Verheißung oder Gewährung von Verzeihung auszuliefern wären. Die kaiserlichen Beamten sahen sich bei der Vollziehung dieses grausamen und schimpflichen Vertrages genötigt, mehrere getreue und edle Flüchtlinge, die sich weigerten, sich einem gewissen Tode zu weihen, niederzumetzeln, und die Römer verwirkten durch dieses öffentliche Bekenntnis, daß es ihnen entweder an gutem Glauben oder an Macht fehle, die Flehenden, die den Thron des Theodosius umfaßt hatten, zu beschützen, jeden vernünftigen Anspruch auf die Freundschaft aller skythischen Volksstämme.

Die Festigkeit einer einzigen, und zwar so unbedeutenden Stadt, daß sie, außer bei dieser Veranlassung, nie von einem Historiker oder Geographen erwähnt worden ist, deckte die Schmach des Kaisers und des Reiches auf. Azimus oder Azimuntium, eine kleine Stadt Thrakiens an der Grenze von Illyrien, zeichnete sich durch den kriegerischen Geist ihrer Jugend, die Geschicklichkeit und den Ruf der Anführer, die sie gewählt hatte, und durch ihre kühnen Taten gegen die unzähligen Scharen der Barbaren aus. Statt daß die Azimuntiner voll Zahmheit deren Annäherung erwarteten, griffen sie in häufigen und glücklichen Ausfällen die Haufen der Hunnen an, die bald die gefährliche Nachbarschaft mieden, nahmen ihnen die Beute und die gemachten Gefangenen wieder ab und ergänzten ihre Streitkräfte durch freiwillige Flüchtlinge und Ausreißer. Nach Abschluß des Vertrages bedrohte Attila das Reich fortwährend mit unversöhnlichem Krieg, wenn die Azimuntiner nicht veranlaßt oder gezwungen würden, sich in die Bedingungen zu fügen, die ihr Souverän angenommen hatte. Die Minister des Theodosius legten das schmachvolle, aber wahrhafte Geständnis ab, daß sie keine Macht über eine Gemeinde von Männern besäßen, die ihre natürliche Unabhängigkeit so tapfer verteidigten, und der König der Hunnen ließ sich herab, mit den Bürgern von Azimus über eine Auswechslung der Gefangenen auf gleichem Fuße zu verhandeln. Sie verlangten Wiedergabe einiger Hirten, die mit ihren Herden zugleich überrumpelt worden waren. Eine strenge, aber fruchtlose Untersuchung wurde gestattet, und die Hunnen mußten schwören, daß sie keine der Stadt angehörigen Gefangenen festhielten, bevor sie zwei am Leben gebliebene Landsleute, welche die Azimuntiner als Geiseln für die Sicherheit ihrer verlorenen Gemeindegenossen bewahrten, zurückerhalten konnten. Attila ließ sich einerseits durch die feierliche Versicherung befriedigen und täuschen, daß die übrigen Gefangenen durch das Schwert gefallen und es ihre unwandelbare Gewohnheit wäre, die Römer und Flüchtlinge, welche die öffentliche Bürgschaft erlangt hätten, sogleich zu entlassen. Diese kluge und zweckmäßige Verstellung mag von den Kasuisten, je nachdem sie zu dem strengen Ausspruch des heiligen Augustin oder zu der milderen Ansicht des heiligen Hieronymus oder des heiligen Chrysostomus neigen, verdammt oder entschuldigt werden: jeder Soldat aber und jeder Staatsmann wird zugeben, daß im Falle das Geschlecht der Azimuntiner aufgefrischt oder vermehrt worden wäre, die Barbaren aufgehört haben würden, die Majestät des Reiches mit Füßen zu treten.

Es wäre in der Tat seltsam gewesen, wenn Theodosius mit dem Verlust der Ehre eine gesicherte oder feste Ruhe erkauft oder wenn seine Zahmheit nicht zur Wiederholung der Unbilden aufgefordert hätte. Der byzantinische Hof wurde durch fünf bis sechs aufeinanderfolgende Gesandtschaften beleidigt, und die Minister Attilas hatten alle den Befehl, auf schleunigere und vollständigere Ausführung des letzten Vertrages zu dringen, die Namen der Flüchtlinge und Ausreißer, die fortwährend von dem Reich geschützt wurden, zu nennen und mit scheinbarer Mäßigung zu erklären, daß ihr Souverän, wenn er nicht vollkommene und unverzügliche Genugtuung erhielte, selbst wenn er wollte, nicht imstande wäre, dem Grimm seiner kriegerischen Scharen Einhalt zu tun. Außer den Beweggründen des Stolzes und Eigennutzes, die dem König der Hunnen eingeben mochten, Unterhandlungen solcher Natur fortzuführen, wurde er durch die minder ehrenvolle Absicht geleitet, seine Günstlinge auf Kosten seiner Feinde zu bereichern. Der kaiserliche Schatz wurde erschöpft, um sich die guten Dienste der Gesandten und der vornehmsten Personen ihres Gefolges zu sichern, deren günstige Darstellung daheim zur Erhaltung des Friedens beitragen konnte. Dem Monarchen der Barbaren schmeichelte die glänzende Aufnahme seiner Minister, er berechnete mit Vergnügen Wert und Pracht der Geschenke, die sie erhielten, bestand mit Strenge auf die Erfüllung jedes Versprechens, die zu ihrem privaten Vorteile beitragen konnte, und betrieb die Vermählung seines Geheimschreibers Constantius wie eine wichtige Staatsangelegenheit. Dieser gallische, dem Hunnenkönig durch Aetius empfohlene Abenteurer hatte den Ministern von Konstantinopel unter der Bedingung, durch eine reiche und edle Gattin belohnt zu werden, seine Dienste zugesagt, und die Tochter des Grafen Saturninus wurde gewählt, um die Verpflichtungen ihres Vaterlandes zu erfüllen. Das Widerstreben des Opfers, einige häusliche Widerwärtigkeiten und die ungerechte Einziehung ihres Vermögens kühlten den Eifer des eigennützigen Brautwerbers; er verlangte jedoch in Attilas Namen fortwährend eine gleichwertige Verbindung und der byzantinische Hof sah sich nach einigen Winkelzügen und Ausflüchten gezwungen, den übermütigen Fremdling durch die Witwe des Armatius, deren Herkunft, Reichtum und Schönheit sie in den höchsten Rang der römischen Frauen stellte, zufriedenzustellen. Für diese zudringlichen und drückenden Gesandtschaften forderte Attila angemessene Gegengesandtschaften, wog mit argwöhnischem Stolz Würde und Stellung der kaiserlichen Gesandten ab, ließ sich aber zu dem Versprechen herbei, bis Sardica vorzugehen, um bevollmächtigte Minister zu empfangen, die mit konsularischem Rang bekleidet wären. Diesem Ansinnen wich der Rat des Theodosius aus, indem er den öden und ruinierten Zustand von Sardica beschrieb, ja er wagte sogar anzudeuten, daß jeder Beamte des Heeres oder Haushaltes geeignet sei, mit den mächtigsten Fürsten Skythiens zu unterhandeln. Maximin, ein achtbarer Hofmann, dessen Fähigkeiten seit langer Zeit in Verwaltung von bürgerlichen und militärischen Ämtern erprobt worden waren, übernahm mit Widerstreben den schwierigen, wohl auch gefährlichen Auftrag, den zürnenden Hunnenkönig zu besänftigen (448). Sein Freund, der Geschichtsschreiber Priscus, benutzte die Gelegenheit, den Barbarenhelden in den friedlichen und häuslichen Lebensszenen zu beobachten; aber das Geheimnis der Gesandtschaft, ein verderbenschwangeres und schuldvolles Geheimnis, war nur dem Dolmetsch Vigilius anvertraut. Die zwei letzten Abgesandten der Hunnen, Orestes, ein vornehmer Untertan der Provinz Pannonien, und Edecon, ein tapferer Häuptling eines Stammes der Scyrren, kehrten um dieselbe Zeit von Konstantinopel nach dem königlichen Lager zurück. Ihre dunklen Namen wurden später durch das außerordentliche Schicksal und den Gegensatz ihrer Söhne berühmt; denn die beiden Diener des Attila waren bestimmt, die Väter des letzten römischen Kaisers des Abendlandes und des ersten barbarischen Königs von Italien zu werden.

Die Gesandten, die von einem zahlreichen Gefolge von Menschen und Pferden begleitet waren, machten ihren ersten Aufenthalt zu Sardica, das dreihundertfünfzig Meilen oder dreizehn Tagreisen von Konstantinopel entfernt war. Da die Überreste von Sardica noch in den Grenzen des Reiches lagen, mußten die Römer die Pflichten der Gastfreundschaft ausüben. Sie sorgten mit Hilfe der Provinzbewohner für eine hinreichende Anzahl von Schafen und Rindern und luden die Hunnen zu einem glänzenden oder wenigstens reichlichen Mahle. Die Eintracht des Gelages wurde jedoch bald durch gegenseitige Vorurteile und Unklugheiten gestört. Die Minister verteidigten mit Wärme die Größe des Kaisers und Reiches, die Hunnen mit gleichem Feuer die Überlegenheit ihres siegreichen Monarchen; der Zank wurde durch unbesonnene und unzeitige Schmeichelei des Vigilius erhitzt, der voll leidenschaftlicher Heftigkeit den Vergleich eines bloßen Sterblichen mit dem göttlichen Theodosius verwarf, und nur mit der größten Schwierigkeit waren Maximin und Priscus imstande, dem Gespräch eine andere Wendung zu geben und die erbitterten Gemüter der Barbaren zu besänftigen. Als sie sich vom Tische erhoben, überreichte der kaiserliche Abgesandte dem Edecon und Orestes reiche Geschenke von seidenen Gewändern und indischen Perlen, die sie mit Dank annahmen. Orestes konnte jedoch nicht umhin anzudeuten, daß er nicht stets mit solcher Achtung und Freigebigkeit behandelt worden sei: und der beleidigende Unterschied, der zwischen seinem bürgerlichen Amte und dem erblichen Range seines Genossen gemacht wurde, scheint Edecon in einen zweifelhaften Freund und Orestes in einen unversöhnlichen Feind verwandelt zu haben. Nach dem Mahle legten sie gegen einhundert Meilen von Sardica nach Naissus zurück. Diese blühende Stadt, Konstantins des Großen Geburtsort, war dem Erdboden gleichgemacht, die Bewohner waren niedergemetzelt oder versprengt worden, und der Anblick einiger sicher Personen, denen unter den Ruinen der Kirchen ein elendes Dasein fortzuführen gestattet blieb, diente nur zur Erhöhung des ringsum herrschenden Entsetzens. Das Land war mit den Gebeinen der Erschlagenen bedeckt, und die Gesandten, deren Zug in nordwestlicher Richtung ging, mußten über die Berge des heutigen Serbiens gehen, bevor sie zu den niedrigen und sumpfigen Gründen niedersteigen konnten, die von der Donau begrenzt werden. Die Hunnen waren Herren dieses großen Stromes; ihre Schiffahrt wurde in großen, aus einem einzigen Baumstamme ausgehöhlten Kähnen betrieben. Die Minister des Theodosius langten wohlbehalten am jenseitigen Ufer an, und ihre barbarischen Reisegefährten eilten ohne Verzug nach dem Lager Attilas, das für die Freuden der Jagd gleich vorbereitet war wie für jene des Krieges. Kaum war Maximin etwa zwei Meilen von der Donau entfernt, begann er auch den stolzen Hochmut des Eroberers zu empfinden. Es ward ihm streng verboten, seine Zelte in einem nahen, schönen Tal aufzuschlagen, um ja nicht die gebührende Ehrfurcht zu verletzen, die dem königlichen Hofhalte gebührte. Die Minister Attilas drangen in ihn, ihnen die Geschäfte und Verhaltungsbefehle mitzuteilen, die er dem Ohr ihres Souveräns vorbehielt. Als sich Maximin mit Mäßigung auf den entgegengesetzten Brauch zwischen Völkern berief, setzte ihn die Entdeckung, daß die Beschlüsse des geheiligten Konsistoriums, jene Geheimnisse, die (wie Priscus sagt) nicht einmal den Göttern selbst enthüllt werden dürften, verräterischerweise den öffentlichen Feinden mitgeteilt worden wären, in noch größere Bestürzung. Auf die Weigerung, sich solche schimpfliche Bedingungen gefallen zu lassen, erhielt der kaiserliche Gesandte Befehl, sogleich abzureisen; das Geheiß wurde widerrufen, abermals erteilt, und die Hunnen erneuerten ihre fruchtlosen Versuche, die geduldige Festigkeit Maximins zu beugen. Endlich wurde er durch Vermittlung Scottas, des Bruders des Onegesius, dessen Freundschaft durch ein großes Geschenk erkauft worden war, bei dem König zur Audienz vorgelassen; statt jedoch eine entscheidende Antwort zu erhalten, mußte er eine ferne Reise nach dem Norden unternehmen, damit Attila die stolze Genugtuung habe, die Gesandten des abendländischen wie des morgenländischen Reiches in demselben Lager zu empfangen. Seine Reise wurde durch die Führer geregelt, die ihn nötigten, Halt zu machen, den Zug zu beschleunigen oder von der gewöhnlichen Straße abzulenken, wie es im Belieben des Königs stand. Die Römer, welche die Ebenen von Ungarn durchzogen, meinten, sie wären über mehrere schiffbare Flüsse entweder in Kähnen oder tragbaren Booten gesetzt worden; man hat jedoch Grund, zu vermuten, daß der sich windende Strom Theiß oder Tibiscus sich ihnen an verschiedenen Plätzen unter verschiedenen Namen zeigte. Aus den benachbarten Dörfern erhielten sie reichliche und regelmäßige Lieferung von Mundvorräten, Met statt Wein, Hirse statt Brot und ein gewisses Getränk, Camus genannt, das nach Priscus' Bericht aus Gerste gebraut wurde. Solche Kost mochte Menschen, die an die Üppigkeit von Konstantinopel gewöhnt waren, schlecht und grob vorkommen. Bei einem gelegentlichen Unfall wurde ihnen jedoch durch die Freundlichkeit und Gastfreiheit derselben Barbaren geholfen, die im Kriege so schrecklich und so erbarmungslos waren. Die Gesandten hatten am Rande eines großen Morastes ihr Lager aufgeschlagen. Ein heftiges Sturmgewitter mit Regen, Blitz und Donner riß ihre Zelte um, setzte ihr Gepäck und ihre Gerätschaften unter Wasser und zerstreute ihr Gefolge, das in der Dunkelheit der Nacht, unkundig des Weges und vor unbekannten Gefahren zitternd, umherirrte, bis durch das Geschrei die Bewohner eines benachbarten Dorfes, Eigentumes der Witwe Bledas, geweckt wurden. In wenigen Augenblicken wurde ein weithin leuchtendes und angenehmes Feuer durch ihr gefälliges Wohlwollen aus Schilfrohr entzündet, die Bedürfnisse, selbst die Wünsche der Römer erhielten freigebige Befriedigung, und sie scheinen durch die besondere Artigkeit der Witwe Bledas, die ihnen außer ihren übrigen Gunstbezeugungen eine hinreichende Anzahl schöner und geschmeidiger Frauenzimmer schenkte oder wenigstens lieh, in Verlegenheit gesetzt worden zu sein. Der folgende sonnige Tag blieb der Ruhe geweiht; das Gepäck ward gesammelt und getrocknet, Menschen und Pferde ruhten aus: bevor jedoch die Gesandten des Abends ihre Reise fortsetzten, bezeigten sie der gütigen Eigentümerin des Platzes ihre Dankbarkeit durch ein sehr ansehnliches Geschenk von silbernen Bechern, rotem Wolltuch, getrockneten Früchten und indischem Pfeffer. Bald nach diesem Abenteuer vereinigten sie sich wieder mit Attilas Zug, von dem sie gegen sechs Tage getrennt gewesen waren, und bewegten sich langsam dem Hauptort eines Reiches zu, das auf einem Raum von vielen tausend Meilen keine einzige Stadt besaß.

So weit die unbestimmte und dunkle Geographie des Priscus Ermittlung gestattet, scheint dieser Hauptort zwischen der Donau, der Theiß und den Karpathen in den Ebenen von Oberungarn und wahrscheinlich in der Nähe von Jazberin, Agria oder Tokai gelegen gewesen zu sein. Ursprünglich war es schwerlich mehr als ein zufälliges Lager, das infolge des langen und häufigen Aufenthaltes Attilas allmählich zu einem unermeßlichen Dorf zur Aufnahme seines Hofes, der Truppen, die seine Person umgaben, und der bunten Menge müßiger oder fleißiger Sklaven und Anhänglinge angewachsen war. Die von Onegesius erbauten Bäder waren das einzige Gebäude aus Stein; man hatte die Materialien dazu aus Pannonien gebracht, und da es dem umliegenden Lande selbst an Hochwald fehlte, läßt sich vermuten, daß die geringen Wohnungen des königlichen Dorfes aus Stroh, Lehm oder Leinwand bestanden. Die hölzernen Häuser der vornehmen Hunnen waren mit roher Pracht gebaut und geschmückt, je nach Rang, Vermögen oder Geschmack der Eigentümer. Sie waren mit gewisser Ordnung und Symmetrie verteilt, und um so ehrenvoller war die Stätte eines jeden, je näher sie sich der Person des Souveräns befand. Attilas Palast, der alle übrigen Häuser in seinem Gebiete übertraf, war ganz aus Holz gebaut und bedeckte eine große Fläche Boden. Die äußere Einfriedung bestand aus einer großen Mauer oder Palisade aus geglättetem, viereckigem Holze mit hohen Türmen dazwischen, war aber mehr als Schmuck als zur Verteidigung gedacht. Diese Mauer, die den Abhang eines Hügels umgeben zu haben scheint, schloß eine große Menge hölzerner Gebäude zum Gebrauche des königlichen Haushaltes in sich. Ein eigenes Haus war jeder der zahlreichen Frauen Attilas angewiesen, und statt der strengen und unedlen Einsperrung, der Folge asiatischer Eifersucht, empfingen sie die römischen Gesandten voll Artigkeit in ihren Häusern, an ihrem Tische, ja gestatteten ihnen sogar eine züchtige Umarmung. Als Maximin seine Geschenke der Cerca, der ersten Königin, überreichte, bewunderte er die eigentümliche Bauart ihrer Wohnung, die Höhe der runden Säulen, den Umfang und die Schönheit des Holzes, das kunstreich geformt, gewunden, geglättet oder geschnitzt war, und sein aufmerksames Auge konnte einigen Geschmack in den Verzierungen und einige Regelmäßigkeit in den Verhältnissen entdecken. Nachdem die Gesandten vor der Leibwache, die vor dem Tor stand, vorbeigekommen waren, wurden sie in das Wohnzimmer der Cerca geführt. Die Gattin Attilas empfing den Besuch, auf einem weichen Lager sitzend oder vielmehr liegend; der Estrich war mit einem Teppiche bedeckt, die Dienerschaft bildete einen Kreis um die Königin, ihre Frauen aber saßen auf dem Boden und waren mit der bunten Stickerei beschäftigt, welche die Tracht der barbarischen Krieger schmückte. Die Hunnen setzten Stolz in Entfaltung jener Reichtümer, die Frucht und Beweis ihrer Siege waren; das Geschirr ihrer Pferde, ihre Schwerter, sogar ihre Schuhe waren mit Gold und Edelsteinen besetzt; ihre Tafeln prangten verschwenderisch mit Schüsseln, Bechern und Vasen aus Gold und Silber, der geschmackvollen Arbeit griechischer Künstler. Nur der Monarch zeigte den hohen Stolz, dauernd bei der Einfachheit seiner skythischen Vorfahren zu beharren. Die Tracht, die Waffen und das Sattelzeug Attilas waren einfach, schmucklos und von nur einer Farbe. Auf den königlichen Tisch kamen nur hölzerne Becher und Teller, Fleisch war seine einzige Nahrung, und der Eroberer des Nordens gestattete sich nie den Luxus des Brotes.

Als Attila den römischen Gesandten an den Ufern der Donau die erste Audienz erteilte, war sein Zelt von einer furchtbaren Leibwache umgeben. Der Monarch selbst thronte auf einem hölzernen Stuhl. Sein strenges Antlitz, seine zornigen Gebärden und sein ungeduldiger Ton überraschten die Festigkeit Maximins; mehr Grund zu beben hatte indessen Vigilius, denn er verstand gar deutlich die Drohung, daß Attila, wenn er nicht das Völkerrecht geachtet hätte, den betrügerischen Dolmetsch an das Kreuz nageln und seine Leiche den Geiern preisgeben würde. Der Barbar ließ sich herab, eine genaue Liste vorzulegen, um die verwegenen Lügen des Vigilius aufzudecken, der behauptet hatte, man habe nur siebzehn Überläufer finden können. Er erklärte jedoch voll Stolz, daß er nur die Schmach fürchte, mit seinen flüchtigen Sklaven kämpfen zu müssen; denn ihre ohnmächtigen Bestrebungen, die Provinzen zu verteidigen, die Theodosius ihren Waffen anvertraut habe, verachte er. „Welche Festung", fügte Attila hinzu, „welche Stadt im weiten Umfange des Römischen Reiches kann hoffen, sicher und uneinnehmbar zu bleiben, wenn es unser Wille ist, sie von dem Erdboden hinweg zu tilgen!" Er entließ indessen den Dolmetsch, der nach Konstantinopel mit dem bestimmten Verlangen nach einer vollständigen Rückgabe der Gefangenen und einer glänzenderen Gesandtschaft zurückkehrte. Sein Grimm legte sich allmählich, und seine häusliche Freude über eine Vermählung, die er auf dem Wege mit der Tochter Eslams feierte, mochte vielleicht beitragen, die angeborene Wildheit seines Charakters zu mäßigen. Der Einzug Attilas in das königliche Lager zeichnete sich durch eine eigentümliche Zeremonie aus. Eine zahlreiche Schar von Frauen kam heraus, um ihren Helden und König zu begrüßen. Sie zogen vor ihm in langen und regelmäßigen Reihen her, deren Zwischenräume durch weiße Schleier aus dünner Leinwand ausgefüllt waren, welche die Frauen auf beiden Seiten hoch in die Höhe hielten und dergestalt ein Dach für einen Chor von Jungfrauen bildeten, die in skythischer Sprache Hymnen und Lieder sangen. Die Gattin seines Lieblings Onegesius begrüßte Attila auf dem Wege nach dem Palast mit ihrer weiblichen Dienerschaft am Tor ihres eigenen Hauses und brachte ihm nach Sitte des Landes ihre ehrfurchtsvolle Huldigung dar, indem sie ihn bat, von dem Weine und dem Fleisch zu kosten, das sie für seinen Empfang bereitet hatte. Nachdem der Monarch das gastliche Geschenk huldreich angenommen hatte, hoben seine Diener einen kleinen silbernen Tisch bis zu einer angemessenen Höhe, während er auf dem Pferde saß; Attila berührte den Becher mit den Lippen, grüßte die Gattin des Onegesius abermals und setzte seinen Zug fort. Während seines Aufenthaltes im Hauptort des Reiches verrannen seine Stunden nicht unnütz in einsamem Müßiggang eines Serails, denn der König der Hunnen vermochte seine überlegene Würde zu behaupten, ohne seine Person dem Auge der Öffentlichkeit zu verbergen. Er versammelte häufig seinen Rat, erteilte den Gesandten der Völker Audienz, und seine Untertanen konnten sich auf sein höchstes Gericht berufen, das er zu festgesetzten Zeiten nach orientalischer Sitte vor dem Haupttor seines hölzernen Palastes hielt. Die Römer sowohl des Abend- als des Morgenlandes wurden zweimal zu den Banketten geladen, bei denen Attila mit skythischen Fürsten und Großen schmauste. Maximin und seine Kollegen mußten auf der Schwelle auf Gesundheit und Heil des Königs der Hunnen eine fromme Libation darbringen und wurden nach dieser Zeremonie zu ihren Sitzen in eine geräumige Halle geführt. Die königliche Tafel und sein Lager, mit Teppichen und feiner Leinwand bedeckt, war um mehrere Stufen in der Halle erhöht, und ein Sohn, ein Oheim oder vielleicht ein begünstigter König durften das einfache und schlichte Mahl Attilas teilen. Zwei Reihen kleiner Tische, an denen je drei bis vier Gäste saßen, waren auf beiden Seiten angeordnet; die rechte galt für die ehrenvollste, die Römer gestehen jedoch offenherzig, daß sie ihren Platz auf der linken erhielten und daß Berich, ein unbekannter Häuptling, höchstwahrscheinlich gotischen Stammes, den Stellvertretern des Theodosius und Valentinian voranging. Der Monarch der Barbaren empfing von seinem Mundschenk einen mit Wein gefüllten Becher und trank huldreich auf die Gesundheit des ausgezeichnetsten Gastes, der sich von seinem Sitze erhob und auf dieselbe Weise seine pflichtgetreuen und ehrfurchtsvollen Wünsche ausdrückte. Diese Zeremonie wurde allmählich für alle oder wenigstens die vornehmsten Personen der Gesellschaft vollbracht, und eine beträchtliche Zeit muß damit vergangen sein, weil sie dreimal wiederholt wurde, sooft ein neuer Gang auf die Tafel kam. Der Wein blieb jedoch, nachdem das Fleisch hinweggetragen worden, und die Hunnen fuhren fort, ihrer Unmäßigkeit zu frönen, noch lange nachdem die nüchternen und anstandsliebenden Gesandten der beiden Reiche sich von dem nächtlichen Bankette entfernt hatten. Bevor sie sich jedoch zurückzogen, hatten sie eine interessante Gelegenheit, die Sitten des Volkes bei seinen Lustgelagen zu beobachten. Zwei Skythen traten vor Attilas Ruhesitz und trugen Verse vor, die sie zur Feier seiner Tapferkeit und seiner Siege verfaßt hatten. Tiefes Schweigen herrschte im Saale, und die Aufmerksamkeit der Gäste wurde durch den Gesang gefesselt, der das Andenken ihrer eigenen Taten auffrischte und verewigte; Kampfesglut flammte in den Augen der Krieger, die sich nach Schlacht sehnten, und die Tränen der Greise drückten ihre hochherzige Verzweiflung aus, daß sie nicht länger an Gefahr und Ruhm des Feldes teilnehmen konnten. Auf diese Unterhaltung, die als eine Schule kriegerischer Tugend betrachtet werden konnte, folgte eine Posse, welche die Würde der menschlichen Natur schändete. Ein maurischer und skythischer Possenreißer erregten nacheinander die Lustigkeit der ungebildeten Zuschauer durch Mißgestalt, lächerlichen Anzug, seltsame Gebärden, sinnlose Reden und merkwürdige und unverständliche Vermischung der lateinischen, gotischen und hunnischen Sprache, und die Halle erscholl von lautem und zügellosem Gelächter. Inmitten dieses Aufruhrs von Unmäßigkeit bewahrte Attila allein, ohne eine Miene zu verziehen, seinen stetigen und unbeugsamen Ernst, der sich niemals milderte, außer bei Irnaks, seines jüngsten Sohnes, Eintritt; er umarmte den Knaben mit einem Lächeln väterlicher Zärtlichkeit, kniff ihn sanft in die Wange und verriet eine besondere Zuneigung, die durch die Verheißungen der Propheten gerechtfertigt wurde, daß Irnak die einstige Stütze seines Hauses und Reiches sein würde. Zwei Tage später erhielten die Gesandten abermals eine Einladung, und sie hatten Ursache, die Freundlichkeit sowie Gastfreiheit Attilas zu preisen. Der König der Hunnen unterhielt sich lange und vertraulich mit Maximin, aber seine Artigkeit wurde durch rohe Ausdrücke und stolze Vorwürfe unterbrochen, und er ließ sich durch Eigennutz hinreißen, mit unanständigem Eifer die Privatansprüche seines Geheimschreibers Constantius zu unterstützen. „Der Kaiser", sagte Attila, „hat ihm seit langer Zeit ein reiches Weib versprochen; Constantius darf nicht getäuscht werden, und ein römischer Kaiser sollte nicht den Namen eines Lügners verdienen". Am dritten Tage wurden die Gesandten entlassen, ihre dringenden Bitten um die Freiheit mehrerer Gefangener für ein mäßiges Lösegeld bewilligt, und außer dem königlichen Geschenk durften sie von jedem skythischen Großen ein Pferd als ehrenvolle und nützliche Gabe annehmen. Maximin kehrte auf dem früheren Wege nach Konstantinopel zurück, und obschon er in eine zufällige Streitigkeit mit Berich, dem neuen Botschafter Attilas, verwickelt wurde, schmeichelte er sich doch, daß er durch die beschwerliche Reise beigetragen habe, Friede und Freundschaft zwischen den beiden Völkern zu befestigen.

Aber der römische Abgesandte wußte nichts von dem verräterischen Anschlag, der unter der Maske öffentlicher Treue und Glaubens versteckt worden war. Das Staunen und die Freude Edecons, nachdem er den Glanz von Konstantinopel geschaut, hatte den Dolmetsch Vigilius ermutigt, ihm eine geheime Zusammenkunft mit dem Eunuchen Chrysaphius, der den Kaiser und das Reich beherrschte, zu verschaffen. Nach vorläufigen Besprechungen und einem gegenseitigen Eid der Verschwiegenheit wagte der Eunuch, der weder aus seinen eigenen Gefühlen noch aus seiner Erfahrung von der Tugend eines Ministers erhabene Begriffe gewonnen hatte, die Tötung Attilas als einen wichtigen Dienst vorzuschlagen, durch den Edecon einen großen Anteil an dem Reichtum und der Üppigkeit, die er bewundere, gewinnen könne. Der Botschafter der Hunnen hörte den lockenden Antrag an und bekannte mit scheinbarem Eifer sowohl seine Fähigkeit als seine Bereitwilligkeit, die blutige Tat zu verüben; der Anschlag wurde dem Kanzler mitgeteilt, und der fromme Theodosius willigte in die Ermordung seines unbezwinglichen Feindes. Aber diese treulose Verschwörung wurde durch die Verstellung oder Reue Edecons vereitelt, und obschon er seinen inneren Abscheu gegen den Verrat, den er zu billigen schien, übertreffen mochte, nahm er doch gewandt das Verdienst, ein frühzeitiges und freiwilliges Geständnis abgelegt zu haben, in Anspruch. Wenn wir jetzt die Gesandtschaft Maximins und das Benehmen Attilas in Betracht ziehen, müssen wir dem Barbaren Beifall zollen, welcher die Rechte der Gastfreundschaft ehrte und den Minister eines Fürsten, der sich gegen sein Leben verschworen hatte, großmütig bewirtete und entließ. Noch außerordentlicher muß uns aber die Verwegenheit des Vigilius erscheinen, da er im Bewußtsein seiner Schuld und der Gefahr in das königliche Lager zurückkehrte, begleitet von seinem Sohn und mit einem schweren Geldsacke versehen, den der Lieblingseunuch geliefert hatte, um die Forderungen Edecons zu befriedigen und die Treue der Leibwachen zu bestechen. Der Dolmetsch wurde augenblicklich ergriffen und vor Attilas Richterstuhl geschleppt, wo er seine Unschuld mit gleißender Festigkeit behauptete, bis die Drohung, seinen Sohn zur Stelle hinrichten zu lassen, ihm ein aufrichtiges Geständnis des verbrecherischen Vorganges entpreßte. Der habsüchtige König der Hunnen nahm für das Leben des Verräters, den er zu bestrafen verschmähte, zweihundert Pfund Goldes unter dem Titel einer Auslösung oder Buße. Er richtete seinen gerechten Zorn gegen einen edleren Gegenstand. Seine Gesandten Eslaw und Orestes wurden unverzüglich nach Konstantinopel mit gemessener Verhaltungsmaßregel gesandt, die zu befolgen viel sicherer war, als ihr nicht zu gehorchen. Sie traten kühn vor den Kaiser, die verhängnisvolle Börse hing vom Halse des Orestes nieder, und er fragte den Eunuchen Chrysaphius, der zur Seite des Thrones stand, ob er den Beweis seiner Schuld erkenne. Das Amt des Tadelnden blieb jedoch der höheren Würde seines Kollegen Eslaw vorbehalten, der den Kaiser des Morgenlandes mit Strenge so anredete: „Theodosius ist der Sohn eines erhabenen und achtungswürdigen Vaters, auch Attila stammt aus edlem Geschlecht, er hat durch seine Taten die Würde behauptet, die er von seinem Vater Mundzuk erbte. Theodosius aber hat seine väterlichen Ehren verwirkt und sich durch die Einwilligung, Tribut zu bezahlen, zum Stande eines Sklaven herabgewürdigt. Es ist aber gerecht, daß er den Mann, den Glück und Verdienst über ihn erhoben haben, verehre, statt es zu wagen, gleich einem ruchlosen Knechte sich insgeheim gegen seinen Gebieter zu verschwören." Der Sohn des Arcadius, nur an die Stimme der Schmeichelei gewöhnt, vernahm mit Erstaunen die strenge Sprache der Wahrheit; er errötete, zitterte und wagte nicht, das Haupt des Chrysaphius, das Eslaw und Orestes zu verlangen angewiesen waren, strikt zu verweigern. Eine feierliche, mit Vollmacht und prächtigen Geschenken versehene Gesandtschaft wurde eiligst entsendet, um den Grimm Attilas zu besänftigen; sein Stolz fühlte sich durch die Wahl des Nomius und Anatolius geschmeichelt, zwei Minister von konsularischem oder patrizischem Range, der eine Großschatzmeister, der andere Oberbefehlshaber der Heere des Ostens. Er ließ sich herab, diesen Botschaftern bis an die Ufer des Flusses Drenko entgegenzugehen; und obschon er zuerst ein grausames und hochmütiges Betragen zur Schau stellte, wurde sein Zorn doch nach und nach durch ihre Beredsamkeit und Freigebigkeit gemildert. Er ließ sich willig finden, dem Kaiser, dem Eunuchen und dem Dolmetsch zu verzeihen, verpflichtete sich durch einen Eid, die Friedensbedingungen zu halten, gab die Flüchtlinge und Ausreißer ihrem Schicksale preis und trat ein großes Gebiet, südlich von der Donau, das er bereits seiner Reichtümer und seiner Einwohner beraubt hatte, wieder ab. Dieser Friede wurde jedoch um einen Preis erkauft, für den man einen kraftvollen und glücklichen Krieg hätte führen können, und die Untertanen des Theodosius mußten für die Sicherheit eines unwürdigen Günstlings drückende Steuern erlegen, die sie weit freudiger für seine Vernichtung bezahlt haben würden.

Der Kaiser Theodosius überlebte den demütigendsten Umstand seines ruhmlosen Lebens nicht lange. Als er in der Nachbarschaft von Konstantinopel ritt oder jagte, warf ihn sein Pferd in den Fluß Lycus; sein Rückgrat wurde durch den Fall verletzt, und er starb einige Tage nachher im fünfzigsten Jahre seines Lebens und im dreiundvierzigsten seiner Regierung (28. Jul. 450). Seine Schwester Pulcheria, deren Herrschaft sowohl in den bürgerlichen als geistlichen Angelegenheiten durch den verderblichen Einfluß der Eunuchen gelähmt worden war, wurde einstimmig zur Kaiserin des Morgenlandes ausgerufen, und zum ersten Male unterwarfen sich die Römer der Regierung einer Frau. Kaum hatte Pulcheria den Thron bestiegen, so befriedigte sie ihren und den öffentlichen Grimm durch eine dem Volke wohlgefällige Handlung der Gerechtigkeit. Ohne gerichtliches Verfahren wurde der Eunuch Chrysaphius vor den Toren der Stadt enthauptet, und die unermeßlichen Reichtümer, die der räuberische Eunuch gesammelt hatte, dienten nur zur Beschleunigung und Rechtfertigung seiner Bestrafung. Trotz des allgemeinen Jubels der Geistlichkeit und des Volkes vergaß die Kaiserin die Vorurteile und Nachteile nicht, denen ihr Geschlecht ausgesetzt war, und entschloß sich weislich, dem öffentlichen Gemurre durch die Wahl eines Kollegen vorzubeugen, der den höheren Rang und die jungfräuliche Keuschheit seiner Gattin stets ehren würde. Sie reichte ihre Hand dem ungefähr sechzig Jahre alten Senator Marcian, und der Namensgemahl der Pulcheria wurde feierlich mit dem kaiserlichen Purpur bekleidet (25. Aug.). Der Eifer, den er für den orthodoxen Glauben, wie er durch die Kirchenversammlung von Chalcedon festgesetzt worden war, an den Tag legte, würde allein schon die dankbare Beredsamkeit der Katholiken begeistert haben. Aber das Benehmen Marcians in seinem Privatleben und nach seiner Thronbesteigung begründet hinlänglich die Meinung, daß er Fähigkeit besaß, um ein Reich, das durch die aufeinanderfolgende Schwäche von zwei erblichen Monarchen der Auflösung nahegebracht worden war, wiederherzustellen und zu kräftigen. Marcian war in Thrakien geboren und im Kriegshandwerk erzogen; seine Jugend scheint aber durch Armut und Unfälle strengen Prüfungen unterworfen gewesen zu sein, und seine einzige Hilfsquelle, als er Konstantinopel zum ersten Male betrat, bestand aus zweihundert Goldstücken, die er von einem Freunde entlehnt hatte. Er brachte neunzehn Jahre im häuslichen und militärischen Dienste Aspars und seines Sohnes Ardaburius zu, folgte diesen mächtigen Feldherren in die persischen und afrikanischen Kriege und erhielt durch ihren Einfluß den ehrenvollen Rang eines Tribunen und Senators. Ein milder Charakter und nützliche Talente empfahlen Marcian der Achtung und Gunst seiner Gönner, ohne ihre Eifersucht zu beunruhigen; er hatte die Mißbräuche einer käuflichen und bedrückenden Verwaltung gesehen, vielleicht gefühlt, und sein eigenes Beispiel verlieh den Gesetzen, die er zur Umgestaltung der Sitten erließ, Kraft und Gewicht.

ELFTES KAPITEL

VORDRINGEN DER HUNNEN

*Einbruch Attilas in Gallien. – Er wird von Aetius und den Westgoten
zurückgeschlagen. – Attila fällt in Italien ein und räumt es wieder. – Tod Attilas,
Aetius' und Valentinians III.*

Marcians Ansicht ging dahin, daß Krieg vermieden werden müsse, so lange es
möglich wäre, einen gesicherten und ehrenvollen Frieden zu bewahren; zu gleicher
Zeit war es aber auch seine Meinung, daß es keinen ehrenvollen und verläßlichen
Frieden geben könne, wenn der Souverän eine kleinmütige Scheu gegen Krieg verriet.
Dieser mit Mäßigung verbundene Mut gab ihm die Antwort auf Attilas Begehren ein,
der mit Übermut auf Bezahlung des jährlichen Tributes drang. Der Kaiser bedeutete
den Barbaren, daß sie die Majestät Roms nicht länger durch Erwähnung eines Tributes
beleidigen dürften, daß, er geneigt wäre, mit geziemender Freigebigkeit die treue
Freundschaft seiner Bundesgenossen zu belohnen, daß sie aber, sofern sie es wagten,
den öffentlichen Frieden zu verletzen, finden würden, daß er Truppen, Waffen und
Entschlossenheit besitze, ihre Angriffe zurückzuweisen. Dieselbe Sprache wurde sogar
im Lager der Hunnen von seinem Botschafter Apollonius geführt, dessen kühne Weigerung, die Geschenke früher abzuliefern, als bis er zu einer persönlichen Unterredung zugelassen sein würde, ein Gefühl der Würde und eine Verachtung der Gefahr
entfaltete, worauf Attila nicht gefaßt war und sie von den entarteten Römern nicht
erwartet hatte. Er drohte, den verwegenen Nachfolger des Theodosius zu züchtigen,
schwankte jedoch, ob er seine unbezwinglichen Waffen gegen das abendländische oder
das morgenländische Reich wenden solle. Während die gesamte Welt mit ängstlicher
Spannung seiner Entscheidung harrte, bot er den Höfen von Ravenna und von Konstantinopel gleichen Trotz, und seine Minister begrüßten die beiden Kaiser mit denselben hochmütigen Worten: „Attila, mein sowie dein Gebieter, befiehlt dir, einen Palast
für seine unverzügliche Aufnahme bereitzustellen." Da jedoch der Barbar die Römer
des Ostens, die er so oft besiegt hatte, verachtete oder sich stellte, sie zu verachten,
erklärte er bald seinen Entschluß, die leichte Eroberung aufzuschieben, bis er eine
glorreichere und größere Unternehmung vollführt haben würde. In den denkwürdigen Kriegen von Gallien und Italien wurden die Hunnen natürlich durch Reichtum
und Fruchtbarkeit dieser Provinzen angelockt; aber die besonderen Beweggründe und
Herausforderungen Attilas können nur aus dem Zustand des westlichen Reiches unter
der Regierung des Aetius erklärt werden.

Nach dem Tode seines Nebenbuhlers Bonifazius hatte sich Aetius weislich in die
Zelte der Hunnen zurückgezogen, und ihrer Freundschaft verdankte er auch seine
Sicherheit und Wiedereinsetzung. Statt mit der flehenden Sprache eines schuldigen
Verbannten forderte er seine Begnadigung an der Spitze von sechzigtausend Barbaren,
und die Kaiserin Placidia bekannte durch ihren schwachen Widerstand, daß die Nachgiebigkeit, die sonst ihrer Milde hätte zugeschrieben werden können, die Wirkung der
Ohnmacht oder Furcht war. Sie überantwortete sich selbst, ihren Sohn Valentinian
und das abendländische Reich der Gewalt eines übermütigen Untertanen; ja sie vermochte nicht einmal Bonifazius' Schwiegersohn, den tugendhaften und getreuen Sebastian, vor einer unversöhnlichen Verfolgung zu retten, bis er im Dienste der Vandalen elend zugrunde ging. Der glückliche Aetius, der ohne Verzögerung zum Rang
eines Patriziers befördert und dreimal mit den Ehren des Konsulates bekleidet wurde,
übernam mit dem Titel Oberbefehlshaber der Reiterei und des Fußvolkes die ganze
militärische Macht des Staates, und er wird von den zeitgenössischen Schriftstellern
zuweilen der Dux oder Feldherr der Römer des Abendlandes genannt. Eher Klugheit
als Tugend veranlaßte ihn, den Enkel des Theodosius im Besitz des Purpurs zu lassen,
und Valentinian durfte den Frieden und die Üppigkeit Italiens genießen, während der
Patrizier in dem glorreichen Lichte eines Helden und Patrioten erschien, der zwanzig

Jahre lang die Ruinen des abendländischen Reiches stützte. Der Geschichtsschreiber der Goten gesteht offen, daß Aetius zur Rettung der römischen Republik geboren war, und die folgende Schilderung, wiewohl sie mit den glänzendsten Farben entworfen ist, muß jedenfalls mehr Wahrheit als Schmeichelei enthalten. „Seine Mutter war eine reiche und edle Italienerin, und sein Vater Gaudentius, der eine ausgezeichnete Stelle in der Provinz Skythien bekleidete, stieg allmählich von dem Posten eines Mitgliedes der Hausleibwache bis zur Würde eines Oberbefehlshabers der Reiterei auf. Ihr Sohn, in seiner Kindheit schon unter die Leibwache eingereiht, wurde zuerst an Alarich, dann an die Hunnen als Geisel ausgeliefert und erhielt nach und nach alle Zivil- und Militärehrenstellen des Palastes, für die er durch seine überlegenen Talente gleich geeignet war. Die anmutige Gestalt des Aetius erhob sich nicht über eine mittlere Größe; aber seine männlichen Gliedmaßen waren in bewundernswürdiger Kraft, Schönheit und Beweglichkeit ausgebildet, und er zeichnete sich in den kriegerischen Übungen des Reitens, Pfeilschießens und Speerwerfens aus. Er vermochte geduldig Mangel an Nahrung oder Schlaf zu ertragen, und Geist und Körper waren den beschwerlichsten Anstrengungen gleich gewachsen. Er besaß jenen echten Mut, der nicht nur Gefahr, sondern auch Unbilden zu verachten versteht, und es war unmöglich, die starke Männlichkeit seiner Seele zu bestechen, zu betrügen oder einzuschüchtern." Die Barbaren, die sich in den westlichen Provinzen festgesetzt hatten, lernten unmerklich die Treue und Tapferkeit des Patriziers Aetius ehren. Er besänftigte ihre Leidenschaften, berücksichtigte ihre Vorurteile, wog ihre Interessen ab und zügelte ihren Ehrgeiz. Ein Vertrag, den er zur rechten Zeit mit Genserich schloß, schützte Italien vor Plünderung durch die Vandalen; die unabhängigen Briten flehten um seine Hilfe und waren für sie dankbar; die kaiserliche Herrschaft wurde in Gallien und Spanien hergestellt und aufrechterhalten, und er zwang die Franken und Sueven, die er im Felde besiegt hatte, nützliche Bundesgenossen der Republik zu werden.

Den Grundsätzen des Vorteils und der Dankbarkeit zuliebe pflegte Aetius emsig die Freundschaft der Hunnen. Während er in ihren Zelten als Geisel oder Verbannter wohnte, hatte er vertrauten Umgang mit Attila selbst, dem Neffen seines Wohltäters, gehabt, und die beiden berühmten Gegner wurden durch persönliche und kriegerische Freundschaft verbunden, die sie nachher durch gegenseitige Geschenke, häufige Gesandtschaften und die Erziehung Carpilios, des Sohnes des Aetius, im Lager der Hunnen befestigten. Der Patrizier mochte durch die gleißende Beteuerung der Dankbarkeit und freiwilligen Anhänglichkeit seine Besorgnisse vor dem skythischen Eroberer verschleiern, der beide Reiche mit seinem zahllosen Heer bedrängte. Seine Forderungen wurden erfüllt oder umgangen. Als er die Beute einer besiegten Stadt, einige goldene Vasen, die betrügerisch vorenthalten worden waren, forderte, wurden der Zivil- und der Militärstatthalter von Noricum unverzüglich entsendet, um seinen Beschwerden Genüge zu leisten; und aus ihrer Unterredung mit Maximin und Priscus im königlichen Lager ergibt sich augenscheinlich, daß die Tapferkeit und Klugheit des Aetius die Römer des Abendlandes von der gemeinsamen Schmach eines Tributes nicht gerettet hat. Seine gewandte Politik verlängerte jedoch die Vorteile eines heilsamen Friedens, und eine zahlreiche Schar von Hunnen und Alanen, denen er Anhänglichkeit an seine Person eingeflößt hatte, wurden zur Verteidigung von Gallien verwendet. Zwei Kolonien dieser Barbaren siedelte man einsichtsvollerweise in dem Gebiet von Valence und Orleans an, und ihre behende Reiterei sicherte die wichtigen Übergänge über die Rhone und Loire. Diese wilden Bundesgenossen waren allerdings den Untertanen nicht minder furchtbar als den Feinden Roms. Dem ihnen eingeräumten Land wurde jede ausschweifende Gewalttat angetan, als wäre es eine Eroberung, und die Provinz, durch die sie zogen, war allen Drangsalen eines feindlichen Einbruches preisgegeben. Fremdlinge dem Kaiser wie der Republik, blieben die Alanen von Gallien der Ehrfurcht des Aetius ergeben, und obschon er argwöhnen mochte, daß sie in einem Kampf gegen Attila selbst sich zur Fahne ihres Nationalkönigs schlagen würden, hatte der Patrizier doch mehr Mühe, ihren Eifer und Grimm gegen die Burgunden, Goten und Franken zu zügeln, als ihn aufzustacheln.

Das von den Westgoten in den südlichen Provinzen von Gallien errichtete Königreich hatte allmählich Kraft und Reife erlangt, und das Verhalten dieser sich ausbrei-
tenden Barbaren nahm entweder im Krieg oder im Frieden die unablässige Wachsamkeit des Aetius in Anspruch. Nach dem Tode Wallias gelangte das gotische Zepter an
Theodorich, den Sohn des großen Alarich, und seine glückliche, mehr als dreißigjähri-
ge Regierung (419 bis 451) über ein stürmisches Volk beweist hinreichend, daß seine
Klugheit durch ungewöhnliche Kraft der Seele wie des Körpers unterstützt wurde.
Seiner engen Landesgrenze überdrüssig, strebte Theodorich nach dem Besitz von
Arles, dem reichen Hauptorte der Regierung und des Handels; die Stadt wurde jedoch
durch das rechtzeitige Heranrücken des Aetius gerettet, und der gotische König, der
die Belagerung mit einigen Verlusten und Schmach hatte aufheben müssen, ließ sich
bewegen, die kriegerische Tapferkeit seiner Untertanen gegen Zahlung angemessener
Hilfsgelder in einem Krieg in Spanien zu beschäftigen. Darauf lauerte Theodorich nur,
und er ergriff die günstige Gelegenheit, die Feindseligkeiten zu erneuern. Die Goten
belagerten Narbonne, während die Burgunden in die belgischen Provinzen einbrachen, und die öffentliche Sicherheit wurde von allen Seiten durch die offenbare Einigkeit der Barbaren bedroht. Auf allen Seiten aber setzte ihnen die Tätigkeit des Aetius
und seiner skythischen Reiterei kräftigen und erfolgreichen Widerstand entgegen.
Zwanzigtausend Burgunden wurden in der Schlacht getötet, und der Überrest der
Nation nahm demütig abhängige Wohnsitze in den Gebirgen von Savoyen an. Die
Mauern von Narbonne waren durch Sturmböcke erschüttert worden, und die Bewohner erduldeten bereits äußerste Hungersnot, als der Graf Litorius in aller Stille erschien jeden Reiter zwei Mehlsäcke hinter sich nehmen ließ und sich durch die
Schanzlinien der Belagerer Bahn brach. Die Belagerung wurde unverzüglich aufgehoben, und der entscheidendere Sieg, welcher der persönlichen Anführung des Aetius
zugeschrieben wird, überschwemmte die Walstatt mit dem Blute von achttausend
Goten. Aber in Abwesenheit des Patriziers, der in öffentlichen oder Privatangelegen-
heiten eiligst nach Italien berufen wurde, folgte Graf Litorius im Oberbefehl nach, und
seine Unbesonnenheit gab bald kund, was für weit verschiedene Talente zur Führung
einer Abteilung Reiterei und zur Leitung eines wichtigen Krieges erforderlich sind. An
der Spitze eines Hunnenheeres rückte er tolldreist bis an die Tore von Toulouse, voll
leichtsinniger Verachtung eines Feindes, den das Unglück vorsichtig und seine Lage
verzweifelt gemacht hatte. Die Vorhersagungen der Auguren hatten Litorius die gottlose Zuversicht eingeflößt, daß er im Triumph in die Hauptstadt der Goten einziehen
würde, und das Vertrauen, das er in seine heidnischen Verbündeten setzte, veranlaßte
ihn, die annehmbaren Friedensbedingungen, die von den Bischöfen in Theodorichs
Namen wiederholt gemacht wurden, zu verwerfen. Der Gotenkönig zeigte in seiner
schwierigen Lage den erbaulichen Gegensatz christlicher Frömmigkeit und Mäßigung
und legte Sack und Asche nicht eher ab als bis er sich zum Kampfe rüstete. Seine
Mannen, durch kriegerische und religiöse Begeisterung angefeuert, stürmten das Lager des Litorius. Der Kampf war hartnäckig, das Gemetzel furchtbar. Der römische
Feldherr zog nach einer völligen Niederlage, die nur seiner ungeschickten Verwegenheit zugeschrieben werden konnte, allerdings durch die Straßen von Toulouse, aber
nicht in seinem, sondern im Triumphe des Feindes; das Elend, das er in einer langen
und schmählichen Gefangenschaft erduldete, erregte zuletzt sogar das Mitleid der
Barbaren selbst. Eine solche Niederlage in einem Lande, dessen Mut und finanzielle
Hilfsmittel längst erschöpft waren, konnte nicht leicht wiedergutgemacht werden, und
die Goten, die nun ihrerseits den Gefühlen des Ehrgeizes und der Rache frönten,
würden ihre siegreichen Fahnen an den Ufern der Rhone aufgepflanzt haben, wenn
nicht die Anwesenheit des Aetius unter den Römern wieder Kraft und Heereszucht
hergestellt hätte. Die beiden Armeen erwarteten das Zeichen zum entscheidenden
Kampfe: aber die Feldherren steckten im Bewußtsein ihrer gegenseitigen Macht und
im Zweifel an der eigenen Überlegenheit ihre Schwerter auf dem Schlachtfeld weislich
in die Scheide, und ihre Versöhnung war dauernd und aufrichtig. Der König der
Westgoten, Theoderich, scheint die Liebe seiner Untertanen, das Vertrauen seiner

Bundesgenossen und die Achtung des Menschengeschlechtes verdient zu haben. Seinen Thron umstanden sechs blühende Söhne, die mit gleicher Sorgfalt in den Übungen des barbarischen Lagers wie in jenen der gallischen Schulen unterrichtet wurden; durch Studium der römischen Jurisprudenz erlernten sie wenigstens die Theorie der Gesetze und des Rechtes, und die harmonische Schönheit Virgils trug bei, die Rauheit ihrer angeborenen Sitten zu mildern. Die beiden Töchter des Gotenkönigs hatten die ältesten Söhne der Könige der Sueven und Vandalen, die in Spanien und Afrika herrschten, zu Gatten, aber diese stolzen Verbindungen erwiesen sich als mit Schuld und Zwietracht beladen. Die Königin der Sueven beweinte den Tod eines Gemahls, der von ihrem Bruder unmenschlicherweise niedergemetzelt worden war. Die Fürstin der Vandalen ward das Opfer eines eifersüchtigen Tyrannen, den sie Vater nannte. Der grausame Genserich argwöhnte, seines Sohnes Weib habe sich verschworen, ihn zu vergiften; das vermeintliche Verbrechen wurde durch Abschneiden der Nase und der Ohren bestraft und die unglückliche Tochter des Theoderich in diesem verunstalteten und verstümmelten Zustand an den Hof von Toulouse zurückgesandt. Diese schreckliche Tat, die jedem zivilisierten Zeitalter unglaublich scheint, erpreßte jedem, der die Unglückliche sah, Tränen; Theoderich aber wurde durch seine Gefühle als Vater und König getrieben, den unauslöschlichen Schimpf zu rächen. Die kaiserlichen Minister, stets der Zwietracht unter den Barbaren froh, würden die Goten mit Waffen, Schiffen und Schätzen für den Krieg mit Afrika versehen haben, und Genserichs Grausamkeit wäre ihm selbst verderblich geworden, wenn es dem schlauen Vandalen nicht gelungen wäre, die furchtbare Macht der Hunnen in seiner Sache zu waffnen. Seine reichen Geschenke und dringenden Einladungen entflammten Attilas Ehrgeiz, und die Pläne des Aetius und Theodorich wurden durch seinen Einbruch in Gallien vereitelt (451).

Die Franken, deren Monarchie noch auf die Gegenden des Niederrheins beschränkt war, hatten weislich das Recht erblicher Nachfolge in dem edlen Geschlecht der Merowinger eingeführt. Diese Fürsten wurden auf ein Schild, dem Symbol des Heerführers, gehoben, und die königliche Sitte langen Haarwuchses galt als Zeichen ihrer Geburt und Würde. Ihre blonden Locken, die sie mit besonderer Sorgfalt kämmten und ordneten, hingen in fließenden Wellen über Rücken und Schultern nieder, während alle übrigen Franken entweder durch Gesetz oder Gewohnheit gezwungen waren, das Hinterhaupt zu scheren, das Haar über die Stirne zu kämmen und sich mit dem Schmuck eines kleinen Backenbartes zu begnügen. Der hohe Wuchs der Franken und ihre blauen Augen deuteten auf germanischen Ursprung, ihr dichtanliegendes Gewand zeigte genau die Umrisse ihrer Gliedmaßen, ein mächtiges Schwert hing an einem breiten Gürtel, ein großer Schild schützte ihren Leib, und diese kriegerischen Barbaren waren von frühester Jugend an gewöhnt, zu laufen, zu springen, zu schwimmen, den Wurfspieß oder die Streitaxt mit nie fehlender Sicherheit zu schleudern, ohne Zagen gegen einen überlegenen Feind vorzurücken und im Leben oder Tode den Ruhm der Unbezwinglichkeit ihrer Altvordern zu behaupten. Clodion, der erste ihrer langhaarigen Könige, dessen Name und Taten in glaubwürdigen Geschichten erwähnt werden, thronte zu Dispargum, einer Stadt oder Feste, die zwischen Löwen und Brüssel gelegen gewesen sein dürfte. Aus Kundschaftsberichten ersah der König der Franken, daß der wehrlose Zustand des zweiten Belgien es bei dem geringsten Angriff der Tapferkeit seiner Untertanen überliefern müßte. Er drang kühn durch die Dickichte und Sümpfe des karbonarischen Waldes, nahm Tournay und Cambray, die zwei einzigen Städte, die es im fünften Jahrhundert gab, und dehnte seine Eroberung bis an den Fluß Somme über ein ödes Land aus, dessen Kultur und Volksreichtum die Wirkungen späteren Fleißes sind. Während Clodion in den Ebenen von Artois lagerte und mit eitler und prunkender Sicherheit vielleicht die Vermählung seines Sohnes feierte, wurde das Hochzeitsfest durch das unerwartete und unwillkommene Erscheinen des Aetius unterbrochen, der an der Spitze seiner leichten Reiterei über die Somme gegangen war. Die Tafeln, die im Schutze eines Berges längs dem Ufer eines schönen Stromes standen, wurden unsanft umgestoßen, die Franken erdrückt, bevor sie zu den Waffen greifen oder sich ordnen konnten, und ihre fruchtlose Tapferkeit brachte nur ihnen selbst Verderben. Die beladenen Wagen, die ihrem Zuge gefolgt waren, boten reiche Beute, und die jungfräuliche Braut unterwarf sich mit ihren Dienerinnen den neuen Freiwerbern, die ihr das Wechselglück des Krieges aufgezwungen hatte. Dieser Vorteil, den Aetius durch Tätigkeit und Geschicklichkeit errungen hatte, mochte die kriegerische Klugheit Clodions einigermaßen beschämen; der König der Franken gewann aber bald Macht und Ruhm wieder und behauptete dauernd den Besitz seines gallischen Königreiches vom Rhein bis zur Somme. Unter seiner Regierung und wahrscheinlich als Folge des Unternehmungsgeistes seiner Untertanen erfuhren die drei Hauptstädte Mainz, Trier und Köln die Wirkungen feindseliger Grausamkeit und Habsucht. Die Drangsale Kölns wurden durch die beständige Herrschaft derselben Barbaren verlängert, welche die Trümmer von Trier räumten, Trier jedoch, das binnen vierzig Jahren viermal belagert und geplündert worden war, zeigte sich geneigt, das Andenken an seine Unglücksfälle in den eitlen Vergnügungen des Zirkus zu vergessen. Nach zwanzigjähriger Herrschaft gab Clodions Tod sein Königreich der Zwietracht und Ehrsucht seiner beiden Söhne preis. Meroveus, der Jüngere, ließ sich überreden, um den Schutz Roms zu bitten; er wurde am kaiserlichen Hof als Valentinians Bundesgenosse und Adoptivsohn des Aetius empfangen und in sein Vaterland mit glänzenden Geschenken und den größten Versicherungen der Freundschaft und Hilfeleistung entlassen. Während seiner Abwesenheit hatte sich der ältere Bruder mit gleichem Eifer um den furchtbaren Beistand Attilas beworben, und der Hunnenkönig schloß eilig ein Bündnis, das den Übergang über den Rhein erleichterte und ihm einen glänzenden und ehrenvollen Vorwand zum Einbruch in Gallien gab.

Als Attila seinen Entschluß erklärte, die Sache seiner Verbündeten, der Vandalen und Franken, zu unterstützen, bekannte sich der Barbarenmonarch zu gleicher Zeit, fast im Geiste des romantischen Rittertums, als den Anbeter und Krieger der Prinzessin Honoria. Die Schwester Valentinians wurde in dem Palast von Ravenna erzogen und, weil ihre Vermählung dem Staate etwaige Gefahr bringen konnte, durch den Titel Augusta über die Hoffnungen auch des verwegensten Untertanen erhoben. Die schöne Honoria hatte jedoch kaum das sechzehnte Lebensjahr erreicht, als sie diese lästige Größe verabscheute, die sie für immer von dem Glück ehrenvoller Liebe ausschloß; unter der Last eines eitlen Titels seufzend, gab Honoria dem Antrieb der Natur nach und warf sich in die Arme ihres Kämmerers Eugenius. Ihre Schuld und Schande (das ist die unsinnige Sprache des herrischen Mannes) wurde bald durch die Zeichen der Schwangerschaft verraten, und die Schmach des regierenden Hauses der Welt durch die Unklugheit der Kaiserin Placidia bekannt, die ihre Tochter in enge und schimpfliche Haft, in ferne Verbannung nach Konstantinopel schickte. Die unglückliche Fürstin brachte hier zwölf bis vierzehn Jahre in der unleidlichen Gesellschaft der Schwestern des Theodosius und ihrer auserwählten Jungfrauen zu, auf deren Krone sie keinen Anspruch mehr erheben konnte und deren klösterliche Emsigkeit im Beten, Fasten und Nachtwachen sie mit Widerstreben nachahmte. Ihre Unzufriedenheit mit einem so langen und so hoffnungslosen Zölibat trieb sie zu einem seltsamen und verzweifelten Entschluß. Attilas gefürchteter Name war zu Konstantinopel in aller Munde, und er unterhielt durch seine häufigen Gesandtschaften einen beständigen Verkehr zwischen seinem Lager und dem kaiserlichen Palast. Im Durste nach Liebe oder vielmehr nach Rache opferte die Tochter der Placidia jede Pflicht und jedes Vorurteil und erbot sich, ihre Person den Armen eines Barbaren zu überliefern, dessen Sprache sie nicht verstand, dessen Gestalt kaum menschlich war und dessen Sitten und Religion sie verabscheute. Durch die Vermittlung eines treuen Eunuchen übersandte sie Attila einen Ring als Pfand ihrer Zuneigung und ließ ihn beschwören, sie als seine rechtmäßige Gattin, der er insgeheim verlobt worden sei, zu fordern. Dieses unanständige Entgegenkommen wurde jedoch mit Kälte und Verachtung aufgenommen, und der König der Hunnen fuhr fort, die Zahl seiner Weiber zu vermehren, bis seine Liebe durch die stärkeren Leidenschaften des Ehrgeizes und der Habsucht geweckt wurde. Der Einbruch in Gallien wurde eingeleitet und gerechtfertigt durch die förmliche Forderung der Prinzessin Honoria samt einem angemessenen Teil des kaiserlichen

Erbes. Seine Vorfahren, die alten Tandschus, hatten sich häufig auf dieselbe feindliche und gebieterische Weise um die Töchter der Kaiser von China beworben, und Attilas Ansprüche gaben der Majestät Roms nicht geringeres Ärgernis. Seinen Gesandten wurde die feste, aber gemäßigte Weigerung mitgeteilt. Das Recht der weiblichen Thronfolge ward, obschon die neueren Beispiele der Placidia und Pulcheria einen glänzenden Beweis dafür lieferten, standhaft geleugnet, und den Ansprüchen ihres skythischen Bewerbers hielt man die unauflöslichen Bande der Honoria entgegen. Die schuldige Prinzessin war nach Entdeckung ihres Einverständnisses mit dem Hunnenkönig als ein Gegenstand des Abscheus von Konstantinopel nach Italien gesandt worden; man schonte ihres Lebens, verheiratete sie aber mit einem unbedeutenden Namensgemahl, bevor sie in ewiges Gefängnis eingemauert wurde, um jene Verirrungen und Unglücksfälle zu beweinen, denen Honoria entgangen sein mochte, wenn sie nicht als die Tochter eines Kaisers geboren worden wäre.

Ein geborener Gallier und Zeitgenosse, der gelehrte und beredte Sidonius, der später Bischof von Clermont wurde, hatte einem seiner Freunde versprochen, eine regelrechte Geschichte des Krieges mit Attila zu verfassen. Wenn die Bescheidenheit des Sidonius ihn nicht entmutigt hätte, dieses interessante Werk zu verfassen, würde der Geschichtsschreiber mit der Einfachheit der Wahrheit jene denkwürdigen Ereignisse erzählt haben, auf die er als Dichter in unbestimmten und zweifelhaften Metaphern kurz angespielt hat. Die Könige und Völker von Germanien und Skythien, vielleicht von der Wolga bis zur Donau, gehorchten dem Kriegsruf Attilas. Von dem königlichen Lager in den Ebenen Ungarns rückte sein Banner gegen Westen, und nach einem Marsch von sieben- bis achthundert Meilen erreichte er den Zusammenfluß des Rheins und Neckars, wo die Franken, die seinem Verbündeten, Clodions älterem Sohn, anhingen, zu ihm stießen. Ein Trupp leichter, nach Beute streifender Barbaren konnte den Winter wegen der Bequemlichkeit wählen, die das Eis für den Übergang über die Flüsse bot; die unzählbare Reiterei der Hunnen aber erforderte eine solche Menge von Futter und Vorräten, wie sie nur in der milderen Jahreszeit herbeigeschafft werden konnten; der hercynische Wald lieferte die Materialien zum Bau einer Schiffsbrücke, und die feindlichen Myriaden ergossen sich mit unwiderstehlicher Gewalt über die belgischen Provinzen. Die Bestürzung in Gallien war allgemein, und die verschiedenen Schicksale seiner Städte sind von der Sage mit Märtyrertum und Wundern geschmückt worden. Troyes wurde durch die Verdienste des heiligen Lupus gerettet, der heilige Servatius der Welt entrückt, um den Untergang von Tongres nicht zu schauen, und das Gebet der heiligen Genoveva wandte den Zug Attilas von der Gegend von Paris ab. Da es aber dem größeren Teil der gallischen Städte gleich an Heiligen wie an Soldaten fehlte, wurden sie von den Hunnen belagert und erstürmt, die beispielsweise in Metz ihre gewöhnlichen Kriegsgebräuche ausübten. Sie metzelten ohne Unterschied Priester, die am Altar beteten, und Kinder, die in der Stunde der Gefahr durch des Bischofs ahnende Fürsorge getauft worden waren, nieder, die blühende Stadt wurde den Flammen überliefert, und die einsame Kapelle des heiligen Stephan bezeichnete den Platz, wo sie einst stand. Vom Rhein und der Mosel drang Attila in das Herz von Gallien vor, ging bei Auxerre über die Seine und schlug nach einem langen und beschwerlichen Marsch sein Lager unter den Mauern von Orleans auf (451). Er wünschte ernstlich seine Eroberungen durch den Besitz eines vorteilhaften, den Übergang über die Loire beherrschenden Postens zu sichern und verließ sich auf die geheime Einladung des Alanenfürsten Sangipan, der versprochen hatte, die Stadt zu verraten und sich gegen den Dienst des Kaisers zu empören. Diese treulose Verschwörung war jedoch entdeckt und vereitelt, Orleans durch neue Befestigungen verstärkt worden, und die Angriffe der Hunnen wurden durch die pflichtgetreue Tapferkeit der Soldaten und Bürger, die den Platz verteidigten, kräftig zurückgewiesen. Die seelsorgende Tätigkeit des Anianus, eines Bischofs von urchristlicher Heiligkeit und vollendeter Klugheit, erschöpfte jedes Hilfsmittel religiöser Politik, um den Mut der Verteidiger bis zur Ankunft der erwarteten Hilfe aufrechtzuerhalten. Nach einer hartnäckigen Belagerung wurden die Mauern durch die Sturmwidder erschüttert, die

Hunnen hatten bereits die Vorstädte besetzt, und das Volk, das nicht fähig war, Waffen zu tragen, lag betend auf den Knien. Anianus, der ängstlich Tage und Stunden zählte, entsandte einen treuen Boten, um von dem Wall das ferne Land zu beobachten. Zweimal kehrte derselbe ohne eine Nachricht, die Trost oder Hoffnung einflößen konnte, zurück; in seinem dritten Bericht aber erwähnte er einer kleinen Wolke, die schwach am äußersten Rande des Horizontes aufgetaucht sei. „Gott schickt Hilfe!" rief der Bischof im Ton frommer Zuversicht, und die ganze Gemeinde wiederholte mit ihm: „Gott schickt Hilfe!" Der ferne Gegenstand, auf dem alle Blicke hafteten, wurde jeden Augenblick größer und deutlicher; allmählich gewahrte man die römischen und gotischen Banner, und als ein günstiger Wind den Staub wegwehte, sah man in guter Schlachtordnung die kampfgierigen Geschwader des Aetius und Theodorich, die zum Entsatz von Orleans herandrängten.

Die Leichtigkeit, womit Attila bis in das Herz Galliens eingedrungen war, darf ebensosehr seiner hinterlistigen Politik wie dem Schrecken seiner Waffen zugeschrieben werden. Seine öffentlichen Erklärungen wurden geschickt durch geheime Versicherungen gemildert, er besänftigte und bedrohte abwechselnd die Römer und die Goten, und die Höfe von Ravenna und Toulouse, ihren gegenseitigen Absichten mißtrauend, sahen mit träger Gleichgültigkeit der Annäherung ihres gemeinsamen Feindes zu. Aetius war die einzige Stütze des öffentlichen Heiles, aber die Durchführung seiner weisesten Maßregeln wurde durch eine Partei, die seit Placidias Tode im kaiserlichen Palast nistete, gehemmt; die Jugend Italiens bebte beim Klang der Trompete, und die Barbaren, die aus Furcht oder Vorliebe zu Attilas Sache neigten, harrten mit zweifelhafter und käuflicher Treue des Ausganges des Krieges. Der Patrizier ging an der Spitze einiger Truppen, deren Stärke und Zahl kaum den Namen eines Heeres verdiente, über die Alpen. Als er jedoch zu Arles oder Lyon anlangte, setzte ihn die Nachricht in Bestürzung, daß die Westgoten sich weigerten, bei der Verteidigung von Gallien mitzuwirken und entschlossen wären, den furchtbaren Feind, den sie zu verachten vorgaben, innerhalb ihres eigenen Gebietes zu erwarten. Der Senator Avitus, der sich nach ehrenvoller Verwaltung der prätorianischen Präfektur nach seiner Besitzung in Auvergne zurückgezogen hatte, ließ sich bewegen, die wichtige Gesandtschaft anzunehmen, und entledigte sich ihrer mit Geschicklichkeit und Erfolg. Er stellte Theodorich vor, daß einem ehrgeizigen Eroberer, der nach der Herrschaft der Erde strebe, nur durch das feste und einmütige Bündnis der Mächte, die er zu erdrücken sinne, erfolgreicher Widerstand geleistet werden könne. Die lebendige Beredsamkeit des Avitus entflammte die gotischen Krieger durch Schilderung der Unbilden, die ihre Vorfahren von den Hunnen erduldet hatten, deren unversöhnliche Wut sie fortwährend von der Donau bis zu dem Fuße der Pyrenäen verfolge. Er stellte ihnen dringend vor, daß es die Pflicht jedes Christen sei, die Kirchen Gottes und die Reliquien der Heiligen vor frevelhafter Schändung zu bewahren; daß jedem Barbaren, der eine Niederlassung in Gallien erworben, sein eigener Vorteil gebiete, die Felder und Weinberge, die zu seinem Gebrauch bebaut würden, gegen die Verheerung durch die skythischen Hirten zu verteidigen. Theodorich gab der Stimme der Vernunft Gehör, ergriff die klügste und zugleich ehrenvollste Maßregel und erklärte, daß er als treuer Bundesgenosse des Aetius und der Römer bereit wäre, Leben und Reich für die gemeinschaftliche Sicherheit von Gallien zu wagen. Die Westgoten, die zu der Zeit auf dem Höhepunkt ihres Ruhmes und ihrer Macht standen, gehorchten dem Kriegsruf mit Freudigkeit, setzten Waffen und Pferde in Bereitschaft und sammelten sich unter der Fahne ihres greisen Königs, der beschlossen hatte, mit seinen beiden ältesten Söhnen, Torismund und Theodorich, sein zahlreiches und tapferes Volk in Person anzuführen. Das Beispiel der Goten bestimmte mehrere Stämme oder Nationen, die zwischen den Hunnen und Römern zu schwanken schienen, sich für letztere zu entscheiden. Des Aetius unermüdliche Tätigkeit sammelte allmählich die Scharen von Gallien und Germanien, die sich früher als Untertanen und Soldaten der Republik bekannt hatten, jetzt aber den Lohn freiwilliger Dienste und den Rang unabhängiger Bundesgenossen forderten: die Laeti, Armorikaner, Breonen, Sachsen, Burgunden, Sarmaten oder Alanen, die

Ripuarier und jene Franken, die Meroveus als ihrem rechtmäßigen König anhingen. Das war das buntgemengte Heer, das unter Aetius und Theodorichs Anführung in Eilmärschen zum Entsatz von Orleans und zum Kampf mit den unzähligen Scharen Attilas heranrückte.

Bei ihrer Annäherung hob der König der Hunnen unverzüglich die Belagerung auf und ließ zum Rückzug blasen, um die vordersten Truppen von der Plünderung einer Stadt abzurufen, in die sie bereits eingedrungen waren. Attilas Tapferkeit stand stets unter der Leitung seiner Klugheit, und da er die verderblichen Folgen einer Niederlage in dem Herzen von Gallien voraussah, ging er über die Seine zurück und erwartete den Feind in den Ebenen von Chalons, deren geräumige Fläche für die Bewegung seiner skythischen Reiterei vorzüglich geeignet war. Aber auf diesem verworrenen Rückzug drängte die Vorhut der Römer und ihrer Bundesgenossen fortwährend nach und bekämpfte zuweilen die Truppen, denen Attila die Nachhut anvertraut hatte; die feindlichen Heeressäulen mochten in der Dunkelheit der Nacht und der Verworrenheit der Wege oft ohne Absicht aufeinandertreffen, und das blutige Gefecht der Franken und Gepiden, in welchem fünfzehntausend Barbaren erschlagen wurden, bildete das Vorspiel zu einer allgemeineren und entscheidenderen Schlacht. Die katalaunischen Felder umgaben Chalons und dehnten sich nach der unbestimmten Maßangabe des Jornandes hundertfünfzig Meilen in die Länge und hundert in die Breite über die ganze Provinz aus, die in der Tat ein Recht auf den Namen Champagne hat. Diese geräumige Ebene wurde jedoch durch einige Unebenheiten des Bodens unterbrochen, und die Wichtigkeit einer Anhöhe, die das Lager des Attila beherrschte, wurde von beiden Feldherren begriffen und um sie gekämpft. Der junge und tapfere Torismund besetzte den Gipfel zuerst; die Goten stürzten mit unwiderstehlicher Gewalt auf die Hunnen, die ihn von der entgegengesetzten Seite zu ersteigen strebten, und der Besitz dieses vorteilhaften Punktes flößte sowohl den Truppen als ihren Anführern freudige Siegeszuversicht ein. Besorgnis veranlaßte Attila, seine Priester und Haruspizes zu befragen. Es wird berichtet, daß sie nach Untersuchung der Eingeweide der Tiere und Auslösung der Knochen seine eigene Niederlage und den Tod seines Hauptgegners weissagten und daß der Barbar durch Annahme des Orakels seine unfreiwillige Achtung von Aetius' überlegenen Talenten ausdrückte. Die ungewöhnliche Entmutigung, die in dem Lager der Hunnen zu herrschen schien, veranlaßte Attila, zu dem den Feldherren des Altertums so geläufigen Mittel, die Truppen durch eine kriegerische Anrede anzufeuern, Zuflucht zu nehmen; seine Sprache war die eines Königs, der an ihrer Spitze oft gekämpft und gesiegt hatte. Er forderte sie auf, ihren vergangenen Ruhm, ihre gegenwärtige Gefahr und ihre künftigen Hoffnungen zu erwägen. Dasselbe Glück, das die Wildnisse und Sümpfe von Skythien ihrer unbewaffneten Tapferkeit geschenkt und so viele kriegerische Völker ihnen unterworfen hat, habe ihnen die Freuden dieses denkwürdigen Feldes zur Vervollständigung ihrer Siege vorbehalten. Die vorsichtigen Bewegungen der Feinde, ihr enges Bündnis und die vorteilhaften Punkte, die sie gewählt, stellte er als Wirkungen nicht der Klugheit, sondern der Furcht dar. Nur die Westgoten wären die Stärke und der Kern des feindlichen Heeres; die entarteten Römer dagegen, deren gedrängte und dichte Schlachtordnung ihr Zagen verrate, und die gleich unfähig wären, die Gefahren wie die Beschwerden des Schlachttages zu ertragen, würden von den Hunnen leicht darniedergetreten werden. Die der kriegerischen Tapferkeit so günstige Lehre der Vorherbestimmung wurde von dem Hunnenkönig sorgfältig eingeschärft: er versicherte seinen Untertanen, daß die vom Himmel beschützten Krieger inmitten der feindlichen Geschosse sicher und unverwundbar wären, daß jedoch die ihr Ziel nie verfehlenden Todesgöttinnen ihre Opfer auch im Schoße eines ruhmlosen Friedens träfen. „Ich selbst", fuhr Attila fort, „werde den ersten Wurfspieß schleudern, und der Elende, der sich weigert, das Beispiel seines Fürsten nachzuahmen, ist unvermeidlichem Tode verfallen." Der Mut der Barbaren wurde durch den Anblick, die Stimme und das Beispiel ihres unerschrockenen Anführers neu entflammt; Attila gab ihrer Kampfgier nach und bildete unverzüglich ihre Schlachtordnung. An der Spitze seiner tapferen und treuen Hunnen nahm er in Person das Mitteltreffen der Linie ein. Die seinem Reiche unterworfenen Völker, die Rugier, Heruler, Thüringer, Burgunden und Franken dehnten sich auf beiden Seiten über den weiten Raum der katalaunischen Felder aus: der rechte Flügel wurde von dem Gepidenkönig Ardarich befehligt, und die drei tapferen Brüder, die über die Ostgoten herrschten, waren auf dem linken den verwandten Stämmen der Westgoten entgegengestellt. Die Aufstellung der Verbündeten war nach einem anderen Grundsatz vorgenommen. Der treulose Alanenkönig Sangipan erhielt seinen Posten in der Mitte, wo seine Bewegungen genauer bewacht und seine Verräterei augenblicklich bestraft werden konnte. Aetius übernahm den Oberbefehl über den linken, Theodorich über den rechten Flügel, während Torismund dauernd die Anhöhen besetzt hielt, die sich in der Flanke und vielleicht im Rücken des skythischen Heeres ausgedehnt zu haben scheinen. Die Völker von der Wolga bis zum Atlantischen Meer waren auf den Ebenen von Chalons versammelt; viele dieser Völker waren jedoch durch Parteiungen, Niederlagen oder Auswanderung geteilt worden, und der Anblick ähnlicher Waffen und Feldzeichen auf beiden Seiten bot das Bild eines Bürgerkrieges.

Die Heereszucht und Taktik der Griechen und Römer bildet einen interessanten Bestandteil ihres nationalen Wesens. Das aufmerksame Studium der kriegerischen Unternehmungen eines Xenophon, Cäsar oder Friedrich, beschrieben von demselben Genie, das sie entwarf und ausführte, kann zur Vervollkommnung (wenn eine solche Vervollkommnung gewünscht werden darf) der Kunst, Menschen zu vernichten, beitragen. Die Schlacht von Chalons vermag dagegen unsere Neugierde nur durch ihre Größe zu erregen, weil sie durch das blinde Ungestüm der Barbaren entschieden und von parteiischen Schriftstellern beschrieben wurde, deren bürgerlicher oder geistlicher Beruf sie von Einsicht in militärische Angelegenheiten ausschloß. Cassiodor hatte indessen vertraulich mit vielen gotischen Kriegern gesprochen, die in dieser merkwürdigen Schlacht gefochten hatten, „ein Kampf", wie sie berichteten, „grimmig, vielgestaltig, hartnäckig, blutig, dessengleichen weder in der Gegenwart noch in der Vergangenheit zu finden ist". Die Zahl der Erschlagenen belief sich auf hundertzweiundsechzigtausend oder, nach einem anderen Bericht, auf dreihunderttausend, und diese unglaubwürdigen Übertreibungen setzen einen wirklichen Verlust voraus, groß genug, um die Bemerkung des Geschichtsschreibers zu rechtfertigen, daß durch den Wahnsinn der Könige ganze Geschlechter im Laufe einer einzigen Stunde vernichtet werden können. Nach dem gegenseitigen und wiederholten Abschießen der Wurfwaffen, wobei die Bogenschützen Skythiens ihre überlegene Geschicklichkeit beweisen konnten, stürzten Reiterei und Fußvolk wütend zum Handgemenge gegeneinander. Die Hunnen, die unter den Augen ihres Königs fochten, durchbrachen das schwache und zweifelhafte Zentrum der Bundesgenossen, trennten ihre Flügel voneinander, schwenkten durch eine außerordentlich schnelle Bewegung nach links und richteten ihre ganze Macht gegen die Westgoten. Während Theodorich längs der Reihen hinritt, um seine Truppen anzufeuern, erhielt er durch den Wurfspieß des Andages, eines edlen Ostgoten, die Todeswunde und sank alsbald vom Pferde. Der verwundete König wurde in der allgemeinen Verwirrung erdrückt, unter die Hufe seiner eigenen Reiterei getreten, und dieser bedeutungsvolle Tod diente zur Erklärung der zweideutigen Weissagung der Haruspizes. Attila triumphierte bereits im Vorgefühl des Sieges, als der tapfere Torismund von den Anhöhen niederstürmte und den Rest der Prophezeiung verwirklichte. Die Westgoten, die durch die Flucht oder den Abfall der Alanen in Verwirrung geraten waren, stellten allmählich ihre Schlachtordnung wieder her, und die Hunnen wurden zweifellos besiegt, weil Attila sich zum Rückzug gezwungen sah. Er hatte sich mit Tollkühnheit wie ein gemeiner Krieger ausgesetzt; aber die unerschrockenen Truppen der Mitte waren über die Linie der übrigen Truppen hinausgedrungen, ihr Angriff wurde schwach unterstützt, ihre Flanken waren bloßgestellt, und nur die Nacht rettete die Eroberer von Skythien und Germanien vor einer gänzlichen Niederlage. Sie zogen sich hinter die Wagenburg zurück, die ihr Lager deckte, und die ihrer Pferde beraubten Scharen schickten sich zu einer Verteidigung an, wozu weder Waffen noch Neigung sie befähigten. Der Erfolg war zweifelhaft: Attila hatte sich ein letztes und ehrenvolles Mittel gesichert. Die Sättel und reichen Geschirre der Reiterei waren auf seinen Befehl zu einem Scheiterhaufen aufgeschichtet worden, und der hochherzige Barbar hatte für den Fall, daß seine Verschanzungen erstürmt werden sollten, beschlossen, sich mitten in dessen Flammen zu stürzen, um seine Feinde des Ruhmes zu berauben, den sie durch Tötung oder Gefangennehmung Attilas erworben hätten.

Seine Feinde hatten jedoch die Nacht in gleicher Unordnung und Besorgnis zugebracht. Der unbedachte Mut Torismunds riß ihn zur Verfolgung hin, bis er sich mit wenigen Begleitern unerwartet inmitten der skythischen Wagen befand. In der Verwirrung eines Kampfes bei Nacht wurde er vom Pferde geworfen, und der Gotenfürst hätte gleich seinem Vater umkommen müssen, wenn seine jugendliche Stärke und der unerschrockene Eifer seiner Gefährten ihn nicht aus seiner gefährlichen Lage befreit hätten. Auf dieselbe Weise, aber auf dem linken Flügel, getrennt von seinem Bundesgenossen, ohne Kunde ihres Sieges und bekümmert um ihr Schicksal, stieß auch Aetius auf die feindlichen Truppen, die über die Ebenen von Chalons zerstreut waren, entging ihnen glücklich und erreichte endlich das Lager der Goten, das er bis zum Anbruch des Tages nur durch einen leichten Wall aus Schilden befestigen konnte. Der kaiserliche Feldherr überzeugte sich bald von der Niederlage Attilas, der fortwährend untätig in seinen Verschanzungen blieb, und als er die blutige Walstatt betrachtete, bemerkte er mit innerer Freude, daß der Verlust hauptsächlich die Barbaren betroffen habe. Die mit ehrenvollen Wunden bedeckte Leiche Theodorichs wurde unter einem Haufen Erschlagener aufgefunden: seine Untertanen beweinten ihren König und Vater; in ihre Tränen mischten sich aber Gesänge und Triumphgeschrei, und seine Leichenfeier wurde im Angesicht eines besiegten Feindes begangen. Die Goten schlugen ihre Waffen aneinander, erhoben seinen Sohn Torismund, dem sie mit Recht den Ruhm ihres Sieges zuschrieben, auf den Schild, und der neue König übernahm als heiligen Teil seines väterlichen Erbes die Verpflichtung zur Rache. Dennoch staunten die Goten selbst über die grimmige und unerschrockene Haltung ihres furchtbaren Gegners, und ihr Geschichtsschreiber hat Attila mit einem in seinem Lager eingeschlossenen Löwen verglichen, der die Jäger mit verdoppelter Wut bedroht. Den Königen und Völkern, die in der Stunde der Not seine Fahne verlassen wollten, wurde zu fühlen gegeben, daß das Mißfallen ihres Monarchen die zunächst drohende und unvermeidlichste Gefahr wäre. Alle seine Instrumente für kriegerische Musik stimmten fortwährend lautschallende, trotzbietende Weisen an, und die vordersten der Truppen, die zum Angriff anrückten, wurden durch einen Pfeilregen, aus allen Seiten der Verschanzungen kommend, aufgehalten oder vernichtet. Es wurde in einem allgemeinen Kriegsrat beschlossen, den Hunnenkönig in seinem Lager zu blockieren, die Zufuhren von Lebensmitteln abzuschneiden und ihn entweder zu einem schimpflichen Vertrag oder ungleichen Kampf zu zwingen. Die Ungeduld der Barbaren verschmähte jedoch bald diese vorsichtigen und zögernden Maßregeln, und die vollendete Klugheit des Aetius besorgte, daß nach Ausrottung der Hunnen die Republik durch den Stolz und die Macht des Gotenvolkes erdrückt werden würde. Der Patrizier gebrauchte den überwiegenden Einfluß seines Ansehens und seiner Vernunft, um die Leidenschaften zu besänftigen, die der Sohn Theodorichs als Pflicht ansah; er schilderte Torismund mit scheinbarer Zuneigung und den Tatsachen entsprechender Wahrheit die Gefahren der Abwesenheit und des Zauderns und überredete ihn, durch schleunige Rückkehr den herrschsüchtigen Absichten seiner Brüder zuvorzukommen, die sonst inzwischen den Thron und die Schätze von Toulouse in Besitz nehmen könnten. Nach dem Abzug der Goten und der Trennung des verbündeten Heeres überraschte Attila die ungeheure Stille, die auf den Ebenen von Chalons herrschte; der Argwohn irgendeiner feindlichen Kriegslist hielt ihn tagelang im Kreise seiner Wagenburg fest, und sein Rückzug über den Rhein bezeugte den letzten Sieg, der im Namen des abendländischen Reiches erstritten worden war. Meroveus und seine Franken, die sich weislich in Entfernung hielten und durch die zahlreichen Wachtfeuer, die sie jede Nacht anzündeten, eine größere Anzahl vorzutäuschen suchten, folgten den Hunnen bis an die

Grenzen von Thüringen. Die Thüringer leisteten Kriegsdienste im Heer Attilas, sie durchzogen sowohl auf dem Hin- wie auf dem Rückmarsch das Gebiet der Franken, und vielleicht war es dieser Krieg, in dem sie jene Grausamkeiten verübten, die achtzig Jahre später von Chlodwigs Sohn gerächt wurden. Sie metzelten sowohl ihre Geiseln als ihre Gefangenen nieder; zweihundert junge Mädchen wurden mit ausgesuchter und erbarmungsloser Grausamkeit gemartert, ihre Leiber entweder von wilden Pferden zerrissen oder ihre Gebeine durch die Wucht rollender Wagen zerdrückt und ihre unbegrabenen Gliedmaßen auf dem Heerweg den Hunden und Geiern als Beute überlassen.

Weder der Mut noch die Macht noch der Ruhm Attilas wurde durch das Mißlingen des gallischen Feldzuges vermindert. Im folgenden Frühling begehrte er wiederholt die Prinzessin Honoria und ihre väterlichen Erbschätze. Das Begehren wurde abermals verweigert oder umgangen, worauf der entrüstete Brautwerber sogleich in das Feld rückte, über die Alpen ging, in Italien einbrach und Aquileja mit einem unzählbaren Heer von Barbaren belagerte (452). Diese Barbaren mochten unerfahren in der Methode sein, eine regelmäßige Belagerung zu führen, die selbst im Altertum einige Kenntnis oder wenigstens Übung in den mechanischen Künsten forderte, aber die Arbeit von vielen Tausenden der Provinzbewohner und Gefangenen, deren Leben ohne Erbarmen geopfert wurde, konnte auch das mühsamste und gefährlichste Werk ausführen. Römische Mechaniker konnten bestochen werden, ihre Geschicklichkeit zum Verderben ihres Vaterlandes anzuwenden. Die Mauern von Aquileja wurden durch einen furchtbaren Park von Sturmwiddern, beweglichen Türmen und Maschinen, die Steine, Spieße und Feuer warfen, angegriffen, und der Herrscher der Hunnen wandte jeden mächtigen Antrieb, wie Hoffnung, Furcht, Wetteifer und Eigennutz, an, um das einzige Bollwerk zu zerstören, das die Eroberung Italiens verzögerte. Aquileja war zu jener Zeit die reichste, meistbevölkerte und stärkste aller Seestädte an der adriatischen Küste. Die gotischen Bundestruppen, die unter ihren angestammten Fürsten Alarich und Antala dienten, teilten ihren unerschrockenen Sinn den Bürgern mit, und diese gedachten des ruhmvollen und erfolgreichen Widerstandes, den einst ihre Väter einem grimmigen und unerbittlichen Tyrannen, der die Majestät des römischen Purpurs entehrte, entgegengesetzt hatten. Drei Monate der Belagerung von Aquileja verstrichen fruchtlos, ja Mangel an Lebensmitteln und das Geschrei seines Heeres nötigten Attila, seine Unternehmungen aufzugeben und voll Unwillen den Befehl zu erteilen, daß die Truppen ihre Zelte am nächsten Morgen abbrechen und ihren Rückzug beginnen sollten. Als er jedoch um die Mauern ritt, nachdenklich, unmutig und in seinen Hoffnungen getäuscht, bemerkte er, daß ein Storch sich anschickte, sein Nest in einem der Türme zu verlassen und mit seinen Jungen dem Lande zuzufliegen. Er verwendete mit dem Scharfblick eines Staatsmannes diesen geringfügigen Umstand, den der Zufall dem Aberglauben darbot, und rief mit lauter und freudiger Stimme aus, daß ein solcher, an die Gesellschaft der Menschen so sehr gewöhnter Vogel seinen alten Sitz gewiß nicht verlassen würde, wenn diese Türme nicht dem Einsturz und der Einsamkeit geweiht wären. Das günstige Vorzeichen flößte Siegeszuversicht ein, die Belagerung wurde erneuert und mit frischer Kraft betrieben, und eine große Bresche in dem Teil der Mauer gemacht, den der Storch verlassen hatte; die Hunnen drängten mit unwiderstehlicher Wut zum Sturm, und das nachfolgende Geschlecht vermochte kaum die Ruinen von Aquileja zu entdecken. Nach dieser furchtbaren Züchtigung setzte Attila seinen Zug weiter fort und verwandelte die Städte Altinum, Concordia und Padua in Ruinenhaufen und Asche. Die Binnenstädte Vicenza, Verona und Bergamo wurden der raubsüchtigen Grausamkeit der Hunnen preisgegeben. Mailand und Pavia unterwarfen sich ohne Widerstand dem Verlust ihrer Reichtümer und zollten der ungewöhnlichen Milde Beifall, welche die öffentlichen und Privatgebäude vor den Flammen bewahrte und das Leben der gefangenen Menge schonte. In die Volkssagen von Como, Turin und Modena muß man gerechtes Mißtrauen setzen; indessen dienen sie doch mit authentischeren Zeugnissen zu dem Beweis, daß Attila seine Verheerungen über die Ebenen der neueren Lombardei ausbreitete, die von dem Po durchschnitten und von den Alpen und Apenninen begrenzt werden. Als er von dem kaiserlichen Palast in Mailand Besitz nahm, überraschte und beleidigte ihn der Anblick eines Gemäldes, welches die Cäsaren darstellte, wie sie auf ihrem Thron saßen und die skythischen Fürsten zu ihren Füßen lagen. Die Rache, die Attila an diesem Denkmal römischer Eitelkeit nahm, war harmlos und sinnreich. Er befahl einem Maler, die Figuren und die Stellungen umzukehren, und die Kaiser wurden auf derselben Leinwand abgebildet, wie sie sich in flehender Stellung nahten, um ihre Säcke voll Zinsgoldes vor dem Thron des skythischen Monarchen auszuleeren. Die Beschauer müssen die Richtigkeit und Angemessenheit dieser Veränderung eingestanden haben und waren vielleicht versucht, auf diesen eigentümlichen Vorfall die wohlbekannte Fabel von dem Löwen und dem Menschen anzuwenden.

Es war ein des blutdürstigen Stolzes Attilas würdiges Wort, daß kein Gras wieder auf dem Platze wachse, den sein Pferd betreten habe. Dennoch legte der wilde Verheerer absichtslos den Grund zu einer Republik, die in den Feudalzeiten von Europa die Kunst und den Geist der Handelstätigkeit wieder belebte. Das berühmte Venedig oder Venetia war einst über eine große fruchtbare Provinz Italiens ausgebreitet, die sich von den Grenzen von Pannonien bis an den Fluß Addua und von dem Po bis zu den rätischen und julischen Alpen ausdehnte. Vor dem Einbruch Attilas blühten fünfzig venetische Städte in Frieden und Wohlstand; Aquileja nahm den vornehmsten Rang ein; aber die alte Würde von Padua wurde durch Ackerbau und Gewerbefleiß aufrechterhalten, und das Eigentum von fünfhundert Bürgern, die Anrecht auf den ritterlichen Rang hatten, muß sich nach der geringsten Berechnung auf eine Million siebenhunderttausend Pfund belaufen haben. Viele Familien von Aquileja, Padua und den benachbarten Städten, die vor dem Schwerte der Hunnen flohen, fanden einen sicheren, wenngleich dunklen Zufluchtsort auf den naheliegenden Inseln. Am äußersten Ende des Golfes, wo das Adriatische Meer Ebbe und Flut des Ozeans nur schwach wiedergibt, sind an hundert kleine Inseln durch Untiefen vom Festland getrennt und werden durch mehrere lange Bänke, welche die Schiffe nur durch einige enge und geheime Kanäle befahren können, gegen die Wogen geschützt. Bis zur Mitte des fünften Jahrhunderts blieben diese fernen und abgelegenen Erdflecken ohne Anbau, äußerst dünn bevölkert, ja fast ohne Namen. Aber die Sitten der venetischen Flüchtlinge, ihre Künste und Regierung bildeten sich allmählich nach ihrer neuen Lage, und einer der Briefe des Cassiodorus, der ungefähr siebzig Jahre später ihre Lage beschreibt, kann als die älteste Urkunde der Republik betrachtet werden. Der Minister des Theodorich vergleicht sie in seinem gesuchten, deklamatorischen Stile mit den Wasservögeln, die im Schoße des Ozeans nisten, und obschon er zugibt, daß die venetischen Provinzen vormals viele edle Familien enthalten hätten, deutet er an, daß sie durch Unglück auf eine gleich niedrige Stufe der Armut herabgesunken wären. Fische bildeten die gewöhnliche und fast alleinige Nahrung der Menschen jedes Ranges; ihre einzigen Schätze bestanden in dem Reichtum an Salz, das sie dem Meer abgewannen, und diese für das menschliche Leben so wesentlich notwendige Würze wurde auf den benachbarten Märkten in Goldmünzen und in Silbergeld umgesetzt. Ein Volk, dessen Wohnsitze so zweifelhaft zu Lande oder Wasser sind, wurde bald mit beiden Elementen gleich vertraut, und auf die Bedürfnisse der Notwendigkeit folgten jene der Gewinnsucht. Die Insulaner, die von Grado bis Chiozza in inniger Verbindung miteinander standen, drangen mittels sicherer, obschon beschwerlicher Schiffahrt auf Flüssen und Binnenkanälen bis in das Innere von Italien. Ihre Schiffe, die an Umfang und Zahl immer mehr zunahmen, besuchten alle Häfen des Golfs, und die Vermählung, die Venedig alljährlich mit dem Adriatischen Meer feiert, wurde schon in seiner frühesten Kindheit vollzogen. Das Schreiben des prätorianischen Präfekten Cassiodorus ist an die Tribunen zur See gerichtet; er ermahnt sie im milden Ton der Obrigkeit, den Eifer ihrer Landsleute für den öffentlichen Dienst anzufeuern, der ihrer Beihilfe bedürfe, um die Vorräte von Wein und Öl aus der Provinz Istrien nach der königlichen Residenzstadt Ravenna zu schaffen. Das zweideutige Amt dieser Obrigkeit wird durch die Überlieferung erklärt, daß auf den zwölf Hauptinseln durch jährliche Volkswahl zwölf

Tribunen oder Richter gewählt wurden. Das Dasein der venetischen Republik unter dem gotischen Königreich von Italien wird durch dieselbe authentische Urkunde bestätigt, die ihren stolzen Anspruch auf uranfängliche und immerwährende Unabhängigkeit vernichtet.

Die Italiener, die längst auf Handhabung der Waffen Verzicht geleistet hatten, wurden nach vierzigjährigem Frieden durch die Annäherung eines furchtbaren Barbaren überrascht, den sie als den Feind sowohl ihrer Religion als ihres Vaterlandes verabscheuten. Mitten in der allgemeinen Bestürzung blieb nur Aetius unempfänglich für Furcht; es war jedoch eine Unmöglichkeit, allein und ohne Beistand eine seines früheren Ruhmes würdige Kriegstat auszuführen. Die Barbaren, die Gallien verteidigt hatten, weigerten sich, zur Befreiung von Italien zu ziehen, und die von dem morgenländischen Kaiser versprochene Hilfe war ebenso fern wie zweifelhaft. Da Aetius an der Spitze weniger einheimischer Truppen fortwährend das Feld hielt und Attilas Marsch beunruhigte und verzögerte, zeigte er sich niemals wahrhaft größer als zu einer Zeit, in der sein Benehmen von einem unwissenden und undankbaren Volke getadelt wurde. Wenn Valentinians Seele auch nur einiger hochherziger Gesinnungen fähig gewesen wäre, würde er sich einen solchen Feldherrn zum Muster und Leitstern gewählt haben. Aber statt daß der furchtsame Enkel des Theodosius die Gefahr des Krieges teilte, wich er dessen Lärmen aus, und seine hastige Flucht von Ravenna nach Rom, von einer uneinnehmbaren Festung nach einer offenen Hauptstadt, bewies seine geheime Absicht, Italien zu verlassen, sobald die Gefahr seiner kaiserlichen Person näher rücken würde. Diese schimpfliche Entsagung wurde jedoch durch jenes Zögern und Zweifeln aufgeschoben, das kleinmütigen Maßregeln gewöhnlich anklebt und zuweilen ihre verderbliche Wirkung hemmt. Der abendländische Kaiser, der Senat und das römische Volk griffen zu dem heilsamen Mittel, den Grimm Attilas durch eine feierliche Bittgesandtschaft abzuwenden. Avienus, der durch Geburt und Reichtümer, durch seine konsularische Würde, die zahlreiche Schar seiner Anhänger und durch seine persönlichen Fähigkeiten den ersten Platz im römischen Senat bekleidete, übernahm den wichtigen Auftrag. Der listige und vornehme Avienus war ungemein geeignet, eine Unterhandlung über öffentliches oder Privatinteresse zu führen; sein Kollege Trigetius hatte die prätorianische Präfektur von Italien verwaltet, und der Bischof Leo von Rom willigte ein, sein Leben zum Wohle seiner Herde zu wagen. Die Talente Leos waren durch öffentliche Unglücksfälle geübt und ausgebildet worden, und er hatte sich den Beinamen des Großen durch den erfolgreichen Eifer erworben, womit er an Geltendmachung seiner Meinungen und seiner Macht unter dem ehrwürdigen Namen der Rechtgläubigkeit und Kirchenzucht arbeitete. Die römischen Gesandten wurden in das Zelt Attilas geführt, während er an der Stelle lagerte, wo der langsam sich hinwindende Mincius in die schäumenden Gewässer des Sees Benacus sich ergießt, und Attila mit seiner skythischen Reiterei die Meiereien Virgils und Catulls zerstampfte. Der Barbarenmonarch hörte sie mit geneigter, ja selbst achtungsvoller Aufmerksamkeit an, und die Befreiung von Italien wurde durch ein unermeßliches Lösegeld oder die Mitgift der Prinzessin Honoria erkauft. Der Zustand seiner Armee mochte die Abschließung des Vertrages erleichtern und seinen Rückzug beschleunigen. Ihr kriegerischer Mut war durch den Reichtum und die Üppigkeit eines warmen Klimas erschlafft. Die Hirten des Nordens, deren gewöhnliche Nahrung aus Milch und rohem Fleisch bestand, frönten allzu gierig dem Genuß des Brotes, Weines und durch Kochkunst zubereiteter und gewürzter Fleischspeisen, und das Umsichgreifen von Krankheiten rächte einigermaßen die Drangsale der Italiener. Als Attila seinen Entschluß erklärte, seine siegreichen Waffen bis an die Tore von Rom zu tragen, erinnerten ihn Freunde wie Feinde, daß Alarich die Eroberung der ewigen Stadt nicht lange überlebt habe. Seine über wirkliche Gefahren erhabene Seele wurde von eingebildeten Schrecknissen ergriffen, und er vermochte dem Einfluß des Aberglaubens, obschon er ihn so oft zu seinen Zwecken benutzt hatte, nicht zu entgehen. Die eindringliche Beredsamkeit Leas, sein majestätisches Aussehen und seine Priestergewänder erregten in Attila Verehrung für den geistlichen Vater der Christenheit. Die Erscheinung der beiden Apostel Petrus und Paulus, die den Barbaren mit augenblicklichem Tode bedrohten, wenn er die Bitte ihres Nachfolgers verweigern würde, ist eine der schönsten Legenden kirchlicher Überlieferung. Die Rettung Roms mochte der Einmischung himmlischer Wesen würdig sein, und man muß einige Nachsicht gegen eine Fabel haben, die durch Raffaels Pinsel und Algardis Meißel dargestellt worden ist.

Bevor der Hunnenkönig Italien räumte, drohte er schrecklicher und unversöhnlicher wiederzukommen, wenn seine Braut, die Prinzessin Honoria, nicht innerhalb der in dem Vertrag festgesetzten Zeit seinen Gesandten überantwortet werden würde. In der Zwischenzeit tröstete Attila jedoch seine Sehnsucht, indem er eine schöne Jungfrau, Ildico mit Namen, zur Reihe seiner unzähligen Frauen hinzufügte. Ihre Vermählung wurde mit barbarischer Pracht und Festlichkeit in seinem hölzernen Palast jenseits der Donau gefeiert (453), und der Monarch verfügte sich in später Nachtstunde, von Schlaf und Wein überwältigt, in das Brautbett. Die Diener achteten ehrfurchtsvoll seine Freude oder seine Ruhe während des größten Teiles des folgenden Tages, bis die ungewöhnliche Stille ihre Besorgnisse und ihren Argwohn rege machte und sie nach dem Versuch, Attila durch lautes und wiederholtes Rufen zu wecken, endlich in das Gemach des Königs drangen. Sie fanden die bebende Braut neben seinem Lager sitzen, das Antlitz in ihren Schleier gehüllt und sowohl ihre eigene Gefahr als den Tod des Königs beklagend, der während der Nacht verschieden war. Eine Ader war plötzlich geborsten; und da Attila auf dem Rücken lag, wurde er durch den Blutstrom erstickt, der, statt durch die Nase seinen Ausweg zu finden, in Lunge und Magen zurückfloß. Seine Leiche wurde inmitten der Ebene feierlich unter einem seidenen Baldachin ausgestellt, und die auserlesenen Geschwader der Hunnen, in gemessener Bewegung um dieselbe schreitend, sangen den Leichenfeiergesang zum Andenken eines Helden, der ruhmreich im Leben, unbezwinglich im Tode, der Vater seines Volkes, die Geißel seiner Feinde, der Schrecken des Erdballs gewesen war. Die Barbaren schnitten ihrem Nationalbrauch zufolge einen Teil ihres Haupthaares ab, brachten ihrem Antlitz entstellende Wunden bei und beweinten ihren tapferen Heerführer, wie er es verdiente, nicht mit weibischen Tränen, sondern mit dem Blute von Kriegern. Die Überreste Attilas wurden in drei Särge von Gold, von Silber und von Eisen eingeschlossen und insgeheim in der Nacht in die Erde gesenkt; der Raub der Nationen ward in sein Grab geworfen, die Gefangenen, die das Grab gegraben hatten, wurden ohne Erbarmen niedergemetzelt und dieselben Hunnen, die sich einem so übermächtigen Schmerze überlassen hatten, schmausten mit ausschweifender und unmäßiger Lustigkeit über dem frischen Grab ihres Königs. Zu Konstantinopel ging die Sage, daß in der glücklichen Nacht, in welcher er verschied, Marcian im Traume den Bogen Attilas entzweibrechen sah, und dieses Gerücht mag als Beweis dienen, wie selten das Bild dieses furchtbaren Barbaren die Seele eines römischen Kaisers verlassen hat.

Die Umwälzung, die das Reich der Hunnen stürzte, erhob Attilas Ruhm, dessen mächtiger Geist allein den riesenhaften und ungelenken Bau zusammengehalten hatte. Nach seinem Tode geizten die kühnsten Häuptlinge nach dem Rang von Königen; die mächtigsten Könige weigerten sich, einen Höheren anzuerkennen, und die zahlreichen Söhne, die so viele verschiedene Mütter dem verstorbenen Monarchen geboren hatten, teilten die Herrschaft über die Völker von Germanien und Skythien und stritten sich um sie wie um eine Privatherrschaft. Der kühne Ardarich fühlte und schilderte die Schmach dieser knechtischen Teilung, und seine Untertanen, die kriegerischen Gepiden samt den Ostgoten unter der Anführung dreier tapferer Brüder, ermutigten ihre Bundesgenossen, die Rechte der Freiheit und der königlichen Würde zu verteidigen. In dem blutigen und entscheidenden Kampf an den Ufern des Flusses Netad in Pannonien bekriegten oder unterstützten sich die Lanzen der Gepiden, die Schwerter der Goten, die Pfeile der Hunnen, das Fußvolk der Sueven, der Heruler leichte, der Alanen schwere Waffen, und der Sieg Ardarichs war mit der Niedermetzelung von dreißigtausend seiner Feinde verbunden. Attilas ältester Sohn Ellac verlor Krone und Leben in der denkwürdigen Schlacht von Netad; seine jugendliche Tapferkeit hatte ihn auf den Thron der Akatzieren, eines skythischen Volkes, das er unterjochte, gehoben, und sein Vater, der Ellacs ausgezeichnete Eigenschaften geliebt hatte, würde ihn um seinen Tod beneidet haben. Sein Bruder Dengisich behauptete sich mit einem auf der Flucht und im Untergang noch furchtbaren Hunnenheer über fünfzehn Jahre an den Ufern der Donau. Der Palast des Attila und das alte Dazien von den Karpathen bis an das Schwarze Meer wurde der Sitz einer neuen, von dem Gepidenkönig Ardarich gegründeten Macht. Die pannonischen Eroberungen von Wien bis Sirmium wurden von den Ostgoten in Besitz genommen, und die Ansiedlungsplätze der Stämme, die so tapfer für ihre angeborene Freiheit gefochten hatten, wurden unregelmäßig, je nach ihrer bezüglichen Stärke, verteilt. Von der Menge der Sklaven seines Vaters umzingelt und erdrückt, beschränkte sich das Königreich des Dengisich auf den Kreis seiner Wagenburg; sein verzweifelter Mut trieb ihn an, in das morgenländische Reich einzubrechen, und sein im Hippodrom schimpflich ausgestelltes Haupt bot dem Volk von Konstantinopel ein angenehmes Schauspiel. Attila hatte aus Zärtlichkeit oder Aberglauben gewähnt, Irnac, sein jüngster Sohn, wäre bestimmt, den Ruhm seines Geschlechtes zu verewigen. Der Charakter dieses Fürsten, der seinen ungestümen Bruder Dengisich zu zügeln versuchte, war dem schlechten Zustand der Hunnen besser angemessen, und Irnac zog sich mit den ihm unterworfenen Horden in das Herz von Kleinskythien zurück. Sie wurden aber bald von einem Strom frischer Barbaren überwältigt, die auf demselben Weg kamen, den ihre eigenen Vorfahren einst entdeckt hatten. Die Geougen oder Avaren, deren Wohnsitze von den griechischen Schriftstellern an die Gestade des Ozeans verlegt werden, gaben den angrenzenden Stämmen den Anstoß; bis endlich die Iguren des Nordens den kalten Landstrichen Sibiriens, die das wertvollste Pelzwerk hervorbringen, entströmten, sich über die Wüste bis zum Borysthenes und die kaspischen Engpässe ausbreiteten und das Reich der Hunnen völlig vernichteten.

Ein solches Ereignis konnte wohl zum Heile des morgenländischen Reiches unter der Regierung eines Fürsten beitragen, der sich die Freundschaft der Barbaren verschaffte, ohne ihre Hochachtung zu verlieren. Aber der Kaiser des Westens, der schwache und ausschweifende Valentinian, der sein fünfunddreißigstes Jahr erreicht hatte, ohne zu Vernunft und Mut zu gelangen, mißbrauchte seine scheinbare Sicherheit, um die Grundfesten seines eigenen Thrones durch die Ermordung des Patriziers Aetius (454) zu untergraben. Infolge des Instinktes einer niedrigen und eifersüchtigen Seele haßte er den Mann, der allgemein als der Schrecken der Barbaren und als die Stütze der Republik gepriesen wurde, und des Kaisers neuer Günstling, der Eunuch Heraclius, weckte ihn aus jener lethargischen Trägheit, die, solange Placidia lebte, unter dem Deckmantel der kindlichen Liebe verschleiert werden konnte. Des Aetius Ruhm, Reichtum und Würde, die zahlreiche und kriegerische Schar barbarischer Dienstangehöriger, seine mächtigen Anhänger, welche die Zivilämter des Staates bekleideten, und die Hoffnungen seines Sohnes Gaudentius, der mit des Kaisers Tochter Eudoxia bereits verlobt war, hatten ihn über den Rang eines Untertanen erhoben. Die eifersüchtigen Pläne, deren er insgeheim angeschuldigt wurde, erregten die Furcht sowie den Grimm Valentinians. Aetius selbst, im Bewußtsein seiner Talente, Dienste und vielleicht seiner Unschuld, schien sich ein hochmütiges und unweises Benehmen haben zuschulden kommen lassen. Der Patrizier beleidigte seinen Souverän durch eine feindliche Erklärung; er erschwerte die Beleidigung, indem er ihn zwang, durch einen feierlichen Eid einen Versöhnungs- und Heiratsvertrag zu genehmigen; er ließ seinen Argwohn laut werden, vernachlässigte seine Sicherheit und wagte sich in dem eitlen Vertrauen, daß ein Feind, den er verachte, nicht einmal eines mannhaften Verbrechens fähig wäre, unbesonnen in den Palast zu Rom. Während er, vielleicht mit maßloser Heftigkeit, auf die Vermählung seines Sohnes drang, zog Valentinian sein Schwert, das erste Schwert, das er je gezogen, und stieß es dem Feldherrn in die Brust, der sein Reich gerettet hatte; die Höflinge und Eunuchen bestrebten sich um die Wette, ihren Gebieter nachzuahmen, und Aetius, durchbohrt von hundert Wunden, stürzte tot vor dem Kaiser nieder. Der prätorianische Präfekt Boethius verlor in demselben Augenblick sein Leben, und bevor das Ereignis ruchbar wurde, hatte man bereits die vornehmsten Anhänger des Patriziers in den Palast beschieden und einzeln ermordet. Die schreckliche, durch die gleißenden Namen Gerechtigkeit und Notwendigkeit beschönigte Tat wurde von dem Kaiser unverzüglich seinen Soldaten, Untertanen und Bundesgenossen kundgetan. Die Nationen, die dem Aetius fremd oder seine Feinde waren, beklagten edelmütig den unwürdigen Tod eines Helden; die Barbaren, die in seinen Diensten gestanden, verheimlichten Schmerz und Grimm, und die öffentliche Verachtung, die man seit so langer Zeit gegen Valentinian hegte, verwandelte sich mit einem Male in tiefen und allgemeinen Abscheu. Solche Gesinnungen dringen selten durch die Mauern eines Palastes; doch wurde der Kaiser durch eines Römers, um dessen Gutheißung zu werben er nicht verschmäht hatte, ehrenhafte Antwort in Verwirrung gesetzt: „Ich kenne, o Herr, deine Beweggründe und Unbilden nicht; ich weiß nur, daß du wie ein Mann gehandelt hast, der seine Rechte mit seiner Linken abhaut."

Die Üppigkeit Roms scheint den Kaiser zu langen und häufigen Besuchen bewogen zu haben, folglich war er auch in Rom mehr verachtet als in irgendeinem anderen Teil seiner Gebiete. Ein republikanischer Geist lebte allmählich im Senat wieder auf, als dessen Ansehen, ja sogar dessen Beisteuern notwendig wurden, um seine schwache Regierung zu stützen. Das anmaßende Benehmen eines Erbmonarchen beleidigte den Stolz der Senatoren, und die Gelüste Valentinians waren dem Frieden und der Ehre edler Familien verderblich. Die Geburt der Kaiserin Eudoxia, die seiner eigenen gleich war, ihre Reize und zuneigungsvolle Zärtlichkeit verdienten jene Beweise von Liebe, die ihr unbeständiger Gemahl in ausschweifenden und ungesetzlichen Verhältnissenverschwendete. Petronius Maximus, ein reicher Senator aus dem Geschlecht der Anicier und zweimal Konsul, besaß eine keusche und schöne Gattin; ihr hartnäckiger Widerstand entflammte das Verlangen Valentinians nur noch mehr, und er beschloß, es entweder durch List oder Gewalt zu befriedigen. Hoch Spielen war eines der Laster des Hofes; der Kaiser, der durch Zufall oder Betrug eine beträchtliche Summe von Maximus gewonnen hatte, forderte als Pfand der Schuld dreist seinen Ring, schickte diesen durch einen vertrauten Boten an seine Gattin und ließ ihr im Namen ihres Mannes den Befehl zukommen, sich unverzüglich zur Kaiserin Eudoxia zu verfügen. Die arglose Gemahlin des Maximus wurde in ihrer Sänfte nach dem kaiserlichen Palast getragen, und aufgestellte Vertraute ihres ungeduldigen Anbeters führten sie nach einem stillen und entlegenen Bettgemach, wo Valentinian die Gesetze der Gastfreundschaft gewissenlos verletzte. Die Tränen, die sie nach ihrer Heimkehr vergoß, ihre tiefe Betrübnis und bitteren Vorwürfe gegen ihren Gatten, den sie als Mitschuldigen ihrer Schmach betrachtete, reizten Maximus zu gerechter Rache, welches Verlangen durch Ehrsucht vergrößert wurde; denn er konnte vernünftigerweise nur durch die freie Wahl des römischen Senates nach dem Throne eines verabscheuten und verächtlichen Nebenbuhlers streben. Valentinian, glaubend, jeder Menschenbrust fehle es ebensosehr an Freundschaft und Dankbarkeit wie seiner eigenen, hatte unklugerweise mehrere Diener und Anhänger des Aetius unter seine Leibwache aufgenommen. Zwei derselben, barbarischer Herkunft, ließen sich bereden, durch Bestrafung des Mörders ihres Beschützers mit dem Tode eine heilige und ehrenvolle Pflicht zu erfüllen, und ihr unerschrockener Mut harrte nicht lange eines günstigen Augenblickes. Während Valentinian sich auf dem Marsfelde an dem Schauspiel einiger kriegerischer Übungen vergnügte, stürzten sie sich plötzlich mit entblößten Waffen auf ihn, töteten den schuldbeladenen Heraclius und stießen den Kaiser, ohne den geringsten Widerstand von seinem zahlreichen Gefolge zu erfahren, das sich des Todes des Tyrannen zu freuen schien, durch das Herz (16. März 455). Das war das Ende Valentinians des Dritten, des letzten römischen Kaisers aus dem Hause des Theodosius. Er ahmte treulich die angeborenen Fehler seines Vetters und seiner beiden Oheime nach, ohne die Milde, Reinheit und Unschuld zu erben, die in ihren Charakteren den Mangel an Mut und Fähigkeiten einigermaßen ausglichen. Valentinian war weniger entschuldbar, weil er Leidenschaften ohne Tugenden besaß; selbst sein Glaube unterlag den Zweifeln, denn wenn er auch nie die Pfade der Ketzerei betrat, gab er doch den frommen Christen durch seine Anhänglichkeit an die gottlosen Künste der Zauberei und Wahrsagerei Ärgernis.

Schon zu Zeiten Ciceros und Varros waren die römischen Auguren der Meinung, daß die zwölf Geier, die Romulus gesehen, die zwölf Jahrhunderte darstellten, die vom Schicksal dem Bestand seiner Stadt bestimmt wären. Diese Prophezeiung, die man vielleicht in der Periode der Kraft und des Glückes unberücksichtigt ließ, erfüllte das Volk mit düsteren Besorgnissen, als das zwölfte Jahrhundert, umwölkt von Schmach und Unglück, fast vergangen war; und selbst die Nachwelt muß mit einiger Verwunderung anerkennen, daß die willkürliche Auslegung eines zufälligen oder fabelhaften Ereignisses durch den Sturz des abendländischen Reiches ernstlich in Erfüllung gegangen ist. Sein Fall wurde jedoch durch deutlichere Zeichen als die Flucht von Geiern verkündet. Die römische Regierung ward offenbar mit jedem Tage ihren Feinden weniger furchtbar, jedoch ihren Untertanen verhaßter und drückender. Die Abgaben vervielfältigten sich mit der Not, Sparsamkeit wurde im Verhältnis zu ihrer Unentbehrlichkeit vernachlässigt, und die Ungerechtigkeit der Reichen schob die ungleiche Last von sich auf das Volk, das sie auch um die Nachlässe betrogen, die zuweilen dessen Elend erleichtert hätten. Die strenge Vermögensforschung, welche die Habe einzog und die Personen marterte, zwang die Untertanen Valentinians, der einfacheren Tyrannei der Barbaren den Vorzug zu geben, in die Wälder und Gebirge zu fliehen oder den elenden und niedrigen Stand von Lohnknechten anzunehmen. Sie schworen den verabscheuten Namen römischer Bürger ab, der sonst den Ehrgeiz des Menschengeschlechtes rege gemacht hatte. Die armorikanischen Provinzen von Gallien und der größte Teil von Spanien waren durch den Bund der Bagauden in einen Zustand ordnungsloser Unabhängigkeit versetzt worden, und die kaiserlichen Minister verfolgten mit Ächtungsgesetzen und unwirksamen Waffen die Rebellen, die sie selbst gemacht hatten. Und wenn alle siegreichen Barbaren in einer und derselben Stunde ausgerottet worden wären, würde ihre gänzliche Vernichtung dennoch das abendländische Reich nicht wiederhergestellt haben: und wenn Rom doch fortlebte, überlebte es den Verlust der Freiheit, Tugend und Ehre.

ZWÖLFTES KAPITEL

DIE PLÜNDERUNG ROMS

Plünderung Roms durch den Vandalenkönig Genserich. – Seine Seeraubzüge. –
Die letzten Kaiser des Abendlandes. Maximus, Avitus, Majorian, Severus,
Anthemius, Olyrius, Glycerius, Nepos, Augustulus. – Gänzliches Erlöschen des
abendländischen Kaisertums. – Regierung Odoakers, des ersten Königs von
Italien aus Barbarenstamm

Der Verlust oder die Verheerung der Provinzen vom Ozean bis an die Alpen hatte Roms Ruhm und Größe geschwächt, sein innerer Wohlstand wurde durch die Lostrennung von Afrika unwiederbringlich vernichtet. Die Vandalen zogen die Erbbesitzungen der Senatoren ein und hielten die regelmäßigen Zufuhren zurück, die der Armut der Plebejer abhalfen und ihre Trägheit begünstigten. Bald wurde die Not der Römer noch durch einen unerwarteten Angriff erschwert, und die Provinz, welche von fleißigen und gehorsamen Untertanen so lange zu ihrem Frommen bebaut worden war, durch einen herrschsüchtigen Barbaren gegen sie bewaffnet. Die Vandalen und Alanen folgten dem glücklichen Banner Genserichs. Sie hatten ein reiches und fruchtbares Gebiet erworben, das sich längs der Küste über neunzig Tagreisen von Tanger bis Tripolis erstreckte. Die schmalen Grenzen dieses Gebietes wurden aber auf beiden Seiten durch die Sandwüste und das Mittelmeer eingeengt und beschränkt. Die Entdeckung und Unterjochung der schwarzen Völkerschaften, die jenseits unter der heißen Zone wohnten, konnte den vernünftigen Ehrgeiz Genserichs nicht in Versuchung führen. Wohl aber warf er seine Blicke nach dem Meer und beschloß, eine Seemacht zu schaffen. Dieser kühne Entschluß wurde mit standhafter und tatkräftiger Beharrlichkeit ausgeführt. Die Wälder des Atlas boten einen unerschöpflichen Vorrat von Bauholz. Seine neuen Untertanen waren in der Schiffahrt und Schiffbaukunst erfahren; er spornte seine verwegenen Vandalen an, eine neue Kriegsart zu versuchen, die ihren Waffen jedes Küstenland öffnen müsse. Die Mohren und Afrikaner wurden durch Hoffnung auf Beute angelockt, und nach sechs Jahrhunderten machten die Flotten aus dem Hafen von Karthago abermals auf die Herrschaft im Mittelmeer Anspruch. Der Erfolg der Vandalen, die Eroberung von Sizilien, die Plünderung von Palermo und die häufigen Landungen an der Küste von Lukanien schreckten und beunruhigten die Mutter Valentinians und die Schwester des Theodosius. Bündnisse wurden geschlossen und kostspielige, aber unwirksame Rüstungen zur Vernichtung des gemeinsamen Feindes unternommen, der seinen Mut für jene Gefahren sparte, denen seine Politik nicht vorzubeugen oder auszuweichen vermochte. Die Pläne der römischen Regierung wurden wiederholt durch sein hinterlistiges Hinausschieben, seine zweideutigen Versprechungen und scheinbaren Zugeständnisse vereitelt, und die Dazwischenkunft seines furchtbaren Bundesgenossen, des Königs der Hunnen, rief die Kaiser von der Eroberung von Afrika zur Wahrung ihrer Sicherheit daheim ab. Die Palastrevolutionen, die das abendländische Kaisertum ohne Verteidiger und ohne rechtmäßigen Fürsten ließen, zerstreuten die Besorgnisse und steigerten die Habsucht Genserichs. Er bemannte unverzüglich eine zahlreiche Flotte mit Vandalen und Mohren und warf, drei Monate nach dem Tode des Valentinian und der Erhebung des Maximus auf den kaiserlichen Thron, an der Mündung des Tiber die Anker aus.

Das Privatleben des Senators Petronius Maximus pflegte häufig als seltenes Beispiel menschlicher Glückseligkeit angeführt zu werden. Seine Herkunft war edel und erlaucht, da er von der anicischen Familie abstammte. Seiner Würde entsprach ein hinreichendes Vermögen in Grundbesitz und Geld, und diese Vorzüge des Glückes waren von hoher Geistesbildung und ehrbaren Sitten begleitet, welche die unschätzbaren Gaben des Genies und der Tugend schmücken oder nachahmen. Der Aufwand seines Palastes und seiner Tafel war glänzend und Petronius Maximus selbst sehr gastfrei. Sooft er öffentlich erschien, war er von einem Zuge dankbarer und ergebener Anhänger umringt, und es war nicht unmöglich, daß er unter ihnen wahre Freunde zu besitzen verdiente und auch wirklich besaß. Seine Verdienste wurden von dem Fürsten und dem Senat belohnt. Er verwaltete dreimal das Amt eines prätorianischen Präfekten von Italien, bekleidete zweimal das Konsulat und erhielt den Rang eines Patriziers. Diese bürgerlichen Würden waren mit dem Genuß der Muße und Ruhe nicht unvereinbar, seine Stunden waren je nach den Anforderungen des Vergnügens oder der Vernunft genau nach der Wasseruhr eingeteilt, und dieses Geizen mit der Zeit mag als Beweis angesehen werden, wie sehr Maximus sein Glück zu würdigen verstand. Die Unbilden, die ihm der Kaiser Valentinian zugefügt hatte, scheinen die blutigste Rache zu entschuldigen. Ein Philosoph indes würde erwägen, daß die Keuschheit seiner Gattin, wenn ihr Widerstand aufrichtig gewesen ist, unverletzt blieb, daß sie aber unwiderruflich verloren war, wenn sie sich in den Willen des Ehebrechers gefügt hatte. Ein Patriot würde genau alles erwogen haben, ehe er sich selbst und sein Vaterland in das unvermeidliche Unglück stürzte, das auf Erlöschen des kaiserlichen Hauses des Theodosius folgen mußte. Der unweise Maximus ließ diese heilsamen Betrachtungen unberücksichtigt. Er befriedigte seine Rache und seinen Ehrgeiz, er sah den blutenden Leichnam Valentinians zu seinen Füßen, hörte sich durch den einstimmigen Ruf des Senates und Volkes als Kaiser begrüßt. Aber der Tag seiner Thronbesteigung war der letzte Tag seines Glückes. Er wurde im Palast eingekerkert, und nachdem er eine schlaflose Nacht verbracht hatte, bereute er es, den Gipfel seiner Wünsche erlangt zu haben und sehnte sich nur danach, von der gefährlichen Höhe wieder herunterzusteigen. Erdrückt von der Wucht des Diadems, teilte er seine peinigenden Gedanken seinem Freunde und Quästor Fulgentius mit. Nachdem er mit fruchtloser Trauer auf die gesicherten Freuden seines vergangenen Lebens zurückgeblickt hatte, rief der Kaiser aus: „O glücklicher Damokles, deine Regierung begann und endete mit demselben Gastmahle": eine wohlbekannte Anspielung, die Fulgentius später als warnende Lehre für Fürsten und Untertanen wiederholte.

Die Regierung des Maximus währte gegen drei Monate. Seine Stunden, über die er die Herrschaft verloren, wurden durch Reue oder Schuld oder Angst verstört und sein Thron durch den Aufstand der Soldaten, des Volkes und der barbarischen Verbündeten erschüttert. Die Vermählung seines Sohnes Palladius mit der ältesten Tochter des verstorbenen Kaisers zielte darauf hin, die Thronfolge in seinem Hause erblich zu machen, aber die Gewalt, die er der Kaiserin Eudoxia antat, konnte nur in blindem Antrieb der Gier oder Rache ihren Grund haben. Seine eigene Gattin, die Ursache dieser tragischen Ereignisse, war zur rechten Zeit durch den Tod entrückt worden, und die Witwe Valentinians wurde gezwungen, ihre Trauer, vielleicht ihren wirklichen Schmerz zu verletzen und sich den Umarmungen eines verwegenen Thronräubers hinzugegeben, in dem sie den Mörder ihres Gatten argwöhnte. Dieser Verdacht wurde bald durch das unkluge Geständnis des Maximus selbst bestätigt. Mutwillig forderte er den Haß seiner widerstrebenden Braut heraus, die sich auch ferner bewußt blieb, von einer Reihe Kaiser abzustammen. Eudoxia konnte jedoch auf keine ausgiebige Hilfe aus dem Morgenland rechnen; ihr Vater und ihre Tante Pulcheria waren tot, ihre Mutter schmachtete in Jerusalem in Schande und Verbannung, und das Zepter von Konstantinopel befand sich in den Händen eines Fremden. Sie richtete ihre Blicke nach Karthago, flehte insgeheim den König der Vandalen um Hilfe an und veranlaßte Genserich, die günstige Gelegenheit zu benutzen und seine Raubpläne durch die gleißenden Namen Ehre, Gerechtigkeit und Mitleid zu bemänteln. Welche Fähigkeiten Maximus in einer untergeordneten Stellung immer an den Tag gelegt haben mag, so zeigte er sich doch ungeeignet, ein Reich zu verwalten. Obschon er leicht von den Seerüstungen, die an dem gegenüberliegenden Gestade von Afrika unternommen wurden, in Kenntnis gesetzt werden konnte, erwartete er nichtsdestoweniger mit träger Untätigkeit die Annäherung des Feindes, ohne entweder Maßnahmen der Verteidigung oder der Unterhandlung oder eines zeitigen Abzuges zu treffen. Als die Vandalen an der Mündung des Tiber landeten, wurde der Kaiser aus seinem tatenlosen Hinbrüten plötzlich durch das Geschrei einer zitternden, erbitterten Menge geweckt. Die einzige Rettung, die sich seiner bestürzten Seele darbot, war schleunige Flucht, und er ermahnte die Senatoren, das Beispiel ihres Fürsten nachzuahmen. Kaum erschien aber Maximus auf der Straße, als er von einem Steinregen angegriffen wurde (12. Juni); ein römischer oder burgundischer Soldat machte auf die Ehre der ersten Wunde Anspruch; sein verstümmelter Körper wurde schimpflich in den Tiber geworfen. Das römische Volk freute sich über die Bestrafung, die es über den Urheber der Leiden des Volkes verhängt hatte, und die Dienerschaft der Eudoxia legte ihren Eifer im Dienste ihrer Gebieterin an den Tag.

Am dritten Tage nach dem Aufruhr rückte Genserich vom Hafen von Ostia kühn an die Tore der wehrlosen Stadt vor. Statt eines Ausfalles der römischen Jugend entwand sich den Toren der unbewaffnete und ehrwürdige Zug des Bischofs an der Spitze seiner Geistlichkeit. Der furchtlose Geist Leos, sein Ansehen und seine Beredsamkeit milderten abermals die Wildheit eines barbarischen Eroberers. Der König der Vandalen versprach, das wehrlose Volk zu schonen, die Gebäude vor Feuer zu bewahren und den Gefangenen die Folter zu erlassen, obwohl zwar Befehle der Art weder ernstlich gegeben noch strenge befolgt wurden, war die Vermittlung doch ruhmreich für Leo selbst und einigermaßen auch heilsam für sein Vaterland. Aber Rom und seine Bewohner wurden der Zügellosigkeit der Vandalen und Mohren überliefert, deren blinde Leidenschaften die Greuel von Karthago rächten. Die Plünderung dauerte vierzehn Tage und Nächte, und alles, was noch vom öffentlichen und privaten Reichtum, von heiligen und weltlichen Schätzen geblieben war, wurde sorgfältig auf Genserichs Schiffe gebracht. Unter der Beute boten die glänzenden Trümmer zweier Tempel oder vielmehr zweier Religionen ein denkwürdiges Beispiel der Wechselfälle menschlicher und göttlicher Dinge. Seit der Abschaffung des Heidentums war das Kapitol beraubt und preisgegeben worden, aber die Standbilder der Götter und Helden wurden auch ferner geachtet, und das merkwürdige Dach von vergoldetem Erz blieb den räuberischen Händen Genserichs vorbehalten. Die heiligen Werkzeuge der jüdischen Religion, die goldene Tafel und der goldene siebenarmige Leuchter, ursprünglich nach der besonderen Vorschrift Gottes selbst gefertigt und im Allerheiligsten des Tempels aufgestellt, waren dem römischen Volke im Triumphe des Titus prunkend zur Schau gestellt worden. Sie blieben nachher im Friedenstempel aufbewahrt, und nach Verlauf von vierhundert Jahren wurde die Beute von Jerusalem durch einen Barbaren, dessen Ursprung vom Gestade der Ostsee stammte, von Rom nach Karthago gebracht. Diese alten Denkmäler erregten ebensowohl die Aufmerksamkeit der Neugierde als der der Habsucht. Aber die christlichen Kirchen, die durch die herrschende Frömmigkeit jener Zeiten bereichert und ausgeschmückt worden waren, boten Stoff in Überfluß zu Gottesfrevel, und die fromme Freigebigkeit des Papstes Leo, der sechs Silbervasen, die Gabe Konstantins, jede hundert Pfund schwer, schmelzen ließ, beweist den Umfang des Schadens, den er gutzumachen bemüht war. In den fünfundvierzig verflossenen Jahren seit dem gotischen Einbruch war die Pracht und der Luxus Roms in einem gewissen Grade wiederhergestellt worden. Es hielt ebenso schwer, der Habsucht eines Eroberers, welcher Muße genug zur Einsammlung und Schiffe im Überfluß zur Fortschaffung des Reichtums der Hauptstadt besaß, zu entgehen, als sie zu befriedigen. Die kaiserliche Ausschmückung des Palastes, der prachtvolle Hausrat und die Garderobe, die Kredenztische von massivem Silber wurden bei der Plünderung übereinandergehäuft; das Gold und Silber belief sich auf mehrere tausend Talente, aber auch Erz und Kupfer wurde sorgfältig mitgenommen. Eudoxia selbst, die ihrem Freunde und Befreier entgegenging, beweinte bald die Unklugheit ihres Benehmens. Die unglückliche Kaiserin wurde roherweise ihrer Juwelen beraubt und mußte mit ihren beiden Töchtern, den einzigen noch lebenden Nachkommen des großen Theodosius, als Gefangene dem hochmütigen Vandalen folgen, der unmittelbar die Segel lichtete und nach einer glücklichen Fahrt wieder in den Hafen von Karthago einlief. Viele tausend Römer beiderlei Geschlechts, entweder wegen ihrer nützlichen oder wegen ihrer angenehmen Eigenschaften auserlesen, wurden mit Widerstreben an Bord der Flotte Genserichs eingeschifft und ihre Leiden durch die rohen Barbaren gesteigert, die bei Teilung der Beute die Weiber von ihren Männern, die Kinder von ihren Eltern trennten. Die christliche Milde des Bischofs Deogratias von Karthago blieb ihr einziger Trost und ihre einzige Stütze. Er veräußerte edelmütig die goldenen und silbernen Gefäße der Kirche, um die Freiheit der einen zu erkaufen, die Sklaverei der anderen zu erleichtern und den Bedürfnissen und Leiden einer gefangenen Menge beizuspringen, deren Gesundheit durch die Beschwerden, die sie auf der Fahrt von Italien nach Afrika ausgestanden hatte, geschwächt worden war. Auf seinen Befehl wurden zwei geräumige Kirchen in Spitäler verwandelt, die Kranken in bequeme Betten verteilt und reichlich mit Lebensmitteln und Arzneien versehen. Der greise Prälat wiederholte seine Besuche bei Tag und bei Nacht mit einer Emsigkeit, die seine Kräfte überstieg, und seine zarte Teilnahme erhöhte den Wert seiner Dienste. Man vergleiche dieses Schauspiel mit dem Schlachtfeld von Cannä und richte zwischen Hannibal und dem Nachfolger des heiligen Cyprian.

Der Tod des Aetius und Valentinian hatte die Bande gelockert, welche die Barbaren von Gallien in Frieden und Gehorsam erhalten hatten. Die Seeküste wurde von den Sachsen heimgesucht, die Alemannen und Franken drangen vom Rhein bis an die Seine vor, und die ehrgeizigen Goten sannen auf umfassendere und bleibendere Eroberungen. Kaiser Maximus befreite sich durch weise Wahl von der drückenden Last dieser fernen Sorgen. Er brachte das Drängen seiner Freunde zum Schweigen, gab der Stimme des Ruhmes Gehör und beförderte einen Fremden zum Oberbefehl der Streitkräfte in Gallien. Avitus, der Fremdling, dessen Verdienst so edel belohnt wurde, stammte aus einer reichen und geachteten Familie in der Diözese Auvergne. Die zerrütteten Zeiten nötigten ihn, gleichzeitig Bürger und Soldat zu sein. Der junge

Mann studierte ebenso fleißig Literatur und Rechtswissenschaft, wie er sich dem Waffenhandwerk und der Jagd hingab. Dreißig Jahre seines Lebens vergingen ehrenvoll im Dienste des Staates. Er entfaltete abwechselnd seine Talente im Kriege wie in Unterhandlungen, und der Soldat des Aetius wurde, nachdem er die wichtigsten Gesandtschaften vollzogen hatte, zur Würde des prätorianischen Präfekten von Gallien erhoben. Entweder erregte das Verdienst des Avitus Neid oder seine Mäßigung sehnte sich nach Ruhe, denn er zog sich bescheiden auf ein Landgut zurück, das er in der Nähe von Clermont besaß. Ein reizender Gebirgsfluß stürzte dort in schäumenden Kaskaden ins Tal und ergoß sein Gewässer in einen etwa zwei Meilen langen See, an dessen Ufer die Villa angenehm gelegen war. Bäder, Säulengänge, Sommer- und Wintergemächer waren zur Üppigkeit und Bequemlichkeit angelegt, und die Villa von Wald, Weideland und Feldern herrlich umgeben. In diesem Ruhesitz, wo Avitus seine Muße zur Lektüre, ländlichen Vergnügungen, zur Bebauung seiner Felder und zur Geselligkeit mit seinen Freunden benutzte, empfing er die kaiserliche Bestallung, die ihn zum Oberbefehlshaber der Reiterei und des Fußvolkes von Gallien machte. Er nahm den militärischen Oberbefehl an. Die Barbaren legten ihrer Wut Zügel an, und welche Mittel er immer anwenden mochte, welche Zugeständnisse er auch zu machen gezwungen war, genoß das Volk doch die Wohltaten wirklicher Ruhe. Aber das Schicksal Galliens hing von den Westgoten ab, und der römische Feldherr, weniger auf seine Würde als auf das öffentliche Wohl bedacht, verschmähte es nicht, Toulouse in der Eigenschaft eines Gesandten zu besuchen. Er wurde vom Gotenkönig Theodorich mit zuvorkommender Gastfreiheit empfangen; während er aber den Grund zu einem festen Bündnis mit diesem mächtigen Volke legte, überraschte ihn die Nachricht, Kaiser Maximus sei erschlagen und Rom von den Vandalen geplündert worden. Ein erledigter Thron, den er ohne Schuld und Gefahr besteigen konnte, führte seinen Ehrgeiz in Versuchung, und die Westgoten waren leicht zu beeinflussen, seinen Anspruch durch ihre Zustimmung zu unterstützen. Sie liebten die Persönlichkeit des Avitus, schätzten seinen edlen Charakter und waren sowohl für die Vorteile als für die Ehre empfänglich, dem Abendland einen Kaiser zu geben. Die Zeit rückte heran, da die jährliche Versammlung der sieben Provinzen in Arles gehalten wurde. Auf ihre Ratschlüsse konnte die Anwesenheit Theodorichs und seiner kriegerischen Brüder wohl Einfluß haben, ihre Wahl sich aber auch ganz natürlich zugunsten des Erlauchtesten ihrer Mitbürger entscheiden. Avitus nahm nach höflicher Ablehnung das Diadem von den Stellvertretern Galliens an, und seine Erwählung wurde von den Barbaren und Provinzbewohnern freudig begrüßt. Die förmliche Zustimmung des morgenländischen Kaisers Marcian wurde nachgesucht und erhalten, aber der Senat, Rom und Italien unterwarfen sich, trotz ihrer neuerlichen Niederlagen, nur murrend dem anmaßenden gallischen Usurpator.

Theodorich, dem Avitus den Purpur verdankte, hatte das gotische Zepter durch die Ermordung seines älteren Bruders Torismund erworben, und er rechtfertigte die gräßliche Tat durch die Absicht, das Bündnis mit dem Reich zu brechen, das sein Vorfahr gehabt hatte. Ein solches Verbrechen mochte mit dem Charakter eines Barbaren nicht unvereinbar sein; die Sitten Theodorichs waren jedoch sanft und menschlich, und die Nachwelt kann ohne Schauder einen gotischen König betrachten, den Sidonius in den Stunden der Ruhe und des geselligen Verkehrs genau beobachtet hat. In einem Schreiben, das vom Hofe von Toulouse datiert ist, befriedigt der Redner die Neugierde eines seiner Freunde durch folgende Beschreibung: „Durch seine äußere majestätische Erscheinung würde Theodorich Ehrfurcht denjenigen gebieten, die mit seinen Verdiensten unbekannt sind, und obschon ein geborener Fürst, ist er doch auch im privaten Leben ein hervorragender Mensch. Er ist von mittlerem Wuchs, sein Körper erscheint mehr gedrungen als beleibt, und in seinen ebenmäßigen Gliedern zeigt sich Behendigkeit, vereint mit Muskelkraft. Wenn man sein Antlitz prüft, gewahrt man eine hohe Stirne, große buschige Augenbrauen, eine Adlernase, dünne Lippen, regelmäßige Reihen weißer Zähne und eine helle Gesichtsfarbe. Er errötet viel häufiger aus Bescheidenheit als aus Zorn. Die gewöhnliche Einteilung seiner Zeit, insofern sie der Beobachtung vorliegt, läßt sich kurz darstellen. Vor Tagesanbruch verfügt er sich mit einem kleinen Gefolge in seine Hauskapelle, wo der Gottesdienst von der arianischen Geistlichkeit gehalten wird. Es gibt indes Leute, die vorgeben, seine innersten Gedanken zu kennen. Sie schreiben diese emsige Andacht der Gewohnheit und Politik zu. Die übrige Zeit des Morgens ist der Regierung seines Königreiches gewidmet. Seinen Thron umgeben einige hohe Feldherren von vornehmem äußeren und gleichem Benehmen; die geräuschvolle Schar seiner barbarischen Leibwache füllt den Audienzsaal, sie dürfen aber nicht innerhalb der Schleier oder Vorschläge stehen, welche das Ratszimmer den Blicken der Geringen entziehen. Die Gesandten der Völker werden nacheinander eingeführt: Theoderich hört sie aufmerksam an, antwortet mit kluger Kürze und verkündet je nach der Beschaffenheit ihrer Geschäfte entweder seine Entscheidung oder schiebt sie auf. Um die achte (die zweite) Stunde erhebt er sich von seinem Thron und besucht entweder seine Schatzkammer oder seine Ställe. Wenn es ihm zu jagen oder nur einen Spazierritt zu machen beliebt, wird sein Bogen von einem bevorzugten Jüngling getragen; ist aber das Wild bezeichnet, spannt er ihn mit eigener Hand und verfehlt selten den Gegenstand seines Zieles. Als ein König verschmäht er es, bei solchem unedlen Krieg Waffen zu tragen, als Kriegsmann aber würde er erröten, irgendeinen militärischen Dienst anzunehmen, den er selbst vollziehen kann. An gewöhnlichen Tagen unterscheidet sich sein Mahl nicht von jenem gewöhnlicher Bürger; jeden Sonnabend aber werden viele ehrenwerte Gäste zur königlichen Tafel gezogen, die bei solchen Anlässen mit der Eleganz Griechenlands, dem Überfluß Galliens und der Ordnung und Emsigkeit Italiens bedient werden. Das Gold- und Silbergeschirr zeichnet sich weniger durch seine Schwere, als durch Schönheit und kunstvolle Arbeit aus. Dem Geschmack wird ohne Beihilfe fremder und kostspieliger Üppigkeit genügt, Größe und Zahl der Becher Weines sind mit strenger Rücksicht auf die Gesetze der Mäßigkeit bestimmt, und das ehrfurchtsvolle Stillschweigen während der Mahlzeiten wird nur durch ernstes und lehrreiches Gespräch unterbrochen. Nach dem Mahle gönnt sich Theoderich zuweilen einen kurzen Schlummer, und sobald er erwacht, ruft er nach Brett und Würfeln, ermuntert seine Freunde, die königliche Majestät zu vergessen, und freut sich, wenn sie freimütig jene Leidenschaften ausdrücken, die Glück oder Unglück des Spiels erregen. Bei dieser Unterhaltung, die er deshalb liebt, weil sie ihn an das Feldlager erinnert, entfaltet er abwechselnd seinen Eifer, seine Geschicklichkeit, seine Geduld und sein heiteres Gemüt. Wenn er verliert, lacht er, und schweigt bescheiden, sobald er gewinnt. Aber trotz dieser scheinbaren Gleichgültigkeit pflegen seine Höflinge doch die Augenblicke des Sieges zu benützen, um sich eine Gunst zu erbitten. Ich selbst habe bei meinen Gesuchen an den König einige Vorteile aus meinen Verlusten gezogen. Um die neunte Stunde (drei Uhr) kehrt Theodorich zu den Geschäften zurück und arbeitet unaufhörlich bis nach Sonnenuntergang, wenn das Zeichen zum königlichen Abendessen die ermüdete Schar von Flehenden und Klägern entläßt. Bei dem Abendtisch, einem minder förmlichen Mahl, werden zuweilen Scherz- und Gebärdenspieler zugelassen, um die Gesellschaft zu ergötzen, nicht aber durch ihren lächerlichen Witz Anstoß zu erregen. Sängerinnen aber und die weichlichen Musikweisen sind streng verbannt, und nur solche kriegerische Tonstücke, welche die Seele zu tapferen Taten begeistern, sind dem Ohr Theodorichs angenehm. Wenn er sich von der Tafel zurückzieht, werden die Nachtwachen sogleich um den Eingang zur Schatzkammer, zum Palast und den Geheimgemächern aufgestellt."

Als der König der Westgoten Avitus ermunterte, den Purpur anzunehmen, bot er ihm seine Person und seine Streitkräfte als treuer Soldat der Republik an. Die Taten Theodorichs überzeugten die Welt bald, daß er die kriegerischen Tugenden seiner Ahnen geerbt hatte. Nach der Niederlassung der Goten in Aquitanien und dem Übergang der Vandalen nach Afrika strebten die Sueven, die ihr Königreich in Gallicien gegründet hatten, nach der Eroberung von Spanien und bedrohten die schwachen Reste römischer Herrschaft mit Vernichtung. Die über den feindlichen Einfall bestürzten Provinzbewohner von Carthagena und Tarragona wurden bei Theoderich vorstellig und legten ihm ihre Not und ihre Befürchtungen dar. Graf Fronto wurde im Namen des Kaisers Avitus mit vorteilhaften Anträgen von Frieden und Bündnis entsendet, und Theodorich trat mit seiner mächtigen Vermittlung dazwischen, indem er erklärte, daß er, wenn sich sein Schwager, der König der Sueven, nicht alsbald zurückzöge, gezwungen sein würde, in der Sache der Gerechtigkeit und Roms zu den Waffen zu greifen. „Sagt ihm", erwiderte der hochmütige Rechiarius, „daß ich seine Freundschaft und seine Waffen verachte, wohl aber erproben werde, ob er es wage, meine Ankunft vor Toulouse zu erwarten." Eine solche Herausforderung bestimmte Theodorich, den kühnen Plänen seines Feindes zuvorzukommen; er ging (456) an der Spitze der Westgoten über die Pyrenäen. Die Franken und Burgunden dienten unter seinem Banner. Zwar nannte er sich den pflichtgetreuen Diener des Avitus, was ihn indes nicht hinderte, insgeheim für sich und seine Nachfolger den unbedingten Besitz aller Eroberungen in Spanien auszubedingen. Die beiden Heere oder vielmehr die beiden Nationen stießen an den Ufern des Urbicus, ungefähr zwölf Meilen von Astorga, aneinander, und der entscheidende Sieg der Goten scheint für eine Weile den Namen und das Königreich der Sueven ausgerottet zu haben. Von dem Schlachtfeld rückte Theodorich auf Braga, ihre Hauptstadt, vor, die noch immer glänzende Spuren ihres alten Handels und Ranges besaß. Sein Einzug war nicht mit Blut befleckt. Die Goten achteten die Keuschheit ihrer weiblichen Gefangenen, insbesondere der geweihten Jungfrauen; aber der größte Teil des Klerus und Volkes wurde zu Sklaven gemacht, ja selbst die Kirchen und Altäre in der allgemeinen Plünderung nicht verschont. Der unglückliche König der Sueven war nach einem der Häfen des Ozeans entkommen, aber hartnäckige Winde widersetzten sich seiner weiteren Flucht; er wurde seinem unversöhnlichen Nebenbuhler ausgeliefert. Rechiarius, der Gnade weder wünschte noch erwartete, empfing mit männlicher Standhaftigkeit den Tod, den er wahrscheinlich auch verhängt haben würde. Nachdem Theodorich der Politik oder Rache dieses blutige Opfer gebracht hatte, trug er seine siegreichen Waffen bis nach Merida, der Hauptstadt von Lusitanien, ohne auf anderen Widerstand zu stoßen als die wunderwirkende Gewalt der heiligen Eulalia; aber er wurde im vollen Laufe seines Sieges aufgehalten und aus Spanien zurückgerufen, bevor er für die Sicherung seiner Eroberungen Sorge tragen konnte. Auf seinem Rückmarsch nach den Pyrenäen rächte er seine getäuschten Hoffnungen an dem Lande, durch das er zog, und zeigte sich in der Verheerung von Pollentia und Astorga als einen ebenso treulosen Bundesgenossen wie grausamen Feind. Während der König der Westgoten in Avitus' Namen focht und siegte, hatte die Regierung des Avitus bereits aufgehört, und sowohl die Ehre als das Interesse Theodorichs waren durch die Schmach eines Freundes, den er auf den Thron des abendländischen Reiches gehoben hatte, tief verletzt worden.

Die dringende Aufforderung des Senates und Volkes bewogen den Kaiser Avitus, seine Residenz in Rom aufzuschlagen und das Konsulat für das folgende Jahr anzunehmen. Am ersten Januar (456) feierte sein Schwiegersohn, Sidonius Apollinaris, seine Verdienste in einem Panegyrikus von sechshundert Versen. Obwohl aber diese Arbeit mit einem ehernen Standbilde belohnt wurde, scheint sie doch weder besonders genial noch wahrheitsgetreu gewesen zu sein. Der Dichter, wenn wir diesen Namen entweihen dürfen, übertreibt die hohe Eigenschaft eines Vaters und Fürsten, und seine Weissagung einer langen und glorreichen Regierung wurde bald durch die Ereignisse widerlegt. Zu einer Zeit, wo die kaiserliche Würde auf den Vorrang in Mühe und Gefahr beschränkt war, überließ er sich den Freuden italienischer Üppigkeit; das Alter hatte noch nicht seine verliebten Neigungen ausgetilgt, ja er wird beschuldigt, durch ebenso unklugen wie unedlen Spott die Männer beschimpft zu haben, deren Gattinnen er verführt oder geschändet hatte. Aber die Römer waren weder seine Fehler zu entschuldigen noch seine Tugenden anzuerkennen geneigt. Die verschiedenen Teile des Reiches wurden einander jeden Tag mehr entfremdet, und der Fremdling aus Gallien war der Gegenstand des Hasses und der Verachtung des Volkes. Der Senat machte sein gesetzmäßiges Recht auf die Kaiserwahl geltend, und seine ursprünglich aus der alten Verfassung entsprungene Macht wurde durch die gegenwärtige Schwäche einer sinkenden Monarchie wieder gefestigt. Aber sogar eine solche Monarchie hätte der Stimme eines unbewaffneten Senates widerstehen können, wenn dessen Unzufriedenheit nicht durch den Grafen Rikimer, einen der vornehmsten Befehlshaber der Barbarentruppen, welche die kriegerische Wehr von Italien bildeten, unterstützt und vielleicht entflammt worden wäre. Rikimers Mutter war die Tochter des Westgotenkönigs Wallia, von väterlicher Seite aber stammte er aus dem Volke der Sueven. Sein Stolz oder sein Patriotismus war durch das Unglück seiner Vaterlandsgenossen erbittert worden, und er gehorchte mit Widerstreben einem Kaiser, bei dessen Erhebung er nicht zu Rate gezogen worden war. Seine treuen und wichtigen Dienste gegen den gemeinsamen Feind machten ihn um so furchtbarer, und nachdem Rikimer an der Küste von Korsika eine aus sechzig Galeeren bestehende Flotte der Vandalen vernichtet hatte, kehrte er mit dem Titel „Befreier von Italien" im Triumph zurück. Er wählte diesen Augenblick, um Avitus anzukündigen, daß seine Regierung zu Ende sei, und der schwache, von seinen gotischen Bundesgenossen entfernte Kaiser sah sich nach kurzem und fruchtlosem Sträuben gezwungen, den Purpur niederzulegen (16. Oktober). Die Milde oder Verachtung Rikimers gestattete ihm, daß er von dem Thron zur Stellung eines Bischofs von Placentia herabstieg. Der Grimm des Senates aber war noch unbefriedigt, und er sprach mit unbeugsamer Strenge das Todesurteil aus. Avitus floh in die Alpen in der demütigen Hoffnung, nicht die Westgoten für seine Sache zu bewaffnen, sondern seine Person und seine Schätze in dem Heiligtum Julians, eines der Schutzpatrone der Auvergne, in Sicherheit zubringen. Krankheit oder Henkershand ereilte ihn auf dem Wege; seine sterblichen Reste wurden jedoch standesgemäß nach Brivas oder Brioude in seiner heimatlichen Provinz übergeführt, und er ruhte zu den Füßen seines Schutzheiligen. Avitus hinterließ eine einzige Tochter, die Gattin des Sidonius Apollinaris, der die Besitzungen seines Schwiegervaters erbte und zu gleicher Zeit die Vereitelung seiner Hoffnungen hinsichtlich des Staates wie der eigenen Person beklagte. Rache gab ihm ein, den Maßnahmen einer aufrührerischen Partei in Gallien beizutreten oder sie wenigstens zu unterstützen. Der Poet hatte dadurch eine Schuld auf sich geladen, die ihn zwang, durch einen neuen Tribut der Schmeichelei an den nachfolgenden Kaiser zu sühnen.

In dem Nachfolger des Avitus entdecken wir einen großen und heroischen Charakter, wie er sich zuweilen in einem entarteten Zeitalter erhebt, um die Ehre des menschlichen Geschlechts zu retten. Der Kaiser Majorian hat das Lob seiner Zeitgenossen wie der Nachwelt verdient, und dieses Lob mag in folgenden Worten des Procopius, eines einsichtsvollen und unparteiischen Historikers, ausgedrückt werden: „Er war gegen sein Volk milde, gegen seine Feinde furchtbar, und übertraf in jeder Tugend alle seine Vorgänger, die über die Römer geherrscht haben." Ein solches Zeugnis kann wenigstens den Panegyrikus des Sidonius rechtfertigen, und obschon wir uns für überzeugt halten dürfen, daß der geschmeidige Redner auch dem unwürdigsten aller Fürsten mit gleichem Eifer geschmeichelt haben würde, beschränkte ihn das außerordentliche Verdienst seines Helden doch diesmal auf die Grenzen der Wahrheit. Majorian führte den Namen seines mütterlichen Großvaters, der unter der Regierung Theodosius' des Großen die Truppen der illyrischen Grenze befehligt hatte. Er gab seine Tochter dem Vater Majorians zur Ehe, einem achtbaren Beamten, der die Einkünfte von Gallien mit Geschicklichkeit und Unbescholtenheit verwaltete und die Freundschaft des Aetius den verführerischen Anträgen eines hinterlistigen Hofes edelmütig vorzog. Sein Sohn, der künftige Kaiser, der zum Soldatenberuf erzogen wurde, entfaltete von seiner frühesten Jugend an unerschrockenen Mut, frühreife Weisheit und außerordentliche Freigebigkeit bei geringem Vermögen. Er folgte dem Banner des Aetius, trug zu seinen Erfolgen bei, teilte, ja überschattete zuweilen seinen Ruhm und weckte zuletzt die Eifersucht des Patriziers oder vielmehr der Gattin desselben, die ihn zwang, sich vom Dienste zurückzuziehen. Nach Aetius' Tode wurde Majorian zurückgerufen und befördert, und seine innige Verbindung mit dem Grafen Rikimer war die unmittelbare Stufe, auf der er den Thron des abendländischen Reiches bestieg. Während der Erledigung, die auf die Abdankung des Avitus folgte, beherrscht der ehrgeizige Barbar, den Geburt von der kaiserlichen Würde ausschloß, Italien mit dem Titel eines Patriziers, überließ seinem Freunde die hohe Stelle eines Oberbefehlshabers der Reiterei und des Fußvolkes und willigte nach mehreren Monaten in den einstimmigen Wunsch der Römer, deren Gunst Majorian sich durch den kürzlich erfochtenen Sieg über die Alemannen erworben hatte. Er wurde in Ravenna mit dem Purpur bekleidet (457). Das Schreiben, das er an den Senat richtete, schildert seine Lage und seine Gesinnungen am besten. „Eure Wahl, versammelte Väter und der Wille des tapfersten Heeres haben mich zu eurem Kaiser gemacht. Möge die geneigte Gottheit die Ratschlüsse und Ereignisse meiner Regierung zu eurem Besten und zum Heile des Staates leiten und begünstigen! Was mich betrifft, so strebte ich nicht nach der Herrschaft, ich habe mich ihr unterworfen, weil ich die Pflichten eines Bürgers nicht erfüllte, wenn ich mich mit niedrigem oder selbstischem Undank weigerte, die Bürde jener Arbeiten auf mich zu nehmen, welche die Republik auferlegt. Steht daher dem Fürsten bei, den ihr gewählt, teilt die Pflichten, die ihr ihm aufgetragen habt, und unsere gemeinsamen Bestrebungen mögen das Glück eines Reiches befördern, das ich aus euren Händen empfangen habe. Seid versichert, daß in unseren Zeiten die Gerechtigkeit wieder ihre alte Macht besitzen und die Tugend nicht nur unschuldig, sondern auch verdienstvoll werden wird. Vor Angeberei, die ich als Untertan verdammt habe, und als Fürst strenge bestrafen werde, fürchte sich niemand als ihr Urheber. Unsere eigene Wachsamkeit und die unseres Vaters, des Patriziers Rikimer, werden alle militärischen Angelegenheiten regeln und für die Sicherheit der römischen Welt sorgen, die wir vor äußeren und inneren Feinden gerettet haben. Ihr kennt nun die Grundsätze meiner Regierung: faßt Vertrauen zu der treuen Liebe und zu den aufrichtigen Versicherungen eines Fürsten, der vordem der Gefährte eures Lebens und eurer Gefahren gewesen, auf den Namen Senator fortwährend stolz und nur besorgt ist, daß euch das Urteil leid sein könnte, das ihr zu seinen Gunsten gefällt habt." Der Kaiser, der mitten im Verfall der römischen Welt die alte Sprache des Rechtes und der Freiheit, wie Trajan sie nicht verleugnet haben würde, wiederbelebte, muß diese hochherzigen Gesinnungen aus seinem eigenen Herzen genommen haben, weil sie ihm weder durch die Sitten seines Jahrhunderts noch durch das Beispiel seiner Vorgänger zur Nachahmung gegeben waren.

Die öffentlichen und privaten Handlungen Majorians sind nur wenig bekannt; aber seine durch originelles Gepräge des Gedankens und Ausdrucks merkwürdigen Gesetze schildern treu den Charakter eines Souveräns, der sein Volk liebte, an seinem Unglück teilnahm, die Ursachen des Sinkens des Reiches erforscht hatte und befähigt war, einsichtsvolle und wirksame Abhilfe gegen die Unordnungen im Reich zu schaffen. Seine Anordnungen in betreff der Finanzen zielen offenbar dahin, die unerträglichsten Lasten abzuschaffen oder wenigstens zu mildern. I. Von der ersten Stunde seiner Regierung an war er (ich bediene mich seiner eigenen Worte) bemüht, dem Vermögen der Provinzbewohner, das durch die Wucht von Indiktionen und Superindiktionen erdrückt worden war, beizuspringen. In dieser Absicht bewilligte er eine allgemeine Amnestie, einen schließlichen und unbedingten Nachlaß aller Steuerrückstände sowie aller Schulden, die von den Finanzämtern unter irgendwelchem Vorwand gefordert wurden. Dieser kluge Erlaß veralteter, drückender und unerträglicher Ansprüche verbesserte und reinigte die Quellen des öffentlichen Einkommens, und der Untertan, der jetzt ohne Verzweiflung rückwärts blicken konnte, arbeitete nun hoffnungsvoll und dankbar für sein Land. II. Für die Umlage und Erhebung der Steuern stellte Majorian die ordentliche Gerichtsbarkeit der Provinzialobrigkeiten wieder her und unterdrückte die außerordentlichen Kommissionen, die im Namen der Kaiser selbst oder der prätorianischen Präfekten eingeführt worden waren. Die bevorzugten Diener des Staates, die eine solche unregelmäßige Gewalt erhielten, bewiesen sich in ihrem Benehmen unverschämt, in ihren Forderungen willkürlich. Sie legten Verachtung gegen die untergeordneten Tribunale an den Tag und waren unzufrieden, wenn ihre Sporteln und Gewinne die Summe, die sie in den öffentlichen Schatz abzuführen geruhten, nicht zweimal überstiegen. Die Art ihrer Erpressungen könnte unglaublich erscheinen, wenn sie nicht durch den Gesetzgeber selbst außer allen Zweifel gesetzt worden wäre. Sie trieben die ganze Summe in Gold ein, wiesen aber die gangbaren Münzen des Reiches zurück und wollten nur solche alte Stücke annehmen, die das Gepräge der Faustina oder der beiden Antonine trugen. Der Untertan, der mit diesen seltenen Münzen nicht versehen war, griff zu dem Ausweg eines Vergleiches mit ihren räuberischen Forderungen, oder wenn er in seinen Nachforschungen glücklich war, verdoppelte er dadurch seine Steuern wegen des Gewichtes und Wertes des Geldes früherer Zeiten. III. „Die Munizipalkorporationen", sagt der Kaiser, „die kleineren Senatoren (diesen Namen hat ihnen die Antike mit Recht beigelegt), verdienen als das Herz der Städte und als die Sehnen der Republik angesehen zu werden. Und doch sind sie jetzt durch die Ungerechtigkeit der Obrigkeiten und die Unredlichkeit der Einnehmer so sehr heruntergebracht, daß viele ihrer Mitglieder auf ihre Würde und ihr Vaterland Verzicht geleistet und in ferner Verbannung Zuflucht gesucht haben." Er dringt auf die Rückkehr in ihre Städte, ja zwingt sie sogar dazu, aber er beseitigt zugleich die Beschwerden, die sie genötigt hatten, die Ausübung ihrer städtischen Amtspflichten im Stich zu lassen. Es wird ihnen befohlen, unter der Obergewalt der Provinzialbehörden ihr Amt der Steuererhebung wieder anzutreten; statt aber für die ganze, ihrem Distrikte auferlegte Summe verantwortlich zu sein, wird ihnen nur zur Pflicht gemacht, regelmäßige Berichte über die Zahlungen, die sie wirklich erhielten, sowie über die Rückständigen einzusenden, die noch an den Staat schuldeten. IV. Majorian sah jedoch gar wohl ein, daß diese Körperschaften nur zu sehr geneigt waren, die Ungerechtigkeit und den Druck zu vergelten, die sie selbst erlitten hatten. Er rief daher das nützliche Amt der Verteidiger der Städte wieder ins Leben. Er ermahnte das Volk, in voller und freier Versammlung einsichtsvolle und unbescholtene Männer zu wählen, mutig genug, ihre Vorrechte zu verteidigen, ihre Beschwerden vorzubringen, die Armen gegen die Tyrannei der Reichen zu beschützen und den Kaiser von den Mißbräuchen in Kenntnis zu setzen, die unter seinem geheiligten Namen und seiner Gewalt begangen wurden.

Der Beschauer, der traurig die Ruinen des alten Rom betrachtet, gerät in Versuchung, das Andenken der Goten und Vandalen ob des Unheils zu verwünschen, zu dessen Vollführung sie weder Muße noch Macht noch vielleicht auch Neigung hatten. Der Krieg mochte wohl einige hohe Türme dem Erdboden gleich machen. Die Zerstörung aber, die die Grundlagen dieser erstaunlichen Bauwerke untergrub, nahm zehn Jahrhunderte lang ihren Fortgang. Der Eigennutz, der später ohne Scham und Zügel waltete, wurde durch den Geschmack und die Hochherzigkeit des Kaisers Majorian streng im Zaum gehalten. Der Verfall der Stadt hatte allmählich den Wert der öffentlichen Gebäude vermindert. Der Zirkus und die Theater erregten zwar noch die Begierden des Volkes, befriedigten sie aber selten; die Tempel, die dem Glaubenseifer der Christen entgangen waren, wurden weder von Göttern noch von Menschen mehr bewohnt; die stark zusammengeschmolzenen Scharen der Römer verloren sich in dem unermeßlichen Raum ihrer Bäder und Säulengänge. Die stattlichen Bibliotheken und Gerichtshallen wurden nutzlos für ein träges Geschlecht, dessen Ruhe selten durch Studien oder Geschäfte unterbrochen war. Die Denkmäler konsularischer oder kaiserlicher Größe wurden nicht mehr als der unsterbliche Ruhm der Hauptstadt verehrt: man schätzte sie nur als eine unerschöpfliche Mine wohlfeilerer und bequemerer Materialien als die der fernen Steinbrüche. Gleißende Bitten wurden unaufhörlich an die willigen Obrigkeiten Roms gerichtet, worin der Mangel an Steinen oder Ziegeln zu irgendeinem notwendigen Zweck auseinandergesetzt ward. Die schönsten Formen der Architektur wurden roherweise um einiger geringfügiger oder angeblicher Ausbesserungen willen entstellt, und die entarteten Römer, die den Raub zu ihrem eigenen Vorteil verwendeten, zerstörten mit frevelnder Hand die Arbeiten ihrer Altvordern. Majorian, der oft über die Verwüstung der Stadt geseufzt hatte, wandte ein strenges Mittel gegen das überhandnehmende Übel an. Er behielt dem Fürsten und dem Senat die alleinige Entscheidung jener äußersten Fälle vor, welche die Zerstörung eines alten Gebäudes rechtfertigten. Er belegte mit einer Geldbuße von fünfzig Pfund Goldes jede

Obrigkeit, die es wagen würde, eine so ungesetzliche Erlaubnis zu geben, und bedrohte den verbrecherischen Ungehorsam ihrer untergeordneten Beamten mit strenger Geißelung und Abschneiden beider Hände. In diesem letzten Falle machte der Gesetzgeber das Verhältnis der Schuld und Strafe vergessen; aber sein Eifer entsprang aus einem hochherzigen Prinzip, denn Majorian strebte danach, die Denkmäler jener Jahrhunderte zu bewahren, in denen er zu leben wünschte und verdient hätte zu leben. Der Kaiser sah ein, daß ihm sein Interesse gebiete, die Zahl seiner Untertanen zu vermehren, und daß seine Pflicht sei, über die Reinheit der Ehe zu wachen, aber die Mittel, die er zur Erreichung dieser heilsamen Zwecke anwendete, sind nicht immer frei von Tadel. Den frommen Mädchen, die ihre Jungfräulichkeit Christus weihten, wurde verboten, den Schleier eher zu nehmen, als bis sie das vierzigste Jahr erreicht hätten. Witwen unter diesem Alter waren gezwungen, binnen fünf Jahren eine zweite Ehe zu schließen, unter Strafe des Verlustes der Hälfte ihres Vermögens an ihre nächsten Verwandten oder an den Staat. Ungleiche Ehen wurden verboten oder aufgelöst. Die Strafe der Vermögenseinziehung und Verbannung ward als so unangemessen für die Schuld des Ehebruches erachtet, daß der Verbrecher, wenn er nach Italien zurückkehrte, kraft der ausdrücklichen Erklärung Majorians ungestraft getötet werden durfte.

Indes der Kaiser Majorian emsig an der Wiederherstellung der Wohlfahrt und der Tugend der Römer arbeitete, traf er mit den Waffen Genserichs zusammen, der seines Charakters und seiner Lage wegen ihr furchtbarster Feind war. Eine Flotte der Vandalen und Mohren ging an der Mündung des Liris oder Garigliano vor Anker. Die kaiserlichen Truppen aber überrumpelten und griffen die Barbaren an, die mit der Beute von Campanien belastet waren; sie wurden unter einem furchtbaren Gemetzel auf ihre Schiffe zurückgetrieben, und man fand unter der Zahl der Erschlagenen ihren Anführer, des Königs Schwager. Eine solche Wachsamkeit deutete auf den Charakter der neuen Regierung hin. Aber auch die strengste Wachsamkeit und die zahlreichsten Streitkräfte reichten nicht hin, um die langausgedehnte Küste Italiens vor den Räubereien des Seekriegs zu schützen. Die öffentliche Meinung hatte dem Genius des Majorian einen edleren und schwierigeren Beruf auferlegt. Rom erwartete von ihm allein die Wiedererlangung von Afrika, und der Plan, den er faßte, die Vandalen in ihren neuen Niederlassungen anzugreifen, war das Ergebnis einer kühnen und einsichtsvollen Politik. Wenn der unerschrockene Kaiser seinen eigenen Mut der Jugend Italiens hätte einflößen, wenn er auf dem Marsfeld die männlichen Übungen, worin er von jeher seinesgleichen übertroffen, wieder beleben hätte können, wäre es ihm möglich gewesen, gegen Genserich an der Spitze eines römischen Heeres zu marschieren. Eine solche Reform der Nationalsitten konnte vielleicht mit dem heranwachsenden Geschlecht bewerkstelligt werden. Es ist indes das Unglück jener Fürsten, die mit Mühe eine sinkende Monarchie stützen, daß sie, um irgendeinen unmittelbaren Vorteil zu erreichen oder irgendeine drohende Gefahr abzuwenden, gezwungen sind, die verderblichsten Mißbräuche in Anwendung zu bringen, ja sogar zu vermehren. Majorian war gleich dem schlechtesten seiner Vorgänger zu dem schimpflichen Mittel gezwungen, barbarische Hilfsvölker an Stelle seiner eigenen unkriegerischen Untertanen zu setzen. Seine überlegenen Fähigkeiten konnten nur in der Kraft und Gewandtheit entfaltet werden, womit er ein so gefährliches Werkzeug meisterte, das leicht gegen die Hand, die sich seiner bediente, zurückspringen konnte. Außer den Bundestruppen, die bereits zum Dienste des Reiches verpflichtet waren, zog der Ruf seiner Freigebigkeit und Tapferkeit die Völker der Donau, des Borysthenes, vielleicht des Tanais herbei. Viele tausend der tapfersten Untertanen Attilas, Gepiden, Ostgoten, Rugier, Burgunden, Sueven, Alanen, versammelten sich in den Ebenen von Ligurien, und ihre furchtbare Stärke wurde durch ihren gegenseitigen Haß im Gleichgewicht gehalten. Sie zogen in einem strengen Winter über die Alpen. Der Kaiser schritt zu Fuß und in vollständiger Rüstung voran. Er prüfte mit seinem langen Stab die Tiefe des Eises oder Schnees und ermutigte die Skythen, die sich über die grimmige Kälte beklagten, durch die beruhigende Versicherung, daß sie sich bald über die Wärme Afrikas freuen würden. Die Bürger von Lyon hatten es gewagt, ihre Tore zu verschließen; sie flehten aber bald Majorians Milde an und er gewährte sie ihnen. Er besiegte Theodorich in einer Schlacht und gewährte Freundschaft und Bündnis einem König, den er seiner Waffen nicht unwert gefunden hatte. Die heilsame obschon vorübergehende Vereinigung des größten Teiles von Gallien und Spanien war die Wirkung sowohl der Überredung als der Gewalt. Die unabhängigen Bagauden, die der Unterdrückung der früheren Regierungen widerstanden hatten oder ihr entgingen, waren geneigt, Vertrauen in die Eigenschaften Majorians zu setzen. Sein Lager war mit barbarischen Bundesgenossen angefüllt, und sein Thron wurde durch den Eifer eines ergebenen Volkes unterstützt. Aber der Kaiser hatte vorausgesehen, daß es ihm ohne Seemacht unmöglich sein würde, die Eroberung von Afrika zu bewerkstelligen. Im ersten punischen Krieg hatte die Republik eine so unglaubliche Tätigkeit an den Tag gelegt, daß sechzig Tage, nachdem der erste Streich der Axt im Walde geschehen, eine Flotte von hundertsechzig Galeeren auf dem Meer stolz vor Anker lag. Unter viel weniger günstigen Umständen tat es Majorian dem Mute und der Beharrlichkeit der alten Römer gleich. Die Wälder der Apenninen wurden gefällt, die Arsenale und Wehrfabriken von Ravenna und Misenum hergestellt. Italien und Gallien wetteiferten in freigebigen Beiträgen zum Dienste des Staates, und die kaiserliche Flotte mit dreihundert großen und einer angemessenen Anzahl von Transport- und kleineren Schiffen sammelte sich in dem sicheren und geräumigen Hafen von Karthagena in Spanien. Das unerschrockene Antlitz Majorians entflammte seine Truppen mit der Zuversicht des Sieges, und wenn wir dem Geschichtsschreiber Procopius Glauben beimessen dürfen, verleitete Majorians Mut ihn bisweilen, über die Grenzen der Klugheit hinauszugehen. Begierig, mit eigenen Augen die Lage der Vandalen zu erforschen, wagte er sich, nachdem er seine Haare gefärbt hatte, in der Eigenschaft seines eigenen Abgesandten nach Karthago. Später ärgerte sich Genserich, als er erfuhr, daß er den Kaiser der Römer bewirtet und entlassen habe. Eine solche Anekdote muß als unwahrscheinliche Erdichtung verworfen werden; sie ist aber eine Erdichtung, die man in dem Leben eines Helden erwähnen kann.

Genserich war indes auch ohne das Hilfsmittel einer persönlichen Unterredung mit dem Geiste und den Plänen seines Gegners hinreichend vertraut. Er wandte seine gewöhnlichen Künste des Truges und des Zauderns an, diesmal aber ohne Erfolg. Seine Bewerbungen um Frieden wurden jeden Tag unterwürfiger und vielleicht aufrichtiger; aber der unbeugsame Majorian handelte nach dem alten Grundsatz, daß es für Rom keine Sicherheit gäbe, solange Karthago sich in einem feindlichen Zustand befinde. Der König der Vandalen mißtraute der Tapferkeit seiner ursprünglichen Untertanen, die durch die Üppigkeit des Südens entnervt worden waren. Er beargwohnte die Treue des besiegten Volkes, das ihn als einen arianischen Tyrannen verabscheute; und die verzweifelte Maßregel, die er ausführte, Mauritanien in eine Wüste zu verwandeln, konnte die Kriegsmaßnahmen des römischen Kaisers nicht hindern. Ihm stand es frei, seine Truppen an irgendeinem Teil der afrikanischen Küste zu landen. Genserich wurde jedoch von dem herandrohenden und unvermeidlichen Verderben durch die Verräterei einiger mächtiger Untertanen gerettet, die den Erfolg ihres Gebieters beneideten oder fürchteten. Durch ihre geheimen Nachrichten geleitet, überraschte er die unbewachte Flotte in der Bai von Karthagena; viele Schiffe wurden versenkt oder genommen oder verbrannt, und die Rüstungen von drei Jahren in einem einzigen Tage vernichtet. Das Benehmen der beiden Gegner nach diesem Ereignis bewies, daß sie höher standen als ihr Schicksal. Statt daß der Vandale durch diesen zufälligen Sieg aufgeblasen wurde, erneuerte er unverzüglich sein Ansuchen um Frieden. Der Kaiser des Abendlandes, der fähig war, große Pläne zu entwerfen und schwere Unfälle zu ertragen, willigte in einen Frieden oder vielmehr Waffenstillstand in der vollen Überzeugung, daß er noch vor Wiederherstellung seiner Seemacht mit Herausforderungen, um einen zweiten Krieg zu rechtfertigen, versehen sein würde. Majorian kehrte nach Italien zurück, um seine Arbeiten für das öffentliche Wohl fortzusetzen, und da er sich seiner eigenen Redlichkeit bewußt war, ahnte er lange nichts von der

Verschwörung, die seinen Thron und sein Leben bedrohte. Das noch frische Unglück von Karthagena hatte den Ruhm verdüstert, der die Augen der Menge blendete. Fast alle Zivil- und Militärbeamten waren gegen den Reformator erbittert, weil sie sämtlich Vorteile aus den Mißbräuchen zogen, die er zu unterdrücken bemüht war. Der Patrizier Rikimer reizte die unbeständigen Leidenschaften der Barbaren gegen einen Fürsten, den er achtete und zugleich haßte. Tugenden konnten Majorian nicht gegen einen heftigen Aufruhr schützen, der im Lager bei Tortona am Fuße der Alpen ausbrach. Er wurde gezwungen, den kaiserlichen Purpur niederzulegen: fünf Tage nach seiner Thronentsagung (7. August 461) ward das Gerücht verbreitet, er sei an der Ruhr gestorben. Das bescheidene Grab aber, das seine irdischen Reste deckte, blieb durch die Achtung und Dankbarkeit nachfolgender Geschlechter geheiligt. Als Mensch flößte Majorian Liebe und Hochachtung ein. Boshafte Verleumdung und Satire erregten seine Entrüstung oder, wenn er selbst Gegenstand derselben war, seine Verachtung; aber er beschützte den Freimut des Witzes, und in den Stunden, in denen sich der Kaiser der vertrauten Gesellschaft seiner Freunde hingab, überließ er sich seinem Geschmack an Scherzen, ohne die Majestät seines Ranges herabzusetzen.

Es geschah vielleicht nicht ohne Bedauern, daß Rikimer seinen Freund dem Interesse seines Ehrgeizes opferte. Er beschloß aber, bei einer zweiten Wahl das unkluge Hervorziehen überlegener Tugenden und Talente zu vermeiden. Auf seinen Befehl verlieh der gehorsame Senat den kaiserlichen Titel an Libius Severus, der den abendländischen Thron bestieg, ohne aus der Dunkelheit seines Privatlebens aufzutauchen. Die Geschichte hat sich kaum bemüht, seiner Geburt und Erhebung, seines Charakters und Todes Erwähnung zu tun. Severus starb, sobald sein Leben seinem Schutzherrn unbequem wurde; und es würde nutzlos sein, in dem thronleeren Zwischenraum vom Tode des Majorian bis zur Erhebung des Anthemius seine nominelle Regierung besonders hervorzuheben. Während dieser Periode befand sich die Staatsverwaltung in Rikimers alleinigen Händen (461–467), und obwohl der bescheidene Barbar den Titel eines Königs verschmähte, häufte er Schätze auf, bildete ein gesondertes Heer, schloß Bündnisse für sich und beherrschte Italien mit derselben unabhängigen und despotischen Vollgewalt, die nachher von Odoaker und Theodorich ausgeübt wurde. Aber sein Gebiet war von den Alpen begrenzt, und zwei römische Feldherren, Aegidius und Marcellinus, bewahrten ihre Treue für die Republik, indem sie mit Verachtung das Phantom verwarfen, das er einen Kaiser nannte.

Marcellinus hing dauernd der alten Religion an, und die frommen Heiden, die insgeheim den Gesetzen der Kirche und des Staates ungehorsam wurden, zollten seiner tiefen Kenntnis der Wissenschaft und Wahrsagerei Beifall. Er besaß aber auch die schätzbaren Eigenschaften der Gelehrsamkeit, der Tugend und des Mutes. Das Studium der lateinischen Literatur hatte seinen Geschmack geläutert, und seine kriegerischen Eigenschaften hatten ihn der Achtung und dem Vertrauen des großen Aetius empfohlen, in dessen Sturz er mitverwickelt wurde. Durch Flucht zur rechten Zeit entging Marcellinus der Wut Valentinians und behauptete kühn seine Freiheit mitten unter den Zuckungen des abendländischen Reiches. Seine freiwillige oder widerstrebende Unterwerfung unter die Gewalt Majorians wurde mit der Statthalterschaft von Sizilien und dem Befehl über ein Heer belohnt, das auf dieser Insel aufgestellt war, um den Vandalen Widerstand zu leisten oder sie anzugreifen. Aber nach des Kaisers Tode ließen sich seine barbarischen Lohntruppen durch die schlaue Freigebigkeit Rikimers zur Empörung verleiten. An der Spitze einer Schar treuer Anhänger besetzte der unerschrockene Marcellinus die Provinz Dalmatien, nahm den Titel eines Patriziers des Westens an, sicherte sich die Liebe seiner Untertanen durch eine milde und gerechte Regierung und baute eine Flotte, welche die Herrschaft des Adriatischen Meeres in Anspruch nahm und abwechselnd die Küsten Italiens und Afrikas beunruhigte. Ägidius, Oberbefehlshaber von Gallien, der die Helden des alten Rom gleichsam oder sie wenigstens nachahmte, schwor unerbittliche Rache den Mördern seines geliebten Gebieters. Ein tapferes und zahlreiches Heer war seinen Fahnen ergeben, und obwohl er durch Schliche Rikimers und die Waffen der Westgoten verhindert wurde, vor die

Tore von Rom zu rücken, behauptete er doch seine unabhängige Souveränität jenseits der Alpen und machte dem Namen Ägidius Ehre im Frieden wie im Kriege. Die Franken, welche die jugendlichen Torheiten Childerichs mit Verbannung bestraft hatten, wählten den römischen Feldherrn zu ihrem König. Durch diese eigentümliche Ehre wurde mehr seine Eitelkeit als sein Ehrgeiz befriedigt, und als nach Verlauf von vier Jahren die Nation das Unrecht bereute, das sie dem Geschlecht der Merovinger angetan hatte, willigte er geduldig in die Wiedereinsetzung des rechtmäßigen Fürsten. Die Macht des Ägidius endete nur mit seinem Leben, und der Verdacht von Gift und geheimer Gewalttat, der durch den Charakter Rikimers begründet zu sein schien, wurde von der leidenschaftlichen Leichtgläubigkeit der Gallier begierig aufgegriffen.

Das Königreich Italien, ein Name, den das abendländische Reich allmählich angenommen hatte, wurde unter der Herrschaft Rikimers durch die unaufhörlichen Plünderungen der vandalischen Seeräuber heimgesucht. Im Frühling jedes Jahres rüsteten sie eine furchtbare Flotte im Hafen von Karthago aus, und Genserich selbst befehligte, bereits in sehr vorgerücktem Alter, die wichtigsten Unternehmungen. Seine Pläne waren bis zu dem Augenblick, in dem er die Segel ausspannte, in ein undurchdringliches Geheimnis gehüllt. Wenn ihn sein Steuermann fragte, welchen Kurs er steuern solle, antwortete der Barbar hochmütig: „Überlasse die Entscheidung den Winden, sie werden uns nach der schuldbeladenen Küste tragen, deren Bewohner die göttliche Gerechtigkeit herausgefordert haben." Wenn sich jedoch Genserich herabließ, bestimmtere Befehle zu erteilen, galt ihm die reichste Küste für die verbrecherischste. Die Vandalen besuchten wiederholt die Küsten von Spanien, Ligurien, Toskana, Campanien, Lukanien, Bruttium, Apulien, Kalabrien, Venetia, Dalmatien, Epirus, Griechenland und Sizilien; sie wurden in Versuchung geführt, die im Zentrum des Mittelmeeres so vorteilhaft gelegene Insel Sardinien zu unterjochen, und ihre Waffen verbreiteten Verheerung oder Schrecken von den Säulen des Herkules bis zur Mündung des Nil. Da sie mehr nach Beute als nach Ruhm dürsteten, griffen sie selten befestigte Städte an oder bekämpften regelmäßige Truppen im offenen Felde. Aber die Schnelligkeit ihrer Bewegungen setzte sie in den Stand, fast zur selben Zeit die entferntesten Orte, die ihre Gier erregten, anzugreifen. Da sie überdies stets eine genügende Anzahl von Pferden mit an Bord hatten, waren sie kaum gelandet, als sie auch schon das bestürzte Land mit einer Schar leichter Reiterei durchsausten. Aber trotz dem Beispiel ihres Königs entzogen sich die geborenen Vandalen und Alanen allmählich diesem beschwerlichen und gefahrvollen Krieg: das kühne Geschlecht der ersten Eroberer war fast ausgestorben, und ihre in Afrika gezeugten Söhne genossen die wonnigen, durch die Tapferkeit ihrer Väter erworbenen Bäder und Gärten. Ihre Stelle wurde bereitwillig durch eine bunte Menge Mohren und Römer, Gefangener und Geächteter ersetzt, und diese Elenden, die bereits die Gesetze ihres eigenen Vaterlandes mit Füßen getreten hatten, lechzten am meisten nach Verübung der Greueltaten, welche die Siege Genserichs befleckten. Bei der Behandlung seiner unglücklichen Gefangenen folgte er bald seiner Habsucht, bald frönte er seiner Grausamkeit. Die Niedermetzelung von fünfhundert edlen Bürgern von Zante oder Zakynthus, deren verstümmelte Leichen er in das Ionische Meer warf, wurde noch später von dem entrüsteten Volk seinen Urenkeln angerechnet.

Solche Verbrechen konnten durch keinerlei Herausforderungen entschuldigt werden. Der Krieg jedoch, den der König der Vandalen gegen das Römische Reich führte, wurde durch einen glänzenden und vernünftigen Beweggrund gerechtfertigt. Eudoxia, Valentinians Witwe, die er von Rom nach Karthago als Gefangene geführt hatte, war die einzige Erbin des theodosianischen Hauses; ihre ältere Tochter Eudoxia hatte wider ihren Willen Hunnerichs, seines ältesten Sohnes, Gattin werden müssen, und als der strenge Vater einen gesetzmäßigen Anspruch erhob, der weder widerlegt noch befriedigt werden konnte, forderte er einen angemessenen Teil des kaiserlichen Erbes. Um einen notwendigen Frieden zu erkaufen, bot der morgenländische Kaiser eine entsprechende, wertvolle Vergütung. Eudoxia und ihre jüngste Tochter Placidia wurden mit Ehren zurückgegeben. Darauf beschränkte sich die Wut der Vandalen auf die Grenzen des abendländischen Reiches. Die Italiener, denen es an einer Seemacht fehlte, die allein imstande gewesen wäre, ihre Küsten zu beschützen, flehten um Hilfe der glücklicheren Völker des Ostens, die einst im Frieden wie im Kriege die Oberhoheit Roms anerkannt hatten. Aber die immerwährende Trennung der beiden Reiche hatte ihre Interessen und Neigungen entfremdet, die Verpflichtungen eines kürzlich abgeschlossenen Vertrages wurden angeführt, und statt Waffen und Schiffe vermochten die abendländischen Römer nur den Beistand einer kühlen und unwirksamen Vermittlung zu erlangen. Der stolze Rikimer hatte lange mit den Schwierigkeiten seiner Lage gekämpft, endlich aber war er gezwungen, sich an den Thron von Konstantinopel in der Sprache eines Untertanen zu wenden. Italien ließ es sich als Preis der Sicherheit und des Bündnisses gefallen, durch die Wahl des morgenländischen Kaisers einen Gebieter anzunehmen. Es ist nicht der Zweck des gegenwärtigen Kapitels oder auch nur dieses Bandes, die besondere Reihenfolge der byzantinischen Geschichte fortzusetzen; eine kurze Übersicht aber der Regierung und des Charakters des Kaisers Leo (457–474) soll die letzten Anstrengungen erläutern, welche versucht wurden, um das sinkende Reich des Abendlandes zu retten.

Seit dem Tode des jüngeren Theodosius war die Ruhe von Konstantinopel weder durch Krieg noch durch Parteiung unterbrochen worden. Pulcheria hatte ihre Hand und das Zepter des Ostens dem bescheidenen Marcian gegeben: er verehrte dankbar ihren kaiserlichen Rang und ihre jungfräuliche Keuschheit und gab seinem Volke nach ihrem Tode das Beispiel der religiösen Verehrung, das der kaiserlichen Heiligen gebührte. Auf die Wohlfahrt seiner eigenen Gebiete bedacht, schien Marcian das Unglück Roms mit Gleichgültigkeit zu sehen, und man schrieb die hartnäckige Weigerung eines sonst tapferen und tätigen Fürsten, sein Schwert gegen die Vandalen zu ziehen, dem geheimen Versprechen zu, das ihm vordem abgerungen worden war, als er sich als Gefangener in Genserichs Gewalt befand. Der nach siebenjähriger Regierung erfolgte Tod Marcians würde den Osten den Gefahren einer Volkswahl preisgegeben haben, wenn nicht der überwiegende Einfluß einer einzigen Familie imstande gewesen wäre, die Wagschale zugunsten des Kandidaten, den ihr Interesse unterstützte, sinken zu lassen. Der Patrizier Aspar hätte das Diadem auf sein eigenes Haupt setzen können, wenn er geneigt gewesen wäre, das nicäische Glaubensbekenntnis zu unterschreiben. Drei Generationen hindurch waren die Heere des Ostens von seinem Vater, von ihm selbst und von seinem Sohn Ardaburius befehligt worden. Seine barbarische Leibwache bildete eine Kriegsmacht, die den Palast und die Hauptstadt einschüchterte, und die freigebige Verteilung seiner unermeßlichen Schätze machte Aspar ebenso beliebt als mächtig. Er empfahl den unbekannten Leo von Thrakien, Kriegstribunen und ersten Obersthofmeisters seines Haushaltes. Seine Ernennung wurde vom Senat einstimmig gutgeheißen, und der Minister Aspars empfing die Kaiserkrone aus den Händen des Patriarchen oder Bischofs, der durch diese ungewöhnliche Feier die Zustimmung des höchsten Wesens ausdrücken durfte. Dieser Kaiser, der erste des Namens Leo, ist durch den Beinamen des Großen vor einer Reihe Fürsten ausgezeichnet worden, die in der Meinung der Griechen allmählich einen sehr geringen Maßstab von heldenmütiger oder wenigstens königlicher Vollkommenheit bewiesen. Die gemäßigte Festigkeit, mit der Leo sich der Unterdrückung seines Wohltäters widersetzte, zeigte jedoch, daß er sich seiner Pflichten und Vorrechte bewußt war. Aspar war sehr erstaunt, als er merkte, daß sein Einfluß nicht mehr einen Präfekten von Konstantinopel ernennen konnte: er erdreistete sich, seinem Souverän Wortbrüchigkeit vorzuwerfen und zu sagen, indem er unverschämt dessen Purpur schüttelte: „Es zieme sich nicht, daß ein Mann, der mit diesem Gewand bekleidet sei, sich der Lüge schuldig mache." „Ebensowenig geziemt es sich", erwiderte Leo, „daß ein Fürst gezwungen werde, sein eigenes Urteil und das öffentliche Interesse dem Willen eines Untertanen unterzuordnen." Nach diesem außerordentlichen Auftritt konnte die Versöhnung zwischen dem Kaiser und dem Patrizier unmöglich aufrichtig oder wenigstens fest und andauernd sein. Ein Heer Isaurier wurde insgeheim angeworben und nach Konstantinopel geschafft. Und während Leo die Macht der Familie des Aspar untergrub und ihre Ungnade vorbereitete, hielt sein mildes und vorsichtiges Benehmen sie von allen verwegenen und verzweifelten Versuchen zurück, die ihnen selbst oder ihren Feinden hätten verderblich werden können. Diese innere Umwälzung hatte auf die Kriegs- und Friedensmaßnahmen Einfluß. Solange Aspar den Thron schändete, begünstigte er teils aus Religiosität, teils aus Interesse die Sache Genserichs. Als sich aber Leo von dieser schimpflichen Knechtschaft befreit hatte, schenkte er den Klagen der Italiener Gehör, beschloß, die Tyrannei der Vandalen auszurotten, und erklärte sein Bündnis mit seinem Kollegen Anthemius, den er (467) feierlich mit dem Diadem und Purpur des Abendlandes bekleidet hatte.

Die Charaktereigenschaften des Anthemius sind vielleicht übertrieben gelobt worden, weil man die kaiserliche Abstammung, die er nur von dem Usurpator Procopius herleiten konnte, zu einer Reihe von Kaisern aufgebauscht hat. Aber das Verdienst seiner unmittelbaren Verwandten, ihre Ehrenstellen und Reichtümer, machten Anthemius zu einem der erlauchtesten Untertanen des Ostens. Sein Vater Procopius erhielt nach seiner persischen Gesandtschaft den Rang eines Feldherrn und Patriziers, und der Name Anthemius stammte von seinem mütterlichen Großvater, dem berühmten Präfekten, der die Regierung des Theodosius während seiner Unmündigkeit sehr geschickt und mit Erfolg beschützt hatte. Der Enkel des Präfekten wurde über den Rang eines gewöhnlichen Untertanen durch seine Vermählung mit Euphemia, der Tochter des Kaisers Marcian, erhoben. Diese glänzende Verbindung machte die Notwendigkeit des Verdienstes überflüssig, beschleunigte nacheinander seine Beförderung zur Würde eines Grafen, eines Oberbefehlshabers, eines Konsuls und Patriziers, und seine Geschicklichkeit oder sein Glück verhalf ihm zu einem Sieg an den Ufern der Donau über die Hunnen. Ohne einem ausschweifenden Ehrgeiz zu frönen, konnte der Schwiegersohn Marcians hoffen, sein Nachfolger zu werden. Anthemius trug jedoch seine Täuschung mit Mut und Ergebenheit, und seine spätere Erhebung wurde allgemein vom Volke gebilligt, das ihn der Herrschaft für würdig hielt, bis er den Thron bestieg. Der Kaiser des Abendlandes zog in Begleitung mehrerer Grafen von hohem Range und einer Leibwache, deren Stärke und Zahl fast einem regelmäßigen Heer gleichkam, von Konstantinopel aus im Triumph in Rom ein. Die Wahl Leos wurde vom Senat, vom Volk und von den barbarischen Bundestruppen gutgeheißen. Auf die feierliche Thronbesteigung des Anthemius folgte die Vermählung seiner Tochter mit dem Patrizier Rikimer; ein glückliches Ereignis, das als das festeste Pfand der Einheit und des Glücks des Staates betrachtet wurde. Der Reichtum der beiden Reiche wurde prunkend entfaltet, und viele Senatoren vervollständigten ihren Ruin dadurch, daß sie sich in Unkosten stürzten, um ihre Armut zu verschleiern. Alle ernsten Geschäfte waren während der Festlichkeiten eingestellt, die Gerichtshöfe blieben geschlossen, die Straßen Roms, die Theater, alle Versammlungssäle widerhallten von Hochzeitsliedern und Tänzen. Die königliche Braut, in seidene Gewänder gehüllt, auf dem Kopf eine Krone, wurde in den Palast Rikimers geführt, der seine kriegerische Tracht mit der Kleidung eines Senators und Konsuls vertauscht hatte. Bei dieser denkwürdigen Veranlassung erschien Sidonius, dessen jugendlicher Ehrgeiz für immer gebrochen war, als Redner der Auvergne unter den Abgeordneten der Provinzen, die Glückwünsche und Beschwerden an den Thron richteten. Die Calendä des Januar nahten und der käufliche Poet, der Avitus geliebt und Majorian geachtet hatte, ließ sich von seinen Freunden überreden, im heroischen Versmaß das Verdienst, das Glück, das zweite Konsulat und die künftigen Triumphe des Anthemius zu feiern. Sidonius sprach erfolgreich einen Panegyrikus, der noch vorhanden ist. Unmittelbar darauf wurde der willkommene Schmeichler mit der Präfektur von Rom belohnt, ein Amt, das ihn den erlauchtesten Würdenträgern des Reiches gleichstellte, bis er weislich den achtbaren Charakter eines Bischofs und Heiligen vorzog.

Die Griechen rühmen prunkend die Frömmigkeit und den orthodoxen Glauben des Kaisers, den sie dem Westen gaben. Sie vergessen auch nicht zu bemerken, daß er, bevor er Konstantinopel verließ, seinen Palast in die Stiftung eines öffentlichen Bades, einer Kirche und eines Hospitals für alte Leute verwandelte. Indes finden sich doch einige verdächtige Züge, die den theologischen Ruhm des Anthemius beflecken. Aus dem Umgang mit Philotheus, einem makedonischen Sektierer, hatte er den Geist religiöser Duldung eingesogen, und die römischen Ketzer hätten sich ungestraft versammeln dürfen, wenn der kühne und heftige Tadel, den der Papst Hilarius in der Kirche des heiligen Petrus aussprach, ihn nicht gezwungen hätte, die volksunbeliebte Nachsicht abzuschwören. Selbst die wenigen noch übriggebliebenen Heiden schöpften Hoffnung aus der Gleichgültigkeit oder Parteilichkeit des Anthemius, und seine auffallende Freundschaft für den Philosophen Severus, den er zur Konsulwürde beförderte, wurde dem geheimen Plan zugeschrieben, den alten Götterdienst wiederherzustellen. Diese Götzen waren zu Staub zerfallen, und jene Mythologie, die einst den Glauben von Nationen bildete, wurde so allgemein verworfen, daß selbst christliche Dichter sich ihrer, ohne Ärgernis oder wenigstens ohne Verdacht zu erregen, bedienen durften. Inzwischen waren die Spuren des heidnischen Glaubens doch nicht völlig verwischt, und das Fest der Lupercalien, deren Ursprung der Gründung Roms vorhergegangen war, wurde unter der Regierung des Anthemius noch immer gefeiert. Die wilden und einfachen Zeremonien drückten jenen früheren Zustand der Gesellschaft aus, welcher den Künsten und dem Ackerbau voranging. Die ländlichen Gottheiten, die den Mühseligkeiten und Freuden des Hirtenlebens vorstanden, Pan, Faun und ihr Gefolge von Satyren, waren so, wie sie die Phantasie von Hirten schuf: spielend, neckend, ausgelassen, mit beschränkter Macht und harmloser Bosheit. Eine Ziege war die ihrem Charakter und ihren Attributen angemessenste Weihegabe; das Fleisch des Opfers wurde an Spießen von Weidenholz gebraten, und die lärmenden Jünglinge, die sich um den Schmaus scharten, rannten nackt durch die Felder, hatten lederne Riemen in den Händen und wähnten, den Frauen, die sie damit berührten, den Segen der Fruchtbarkeit mitzuteilen. Der Altar des Pan war, vielleicht durch den arkadischen Evander, in einem dunkeln Grunde am Abhang des palatinischen Hügels errichtet, bewässert durch eine nie versiegende Quelle und überhangen von einem schattigen Hain. Die Sage, daß an diesem Orte Romulus und Remus von der Wölfin gesäugt wurden, machte ihn in den Augen der Römer nur noch heiliger und ehrwürdiger. Diese Waldwiese wurde allmählich von den stattlichen Gebäuden des Forums umgeben. Nach der Bekehrung der kaiserlichen Stadt fuhren die Christen fort, alljährlich im Februar die Lupercalien zu feiern, denen sie einen geheimnisvollen und überirdischen Einfluß auf die zeugenden Kräfte der Tier- und Pflanzenwelt zuschrieben. Die Bischöfe von Rom gaben sich Mühe, einen dem Geiste des Christentums so widerstrebenden, unziemlichen Brauch abzuschaffen: aber ihr Eifer wurde durch die Macht der bürgerlichen Obrigkeit nicht unterstützt. Der eingewurzelte Mißbrauch bestand bis zum Ende des fünften Jahrhunderts, und der Papst Gelasius, der die Hauptstadt von der letzten Befleckung durch Götzendienst reinigte, besänftigte durch eine förmliche Schutzschrift das Gemurre des Senates und des Volkes.

In allen öffentlichen Erklärungen übernimmt Kaiser Leo die Oberherrschaft und bekennt die Liebe eines Vaters für seinen Sohn Anthemius, mit dem er die Regierung der Welt geteilt habe. Die Lage, vielleicht der Charakter des Kaisers Leo rieten ihm ab, seine Person den Beschwerden und Gefahren eines afrikanischen Krieges auszusetzen. Aber die Macht des morgenländischen Reiches wurde kräftig aufgeboten, um Italien und das Mittelmeer von den Vandalen zu befreien, und Genserich, der so lange sowohl Land als Meer unterdrückt hatte, ward von allen Seiten mit einem furchtbaren Einfall bedroht. Ein kühnes und glückliches Unternehmen des Präfekten Heraclius eröffnete den Feldzug. Die Truppen von Ägypten, der Thebais und Libyens wurden unter seinem Befehl eingeschifft, und Araber mit einem Zuge Reiterei und Kamelen öffneten die Straßen der Wüste. Heraclius landete an der Küste von Tripolis, überraschte und überwältigte die Städte dieser Provinz und schickte sich an, mittels eines beschwerlichen Marsches, wie ihn einst Cato ausgeführt hatte, zur kaiserlichen Armee unter den Mauern von Karthago zu stoßen. Die Nachricht von diesem Verlust erpreßte Genserich einige hinterlistige und vergebliche Friedensvorschläge. In noch ernstere Bestürzung aber geriet er durch die Aussöhnung des Marcellinus mit beiden Reichen. Der unabhängige Patrizier hatte sich bewegen lassen, das gesetzliche Recht des Kaisers Anthemius, den er auf seinem Zuge nach Rom begleitete, anzuerkennen. Die dalmatinische Flotte wurde in den italienischen Häfen aufgenommen, Marcellinus eilte herbei, vertrieb tapfer die Vandalen von der Insel Sardinien, und die geringen Kräfte des Westens lieferten den unermeßlichen Rüstungen der morgenländischen Römer doch eine gewisse Verstärkung. Die Ausgabe für die Seekriegsmacht, die Leo gegen die Vandalen sandte, ist genau ermittelt worden. Diese interessante und lehrreiche Berechnung ist gewissermaßen ein Maßstab für die Schätze des untergehenden Reiches. Die königlichen Domänen oder das Privaterbgut des Fürsten lieferten siebzehntausend Pfund Gold; siebenundvierzigtausend Pfund Gold und siebenhunderttausend Pfund Silber wurden von den prätorianischen Präfekten erhoben und in den Schatz abgeführt. Aber die Städte verarmten zusehends, und die eifrige Betreibung von Geldbußen und Beschlagnahmungen der Vermögen als wertvolle Bereicherung der Finanzen erregt keineswegs die Vorstellung einer gerechten oder milden Verwaltung. Die Gesamtkosten des afrikanischen Feldzuges, durch welche Mittel er auch bestritten worden sein mochte, stieg bis zu hundertdreißigtausend Pfund Gold – gegen fünf Millionen zweihunderttausend Pfund Sterling –, und zwar zu einer Zeit, in der der Wert des Goldes, wie sich aus der Vergleichung des Kornpreises ergibt, höher gewesen ist als in unserer Zeit. Die Flotte, die von Konstantinopel nach Karthago segelte, bestand aus elfhundertdreizehn Schiffen, und die Zahl der Soldaten und Matrosen überstieg hunderttausend Mann. Basiliscus, der Bruder der Kaiserin Verina, wurde mit dem wichtigen Oberbefehl betraut. Seine Schwester, Leos Gattin, hatte das Verdienst seiner früheren Taten gegen die Skythen übertrieben. Aber seine Schuld oder Unfähigkeit zeigte sich erst im afrikanischen Feldzug, und seine Freunde konnten seinen kriegerischen Ruf nur dadurch retten, daß sie behaupteten, er habe sich mit Aspar verschworen, Genserich zu schonen und das abendländische Reich um seine letzte Hoffnung zu bringen.

Die Erfahrung hat bewiesen, daß der Erfolg eines Angriffes von der Kraft und der Schnelligkeit der Ausführung abhängt. Macht und Schärfe des ersten Eindruckes werden durch Zaudern abgestumpft. Gesundheit und Mut der Truppen erliegen allmählich dem fremden Klima; die Streitkräfte zu Land und zu Wasser, eine gewaltige, vielleicht unwiederholbare Anstrengung, verzehren sich langsam, und jede Stunde, die mit Unterhandlungen vergeudet wird, gewöhnt den Gegner, die Schrecken des Feindes, die im ersten Augenblick unüberwindlich schienen, näher zu betrachten und zu prüfen. Die furchtbare Armada des Basiliscus verfolgte ihre glückliche Fahrt vom thrakischen Bosporus bis zur Küste von Afrika. Er setzte seine Truppen beim Kap Bona oder dem Vorgebirge des Mercurius, ungefähr vierzig Meilen von Karthago, ans Land. Die Armee des Heraclius und die Flotte des Marcellinus vereinigten sich entweder mit dem kaiserlichen Stellvertreter oder unterstützten ihn, und die Vandalen, die sich ihren Fortschritten zu Wasser und zu Lande widersetzten, wurden nacheinander besiegt. Wenn Basiliscus den Augenblick der Bestürzung benutzt hätte und kühn gegen die Hauptstadt vorgedrungen wäre, hätte sich Karthago ergeben müssen, und das Königreich der Vandalen war vernichtet. Genserich sah der Gefahr mit Festigkeit in die Augen und wich ihr mit seiner altgeprüften Gewandtheit aus. Er beteuerte ehrfurchtsvoll, daß er bereit sei, seine Person und sein Gebiet dem Willen des Kaisers zu unterwerfen; er bat nur um fünf Tage Zeit zur Festsetzung der Bedingungen seiner Unterwerfung, und man glaubte allgemein, seine geheime Freigebigkeit habe zum Erfolg seiner öffentlichen Unterhandlung beigetragen. Statt jede Nachsicht, um die der Feind dringend bat, hartnäckig zu verweigern, willigte der schuldige oder leichtgläubige Basiliscus in den verderblichen Waffenstillstand, und seine unkluge Zuversicht schien zu verkünden, daß er sich bereits als den Eroberer von Afrika betrachte. Während dieses kurzen Zwischenraumes wurde der Wind für die Pläne Genserichs günstig. Er bemannte mit den Tapfersten der Mohren und Vandalen seine größten Kriegsschiffe, die viele mit Zündstoffen gefüllte Barken im Schlepptau führten. In der Dunkelheit der Nacht wurden diese zerstörenden Fahrzeuge gegen die unbewachte und arglose Flotte der Römer getrieben, die mit dem Gefühl der unmittelbarsten Gefahr erwachten. Ihre dichte, gedrängte Schlachtordnung war den Fortschritten des Feuers günstig, das sich mit schneller und unwiderstehlicher Gewalt verbreitete. Das Heulen des Windes, das Geprassel der Flammen und das verwirrende Geschrei der Soldaten und Seeleute, die weder zu befehlen noch zu gehorchen imstande waren, erhöhten die Schrecken des nächtlichen Tumults. Während sie bestrebt waren, sich von den Feuerschiffen loszumachen und wenigstens einen Teil der Flotte zu retten, wurden sie von den Galeeren Genserichs mit besonnener Tapferkeit angegriffen. Viele Römer, die der Wut der Flammen entgingen, wurden von den siegreichen Vandalen getötet oder gefangengenommen. Unter den Ereignissen dieser Schreckensnacht hat die heroische oder vielmehr die verzweifelte Tapferkeit eines der vornehmsten Unter-befehlshaber des Basiliscus seinen Namen der Vergessenheit entrissen: er hieß Johann. Als das Schiff, das er tapfer verteidigte, von den Flammen fast verzehrt war, stürzte er sich in voller Rüstung ins Meer. Verächtlich wies er die Anerkennung und das Mitleid Gensos, des Sohnes Genserichs, zurück, der ihm vorschlug, ehrenvollen Pardon anzunehmen. Indem er mit seinem letzten Atemzug ausrief, er wolle niemals lebendig in die Hände dieser gottlosen Hunde fallen, versank er in den Wellen. Unter dem Einfluß eines ganz anderen Geistes floh Basiliscus, dessen Posten der von der Gefahr entfernteste war, schimpflich zu Beginn des Gefechtes, kehrte nach Konstanti-nopel mit dem Verlust von mehr als der Hälfte seiner Armee und Flotte zurück und barg sein schuldiges Haupt in dem Heiligtum der St. Sophien-Kirche, bis seine Schwe-ster durch Tränen und Bitten bei dem entrüsteten Kaiser seine Begnadigung ausge-wirkt hatte. Heraclius bewerkstelligte seinen Rückzug durch die Wüste, Marcellinus nach Sizilien, wo er, vielleicht auf Anstiften Rikimers, von einem seiner Hauptleute ermordet wurde. Der Vandalenkönig drückte sein Erstaunen und seine Freude aus, daß die Römer den furchtbarsten seiner Gegner selbst aus der Welt geschafft hatten. Nach dem Mißlingen dieses großen Zuges wurde Genserich abermals der Tyrann des Meeres. Die Küsten Italiens, Griechenlands und Asiens waren wieder seiner Rache und Habsucht ausgeliefert. Tripolis und Sardinien kehrten zum Gehorsam zurück; er fügte Sizilien zur Zahl seiner Provinzen, und bevor er in der Blüte seiner Jahre und des Ruhmes starb (477), erlebte er noch die gänzliche Vernichtung des abendländischen Kaisertums.

Während seiner langen und tätigen Regierung hatte sich der afrikanische Monarch eifrig um die Freundschaft der Barbaren Europas beworben, deren Waffen er zu einem rechtzeitigen und wirksamen Ablenkungskrieg gegen beide Reiche verwenden konnte. Nach dem Tode Attilas erneuerte er sein Bündnis mit den Westgoten Galliens, und die Söhne des älteren Theodorich, die nacheinander über dieses kriegerische Volk herrschten, ließen sich durch ihr Interesse ohne Mühe bewegen, die grausame Be-handlung ihrer Schwester durch Genserich zu vergessen. Der Tod des Kaisers Majori-an befreite Theodorich II. von aller Furcht, vielleicht aber auch von allem Ehrgefühl. Er brach den erst mit den Römern abgeschlossenen Vertrag, und das große Gebiet von Narbonne, das er mit seinen Besitzungen vereinigte, wurde der unmittelbare Lohn seiner Treulosigkeit. Die egoistische Politik Rikimers ermutigte ihn, die Provinzen, die sich in dessen Nebenbuhlers Aegidius Besitz befanden, mit Krieg zu überziehen; aber der tatkräftige Graf rettete durch die Verteidigung von Arles und den Sieg bei Orleans Gallien und hemmte, solang er lebte, die Fortschritte der Westgoten. Ihr Ehrgeiz ward bald wieder entflammt, und der Plan, die römische Herrschaft in Gallien und Spanien zu vernichten, wurde unter der Regierung Eurichs gefaßt und beinahe ausgeführt, der seinen Bruder Theodorich ermordete und mit einem rohen Herzen höhere Fähigkeiten sowohl im Frieden als im Krieg entfaltete. Er ging an der Spitze eines zahlreichen Heeres über die Pyrenäen, unterwarf die Städte Saragossa und Pampeluna, besiegte in einer Schlacht die kriegerischen Edlen der tarragonischen Provinz, trug seine siegrei-chen Waffen bis in das Herz von Lusitanien und gestattete den Sueven den Besitz ihres Königreiches Gallicien unter Oberhoheit der gotischen Monarchie von Spanien. Die Anstrengungen Eurichs in Gallien waren nicht minder kraftvoll und erfolgreich, und im ganzen Lande, das sich von den Pyrenäen bis zur Rhone und Loire ausdehnt, waren Berry und Auvergne die einzigen Städte oder Diözesen, die sich weigerten, ihn als ihren Gebieter anzuerkennen. Bei der Verteidigung von Clermont, ihrer Hauptstadt, überdauerten die Bewohner der Auvergne mit unbeugsamer Entschlossenheit das Elend des Krieges, Pest und Hungersnot; die Westgoten hoben die fruchtlose Belagerung auf und hofften, diese wichtige Stadt später zu erobern. Die Jugend der Provinz war von der heldenmütigen und fast unglaublichen Tapferkeit des Ecdicius, Sohnes des Kaisers Avitus, beseelt, der mit nur achtzehn Reitern einen verzweifelten Ausfall machte, kühn das gotische Heer angriff und, nachdem er auf dem Rückzug ein Scharmützel bestanden hatte, wohlbehalten und siegreich nach Clermont zurückkehrte. Seine christliche Milde kam seinem Mute gleich; zur Zeit einer Hungersnot wurden viertausend Arme auf seine Kosten ernährt, und sein persönlicher Einfluß sammelte ein Heer von Burgunden zur Befreiung der Auvergne. Auf ihn allein setzten die getreuen Bürger von Gallien ihre Hoffnungen auf Sicherheit und Freiheit, aber selbst so hervorragende Eigenschaften waren ungenügend, den drohenden Ruin ihres Vaterlandes abzuwenden. Mit ängstlicher Spannung hofften sie, durch sein Ansehen und Beispiel zu erfahren, ob sie Auswanderung oder Knechtschaft vorziehen sollten. Das öffentliche Vertrauen war vernichtet, die Hilfsquellen des Staates waren erschöpft, und die Gallier hatten guten Grund zu glauben, daß Anthemius, der in Italien herrschte, nicht imstande sei, die bedrängten Untertanen jenseits der Alpen zu schützen. Der schwache Kaiser vermochte zu ihrer Verteidigung nur zwölftausend Mann britischer Hilfstruppen herbeizuschaffen. Riothamus, einer der unabhängigen Könige oder Führer der britischen Insel, ließ sich bewegen, seine Truppen nach dem Festland von Gallien zu führen. Er segelte die Loire hinan und schlug sein Lager in Berry auf, wo das Volk sich bald über diese drückenden Bundesgenossen beklagte, bis sie durch die Westgoten vernichtet oder zerstreut wurden.

Eine der letzten Handlungen der Gerichtsbarkeit, die der römische Senat über seine gallischen Untertanen ausübte, war der Prozeß und die Verurteilung des prätorianischen Präfekten Arvandus (468). Sidonius, der sich freute, unter einer Regierung zu leben, unter der er einen Staatsverbrecher bemitleiden und ihm Beistand leisten konnte, hat zartfühlend und freimütig die Fehler seines unklugen und unglücklichen Freundes geschildert. Aus den Gefahren, denen er entgangen war, hatte Arvandus mehr Zuversicht als Weisheit gelernt, und so beschaffen war die vielfache, obschon gleichförmige Unklugheit seines Benehmens, daß sein Glück mehr überrascht als sein Sturz. Die zweite Präfektur, die er binnen fünf Jahren erhielt, löschte das Verdienst und die Volksbeliebtheit seiner früheren Verwaltung aus. Sein reizbares Gemüt wurde durch Schmeichelei verdorben und durch Widerstand erbittert; er sah sich gezwungen, seine ungestümen Gläubiger mit dem Raub der Provinz zufriedenzustellen, sein launenhafter Hochmut beleidigte die gallischen Großen, und er erlag dem Gewicht des öffentlichen Hasses. Das Dekret, das seine Verungnadung aussprach, entbot ihn vor den Senat, um sein Benehmen zu rechtfertigen, und er durchschiffte das toskanische Meer unter günstigem Winde, der Vorbedeutung, wie er eitel wähnte, seines künftigen Glückes. Anständige Rücksicht wurde fortwährend dem präfektorianischen Range gezollt, und bei seiner Ankunft in Rom wurde er mehr der Gastfreundschaft als dem Gewahrsam des Flavius Asellus, Grafen des geheiligten Schatzes, der auf dem Kapitol residierte, übergeben. Er wurde von seinen Anklägern, den vier Abgeordneten von Gallien, die sich sämtlich durch Herkunft, Würden und Beredsamkeit auszeichneten, mit Kraft verfolgt. Im Namen einer großen Provinz und nach den Formen der römischen Jurisprudenz stellten sie eine Zivil- und Kriminalklage an, forderten Ersatz zur Vergütung des Verlustes der einzelnen und eine solche Strafe, wie sie die Gerechtigkeit des Staates zufriedenstellen möchte. Ihre Anklagepunkte wegen Unterdrückung und Bestechlichkeit waren zahlreich und gewichtig; ihr geheimes Vertrauen setzten sie aber in ein Schreiben, das sie aufgefangen hatten und von dem sie mittels der Aussage seines Geheimschreibers beweisen konnten, daß es diesem von Arvandus selbst in die Feder diktiert worden wäre. Der Verfasser dieses Briefes schien den Goten von einem Frieden mit dem griechischen Kaiser abzuraten. Er riet hingegen zum Angriff der Briten an der Loire und empfahl eine Teilung Galliens nach den natürlichen Grenzen zwischen den Westgoten und Burgunden. Diese verderblichen Pläne, die ein Freund nur durch Eitelkeit und Unklugheit beschönigen konnte, waren geeignet, als Hochverrat ausgelegt zu werden. Die Abgeordneten hatten schlauerweise beschlossen, ihre furchtbarsten Waffen erst im entscheidenden Augenblick des Kampfes zu entblößen. Ihre Absicht wurde jedoch durch Sidonius entdeckt. Er setzte unverzüglich den arglosen Verbrecher von seiner Gefahr in Kenntnis und beklagte aufrichtig und nicht ohne Groll die hochmütige Verwegenheit des Arvandus, der den guten Rat seiner Freunde ärgerlich verwarf. Unbekannt mit seiner wahren Lage, zeigte sich Arvandus auf dem Kapitol im weißen Gewand eines Kandidaten, nahm ohne Unterschied Begrüßungen und Dienstesanerbietungen an, besichtigte die Buden der Kaufleute, die Seidenstoffe und Juwelen, zuweilen mit der Gleichgültigkeit eines Beschauers, zuweilen mit der Aufmerksamkeit eines Käufers, und klagte über die Zeiten, über den Senat, über den Fürsten und über die lahme Justiz. Er sollte sich nicht lange beklagen. Kurze Zeit danach wurde ein Tag für seinen Prozeß festgesetzt. Arvandus erschien mit seinen Anklägern vor dem zahlreich versammelten römischen Senat. Sie erschienen in Trauergewändern und heuchelten Demut. Dadurch erregten sie das Mitleid der Richter, die an dem prunkvollen Anzug des Gegners Anstoß nahmen. Als der Präfekt Arvandus und der erste der gallischen Abgeordneten angewiesen wurden, auf den Senatorensitzen Platz zu nehmen, sah man deutlich des einen Hochmut und des anderen Bescheidenheit. In dieser denkwürdigen Gerichtsverhandlung, ein lebendiges Bild der alten Republik, brachten die Gallier energisch und offen ihre Beschwerden vor. Sowie die Versammlung gehörig bewegt war, lasen sie das verderbliche Schreiben vor. Arvandus war hartnäckig überzeugt, daß ein Untertan nicht des Hochverrates überführt werden könnte, außer er hätte sich wirklich verschworen, den Purpur anzunehmen. Nachdem das Schriftstück vorgelesen war, erkannte er es wiederholt als von ihm herrührend an. Sein Erstaunen kam seiner Bestürzung gleich, als er vom Senat einstimmig eines Hauptverbrechens für schuldig erkannt wurde. Auf Beschluß des Senates wurde er vom Rang eines Präfekten zum Stand eines Plebejers erniedrigt und von Henkershänden schimpflich in den öffentlichen Kerker geschleppt. Nach vierzehntägiger Vertagung trat der Senat abermals zusammen, um sein Todesurteil auszusprechen. Während Arvandus aber auf der Insel des Äskulap die dreißig Tage abwartete, die nach dem alten Gesetz auch dem gemeinsten Verbrecher vergönnt waren, legten sich seine Freunde ins Mittel. Die Wut des Kaisers Anthemius flaute ab, und der Präfekt von Gallien wurde ins Exil geschickt und verlor sein Vermögen. Die Fehler des Arvandus erregten Mitleid, aber die Straflosigkeit des Seronatus war ein Fehlurteil der republikanischen Justiz, und schließlich wurde er auf die Klage der Bevölkerung von Auvergne hin verurteilt und hingerichtet. Dieser lasterhafte Minister, der Catilina seines Jahrhunderts und Vaterlandes, stand im geheimen Einverständnis mit den Westgoten, um ihnen die Provinz zu verraten, die er unterdrückte. Er war beständig in Auffindung neuer Steuern und veralteter Vergehen tätig, und seine ausschweifenden Laster würden Verachtung eingeflößt haben, wenn sie nicht Furcht und Abscheu erregt hätten.

Solche Verbrechen befanden sich nicht außer dem Bereich der Gerechtigkeit: wie groß aber immer Rikimers Schuld sein mochte, war dieser mächtige Barbar doch imstande, mit dem Fürsten, dessen Tochter er sich herabgelassen hatte zur Gattin zu nehmen, zu kämpfen oder zu unterhandeln. Die friedliche und glückliche Regierung, die Anthemius dem Westen versprochen hatte, wurde bald durch Unglück und Zwietracht verdüstert. Rikimer, der einen Oberherrn fürchtete oder dessen überdrüssig war, verließ Rom und schlug seine Residenz in Mailand auf, ein vorteilhafter Posten, um die Barbaren, die zwischen den Alpen und der Donau saßen, entweder hereinzulocken oder zurückzutreiben. Italien wurde allmählich in zwei unabhängige, feindliche Königreiche geteilt, und die ligurischen Großen, die vor dem bevorstehenden Bürgerkrieg zitterten, warfen sich dem Patrizier zu Füßen und beschworen ihn, ihr unglück-

liches Vaterland zu schonen. „Was mich betrifft", erwiderte Rikimer im Ton hochmü-
tiger Mäßigung, „bin ich fortwährend geneigt, die Freundschaft des Galaters anzunehmen; wer aber will es unternehmen, seinen Zorn zu besiegen oder seinen Stolz zu
mildern, der im Verhältnis zu unserer Unterwerfung steigt?" Sie setzten ihn in
Kenntnis, daß der Bischof Epiphanius von Pavia die Klugheit der Schlange mit der
Einfalt der Taube vereinige, und sprachen ihre Zuversicht aus, daß die Beredsamkeit
eines solchen Gesandten den Sieg über den stärksten Widerstand, ob er nun aus
Interesse oder aus Leidenschaft geleistet werde, davontragen müsse. Ihre Empfehlung
wurde angenommen. Epiphanius übernahm das Amt der Vermittlung und brach ohne
Verzug nach Rom auf, wo er mit den Ehrenbezeigungen empfangen wurde, die seinem
Verdienst und seinem hohen Ruf gebührten. Die Rede eines Bischofs zugunsten des
Friedens läßt sich leicht erraten: er setzte auseinander, daß Verzeihung aller zugefügten Schrecken und Leiden eine Handlung entweder der Milde oder der Hochherzigkeit
oder der Klugheit sei. Er ermahnte daher den Kaiser ernstlich, mit dem stolzen Barbaren einen Kampf zu vermeiden, der ihm selbst verderblich werden könnte und Verheerung seinen Gebieten bringen müßte. Anthemius erkannte die Wahrheit dieser
Grundsätze an: aber er fühlte mit Schmerz und mit Entrüstung das Benehmen Rikimers, und die Leidenschaft lieh seinen Worten Kraft und Beredsamkeit. „Welche
Gunstbezeigungen", rief er leidenschaftlich aus, „haben wir diesem undankbaren
Manne verweigert? Welche Herausforderungen nicht erduldet? Ohne Rücksicht auf
die Majestät des Purpurs habe ich meine Tochter einem Goten gegeben, ich opferte
mein eigenes Blut dem Heile der Republik. Die Freigebigkeit, welche die ewige Anhänglichkeit Rikimers hätte sichern sollen, hat ihn gegen seinen Wohltäter erbittert!
Welche Kriege hat er nicht wider das Reich erregt! Wie oft hat er nicht die Wut
feindseliger Nationen aufgereizt und ihr Beistand geleistet! Soll ich nun seine treulose
Freundschaft annehmen? Kann ich hoffen, er werde Verbindlichkeiten eines Vertrages
ehren, er, der bereits die Pflichten eines Sohnes verletzt hat?" Aber der Zorn des
Anthemius verrauchte in diesem leidenschaftlichen Ausbruch; er gab allmählich den
Vorschlägen des Epiphanius nach, und der Bischof kehrte in seine Diözese mit dem
freudigen Bewußtsein zurück, den Frieden Italiens durch eine Aussöhnung hergestellt
zu haben, deren Aufrichtigkeit und Dauer mit Grund in Zweifel hätte gezogen werden
können. Die Milde des Kaisers war die Folge seiner Schwäche. Rikimer stellte seine
herrschsüchtigen Pläne ein, bis er insgeheim die Mittel bereitet hatte, womit er den
Thron des Anthemius zu stürzen entschlossen war. Dann warf er die Maske des
Friedens und der Mäßigung von sich. Die Armee Rikimers wurde durch zahlreiche
Truppen von Burgunden und östlichen Sueven verstärkt, er verleugnete jede Treue
für den griechischen Kaiser, zog von Mailand vor die Tore Roms, schlug sein Lager am
Ufer des Anio auf und erwartete mit Ungeduld die Ankunft des Olybrius, seines
Kandidaten zur Kaiserwürde.

Der Senator Olybrius aus dem anicischen Geschlecht konnte sich als den rechtmäßigen Erben des abendländischen Kaiserreiches betrachten. Er hatte sich mit Placidia,
der jüngeren Tochter Valentinians, vermählt, nachdem sie von Genserich, der ihre
Schwester Eudoxia dauernd als die Gattin oder vielmehr Gefangene seines Sohnes
festhielt, zurückgegeben worden war. Der König der Vandalen unterstützte durch
Drohungen und Bewerbungen die Ansprüche seines römischen Verwandten und
führte als einen der Beweggründe des Krieges die Weigerung des Volkes und des
Senates, ihren rechtmäßigen Fürsten anzuerkennen, und den unwürdigen Vorzug an,
den sie einem Fremden gegeben hätten. Die Freundschaft des öffentlichen Feindes
machte Olybrius bei den Römern nur noch unbeliebter: als aber Rikimer auf das
Verderben des Kaisers Anthemius sann, verlockte er durch das Anerbieten des Diadems den Kandidaten, der seine Empörung durch einen berühmten Namen und durch
eine kaiserliche Verwandtschaft rechtfertigen konnte. Der Gemahl der Placidia, der
gleich den meisten seiner Ahnen mit der konsularischen Würde bekleidet worden war,
hätte weiter ein gesichertes und glänzendes Dasein in dem friedlichen Konstantinopel
genießen können. Auch scheint er keineswegs ein Charakter gewesen zu sein, der nur

in der Beherrschung eines Reiches Befriedigung findet. Olybrius gab jedoch dem Drängen seiner Freunde, vielleicht seiner Gattin nach, stürzte sich unbesonnen in die Gefahren eines Bürgerkrieges und nahm mit geheimer Billigung des Kaisers Leo den italienischen Purpur an, der nach dem launenhaften Willen eines Barbaren gegeben und wieder genommen wurde. Er landete ohne Hindernis (denn Genserich war Herr des Meeres) in Ravenna oder in dem Hafen von Ostia und verfügte sich unmittelbar in das Lager Rikimers, wo er als Souverän der abendländischen Welt empfangen wurde (472).

Der Patrizier, der seine Posten vom Anio bis zur milvischen Brücke vorgeschoben hatte, besaß bereits zwei Viertel von Rom, den Vatikan und Janiculus, die durch den Tiber von der übrigen Stadt getrennt sind. Vermutlich ahmte eine Versammlung abgefallener Senatoren bei der Ernennung des Olybrius die Formen einer gesetzlichen Wahl nach. Aber die Mehrzahl des Senates und Volkes hing der Sache des Anthemius an, und die wirksame Unterstützung des gotischen Heeres setzte ihn in den Stand, seine Regierung und die Leiden seiner Untertanen durch einen dreimonatigen Widerstand zu verlängern, der Hungersnot und Pest hervorbrachte. Endlich (11. Juli) machte Rikimer einen wütenden Angriff auf die Brücke Hadrians oder St. Angelo, die mit gleicher Tapferkeit von den Goten bis zum Tode ihres Anführers Gelimer verteidigt wurden. Die siegreichen Truppen brachen alle Schranken, stürzten mit unwiderstehlicher Gewalt in das Herz der Stadt, und Rom wurde (wenn wir uns der Redeweise eines zeitgenössischen Papstes bedienen dürfen) durch die bürgerliche Wut Anthemius' und Rikimers zerstört. Der unglückliche Anthemius wurde aus seinem Versteck geschleppt und auf Befehl seines Schwiegersohnes unmenschlicherweise hingemordet, der hierdurch einen dritten, vielleicht vierten Kaiser zur Zahl seiner Opfer fügte. Die Soldaten, welche die Wut bürgerlicher Parteiung mit den wilden Sitten der Barbaren vereinigten, durften sich ohne Zügel der Willkür des Raubens und Mordens überlassen; die Sklaven und Plebejer, die bei dem Ereignis unbeteiligt waren, konnten durch die alles durcheinanderwerfende Plünderung nur gewinnen. Die ganze Stadt war ein Chaos unmenschlicher Grausamkeit und ausschweifender Sitten. Vierzig Tage nach diesem unrühmlichen Ereignis wurde Italien durch eine schwere Krankheit von dem Tyrannen Rikimer befreit. Er überließ den Befehl über sein Heer seinem Neffen Gundobald, einem der Fürsten der Burgunden. In demselben Jahr traten alle Hauptpersonen dieser großen Umwälzung von der Bühne ab, und die ganze Regierung des Olybrius, dessen Tod keine Zeichen einer Gewalttat verrät, hatte alles in allem sieben Monate gewährt. Er hinterließ eine Tochter, Sprößling seiner Ehe mit Placidia, und die Familie Theodosius des Großen, die aus Spanien nach Konstantinopel übersiedelt war, pflanzte sich in der weiblichen Linie bis zum achten Geschlecht fort.

Während der erledigte Thron Italiens gesetzlosen Barbaren preisgegeben war, wurde im Rate Leos die Wahl eines neuen Kollegen in ernstliche Erwägung gezogen. Die Kaiserin Verina war eifrig bemüht, die Größe ihrer Familie zu fördern. Sie hatte eine ihrer Nichten mit Julius Nepos vermählt, dem Nachfolger seines Oheims Marcellinus in der Herrschaft über Dalmatien, eine festere Besitzung als der Titel Kaiser des Abendlandes, zu dessen Annahme er sich bereden ließ. Die Maßnahmen des byzantinischen Hofes waren indes so lau und unentschlossen, daß Monate nach dem Tode des Anthemius, ja selbst des Olybrius vergingen, ehe deren Nachfolger sich mit einer achtunggebietenden Macht seinen italienischen Untertanen zeigen konnte. Inzwischen wurde Glycerius, ein unbekannter Soldat, von seinem Beschützer Gundobald mit dem Purpur bekleidet. Der Burgundenfürst wollte aber oder konnte seine Ernennung nicht durch einen Bürgerkrieg verteidigen. Ehrgeizige Geschäfte in der Heimat forderten seine Gegenwart jenseits der Alpen, und seinem Schützling gestattete man, das römische Zepter mit dem Bistum Salona zu vertauschen. Nach Vernichtung eines solchen Mitbewerbers wurde Kaiser Nepos vom Senat, den Italienern und den Provinzbewohnern Galliens anerkannt; man pries seine moralischen und kriegerischen Eigenschaften, und diejenigen, die einen persönlichen Vorteil aus seiner Regierung zogen, verkündeten in prophetischen Worten die Wiederherstellung des öffentlichen

Glückes. Ihre Hoffnungen (wenn solche wirklich vorhanden waren) wurden im Laufe eines einzigen Jahres zunichte, und der Friedensvertrag, wodurch er die Auvergne an die Westgoten abtrat, ist das einzige Ereignis seiner kurzen und ruhmlosen Regierung. Die treuesten Untertanen Galliens wurden von dem italienischen Kaiser in der Hoffnung auf heimische Sicherheit geopfert; seine Ruhe ward aber bald durch einen wütenden Aufruhr der barbarischen Bundestruppen gestört, die unter dem Oberbefehl ihres Feldherrn Orestes in vollem Marsch von Rom nach Ravenna begriffen waren. Nepos zitterte bei ihrem Heranzug, und statt ein gerechtes Vertrauen in die Stärke von Ravenna zu setzten, entfloh er eilig zu den Schiffen und zog sich in sein dalmatinisches Fürstentum auf dem gegenüberliegenden Ufer des Adriatischen Meeres zurück. Durch diese schimpfliche Entsagung verlängerte er sein Leben um fünf Jahre, die er in dem zweifelhaften Zwitterzustand eines Kaisers und Verbannten verbrachte, bis er in Salona von dem undankbaren Glycerius ermordet wurde, der vielleicht zum Lohn seines Verbrechens das Erzbistum Mailand erhielt.

Die Völker, die nach Attilas Tod ihre Unabhängigkeit behauptet hatten, saßen entweder durch das Recht der Besitzung oder der Eroberung in den unbegrenzten Ländern nördlich von der Donau oder in den römischen Provinzen zwischen diesem Fluß und den Alpen. Ihre tapfersten jungen Männer traten aber in das Heer der Bundestruppen, welche die Verteidigung und den Schrecken Italiens bildeten. In ihrer bunten Menge scheinen die Namen der Heruler, Scyrren, Alanen, Turcilinger und Rugier die vorherrschenden gewesen zu sein. Das Beispiel dieser Krieger wurde von Orestes, dem Sohn des Tatullus und Vater des letzten römischen Kaisers des Abendlandes, nachgeahmt. Orestes, dessen bereits in dieser Geschichte Erwähnung getan worden ist, hatte sein Vaterland nie verlassen. Seine Geburt und seine Glücksgüter machten ihn zu einem der erlauchtesten Untertanen von Pannonien. Als diese Provinz den Hunnen abgetreten wurde, begab er sich in die Dienste Attilas, seines rechtmäßigen Souveräns, erhielt das Amt eines Geheimschreibers und wurde wiederholt als Abgesandter nach Konstantinopel geschickt, um die Person des herrschenden Monarchen zu vertreten und seine Befehle kundzugeben. Der Tod dieses Eroberers gab ihm seine Freiheit zurück, und Orestes durfte sich ebenso ehrenhaft weigern, den Söhnen Attilas in die skythische Wüste zu folgen, wie den Ostgoten zu gehorchen, welche die Herrschaft über Pannonien an sich rissen. Er zog den Dienst der italienischen Fürsten, der Nachfolger Valentinians, vor, und da er Mut, Aktivität und Erfahrung besaß, rückte er schnell in dem kriegerischen Beruf aufwärts, bis er durch die Gunst des Nepos selbst zur Würde eines Patriziers und Oberbefehlshabers der Truppen erhoben wurde. Diese Truppen waren seit langer Zeit gewohnt, den Charakter und das Ansehen des Orestes zu ehren, der ihre Gewohnheiten annahm, mit ihnen in ihrer Muttersprache verkehrte und durch die lange Gewohnheit des vertrauten Umganges und der Freundschaft in inniger Verbindung mit ihren Nationalführern stand. Auf seinen Antrieb erhoben sie sich in Waffen gegen den unbekannten Griechen, der es wagte, ihren Gehorsam zu fordern; und als Orestes aus irgendeinem geheimen Beweggrund den Purpur ablehnte, gingen sie leicht darauf ein, seinen Sohn Augustulus als Kaiser des Abendlandes anzuerkennen (476). Durch die Abdankung des Nepos hatte Orestes den Gipfel seiner ehrsüchtigen Hoffnungen erreicht; er machte aber bald und noch vor Ablauf eines Jahres die Erfahrung, daß Meineid und Undank schließlich den Usurpator selbst treffen, der sie erst gelehrt hat, und daß dem ungesicherten Souverän von Italien keine andere Wahl blieb, als entweder der Sklave oder das Opfer seiner Barbarensöldner zu sein. Das gefährliche Bündnis dieser Fremdlinge hatte den letzten Resten römischer Würde und Freiheit Unterdrückung und Schmach gebracht. Bei jeder Umwälzung wurden ihr Sold und ihre Privilegien vermehrt, aber ihr Übermut wurde um so größer. Sie beneideten das Glück ihrer Brüder in Gallien, Spanien und Afrika, deren siegreiche Waffen unabhängige und dauernde Erbsitze erworben hatten. Schließlich bestanden sie auf dem Verlangen, daß der dritte Teil aller Ländereien von Italien unverzüglich unter sie verteilt werde. Orestes zog es mit einem Mut, der in einer anderen Lage Anspruch auf unsere Achtung hätte, vor, sich lieber der Wut einer bewaffneten Menge zu widersetzen, als das Verderben des schuldlosen Volkes zu unterzeichnen. Er verwarf das verwegene Ansinnen, und seine Weigerung war dem Ehrgeiz Odoakers, eines kühnen Barbaren, günstig, der seinen Waffengenossen die Versicherung gab, daß sie, wenn sie es nur wagen wollten, sich unter seinen Oberbefehl zu scharen, bald die Gerechtigkeit erzwingen würden, die man ihren Bitten versagte. Die Bundestruppen, von demselben Groll und den gleichen Hoffnungen beseelt, strömten aus allen Lagern und Besatzungen Italiens unter die Fahne eines beliebten Anführers, und der unglückliche Patrizier, von dem Strom überwältigt, zog sich eilig in die starke Stadt Pavia, den bischöflichen Sitz des frommen Epiphanius, zurück. Pavia ward unverzüglich belagert, die Festungswerke wurden erstürmt, die Stadt geplündert, und obschon der Bischof eifrig und mit gewissem Erfolg für Rettung des Kircheneigentums und der Keuschheit der weiblichen Gefangenen tätig war, konnte der Aufruhr doch nur durch die Hinrichtung des Orestes niedergeschlagen werden. Sein Bruder Paul wurde in einem Gefecht bei Ravenna getötet, und der hilflose Augustulus, der dem Odoaker keine Achtung mehr einflößen konnte, sah sich gezwungen, dessen Milde anzuflehen.

Dieser glückliche Barbar war der Sohn Edekons, der in mehreren merkwürdigen Verhandlungen, die in einem vorhergehenden Kapitel insbesondere beschrieben worden sind, der Kollege des Orestes selbst gewesen ist. Die Ehre eines Gesandten sollte über allen Verdacht erhaben sein, doch hatte Edekon einer Verschwörung gegen das Leben seines Souveräns Gehör geschenkt. Diese offenbare Schuld wurde entweder durch seine Verdienste oder seine Reue gesühnt, sein Rang war ausgezeichnet und hervorragend, er erfreute sich der Gunst Attilas, und die Truppen unter seinem Befehl, welche die königliche Zeltstadt bewachten, bestanden aus einem Stamme Scyrren, seinen unmittelbaren und erblichen Untertanen. In der Schilderhebung der Völker blieben sie den Hunnen getreu, und der Name Edekon wird mehr als zwölf Jahre später mit Ehren in einem ungleichen Kampf gegen die Ostgoten erwähnt, der nach zwei blutigen Schlachten mit der Vernichtung oder Zerstreuung der Scyrren endete. Ihr tapferer Anführer, der dieses Nationalunglück nicht überlebte, hinterließ zwei Söhne, Onulf und Odoaker. Sie sollten, wenn sie konnten, gegen das Unglück ankämpfen und durch Raub oder Dienste die treuen Anhänger, die ihnen in die Verbannung folgten, erhalten. Onulf richtete seine Schritte nach Konstantinopel, wo er durch die Ermordung seines edelmütigen Wohltäters den Ruhm befleckte, den er sich durch die Waffen erworben hatte. Sein Bruder Odoaker führte unter den Barbaren von Noricum ein Wanderleben mit einem Mut und einem Glück, das den verwegensten Abenteuern gewachsen war, und nachdem er seinen Entschluß gefaßt hatte, besuchte er fromm die Zelle des Severinus, des Volksheiligen, um ihn um seine Billigung und seinen Segen zu bitten. Die Tür der Zelle war für den hohen Wuchs Odoakers zu niedrig, er mußte sich bücken, aber selbst in dieser demütigen Stellung vermochte der Heilige die Zeichen künftiger Größe zu entdecken, und er sprach zu ihm in prophetischem Ton: „Vollführe deinen Plan, gehe nach Italien, bald wirst du dieses grobe Fellkleid ablegen, und deine Reichtümer werden deinem freigebigen Herzen angemessen sein." Der Barbar, dessen kühne Seele die Weissagung annahm und verwirklichte, trat in die Dienste des abendländischen Reiches, wo er bald einen ehrenvollen Rang in der Leibwache erlangte. Seine Sitten glätteten sich allmählich, seine Kriegskunde nahm zu, und die Bundestruppen von Italien würden Odoaker nicht zu ihrem Feldherrn gewählt haben, wenn seine Taten nicht die hohe Meinung von seinem Mut und seiner Fähigkeit begründet hätten. Ihre kriegerischen Jubelrufe begrüßten ihn mit dem Königstitel; er enthielt sich aber während seiner ganzen Regierung (476 – 490) des Gebrauches des Purpurs und Diadems, um jene Fürsten nicht zu beleidigen, deren Untertanen zufällig das siegreiche Heer gebildet hatten, das Zeit und Politik allmählich zu einer großen Nation verschmolzen.

Die Barbaren waren an das Königtum gewöhnt, und das unterwürfige Volk von Italien war geneigt, ohne Murren der Oberherrschaft zu gehorchen, die er als Stellvertreter des Kaisers des Abendlandes ausüben würde. Odoaker hatte jedoch beschlossen, diese nutzlose und kostspielige Würde abzuschaffen; so stark ist aber der Einfluß alten Vorurteiles, daß es großer Kühnheit und eines gewissen Scharfsinnes bedurfte, um die außerordentliche Leichtigkeit dieses Unternehmens zu entdecken. Der unglückliche Augustulus wurde zum Werkzeug seiner eigenen Schmach erniedrigt: er kündete seine Abdankung dem Senat an, und diese Versammlung täuschte noch in ihrer letzten Handlung des Gehorsams gegen einen römischen Fürsten den Geist der Freiheit und die Formen der Verfassung vor. Ein Schreiben wurde durch einstimmigen Beschluß an den Kaiser Zeno erlassen, den Schwiegersohn und Nachfolger des Kaisers Leo, der neuerlich nach einer kurzen Empörung wieder auf den byzantinischen Thron gesetzt worden war. Sie leugnen freilich die Notwendigkeit oder auch nur den Wunsch, die kaiserliche Thronfolge in Italien länger fortzusetzen, weil ihrer Meinung nach die Majestät eines einzigen Monarchen hinreichend sei, zu gleicher Zeit sowohl den Osten als den Westen zu durchdringen und zu beschützen. In ihrem eigenen wie in des römischen Volkes Namen willigen sie ein, daß der Sitz des Universalreiches von Rom nach Konstantinopel übertragen werde, und verzichten niedrigerweise auf das Recht, ihren Gebieter zu wählen, die einzige Spur, die noch von jener Macht blieb, die einst der Welt Gesetze gegeben hatte. Die Republik (die Senatoren erröten nicht, diesen Namen zu nennen) könnte zuversichtlich den bürgerlichen und kriegerischen Eigenschaften Odoakers vertrauen, und sie bitten demütig, der Kaiser möchte ihm den Titel eines Patriziers und die Verwaltung der Diözese Italien verleihen. Die Abgeordneten des Senats wurden in Konstantinopel mit Zeichen des Mißfallens und der Entrüstung aufgenommen, und als sie bei Zeno zur Audienz vorgelassen wurden, warf er ihnen streng ihre Behandlung der beiden Kaiser Anthemius und Nepos vor, die der Osten nacheinander den Bitten Italiens gewährt hätte. „Den ersten", fuhr er fort, „habt ihr ermordet, den zweiten habt ihr vertrieben; dieser zweite ist noch am Leben, und solange er lebt, ist er euer rechtmäßiger Souverän." Der kluge Zeno verließ jedoch bald die hoffnungslose Sache seines abgesetzten Kollegen. Seiner Eitelkeit wurde durch den Titel des alleinigen Kaisers und durch die Standbilder, die man ihm zu Ehren in den verschiedenen Stadtteilen Roms errichtete, geschmeichelt; er unterhielt einen freundschaftlichen, obschon zweideutigen Briefwechsel mit dem Patrizier Odoaker und nahm dankbar die kaiserlichen Insignien, den geheiligten Schmuck des Thrones und Palastes an, den der Barbar nicht ungern den Augen des Volkes entrückte.

In dem Zeitraum von zwanzig Jahren, seit Valentinians Tod, waren neun Kaiser nacheinander abgetreten, und der Sohn des Orestes, ein Jüngling, der sich nur durch seine Schönheit empfahl, würde am wenigsten Anspruch auf die Aufmerksamkeit der Nachwelt haben, wenn seine Regierung, die durch das Erlöschen des Römischen Reiches im Abendland bezeichnet wurde, nicht eine denkwürdige Ära in der Geschichte der Menschheit hinterlassen hätte. Der Patrizier Orestes hatte sich mit der Tochter des Grafen Romulus von Petovio in Noricum vermählt; der Name Augustus war trotz der Eifersucht der Regierung in Aquileja als üblicher Zuname bekannt, und so fanden sich die Namen der zwei großen Stifter der Stadt und der Monarchie seltsamerweise in dem letzten ihrer Nachfolger vereint. Der Sohn des Orestes nahm die Namen Romulus Augustus an und entehrte sie; der erstere wurde durch die Griechen in Momyllus verstümmelt und der zweite von den Lateinern in das verächtliche Verkleinerungswort Augustulus verwandelt. Das Leben des harmlosen Jünglings wurde von der edelmütigen Barmherzigkeit Odoakers verschont, der ihn samt seiner ganzen Familie aus dem kaiserlichen Palast entließ, ihm ein Jahresgehalt von sechstausend Goldstücken auswarf und das Schloß des Lucullus in Campanien zu seinem Verbannungsort oder Ruhesitz anwies. Sowie die Römer nach den Strapazen des punischen Krieges frei aufatmeten, wurden sie durch die Schönheiten und Freuden von Campanien angezogen, und das Landhaus des älteren Scipio zu Liturnum ist ein dauernder Beweis ihrer ländlichen Einfachheit. Die herrlichen Gestade des Golfes von Neapel wurden mit Villen besät, und Sulla zollte der meisterhaften Geschicklichkeit seines Nebenbuhlers Beifall, der sich auf dem hohen Vorgebirge von Misenum angesiedelt hatte, das auf jeder Seite See und Land beherrscht, soweit das Auge reicht. Die Villa des Marius wurde binnen wenigen Jahren von Lucullus erworben, und der Preis war von zweitausendfünfhundert bis auf mehr als achtzigtausend Pfund Sterling gestiegen. Sie wurde von dem neuen Eigentümer mit griechischen Kunstwerken und asiatischen Schätzen ausgeschmückt, und Häuser und Gärten des Lucullus nahmen einen ausgezeichneten Rang in der Liste der kaiserlichen Paläste ein. Als die Vandalen der Seeküste gefährlich wurden, nahm die lucullische Villa auf dem misenischen Vorgebirge allmählich die Stärke und den Namen eines festen Schlosses an, des stillen Ruhesitzes des letzten Kaisers des Abendlandes. Ungefähr zwanzig Jahre nach dieser großen Umwälzung wurde es in eine Kirche und ein Kloster verwandelt, um die Gebeine des heiligen Severin aufzunehmen. Sicher ruhten sie unter den verfallenen Trophäen kimbrischer und armenischer Siege bis zum Anfang des zehnten Jahrhunderts, zu welcher Zeit die Befestigungen, die den Sarazenen einen gefährlichen Schutz gewähren konnten, von dem neapolitanischen Pöbel zerstört wurden.

Odoaker war der erste Barbar, der in Italien über ein Volk herrschte, das einst seine verdiente Überlegenheit über die übrige Menschheit behauptet hatte. Die Schmach der Römer erregt noch jetzt unser achtungsvolles Mitleid, und wir sympathisieren mit dem Schmerz und der Entrüstung ihrer degenerierten Nachkommen. Aber die Drangsale Italiens hatten allmählich das stolze Bewußtsein der Freiheit und des Ruhmes vernichtet. In den Zeiten römischen Selbstbewußtseins waren die Provinzen den Waffen und die Bürger den Gesetzen der Republik unterworfen, bis diese Gesetze durch Bürgerzwietracht gestürzt und sowohl Stadt als Provinzen das knechtische Eigentum eines Tyrannen wurden. Die Formen der Verfassung, die ihre verworfene Sklaverei erleichterten oder verschleierten, wurden durch Zeit und Gewalt abgeschafft; die Italiener beklagten abwechselnd die Anwesenheit wie die Abwesenheit der Souveräne, die sie verabscheuten oder verachteten, und fünf aufeinanderfolgende Jahrhunderte hatten die verschiedenen Übel militärischer Zügellosigkeit, launenhaften Despotismus und systematischer Unterdrückung hinzugefügt. Während derselben Periode waren die Barbaren aus Dunkelheit und Verachtung aufgetaucht, und die Krieger Germaniens und Skythiens wurden in den Provinzen zuerst als Diener, dann als Bundesgenossen und endlich als Herren der Römer eingeführt, die sie unterdrückten oder beschützten. Der Haß des Volkes wurde durch Furcht im Zaum gehalten. Es achtete den Mut und den Glanz jener kriegerischen Anführer, die mit den Würden des Reiches bekleidet waren, denn das Schicksal Roms hatte seit langer Zeit von dem Schwert dieser furchtbaren Fremdlinge abgehangen. Der grausame Rikimer, der die Ruinen von Italien unter seine Füße trat, hatte die Macht eines Königs ausgeübt, ohne den Titel eines solchen anzunehmen. So waren die geduldigen Römer unmerklich vorbereitet worden, das Königtum Odoakers und seiner barbarischen Nachfolger anzuerkennen.

Der König von Italien war des hohen Ranges nicht unwürdig, zu welchem ihn seine Tapferkeit und das Glück erhoben hatten; seine wilden Sitten waren durch die Gewohnheit des Umganges mit den Römern gemildert worden, und obwohl er ein Eroberer und Barbar war, ehrte er doch die Einrichtungen, ja sogar die Vorurteile seiner Untertanen. Nach Verlauf von sieben Jahren stellte Odoaker das Konsulat des Westens wieder her. Was ihn selbst betraf, lehnte er aus Bescheidenheit oder Stolz eine Ehre ab, welche die Kaiser des Ostens jederzeit annahmen; aber der kurulische Stuhl wurde nacheinander von elf der erlauchtesten Senatoren eingenommen, und ihre Liste wird durch den ehrwürdigen Namen des Basilius geschmückt, dessen Tugenden die Freundschaft und den dankbaren Beifall seines Anhängers Sidonius erregten. Die Gesetze der Kaiser wurden streng in Vollzug gesetzt und die bürgerliche Verwaltung Italiens stets durch den prätorianischen Präfekten und seine untergeordneten Beamten ausgeübt. Odoaker überließ den römischen Obrigkeiten das verhaßte und bedrückende Amt, die öffentlichen Steuern einzutreiben; sich selbst behielt er das Verdienst zeitgemäßer und Volksliebe erregender Nachsicht vor. Gleich den übrigen Barbaren war er in der arianischen Ketzerei erzogen worden; aber er ehrte den mönchischen und bischöflichen Stand, und das Stillschweigen der Katholiken beweist die Duldung, deren sie sich erfreuten. Der Friede der Stadt erforderte die Vermittlung seines Präfekten Basilius bei der Wahl eines römischen Papstes; und das Gesetz, das der Geistlichkeit Veräußerungen ihrer Ländereien verbot, war in seinem Endziel auf das Beste des Volkes berechnet, dessen Frömmigkeit sonst in Anspruch genommen worden wäre, um die Verschleuderungen der Kirche zu ersetzen. Italien wurde durch die Waffen seines Eroberers beschützt, und die italienischen Grenzen blieben von den Barbaren Galliens und Germaniens geachtet, welche die schwachen Nachkommen des Theodosius so oft mißhandelt hatten. Odoaker ging über das Adriatische Meer, um die Mörder des Kaisers Nepos zu züchtigen und die Seeprovinz Dalmatien zu erwerben. Er ging über die Alpen, um die Reste Norricums von Fava oder Feletheus, dem König der Rugier, zu befreien, der seinen Sitz jenseits der Donau aufgeschlagen hatte. Der König wurde in der Schlacht besiegt und gefangen weggeführt. Eine zahlreiche Kolonie Gefangener und Untertanen wurde nach Italien verpflanzt, und Rom konnte nach einer langen Periode voll Niederlagen und Schmach seinen barbarischen Gebieter zum Triumph auffordern.

Trotz der Klugheit und dem Erfolg Odoakers bot sein Königreich doch den traurigen Anblick des Elendes und der Verödung dar. Seit der Zeit des Tiberius spürte man den Verfall des Ackerbaues in Italien, und die Leute hatten recht, wenn sie klagten, daß das Leben des römischen Volkes von den Zufällen der Winde und Wellen abhing. Durch die Teilung und den Verfall des Reiches waren die zinspflichtigen Ernten von Ägypten und Afrika in Wegfall gekommen; die Zahl der Einwohner verminderte sich ständig mit den Mitteln des Unterhaltes, und das Volk wurde durch die unwiederbringlichen Verluste erschöpft, welche Krieg, Hungersnot und Pest mit sich brachten. Der heilige Ambrosius beklagte den Ruin eines volkreichen Distriktes, der einst mit den blühenden Städten Bologna, Modena, Regium und Placentia geschmückt war. Papst Gelasius war ein Untertan Odoakers, und er versichert, freilich mit starker Übertreibung, daß in Aemilia, Toskana und den anstoßenden Provinzen die Menschen fast ausgerottet seien. Die Plebejer Roms, die von der Hand ihrer Herren ernährt wurden, kamen um oder verschwanden, sobald deren Freigebigkeit aufhören mußte. Der Verfall der Künste hatte den fleißigen Arbeiter zu Müßiggang und Mangel verurteilt; und die Senatoren, die geduldig den Ruin ihres Vaterlandes mit ansahen, beklagten den persönlichen Verlust ihres Reichtums und Luxus. Ein Dritteil jener ausgedehnten Besitzungen, denen das Verderben Italiens ursprünglich beigemessen worden ist, ward zum Nutzen der Sieger weggenommen. Das Unrecht wurde durch Hohn vergrößert, das Gefühl gegenwärtiger Leiden durch die Furcht vor noch schrecklicheren Übeln verbittert, und sowie neue Ländereien neuen Schwärmen von Barbaren angewiesen wurden, zitterte jeder Senator, die willkürlichen Vermesser möchten sich seiner Lieblingsvilla oder seinem einträglichsten Gute nähern. Die mindest Unglücklichen waren noch diejenigen, die sich ohne Murren einer Macht unterwarfen, der zu widerstehen unmöglich war. Da sie zu leben wünschten, schuldeten sie eine gewisse Dankbarkeit dem Tyrannen, der ihres Lebens schonte, und da er der unumschränkte Herr über ihr Vermögen war, mußten sie den Teil, der ihnen ließ, als ein reines und freiwilliges Geschenk annehmen. Die Mißstände Italiens wurden durch die Klugheit und Menschlichkeit Odoakers gemildert, der sich als Preis seiner Erhebung verpflichtet hatte, die Forderungen einer zügellosen und unruhigen Menge zu befriedigen. Die Könige der Barbaren hatten häufigen Widerstand von ihren eigenen Untertanen erfahren, waren abgesetzt und ermordet worden, und die verschiedenartigen Scharen der italienischen Söldlinge, die sich unter das Banner eines gewählten Anführers reihten, nahmen ein noch viel größeres Vorrecht der Willkür und des Raubes in Anspruch. Eine Monarchie, der es an nationaler Einheit und erblichem Recht fehlte, ging schleunig ihrer Auflösung entgegen. Nach vierzehnjähriger Regierung erlag Odoaker dem höheren Geiste des Königs der Ostgoten, Theodorich, eines in der Kriegs- und Staatskunst gleich ausgezeichneten Helden, der wieder ein Zeitalter des Friedens und Glükkes begründete und dessen Name die Aufmerksamkeit der Welt dauernd erregt und verdient.

DREIZEHNTES KAPITEL

DIE BEKEHRUNG DER BARBAREN

Ursprung, Fortschritte und Wirkungen des Mönchslebens. – Bekehrung der Barbaren zum Christentum und zum Arianismus. – Verfolgung durch die Vandalen von Afrika. – Ende des Arianismus unter den Barbaren

Der unauflösbare Zusammenhang zwischen den bürgerlichen und geistlichen Angelegenheiten hat mich genötigt und ermutigt, die Fortschritte, die Verfolgungen, die Einführung, die Spaltungen, den endlichen Triumph und die allmähliche Ausartung des Christentums zu erzählen. Ich habe absichtlich die Betrachtung zweier religiöser Ereignisse verschoben, interessant für das Studium der menschlichen Natur und wichtig für das Sinken und den Sturz des Römischen Reiches: I. die Einführung des Mönchslebens; und II. die Bekehrung der Barbaren des Nordens.

I. Friede und Gedeihen führten den Unterschied zwischen den gewöhnlichen und den asketischen Christen ein. Die lockere und unvollständige Ausübung der Religion genügte dem Gewissen der Menge. Der Fürst oder Amtsherrscher, der Soldat oder Kaufmann vereinbarten ihren inbrünstigen Eifer und unbedingten Glauben mit Erfüllung ihres Berufes, Verfolgung ihrer Interessen und Befriedigung ihrer Leidenschaften; die Asketen aber, welche die strengen Vorschriften des Evangeliums befolgten und oft mißbrauchten, waren von jenem wilden Enthusiasmus beseelt, der den Menschen als einen Verbrecher und Gott als einen Tyrannen ansieht. Sie leisteten allen Ernstes Verzicht auf die Beschäftigungen wie auf die Vergnügungen ihrer Zeit, schworen dem Genuß des Weines, Fleisches und der Ehe ab, kasteiten ihren Leib, unterdrückten ihre Neigungen und führten ein elendes Leben als Kaufpreis ewiger Seligkeit. Unter der Regierung Konstantins flüchteten die Asketen aus einer ruchlosen und entarteten Welt in die ewige Einsamkeit religiöser Genossenschaft. Gleich den ersten Christen von Jerusalem verzichteten sie auf den Nießbrauch oder auf das Eigentum ihrer weltlichen Besitztümer, errichteten regelmäßige Gemeinden, in denen nur Männer oder nur Frauen aufgenommen waren, und nannten sich Eremiten, Mönche, Einsiedler, Benennungen, die ihren einsamen Ruheplatz in einer natürlichen oder künstlichen Einöde ausdrückten. Sie erlangten bald die Achtung der Welt, die sie verachteten, und der lauteste Beifall wurde dieser himmlischen Philosophie gezollt, die ohne Hilfe des Wissens und der Vernunft den Wissensdurst der griechischen Schulen übertraf. Die Mönche mochten in der Tat, was Verachtung des Glückes, Schmerzes und Todes betraf, mit den Stoikern wetteifern; die pythagoräische Schweigsamkeit und Unterwürfigkeit wurde in ihrer knechtischen Zucht aufgefrischt, und sie verschmähten ebenso standhaft wie die Zyniker die Formen und den Anstand der bürgerlichen Gesellschaft. Aber die Schüler dieser himmlischen Philosophie strebten ein reineres und vollkommeneres Vorbild nachzuahmen. Sie traten in die Fußstapfen der Propheten, die sich in die Wüste zurückgezogen hatten, und stellten das fromme und beschauliche Leben wieder her, das von den Essenern in Palästina und Ägypten eingeführt worden war. Der philosophische Blick des Plinius weilte mit Erstaunen auf einem einsamen Volke, das unter den Palmbäumen in der Nähe des Toten Meeres lebte, ohne Geld bestand, ohne Frauen auskam und aus dem Überdruß und der Reue der Menschen einen unversiegbaren Zufluß freiwilliger Genossen erhielt.

Ägypten, wo der Aberglaube zu Hause war, bot das erste Beispiel des mönchischen Lebens. Antonius, ein schriftungelehrter Jüngling aus dem Niederlande der Thebais, verteilte sein Vermögen, verließ seine Familie und Heimat und führte seine mönchische Buße mit originellem und unerschrockenem Fanatismus aus. Nach einem langen und peinlichen Noviziat in den Grabgewölben eines verfallenen Turmes drang er kühn in die Wüste bis drei Tagreisen ostwärts vom Nil vor, entdeckte einen einsamen Fleck, der die Vorzüge des Schattens und der Bewässerung besaß, und schlug seinen letzten Aufenthalt auf dem Berge Kolzim am Roten Meer auf, wo ein altes Kloster noch immer den Namen und das Andenken des Heiligen aufrechterhält. Die neugierigen Christen folgten ihm in ihrer Frömmigkeit in die Wüste, und als er zu Alexandria vor den Menschen erscheinen mußte, trug er seinen Ruhm mit Bescheidenheit und Würde. Er genoß die Freundschaft des Athanasius, dessen Glaubenslehre er billigte, und der ägyptische Bauer lehnte ehrfurchtsvoll eine ebenso ehrfurchtsvolle Einladung des Kaisers Konstantin ab. Der ehrwürdige Patriarch (denn Antonius erreichte ein Alter von hundertfünf Jahren [251–356]) sah die zahlreichen Jünger, die sein Beispiel und seine Lehre herbeigerufen hatten. Die fruchtbaren Kolonien der Mönche vermehrten sich mit schnellem Wachstum auf dem Sande Libyens, auf den Felsen der Thebais und in den Städten am Nil. Südlich von Alexandria war der Berg samt der angrenzenden Wüste von Nitria von fünftausend Anachoreten bevölkert, und der Reisende kann noch die Spuren von fünfzig Klöstern auffinden, die auf diesem nackten Boden von den Jüngern des Antonius errichtet worden waren. In Oberthebais wurde die öde Insel Tabenna von Pachomius und vierzehnhundert seiner Brüder besetzt. Dieser heilige Abt gründete nach und nach neun Klöster für Männer und eines für Frauen und das Osterfest versammelte zuweilen fünfzigtausend Religiöse, die seiner englischen Regel der Disziplin folgten. Die stattliche und volkreiche Stadt Oxyrinchus, der Sitz christlicher Rechtgläubigkeit, hatte die Tempel, die öffentlichen Gebäude, ja selbst die Wälle zu frommen und milden Zwecken verwendet, und der Bischof, der in zwölf Kirchen predigen konnte, zählte zehntausend Frauen und zwanzigtausend Männer in den Klöstern. Die Ägypter, die in diese erstaunliche Umwälzung einen Ruhm setzten, waren geneigt, zu hoffen und zu glauben, daß die Zahl der Mönche der des übrigen Volkes gleich sei, und die Nachwelt könnte das Sprichwort, das einst auf die geheiligten Tiere desselben Landes angewendet wurde, wiederholen, daß es nämlich in Ägypten minder schwierig sei, einen Gott zu finden als einen Menschen.

Athanasius führte die Kenntnis und die Gebräuche des Mönchslebens in Rom ein (341). Eine Schule dieser neuen Philosophie wurde von den Jüngern des Antonius eröffnet, die ihren Primaten bis zur heiligen Schwelle des Vatikans begleitet hatten. Das seltsame und wilde Aussehen dieser Ägypter erregte anfangs Abscheu und Verachtung, endlich aber Bewunderung und eifrige Nachahmung. Die Senatoren und insbesondere die Matronen verwandelten ihre Paläste und Villen in religiöse Häuser, und die bescheidene Einrichtung von sechs Vestalinnen wurde durch die zahlreichen Klöster überschattet, die auf den Trümmern alter Tempel und inmitten des römischen Forums standen. Durch das Beispiel des Antonius entflammt, schlug ein syrischer Jüngling namens Hilarion (328) seine Wohnung auf einer Sandbank zwischen dem Meer und einem Sumpf, ungefähr sieben Meilen von Gaza, auf. Die strenge Buße, in der er achtundvierzig Jahre beharrte, verbreitete einen ähnlichen Enthusiasmus, und dem heiligen Manne folgte ein Zug von zwei- bis dreitausend Anachoreten, sooft er die unzähligen Klöster von Palästina besuchte. Der Ruhm des Basilius ist in der Mönchsgeschichte des Orients unsterblich. Mit einem Geiste begabt, der das Wissen und die Beredsamkeit von Athen eingesogen hatte, und mit einem Ehrgeiz, den kaum das Erzbistum Cäsarea befriedigen konnte, zog sich Basilius in die wilde Einsamkeit in Pontus zurück (360) und ließ sich eine Zeitlang herab, den geistlichen Kolonien Gesetze zu geben, die er in verschwenderischer Fülle an der Küste des Schwarzen Meeres ausstreute. Im Westen gründete Martin von Tours, Soldat, Einsiedler, Bischof und Heiliger, die Klöster von Gallien (370); zweitausend seiner Jünger folgten ihm zum Grabe, und sein beredter Geschichtsschreiber fordert die Einöden der Thebais auf, sie möchten in ihrem günstigeren Klima einen Glaubenskämpen von gleicher Tugend aufweisen. Die Fortschritte der Mönche waren nicht minder reißend und allgemein als die des Christentums selbst. Jede Provinz und zuletzt jede Stadt des Reiches füllte sich mit immer mehr anwachsenden Scharen, und die öden, unfruchtbaren Inseln von Lerina bis Lipari, die sich aus dem Toskanischen Meer erheben, wurden von den Anachoreten zur Stätte ihrer freiwilligen Verbannung gewählt. Ein bequemer, beständiger Verkehr zu Wasser und zu Lande verband die Provinzen der römischen Welt, und das Leben des Hilarion beweist die Leichtigkeit, womit ein armer Mönch aus

Palästina Ägypten durchreisen, sich nach Sizilien einschiffen, nach Epirus entkommen und sich schließlich auf der Insel Zypern niederlassen konnte. Die lateinischen Christen nahmen die religiösen Einrichtungen Roms an. Die Pilger, die Jerusalem besuchten, ahmten gierig in den entferntesten Teilen der Erde das treue Vorbild des mönchischen Lebens nach. Die Jünger des Antonius verbreiteten sich jenseits des Wendekreises über das christliche Reich Äthiopien. Das Kloster Banchor in Flintshire, das über zweitausend Brüder enthielt, gründete eine zahlreiche Kolonie unter den Barbaren von Irland und Iona, einer der Hebriden, wo sich irländische Mönche niederließen.

Man setzte ganz natürlich voraus, daß die frommen und demütigen Mönche, der Welt entsagt hatten, um das Werk ihrer Erlösung zu vollenden, für die geistliche Regierung der Christen am geeignetsten wären. Der Einsiedler wurde wider seinen Willen aus seiner Zelle gezogen und unter dem Jubelruf des Volkes auf den bischöflichen Thron gesetzt; die Klöster Ägyptens, Galliens und des Orients lieferten eine regelmäßige Aufeinanderfolge von Bischöfen und Heiligen, und der Ehrgeiz entdeckte bald den geheimen Weg, der zum Besitz von Reichtümern und Ehrenstellen führte. Die volksbeliebten Mönche, deren Ruf mit dem Ruhm und dem Erfolg des Ordens in engem Zusammenhang stand, arbeiteten emsig an der Vervielfältigung der Zahl ihrer Mitbrüder. Sie schlichen sich in edle und reiche Familien ein, und alles wurde angewendet, um solche Proselyten zu machen, die dem Mönchsstande Reichtum und Würde sichern konnten. Ein Vater beweinte den Verlust seines einzigen Sohnes; die leichtgläubige Jungfrau wurde durch Eitelkeit verlockt, die Gesetze der Natur zu verletzen, und die Matrone strebte nach erträumter Vollkommenheit, indem sie den Pflichten des häuslichen Lebens entsagte. Paula gab der Beredsamkeit des Hieronymus nach. Auf den Rat und in Gesellschaft ihres geistlichen Ratgebers verließ Paula Rom und ihren unmündigen Sohn, zog sich nach der heiligen Stadt Bethlehem zurück, gründete ein Hospital und vier Klöster und erlangte durch ihr Almosen und ihre Buße einen hohen und ausgezeichneten Rang in der katholischen Kirche. Solche seltene und erlauchte Büßende wurden als der Ruhm und das Muster ihres Jahrhunderts gefeiert, aber die Klöster füllten sich mit einer Schar geringer und berechnender Plebejer, die im Kloster weit mehr gewannen, als sie in der Welt zum Opfer gebracht hatten. Bauern, Sklaven und Handwerker konnten aus Armut und Verachtung zu einem sicheren und ehrenvollen Beruf kommen, dessen anscheinende Beschwerlichkeit durch Gewohnheit, Volksbeifall und geheime Erschlaffung der Zucht gemildert wurde. Die Untertanen Roms, deren Person und Habe für ungleiche und unerschwingliche Steuern verantwortlich gemacht wurde, entgingen dadurch dem Druck der kaiserlichen Regierung, und der mutlose junge Mann zog die Buße des Klosterlebens den Gefahren des Kriegerberufes vor. Die zitternden Provinzbewohner aller Stände, die vor den Barbaren flohen, fanden Schutz und Unterhalt. Ganze Legionen wurden in diesen religiösen Heiligtümern begraben, und dieselbe Ursache, die dem Notstande der Individuen abhalf, schwächte die Kraft und Stärke des Reiches.

Der Mönchsberuf der Alten war eine freiwillige Handlung. Der unbeständige Fanatiker wurde mit der ewigen Rache des Gottes bedroht, den er verließ: aber die Tore des Klosters standen seiner Reue fortwährend offen. Jenen Mönchen, deren Gewissen durch Vernunft oder Leidenschaft gestärkt worden war, stand es frei, wieder Menschen und Bürger zu werden. Auch die Bräute Christi durften sich, wenn sie es wollten, einen irdischen Gatten nehmen. Die vielen ärgerlichen Beispiele in dieser Beziehung hatten zur Folge, daß man den Nonnen und Mönchen gewaltige Schranken entgegensetzte. Nach hinreichender Probezeit versicherte man sich der Treue des Novizen durch ein feierliches und ewiges Gelübde, und seine unwiderrufliche Verpflichtung wurde durch die Gesetze der Kirche wie des Staates verbürgt. Der schuldige Flüchtling wurde verfolgt, verhaftet und ins Kloster zurückgebracht; und die Dazwischenkunft der Obrigkeit unterdrückte die Freiheit und das Verdienst, das in einem gewissen Grade die Sklaverei der mönchischen Disziplin gehoben hatte. Die Handlung eines Mönches, seine Worte, ja sogar seine Gedanken wurden durch eine unbeugsame Regel oder durch einen eigensinnigen Prior bestimmt. Die geringsten Vergehen wurden mit Schande oder Einkerkerung, außerordentlichem Fasten oder blutiger Geißelung bestraft, und Ungehorsam, Murren oder Zögerung in die Liste der entsetzlichsten Sünden aufgenommen. Blinde Unterwerfung unter die Befehle des Abtes, wie widersinnig oder verbrecherisch sie auch scheinen mochten, bildeten den obersten Grundsatz und die erste Tugend der ägyptischen Mönche, und ihre Geduld wurde oft durch die außerordentlichsten Prüfungen geübt. So wurde ihnen befohlen, einen ungeheuren Steinblock wegzuwälzen; emsig einen ausgetrockneten Stab, der in die Erde gepflanzt worden war, zu begießen, bis er nach Verlauf von drei Jahren Blätter und Blüten treiben würde wie ein Baum; in einen feurigen Ofen zu gehen oder ihr Kind in einen tiefen Brunnen zu werfen. Und mehrere Heilige haben in der Mönchsgeschichte durch ihren unbedingten und furchtlosen Gehorsam Unsterblichkeit erlangt. Die Freiheit des Geistes, die Quelle jener hochherzigen und vernünftigen Gesinnung, wurde durch die Gewohnheit der Gläubigkeit und Unterwerfung vernichtet, und indem der Mönch die Laster eines Sklaven einsog, folgte er blindlings dem Wahn und den Leidenschaften seines kirchlichen Tyrannen. Der Friede der orientalischen Kirche wurde durch einen Schwarm von Fanatikern, unfähig der Furcht, Vernunft und Menschlichkeit, gefährdet, und die kaiserlichen Truppen gestanden ohne Scham ein, daß sie weit weniger einen Kampf mit den wildesten Barbaren scheuten.

Der Glaube hat häufig die phantastischen Gewänder der Mönche ersonnen und geheiligt; ihre scheinbare Seltsamkeit stammte aber zuweilen aus ihrer Anhänglichkeit an ein einfaches und ursprüngliches Vorbild, das die Umwälzungen der Mode in den Augen der Menschen lächerlich gemacht haben. Der Vater der Benediktiner wies ausdrücklich alle Gedanken an Wahl oder Verdienst von sich und ermahnte seine Jünger ganz vernünftig, die grobe und passende Tracht der Länder nachzuahmen, die sie bewohnen würden. Die mönchischen Kleider der Alten wechselten mit dem Klima und ihrer Lebensweise, und sie nahmen gleichgültig das Schaffell der ägyptischen Bauern oder den Mantel des griechischen Philosophen an. Sie gestatteten sich den Gebrauch der Leinwand in Ägypten, wo sie ein wohlfeiler und im Lande gewebter Artikel war; im Abendland aber verwarfen sie einen so kostspieligen Artikel ausländischer Pracht. Es war die Gewohnheit der Mönche, ihr Haupthaar entweder zu beschneiden oder zu rasieren; sie hüllten ihre Häupter in eine Kapuze, um den Anblick weltlicher Gegenstände zu vermeiden. Ihre Beine und Füße waren nackt, ausgenommen in der strengsten Winterkälte, und ein langer Stab stützte ihre langsamen und schwachen Schritte. Der Anblick eines echten Anachoreten war abschreckend und widerwärtig; man hielt jede dem Menschen unangenehme Empfindung für Gott wohlgefällig, und die himmlische Regel von Tabenna verdammte die heilsame Sitte, die Glieder in Wasser zu baden und sie mit Öl zu salben. Die strengen Mönche schliefen auf dem Erdboden auf einer harten Matte oder einem rohen Tuch, und dasselbe Bündel Palmblätter diente ihnen zum Sitze bei Tag und zum Kopfkissen bei Nacht. Ihre ursprünglichen Zellen waren niedrige, enge, aus den schlechtesten Materialien erbaute Hütten, die mittels regelmäßiger Einteilung in Straßen ein großes und volkreiches Dorf bildeten, das innerhalb einer gemeinsamen Mauer eine Kirche, ein Krankenhaus, vielleicht eine Bibliothek, einige notwendige Geschäftszimmer, einen Garten und einen Brunnen oder eine Zisterne mit frischem Wasser enthielt. Dreißig bis vierzig Brüder bildeten eine Familie mit eigener Disziplin und Kost, und die großen Klöster von Ägypten enthielten dreißig bis vierzig solcher Familien.

Vergnügen und Schuld waren in der Sprache der Mönche gleichgeltende Ausdrücke, und sie hatten durch Erfahrung erprobt, daß strenge Fasten und eine höchst einfache Kost die wirksamsten Bewahrungsmittel gegen die unreinen Begierden des Fleisches wären. Die Regeln der Enthaltsamkeit, die sie sich auferlegten, waren weder gleichförmig noch beständig; das freudige Pfingstfest wurde durch die außerordentliche Kasteiung während der Fastenzeit aufgewogen. Der Feuereifer der neuen Klöster ließ allmählich nach, und der ungeheure Appetit der Gallier vermochte die geduldige Mäßigkeit der Ägypter nicht nachzuahmen. Die Jünger des Antonius und Pachomius waren mit ihrer täglichen kleinen Ration von zwölf Unzen Brot oder vielmehr Zwieback zufrieden, die sie in zwei spärliche Mahle, das eine des Nachmittags, das andere des Abends, teilten. Es wurde als Verdienst, ja fast als Pflicht angesehen, sich der gekochten Pflanzenspeisen, die für das Refektorium bereitet wurden, zu enthalten: aber die außerordentliche Güte des Abtes gewährte zuweilen den Luxus des Käses, Obstes, Salates und der kleinen getrockneten Fische aus dem Nil. Allmählich wurde ein größeres Quantum von See- und Flußfischen gestattet: aber der Genuß des Fleisches blieb lange auf die Kranken oder Reisenden beschränkt, und als er allmählich in den minder strengen Klöstern Europas vorzuherrschen begann, ward ein seltsamer Unterschied zwischen weißem und schwarzem Fleisch eingeführt, gleich als wäre das wilde und zahme Geflügel minder weltlich als die gröberen Tiere des Feldes. Wasser bildete das reine und unschuldige Getränk der ursprünglichen Mönche, und der Stifter der Benediktiner klagt über die tägliche Bewilligung eines halben Nößel Weines, die ihm die Unmäßigkeit des Jahrhunderts abgezwungen hatte. Eine solche Gabe war leicht von den Weingärten Italiens zu bekommen; aber seine siegreichen Schüler, die über die Alpen, den Rhein und die Ostsee drangen, forderten an Stelle des Weines einen angemessenen Ersatz an starkem Bier oder an Zider.

Der Kandidat, der nach der Armut des Evangeliums strebte, schwur bei seinem Eintritt in eine Klostergemeinde den Gedanken, ja sogar den Namen jedes besonderen oder ausschließenden Besitztums ab. Die Brüder erhielten sich durch die Arbeit ihrer Hände, die eindringlich als Buße, als Leibesübung und als das löblichste Mittel, sich den täglichen Unterhalt zu sichern, empfohlen wurde. Die Gärten und die Felder, welche die fleißigen Mönche häufig den Wäldern oder Sümpfen abgewonnen hatten, wurden von ihren Händen bebaut. Sie verrichteten ohne Widerstreben die knechtischen Arbeiten von Sklaven oder Dienstleuten, und die verschiedenen Handwerke, die notwendig waren, um für ihre Kleider, Gerätschaften und Wohnungen zu sorgen, wurden innerhalb des Bereiches der großen Klöster betrieben. Die mönchischen Studien dienten meist mehr zur Verdichtung als zur Vernichtung des Aberglaubens. Indessen hat Forschersinn oder Eifer einiger gelehrter Einsiedler doch kirchliche, ja selbst weltliche Wissenschaften gepflogen, und die Nachwelt muß mit Dank anerkennen, daß die Denkmäler der griechischen und römischen Literatur durch ihre unermüdlichen Federn bewahrt und vermehrt worden sind. Aber der demütigere Fleiß der Mönche, besonders in Ägypten, begnügte sich mit der stillen Verfertigung hölzerner Sandalen und mit Flechten von Matten und Körben aus den Blättern des Palmbaumes. Der überflüssige Vorrat, der nicht daheim verbraucht wurde, bestritt mittels des Handels die Bedürfnisse der Gemeinde; die Kähne von Tabenna und den übrigen Klöstern der Thebais fuhren auf dem Nil bis Alexandria herab, und auf einem christlichen Markte wird wohl die Frömmigkeit der Verfertiger den inneren Wert der Arbeit erhöht haben.

Aber die Notwendigkeit der Handarbeit wurde allmählich überflüssig. Der Novize ließ sich verleiten, sein Vermögen an die Heiligen zu geben, in deren Gesellschaft er entschlossen war, den Rest seines Lebens zuzubringen. Die verderbliche Nachsicht der Gesetze gestattete ihm, zu ihrem Nutzen jeden künftigen Zuwachs durch Vermächtnisse oder Erbschaft anzunehmen. Melanie gab ihre Gefäße, dreihundert Pfund an Silber, her, und Paula zog sich eine unermeßliche Schuldenlast zu, um ihren geliebten Mönchen beizuspringen, die das Verdienst ihrer Gebete und Bußübungen gern auf eine reiche und freigebige Sünderin übertrugen. Die Zeit vermehrte beständig das Vermögen, und Unfälle konnten nur selten die Besitzungen der volksbeliebtesten Klöster vermindern, die sich über das angrenzende Land und über die Städte ausbreiteten. Der Heide Zosimus hat in dem ersten Jahrhundert ihrer Einführung die boshafte Bemerkung gemacht, daß die christlichen Mönche zum Besten der Armen einen großen Teil der Menschen an den Bettelstab gebracht hatten. Solange sie indessen ihren ursprünglichen Andachtseifer beibehielten, bewährten sie sich als die treuen und wohlwollenden Verwalter der ihrer Fürsorge anvertrauten Mildtätigkeit. Aber mit dem Glück verfiel ihre Zucht, sie nahmen allmählich den Stolz des Reichtums an und gönnten sich endlich die Üppigkeit des Verschwendens. Ihr öffentlicher Aufwand kann indessen durch die Pracht des Gottesdienstes und durch den anständigen Beweggrund entschuldigt werden, dauerhafte Wohnungen für eine nie aussterbende Gesellschaft zu bauen. Aber jedes Jahrhundert der Kirche hat Zügellosigkeit entarteter Mönche zu beklagen, die den Zweck ihrer Errichtung vergaßen, sich den eitlen und sinnlichen Vergnügungen der Welt, denen sie entsagt hatten, überließen und ärgerlichen Mißbrauch mit den Reichtümern trieben, die durch die strengen Tugenden ihrer Stifter erworben worden waren. Ihr natürlicher Sturz von jenen so peinlichen und gefährlichen Tugenden in die gewöhnlichen Laster der Menschen dürfte jedoch in der Seele eines Philosophen weder tiefen Schmerz noch große Entrüstung erregen.

Das Leben der ursprünglichen Mönche verging in Buße und Einsamkeit, ungestört durch die vielfachen Beschäftigungen, welche die Zeit vernünftiger, tätiger und geselliger Wesen ausfüllen und ihre Kräfte ausbilden. So oft ihnen gestattet wurde, aus dem Bereich des Klosters zu schreiten, waren zwei eifersüchtige Gefährten die gegenseitigen Wächter und Kundschafter der Handlungen eines jeden, und nach ihrer Rückkehr waren sie verurteilt, zu vergessen oder wenigstens zu verschweigen, was sie in der Welt gesehen hatten. Fremde, die sich zu dem orthodoxen Glauben bekannten, wurden gastfrei in einem besonderen Gemach aufgenommen, ihr gefährliches Gespräch jedoch auf einige auserwählte Ältere von erprobter Klugheit und Treue beschränkt. Nur in ihrer Gegenwart durfte der Mönch die Besuche seiner Freunde und Verwandten annehmen, und für hochverdienstlich wurde es erachtet, wenn er eine liebende Schwester oder einen greisen Vater durch hartnäckige Verweigerung eines Wortes oder eines Blickes betrübte. Die Mönche selbst brachten ihr Leben ohne persönliche Bande der Anhänglichkeit unter einer Schar zu, die der Zufall zusammengeführt hatte und die durch Zwang oder Vorurteil in demselben Exil festgehalten wurde. Abgeschiedene Fanatiker haben sich wenige Gedanken oder Gefühle mitzuteilen; eine besondere Erlaubnis des Abtes bestimmte Zeit und Dauer ihrer gegenseitigen Besuche, und bei ihren schweigsamen Mahlzeiten waren sie in ihre Kapuzen gehüllt, unzugänglich füreinander, ja fast unsichtbar. Das Studium ist die Trösterin der Einsamkeit, aber die Erziehung hatte die Handwerker und Bauern, welche die klösterlichen Gemeinden füllten, für eine so edle Beschäftigung weder vorbereitet noch empfänglich gemacht. Sie konnten arbeiten, aber die Eitelkeit geistlicher Vollkommenheit verleitete sie, die Ausübung der Handarbeit zu verachten, und der Fleiß muß matt und schwach sein, der nicht durch das Gefühl persönlichen Interesses erregt wird.

Je nach ihrem Glauben und Eifer konnten sie den Tag, den sie in ihren Zellen zubrachten, entweder zu lauten oder innerlichen Gebeten verwenden; sie versammelten sich jedoch des Abends und wurden in der Nacht zum öffentlichen Gottesdienst des Klosters geweckt. Der genaue Augenblick dazu wurde durch die in Ägypten selten bewölkten Sterne bestimmt, und ein einfaches Horn oder eine Trompete, das Zeichen zur Andacht, unterbrach zweimal die unermeßliche Schweigen der Wüste. Selbst der Schlaf, die letzte Zuflucht des Unglücklichen, war streng bemessen: die leeren Stunden des Mönches entrollten langsam ohne Beschäftigung wie ohne Vergnügen, und vor Tagesschluß hatte er oft über den trägen Lauf der Sonne geklagt. In diesem trostlosen Zustand verfolgte und quälte fortwährend der Aberglaube seine bedauernswerten Anhänger. Die Ruhe, die sie in dem Kloster gesucht hatten, wurde durch zu späte Reue, weltlichen Zweifel und schuldvolle Begierden gestört, und während sie jeden Trieb der Natur als eine unverzeihliche Sünde betrachteten, zitterten sie beständig am Rande des bodenlosen Flammenabgrundes. Zuweilen wurden diese unglücklichen Opfer von den qualvollen Kämpfen der Krankheit und Verzweiflung durch Tod oder Wahnsinn erlöst, und im sechsten Jahrhundert ward zu Jerusalem ein Hospital für einen kleinen Teil jener strengen Büßer begründet, die ihren Verstand verloren hatten. Ihre Gesichte, bevor sie den äußersten und unverkennbaren Grad des Wahnsinnes erreichten, haben reichen Stoff zur übernatürlichen Geschichte geliefert. Es war ihre feste Überzeugung, daß die Luft, die sie einatmeten, von unsichtbaren Feinden bevölkert wäre, von zahllosen Dämonen, welche jede Gelegenheit erlauerten und jede Gestalt annahmen, um ihre unverteidigte Tugend zu erschrecken und vor allem zu versuchen. Die Phantasie, ja sogar die Sinne wurden durch die Täuschungen einer krampfhaften

Schwärmerei betrogen, und der Einsiedler, der in seinem mitternächtlichen Gebete durch unwillkürlichen Schlummer überwältigt wurde, konnte leicht die Phantome des Schreckens und der Wonne vermengen, die seine Träume im Schlafen oder Wachen beschäftigt hatten.

Die Mönche waren in zwei Klassen geteilt: die Cönobiten, die unter einer gemeinsamen und regelmäßigen Disziplin lebten, und die Anachoreten, die sich ihrer ungeselligen und unabhängigen Schwärmerei überließen. Die Frömmsten oder Ehrgeizigsten dieser geistlichen Brüder entsagten dem Kloster, wie sie der Welt entsagt hatten. Die andachtsvollen Klöster von Ägypten, Palästina und Syrien waren von einer Laura, einem fernen Kreise einsamer Zellen, umgeben, und die strenge Buße der Einsiedler wurde durch Beifall und Wetteifer angespornt. Sie erlagen unter dem martervollen Gewicht von Kreuzen und Ketten, und ihre ausgemergelten Glieder waren durch Halsbänder, Armbänder, Handschuhe und Beinschienen aus massivem und starrem Eisen eingeengt. Sie warfen jede überflüssige Belastung mit Kleidern voll Verachtung weg, ja es sind einige wilde Heilige beiderlei Geschlechtes bewundert worden, deren nackte Leiber nur von ihren langen Haaren bedeckt waren. Sie strebten danach, in jenem rohen und elenden Zustande zu leben, in welchem das menschliche Tier von seinen verwandten Vierhändern kaum zu unterscheiden ist, und eine zahlreiche Sekte von Anachoreten leitete ihren Namen von der elenden Gewohnheit her, auf den Feldern von Mesopotamien wie die übrigen Herden zu grasen. Oft nahmen sie die Höhle eines wilden Tieres, dem zu gleichen sie sich bemühten, in Besitz, verbargen sich in irgendeine düstere Grotte, welche die Natur oder Kunst in den Felsen gebohrt hatte, und die Marmorbrüche der Thebais sind noch jetzt mit den Erinnerungen an ihre Buße überschrieben. Die vollkommensten Einsiedler sollen viele Tage ohne Nahrung, viele Nächte ohne Schlaf und viele Jahre ohne zu sprechen zugebracht haben, und ruhmreich war der Mensch, der eine Zelle oder einen Sitz oder eine besondere Vorrichtung erfand, die ihn in der unbequemsten Lage den Unbilden der Jahreszeiten preisgab.

Unter diesen Helden des Mönchslebens hat der Name und das Genie des Simeon Stylites (395–451) durch die seltsame Erfindung einer Buße in der Luft Unsterblichkeit erlangt. Im Alter von dreizehn Jahren verließ der junge Syrier den Beruf eines Hirten und trat in ein strengeres Kloster. Nach einem langen und qualvollen Noviziat, in welchem Simeon wiederholt von Selbstmord aus Frömmigkeit gerettet wurde, schlug er seinen Wohnsitz auf einem hohen Berge ungefähr dreißig oder vierzig Meilen östlich von Antiochia auf. Innerhalb einer Mandra oder eines Kreises von Steinen, an welche er sich durch eine schwere Kette geschmiedet hatte, bestieg er eine Säule, die nach und nach von neun bis zu sechzig Fuß vom Erdboden erhoben wurde. In dieser letzten und hohen Lage widerstand der syrische Anachoret dreißig Sommer und dreißig Winter hindurch der Hitze und Kälte. Gewohnheit und Übung lehrten ihn, seine gefährliche Stellung ohne Furcht oder Schwindel zu bewahren und nach und nach die verschiedenen Haltungen der Andacht anzunehmen. Er pflegte zuweilen aufrecht stehend mit ausgestreckten Armen, in Form eines Kreuzes, zu beten; seine gewöhnlichste Übung aber war, sein mageres Skelett vom Scheitel bis zum Fuße zu neigen, und ein neugieriger Zuschauer stand, nachdem er zwölfhundertvierundvierzig Wiederholungen gerechnet hatte, schließlich von der endlosen Zählung ab. Die Fortschritte eines Geschwüres in der Hüfte kürzten zwar sein himmlisches Leben ab, konnten es aber nicht stören, und der einsiedlerische Dulder verschied, ohne von seiner Säule herabgestiegen zu sein. Ein Fürst, dem es einfiele, solche Martern zuzufügen, würde als Tyrann verrufen werden; aber keine Macht eines Tyrannen wäre imstande, den sträubenden Opfern seiner Grausamkeit ein solch langes und elendes Dasein aufzuerlegen. Dieses freiwillige Märtyrertum muß allmählich die Empfindlichkeit sowohl der Seele als des Leibes zerstört haben; auch läßt sich nicht annehmen, daß die Schwärmer, die sich selbst quälen, irgendeiner lebendigen Liebe zur übrigen Menschheit fähig sind. Blutdürstige, grausame Mönche gab es in jedem Jahrhundert und zu jeder Zeit. Ihre grausame Gleichgültigkeit, selten gemildert durch persönliche

Freundschaft, wurde oft durch Religionshaß entflammt, und ihr erbarmungsloser Eifer hat das heilige Amt der Inquisition strenge verwaltet.

Die mönchischen Heiligen, die nur das Mitleid eines Philosophen zu erregen vermögen, wurden von Fürst und Volk verehrt und beinahe angebetet. Nacheinander begrüßten Scharen von Pilgern aus Gallien und Indien die heilige Säule Simeons; die Sarazenenstämme machten sich mit den Waffen seinen Segen streitig; die Königinnen von Arabien und Persien erkannten dankbar seine übernatürlichen Kräfte; und der engelgleiche Einsiedler wurde von dem jüngeren Theodosius in den wichtigsten Angelegenheiten der Kirche und des Staates zu Rate gezogen. Seine irdischen Reste wurden im feierlichen Zuge, der aus dem Patriarchen, dem Oberbefehlshaber des Ostens, sechs Bischöfen, einundzwanzig Grafen oder Tribunen und sechstausend Soldaten bestand, von dem Berg Telenissa weggebracht, und Antiochia verehrte seine Gebeine als ruhmvollste Zierde und festeste Schutzwehr. Der Ruhm der Apostel und Märtyrer ward allmählich durch diese neuen und volksbeliebten Anachoreten verdunkelt. Die christliche Welt fiel vor ihren Heiligtümern zur Erde, und die Wunder, die man ihren Reliquien zuschrieb, übertrafen wenigstens an Zahl und Dauer die geistlichen Taten ihres Lebens. Aber die goldene Legende ihres Lebens wurde durch die schlaue Leichtgläubigkeit ihrer beteiligten Brüder verschönert, und ein gläubiges Zeitalter ließ sich leicht bereden, daß die geringste Laune eines ägyptischen oder syrischen Mönches hinreiche, die ewigen Gesetze des Weltalls zu unterbrechen. Die Auserwählten des Himmels pflegten die eingewurzelten Krankheiten durch eine Berührung, ein Wort oder eine ferne Botschaft zu heilen und die hartnäckigsten Dämonen aus den Seelen oder Leibern der von ihnen Besessenen auszutreiben. Sie näherten sich vertraulich oder geboten herrisch den Löwen und Schlangen der Wüste, flößten Leben einem ausgetrockneten Baumstrunk ein, ließen Eisen auf der Oberfläche des Wassers schwimmen, setzten auf dem Rücken eines Krokodils über den Nil, und erfrischten sich in einem feurigen Ofen. Diese phantastischen Erzählungen, welche die Phantasie der Poesie ohne ihren Genius entfalten, haben einen sehr ernsten Einfluß auf die Vernunft, den Glauben und die Sitten der Christen gehabt. Ihre Leichtgläubigkeit schädigte ihre Geisteskräfte und brachte sie zum Sinken; sie entstellten das Zeugnis der Geschichte, und der Aberglaube löschte allmählich das Licht der Philosophie und Wissenschaft aus. Jede Art religiöser Verehrung, welche die Heiligen übten, jede geheimnisvolle Lehre, welche sie glaubten, erhielt die kräftigende Weihe göttlicher Offenbarung, und alle männlichen Tugenden wurden durch die Knechtschaft liebende Herrschaft der Mönche vernichtet. Wenn es möglich ist, den Abstand zwischen den philosophischen Schriften Ciceros und der heiligen Legende Theodorets, zwischen dem Charakter Catos und Simeons zu messen, können wir auch die denkwürdige Umwälzung würdigen, die im römischen Reich binnen fünfhundert Jahren vollendet worden ist.

II. Die Fortschritte des Christentums sind durch zwei ruhmvolle und entscheidende Siege bezeichnet worden: über die gelehrten und üppigen Bürger des Römischen Reiches und über die kriegerischen Barbaren von Skythien und Germanien, welche die Herrschaft der Römer stürzten, aber ihre Religion annahmen. Die Goten waren die ersten unter diesen wilden Proselyten. Sie verdanken ihre Bekehrung einem Landsmann oder wenigstens Untertanen, würdig, unter jene Erfinder nützlicher Künste gereiht zu werden, welche das Andenken und die Dankbarkeit der Nachwelt verdient haben. Eine große Anzahl römischer Provinzbewohner war von den gotischen Scharen, welche Asien zur Zeit des Gallienus verheerten, in Gefangenschaft geführt worden, und unter diesen Gefangenen befanden sich viele Christen, gehörten mehrere dem geistlichen Stande an. Diese unfreiwilligen, als Sklaven in den Dörfern Daziens zerstreuten Missionare arbeiteten mit Erfolg an der Erlösung ihrer Gebieter. Der Same der Lehre des Evangeliums, den sie ausstreuten, verbreitete sich allmählich, und vor Ende eines Jahrhunderts wurde das fromme Werk durch Ulphilas vollbracht (360), dessen Vorfahren aus einer kleinen Stadt von Kappadokien über die Donau verpflanzt worden waren.

Ulphilas, Bischof und Apostel der Goten, erwarb ihre Liebe und Verehrung durch sein fleckenloses Leben und seinen unermüdlichen Eifer, und sie nahmen mit unbedingtem Vertrauen die Lehren der Wahrheit und Tugend an, die er predigte und ausübte. Er vollführte die schwierige Aufgabe, die heilige Schrift in ihre Muttersprache, eine Mundart des Germanischen, zu übertragen, unterdrückte aber weislich die vier Bücher der Könige, weil sie dazu dienen konnten, den wilden und blutdürstigen Sinn der Barbaren noch mehr zu reizen. Die rohe und unvollständige Sprache der Krieger und Hirten, schlecht geeignet, um geistige Ideen auszudrücken, wurde von ihm verbessert und umgeändert. Ulphilas mußte, bevor er seine Übersetzung beginnen konnte, ein neues Alphabet aus vierundzwanzig Schriftzeichen ersinnen, von denen er vier erfand, um die eigentümlichen Laute wiederzugeben, die der griechischen und lateinischen Aussprache unbekannt waren. Der gedeihliche Zustand der gotischen Kirche wurde jedoch bald durch Krieg und Zwietracht gestört, und die Anführer waren sowohl in bezug auf Religion als auf persönliche Interessen geteilter Ansicht. Fritigern, der Freund der Römer, wurde der Proselyt des Ulphilas, während Athanarichs stolze Seele sowohl das Joch des Reiches als des Evangeliums verschmähte. Der Glaube der Neubekehrten wurde durch die Verfolgung geprüft, die über sie losbrach. Ein Wagen, über welchem das formlose Bild Thors oder vielleicht Wodans emporragte, wurde in feierlichem Zuge durch die Gassen des Lagers gefahren, und die Rebellen, die sich weigerten, den Gott ihrer Väter anzubeten, wurden unverzüglich mit ihren Zelten und Familien verbrannt. Der Charakter des Ulphilas empfahl ihn der Achtung des morgenländischen Hofes, wo er zweimal als Friedensbote erschien. Er führte die Sache der bedrängten Goten, welche Valens um Schutz anflehten, und der Name Moses' wurde auf den geistlichen Führer angewendet, der sein Volk durch die tiefen Gewässer der Donau in das Land der Verheißung leitete. Die frommen Hirten, die seiner Person anhingen und sich von seiner Stimme leiten ließen, lebten in ihrer Niederlassung am Fuße der mösischen Berge in einem Wald- und Weidlande, das sie in den Stand setzte, ihre Rinder- und Lämmerherden zu erhalten und Korn und Wein der reicheren Provinzen einzutauschen. Diese harmlosen Barbaren vervielfältigten sich in dunklem Frieden und in dem Bekenntnisse des Christentums.

Ihre wilden Brüder, die furchtbaren Westgoten, nahmen allgemein die Religion der Römer an, mit denen sie beständigen Verkehr des Krieges, der Freundschaft oder Eroberung unterhielten. Auf ihrem langen und siegreichen Zuge von der Donau bis zum atlantischen Ozean bekehrten sie ihre Bundesgenossen, erzogen das nachwachsende Geschlecht, und die Frömmigkeit, die im Lager Alarichs oder am Hofe zu Toulouse herrschte, konnte die Paläste von Rom und Konstantinopel erbauen oder beschämen. Während derselben Periode (um 400) nahmen fast alle Barbaren, die ihre Königreiche auf den Trümmern des abendländischen Reiches errichteten, das Christentum an: Die Burgunden in Gallien, die Sueven in Spanien, die Vandalen in Afrika, die Ostgoten in Pannonien, die verschiedenen Scharen von Söldnern, die Odoaker auf den Thron von Italien erhoben. Die Franken und Sachsen beharrten fortwährend in den Irrtümern des Heidentums; aber die Franken erlangten die Monarchie von Gallien durch ihre Unterwerfung unter das Beispiel Chlodwigs, und die sächsischen Eroberer von Britannien wurden durch die Missionare Roms von ihrem heidnischen Glauben befreit. Diese barbarischen Proselyten entwickelten in Verbreitung des Glaubens einen feurigen, von Erfolgen gekrönten Eifer. Die merowingischen Könige und ihre Nachfolger, Karl der Große und die Ottonen, verbreiteten durch ihre Gesetze und Siege die Herrschaft des Kreuzes. England brachte den Apostel Germaniens hervor, und das Licht des Evangeliums ergoß sich allmählich von der Umgegend des Rheins über die Völker an der Elbe, der Weichsel und der Ostsee.

Die verschiedenen Beweggründe, die auf Vernunft oder Leidenschaften der bekehrten Barbaren Einfluß hatten, sind nicht leicht zu ermitteln. Sie waren oft Wirkung der Laune oder des Zufalles: ein Traum, ein Zeichen, das Gerücht eines Wunders, das Beispiel irgendeines Priesters oder Helden, die Reize eines gläubigen Weibes und vor allem der glückliche Ausgang eines Gebetes oder Gelübdes, das sie in einem Augenblick der Gefahr an den Gott der Christen gerichtet hatten. Die früh eingesogenen Vorurteile der Erziehung wurden allmählich durch die Einwirkung des Umganges und vertrauter Gesellschaft ausgelöscht. Die moralischen Vorschriften des Evangeliums wurden durch die außergewöhnlichen Tugenden der Mönche bewährt und eine geistige Theologie durch die sichtbare Macht der Reliquien und den Glanz des Gottesdienstes unterstützt. Aber auch die vernünftige und scharfsinnige Überredungsmethode, die ein sächsischer Bischof einem volkstümlichen Heiligen anriet, wurde zuweilen von den Missionaren, die an der Bekehrung der Ungläubigen arbeiteten, angewendet: „Räume ein", sagt der scharfsinnige Theolog, „was sie auch von der fabelhaften und fleischlichen Genealogie ihrer Götter und Göttinnen, die einander fortpflanzten, vorzugeben belieben. Aus diesem Satz leite ihre unvollkommene Natur, ihre menschliche Schwachheit, die Gewißheit, daß sie geboren wurden, und die Wahrscheinlichkeit, daß sie sterben werden, ab. Zu welcher Zeit, durch welche Mittel, von welcher Ursache ist der älteste der Götter oder Göttinnen hervorgebracht worden? Pflanzen sie sich noch fort oder haben sie aufgehört das zu tun? Wenn sie aufgehört haben, so fordere deine Gegner auf, den Grund dieser seltsamen Veränderung anzugeben. Fahren sie aber noch fort, so muß die Zahl der Götter unbegrenzt werden, und müssen wir da nicht fürchten, durch die unkluge Verehrung irgendeiner ohnmächtigen Gottheit den Zorn ihres neidischen Höheren zu erregen? Ist der Himmel und die Erde, die man sieht, und das ganze Weltgebäude, das der Geist zu denken vermag, geschaffen oder ewig? Wenn geschaffen, wie oder wo konnten die Götter vor der Schöpfung gelebt haben? Wenn ewig, wie konnten sie die Herrschaft über eine unabhängige, vor ihnen dagewesene Welt erlangen? Bediene dich dieser Gründe mit Klugheit und Mäßigung, schildere in wohlberechneten Zwischenräumen die Wahrheit und Schönheit der christlichen Offenbarung und bestrebe dich, die Ungläubigen zu beschämen, ohne sie zu erzürnen." Diese metaphysischen Gründe, für die Barbaren Germaniens vielleicht zu subtil, wurden durch das gröbere Gewicht der Macht und der Meinung der Mehrzahl unterstützt. Der Vorzug zeitlichen Glückes hatte die Sache der Heiden verlassen und war in die Dienste des Christentums übergegangen. Die Römer selbst, das mächtigste und aufgeklärteste Volk der Erde, hatten ihrem alten Götterglauben entsagt, und wenn sie durch den Sturz ihres Reiches auch die Wirksamkeit des neuen Glaubens scheinbar zu beklagen hatten, war doch die Schmach bereits durch die Bekehrung der siegreichen Goten wiedergutgemacht worden. Die tapferen und glücklichen Barbaren, welche die Provinzen des Abendlandes unterjochten, hatten nacheinander dasselbe erbauliche Beispiel empfangen und gegeben. Noch vor dem Jahrhundert Karls des Großen konnten sich die christlichen Völker Europas des ausschließlichen Besitzes der gemäßigten Klimate und der fruchtbaren Länder rühmen, welche Korn, Wein und Öl hervorbringen, während die wilden Heiden und ihre Götzen auf die äußersten Grenzen der Erde, die finsteren Eisgegenden des Nordens beschränkt waren.

Das Christentum, das den Barbaren die Tore des Himmels aufgeschlossen hatte, brachte eine wichtige Veränderung in ihrem moralischen und politischen Zustand hervor. Sie empfingen zu gleicher Zeit den Gebrauch der Schrift, so wesentlich für eine Religion, deren Lehren in einem heiligen Buch enthalten sind, und während sie die göttliche Wahrheit studierten, wurde ihr Geist allmählich durch den fernen Hinblick auf Geschichte, Natur, Künste und Gesellschaft erweitert. Die Übersetzung der Heiligen Schrift in ihre Muttersprache, die ihre Bekehrung erleichtert hatte, mußte unter ihrer Geistlichkeit die Neugier erregen, den Urtext zu lesen, die heilige Liturgie der Kirche zu verstehen und in den Schriften der Väter die Kette der kirchlichen Überlieferung zu erforschen. Diese geistlichen Gaben wurde in der lateinischen und griechischen Sprache überliefert, welche die unschätzbaren Denkmäler der alten Literatur enthielten. Die unsterblichen Werke Virgils, Ciceros und Livius', die den christlichen Barbaren zugänglich wurden, stellten eine geheime Verbindung mit der Regierung des Augustus und den Zeiten Chlodwigs und Karls des Großen her. Der Wetteifer des Menschengeschlechtes wurde durch die Erinnerung an einen vollkommeneren Zustand der lateinischen Welt erregt, und die Flamme des Wissens insgeheim lebendig erhalten, um die Zeit der Reife der abendländischen Welt zu erwärmen und zu erleuchten. In den verderbtesten Zeiten des Christentums konnten die Barbaren Recht aus dem Gesetz und Erbarmen aus dem Evangelium lernen, und wenn die bloße Kenntnis der Pflicht nicht hinreichend war, ihre Handlungen zu leiten und ihre Leidenschaften zu regeln, wurden sie doch zuweilen durch das Gewissen zurückgehalten und durch Reue bestraft. Aber die unmittelbare Macht der Religion war minder wirksam als die heilige Gemeinschaft, die sie mit ihren christlichen Brüdern in geistlicher Freundschaft verband. Der Einfluß dieser Gefühle trug bei, ihre Treue im Dienst der Römer oder im Bündnis mit ihnen zu sichern, die Schrecken des Krieges zu mildern, den Übermut der Eroberung zu zügeln und im Sturz des Reiches eine bleibende Ehrfurcht vor dem Namen und der Einrichtung Roms zu bewahren. In den Zeiten des Heidentums herrschten die gallischen und germanischen Priester über das Volk und hielten die Macht der Obrigkeiten im Zaum, und die eifrigen Proselyten übertrugen ein gleiches oder noch größeres Maß frommen Gehorsams auf die Oberhäupter des christlichen Glaubens. Der geheiligte Charakter der Bischöfe wurde durch ihre weltlichen Besitzungen unterstützt, sie erhielten ehrenvollen Sitz in den gesetzgebenden Versammlungen der Krieger und Freien, und das Interesse ebensowohl als die Pflicht gebot ihnen, durch friedliche Ratschläge den ungestümen Geist der Barbaren zu mildern. Der beständige Verkehr der lateinischen Geistlichkeit, die häufigen Pilgerfahrten nach Rom und Jerusalem und die zunehmende Macht der Päpste befestigten die Einheit der christlichen Republik und brachten allmählich jene ähnlichen Sitten und jene gemeinsame Gerechtigkeitspflege hervor, welche die unabhängigen, sogar feindlichen Nationen des neueren Europa von der übrigen Menschheit unterschieden haben.

Aber die Wirkung dieser Ursachen wurde durch einen unglücklichen Zufall gehemmt und hinausgeschoben, der ein tödliches Gift in den Becher des Heiles goß. Welche Meinung Ulphilas auch immer früher gehabt haben mochte, so wurden doch seine Verbindungen mit dem Reich und der Kirche während der Herrschaft des Arianismus gebildet. Der Apostel der Goten unterschrieb das Glaubensbekenntnis von Rimini, bekannte frei und offen, vielleicht sogar aufrichtig, daß der Sohn dem Vater nicht wesensgleich oder konsubstantiell sei, teilte diese Irrtümer der Geistlichkeit und dem Volke mit, und impfte der barbarischen Welt eine Ketzerei ein, welche Theodosius der Große unter den Römern ächtete und ausrottete. Die Gemütsart und der Verstand der neuen Proselyten war solchen metaphysischen Feinheiten nicht gewachsen, aber sie behaupteten energisch, was sie aus Frömmigkeit als die reine und echte Lehre des Christentums angenommen hatten. Der Vorteil, die Heilige Schrift in der germanischen Sprache zu predigen und auszulegen, förderte die apostolischen Arbeiten des Ulphilas und seiner Nachfolger, die eine genügende Anzahl von Bischöfen und Presbytern zur Belehrung der verwandten Stämme weihten. Die Ostgoten, Burgunden, Sueven und Vandalen, welche der Beredsamkeit des lateinischen Klerus Gehör geschenkt hatten, zogen den verständlicheren Unterricht der Lehrer aus ihrem Volke vor, und der Arianismus wurde als Nationalglaube der kriegerischen Bekehrten angenommen, die sich auf den Trümmern des Römischen Reiches festgesetzt hatten. Diese unsühnbare Verschiedenheit der Religion bildete eine nie versiegende Quelle des Neides und des Hasses, und der Vorwurf Barbar wurde durch den noch verhaßteren Namen Ketzer verbittert. Die Helden des Nordens, die sich nicht ohne Sträuben dem Glauben unterworfen hatten, daß sich alle Altvorderen in der Hölle befänden, erstaunten und ergrimmten, als man ihnen sagte, sie hätten nur die Art ihrer ewigen Verdammung geändert. Statt des Beifalls, den christliche Könige von ihren getreuen Prälaten zu erwarten gewohnt sind, waren die orthodoxen Bischöfe samt ihrer Geistlichkeit in Widersetzlichkeit gegen die arianischen Höfe begriffen, und ihr maßloser Widerstand wurde häufig verbrecherisch, ja konnte zuweilen sogar gefährlich werden. Die Kanzel widerhallte von den Namen Pharao und Holofernes; das öffentliche Mißvergnügen wurde durch die Hoffnung oder Verheißung glorreicher Befreiung entflammt, und die aufruhrsüchtigen Heiligen ließen sich verleiten, die Erfüllung ihrer eigenen Weissagungen zu fördern. Trotz dieser Herausforderungen erfreuten sich die Katholiken in Gallien, Spanien und Italien unter der Herrschaft der Arianer der freien und ungekränkten Ausübung ihrer Religion. Ihre stolzen Gebieter ehrten den Glaubenseifer eines zahlreichen Volkes, das entschlossen war, am Fuße seiner Altäre zu sterben, und das Beispiel ihrer frommen Standhaftigkeit wurde von den Barbaren selbst bewundert und nachgeahmt. Die Eroberer wichen jedoch auch dem schimpflichen Vorwurf oder Bekenntnis der Furcht aus, daß sie ihre Duldung Beweggründen der Vernunft und Menschlichkeit zuschrieben, und indem sie die Sprache des echten Christentums vortäuschten, sogen sie unmerklich dessen Geist ein.

Der Friede der Kirche wurde indes zuweilen gestört. Die Katholiken waren unweise, die Barbaren ungeduldig, und die einzelnen Handlungen der Strenge oder Ungerechtigkeit, welche die arianische Geistlichkeit empfohlen hatte, sind von den rechtgläubigen Schriftstellern übertrieben worden. Die Schuld einer Verfolgung mag Eurich, dem König der Westgoten, beigemessen werden, der die Ausübung der kirchlichen oder wenigstens bischöflichen Verrichtungen einstellte und die volksbeliebten Bischöfe von Aquitanien mit Einkerkerung, Verbannung und Vermögenseinziehung bestrafte. Das grausame und widersinnige Unternehmen aber, die Gemüter eines ganzen Volkes zu unterjochen, wurde von den Vandalen allein unternommen. Genserich selbst hatte in früher Jugend auf die orthodoxe Kirchengemeinschaft verzichtet, und der Abtrünnige konnte aufrichtige Verzeihung weder gewähren noch hoffen. Er wurde durch die Entdeckung erbittert, daß die Afrikaner, die vor ihm im Felde geflohen waren, immer wieder wagten, sich seinem Willen in den Synoden und in den Kirchen zu widersetzen, und seine blutdürstige Seele war weder der Furcht noch dem Erbarmen zugänglich. Seine katholischen Untertanen wurden durch unduldsame Gesetze und willkürliche Strafen gedrängt. Genserich führte eine wütende, schreckliche Sprache. Die Kenntnis seiner Absichten rechtfertigte die ungünstigste Auslegung seiner Handlungen, und den Arianern wurden die häufigen Hinrichtungen vorgeworfen, die seinen Palast und seine Gebiete befleckten. Krieg und Ehrgeiz waren jedoch die herrschenden Leidenschaften des Monarchen des Meeres. Aber sein unrühmlicher Sohn Hunnerich (477), der nur seine Laster geerbt zu haben schien, peinigte die Katholiken mit derselben unnachgiebigen Wut, die seinem Bruder, seinen Neffen und den Freunden und Günstlingen seines Vaters verderblich wurde, ja sich sogar gegen die arianischen Patriarchen richtete, der unmenschlich in Karthago lebendig verbrannt worden war. Ein hinterlistiger Waffenstillstand ging dem Religionskrieg voran und bereitete ihn vor. Verfolgung wurde das ernste und wichtige Geschäft des vandalischen Hofes, und die ekelhafte Krankheit, die den Tod Hunnerichs beschleunigte, rächte die Unbilden der Kirche, ohne zu ihrer Befreiung beizutragen. Den Thron von Afrika nahmen nacheinander die zwei Neffen Hunnerichs ein: Gundamund (484), der zwölf Jahre regierte, und Thrasimund, der über siebenundzwanzig Jahre die Nation beherrschte. Ihre Verwaltung war für die rechtgläubige Partei feindlich und drückend. Gundamund wetteiferte mit der Grausamkeit seines Oheims, ja übertraf sie sogar, und als er endlich nachließ, die Bischöfe zurückrief und die Freiheit der athanasianischen Gottesverehrung wiederherstellte, vereitelte ein früher Tod die Wohltaten seiner späten Milde. Sein Bruder Thrasimund (496) war der größte und vollendetste der Vandalenkönige, die er an Schönheit, Klugheit und Seelengröße weit überragte. Aber dieser hochherzige Charakter wurde durch unduldsamen Eifer und trügerische Milde entwürdigt. Statt der Drohungen und Foltern wendete er die sanfte, aber wirksame Macht der Verführung an. Reichtum, Würde und die königliche Gunst waren der reiche Lohn der Abtrünnigkeit; die Katholiken, welche die Gesetze übertreten hatten, konnten ihre Begnadigung durch Verleugnung ihres Glaubens erkaufen, und sooft Thrasimund irgendeine strenge Maßnahme beschlossen hatte, harrte er geduldig, bis die Unklugheit seiner Gegner ihn mit einer günstigen Gelegenheit dazu versah. Bigotterie war das letzte Gefühl in seiner Todesstunde, und er drang seinem Nachfolger den feierlichen Eid ab, daß er die athanasianischen Sektierer nie dulden werde. Aber sein Nachfolger Hilderich (523), der sanfte Sohn des grimmigen Hunnerich, zog die Pflichten der

Menschlichkeit und Gerechtigkeit der eitlen Verbindlichkeit eines gottlosen Eides vor. Als er zur Herrschaft gelangte, zeichnete er sich ruhmvoll durch Wiederherstellung des Friedens und allgemeiner Religionsfreiheit aus. Der Thron dieses edlen, aber schwachen Monarchen wurde von seinem Vetter Gelimer (530), einem eifrigen Arianer, geraubt. Bevor sich dieser jedoch seiner Macht freuen oder sie mißbrauchen konnte, ward das Königreich der Vandalen durch die Waffen Belisars gestürzt, worauf die orthodoxe Partei die Drangsale vergalt, die sie erduldet hatte.

Die leidenschaftlichen Deklamationen der Katholiken, der einzigen Geschichtsschreiber dieser Verfolgung, vermögen keine bestimmte Reihe von Ursachen und Ereignissen, keine unparteiische Ansicht der Charaktere und Ratschlüsse zu bieten; die merkwürdigsten Umstände jedoch, die entweder Glauben oder Aufmerksamkeit verdienen, lassen sich auf folgende Punkte zurückführen: I. In dem ursprünglichen Gesetz, das noch vorhanden ist, erklärt Hunnerich ausdrücklich, und seine Erklärung scheint begründet zu sein, daß er getreulich die Verordnungen und Strafen der kaiserlichen Edikte gegen ketzerische Gemeinden, gegen Geistlichkeit und Volk, so sich von der herrschenden Kirche losgesagt, abgeschrieben habe. Wenn die Rechte der Gewissensfreiheit verstanden worden wären, hätten die Katholiken entweder ihr früheres Benehmen verdammen oder sich geduldig in ihr gegenwärtiges Leiden fügen müssen. Sie beharrten aber auf Verweigerung jener Milde, die sie für sich selbst in Anspruch nahmen. Während sie unter der Geißel der Verfolgung zitterten, priesen sie die löbliche Strenge Hunnerichs selbst, der eine große Anzahl Manichäer verbrannte oder exilierte, und verwarfen mit Abscheu den schimpflichen Vergleich, wonach die Anhänger des Arius sowie die des Athanasius wechselseitige und gleiche Duldung in den Gebieten der Römer wie in jenen der Vandalen genießen sollten. II. Die Sitte einer Konferenz, wozu die Katholiken so oft gegriffen hatten, um ihre hartnäckigen Gegner zu schwächen und zu bestrafen, wurde gegen sie selbst in Anwendung gebracht. Auf Hunnerichs Befehl versammelten sich vierhundertsechsundsechzig orthodoxe Bischöfe in Karthago; als sie aber in den Konferenzsaal eingelassen wurden, erfuhren sie die Kränkung, den Arianer Cyrila auf den Thron des Patriarchen erhoben zu sehen. Die Streitenden wurden nach dem gewöhnlichen Lärmen und Schweigen, Zaudern, Übereilen, militärischem Eingreifen und lautem Geschrei der Menge auseinandergetrieben. Ein Märtyrer und ein Bekenner wurden aus den katholischen Bischöfen gewählt. Achtundzwanzig entkamen durch die Flucht, und achtundzwanzig durch Fügsamkeit, sechsundvierzig wurden nach Korsika geschickt, um dort Bauholz für die königliche Seemacht zu fällen. Dreihundertundzwei wurden nach verschiedenen Teilen von Afrika verbannt, der Grausamkeit ihrer Feinde preisgegeben und sorgfältig aller irdischen und geistlichen Tröstungen des Lebens beraubt. Die Beschwerden einer zehnjährigen Verbannung mußten ihre Zahl verringert haben, und wenn sie das Gesetz des Thrasimund befolgt hätten, das alle bischöflichen Weihen verbot, würde die rechtgläubige Kirche von Afrika mit dem Tode ihrer Mitglieder erloschen sein. Sie gehorchten nicht, und ihr Ungehorsam wurde durch eine abermalige Verbannung von zweihundertzwanzig Bischöfen nach Sardinien bestraft, wo sie fünfzehn Jahre, bis zur Thronbesteigung des gnadenreichen Hilderich, schmachteten. Die beiden Inseln waren von der Bosheit ihrer arianischen Tyrannen absichtlich gewählt worden. Seneca hat aus eigener Erfahrung den elenden Zustand von Korsika beklagt und übertrieben, aber der Überfluß Sardiniens wurde durch die ungesunde Beschaffenheit der Luft aufgewogen. III. Der Eifer Genserichs und seiner Nachfolger in der Bekehrung der Katholiken muß sie nur um so fanatischer gemacht haben, die Reinheit des vandalischen Glaubens zu bewahren. Bevor die Kirchen endlich geschlossen wurden, war es ein Verbrechen, da in barbarischer Tracht zu erscheinen, und diejenigen, die sich erdreisteten, dem königlichen Befehl zuwiderzuhandeln, wurden roh an ihren langen Haaren zurückgeschleppt. Die königlichen Beamten, die sich weigerten, sich zur Religion ihres Souveräns zu bekennen, wurden schimpflich ihrer Ehrenstellen und Ämter entsetzt, nach Sardinien oder Sizilien verbannt oder zur Sklaven- und Bauernarbeit in den Feldern von Utica verurteilt. In den Bezirken, die den Vandalen insbesondere angewiesen waren, wurde die Ausübung des katholischen Gottesdienstes noch strenger verboten, und schwere Strafen bedrohten die Schuld des Bekehrers wie des Bekehrten. Durch solche Künste wurde der Glaube der Barbaren bewahrt und ihr Eifer entflammt: sie verrichteten mit frommer Wut das Amt von Kundschaftern, Angebern und Henkern, und sooft ihre Reiterei zu Felde zog, war es ihr Lieblingsvergnügen, auf dem Marsch die Kirchen zu schänden und die Geistlichkeit der Gegenpartei zu mißhandeln. IV. Die Bürger, die in der Üppigkeit der römischen Provinz erzogen worden waren, wurden der ausgesuchten Grausamkeit der Mohren der Wüste überliefert. Ein ehrwürdiger Zug von Bischöfen, Presbytern und Diakonen mit einer getreuen Schar von viertausendsechsundneunzig Personen, deren Schuld nicht genau ermittelt ist, wurden auf Hunnerichs Befehl aus ihrer Heimat gerissen. Während der Nacht wurden sie gleich einer Tierherde in ihrem eigenen Unrat eingepfercht. Am Tage setzten sie ihren Marsch auf dem glühenden Sand fort, und wenn sie der Hitze oder Ermattung erlagen, wurden sie solange gestachelt oder geschleppt, bis sie unter den Händen ihrer Peiniger den Geist aufgaben. Als diese unglücklichen Verbannten die Hütten der Afrikaner erreichten, erregten sie das Mitleid eines Volkes, dessen natürliches Menschengefühl ebensowenig durch Vernunft veredelt als durch Religionsschwärmerei verderbt worden war: waren sie aber den Gefahren entgangen, so waren sie auch verurteilt, die Drangsale des unzivilisierten Lebens zu teilen. V. Den Urhebern einer Verfolgung liegt ob, vorher nachzudenken, ob sie entschlossen sind, sie bis zum äußersten Ziele durchzuführen. Sie schüren die Flamme, die sie zu löschen streben, und es wird bald notwendig ebensowohl die Widerspenstigkeit wie das Verbrechen des Übertreters zu bestrafen. Die Geldbuße, die er entweder nicht bezahlen kann oder nicht will, setzt seine Person der Strenge des Gesetzes aus, und seine Verachtung geringerer Bußen führt zur Anwendung der angemessenen Todesstrafe. Man kann durch das dichte Lügengewebe deutlich gewahren, daß die Katholiken, insbesondere unter Hunnerichs Regierung, die grausamste und schimpflichste Behandlung erduldeten. Achtbare Bürger, edle Matronen und geweihte Jungfrauen wurden nackt ausgezogen und mit einem an ihre Füße angehängten Gewicht mittels einer Winde in die Höhe gezogen. In dieser martervollen Stellung wurden ihre nackten Körper von Geißeln zerfleischt oder an den empfindlichsten Teilen mit glühenden Eisenplatten gebrannt. Ohren, Nase, Zunge oder die rechte Hand wurden ihnen von den Arianern abgeschnitten, und obschon keine genaue Zahl angegeben werden kann, ist doch gewiß, daß viele Personen, darunter ein Bischof und ein Prokonsul, auf die Krone des Märtyrertums Anspruch erhielten. Dieselbe Ehre ist dem Andenken des Grafen Sebastian erwiesen worden, der mit unerschütterlicher Standhaftigkeit an dem nicäischen Glaubensbekenntnis festhielt. Genserich aber verabscheute als einen Ketzer den tapferen und ehrgeizigen Flüchtling, den er als Nebenbuhler fürchtete. VI. Eine neue Bekehrungsmethode, die den Schwachen überwältigte und den Furchtsamen beunruhigte, wurde von den Dienern der arianischen Kirche angewendet. Sie erteilten durch List oder Gewalt das Sakrament der Taufe und bestraften die Abtrünnigkeit der Katholiken, wenn sie diese verhaßte und gottlose Zeremonie, die auf eine so ärgerliche Weise die Freiheit des Willens und die Einheit des Sakramentes verletzte, nicht anerkannten. Die feindlichen Sekten hatten sonst gegenseitig die Gültigkeit ihrer Taufe anerkannt, und die von den Vandalen so grausam verteidigte Neuerung kann nur dem Beispiel und Rat der Donatisten zugeschrieben werden. VII. Die arianische Geistlichkeit übertraf an Grausamkeit, aus Religion zwar, den König und seine Vandalen, aber sie war nicht imstande, den geistlichen Weinberg zu bebauen, den sie so sehnlich zu besitzen wünschte. Ein Patriarch setzte sich zwar auf den Thron von Karthago, einige Bischöfe nahmen in den vornehmsten Städten den Platz ihrer Nebenbuhler ein, aber die Geringfügigkeit ihrer Anzahl und ihre Unkenntnis der lateinischen Sprache machten die Barbaren zur geistlichen Verwaltung einer großen Kirche unfähig, und die Afrikaner blieben nach dem Verlust ihrer rechtgläubigen Seelsorger ohne allen öffentlichen Gottesdienst. VIII. Die Kaiser waren die natürlichen Beschützer der homousianischen Glaubenslehre, und die getreuen Bewohner von Afrika zogen sowohl als Römer wie als Katholiken ihre rechtmäßige Souveränität der Gewaltherrschaft barbarischer Ketzer vor. In der Zeit des Friedens und der Freundschaft gab Hunnerich auf Fürbitte des Kaisers Zeno, der im Osten regierte, und der Placidia, der Tochter und Waise vom Kaiser und Schwester der Königin der Vandalen, die Kathedrale von Karthago zurück. Aber diese lobenswerte Rücksichtnahme war von kurzer Dauer, und der hochmütige Tyrann zeigte seine Verachtung gegen die Religion des Reiches, indem er geflissentlich die blutigen Werkzeuge der Verfolgung in allen Hauptstraßen aufstellen ließ, durch welche der römische Gesandte auf seinem Wege zum Palast ziehen mußte. Den in Karthago versammelten Bischöfen wurde ein Eid abverlangt, daß sie die Nachfolge seines Sohnes Hilderich unterstützen und jedem auswärtigen oder überseeischen Briefwechsel entsagen würden. So sehr diese Verpflichtung mit ihren moralischen und religiösen Pflichten im Einklang zu stehen schien, wurde sie doch von den klügeren Mitgliedern der Versammlung verweigert. Ihre durch das Vorgeben, es sei einem Christen unerlaubt, zu schwören, nur schwach beschönigte Weigerung mußte den Argwohn eines eifersüchtigen Tyrannen herausfordern.

Die Katholiken, obwohl durch die Macht der Könige und Waffen unterdrückt, waren ihren Gegnern auch an Zahl und Gelehrsamkeit überlegen. Mit denselben Mitteln, welche die griechischen und lateinischen Väter bereits im arianischen Streit angewendet hatten, brachten sie auch die barbarischen und schriftungelehrten Nachfolger des Ulphilas zum Schweigen oder besiegten sie. Das Bewußtsein ihrer Überlegenheit hätte sie über die Schliche und Leidenschaften religiöser Kriegführung erheben sollen. Statt jedoch sich so ehrenhaft zu zeigen, ließen sich die rechtgläubigen Theologen durch die Sicherheit der Straflosigkeit verlocken, Erdichtungen zu schmieden, die mit den Namen Betrug und Fälschung belegt werden müssen. Sie schrieben ihre eigenen polemischen Werke den ehrwürdigsten Namen des Altertums zu; die Rollen des Athanasius und Augustin wurden ungeschickt durch Vigilius und seine Schüler gespielt, und das berühmte Glaubensbekenntnis, das die Geheimnisse der Dreieinigkeit und Menschwerdung darlegt, ist höchstwahrscheinlich aus dieser afrikanischen Schule hervorgegangen. Selbst die Heilige Schrift ist durch ihre verwegenen und frevelhaften Hände entweiht worden. Der merkwürdige Text, der die Einheit der Drei behauptet, die Zeugnis im Himmel ablegen, wird durch das allgemeine Stillschweigen der rechtgläubigen Väter, der alten Übersetzungen und echten Handschriften verworfen. Er wurde zuerst von den katholischen Bischöfen angeführt, die Hunnerich zur Besprechung in Karthago versammelte. Eine allegorische Auslegung, vielleicht in Form einer Randnote, schlich sich in den Text der lateinischen Bibeln ein, die in der langen Zeit von zehn Jahrhunderten erneuert und verbessert wurden. Nach der Erfindung der Buchdruckerkunst gaben die Herausgeber des griechischen Testaments ihren eigenen Vorurteilen oder jenen der Zeit nach, und der fromme Betrug, der mit gleichem Eifer in Rom wie in Genf begangen wurde, ist in allen Ländern und Sprachen des neueren Europa vervielfältigt worden. Das Beispiel des Truges muß Verdacht erwecken, und die glänzenden Wunder, womit die afrikanischen Katholiken die Wahrheit und Gerechtigkeit ihrer Sache verteidigt haben, mögen mit besserem Grunde ihrer eigenen Mache als dem sichtbaren Schutz des Himmels zugeschrieben werden. Indessen darf der Geschichtsschreiber, der diesen religiösen Kampf mit unparteiischem Blicke betrachtet, doch nicht unterlassen, eines übernatürlichen Ereignisses Erwähnung zu tun, das die Frommen erbauen und die Ungläubigen überraschen wird. Tipasa, eine Seekolonie von Mauritanien, sechzehn Meilen östlich von Cäsarea, hatte sich in jedem Jahrhundert durch den rechtgläubigen Eifer seiner Einwohner ausgezeichnet. Sie hatten der Wut der Donatisten getrotzt, sie widerstanden oder wichen der Tyrannei der Arianer aus. Die Stadt wurde bei Annäherung eines ketzerischen Bischofs verlassen; die meisten Einwohner, die sich Schiffe verschaffen konnten, segelten nach der Küste von Spanien; der unglückliche Rest aber weigerte sich jeder Gemeinschaft mit dem Usurpator und wagte dauernd, fromme, aber ungesetzliche Zusammenkünfte zu halten. Dieser Ungehorsam erbitterte den grausamen Hunnerich. Ein Graf vom Kriegerstand wurde von Karthago nach Tipasa gesendet, trieb die

Katholiken auf dem Forum zusammen und ließ im Angesicht der ganzen Provinz die Schuldigen ihrer rechten Hand und ihrer Zunge berauben. Aber die heiligen Bekenner fuhren fort, auch ohne Zunge zu sprechen, und dieses Wunder wird von dem afrikanischen Bischof Victor bezeugt, der eine Geschichte der Verfolgung zwei Jahre nach dem Ereignis herausgab. „Sollte irgend jemand", sagt Victor, „an der Wahrheit zweifeln, so gehe er nach Konstantinopel und höre die klare und vollendete Sprache des Subdiakon Restitutus, eines dieser glorreichen Dulder, der jetzt im Palast des Kaisers Zeno wohnt und von der frommen Kaiserin hoch geehrt wird." Wir werden in Erstaunen gesetzt, in Konstantinopel einen ruhigen und leidenschaftslosen Zeugen zu finden. Aeneas von Gaza, ein platonischer Philosoph, hat seine eigenen Beobachtungen dieser afrikanischen Dulder genau aufgezeichnet. „Ich sah sie selbst; ich hörte sie sprechen; ich forschte genau nach, durch welche Mittel eine so artikulierte Stimme ohne Hilfe eines Sprachorgans hervorgebracht werden kann; ich bediente mich der Augen, um zu prüfen, was meine Ohren hörten; ich öffnete ihren Mund und sah, daß die ganze Zunge mit der Wurzel ausgerissen war, eine Operation, welche die Ärzte gewöhnlich für tödlich halten." Die Aussage des Aeneas von Gaza kann durch das Zeugnis des Kaisers Justinian in einem unvergänglichen Edikt, des Grafen Marcellinus in der Chronik seiner Zeit und des Papstes Gregor des Ersten bestätigt werden, der sich in Konstantinopel als Gesandter des römischen Bischofs aufhielt. Sie lebten sämtlich im Zeitraum eines Jahrhunderts, sie berufen sich alle auf ihre persönliche Kenntnis und auf die öffentliche Anerkennung eines Wunders, das in mehreren Fällen wiederholt, auf dem größten Schauplatz der Welt geschehen und während einer Reihe von Jahren der ruhigen Prüfung der Sinne unterworfen war. Diese übernatürliche Gabe der afrikanischen Bekenner, die ohne Zunge redeten, wird die Zustimmung derjenigen und nur derjenigen erlangen, welche bereits glauben, daß ihre Sprache rein und rechtgläubig war. Aber die halsstarrige Seele eines Ungläubigen wird durch geheimen unheilbaren Argwohn bewacht, und der Arianer oder Socinianer, der die Dreieinigkeitslehre ernstlich verworfen hat, wird auch durch den augenfälligsten Beweis eines athanasianischen Wunders nicht erschüttert werden.

Die Vandalen und Ostgoten beharrten im Bekenntnis des Arianismus bis zum endlichen Sturz der Königreiche, die sie in Italien und Afrika gegründet hatten. Die Barbaren von Gallien unterwarfen sich der orthodoxen Herrschaft der Franken, und Spanien wurde der katholischen Kirche durch die freiwillige Bekehrung der Westgoten zurückgegeben.

Diese heilsame Umwälzung ward durch das Beispiel eines königlichen Märtyrers beschleunigt, den unsere ruhigere Vernunft einen undankbaren Aufrührer zu nennen versucht ist. Leovigild, der gotische Monarch in Spanien, verdiente die Achtung seiner Feinde und die Liebe seiner Untertanen. Die Katholiken genossen freie Duldung, und seine arianischen Synoden versuchten ohne sonderlichen Erfolg ihre Glaubensbedenklichkeiten durch Abschaffung des volksunbeliebten Ritus einer zweiten Taufe zu entfernen. Sein ältester Sohn Hermenegild, der von dem Vater mit dem königlichen Diadem und dem schönen Fürstentum Bätica beschenkt worden war, hatte eine ehrenvolle und rechtgläubige Verbindung mit einer Merowingerfürstin, der Tochter des Königs Siegbert von Austrasien und der berühmten Brunhilde, geschlossen. Die schöne, nur dreizehnjährige Ingundis wurde an dem arianischen Hof von Toledo aufgenommen, geliebt, verfolgt, und ihre religiöse Standhaftigkeit von der gotischen Königin Goswintha, die ihr zweifaches Recht mütterlichen Ansehens mißbrauchte, abwechselnd mit Schmeicheleien und Gewalttätigkeiten behandelt. Durch Ingundis' Widerstand erbittert, faßte Goswintha die katholische Fürstin bei ihren langen Haaren, schleuderte sie unmenschlich zu Boden, stieß sie mit Füßen, bis sie blutüberströmt am Boden lag. Dann befahl sie ihren Leuten, sie auszuziehen und in einen Wasserbehälter oder Fischteich zu werfen. Liebe und Ehrgefühl ließen Hermenegild den Entschluß fassen, diese schimpfliche Behandlung seiner Braut zu rächen, und er gewann allmählich die Überzeugung, Ingundis leide für die Sache der göttlichen Wahrheit. Ihre liebevollen Klagen und die gewichtigen Gründe des Erzbischofs Leander von Sevilla vollendeten seine Bekehrung, und der Erbe der gotischen Monarchie wurde durch den feierlichen Ritus der Firmung in das nicäische Glaubensbekenntnis aufgenommen. Der verwegene Jüngling, entflammt durch Religionseifer, vielleicht auch aus Ehrgeiz, ließ sich verleiten, die Pflichten eines Sohnes und Untertanen zu vergessen, und die Katholiken von Spanien, obwohl sie sich nicht über Verfolgung beklagen konnten, billigten seine fromme Auflehnung (577) gegen einen ketzerischen Vater. Der Bürgerkrieg wurde durch die langen und hartnäckigen Belagerungen von Merida, Corduba und Sevilla hinausgezogen, da die Städte eifrig die Partei Hermenegilds ergriffen hatten. Er forderte die rechtgläubigen Barbaren, die Sueven und Franken, zur Verheerung seines Vaterlandes auf, bewarb sich um die gefährliche Hilfe der Römer, welche Afrika und einen Teil der spanischen Küste besaßen, und sein frommer Gesandter, der Erzbischof Leander, unterhandelte in Person erfolgreich mit dem byzantinischen Hof. Aber die Hoffnungen der Katholiken wurden durch die unermüdliche Tatkraft eines Monarchen vernichtet, der über die Schätze und Streitkräfte von ganz Spanien gebot. Der schuldbeladene Hermenegild war nach vergeblichen Versuchen des Widerstandes und der Flucht genötigt, sich der Gewalt seines erzürnten Vaters zu ergeben. Leovigild war dieses geheiligten Charakters eingedenk. Dem Aufrührer, der des königlichen Schmuckes beraubt worden war, blieb gestattet, in seiner Verbannung die katholische Religion auszuüben. Wiederholter und erfolgloser Hochverrat reizte endlich die Entrüstung des gotischen Königs und das Todesurteil, das er mit anscheinendem Widerstreben fällte, wurde insgeheim im Turm von Sevilla vollzogen (584). Die unbeugsame Standhaftigkeit, womit Hermenegild sich weigerte, die arianische Kommunion als Preis seiner Begnadigung anzunehmen, machen seine ehrenvolle Heiligsprechung begreiflich. Seine Gattin und sein unmündiger Sohn wurden von den Römern in schimpflicher Gefangenschaft gehalten, und dieses häusliche Unglück hat den Ruhm Leovigilds verdüstert und die letzten Augenblicke seines Lebens verbittert.

Sein Sohn und Nachfolger Recared, der erste katholische König von Spanien, hatte gleichfalls den Glauben seines unglücklichen Bruders angenommen, verteidigte ihn aber mit mehr Klugheit und besserem Erfolg. Statt sich gegen seinen Vater zu empören, wartete Recared geduldig die Stunde seines Todes ab. Statt sein Andenken zu verfluchen, gab er frommerweise vor, der sterbende Monarch habe die Irrtümer des Arianismus abgeschworen und seinem Sohn die Bekehrung der gotischen Nation empfohlen. Um diesen heilsamen Zweck zu erreichen, berief Recared eine Versammlung der arianischen Geistlichen und Großen ein, bekannte sich als Katholik und ermahnte sie, das Beispiel ihres Fürsten nachzuahmen. Die mühsame Auslegung zweifelhafter Texte oder die spitzfindige Durchführung metaphysischer Gründe würden endlose Streitigkeiten veranlaßt haben. Der Monarch führte daher der ungelehrten Versammlung zwei wesentliche und sichtliche Argumente zu Gemüte, das Zeugnis nämlich der Welt und des Himmels. Die Welt hatte sich der nicäischen Synode unterworfen; die Römer, die Barbaren und die Bewohner Spaniens bekannten sich zu demselben orthodoxen Glauben, und nur die Westgoten widerstanden fast allein der Einstimmigkeit der christlichen Welt. Ein abergläubisches Jahrhundert ist bereit, die übernatürlichen Heilungen, die entweder durch die Geschicklichkeit oder die Tugend der katholischen Geistlichkeit bewirkt wurden, den Taufbrunnen von Osset in Bätica, der sich jedes Jahr am Ostersonnabend von selbst füllte und das wunderwirkende Grab des heiligen Martin von Tours, das bereits den suevischen Fürsten und die Bewohner von Gallien bekehrt hatte, als Zeugnisse des Himmels anzuerkennen. Der katholische König stieß bei dieser wichtigen Veränderung der Nationalreligion auf Schwierigkeiten. Eine von der verwitweten Königin insgeheim angestiftete Verschwörung gegen sein Leben brach aus. Zwei Grafen erregten einen gefährlichen Aufruhr im narbonnensischen Gallien. Recared entwaffnete aber die Verschworenen, schlug die Rebellen und übte strenge Gerechtigkeit, welche die Arianer ihrerseits mit dem Vorwurf der Verfolgung brandmarkten. Acht Bischöfe, deren Namen eine barbarische Herkunft verraten, schworen ihre Irrtümer ab, und alle theologischen Bücher der Arianer wurden samt dem Haus, in dem sie zu diesem Zweck aufgehäuft worden waren, in

Asche verwandelt. Die Gesamtzahl der Westgoten wurde in den Schoß der katholischen Kirche gelockt oder getrieben; der Glaube, wenigstens des nachwachsenden Geschlechtes, war inbrünstig und aufrichtig, und die fromme Freigebigkeit der Barbaren bereicherte die spanischen Kirchen und Klöster. Siebzig im Konzil von Toledo versammelte Bischöfe empfingen die Unterwerfung ihrer Eroberer, und der Eifer der Spanier verbesserte das nicäische Bekenntnis, indem sie erklärten, daß der heilige Geist ebensowohl von dem Sohn als von dem Vater ausgehe: ein wichtiger Punkt der Glaubenslehre, der lange nachher die Spaltung der griechischen und der lateinischen Kirche herbeiführte. Der königliche Proselyt befragte unverzüglich den Papst Gregor, zubenannt der Große, einen gelehrten und frommen Prälaten, dessen Regierung sich durch die Bekehrung von Ketzern und Ungläubigen auszeichnete. Die Gesandten Recareds brachten im Vatikan reiche Geschenke von Gold und Edelsteinen zum Opfer und empfingen als gewinnreichen Tausch die Haare des heiligen Johannes des Täufers, ein Kreuz, das einen Splitter von dem echten Christuskreuz in sich schloß und einen Schlüssel, der einige von den Ketten des heiligen Petrus abgefeilte Eisenteilchen enthielt.

Derselbe Gregor, Britanniens geistlicher Eroberer, ermutigte die fromme Königin Theodelinda der Langobarden, den nicäischen Glauben unter den siegreichen Barbaren zu verbreiten, deren frisches Christentum durch arianische Ketzerei befleckt war. Ihre frommen Bemühungen ließen allerdings Raum für die Emsigkeit und den Erfolg künftiger Missionare, und manche Städte Italiens wurden noch von feindlichen Bischöfen streitig gemacht. Aber die Sache des Arianismus wurde allmählich durch das Gewicht der Wahrheit, des Interesses und des Beispieles unterdrückt, und der Streit, den die Ägypten aus der platonischen Schule hergeholt hatte, nach einem dreihundertjährigen Krieg durch die endliche Bekehrung der Langobarden von Italien beendigt.

Die ersten Sendlinge, welche den Barbaren das Evangelium predigten, beriefen sich auf das Zeugnis der Vernunft und nahmen die Wohltat der Duldung in Anspruch. Kaum hatten sie aber ihre geistliche Herrschaft begründet, als sie die christlichen Könige ermahnten, die Überreste römischen oder barbarischen Aberglaubens ohne Erbarmen auszurotten. Die Nachfolger Chlodwigs bestraften mit hundert Geißelhieben die Bauern, die sich weigerten, ihre Götzenbilder zu vernichten; das Verbrechen, den Dämonen zu opfern, wurde kraft der angelsächsischen Gesetze mit schwerem Kerker und Vermögenseinziehung bestraft. Ja sogar der weise Alfred nahm als unerläßliche Pflicht die äußerste Strenge der mosaischen Einrichtungen an. Aber Strafe wie Verbrechen verschwanden allmählich unter einem christlichen Volke, den theologischen Streitigkeiten der Schulen tat Unwissenheit Einhalt, und da der Geist der Unduldsamkeit weder Götzendiener noch Ketzer mehr finden konnte, blieb er auf die Verfolgung der Juden beschränkt. Dieses verstreute Volk hatte einige Synagogen in den Städten Galliens gegründet, Spanien aber war seit Hadrians Zeiten mit jüdischen Kolonien angefüllt. Der Reichtum, den sie durch Handel oder Verwaltung der Finanzen aufhäuften, reizte die Habsucht ihrer Gebieter, und sie konnten ohne Gefahr unterdrückt werden, da sie die Führung der Waffen verlernt, ja sogar die Erinnerung daran verloren hatten. Sisebut, ein gotischer König, der im Anfang des siebenten Jahrhunderts regierte, schritt mit einem Male zu den äußersten Mitteln der Verfolgung. Neunzigtausend Juden wurden gezwungen, die Taufe zu empfangen; das Vermögen der hartnäckigen Ungläubigen wurde eingezogen, ihr Leib gemartert, und es scheint zweifelhaft, ob man ihnen gestattete, ihr Geburtsland zu verlassen. Der übermäßige Eifer des katholischen Königs wurde durch die Geistlichkeit gemildert, die feierlich die zwei widersprechenden Sätze aufstellte, daß das Sakrament der Taufe nicht aufgezwungen werden dürfe; daß aber die Juden, die getauft worden wären, zur Ehre der Kirche gehalten sein sollten, in der äußeren Ausübung einer Religion zu beharren, an die sie nicht glaubten und die sie verabscheuten. Ihre häufigen Rückfälle erbitterten einen der Nachfolger Sisebuts so weit, daß er die ganze Nation aus seinem Gebiet verbannte, und eine Kirchenversammlung von Toledo erließ den Beschluß, daß jeder gotische König schwören solle, dieses heilsame Edikt in Kraft zu erhalten. Die

Tyrannen wollten aber weder die Opfer fortlassen, noch sich fleißiger Sklaven berauben, auf die sie einen gewinnbringenden Druck ausüben konnten. Die Juden blieben in Spanien trotz der Wucht der bürgerlichen und kirchlichen Gesetze, die in demselben Lande treulich in den Kodex der Inquisition aufgenommen worden sind. Die gotischen Könige und Bischöfe machten jedoch schließlich die Erfahrung, daß Unbilden Haß erzeugen und daß Haß Gelegenheit zur Rache zu finden weiß. Eine Nation, welche die geheime oder offene Feindin des Christentums war, vermehrte sich unter Knechtschaft und Drangsalen, und die Umtriebe der Juden beförderten den schnellen Erfolg der arabischen Eroberer.

Sowie die Barbaren ihren mächtigen Schutz der Ketzerei des Arius entzogen, sank sie in Verachtung und Vergessenheit. Die Griechen behielten jedoch immer noch ihre Neigung zu Spitzfindigkeiten und Wortstreitigkeiten bei. Die Aufstellung eines geringfügigen Satzes regte neue Fragen und neuen Zank an, und es stand stets in der Gewalt eines ehrgeizigen Prälaten oder eines fanatischen Mönches, den Frieden der Kirche, ja vielleicht des Reiches zu stören. Die Geschichte darf jene Streitigkeiten übergehen, die auf Schulen und Synoden beschränkt blieben. Die Manichäer, welche die Religion Christi und Zoroasters zu vereinigen strebten, hatten sich insgeheim in die Provinzen eingeschlichen, aber diese fremden Sektierer wurden in gemeinsame Schmach mit den Gnostikern verwickelt, und der öffentliche Haß vollzog die kaiserlichen Gesetze. Die vernünftigen Ansichten der Pelagianer pflanzten sich von Britannien bis Rom, Afrika und Palästina fort und erloschen unbemerkt in einem abergläubischen Zeitalter. Der Osten wurde jedoch durch die nestorianischen und eutychianischen Streitigkeiten zerrüttet, die das Geheimnis der Menschwerdung erklären wollten und den Untergang des Christentums im Lande seiner Geburt beschleunigten. Diese Streitfrage wurde zuerst unter der Regierung des jüngeren Theodosius angeregt, die Erörterung ihrer wichtigen Folgen geht aber weit über die Grenze des gegenwärtigen Bandes hinaus. Die metaphysische Kette von Schlüssen, der Kampf geistlichen Ehrgeizes und sein politischer Einfluß auf den Verfall des byzantinischen Reiches bieten eine interessante und lehrreiche Geschichte von den allgemeinen Konzilien von Ephesus und Chalcedon bis zur Eroberung des Ostens durch die Nachfolger Mohammeds.

VIERZEHNTES KAPITEL

EROBERUNGEN CHLODWIGS

Regierung und Bekehrung Chlodwigs. – Seine Siege über die Alemannen, Burgunden und Westgoten – Gründung der französischen Monarchie in Gallien. – Zustand der Römer. – Die Westgoten in Spanien. – Eroberung von Britannien durch die Sachsen

Die Gallier, die das römische Joch mit Ungeduld trugen, empfingen von einem der Stellvertreter des Vespasian eine denkwürdige Lehre, deren inhaltsschwerer Sinn durch Tacitus veredelt und ausgedrückt worden ist: „Der Schutz der Republik hat Gallien von innerer Zwietracht und äußeren Feinden befreit. Durch den Verlust der Nationalunabhängigkeit habt ihr den Namen und die Rechte römischer Bürger erworben. Ihr genießt in Gemeinschaft mit uns selbst die bleibenden Wohltaten einer bürgerlichen Regierung, und eure entfernte Lage ist dem zufälligen Unheil der Tyrannei minder ausgesetzt. Statt die Rechte der Eroberung auszuüben, haben wir uns begnügt, euch solche Steuern aufzuerlegen, wie sie zu eurer eigenen Erhaltung notwendig sind. Der Friede kann nicht ohne Heere gesichert sein, und die Heere müssen auf Kosten des Volkes erhalten werden. Für euch, nicht für uns schirmen wir die Rheingrenze gegen die Germanen, die so oft versucht haben und stets wünschen werden, die Einöden ihrer Wälder und Sümpfe mit den Reichtümern und der Fruchtbarkeit Galliens zu vertauschen. Der Fall Roms würde den Provinzen verderblich sein, und ihr würdet unter den Ruinen jenes großen Baues begraben werden, der durch die Tapferkeit und Weisheit von acht Jahrhunderten aufgeführt worden ist. Eure vermeintliche Freiheit würde von einem barbarischen Gebieter mißhandelt und unterdrückt werden und auf die Vertreibung der Römer würden die endlosen Feindseligkeiten der wilden Barbaren folgen." Dieser gute Rat wurde angenommen, diese außerordentliche Prophezeiung wurde verwirklicht. Im Zeitraum von vier Jahrhunderten waren die kühnen Gallier, die gegen Cäsars Waffen gekämpft hatten, allmählich mit der allgemeinen Masse von Bürgern und Untertanen verschmolzen; das abendländische Reich wurde aufgelöst und die Germanen, die über den Rhein gezogen waren, kämpften grimmig miteinander um den Besitz Galliens und erregten die Verachtung oder den Abscheu seiner friedlichen und gebildeten Einwohner. Mit jenem selbstbewußten Stolz, den der Vorzug der Kenntnisse und des Luxus selten einzuflößen verfehlt, verhöhnten sie die behaarten und riesigen Wilden des Nordens, ihre plumpen Sitten, ihre rohen Freuden, ihren gefräßigen Heißhunger und ihr schreckliches, für den Anblick wie für den Geruch gleich widerwärtiges äußere. In den gallischen Schulen von Autun und Bordeaux pflegte man die Literatur, und die gallische Jugend war mit der Sprache Ciceros und Virgils vertraut. Ihre Ohren wurden durch die rauhen und unbekannten Töne des germanischen Dialektes in Erstaunen gesetzt und sie klagten sinnreich, daß die bebenden Musen vor der Harmonie einer burgundischen Lyra flöhen. Die Gallier waren mit allen Vorzügen der Kunst und Natur begabt; da es ihnen aber an Mut fehlte, sich zu verteidigen, wurden sie mit Recht verurteilt, den siegreichen Barbaren, deren Barmherzigkeit sie ihr ungesichertes Vermögen und Leben verdankten, zu gehorchen, ja sogar zu schmeicheln.

Nachdem Odoaker das abendländische Reich gestürzt hatte, bewarb er sich um die Freundschaft der mächtigen Barbaren. Der neue Souverän von Italien trat dem König Eurich der Westgoten (476–485) alle römischen Eroberungen jenseits der Alpen bis an den Rhein und den Ozean ab. Der Senat bestätigte dann dieses freigebige Geschenk, nicht ohne ein gewisses Prunken mit seiner Macht und ohne jeden wirklichen Verlust an Einkommen oder Herrschaft. Den gesetzlichen Ansprüchen Eurichs drückten Ehrgeiz und Erfolg ihr rechtfertigendes Siegel auf, und die gotische Nation konnte unter seiner Anführung nach der Herrschaft von Gallien und Spanien streben. Arles und Marseille ergaben sich seinen Waffen, er unterdrückte die Freiheit von Auvergne, dessen Bischof sich veranlaßt sah, seine Zurückberufung aus der Verbannung um den Preis eines gerechten, aber ungern gezollten Lobes zu erkaufen. Sidonius harrte an den Toren des Palastes unter einer Schar von Gesandten und Bittwerbern, und ihre verschiedenartigen Geschäfte am Hofe von Bordeaux bezeugten die Macht wie den Ruhm des Königs der Westgoten. Die Heruler des fernen Ozeans, die ihre nackten Leiber mit blauer Farbe bemalten, flehten um seinen Schutz, und die Sachsen achteten die Küstenprovinzen eines Fürsten, dem es an einer Seemacht gänzlich fehlte. Die hochgewachsenen Burgunden unterwarfen sich seiner Oberhoheit, und er gab die gefangenen Franken nicht eher frei, als bis er diesem stolzen Volke Bedingungen eines ungleichen Friedens auferlegt hatte. Die Vandalen von Afrika pflegten seine nützliche Freundschaft, und die Ostgoten von Pannonien wurden durch seine mächtige Hilfe gegen die Unterdrückung durch die Nachbarn (die Hunnen) geschützt. Der Norden wurde durch den Wink Eurichs erschüttert oder beruhigt, der große König von Persien zog das Orakel des Abendlandes zu Rate, und den alten Gott des Tiber beschützte der anschwellende Genius der Garonne. Das Schicksal der Nationen hat häufig von einem Zufall abgehangen, und Frankreich kann seine Größe dem frühen Tode des Königs der Goten zu einer Zeit zuschreiben, zu der sein Sohn Alarich ein hilfloses Kind und sein Gegner Chlodwig ein ehrsüchtiger und tapferer Jüngling war.

Als Childerich, Chlodwigs Vater, in Germanien in Verbannung lebte, wurde er sowohl von der Königin als dem König der Thüringer gastfrei aufgenommen. Nach seiner Wiedereinsetzung floh Basina von ihrem Gemahl in die Arme ihres Geliebten, indem sie offen erklärte, daß, wenn sie einen weiseren, stärkeren und schöneren Mann als Childerich kennengelernt hätte, sie diesem Mann den Vorzug gegeben haben würde. Chlodwig war der Sprößling dieser freiwilligen Vereinigung und folgte in einem Alter von nur fünfzehn Jahren durch seines Vaters Tod in dem Befehl über den Stamm der Salier nach (481). Die engen Grenzen seines Königreiches waren auf die Insel der Bataver mit der vormaligen Diözese von Tournay und Arras beschränkt, und zur Zeit der Taufe Chlodwigs konnte die Zahl seiner Krieger fünftausend nicht übersteigen. Die verwandten Stämme der Franken, die sich an den Flüssen Belgiens, der Schelde, der Maas, der Mosel, dem Rhein niedergelassen hatten, wurden von ihren eigenen unabhängigen Königen aus merowingischem Geschlecht, des salischen Fürsten gleichen Bundesgenossen und zuweilen Feinden regiert. Aber den Germanen, die im Frieden der erblichen Oberherrschaft ihrer Führer gehorchten, stand es frei, der Fahne eines berühmten und siegreichen Anführers zu folgen, und die überlegenen Eigenschaften Chlodwigs fesselten die Achtung und die Treue des Nationalbundes. Als er zum erstenmal ins Feld rückte, hatte er weder Gold und Silber in seinem Wagen, noch Wein und Korn in seinen Magazinen; aber er befolgte das Beispiel Cäsars, der in demselben Lande Reichtümer durch das Schwert erworben und Soldaten mit den Früchten der Eroberung erkauft hatte. Nach jeder glücklichen Schlacht, jedem erfolgreichen Zug wurde die Beute in eine gemeinsame Masse gehäuft. Jeder Krieger erhielt seinen verhältnismäßigen Anteil, und das königliche Vorrecht war den gleichen Bestimmungen des Kriegsgesetzes unterworfen. Er lehrte den ungezähmten Mut der Barbaren die Vorteile einer geordneten Disziplin anerkennen. Auf der jährlichen Heerschau im März wurden ihre Waffen genau untersucht, und wenn sie durch ein friedliches Gebiet zogen, war ihnen verboten, auch nur einen Grashalm zu berühren. Die Gerechtigkeit Chlodwigs war unerbittlich: achtlose oder ungehorsame Soldaten wurden mit augenblicklichem Tode bestraft. Die Tapferkeit eines Franken zu preisen, wäre überflüssig; aber Chlodwigs Tapferkeit wurde durch kalte und vollendete Klugheit geleitet. In allen seinen Verhandlungen mit Menschen berechnete er die Bedeutung des Interesses, der Leidenschaft, der Meinung, und seine Maßnahmen waren bald den blutdürstigen Sitten der Germanen angemessen und bald durch den milden Geist Roms und des Christentums gemäßigt. Er wurde von seiner Siegesbahn abberufen, denn er starb mit fünfundvierzig Jahren, aber er hatte bereits während seiner dreißigjährigen Regierung (481–511) die Gründung der französischen Monarchie in Gallien bewerkstelligt.

Die erste Kriegstat Chlodwigs war die Niederlage des Syagrius (486), des Sohnes des Aegidius, und der öffentliche Kampf wohl diesmal durch Privatgroll entflammt worden. Der Ruhm des Vaters schmähte beständig das merowingische Geschlecht, und die Macht des Sohnes erregte ganz natürlich die ehrgeizige Eifersucht des Königs der Franken. Syagrius besaß als väterliches Eigentum die Stadt und Diözese Soissons; der verheerte Rest des zweiten Belgien, Reims und Troyes, Beauvais und Amiens, unterwarfen sich ganz natürlich dem Grafen oder Patrizier, und nach der Auflösung des abendländischen Reiches konnte er unter dem Titel oder wenigstens mit dem Ansehen eines Königs der Römer herrschen. Als Römer war er in den edlen Studien der Rhetorik und Jurisprudenz unterrichtet worden. Zufall oder Politik hatte ihm aber auch eine vertraute Kenntnis der deutschen Sprache verschafft. Die unabhängigen Barbaren strömten zu dem Richterstuhl eines Fremden, der die eigentümliche Gabe besaß, ihnen in ihrer Muttersprache die Gebote der Vernunft und Gerechtigkeit erklären zu können. Der Eifer und die Leutseligkeit ihres Richters machten ihn beliebt, die unparteiische Weisheit seiner Beschlüsse legte ihnen freiwilligen Gehorsam auf, und die Herrschaft des Syagrius über die Franken und Burgunden schien die ursprüngliche Einrichtung der bürgerlichen Gesellschaft wieder zu erneuern. Inmitten dieser friedlichen Beschäftigungen empfing Syagrius die feindliche Herausforderung Chlodwigs und nahm sie kühn an. Dieser sprach zu seinem Gegner im Geist und fast in der Sprache des Rittertums und sagte ihm, er möge Tag und Feld zur Schlacht bestimmen. Zu Cäsars Zeit würde Soissons ein Heer von fünfzigtausend Reitern gestellt haben, und dieses Heer wäre mit Schilden, Panzern und Kriegsmaschinen aus den drei Arsenalen oder Waffenfabriken der Stadt hinreichend versehen gewesen. Aber Mut und Anzahl der gallischen Jugend waren seit langer Zeit erschöpft, und die lockeren Banden von Freiwilligen oder Söldnern, die unter der Fahne des Syagrius marschierten, waren nicht imstande, sich mit der angeborenen Tapferkeit der Franken zu messen. Es würde ungroßmütig sein, ohne genaue Kenntnis seiner Streitkräfte und Hilfsquellen die schnelle Flucht des Syagrius zu verdammen, der nach dem Verlust einer Schlacht nach dem fernen Hofe von Toulouse entkam. Der kraftlose minderjährige Alarich vermochte einem unglücklichen Flüchtling weder Beistand noch Schutz zu gewähren; die Goten ließen sich durch Chlodwigs Drohungen einschüchtern und der römische König wurde nach kurzer Gefangenschaft Henkershänden überliefert. Die belgischen Städte ergaben sich dem König der Franken, dessen Gebiet nach Osten durch die große Diözese Tongres erweitert wurde, die Chlodwig im zehnten Jahre seiner Regierung unterjochte.

Der Name der Alemannen ist dummerweise von ihrer angeblichen Niederlassung am Lemansee abgeleitet worden. Dieser glückliche Landstrich vom See bis Avenche und bis zum Juragebirge war von den Burgunden besetzt. Die nördlichen Teile von Helvetien waren allerdings von den grimmigen Alemannen unterjocht worden und mit eigenen Händen hatten sie die Früchte ihrer Eroberungen zerstört. Eine Provinz, die durch die Künste Roms veredelt und verschönert worden war, wurde abermals in eine wilde Einöde verwandelt, und in dem fruchtbaren und bevölkerten Tal der Aar kann man noch jetzt einige Spuren des stattlichen Vindonissa entdecken. Vom Ursprung des Rheins bis zu seiner Vereinigung mit dem Main und der Mosel beherrschten die furchtbaren Scharen der Alemannen beide Ufer des Stromes kraft des Rechtes alten Besitzes oder neuerlicher Siege. Sie hatten sich in Gallien über die jetzigen Provinzen Elsaß und Lothringen ausgebreitet, und der kühne Angriff, den sie gegen das Königreich Köln unternahmen, rief den salischen Fürsten zur Verteidigung seiner ripuarischen Bundesgenossen. Chlodwig traf (496) in der Ebene von Tolbiacum, ungefähr vierundzwanzig Meilen von Köln, auf die Feinde Galliens, und die beiden tapfersten Völker von Germanien wurden gegenseitig durch das Andenken ihrer vergangenen Taten und durch die Hoffnung künftiger Größe angefeuert. Nach hartnäckigem Kampf wichen endlich die Franken, und schon erhoben die kräftig nachdrängenden Alemannen Siegesgeschrei. Die Schlacht ward jedoch durch die Tapferkeit, Geschicklichkeit, vielleicht Frömmigkeit Chlodwigs wiederhergestellt, und der Ausgang des blutigen Tages entschied für immer zwischen Herrschaft und Knechtschaft. Der letzte König der Alemannen wurde auf dem Feld erschlagen und sein Volk niedergemetzelt und verfolgt, bis es die Waffen niederlegte und sich dem Sieger auf Gnade oder Ungnade ergab. Ohne Heereszucht war es ihnen unmöglich, sich wieder zu sammeln; die Mauern und Festungswerke, die sie in ihrer Bedrängnis hätten schützen können, hatten sie verächtlich geschleift, und sie wurden von einem Feind, der nicht minder behend und unerschrocken war als sie selbst, bis in die Tiefen ihrer Wälder verfolgt. Der große Theodorich beglückwünschte Chlodwig, mit dessen Schwester Albofleda der König von Italien sich kurz zuvor vermählt hatte, wegen seines Sieges, legte aber bei seinem Schwager milde Fürsprache zugunsten der Flehenden und Flüchtlinge ein, die um seinen Schutz gebeten hatten. Die von den Alemannen besetzten gallischen Landesteile wurden die Beute ihres Siegers, und das stolze Volk, unbezwinglich oder aufrührerisch gegen die Waffen der Römer, erkannte die Oberhoheit der merowingischen Könige an, die ihnen huldreich gestatteten, unter der Regierung amtlicher und zuletzt erblicher Herzöge ihre eigentümlichen Sitten und Einrichtungen beizubehalten. Nach der Eroberung der westlichen Provinzen behaupteten die Franken allein ihren alten Wohnsitze jenseits des Rheins. Sie unterjochten und zivilisierten allmählich die erschöpften Länder bis zur Elbe und den böhmischen Gebirgen, und der Friede von Europa wurde durch den Gehorsam Germaniens gesichert.

Chlodwig fuhr bis zu seinem dreißigsten Jahre fort, die Götter seiner Ahnen zu verehren. Sein Unglaube oder vielmehr seine Geringschätzung des Christentums trieben ihn wohl an, mit geringen Gewissensbissen die Kirchen eines feindlichen Gebietes zu plündern: aber seine gallischen Untertanen erfreuten sich freier Ausübung des Gottesdienstes, und die Bischöfe setzten größere Hoffnung auf den Götzendiener als auf die Ketzer. Der Merowingerfürst hatte sich zum Glück mit der schönen Klotilde, der Nichte des Königs der Burgunden, vermählt, die inmitten eines arianischen Hofes im katholischen Glauben erzogen worden war. Interesse wie Pflicht geboten ihr, die Bekehrung ihres heidnischen Gemahls zu vollbringen, und Chlodwig schenkte allmählich der Stimme der Liebe und Religion Gehör. Er willigte (und vielleicht waren solche Bedingungen früher festgesetzt worden) in die Taufe seines ältesten Sohnes, und obwohl der plötzliche Tod des Kindes einige abergläubische Besorgnisse erregte, ließ er sich doch bereden, den gefährlichen Versuch zum zweiten Male zu wiederholen. In der Bedrängnis der Schlacht von Tolbiacum rief Chlodwig laut den Gott Klotildens und der Christen an, und der Sieg bestimmte ihn, mit ehrfurchtsvoller Dankbarkeit den beredten Remigius, Bischof von Reims, anzuhören, welcher mit Kraft die zeitlichen wie die ewigen Vorteile seiner Bekehrung auseinandersetzte. Der König erklärte sich von der Wahrheit des katholischen Glaubens überzeugt, und die politischen Gründe, die sein öffentliches Bekenntnis hätten aufschieben müssen, wurden durch den frommen oder anhänglichen Jubelruf der Franken hinfällig, die sich gleich bereit zeigten, ihrem heldenmütigen Anführer in die Schlacht oder zum Taufbrunnen zu folgen. Die wichtige Handlung wurde in der Kathedrale von Reims mit aller Pracht und Feierlichkeit vollzogen, die nur ein ehrfurchtsvolles Gefühl für die Religion in den Seelen ihrer rohen Proselyten zu erwecken fähig war. Der neue Konstantin wurde unverzüglich mit dreitausend seiner kriegerischen Untertanen getauft, und ihr Beispiel wurde von den übrigen Scharen der mildgestimmten Barbaren nachgeahmt. Auf Geheiß des siegreichen Prälaten beteten sie das Kreuz an, das sie verbrannt hatten, und verbrannten die Götzenbilder, die sie vordem angebetet hatten. Die Seele Chlodwigs war vorübergehender Inbrunst fähig. Die ergreifende Geschichte des Leidens und des Todes Christi aber erbitterte ihn; statt die großen Folgen dieses geheimnisvollen Opfers zu erwägen, rief er in unangebrachter Wut aus: „Wäre ich an der Spitze meiner tapferen Franken gegenwärtig gewesen, so würde ich seine Leiden gerächt haben." Aber der barbarische Eroberer Galliens war unfähig, die Beweise einer Religion zu prüfen, welche sich auf mühsame Erforschung historischer Zeugnisse und auf spekulative Theologie gründet. Noch viel weniger befähigt war er, den milden Einfluß des Evangeliums zu fühlen, welches das Herz eines echten Bekehrten läutert und heiligt. Seine herrschsüchtige Regierung war eine beständige Verletzung moralischer und christlicher Pflichten. Seine Hände waren sowohl im Frieden wie im Krieg mit Blut befleckt, und kaum hatte Chlodwig eine Synode der gallikanischen Kirche entlassen, so ermordete er kaltblütig alle Fürsten aus dem merowingischen Hause. Nichtsdestoweniger verehrte der König der Franken aufrichtig den Gott der Christen als ein vortrefflicheres und mächtigeres Wesen als seine Nationalgottheiten, und die entscheidende Rettung und der Sieg von Tolbiacum ermutigten Chlodwig, in den künftigen Schutz des Herrn der Heerscharen Vertrauen zu setzen. Martin, aller Heiligen volksbeliebtester, hatte die abendländische Welt mit dem Ruhm jener Wunder erfüllt, die unaufhörlich an seinem heiligen Grabmal in Tours gewirkt wurden. Seine sichtbare oder unsichtbare Hilfe beförderte die Sache eines freigebigen und rechtgläubigen Fürsten, und die unfromme Bemerkung Chlodwigs selbst, daß der heilige Martin ein kostspieliger Freund sei, darf keineswegs als Zeichen irgendeines bleibenden oder vernünftigen Zweifels ausgelegt werden. Aber die Erde sowohl als der Himmel freuten sich über die Bekehrung der Franken. An dem merkwürdigen Tag, an welchem Chlodwig aus dem Taufbrunnen stieg, verdiente er allein in der christlichen Welt den Namen und die Vorrechte eines katholischen Königs. Der Kaiser Anastasius nährte einige gefährliche Irrtümer in betreff der göttlichen Menschwerdung, und die Barbaren Italiens, Afrikas, Spaniens und Galliens waren in der arianischen Ketzerei befangen. Der älteste oder vielmehr der einzige Sohn der Kirche wurde von der Geistlichkeit als ihr rechtmäßiger Souverän und ruhmreicher Befreier anerkannt, und die Waffen Chlodwigs fanden in dem Eifer und der Vorliebe der katholischen Partei kräftige Unterstützung.

Unter dem Römischen Reich hatten Reichtum und Gerichtsmacht der Bischöfe, ihr geheiligter Charakter, ihre dauernde Amtstätigkeit, ihre zahlreichen Anhänger, ihre auf die Menge wirkende Beredsamkeit und die Provinzialsynoden sie stets geachtet und zuweilen gefährlich gemacht. Ihr Einfluß wurde durch die Fortschritte des Aberglaubens vermehrt, und die Gründung der französischen Monarchie kann gewissermaßen dem festen Bund von hundert Prälaten zugeschrieben werden, welche unzufriedene oder unabhängige Städte Galliens regierten. Die schwachen Grundlagen der armorikanischen Republik waren wiederholt erschüttert oder eingerissen worden; aber dasselbe Volk bewahrte seine innere Freiheit, behauptete die Würde des römischen Namens und widerstand tapfer den räuberischen Einfällen und regelmäßigen Angriffen Chlodwigs, der seine Eroberungen von der Seine bis zur Loire auszudehnen strebte. Dieser erfolgreiche Widerstand führte zu einer ehrenvollen und gleichen Einigung. Die Franken achteten die Tapferkeit der Armorikaner, und die Armorikaner wurden mit der Religion der Franken ausgesöhnt. Die kriegerischen Streitkräfte, die zur Verteidigung von Gallien aufgestellt worden waren, bestanden aus hundert verschiedenen Haufen Reiterei und Fußvolk, und diese Truppen, welche den Namen und die Vorrechte römischer Soldaten annahmen, wurden durch dauernden Zufluß der barbarischen Jugend ergänzt. Die äußersten Bollwerke und zerstreuten Bruchstücke des Reiches wurden von ihnen hoffnungslos, aber mutig verteidigt. Ihr Rückzug war indes abgeschnitten ihre Verbindung untereinander unmöglich; sie wurden von den griechischen Fürsten von Konstantinopel aufgegeben und verschmähten in der Frömmigkeit jedes Verhältnis zu den arianischen Gewaltherrschern von Gallien. Ohne Scham und Sträuben nahmen sie jedoch die edelmütige Kapitulation an, die ihnen ein katholischer Held bot; und diese unechten oder echten Nachkommen der römischen Legionen waren im folgenden Jahrhundert durch ihre Waffen, ihre Abzeichen und ihre eigentümliche Tracht und Einrichtungen unterschieden. Die Stärke der Nation wurde durch so mächtige und freiwillige Beitritte vermehrt, und die angrenzenden Königreiche fürchteten nun ebensowohl die Anzahl als den Mut der Franken. Die Unterwerfung der nördlichen Provinzen Galliens, statt durch das Glück einer einzigen Schlacht entschieden zu werden, scheint vielmehr langsam durch die allmähliche Wirkung von Kriegen und Verträgen bewerkstelligt worden zu sein. Chlodwig erlangte jedes Ziel seiner Ehrsucht durch solche Anstrengungen oder Zugeständnisse, wie sie dessen wirklichem Wert angemessen waren. Sein grausamer Charakter und die Tugenden Heinrichs IV. zeigten die Gegensätze der menschlichen Natur; indessen läßt sich doch einige Ähnlichkeit in der Lage zweier Fürsten entdecken, die Frankreich durch ihre Tapferkeit, ihre Klugheit und das Verdienst einer Bekehrung zur günstigen Zeit errangen.

Das Königreich der Burgunden, das durch den Lauf der zwei gallischen Ströme Saone und Rhone begrenzt wurde, dehnte sich von den Vogesen bis zu den Alpen und dem Meer bei Marseille aus. Das Zepter befand sich in den Händen Gundobalds. Dieser tapfere und ehrsüchtige Fürst hatte die Zahl der Thronbewerber durch den Tod von zwei Brüdern vermindert, deren einer Klotildens Vater war. Seine Unintelligenz gestattete indessen dem jüngsten seiner Brüder, Godegisel, den Besitz des abhängigen Fürstentums Genf. Der arianische Monarch wurde durch die Freude und die Hoffnungen, welche Geistlichkeit wie Volk nach der Bekehrung Chlodwigs zu beleben schienen, mit Recht in Unruhe versetzt und Gundobald berief daher eine Versammlung seiner Bischöfe nach Lyon, um wenn möglich ihre religiösen und politischen Mißhelligkeiten auszusöhnen. Eine fruchtlose Besprechung fand zwischen den beiden Parteien statt. Die Arianer warfen den Katholiken die Anbetung von drei Göttern vor; die Katholiken verteidigten ihre Sache durch theologische Unterscheidungen, und die gewöhnlichen Gründe, Einwürfe und Antworten wurden mit hartnäckigem Geschrei gegeneinander geschleudert, bis der König durch eine unerwartete, aber entscheidende Frage, die er an die orthodoxen Bischöfe richtete, seine geheimen Besorgnisse aufdeckte. „Wenn ihr in Wahrheit die christliche Religion bekennt, warum haltet ihr den König der Franken nicht zurück? Er hat mir den Krieg erklärt und schließt Bündnisse mit meinen Feinden zu meiner Vernichtung. Ein blutdürstiges und habgieriges Gemüt ist kein Zeichen einer aufrichtigen Bekehrung: er soll seinen Glauben durch seine Werke bewähren!" Die Antwort des Bischofs Avitus von Vienna, der im Namen seiner Brüder sprach, wurde im Ton und mit dem Antlitz eines Engels gegeben. „Wir kennen weder die Beweggründe noch die Absichten des Königs der Franken; aber die Heilige Schrift lehrt uns, daß Königreiche, die das göttliche Gesetz verlassen, zuweilen gestürzt werden, und daß sich von allen Seiten Feinde gegen diejenigen erheben, welche Gott zu ihrem Widersacher gemacht haben. Kehre mit deinem Volk zu dem Gesetze Gottes zurück, und er wird deinen Gebieten Frieden und Sicherheit geben." Der König von Burgund, der nicht geneigt war, die von den Katholiken als wesentlich betrachteten Vertragsbedingungen einzugehen, hielt die Konferenz der Geistlichkeit hin und entließ sie, nachdem er seinen Bischöfen vorgeworfen hatte, daß Chlodwig, ihr Freund und Proselyt, insgeheim die Treue seines Bruders versucht habe.

Die Treue seines Bruders war bereits auf die Probe gestellt, und der scheinbare Gehorsam Godegisels, der mit den Truppen von Genf zur königlichen Fahne stieß, beförderte um so wirksamer den Erfolg der Verschwörung. Während die Franken und Burgunden mit gleicher Tapferkeit kämpften, entschied seine rechtzeitige Heeresflucht den Ausgang der Schlacht; und da Gundobald von den mißvergnügten Galliern nur schwach unterstützt wurde, wich er vor den Waffen Chlodwigs und zog sich eilig von der Walstatt zurück, die zwischen Langres und Dijon gewesen zu sein scheint. Er mißtraute der Stärke von Dijon, einer viereckigen Festung, die von zwei Flüssen und einer dreißig Fuß hohen und fünfzehn Fuß dicken Mauer, mit vier Toren und dreiunddreißig Türmen umgeben war. Er gab dem verfolgenden Chlodwig die wichtigen Städte Lyon und Vienna preis und floh ohne Unterbrechung in großer Eile, bis er das vom Schlachtfeld zweihundertfünfzig Meilen entfernte Avignon erreicht hatte. Eine lange Belagerung und eine schlaue Unterhandlung mahnten den König der Franken an die Gefahr und Schwierigkeit seines Unternehmens. Er legte dem Burgundenfürsten einen Tribut auf, zwang ihn, den Verrat seines Bruders zu verzeihen und zu belohnen und kehrte mit der Beute und den Gefangenen der südlichen Provinzen stolz in seine eigenen Gebiete zurück. Dieser glänzende Triumph (500) wurde jedoch bald von der Nachricht umwölkt, daß Gundobald seine neuerlich eingegangenen Verpflichtungen verletzt habe und daß der unglückliche Godegisel, den er in Vienna mit einer Besatzung von fünftausend Franken zurückgelassen hatte, von seinem unmenschlichen Bruder belagert, überrumpelt und niedergemetzelt worden sei. Ein solcher Schimpf hätte die Geduld auch des friedlichsten Souveräns erbittern müssen. Der Eroberer von Gallien verschmerzte jedoch die Beleidigung, erließ den Tribut und nahm das Bündnis und die Kriegsdienste des Königs von Burgund an. Chlodwig besaß nicht mehr jene Vorteile, die ihm im vorigen Krieg den Erfolg gesichert hatten, und sein durch das Unglück belehrter Gegner hatte neue Hilfsquellen in der Zuneigung seiner Untertanen gefunden. Die Gallier oder Römer zollten den milden und unparteiischen Gesetzen Gundobalds, die sie fast auf gleiche Stufe mit ihren Eroberern hoben, Beifall. Die Bischöfe wurden durch die schlau erregte Hoffnung seiner bevorstehenden Bekehrung versöhnt oder geschmeichelt, und trotzdem er der Erfüllung bis auf den letzten Augenblick seines Lebens auswich, sicherte doch seine Mäßigung den Frieden und schob den Sturz des Königreichs Burgund auf.

Es drängt mich, den endlichen Fall dieses Königreiches zu verfolgen, der unter der Regierung Sigismunds, des Sohnes Gundobalds, vollendet wurde (522). Der katholische Sigismund hat die Ehren eines Heiligen und Märtyrers erlangt, aber die Hände des königlichen Heiligen waren mit dem Blute seines unschuldigen Sohnes befleckt, den er unmenschlich dem Stolz und der Rache einer Stiefmutter preisgab. Er entdeckte bald seinen Irrtum und beweinte seinen unersetzlichen Verlust. Während Sigismund die Leiche des unglücklichen Jünglings umschlang, empfing er eine strenge Lehre von einem der Umstehenden: „Nicht seine Lage, o König! die deinige verdient Mitleid und

Bedauern." Die Vorwürfe eines schuldbeladenen Gewissens wurden jedoch durch seine freigebigen Schenkungen an das Kloster Agaunum oder St. Moriz im Walliserlande erleichtert, das er zu Ehren der angeblichen Märtyrer der thebanischen Legion gestiftet hatte. Auch ein vollstimmiger Chor zu immerwährendem Psalmgesang wurde von dem frommen König gegründet. Er selbst oblag emsig den strengen Andachtsübungen der Mönche, und im demütigen Gebet flehte er, der Himmel möge schon in dieser Welt seine Sünden bestrafen. Das Gebet fand Erhörung. Die Rächer waren nahe, und die burgundischen Provinzen wurden von einem Heer siegreicher Franken überschwemmt. Nach dem unglücklichen Ausgang einer Schlacht verbarg sich Sigismund, der sein Leben zu erhalten wünschte, um seine Buße zu verlängern, im Mönchsgewand in der Einöde, bis er von seinen Untertanen, die sich um die Gunst ihrer neuen Gebieter bewarben, entdeckt und verraten wurde. Der gefangene Monarch wurde mit seiner Gattin und seinen zwei Kindern nach Orleans gebracht und lebendig in einem tiefen Brunnen auf den unmenschlichen Befehl der Söhne Chlodwigs begraben, deren Grausamkeit in den Grundsätzen und Beispielen einer barbarischen Zeit Entschuldigung finden könnte. Ihr Ehrgeiz, der sie zur Vollendung der Eroberung von Burgund antrieb, wurde jedoch durch kindliche Liebe entflammt oder bemäntelt, denn Klotilde, deren Heiligkeit keineswegs im Verzeihen von Unbilden bestand, reizte sie, ihres Vaters Tod an der Familie seines Mörders zu rächen. Den aufrührerischen Burgunden, denn sie versuchten ihre Ketten zu zerbrechen, blieb der Genuß ihrer vaterländischen Gesetze unter Verpflichtung von Tribut und Kriegsdiensten gestattet, und die merowingischen Fürsten herrschten ruhig über ein Königreich, dessen Ruhm und Größe zuerst durch Chlodwigs Waffen erschüttert worden war.

Der erste Sieg Chlodwigs hatte die Ehre der Goten beschimpft. Sie sahen seine Fortschritte mit Eifersucht und Schrecken, und der Ruhm des jugendlichen Alarich wurde durch den mächtigen Geist seines Nebenbuhlers verdunkelt. Am Rande ihrer aneinanderstoßenden Gebiete waren Zwistigkeiten unvermeidlich, und nach der Verzögerung durch fruchtlose Unterhandlungen wurde eine persönliche Zusammenkunft der beiden Könige vorgeschlagen und angenommen. Die Unterredung Chlodwigs und Alarichs fand auf einer kleinen Insel der Loire bei Amboise statt. Sie umarmten sich, schmausten, sprachen vertraulich miteinander und schieden unter den wärmsten Beteuerungen des Friedens und brüderlicher Liebe. Ihre scheinbare Zutraulichkeit verbarg jedoch finsteren Argwohn feindseliger und verräterischer Pläne; ihre gegenseitigen Beschwerden verlangten schiedsrichterliche Entscheidung, wichen ihr aus, stießen sie von sich. In Paris, das Chlodwig bereits als seinen Königssitz betrachtete, erklärte er vor einer Versammlung von Fürsten und Kriegern Vorwand wie Beweggrund des Krieges gegen die Goten. „Es schmerzt mich, zu sehen, daß die Arianer noch immer den schönsten Teil Galliens besitzen. Lasset uns gegen sie mit Gottes Hilfe ziehen, und nachdem wir die Ketzer besiegt haben, wollen wir ihre fruchtbaren Provinzen in Besitz nehmen und teilen." Die Franken, begeistert durch angestammte Tapferkeit und frischen Glaubenseifer, zollten dem hochherzigen Plan ihres Monarchen Beifall. Sie sprachen ihren Entschluß zu siegen oder zu sterben aus, weil Tod und Eroberung gleich gewinnbringend wären und schworen feierlich, sich den Bart nicht eher abzunehmen, als bis der Sieg sie des unbequemen Gelübdes entbinden würde. Das Unternehmen wurde durch die öffentlichen oder geheimen Ermahnungen Klotildens befördert. Sie führte ihrem Gatten zu Gemüte, wie wirksam irgendeine fromme Stiftung Gott und seine Diener geneigt machen würde. Der christliche Held schleuderte seine Streitaxt mit geschickter und kräftiger Hand und rief aus: „An dem Orte, wo meine Franziska niederfällt, will ich eine Kirche zu Ehren der heiligen Apostel bauen." Diese etwas prahlende Frömmigkeit befestigte und rechtfertigte die Anhänglichkeit der Katholiken, mit denen er in geheimer Verbindung stand, und ihre frommen Wünsche reiften allmählich zu einer furchtbaren Verschwörung. Die Bewohner von Aquitanien wurden durch die unklugen Vorwürfe ihrer gotischen Tyrannen erregt, die sie mit Recht beschuldigten, daß sie die Herrschaft der Franken vorzögen, und ihr eifriger Anhänger Quintianus, Bischof von Rhodez, predigte in der Verbannung eindringlicher als in seinem Sprengel. Um diesen auswärtigen und heimischen Feinden, die überdies durch ein Bündnis mit den Burgunden verstärkt waren, zu widerstehen, sammelte Alarich seine Truppen, deren Zahl die Streitkräfte Chlodwigs weit überstieg. Die Westgoten griffen wieder zu den Waffen, die sie während eines langen und üppigen Friedens vernachlässigt hatten. Eine auserlesene Schar tapferer und kraftvoller Sklaven folgte ihrem Gebieter ins Feld, und die Städte Galliens mußten gegen ihren Willen Hilfe leisten. Der Ostgotenkönig Theoderich, der in Italien herrschte, hatte sich bemüht, die Ruhe Galliens aufrechtzuerhalten. Zu diesem Zweck übernahm er die Rolle eines unparteiischen Vermittlers oder erkünstelte sie. Aber dieser einsichtsvolle Monrch fürchtete das anwachsende Reich Chlodwigs und fühlte sich verbunden, der National- und Religionssache der Goten Beistand zu leisten.

Die zufälligen oder künstlich herbeigeführten Wunder, welche den Zug Chlodwigs schmückten, wurden von einem abergläubischen Zeitalter als die offenbare Kundgebung göttlicher Gunst aufgenommen. Als er aus Paris ausrückte und mit geziemender Ehrfurcht durch den heiligen Sprengel von Tours zog, war er dermaßen gespannt, wie sein Feldzug enden würde, daß er in Versuchung kam, den Glorienschein des heiligen Martin, das Heiligtum und Orakel von Gallien, zu befragen. Seine Boten wurden angewiesen, auf die Worte des Psalmes zu merken, die gerade im Augenblick ihres Eintritts in die Kirche gesungen werden würden. Diese Worte drückten höchst glücklicherweise die Tapferkeit und den Sieg der Streiter des Himmels aus, und leicht war die Anwendung auf den neuen Josua, den neuen Gideon gemacht, der zum Kampf gegen die Feinde des Herrn auszog. Orleans sicherte den Franken eine Brücke über die Loire. In einer Entfernung von vierzig Meilen von Poitiers wurden jedoch ihre Fortschritte durch ein außerordentliches Anschwellen des Flusses Vigenna oder Vienne aufgehalten, und am gegenüberliegenden Ufer hatten die Westgoten ihr Lager aufgeschlagen. Verzug muß Barbaren, die das Land aufzehren, durch welches sie ziehen, stets gefährlich sein, und wenn Chlodwig auch Zeit und Materialien gehabt hätte, wäre es doch unausführbar gewesen, im Angesicht eines überlegenen Feindes eine Brücke zu bauen oder einen Übergang zu erzwingen. Aber die hinzugekommenen Bauern, die vor Ungeduld brannten, ihn als ihren Befreier zu empfangen, machten leicht eine unbekannte oder unbewachte Furt ausfindig. Das Glück einer solchen Entdeckung wurde durch Betrug oder Dichtung erhöht, und ein weißer Hirsch von ungewöhnlicher Größe und Schönheit schien den Marsch des katholischen Heeres zu leiten und zu beleben. Die Maßnahmen der Goten waren unentschlossen und ermangelten der Einheit. Eine Schar ungeduldiger Krieger, die ihre Kraft überschätzte und es verschmähte, vor den germanischen Räubern zu fliehen, reizte Alarich, den Namen und das Blut des Eroberers von Rom zu bewähren. Seine obersten Anführer rieten ihm dringend, der ersten Hitze der Franken auszuweichen und in den südlichen Provinzen von Gallien die alterprobten und siegreichen Ostgoten zu erwarten, welche der König von Italien bereits zu seinem Beistand entsendet hatte. Die entscheidenden Augenblicke wurden in müßigen Beratungen vergeudet, die Goten verließen, zu übereilt vielleicht, eine vorteilhafte Stellung, und die Gelegenheit zu sicherem Rückzug ging durch ihre langsamen und ordnungslosen Bewegungen verloren. Nachdem Chlodwig durch die Furt, die noch immer die Hirschfurt heißt, gezogen war, rückte er in kühnen Eilmärschen vor, um das Entkommen des Feindes zu verhindern. Sein Zug bei Nacht wurde durch ein feuriges Meteor geleitet, das in der Luft über der Kathedrale von Poitiers hing. Man verglich dieses Zeichen mit der Feuersäule, welche die Israeliten in die Wüste führte. Um die dritte Stunde des Tages (507), ungefähr zehn Meilen jenseits Poitiers, holte Chlodwig das gotische Heer, dessen Niederlage bereits durch Schreck und Verwirrung vorbereitet war, ein und griff es sogleich an. In dieser äußersten Gefahr hielt es jedoch stand. Die kriegerische Jugend, die mit lautem Geschrei die Schlacht verlangt hatte, weigerte sich, die Schande der Flucht zu überleben. Die beiden Könige begegneten einander im Zweikampf. Alarich fiel durch die Hand seines Nebenbuhlers. Der siegreiche Franke wurde infolge seiner ausgezeichneten Rüstung und der Kraft seines Pferdes vor den Speeren zweier verzweifelter Goten gerettet, die wütend gegen ihn lossprengten, um den Tod ihres Souveräns zu rächen. Da man von einem Berg Erschlagener spricht, deutet es auf ein grausames, obschon unerwiesenes Gemetzel. Gregor hat jedoch sorgsam aufgezeichnet, daß sein tapferer Landsmann Apollinaris, der Sohn des Sidonius, sein Leben an der Spitze der Edlen von Auvergne verlor. Vielleicht waren diese verdächtigen Katholiken boshafter Weise dem blinden Ansturm des Feindes preisgegeben worden, oder es hatten persönliche Anhänglichkeit und kriegerisches Ehrgefühl den Einfluß der Religion zum Schweigen gebracht.

So beschaffen ist die Herrschaft des Glückes, daß es fast gleich schwer ist, die Kriegsereignisse vorauszusehen als ihre verschiedenartigen Folgen zu erklären. Ein blutiger und vollständiger Sieg hat zuweilen nicht mehr gebracht als den Besitz des Schlachtfeldes, und der Verlust von zehntausend Mann hat manches Mal hingereicht, um das Werk von Jahrhunderten in einem einzigen Tag zu zerstören. Auf die entscheidende Schlacht von Poitiers folgte die Eroberung von Aquitanien (508). Alarich hatte einen unmündigen Sohn, einen unechten Thronbewerber, aufrührerische Edle und ein mißvergnügtes Volk hinterlassen, und die noch übrigen Streitkräfte der Goten wurden durch die allgemeine Bestürzung gelähmt oder standen einander in bürgerlicher Parteiung gegenüber. Der siegreiche König der Franken schritt ohne Verzug zur Belagerung von Angoulème. Beim Schall seiner Trompeten geschah es wie in Jericho: die Mauern stürzten augenblicklich ein. Ein glänzendes Wunder, das sich auf die Vermutung zurückführen läßt, daß einige geistliche Minengräber die Grundfesten des Walles unterhöhlt hatten. Chlodwig schlug in Bordeaux, das sich ohne Widerstand unterworfen hatte, seine Winterquartiere auf, und seine kluge Sparsamkeit schaffte von Toulouse die königlichen Schätze weg, die in der Hauptstadt der Monarchie niedergelegt waren. Der Eroberer drang bis an die Grenzen von Spanien vor, setzte die katholische Kirche in ihre früheren Ehren wieder ein, gründete in Aquitanien eine Kolonie Franken und überließ seinen Unterfeldherren die leichte Mühe, das Volk der Westgoten zu unterjochen und auszurotten. Aber die Westgoten wurden durch den weisen und mächtigen Monarchen von Italien beschützt. Solange die Waage noch gleich war, hatte Theodorich vielleicht den Marsch der Ostgoten verzögert; ihre kräftigen Anstrengungen widerstanden aber mit Erfolg dem Ehrgeiz Chlodwigs, und das Frankenheer samt seinen burgundischen Bundesgenossen wurde genötigt, die Belagerung von Arles mit einem Verlust von dreißigtausend Mann, wie berichtet wird, aufzuheben. Diese Unfälle machten den stolzen Sinn Chlodwigs geneigt, in einen vorteilhaften Friedensvertrag zu willigen. Die Westgoten wurden im Besitz von Septimanien, einem schmalen Küstenstrich von der Rhone bis zu den Pyrenäen, gelassen, aber die große Provinz Aquitanien von diesen Bergen bis zur Loire wurde unauflöslich mit dem Königreich der Franken vereint.

Nach dem glücklichen Erfolg des gotischen Krieges nahm Chlodwig die Ehren des römischen Konsulats an (510). Der Kaiser Anastasius verlieh ehrbegierig dem wichtigsten Nebenbuhler Theodorichs Titel und Abzeichen dieser hohen Würde. Aus irgendeiner unbekannten Ursache ist jedoch Chlodwigs Name in die Fasti weder des Morgenlandes noch des Abendlandes aufgenommen worden. An dem feierlichen Tage wurde der Monarch von Gallien, ein Diadem auf dem Haupte, in der Kirche des heiligen Martin mit Unterkleid und Purpurmantel bekleidet. Von da stieg er zu Pferde und begab sich nach der Kathedrale von Tours. Auf seinem Weg durch die Straßen warf er mit eigener Hand verschwenderisch Geschenke von Gold- und Silbermünzen unter die jubelnde Menge, die unaufhörlich den freudigen Zuruf Konsul und Augustus wiederholte. Die wirkliche oder gesetzliche Macht Chlodwigs konnte durch die konsularische Würde nicht größer werden. Es war ein Name, im Schatten, ein leerer Prunk, und wenn der Eroberer auch unterwiesen worden wäre, die alten Vorrechte dieses hohen Amtes in Anspruch zu nehmen, hätten sie doch mit der Jahresdauer desselben erlöschen müssen. Aber die Römer waren geneigt, in der Person ihres Gebieters diesen alten Titel, den die Kaiser anzunehmen sich herabließen, zu verehren: der Barbar selbst schien eine heilige Verpflichtung einzugehen, die Majestät der Republik zu achten, und indem die Nachfolger des Theodosius sich um seine Freundschaft bewarben, verziehen sie stillschweigend, ja genehmigten fast den Gewaltraub von Gallien.

Fünfundzwanzig Jahre nach Chlodwigs Tode wurde dieses wichtige Zugeständnis förmlicher in einem Vertrag zwischen seinen Söhnen und Kaiser Justinian erklärt (536). Die Ostgoten Italiens, außerstande, ihre fernen Erwerbungen zu verteidigen, hatten den Franken die Städte Arles und Marseille abgetreten: Arles, dem noch immer der Sitz eines prätorianischen Präfekten Würde verlieh, und Marseille, bereichert durch die Vorteile des Handels und der Schiffahrt. Diese Verhandlung wurde durch die kaiserliche Vollgewalt bestätigt, und indem Justinian edelmütig den Franken die Länder jenseits der Alpen überließ, die sie bereits besaßen, entband er die Provinzbewohner von ihrem Treueid und gab dem Thron der Merowinger eine rechtmäßigere, wenn auch keine dauerhaftere Grundlage. Von dieser Zeit an genossen sie das Recht, in Arles die Zirkusspiele zu feiern, und infolge eines merkwürdigen Privilegiums, das selbst dem persischen Monarchen verweigert worden war, erhielten die mit ihrem Namen und Bilde geprägten Goldmünzen gesetzliche Gangbarkeit im Reich. Ein griechischer Geschichtsschreiber jenes Jahrhunderts, Agathias, hat die häuslichen und öffentlichen Tugenden der Franken mit parteiischem Enthusiasmus geschildert, der durch ihre heimischen Annalen nicht hinlänglich gerechtfertigt werden kann. Er preist ihre Freiheit und Höflichkeit, ihre geordnete Regierung, ihre rechtgläubige Religion, und behauptet, daß diese Barbaren nur durch ihre Tracht und Sprache von den römischen Untertanen zu unterscheiden wären. Vielleicht entwickelten die Franken bereits jene geselligen Talente und jene anmutsvolle Lebhaftigkeit, die in jedem Jahrhundert ihre Laster verschleiert, zuweilen aber auch ihren inneren Wert verborgen haben. Vielleicht waren Agathius und die Griechen durch die schnellen Fortschritte ihrer Waffen und den Glanz ihres Reiches geblendet. Seit der Eroberung von Burgund war Gallien mit Ausnahme der gotischen Provinz Septimanien in seinem ganzen Umfang den Söhnen Chlodwigs unterworfen. Sie hatten das deutsche Königreich Thüringen vernichtet, und ihre nicht genau begrenzte Herrschaft erstreckte sich jenseits des Rheins bis in das Herz ihrer einst heimatlichen Wälder. Die Alemannen und Bajuvaren, welche die römischen Provinzen Rhätien und Noricum südwärts der Donau besetzt hatten, bekannten sich als demütige Vasallen der Franken, und die schwachen Schranken der Alpen waren nicht imstande, ihrer Ehrsucht zu widerstehen. Als der letztüberlebende der Söhne Chlodwigs das Erbe und die Eroberungen der Merowinger vereinigte, dehnte sich sein Königreich weit über die Grenzen des neuen Frankreich aus. Und doch übertrifft, solche Fortschritte haben die Künste und die Politik gemacht, das neue Frankreich an Reichtum, Volksmenge und Macht weit die unermessenen, aber öden Reiche Clotars oder Dagoberts.

Die Franken oder Franzosen sind das einzige Volk Europas, das eine ununterbrochene Thronfolge von den Eroberern des abendländischen Reiches herleiten kann. Aber auf ihre Eroberung Galliens kamen zehn Jahrhunderte der Anarchie und Unwissenheit. Bei dem Wiederaufleben der Wissenschaften verachteten die Gelehrten, die in den Schulen Athens und Roms gebildet worden waren, ihre barbarischen Altvordern, und es verging lange Zeit, ehe die geduldige Arbeit die erforderlichen Materialien zutage fördern konnte, um den Forschersinn aufgeklärterer Zeiten zu befriedigen oder vielmehr zu wecken. Endlich lenkten sich die Blicke der Kritik und Philosophie auf die Altertümer Frankreichs, aber selbst Philosophen wurden von Vorurteilen und Leidenschaften ergriffen. Die entgegengesetzten, einander ausschließenden Systeme von persönlicher Knechtschaft der Gallier oder von ihrer freiwilligen und gleichen Vereinigung mit den Franken sind unbesonnen aufgestellt und hartnäckig verteidigt worden; ja die erhitzten Streiter sind sich gegenseitig beschuldigt, gegen die Vorrechte der Krone, gegen die Würde des Adels oder gegen die Freiheit des Volkes verschworen zu sein. Der scharfe Kampf war jedoch für die streitenden Kräfte des Wissens und des Talentes von Nutzen, und jeder Gegner, er mochte abwechselnd Besiegter oder Sieger sein, hat einige alte Irrtümer ausgerottet und einige interessante Wahrheiten begründet. Ein unparteiischer Fremder, belehrt durch ihre Entdeckungen, ihre Streitigkeiten, ja selbst ihre Fehler, mag nach denselben Urquellen den Zustand der römischen Provinzbewohner schildern, nachdem Gallien durch die Waffen und Gesetze der merowingischen Könige unterjocht worden war.

Auch der roheste und knechtischste Zustand der menschlichen Gesellschaft wird durch einige feste und allgemeine Regeln bestimmt. Als Tacitus die ursprüngliche Einfachheit der Germanen überblickte, entdeckte er einige bleibende Grundsätze oder Sitten des öffentlichen wie des Privatlebens, die bis zur Einführung der Buchstabenschrift und der lateinischen Sprache durch mündliche Überlieferung getreu bewahrt wurden. Vor der Erwählung der merowingischen Könige ernannte der mächtigste Stamm oder die mächtigste Nation der Franken vier ehrwürdige Oberhäupter zur Abfassung der salischen Gesetze. Ihre Arbeiten wurden in drei aufeinanderfolgenden Volksversammlungen geprüft und genehmigt. Chlodwig änderte nach seiner Taufe mehrere Artikel, die mit dem Christentum unvereinbar schienen. Abermals wurde das salische Gesetz von seinen Söhnen verbessert und der Kodex zuletzt unter Dagobert durchgesehen und in seiner gegenwärtigen Form kundgemacht, einhundert Jahre nach Gründung der fränkischen Monarchie. Innerhalb derselben Periode wurde das Gewohnheitsrecht der Ripuarier aufgezeichnet und kundgemacht, und Karl der Große selbst, der Gesetzgeber seines Jahrhunderts und Vaterlands, hatte die zwei Nationalgesetze, die bei den Franken Geltung hatten, genau studiert. Eine gleiche Sorgfalt wurde auf ihre Vasallen ausgedehnt und die rohen Einrichtungen der Alemannen und Bayern emsig gesammelt und durch die oberste Gewalt der merowingischen Könige genehmigt. Die Westgoten und Burgunden, deren Eroberungen in Gallien in eine frühere Zeit fielen als die der Franken, zeigten geringen Drang, einer der Hauptwohltaten der zivilisierten Gesellschaft teilhaftig zu werden. Eurich war der erste der gotischen Fürsten, welcher die Gebräuche und Gewohnheiten seines Volkes schriftlich aufzeichnete; die Abfassung der burgundischen Gesetze war viel mehr eine Maßnahme der Politik als der Gerechtigkeit und bezweckte, das Joch ihrer gallischen Untertanen zu erleichtern und ihre Neigungen wiederzugewinnen. So schufen die Germanen durch ein seltsames Zusammentreffen ihre kunstlosen Einrichtungen zu derselben Zeit, in der das ausgearbeitete System der römischen Jurisprudenz seine Schlußvollendung erhielt. In den salischen Gesetzen und den justinianischen Pandekten vermögen wir die ersten Anfänge und die volle Reife der bürgerlichen Weisheit zu vergleichen. Welche Vorurteile man immer zugunsten der Barbarei erheben mag, wird doch unser ruhiges Nachdenken den Römern die höheren Vorzüge nicht nur des Wissens und der Einsicht, sondern auch der Menschlichkeit und Gerechtigkeit zuerkennen. Indessen waren die Gesetze der Barbaren ihren Bedürfnissen und Wünschen, ihrer Beschäftigung und ihrer Fähigkeit angemessen und trugen sämtlich bei, den Frieden zu bewahren und die Fortschritte der Gesellschaft zu fördern, zu deren Nutzen sie ursprünglich eingeführt worden waren. Statt daß die Merowinger ihren verschiedenartigen Untertanen eine gleichförmige Verhaltensregel auferlegten, gestatteten sie jedem Volk und jeder Familie ihres Reiches den Genuß ihrer eigentümlichen Einrichtungen, und auch die Römer waren von den gemeinsamen Wohltaten dieser Gesetzesduldung nicht ausgeschlossen. Die Kinder hingen dem Recht ihrer Eltern, die Gattin dem des Mannes, der Freigelassene dem seines Beschützers an; und in allen Fällen, wo die Parteien verschiedenen Nationen angehörten, mußte der Kläger dem Tribunal des Beklagten folgen, der stets den rechtlichen Beweis seines Rechtes oder seiner Unschuld für sich anführen mußte. Ein noch größerer Spielraum war jedem Bürger insofern gelassen, daß er vor dem Richter erklären durfte, unter welchem Gesetze er zu leben wünsche und welcher Nationalgemeinde er angehören wolle. Eine solche Freiheit mußte die parteiischen Unterschiede des Sieges verwischen, und die römischen Provinzbewohner konnten sich ruhig in die Drangsale ihrer Lage fügen, da es nur von ihnen abhing, sich die Vorrechte der freien und kriegerischen Barbaren anzueignen, sobald sie den Mut hatten, deren Charakter zu behaupten.

Wenn die Gerechtigkeit unerbittlich den Tod jedes Mörders fordert, so wird jeder einzelne Bürger durch die Gewißheit gestärkt, daß die Gesetze, die Richter und die ganze Gemeinde die Wächter seiner persönlichen Sicherheit sind. Aber in der lockeren Staatsgesellschaft der Germanen war die Rache stets ehrenvoll, häufig verdienstlich: der unabhängige Krieger strafte oder verteidigte mit eigenem Arm die Unbilden, die er erlitten oder zugefügt hatte, und er hatte nichts zu fürchten als den Grimm der Söhne und Verwandten des Feindes, den er seiner Selbstsucht oder seinem Zorn geopfert hatte. Der Richter, seiner Schwäche bewußt, legte sich ins Mittel, nicht um zu strafen, sondern um zu versöhnen, und er gab sich zufrieden, wenn er die streitenden Parteien überreden oder nötigen konnte, die mäßige als Preis des Blutes festgesetzte Geldbuße zu zahlen oder anzunehmen. Der wilde Sinn der Franken würde sich einem strengeren Urteile widersetzt haben. Dieselbe Wildheit verachtete diese machtlosen Schranken, und nachdem der Reichtum Galliens ihre einfachen Sitten verdorben hatte, wurde der öffentliche Friede beständig durch übereilte oder wohlbedachte Gewalttaten verletzt. Unter jeder gerechten Regierung wird die gleiche Strafe wegen der Ermordung eines Bauern wie wegen der eines Fürsten vollzogen oder wenigstens angedroht. Aber der Nationalungleichheit, welche die Franken in ihrem strafgerichtlichen Verfahren festsetzten, war die äußerste Schmach und der höchste Mißbrauch der Eroberung. In den ruhigen Augenblicken der Gesetzgebung erklärten sie feierlich, daß das Leben eines Römers von geringerem Wert sei als das eines Barbaren. Der Antrustion, ein Name, der die erlauchteste Geburt oder Würde anzeigte, wurde unter den Franken auf den Wert von sechshundert Goldstücken angeschlagen, während der Große der Provinz, den der König zu seiner Tafel zuließ, gesetzlich für die geringere Ausgabe von dreihundert Goldstücken ermordet werden konnte. Deren zweihundert wurden für einen Franken von gemeinem Stande hinreichend erachtet; die geringeren Römer waren aber durch die unbedeutende Vergütung von hundert, ja selbst nur von fünfzig Goldstücken der Schmach und Gefahr bloßgestellt. Wenn diese Gesetze durch irgendeinen Grundsatz der Gerechtigkeit oder Vernunft geleitet worden wären, würde der öffentliche Schutz in einem richtigen Verhältnis den Mangel an persönlicher Macht ersetzt haben. Aber der Gesetzgeber hatte den Verlust eines Kriegers gegen den eines Sklaven in der Waage nicht der Gerechtigkeit, sondern der Klugheit gewogen; der Kopf eines hochmütigen und räuberischen Barbaren wurde durch eine schwere Geldbuße geschützt, während dem wehrlosesten Untertanen die geringste Hilfe zuteil wurde. Die Zeit brach allmählich den Stolz der Sieger und die Geduld des Besiegten, und den verwegensten Bürger lehrte die Erfahrung, daß er mehr Unbilden erleiden als zufügen könne. Sowie die Wildheit der Sitten der Franken abnahm, wurden schärfere Gesetze erlassen, und die merowingischen Könige suchten die unparteiische Strenge der Westgoten und Burgunden nachzuahmen. Unter der Regierung Karls des Großen wurde der Mord allgemein mit dem Tod bestraft.

Der Bürger- und Kriegerstand, der von Konstantin getrennt worden war, wurde von den Barbaren wieder vereinigt. Den rauhen Klang der deutschen Benennungen milderte man durch die lateinischen Titel dux, comes oder praefectus, und ein und derselbe Beamte übernahm innerhalb seines Machtsprengels den Oberbefehl der Truppen und die Verwaltung der Justiz. Aber der wilde und schriftungelehrte Anführer war selten geeignet, die Pflichten eines Richters zu erfüllen, welche alle Eigenschaften eines philosophischen, durch Studium und Erfahrung mühsam gebildeten Geistes erfordern, und er sah sich in seiner Unwissenheit gezwungen, zu einfacheren und sichtbaren Ermittlungsmethoden der gerechten Sache seine Zuflucht zu nehmen. In jeder Religion ist die Gottheit angerufen worden, die Wahrheit menschlichen Zeugnisses zu bestätigen oder dessen Falschheit zu bestrafen; aber dieses mächtige Werkzeug wurde durch die Einfalt der germanischen Gesetzgeber verkehrt angewendet und mißbraucht. Der Angeschuldigte konnte seine Unschuld dartun, indem er vor Gericht eine Anzahl befreundeter Zeugen stellte, die feierlich ihren Glauben oder ihre Überzeugung erklärten, daß er nicht schuldig wäre. Nach der Schwere der Anklage wurde diese gesetzliche Zahl von Reinigungszeugen vervielfältigt; zweiundsiebzig Stimmen waren erforderlich, um einen Mordbrenner oder Mörder loszusprechen, und als Verdacht gegen die Keuschheit einer Königin von Frankreich entstand, schworen dreihundert tapfere Edle ohne Zögern, daß der junge Prinz wirklich von ihrem verstorbenen Gemahl erzeugt worden sei. Der Frevel und das Ärgernis offenbarer und häufiger Meineide veranlaßte die Richter, diese gefährliche Versuchung zu entfernen und den Mängeln des Menschenzeugnisses durch die berühmte Feuer- und Wasserprobe zu Hilfe zu kommen. Dieses außerordentliche Gerichtsverfahren war so widersinnig eingerichtet, daß in einigen Fällen die Schuld und in anderen die Unschuld nicht ohne Vermittlung eines Wunders bewiesen werden konnte. Betrug und Leichtgläubigkeit sorgten ohne Mühe für solche Wunder; die verwickeltsten Fälle wurden durch diese leichte und unfehlbare Methode entschieden, und die unruhigen Barbaren, die den Spruch eines Richters verachtet hätten, fügten sich unterwürfig in das Urteil Gottes.

Die gerichtlichen Zweikämpfe erlangten jedoch allmählich unter einem kriegerischen Volk, das nicht zu glauben vermochte, daß ein tapferer Mann hingerichtet zu werden oder ein Feigling zu leben verdiene, höheres Vertrauen und Ansehen. Sowohl im bürgerlichen wie im peinlichen Verfahren waren der Kläger, der Beklagte, ja sogar der Zeuge, der Forderung auf Tod und Leben durch einen Gegner ausgesetzt, dem es an gesetzlichen Beweisen fehlte, und sie sahen sich genötigt, entweder ihre Sache aufzugeben oder ihre Ehre öffentlich innerhalb der Schranken des Kampfplatzes zu verteidigen. Sie kämpften je nach der Sitte ihrer Nation entweder zu Fuß oder zu Pferd, und die Entscheidung des Schwertes oder der Lanze wurde durch die Zustimmung des Himmels, des Richters und des Volkes bestätigt. Dieses blutdürstige Gesetz war in Gallien durch die Burgunden eingeführt worden, und ihr Gesetzgeber Gundobald ließ sich herab, die Beschwerden und Einwürfe seines Untertanen Avitus zu beantworten. „Ist es nicht wahr", sagte der König von Burgund zu dem Bischof, „daß der Ausgang der Nationalkriege wie der Kämpfe einzelner durch das Gericht Gottes geleitet wird und daß seine Vorsehung der gerechten Sache den Sieg verleiht?" Durch solche allgemein ansprechende Gründe wurde der widersinnige und grausame Gebrauch der gerichtlichen Zweikämpfe, der einigen deutschen Stämmen eigentümlich war, in allen Monarchien Europas, von Sizilien bis zur Ostsee, verbreitet und eingeführt. Nach Verlauf von zehn Jahrhunderten war die Herrschaft gesetzmäßiger Gewalttätigkeit noch nicht gänzlich erloschen, und der unwirksame Tadel der Heiligen, der Päpste und der Kirchenversammlung scheint zu beweisen, daß der Einfluß des Aberglaubens durch seine unnatürliche Verbündung mit Vernunft und Menschlichkeit geschwächt wird. Die Richterstühle wurden mit dem Blute vielleicht unschuldiger und achtbarer Bürger befleckt; das Recht neigte sich damals auf die Seite des Starken, und Greise, Schwächlinge und Kranke waren verurteilt, entweder ihre gerechtesten Ansprüche und Forderungen fahren zu lassen oder den Gefahren eines ungleichen Kampfes zu trotzen oder der zweifelhaften Hilfe eines gemieteten Kämpen zu vertrauen. Diese unterdrückende Gerechtigkeitspflege wurde den Provinzbewohnern von Gallien aufgenötigt, wenn sie sich über Unbilden beklagten, die ihrer Person oder ihrem Eigentum zugefügt worden waren. Wie groß immer die Kraft oder der Mut einzelner sein mochte, hatten doch die siegreichen Barbaren den Vorzug der Waffenliebe und Waffenübung, und der besiegte Römer wurde höchst ungerecht aufgefordert, in seiner eigenen Person den blutigen Kampf zu erneuern, der bereits gegen sein Vaterland entschieden worden war.

Eine alles verschlingende Schar von einhundertzwanzigtausend Germanen war unter dem Oberbefehl Ariovistus' über den Rhein gegangen. Ein Dritteil der fruchtbaren Ländereien der Sequaner wurde zu ihrer Benutzung weggenommen, und der Eroberer wiederholte bald sein drückendes Verlangen nach einem zweiten Dritteil zur Verteilung unter eine neue Kolonie von vierundzwanzigtausend Barbaren, die er aufgefordert hatte, die reiche Ernte von Gallien zu teilen. Nach Ablauf von fünfhundert Jahren maßten sich die Westgoten und Burgunden, welche die Niederlage des Ariovist rächten, dasselbe ungleiche Verhältnis von zwei Dritteilen der unterworfenen Ländereien an. Aber statt daß diese Verteilung sich über die ganze Provinz erstreckte, muß man sie vernünftigerweise auf die besonderen Bezirke beschränken, wohin das siegreiche Volk durch eigene Wahl oder durch die Politik seines Anführers verpflanzt worden war. In diesen Bezirken war jeder Barbar durch die Bande der Gastfreundschaft mit irgendeinem römischen Provinzbewohner verbunden. Diesem unwillkommenen Gaste mußte der Eigentümer zwei Dritteile seines Besitztums überlassen: aber der Germane mußte sich als Hirte und Jäger zuweilen mit einem weitläufigen Strich von Wald- und Weideland begnügen und den kleinsten, jedoch wertvollsten Teil der Mühe des fleißigen Landmannes überlassen. Der Mangel alter und authentischer Zeugnisse hat die Meinung laut werden lassen, daß der Raub der Franken durch die Formen einer gesetzlichen Teilung weder in Schranken gehalten noch verschleiert worden sei; daß sie sich über die Provinzen von Gallien ohne Zügel und Ordnung verbreiteten und daß jeder siegreiche Räuber je nach seinen Bedürfnissen, seiner Habsucht und seiner Macht den Umfang seines neuen Besitztums mit dem Schwert ausmaß. Fern von ihrem Souverän mochten die Barbaren allerdings zur Verübung so willkürlicher Aneignung verlockt worden sein; aber die feste und kluge Politik Chlodwigs mußte jenem zügellosen Geiste, der das Elend der Besiegten nur erschweren konnte, während er die Einigkeit und Zucht der Sieger untergrub, notwendigerweise einen Damm entgegensetzen. Die merkwürdige Vase von Soissons ist ein Denkmal und Pfand der regelmäßigen Verteilung der gallischen Beute. Pflicht und Interesse geboten Chlodwig, für Belohnungen für ein siegreiches Heer und für Niederlassungen für ein zahlreiches Volk zu sorgen, ohne den getreuen Katholiken Galliens irgendwelche mutwillige oder überflüssige Unbilden zuzufügen. Die reiche Masse, die er rechtmäßig aus den kaiserlichen Domänen, den erledigten Ländereien und dem gotischen Gewaltbesitz erwarb, verminderte die grausame Notwendigkeit der Wegnahme und Einziehung, und die armen Provinzbewohner konnten sich mit mehr Ergebenheit in die gleiche und regelmäßige Verteilung ihres Verlustes fügen.

Der Reichtum der Merowinger bestand in ihrem ausgedehnten Grundbesitz. Nach der Eroberung von Gallien behielten sie den Geschmack an der bäuerlichen Einfachheit ihrer Altvordern bei; die Städte wurden der Einsamkeit und dem Verfall überlassen und ihre Münzen, Urkunden und Synoden tragen den Namen der Villen oder ländlichen Paläste, in denen sie gelegentlich residierten, an der Spitze. Einhundertsechzig Paläste, ein Titel, der keinerlei Art zeitungemäßer Vorstellungen von Kunst und Pracht zu erregen braucht, waren über die Provinzen ihres Königreiches zerstreut, und wenn auch einige auf die Ehre einer Festung Anspruch machten, konnte doch der bei weitem größere Teil nur im Lichte einträglicher Güter betrachtet werden. Die Wohnung der langhaarigen Könige war von bequemen Höfen und Ställen für Vieh und Geflügel umgeben; der Garten war mit nützlichen Küchengewächsen bepflanzt. Die verschiedenen Gewerbe, die Arbeiten des Ackerbaues, ja sogar der Jagd und Fischerei wurden durch Sklavenhände zum Vorteil des Souveräns ausgeübt. Seine Vorratshäuser waren mit Korn und Wein entweder zum Verkauf oder zum Verbrauch gefüllt, und die ganze Verwaltung war nach den strengsten Grundsätzen der Privatökonomie geordnet. Diese großen Besitzungen hatten die Bestimmung, die glänzende Gastfreiheit Chlodwigs und seiner Nachfolger zu ermöglichen und die Treue jener tapferen Gefährten zu belohnen, die sowohl im Frieden wie im Kriege seinem persönlichen Dienste ergeben waren. Statt eines Pferdes oder einer Rüstung erhielt jeder Gefährte je nach Rang, Verdienst oder Gunst ein Benefizium, der ursprüngliche Name und die einfachste Form der Lehnsbesitzungen. Diese Verleihungen konnten nach Willkür des Souveräns widerrufen werden, und seine schwache Herrschaft fand einige Stütze durch den Einfluß seiner Freigebigkeit. Aber diese hörige Besitzart wurde von den unabhängigen und raubsüchtigen Edlen Frankreichs bald abgeschafft. Sie führten das dauernde Eigentum ihrer Benefizien und die erbliche Nachfolge ein, eine für den Boden, der von seinen ungesicherten Herren mißhandelt oder vernachlässigt worden war, nur heilsame Umwälzung. Außer diesen königlichen und benefiziarischen Besitzungen war bei der Teilung von Gallien eine große Zahl von Allodial- und salischen Ländereien bestimmt worden; sie waren steuerfrei, und die salischen Ländereien vererbten sich zu gleichen Teilen auf die männlichen Abkömmlinge der Franken.

Während der blutigen Zwietracht und dem stillen Verfall des merowingischen Geschlechtes entstand in den Provinzen eine neue Art von Tyrannen, welche unter dem Namen der Senioren oder Herren sich das Recht der Beherrschung und die Freiheit der Unterdrückung der Untertanen ihres besonderen Gebietes anmaßten. Ihre Ehrsucht mochte durch den feindlichen Widerstand ihresgleichen im Zaum gehalten werden, aber die Gesetze waren erloschen, und der kirchenräuberische Barbar, der sich erkühnte, die Rache eines Heiligen oder Bischofs herauszufordern, achtete nur selten die Landmarken eines weltlichen und wehrlosen Nachbars. Die allgemeinen oder öffentlichen Naturrechte, wofür sie von dem römischen Recht stets angesehen worden waren, wurden durch die germanischen Eroberer, deren Vergnügen oder vielmehr Leidenschaft die Jagd bildete, mit Strenge eingeengt. Die unbegrenzte Herrschaft, welche der Mensch über die wilden Bewohner der Erde, der Lüfte und der Gewässer übernommen hatte, wurde auf einige glückliche Individuen des menschlichen Geschlechtes beschränkt. Abermals breiteten sich Forste über Gallien aus. Die Tiere, die für den Nutzen oder das Vergnügen des Herrn vorbehalten blieben, durften ungestraft die Felder seiner fleißigen Vasallen verheeren. Die Jagd war das geheiligte Vorrecht der Edlen und ihrer Hausgenossen. Übertreter vom Plebejerstande wurden gesetzmäßig mit Hieben und Einkerkerungen bestraft und in einem bestimmten Zeitalter galt die Tötung eines Hirsches oder wilden Ebers innerhalb des Bereiches der königlichen Forste als Halsverbrechen.

Nach den Grundsätzen des alten Krieges wurde der Sieger der rechtmäßige Eigentümer des Feindes, den er besiegt und verschont hatte: und die fruchtbaren Quellen der persönlichen Sklaverei, die durch die friedliche Souveränität von Rom fast zum Versiegen gebracht worden waren, wurden durch die beständigen Feindseligkeiten der Barbaren wieder erneuert und vermehrt. Der Gote, Burgunde oder Franke, der von einem glücklichen Zuge heimkehrte, führte ein langes Gefolge von Schafen, Ochsen und menschlichen Gefangenen hinter sich, die er wie Tiere behandelte. Jünglinge von schöner Gestalt und edlem Aussehen wurden zum häuslichen Dienst verwendet; eine zweifelhafte Lage, die sie abwechselnd dem wohlwollenden oder grausamen Antrieb der Leidenschaft preisgab. Brauchbare Handwerker und Arbeiter (Schmiede, Zimmerleute, Schneider, Schuhmacher, Köche, Färber, Gold- und Silberarbeiter usw.), übten ihre Kunst zum Nutzen oder Gewinn ihres Gebieters aus. Die römischen Gefangenen aber, die keine Kunst verstanden, jedoch fähig zur Arbeit waren, wurden ohne Rücksicht auf ihren früheren Rang dazu verurteilt, das Vieh der Barbaren zu hüten und ihre Ländereien zu bestellen. Die Zahl der erblichen Leibeigenen, die den gallischen Grundbesitzungen anhingen, vermehrte sich beständig durch frischen Zuwachs, und die knechtische Bevölkerung wurde je nach Lage und Charakter ihrer Gebieter zuweilen durch vorübergehende Nachsicht erhoben, häufiger aber durch launenhaften Despotismus unterdrückt. Diese Gebieter übten unbedingte Gewalt über Leben und Tod aus, und wenn sie ihre Töchter vermählten, wurde eine Schar nützlicher, zur Verhinderung der Flucht an die Wagen geketteter Diener als Hochzeitsgeschenk in ein fernes Land geschickt. Die Majestät der römischen Gesetze schützte die Freiheit jedes Bürgers gegen die übereilten Wirkungen seiner eigenen Not oder Verzweiflung. Aber die Untertanen der merowingischen Könige durften ihre persönliche Freiheit veräußern, und diese Art gesetzlichen Selbstmordes, der häufig verübt wurde, war in den für Menschenwürde schimpflichsten und betrübendsten Worten ausgedrückt. Das Beispiel jener Armen, die das Leben durch das Opfer alles dessen erkauften, was das Leben wünschenswert machen kann, wurde allmählich von den Schwachen und Frommen nachgeahmt, die sich zur Zeit öffentlicher Unruhen, kleinmütig Schutz suchend, um die Fahnen eines mächtigen Oberhauptes oder um den Schrein eines volkstümlichen Heiligen scharten. Ihre Unterwerfung wurde von diesen weltlichen oder geistlichen Gebietern angenommen, und die übereilte Tat entschied unwiderruflich ihr eigenes Los und das ihrer spätesten Nachkommen. Von der Regierung Chlodwigs an zielten die Gesetze und Sitten Galliens fünf Jahrhunderte lang gleichförmig auf Vermehrung sowie auf Befestigung der Dauer persönlicher Knechtschaft. Zeit und Gewalt vernichteten fast die mittleren Stände der Gesellschaft und ließen eine dunkle, enge

Kluft zwischen dem Edlen und dem Sklaven. Stolz und Vorurteil verwandelten diese willkürliche und neue Einteilung in eine Nationalunterscheidung, welche durch die Waffen und Gesetze der Merowinger allgemein eingeführt wurde. Die Edlen, die ihre wirkliche oder gefabelte Abkunft von den unabhängigen und siegreichen Franken herleiteten, haben das unveräußerliche Recht der Eroberung über eine unterjochte Schar Sklaven und Plebejer, denen sie die erträumte Schmach gallischen oder römischen Ursprunges zuschrieben, behauptet und mißbraucht.

Der allgemeine Zustand und die Umwälzungen Frankreichs, ein durch die Sieger aufgezwungener Name, lassen sich durch das besondere Beispiel einer Provinz, einer Diözese und einer senatorischen Familie erläutern. Die Auvergne hatte einst einen verdienten Vorrang unter den unabhängigen Staaten und Städten von Gallien behauptet. Die tapferen und zahlreichen Einwohner konnten eine merkwürdige Trophäe aufweisen, das Schwert Cäsars selbst, das er verlor, als er von den Mauern von Gergovia zurückgeschlagen wurde. Als gemeinsame Abstämmlinge von Troja machten sie auf ein brüderliches Bündnis mit den Römern Anspruch, und wenn jede Provinz den Mut und die Treue der Auvergne nachgeahmt hätte, würde der Sturz des abendländischen Reiches verhindert oder verzögert worden sein. Die Treue, welche sie den Goten widerwillig geschworen hatten, bewahrten sie auch mit Festigkeit. Nachdem aber ihre tapfersten Edlen in der Schlacht von Poitiers gefallen waren, nahmen sie ohne Widerstand einen siegreichen und rechtgläubigen Souverän an. Die leichte und wertvolle Eroberung wurde von Theodorich, Chlodwigs ältestem Sohn, vollendet und in Besitz genommen: die ferne Provinz war jedoch von seinem austrasischen Gebiete durch die dazwischen gelegenen Königreiche Soissons, Paris und Orleans getrennt, welche nach des Vaters Tode die Erbschaft seiner drei Brüder bildeten. Der König von Paris, Childebert, ließ sich durch die Nachbarschaft und Schönheit der Auvergne in Versuchung führen. Das Oberland, das sich gegen Süden zu dem Cevennengebirge erhebt, bot eine reiche und vielfältige Abwechslung von Wald und Weideland. Die Abhänge waren mit Weingärten bedeckt und jede Höhe durch eine Villa oder ein Schloß gekrönt. In der Niederauvergne fließt der Allier durch die schöne und ausgebreitete Ebene von Limagne, und die unerschöpfliche Fruchtbarkeit des Bodens lieferte und liefert noch, ohne daß die Natur auszuruhen braucht, die gleichen reichen Ernten. Auf das falsche Gerücht, ihr rechtmäßiger Souverän sei in Germanien erschlagen worden, wurde die Stadt und Diözese Auvergne von dem Enkel des Sidonius Apollinaris verraten. Childebert genoß seinen erstohlenen Sieg, und die freien Untertanen Theoderichs drohten seine Fahne zu verlassen, wenn er seiner Privatrache frönen würde, solange die Nation in den burgundischen Krieg verwickelt wäre. Die Franken von Austrasien gaben jedoch der überzeugenden Beredsamkeit ihres Königs nach: „Folget mir nach der Auvergne", sagte Theodorich, „ich will euch in eine Provinz führen, wo ihr Gold, Silber, Sklaven, Vieh und kostbare Gewänder nach dem vollem Umfang eurer Wünsche erwerben könnt. Ich wiederhole mein Versprechen; ich gebe auch das Volk und seinen Reichtum euch als Beute, ihr möget sie nach Gefallen in euer eigenes Vaterland bringen." Durch die Erfüllung dieser Verheißung verwirkte Theodorich mit Recht die Anhänglichkeit eines Volkes, das er der Vernichtung gewidmet hatte. Seine Truppen, die durch die grimmigsten Barbaren Germaniens verstärkt worden waren, richteten Verheerungen in der fruchtbaren Auvergne an, und nur zwei Plätze, eine feste Burg und ein heiliger Schrein, wurden vor ihrer zügellosen Wut gerettet oder losgekauft. Das Schloß Meroliac krönte einen hohen Felsen, der sich über hundert Fuß über den Spiegel der Ebene erhob, und in den Kreis der Befestigung war eine große Zisterne mit süßem Wasser und einige kulturfähige Grundstücke eingeschlossen. Die Franken starrten die uneinnehmbare Festung mit Neid und Verzweiflung an. Sie schnitten jedoch einen Trupp von fünfzig Nachzüglern ab, und da sie mit der Anzahl ihrer Gefangenen ohnehin beschwert waren, setzten sie für die unglücklichen Opfer ein geringes Lösegeld zur Wahl zwischen Leben und Tod fest, und die grausamen Barbaren drohten, sie im Falle der Zahlungsweigerung von seiten der Besatzung niederzumetzeln. Eine andere Abteilung drang bis Brivas oder Briaude vor, wo sich die Einwohner mit ihrer wertvollen Habe in das Heiligtum des heiligen Julian geflüchtet hatten. Die Tore der Kirche widerstanden dem Angriff, ein verwegener Soldat drang aber durch ein Fenster im Chor ein und öffnete seinen Gefährten einen Weg. Geistlichkeit wie Volk, geheiligte wie weltliche Beute wurden vom Altar gerissen und der Kirchenraub in geringer Entfernung von der Stadt Brionde geteilt. Diese ruchlose Tat reizte aber Chlodwigs frommen Sohn zu strenger Ahndung. Er bestrafte die gewalttätigen Verbrecher mit dem Tode, überließ ihre geheimen Mitschuldigen der Rache des heiligen Julian, befreite die Gefangenen, gab die Beute zurück und dehnte die Rechte des Heiligtums bis auf fünf Meilen rund um das Grab des Märtyrers aus.

Bevor das austrasische Heer aus der Auvergne abzog, forderte Theodorich Pfänder der künftigen Treue eines Volkes, dessen gerechter Haß nur durch Furcht im Zaum gehalten werden konnte. Ein auserlesenes Häuflein edler Jünglinge, Söhne der vornehmsten Senatoren, wurde dem Eroberer als Geiseln der Treue Childeberts und seiner Landsleute ausgeliefert. Auf das erste Gerücht eines Krieges oder einer Verschwörung hin schmiedete man die schuldlosen Jünglinge in Knechtschaftshände, und einer von ihnen, Attalus, dessen Abenteuer insbesonders erzählt werden, hütete seines Gebieters Pferde in der Diözese von Trier. Nach mühsamem Nachforschen wurde er in dieser unwürdigen Lage von den Abgesandten seines Großvaters, des Bischofs Gregor von Langres, entdeckt; das Anerbieten eines Lösegeldes wurde indes wegen der Habsucht des Barbaren, der für die Freiheit des Jünglings die ungeheure Summe von zehn Pfund Goldes forderte, hartnäckig verworfen. Seine Befreiung wurde durch die kühne List Leos, eines Sklaven, bewirkt, der zur Küche des Bischofs von Langres gehörte. Ein ungekannter Bote brachte ihn ohne Mühe in die Familie, in der Attalus Sklavendienste versah. Der Barbar kaufte Leo für 12 Goldstücke und freute sich, als er erfuhr, daß der neue Sklave in der Üppigkeit einer bischöflichen Tafel vollkommen erfahren sei. „Am nächsten Sonntag", sagte der Franke, „werde ich meine Nachbarn und Verwandten einladen. Biete deine Kunst auf und zwinge sie zu dem Geständnis, daß sie ein solches Gastmahl selbst nicht in des Königs Hause je gesehen oder gegessen hätten." Leo versicherte ihm, daß seine Wünsche, wenn er für eine hinreichende Menge Geflügel sorgen wollte, erfüllt werden sollten. Der Gebieter, der bereits auf den Ruhm üppiger Gastfreundschaft Anspruch machte, nahm das Lob, welches die gefräßigen Gäste einstimmig seinem Koch zollten, als ihm selbst gebührend an, und der gewandte Leo erlangte nach und nach sein Vertrauen und die Verwaltung seines Haushaltes. Nach einem Jahre geduldigen Harrens flüsterte er seinen Plan Attalus vorsichtig zu und empfahl ihm, sich in der folgenden Nacht zur Flucht bereitzuhalten. Um Mitternacht zogen sich die unmäßigen Gäste von der Tafel zurück, und der Schwiegersohn des Franken, den Leo mit einem Nachttrunk in sein Gemach geleitete, ließ sich herab, über die Leichtigkeit zu scherzen, womit er das in ihn gesetzte Vertrauen verraten könnte. Nachdem der unerschrockene Sklave diesen gefährlichen Scherz standhaft ertragen hatte, schlich er in seines Gebieters Schlafgemach, entfernte dessen Schild und Speer, zog die flüchtigsten Renner aus dem Stall, entriegelte das gewichtige Tor und mahnte Attalus, Leben und Freiheit durch die größte Schnelligkeit zu retten. Ihre Besorgnisse bewogen sie, die Pferde an den Ufern der Maas zu lassen; sie schwammen über den Fluß, irrten drei Tage in dem anstoßenden Wald umher und erhielten sich nur durch die zufällige Entdeckung eines wilden Pflaumenbaumes. Während sie im dunklen Dickicht verborgen lagen, hörten sie Roßgetrappel, wurden durch das zornsprühende Antlitz ihres Gebieters erschreckt und hörten voll Angst seine Erklärung, daß er, falls die schuldigen Flüchtlinge wieder in seine Gewalt fallen sollten, den einen mit seinem Schwert in Stücke hauen und den andern an einem Galgen aufhängen würde. Endlich erreichten Attalus und sein treuer Leo die Wohnung eines befreundeten Priesters von Reims, der ihre erschöpften Kräfte mit Brot und Wein labte, sie vor den Nachforschungen ihres Feindes verbarg und sicher über die Grenzen des austrasischen Königreiches nach dem bischöflichen Palast von Langres führte. Gregor umarmte seinen Enkel mit Freudentränen, befreite voll Dankbarkeit Leo samt seiner ganzen Familie vom Joch der Knechtschaft und schenkte ihm als

Eigentum eine Meierei, auf der er seine Tage in Glück und Freiheit beschließen konnte. Vielleicht wurde dieses merkwürdige Abenteuer von Attalus selbst seinem Vetter oder Neffen, dem ersten Geschichtsschreiber der Franken, erzählt. Gregor von Tours war ungefähr sechzig Jahre nach dem Tode des Sidonius Apollinaris geboren, und ihre Lage glich sich ziemlich, da jeder von ihnen geborener Auvergnate, Senator und Bischof war. Die Verschiedenheit ihres Stils und ihrer Gesinnungen bezeichnet daher den Verfall Galliens und beweist deutlich, wieviel der menschliche Geist in so kurzer Zeit an Kraft und Verfeinerung verloren hatte.

Wir sind nun imstande, die entgegengesetzten, vielleicht absichtlich falschen Darstellungen zu verwerfen, wodurch man die Unterdrückung der Römer Galliens unter der Herrschaft der Merowinger entweder gemildert oder übertrieben hat. Die Sieger verkündeten nie ein allgemeines Edikt der Knechtschaft und Vermögensentziehung: aber ein entartetes Volk, das seine Schwächen durch die gleißenden Namen feiner Bildung und Friedlichkeit entschuldigte, war den Waffen und Gesetzen der unverbrauchten Barbaren bloßgestellt, welche sich verachtungsvoll an seinem Eigentum, seiner Freiheit und Sicherheit vergriffen. Ihre persönlichen Unbilden waren partiell und außer der Regel, aber die große Masse der Römer behauptete stets die Eigenschaften und Vorrechte von Bürgern. Ein großer Teil ihrer Ländereien wurde zum Frommen der Franken weggenommen, aber sie besaßen den Rest steuerfrei, und dieselbe unwiderstehliche Gewalt, welche die Künste und Fabriken von Gallien hinwegfegte, hatte auch das kostspielige System des kaiserlichen Despotismus vernichtet. Die Provinzbewohner mußten natürlich oft über die rohe Justiz der salischen und ripuarischen Gesetze seufzen, aber ihr Privatleben wurde in den wichtigen Beziehungen der Ehe, der Testamente und Erbschaften auch ferner durch den theodosianischen Kodex geordnet, und ein mißvergnügter Römer konnte ungehindert nach Titel und Eigenschaft eines Barbaren streben oder dazu gelangen. Die Ehrenstellen des Staates waren seinem Ehrgeiz zugänglich. Erziehung und Charakter befähigten die Römer besonders zu den Ämtern der Zivilverwaltung, und nachdem der Wetteifer den kriegerischen Mut wieder entzündet hatte, durften sie in den Reihen, ja sogar an der Spitze der siegreichen Deutschen ziehen. Ich werde es nicht versuchen, die Feldherren und Richter aufzuzählen, deren Namen die vorurteilsfreie Politik der Merowinger bezeugen. Der Oberbefehl in Burgund samt dem Patriziertitel war nacheinander drei Römern anvertraut; der letzte und mächtigste, Mummolus, der abwechselnd die Monarchie rettete und zerrüttete, hatte seinen Vater an der Stelle eines Grafen von Autun verdrängt und hinterließ einen Schatz von dreißig Talenten Gold und zweihundertfünfzig Talenten Silber. Die schriftunkundigen Barbaren blieben mehrere Geschlechter hindurch von den Würden, ja sogar von den Weihen der Kirche ausgeschlossen. Die Geistlichkeit von Gallien bestand fast ganz aus eingeborenen Provinzbewohnern. Die stolzen Franken unterwarfen sich ihren Untertanen, welche die bischöfliche Würde bekleideten, und die Macht und Reichtümer, die im Kriege verlorengegangen waren, wurden nach und nach wieder gewonnen. In allen weltlichen Angelegenheiten war der theodosianische Kodex das allgemeine Gesetz der Geistlichkeit, aber die barbarische Justiz hatte freigebig für ihre persönliche Sicherheit gesorgt: ein Subdiakon galt zwei Franken gleich, der Antrustion und der Priester standen in einerlei Rang, und das Leben eines Bischofs wurde weit über das gewöhnliche Maß zum Preise von neunhundert Goldstücken angeschlagen. Die Römer weihten ihre Besieger in die Ausübung der christlichen Religion, den Gebrauch der lateinischen Sprache ein: aber ihre Sprache wich wie ihre Religion von der einfachen Reinheit des augusteischen wie des apostolischen Zeitalters sehr ab. Aberglauben und Barbarentum machten rasche und allgemeine Fortschritte. Die Verehrung der Heiligen entzog dem Auge des Volkes den Gott der Christen, und der rohe Dialekt der Bauern und Soldaten wurde noch durch deutsche Worte und Aussprache verdorben. Die Gemeinschaft geistlichen und gesellschaftlichen Lebens verwischte indessen die Unterschiede der Geburt und des Sieges, und die Volksstämme Galliens verloren sich allmählich unter dem Namen und dem Reich der Franken.

Die Franken hätten nach ihrer Vermischung mit ihren gallischen Untertanen diesen die unschätzbarste aller menschlichen Gaben, Geist und System verfassungsmäßiger Freiheit, geben können. Unter einem erblichen, aber beschränkten König hätten die Fürsten und Räte in Paris im Palast der Cäsaren miteinander beraten können, das anstoßende Feld, auf dem die Kaiser ihre Legionen von Söldnern musterten, würde die gesetzgebende Versammlung von Freien und Kriegern aufgenommen haben, und das rohe Vorbild, das in den Wäldern Deutschlands entworfen worden war, hätte durch die politische Weisheit der Römer ausgebildet und vervollkommnet werden können. Aber die leichtsinnigen, auf die Unabhängigkeit pochenden Barbaren verachteten die Mühen der Regierung; die jährlichen Volksversammlungen im März wurden stillschweigend abgeschafft, und die Nation zerstreute, ja löste sich durch die Eroberung von Gallien fast auf. Die Monarchie wurde ohne regelmäßige Einrichtung der Justiz, des Kriegswesens und der öffentlichen Einkünfte gelassen. Den Nachfolgern Chlodwigs fehlte es an Entschlossenheit oder Kraft, die gesetzgebende und vollziehende Gewalt, die das Volk aufgegeben hatte, zu übernehmen oder auszuüben. Die königlichen Vorrechte zeichneten sich nur durch einen umfassenderen Spielraum des Raubens und Mordens aus, und die durch persönlichen Ehrgeiz so oft geschwächte und geschändete Freiheitsliebe wurde von den zügellosen Franken bis zur Verachtung aller Ordnung und aller Gesetze gebracht. Fünfundsiebzig Jahre nach Chlodwigs Tode sandte sein Enkel Guntram, König von Burgund, ein Heer aus, um in die gotischen Besitzungen von Septimanien oder Languedoc einzubrechen. Die Truppen von Burgund, Berry, Auvergne und den angrenzenden Provinzen wurden durch die Hoffnung auf Beute angelockt. Sie marschierten ohne Heereszucht unter der Fahne deutscher und gallischer Grafen; ihr Angriff war schwach und erfolglos, aber freundliche wie feindliche Provinzen wurden mit einer Wut, die keinen Unterschied kannte, verheert. Die Kornfelder, die Dörfer, sogar die Kirchen wurden verbrannt, die Einwohner niedergemetzelt oder in Gefangenschaft geschleppt und auf dem unordentlichen Rückzuge fünftausend dieser unmenschlichen Feinde durch Hunger und innere Zwietracht aufgerieben. Als der fromme Guntram den Anführern ihre Schuld oder Nachlässigkeit vorwarf und sie nicht mit einem gesetzlichen Urteil, sondern mit augenblicklicher und willkürlicher Hinrichtung bedrohte, klagten sie die allgemeine und unheilbare Verderbtheit des Volkes an. „Niemand", sagten sie, „fürchtet oder ehrt mehr seinen König, seinen Herzog, seinen Grafen. Jeder liebt Unheil zu stiften und frönt ohne Scheu seinen verbrecherischen Gelüsten. Der mildeste Besserungsversuch erregt sogleich einen Aufruhr, und der verwegene Führer, der seine Untergebenen zu tadeln oder im Zaum zu halten wagt, entgeht selten ihrer Rache." Es ist derselben Nation vorbehalten geblieben, durch ihre ausschweifenden Laster den widerwärtigsten Mißbrauch der Freiheit zur Schau zu stellen und deren Verlust durch jenen Geist der Ehre und Menschlichkeit zu ersetzen, der später ihren Gehorsam gegen einen unumschränkten Herrscher erleichterte und ihm Würde verlieh.

Die Westgoten hatten Chlodwig den größten Teil ihrer gallischen Besitzungen abgetreten, ihr Verlust wurde jedoch reichlich durch die leichte Eroberung und den sicheren Besitz der spanischen Provinzen ersetzt. Von der Monarchie der Goten, die bald das suevische Königreich Gallicien verschlang, leiten die neueren Spanier einen Teil ihrer Nationaleitelkeit her: der Geschichtsschreiber des Römischen Reiches fühlt sich indes weder versucht noch genötigt, die dunkle und trockene Reihe ihrer Annalen zu verfolgen. Die Goten von Spanien waren von Gallien durch die hohe Bergkette der Pyrenäen getrennt: ihre Sitten und Einrichtungen, insofern sie sie in Gemeinschaft der übrigen germanischen Stämme besaßen, sind bereits geschildert worden. Ich habe im vorigen Kapitel die wichtigsten ihrer Kirchenereignisse, den Sturz des Arianismus, die Verfolgung der Juden vorweg erzählt; es bleibt mir daher nur noch übrig, auf einige interessante Umstände, die sich auf die bürgerliche und kirchliche Verfassung des spanischen Königreiches beziehen, aufmerksam zu machen.

Nach der Bekehrung der Franken und Westgoten vom Götzendienst oder von Ketzerei waren sie geneigt, mit gleicher Demut die eingeborenen Übel wie die zufälligen

Wohltaten des Aberglaubens anzunehmen. Aber die Prälaten von Frankreich arteten lange vor Erlöschen des merowingischen Königsgeschlechtes in kämpfende und jagende Barbaren aus. Sie verschmähten den Nutzen der Synoden, vergaßen die Gesetze der Mäßigkeit und Keuschheit und zogen die Befriedigung ihrer persönlichen Ehrsucht und Üppigkeit dem allgemeinen Interesse des Priesterstandes vor. Die Bischöfe von Spanien dagegen achteten sich selbst und wurden vom Volke geachtet; ihre unauslösliche Vereinigung verschleierte ihre Lüste und kräftigte ihre Macht, und die regelmäßige Zucht der Kirche führte Friede, Ordnung und Stetigkeit in die Regierung des Staates. Von der Regierung Recareds, des ersten katholischen Königs, bis zu jener Witizas, des unmittelbaren Vorgängers des unglücklichen Roderich, waren sechzehn Nationalkonzilien berufen worden. Die sechs Metropoliten von Toledo, Sevilla, Merida, Braga, Tarragona und Narbonne führten je nach ihrem Alter den Vorsitz. Die Versammlung bestand aus ihren Suffraganbischöfen, die entweder in Person erschienen oder durch Bevollmächtigte vertreten waren. Selbst den frömmsten oder reichsten der spanischen Äbte war ein Platz angewiesen. Während der drei ersten Sitzungstage blieben, solange kirchliche Fragen der Lehre oder Zucht auf dem Tapet waren, die Laien von den Verhandlungen, die jedoch mit würdiger Feierlichkeit geführt wurden, ausgeschlossen. Am Morgen des vierten Tages wurden jedoch die Tore geöffnet, um die Großbeamten des Palastes, die Herzöge und Grafen der Provinzen, die Richter der Städte und die gotischen Edlen einzulassen, worauf die Beschlüsse des Himmels durch die Zustimmung des Volkes genehmigt wurden. Dieselben Regeln wurden in den Provinzialversammlungen, den jährlichen Synoden, beobachtet, welche ermächtigt waren, Klagen anzuhören und Beschwerden abzustellen und überhaupt eine gesetzliche Regierung durch den herrschenden Einfluß des spanischen Klerus aufrechtzuerhalten. Die Bischöfe, bei jeder Umwälzung bereit, dem Sieger zu schmeicheln und den Gefallenen in den Staub zu treten, arbeiteten mit Emsigkeit und Erfolg, die Flamme der Verfolgung zu entzünden und die Inful über die Krone zu erheben. Doch haben die Nationalversammlungen von Toledo, in denen der zügellose Geist der Barbaren durch die Politik der Bischöfe gemäßigt und geleitet wurde, einige weise Gesetze zum gemeinsamen Besten des Königs und des Volkes zustande gebracht. Bei Erledigung des Thrones stand die Wahl den Bischöfen und Palatinen zu, und nach Aussterben des Hauses Alarichs blieb die königliche Würde dauernd auf das reine und edle Blut der Goten beschränkt. Die Geistlichkeit, die ihren rechtmäßigen Fürsten salbte, empfahl stets die Pflicht der Treue und erfüllte sie auch selbst. Die schwersten Kirchenstrafen waren den Häuptern jener ruchlosen Untertanen angedroht, die sich seiner Obmacht widersetzen, sich gegen sein Leben verschwören oder durch unanständige Einigung die Keuschheit auch nur seiner Witwe verletzen würden. Aber der Monarch selbst wurde, wenn er den Thron bestieg, durch einen wechselseitigen Eid für Gott und für sein Volk verpflichtet, sein wichtiges Amt getreu zu verwalten. Die wirklichen oder eingebildeten Fehler seiner Regierung waren der Beaufsichtigung einer mächtigen Aristokratie unterworfen, und die Bischöfe und Palatine waren durch das Grundgesetz geschützt, so daß sie nur durch das freie und öffentliche Urteil ihresgleichen entsetzt, eingekerkert, gefoltert oder mit Tod, Verbannung oder Vermögenseinziehung bestraft werden durften.

Eine dieser gesetzgebenden Versammlungen von Toledo prüfte und genehmigte den Kodex der Gesetze, die von einer Reihe gotischer Könige, vom grimmigen Eurich bis zum frommen Egika, zusammengetragen worden waren. Solange die Westgoten sich mit den rohen Gebräuchen ihrer Vorfahren begnügten, gestatteten sie ihren Untertanen von Aquitanien und Spanien den Genuß des römischen Rechtes. Ihre allmähliche Vervollkommnung aber in den Künsten, in der Politik und endlich auch in der Religion, munterte sie auf, diese fremden Einrichtungen nachzuahmen, überflüssig zu machen und einen Kodex des bürgerlichen und peinlichen Rechtes zum Gebrauch eines großen und einigen Volkes zu verfassen. Den Nationen der spanischen Monarchie wurden dieselben Verpflichtungen auferlegt, dieselben Rechte erteilt, und die Eroberer, welche allmählich der germanischen Sprache entsagten, unterwarfen sich dem Zwang der Gleichheit und erhoben die Römer zur Teilnahme an der Freiheit. Das Verdienst dieser unparteiischen Politik wird durch den Zustand Spaniens unter der Herrschaft der Westgoten erhöht. Die Provinzbewohner blieben von ihren arianischen Gebietern lange durch den unaussöhnbaren Zwiespalt der Religion geschieden. Nachdem die Bekehrung Recareds die Vorurteile der Katholiken beseitigt hatte, befanden sich die Küsten sowohl am Ozean als am Mittelmeer dauernd im Besitz der morgenländischen Kaiser, die insgeheim das unzufriedene Volk aufreizten, das Joch der Barbaren abzuwerfen und den Namen und die Würde römischer Bürger zu behaupten. Die Treue anhänglicher Untertanen wird in der Tat am wirksamsten durch ihre eigene Überzeugung gesichert, daß sie durch eine Empörung weit mehr wagen, als sie durch eine Umwälzung zu gewinnen hoffen können: es hat aber von jeher so natürlich geschienen, diejenigen zu unterdrücken, die man haßt und fürchtet, daß das entgegengesetzte System den Ruhm der Weisheit und Mäßigung in hohem Grade verdient.

Während die Königreiche der Franken und Westgoten in Frankreich und Spanien gegründet wurden, vollendeten die Sachsen die Eroberung Britanniens, der dritten großen Diözese der Präfektur des Westens. Da Britannien bereits vom Römischen Reich getrennt war, könnte ich, ohne mir einen Vorwurf zuzuziehen, eine Geschichte umgehen, womit der ungelehrteste meiner Leser vertraut und die dem gelehrtesten derselben dunkel ist. Die Sachsen, die sich in Handhabung des Ruders und der Streitaxt auszeichneten verstanden die Kunst nicht, die allein den Ruhm ihrer Taten verewigen konnte. Die Provinzbewohner, die in die Barbarei zurücksanken, vernachlässigten es, den Ruin ihres Vaterlandes zu beschreiben, und die zweifelhafte Sage war fast erloschen, bevor die Missionare von Rom das Licht der Wissenschaft und des Christentums wieder entzündeten. Die deklamatorischen Ergüsse des Gildas, die Bruchstücke oder Fabeln des Nennius, die undurchsichtigen Winke der sächsischen Gesetze und Chroniken und die kirchengeschichtlichen Erzählungen Bedas des Ehrwürdigen sind durch den Fleiß der nachfolgenden Schriftsteller, deren Werk mich weder gelüstet zu tadeln noch abzuschreiben, erläutert, zu weilen auch durch ihre Phantasie verschönert worden. Der Geschichtsschreiber des Reiches der Römer kann sich jedoch versucht fühlen, die Umwälzungen einer römischen Provinz zu schildern, bis sie sich seinen Blicken entzieht, und ein Engländer mag mit Interesse die Festsetzung jener Barbaren nachweisen, von denen er seinen Namen, seine Gesetze, vielleicht seine Abstammung herleitet.

Ungefähr vierzig Jahre nach Auflösung der römischen Regierung scheint Vortigern die höchste, obgleich dauerlose Herrschaft über die Fürsten und Städte von Britannien erlangt zu haben. Dieser unglückliche Monarch ist fast allgemein wegen der schwachen und unheilvollen Politik getadelt worden, einen furchtbaren Ausländer aufgefordert zu haben, um die verheerenden Einfälle eines einheimischen Feindes zurückzuweisen. Seine Gesandten werden von den ernstesten Geschichtsschreibern nach den Küsten von Germanien eingeschifft; sie halten eine pathetische Rede an die allgemeine Versammlung der Sachsen, und diese kriegerischen Barbaren beschließen, den Flehenden einer fernen und unbekannten Insel mit einer Flotte und einem Heer beizustehen. Wenn Britannien den Sachsen in der Tat unbekannt gewesen wäre, so würde das Maß seiner Drangsale weniger vollständig gewesen sein. Aber die Kraft der römischen Regierung vermochte die Küsten der Inselprovinz nicht immer gegen die germanischen Seeräuber zu schützen. Die unabhängigen und getrennten Staaten waren ihren Angriffen preisgegeben, und die Sachsen vereinigten sich zuweilen mit den Schotten und Pikten stillschweigend oder ausdrücklich zu einem Bund des Raubes und der Verheerung. Vortigern konnte nur zwischen den verschiedenen Gefahren wählen, die seinen Thron und sein Volk von allen Seiten bestürmten. Seine Politik mag Lob oder Entschuldigung verdienen, wenn er das Bündnis der Barbaren vorzog, deren Seemacht sie zu den gefährlichsten Feinden und zu den nützlichsten Bundesgenossen machte. Als Hengist und Horsa (449) mit drei Schiffen an der östlichen Küste kreuzten, wurden sie durch das Versprechen eines großen Soldes bewogen, die Verteidigung von

Britannien zu übernehmen, und ihre unerschrockene Tapferkeit befreite das Land bald von den kaledonischen Eindringlingen. Die Insel Thanet, ein sicherer und fruchtbarer Bezirk, wurde diesen deutschen Bundesgenossen zum Aufenthalt zugewiesen, und man versorgte sie gemäß des Vertrages reichlich mit Kleidungsstücken und Mundvorräten. Diese günstige Aufnahme ermunterte fünftausend Krieger, sich mit ihren Familien in siebzehn Fahrzeugen einzuschiffen, und die beginnende Macht Hengists wurde durch diese ausgiebige und zur rechten Zeit eintreffende Verstärkung befestigt. Der schlaue Barbar machte Vortigern auf den augenfälligen Vorteil aufmerksam, an den Grenzen der Pikten eine Kolonie treuer Bundesgenossen anzulegen: eine dritte Flotte von vierzig Schiffen segelte unter dem Befehl seines Sohnes und Neffen von Germanien ab, verheerte die Orkneyinseln und schiffte ein neues Heer an den Küsten von Northumberland oder Lothian, am entgegengesetzten Ende des dem Verderben geweihten Landes aus. Die drohenden Übel vorauszusehen war leicht, unmöglich aber ihnen vorzubeugen. Die beiden Völker wurden bald durch ihre gegenseitige Eifersucht entzweit und erbittert. Die Sachsen vergrößerten alles, was sie zugunsten eines undankbaren Volkes getan und gelitten hatten, während die Briten Reue über die freigebigen Belohnungen empfanden, welche doch die Habsucht dieser übermütigen Söldlinge nicht zu befriedigen imstande waren. Die Ursachen der Furcht und des Hasses flammten zu einem unversöhnlichen Streit auf. Die Sachsen flogen zu den Waffen, und wenn sie sich während der Sicherheit eines Festes wirklich ein verräterisches Gemetzel zuschulden kommen ließen, zerstörten sie das gegenseitige Vertrauen, das den Verkehr im Krieg wie im Frieden aufrechterhält.

Hengist, der kühn nach der Eroberung von Britannien strebte, ermahnte seine Landsleute, die glorreiche Gelegenheit zu ergreifen. Er schilderte in lebhaften Farben die Fruchtbarkeit des Bodens, den Reichtum der Städte, den feigen Charakter der Einwohner, und die bequeme Lage einer großen, einsamen, den sächsischen Flotten von allen Seiten zugänglichen Insel. Die Kolonien, welche binnen einem Jahrhundert aus den von den Mündungen der Elbe, der Weser und des Rheins kommenden Völkern hervorgingen, bestanden hauptsächlich aus drei tapferen Stämmen Germaniens: den Jüten, den alten Sachsen und den Angeln. Die Jüten, die unter dem besonderen Banner Hengists fochten, erwarben sich das Verdienst, ihren Vaterlandsgenossen den Pfad des Ruhmes gezeigt und in Kent das erste unabhängige Königreich errichtet zu haben. Der Ruhm der Unternehmung wurde den eigentlichen Sachsen beigemessen, und die gemeinsamen Gesetze und Sprache der Eroberer sind unter der Nationalbenennung eines Volkes inbegriffen worden, das nach Verlauf von vierhundert Jahren die ersten Monarchen von Südbritannien hervorbrachte. Die Angeln zeichneten sich durch Zahl und durch ihre Erfolge aus und erlangten die Ehre, einem Lande, wovon sie den größten Teil in Besitz genommen hatten, einen immerwährenden Namen zu geben. Die Barbaren, welche der Hoffnung auf Beute zu Lande oder zur See nachjagten, verloren sich allmählich in diesem dreifachen Bund; die Friesen, durch ihre Nähe von den britischen Gestaden verlockt, hielten wohl während eines kurzen Zeitraumes der Macht und dem Ruhm der eigentlichen Sachsen die Waage; die Dänen, die Preußen und Rugier wurden nur obenhin bezeichnet, und einige abenteuerliche Hunnen, die bis zur Ostsee gewandert waren, schifften sich an Bord germanischer Fahrzeuge zur Eroberung einer neuen Welt ein. Aber dieses schwierige Unternehmen wurde durch Vereinigung von Nationalkräften weder vorbereitet noch ausgeführt. Jeder kühne Anführer sammelte nach Maßgabe seines Rufes und Vermögens Genossen, rüstete eine Flotte von drei, vielleicht von sechzig Schiffen aus, wählte den Angriffspunkt und richtete seine folgenden Bewegungen nach den Kriegsereignissen und den Eingebungen seines persönlichen Interesses ein. Bei dem Einbruch in Britannien siegten und stürzten so manche Helden, aber nur sieben siegreiche Anführer nahmen den Titel von Königen an oder behaupteten ihn wenigstens. Sieben unabhängige Throne, die sächsische Heptarchie, wurden von den Eroberern gegründet, und sieben Familien, deren eine bis zum heutigen Thron Englands reicht, leiten ihre heilige Abstammung von Wodan, dem Gott des Krieges, her. Man hat behauptet, daß diese Republik von

Königen durch einen allgemeinen Rat und eine höchste Obrigkeit regiert wurde. Aber ein solches künstliches politisches System widerspricht dem rohen und unruhigen Geist der Sachsen; ihre Gesetze schweigen und ihre unvollständigen Annalen bieten nur das blutige Beispiel innerer Zwietracht.

Ein Mönch, der in tiefster Unkenntnis des menschlichen Lebens sich herausgenommen hat, das Amt eines Geschichtsschreibers auszuüben, entstellt auf seltsame Weise den Zustand Britanniens zur Zeit seiner Trennung von dem abendländischen Reich. Gildas beschreibt in blumenreicher Sprache die Vollkommenheit des Ackerbaues, den auswärtigen Handel, der jede Flut der Themse oder Severn benutzte, den festen und hohen Bau der öffentlichen und Privatgebäude. Er klagt über die sündhafte Üppigkeit des britischen Volkes, eines Volkes, das nach demselben Schriftsteller in den allereinfachsten Künsten des Lebens unerfahren war und ohne den Beistand der Römer nicht einmal eine Steinmauer oder Eisenwaffen zur Verteidigung seines Vaterlandes fertigen konnte. Unter der langen Herrschaft der Kaiser hatte Britannien allmählich die schöne, aber knechtische Form einer römischen Provinz angenommen, für deren Sicherheit fremde Macht wachte. Die Untertanen des Honorius betrachteten mit Schreck und Bestürzung ihre neue Freiheit; sie blieben ohne jede bürgerliche und kriegerische Verfassung, und ihren schwankenden Beherrschern fehlte es entweder an Geschicklichkeit oder an Mut oder auch an Ansehen, um die öffentliche Macht gegen den gemeinsamen Feind zu wenden. Die Seßhaftmachung der Sachsen verriet ihre innere Schwäche und würdigte den Charakter sowohl des Fürsten als des Volkes herab. Bestürzung vergrößerte die Gefahr, Mangel an Einheit verminderte die Hilfsquellen, und die Wut bürgerlicher Parteiung beschäftigte sich mehr damit, die Übel, die sie dem Benehmen der Gegner zuschrieb, anzuklagen als abzuwehren. Indessen war den Briten die Verfertigung und der Gebrauch der Waffen nicht unbekannt, konnte ihnen nicht unbekannt sein. Die nacheinanderfolgenden, ordnungslosen Angriffe der Sachsen gestatteten ihnen, sich von ihrer Bestürzung zu erholen, und die günstigen wie die widrigen Wechselfälle des Krieges fügten zu ihrer angeborenen Tapferkeit Heereszucht und Erfahrung.

Während das Festland von Europa und Afrika sich ohne Widerstand den Barbaren ergab, hielt die britische Insel, allein und ohne Hilfe, einen langen, kräftigen, wenn auch unglücklichen Kampf gegen die furchtbaren Seeräuber aus, die fast zu gleicher Zeit die nördlichen, die östlichen und südlichen Küsten angriffen. Die kunstvoll befestigten Städte wurden mit Entschlossenheit verteidigt, die Vorteile des Bodens, der Berge, Wälder und Sümpfe von den Bewohnern geschickt benutzt, die Eroberung jedes Bezirkes mit Blut erkauft, und die Niederlagen der Sachsen werden durch das kluge Schweigen ihrer Chronikenschreiber hinreichend bestätigt. Hengist konnte hoffen, die Eroberung von Britannien zu vollenden, aber sein Ehrgeiz blieb während einer tätigen Regierung von fünfunddreißig Jahren auf den Besitz von Kent beschränkt, und das Schwert der Briten rottete die zahlreiche Kolonie aus, die er nach dem Norden verpflanzt hatte. Die Monarchie der Westsachsen wurde mühsam durch die ausharrende Anstrengung von drei kriegerischen Geschlechtern gegründet. Das Leben Cerdiks, eines der tapfersten der Kinder Wodans, verstrich mit der Eroberung von Hampshire und der Insel Wight, und der Verlust, den er in der Schlacht am Badonberg erlitt, verurteilte ihn zu ruhmloser Ruhe. Sein tapferer Sohn Kenrik drang in Wiltshire vor, belagerte Salisbury, das zu jener Zeit auf einer herrschenden Anhöhe stand, und schlug ein zum Entsatz der Stadt heranrückendes Heer. In der späteren Schlacht von Marlborough entwickelten seine britischen Feinde ihre Kriegswissenschaft. Die Truppen waren in drei Linien aufgestellt, jede Linie bestand aus drei besonderen Körpern, und die Reiterei, die Bogenschützen und Pikenträger waren nach den Grundsätzen der römischen Taktik verteilt. Die Sachsen griffen in einer einzigen tiefen Heeressäule an, begegneten kühn mit ihren kurzen Schwertern den langen Lanzen der Briten und behaupteten einen auf beiden Seiten gleichen Kampf bis zum Einbruch der Nacht. Zwei entscheidende Siege, der Tod dreier britischer Könige und die Bezwingung von Cirencester, Bath und Gloucester gründeten Ruhm und Macht Caulins, Cerdiks Enkels, der seine siegreichen Waffen bis an die Ufer der Severn trug.

Nach hundertjährigem Krieg hatten die unabhängigen Briten die ganze Ausdehnung der westlichen Küste von Antoninus' Wall bis zum äußersten Vorgebirge von Cornwall in Besitz, und die vorzüglichsten Städte des inneren Landes widerstanden noch immer den Waffen der Barbaren. Die Gegenwehr wurde matter, während die Zahl und Kühnheit der Angreifenden täglich anwuchs. Sich durch lange und mühevolle Anstrengung ihren Weg bahnend, drangen die Sachsen, die Angeln und ihre verschiedenen Bundesgenossen von Norden, von Osten und von Süden vor, bis sich ihre siegreichen Fahnen im Mittelpunkt der Insel vereinigten. Jenseits der Severn behaupteten jedoch die Briten fortwährend ihre Nationalunabhängigkeit, welche die Heptarchie, ja sogar die Monarchie der Sachsen überdauerte. Die tapfersten Krieger, die die Verbannung der Sklaverei vorzogen, fanden sichere Zuflucht in den Gebirgen von Wales; die Unterwerfung des sich sträubenden Cornwall wurde um einige Jahrhunderte verzögert, und eine Schar Flüchtlinge erwarb sich durch ihre eigene Tapferkeit oder durch die Freigebigkeit der merowingischen Könige in Gallien eine Niederlassung. Die westliche Ecke von Armorika erhielt den Namen Cornwall und das kleinere Britannien, und die leeren Ländereien der Osismi wurden von einem fremden Volk besetzt, das unter der Vorherrschaft seiner Grafen und Bischöfe der Altvorderen Gesetze und Sprache beibehielt. Den schwachen Nachkommen Chlodwigs und Karls des Großen verweigerten die Briten von Armorika den gewöhnlichen Tribut, unterjochten die benachbarten Diözesen Vannes, Rennes und Nantes und gründeten einen mächtigen, wenn auch lehenspflichtigen Staat, der später mit der Krone Frankreichs vereinigt worden ist.

Im Verlauf eines jahrhundertlangen ununterbrochenen oder wenigstens unversöhnlichen Krieges muß viel Mut und Geschicklichkeit zur Verteidigung von Britannien aufgewendet worden sein. Wenngleich das Andenken dieser Kämpfer in Vergessenheit geraten ist, mag dies indes kein Bedauern erregen, da jedes Jahrhundert, wie sehr es ihm auch an Wissen und Tugend fehle, hinreichenden Überfluß an Bluttaten und kriegerischem Ruhm hat. Das Grabmal Vortimers, des Sohnes Vortigerns, war am Meeresgestade als eine den Sachsen, die er dreimal in den Gefilden von Kent besiegt hatte, furchtbare Landmarke errichtet. Ambrosius Aurelianus stammte aus edlem Römergeschlecht. Seine Bescheidenheit kam seiner Tapferkeit gleich, und seine Tapferkeit war bei der letzten verderblichen Schlacht von glänzendem Erfolg gekrönt. Der Britenname aber verbleicht vor dem berühmten Namen Arthur, dem Erbfürsten der Siluren und dem Wahlkönig oder Wahlfeldherrn der britischen Nation. Nach den zuverlässigsten Quellen schlug er in zwölf Schlachten nacheinander die Angeln des Nordens und die Sachsen des Westens, aber das Alter des Helden wurde durch Volksundank und häusliche Unglücksfälle verbittert. Die Ereignisse seines Lebens sind minder interessant als die merkwürdigen Umwälzungen seines Ruhms. Während einer Periode von fünfhundert Jahren wurde die Sage seiner Heldentaten von den unberühmten Barden von Wales und Armorika, welche Haß gegen die Sachsen hegten und der übrigen Welt unbekannt waren, bewahrt und roh verschönert. Stolz und Neugierde gaben den normannischen Eroberern ein, in der alten Geschichte von Britannien nachzuforschen; sie horchten mit freudiger Leichtgläubigkeit der Artussage und zollten gierig den Verdiensten eines Fürsten Beifall, der über die Sachsen, ihre gemeinsamen Feinde, triumphiert hatte. Sein Roman, im Latein des Gottfried von Monmouth aufgezeichnet und später in die herrschende Sprache jener Zeit übertragen, wurde mit dem verschiedenartigen, obwohl widersprechenden Beirat ausgeschmückt, mit dem die Erfahrung, das Wissen oder die Phantasie des zwölften Jahrhunderts vertraut war. Der Zug einer phrygischen Kolonie von dem Tiber bis zur Themse ließ sich leicht auf die Fabel der Aeneide pfropfen, und die königlichen Ahnherren Arthurs leiteten ihren Ursprung von Troja her und machten auf Verwandtschaft mit den Cäsaren Anspruch. Seine Trophäen waren mit eroberten Provinzen und kaiserlichen Titeln geschmückt, und seine Siege gegen die Dänen rächten die neuen Unbilden seines Vaterlandes. Die

Tapferkeit und der Aberglaube des britischen Helden, seine Gelage und Turniere und die merkwürdige Stiftung der Ritter von der Tafelrunde wurden getreulich den herrschenden Sitten des Rittertums nachgebildet: aber die fabelhaften Taten des Sohnes Uthers scheinen minder unglaublich als die Abenteuer, die durch die vor nichts zurückschreckende Tapferkeit der Normannen vollbracht wurde. Die Wallfahrten und heiligen Kriege führten in Europa die glänzenden Wunder der arabischen Magie ein. Feen und Riesen, fliegende Drachen und verzauberte Paläste wurden mit den einfacheren Dichtungen des Abendlandes vermengt, und das Schicksal Britanniens hing von der Kunst oder den Weissagungen Merlins ab. Jede Nation eignete sich den volksbeliebten Roman Arthurs und der Ritter von der Tafelrunde zu und schmückte ihn aus. Ihre Namen wurden in Griechenland und Italien gefeiert und die umfangreichen Sagen vor Sir Lancelot und Sir Tristram emsig von den Fürsten und Edlen studiert, welche die echten Helden und Geschichtsschreiber des Altertums vernachlässigten. Endlich war das Licht der Wissenschaft und Vernunft wieder entzündet, der Talisman zerbrochen. Der erträumte Fabelbau zerstob in der Luft, und infolge einer natürlichen, wiewohl ungerechten Umwandlung der öffentlichen Meinung ist man jetzt geneigt, das Dasein Arthurs in Frage zu stellen.

Wenn Widerstand die Drangsale einer Eroberung nicht beenden kann, muß er sie vermehren, und nie erschien der Krieg schrecklicher und verheerender als in den Händen der Sachsen, welche die Tapferkeit ihrer Feinde haßten, Vertragstreue verachteten und ohne Reue die geheiligtsten Gegenstände des christlichen Gottesdienstes schändeten. Die Schlachtfelder waren fast in jedem Bezirk durch Denkmäler von Menschengebeinen bezeichnet, die Trümmer einstürzender Türme mit Blut befleckt. Die letzten Briten ohne Unterschied des Alters oder Geschlechts hatte man in den Ruinen von Anderida niedergemetzelt, und die Wiederholung solcher Greueltaten kam unter der sächsischen Heptarchie häufig und als etwas Gewöhnliches vor. Künste und Religion, Gesetze und Sprache, welche die Römer so sorgfältig nach Britannien verpflanzt hatten, wurden von ihren barbarischen Nachfolgern ausgerottet. Nach der Zerstörung der Hauptkirchen zogen sich die Bischöfe, welche die Krone des Märtyrertums abgelehnt hatten, mit ihren heiligen Reliquien nach Wales und Armorika zurück; die Reste ihrer Herde blieben ohne geistliche Nahrung, die Ausübung, ja selbst das Andenken des Christentums wurde vernichtet. Die britische Geistlichkeit konnte nur einigen Trost aus der ewigen Verdammnis dieser fremden Götzenanbeter schöpfen. Die Könige von Gallien hielten die Rechte ihrer römischen Untertanen aufrecht, die Sachsen aber traten die Gesetze Roms und der Kaiser mit Füßen. Das Verfahren der bürgerlichen und peinlichen Justiz, die Ehrentitel, die Amtsformen, die Stände der Gesellschaft, sogar die häuslichen Rechte der Ehe, des Testaments und der Erbschaft wurden völlig unterdrückt und die ununterschiedene Schar von edelgeborenen und plebejischen Sklaven durch das mündlich überlieferte Gewohnheitsrecht regiert, das für die Hirten und Seeräuber Germaniens roh gezimmert worden war. Die Sprache der Wissenschaft, der Geschäfte und des geselligen Verkehrs, welche die Römer eingeführt hatten, ging in dem allgemeinen Umsturz unter. Eine hinreichende Anzahl lateinischer oder keltischer Wörter ist zwar von den Germanen angenommen worden, um ihre neuen Bedürfnisse und Vorstellungen auszudrücken, aber diese des Schreibens unkundigen Barbaren bewahrten und führten den Gebrauch ihrer Nationalsprache ein. Fast jeder in der Kirche oder im Staat leuchtende Name offenbart germanischen Ursprung, und die Gebiete von England erhielten allgemein fremde Bezeichnungen und Benennungen. Ein zweites Beispiel einer so schnellen und vollständigen Umwälzung ist nicht leicht zu finden, erregt aber in uns die natürliche Vermutung, daß die Künste Roms in Britannien minder tiefe Wurzeln geschlagen hatten als in Gallien oder Spanien und daß die ursprüngliche Roheit des Landes und seiner Bewohner nur mit einem dünnen Firnis italischer Sitten übertüncht war.

Diese merkwürdige Umwandlung hat Geschichtsschreiber, ja sogar Philosophen zu der Überzeugung verleitet, daß die Provinzbewohner von Britannien gänzlich ausgerottet und das menschenleere Land durch das Einströmen und den schnellen Anwuchs der germanischen Kolonien wieder bevölkert worden wäre. Dreihunderttausend Sachsen sollen den Aufforderungen Hengists entsprochen haben; die Gesamtauswanderung der Angeln wurde im Zeitalter Bedas durch die Verödung ihres ursprünglichen Heimatlandes bezeugt, und die Erfahrung unserer Tage hat bewiesen, wie schnell sich die Menschen vermehren, wenn sie in eine fruchtbare Wildnis geworfen werden, wo ihrer Ausbreitung nichts im Wege steht und der Unterhalt reichlich vorhanden ist. Die sächsischen Königreiche zeigten das Aussehen frischer Entdeckung und neuen Anbaues; die Städte waren klein, die Dörfer weit voneinander entfernt, der Ackerbau spärlich und schlecht, vier Schafe galten einem Morgen des besten Landes gleich, ein großer Flächenraum von Wald und Sumpf kehrte unter die unbegrenzte Herrschaft der Natur zurück, und das neuere Bistum Durham, der ganze Landstrich von Tyne bis zum Tees verwandelte sich wieder in seinen ursprünglichen Zustand eines wilden und öden Forstes. Eine so schwache Bevölkerung mochte wohl in einigen Generationen von englischen Kolonien bestanden haben, aber weder Vernunft noch Tatsachen können die naturwidrige Vermutung rechtfertigen, daß die Sachsen von Britannien in den von ihnen unterworfenen Einöden allein geblieben wären. Nachdem die blutdürstigen Barbaren ihre Herrschaft befestigt und ihre Rache befriedigt hatten, gebot ihnen ihr Interesse, ebensowohl die Bauern als das Vieh des wehrlosen Landes zu schonen. In jeder folgenden Umwälzung wird die geduldige Herde das Eigentum ihres neuen Gebieters und der nützliche Vertrag der Ernährung und Arbeit durch ihre gegenseitigen Bedürfnisse stillschweigend erneuert. Wilfried, der Apostel von Sussex, erhielt von seinem königlichen Proselyten die Halbinsel Selsey in der Nähe von Chichester samt den Personen und dem Eigentum ihrer Einwohner, die sich damals auf siebenundachtzig Familien beliefen, zum Geschenk. Er befreite sie zugleich von geistlicher wie zeitlicher Knechtschaft, und zweihundertfünfzig Sklaven beiderlei Geschlechts wurden von ihrem gütigen Gebieter getauft. Das Königreich Sussex, das sich vom Meer bis zur Themse ausdehnte, enthielt siebentausend Familien, zwölfhundert wurden auf die Insel Wight gerechnet, und wenn wir diese unbestimmte Berechnung vervielfachen, so ergibt sich die Wahrscheinlichkeit, daß England von einer Million Sklaven oder Leibeigenen, die der Scholle ihrer unumschränkten Grundeigentümer anhingen, bebaut wurde. Die dürftigen Barbaren ließen sich oft in Versuchung führen, ihre Kinder oder sich selbst in ewige, sogar auswärtige Knechtschaft zu verkaufen. Die besonderen Vorrechte aber, die den Nationalsklaven erteilt wurden, beweisen hinreichend, daß sie weit weniger zahlreich gewesen sind als die Fremden und Gefangenen, die durch die Wechselfälle des Krieges ihre Freiheit eingebüßt oder ihre Gebieter vertauscht hatten. Nachdem der wilde Sinn der Angelsachsen durch Zeit und Religion gemildert worden war, ermunterten die Gesetze zu häufigen Freilassungen, und ihre Untertanen von walisischer oder cambrischer Herkunft nahmen den achtbaren Stand geringerer Freier an, welche Ländereien besaßen und auf die Rechte der bürgerlichen Gesellschaft Anspruch hatten. Eine solche gelinde Behandlung sicherte die Treue eines unbändigen Volkes, das erst kürzlich an den Grenzen von Wales oder Cornwall unterworfen worden war. Der weise Ina, der kluge Gesetzgeber, vereinigte die beiden Völker durch Bande häuslicher Verwandtschaft, und vier britische Edle aus Somersetshire nahmen einen ehrenvollen Rang am Hof eines sächsischen Monarchen ein.

Die unabhängigen Briten scheinen in den Zustand ursprünglicher Barbarei, aus dem sie nur unvollkommen emporgehoben worden waren, zurückgefallen zu sein. Durch ihre Feinde von der übrigen Menschheit getrennt, wurden sie für die katholische Welt bald ein Gegenstand des Ärgernisses und Abscheues. Das Christentum wurde in den Gebirgen von Wales bekannt, aber die rohen Schismatiker widersetzten sich in bezug auf die Form der geistlichen Tonsur und den Tag der Osterfeier hartnäckig den gebieterischen Befehlen der römischen Päpste. Der Gebrauch der lateinischen Sprache erlosch allmählich, und die Briten blieben der Künste und Wissenschaften beraubt, welche Italien seinen sächsischen Proselyten mitteilte. In Wales und Armorika wurde die keltische Sprache, das ursprüngliche Idiom des Westens, bewahrt und fortgepflanzt, und die Barden, welche die Gefährten der Druiden gewesen waren, erhielten noch im sechzehnten Jahrhundert durch die Gesetze der Königin Elisabeth Schutz. Ihr Oberhaupt, ein geachteter Beamter der Höfe von Pengwern oder Aberfraw oder Caermarthaen, begleitete die Mannen des Königs in den Krieg. Die Monarchie der Briten, die er vor der Schlachtordnung besang, erregte ihren Mut, rechtfertigte ihre Raubtaten, und der Sänger nahm als seinen gesetzmäßigen Anteil die schönste Färse der Beute in Anspruch. Seine untergeordneten Diener, Lehrer und Lernende der Vokal- und Instrumentalmusik besuchten in ihren Bezirken die Häuser der Könige, der Großen und des Volkes, und die durch die Geistlichkeit ohnehin schon erschöpfte öffentliche Armut wurde durch die ungestümen Forderungen der Barden vergrößert. Ihr Rang und Verdienst wurde durch feierliche Proben ermittelt, und der feste Glaube an übernatürliche Eingebung begeisterte die Phantasie des Dichters wie der Zuhörer. Die letzte Zuflucht keltischer Freiheit, Galliens und Britanniens äußerste Landstriche, waren weniger zum Ackerbau als zur Viehzucht geeignet. Der Reichtum der Briten bestand in ihren Rinder- und Lämmerherden. Milch und Fleisch bildeten ihre gewöhnliche Nahrung, und Brot wurde als fremder Luxus bald geschätzt, bald verachtet. Die Freiheit hatte die Berge von Wales und die Sümpfe von Armorika bevölkert, aber ihre Volksmenge wurde boshafterweise dem unsittlichen Brauch der Vielweiberei zugeschrieben, und die Häuser dieser ausschweifenden Barbaren sollen zehn Weiber und bisweilen fünfzig Kinder enthalten haben. Ihr Charakter war vorschnell und zum Zorn rasch gereizt. Sie waren kühn zur Tat und Rede, und da sie von den Künsten des Friedens nichts verstanden, frönten sie ihren Leidenschaften bald in einheimischen, bald in auswärtigen Kriegen. Die Reiterei von Armorika, die Speerträger von Gwent und die Bogenschützen von Merioneth waren gleich furchtbar. Ihre Armut setzte sie aber selten in den Stand, sich Schilder oder Helme anzuschaffen, deren unbequemes Gewicht die Schnelligkeit und Behendigkeit ihrer zu keiner Entscheidung führenden Raubzüge behindert haben würde. Einer der großen angelsächsischen Monarchen wurde gebeten, die Neugierde eines griechischen Kaisers in betreff des Zustandes von Britannien zu befriedigen, und Heinrich II. konnte aus persönlicher Erfahrung versichern, daß Wales von einem Volke nackter Barbaren bewohnt wäre, die ohne Furcht den schweren Verteidigungswaffen ihrer Feinde begegneten.

Durch die Umwälzung in Britannien wurden sowohl die Grenzen des Wissens als des Reiches verengt. Die finstere Wolke, die durch die phönizischen Entdeckungen zerrissen und schließlich durch Cäsars Waffen zerstreut worden war, lagerte sich abermals über die Gestade des Atlantischen Meeres, und eine römische Provinz ging unter den fabelhaften Inseln des Ozeans verloren. Einhundertfünfzig Jahre nach Honorius' Tode beschreibt Procopius, der ernsteste Historiker jener Zeiten, die Wunder einer fernen Insel, deren östliche und westliche Teile durch eine alte Mauer, die Grenze des Lebens und des Todes oder eigentlicher der Wahrheit und der Dichtung, geschieden wären. Der Osten ist ein schönes, von einem zivilisierten Volk bewohntes Land; die Luft ist gesund, das Wasser quillt rein und im Überfluß, und die Erde gewährt regelmäßige und reiche Ernten. Im Westen, jenseits der Mauer, ist die Luft giftig und tödlich, der Boden ist mit Schlangen bedeckt, und diese traurige Einöde ist die Heimat abgeschiedener Geister, die von dem entgegengesetzten Gestade auf wirklichen Booten und durch lebende Ruderer hinübergeschifft werden. Einige Fischerfamilien, Untertanen der Franken, sind in Anbetracht des geheimnisvollen Amtes, das von diesen Charonten des Ozeans versehen wird, von Tribut befreit. Jeder wird der Reihe nach um die Stunde der Mitternacht gerufen, um die Stimmen, ja selbst die Namen der Geister zu hören; er merkt ihr Gewicht und fühlt sich durch eine unbekannte, aber unwiderstehliche Gewalt angetrieben. Nach diesem Phantasiegebilde lesen wir mit Erstaunen, daß diese Insel Brittia heiße, daß sie im Ozean der Mündung des Rheins gegenüber und etwas weniger als dreißig Meilen vom Festland liege; daß sie sich im Besitz von drei Völkern, den Friesen, Angeln und Briten, befände und daß einige Angeln in Konstantinopel im Gefolge der fränkischen Abgesandten erschienen wären. Von diesen Gesandten mochte Procopius eine merkwürdige, obwohl nicht unwahrscheinliche Geschichte erfahren haben, die den Mut, wenn auch nicht den

Zartsinn einer angelsächsischen Heldin beweist. Diese Frau war mit Radiger, dem König der Varner, eines deutschen Stammes, der am Ozean und Rhein saß, verlobt worden; der treulose Bräutigam ließ sich aber durch Beweggründe der Politik verlokken, sich mit seines Vaters Witwe, der Schwester des Königs der Franken, Theodebert, zu vermählen. Die verlassene Fürstin der Angeln, statt ihre Schmach zu beweinen, rächte sich vielmehr. Ihre kriegerischen Untertanen sollen mit der Benutzung, ja sogar mit der Gestalt eines Pferdes unbekannt gewesen sein, aber sie segelten mit einer Flotte von vierhundert Schiffen und einem Heer von hunderttausend Mann kühn von Britannien nach der Rheinmündung. Nach dem Verlust einer Schlacht flehte der gefangene Radiger seine siegreiche Braut um Erbarmen an. Sie verzieh ihm großmütig, schickte ihre Nebenbuhlerin fort und zwang den König der Varner, die Pflichten eines Gatten mit Ehre und Treue zu erfüllen. Dieser kühne Zug scheint die letzte Unternehmung der Angelsachsen zur See gewesen zu sein. Die Schiffahrt, durch die sie die Herrschaft über Britannien und das Meer erlangt hatten, wurde von den trägen Barbaren, die in stumpfer Gleichgültigkeit alle Handelsvorteile ihrer insularischen Lage fahren ließen, bald vernachlässigt. Sieben unabhängige Königreiche wurden durch ewige Zwietracht erschüttert, und die britische Welt verkehrte selten, weder im Frieden noch im Krieg, mit den Völkern des Festlandes.

Ich habe nun die mühsame Darstellung des Sinkens und Fallens des Römischen Reiches, von dem glücklichen Zeitalter Trajans und der Antonine bis zu seinem gänzlichen Erlöschen im Westen, ungefähr fünf Jahrhunderte nach der christlichen Zeitrechnung, beendigt. Um diese unglückliche Periode kämpften die Sachsen um den Besitz von Britannien grimmig mit den Eingeborenen. Gallien und Spanien waren zwischen den mächtigen Monarchien der Franken und Westgoten und den unabhängigen Königreichen der Sueven und Burgunden geteilt. Afrika blieb der grausamen Verfolgung durch die Vandalen und den wilden Untaten der Mauren preisgegeben. Rom und Italien, samt den Ländern bis an die Ufer der Donau, wurden von barbarischen Söldnerscharen heimgesucht, auf deren gesetzlose Tyrannei die Regierung Theodorichs des Ostgoten folgte. Alle Untertanen des Reiches, denen wegen des Gebrauchs der lateinischen Sprache insbesondere der Name und die Vorrechte der Römer zukamen, wurden durch die Schmach und Drangsale fremder Eroberung unterdrückt, und die siegreichen Barbaren Germaniens gründeten in den Westländern von Europa ein neues System der Sitten und Regierung. Die Majestät Roms wurde durch die konstantinopolitanischen Fürsten, die schwachen und eingebildeten Nachfolger des Augustus, matt vertreten. Sie fuhren jedoch fort, über den Osten von der Donau bis zum Nil und Tigris zu herrschen. Die gotischen und vandalischen Königreiche von Italien und Afrika wurden durch die Waffen Justinians gestürzt, und die Geschichte der griechischen Kaiser bietet noch immer eine lange Reihe eindringlicher Lehren und denkwürdiger Umwälzungen.

ALLGEMEINE BEMERKUNGEN ÜBER DEN FALL DES RÖMISCHEN REICHES IM WESTEN

Die Griechen schrieben, nachdem ihr Land in eine Provinz verwandelt worden war, die Triumphe Roms nicht dem Verdienst, sondern dem Glück der Republik zu. Die unbeständige Göttin, die ihre Gunst so launenhaft verleiht und zurücknimmt, hatte nun eingewilligt (so drückten sich neidvolle Schmeichler aus), ihre Fittiche zu schließen, von ihrer Kugel herunterzusteigen und ihren festen und unwandelbaren Thron an den Ufern des Tibers aufzuschlagen. Ein einsichtsvoller Grieche, Polybius, der mit philosophischem Geist die merkwürdige Geschichte seiner eigenen Zeit schrieb, nahm seinen Vaterlandsgenossen diesen eitlen und trügerischen Trost, indem er vor ihren Blicken die tiefen Grundlagen der Größe Roms enthüllte. Die Treue der Bürger gegeneinander und gegen den Staat wurde durch die Gewohnheiten der

Erziehung und durch die Vorurteile der Religion befestigt. Ehre sowohl als Tugend waren das Prinzip der Republik: die ehrgeizigen Bürger strebten nach Erwerbung des feierlichen Glanzes eines Triumphes, und das Feuer der römischen Jugend wurde zu tätigem Wetteifer entflammt, sooft sie in ihren Häusern die Standbilder ihrer Ahnen betrachtete. Die besonnenen Kämpfe der Patrizier und Plebejer hatten endlich das Gleichgewicht der Verfassung herbeigeführt, welche die Freiheit der Volksversammlungen mit dem Ansehen und der Weisheit eines Senates und mit der vollziehenden Gewalt einer königlichen Obrigkeit vereinigte. Wenn der Konsul die Fahne der Republik entfaltete, verband sich jeder Bürger durch eidliche Verpflichtung, das Schwert in der Sache seines Vaterlandes zu ziehen, bis er diese heilige Obliegenheit durch zehnjährigen Kriegsdienst abgetragen haben würde. Die weise Einrichtung führte dem Felde ununterbrochen nachwachsende Geschlechter von Freien und Soldaten zu, und ihre Anzahl wurde durch die kriegerischen und volkreichen Staaten Italiens vermehrt, die nach kräftigem Widerstand der Tapferkeit der Römer gewichen waren und sich mit ihnen zu einem Bund vereinigt hatten. Der weise Geschichtsschreiber Polybius, der die Tugend des jüngeren Scipio anregte und der Zeuge von Karthagos Untergang war, hat ihr Kriegssystem, ihre Aushebungen, Waffen, Übungen, Subordination, Märsche, Lager und ihre unbesiegliche, an wirklicher Stärke der makedonischen Phalanx Philipps und Alexanders überlegene Legion genau beschrieben. Aus diesen Einrichtungen des Krieges und Friedens hat Polybius den Geist und Erfolg eines Volkes abgeleitet, das der Furcht unfähig und der Ruhe abhold war. Der ehrsüchtige Eroberungsplan, der zur rechten Zeit durch den Bund der Welt hätte vereitelt werden können, wurde versucht, ausgeführt, und die beständige Verletzung der Gerechtigkeit durch politische Klugheit und mit Mut verteidigt. Die Truppen der Republik, in den Schlachten zuweilen besiegt, am Ende aber stets siegreich, rückten mit schnellen Schritten bis an den Euphrat, die Donau, den Rhein und den Ozean vor, und die goldenen, silbernen und ehernen Standbilder, die dazu dienen sollten, die Nationen und ihre Könige vorzustellen, wurden nacheinander durch die eiserne Alleinherrschaft Roms zerbrochen.

Die Erhebung einer Stadt, die zu einem Reich anwuchs, muß als ein außerordentliches Ereignis das Nachdenken eines philosophischen Geistes in Anspruch nehmen. Aber das Sinken Roms war die natürliche und unvermeidliche Wirkung übermäßiger Größe. Das Glück brachte den Keim des Verfalls zur Reife, die Ursachen der Zerstörung vervielfältigten sich mit der Ausdehnung der Eroberungen, und sobald Zeit oder Zufall die künstlichen Stützen entfernt hatten, gab der riesenhafte Bau dem Druck seines eigenen Gewichtes nach. Die Geschichte seines Sturzes ist einfach und einleuchtend, und statt zu fragen, warum das Römische Reich zerstört wurde, sollten wir vielmehr staunen, daß es so lange bestand. Die siegreichen Legionen, die in fernen Kriegen die Laster von Fremden und Söldnern einsogen, unterdrückten zuerst die Freiheit der Republik und verletzten dann die Majestät des Purpurs. Die um ihre persönliche Sicherheit und um den öffentlichen Frieden besorgten Kaiser waren so heruntergekommen, daß sie zu dem niedrigen Ausweg ihre Zuflucht nahmen, die Disziplin zu verderben, die sowohl für den Souverän als auch für den Feind gleich gefährlich war. Die Kraft der militärischen Regierung wurde durch die parteiischen Einrichtungen Konstantins erschlafft, zuletzt vernichtet und die römische Welt von einer Sintflut Barbaren überschwemmt.

Der Verfall Roms ist häufig der Verlegung des Sitzes des Reiches zugeschrieben worden. Diese Geschichte hat aber bereits dargetan, daß die Macht der Regierung viel mehr geteilt als entfernt wurde. Der Thron von Konstantinopel wurde im Osten errichtet, während der Westen noch immer eine Reihe von Kaisern besaß, die in Italien residierten und ebenfalls auf die Erbschaft der Legionen und Provinzen Anspruch machten. Diese gefährliche Neuerung schwächte die Kraft und nährte die Laster einer doppelten Regierung: die Werkzeuge eines unterdrückenden und willkürlichen Systems wurden vervielfältigt und zwischen den entarteten Nachfolgern des Theodosius ein eitler Wetteifer des Aufwandes, nicht des Verdienstes eingeführt und fortgesetzt. Äußerste Not einigt die Tugend eines freien Volkes und erbittert die Parteien einer sinkenden Monarchie. Die in Haß entbrannten Günstlinge des Arcadius und Honorius verrieten die Republik ihren gemeinsamen Feinden, und der byzantinische Hof sah der Schmach Roms, den Drangsalen Italiens und dem Verlust des Westens gleichgültig, vielleicht freudig zu. Unter den nachfolgenden Regierungen wurde das Bündnis zwischen beiden Reichen wiederhergestellt, aber die Hilfe der morgenländischen Römer war langsam, zweifelhaft, unausgiebig, und die Nationalspaltung der Griechen und Lateiner wurde durch die bleibende Verschiedenheit der Sprache und Sitten, der Interessen, ja selbst der Religion erweitert. Günstiger Erfolg rechtfertigte jedoch die Einsicht Konstantins. Während einer langen Periode des Verfalls wies seine uneinnehmbare Stadt die siegreichen Heere der Barbaren zurück, beschützte den Reichtum Asiens und beherrschte sowohl im Frieden wie im Krieg die wichtigen Engen, die das Schwarze mit dem Mittelmeer verbinden. Die Gründung von Konstantinopel trug wesentlicher zur Bewahrung des Ostens als zum Sturz des Westens bei.

Da das Glück eines künftigen Lebens das große Ziel der Religion ist, mögen wir ohne Überraschung oder Ärgernis vernehmen, daß die Einführung oder besser der Mißbrauch des Christentums nicht ohne einigen Einfluß auf das Sinken und den Sturz des Römischen Reiches gewesen ist. Die Geistlichkeit predigte mit Erfolg die Lehren der Geduld und Untätigkeit. Die tätigen Tugenden der bürgerlichen Gesellschaft wurden entmutigt und die letzten Reste des kriegerischen Geistes im Kloster begraben. Ein großer Teil des öffentlichen und Privatreichtums ward den gleißenden Forderungen der Mildtätigkeit und Andacht gewidmet, und der Sold der Soldaten an jene Scharen beiderlei Geschlechts vergeudet, die nur das Verdienst der Enthaltsamkeit und Keuschheit für sich in Anspruch nehmen konnten. Glaube, Eifer, Forschergeist und die irdischeren Leidenschaften der Bosheit und des Ehrgeizes entzündeten die Flamme religiöser Zwietracht; die Kirche, ja selbst der Staat wurden durch religiöse Parteien zerrüttet, deren Kämpfe zuweilen blutig, stets unversöhnlich waren. Die Aufmerksamkeit der Kaiser ward von den Lagern auf die Synoden abgelenkt, die römische Welt durch eine neue Art von Tyrannei unterdrückt, und die verfolgten Sekten wurden die geheimen Feinde ihres Vaterlandes. Wie verderblich aber und widersinnig auch der Parteigeist sein mag, ist er doch ebensowohl ein Prinzip der Einigkeit wie der Uneinigkeit. Die Bischöfe schärften von achtzehnhundert Kanzeln die Pflicht leidenden Gehorsams gegen einen rechtmäßigen und rechtgläubigen Kaiser ein; ihre häufigen Versammlungen und ihr ununterbrochener Verkehr hielten die Zusammengehörigkeit der fernsten Kirchen aufrecht, und der wohlwollende Charakter des Evangeliums wurde durch den geistigen Bund der Katholiken verstärkt, wenn auch beschränkt. Ein knechtisches und verweichlichtes Zeitalter umfaßte mit Frömmigkeit das geheiligte Nichtstun der Mönche. Aber wenn auch der Aberglaube keine anständige Freistätte eröffnet hätte, würden doch dieselben Laster die unwürdigen Römer verleitet haben, die Fahne der Republik aus niedrigen Beweggründen zu verlassen. Religiöse Vorschriften, die den natürlichen Neigungen ihrer Verehrer frönen und sie heiligen, finden leicht Gehorsam; den reinen und echten Einfluß des Christentums aber kann man in seinem heilsamen, wiewohl unvollständigen Einfluß auf die neubekehrten Barbaren des Nordens nachweisen. Wenn das Sinken des Römischen Reiches durch die Bekehrung Konstantins beschleunigt wurde, brach doch seine siegreiche Religion die Gewalt des Sturzes und sänftigte den wilden Charakter der Sieger. Einige Betrachtungen werden den Sturz dieses mächtigen Reiches erläutern.

I. Die Römer kannten den Umfang der Gefahr und die Zahl ihrer Feinde nicht. Jenseits des Rheins und der Donau waren die nördlichen Länder Europas und Asiens mit unzähligen Stämmen von Jägern und Hirten angefüllt, arm, hungrig, unruhig, waffenkühn und voll Gier, die Früchte des Fleißes zu rauben. Die barbarische Welt war von einem ungestümen Kriegstrieb bewegt, und der Friede Galliens oder Italiens wurde durch die fernen Umwälzungen in China erschüttert. Die Hunnen, vor einem siegreichen Feind fliehend, richteten ihren Zug nach Westen, und der Strom schwoll durch allmählichen Zufluß von Gefangenen und Bundesgenossen an. Die fliehenden Stämme, die den Hunnen wichen, nahmen ihrerseits den Eroberungsgeist an; die endlose Säule der Barbaren drückte gegen das Römische Reich mit immer zunehmender Schwere, und wenn die Vordersten vernichtet wurden, füllte sich der leere Raum augenblicklich mit neuen Feinden. Solche furchtbare Mengen Auswanderer können dem Norden nicht mehr entströmen, und die lange Ruhe, die man der Abnahme der Volksmenge zugeschrieben hat, ist die glückliche Folge der Fortschritte der Künste und des Ackerbaues.

II. Das Römische Reich war durch die merkwürdige und vollständige Verschmelzung seiner Glieder fest begründet. Die unterworfenen Völker, welche die Hoffnung, ja sogar den Wunsch der Unabhängigkeit aufgaben, nahmen den Charakter römischer Bürger an, und die Provinzen des Westens wurden durch die Barbaren dem Schoß ihres Mutterlandes gegen ihren Willen entrissen. Aber diese Vereinigung war mit dem Verlust der Nationalfreiheit und des kriegerischen Geistes erkauft, und die knechtischen Provinzen, des Lebens und der Bewegung bar, erwarteten ihr Heil von den Lohntruppen oder Statthaltern, die unter den Befehlen eines fernen Hofes standen. Das Glück von hundert Millionen hing von den persönlichen Eigenschaften eines oder zweier Menschen ab, vielleicht Kindern, deren Charaktere durch Erziehung, Üppigkeit und despotische Gewalt verderbt wurden. Während der Minderjährigkeit der Söhne und Enkel des Theodosius wurden dem Reich die tiefsten Wunden geschlagen, und nachdem diese unfähigen Fürsten das männliche Alter erreicht zu haben schienen, überließen sie die Kirche den Bischöfen, den Staat den Eunuchen, die Provinzen den Barbaren. Europa teilt sich jetzt in zwölf mächtige, obwohl ungleiche Reiche und eine Menge kleinerer, aber unabhängiger Staaten. Der Mißbrauch der Tyrannei wird durch den gegenseitigen Einfluß der Furcht und Scham in Schranken gehalten; die Republiken haben Ordnung und Stetigkeit erlangt, die Monarchien die Grundsätze der Freiheit oder wenigstens Mäßigung eingesogen, und selbst in die fehlerhaftesten Verfassungen ist durch die allgemeinen Sitten der Zeit einiges Gefühl für Ehre und Gerechtigkeit eingeführt worden. Im Frieden werden die Fortschritte der Aufklärung und des Fleißes durch den Wetteifer so vieler tätiger Nebenbuhler beschleunigt. Der Krieg übt die europäischen Streitkräfte durch besonnene Kämpfe.

III. Kälte, Armut und ein Leben voll Gefahr und Beschwerden stählen Kraft und Mut der Barbaren. In jedem Jahrhundert haben sie die geglätteten und friedlichen Nationen von China, Indien und Persien unterdrückt, die es vernachlässigten, diesen Naturkräften durch Kriegskunst das Gleichgewicht zu halten. Die kriegerischen Staaten des Altertums, Griechenland, Makedonien und Rom, erzogen ein Geschlecht von Kriegern, übten ihren Körper, disziplinierten ihren Mut, vervielfältigten ihre Streitkräfte durch regelmäßige Aufstellungen und verwandelten das Eisen, das sie besaßen, in starke und nützliche Waffen. Diese Überlegenheit sank aber allmählich mit ihren Gesetzen und Sitten, und die schwache Politik Konstantins und seiner Nachfolger bewaffnete und belehrte zum Verderben des Reiches die rohe Tapferkeit der barbarischen Söldner. Die Kriegskunst hat durch die Erfindung des Schießpulvers, das die Menschen instand setzt, den zwei mächtigsten Kräften der Natur, der Luft und dem Feuer, zu gebieten, eine Umwandlung erlitten. Mathematik, Chemie, Mechanik, Baukunst stehen jetzt im Dienst des Krieges, und die feindlichen Mächte setzen einander die durchdachtesten Arten des Angriffes und der Verteidigung entgegen. Historiker mögen mit Entrüstung anführen, daß man mit den Unkosten einer Belagerung eine blühende Kolonie gründen und erhalten könne: uns kann es jedoch nicht mißfallen, daß die Zerstörung einer Stadt eine schwierige und kostspielige Arbeit sei oder daß ein gewerbefleißiges Volk durch jene Künste beschützt werde, die den Verfall kriegerischer Tugend überleben und sie ersetzen. Kanonen und Befestigungen bilden jetzt eine unübersteigliche Schranke gegen die Reiterei der Tataren, und Europa ist gegen jeden Einbruch der Barbaren gesichert, weil sie, bevor sie zu siegen vermöchten, aufhören müßten, Barbaren zu sein. Ihre allmählichen Fortschritte in den Kriegswissenschaften würden mit einer verhältnismäßigen Ausbildung in den

Künsten des Friedens und der Zivilpolitik verbunden sein, und sie müßten selbst einen Platz unter den verfeinerten Nationen erwerben, die sie unterjochen.

Sollten aber auch diese Betrachtungen zweifelhaft oder trügerisch sein, bleibt uns doch fortwährend eine andere Quelle des Trostes und der Hoffnung. Die Entdeckungen der alten und neueren Schiffahrer sowie die heimische Geschichte oder Überlieferung der aufgeklärtesten Nationen stellen den wilden Menschen nackt an Leib und Seele, ohne Gesetze, Künste, Begriffe, ja fast ohne Sprache dar. Aus dieser verächtlichen Lage, vielleicht dem ursprünglich allgemeinen Zustand des Menschen, hat er sich allmählich zur Herrschaft über die Tiere, Befruchtung der Erde, Durchschiffung des Meeres und Kenntnis der Gestirne erhoben. Seine Fortschritte in Ausbildung und Übung seiner geistigen und körperlichen Kräfte sind unregelmäßig und verschiedenartig gewesen, unendlich langsam im Anfang und stufenweise mit beschleunigter Geschwindigkeit vorwärtsstrebend. Auf Jahrhunderte mühsamen Aufsteigens folgte ein Augenblick reißenden Niedersturzes, und die verschiedensten Klimate der Erde haben den Wechsel des Lichtes und der Finsternis erfahren. Die Erfahrung von viertausend Jahren sollte jedoch unsere Hoffnungen mehren und unsere Besorgnisse mindern; wir können nicht bestimmen, zu welcher Höhe das Menschengeschlecht in seinen Fortschritten zur Vollkommenheit gelangen könne, dürfen aber mit Zuversicht annehmen, daß kein Volk, außer das Weltall erhielte eine Umgestaltung, wieder in seine ursprüngliche Barbarei zurückfallen werde. Die Vervollkommnung der Gesellschaft läßt sich unter einem dreifachen Gesichtspunkt betrachten: 1. Der Dichter oder Philosoph erleuchtet sein Jahrhundert oder Vaterland durch die Anstrengung eines einzelnen Geistes: diese überlegenen Kräfte des Verstandes oder der Phantasie sind seltene und unerzwingbare Schöpfungen, und das Genie eines Homer, eines Cicero oder eines Newton würde geringere Bewunderung erregen, wenn es durch den Willen eines Fürsten oder durch den Unterricht eines Lehrers hervorgebracht werden könnte. 2. Die Wohltaten der Gesetze und Politik, des Handels und der Fabriken, der Künste und Wissenschaften sind fester und andauernder, und viele Individuen können durch Erziehung und Unterricht befähigt werden, in ihrem Beruf das Wohl des Ganzen zu fördern. Aber diese allgemeine Ordnung ist die Folge der Geschicklichkeit und Arbeit, und die zusammengesetzte Maschinerie kann mit der Zeit verfallen oder durch Gewalt zerstört werden. 3. Zum Glück für die Menschheit vermögen die nützlicheren oder wenigstens notwendigeren Künste ohne höhere Talente oder Nationalunterordnung, ohne die Macht eines und die Vereinigung vieler ausgeübt zu werden. Jedes Dorf, jede Familie, ja jeder einzelne wird stets sowohl Fähigkeit als Neigung besitzen, den Gebrauch des Feuers und der Metalle, die Fortpflanzung und den Dienst der Haustiere, die Methoden der Jagd und des Fischfanges, die Anfangsgründe der Schiffahrt, die unvollkommene Kultur des Getreides und anderer nährender Zerealien und die einfache Ausübung der mechanischen Gewerbe zu verewigen. Das Genie einzelner und öffentlicher Fleiß mögen ausgerottet werden, diese abgehärteten Pflanzen aber überdauern den Sturm und schlagen auch in dem ungünstigsten Boden unsterbliche Wurzel. Die glänzenden Tage des Augustus und Trajan wurden durch eine Wolke von Unwissenheit verdunkelt, und die Barbaren zerstörten die Gesetze wie die Paläste Roms. Aber die Sichel, die Erfindung oder das Abzeichen Saturns, fuhr fort, alljährlich die Ernten von Italien zu mähen, und die Menschenschmausereien der Lästrygonen sind an den Küsten von Campanien nie wieder erneuert worden.

Seitdem die Erfindung der Künste, Krieg, Handel und Religionseifer unter den Wilden der alten und neuen Welt diese unschätzbaren Gaben verbreitet haben, sind sie ununterbrochen fortvererbt worden und können nie wieder verlorengehen. Wir mögen uns daher mit der freudigen Gewißheit beruhigen, daß jedes Zeitalter der Welt den wirklichen Reichtum, das Glück, die Kenntnisse und vielleicht auch die Tugend des menschlichen Geschlechtes vermehrt habe und noch fortwährend vermehre.

FÜNFZEHNTES KAPITEL

EROBERUNG ITALIENS DURCH DEN OSTGOTEN THEODORICH

Zeno und Anastasius, Kaiser des Morgenlandes. – Geburt, Erziehung und erste Taten Theodorichs des Ostgoten. – Er überzieht und erobert Italien. – Das gotische Königreich Italien. – Zustand des Abendlandes. – Militär- und Zivilregierung. – Der Senator Boethius. – Letzte Taten und Tod Theodorichs

Nach dem Sturz des Römischen Reiches im Abendland wird ein Zeitraum von fünfzig Jahren bis zur denkwürdigen Regierung Justinians durch die unberühmten Namen und unvollständigen Annalen des Zeno, Anastasius und Justinus, die nacheinander den Thron von Konstantinopel bestiegen, schwach gekennzeichnet. Während derselben Periode lebte und blühte Italien unter der Regierung eines gotischen Königs wieder auf, der ein Standbild unter den besten und tapfersten der alten Römer verdient hätte.

Theodorich der Ostgote, der vierzehnte in gerader Abstammung von dem königlichen Geschlecht der Amalen, ward in der Nähe von Wien zwei Jahre nach dem Tode Attilas geboren (455). Durch einen kürzlich erfochtenen Sieg war die Unabhängigkeit der Ostgoten wiederhergestellt worden, und die drei Brüder, Walamir, Theodemir und Widimir, welche die Nation vereint beherrschten, hatten in der fruchtbaren, aber verödeten Provinz Pannonien ihre Wohnsitze getrennt aufgeschlagen. Die Hunnen bedrohten noch ihre empörten Untertanen, ihr unbesonnener Angriff wurde jedoch durch Walamirs alleinige Streitkräfte zurückgeschlagen, und die Nachricht von seinem Sieg langte in dem fernen Lager seines Bruders gerade in dem Augenblick an, als die Lieblingsfrau Theodemirs einen Sohn und Erben gebar. Theodorich wurde im achten Lebensjahr von seinem Vater mit Widerstreben dem öffentlichen Interesse als die Bürgschaft eines Bündnisses geopfert, welches Leo, Kaiser des Morgenlandes, um den Preis eines jährlichen Hilfsgeldes von dreihundert Pfund Gold zu erkaufen eingewilligt hatte. Die königliche Geisel wurde in Konstantinopel mit Sorgfalt und Liebe erzogen. Er erlernte alle kriegerischen Leibesübungen, Umgang mit den Edelgebildeten erweiterte seinen Geist, er besuchte die Schulen der geschicktesten Lehrer. Die Künste Griechenlands aber verachtete oder vernachlässigte er und blieb stets so unvertraut mit den Anfängen des Wissens, daß ein Zeichen ersonnen wurde, um die Unterschrift des schriftunkundigen Königs von Italien vorzustellen. Nach erreichtem achtzehnten Jahre wurde er den Ostgoten, die der Kaiser durch Freigebigkeit und Vertrauen gewinnen wollte, zurückgegeben. Walamir war in einer Schlacht gefallen; Widimir, der jüngste der Brüder, hatte ein Barbarenheer nach Gallien und Italien geführt, und die ganze Nation erkannte Theodorichs Vater als ihren König an. Seine wilden Untertanen bewunderten Stärke und Wuchs ihres jungen Fürsten, und er überzeugte sie bald, daß er von der Tapferkeit seiner Väter nicht entartet wäre. An der Spitze von sechstausend Freiwilligen verließ er insgeheim das Lager, um Abenteuer aufzusuchen, folgte dem Laufe der Donau abwärts bis Singidunum oder Belgrad und kehrte bald zu seinem Vater mit der Beute eines sarmatischen Königs zurück, den er besiegt und getötet hatte. Solche Triumphe brachten jedoch bloß Ruhm, und die unbezwinglichen Ostgoten waren durch Mangel an Kleidung und Nahrung in die äußerste Not versetzt. Sie beschlossen einmütig, ihre pannonischen Lager zu verlassen und kühn nach der warmen und reichen Nachbarschaft des byzantinischen Hofes vorzudringen, der bereits so viele Scharen verbündeter Goten in Stolz und Üppigkeit ernährte. Nachdem die Ostgoten durch einige feindselige Handlungen bewiesen hatten, daß sie gefährliche oder wenigstens lästige Gegner zu sein verstünden, verkauften sie Friedlichkeit und Treue zu hohem Preise, nahmen ein Geldgeschenk und Ländereien an und wurden unter dem Oberbefehl Theodorichs, der nach seines Vaters Tod auf dem erblichen Thron der Amalen gefolgt war, mit der Verteidigung der Niederdonau betraut.

Ein Held, der von einer Reihe von Königen abstammte, mußte den niedrigen Isaurier verachten, der ohne irgendeine Gabe des Geistes und Körpers, ohne irgendeinen der Vorzüge fürstlicher Geburt und überlegener Eigenschaften mit dem römischen Purpur bekleidet worden war. Nach dem Erlöschen der theodosianischen Linie mochte die Wahl der Pulcheria und des Senates einigermaßen durch die Charaktere Marcians und Leas gerechtfertigt werden, aber der letzter dieser beiden Fürsten befestigte und entehrte seine Herrschaft durch die treulose Ermordung Aspars und seiner Söhne, welche die Schuld der Dankbarkeit und des Gehorsams zu strenge einforderten. Die Erbschaft Leos und des Morgenlandes ging ruhig auf seinen unmündigen Enkel, den Sohn seiner Tochter Ariadne über, und ihr isaurischer Gatte, der glückliche Trascalisseus, vertauschte diesen barbarischen Namen mit dem griechischen Zeno. Nach dem Tode des älteren Leo näherte er sich dem Throne seines Sohnes mit unnatürlicher Ehrfurcht und empfing demütig den zweiten Rang im Reich als ein Geschenk. Bald aber regte sich der öffentliche Argwohn bei dem plötzlichen und vorzeitigen Tode seines jungen Throngenossen, dessen Leben dem Erfolg seines Ehrgeizes nicht länger förderlich sein konnte. Der Palast von Konstantinopel wurde durch den Einfluß und durch die Leidenschaften von Frauen beherrscht und zerrüttet: Verina, Leos Witwe, nahm sein Reich als ihr eigenes in Anspruch und verkündete ein Absetzungsurteil gegen den unwürdigen und undankbaren Sklaven, dem sie allein das Zepter des Morgenlandes verliehen hatte. Als der Schreckensruf der Empörung in Zenos Ohren donnerte, floh er übereilt in das isaurische Gebirge, und ihr Bruder Basiliscus vermaß sich, den Geliebten seiner Schwester zu ermorden und wagte den Geliebten seiner Gattin zu beleidigen, den eitlen und übermütigen Harmatius, der inmitten asiatischer Üppigkeit Tracht, Betragen und Namen des Achilles nachäffte. Die Verschwörung der Unzufriedenen rief Zeno aus der Verbannung zurück; die Heere, die Hauptstadt, die Person des Basiliscus wurden verraten, und seine ganze Familie von dem unmenschlichen Sieger, dem es ebensowohl an Mut fehlte, seinen Feinden zu verzeihen, als ihnen entgegenzutreten, wurde zu langsamem Verschmachten durch Kälte und Hunger verurteilt. Der stolze Sinn der Verina war jedoch auch jetzt noch nicht geneigt, sich zu unterwerfen oder ruhig zu verhalten. Sie reizte einen bevorzugten Feldherrn zur Feindschaft, ergriff seine Partei, sowie er in Ungnade gefallen war, ernannte einen neuen Kaiser in Syrien und Ägypten, brachte eine Armee von siebzigtausend Mann auf die Beine und beharrte bis zu ihrem letzten Atemzug in fruchtloser Empörung, die nach Sitte des Jahrhunderts von christlichen Einsiedlern und heidnischen Zauberern vorausgesagt worden war. Während die Leidenschaften der Verina den Osten in Unruhe versetzten, zeichnete sich ihre Tochter Ariadne durch die weiblichen Tugenden der Sanftmut und Treue aus; sie folgte ihrem Gatten in seine Verbannung und flehte nach seiner Wiedereinsetzung seine Milde zugunsten ihrer Mutter an. Nach Zenos Tod (491) gab Ariadne, die Tochter, Mutter und Witwe eines Kaisers, ihre Hand und den kaiserlichen Titel dem Anastasius, einem alten Diener des Palastes, der seine Erhebung länger als siebenundzwanzig Jahre überlebte und dessen Charakter durch den Zuruf des Volkes: „Herrsche, wie du gelebt hast!" bezeugt wird.

Was Furcht oder Zuneigung nur immer verleihen konnten, teilte Zeno dem König der Ostgoten verschwenderisch zu: den Rang eines Patriziers und Konsuls, den Oberbefehl über die Palasttruppen, eine Reiterstatue, einen Schatz von mehreren tausend Pfund Gold und Silber, den Namen eines Sohnes und das Versprechen einer reichen und edlen Gattin. Solange Theodorich sich herabließ, zu dienen, verteidigte er die Sache seines Wohltäters mit Mut und Treue; sein Eilmarsch trug zur Wiedereinsetzung Zenos bei, und zur Zeit der zweiten Empörung verfolgten und drängten die Walamiren, so wurden sie genannt, die asiatischen Aufrührer, bis sie den kaiserlichen Truppen einen leichten Sieg verschafft hatten. Der treue Diener wurde aber plötzlich in einen furchtbaren Feind verwandelt, der die Kriegsflamme von Konstantinopel bis zum Adriatischen Meer trug; viele blühende Städte wurden eingeäschert und der Ackerbau Thrakiens durch die mutwillige Grausamkeit der Goten, die den gefangenen Bauern die rechte Hand, die den Pflug führte, abhieben, fast ausgerottet. Theodorich machte man bei dieser Gelegenheit den begründeten Vorwurf der Treulosigkeit, Undankbarkeit und unersättlichen Habsucht, die nur mit der eisernen Notwendigkeit seiner Lage entschuldigt werden kann. Er herrschte nicht als Monarch, sondern als Diener eines wilden Volkes, dessen Geist durch Knechtschaft noch ungebrochen war und das weder wirkliche noch angebliche Beleidigungen zu ertragen vermochte. Die Armut des Volkes war unheilbar, weil die freigebigsten Schenkungen alsbald in verschwenderischer Üppigkeit verpraßt und die fruchtbarsten Ländereien unter den Händen der Goten in eine Öde verwandelt wurden; sie verachteten und beneideten aber die arbeitsamen Provinzbewohner, und sowie den Ostgoten die Lebensmittel zu mangeln begannen, griffen sie zu ihren Lieblingsmitteln, zu Krieg und Raub. Es war Theodorichs Wunsch (wenigstens lautete seine Erklärung so), an den Grenzen von Skythien ein friedliches, unauffälliges und ergebenes Leben zu führen, bis der byzantinische Hof ihn durch glänzende und trügerische Versprechungen verleitete, einen verbündeten Stamm der Goten anzugreifen, die sich zur Partei des Basiliscus geschlagen hatten. Er brach von seinen Standquartieren in Mösien infolge der feierlichen Versicherung auf, daß er, bevor er Adrianopel erreichen würde, hinreichenden Vorrat von Lebensmitteln und eine Verstärkung von achttausend Mann Reiterei und dreißigtausend Mann Fußvolk finden solle, während die asiatischen Legionen zu Heraclea lagerten, um seine Unternehmungen zu unterstützen. Diese Maßnahmen wurden durch gegenseitige Eifersucht vereitelt. Der Sohn Theodemirs fand bei seinem Vorrücken in Thrakien eine unwirtliche Einöde, und seine gotischen Krieger wurden mit einem schweren Gefolge von Pferden, Maultieren und Wagen von ihren Führern verräterisch zwischen die Felsen und Abgründe des Berges Sondis verlockt, wo er mit Schmähungen von Theodorich, dem Sohn des Triarius, angegriffen wurde. Von einer nahen Anhöhe redete sein schlauer Nebenbuhler das Lager der Walamiren an. Er brandmarkte ihren Anführer mit den Schimpfnamen Kind, Wahnsinniger, meineidiger Verräter, Feind seines Blutes und seiner Nation. „Weißt du denn nicht", rief der Sohn des Triarius aus, „daß es die beständige Politik der Römer ist, die Goten gegenseitig durch ihr eigenes Schwert aufzureiben? Siehst du denn nicht ein, daß der Sieger in diesem unnatürlichen Kampf ihrer unversöhnlichen Rache bloßgestellt ist? Wo sind jene Krieger, meine Verwandten, sowie die deinigen, deren Witwen nun klagen, daß ihr Leben deiner verwegenen Herrschsucht zum Opfer gebracht wurde? Wo ist der Reichtum, den deine Mannen besaßen, als sie sich aus ihrer Heimat locken ließen, um sich unter deine Fahnen zu reihen? Jeder von ihnen hatte damals drei oder vier Pferde; jetzt folgen sie dir durch die Einöden von Thrakien wie Sklaven zu Fuß, jene Männer, die durch die Hoffnung verlockt wurden, das Gold nach Scheffeln zu messen, jene tapferen Männer, die so frei und so edel geboren sind wie du selbst!" Eine auf den Charakter der Goten so wohlberechnete Sprache erregte Geschrei und Mißvergnügen, und der Sohn Theodemirs sah sich aus Furcht, allein gelassen zu werden, gezwungen, sich mit seinen Brüdern zu vereinigen und das Beispiel römischer Treulosigkeit nachzuahmen.

Theodorich zeichnete sich in jeder Lage des Glücks, er mochte Konstantinopel an der Spitze der gotischen Bundesgenossen bedrohen oder sich mit einer treuen Schar nach den Gebirgen oder der Seeküste von Epirus zurückziehen, durch Klugheit und Festigkeit aus. Endlich vernichtete der zufällige Tod des Sohnes des Triarius das Gleichgewicht, das die Römer so ängstlich zu erhalten bestrebt waren; die ganze Nation erkannte die Oberhoheit der Amalen an, und der byzantinische Hof unterzeichnete einen schimpflichen und drückenden Vertrag. Der Senat hatte bereits erklärt, daß es notwendig sei, nur eine Abteilung der Goten zu behalten, da der Staat nicht imstande wäre, ihre vereinigten Streitkräfte zu ernähren. Eine Hilfssumme von zweitausend Pfund Gold, eingerechnet den hohen Sold für dreizehntausend Mann, war für das mindest zahlreiche ihrer Heere erforderlich; die Isaurier aber, die nicht das Reich, sondern den Kaiser bewachten, bezogen außer dem Vorrecht des Raubes ein jährliches Gehalt von fünftausend Pfund. Theodorichs scharfsichtiger Geist gewahrte bald, daß er für die Römer ein Gegenstand des Hasses und für die Barbaren des Argwohns sei; er vernahm das Volksgemurr, daß seine Untertanen in ihren kalten Hütten unerträglichen Drangsalen ausgesetzt waren, während ihr König der Üppigkeit von Griechenland fröne, und er kam der peinlichen Notwendigkeit, die Goten entweder als Zenos Krieger zu bekämpfen oder sie als sein Feind anzuführen, zuvor. Indem sich Theodorich in ein seines Mutes und Ehrgeizes würdiges Unternehmen einließ, redete er den Kaiser mit folgenden Worten an: „Obschon dein Diener durch deine Freigebigkeit im Überfluß lebt, höre doch geneigt auf die Wünsche seines Herzens: Italien, das Erbe deiner Vorfahren und Rom selbst, das Haupt und die Gebieterin der Welt, schmachten unter der Gewaltherrschaft und Unterdrückung des Söldners Odoaker. Gebiete, daß ich mit meinen Nationaltruppen gegen den Tyrannen ziehe. Wenn ich falle, wirst du von einem kostspieligen und lästigen Freund befreit sein, wenn ich aber durch Gottes Fügung siege, werde ich in deinem Namen und zu deinem Ruhme den römischen Senat und den Teil der Republik regieren, den meine siegreichen Waffen von Knechtschaft befreit haben." Der Vorschlag Theodorichs wurde von dem byzantinischen Hofe angenommen, war vielleicht von demselben eingegeben worden. Aber die Formen des Auftrages oder der Verleihung scheinen mit vorsichtiger Zweideutigkeit, je nach dem Ereignis auslegbar, ausgedrückt worden zu sein; und es wurde zweifelhaft gelassen, ob der Eroberer von Italien als der Stellvertreter, als der Vasall oder als der Bundesgenosse des Kaisers des Morgenlandes herrschen solle.

Der Ruf des Anführers und des Krieges verbreitete allgemeinen Feuereifer; die Walamiren wurden durch die Gotenscharen, die entweder im Dienst des Reiches standen oder in dessen Provinzen angesessen waren, verstärkt, und jeder kühne Barbar, der von dem Reichtum und der Schönheit Italiens gehört hatte, brannte vor Ungeduld, auch durch die gefährlichsten Wagnisse den Besitz so verführerischer Dinge zu erkämpfen. Der Zug Theodorichs muß als die Auswanderung eines ganzen Volkes angesehen werden; die Weiber und Kinder der Goten, ihre greisen Eltern und ihre wertvollste Habe wurden sorgfältig mit fortgeschafft, und man kann sich aus dem Verlust von zweitausend Wagen, den sie in einem einzigen Gefecht im Krieg von Epirus erlitten, eine Vorstellung von dem unermeßlichen Gepäck bilden, das ihrem Lager folgte. Die Goten verließen sich in betreff ihres Unterhaltes auf die Vorräte von Korn, das in tragbaren Mühlen von den Händen ihrer Frauen zermahlen wurde, auf Milch und Fleisch ihrer Rinder- und Lämmerherden, auf das zufällige Erträgnis der Jagd und auf die Lieferungen, die allen denjenigen auferlegt wurden, die es wagten, ihnen den Durchzug streitig zu machen oder freundschaftlichen Beistand zu versagen. Trotz dieser Vorsichtsmaßregeln waren sie auf einem mitten im tiefsten Winter unternommenen, siebenhundert Meilen langen Marsch der Gefahr, ja fast dem Elend der Hungersnot ausgesetzt. Seit dem Sturz der römischen Macht boten Dazien und Pannonien nicht mehr den reichen Anblick bevölkerter Städte, wohlangebauter Fluren und bequemer Heerstraßen; die Herrschaft der Barbarei und Verödung hatte wieder um sich gegriffen, und die Stämme der Bulgaren, Gepiden und Sarmaten, welche die leere Provinz in Besitz genommen, ließen sich durch angeborenes Kriegsungestüm oder durch das dringende Ersuchen Odoakers verleiten, den Fortschritten seines Feindes Widerstand zu leisten. Theodorich kämpfte und siegte in mancher unbekannt gebliebenen blutigen Schlacht, bis er endlich, nachdem er jeden Widerstand durch geschickte Führung und durch ausharrenden Mut bewältigt hatte, von den Julischen Alpen niederstieg und seine siegreichen Fahnen an den Grenzen von Italien entfaltete (489).

Odoaker, ein seinen Waffen nicht unwürdiger Gegner, hatte bereits an der Spitze eines mächtigen Heeres, dessen unabhängige Könige oder Anführer die Pflichten des Gehorsams und die Klugheit des Zauderns verachteten, den vorteilhaften und wohlbekannten Posten am Fluß Sontius in der Nähe der Ruinen von Aquileja besetzt. Nachdem Theodorich seiner ermüdeten Reiterei kurze Rast und Erfrischung gegönnt hatte, griff er kühn die Befestigungslinie des Feindes an; die Ostgoten zeigten mehr Eifer, die Ländereien Italiens zu erwerben, als die Söldner, sie zu verteidigen, und der Lohn des ersten Sieges war der Besitz der venetischen Provinz bis zu den Mauern von

Verona. In der Nähe dieser Stadt, an den steilen Ufern der reißenden Etsch, stellte sich ihm ein neues, an Zahl verstärktes Heer mit ungebrochenem Mut entgegen. Der Kampf war hartnäckiger, aber der Ausgang entscheidender. Odoaker floh nach Ravenna, Theodorich rückte gegen Mailand vor, und die besiegten Truppen begrüßten ihren Besieger mit lautem Zuruf der Ehrfurcht und Ergebenheit. Aber ihr Mangel an Standhaftigkeit oder Treue brachte ihn bald in die äußerste Gefahr; seine Vorhut wurde mit mehreren gotischen Grafen, die allzu vorschnell einem Ausreißer Vertrauen schenkten, durch dessen doppelten Treubruch verraten und bei Faenza vernichtet. Odoaker war wieder Meister des Feldes, und der Eindringling, der sich in seinem Lager bei Pavia stark verschanzt hatte, sah sich genötigt, ein verwandtes Volk, die Westgoten von Gallien, um Hilfe anzurufen. Im Laufe dieser Geschichte wird der gierigste Heißhunger nach Krieg vollauf gesättigt werden; ich aber kann es nicht besonders beklagen, daß die unvollständigen Materialien keine umständlichere Erzählung von dem Notstand Italiens und von dem grimmigen Kampf gestatten, der zuletzt durch die Fähigkeiten, die Erfahrung und durch die Tapferkeit des Gotenkönigs entschieden wurde. Unmittelbar vor der Schlacht von Verona besuchte er das Zelt seiner Mutter und Schwester und bat sie, sie mögen ihn an diesem Tage, dem glänzendsten Feste seines Lebens, mit den reichen Gewändern schmücken, die sie mit eigenen Händen für ihn gefertigt hätten. „Unser Ruhm", sagte er, „ist wechselseitig und unzertrennlich. Dich kennt die Welt als Theoderichs Mutter, und mir geziemt es, zu beweisen, daß ich der echte Sprosse jener Helden bin, von denen ich meine Abkunft herleite." Die Gattin oder Buhlerin Theodemirs war von dem Mut deutscher Frauen beseelt, welche die Ehre ihrer Söhne weit höher als ihre Sicherheit achteten. Es wird berichtet, daß sie in einem verzweiflungsvollen Kampf, wo Theodorich selbst von dem Strom der Fliehenden mit fortgerissen wurde, ihnen am Eingang des Lagers kühn entgegengetreten sei und sie durch ihre hochherzigen Reden gegen die Schwerter des Feindes zurückgetrieben habe.

Theodorich herrschte von den Alpen bis zu den äußersten Endpunkten von Kalabrien durch das Recht der Eroberung. Die Abgesandten der Vandalen übergaben die Insel Sizilien als rechtmäßiges Zubehör seines Königreiches, und er wurde von dem Senat und dem Volke, welche die Tore gegen den fliehenden Usurpator geschlossen hatten, als Befreier von Rom empfangen. Nur das durch Natur wie durch Kunst gleich stark befestigte Ravenna hielt eine fast dreijährige Belagerung aus, und die kühnen Ausfälle Odoakers trugen Tod und Schrecken bis in das Lager der Goten. Mangel an Lebensmitteln und gänzliche Hoffnungslosigkeit irgendeines Entsatzes bestimmten den unglücklichen Monarchen, endlich den Klagen seiner Untertanen und dem Geschrei seiner Soldaten nachzugeben. Über einen Friedensvertrag wurde mit dem Bischof von Ravenna verhandelt, die Ostgoten erhielten Einlaß in die Stadt, und die feindlichen Könige willigten unter Gewähr eines Eides ein, die Provinzen von Italien mit gleicher und ungeteilter Obergewalt zu beherrschen. Der Erfolg eines solchen Übereinkommens läßt sich leicht vorhersehen. Nachdem einige Tage dem Schein der Freude und Freundschaft gewidmet worden waren, wurde Odoaker inmitten eines feierlichen Gelages von der Hand oder wenigstens auf Befehl seines Nebenbuhlers erstochen (März 493). Geheime und wirksame Befehle waren bereits vorher entsendet worden; die treulosen und räuberischen Söldner wurden in demselben Augenblick und ohne Widerstand allenthalben niedergemetzelt und das Königtum Theodorichs von den Goten ausgerufen, wozu der Kaiser des Morgenlandes nur widerwillig seine Zustimmung gab. Der Plan einer Verschwörung wurde nach herkömmlicher Sitte dem gefallenen Tyrannen zugeschrieben, aber seine Unschuld und die Schuld des Siegers wurden hinreichend durch den vorteilhaften Vertrag bewiesen, den die Macht weder aufrichtig eingegangen noch die Ohnmacht vorschnell gebrochen haben würde. Die Eifersucht der Macht und das Unheil der Zwietracht mag eine angemessenere Entschuldigung geben und ein minder strenges Urteil gegen ein Verbrechen sein, das notwendig war, um in Italien wieder den Grund zu öffentlichem Glück zu legen. Der lebende Urheber dieses Glücks wurde von geistlichen und weltlichen Rednern geradezu unverschämt gepriesen, aber die Geschichte (zu seiner Zeit war sie stumm und ruhmlos) hat keine richtige Darstellung der Ereignisse, welche die Tugenden Theodorichs entfalten, oder die Fehler aufbewahrt, die sie verdüsterten. Ein Denkmal seines Ruhmes, die Sammlung von Briefen in öffentlichen Angelegenheiten, welche Cassiodor im Namen des Königs verfaßte, ist noch vorhanden und hat unbedingteren Glauben gefunden, als sie zu verdienen scheint. Sie bieten mehr die Formen als das Wesen seiner Regierung, und vergebens sehen wir uns unter dem Gerede und der Gelehrsamkeit eines Sophisten, den Wünschen eines römischen Senators, den Amtsvorgängen oder den unbegrenzten Beteuerungen, die an jedem Hof und bei jeder Gelegenheit die Sprache kluger Minister bilden, nach den echten und selbsttätigen Gesinnungen des Barbaren um. Mit größerer Sicherheit ruht der Ruhm Theodorichs auf dem sichtlichen Frieden und Wohlstand einer dreiunddreißigjährigen Regierung, auf der einstimmigen Hochachtung seiner eigenen Zeit und auf jener den Gemütern der Goten wie der Italiener tief eingeprägten Erinnerung an seine Weisheit und seinen Mut, seine Gerechtigkeit und Menschlichkeit.

Die Teilung der Ländereien Italiens, wovon Theodorich ein Drittel seinen Soldaten anwies, wird zu seiner Ehre als die einzige Ungerechtigkeit seines Lebens erwähnt. Aber selbst diese Handlung läßt sich durch das Beispiel Odoakers, durch das Recht der Eroberung, durch das eigentliche Interesse der Italiener und durch die Notwendigkeit, einem ganzen Volke, das im Vertrauen auf seine Verheißungen nach einem fernen Lande gezogen war, Unterhalt zu verschaffen, unparteiisch rechtfertigen. Unter der Regierung Theodorichs und in dem glücklichen Klima von Italien wuchsen die Goten bald zu der furchtbaren Schar von zweihunderttausend Männern an, und die Gesamtzahl ihrer Familien kann leicht durch die gewöhnliche Hinzufügung von Frauen und Kindern ermittelt werden. Die Wegnahme des Eigentums, wovon ein Teil ohnehin herrenlos sein mußte, wurde durch den schönen, aber unpassenden Namen Gastfreiheit verschleiert. Die unwillkommenen Gäste verbreiteten sich regellos über ganz Italien, und der Anteil jedes Barbaren stand im Verhältnis zu Herkunft und Amt, zur Zahl seines Gefolges und zum Maße des bäurischen Reichtums, den er an Herden und Sklaven besaß. Die Unterschiede zwischen Edlen und Plebejern wurden anerkannt, aber die Ländereien des Freien zahlten keine Abgaben, und er selbst genoß das unschätzbare Vorrecht, nur den Gesetzen seines Vaterlandes untertan zu sein. Mode und Bequemlichkeit veranlaßten die Sieger bald, die schönere Tracht der Eingeborenen anzunehmen, aber sie behielten ihre Muttersprache bei, ja sie beharrten auch in der Verachtung, die sie gegen die lateinischen Schulen hegten. Theodorich selbst, der ihren oder seinen eigenen Vorurteilen durch die Erklärung schmeichelte, daß ein Kind, das vor der Rute gezittert habe, niemals wagen würde, ein Schwert anzuschauen, zollte ihnen Beifall. Not mochte die dürftigen Römer zuweilen verleiten, die wilden Sitten anzunehmen, welche die reichen und üppigen Barbaren allmählich ablegten. Aber diese gegenseitigen Bekehrungen wurden durch die Politik eines Monarchen nicht ermutigt, der die Trennung zwischen Italienern und Goten dauernd befestigte, indem er jenen die Künste des Friedens, diesen den Dienst der Waffen vorbehielt. Um diesen Plan durchzuführen, war er emsig bemüht, seine gewerbefleißigen Untertanen zu beschützen und den gewalttätigen Charakter seiner Krieger, die zur Verteidigung des Staates bestimmt waren, zu mildern, ohne ihre Tapferkeit zu entkräften. Sie besaßen ihre Ländereien und Benefizien statt des Soldes; bei dem Schall der Trompete mußten sie gerüstet sein, unter der Anführung ihrer Provinzialhauptleute auszurükken, und ganz Italien war in die verschiedenen Quartiere eines wohlgeordneten Lagers eingeteilt. Der Dienst im Palast und an den Grenzen wurde entweder nach Auswahl des Königs oder der Reihe nach versehen und jede außerordentliche Anstrengung durch Vermehrung des Gehaltes oder gelegentliche Schenkungen belohnt. Theodorich hatte seine tapferen Waffengefährten überzeugt, daß ein Reich durch dieselben Künste bewahrt werden müsse, durch die es erworben wurde. Nach seinem Beispiel waren sie bestrebt, sich nicht nur in Handhabung der Lanze und des Schwertes, der Werkzeuge ihrer Siege, sondern auch im Gebrauch der Wurfwaffen, die sie nur zu sehr zu vernachlässigen geneigt waren, auszuzeichnen, und das bewegte Bild des Krieges wurde durch die täglichen Übungen und die jährliche Heerschau der gotischen Reiterei immer wieder aufgefrischt. Eine feste, wenn auch milde Heereszucht flößte Bescheidenheit, Gehorsam und Mäßigkeit ein, und die Goten wurden gelehrt, das Volk zu schonen, die Gesetze zu verehren, die Pflichten der bürgerlichen Gesellschaft zu begreifen und auf die barbarische Ausschweifung der gerichtlichen Zweikämpfe und persönlichen Rache Verzicht zu leisten.

Theoderichs Sieg hatte unter den Barbaren des Abendlandes allgemeine Bestürzung erregt. Sobald sich jedoch zeigte, daß er mit Ruhm gesättigt sei und Frieden wünsche, verwandelte sich der Schreck in Hochachtung, und sie ließen sich eine mächtige Vermittlung gefallen, die gleichermaßen zu dem guten Zweck, ihre Streitigkeiten beizulegen und ihre Sitten zu zivilisieren, angewendet wurde. Die Gesandten, die aus den fernsten Gegenden Europas nach Ravenna strömten, bewunderten seine Weisheit, Pracht und Höflichkeit; und wenn er zuweilen Sklaven oder Waffen, weiße Pferde oder seltene Tiere annahm, mahnte das Geschenk einer Sonnenuhr oder eines Musikers selbst die gallischen Fürsten an die überlegene Kunst und den höheren Fleiß seiner italienischen Untertanen. Familienbeziehungen, eine Gattin, zwei Töchter, eine Schwester und eine Nichte, verbanden die Familie Theoderichs mit den Königen der Franken, Burgunden, Westgoten, Vandalen und Thüringer und trugen bei, die Eintracht oder wenigstens das Gleichgewicht der großen Republik des Westens zu bewahren. Es hält schwer, in den finsteren Wäldern von Germanien und Polen die Wanderungen der Heruler nachzuweisen, eines wilden Volkes, das den Gebrauch der Rüstungen verschmähte und seine Witwen und greisen Väter verurteilte, den Verlust ihrer Gatten oder ihrer Stärke nicht zu überleben. Der König dieser grausamen Krieger bewarb sich um Theoderichs Freundschaft und wurde nach dem barbarischen Ritus kriegerischer Annahme an Kindes Statt zu Sohnesrang erhoben. Die Esten oder Livländer, vom Gestade der Ostsee, legten Gaben ihres heimatlichen Bernsteins zu den Füßen eines Fürsten nieder, dessen Ruhm sie bewogen hatte, eine gefährliche Reise von fünfzehnhundert Meilen durch unbekannte Länder zu unternehmen. Er unterhielt mit dem Lande, von dem die gotische Nation ihren Ursprung herleitete, lebhaften und freundschaftlichen Verkehr. Die Italiener kleideten sich in das reiche Zobelpelzwerk Schwedens, und einer der Fürsten dieses Landes fand nach freiwilliger oder erzwungener Entsagung einen gastfreundschaftlichen Ruhesitz im Palast von Ravenna. Er hatte über einen der dreizehn volkreichen Stämme geherrscht, die einen kleinen Teil der großen Insel oder Halbinsel Skandinavien bebauten, der zuweilen der unbestimmte Name Thule beigelegt worden ist. Diese nördliche Gegend war bis zum achtundsechzigsten Breitengrad, wo die Bewohner des Polarkreises die Sonne bei jedem Sommer- und Wintersonnenstillstand für vierzig Tage genießen oder verlieren, bevölkert oder erforscht worden. Die lange Nacht ihrer Abwesenheit oder ihres Todes war die traurige Zeit der Not und Angst, bis die Boten, die auf die Gipfel der Berge entsendet waren, die ersten Strahlen des wiederkehrenden Lichtes erblickten und der Ebene das Fest seiner Wiedergeburt verkündeten.

Das Leben Theoderichs bildete das seltene und verdienstvolle Beispiel eines Barbaren, der sein Schwert im Stolze des Sieges und in der Kraft seines Alters in die Scheide steckte. Eine dreiunddreißigjährige Regierung blieb den Pflichten der Zivilregierung gewidmet, und die Feindseligkeiten, in welche er zuweilen verwickelt ward, wurden durch das Benehmen seiner Stellvertreter, die Heereszucht seiner Truppen, die Waffen seiner Bundesgenossen oder auch nur durch den Schrecken seines Namens schnell beendigt. Er unterwarf die unergiebigen Länder Rhätien, Noricum, Dalmatien und Pannonien, von der Quelle der Donau und dem Gebiet der Bajuvaren bis zu dem kleinen Königreich, das die Gepiden auf den Ruinen von Sirmium errichtet hatten, seiner starken und geregelten Regierung. Seine Klugheit durfte das Bollwerk von Italien nicht den Händen so schwacher und unruhiger Nachbarn anvertrauen, und er konnte mit Recht die Länder, die sie unterdrückten, entweder als Teil seines Königreiches oder als Erbe seines Vaters in Anspruch nehmen. Die Größe eines Dieners, der treulos hieß weil er glücklich war, erweckte die Eifersucht des Kaisers Anastasius, und der Schutz, den der Gotenkönig im Wandel der Zeiten und des Glücks einem Nachkommen Attilas gewährte, entflammte einen Krieg an der dazischen Grenze. Sabinian, ein durch seines Vaters und sein eigenes Verdienst ausgezeichneter Feldherr, rückte an der Spitze von zehntausend Römern vor, und die Vorräte und Waffen, die einen langen Wagenzug füllten, wurden an die wildesten Stämme der Bulgaren verteilt. Auf dem Gefilde von Margus erlitt jedoch das morgenländische Heer durch die an Zahl geringeren Streitkräfte der Goten und Hunnen eine Niederlage; die Blüte, ja die Hoffnung der römischen Heere wurde unwiederbringlich vernichtet, und so groß war die Mäßigung, die Theoderich seinen siegreichen Truppen eingeflößt hatte, daß, da ihr Anführer kein Zeichen zur Plünderung gegeben hatte, die reiche Beute des Feindes unberührt zu ihren Füßen lag. Durch diese Schmach erbittert, schickte der byzantinische Hof zweihundert Schiffe und achttausend Mann zur Plünderung der Seeküsten von Kalabrien und Apulien aus; sie griffen die alte Stadt Tarentum an, zerstörten Handel und Ackerbau eines glücklichen Landes und segelten nach dem Hellespont zurück, stolz auf ihren Seeräubersieg über ein Volk, das sie noch immer als ihre römischen Brüder zu betrachten wagten. Wahrscheinlich beschleunigte die Tätigkeit Theodorichs ihren Rückzug. Italien wurde durch eine Flotte von tausend leichten Fahrzeugen, die mit unglaublicher Schnelligkeit erbaut wurden (509), beschützt und seine mit Festigkeit gepaarte Mäßigung bald durch einen andauernden und ehrenvollen Frieden belohnt. Er hielt mit starkem Arm das Gleichgewicht des Westens aufrecht, bis es endlich durch den Ehrgeiz Chlodwigs gestört wurde. Zwar war er nicht imstande, seinem verwegenen und unglücklichen Stammesverwandten, dem König der Westgoten, beizustehen, aber er rettete doch die Reste seiner Familie und seines Volkes und setzte den Franken mitten in ihrer Siegesbahn Grenzen. Ich fühle keine Neigung, die Schilderung dieser kriegerischen Ereignisse, im Leben Theodorichs die mindest interessanten, zu verlängern oder zu wiederholen, und begnüge mich hinzuzufügen, daß die Alemannen Schutz erhielten, daß ein Einbruch der Burgunden streng gezüchtigt wurde und daß die Eroberung von Arles und Marseille eine freie Verbindung mit den Westgoten herstellte, die ihn sowohl als ihren Nationalschutzherrn wie als der Vormund seines Enkels, des unmündigen Sohnes Alarichs, verehrten. In diesen ehrenvollen Eigenschaften stellte der König von Italien die prätorianische Präfektur von Gallien wieder her, schaffte einige Mißbräuche der Zivilregierung von Spanien ab und nahm den jährlichen Tribut und die scheinbare Unterwerfung seines Militärstatthalters an, der sich weislich weigerte, seine Person dem Palast von Ravenna anzuvertrauen. Die gotische Oberhoheit war von Sizilien bis an die Donau, von Sirmium oder Belgrad bis an den Atlantischen Ozean begründet, und die Griechen selbst gestanden, daß Theoderich über den schönsten Teil des abendländischen Reiches geherrscht habe.

Die Vereinigung der Goten und Römer würde für Jahrhunderte das vorübergehende Glück Italiens befestigt haben, und aus dem gegenseitigen Wetteifer ihrer Tugenden hätte die erste der Nationen, ein neues Volk von freien Untertanen und aufgeklärten Kriegern hervorgehen können. Aber das erhabene Verdienst, eine solche Umwälzung zu leiten oder zu unterstützen, war der Regierung Theodorichs nicht vorbehalten: es fehlte ihm entweder an Genie oder an der günstigen Gelegenheit eines Gesetzgebers, und während er seinen Goten den Genuß einer rohen Freiheit gönnte, ahmte er knechtisch die Einrichtungen, ja selbst die Mißbräuche des politischen Systems nach, das von Konstantin und dessen Nachfolgern begründet worden war. Aus zarter Rücksicht gegen die im Erlöschen begriffenen Vorurteile Roms lehnte er den Barbar Namen, Purpur und Diadem der Kaiser ab; er machte sich aber unter dem erblichen Titel eines Königs die ganze Wesenheit und Vollgewalt der kaiserlichen Gerechtsame an. Seine Sprache gegen den morgenländischen Thron war ehrfurchtsvoll und zweideutig; er feierte in pomphaftem Stil die Harmonie der beiden Republiken, pries seine eigene Regierung als die vollständige Gleichförmigkeit eines einzigen und ungeteilten Reiches und nahm über die Könige der Erde denselben Vorrang in Anspruch, den er bescheidenerweise der Person oder Würde des Anastasius zugestand. Der Bund des Morgenlandes und Abendlandes wurde alljährlich durch die einstimmige Wahl von zwei Konsuln verkündet; es scheint aber, daß der italienische von Theodorich ernannte Kandidat von dem Souverän von Konstantinopel förmliche Bestätigung erhielt. Der gotische Palast von Ravenna bot das Bild des Hofes Theodosius' oder Valentinians. Der prätorianische Präfekt, der Präfekt von Rom, der Quästor, der Kanzler und die Schatzmeister des Staates und des Fürsten, deren Amtspflichten von der Rhetorik des Cassiodorus in prunkenden Farben geschildert werden, fuhren fort, als Minister des Staates tätig zu sein. Die untergeordnete Verwaltung der Justiz und der Finanzen war sieben Konsulaten, drei Korrektoren und fünf Präsidenten anvertraut, welche die fünfzehn Regionen von Italien nach den Grundsätzen, ja sogar nach den Formen der römischen Jurisprudenz regierten. Die Gewalttätigkeit der Eroberer wurde durch den künstlichen und langsamen Gang des gerichtlichen Verfahrens gemildert oder vereitelt. Die bürgerliche Verwaltung mit ihren Würden und Vorteilen blieb auf die Italiener beschränkt, und das Volk behielt seine Tracht und Sprache, seine Gesetze und Gewohnheiten, seine persönliche Freiheit und zwei Dritteile seines Grundbesitzes bei. Es war der Zweck des Augustus gewesen, die Einführung der Monarchie zu verbergen: Die Politik Theodorichs zielte auf Verschleierung der Herrschaft eines Barbaren. Wenn seine Untertanen auch zuweilen aus dem angenehmen Traum einer römischen Regierung geweckt wurden, fanden sie doch wesentlicheren Trost in dem Charakter eines gotischen Fürsten, der Scharfblick und Festigkeit genug besaß, um sein eigenes und das öffentliche Interesse zu erkennen und zu fördern. Theodorich liebte die Tugenden, die ihn selbst zierten, wie die Talente, welche ihm abgingen. Liberius wurde wegen der unerschütterlichen Treue, mit der er an der unglücklichen Sache Odoakers hing, zum Amt eines prätorianischen Präfekten befördert. Die Minister Theodorichs, Cassiodorus und Boethius, haben über seine Regierung den Glanz ihres Genies und ihrer Kenntnisse ausgegossen. Klüger oder glücklicher als sein Kollege, bewahrte Cassiodor seine eigene Achtung, ohne die Gunst des Königs zu verwirken, und nachdem er dreißig Jahre hindurch im Glanz der Welt gelebt hatte, genoß er ebenso viele Jahre der Ruhe in der andachts- und studienvollen Einsamkeit von Squillace.

Als Beschützer der Republik gebot dem gotischen König sowohl Pflicht als Interesse, die Zuneigung des Senates und Volkes zu pflegen. Den römischen Großen schmeichelten stolze Titulaturen und förmliche Beteuerungen der Ehrfurcht, die mit mehr Recht den Verdiensten und den Ansprüchen ihrer Ahnen gezollt worden wären. Das Volk erfreute sich ohne Furcht und Gefahr der drei Segnungen einer Hauptstadt, der Ordnung, des Überflusses und der öffentlichen Vergnügungen. Eine zahlenmäßige Verminderung der Bevölkerung kann man allerdings auch dadurch herstellen, daß die Freigebigkeit nicht in dem Maße wie vorher gehandhabt wurde. Indessen fuhren Apulien, Kalabrien und Sizilien fort, ihren Tribut an Getreide nach den Kornmagazinen von Rom zu liefern; unter die dürftigen Bürger wurden Brot- und Fleischrationen verteilt, und jedes der Fürsorge für ihre Gesundheit und ihr Wohlergehen gewidmete Amt galt für ehrenvoll. Die öffentlichen Spiele, obgleich ihnen ein griechischer Abgesandter aus Höflichkeit Beifall zollte, waren nur eine schwache und armselige Nachahmung der Großartigkeit der Cäsaren. Indessen war Musik, Gymnastik und Mimik nicht gänzlich in Vergessenheit geraten; die wilden Tiere Afrikas stellten im Amphitheater noch immer den Mut und die Geschicklichkeit der Jäger auf die Probe, und der nachsichtige Gote ertrug die Parteien der Blauen und Grünen, deren Kämpfe den Zirkus so oft mit Geschrei, ja selbst mit Blut füllten, entweder mit Geduld oder zähmte sie mit Milde. Im siebenten Jahre seiner friedlichen Regierung besuchte Theodorich die alte Hauptstadt der Welt; Senat und Volk gingen ihm im feierlichen Zug entgegen, um einen zweiten Trajan, einen neuen Valentinian zu begrüßen, und er machte dieser Rolle durch die Zusicherung einer gerechten und gesetzlichen Regierung in einer Rede Ehre, die er sich nicht scheute öffentlich zu halten und in eine eherne Tafel eingraben zu lassen. Bei dieser erhabenen Feier strahlte Rom seinen letzten Glanz sinkenden Ruhmes aus. Ein Heiliger, der Zeuge des großartigen Schauspiels war, vermochte in seiner frommen Phantasie nur zu hoffen, daß es von dem himmlischen Glanz des neuen Jerusalem übertroffen werden würde. Während eines sechsmonatigen Aufenthaltes erregten der Ruhm, die Persönlichkeit und das leutselige Benehmen des Gotenkönigs die Bewunderung der Römer, und er betrachtete mit gleicher Neugierde und Überraschung die Denkmäler, die von ihrer alten Größe noch übrig waren. Er drückte die Fußstapfen eines Eroberers dem kapitolinischen Berg ein und gestand offen, daß er jeden Tag mit neuem Staunen das Forum des Trajan und seine hohe Säule bewundere. Das Theater des Pompejus erschien selbst in seinem Verfall als ein ungeheurer, künstlich ausgehöhlter und geglätteter, durch Menschenfleiß geschmückter Berg, und er berechnete, freilich unbestimmt, daß Ströme von Gold haben erschöpft werden müssen, um das kolossale Amphitheater des Titus zu erbauen. Aus den Mündungen der vierzehn Wasserleitungen ergoß sich ein reiner und reichhaltiger Strom in jeden Teil der Stadt; unter diesen wurde das klaudische Wasser, das achtunddreißig Meilen weit weg im Sabinergebirge entsprang, durch sich stetig sanft neigende feste Bogen geführt, bis es auf dem Gipfel des aventinischen Berges anlangte. Die langen und geräumigen Gewölbe, die zu dem Behuf als Abzugsgräben erbaut worden waren, bestanden noch zwölf Jahrhunderte in ihrer ursprünglichen Stärke. Diese unterirdischen Kanäle sind allen zutage liegenden Wundern Roms vorgezogen worden. Die gotischen Könige, die so mit Unrecht der Zerstörung der Altertümer angeklagt worden sind, waren vielmehr später bemüht, die Denkmäler des Volkes, das sie unterjocht hatten, zu bewahren. Königliche Edikte ergingen, um den Mißbräuchen, der Vernachlässigung, der Beraubung durch die Bürger selbst vorzubeugen; ein Architekt von Beruf, eine jährliche Summe von zweihundert Pfund Gold, fünfundzwanzigtausend Ziegel und die Einnahme der Zölle des lukrinischen Hafens wurden für die gewöhnlichen Ausbesserungen der Mauern und der öffentlichen Gebäude bestimmt. Eine ähnliche Sorgfalt wurde auf die metallenen oder marmornen Statuen, welche Menschen oder Tiere vorstellten, ausgedehnt. Die Barbaren bewunderten das Feuer der Pferde des Monte Cavallo, die dem Quirinal seinen neueren Namen gegeben haben; man stellte die ehernen Elefanten der Via sacra wieder sorgfältig her; die berühmte Färse Myrons täuschte das Hornvieh, wenn es über das Forum des Friedens getrieben wurde, und ein Beamter wurde ernannt, um diese Kunstwerke, die Theodorich als die schönste Zierde seines Königreiches betrachtete, zu beschützen.

Nach dem Beispiel der letzten Kaiser zog Theodorich die Residenz von Ravenna vor, wo er seinen Garten eigenhändig bebaute. Sooft der Friede seines Königreiches (überzogen wurde es nie) von den Barbaren bedroht wurde, verlegte er seinen Hof nach Verona an der nördlichen Grenze, und eine Abbildung seines Palastes, die noch auf einer Münze vorhanden ist, ist zweifellos das älteste Vorbild gotischer Baukunst. Diese beiden Hauptstädte sowie Pavia, Spoleto, Neapel und die übrigen italienischen Städte wurden unter seiner Regierung mit nützlichen oder glänzenden Bauwerken geschmückt. Es entstanden Kirchen, Wasserleitungen, Bäder, Portiken und Paläste. Wahrhafter zeigte sich jedoch das Glück der Untertanen in geschäftiger Arbeit und im Luxus, in der schnellen Zunahme und dem unbehinderten Genuß des Nationalreichtums. Aus dem schattigen Tibur oder Präneste zogen sich die römischen Senatoren nach dem warmen Himmel und den Heilquellen von Bajä zurück. Ihre Villen, die auf festen Dämmen in den Golf von Neapel hinausragten, beherrschten den Blick auf Himmel, Erde und Wasser. An der Ostküste des Adriatischen Meeres wurde ein neues Campanien in der schönen und fruchtbaren Provinz Istrien geschaffen, die mit dem Palast von Ravenna durch schnellfahrende Schiffe verbunden war. Die reichen Erzeugnisse Lukaniens und der angrenzenden Provinzen wurden bei dem marcilianischen Brunnen auf einer vielbesuchten Messe ausgetauscht, wo alljährlich Handel, Unmäßigkeit und Aberglauben blühten. In der Einsamkeit von Comum, die einst durch den milden Geist des Plinius belebt war, spiegelten sich in einem durchsichtigen Wasserbecken von mehr als sechzig Meilen in der Länge die Landsitze, die den larischen See umgaben, und der allmählich ansteigende Höhenzug der Berge war mit einer dreifachen Pflanzung von Ölbäumen, Weinreben und Kastanienwäldern bedeckt. Der Ackerbau lebte unter dem Schutz des Friedens auf, und die Zahl der Landwirte wurde durch Loskauf von Gefangenen vermehrt. Die Eisenminen von Dalmatien und eine Goldmine in Bruttium wurden sorgfältig ausgebeutet, und die pontinischen Sümpfe sowie jene von Spoleto von Privatunternehmern trockengelegt, deren später Lohn von der Fortdauer des öffentlichen Wohlstandes abhängen mußte. Sooft die Jahreszeiten minder günstig waren, bestätigte die zweifelhafte Anlegung von Kornmagazinen, die Festsetzung des Preises und das Verbot der Ausfuhr wenigstens das Wohlwollen der Regierung: so groß war aber der außerordentliche Überfluß, den ein fleißiges Volk einem dankbaren Boden abgewann, daß in Italien zuweilen eine Gallone Wein für weniger als drei Pfennig und ein Scheffel Weizen zu fünf Mark fünfzig Pfennig verkauft wurde. Ein Land, das so viel wertvolle Gegenstände besaß, lockte die Kaufleute der Welt an, deren wohltätiger Handel durch die aufgeklärte Politik Theoderichs ermuntert und beschützt wurde. Der freie Verkehr der Provinzen zu Wasser und zu Lande wurde wiederhergestellt und erweitert; die Stadttore wurden weder bei Tag noch bei Nacht jemals geschlossen, und das übliche Sprichwort, daß man eine Börse mit Gold getrost auf dem Felde liegen lassen könne, drückte die selbstbewußte Sicherheit der Einwohner aus.

Religionsverschiedenheit ist der Eintracht zwischen Fürst und Volk stets gefährlich und häufig verderblich. Der gotische Eroberer war in dem Bekenntnis des Arianismus erzogen worden, und Italien hing fest dem nicäischen Glauben an. Die Überzeugung Theoderichs war jedoch nicht von Religionseifer angesteckt und er blieb fromm bei der Ketzerei seiner Väter, ohne sich herabzulassen die spitzfindigen Streitgründe theologischer Metaphysik abzuwägen. Mit der persönlichen Duldung seiner arianischen Sektierer zufrieden, hielt er sich mit Recht für den Beschützer des öffentlichen Gottesdienstes, und seine äußerliche Ehrerbietung für einen Glauben, den er verachtete, mochte in seiner Seele die heilsame Gleichgültigkeit eines Staatsmannes oder Philosophen genährt haben. Die Katholiken seiner Gebiete erkannten, vielleicht mit Widerwillen, den Frieden der Kirche an; ihre Geistlichkeit wurde nach der Stufenfolge des Ranges oder Verdienstes im Palast Theoderichs ehrenvoll aufgenommen; er schätzte die lebenden Heiligen Cäsarius und Epiphanius, die rechtgläubigen Bischöfe von Arles und Pavia, und brachte ein anständiges Opfer am Grabe des heiligen Petrus dar, ohne genaue Nachforschung über den Glauben des Apostels anzustellen. Seine bevorzugtesten Goten, ja sogar seine Mutter durften den athanasischen Glauben ungehindert beibehalten oder sich dazu bekennen, und seine lange Regierung weist keinen einzigen italienischen Katholiken, der entweder aus frommem Antrieb oder aus Zwang zur Religion des Eroberers übergetreten wäre, auf. Das Volk und die Barbaren selbst wurden durch den Pomp und die Ordnung des Gottesdienstes erbaut; die Obrigkeiten hatten den Auftrag, die gesetzmäßigen Freiheiten der geistlichen Personen und Besitzungen in Schutz zu nehmen. Die Bischöfe hielten ihre Versammlungen, die Metropoliten übten ihre Gerichtsbarkeit aus und die Vorrechte des Heiligtums wurden nach dem Geiste der römischen Jurisprudenz aufrechterhalten oder gemäßigt. Theoderich nahm mit der Beschützung der Kirche auch die gesetzmäßige Oberhoheit über sie an, und seine energische Regierung stellte einige nützliche Rechte, die von den schwachen Kaisern des Abendlandes vernachlässigt worden waren, wieder her oder dehnte sie aus. Die Würde und Wichtigkeit des römischen Bischofs, dem man nun den ehrwürdigen Namen Papst beilegte, war ihm nicht unbekannt. Friede oder Empörung von Italien konnte von dem Charakter eines reichen und vom Volke geliebten Bischofs abhängen, der auf eine so weite Herrschaft im Himmel wie auf Erden Anspruch machte und auf einer zahlreichen Kirchenversammlung frei von allen Sünden und ausgenommen von jeder Gerichtsbarkeit erklärt worden war. Als Symmachus und Laurentius sich den Stuhl des heiligen Petrus streitig machten, erschienen sie auf Theoderichs Vorladung vor dem Tribunal des arianischen Monarchen, welcher die Wahl des würdigsten oder gefügigsten Kandidaten bestätigte. Am Ende seines Lebens kam er in einem Anfall von Eifersucht und Ingrimm der Wahl der Römer zuvor, indem er einen Papst im Palast von Ravenna ernannte. Die Gefahr und die wütenden

Kämpfe einer Spaltung wurden milde in Schranken gehalten, und der letzte Senatsbeschluß wurde erlassen, um wenn möglich der schändlichen Käuflichkeit der Papstwahlen ein Ziel zu setzen.

Ich habe mich mit Vergnügen über den Zustand von Italien verbreitet; unsere Phantasie möge sich jedoch nicht zu schnell dem Traum hingeben, daß das goldene Zeitalter der Dichter, ein Geschlecht von Menschen ohne Laster und ohne Elend, unter der gotischen Eroberung verwirklicht worden sei. Die schöne Ansicht war zuweilen durch Wolken verdüstert; die Weisheit Theodorichs mochte getäuscht, seiner Macht konnte Widerstand geleistet werden, und der Lebensabend des Monarchen war durch Volkshaß und Patrizierblut befleckt. Im ersten Übermut des Sieges hatte er sich verleiten lassen, die ganze Partei des Odoaker der bürgerlichen, ja sogar der natürlichen Rechte der Gesellschaft zu berauben; eine zur Unzeit nach den Drangsalen des Krieges auferlegte Steuer würde den aufblühenden Ackerbau von Ligurien erdrückt haben, und ein strenger Voraufkauf von Korn, der dem öffentlichen Mangel abhelfen sollte, mußte den Notstand von Campanien erschweren. Diese gefährlichen Anschläge wurden durch die Tugend und die Beredsamkeit des Epiphanius und Boethius vereitelt, die in Gegenwart Theodorichs selbst die Sache des Volkes mit Erfolg verteidigten. Aber wenn auch der König der Stimme der Wahrheit Gehör schenkte, sprechen doch nicht immer Heilige und Philosophen zum König. Die Vorrechte des Ranges, des Amtes oder der Kunst wurden durch italienischen Trug oder gotische Gewalttätigkeit nur zu oft mißbraucht, und die Habsucht des Neffen des Königs zuerst durch die Wegnahme und dann durch Wiedergabe der Ländereien, die er seinen toskanischen Nachbarn unrechtmäßigerweise abgedrungen hatte, öffentlich bloßgestellt. Zweihunderttausend selbst ihrem Gebieter furchtbare Barbaren saßen im Herzen von Italien; sie trugen unmutig den Zaum des Friedens und der Zucht. Die Unordnungen ihres Marsches wurden immer empfunden, zuweilen verhütet, und wo es zu bestrafen gefährlich war, gebot die Klugheit, die Ausbrüche ihrer angeborenen Wildheit zu übersehen. Als Theodorichs Milde zwei Dritteile der ligurischen Steuer nachließ, sah er sich genötigt, die Schwierigkeiten seiner Lage zu berühren und die schweren, aber unvermeidlichen Lasten zu bedauern, die er seinen Untertanen zu ihrem eigenen Schutze auferlegte. Diese undankbaren Untertanen vermochten sich aber niemals mit der Abkunft, der Religion, ja auch nur mit den Tugenden des gotischen Eroberers aufrichtig auszusöhnen; vergangenes Elend wurde vergessen, und das Glück der Gegenwart gab dem Gefühl oder Argwohn von Unbilden nur um so größere Bitterkeit.

Selbst die religiöse Duldung, deren Einführung in die christliche Welt Theodorich zum Ruhme gereicht, war dem orthodoxen Eifer der Italiener lästig und widerwärtig. Sie achteten die bewaffnete Ketzerei der Goten, aber ihre fromme Wut richtete sich ungefährdet gegen die reichen und wehrlosen Juden, die in Neapel, Rom, Ravenna, Mailand und Genua für den Handel und unter dem Schutz der Gesetze Häuser errichtet hatten. Der wahnsinnige Pöbel von Ravenna und Rom, wie es scheint durch die unstatthaftesten und ausschweifendsten Ansprüche erbittert, mißhandelte sie, plünderte ihre Habe und verbrannte ihre Synagogen. Eine Regierung, die solchen Frevel geduldet hätte, würde ihn verdient haben. Es wurde sogleich eine gerichtliche Untersuchung in Gang gesetzt, und da die Urheber des Aufruhrs unter der Menge entkamen, wurde die ganze Gemeinde zum Schadenersatz verurteilt und die hartnäckigen Frömmler, welche die auf sie fallenden Beiträge verweigerten, von Henkershand öffentlich durch die Straßen gepeitscht. Diese einfache Handlung der Gerechtigkeit erbitterte die unzufriedenen Katholiken, die dem Verdienst und der Geduld dieser heiligen Bekenner Beifall zollten. Dreihundert Kanzeln klagten über die Verfolgung der Kirche, und wenn die Kapelle des heiligen Stephan in Verona auf Theodorichs Befehl zerstört ward, geschah es wahrscheinlich, weil auf diesem geheiligten Schauplatz irgendein seinem Namen und seiner Würde feindseliges Wunder gewirkt worden war. Am Abend seines glorreichen Lebens entdeckte der König von Italien, daß er den Haß eines Volkes erregt habe, dessen Glück zu fördern er sich so emsig bestrebt hatte, und sein Gemüt wurde durch Entrüstung, Eifersucht und die Bitterkeit unvergoltener Liebe vergällt. Der gotische Eroberer befahl, die unkriegerischen Eingeborenen von Italien zu entwaffnen, alle Verteidigungswaffen zu verbieten und ihnen nur ein kleines Messer zum häuslichen Gebrauch zu lassen. Der Befreier von Rom wurde beschuldigt, sich mit den nichtswürdigen Angebern gegen das Leben solcher Senatoren, gegen die er wegen eines geheimen und hochverräterischen Verkehrs mit dem byzantinischen Hofe Argwohn hegte, verschworen zu haben. Nach dem Tode des Anastasius war das Diadem einem schwachen Greise aufgesetzt worden; aber sein Neffe Justinian, der bereits auf Ausrottung der Ketzerei und auf Eroberung von Italien und Afrika sann, hatte die Zügel der Regierung ergriffen. Ein strenges, zu Konstantinopel kundgemachtes Gesetz, um die Arianer durch Furcht vor Strafe zur Rückkehr in den Schoß der Kirche zu zwingen, erregte die gerechte Entrüstung Theodorichs, der für seine bedrängten Brüder im Morgenland dieselbe Nachsicht verlangte, welche er so lange den Katholiken seiner Gebiete hatte angedeihen lassen. Auf seinen gemessenen Befehl schiffte sich der Papst mit vier erlauchten Senatoren zu einer Gesandtschaft ein, deren Fehlschlagen oder Erfolg sie in gleichem Grade fürchten mußten. Die außerordentliche Verehrung, die man dem ersten Papst, der Konstantinopel besuchte, erwies, wurde von seinem eifersüchtigen Monarchen als ein Verbrechen bestraft. Die schlaue und bestimmte Weigerung des byzantinischen Hofes mußte eine gleiche Maßregel entschuldigen und zu einer strengeren reizen. Es wurde ein Edikt für Italien vorbereitet, das nach einem bestimmten Tage die Ausübung des katholischen Gottesdienstes verbot. So ward der toleranteste aller Fürsten durch die Bigotterie seiner Untertanen und Feinde fast bis zur Verfolgung getrieben, und das Leben Theodorichs war bereits zu lang, weil er lebte, um die Tugend des Boethius und Symmachus zu verdammen.

Der Senator Boethius ist der letzte Römer, welchen Cato oder Cicero als ihren Landsmann anerkannt haben würden. Als reiche Waise erbte er das Besitztum und die Ehren des Hauses der Anicier, ein Name, der von den Königen und Kaisern des Jahrhunderts ehrgeizig angenommen wurde; und der Vorname Manlius bewies seine wirkliche oder erdichtete Abstammung von einem Geschlecht von Konsuln und Diktatoren, welche die Gallier vom Kapitol zurückgetrieben und ihre Söhne der Heereszucht der Republik zum Opfer gebracht hatten. In der Jugend des Boethius waren die Studien Roms nicht gänzlich erloschen; noch ist ein von der Hand eines Konsuls verbesserter Virgil vorhanden, und die Lehrer der Grammatik, Rhetorik und Jurisprudenz wurden durch die Freigebigkeit der Goten in ihren Vorrechten und Besoldungen erhalten. Aber die in der lateinischen Sprache niedergelegte Gelehrsamkeit genügte nicht, seine feurige Wißbegierde zu befriedigen. Boethius soll in den Schulen von Athen, welche durch den Eifer, die Kenntnisse und den Fleiß des Proclus und seiner Schüler gestützt wurden, achtzehn wohl angewandte Jahre zugebracht haben. Vernunft und Religion ihres römischen Zöglings wurden glücklicherweise vor dem Gift der Mysterien und Magie bewahrt, welche die Haine der Akademie befleckten. Aber er sog den Geist ein und ahmte die Methode seiner toten und lebenden Meister nach, die es versuchten, den starken und scharfen Verstand des Aristoteles mit der frommen Betrachtung und erhabenen Phantasie Platons zu vereinigen. Nach seiner Rückkehr nach Rom und Vermählung mit der Tochter seines Freundes, des Patriziers Symmachus, fuhr er in seinem Palast aus Elfenbein und Marmor fort, den gleichen Studien obzuliegen. Die Kirche erbaute sich an seiner tiefen Verteidigung des orthodoxen Glaubens gegen die Ketzereien der Arianer, Eutychianer und Nestorianer, und die katholische Einheit wurde in einer förmlichen Abhandlung durch die Ununterschiedenheit drei besonderer, obschon wesensgleicher Personen erklärt oder auseinandergesetzt. Zunutzen lateinischer Leser erbot sich sein Genie, die ersten Anfänge der Künste und Wissenschaften Griechenlands zu lehren. Die Geometrie des Euclid, die Musik des Pythagoras, die Arithmetik des Nicomachus, die Mechanik des Archimedes, die Astronomie des Ptolemäus, die Theologie des Plato und die Logik des Aristoteles mit Porphyrius' Kommentar wurden durch die unermüdliche Feder des römischen Senators übersetzt und erläutert. Er allein wurde für fähig gehalten, die Wunder der

Kunst, eine Sonnenuhr, eine Wasseruhr oder eine Kugel, welche die Bewegungen der Planeten darstellte, zu beschreiben. Von diesen schwierigen Studien erniedrigte sich Boethius oder, um richtiger zu sprechen, erhob er sich zu den gesellschaftlichen Pflichten des öffentlichen und Privatlebens. Der Dürftige wurde durch seine Freigebigkeit unterstützt, und seine Beredsamkeit, welche die Schmeichler mit der des Demosthenes oder Cicero verglichen, trat stets für die Sache der Unschuld und Menschlichkeit ein. So glänzende Verdienste wurden von einem einsichtsvollen Fürsten erkannt und belohnt. Boethius wurde mit den Titeln Konsul und Patrizier ausgezeichnet, und seine Talente fanden in dem wichtigen Amt eines Kanzlers nützliche Verwendung. Trotz den gleichen Ansprüchen des Morgenlandes wie des Abendlandes wurden seine zwei Söhne im zarten Alter zu Konsuln für ein und dasselbe Jahr ernannt. An dem denkwürdigen Tag ihrer Einsetzung zogen sie unter dem Beifall des Senates und Volkes in feierlichem Pomp aus ihrem Palast nach dem Forum. Ihr freudig bewegter Vater, der eigentliche Konsul von Rom, verteilte, nachdem er eine Rede zum Ruhme seines königlichen Wohltäters gehalten, während der Zirkusspiele triumphatorische Geschenke. Gesegnet durch Ruhm und Reichtümer, durch öffentliche Ehrenstellen und persönliche Verbindungen, durch Pflege der Wissenschaften und das Bewußtsein der Tugend hätte Boethius glücklich genannt werden können, wenn man imstande gewesen wäre, dieses seltene Beiwort irgendeinem Menschen vor seinem letzten Lebensaugenblick beizulegen.

Ein mit seinem Reichtum freigebiger und mit seiner Zeit geiziger Philosoph war wohl für die gewöhnlichen Verlockungen des Ehrgeizes, den Durst nach Gold und Ämtern nicht empfänglich. Einigen Glauben verdient die Beteuerung des Boethius, daß er mit Widerstreben dem göttlichen Plato gehorcht habe, der jedem tugendhaften Bürger einschärft, den Staat von der Verderbnis durch Laster und Unwissenheit zu befreien. Hinsichtlich der Unbescholtenheit seines öffentlichen Wandels beruft er sich auf das Andenken seines Vaterlandes. Sein Ansehen hatte dem Stolz und den Bedrückkungen der königlichen Beamten Zügel angelegt, seine Beredsamkeit Paulianus von den Hunden des Palastes befreit. Boethius hatte die Not der Provinzbewohner, deren Vermögen durch öffentlichen und Privatraub erschöpft wurde, stets bemitleidet und oft erleichtert. Er allein besaß Unerschrockenheit genug, ohne Rücksicht auf Gefahr, vielleicht unklugerweise über die Dinge zu sprechen, und das Beispiel Catos lehrt, daß ein reiner, tugendhafter Charakter am meisten geeignet ist, von Vorurteilen mißleitet, von Schwärmerei erhitzt zu werden und persönliche Feindschaft mit öffentlichem Recht zu verwechseln. Der Schüler Platos mochte die Schwächen der Natur und die Unvollkommenheiten der Gesellschaft übertreiben, und auch die mildeste Form eines gotischen Königreiches, selbst die Wucht der Untertanentreue und Dankbarkeit mußte dem freien Geist eines römischen Patrioten unerträglich sein. Aber die Gunst und Treue des Boethius nahm in geradem Verhältnis zu dem öffentlichen Wohlstand ab, und ein unwürdiger Amtsgenosse wurde ihm aufgedrungen, um die Macht des Kanzlers zu teilen und zu beaufsichtigen. In der letzten düsteren Lebenszeit Theodorichs fühlte er mit Entrüstung, daß er ein Sklave sei: da aber sein Herr nur Macht über sein Leben besaß, stand er ohne Waffen wie ohne Furcht einem zornigen Barbaren gegenüber, der gereizt worden war zu glauben, daß die Sicherheit des Senates mit seiner eigenen unverträglich sei. Der Senator Albinus war der Verwegenheit, die Freiheit Roms zu hoffen, wie es hieß, angeklagt und bereits überführt. „Wenn Albinus ein Verbrecher ist", rief der Redner aus, „sind alle Senatoren gleich mir selbst schuldig. Sind wir aber unschuldig, hat Albinus ein gleiches Anrecht auf den Schutz der Gesetze." Diese Gesetze würden den einfachen, natürlichen Wunsch nach unerreichbarem Glück nicht bestraft haben; weniger Nachsicht dürften sie aber der übereilten Beteuerung des Boethius angedeihen lassen, daß, wenn er um eine Verschwörung gewußt hätte, der Tyrann sie nie erfahren haben würde. Der Verteidiger des Albinus wurde bald in die Gefahr, vielleicht in die Schuld seines Klienten verwickelt; ihre Unterschrift (die sie jedoch für nachgeahmt erklärten) war einer schriftlichen Aufforderung an den Kaiser beigefügt, Italien von den Goten zu befreien, und drei Zeugen von ehrenvollem

Rang, aber vielleicht mit schlechtem Ruf, erhärteten die hochverräterischen Pläne des Patriziers. Seine Unschuld muß jedoch angenommen werden, weil Theodorich ihn der Mittel, sich zu rechtfertigen, beraubte und ihn in strengem Gewahrsam im Turm von Pavia hielt, während der Senat in einer Entfernung von fünfhundert Meilen gegen das erlauchteste seiner Mitglieder das Urteil der Vermögenseinziehung und des Todes fällte. Auf Befehl der Barbaren wurde das geheime Wissen eines Philosophen mit dem Namen Gottesfrevel und Zauberei gebrandmarkt. Die Stimme der zitternden Senatoren selbst verurteilte eine fromme und pflichtgetreue Anhänglichkeit an den Senat als verbrecherisch, und ihr Undank verdiente den Wunsch oder die Weissagung des Boethius, daß nach ihm niemand mehr desselben Vergehens schuldig befunden werden würde.

Während Boethius unter der Last der Fesseln jeden Augenblick sein Todesurteil und dessen Vollziehung erwartete, verfaßte er im Turm von Pavia die Tröstungen der Philosophie: ein goldenes, der Muße eines Plato oder Tullius nicht unwürdiges Buch, das aber wegen der Barbarei der Zeiten und der Lage des Verfassers ein unvergleichliches Verdienst besitzt. Die himmlische Führerin, die er so lange in Rom und Athen angerufen hatte, stieg nun hernieder, um seinen Kerker zu erhellen, seinen Mut zu beleben und ihren lindernden Balsam in seine Wunden zu träufeln. Sie gab ihm ein, sein langes Glück mit seinen späten Drangsalen zu vergleichen und aus der Unbeständigkeit desselben neue Hoffnungen zu schöpfen. Die Vernunft hatte ihn die vergängliche Natur der Gaben desselben gelehrt, die Erfahrung über ihren wahren Wert unterrichtet; er hatte sie ohne Schuld genossen, er konnte auf sie ohne Seufzer Verzicht leisten und mit Ruhe die ohnmächtige Bosheit seiner Feinde verachten, die ihm Glückseligkeit gestattet hatten, da sie ihm seine Tugend ließen. Von der Erde erhob sich Boethius zum Himmel, um das höchste Gut zu suchen, durchforschte das metaphysische Labyrinth des Zufalls und des Schicksals, des Vorherwissens und der Freiheit des Willens, der Zeit und Ewigkeit und bestrebte sich, hochherzig die vollkommenen Eigenschaften der Gottheit mit den scheinbaren Unordnungen ihrer moralischen und physischen Regierung in Einklang zu bringen. Solche Trostgründe, die sich von selbst darbieten und zugleich so unbestimmt und so dunkel sind, vermögen die Empfindungen der menschlichen Natur nicht zu überwältigen. Das Gefühl des Unglücks kann jedoch durch Arbeit und Denken abgeleitet werden, und ein Weiser, der in einem und demselben Werk die verschiedenen Reichtümer der Philosophie, Poesie und Beredsamkeit kunstvoll zu vereinigen verstand, mußte bereits jene unerschrockene Ruhe besitzen, die er zu suchen vorgab. Die Ungewißheit, der Übel schlimmstes, wurde endlich durch die Henkersknechte behoben, die das unmenschliche Geheiß Theodorichs vollzogen und vielleicht überschritten (524). Ein starker Strick wurde um das Haupt des Boethius gelegt und mit Gewalt angezogen, bis die Augen fast aus ihren Höhlen traten, nur etwas Gnade läßt sich noch in der gelinderten Marter erblicken, daß man ihn mit Keulen schlug, bis er verschied. Sein Genie aber lebte fort, um einen Strahl von Wissen über die finstersten Zeitalter der lateinischen Welt auszugießen; die Schriften des Philosophen wurden von dem ruhmreichsten aller englischen Könige, Alfred, übersetzt, und der dritte Kaiser des Namens Otto überbrachte die Gebeine des katholischen Heiligen, der durch seine arianischen Peiniger die Ehre des Märtyrertums und den Ruhm der Wundertätigkeit erlangte, nach einem ehrenvolleren Grabe. Boethius schöpfte in seinen letzten Stunden einigen Trost daraus, daß er seine beiden Söhne, seine Gattin und seinen Schwiegervater, den ehrwürdigen Symmachus in Sicherheit wußte. Der Schmerz des Symmachus war jedoch unbescheiden, vielleicht ehrfurchtslos: er hatte sich unterstanden, den ungerechten Tod seines Verwandten zu beklagen, er würde es vielleicht wagen, ihn zu rächen. Er wurde in Ketten von Rom nach dem Palast von Ravenna geschleppt, und der Argwohn Theodorichs konnte nur durch das Blut eines unschuldigen und greisen Senators (525) beschwichtigt werden.

Die Menschlichkeit ist geneigt, jeder Erzählung Glauben zu schenken, welche die Macht des Gewissens und die Reue der Könige bezeugt, und die Philosophie weiß, daß durch die Gewalt einer gestörten Phantasie und die Schwäche eines zerrütteten Körpers häufig die furchtbarsten Schrecknisse erzeugt werden. Nach einem Leben voll Tugend und Ruhm stieg Theodorich nun mit Schande und Schuld ins Grab: seine Seele wurde durch die Vergangenheit gedemütigt und mit Recht durch die unsichtbaren Schrecken der Zukunft beunruhigt. Es wird erzählt, daß er eines Abends, als der Kopf eines großen Fisches auf der königlichen Tafel stand, plötzlich ausgerufen habe, er sehe das zornige Antlitz des Symmachus, die Augen Wut und Rache sprühend, den Mund mit langen scharfen Zähnen bewaffnet und ihn zu verschlingen drohend. Der Monarch zog sich sogleich in sein Gemach zurück, und während er unter einer Wucht von Decken lag, vom Fieber geschüttelt, gab er seinem Leibarzt Elpidius mit gebrochener Stimme seine tiefe Reue wegen der Ermordung des Boethius und Symmachus zu erkennen. Seine Krankheit nahm zu, und nach dreitägiger Ruhr verschied er im Palast von Ravenna (30. August 526) im dreiunddreißigsten oder, wenn wir von seinem Einbruch in Italien an rechnen, im siebenunddreißigsten Jahre seiner Regierung. Im Vorgefühl des herannahenden Endes verteilte er seine Schätze und Provinzen unter seine beiden Enkel und setzte die Rhone als ihre gemeinsame Grenze fest. Amalarich wurde auf den spanischen Thron wiedereingesetzt. Italien mit allen Eroberungen der Ostgoten fiel dem Athalarich zu, der nicht älter als zehn Jahre war, aber als der letzte männliche Sproß des Stammes der Amalen, aus der kurzen Ehe seiner Mutter Amalasuntha mit einem königlichen Flüchtling desselben Geblütes, geliebt wurde. Angesichts des sterbenden Monarchen verpflichteten sich die gotischen Oberhäupter und die italienischen Obrigkeiten gegenseitig zu Treue und Gehorsam für den jungen Fürsten und seine mütterliche Vormünderin, die in demselben ernsten Augenblick seinen letzten heilsamen Rat empfingen, die Gesetze aufrechtzuerhalten, den Senat und das Volk von Rom zu lieben und mit geziemender Ehrfurcht die Freundschaft des Kaisers zu pflegen. Das Grabmal Theodorichs wurde von seiner Tochter Amalasuntha auf einem hohen Punkt errichtet, der die Stadt Ravenna, den Hafen und die benachbarte Küste beherrschte. Eine kreisrunde Kapelle von dreißig Fuß Durchmesser war von einem Dom aus einem einzigen Granitblock gekrönt: von der Mitte des Domes erhoben sich vier Säulen, die in einer porphyrenen Vase die Gebeine des Gotenkönigs trugen und von den ehernen Statuen der zwölf Apostel umgeben waren. Seinem Geiste hätte nach vorgängiger Entsündigung erlaubt werden müssen, sich unter die Wohltäter der Menschheit zu mischen, wenn ein italienischer Einsiedler nicht in einem Gesicht Zeuge der Verdammung des Theodorich gewesen wäre, dessen Seele von den Dienern der göttlichen Rache in den Vulkan von Lipari, eine der flammenden Mündungen des Höllenreiches, gestürzt wurde.

SECHZEHNTES KAPITEL

JUSTINIAN UND THEODORA

Erhebung des älteren Justinus. – I. Die Kaiserin Theodora. – II. Parteien des Zirkus und Aufruhr in Konstantinopel. – III. Seidenhandel und Manufaktur. – IV. Finanzen und Steuern. – V. Die Gebäude des Justinian. – Die heilige Sophienkirche. – Festungswerke und Grenzen des abendländischen Reiches. – Abschaffung der atheniensischen Schulen und des römischen Konsulats

Der Kaiser Justinian war in der Nähe der Ruinen von Sardica (dem neueren Sofia) geboren und stammte von geringem Geschlecht von Barbaren ab, den Einwohnern eines wilden und verödeten Landes, dem nacheinander die Namen Dardanien, Dazien und Bulgarien beigelegt worden sind. Seine Erhebung wurde durch den abenteuerlichen Geist seines Oheims Justinus vorbereitet, der mit zwei anderen Bauern desselben Dorfes für das Waffenhandwerk die nützlichere Beschäftigung des Landwirtes oder Hirten aufgab. Zu Fuß, einen geringen Vorrat von Zwieback in der Tasche, folgten die drei Jünglinge der Heeresstraße von Konstantinopel und wurden wegen ihrer Stärke und ihres hohen Wuchses bald unter die Leibwache des Kaisers Leo aufgenommen. Unter den beiden darauffolgenden Regierungen stieg der glückliche Bauer zu Reichtum und Ehrenstellen empor, und daß er einigen Gefahren, die sein Leben bedrohten, entging, wurde dem Schutzengel zugeschrieben, der über das Schicksal der Könige wacht. Die langen und rühmlichen Dienste Justins in den isaurischen und persischen Kriegen würden seinen Namen nicht der Vergessenheit entrissen haben, wohl aber erklären sie die stufenweise Beförderung, die ihm im Laufe von fünfzig Jahren zuteil wurde: der Rang eines Tribunen, Grafen und Generals, die Würde eines Senators und der Oberbefehl über die Leibwache, die ihm während der wichtigen Krisis, die auf den Tod des Kaisers Anastasius folgte, als ihrem Oberhaupt gehorchte. Die mächtigen Verwandten, die jener erhoben und bereichert hatte, wurden von dem Throne ausgeschlossen, und der Eunuch Amantius, der im Palast herrschte, hatte insgeheim beschlossen, das Diadem auf das Haupt des gefügigsten seiner Geschöpfe zu setzen. Ein großes Geschenk, um die Zustimmung der Leibwache zu erlangen, wurde zu diesem Zweck den Händen ihres Oberbefehlshabers anvertraut. Aber diese gewichtigen Gründe wurden von Justin hinterlistigerweise zu seinen eigenen Gunsten angewendet, und da sich kein anderer Bewerber zu zeigen wagte, ward der dazische Bauer durch die einmütige Zustimmung der Soldaten, die ihn als tapfer und gütig kannten, der Geistlichkeit und des Volkes, die ihn für rechtgläubig hielten, und der Provinzbewohner, die sich dem Willen der Hauptstadt blind und unbedingt unterwarfen, mit dem Purpur bekleidet (10. Juli 518). Der ältere Justin, denn es gibt einen Kaiser gleichen Namens und aus demselben Hause, bestieg den byzantinischen Thron in einem Alter von achtundsechzig Jahren; und wenn er seiner eigenen Leitung überlassen geblieben wäre, hätte jeder Augenblick seiner neunjährigen Regierung seinen Untertanen die Unangemessenheit ihrer Wahl fühlbar machen müssen. Seine Unwissenheit kam jener Theodorichs gleich, und es ist merkwürdig, daß in einem Zeitalter, dem es an wissenschaftlicher Bildung keineswegs mangelte, zwei Monarchen niemals in der Kenntnis des Alphabets unterrichtet worden sind. Aber der Geist Justins stand tief unter jenem des gotischen Königs. Die Erfahrung eines Kriegsmannes hatte ihn keineswegs zur Regierung eines Reiches geschickt gemacht, und obschon persönlich tapfer, war das Bewußtsein seiner Schwäche natürlich mit Zweifel, Mißtrauen und politischer Ängstlichkeit verbunden. Die amtlichen Staatsgeschäfte wurden jedoch mit Emsigkeit und Treue von dem Quästor Proclus besorgt, und der greise Kaiser adoptierte die Talente und den Ehrgeiz seines Neffen Justinian eines aufstrebenden Jünglings, den sein Oheim aus der bäuerischen Einsamkeit von Dazien geholt hatte und in Konstantinopel als den Erben seines Privatvermögens und zuletzt des morgenländischen Reiches erzog. Da der Eunuch Amantius um sein Geld betrogen worden war, hielt man es für nötig, ihn auch des Lebens zu berauben. Das war leicht mittels der Anklage wegen einer wirklichen oder erdichteten Verschwörung zu bewerkstelligen, und die Richter wurden zur Erschwerung seiner Schuld in Kenntnis gesetzt, daß er insgeheim der manichäischen Ketzerei ergeben wäre. Amantius wurde enthauptet, drei seiner Genossen, die vornehmsten Beamten des Palastes, wurden mit Tod oder Verbannung bestraft, und ihr unglücklicher Thronkandidat ward in ein tiefes Verlies gesteckt, gesteinigt und ohne Begräbnis schimpflich ins Meer geworfen. Der Sturz Vitalians erforderte größere Schwierigkeit und war gefährlich. Dieser Gotenführer hatte sich die Liebe des Volkes durch einen Bürgerkrieg erworben, den er zur Verteidigung des orthodoxen Glaubens kühn gegen den Kaiser Anastasius führte, und auch nach Abschluß eines vorteilhaften Friedens blieb er in der Nähe von Konstantinopel an der Spitze eines furchtbaren und siegreichen Barbarenheeres. Durch die schwache Bürgschaft der Eide ließ er sich verlocken, seine vorteilhafte Stellung zu verlassen und seine Person einr Stadt anzuvertrauen, deren Bewohner, insbesondere die blaue Partei, gegen ihn falsch, sogar durch die Erwähnung seiner Feindseligkeiten aus Frömmigkeit erbittert waren. Der Kaiser und sein Neffe umarmten ihn als den treuen und würdigen Verfechter der Kirche und des Staates. Sie schmückten ihren Günstling dankbar mit den Titeln eines Konsuls und Generals. Im siebenten Monat seines Konsulats wurde Vitalian aber an der kaiserlichen Tafel durch siebzehn Stiche getötet und Justinian, der die Beute erbte, des Mordes eines geistlichen Bruders beschuldigt, dem er erst kürzlich seine Treue bei der Teilnahme an den christlichen Mysterien gelobt hatte. Nach dem Sturz seines Nebenbuhlers wurde er, ohne sich auf militärische Dienste irgend stützen zu können, zum Oberbefehlshaber der Heere des Ostens ernannt, die er seiner Pflicht gemäß gegen den öffentlichen Feind zu führen hatte. Aber indem Justinian dem Ruhme nachstrebte, konnte er seine gegenwärtige Herrschaft über seinen altersschwachen Oheim verlieren und, statt sich durch skythische oder persische Trophäen den Beifall seiner Vaterlandsgenossen zu verdienen, bewarb sich der kluge Krieger in den Kirchen, im Zirkus und im Senat von Konstantinopel um ihre Gunst. Die Katholiken hingen dem Neffen des Justinus an, der zwischen den Ketzereien der Nestorianer und Eurychianer den engen Pfad unbeugsamer und unduldsamer Rechtgläubigkeit verfolgte. In den ersten Tagen der neuen Regierung erregte er den Enthusiasmus des Volkes gegen den verstorbenen Kaiser. Nach einer Spaltung von vierunddreißig Jahren versöhnte er den stolzen und zürnenden Sinn des römischen Papstes und verbreitete unter den Lateinern ein günstiges Gerücht über seine fromme Ehrfurcht vor dem Apostolischen Stuhl. Die Throne des Ostens wurden mit katholischen, seinem Interesse ergebenen Bischöfen besetzt, er gewann die Geistlichkeit und die Mönche durch Freigebigkeit, und man gewöhnte das Volk daran, für seinen zukünftigen Souverän, die Hoffnung und Stütze der wahren Religion, zu beten. Die Pracht Justinians zeigte sich in dem ungewöhnlichen Pomp der öffentlichen Spiele, die er gab: ein in den Augen der Menge nicht minder heiliger und wichtiger Gegenstand als das Glaubensbekenntnis von Nicäa oder Chalzedon! Man schätzte die Ausgaben während seines Konsulats auf zweihundertachtundachtzigtausend Goldstücke; zwanzig Löwen und dreißig Leoparden wurden zu gleicher Zeit im Amphitheater vorgeführt und die siegreichen Wagenlenker des Zirkus mit einem zahlreichen Zuge von Pferden samt ihren reichen Geschirren als außerordentlicher Belohnung beschenkt. Während der Neffe des Justinus dem Volke von Konstantinopel schmeichelte und die Gesandtschaften auswärtiger Könige annahm, pflegte er emsig die Freundschaft des Senates. Dieser ehrwürdige Name schien seinen Mitgliedern das Recht zu geben, die Ansicht der Nation auszusprechen und die kaiserliche Thronfolge zu regulieren: der schwache Anastasius hatte es sich gefallen lassen, daß die Regierungsmacht in die Form oder das Wesen einer Aristokratie ausartete, und den Kriegsbefehlshabern, die den senatorischen Rang erlangt hatten, folgten ihre Hausleibwachen, eine Schar Veteranen, deren Waffen oder Geschrei in einem tumultuarischen Augenblick über das Diadem des Morgenlandes zu entscheiden hatten. Die Schätze des Staates wurden verschwendet, um die Stimmen der Senatoren zu gewinnen, und sie eröffneten dem Kaiser ihren einstimmigen Wunsch, daß es ihm gefallen möge, Justinian zu seinem Throngenossen anzunehmen. Aber diese ihn nur zu sehr an sein nahendes Ende mahnende Bitte war dem eifersüchtigen Sinn eines greisen Monarchen unwillkommen. Er wollte jene Macht behalten, die er doch nicht auszuüben verstand. Justin hielt seinen Purpur mit beiden Händen fest und riet ihnen, da eine Wahl so einträglich sei, wenigstens einen älteren Kandidaten vorzuziehen. Trotz diesem Vorwurf schritt der Senat dazu, Justinian mit dem königlichen Titel Nobilissimus zu schmücken, und der Beschluß wurde von dem Oheim entweder aus Neigung oder aus Furcht genehmigt. Nach einiger Zeit machte die Entkräftung des Geistes wie des Leibes, Folge einer unheilbaren Wunde im Schenkel, den Beistand eines Vormunds unerläßlich. Er berief den Patriarchen und die Senatoren und setzte feierlich in ihrer Anwesenheit das Diadem auf das Haupt seines Neffen, der aus dem Palast nach dem Zirkus geführt und mit lautem Freudengeschrei vom Volke begrüßt wurde. Justins Leben währte noch gegen vier Monate, aber schon von dem Augenblick jener Zeremonie wurde er für das Reich als tot betrachtet, das Justinian im fünfundvierzigsten Jahre seines Lebens als den rechtmäßigen Souverän des Ostens anerkannte.

Justinian beherrschte das Römische Reich von seiner Erhebung bis zu seinem Tode achtunddreißig Jahre, sieben Monate und dreizehn Tage (527 bis 565). Die Ereignisse seiner Regierung, die durch ihre Anzahl, Verschiedenartigkeit und Wichtigkeit unsere ganze Aufmerksamkeit in Anspruch nehmen, werden sorgfältig von dem Geheimschreiber des Belisar erzählt, einem Rhetor, den seine Beredsamkeit zum Rang eines Senators und Präfekten von Konstantinopel befördert hatte. Je nach dem Wechsel des Mutes oder der Knechtschaft, der Gunst oder Ungnade verfaßte Procopius allmählich die Geschichte, den Panegyrikus und die Satire seiner Zeiten. Die acht Bücher des persischen, des vandalischen und des gotischen Krieges, fortgesetzt durch die fünf Bücher des Agathias, verdienen unsere Achtung als eine ernste und glückliche Nachahmung der attischen, wenigstens der asiatischen Schriftsteller des alten Griechenlands. Seine Tatsachen sind aus seiner persönlichen Erfahrung und aus seinem freien Verkehr als Krieger, Staatsmann und Reisender geschöpft; sein Stil strebt stets nach Kraft und Eleganz und erreicht diese Eigenschaften oft. Seine Betrachtungen, besonders in den Reden, die er zu häufig einstreut, enthalten einen reichen Schatz politischer Kenntnisse, und der Geschichtsschreiber, von dem hochherzigen Ehrgeiz bewegt, die Nachwelt zu unterhalten und zu unterrichten, scheint die Vorurteile des Volkes und die Schmeichelei der Höfe zu verachten. Die Schriften des Procopius wurden von seinen Zeitgenossen gern gelesen. Obwohl er sie ehrfurchtsvoll an den Stufen des Thrones niederlegte, mußte der Stolz Justinians doch durch das Lob eines Helden, der den Ruhm seines untätigen Souveräns beständig verdunkelte, verletzt werden. Die selbstbewußte Würde der Unabhängigkeit wurde durch knechtische Hoffnungen und Besorgnisse überwältigt, und der Geheimschreiber Belisar arbeitete sechs Bücher über die kaiserlichen Bauwerke für Verzeihung und Belohnung aus. Er hatte geschickt einen Gegenstand von unleugbarem Glanze gewählt, worin er das Genie, die Großartigkeit und die Frömmigkeit eines Fürsten, der sowohl als Eroberer wie als Gesetzgeber die Jünglingstugenden eines Themistokles und Cyrus weit übertroffen habe, laut preisen konnte. Getäuschte Hoffnung mochte den Schmeichler zu geheimer Rache reizen und der erste Sonnenblick der Gunst ihn wieder verlocken, eine Schmähschrift abzubrechen und zu unterdrücken, worin der römische Cyrus zu einem hassenswerten und verächtlichen Tyrannen herabsinkt und sowohl der Kaiser als seine Gemahlin Theodora allen Ernstes als zwei Teufel hingestellt werden, die zum Verderben der Menschheit menschliche Gestalt angenommen hatten. Eine so niedrige Unbeständigkeit muß ohne Zweifel den Ruf des Procopius beflecken und seine Glaubwürdigkeit vermindern. Nachdem man jedoch das Gift seiner Bosheit verdunsten hat lassen, wird der Rest seiner Anekdoten, selbst die schändlichsten Tatsachen, von denen er auf einige in seiner öffentlichen Geschichte leise anspielt, durch ihre innere Wahrheit oder durch die authentischen Denkmäler jener Zeiten bestätigt. Ich werde nun nach diesen reichen Materialien zur Schilderung der Geschichte Justinians schreiten, die einen großen Raum verdient und einnehmen wird. Das gegenwärtige Kapitel wird die Erhebung und den Charakter der Theodora, die Parteien des Zirkus und die Verwaltung des Herrschers des Morgenlandes im Frieden darstellen. In den drei folgenden Kapiteln werde ich die Kriege Justinians, wodurch die Eroberung von Afrika und Italien bewerkstelligt wurde, erzählen und den Siegen Belisars und Narses' folgen, ohne die Eitelkeit ihrer Triumphe oder die Feindestapferkeit der persischen und gotischen Helden zu verheimlichen. Die Reihenfolge dieses und des folgenden Teiles wird die Jurisprudenz und Theologie des Kaisers umfassen, die Streitigkeiten und Sekten, welche die orientalische Kirche noch fortwährend trennen, sowie die Reform des Römischen Rechtes, dem die Nationen des neueren Europa Gehorsam oder Hochachtung zollen.

I. In Ausübung der höchsten Macht war Justinians erste Handlung, die Herrschaft mit der Frau zu teilen, die er liebte, mit der berüchtigten Theodora, deren befremdliche Erhebung keineswegs als der Triumph weiblicher Tugend gepriesen werden kann. Unter der Regierung des Anastasius war die Pflege der wilden Tiere, welche die Partei der Grünen in Konstantinopel unterhielt, dem Acacius anvertraut, einem Eingeborenen der Insel Zypern, der von seiner Beschäftigung den Namen Bärenmeister führte.

Dieses ehrenvolle Amt wurde nach seinem Tode trotz der Bemühung seiner Witwe, die bereits für einen Gatten und Nachfolger gesorgt hatte, einem anderen Bewerber gegeben. Acacius hatte drei Töchter hinterlassen, Comito, Theodora und Anastasia, von denen die älteste kaum sieben Jahre zählte. An einem feierlichen Feste wurden diese hilflosen Waisen von ihrer unglücklichen und entrüsteten Mutter in der Tracht Flehender ins Theater gesandt: die Partei der Grünen empfing sie mit Verachtung, die Partei der Blauen mit Mitleid, und dieser Unterschied, der einen tiefen Eindruck auf das Gemüt der Theodora machte, wurde noch lange nachher in der Verwaltung des Reiches gefühlt. Wie die drei Schwestern an Alter und Schönheit zunahmen, wurden sie nacheinander den öffentlichen und geheimen Vergnügungen des byzantinischen Volkes gewidmet. Theodora, nachdem sie Comito auf der Bühne im Sklavengewand mit einem Schemel auf dem Haupte gefolgt war, durfte endlich ihre Talente unabhängig ausüben. Sie tanzte weder, noch sang sie, noch spielte sie die Flöte; ihre Kunst beschränkte sich auf die Pantomime. Sie zeichnete sich in komischen Rollen aus, und wenn die Komödiantin ihre Backen aufblies, klagte, erscholl das ganze Theater Konstantinopels von Gelächter und Beifall. Die Schönheit der Theodora erntete indes schmeichelhafteres Lob und war die Quelle ausgesuchteren Vergnügens. Ihre Züge waren zart und regelmäßig, ihre obschon etwas blasse Gesichtsfarbe durch natürliches Rot verschönert. Jedes Gefühl drückte sich augenblicklich in ihren lebhaften Augen aus. Ihre leichten Bewegungen entfalteten die Reize eines kleinen, aber eleganten Wuchses, und Liebe oder Schmeichelei verkündeten, daß Malerei und Poesie nicht imstande wären, die unvergleichliche Vortrefflichkeit ihrer Gestalt zu schildern. Aber diese Gestalt wurde durch die Bereitwilligkeit entehrt, womit sie den Augen des Publikums preisgegeben und durch ausschweifende Liebe geschändet ward. Sie überließ ihre käuflichen Reize einer sehr gemischten Schar von Bürgern und Fremden jeden Ranges und Glaubensbekenntnisses. Der glückliche Liebhaber, dem eine Nacht voll Genuß versprochen worden war, wurde von ihrem Lager häufig durch einen stärkeren oder reicheren Günstling vertrieben, und wenn sie über die Straßen ging, vermieden alle, die der Nachrede oder Versuchung entgehen wollten, ihre Nähe. Der satirische Geschichtsschreiber errötet nicht, die nackten Schaustellungen zu beschreiben, welche Theodora sich nicht schämte, im Theater aufzuführen. Nachdem sie die Kunst sinnlicher Lüste erschöpft hatte, klagte sie höchst undankbar die Kargheit der Natur an. Ihre Klagen, Genüsse und Künste jedoch müssen im Geheimnis einer gelehrten Sprache verhüllt bleiben. Nachdem sie eine Zeit hindurch als Gegenstand der Wonne und der Verachtung der Hauptstadt geherrscht hatte, willigte sie ein, den Ecebolus, einen geborenen Tyrier, zu begleiten, der die Statthalterschaft der afrikanischen Pentapolis erhalten hatte. Diese Vereinigung war jedoch schwach und ohne Dauer: Ecebolus verjagte bald seine kostspielige oder treulose Geliebte. Sie geriet in Alexandrien in äußerste Not, und auf ihrer mühevollen Heimkehr nach Konstantinopel bewunderte und genoß jede Stadt des Orients die schöne Zyprerin, deren Reize ihre Abstammung von der Insel der Venus rechtfertigten. Der ausschweifende Verkehr Theodorens und die abscheulichsten Vorsichtsmaßregeln bewahrten sie vor der Gefahr, die sie fürchtete: einmal jedoch, nur einmal wurde sie Mutter. Der Knabe wurde von seinem Vater gerettet und in Arabien erzogen, der ihm auf seinem Sterbebette eröffnete, daß er der Sohn einer Kaiserin sei. Voll ehrsüchtiger Hoffnungen eilte der arglose Jüngling unverzüglich nach dem Palast von Konstantinopel und wurde vor seine Mutter gelassen. Da man ihn selbst nach Theodorens Tode nicht wiedersah, verdient sie den entsetzlichen Vorwurf, mit seinem Leben ein ihrer kaiserlichen Tugend so verderbliches Geheimnis vernichtet zu haben.

In der verworfensten Lage ihres Schicksals und Rufes hatte ein Traum oder die Phantasie ihr die angenehme Zuversicht eingeflößt, daß sie bestimmt wäre, die Gemahlin eines mächtigen Monarchen zu werden. Im Bewußtsein ihrer herannahenden Größe kehrte sie aus Paphlagonien nach Konstantinopel zurück, nahm gleich einer geschickten Schauspielerin die Rolle einer anständigen Frau an, half ihrer Armut durch die löbliche Arbeit des Wollespinnens ab und führte in einem kleinen Haus, das sie nachher in einen prachtvollen Tempel verwandelte, ein Leben der Keuschheit und Einsamkeit. Ihre Schönheit zog mit Beihilfe der Kunst und des Zufalls den Patrizier Justinian an, der unter dem Namen seines Oheims bereits mit unbeschränkter Macht herrschte. Sie fesselte ihn und hielt ihn fest. Vielleicht wußte sie den Wert einer Gabe, die sie so oft an den Untersten der Menschen weggeworfen hatte, zu erhöhen; vielleicht entzündete sie zuerst durch züchtigen Widerstand und endlich durch sinnliche Lockungen die Begierden eines Liebhabers, der ihr aus Natur oder Andacht und langen Nachtwachen und einer spärlichen Nahrung ergeben war. Nachdem sich das erste Entzücken gelegt hatte, bewahrte sie über seinen Geist durch das dauerhafte Verdienst ihres Geistes und ihrer Klugheit dasselbe Übergewicht. Justinian fand ein Vergnügen darin, die Frau, die er liebte, zu erhöhen und zu bereichern; die Schätze des Ostens wurden ihr zu Füßen gelegt, und der Neffe Justins war, vielleicht aus religiösen Skrupeln, entschlossen, seiner Mätresse den geheiligten und gesetzlichen Charakter einer rechtmäßigen Gattin zu geben. Aber die Gesetze Roms verboten ausdrücklich die Vermählung eines Senators mit einer Frau, die durch knechtische Abkunft oder theatralisches Gewerbe entehrt war. Die Kaiserin Lupicina oder Euphemia, barbarischer Herkunft und von rauhen Sitten, aber untadelhaftem Wandel, weigerte sich, eine Schanddirne als Nichte anzuerkennen; ja selbst Vigilantia, Justinians abergläubische Mutter, fürchtete, obwohl sie dem Verstand und der Schönheit der Theodora Gerechtigkeit widerfahren ließ, ernstlich, daß der Leichtsinn und Hochmut dieser schlauen Geliebten die Frömmigkeit und das Glück ihres Sohnes untergraben könnte. Alle diese Hindernisse wurden durch die unbeugsame Standhaftigkeit Justinians überwunden. Er wartete geduldig, bis die Kaiserin starb; er verachtete die Tränen seiner Mutter, die der Wucht ihres Kummers erlag, und im Namen des Kaisers Justin wurde ein Gesetz erlassen, welches das strenge Recht des Altertums abschaffte. Eine glorreiche Reue (Worte des Ediktes) wurde jenen unglücklichen Frauen, die ihre Person auf dem Theater entehrt hatten, offen gelassen, und sie durften eine gesetzliche Ehe mit den erlauchtesten Römern eingehen. Dieser Handlung der Milde folgte schnell die feierliche Vermählung Justinians und Theodorens. Ihr Rang stieg allmählich mit dem ihres Anbeters, und sobald Justin seinen Neffen mit dem Purpur bekleidet hatte, setzte der Patriarch von Konstantinopel das Diadem auf die Häupter des Kaisers und der Kaiserin des Morgenlandes. Aber die gewöhnlichen Ehren, worauf die Strenge der römischen Sitten die Gemahlinnen der Fürsten beschränkt hatte, konnten weder dem Ehrgeiz der Theodora noch der Zärtlichkeit Justinians genügen. Er setzte sie auf den Thron als gleiche und unabhängige Teilhaberin an der Souveränität des Reiches, und den Statthaltern der Provinzen wurde ein Eid der Treue in dem vereinigten Namen Justinians und Theodorens auferlegt. Die morgenländische Welt huldigte ehrerbietig dem Geiste und Glück der Tochter des Acacius und fiel ihr zu Füßen. Die Schanddirne, die vor den Augen zahlloser Zuschauer das Theater von Konstantinopel befleckt hatte, wurde in derselben Stadt von würdevollen Richtern, rechtgläubigen Bischöfen, siegreichen Feldherren und gefangenen Monarchen angebetet.

Diejenigen, welche glauben, daß das Herz eines Weibes durch den Verlust der Keuschheit gänzlich verderbt wird, werden allen Schmähungen des persönlichen Neides oder öffentlichen Hasses, welche die Tugenden der Theodora in Schatten gestellt, ihre Laster übertrieben und die geringen oder freiwilligen Sünden der jugendlichen Buhlerin mit Strenge verdammt haben, gierigen Glauben beimessen. Aus einem Beweggrund der Scham oder Verachtung jedoch verschmähte sie häufig die knechtische Huldigung der Menge, entwich dem verhaßten Lichte der Hauptstadt und brachte den größten Teil des Jahres in den Palästen und Gärten zu, die an dem Gestade der Propontis oder des Bosporus lieblich gelegen waren. Ihre einsamen Stunden waren der ebenso klugen wie angenehmen Sorge für die Erhaltung ihrer Schönheit, der Üppigkeit des Bades und der Tafel und dem langen Schlummer des Abends und des Morgens gewidmet. Ihre geheimen Gemächer waren von ihren Lieblingsfrauen und Eunuchen angefüllt, deren Interessen und Leidenschaften sie auf Kosten der Gerechtigkeit befriedigte. Die erlauchtesten Personen des Staates drängten sich in einem dunklen und schwülen Vorzimmer, und wenn sie endlich nach langem Harren eingelassen wurden, um Theodorens Füße zu küssen, erfuhren sie je nach Eingebung ihrer Laune den schwegenden Hochmut einer Kaiserin oder die regellose Leichtfertigkeit einer Komödiantin. Ihre räuberische Sucht, einen unermeßlichen Schatz aufzuhäufen, läßt sich durch die Besorgnis vor ihres Gemahls Tode entschuldigen, in welchem Falle ihr zwischen Untergang und Thron keine Wahl bleiben konnte; und Furcht sowohl als Ehrgeiz mochte sie gegen zwei Truppenanführer erbittern, die während einer Krankheit des Kaisers unbesonnen erklärt hatten, daß sie nicht geneigt wären, sich die Wahl der Hauptstadt gefallen zu lassen. Aber der Vorwurf einer selbst ihren sanftesten Lastern so widerstrebenden Grausamkeit hat dem Andenken der Theodora einen unauslöschlichen Makel aufgedrückt. Ihre zahlreichen Späher beobachteten und hinterbrachten genau jede Handlung, jedes Wort, jeden Blick, der ihrer kaiserlichen Gebieterin zum Nachteil gereichen konnte. Wen immer sie anklagten, der wurde in ihre besonderen, den Nachforschungen der Justiz unzugänglichen Kerker geworfen, und es ging das Gerücht, daß die Qualen der Folter oder Geißel in Anwesenheit dieses weiblichen, der Stimme des Flehens wie des Mitleides unzugänglichen Tyrannen zugefügt wurden. Einige dieser unglücklichen Opfer kamen in tiefen, ungesunden Verliesen um, während andere nach dem Verlust der Gliedmaßen, des Verstandes oder Vermögens wieder in der Welt als lebende Denkmäler ihrer Rache erscheinen durften, die sich gewöhnlich auch auf die Kinder derjenigen, die sie beargwohnte oder gekränkt hatte, ausdehnte. Der Senator oder Bischof, dessen Tod oder Verbannung Theodora beschlossen hatte, wurde einem treuen Boten übergeben und dessen Emsigkeit durch eine Drohung aus ihrem eigenen Munde beschleunigt. „Wenn du der Vollstreckung meines Befehls ermangelst, schwöre ich bei Dem, der ewig lebt, daß ich dir die Haut vom Körper ziehen lassen werde."

Wenn der Glaube der Theodora nicht durch Ketzerei befleckt gewesen wäre, würde nach der Meinung der Zeitgenossen ihre musterhafte Frömmigkeit ihren Stolz, ihre Habsucht und Grausamkeit gesühnt haben. Wenn sie aber ihren Einfluß geltend machte, um die unduldsame Wut des Kaisers zu mäßigen, wird die gegenwärtige Zeit ihrer Religion einiges Verdienst zuerkennen und ihren spekulativen Irrtümern viele Nachsicht angedeihen lassen. Der Name der Theodora wurde mit gleichen Ehren in alle frommen und milden Stiftungen Justinians aufgenommen. Die menschenfreundlichste Einrichtung seiner Regierung mag dem Mitgefühl der Kaiserin für ihre minder glücklicheren Schwestern zugeschrieben werden, die verführt oder gezwungen worden waren, das Gewerbe der Schande zu ergreifen. Auf der asiatischen Seite des Bosporus wurde ein Palast in ein stattliches, geräumiges Kloster verwandelt und reichlicher Unterhalt für fünfhundert Frauen angewiesen, die aus den Straßen und Bordellen von Konstantinopel aufgelesen worden waren. In diesem sicheren und heiligen Rettungsort waren sie zu ewiger Einsperrung verdammt. Die Verzweiflung einiger, die sich ins Meer stürzten, verlor sich in der Dankbarkeit der Büßenden, welche ihre edelmütige Wohltäterin von Sünde und Elend erlöst hatte. Die Klugheit der Theodora wird von Justinian selbst gepriesen, und er schreibt seine Gesetze den weisen Ratschlägen seiner höchstverehrten Gemahlin zu, die er als ein Geschenk der Gottheit empfangen habe. Ihr Mut zeigte sich während des Aufruhrs der Hauptstadt und der Angst des Hofes. Ihre Keuschheit von dem Augenblick ihrer Vereinigung mit Justinian wird durch das Stillschweigen ihrer unversöhnlichen Feinde bestätigt, und obschon die Tochter des Acacius mit Liebe gesättigt sein mochte, gebührt doch der Festigkeit eines Herzens, das Lust und Gewohnheit dem stärkeren Gefühl der Pflicht oder des Interesses zum Opfer bringen konnte, einiger Beifall. Die Wünsche und Gebete der Theodora konnten das Glück, einen rechtmäßigen Sohn zu erhalten, nicht erflehen. Eine Tochter, der einzige Sprößling ihrer Ehe, starb in der Kindheit. Trotz dieser unerfüllten Hoffnung war ihre Herrschaft andauernd und unbeschränkt; sie bewahrte durch Kunst oder Verdienst die Zuneigung Justinians, und ihre scheinbaren Zwistigkeiten waren stets den Höflingen verderblich, welche sie für ernstlich hielten. Wohl mochten die Ausschweifungen der Jugend ihre Gesundheit geschwächt haben. Sie war jedoch stets zart und schwach gewesen, und die Ärzte rieten den Gebrauch der pythischen warmen Bäder. Auf dieser Reise folgten der Kaiserin der prätorianische Präfekt, der Großschatzmeister, mehrere Grafen und Patrizier und ein glänzender Zug von viertausend Dienern. Die Straßen wurden bei ihrer Annäherung ausgebessert, ein Palast zu ihrer Aufnahme in Bereitschaft gesetzt, und als sie durch Bithynien zog, spendete sie reiche Almosen an Kirchen, Klöster und Hospitäler, damit deren Bewohner den Himmel um Wiederherstellung ihrer Gesundheit bitten möchten. Endlich im vierundzwanzigsten Jahre ihrer Ehe und im zweiundzwanzigsten ihrer Regierung starb sie an Krebs (11. Juni 548). Der unersetzliche Verlust wurde von ihrem Gemahl beweint, der statt einer theatralischen Schanddirne die reinste und edelste Jungfrau des Morgenlandes hätte wählen können.

II. In den Spielen der Antike macht sich ein wesentlicher Unterschied bemerkbar: die ausgezeichnetsten Griechen waren handelnde Personen, die Römer gaben bloße Zuschauer ab. Das olympische Stadion stand dem Reichtum, Verdienst und Ehrgeiz offen, und wenn sich die Kandidaten auf ihre persönliche Geschicklichkeit und Gewandtheit verlassen konnten, konnten sie in die Fußstapfen des Diomedes und Menelaos treten und ihre eigenen Rosse beim schnellen Wettlauf lenken. Zehn, zwanzig, vierzig Wagen durften in demselben Augenblick abfahren; ein Kranz von Blättern war der Lohn des Siegers, und sowohl sein Ruhm als der seiner Familie und seines Vaterlandes wurde durch lyrische Gesänge, dauerhafter als Denkmäler in Erz oder Marmor, gefeiert. Ein Senator aber, ja auch nur ein gewöhnlicher Bürger, der auf seine Würde hielt, wäre errötet, seine Person oder seine Pferde im Zirkus Roms zur Schau zu stellen. Die Spiele wurden auf Kosten der Republik, der Obrigkeiten oder der Kaiser gegeben: die Zügel blieben jedoch Sklavenhänden überlassen, und wenn die Einnahme eines beliebten Wagenlenkers zuweilen die eines Anwaltes überstieg, muß dies als Wirkung der Verschwendung des Volkes und des hohen Lohnes für ein ehrloses Gewerbe betrachtet werden. Das Wettrennen war bei seiner Einführung ein einfacher Kampf zwischen zwei Wagen, deren Lenker sich durch weiße und rote Anzüge unterschieden; später kamen zwei andere Farben, ein leichtes Grün und ein himmelfarbenes Blau hinzu, und da die Rennen fünfundzwanzigmal wiederholt wurden, trugen einhundert Wagen an demselben Tage zum Pomp des Zirkus bei. Die vier Parteien erlangten bald ein gesetzliches Dasein und einen mysteriösen Ursprung, denn ihre phantastischen Farben wurden von dem verschiedenen Aussehen der Natur in den vier Jahreszeiten begleitet, dem roten Hundsgestirn des Sommers, dem Schnee des Winters, dem tiefen Schatten des Herbstes und dem freudigen Grün des Frühlings. Eine andere Auslegung zog die Elemente den Jahreszeiten vor, und der Wettstreit zwischen Grün und Blau sollte den Kampf zwischen Erde und Meer bedeuten. Ihre Siege kündeten entweder eine reiche Ernte oder eine glückliche Schiffahrt an, aber die Feindseligkeit der Landwirte und Seeleute ist weniger albern als der blinde Eifer des römischen Volkes, welches Leben und Vermögen der Farbe, die es gewählt hatte, zum Opfer brachte. Die weisesten Fürsten verachteten und duldeten eine solche Torheit; aber die Namen Caligula, Nero, Vitellius, Verus, Commodus, Caracalla und Heliogabal waren in die blauen oder grünen Parteien des Zirkus eingetragen. Sie besuchten die Ställe, applaudierten ihren Lieblingen, züchtigten ihre Gegner und erwarben sich die Achtung des Pöbels durch natürliche oder erkünstelte Nachahmung seiner Sitten. Der blutige und lärmende Kampf fuhr fort, die öffentlichen Feste bis zu den letzten Zeiten der römischen Spiele zu stören, und Theodorich legte aus einem Beweggrund der Gerechtigkeit oder Zuneigung seine Macht ins Mittel, um die Grünen gegen die Gewalttätigkeiten eines Konsuls und eines Patriziers zu schützen, die der blauen Partei des Zirkus leidenschaftlich ergeben waren.

Konstantinopel nahm die Torheiten, wenn auch nicht die Tugenden des alten Rom an, und dieselben Parteien, die im Zirkus getobt hatten, rasten mit verdoppelter Wut im Hippodrom. Unter der Regierung des Anastasius wurde dieser Volkswahnsinn durch Religionswahnsinn entflammt, und die Grünen, die in Fruchtkörben verräterischerweise Steine und Dolche verborgen hatten, metzelten bei einem feierlichen Fest dreitausend ihrer blauen Gegner nieder. Aus der Hauptstadt verbreitete sich diese Pest über die Provinzen und Städte des morgenländischen Reiches, und die scherzhafte Unterscheidung von zwei Farben erzeugte zwei starke und unversöhnliche Parteien, die eine schwache Regierung bis in die Grundfesten erschütterten. Die auf das ernsteste Interesse oder die frömmsten Vorwände sich stützenden Volksspaltungen sind kaum der Hartnäckigkeit dieser mutwilligen Zwietracht gleichgekommen, welche den Frieden der Familien störte, Freunde und Brüder entzweite und die Frauen, die nur selten im Zirkus gesehen wurden, verlockte, die Partei ihrer Anbeter zu nehmen oder den Wünschen ihrer Gatten entgegenzuhandeln. Jedes menschliche und göttliche Gesetz wurde mit Füßen getreten, und so lange die Partei siegreich blieb, kehrten sich ihre verblendeten Anhänger weder an das Unglück der einzelnen noch an die Drangsale des Staates. Die Zügellosigkeit der Demokratie, ohne ihre Freiheit, lebte in Antiochia und Konstantinopel wieder auf, und die Unterstützung einer Partei ward für jeden notwendig, der sich um bürgerliche oder geistliche Ehrenstellen bewarb. Den Grünen warf man geheime Anhänglichkeit an die Familie oder Sekte des Anastasius vor; die Blauen hingen mit Feuereifer der Sache der Rechtgläubigkeit und Justinians an, und ihr dankbarer Patron beschützte über fünf Jahre die Unordnungen einer Partei, deren zur rechten Zeit entstehende Tumulte den Palast, den Senat und die Hauptstädte des Ostens einschüchterten. Durch fürstliche Gunst übermütig gemacht, suchten die Blauen durch eine eigentümliche und barbarische Tracht, das lange Haar der Hunnen, ihre engen Ärmel und weiten Gewänder, einen stolzen Schritt und eine polternde Stimme, Schrecken einzuflößen. Bei Tage verbargen sie ihre zweischneidigen Dolche, des Nachts aber versammelten sie sich dreist in Waffen und in zahlreichen Scharen, zu jeder Tat der Gewalt bereit. Ihre Gegner von der grünen Partei, ja selbst ganz harmlose Bürger wurden von diesen nächtlichen Räubern ausgezogen, häufig ermordet, und es war gefährlich, Knöpfe oder Gürtel aus Gold zu tragen oder zu einer späten Stunde in den Straßen einer sonst friedlichen Hauptstadt zu erscheinen. Ein Geist der Unabhängigkeit, großgezogen durch Straflosigkeit, fuhr fort, das Heiligtum der Privathäuser zu verletzen, und Feuer wurde angewendet, um den Angriff dieser räuberischen Parteigenossen zu erleichtern oder ihre Verbrechen zu verbergen. Kein Platz war vor ihren Raubtaten sicher oder heilig genug. Zur Befriedigung ihrer Habsucht oder Rache vergossen sie schuldloses Blut in Strömen. Kirchen und Altäre wurden durch gräßliche Morde befleckt, ja die Mörder rühmten sich der Gewandtheit, womit sie mittels eines einzigen Dolchstoßes stets eine tödliche Wunde beizubringen vermöchten. Die ausschweifende Jugend von Konstantinopel nahm die blaue Tracht der Unordnung an; die Gesetze schwiegen und die Bande der Gesellschaft erschlafften. Gläubiger wurden ihre Urkunden auszuliefern, Richter ihren Spruch umzustoßen, Herren ihre Sklaven freizulassen, Väter der Verschwendung ihrer Kinder zu frönen gezwungen. Edle Matronen wurden durch die Gier ihrer Sklaven entehrt, schöne Knaben aus den Armen ihrer Eltern gerissen und Frauen, außer sie zogen einen freiwilligen Tod vor, in Gegenwart ihrer Gatten mißbraucht. Die Verzweiflung der Grünen, die von ihren Feinden verfolgt und von den Obrigkeiten preisgegeben wurden, nahm das Recht der Verteidigung, vielleicht der Rache in Anspruch. Diejenigen aber, die den Kampf überlebten, wurden zur Hinrichtung geschleppt, und die unglücklichen, nach den Wäldern und Höhlen entronnenen Flüchtlinge wüteten ohne Mitleid gegen eine Gesellschaft, aus der sie vertrieben worden waren. Diejenigen Diener der Gerechtigkeit, welche Mut genug besaßen, die Verbrechen der Blauen zu bestrafen und ihrem Grimm zu trotzen, wurden das Opfer ihres unklugen Eifers. Ein Präfekt von Konstantinopel floh nach dem heiligen Grabe, um Schutz zu finden, ein Graf des Ostens wurde schimpflich gepeitscht und ein Statthalter von Kilikien auf den Befehl der Theodora über dem Grabe von zwei Mördern aufgehangen, die er wegen der Ermordung seines Stallbedienten und wegen eines verwegenen Angriffes auf sein eigenes Leben zum Tode verurteilt hatte. Ein ehrgeiziger Kandidat mochte wohl in Versuchung geführt werden, seine Größe auf die öffentliche Verwirrung zu bauen, einem Souverän aber gebietet ebensowohl das Interesse als die Pflicht, das Ansehen der Gesetze aufrechtzuhalten. Das erste Edikt Justinians, das oft wiederholt und zuweilen vollzogen wurde, verkündete seinen festen Entschluß, den Unschuldigen zu beschützen und die Schuldigen jeder Art und Farbe zu bestrafen. Aber infolge der Neigung, Gewohnheit und der Besorgnisse des Kaisers neigte sich die Waage der Gerechtigkeit fortwährend zugunsten der Blauen; seine Billigkeit wich nach einem scheinbaren Kampf ohne Widerstreben dem unversöhnlichen Haß Theodorens, und die Kaiserin vergaß weder, noch vergab sie je die Beleidigungen, die der Komödiantin zugefügt worden waren. Bei der Thronbesteigung des jüngeren Justin verdammte die Verkündung einer gleichen und strengen Gerechtigkeit unmittelbar die Parteilichkeit der früheren Regierungen. „Ihr Blauen, Justinian ist nicht mehr! Ihr Grünen, er lebt noch!"

Durch den gegenseitigen Haß und die augenblickliche Versöhnung der beiden Parteien entstand ein Aufruhr, der Konstantinopel beinahe eingeäschert hätte (532). Im fünften Jahre seiner Regierung feierte Justinian das Fest der Iden des Januar: die Spiele wurden durch unzufriedenes Geschrei der Grünen unaufhörlich gestört. Bis zum zweiundzwanzigsten Rennen beobachtete der Kaiser ein würdevolles Schweigen, endlich aber überwältigte ihn der Unwille und er ließ sich hinreißen, in abgebrochenen Sätzen und durch die Stimme eines Ausrufers das seltsamste Zwiegespräch zu halten, das je zwischen einem Fürsten und seinen Untertanen stattgefunden hat. Ihre ersten Klagen waren ehrfurchtsvoll und bescheiden. Sie klagten die unteren Diener der Unterdrückung an und verlautbarten ihre Wünsche für langes Leben und Sieg des Kaisers. „Seid geduldig und aufmerksam, ihr unverschämten Spötter!" rief Justinian aus, „verstummet ihr Juden, Samaritaner und Manichäer!" Die Grünen versuchten noch immer sein Mitleid zu erregen. „Wir sind arm, wir sind unschuldig, wir werden angegriffen, wir dürfen nicht über die Straße gehen, eine allgemeine Verfolgung wird gegen unseren Namen und unsere Farbe ausgeübt. Laß uns sterben, o Kaiser, aber laß uns sterben auf dein Geheiß und in deinem Dienste!" Aber die Wiederholung parteiischer und leidenschaftlicher Schmähungen schändete in ihren Augen die Majestät des Purpurs: sie schworen die Treue für einen Fürsten ab, der seinem Volke Gerechtigkeit verweigerte, beklagten, daß der Vater Justinians geboren worden sei und brandmarkten den Sohn mit den beschimpfenden Namen eines Mörders, Esels und meineidigen Tyrannen. „Verachtet ihr denn euer Leben?" rief der entrüstete Monarch aus. Die Blauen erhoben sich wütend von ihren Sitzen, ihr feindliches Geschrei dröhnte durch den Hippodrom, und ihre Gegner, den ungleichen Kampf aufgebend, verbreiteten Schrecken und Verzweiflung in den Straßen von Konstantinopel. In diesem gefährlichen Augenblick wurden sieben notorische Mörder von beiden Parteien, die der Präfekt zum Tode verurteilt hatte, in der Stadt herumgeführt und hierauf nach dem Richtplatz in der Vorstadt Pera geschafft. Vier wurden unverzüglich enthauptet, ein fünfter ward gehangen; als man aber dieselbe Strafe an den zwei noch übrigen vollziehen wollte, riß der Strick, sie fielen lebendig zur Erde, das Volk jubelte über ihre Rettung, die Mönche des heiligen Conon kamen aus einem benachbarten Kloster herbei und führten sie in einem Boot nach dem Heiligtum der Kirche. Da einer dieser Verbrecher zu den Blauen, der andere zu den Grünen gehörte, fühlten sich die beiden Parteien durch die Grausamkeit ihres Unterdrückers oder die Dankbarkeit ihres Beschützers auf gleiche Weise herausgefordert und schlossen kurzen Waffenstillstand, bis sie ihre Gefangenen befreit und ihre Rache gesättigt hatten. Der Palast des Präfekten, der sich dem Strom des Aufruhrs widersetzte, wurde unverzüglich verbrannt, seine Beamten und Wachen wurden niedergemetzelt, die Gefängnisse aufgebrochen und die Freiheit denjenigen wiedergegeben, die sie nur zum öffentlichen Verderben gebrauchen konnten. Der Streitmacht, die der Zivilobrigkeit zu Hilfe gesandt wurde, rückte die bewaffnete Menge, deren Anzahl und Kühnheit mit jedem Augenblick wuchs, wütend entgegen, und die Heruler, die wildesten Barbaren im Dienste des Reiches, warfen die Priester und ihre Reliquien über den Haufen, die man aus einem frommen Beweggrund unbesonnen dazwischengeschoben hatte, um den blutigen Kampf zu trennen. Ob dieses Frevels stieg der Aufruhr zum höchsten Grade. Das Volk focht mit Enthusiasmus in der Sache Gottes, die Weiber warfen von den Dächern und aus den Fenstern Steine auf die Köpfe der Soldaten, diese wiederum schleuderten Feuerbrände nach den Häusern, und das Flammenmeer, das durch die Hand der Bürger und Fremdlinge entzündet worden war, verbreitete sich unaufhaltsam über die ganze Stadt. Der Brand ergriff die Kathedrale der heiligen Sophie, die Bäder des Zeuxippus, einen Teil des Palastes vom ersten Tor bis zum Altar des Mars und den langen Porticus vom Palast bis zum Forum Konstantins. Ein großes Hospital mit den darin befindlichen Kranken verbrannte, mehrere Kirchen und große Bauwerke wurden zerstört, und ein unermeßlicher Schatz an Gold und Silber schmolz entweder oder ging verloren. Vor diesen Schreckens- und Greuelszenen flüchteten die klugen und reichen Bürger über den Bosporus nach der asiatischen Küste, und Konstantinopel blieb während fünf Tage den Parteien preisgegeben, deren Losungswort Nica (Siege!) diesem denkwürdigen Aufruhr seinen Namen gegeben hat.

So lange die Parteien getrennt waren, schienen die triumphierenden Blauen und die verzweifelten Grünen die Unordnungen des Staates mit derselben Gleichgültigkeit zu betrachten. Sie vereinigten sich, um die verwerfliche Verwaltung der Justiz und der Finanzen zu tadeln und die beiden verantwortlichen Minister, den schlauen Tribonian und den raubsüchtigen Johann von Kappadokien, laut als Urheber des öffentlichen Elends anzuklagen. Das friedliche Murren des Volkes wäre verachtet worden, wohl aber schenkte man ihm Gehör, als die Stadt in Flammen stand: der Quästor und der Präfekt wurden sogleich abgesetzt und ihre Stellen zwei Senatoren von fleckenloser Redlichkeit gegeben. Nach diesem Zugeständnis an den Volkswillen verfügte sich Justinian nach dem Hippodrom, um seine eigenen Fehler zu bekennen und die Reue seiner dankbaren Untertanen anzunehmen. Sie mißtrauten aber seinen Versicherungen, obschon diese feierlich in Anwesenheit der heiligen Evangelien beteuert wurden, und der Kaiser, durch ihr Mißtrauen in Unruhe versetzt, zog sich eilig in die starke Feste des Palastes zurück. Man schrieb jetzt die Hartnäckigkeit des Aufruhrs einer geheimen und ehrsüchtigen Verschwörung zu und hegte den Verdacht, daß die Anführer, insbesondere die Partei der Grünen, von Hypatius und Pompejus, zwei Patriziern, die weder mit Ehre vergessen noch sich mit Sicherheit erinnern konnten, daß sie die Neffen des Kaisers Anastasius waren, mit Waffen und mit Geld versehen worden wären. Nachdem sie von des Monarchen eifersuchtsvoller Leichtfertigkeit Vertrauen, Ungnade, Verzeihung launenhaft erfahren hatten, stellten sie sich als treue Diener vor dem Thron ein und wurden während des fünftägigen Aufruhrs als wichtige Geiseln festgehalten, bis endlich Justinians Besorgnisse über seine Klugheit siegten, er die beiden Brüder als Spione, vielleicht als Mörder betrachtete und ihnen zürnend gebot, sich aus dem Palast zu entfernen. Es half nichts, daß sie vorbrachten, wie ihr Gehorsam zu unfreiwilligem Hochverrat führen könnte. Sie zogen sich in ihre Häuser zurück, und am Morgen des sechsten Tages wurde Hypatius von dem Volke umringt und ergriffen, das ohne Rücksicht auf seinen tugendhaften Widerstand und auf die Tränen seiner Gattin seinen Liebling auf das Forum Konstantins führte und statt eines Diadems ein reiches Halsband auf sein Haupt setzte. Wenn der Usurpator, der später das Verdienst seines Zögerns vorschützte, dem Rat des Senates gefolgt und die Wut der Menge angetrieben hätte, würde ihr erster unwiderstehlicher Anstoß seinen zitternden Nebenbuhler vernichtet oder vertrieben haben. Der byzantinische Palast erfreute sich einer freien Verbindung mit dem Meer, Schiffe lagen an den Gartentreppen in Bereitschaft, und bereits war der geheime Entschluß gefaßt, den Kaiser mit seiner Familie und seinen Schätzen nach einem sicheren Ort in einiger Entfernung von Konstantinopel zu bringen.

Justinian war verloren, wenn die Schanddirne, die er vom Theater erhoben, nicht die Furchtsamkeit und auch Tugenden ihres Geschlechtes abgelegt hätte. In einem Rat, dem Belisar beiwohnte, entwickelte Theodora allein den Mut eines Helden, und sie allein konnte den Kaiser, ohne seinen künftigen Haß fürchten zu müssen, von der drohenden Gefahr und seiner unwürdigen Angst befreien. „Wenn Flucht", sagte Justinians Gemahlin, „das einzige Rettungsmittel wäre, würde ich doch verschmähen zu fliehen. Tod ist die Bedingung unserer Geburt, diejenigen aber, welche geherrscht haben, dürfen nie den Verlust ihrer Würde und Herrschaft überleben. Ich flehe den Himmel an, daß ich nie, auch nur einen Tag, ohne mein Diadem und meinen Purpur gesehen werde, daß ich das Licht nicht länger schauen möge, wenn ich aufhöre, mit dem Titel einer Königin begrüßt zu werden. Wenn du zu fliehen beschließest, o Cäsar, so hast du Schätze, siehe das Meer, du hast Schiffe. Zittere aber, daß die Sucht zum Leben dich nicht elender Verbannung und schimpflichem Tode preisgebe. Was mich betrifft, beharre ich bei dem Grundsatz, daß der Thron ein glorreiches Grab sei." Die Festigkeit einer Frau stellte den Mut, zu ratschlagen und zu handeln, wieder her, und Mut entdeckt auch in der verzweifeltsten Lage bald Hilfsmittel. Es war eine leichte, aber entscheidende Maßnahme, die Feindschaft der Parteien wieder aufleben zu lassen. Die Blauen erstaunten über ihre eigene Schuld und Torheit, daß sie sich durch eine geringfügige Beleidigung hatten reizen lassen, sich mit ihren unversöhnlichen Feinden gegen einen gnadenreichen und freigebigen Wohltäter zu verschwören. Sie riefen neuerdings die Majestät Justinians aus, und die Grünen wurden mit ihrem kaiserlichen Emporkömmling allein gelassen. Die Treue der Leibwache war zweifelhaft, die eigentliche Streitmacht Justinians bestand aber aus dreitausend Veteranen, welche in den persischen und illyrischen Kriegen an Tapferkeit und Manneszucht gewöhnt waren. Unter der Anführung Belisars und Mundus' zogen sie in zwei Abteilungen schweigend aus dem Palast, bahnten sich heimlich einen Weg durch enge Gassen, verlöschende Flammen, einstürzende Gebäude und brachen in demselben Augenblick die beiden entgegengesetzten Tore des Hippodroms auf. In diesem engen Raum war die unordentliche und erschrockene Menge unfähig, einem kräftigen und geordneten Angriff von jeder Seite her zu widerstehen. Die Blauen zeichneten sich durch die Wut ihrer Reue aus, und man rechnet, daß über dreißigtausend Personen in dem unmenschlichen Gemetzel dieses Tages das Leben verloren haben. Hypatias wurde von seinem Thron gerissen und mit seinem Bruder Pompejus zu den Füßen des Kaisers geführt; sie flehten seine Milde an, aber ihr Verbrechen war offenbar, ihre Unschuld ungewiß und Justinian zu sehr erschreckt worden, um verzeihen zu können. Am nächsten Morgen wurden die beiden Neffen des Anastasius mit achtzehn erlauchten Mitschuldigen patrizischen und konsularischen Ranges von den Soldaten insgeheim hingerichtet, ihre Leichen ins Meer geworfen, ihre Paläste der Erde gleichgemacht und ihr Vermögen eingezogen. Der Hippodrom selbst blieb mehrere Jahre hindurch zu düsterem Schweigen verurteilt; mit der Wiederherstellung der Spiele lebten dieselben Unordnungen wieder auf, und die blauen und grünen Parteien fuhren fort, die Regierung Justinians zu plagen und die Ruhe des morgenländischen Reiches zu stören.

III. Dieses Reich umfaßte, nachdem Rom barbarisch geworden war, die Völker, welche es jenseits des Adriatischen Meeres und bis an die Grenzen von Äthiopien und Persien unterworfen hatte. Justinian herrschte über vierundsechzig Provinzen und neunhundertfünfunddreißig Städte. Seine Gebiete waren von der Natur mit den Vorzügen des Bodens, der Lage und des Klimas begünstigt, und die Fortschritte des menschlichen Kunstfleißes hatten sich ununterbrochen längs der Küste des Mittelmeeres und den Ufern des Nils vom alten Troja bis zu dem ägyptischen Theben verbreitet. Abraham hatte durch den wohlbekannten Überfluß Ägyptens Beistand erhalten. Dasselbe Land, ein schmaler, dichtbevölkerter Strich, war noch immer imstande, zweihundertsechzigtausend Scheffel Weizen für den Gebrauch Konstantinopels auszuführen, und die Hauptstadt Justinians wurde mit den Manufakturen von Sidon versehen, fünfzehn Jahrhunderte nachdem sie in den Dichtungen Homers gepriesen worden waren. Statt daß die Kraft des jährlichen Pflanzenwuchses durch zweitausend Ernten erschöpft worden wäre, wurde sie vielmehr durch geschickte Bewirtschaftung, reichen Dung und rechtzeitige Ruhe neubelebt und gestärkt. Die Zucht der Haustiere hatte sich unendlich vervielfacht. Pflanzungen, Gebäude und Werkzeuge der Arbeit und des Luxus, welche das Ziel des menschlichen Lebens überdauern, waren durch die Sorgfalt aufeinanderfolgender Geschlechter aufgehäuft worden. Überlieferung bewahrte und Erfahrung vereinfachte die schlichte Ausübung der Gewerbe. Die Gesellschaft wurde durch Teilung der Arbeit und Leichtigkeit des Tausches bereichert, und jeder Römer wohnte, kleidete, nährte sich durch die Arbeit von tausend Händen. Die Erfindung des Webstuhles und Spinnrockens ist frommerweise den Göttern zugeschrieben worden. In jedem Jahrhundert hat man eine Menge Erzeugnisse aus dem Tier- und Pflanzenreich, Haare, Häute, Wolle, Flachs, Baumwolle und endlich die Seide geschickt verarbeitet, um den menschlichen Körper zu verhüllen oder zu schmücken; sie wurden durch dauerhafte Farben gefärbt und der Pinsel mit Erfolg angewendet, um die Arbeiten des Webstuhles zu verschönern. In der Wahl dieser Farben, welche die Schönheiten der Natur nachahmen, herrschte Freiheit des Geschmackes und der Mode; nur der dunkle Purpur, den die Phönizier aus einer Muschel gewannen, blieb der geheiligten Person und dem Palast des Kaisers vorbehalten, und die Strafen des Hochverrates waren jenen ehrgeizigen Untertanen angedroht, welche es wagen würden, sich das Vorrecht des Thrones anzumaßen.

Ich brauche nicht zu sagen, daß die Seide aus dem Kokon einer Raupe gesponnen wird und daß sie das goldene Grab bildet, aus dem sich ein Wurm in Gestalt eines Schmetterlings erhebt. Bis zur Regierung Justinians waren die Seidenwürmer, die sich von den Blättern des weißen Maulbeerbaumes nähren, auf China beschränkt; die Fichte, Eiche und Esche fanden sich häufig in den Wäldern sowohl von Europa als von Asien; da die Aufziehung der Seidenwürmer schwierig und unsicher ist, vernachlässigte man sie allgemein, auch auf der kleinen Insel Ceos an der attischen Küste. Eine dünne Gaze wurde aus ihrem Gespinst gefertigt, und diese ceische Manufaktur, die Erfindung einer Frau für Frauen, wurde lange sowohl im Osten als in Rom bewundert. Was man immer für Vermutungen über die Gewänder der Meder und Assyrer aufstellen mag, ist doch Virgil der älteste Schriftsteller, der ausdrücklich der weichen Wolle erwähnt, die von den Bäumen der Seren oder Chinesen gekämmt wurde, und dieser natürliche Irrtum, weniger verwunderungswürdig als die Wahrheit, wurde langsam durch die Kenntnis eines wertvollen Insektes, des ersten Werkmeisters des Luxus von Nationen, berichtigt. Dieser seltene und schöne Luxus wurde unter der Regierung des Tiberius von den würdigsten der Römer geächtet, ja Plinius hat in erkünstelter, obschon kraftvoller Sprache die Gewinnsucht verdammt, welche die äußersten Grenzen der Erde um des verderblichen Zweckes willen durchforschte, durchsichtige Gewänder und nackte Matronen dem Auge des Publikums bloßzustellen. Ein Anzug, der die Form der Glieder und die Farbe der Haut zeigte, mochte die Eitelkeit befriedigen oder Verlangen erregen; die in China dichtgewebte Seide wurde von den Phönizierinnen aufgefasert und der kostbare Stoff durch ein lockeres Gewebe oder die Beimischung von Linnenfäden vervielfacht. Zweihundert Jahre nach dem Zeitalter des Plinius blieb der Gebrauch reiner oder auch vermischter Seide auf das weibliche Geschlecht beschränkt, bis die reichen Bürger Roms und der Provinzen allmählich mit dem Beispiel Heliogabals vertraut wurden, des ersten, der durch eine solche weibische Tracht die Würde des Kaisers und Mannes befleckte. Aurelian klagte, daß in Rom ein Pfund Seide für zwölf Unzen Gold verkauft würde, aber die Zufuhr steigerte sich mit der Nachfrage, und der Preis verminderte sich mit der Zufuhr. Wenn Zufall oder Mangel den Wert zuweilen selbst über den Maßstab Aurelians erhöhte, sahen sich die Seidenarbeiter von Tyrus und Berytus hinwieder häufig durch die Wirkung derselben Ursachen gezwungen, sich mit dem neunten Teil dieses ungeheuren Preises zufriedenzugeben. Man hielt es für nötig, ein Gesetz zu erlassen, um den Anzug der Komödianten von jenem der Senatoren zu unterscheiden, und von der Seide, die aus ihrem Vaterland ausgeführt wurde, verbrauchten die Untertanen Justinians den bei weitem größeren Teil. Noch genauer kannten sie eine Muschel des Mittelmeeres, welche der Seidenwurm der See hieß; die feine Wolle oder das Haar, womit die Perlmutter sich an den Felsen befestigt, wird jetzt mehr der Seltenheit wegen als zum Gebrauch verarbeitet. Ein aus demselben merkwürdigen Stoff gewebter Rock bildete das Geschenk des römischen Kaisers an die Satrapen von Armenien.

Eine wertvolle Ware von geringem Umfang verlohnt die Unkosten der Fortschaffung zu Lande, und die Karawanen durchzogen die ganze Breite von Asien vom chinesischen Ozean bis an die syrische Küste in zweihundertdreiundvierzig Tagen. Die Römer erhielten die Seide unmittelbar von den persischen Kaufleuten, welche die Messen von Armenien und Nisibis besuchten; aber dieser Handel, in Zeiten des Waffenstillstandes durch Habsucht und Eifersucht gedrückt, wurde durch die langen Kriege der nebenbuhlenden Monarchien gänzlich unterbrochen. Der große König mochte in seinem Stolz Sogdiana, ja selbst Serica zu den Provinzen seines Reiches zählen; seine wirkliche Herrschaft wurde aber durch den Oxus begrenzt, und sein nützlicher Verkehr mit den Sogdoiten jenseits dieses Flusses hing von der Willkür ihrer Eroberer, der weißen Hunnen und Türken, ab, die nacheinander über dieses fleißige Volk herrschten. Aber auch die wildeste Gewaltherrschaft hatte in einem Lande, das als einer der vier Gärten von Asien gepriesen wurde, den Samen des Ackerbaues und Handels nicht ausrotten können. Die Städte Samarkand und Bochara waren vorteilhaft zum Austausch ihrer vielfältigen Produkte gelegen, und ihre Kaufleute erhandelten von den Chinesen die rohe oder verarbeitete Seide, die sie nach Persien zum Gebrauch des Römischen Reiches brachten. In der eitlen Hauptstadt Chinas wurden die sogdianischen Karawanen als flehende Gesandtschaften zinspflichtiger Königreiche aufgenommen, und wenn sie wohlbehalten zurückkamen, belohnte sich das kühne Wagnis durch außerordentlichen Gewinn. Aber der schwierige und gefahrvolle Weg von Samarkand bis zur ersten Stadt von Shensi konnte in nicht weniger als sechzig, achtzig oder hundert Tagen zurückgelegt werden. Sobald man den Jaxartes hinter sich hatte, betrat man die Wüste, und die wandernden Stämme haben, wenn sie nicht durch Heere oder Besatzungen im Zaum gehalten wurden, den Städter und Reisenden stets als Opfer rechtmäßigen Raubes betrachtet. Um den tatarischen Räubern und persischen Tyrannen zu entgehen, suchten die Seidenkarawanen eine südlich gelegene Straße auf; sie überstiegen die Gebirge von Tibet, fuhren den Ganges oder Indus hinunter und erwarteten in den Häfen von Guzerat oder Malabar die jährlichen Flotten des Westens. Aber man fand die Gefahren der Wüste minder unerträglich als Beschwerden, Hunger und Zeitverlust. Der Versuch wurde selten erneuert, und der einzige Europäer, der diesen unbetretenen Weg zog, freute sich seiner Schnelligkeit, nachdem er binnen neun Monaten nach seiner Abreise von Peking die Mündung des Indus erreicht hatte. Allein das Meer stand dem freien Verkehr der Menschheit offen. Von dem großen Fluß bis zum Wendekreis des Krebses waren die Provinzen Chinas durch die Kaiser des Nordens unterjocht und zivilisiert; sie waren um die Zeit der christlichen Ära mit Städten und Menschen, Maulbeerbäumen und deren wertvollen Bewohnern angefüllt, und wenn die Chinesen mit der Kenntnis des Kompasses den Unternehmungsgeist der Griechen oder Phönizier vereinigt hätten, würden sie ihre Entdeckungen über die südliche Halbkugel ausgebreitet haben. Ich bin nicht imstande, ihre Reisen nach dem persischen Meerbusen und dem Vorgebirge der Guten Hoffnung zu prüfen, und ebensowenig geneigt, daran zu glauben; aber ihre Vorfahren haben wohl die Anstrengungen und den Erfolg des heutigen Geschlechtes erreicht, und ihre Schiffahrt dehnte sich vielleicht von den japanischen Inseln bis zur Meerenge von Malakka, den morgenländischen Säulen des Herkules, wenn wir sie so nennen wollen, aus. Ohne das Land aus dem Gesicht zu verlieren, konnten sie längs der Küste bis zum äußersten Vorgebirge von Achin segeln, das jährlich von zehn bis zwölf mit den Erzeugnissen, Manufakturen, ja sogar den Künstlern Chinas beladenen Schiffen besucht wurde. Die Insel Sumatra und die gegenüberliegende Halbinsel werden so nebenbei als die Länder des Goldes und Silbers bezeichnet, und die in der Geographie des Ptolemäus genannten Handelsstädte beweisen, daß ihr Reichtum nicht bloß den Bergwerken entstammte. Die gerade Entfernung zwischen Sumatra und Ceylon beträgt gegen dreihundert Seemeilen; die chinesischen und indischen Seefahrer wurden durch den Flug der Vögel und die periodischen Winde geleitet und konnten den Ozean in ihren vierkantig gebauten Schiffen, die statt mit Eisen mit den starken Fäden der Kokosnuß zusammengefügt waren, mit Sicherheit durchschneiden. Ceylon, Serendib oder Taprobane waren zwischen zwei feindlichen Fürsten geteilt, wovon der eine die Gebirge, die Elefanten und den leuchtenden Karfunkel, der andere die besser begründeten Reichtümer heimischen Fleißes, auswärtigen Handels und den geräumigen Hafen von Trinquemale besaß, der jährlich die Flotten des Ostens und Westens aufnahm und entließ. Auf dieser gastfreundschaftlichen Insel, in gleicher Entfernung (wie man glaubte) von ihrem Vaterland, unterhielten die Seidenhändler von China, die auf ihren Reisen Aloe, Gewürznelken, Muskatnüsse und Sandelholz eingenommen hatten, einen freien und wohltätigen Handel mit den Anwohnern des persischen Meerbusens. Die Untertanen des großen Königs priesen seine unvergleichliche Macht und Erhabenheit, und der Römer, der ihre Eitelkeit durch einen Vergleich seiner armseligen Münze mit einem Goldstück des Kaisers Anastasius demütigte, war nach Ceylon auf einem äthiopischen Schiff als einfacher Reisender gesegelt.

Da die Seide ein unentbehrlicher Artikel geworden war, sah der Kaiser Justinian mit Betrübnis, daß die Perser zu Lande und zu Wasser den Alleinhandel mit dieser wichtigen Ware an sich gerissen hatten und daß der Reichtum seiner Untertanen dauernd durch eine Nation von Feinden und Götzendienern verschlungen wurde. Eine tatkräftige Regierung würde den ägyptischen Handel und die Schiffahrt auf dem Roten Meer, die mit dem Wohlstand des Reiches verfallen war, wiederhergestellt haben, und die römischen Schiffe hätten zum Einkauf von Seide nach den Häfen von Ceylon, von Malakka, ja sogar von China segeln können. Justinian griff zu einem bescheideneren Mittel: er bewarb sich um die Hilfe seiner christlichen Bundesgenossen, der Äthiopier von Abessinien, die soeben die Kunst der Schiffahrt, den Geist des Handels und den noch immer mit den Trophäen eines christlichen Eroberers geschmückten Seehafen Adulis erworben hatten. Sie drangen längs der afrikanischen Küste bis zum Äquator vor, um Gold, Smaragde und Spezereien zu suchen. Weislich aber lehnten sie eine ungleiche Konkurrenz ab, wobei ihnen die Perser wegen ihrer Nähe an den indischen Märkten stets den Rang ablaufen mußten, und der Kaiser unterwarf sich diesem Fehlschlagen seiner Pläne, bis seine Wünsche infolge eines unerwarteten Ereignisses in Erfüllung gingen. Das Evangelium war den Indern gepredigt worden, ein Bischof regierte bereits die Christen von St. Thomas auf der Pfefferküste von Malabar, eine Kirche war auf Ceylon gebaut, und die Missionare folgten den Spuren des Handels bis zu den äußersten Grenzen von Asien. Zwei persische Mönche hatten sich lange in China, vielleicht in der Kaiserstadt Nanking, aufgehalten, dem Sitz eines Monarchen, der einem fremden Glauben anhing und in der Tat eine Gesandtschaft von der Insel Ceylon empfing. Trotz ihrer frommen Arbeiten betrachteten sie mit Neugierde die gewöhnliche Tracht der Chinesen, die Seidenmanufakturen und die Myriaden Seidenwürmer, deren Aufziehung (entweder auf den Bäumen oder in den Häusern) man einst für die Beschäftigung von Königinnen gehalten hatte. Sie machten bald die Entdeckung, daß es unmöglich sei, das kurzlebige Insekt mit nach Persien zu bringen, wohl aber, daß mittels der Eier eine zahlreiche Nachkommenschaft in einem fernen Klima bewahrt und vervielfältigt werden könne. Religion oder Interesse übten über die persischen Mönche eine größere Macht als die Liebe zum eigenen Vaterland. Nach einer langen Reise erreichten sie Konstantinopel, teilten dem Kaiser ihren Plan mit und wurden durch die Versprechungen Justinians reichlich ermuntert. Den Geschichtsschreibern dieses Fürsten hat ein Feldzug am Fuße des Kaukasus einer umständlichen Schilderung würdiger geschienen als die Anstrengungen dieser Missionare des Handels, die abermals nach China reisten, ein eifersüchtiges Volk täuschten, indem sie die Eier des Seidenwurmes in einem hohlen Rohr verbargen und mit der Beute des Ostens im Triumph zurückkehrten. Unter ihrer Leitung wurden die Eier zur geeigneten Jahreszeit durch die künstliche Wärme des Mistes ausgebrütet und die Würmer mit Maulbeerblättern gefüttert; sie lebten und arbeiteten in einem fremden Klima, eine hinreichende Zahl von Schmetterlingen wurde geschont, um das Geschlecht fortzupflanzen, und man setzte Bäume, um dem nachwachsenden Generationen Nahrung zu verschaffen. Erfahrung und Nachdenken berichtigten die Irrtümer eines neuen Versuches, und die Gesandten aus Sogdiana gestanden unter der nachfolgenden Regierung ein, daß die Römer den Eingeborenen von China in der Aufziehung der Insekten und der Verfertigung von Seide nicht nachstanden, worin jedoch sowohl

China als Konstantinopel durch die Industrie des neueren Europa übertroffen worden sind. Ich bin nicht unempfindlich für die Wohltaten eines eleganten Luxus, dennoch erwäge ich mit Schmerz, daß, wenn die Einführer der Seide die von den Chinesen bereits geübte Buchdruckerkunst gleichfalls eingeführt hätten, die Lustspiele des Menander und sämtliche Dekaden des Livius durch eine Ausgabe des sechsten Jahrhunderts verewigt worden wären. Eine umfassendere Kenntnis des Erdballs würde mindestens die Fortschritte des spekulativen Wissens befördert haben, aber die christliche Geographie wurde gewaltsam aus dem Text der Heiligen Schrift genommen, und das Studium der Natur galt für das sicherste Zeichen eines ungläubigen Gemütes. Der orthodoxe Glaube beschränkte die bewohnbare Welt auf eine gemäßigte Zone und stellte die Erde als eine längliche Fläche dar, vierhundert Tagesreisen lang, zweihundert breit, vom Ozean umgeben und von dem festen Kristall des Firmaments überwölbt.

IV. Die Untertanen Justinians waren mit den Zeiten und mit der Regierung unzufrieden. Europa wurde von den Barbaren, Asien von den Mönchen überschwemmt. Die Armut des Westens entmutigte den Handel und die Manufakturen des Ostens. Das Erträgnis der Arbeit ward durch die Diener der Kirche, des Staates und des Heeres aufgezehrt, und in den unbeweglichen und umlaufenden Kapitalien, die den Nationalreichtum bilden, machte sich eine schnelle Abnahme bemerkbar. Die öffentliche Not war durch die Sparsamkeit des Kaisers Anastasius erleichtert worden, denn dieser kluge Kaiser hatte einen unermeßlichen Schatz aufgehäuft, während er seine Völker von den verhaßten und drückenden Steuern befreite. Sie zollten dankbar der Abschaffung des „Leidensgoldes" allgemeinen Beifall, einer persönlichen Steuer auf den Fleiß der Armen, die jedoch, wie es den Anschein hat, in der Form unerträglicher war als in der Wesenheit, weil die blühende Stadt Edessa nur hundertvierzig Pfund Gold bezahlte, die im Laufe von vier Jahren von zehntausend Arbeitern eingesammelt worden waren. So groß war jedoch die Sparsamkeit, die diesen edelmütigen Hang unterstützte, daß der Kaiser Anastasius während einer siebenundzwanzigjährigen Regierung von seinem jährlichen Einkommen die außerordentliche Summe von dreizehn Millionen Pfund Sterling oder dreihundertzwanzigtausend Pfund Gold zurücklegte. Der Neffe Justins vernachlässigte sein Beispiel und mißbrauchte seinen Schatz. Die Reichtümer Justinians wurden durch Almosen und Bauten, durch ehrsüchtige Kriege und schimpfliche Verträge schleunig erschöpft. Seine Einkünfte standen bald im Mißverhältnis zu seinen Ausgaben. Jeder Kunstgriff wurde versucht, um von dem Volke das Gold und Silber zu erpressen, das er mit verschwenderischer Hand von Persien bis Frankreich verstreute. Seine Regierung ward durch die Abwechslung oder vielmehr den Kampf der Raub- und Habsucht, des Glanzes und der Armut bezeichnet; er lebte in dem Ruf, verborgene Schätze zu besitzen, und hinterließ seinem Nachfolger die Bezahlung seiner Schulden.

Ein solcher Charakter ist mit Recht durch das Volk und die Nachwelt angeklagt worden: aber das öffentliche Mißvergnügen ist leichtgläubig, geheime Bosheit kühn, und der Freund der Wahrheit wird mit argwöhnischem Blick die belehrenden Anekdoten des Procopius durchlesen. Der geheime Geschichtsschreiber stellt nur die Laster Justinians dar, und die Laster werden durch seinen böswilligen Pinsel geschwärzt. Zweideutige Handlungen werden den schlechtesten Beweggründen zugeschrieben, Irrtum mit Schuld, Zufall mit Absicht, Gesetze mit Mißbräuchen verwechselt; die parteiische Ungerechtigkeit eines Augenblicks wird mit Gewandtheit als die allgemeine Maxime einer zweiunddreißigjährigen Regierung angegeben, der Kaiser allein für die Fehler seiner Beamten, die Unordnungen der Zeiten, die Verderbtheit seiner Untertanen verantwortlich gemacht. Ja sogar natürliche Drangsale, Pest, Erdbeben und Überschwemmungen werden dem Fürsten der Teufel zugeschrieben, der unheilstiftend die Gestalt Justinians angenommen habe.

Nach dieser Warnung werde ich in Kürze die Anekdoten der Habsucht und Raubgier unter folgenden Punkten erzählen: I. Justinian war so verschwenderisch, daß er nicht großmütig sein konnte. Wenn die Zivil- und Militärbeamten in den Palast aufgenommen wurden, erhielten sie einen geringen Rang und ein mäßiges Gehalt. Sie stiegen nach dem Dienstalter zu einer Stellung des Überflusses und der Ruhe empor. Die jährlichen Pensionen, von denen die ehrenvollste Klasse von Justinian abgeschafft ward, beliefen sich auf vierhunderttausend Pfund Sterling, und diese häusliche Ökonomie wurde von den geldsüchtigen oder dürftigen Höflingen als die äußerste der Majestät des Reiches angetane Schmach beklagt. Die Posten, die Gehälter der Ärzte und die nächtlichen Beleuchtungen waren Gegenstände von allgemeinerer Beziehung, und die Städte mochten mit Recht klagen, daß er sich die Munizipaleinkünfte anmaßte, die ursprünglich diesen nützlichen Einrichtungen gewidmet waren. Selbst die Soldaten wurden mißhandelt, und so groß war der Verfall des militärischen Geistes, daß dies straflos geschehen konnte. Der Kaiser verweigerte bei Wiederkehr jedes fünften Jahres das herkömmliche Geschenk von fünf Goldstücken, brachte seine Veteranen dahin, daß sie ihr Brot erbetteln mußten und ließ unbezahlte Heere in den italienischen und persischen Kriegen zusammenschmelzen. II. Die Menschlichkeit seiner Vorgänger hatte stets unter irgendeinem günstigen Umstand ihrer Regierung von den Rückständen der öffentlichen Steuern nachgelassen und sich dadurch geschickt das Verdienst erworben, Forderungen, deren Eintreibung doch unausführbar war, freiwillig aufgegeben zu haben. „Justinian gewährte während eines Zeitraumes von zweiunddreißig Jahren nie einen ähnlichen Nachlaß, und viele seiner Untertanen gaben den Besitz von Ländereien auf, deren Wert nicht hinreichte, um die Forderungen des Schatzes zu befriedigen. Den Städten, die durch feindliche Einfälle gelitten hatten, versprach Anastasius eine allgemeine Steuerfreiheit von sieben Jahren. Die Provinzen Justinians sind durch die Perser und Araber, die Hunnen und Slaven verheert worden, aber seine ruhmredige und lächerliche Erlassung von einem Jahre beschränkte sich auf die Plätze, die von dem Feind wirklich eingenommen worden waren." Das ist die Sprache des geheimen Geschichtsschreibers, der ausdrücklich leugnet, daß Palästina nach der Empörung der Samaritaner irgendein Nachlaß gewährt worden sei, eine falsche und niedrige Beschuldigung, widerlegt durch eine authentische Urkunde, die eine Erleichterung von dreizehn Zentnern Gold (zweiundfünzigtausend Pfund Sterling) beweist, die auf die Fürbitte des heiligen Sabas für diese verheerte Provinz bewilligt wurde. III. Procopius hat sich nicht herabgelassen, das System der Steuern zu erklären, die wie ein Hagelwetter auf das Land, wie eine verheerende Pest auf die Einwohner fielen; wir aber würden die Mitschuldigen seiner Bosheit werden, wenn wir Justinian allein den alten, obschon strengen Grundsatz zuschrieben, daß ein ganzer Bezirk gehalten sein solle, den partiellen Verlust an Personen oder an dem Eigentum der Individuen zu ersetzen. Die Annona oder Kornlieferung für das Heer und die Hauptstadt war eine schwere und willkürliche Auflage, die vielleicht in zehnfachem Verhältnis die Fähigkeit des Landwirtes überschritt, und seine Not wurde durch die parteiische Unrichtigkeit der Gewichte und Maße und durch die Unkosten und Mühen weiter Verfrachtung erhöht. Zur Zeit eines Mangels wurde eine außerordentliche Lieferung in den angrenzenden Provinzen Thrakien, Bithynien und Phrygien ausgeschrieben; aber die Eigentümer empfingen nach einer anstrengenden Landreise und einer gefährlichen Seefahrt eine so unangemessene Vergütung, daß sie ebensogern sowohl das Getreide als den Preis am Tor ihrer Kornhäuser abgeliefert hätten. Diese Maßnahme mochte eine zarte Besorgtheit für die Wohlfahrt der Hauptstadt anzeigen, aber auch Konstantinopel entging dem raubsüchtigen Despotismus Justinians nicht. Bis zu seiner Regierung stand die Meerenge des Bosporus und des Hellesponts dem freien Handelsverkehr offen, und nur die Ausfuhr von Waffen zum Dienst der Barbaren war verboten. An jedem dieser Tore der Stadt war ein Prätor als Diener der kaiserlichen Habsucht aufgestellt. Schwere Zölle wurden den Schiffen und Waren auferlegt, die Bedrückung fiel auf den hilflosen Verzehrer zurück, die Armen wurden durch künstlichen Mangel und übermäßige Marktpreise in Bedrängnis versetzt, und ein Volk, das gewohnt war, durch die Freigebigkeit seines Fürsten zu leben, mußte zuweilen über Mangel an Brot und Wasser klagen. Die Aerialsteuer, ohne Namen, ohne Gesetz, ja ohne bestimmten Gegenstand, war ein jährliches Geschenk von hundertzwanzigtausend Pfund, das der Kaiser von seinem prätorianischen Präfekten annahm, und die Mittel zur Aufbringung desselben blieben dem Ermessen dieser mächtigen Obrigkeit überlassen. IV. Aber selbst eine solche Steuer war minder unerträglich als das Privilegium der Monopole, die den freien Wetteifer der Industrie hemmten und wegen eines geringen und unehrenvollen Gewinnes den Bedürfnissen und dem Luxus der Untertanen eine willkürliche Steuer auferlegten. „Sowie (ich schreibe dies den Anekdoten nach) der kaiserliche Schatzmeister sich den ausschließlichen Verkauf der Seide anmaßte, wurde eine ganze Bevölkerung, die Fabrikarbeiter von Tyrus und Berytus, in den äußersten Notstand versetzt, sie kam entweder durch Hunger um oder floh nach den feindlichen Gebieten von Persien." Eine Provinz mochte durch den Verfall ihrer Manufakturen leiden, aber in diesem Beispiel mit der Seide hat Procopius die unschätzbare und bleibende Wohltat übersehen, die das Reich durch die Neugier Justinians empfangen hatte. Daß er den gewöhnlichen Preis des Kupfergeldes um ein Siebentel vermehrte, läßt sich ebenso unparteiisch auslegen; diese Veränderung, die weise sein mochte, war in jedem Fall unschädlich, da er weder die Reinheit der Goldmünzen, des gesetzlichen Maßes der Zahlungen an den Staat und an Privatpersonen, verschlechterte noch ihren Wert erhöhte. V. Die umfassende Gerichtsbarkeit, deren die Pächter der öffentlichen Einkünfte bedurften, um ihre Verbindlichkeiten zu erfüllen, kann in einem gehässigen Lichte dargestellt werden, gleich als hätten sie von dem Kaiser Leben und Vermögen ihrer Mitbürger erkauft. Ein unmittelbarer Verkauf von Ehrenstellen und Ämtern ging aber im Palast mit Erlaubnis oder wenigstens mit Nachsicht Justinians und Theodorens vor sich. Die Ansprüche des Verdienstes, ja selbst der Gunst blieben unberücksichtigt, und es war fast vernünftig zu erwarten, daß der kühne Abenteurer, der sich das Amt einer Obrigkeit gekauft hatte, für Schande, Mühe, Gefahr, die Schulden, die er machte, die schweren Zinsen, die er zahlen mußte, reichen Ersatz finden werde. Das Gefühl der Schmach und des Unheils dieser eingerissenen Käuflichkeit weckte endlich die schlummernde Einsicht Justinians, und er versuchte es, durch Eide und Strafen die Redlichkeit seiner Regierung zu bewahren. Nach Verlauf aber eines Jahres voller Meineide wurde die Vollziehung seines strengen Ediktes eingestellt, und die Verderbtheit gewann um so größere Herrschaft über die Ohnmacht der Gesetze. VI. Das Testament des Eulalius, Grafen der Haustruppen, setzte den Kaiser zu seinem alleinigen Erben unter der Bedingung ein, daß er seine Schulden und Vermächtnisse bezahlen, seinen drei Töchtern einen anständigen Unterhalt gewähren und jede mit einer Aussteuer von zehn Pfund Gold vermählen solle. Aber das glänzende Vermögen des Eulalius war durch Feuer verzehrt worden und sein Nachlaß überstieg die geringe Summe von fünfhundertvierundsechzig Goldstücken nicht. Ein ähnlicher Fall in der griechischen Geschichte mahnte den Kaiser an die ehrenvolle Rolle, die ihm zur Nachahmung vorgeschrieben war. Er tat dem eigennützigen Gemurr der Schatzkämmerer Einhalt, zollte dem Vertrauen seines Freundes Beifall, zahlte seine Vermächtnisse und Schulden, ließ die drei Jungfrauen unter der Obhut der Kaiserin Theodora erziehen und verdoppelte die Aussteuer, die der zärtlichen Liebe ihres Vaters genügt hatte. Die Menschlichkeit eines Fürsten (denn Fürsten können nicht großmütig sein) verdient einiges Lob, aber selbst in dieser Handlung der Tugend erblicken wir den eingewurzelten Mißbrauch, die gesetzlichen oder natürlichen Erben zu verdrängen, den Procopius der Regierung Justinians vorwirft. Seine Beschuldigung wird durch ausgezeichnete Namen und ärgerliche Beispiele unterstützt; weder Witwen noch Waisen wurden geschont, und die Kunst, Testamente zu erbetteln, zu erpressen oder zu unterschieben, wurde auf einträgliche Weise von den Sendlingen des Palastes ausgeübt. Eine so niedrige und verderbliche Tyrannei tastet an die Sicherheit des Privatlebens, und der Monarch, welcher der Gewinnsucht nachgegeben hat, wird bald in Versuchung kommen, den Augenblick des Erbverfalles vorwegzunehmen, Reichtum als Beweis der Schuld auszulegen und von den Erbschaftsansprüchen zur Gewalt der Vermögenseinziehung überzugehen. VII. Einem Philosophen wird es gestattet sein, unter den Formen des Raubes auch die Verwendung heidnischer und ketzerischer Reichtümer zugunsten der Gläubigen anzuführen; zu

Justinians Zeit aber wurde diese fromme Plünderung von den Sektierern allein verdammt, welche die Opfer seiner orthodoxen Habsucht geworden waren.

Die Schande mochte schließlich auf den Ruf Justinians zurückfallen, aber ein großer Teil der Schuld und ein noch größerer des Gewinnes wurde den Ministern zugeschrieben, die selten wegen ihrer Tugenden befördert und nicht immer wegen ihrer Talente gewählt worden waren. Die Verdienste des Quästors Tribonian werden später bei der Reform des Römischen Rechtes erwogen werden. Der Staatshaushalt des Ostens war aber dem prätorianischen Präfekten untergeordnet, und Procopius hat seine Anekdoten durch die Schilderung der weltbekannten Laster Johanns von Kappadokien, die er in seiner öffentlichen Geschichte liefert, gerechtfertigt. Das Wissen dieses Mannes war nicht den Schulen entlehnt, sein Stil kaum lesbar, dagegen zeichnete er sich aber durch das umfassende und angeborne Talent aus, die klügsten Ratschläge zu geben und in den verzweifeltsten Lagen Auswege zu finden. Die Verderbtheit seines Herzens kam der Kraft seines Verstandes gleich. Obschon er im Verdacht der Zauberei und heidnischen Glaubens stand, war er doch ebenso unempfindlich gegen Furcht vor Gott wie gegen Vorwürfe der Menschen. Sein aufstrebendes Glück erhob sich über den Tod von Tausenden, die Armut von Millionen, den Ruin von Städten, die Verödung von Provinzen. Vom grauenden Morgen bis zum Augenblick des Mittagmahls arbeitete er unablässig, seinen Gebieter und sich selbst auf Kosten der römischen Welt zu bereichern. Den Rest des Tages verlebte er in sinnlichen und schmutzigen Vergnügungen, und die stillen Stunden der Nacht blieben durch die beständige Bangigkeit vor der gerechten Rache eines Mörders gestört. Seine Fähigkeiten, vielleicht seine Laster empfahlen ihn der dauernden Freundschaft Justinians: der Kaiser gab mit Widerstreben der Wut des Volkes nach. Eine der ersten Handlungen seines Sieges war, den öffentlichen Feind wiedereinzusetzen und über zehn Jahre spürte das Volk durch seine drückende Verwaltung, daß er eher von Rache getrieben als vom Unglück belehrt worden sei. Das Gemurre des Volkes diente nur dazu, Justinian in seinem Entschluß zu bestärken: der Präfekt reizte aber im Übermut seiner Günstlingschaft den Grimm der Theodora, verachtete eine Macht, vor der sich jedes Knie bog und suchte den Samen des Mißtrauens zwischen dem Kaiser und seiner geliebten Gattin zu streuen. Sogar Theodora war gezwungen, sich zu verstellen, den günstigen Augenblick zu erlauern und Johann von Kappadokien durch eine schlaue Verschwörung zum Werkzeug seines eigenen Sturzes zu machen. Zu einer Zeit, wo Belisar, wenn er kein Held gewesen wäre, als Empörer hätte auftreten müssen, teilte seine Gattin Antonina, die sich des geheimen Vertrauens der Kaiserin erfreute, seine angebliche Unzufriedenheit Euphemia, der Tochter des Präfekten, mit. Die leichtgläubige Jungfrau unterrichtete ihren Vater von dem gefährlichen Plan, und Johann, der den Wert der Eide hätte kennen sollen, ließ sich verleiten, eine nächtliche, fast hochverräterische Zusammenkunft mit der Gemahlin Belisars anzunehmen. Auf den Befehl Theodoras war ein Hinterhalt von Leibwachen und Eunuchen gelegt worden, sie stürzten mit gezogenen Schwertern hervor, um den schuldigen Minister zu ergreifen oder zu bestrafen. Er wurde zwar durch sein treues Gefolge gerettet, statt sich aber auf einen gnädigen Souverän zu berufen, der ihn insgeheim gegen seine Gefahr gewarnt hatte, flüchtete er kleinmütig in das Heiligtum der Kirche. Der Günstling Justinians wurde der ehelichen Liebe oder häuslichen Ruhe aufgeopfert; seine Verwandlung von einem Präfekten in einen Priester vernichtete seine ehrsüchtigen Hoffnungen, aber die Freundschaft des Kaisers erleichterte seine Ungnade, und er behielt in der milden Verbannung von Cyzicus einen beträchtlichen Teil seiner Reichtümer. Eine so unvollständige Rache konnte den unversöhnlichen Haß der Theodora nicht befriedigen. Die Ermordung seines alten Feindes, des Bischofs von Cyzicus, lieferte einen Vorwand, und Johann von Kappadokien, dessen Taten einen tausendfachen Tod verdient hätten, wurde zuletzt wegen eines Verbrechens verurteilt, woran er unschuldig war. Ein großer Minister, der mit den Ehrenstellen eines Konsuls und Patriziers bekleidet gewesen, wurde schimpflich gleich dem gemeinsten Missetäter gegeißelt; ein zerrissener Rock war das einzige Überbleibsel seines Vermögens. Er wurde in einem Kahn nach dem Platze seiner Verbannung, Antinapolis in Oberägypten, geschafft, und der Präfekt des Ostens bettelte um Brot in Städten, die vor seinem Namen gezittert hatten. Während einer siebenjährigen Verbannung wurde sein Leben durch die erfinderische Grausamkeit der Theodora verlängert und bedroht, und als ihr Tod dem Kaiser gestattete, einen Diener, den er ungern aufgegeben hatte, zurückzurufen, blieb sein Ehrgeiz auf die demütigen Pflichten des priesterlichen Berufes beschränkt. Seine Nachfolger überzeugten die Untertanen Justinians, daß die Unterdrückung durch Erfahrung und Geschicklichkeit auf eine noch höhere Vollkommenheit gebracht werden könnte; die Betrügereien eines syrischen Bankiers wurden in die Verwaltung der Finanzen eingeführt und das Beispiel des Präfekten von dem Quästor, dem Staats- und dem geheimen Schatzmeister, den Statthaltern der Provinzen und den vornehmsten Obrigkeiten des morgenländischen Reiches treulich nachgeahmt.

V. Die Bauwerke Justinians waren mit dem Blut und der Habe seines Volkes gekittet; aber diese prachtvollen Denkmäler schienen den Wohlstand des Reiches zu verkünden und offenbarten in der Tat die Geschicklichkeit ihrer Baumeister. Sowohl die Lehre als die Ausübung der Künste, die sich auf mathematisches Wissen und mechanische Kraft stützen, wurden unter dem Schutz der Kaiser gepflegt; mit dem Ruhm des Archimedes wetteiferte der des Proclus und Anthemius, und wenn ihre Wunder von einsichtsvollen Zeugen erzählt worden wären, würden sie jetzt die Forschungen der Philosophen erweitern, statt ihr Mißtrauen zu erregen. Es ging die Sage, daß die römische Flotte im Hafen von Syrakus durch die Brennspiegel des Archimedes in Asche verwandelt worden wäre, und es wird behauptet, daß ein ähnliches Mittel von Proclus angewendet wurde, um die gotischen Schiffe im Hafen von Konstantinopel zu zerstören und seinen Wohltäter Anastasius gegen das kühne Unternehmen Vitalians zu beschützen. Eine Maschine war auf der Stadtmauer befestigt. Sie bestand aus einem sechseckigen Spiegel von poliertem Erz mit vielen kleineren und beweglichen Vielekken, um die Strahlen der Mittagssonne aufzufangen und zurückzuwerfen, und eine verzehrende Flamme wäre von da bis auf eine Entfernung von vielleicht zweihundert Schritten geschleudert worden. Die Glaubwürdigkeit dieser beiden Tatsachen wird durch das Stillschweigen der am meisten authentischen Geschichtsschreiber geschwächt, und der Nutzen der Brennspiegel wurde nie später beim Angriff oder bei Verteidigung von Plätzen in Anwendung gebracht. Die bewunderungswürdigen Versuche des französischen Naturforschers Buffon haben jedoch die Möglichkeit eines solchen Spiegels bewiesen, und da er möglich ist, bin ich geneigter, dem größten Mathematiker des Altertums die Kunst zuzutrauen als das Verdienst der Erdichtung der eitlen Phantasie eines Mönches oder Sophisten zuzugestehen. Einer anderen Darstellung zufolge gebrauchte Proclus Schwefel zur Zerstörung der gotischen Flotte: in unserer neueren Phantasie wird das Wort Schwefel sogleich mit der Vermutung von Schießpulver verknüpft und diese Vermutung durch die geheimen Künste seines Schülers Anthemius verstärkt. Ein Bürger von Tralles in Kleinasien hatte fünf Söhne, die sich sämtlich in ihrem verschiedenen Beruf durch Verdienst und Erfolg auszeichneten. Olympius durch seine Kenntnis und Ausübung der römischen Rechtsgelehrsamkeit. Diocletian und Alexander wurden große Ärzte. Jener übte jedoch seine Geschicklichkeit zugunsten seiner Mitbürger aus, während sein ehrgeiziger Bruder in Rom Reichtum und Berühmtheit erwarb. Der Ruf Metrodorus' des Grammatikers und Anthemius' des Mathematikers und Architekten drang bis zu den Ohren des Kaisers Justinian, der sie nach Konstantinopel berief. Während der eine das nachwachsende Geschlecht in den Schulen der Beredsamkeit unterrichtete, füllte der andere die Hauptstadt und die Provinzen mit den dauerhaften Denkmälern seiner Kunst. In einem geringfügigen Streit wegen der Mauern oder Fenster ihrer anstoßenden Häuser war er durch die Beredsamkeit seines Nachbars Zeno besiegt worden; den Redner traf jedoch die Reihe, durch den Meister der Mechanik geschlagen zu werden, dessen boshafte, obschon harmlose Streiche durch die Unwissenheit des Agathias höchst unvollständig dargestellt werden. In einem unteren Gemach hatte Anthemius mehrere Gefäße oder Kessel mit Wasser angebracht, deren jeder von dem weiten Fuß lederner Röhren bedeckt war, die sich zu einer Spitze verengten und kunstvoll mit den Querbalken und Sparren des benachbarten Hauses verbunden wurden. Unter jedem Kessel wurde Feuer angezündet. Der Dampf des kochenden Wassers stieg durch die Röhren empor, das Haus wurde durch das Streben der eingepreßten Luft erschüttert, und die erschrockenen Bewohner staunten, daß die Stadt von dem Erdbeben nichts wisse, das sie verspürt zu haben glaubten. Ein anderesmal wurden die Freunde des Zeno, wie sie bei Tische saßen, durch das unerträgliche Licht geblendet, welches von den zurückwerfenden Spiegeln des Anthemius in ihre Augen flammte; sie wurden durch das Getöse in Bestürzung versetzt, das er mittels des Zusammenstoßens kleiner schallender Teilchen hervorbrachte, und der Redner klagte im Senat in pathetischem Stil, daß ein bloßer Sterblicher einem Gegner weichen müsse, der die Erde mit dem Dreizack des Neptun erschüttere, ja sogar den Donner und Blitz Jupiters selbst nachahme. Die Talente des Anthemius und seines Berufsgenossen Isidor des Milesiers wurden von einem Fürsten, dessen Geschmack an Bauten in eine verderbliche und kostspielige Leidenschaft ausgeartet war, angespornt und verwendet. Justinians bevorzugte Architekten legten ihm ihre Pläne und Schwierigkeiten vor und bekannten klugerweise, wie weit ihre mühsamen Ausklügelungen durch die anschauende Erkenntnis oder die himmlischen Eingebungen eines Kaisers übertroffen würden, dessen Absichten stets zum Wohl seines Volkes, zum Ruhm seiner Regierung und zur Rettung seiner Seele beitrügen.

Die Hauptkirche, welche der Gründer von Konstantinopel der heiligen Sophia oder der ewigen Weisheit gewidmet hatte, war zweimal durch Feuer zerstört worden: nach der Verbannung des Johannes Chrysostomus und während der Nica der grünen und blauen Parteien. Kaum hatte sich der Aufruhr gelegt, als die christliche Bevölkerung auch ihren übereilten Gottesfrevel beklagte; aber sie würde sich über das Unglück gefreut haben, wenn sie den Glanz des neuen Tempels, der nach vierzig Tagen von dem frommen Kaiser zu bauen unternommen wurde, hätte voraussehen können. Die Ruinen wurden hinweggeräumt, ein Plan nach einem größeren Maßstab wurde entworfen, und da die Einwilligung einiger Grundeigentümer erforderlich war, erhielten sie von dem gierigen Verlangen und dem eingeschüchterten Gewissen des Monarchen die weitestgehenden Bedingungen. Anthemius erfand den Riß, und sein Kopf lenkte die Hände von zehntausend Arbeitern, deren Bezahlung in feiner Silbermünze nie über den Abend hinaus verschoben wurde. Der Kaiser selbst, in eine leinene Tunika gekleidet, besichtigte jeden Tag ihre raschen Fortschritte und ermunterte ihren Fleiß durch Herablassung, Eifer und Belohnungen. Die neue Kathedrale der heiligen Sophia wurde fünf Jahre, elf Monate und zehn Tage nach Legung des ersten Grundsteines von dem Patriarchen eingeweiht, und inmitten des feierlichen Festes rief Justinian mit frommer Ruhmredigkeit aus: „Ehre sei Gott, der mich würdig erachtet hat, ein so großes Werk zu vollbringen; ich habe dich besiegt, o Salomon!" Aber der Stolz des römischen Salomon wurde, ehe noch zwanzig Jahre vergingen, durch ein Erdbeben gedemütigt, das den östlichen Teil des Domes umstürzte. Sein Glanz wurde abermals durch die Beharrlichkeit desselben Fürsten hergestellt und im sechsunddreißigsten Jahre seiner Regierung feierte Justinian die zweite Einweihung eines Tempels, der nach dreizehn Jahrhunderten noch immer ein stattliches Denkmal seines Ruhmes bleibt. Die Architektur der jetzt in die Hauptmoschee verwandelten St.-Sophien-Kirche ist von den türkischen Sultanen nachgeahmt worden, und dieser ehrwürdige Bau fährt fort, die übertriebene Bewunderung der Griechen und die begreifliche Neugierde der europäischen Reisenden zu erregen. Das Auge des Beschauers wird durch einen Anblick von unregelmäßigen Halbdomen und schrägen Dächern in seinen Erwartungen getäuscht; der westlichen Front, am Hauptzugang, fehlt es an Einfachheit und Großartigkeit, und der mäßige Umfang ist durch mehrere lateinische Kathedralen übertroffen worden. Aber der Baumeister, der zuerst eine Kuppel in die Luft baute, verdient den Ruhm der Kühnheit im Entwurf und der Geschicklichkeit in der Ausführung. Der Sophiendom, der durch vierundzwanzig Fenster erhellt wird, hat eine so geringe Krümmung, daß die Tiefe nur dem sechsten Teil seines Durchmessers gleichkommt; dieser Durchmesser mißt hundertfünfzehn Fuß, und der hohe Mittelpunkt, auf welchem der Halbmond das Kreuz ersetzt hat, erhebt sich in senkrechter Höhe einhundertachtzig Fuß über das Pflaster. Der Kreis, welcher den Dom umgibt, ruht leicht auf vier starken Bogen und ihre Wucht wird fest durch vier massive Pfeiler getragen, deren Stärke auf der nördlichen und südlichen Seite vier Säulen von ägyptischem Granit Beistand leisten. Ein griechisches, in einem Viereck beschriebenes Kreuz stellt die Form des Gebäudes dar. Die genaue Breite beträgt zweihundertunddreißig Fuß, und zweihundertneunundsechzig können als die äußerste Länge von dem Heiligtum im Osten bis zu den neun westlichen Toren, die sich in der Vorhalle und von da in den Narthex oder äußeren Porticus öffnen, angegeben werden. Dieser Porticus war der Aufenthalt der demütig Büßenden. Die Gemeinde der Gläubigen füllte das Schiff oder die Mitte der Kirche; die beiden Geschlechter waren jedoch getrennt, und die oberen und unteren Galerien der geheimeren Andacht der Frauen angewiesen. Jenseits der nördlichen und südlichen Säulen teilte eine Balustrade, die auf beiden Seiten mit den Thronen des Kaisers und des Patriarchen endete, das Schiff von dem Chor, und den Zwischenraum bis an die Stufen des Altares nahmen die Geistlichen und Sänger ein. Der Altar selbst, ein Ausdruck, an welchen sich die Ohren der Christen allmählich gewöhnten, stand in der östlichen, kunstvoll in Form eines halben Zylinders gebauten Vertiefung, und dieses Heiligtum war durch mehrere Tore mit der Sakristei, der Kleiderkammer, der Taufkapelle und den anstoßenden Gebäuden verbunden, die entweder zur Pracht des Gottesdienstes oder zum Privatgebrauch der zur Kirche gehörigen Geistlichkeit dienten. Die Erinnerung an vergangene Unglücksfälle gab Justinian den weisen Beschluß ein, daß mit Ausnahme der Tore kein Holz zu dem neuen Gebäude genommen werden solle, und die Wahl der Materialien stand mit der Stärke, der Leichtigkeit oder dem Glanz der bezüglichen Teile im Verhältnis. Die mächtigen Pfeiler, welche die Kuppel trugen, bestanden aus ungeheuren Quadersteinen, die als Vierecke oder Dreiecke behauen, mit eisernen Reifen umwunden und durch Eingießung von Blei und Kalk fest verkittet waren; das Gewicht der Kuppel wurde jedoch durch die Leichtigkeit ihres Stoffes vermindert. Sie war entweder aus Bimsstein, der auf dem Wasser schwimmt, oder aus Ziegeln von der Insel Rhodus, fünfmal leichter als die gewöhnliche Art. Das ganze Gestell des Gebäudes war aus Ziegeln gebaut, aber diese geringen Materialien wurden durch eine Marmorhülle verborgen, und das Innere der Sophienkirche, die Kuppel, die zwei größeren und die sechs kleineren Halbdome, die Mauern, die hundert Säulen und das Pflaster erfreuten selbst die Augen von Barbaren durch ihr reiches und buntfarbiges Gewand. Ein Dichter, der die St.-Sophien-Kirche in ihrem ursprünglichen Glanze sah, zählt die Farben, Schattierungen und Flecken von zehn bis zwölf Marmor-, Jaspis- und Porphyrarten auf, welche die Natur verschwenderisch abgestuft hatte und die wie durch einen geschickten Maler vermengt und in Gegensatz gebracht waren. Der Triumph Christi wurde mit dem letzten Raub des Heidentums geschmückt, der größere Teil dieser kostbaren Steine war aber den Brüchen von Kleinasien, den Inseln und dem Festland Griechenlands, von Ägypten, Afrika und Gallien entnommen. Acht Porphyrsäulen, die Aurelian in dem Tempel der Sonne aufgestellt hatte, wurden aus Frömmigkeit von einer römischen Matrone dargebracht, acht andere aus grünem Marmor von dem ehrgeizigen Eifer der Obrigkeiten von Ephesus geliefert: beide waren bewunderungswürdig sowohl wegen ihres Umfanges als wegen ihrer Schönheit, jede architektonische Regel weist aber ihre phantastischen Kapitälen zurück. Eine Menge von Verzierungen und Gestalten prangte kunstvoll in Mosaik, und die Bilder Christi, der Jungfrau, der Heiligen und Engel, später durch türkischen Fanatismus verunstaltet, waren dem Glauben der Griechen gefährlich vor Augen gestellt. Je nach der Heiligkeit jedes Gegenstandes hatte man die edlen Metalle entweder in dünnen Blättern oder in gediegenen Massen verwendet. Die Balustrade des Chors, die Kapitäler der Säulen, die Verzierungen der Tore und Galerien bestanden aus vergoldetem Erz. Der Beschauer wurde durch den glänzenden Anblick der Kuppel geblendet. Das Heiligtum enthielt in Silber vierzigtausend Pfund an Gewicht, und die heiligen Gefäße und Kleider des Altars waren aus dem reinsten, durch unschätzbare Juwelen bereicherten Gold. Bevor der Bau der Kirche zwei Vorderarmlängen über den Grund emporgestiegen war, hatte man bereits fünfundvierzigtausendzweihundert Pfund ausgegeben, und der ganze Aufwand belief sich auf dreihundertzwanzigtausend: jeder Leser mag nach dem Maß seines Glaubens ihren Wert in Gold oder Silber ermitteln, aber die Summe von einer Million Pfund Sterling ist das Ergebnis auch der geringsten Berechnung. Ein prachtvoller Tempel ist ein lobenswürdiges Denkmal des Geschmackes und der Religion eines Volkes, und der Enthusiast, der in den Dom der heiligen Sophia trat, konnte in Versuchung geführt werden, zu glauben, daß er die Wohnstätte, ja sogar das Werk Gottes wäre. Und wie ist doch das Kunstwerk schal, wie die Arbeit unbedeutend, wenn man sie mit der Bildung des geringsten Insektes vergleicht, das auf der Oberfläche des Tempels kriecht!

Eine so umständliche Beschreibung eines Gebäudes, das die Zeit verschont hat, mag die Wahrheit und Aufzählung der unzählbaren Werke bezeugen und entschuldigen, welche Justinian sowohl in der Hauptstadt als in den Provinzen nach einem kleineren Maßstab und auf minder dauerhaften Grundfesten baute. In Konstantinopel und den anstoßenden Vorstädten allein widmete er vierundzwanzig Kirchen der Ehre Christi, der Jungfrau und den Heiligen; viele dieser Kirchen waren mit Marmor und Gold verziert und ihre verschiedene Lage geschickt gewählt in einem volkreichen Platz oder angenehmen Hain, am Rande des Seegestades oder auf einem hohen Berg, von wo man das Festland Europas und Asiens überschaute. Die Kirche der heiligen Apostel in Konstantinopel und die des heiligen Johannes in Ephesus scheinen nach demselben Maßstab erbaut worden zu sein; ihre Dome strebten den Kuppeln von St. Sophia nach, der Altar war aber mit größerer Einsicht unter dem Mittelpunkt des Domes am Vereinigungspunkt von vier prächtigen Säulengängen angebracht, welche die Gestalt eines griechischen Kreuzes genauer nachahmten. Die heilige Jungfrau von Jerusalem konnte sich des Tempels freuen, den ihr kaiserlicher Bewunderer auf einem höchst undankbaren Platz, der dem Architekten weder Boden noch Materialien lieferte, erbaut hatte. Man bildete eine ebene Fläche, indem man einen Teil eines tiefen Tales bis zur Höhe des Berges auffüllte. Die Steine eines benachbarten Bruches wurden zu regelrechten Blöcken behauen, jeder Block auf einen eigentümlichen von vierzig der stärksten Ochsen gezogenen Wagen geschafft und die Straßen erweitert, um solche außerordentliche Lasten durchzulassen. Der Libanon gab für das Zimmerwerk der Kirche seine höchsten Zedern, und die gelegene Entdeckung eines Bruches roten Marmors lieferte ihre schönen Säulen, von denen zwei, die Träger des äußeren Porticus, für die größten in der Welt gehalten wurden. Die fromme Prachtliebe des Kaisers goß sich über das heilige Land aus, und wenn auch die Vernunft die Klöster für Männer und für Frauen, die von Justinian erbaut oder wiederhergestellt wurden, verurteilen sollte, muß Christenmilde doch den Brunnen, die er graben ließ, und den Hospitälern Beifall zollen, die er für Labung der ermatteten Pilger stiftete. Der schismatische Hang Ägyptens hatte gerade kein besonderes Anrecht auf die Güte des Kaisers; in Syrien und Afrika aber wurden Maßregeln ergriffen, um dem Unglück, welches Krieg und Erdbeben angerichtet hatten, abzuhelfen, und sowohl Karthago als Antiochia, die sich wieder aus ihren Trümmern erhoben, konnten den Namen ihres gnadenreichen Wohltäters verehren. Fast jeder Heilige des Kalenders empfing die Ehre eines Tempels, fast jede Stadt im Reich erhielt die dauernden Vorteile von Brücken, Hospitälern und Wasserleitungen; aber die strenge Freigebigkeit des Monarchen verschmähte es, seine Untertanen in der beliebten Üppigkeit der Bäder und Theater zu unterstützen. Während Justinian für die öffentliche Nützlichkeit arbeitete, blieb er seiner eigenen Würde und Bequemlichkeit keinesweges uneingedenk. Der byzantinische Palast, der durch Feuer beschädigt worden war, wurde mit neuer Pracht wiederhergestellt, und man kann sich einen Begriff von dem Gebäude allein durch das Vestibül oder die Halle machen, die von den Türen vielleicht oder von dem Dach den Namen die eherne führte. Das geräumige viereckige Gewölbe war von massiven Pfeilern getragen, Fußboden und Mauern waren mit buntfarbigem Marmor, dem smaragdgrünen aus Lakonien, dem feuerroten und dem weißen phrygischen, von meergrünen Adern durchzogenen Stein überkleidet, und die Mosaikgemälde des Domes und der Seiten stellten die Herrlichkeit der afrikanischen und italienischen Triumphe dar. Auf dem asiatischen Gestade der Propontis, in geringer Entfernung ostwärts von Chalzedon, wurden der kostspielige Palast und die Gärten von Heräum für den Sommeraufenthalt Justinians und insbesondere Theodorens errichtet. Die Dichter jenes Zeitalters haben die seltene Vereinigung der Kunst und Natur, die Eintracht der Nymphen der Haine, Brunnen und Wogen geschildert, aber die Schar von Dienern, die dem Hofe folgten, klagten über ihre unbequemen Wohnungen, und die Nymphen wurden zu oft durch den berüchtigten Porphyrio erschreckt, einen zehn Ellen breiten und dreißig Ellen langen Walfisch, der an der Mündung des Flusses Sangaris strandete, nachdem er mehr als ein halbes Jahrhundert hindurch die Meere von Konstantinopel unsicher gemacht hatte.

Die Befestigungen von Europa und Asien wurden durch Justinian vervielfältigt. Aber die Wiederholung dieser schüchternen und fruchtlosen Vorsichtsmaßregeln dekken vor einem philosophischen Auge die Schwäche des Reiches auf. Von Belgrad bis zum Schwarzen Meer, von dem Zusammenfluß der Save bis zu den Mündungen der Donau zog sich längs dem Ufer dieses großen Stromes eine Kette von mehr als achtzig befestigten Plätzen hin. Einzelne Wachttürme wurden in starke Zitadellen verwandelt, leere Mauern, welche die Baumeister je nach der Natur des Bodens entweder verengten oder erweiterten, mit Kolonien oder Besatzungen angefüllt, eine starke Festung verteidigte die Ruinen der Brücke Trajans, und mehrere militärische Stationen strebten danach, den Stolz des römischen Namens auch jenseits der Donau zu verbreiten. Aber dieser Name war seiner Schrecken entkleidet. Die Barbaren zogen bei ihren jährlichen Einbrüchen an diesen unnützen Bollwerken vorüber, kehrten verachtungsvoll zurück, und statt daß die Bewohner der Grenze unter dem Schatten der allgemeinen Verteidigungslinie ruhen konnten, mußten sie mit unablässiger Wachsamkeit ihre besonderen Wohnplätze wahren. Die Einsamkeit der alten Städte wurde wieder bevölkert, die von Justinian neugegründeten erlangten, vielleicht vorschnell, die Bezeichnung volkreich und uneinnehmbar, und der glückliche Ort seiner Geburt zog die dankbare Verehrung des eitelsten der Fürsten an. Unter dem Namen Justinian Prima wurde der geringe Flecken Tauresium der Sitz eines Erzbischofs und Präfekten, dessen Gerichtsbarkeit sich über sieben kriegerische Provinzen von Illyrien ausdehnte, und der verderbte Name Giustendil bezeichnet noch immer ungefähr zwanzig Meilen im Süden von Sophia den Sitz eines türkischen Sandschaks. Bald waren für die Landsleute des Kaisers eine Kathedrale, ein Palast und eine Wasserleitung erbaut; die öffentlichen und Privatgebäude waren der Größe einer kaiserlichen Stadt angemessen, und die Stärke der Mauern widerstand zu Lebzeiten Justinians den ungeschickten Angriffen der Hunnen und Slavonier. Durch die unzähligen Schlösser, die in den Provinzen Dazien, Epirus, Thessalien, Makedonien und Thrakien das ganze Land zu bedecken schienen, wurden die Fortschritte der Barbaren zuweilen aufgehalten und ihre Hoffnungen auf Beute vereitelt. Sechshundert dieser Forts waren vom Kaiser erbaut oder ausgebessert worden. Es scheint jedoch vernünftig, anzunehmen daß sie bloß aus einem Turm aus Quadern oder Ziegelsteinen inmitten einer viereckigen oder kreisrunden Fläche bestanden, die von Mauern und Gräben umgeben war und im Augenblick der Gefahr dem Bauern und dem Vieh der benachbarten Dörfer einigen Schutz gewährte. Aber diese Kriegsbauten, die den Staatsschatz erschöpften, vermochten die gerechten Besorgnisse Justinians und seiner europäischen Untertanen nicht aus der Welt zu schaffen. Die warmen Bäder von Anchialus in Thrakien waren ebensosehr befestigte Plätze als Heilquellen, denn auf den reichen Weiden von Thessaloniki fouragierte die skythische Reiterei, das wonnevolle Tal Tempe, dreihundert Meilen von der Donau, wurde fortwährend durch Kriegslärm erschreckt, und kein unbefestigter Platz, wie fern oder einsam er auch sein mochte, konnte in Ruhe die Segnungen des Friedens genießen. Der Paß der Thermopylen, der die Sicherheit Griechenlands zu verbürgen schien, sie aber so oft in Frage gestellt hatte, wurde durch Justinian fleißig verstärkt. Vom Rande des Gestades durch Wälder und Täler bis empor zum Gipfel des thessalischen Gebirges lief eine starke Mauer, die jeden Zugang versperrte. Statt einer eilig zusammengerafften Schar Bauern wurde eine Besatzung von zweitausend Soldaten längs der Wehr verteilt, Kornmagazine und Wasserbehälter waren zu ihrem Gebrauch errichtet, und dieselbe Vorsicht, welche die Feigheit, die sie einflößte, voraussah, hatte angemessene Festungen für ihren Rückzug erbaut. Die durch ein Erdbeben eingestürzten Mauern von Korinth und die morschen Bollwerke Athens und Platäas wurden sorgfältig wiederhergestellt, die Barbaren durch die Aussicht auf nacheinanderfolgende und schwierige Belagerungen entmutigt und die offenen Städte des Peloponnes durch die Befestigungen der Landenge von Korinth gedeckt. Am äußersten Ende Europas erstreckt sich eine andere Halbinsel, der thrakische Chersones, drei Tagereisen weit in den See hinein. Sie bildet mit dem gegenüberliegenden Gestade von Asien die Meerenge des Hellespont. Das Gebiet zwischen elf volkreichen Städten war mit hohen Wäldern, schönen Weiden und fruchtbaren Ländereien bedeckt und der Isthmus von siebenunddreißig Stadien oder Furlongs bereits von einem spartanischen Feldherrn neunhundert Jahre vor der Regierung Justinians befestigt worden. In einem Zeitalter der Tapferkeit und Freiheit vermag der geringste Wall einer Überrumpelung vorzubeugen, und Procopius scheint die Überlegenheit der alten Zeiten zu verkennen, indem er die feste Bauart und die doppelte Brustwehr einer Mauer preist, die sich auf beiden Seiten weit ins Meer erstreckt, deren Stärke man jedoch für ungenügend hielt, den Chersones zu schützen, wenn nicht jede Stadt, insbesondere Gallipoli und Sestus, durch besondere Festungswerke gesichert wären. Die lange Mauer, wie man sie prunkend nannte, war ein zu ihrem Zwecke ebenso schimpfliches als in ihrer Ausführung achtbares Werk. Die Reichtümer einer Hauptstadt breiten sich über das umliegende Land aus, und das Gebiet von Konstantinopel, ein Paradies der Natur, war mit den üppigen Gärten und Villen der Senatoren und reichen Bürger geschmückt. Aber ihr Reichtum diente nur zur Anlockung der kühnen und räuberischen Barbaren, die edelsten Römer wurden aus ihrer friedlichen Trägheit in skythische Gefangenschaft abgeführt, und ihr Souverän konnte aus seinem Palast die feindlichen Feuer sehen, die verwegen bis zu den Toren der kaiserlichen Stadt brannten. In einer Entfernung von nur vierzig Meilen mußte Anastasius eine letzte Grenze errichten, seine sechzig Meilen lange Mauer von der Propontis bis zum Schwarzen Meer verkündete die Ohnmacht seiner Waffen, und als die Gefahr drohender ward, wurden auch neue Befestigungen durch die unermüdliche Klugheit Justinians hinzugefügt.

Kleinasien blieb nach der Unterwerfung der Isaurier ohne Feinde und ohne Befestigungen. Diese kühnen Wilden, welche es verschmäht hatten, Untertanen des Gallienus zu sein, verharrten zweihundertdreißig Jahre lang in einem Leben der Unabhängigkeit und des Raubes. Die siegreichen Fürsten achteten die Stärke der Gebirge und die Verzweiflung der Eingeborenen; ihr trotziger Geist wurde zuweilen durch Geschenke besänftigt, zuweilen durch Schrecken im Zaum gehalten, und ein militärischer Graf, Trebellius Pollio, schlug mit drei Legionen sein bleibendes und schimpfliches Standquartier im Herzen der römischen Provinz auf. Sobald jedoch die Wachsamkeit der Regierung erschlafft oder abgelenkt war, sprengten die leichtbewaffneten Geschwader von den Bergen herab und überfielen den im Frieden begrabenen Überfluß Asiens. Obschon die Isaurier sich weder durch Körperkraft noch durch Tapferkeit auszeichneten, machte sie doch Mangel und Erfahrung in Führung von Rauhkriegen kühn und geschickt. Sie rückten im Verborgenen und mit großer Schnelligkeit zum Angriff gegen Dörfer und unverteidigte Städte heran; ihre Streifzüge berührten zuweilen den Hellespont, das Schwarze Meer und die Tore von Tarsus, Antiochia und Damaskus, und die Beute brachten sie in ihre unzugänglichen Gebirge in Sicherheit, ehe noch die römischen Truppen Marschbefehle empfangen oder die fernen Provinzen ihren Verlust berechnet hatten. Die Schuld des Aufruhrs und der Empörung schloß sie von den Rechten gewöhnlicher Staatsfeinde aus, und den Richtern wurde durch ein Edikt kundgegeben, daß der Prozeß oder die Bestrafung eines Isauriers stets, ja sogar am Osterfeste, eine verdienstvolle Handlung der Gerechtigkeit und Frömmigkeit sei. Wenn die Gefangenen zu häuslicher Sklaverei verurteilt wurden, verfochten sie mit

Schwert oder Dolch die Privatstreitigkeiten ihrer Gebieter, und man fand es der öffentlichen Ruhe angemessener, den Dienst so gefährlicher Knechte zu verbieten. Als ihr Landsmann Tarcalissäus oder Zeno den Thron bestieg, forderte er eine treue und furchtbare Schar Isaurier auf, in die Stadt zu kommen. Sie waren eine Plage für Hof und Stadt und erhielten noch obendrein einen jährlichen Tribut von fünftausend Pfund Gold. Aber die Hoffnung auf Reichtum und Glück entvölkerte die Gebirge, Üppigkeit entnervte die Kühnheit ihrer Herzen und Leiber, und im Verhältnis, als sie sich unter menschliche Gesellschaft mischten, wurden sie immer weniger zu Armut und einsamer Freiheit geeignet. Nach Zenos Tode zog sein Nachfolger Anastasius ihr Jahrgehalt ein, gab ihre Personen der Rache des Volkes preis, verbannte sie aus Konstantinopel und rüstete zum Krieg, der nur die Wahl zwischen Sieg oder Knechtschaft ließ. Ein Bruder des Kaisers maßte sich den Agustustitel an. Seine Sache wurde durch die von Zeno gesammelten Streitkräfte, Waffen und Magazine mächtig unterstützt, und die geborenen Isaurier müssen den kleinsten Teil der hundertfünfzigtausend Barbaren unter seiner, zum ersten Male durch die Anwesenheit eines fechtenden Bischofs geheiligten Fahne ausgemacht haben. Ihre ungeordneten Scharen wurden in den Ebenen von Phrygien durch die Tapferkeit und Heereszucht der Goten besiegt, aber ein sechsjähriger Krieg (492 bis 498) erschöpfte fast den Mut des Kaisers. Die Isaurier zogen sich in ihre Gebirge zurück. Ihre Festungen wurden nacheinander belagert und zerstört, ihre Verbindungen mit der See abgeschnitten. Die tapfersten ihrer Anführer starben mit den Waffen in der Hand, die überlebenden Oberhäupter schleppte man vor ihrer Hinrichtung in Ketten durch den Hippodrom. Eine aus den jungen Leuten gebildete Kolonie ward nach Thrakien verpflanzt, und der Rest der Bevölkerung unterwarf sich der römischen Regierung. Doch vergingen einige Generationen, bevor ihre Seelen zur Erniederung gleicher Sklaverei herabsanken. Die volkreichen Flecken des Taurusgebirges füllten sich mit Reitern und Bogenschützen. Sie leisteten der Erhebung der Steuern Widerstand, aber ergänzten die Heere Justinians, und seine Zivilbeamten, der Prokonsul von Kappadokien, der Graf von Isaurien und die Prätoren von Lykaonien und Pisidien wurden mit militärischer Gewalt bekleidet, um der zügellosen Gewohnheit der Schändungen und Morde Einhalt zu tun.

Wenn wir unsere Blicke vom Wendekreis bis zur Mündung des Tanais schweifen lassen, sehen wir auf der einen Seite die Vorsichtsmaßregeln Justinians, um die Wilden von Äthiopien im Zaum zu halten und auf der anderen Seite die lange Mauer, die er in der Krim zum Schutz der befreundeten Goten, einer Kolonie von dreitausend Hirten und Kriegern, aufführte. Von dieser Halbinsel bis nach Trapezunt war die östliche Krümmung des Schwarzen Meeres durch Festungen, Bündnisse oder durch Kirchen gesichert, und der Besitz von Lazica, dem Kolchos der alten und dem Mingrelien der neueren Geographie, wurde bald zum Gegenstand eines wichtigen Krieges. Trapezunt, in späterer Zeit der Sitz eines romantischen Reiches, verdankte der Freigebigkeit Justinians eine Kirche, eine Wasserleitung und ein Schloß, dessen Gräben in den Felsen ausgehauen waren. Von dieser Seestadt läßt sich eine Grenze von fünfhundert Meilen bis zur Festung von Circesium, der letzten römischen Station am Euphrat, ziehen. Unmittelbar über Trapezunt und bis fünf Tagereisen nach Süden erhebt sich das Land zu dunklen Wäldern und Felsgebirgen, so wild, wenn auch nicht so hoch wie die Alpen oder Pyrenäen. In diesem strengen Klima, wo der Schnee selten schmilzt, reifen die Früchte spät und sind geschmacklos, selbst der Honig ist giftig; der fleißigste Ackerbau konnte sich nur auf einige liebliche Täler beschränken, und die Hirtenstämme nährten sich dürftig von Fleisch und Milch ihrer Herden. Die Chalybier leiteten Namen und Charakter von der eisenhaltigen Beschaffenheit des Bodens ab und lebten seit den Tagen des Cyrus, unter den verschiedenen Benennungen der Chaldäer und Zanianer, von ununterbrochenen Kriegs- und Raubzügen. Unter der Regierung Justinians erkannten sie den Gott und den Kaiser der Römer an, und sieben Festungen wurden in den zugänglichsten Pässen gebaut, um der Eroberungssucht des persischen Monarchen Schranken zu setzen. Die Hauptquelle des Euphrat kommt von den chaldischen Bergen und scheint nach Westen und dem Schwarzen Meer fließen zu wollen;

dann wendet sich der Fluß nach Südwest, bespült die Mauern von Satala und Melitene (welche von Justinian als die Bollwerke von Kleinarmenien wiederhergestellt wurden) und nähert sich allmählich dem Mittelmeer, bis zuletzt der Euphrat, vom Taurusgebirge zurückgewiesen, seinen langen und gewundenen Lauf nach Südosten und dem persischen Meerbusen nimmt. Unter den römischen Städten jenseits des Euphrat unterscheiden wir zwei neuangelegte, nach Theodosius und den Reliquien der Märtyrer benannte und zwei in der Geschichte jedes Jahrhunderts berühmte Hauptstädte, Amida und Edessa. Ihre Stärke wurde von Justinian in Übereinstimmung mit der Gefahr ihrer Lage gebracht. Ein befestigter Graben mochte hinreichen, der kunstlosen Streitmacht der skythischen Reiterei zu widerstehen, aber um eine regelmäßige Belagerung gegen die Waffen und Schätze des großen Königs auszuhalten, waren vollkommenere Werke erforderlich. Seine Kriegsbaumeister verstanden die Kunst, tiefe Minen zu führen und Plattformen bis zur Höhe des Walles zu erheben; er erschütterte die stärksten Zinnen durch seine Kriegsmaschinen und rückte zuweilen mit einer Linie beweglicher Türme auf den Rücken der Elefanten zum Angriff heran. In den großen Städten des Ostens wurden die Nachteile des Raumes, vielleicht der Lage, durch den Eifer der Bevölkerung ersetzt, welche die Besatzung in der Verteidigung des Vaterlandes und der Religion unterstützte; und die fabelhafte Verheißung des Sohnes Gottes, daß Edessa nie eingenommen werden sollte, erfüllte die Bürger mit zuversichtlicher Tapferkeit, dämpfte den Eifer der Belagerer durch Zweifel und Bangigkeit. Die untergeordneten Städte von Mesopotamien und Armenien wurden fleißig verstärkt und die Punkte, welche irgend das Land oder Wasser zu beherrschen schienen, mit zahlreichen Forts besetzt, entweder fest aus Stein gebaut oder eiliger aus den sich darbietenden Materialien aus Erde oder Ziegelsteinen errichtet. Das Auge Justinians erforschte jeden Fleck, und seine grausamen Vorsichtsmaßregeln trugen oft den Krieg in ein einsames Tal, dessen friedliche, durch Handel und Ehe verbundene Bewohner nichts von der Zwietracht der Nationen, nichts von den Streitigkeiten der Fürsten wußten. Westwärts vom Euphrat dehnt sich eine Sandwüste über sechshundert Meilen bis an das Rote Meer aus. Die Natur hatte eine unbewohnte Ode zwischen den Ehrgeiz zweier nebenbuhlender Reiche gelegt; die Araber waren, bis Mohammed aufstand, nur als Räuber furchtbar, und in der stolzen Sicherheit des Friedens wurden die Befestigungen von Syrien auf der verwundbarsten Seite vernachlässigt.

Aber die Nationalfeindschaft, wenigstens ihre Wirkungen waren durch einen Waffenstillstand eingestellt, der über acht Jahre dauerte. Ein Gesandter des Kaisers Zeno begleitete den verwegenen und unglücklichen Perozes auf seinem Feldzug gegen die Nephtaliten oder weißen Hunnen, deren Eroberungen sich vom Kaspischen Meer bis ins Herz von Indien ausdehnten, deren Thron mit Smaragden verziert war und deren Reiterei eine Linie von zweitausend Elefanten unterstützte. Die Perser wurden zweimal, und zwar in einer Lage, in der Tapferkeit nutzlos und Flucht unmöglich war, umzingelt, und der doppelte Sieg der Hunnen durch Kriegslist errungen. Sie entließen ihren königlichen Gefangenen, nachdem er sich erniedrigt hatte, die Majestät eines Barbaren anzubeten, und diese Demütigung wurde durch die kasuistische Spitzfindigkeit der Magier, welche Perozes anwiesen, seine Huldigung der aufgehenden Sonne zuzuwenden, kläglich umgangen. Der entrüstete Nachfolger des Cyrus vergaß Gefahr und Dankespflicht, erneuerte den Angriff mit blinder Wut und verlor sowohl Heer als Leben. Der Tod des Perozes (488) gab Persien seinen auswärtigen und einheimischen Feinden preis: zwölf Jahre der Verwirrung vergingen, bevor sein Sohn Cabades oder Cobad an irgendein Unternehmen des Ehrgeizes oder der Rache denken konnte. Die unfreundliche Sparsamkeit des Anastasius gab den Grund oder Vorwand zu einem Krieg (502–503) gegen die Römer; die Hunnen und die Araber marschierten unter der Fahne Persiens, und die Befestigungen von Armenien und Mesopotamien befanden sich zu jener Zeit im Zustand des Verfalles oder der Nichtvollendung. Der Kaiser dankte dem Statthalter und Volke von Martyropolis für die schnelle Übergabe einer Stadt, die sich nicht mit Erfolg verteidigen ließ, und die Verbrennung von Theodosiopolis rechtfertigte vielleicht das Verhalten ihrer klügeren Nachbarn. Amida hielt eine lange und zerstörende Belagerung aus: nach Verlauf von drei Monaten ward der Verlust von fünfzigtausend Mann des Cabades durch keine Aussicht auf Erfolg aufgewogen und umsonst entnahmen die Magier eine günstige Weissagung aus der Unanständigkeit der Frauen, die auf den Wällen ihre geheimsten Reize den Angreifenden gezeigt hatten. Endlich erstiegen sie in der Stille der Nacht den zugänglichsten Turm, der nur von einigen nach einem Fest durch Schlaf und Wein überwältigten Mönchen bewacht wurde. Sturmleitern wurden bei Tagesanbruch angelegt; die Anwesenheit des Cabades, sein strenges Gebot und gezogenes Schwert zwangen die Perser zu siegen, und bevor es wieder in die Scheide gesteckt wurde, hatten achtzigtausend Einwohner das Blut ihrer Gefährten gesühnt. Nach der Belagerung von Amida dauerte der Krieg noch drei Jahre, und die unglückliche Grenze erfuhr das volle Maß seiner Drangsale. Das Gold des Anastasius wurde zu spät geboten, die Anzahl seiner Truppen durch die Zahl ihrer Feldherren besiegt, das Land ward seiner Bewohner beraubt und die Lebenden wie die Toten wurden den wilden Tieren der Wüste preisgegeben. Der Widerstand von Edessa und Mangel an Beute neigten Cabades' Herz zum Frieden. Er verkaufte seine Eroberungen um einen unermeßlichen Preis, und die alte Grenze, obschon durch Gemetzel und Verheerung bezeichnet, trennte die beiden Reiche. Um die Wiederkehr derselben Übel abzuwenden, beschloß Anastasius, eine neue Kolonie zu gründen, so stark, daß sie der Macht der Perser trotzen konnte, und so weit gegen Assyrien vorgerückt, daß die für ständig hineingelegten Truppen die Provinz durch Drohung oder Ausführung eines Angriffskrieges zu verteidigen vermochten. Zu diesem Zweck wurde die Stadt Dora, vierzehn Meilen von Nisibis und vier Tagereisen vom Tigris bevölkert und ausgeschmückt; die in Eile ausgeführten Werke des Anastasius wurden durch die Beharrlichkeit Justinians vervollständigt, und ohne auf minder wichtigen Plätzen zu bestehen, mögen die Befestigungen von Dara das Bild der Kriegsbaukunst jenes Zeitalters liefern. Die Stadt war von zwei Mauern umgeben und der zwischenliegende Raum von fünfzig Schritten Breite bot den Herden der Belagerten Schutz. Die innere Mauer war ein Denkmal an Stärke und Schönheit; sie maß vom Boden sechzig Fuß und die Türme waren deren hundert hoch; die Schießscharten, aus welchen der Feind durch Geschosse beunruhigt werden konnte, waren klein, aber zahlreich; die Soldaten waren längs des Walles unter dem Schutz doppelter Galerien aufgestellt, und eine dritte geräumige, aber sichere Plattform war auf dem Gipfel der Türme erhoben. Die äußere Mauer scheint minder hoch, aber fester gewesen zu sein, und jeder ihrer Türme wurde von einem viereckigen Bollwerk verteidigt. Der harte, felsige Boden widerstand den Werkzeugen der Minierer, und im Südosten, wo der Grund leichter zu bearbeiten war, wurde ihre Annäherung durch ein neueres Werk verzögert, das in Gestalt eines Halbmondes vorsprang. Die doppelten und dreifachen Gräben waren mit Wasser angefüllt, und man hatte die geschickteste Arbeit aufgeboten, um die Einwohner mit Wasser zu versehen, die Belagerer zu bedrängen und dem Unheil einer natürlichen oder künstlichen Überschwemmung vorzubeugen. Dara fuhr länger als sechzig Jahre fort, die Absichten seiner Gründer zu erfüllen und die Eifersucht der Perser zu erregen, die sich unaufhörlich beschwerten, daß diese uneinnehmbare Festung in offenbarer Verletzung des Friedensvertrages zwischen beiden Reichen erbaut worden wäre.

Zwischen dem Schwarzen und dem Kaspischen Meer wurden die Länder Colchis, Iberien und Albania in allen Richtungen durch Zweige des Kaukasusgebirges durchschnitten, und die beiden Haupttore oder Pässe von Norden nach Süden sind häufig in der Erdbeschreibung, sowohl der alten als der neueren, verwechselt worden. Der Name der kaspischen oder albanischen Tore gebührt eigentlich Derbend, welches einen kurzen Abhang zwischen dem Gebirge und dem Meer einnimmt. Die Stadt war, wenn wir der örtlichen Überlieferung Glauben beimessen wollen, von den Griechen gegründet und dieser gefährliche Paß von den persischen Königen durch einen Damm, doppelte Mauern und Tore von Eisen befestigt worden. Die iberischen Tore werden durch einen sechs Meilen langen Engpaß im Kaukasus gebildet, der auf der nördlichen Seite von Iberien oder Georgien in die Ebene mündet, welche sich bis zum Tanais und bis zur Wolga ausdehnt. Eine vielleicht von Alexander oder einem seiner Nachfolger angelegte Festung, um diesen wichtigen Paß zu beherrschen, war durch das Recht der Eroberung oder Erbschaft an einen Hunnenfürsten übergegangen, der sie dem Kaiser zu einem mäßigen Preis anbot. Aber während sich Anastasius besann, während er ängstlich Kosten und Entfernung berechnete, legte sich ein wachsamerer Nebenbuhler ins Mittel, und Cabades nahm die Engen des Kaukasus mit Gewalt in Besitz. Die albanischen und iberischen Tore schlossen die skythische Reiterei von den kürzesten und gangbarsten Straßen aus, und die ganze Vorderseite der Gebirge wurde durch den Wall des Gog und Magog gedeckt, jene lange Mauer, welche die Neugierde eines arabischen Kalifen und eines russischen Eroberers erregt hat. Nach einer neuerlichen Beschreibung sind ungeheure, sieben Fuß dicke und einundzwanzig Fuß lange oder hohe Steine ohne Eisen oder Kitt künstlich aneinandergefügt, um eine Mauer zu bilden, die über dreihundert Meilen von dem Gestade von Derbend über die Berge und durch die Täler von Daghestan und Georgien läuft. Ohne daß ihm dieses Werk von irgendeinem erschienenen Geiste eingegeben worden wäre, mochte es, von dem klugen Cabades begonnen, ohne Mirakel von seinem Sohn – den Römern unter dem Namen Chosroes so furchtbar, den Orientalen unter dem Namen Nuschirwan so teuer – vollendet worden sein. Der persische Monarch hielt die Schlüssel des Krieges und Friedens in seinen Händen, aber er bedang sich in jedem Vertrag aus, daß Justinian zu dem Aufwand eines gemeinsamen Bollwerkes, das die beiden Reiche auf gleiche Weise gegen die Einbrüche der Skythen schützte, beitragen solle.

Justinian hob die Schulen von Athen und das römische Konsulat auf, welche der Menschheit so viele Weise und Helden gegeben hatten. Beide Einrichtungen waren längst von ihrem ursprünglichen Ruhm entartet, dennoch darf man mit Recht die Habsucht und Eifersucht eines Fürsten, durch dessen Hände solche ehrwürdige Ruinen zerstört wurden, tadeln.

Athen nahm nach seinen persischen Triumphen die Philosophie Ioniens und die Rhetorik Siziliens an, und diese Studien wurden das Eigentum einer Stadt, deren Einwohner, etwa dreißigtausend männlichen Geschlechts, innerhalb der Dauer eines einzigen Lebens das Genie von Jahrhunderten und Millionen zusammendrängten. Unser Gefühl der Menschenwürde wird durch die einfache Erinnerung gehoben, daß Isokrates der Gefährte Platos und Xenophons war, daß er vielleicht mit dem Geschichtsschreiber Thukydides den ersten Vorstellungen des Ödipus des Sophokles und der Iphigenia des Euripides beiwohnte und daß seine Zöglinge Aeschines und Demosthenes um die Krone der Vaterlandsliebe in Gegenwart des Aristoteles kämpften, des Lehrers des Theophrastus, der in Athen mit den Gründern der stoischen und epikuräischen Sekte lehrte. Der talentvolle Attika genoß in seiner Jugend die Wohltaten heimischen Unterrichtes, der ohne Neid in den rivalisierenden Städten gegeben wurde. Zweitausend Schüler hörten die Vorträge des Theophrastus, die Schulen der Rhetorik müssen noch besuchter gewesen sein als jene der Philosophie, und eine schnelle Aufeinanderfolge von Lernenden verbreitete den Ruhm ihrer Lehrer bis zu den äußersten Grenzen der Sprache und des Namens der Griechen. Diese Grenzen wurden durch die Siege Alexanders erweitert. Die Künste Athens überlebten dessen Freiheit und Macht, und die griechischen Kolonisten, deren Niederlassungen durch die Makedonier in Ägypten gegründet und über Asien ausgestreut worden waren, unternahmen lange und häufige Pilgerfahrten, um die Musen in ihrem Lieblingstempel an den Ufern des Ilissus zu verehren. Die lateinischen Eroberer hörten ehrfurchtsvoll die Lehren ihrer Untertanen und Gefangenen, die Namen Cicero und Horaz waren in die Schulen von Athen eingetragen, und nach der vollendeten Ausbildung des Römischen Reiches verkehrten die Männer aus Italien, Afrika und Britannien in den Hainen der Akademie mit ihren Mitlernenden aus dem Orient. Die Studien der Philosophie und Beredsamkeit sind stets einem republikanischen Zustand angemessen, der die Freiheit des Forschens ermuntert und sich nur der Macht der Überredung unterwirft. In den Republiken Griechenlands und in Rom war die Rednerkunst das mächtige Werkzeug der Vaterlandsliebe oder des Ehrgeizes und aus den Schulen der Rhetorik ging eine Kolonie von Staatsmännern und Gesetzgebern hervor. Nachdem die Freiheit der Verhandlungen der öffentlichen Angelegenheiten unterdrückt worden war, konnte der Redner in dem ehrenvollen Beruf eines Anwalts die Sache der Unschuld und Gerechtigkeit verteidigen, er konnte seine Talente in dem einträglicheren Gewerbe eines Panegyristen mißbrauchen, und dieselben Grundlehren flößten fortwährend die phantastischen Deklamationen der Sophisten und die keuscheren Schönheiten der historischen Schriften ein. Die Systeme, die sich mit Enthüllung der Natur Gottes, des Menschen und des Weltalls abgaben, unterhielten die Neugierde des Studierenden der Philosophie, und je nach Beschaffenheit des Gemütes konnte er mit den Skeptikern zweifeln, mit den Stoikern entscheiden, mit Plato erhaben träumen oder mit Aristoteles strenge Schlußfolgerungen ziehen. Der Stolz der entgegengesetzten Sekten hatte sich ein unerreichbares Ziel moralischer Glückseligkeit und Vollendung gesteckt, aber der Wettkampf war ruhmvoll und heilsam, die Schüler Zenos, ja selbst die des Epikur lernten sowohl Handeln als Dulden, und der Tod des Petronios war nicht minder wirksam als jener des Seneca, um einen Tyrannen durch die Entdeckung seiner Ohnmacht zu demütigen. Das Wissen konnte in der Tat nicht auf Athen beschränkt bleiben. Seine unvergleichlichen Schriftsteller wendeten sich an das ganze Menschengeschlecht, Lehrer wanderten nach Italien und Asien aus, Berytus war in späteren Zeiten dem Studium der Rechtswissenschaft geweiht, Astronomie und Physik wurden im Museum zu Alexandrien gepflegt, aber die attischen Schulen der Beredsamkeit und Weisheit behaupteten ihren überlegenen Ruhm von dem peloponnesischen Krieg bis zur Regierung Justinians. Obschon Athen auf einem unfruchtbaren Boden steht, besaß es doch reine Luft, freie Schiffahrt und die Denkmäler der alten Kunst. Dieser heilige Ruhesitz wurde selten durch Geschäfte des Handels oder der Regierung gestört, und die spätesten Athenienser zeichneten sich durch lebhaften Verstand, Reinheit des Geschmacks und der Sprache, gesellige Sitten und wenigstens im Umgang durch einige Spuren der Hochherzigkeit ihrer Altvorderen aus. In den Vorstädten von Athen waren die Akademie der Platoniker, das Lyzeum der Peripatetiker, der Portikus der Stoiker und der Garten der Epikuräer mit Bäumen bepflanzt und mit Statuen geschmückt, und die Philosophen, statt in einem Kloster zu leben, teilten ihre Lehre in geräumigen und angenehmen Gärten mit, die zu verschiedenen Stunden den Übungen der Seele und des Leibes gewidmet waren. Der Geist der Stifter lebte in diesen ehrwürdigen Sitzen, der Ehrgeiz, den Großmeistern des menschlichen Geistes nachzufolgen, erregte einen hochherzigen Wetteifer, und das Verdienst der Kandidaten wurde bei jeder Erledigung durch die freie Stimme eines aufgeklärten Volkes bestimmt. Die atheniensischen Lehrer wurden von ihren Schülern bezahlt; der Preis scheint nach ihren gegenseitigen Bedürfnissen und Fähigkeiten von einer Mine bis zu einem Talente gewechselt zu haben, und Isokrates selbst, der über die Habsucht der Sophisten spottete, forderte in seiner Schule der Beredsamkeit von jedem seiner hundert Schüler gegen dreißig Pfund. Die Belohnung des Fleißes ist gerecht und ehrenvoll, dennoch vergoß Isekrates Tränen bei Empfang seines ersten Soldes. Der Stoiker konnte erröten, wenn er bezahlt wurde, um Verachtung des Geldes zu predigen, und es täte mir leid zu entdecken, daß Aristoteles oder Plato von dem Beispiel Sokrates' so weit abwichen und Erkenntnis für Gold verkauften. Die philosophischen Kanzeln von Athen wurden indessen mit Erlaubnis der Gesetze und durch die Vermächtnisse verstorbener Freunde mit einigen Ländereien oder Häusern ausgestattet. Epikur hinterließ seinen Schülern die Gärten, die er für achtzig Minen oder zweihundertfünfzig Pfund gekauft hatte, nebst einem hinreichenden Fonds zu ihrem mäßigen Unterhalt und ihren monatlichen Festen, und das Erbgut Platos gab ein Einkommen, das sich in acht Jahrhunderten allmählich von drei Goldstücken bis zu eintausend vermehrte. Die Schulen von Athen wurden von den weisesten und edelsten der römischen Fürsten beschützt. Die von Hadrian gestiftete Bibliothek befand sich in einem Portikus, der mit Gemälden, Statuen, einem alabasternen Dach geschmückt war und von hundert Säulen aus phrygischem Marmor getragen wurde. Der hochherzige Geist der Antonine wies Gehälter von Staats wegen an; jeder Lehrer der Politik, Beredsamkeit, der platonischen, peripatetischen, stoischen und epikuräischen Philosophie empfing einen jährlichen Sold von zehntausend Drachmen oder mehr als dreihundert Pfund Sterling. Nach dem Tode des Marcus wurden diese freigebigen Schenkungen und die mit den Thronen der Wissenschaft verknüpften Vorrechte zeitweise abgeschafft und aufgefrischt, vermindert und erweitert; eine Spur kaiserlicher Freigebigkeit läßt sich selbst noch unter den Nachfolgern Konstantins entdecken, und ihre willkürliche Wahl eines unwürdigen Kandidaten mochte die Philosophie von Athen in Versuchung führen, die Tage der Unabhängigkeit und Armut zurückzuwünschen. Es ist bemerkenswert, daß die unparteiische Gunst der Antonine sich auf vier feindliche philosophische Sekten ausdehnte, die sie für gleich nützlich oder wenigstens für gleich unschuldig ansahen. Sokrates war einst der Ruhm und der Vorwurf seines Vaterlandes gewesen; die ersten Lehren Epikurs waren für die frommen Ohren der Athenienser ein so merkwürdiges Ärgernis gewesen, daß sie durch seine und seiner Gegner Verbannung alles eitle Gezänk über die Natur der Götter zum Schweigen brachten. Aber schon im folgenden Jahre widerriefen sie ihren übereilten Beschluß, stellten die Freiheit der Schulen wieder her und überzeugten sich durch die Erfahrung von Jahrhunderten, daß der moralische Charakter der Philosophen nicht unter dem Einfluß der Verschiedenartigkeit ihrer theologischen Spekulationen stehe.

Die gotischen Waffen waren den Schulen von Athen minder verderblich als die Einführung einer neuen Religion, deren Diener die Übung der Vernunft überflüssig machten, jede Frage durch einen Glaubensartikel lösten und den Ungläubigen oder Zweifler zu ewigem Feuer verdammten. In zahlreichen Streitschriften bewiesen sie eifrig die Schwäche des Verstandes und die Verderbtheit des Herzens, schmähten die menschliche Natur in den Weisen des Altertums und ächteten den Geist philosophischer Forschung, der den Lehren oder wenigstens der Stimmung eines demütigen Gläubigen so widerstrebte. Die überlebende Sekte der Platoniker, über die Plato errötet wäre, wenn er sie anerkennen hätte müssen, vermengte eine erhabene Lehre mit der Ausübung des Aberglaubens und der Magie; und da sie inmitten der christlichen Welt allein blieb, nährte sie einen geheimen Groll gegen die Regierung des Staates und der Kirche, deren Strenge fortwährend über ihren Häuptern schwebte. Ungefähr ein Jahrhundert nach Julians Regierung war es Proclus gestattet, auf der philosophischen Kanzel der Akademie zu lehren, und so groß war sein Fleiß, daß er häufig an demselben Tag fünf Vorlesungen hielt und siebenhundert Zeilen verfaßte. Sein scharfsinniger Geist erforschte die tiefsten Fragen der Moral und Metaphysik, und er wagte es, achtzehn Gründe gegen die christliche Lehre von der Erschaffung der Welt anzuführen. Aber in der freien Zeit, die ihm seine Studien ließen, verkehrte er persönlich mit Pan, Aeskulap und Minerva, in deren Mysterien er insgeheim eingeweiht war und deren gestürzte Statuen er in der frommen Überzeugung anbetete, daß ein Philosoph, der ein Bürger des Weltalls ist, auch der Priester seiner verschiedenen Gottheiten sein müsse. Eine Sonnenfinsternis verkündete sein herannahendes Ende, und sein Leben sowie das seines Jüngers Isidor, das zwei ihrer gelehrtesten Schüler beschrieben haben, bietet ein beklagenswertes Gemälde aus der Entwicklungszeit der menschlichen Vernunft. Dennoch reichte die goldene Kette der platonischen Nachfolge, wie sie mit Vorliebe genannt wurde, noch vierundvierzig Jahre (485–529) lang, vom Tode des Proclus bis zum Edikt Justinians, das den Schulen von Athen ewiges Stillschweigen auferlegte und den Schmerz und die Entrüstung der wenigen noch übrigen Verehrer griechischen Wissens und Aberglaubens erregte. Sieben Freunde und Philosophen, Diogenes und Hermias, Eulalius und Priscian, Damascius, Isidor und Simplicius, die der Religion ihres Souveräns abhold waren, faßten den Entschluß, in einem fremden Land die Freiheit zu suchen, die ihnen in ihrem Vaterland verweigert wurde. Sie hatten gehört und glaubten zu leicht, daß die Republik Platos in der despotischen Regierung von Persien verwirklicht wäre und daß ein patriotischer König über die glücklichste und tugendhafteste der Nationen herrsche. Sie staunten bald ob der natürlichen Entdeckung, daß Persien den anderen Ländern des Erdbodens gleiche, daß Chosroes, der sich als Philosoph aufspielte, eitel, grausam und ehrsüchtig war, daß

Scheinfrömmigkeit und der Geist der Unduldsamkeit unter den Magiern vorherrsche, daß die Großen hochmütig, die Höflinge knechtisch und die Richter ungerecht waren, daß der Schuldige zuweilen entkam und der Unschuldige oft unterdrückt wurde. Die Enttäuschung der Philosophen verleitete sie, die wirklichen Tugenden der Perser zu übersehen, und sie nahmen ein vielleicht tieferes Ärgernis als ihrem Beruf geziemte, an der Vielweiberei, an den blutschänderischen Ehen und an der Sitte, die Leichen den Hunden und Geiern preiszugeben, statt sie in der Erde zu verbergen oder durch Feuer zu verzehren. Sie legten ihre Reue durch eilige Rückkehr an den Tag und erklärten, daß sie lieber an der Grenze des Reiches sterben als den Reichtum und die Gunst eines Barbaren genießen wollten. Diese Reise verschaffte ihnen jedoch eine Wohltat, die den Charakter Chosroes' mit dem reinsten Glanz umleuchtet. Er verlangte, daß die sieben Weisen, welche den persischen Hof besucht hatten, von den Strafgesetzen, die Justinian gegen seine heidnischen Untertanen erlassen, ausgenommen sein sollten, und dieses in einem Friedensvertrag ausdrücklich bedungene Vorrecht wurde durch die Wachsamkeit eines mächtigen Vermittlers bewahrt. Simplicius und seine Gefährten endeten ihr Leben in Friede und Dunkelheit, und da sie keine Schüler hinterließen, schließen sie die lange Reihe der griechischen Philosophen, die trotz ihrer Mängel mit Recht als die weisesten und tugendhaftesten ihrer Zeitgenossen gepriesen werden können. Die Schriften des Simplicius sind noch vorhanden. Seine Kommentare über Physik und Metaphysik des Aristoteles sind mit der Zeit verschwunden, aber seine moralische Auslegung des Epiktet wird in der Bibliothek der Nationen als ein klassisches Buch bewahrt, das ganz vorzüglich geeignet ist, durch ein gerechtes Vertrauen in die Natur sowohl Gottes als der Menschen den Willen zu leiten, das Herz zu reinigen und den Verstand zu kräftigen.

Um dieselbe Zeit als Pythagoras zuerst den Ausdruck Philosoph erfand, wurden in Rom durch den älteren Brutus die Freiheit und das Konsulat begründet. Die Umwälzungen des konsularischen Amtes, das wesentlich schattenhaft und ein bloßer Name war, sind in der vorliegenden Geschichte gelegentlich erwähnt worden. Die ersten Obrigkeiten der Republik waren vom Volk gewählt worden, um im Senat und im Lager die Gewalt des Friedens und Krieges auszuüben, welche nachher den Kaisern übertragen wurde. Aber die Überlieferung der alten Würde wurde lange von Römern wie Barbaren verehrt. Ein gotischer Geschichtsschreiber preist das Konsulat Theodorichs als den Gipfel des Ruhmes und der Größe auf Erden; der König von Italien selbst beglückwünschte jene jährlichen Günstlinge des Schicksals, die ohne die Sorgen des Thrones seinen Glanz genossen, und nach Verlauf von tausend Jahren wurden zwei Konsuln von den Souveränen von Rom und Konstantinopel lediglich zu dem Zweck ernannt, dem Jahr ein Datum und dem Volk ein Fest zu geben. Aber die Kosten des Festes, worin die Reichen und Eitlen ihre Vorgänger zu übertreffen trachteten stiegen allmählich zu der ungeheuren Summe von achtzigtausend Pfund; die klügsten Senatoren lehnten eine nutzlose Ehre, die den sicheren Ruin ihrer Familien herbeiführte, ab, und diesem Widerwillen möchte ich die häufigen Lücken im letzten Zeitalter der konsularischen Fasti zuschreiben. Die Vorgänger Justinians waren der Würde der minder vermögenden Kandidaten aus dem öffentlichen Schatz beigesprungen, der Geiz dieses Fürsten aber zog die wohlfeilere und bequemere Methode vor, durch Verordnungen zu wirken. Sein Edikt beschränkte die Zahl der Prozessionen oder Schaustücke auf sieben: das Wettrennen zu Pferd und Wagen, die athletischen Spiele, die Musik und Pantomimen des Theaters und der Hetze wilder Tiere. Kleine Silbermünzen wurden klüglich statt der Goldmünzen anbefohlen, welche stets Tumult und Völlerei erregt hatten, wenn sie verschwenderischer Hand unter den Pöbel geworfen wurden. Diesen Vorsichtsmaßregeln und seinem eigenen Beispiel zum Trotz hörte die Reihe der Konsuln schließlich im dreizehnten Regierungsjahr Justinians auf, dieses despotische Gemüt durch die stille Erlöschung eines Titels, der die Römer an ihre alte Freiheit mahnte, angenehm berührt werden mochte. Dennoch lebte das jährliche Konsulat im Herzen des Volkes fort; es hoffte mit Begierde auf dessen schleunige Wiederherstellung; es zollte der gnadenreichen Herablassung der nachfolgenden Fürsten Beifall, von denen es im ersten Jahre ihrer Regierung angenommen wurde, und drei Jahrhunderte vergingen nach Justinians Tod, bevor diese veraltete Würde, die durch Herkommen unterdrückt worden war, durch ein Gesetz abgeschafft werden konnte. Die unvollkommene Methode, jedes Jahr nach einem Beamten des Reiches zu benennen, wich der Methode, ein feststehendes Ereignis als Ausgangspunkt der Datierung zu wählen: so begann die griechische Welt ihre Zeitrechnung bei der Schöpfung der Welt, wie sie die Septuaginta angibt, während die lateinische Welt seit Karl dem Großen von der Geburt Christi ab die Zeit berechnete.

SIEBZEHNTES KAPITEL

DIE REGIERUNG JUSTINIANS

Eroberungen Justinians im Westen. – Charakter und erste Feldzüge Belisars. – Er bekriegt und unterjocht das vandalische Königreich in Afrika. – Sein Triumph. – Der gotische Krieg. – Er erobert Sizilien, Neapel und Rom wieder. – Belagerung von Rom durch die Goten. – Ihr Rückzug und ihre Verluste. – Übergabe von Ravenna. – Ruhm Belisars. – Dessen häusliche Schmach und Unglücksfälle

Als Justinian ungefähr fünfzig Jahre nach dem Sturz des abendländischen Reiches den Thron bestieg, waren die Königreiche der Goten und Vandalen dem Anschein nach sowohl in Europa wie in Afrika fest und rechtmäßig gegründet. Die Ansprüche, die der römische Sieg eingegraben hatte, wurden mit gleichem Recht durch das Schwert der Barbaren vernichtet, und ihr glücklicher Raub hatte durch Zeit, Verträge und Eide der Treue, die bereits eine zweite und dritte Generation gehorsamer Untertanen wiederholte, eine ehrwürdigere Heiligung erhalten. Die Erfahrung und das Christentum hatten die abergläubische Ansicht widerlegt, daß Rom von den Göttern gegründet wäre, um für immer über die Völker der Erde zu herrschen. Aber das stolze Anrecht auf ewige und unveräußerliche Herrschaft, das seine Soldaten nicht länger behaupten konnten, wurde von seinen Staatsmännern und Rechtsgelehrten verteidigt, deren Ansichten in den neueren Schulen der Jurisprudenz zuweilen aufgefrischt und weitergeleitet worden sind. Nachdem Rom selbst des kaiserlichen Purpurs beraubt worden war, übernahmen die Fürsten von Konstantinopel den alleinigen und geheiligten Zepter der Monarchie, forderten als ihr rechtmäßiges Erbe die Provinzen, die von den Konsuln unterjocht oder von den Cäsaren besessen worden waren und strebten danach, ihre treuen Untertanen des Westens aus der Gewaltherrschaft der Ketzer und Barbaren zu befreien. Die Ausführung dieses glänzenden Planes blieb in einem gewissen Grad Justinian vorbehalten. Während der fünf ersten Jahre seiner Regierung führte er mit Widerstreben einen kostspieligen und erfolglosen Krieg gegen die Perser, bis endlich sein Stolz seiner Herrschsucht wich und er um den Preis von vierhundertvierzigtausend Pfund Sterling einen ungesicherten Waffenstillstand erkaufte, der in den Sprachen beider Nationen die edlere Bezeichnung eines ewigen Friedens erhielt. Die Ruhe im Osten setzte den Kaiser in den Stand, seine Streitkräfte gegen die Vandalen zu verwenden, während der innere Zustand von Afrika einen ehrenvollen Anlaß bot und den römischen Waffen eine mächtige Unterstützung versprach.

Das afrikanische Königreich war nach dem Testament seines Stifters in gerader Linie auf Hilderich (523 – 530), den ältesten der vandalischen Fürsten, übergegangen. Ein gütiges Gemüt machte den Sohn eines Tyrannen, den Enkel eines Eroberers geneigt, die Ratschläge der Milde und des Friedens zu beherzigen; seine Thronbesteigung zeichnete sich durch das wohltätige Edikt aus, das zweihundert Bischöfe ihren Kirchen wiedergab und die freie Bekennung des athanasianischen Glaubens gestattete. Aber die Katholiken nahmen mit kalter, kurzdauernder Dankbarkeit eine ihren Ansprüchen so wenig angemessene Gunst an, und die Tugenden Hilderichs beleidigten die Vorurteile seiner Landsleute. Der arianische Klerus wagte insgeheim das Gerücht zu verbreiten, daß er den Glauben seiner Ahnen abgeschworen habe, und die Krieger klagten mit lauter Stimme, daß er die Tapferkeit seiner Ahnen vergessen habe. Man beargwöhnte seine Gesandten, daß sie in einer geheimen und schimpflichen Unterhandlung mit dem byzantinischen Hof begriffen wären, und sein Feldherr, der Achilles der Vandalen, wie er genannt wurde, verlor eine Schlacht gegen die nackten und ordnungslosen Mauren. Das öffentliche Mißvergnügen wurde durch Gelimer gesteigert, dem sein Alter, seine Abkunft und sein kriegerischer Ruhm ein offenbares Recht auf die Nachfolge gaben; er übernahm mit Einwilligung der Nation 530 die Zügel der Regierung, und sein unglücklicher Souverän stieg ohne Kampf vom Thron in den Kerker, wo er mit seinem treuen Ratgeber und seinem verhaßten Neffen, dem Achilles der Vandalen, in engem Gewahrsam gehalten wurde. Aber die Milde Hilderichs gegen seine katholischen Untertanen hatte ihn der Gunst Justinians, der den Nutzen und die Gerechtigkeit religiöser Duldung zum Besten seiner eigenen Sekte gar wohl anzuerkennen verstand, mächtig empfohlen; ihr gutes Einvernehmen wurde, während der Neffe Justins noch im Privatstand lebte, durch gegenseitigen Austausch von Geschenken und Briefen befestigt, und der Kaiser Justinian ergriff Partei für die Sache des Königtums und der Freundschaft. Er ermahnte in zwei aufeinanderfolgenden Gesandtschaften den Thronräuber, seinen Verrat zu bereuen oder sich wenigstens jeder ferneren Gewalttat, die das Mißfallen Gottes und der Römer hervorrufen konnte, zu enthalten, das Recht der Verwandtschaft und Nachfolge zu ehren und einen kränklichen alten Mann seine Tage in Frieden, entweder auf dem Thron von Karthago oder im Palast von Konstantinopel, enden zu lassen. Gelimers Entrüstung, ja vielleicht die Klugheit nötigte ihn, Forderungen zu verwerfen, auf denen man im stolzen Ton der Drohung und des Gebietens bestand, und er rechtfertigte seinen Ehrgeiz in einer Sprache, wie sie am byzantinischen Hof selten gehört wurde, indem er nämlich das Recht eines freien Volkes anführte, seinen obersten Beamten, der die Erfüllung der königlichen Pflichten vernachlässigt hatte, abzusetzen oder zu bestrafen. Nach diesem fruchtlosen Streit wurde der gefangene Monarch strenger behandelt, sein Neffe ward des Augenlichtes beraubt, und der grausame Vandale verlachte im Vertrauen auf seine Macht und auf die Entfernung die eitlen Drohungen und langsamen Rüstungen des Kaisers des Morgenlandes. Justinian beschloß, seinen Freund zu befreien oder zu rächen, Gelimer seinen Thronraub zu behaupten, und dem Krieg gingen nach Sitte der zivilisierten Nationen die feierlichsten Beteuerungen voraus, daß jede Partei aufrichtig den Frieden wünsche.

Das Gerücht von einem afrikanischen Krieg war nur dem eitlen und müßigen Pöbel von Konstantinopel angenehm, den seine Armut von Steuern befreite und dessen Feigheit nur selten Kriegsdiensten ausgesetzt wurde. Aber die weiseren Bürger, die aus der Vergangenheit auf die Zukunft schlossen, gedachten des unermeßlichen Verlustes sowohl an Menschen als an Geld, den das Reich durch die Unternehmung des Basiliscus erlitten hatte. Die Truppen, die nach fünf beschwerlichen Feldzügen von der persischen Grenze zurückberufen worden waren, fürchteten das Meer, das Klima und die Waffen eines unbekannten Feindes. Die Minister der Finanzen berechneten, soweit sie berechnen konnten, die erforderlichen Mittel für einen afrikanischen Krieg, die Steuern, die ausgedacht und aufgebracht werden müßten, um diesen unersättlichen Forderungen zu genügen und die Gefahr, daß sie mit ihrem Leben oder wenigstens ihren einträglichen Ämtern für die Unzulänglichkeit der Mittel verantwortlich gemacht werden könnten. Von solchen eigennützigen Beweggründen (denn Eifer für das öffentliche Wohl dürfen wir ihm nicht zusprechen) veranlaßt, wagte Johann von Kappadokien, im Rat offen den Ansichten seines Gebieters zu widersprechen. Er gestand, daß ein Sieg von solcher Wichtigkeit nicht zu teuer erkauft werden könne, aber er schilderte in einer ernsten Rede die gewissen Schwierigkeiten und den ungewissen Erfolg. „Du unternimmst es", sagte der Präfekt, „Karthago von der Landseite zu belagern, die Entfernung beträgt nicht viel weniger als hundertvierzig Tagereisen, zur See muß ein ganzes Jahr vergehen, bevor du Nachricht von deiner Flotte erhalten kannst. Gelänge auch Afrikas Bezwingung, so könnte es doch ohne die weitere Eroberung von Sizilien und Italien nicht behauptet werden. Der Sieg wird die Verpflichtung zu neuen Anstrengungen auferlegen, ein einziger Unglücksfall aber die Barbaren in das Herz deines erschöpften Reiches ziehen." Justinian fühlte das Gewicht dieses heilsamen Rates, er war über den ungewohnten Freimut eines gefügigen Dieners betreten, und der Plan des Krieges würde vielleicht aufgegeben worden sein, wenn sein Mut nicht durch eine Stimme, die den Zweifeln irdischer Vernunft Schweigen auferlegte, neubelebt worden wäre. „Ich habe ein Gesicht gehabt", rief ein schlauer oder fanatischer Bischof des Orients aus. „Es ist der Wille des Himmels, o Kaiser! daß du dein heiliges Unternehmen zur Befreiung der Kirche von Afrika nicht aufgebest. Der Gott der Schlachten wird vor deinen Fahnen ziehen und deine Feinde zerstreuen, welche die Feinde seines Sohnes sind." Der Kaiser mochte sich versucht fühlen, dieser gelegenen Offenbarung Glauben zu schenken, und seine Ratgeber waren dazu gezwungen; eine vernünftigere Hoffnung aber schöpften sie aus der Empörung, welche die Anhänger Hilderichs und Athanasius' bereits an den Grenzen der vandalischen Monarchie erregt hatten. Pudentius, ein afrikanischer Untertan, hatte insgeheim seine loyalen Absichten bekanntgegeben, und ein geringer militärischer Beistand die Provinz Tripolis zum Gehorsam gegen die Römer zurückgeführt. Die Statthalterschaft von Sardinien war dem Godas, einem tapferen Barbaren, anvertraut; er stellte die Bezahlung des Tributs ein, sagte sich von der Treue gegen den Thronräuber los und gab den Sendlingen Justinians Gehör, die ihn als Herrn dieser fruchtbaren Insel, an der Spitze seiner Leibwache und mit den stolzen Abzeichen der königlichen Würde geschmückt, fanden. Die Streitkräfte der Vandalen waren durch Zwietracht und Mißtrauen vermindert, die römischen Truppen dagegen wurden von dem Geist Belisars angefeuert, einem jener Helden, wie sie jedes Jahrhundert und jede Nation einmal aufzuweisen hat.

Der Afrikanus des neuen Rom war unter thrakischen Bauern geboren und vielleicht erzogen, ohne einen einzigen jener Vorteile, welche die Tugenden des älteren und jüngeren Scipio gebildet hatten: edle Herkunft, geistige Studien und Wetteifer eines freien Staates. Das Stillschweigen seines wortreichen Geheimschreibers mag als Beweis dienen, daß die Jugend Belisars keinen Stoff zu Lob zu liefern vermochte; er diente ohne allen Zweifel mit Tapferkeit und gutem Ruf in der persönlichen Leibwache Justinians, und als sein Beschützer Kaiser wurde, ward der Hausgenosse zu einem militärischen Kommando befördert. Nach einem kühnen Einfall in Persarmenien, wobei er seinen Ruhm mit einem Kollegen teilte und seine Fortschritte vom Feind gehemmt wurden, begab sich Belisar nach der wichtigen Station von Dara und nahm da zuerst die Dienste des Procopius an, des treuen Begleiters und fleißigen Geschichtsschreibers seiner Taten. Der Mirranes von Persien rückte mit vierzigtausend Mann der auserlesensten Truppen heran (529), um die Festungswerke von Dara der Erde gleichzumachen und kündete Tag und Stunde an, wann die Einwohner zu seiner Erfrischung nach den Mühen des Kampfes ein Bad zu bereiten hätten. Er fand einen durch den neuen Titel eines Feldherrn des Ostens an Rang gleichen Gegner, zwar an Kriegskunst überlegen, aber weit unterlegen an Zahl und Beschaffenheit der Truppen, die nur fünfundzwanzigtausend Römer und Fremde zählten, mit erschlaffter Zucht und durch noch frische Unglücksfälle gedemütigt. Da die flache Ebene von Dara keine Möglichkeit für Kriegslist oder Hinterhalt gab, schützte Belisar seine Front durch einen tiefen Graben, der zuerst in senkrechten und dann in parallelen Linien verlängert wurde, um die Flügel der Kavallerie zu decken, die so vorteilhaft aufgestellt war, daß sie die Flanken und den Rücken des Feindes beherrschte. Als das römische Zentrum erschüttert war, entschied ihr rechtzeitiger und ungestümer Angriff den Kampf; die Fahne Persiens sank, die Unsterblichen flohen, das Fußvolk warf seine Schilde weg, und achttausend der Besiegten blieben auf dem Schlachtfeld. Im nächsten Feldzug wurde Syrien von der Wüste aus angegriffen, und Belisar eilte mit zwanzigtausend Mann von Dara der Provinz zu Hilfe. Während des ganzen Sommers wurden die Pläne der Feinde durch seine geschickten Anstalten vereitelt; er bedrängte ihren Rückzug, besetzte jede Nacht ihr Lager vom vergangenen Tag und würde einen blutlosen Sieg gesichert haben, wenn er der Ungeduld seiner Truppen zu widerstehen vermocht hätte. Ihre heldenmütigen Verheißungen wurden in den Stunden der Schlacht schlecht gehalten, der rechte Flügel wurde durch die Verräterei oder feige Heeresflucht der christlichen Araber bloßgestellt, die Hunnen, eine Veteranenschar von achthundert Kriegern, durch die überlegene Anzahl erdrückt und den Isauriern die Flucht versperrt; aber das römische Fußvolk am linken Flügel hielt festen Stand, denn Belisar selbst bewies, indem er vom Pferde stieg, daß unerschrockene Verzweiflung das einzige Rettungsmittel sei. Die Römer kehrten ihren Rücken gegen den Euphrat, ihr Antlitz gegen den Feind, unzählige Pfeile prallten ohne Wirkung von ihren dicht aneinandergehaltenen und schiefe Mauern bildenden Schilden zurück, ein undurchdringlicher Wall von Lanzen ward den wiederholten Angriffen der persischen Reiterei entgegengesetzt, und nach mehrstündigem Widerstand der Rest der Truppen im Dunkel der Nacht geschickt eingeschifft. Der persische Oberbefehlshaber zog sich in Unordnung und mit Schande zurück, um strenge Rechenschaft über das Leben so vieler tapferer Krieger zu geben, die er in einem unfruchtbaren Sieg aufgeopfert hatte. Der Ruhm Belisars litt dagegen durch eine Niederlage nicht, in der er allein seine Armee vor den Folgen ihrer eigenen Verwegenheit gerettet hatte; der Beginn des Friedens löste ihn von der Bewachung der östlichen Grenzen ab, und sein Benehmen in dem Aufruhr von Konstantinopel zahlte reichlich seine Dankesschuld gegen den Kaiser. Als der afrikanische Krieg der Gegenstand allgemeinen Gespräches und geheimer Beratschlagungen wurde, fürchteten sich alle römischen Feldherren mehr vor der gefährlichen Ehre, mit der Feldherrnschaft betraut zu werden, als daß sie danach gegeizt hätten; kaum hatte aber Justinian den Vorzug, den er dem größeren Verdienst Belisars gab, kundgetan, als auch ihr Neid durch den einstimmigen Beifall, den man der Wahl zollte, wieder entflammt wurde. Der Charakter des byzantinischen Hofes rechtfertigte den Argwohn, daß der Held durch die dunklen Umtriebe seiner Gattin unterstützt wurde, der schönen und schlauen Antonina, die bald das Vertrauen der Kaiserin Theodora besaß, bald sich ihren Haß zuzog. Die Herkunft der Antonina war unedel, denn sie stammte aus einer Familie von Wagenlenkern, und ihre Keuschheit ist mit dem schimpflichsten Tadel belegt worden. Dennoch herrschte sie mit andauernder und unbeschränkter Gewalt über das Herz ihres berühmten Gatten, und wenn Antonina auch die eheliche Treue geringachtete, bewies sie doch eine männliche Freundschaft für Belisar und begleitete ihn mit unerschrockener Entschlossenheit in allen Beschwerden und Gefahren eines kriegerischen Lebens.

Die Vorbereitungen zum afrikanischen Krieg (533) waren des letzten Kampfes zwischen Rom und Karthago nicht unwürdig. Der Kern und die Blüte des Heeres bestand aus den Leibsoldaten Belisars, die sich nach der verderblichen Sitte der Zeit durch einen besonderen Eid der Treue dem Dienst ihres Gebieters geweiht hatten. Ihre Leibesstärke und ihr Wuchs, deretwegen sie sorgfältigst ausgewählt wurden, die Vortrefflichkeit ihrer Pferde und Waffen und unablässige Übung in allen kriegerischen Bewegungen setzten sie in den Stand, auszuführen, was immer ihnen ihr Mut eingeben mochte, und dieser Mut wurde durch die hohen Ehren ihres Ranges und das persönliche Verlangen nach Gunst und Glück gesteigert. Vierhundert der tapfersten Heruler zogen unter der Fahne des treuen und tätigen Pharas. Ihre unlenksame Tapferkeit wurde höher geachtet als der zahme Gehorsam der Griechen und Syrer, und man hielt es für so wichtig, sich eine Verstärkung von sechshundert Massageten oder Hunnen zu verschaffen, daß sie durch List und Trug verlockt wurden, sich zu einem Seezug einzuschiffen. Fünftausend Pferde und zehntausend Fußsoldaten wurden in Konstantinopel zur Eroberung von Afrika eingeschifft, aber das Fußvolk, das größtenteils in Thrakien und Isaurien ausgehoben worden war, stand der Verwendungsmöglichkeit und dem Ruf der Reiterei nach, und es war mit dem römischen Heer dahin gekommen, daß es sich auf den skythischen Bogen als Hauptwaffe verlassen mußte. Aus dem löblichen Wunsch, die Würde seines Themas zu behaupten, verteidigt Procopius die Soldaten seiner eigenen Zeit gegen jene unfreundlichen Kritiker, die diesen achtbaren Namen auf die schwer bewaffneten Krieger des Altertums beschränkten und boshaft bemerkten, daß das Wort Pfeilschütze von Homer als Ausdruck der Verachtung gebraucht werde. „Eine solche Verachtung möchte wohl jenen nackten Jünglingen gebühren, die zu Fuß auf den Feldern von Troja erschienen, hinter einem Grabstein oder dem Schild eines Freundes lauerten, die Bogensehne an die Brust zogen und einen schwachen und kraftlosen Pfeil entsendeten. Unsere Bogenschützen (fährt der Geschichtsschreiber fort) sind beritten und handhaben die Pferde mit bewunderungswürdiger Geschicklichkeit, Kopf und Schultern sind durch Helm und Schild gedeckt, sie tragen Eisenschienen um die Beine und ihr Leib ist durch einen Panzer geschützt. An ihrer Rechten hängt ein Köcher, an ihrer Linken ein Schwert, und ihre Hand ist gewohnt, Lanze oder Wurfspieß im Nahkampf zu gebrauchen. Ihre Bogen sind stark und gewichtig, sie schießen in jeder möglichen Richtung, im Vorrücken, im Zurückziehen, nach der Front, der Nachhut, nach jeder Flanke, und da sie den Bogen nicht zur Brust, sondern zum rechten Ohr spannen, muß in der Tat die Rüstung fest sein, die der großen Gewalt ihres Bolzens widerstehen kann." Fünfhundert Transportschiffe, von zwanzigtausend Seeleuten aus Ägypten, Zilizien und Ionien bedient, waren im Hafen von Konstantinopel gesammelt worden. Die kleinsten dieser Fahrzeuge können auf dreißig, die größten auf fünfhundert Tonnen geschätzt werden, und eine gute Schätzung wird den großen, aber keineswegs überflüssigen Raum auf ungefähr hunderttausend Tonnen angeben, der zur Aufnahme von fünfunddreißigtausend Soldaten und Matrosen, fünftausend Pferden, der Waffen, Maschinen, Kriegsvorräte und eines für eine etwa dreimonatige Fahrt hinreichenden Bedarfes von Wasser und Lebensmitteln diente. Die stolzen Galeeren, die in früheren Jahrhunderten das Mittelmeer mit so vielen hundert Rudern durchschnitten, waren seit langer Zeit verschwunden, und die Flotte Justinians wurde nur von zweiundneunzig leichten Brigantinen geleitet, die gegen Wurfwaffen geschützt und von zweitausend der tapferen und kräftigen Jünglinge Konstantinopels gerudert wurden. Zweiundzwanzig Generäle sind genannt, von denen sich die meisten nachher in den Kriegen von Afrika und Italien auszeichneten; der oberste Befehl aber, sowohl zu Wasser als zu Lande, war Belisar allein nebst der uneingeschränkten Vollmacht übertragen, nach eigenem Ermessen zu handeln, gleich als ob der Kaiser selbst gegenwärtig wäre. Die Trennung des Kriegsberufes zur See und zu Lande ist zugleich die Wirkung und die Ursache der neueren Fortschritte der Kunst der Schiffahrt und des Seekrieges.

Im siebenten Jahre der Regierung Justinians (533) und um die Zeit der Sommersonnenwende war die ganze Flotte von sechshundert Schiffen vor den Gärten des Palastes im kriegerischen Pomp aufgestellt. Der Patriarch sprach den Segen, der Kaiser erteilte seine letzten Befehle, die Trompete des Oberfeldherrn gab das Zeichen zur Abfahrt, und jedes Herz legte je nach seinen Besorgnissen oder Wünschen mit gespannter Neugierde die Vorzeichen des Unglücks und Erfolges aus. Der erste Halt wurde zu Perinthus oder Heraclea gemacht, wo Belisar fünf Tage wartete um einige thrakische Pferde, ein kriegerisches Geschenk von seinem Souverän, in Empfang zu nehmen. Von da setzte die Flotte ihre Fahrt mitten durch die Propontis fort, als sie sich aber durch die Meerenge des Hellespont zu kommen mühte, hielt ein ungünstiger Wind sie fünf Tage zu Abydos fest, wo der Oberfeldherr ein merkwürdiges Beispiel von Festigkeit und Strenge gab. Zwei Hunnen, die in einem aus Trunkenheit entstandenen Streit einen ihrer Mitsoldaten getötet hatten, wurden dem Heere unverzüglich an einem hohen Galgen hängend gezeigt. Ihre Landsleute zürnten über diese Nationalbeleidigung, drückten ihre Verachtung gegen das knechtische Gesetz des Reiches aus und beriefen sich auf das skythische Recht, wonach eine geringe Geldbuße als Sühne für übereilte Taten, in Trunkenheit oder Zorn begangen, gestattet wurde. Ihre Klagen hatten den Schein für sich, ihr Geschrei tönte laut, und die Römer waren dem Beispiel der Unordnung und Straflosigkeit nicht abhold. Aber der keimende Aufruhr wurde durch das Ansehen und die Beredsamkeit des Oberfeldherrn gestillt; er stellte den versammelten Truppen die Notwendigkeit der Gerechtigkeit, die Wichtigkeit der Heereszucht, die Belohnungen der Frömmigkeit und Tugend und die unverzeihliche

Schuld des Mordes vor, die seiner Ansicht nach durch das Laster der Trunkenheit mehr erschwert als vermindert würde. Auf der Fahrt vom Hellespont nach dem Peloponnes, welche die Griechen nach der Belagerung von Troja in vier Tagen zurückgelegt hatten, wurde die Flotte des Belisar in ihrem Lauf durch die Admiralsgaleere geleitet, des Tages durch ihr rotes Segelwerk und des Nachts durch die Fackeln, die auf der Spitze des Mastes brannten, sichtbar. Es war die Pflicht der Piloten, während sie zwischen den Inseln steuerten und um die Vorgebirge von Malea und Tänarum fuhren, richtige Ordnung und regelmäßige Zwischenräume bei einer solchen Menge von Schiffen zu bewahren; da der Wind günstig und gemäßigt war, blieben ihre Anstrengungen nicht ohne Erfolg, und die Truppen wurden zu Methone an der Küste von Messenien wohlbehalten an das Land gesetzt, um nach den Beschwerden der See eine Weile auszuruhen. Hier erfuhren sie, wie die Habsucht, wenn sie mit Macht gepaart ist, mit dem Leben von Tausenden, die sich mit Wackerkeit dem Dienste des Staates hingeben, zu spielen vermag. Nach dem militärischen Herkommen wurde das Brot oder der Zwieback der Römer zweimal im Ofen gebacken, und gern wurde die Verminderung um ein Viertel für den Verlust an Gewicht gestattet. Um einen elenden Gewinn aus der verminderten Ausgabe für das Holz zu erzielen, hatte der Präfekt Johann von Kappadokien Befehl gegeben, daß das Mehl an demselben Feuer, das die Bäder von Konstantinopel heizte, leicht gebacken werden solle; daher konnte, als man die Säcke öffnete, nur ein weicher und schimmliger Teig an das Heer verteilt werden. Eine so ungesunde Nahrung erzeugte, unterstützt von der Wärme des Klimas und der Jahreszeit, bald eine Seuche, die fünfhundert Soldaten hinraffte. Der Gesundheitszustand wurde durch Belisars Tätigkeit wiederhergestellt, der zu Methone für frisches Brot sorgte und seine gerechte und menschenfreundliche Entrüstung dreist bekanntgab; der Kaiser schenkte seinen Beschwerden Gehör, der Feldherr wurde belobt, der Minister blieb unbestraft. Aus dem Hafen von Methone steuerten die Piloten längs der Westküste des Peloponneses bis zur Insel Zakynthus oder Zante, bevor sie die Fahrt (und in ihren Augen eine sehr schwierige) von hundert Seemeilen durch das Ionische Meer unternahmen. Da die Flotte durch eine Windstille aufgehalten wurde, vergingen sechzehn Tage mit dieser langsamen Fahrt; selbst der Oberfeldherr hätte durch unerträgliche Drangsale des Durstes leiden müssen, wenn die kluge Antonina nicht das Wasser in Glasflaschen, die sie tief in Sand vergrub, bewahrt hätte. Endlich gewährte der Hafen von Caucana an der Südseite von Sizilien einen sicheren und gastlichen Zufluchtsort. Die gotischen Beamten, welche die Insel im Namen der Tochter und des Enkels Theoderichs verwalteten, gehorchten ihren unklugen Befehlen, die Truppen Justinians als Freunde und Bundesgenossen zu empfangen. Vorräte wurden reichlich herbeigeschafft, die Kavallerie mit Pferden versehen, und bald kam auch Procopius von Syrakus mit genauen Nachrichten über die Lage und die Absichten der Vandalen zurück. Die Kunde, die er brachte, bestimmte Belisar, seine Bewegungen zu beschleunigen, und seine kluge Eile wurde von den Winden begünstigt. Die Flotte verlor Sizilien aus den Augen, segelte an Malta vorüber, bekam die Vorgebirge von Afrika zu Gesicht, lief mit einem starken Nordostwind der Küste entlang und warf die Anker endlich am Vorgebirge Caput Vada aus, ungefähr fünf Tagesreisen südlich von Karthago.

Wenn Gelimer von der Annäherung des Feindes unterrichtet gewesen wäre, hätte er die Wiedereroberung von Sardinien verschieben müssen, um unverzüglich seine Person und sein Königreich zu verteidigen; seine Abteilung von fünftausend Soldaten und hundertundzwanzig Galeeren würde sich mit den übrigen Streitkräften der Vandalen vereinigt haben, und der Abkömmling Genserichs hätte eine Flotte von schwerbeladenen, unbehilflichen, kampfesuntüchtigen Transportschiffen und leichten Brigantinen, die nur zur Flucht geeignet waren, überrumpeln und zerstreuen können. Belisar hatte insgeheim gezittert, wenn er auf der Überfahrt seine Soldaten belauschte, wie sie einander ermutigten, sich ihre Besorgnisse zu gestehen; einmal gelandet, hofften sie die Ehre ihrer Waffen zu behaupten, sollten sie aber zur See angegriffen werden, erröteten sie nicht, zu bekennen, daß es ihnen an Mut fehle, zu gleicher Zeit gegen Winde, Wellen und die Barbaren zu kämpfen. Die Kenntnis ihrer Gesinnungen bestimmte Belisar, die erste Gelegenheit zu ergreifen, sie in Afrika an das Land zu setzen; weislich verwarf er daher in einem Kriegsrat den Vorschlag, mit Flotte und Heer nach dem Hafen von Karthago zu segeln. Drei Monate nach der Abfahrt von Konstantinopel wurden Menschen und Pferde, Waffen und Kriegsbedürfnisse ungefährdet ausgeschifft und fünf Soldaten an Bord jedes der Schiffe zurückgelassen, die in Form eines Halbkreises aufgestellt waren. Die Truppen selbst bezogen ein Lager am Ufer, das sie nach alter Heeressitte mit Wall und Graben verschanzten; die Entdeckung einer Frischwasserquelle, die den Durst löschte, erregte die abergläubische Zuversicht der Römer. Am nächsten Morgen wurden einige benachbarte Gärten geplündert. Belisar bestraft die Verbrecher und benutzte die geringfügige Veranlassung, aber den entscheidenden Augenblick, um die Maximen der Gerechtigkeit, Mäßigung und echten Politik einzuschärfen. „Als ich zuerst den Auftrag übernahm, Afrika zu unterwerfen", sagte der Oberfeldherr, „verließ ich mich weit weniger auf die Zahl oder auch nur auf die Tapferkeit meiner Truppen als auf die freundschaftliche Stimmung der Eingeborenen und ihren unsterblichen Haß gegen die Vandalen. Ihr allein könnt mich dieser Hoffnung berauben; wenn ihr fortfahrt, durch Raub zu erpressen, was um ein geringes Geld erkauft werden kann, so werden solche Gewalttaten unversöhnliche Feinde aussöhnen und sie zu einem gerechten und heiligen Bund gegen die Feinde ihres Vaterlandes vereinigen." Diese Ermahnungen wurden durch eine strenge Mannszucht unterstützt, deren wohltätige Folgen die Truppen bald fühlten und priesen. Statt daß die Einwohner ihre Häuser verließen und ihr Korn verbargen, versahen sie die Römer reichlich mit billigen Lebensmitteln; die Zivilbeamten der Provinz fuhren fort, ihre Amtspflichten im Namen Justinians auszuüben, und die Geistlichkeit arbeitete aus Gewissensgründen oder Eigennutz emsig an der Förderung der Sache eines katholischen Kaisers. Die kleine Stadt Sullecte, eine Tagesreise vom Lager, erwarb die Ehre, die erste zu sein, die ihre Tore öffnete und zur alten Pflichttreue zurückkehrte; die größeren Städte Leptis und Adrumetum ahmten das Beispiel der Ergebenheit nach, sowie sich Belisar zeigte, und dieser rückte ohne Widerstand bis Grasse vor, einem fünfzig Meilen von Karthago entfernten Palast der Vandalenkönige. Die ermüdeten Römer gönnten sich die Erfrischungen schattiger Haine, kühler Brunnen und köstlicher Früchte, und der Vorzug, den Procopius diesen Gärten über alle, die er je im Osten oder Westen gesehen, gibt, kann ebensowohl dem Geschmack wie der Ermüdung dieses Historikers zugeschrieben werden. In drei Generationen hatten Wohlstand und ein warmes Klima die strenge Tugend der Vandalen vermindert, und sie waren allmählich die üppigsten aller Menschen geworden. In ihren Villen und Gärten, die den persischen Namen eines Paradieses verdienen mochten, genossen sie die Ruhe und angenehme Kühle, und nach dem täglichen Genuß des Bades setzten sich die Barbaren an eine Tafel, worauf die Köstlichkeiten des Landes und Meeres in verschwenderischem Überfluß prangten. Ihre seidenen, nach Art der Meder weit wallenden Gewänder waren mit Gold bestickt, Liebe und Jagd bildeten die Beschäftigungen ihres Lebens, und ihre müßigen Stunden füllten sie mit Pantomimen, Wagenrennen, Musik und den Tänzen des Theaters aus.

Auf einem zehn- bis zwölftägigen Marsch war Belisars Wachsamkeit beständig gegen seine unsichtbaren Feinde, von denen er an jedem Orte, zu jeder Stunde angegriffen werden konnte, auf der Hut. Johann der Armenier, ein erprobter und verdienstvoller Krieger, führte die Vorhut von dreihundert Reitern an; sechshundert Massageten deckten in einer bestimmten Entfernung die linke Flanke, und die gesamte, längs der Küste hinsteuernde Flotte verlor nur selten das Heer aus den Augen, das jeden Tag zwölf Meilen zurücklegte und jeden Abend befestigte Lager oder befreundete Städte bezog. Die rasche Annäherung der Römer gegen Karthago erfüllte Gelimers Herz mit Bangigkeit und Schrecken. Er wünschte klüglich den Krieg bis zu seines Bruders Rückkehr mit den erlesensten Truppen von der Unterwerfung der Insel Sardinien zu verlängern und beklagte die unbesonnene Politik seiner Ahnen, die ihm durch die Zerstörung aller Festungswerke in Afrika nur den gefährlichen Ausweg gelassen hatten, in der Nähe seiner Hauptstadt eine Schlacht zu wagen. Die vandalischen Barbaren hatten sich von ihrer ursprünglichen Zahl von fünfzigtausend, ohne Einschluß der Frauen und Kinder, auf hundertundsechzigtausend kampftüchtige Männer vermehrt; eine Streitmacht, die, wenn sie von Tapferkeit und Einigkeit beseelt gewesen wäre, die schwachen und erschöpften Scharen des römischen Feldherrn gleich nach ihrer Landung erdrückt haben müßte. Die Freunde des gefangenen Königs fühlten aber größere Neigung, die Einladung Belisars anzunehmen als sich seinen Fortschritten zu widersetzen, und mancher stolze Barbar verbarg seinen Abscheu vor dem Krieg unter scheinbarem Haß gegen den Thronräuber. Nichtsdestoweniger brachten die Versprechungen und das Ansehen Gelimers ein furchtbares Heer zusammen, und seine Pläne waren mit ziemlicher militärischer Geschicklichkeit entworfen. Seinem Bruder Ammatas sandte er den Befehl, alle Streitkräfte von Karthago zu sammeln und die Vorhut der Römer in einer Entfernung von zehn Meilen von der Stadt zu bekämpfen; sein Neffe Gibamund erhielt Auftrag, mit zweitausend Reitern ihren linken Flügel anzugreifen, während der Monarch selbst, der in der Stille folgte, über ihre Nachhut in einer Stellung, die sie von der Hilfe, ja selbst von der Sicht ihrer Flotte abschnitt, herfallen wollte. Aber die Verwegenheit des Ammatas brachte ihm selbst und seinem Vaterland Verderben. Er griff um eine Stunde zu früh an, eilte seinen langsamen Nachfolgern voraus und erhielt eine Todeswunde, nachdem er mit eigener Hand zwölf seiner kühnsten Gegner getötet hatte. Seine Vandalen flohen nach Karthago; der Weg, fast zehn Meilen, war mit Leichen bestreut, und es schien unglaublich, daß solche Scharen durch das Schwert von dreihundert Römern niedergemetzelt worden wären. Der Neffe Gelimers wurde nach kurzem Kampf von den sechshundert Massageten geschlagen; sie waren nicht den dritten Teil so stark wie er, aber jeder Skythe wurde durch das Beispiel seines Fürsten angefeuert, der glorreich das Vorrecht seiner Familie ausübte, indem er allein vorsprengte, um den ersten Pfeil gegen den Feind abzuschießen. Inzwischen war Gelimer, mit den Ereignissen unbekannt und durch die Krümmungen der Hügel mißleitet, aus Unachtsamkeit an dem römischen Heer vorbeigekommen und langte auf der Walstätte an, wo Ammatas gefallen war. Er beweinte das Schicksal seines Bruders und Karthagos und griff mit unwiderstehlicher Wut die vorgedrungenen Geschwader an und hätte sie verfolgt, ja vielleicht den Sieg entschieden, wenn er die unschätzbaren Augenblicke nicht durch Erfüllung einer eitlen, obschon frommen Pflicht gegen die Toten versäumt hätte. Während sein Herz durch diese schmerzliche Verrichtung gebrochen war, erscholl die Trompete Belisars, der Antonina mit dem Fußvolk in dem Lager ließ und mit seinen Leibwachen und den übrigen Reitern vorwärtsdrängte, um die fliehenden Truppen zum Stehen zu bringen und das Glück des Tages wiederherzustellen. In einer so ordnungslosen Schlacht konnte es wenig Gelegenheit für die Talente eines Feldherrn geben; aber der König floh vor dem Helden, und die nur an einen maurischen Feind gewöhnten Vandalen waren unfähig, den Waffen und der Taktik der Römer zu widerstehen. Gelimer zog sich eilig gegen die numidische Wüste zurück: er hatte wenigstens den Trost, zu vernehmen, daß seine geheimen Befehle zur Hinrichtung Hilderichs und seiner eingekerkerten Freunde treulich vollzogen worden waren. Die Rache des Tyrannen nützte nur seinen Feinden. Die Ermordung des rechtmäßigen Fürsten erregte das Mitleid seines Volkes, sein Leben hätte die siegreichen Römer in Verlegenheit gesetzt, und der Stellvertreter des Justinian wurde durch ein Verbrechen, woran er unschuldig war, von der peinlichen Wahl befreit, entweder seine Ehre zu verwirken oder seine Eroberungen aufzugeben.

Sobald sich der Tumult gelegt hatte, unterrichteten die verschiedenen Teile des Heeres einander von den Ereignissen des Tages, und Belisar schlug sein Lager auf dem Siegesfelde auf, dem der zehnte Meilenstein von Karthago die lateinische Benennung decimus gegeben hatte. Aus weiser Beargwöhnung der Kriegslisten und Hilfsquellen der Vandalen marschierte er am folgenden Tage in Schlachtordnung, machte des Abends vor den Toren von Karthago Halt und gestattete, eine Nacht zu ruhen, um die Stadt in der Dunkelheit und Unordnung nicht der Zügellosigkeit der Soldaten, oder die

Soldaten selbst einem geheimen Hinterhalt in der Stadt auszusetzen. Da jedoch die Befürchtungen Belisars einem ruhigen und unerschrockenen Verstand entsprangen, überzeugte er sich bald, daß er ohne Gefahr dem friedlichen und freundschaftlichen Aussehen der Hauptstadt trauen könne. Karthago erglänzte von zahllosen Fackeln, den Zeichen der öffentlichen Freude; die Kette, die den Eingang des Hafens schloß, ward hinweggenommen; die Tore wurden geöffnet, und das Volk begrüßte und lud seine römischen Befreier mit dem Jubel der Dankbarkeit ein (15. September 533). Die Niederlage der Vandalen und die Befreiung Afrikas waren der Stadt am Vorabend des heiligen Zyprian bekanntgeworden, als die Kirchen bereits zum Feste des Märtyrers, den drei Jahrhunderte der Anbetung fast zu einer Lokalgottheit erhoben hatten, geschmückt und erleuchtet waren. Die Arianer überließen im Bewußtsein, daß ihr Reich zu Ende sei, seinen Tempel den Katholiken, die ihren Heiligen aus ketzerischen Händen befreiten, den heiligen Ritus vollbrachten und den Glauben des Athanasius und Justinian laut bekannten. Eine verhängnisvolle Stunde wandelte das Schicksal der feindlichen Parteien. Die flehenden Vandalen, die noch vor kurzem allen Lastern der Eroberer frönten, suchten demütig eine Zuflucht in dem Heiligtum der Kirche, während die Kaufleute des Ostens aus dem tiefsten Kerker des Palastes durch ihren bebenden Wächter befreit wurden, der seine Gefangenen um Schutz bat und ihnen durch eine Öffnung in der Mauer die Segel der römischen Flotte zeigte. Die Anführer derselben waren nach ihrer Trennung von dem Heer vorsichtig und langsam längs der Küste hingefahren, bis sie das hermäische Vorgebirge erreichten und die erste Nachricht von Belisars Sieg erhielten. Treu ihren Verhaltungsbefehlen würden sie ungefähr zwanzig Meilen von Karthago die Anker ausgeworfen haben, wenn die erfahrenen Seeleute nicht die Gefahren des Ufers und die Anzeichen eines drohenden Sturmes erkannt hätten. Da sie jedoch mit der Umwälzung noch unbekannt waren, enthielten sie sich des verwegenen Versuches, die Hafenkette zu sprengen, und der naheliegende Hafen und die Vorstadt von Mandrakium wurden nur durch die Gewalttätigkeiten eines untergeordneten Offiziers mißhandelt, der seinen Anführern ungehorsam ward und sie verließ. Die kaiserliche Flotte segelte indessen mit einem günstigen Wind vorwärts, steuerte durch den engen Eingang der Goletta und nahm in dem tiefen und geräumigen See von Tunis eine sichere Stellung ungefähr fünf Meilen von der Hauptstadt ein. Kaum hatte Belisar von ihrer Ankunft Nachricht erhalten, so entsandte er den Befehl, daß der größte Teil der Seeleute unverzüglich an das Land gehen sollte, um an dem Triumph teilzunehmen und die Anzahl der Römer scheinbar zu erhöhen. Bevor er sie durch die Tore von Karthago einziehen ließ, ermahnte er sie in einer seiner selbst und der Veranlassung würdigen Rede, den Ruhm ihrer Waffen nicht zu schänden und zu bedenken, daß die Vandalen die Tyrannen gewesen, sie aber die Befreier der Afrikaner wären, die jetzt als die freiwilligen und anhänglichen Untertanen ihres gemeinsamen Souveräns angesehen werden müßten. Die Römer zogen in geschlossenen Reihen durch die Straßen, zum Kampf bereit, falls ein Feind erscheinen würde; die strenge Ordnung, die der Feldherr bewahrte, schärfte ihren Gemütern die Pflicht des Gehorsams ein, und in einem Zeitalter, in dem Gewohnheit und Straflosigkeit den Mißbrauch der Eroberung fast geheiligt hatten, hielt der Geist eines einzigen die Leidenschaften eines siegreichen Heeres im Zaum. Die Stimme der Drohung und Klage schwieg, der Handel von Karthago wurde nicht unterbrochen; während Afrika Gebieter und Regierung wechselte, blieben die Läden geöffnet und schlossen Geschäfte ab, und die Soldaten verfügten sich, nachdem hinreichende Wachen ausgestellt worden, bescheiden in die Häuser, die zu ihrer Aufnahme angewiesen waren. Belisar nahm seine Wohnung im Palast, setzte sich auf den Thron Genserichs, verteilte die Barbarenbeute, schenkte den flehenden Vandalen ihr Leben und bestrebte sich, den Schaden gutzumachen, den die Vorstadt Mandrakium in der vergangenen Nacht erlitten hatte. Des Abends bewirtete er die vornehmsten Anführer in der Form und mit der Pracht eines königlichen Banketts. Der Sieger wurde ehrfurchtsvoll von den gefangenen Beamten des Hofhaltes bedient: aber in diesen festlichen Augenblicken, in denen die unparteiischen Zuschauer das Glück und Verdienst Belisars priesen, gossen seine neiderfüllten Schmeichler insgeheim ihr Gift über jedes Wort und jede Gebärde aus, die den Argwohn eines eifersüchtigen Monarchen rege machen konnten. Ein Tag wurde diesen großartigen Szenen gewidmet, die nicht als nutzlos angesehen werden dürfen, wenn sie die Ehrfurcht des Volkes steigern: aber der tätige Geist Belisars, der im Stolz des Sieges eine Niederlage für möglich halten konnte, hatte bereits beschlossen, daß das Römische Reich in Afrika weder von den Wechselfällen der Waffen, noch von der Volksgunst abhängen solle. Die Festungswerke von Karthago waren allein von der allgemeinen Vernichtung verschont worden, aber die leichtsinnigen und trägen Vandalen hatten sie während ihrer fünfundneunzigjährigen Herrschaft verfallen lassen. Ein anderer Eroberer stellte mit unglaublicher Eile die Mauern und Gräben der Stadt wieder her. Seine Freigebigkeit ermunterte die Werkleute; die Soldaten, Matrosen und Bürger wetteiferten miteinander in der heilsamen Arbeit, und Gelimer, der sich gefürchtet hatte, seine Person einer offenen Stadt anzuvertrauen, sah mit Erstaunen und Verzweiflung die immer mehr zunehmende Stärke einer uneinnehmbaren Festung.

Dieser unglückliche Monarch bemühte sich nach dem Verlust seiner Hauptstadt, die Trümmer eines Heeres, das durch die vorhergehende Schlacht mehr zerstreut als vernichtet worden war, wieder zu sammeln; auch lockte die Hoffnung auf Plünderung einige Maurenscharen unter seine Fahne. Er hatte sein Lager in den Feldern von Bulla, vier Tagereisen von Karthago, mißhandelte die Hauptstadt, indem er sie des Zuflusses des Wassers beraubte, setzte einen hohen Preis auf den Kopf jedes Römers, stellte sich, als würde er Personen und Eigentum seiner afrikanischen Untertanen schonen und verhandelte insgeheim mit den afrikanischen Sektierern und den verbündeten Hunnen. Unter solchen Umständen konnte die Bezwingung der Insel Sardinien nur seine Bedrängnis vermehren; er bedachte mit den bittersten Schmerzen, daß er in dieser fruchtlosen Unternehmung fünftausend seiner tapfersten Truppen vergeudet hatte, und er las mit Qual und Scham die siegreichen Briefe seines Bruders Zano, worin dieser die freudige Hoffnung ausdrückte, daß der König nach dem Beispiele ihrer Ahnen die römischen Eindringlinge bereits gezüchtigt haben werde. „Ach! Mein Bruder", erwiderte Gelimer, „der Himmel hat sich gegen unser unglückliches Volk erklärt. Während du Sardinien unterjochtest, haben wir Afrika verloren. Kaum erschien Belisar mit einer Handvoll Soldaten, als auch Mut und Glück die Sache der Vandalen verließen. Dein Neffe Gibamund, dein Bruder Ammatas haben durch die verräterische Feigheit ihrer Untergebenen den Tod gefunden. Unsere Pferde, unsere Schiffe, Karthago selbst, ganz Afrika sind in der Gewalt des Feindes. Dennoch ziehen die Vandalen eine schimpfliche Ruhe auf Kosten ihrer Weiber und Kinder, ihres Reichtums und ihrer Freiheit vor. Nichts ist mehr übrig außer das Feld von Bulla und die Hoffnung auf deine Tapferkeit. Verlasse Sardinien, fliege uns zu Hilfe, stelle unser Reich wieder her oder falle an unserer Seite." Nach Empfang dieses Schreibens teilte Zano seinen Schmerz den vornehmsten Vandalen mit: vor den Einwohnern der Insel ward jedoch die Trauerkunde klüglich geheimgehalten. Die Truppen schifften sich auf hundertundzwanzig Galeeren im Hafen von Cagliari ein, warfen am dritten Tag an den Grenzen von Mauritanien die Anker aus und traten ihren Eilmarsch an, um zu der königlichen Fahne im Lager von Bulla zu stoßen. Schmerzlich war das Wiedersehen, die beiden Brüder umarmten sich, sie weinten stumm, keine Fragen wurden über den sardinischen Krieg getan, keine Forschungen über die afrikanischen Unfälle angestellt, sie sahen den ganzen Umfang ihres Unglücks vor Augen, und die Abwesenheit ihrer Gattinnen und Kinder lieferte den traurigen Beweis, daß ihnen das Los des Todes oder der Gefangenschaft geworden war. Der erschlaffte Geist der Vandalen wurde endlich durch die Bitten ihres Königs, das Beispiel Zanos und die unmittelbare Gefahr, die ihre Monarchie und Religion bedrohte, aufgerüttelt und vereinigt. Die streitbare Macht des Volkes rückte zur Schlacht; das Heer vergrößerte sich so schnell, daß es, bevor es Trikameron, ungefähr zwanzig Meilen von Karthago, erreichte, sich, vielleicht mit einiger Übertreibung, rühmen konnte, die geringen Streitkräfte der Römer um das Zehnfache zu übertreffen. Aber diese Streitkräfte standen unter dem Befehl Belisars, und da er sich seiner überlegenen Geistesmacht bewußt war, gestattete er den Barbaren, ihn zu einer ungewohnten Stunde zu überrumpeln. Augenblicks standen die Römer unter Waffen, ein Bach deckte ihre Front, die Reiterei bildete die erste Linie, die Belisar im Zentrum an der Spitze von fünfhundert Leibwachen unterstützte; die Infanterie war in einiger Entfernung in zweiter Linie aufgestellt, und die Wachsamkeit des Oberfeldherrn behielt die gesonderte Aufstellung und zweifelhafte Treue der Massageten im Auge, welche insgeheim ihre Hilfe den Siegern zugedacht hatten. Der Geschichtsschreiber hat die Reden der Feldherren, die durch Gründe, die ihrer Lage höchst widersprechend waren, die Wichtigkeit des Sieges und Verachtung des Lebens einschärften, eingeschaltet, und der Leser kann sich dieselben leicht denken. Zano war mit den Truppen, mit denen er Sardinien wieder erobert hatte, im Mittelpunkt aufgestellt, und der Thron Genserichs wäre ihm erhalten geblieben, wenn die Masse der Vandalen ihre unerschrockene Entschlossenheit nachgeahmt hätte. Sie warfen Lanzen und Geschosse von sich, zogen die Schwerter und erwarteten den Angriff; dreimal setzte die römische Reiterei über den Bach, dreimal wurde sie zurückgeworfen und der Kampf mit Festigkeit fortgesetzt, bis Zano fiel und die Fahne Belisars sich entfaltete (November 533). Gelimer zog sich in sein Lager zurück, die Hunnen nahmen an der Verfolgung teil, und die Sieger beraubten die Leichen der Gefallenen. Aber nicht mehr als fünfzig Römer und achthundert Vandalen wurden auf dem Schlachtfeld gefunden: so unbeträchtlich war das Gemetzel eines Tages, der eine Nation vernichtete und die Herrschaft Afrikas in andere Hände gab. Des Abends führte Belisar sein Fußvolk zum Angriff gegen das Lager, und die feige Flucht Gelimers enthüllte die Nichtigkeit seiner noch frischen Erklärung, daß dem Besiegten der Tod Erlösung, das Leben Last und die Schande Gegenstand des Schreckens sei. Seine Entfernung war geheim, als aber die Vandalen entdeckten, daß ihr König sie verlassen habe, zerstreuten sie sich eilig, nur um ihre persönliche Sicherheit besorgt und unbekümmert um jeden anderen Gegenstand, der dem Menschen teuer und wertvoll zu sein pflegt. Die Römer drangen ohne Widerstand in das Lager, und die wildesten Szenen wurden von der Dunkelheit und Verwirrung der Nacht verhüllt. Jeder Barbar, der sich ihren Schwertern zeigte, ward unmenschlich niedergemetzelt; die Witwen und Töchter der Vandalen wurden von den zügellosen Soldaten, entweder weil sie reiche Erbinnen waren oder als schöne Beischläferinnen, umarmt, ja selbst die größte Habsucht konnte mit den Schätzen von Gold und Silber, den während einer langen Dauer des Wohlstandes und Friedens aufgehäuften Früchten der Eroberung oder Sparsamkeit, befriedigt werden. Bei dieser Wut der Nachsuchung vergaßen sogar Belisars Truppen Vorsicht und Achtsamkeit. Von Wollust und Raub berauscht, durchforschten sie in kleinen Abteilungen oder allein die naheliegenden Felder, Wälder, Felsen und Höhlen, ob dort irgendein plünderungswürdiger Gegenstand verborgen sei; mit Beute beladen verließen sie ihre Reihen und wanderten ohne Führer der Heerstraße von Karthago zu, ja wenn die fliehenden Feinde umzukehren gewagt hätten, würden nur sehr wenige Sieger entkommen sein. Im tiefsten Gefühl der Schmach und Gefahr brachte Belisar eine angstvolle Nacht auf dem Siegesfeld zu; mit Tagesanbruch pflanzte er seine Fahne auf einem Hügel auf, rief seine Leibwachen und Veteranen zurück und stellte allmählich Anstand und Ordnung des Lagers wieder her. Es war in gleichem Grade Sorge des römischen Feldherrn, die feindlichen Barbaren zu schlagen und die Geschlagenen zu retten; die flehenden Vandalen, die nur in Kirchen zu finden waren, wurden durch sein Ansehen beschützt, entwaffnet und einzeln eingesperrt, damit sie weder den öffentlichen Frieden stören noch Opfer der Volkswut werden könnten. Nachdem er ein fliegendes Korps entsandt hatte, um Gelimer zu verfolgen, rückte er mit seinem ganzen Heer in etwa zehntägigem Marsch bis Hippo Regius vor, das die Reliquien des heiligen Augustin nicht mehr besaß. Die Jahreszeit und die sichere Kunde, daß die Vandalen in das unzugängliche Land der Mauren geflohen seien, bestimmte Belisar, die fruchtlose Verfolgung aufzugeben und seine Winterquartiere in Karthago aufzuschlagen. Von da entsandte er seinen ersten Unterbefehlshaber, dem Kaiser zu melden, daß er in einem Zeitraum von drei Monaten die Unterwerfung Afrikas bewerkstelligt habe.

Belisar redete die Sprache der Wahrheit. Die überlebenden Vandalen leisteten ohne Widerstand auf ihre Waffen und Freiheit Verzicht. Die Nachbarschaft von Karthago unterwarf sich in seiner Anwesenheit, die ferneren Provinzen auf das Gerücht seines Sieges hin. Tripolis ward in seiner freiwilligen Unterwürfigkeit bestärkt, Sardinien und Korsika ergaben sich einem Offizier, der statt des Schwertes das Haupt des tapferen Zano überbrachte, und die Inseln Majorka, Minorka und Yvika ließen es sich gefallen, ein demütiges Anhängsel des afrikanischen Reiches zu bleiben. Cäsarea, eine königliche Stadt, das heutige Algier, wenn man es mit der Geographie nicht allzu genau nimmt, lag dreißig Tagesreisen westlich von Karthago; zu Land wurde der Weg durch die Mauren unsicher gemacht, aber die See stand offen, und die Römer waren jetzt Herren des Meeres. Ein tätiger und erfahrener Tribun segelte bis zur Meerenge, wo er Septem oder Ceuta, das sich auf der afrikanischen Küste Gibraltar gegenüber erhebt, besetzte; dieser ferne Platz wurde später durch Justinian verschönert und befestigt, was dem unfruchtbaren Ehrgeiz, sein Reich bis zu den Säulen des Herkules auszudehnen, gefrönt zu haben scheint. Er empfing die Siegesboten, als er eben im Begriff stand, die Pandekten des Römischen Rechtes kundzumachen, und der fromme oder eifersüchtige Kaiser pries die Güte Gottes, gestand aber insgeheim das Verdienst seines siegreichen Feldherrn ein. In dem Drang, die weltliche und geistliche Tyrannei der Vandalen zu vernichten, schritt er ohne Verzug zur vollen Einsetzung der katholischen Kirche. Ihre Gerichtsbarkeit, Reichtümer und Freiheiten, vielleicht der wesentlichste Teil der Religion der Bischöfe, wurden mit freigebiger Hand wiederhergestellt und erweitert, der arianische Gottesdienst unterdrückt, die donatistischen Versammlungen verboten, und die Synode von Karthago zollte durch die Stimme von zweihundertsiebzehn Bischöfen der gerechten Wiedervergeltung ihren Beifall. Es läßt sich nicht annehmen, daß bei einer solchen Veranlassung viele orthodoxe Prälaten abwesend waren; aber ihre verhältnismäßig geringe Anzahl, die in den früheren Ratsversammlungen zwei-, ja dreimal größer war, zeigt deutlichst den Verfall sowohl des Staates als der Kirche. Während Justinian sich als Verteidiger des Glaubens gefiel, hegte er die ehrgeizige Hoffnung, daß sein siegreicher Stellvertreter die engen Grenzen seiner Herrschaft schleunigst bis zu jenen, die sie vor Einbruch der Mauren und Vandalen hatte, erweitern würde und gab Belisar den Befehl, in den passenden Standorten von Tripolis, Leptis, Cirta, Cäsarea und Sardinien fünf Herzoge oder Befehlshaber zu ernennen und die Streitkräfte der Palatinen oder Grenzer zu berechnen, die zur Verteidigung von Afrika hinreichend wären. Das Königreich der Vandalen war der Anwesenheit eines prätorianischen Präfekten nicht unwürdig, und es wurden vier Konsularen und drei Präsidenten ernannt, um die seiner Zivilgerichtsbarkeit unterworfenen sieben Provinzen zu verwalten. Die Zahl ihrer untergeordneten Beamten, Schreiber, Boten oder Gehilfen wurde umständlich festgesetzt, dreihundertneunundsechzig für den Präfekten selbst, fünfzig für jeden seiner Stellvertreter, und die strenge Bestimmung ihrer Sporteln und Gehalte diente mehr zur Bekräftigung des Rechtes als zur Verhinderung des Mißbrauches. Diese Obrigkeiten mochten drückend sein, aber sie waren nicht müßig, und unter der neuen Regierung, welche die Freiheit und Gerechtigkeit der römischen Republik wieder ins Leben zu rufen vorgab, wurden die spitzfindigen Fragen des Rechtes und der Finanzen unendlich vervielfacht. Der Sieger wünschte sehnlich von seinen afrikanischen Untertanen pünktliche und reichliche Abgaben zu erhalten, weswegen er ihnen gestattete, die Häuser und Ländereien, deren sie durch die Ungerechtigkeit der Vandalen beraubt worden waren, bis zum dritten Grade, ja selbst von der Seitenlinie, wieder zu beanspruchen. Nach dem Abzug Belisars, der kraft einer erhabenen und besonderen Vollmacht handelte, ward keine ordentliche Vorsorge für den Oberbefehlshaber der Truppen getroffen, wohl aber das Amt des prätorianischen Präfekten einem Soldaten anvertraut; die Zivil- und Militärgewalt wurde nach der Maxime des Justinian in der Person des obersten Befehlshabers vereinigt und der Stellvertreter des Kaisers in Afrika sowie in Italien bald durch die Benennung Exarch ausgezeichnet.

Die Eroberung von Afrika war jedoch unvollständig, so lange dessen früherer Souverän nicht tot oder lebendig in die Hände der Römer fiel. Besorgt über den Ausgang, hatte Gelimer geheime Befehle erteilt, einen Teil seines Schatzes nach Spanien zu bringen, wo er am Hofe des Königs der Westgoten sichere Zuflucht zu finden hoffte. Aber seine Absichten wurden durch Zufall, Verrat und die unablässige Verfolgung seiner Feinde vereitelt, die ihm die Flucht zum Gestade abschnitten und den unglücklichen Monarchen mit einigen treuen Anhängern in das unzugängliche Gebirge von Papua im Innern von Numidien jagten. Er wurde unverzüglich von Pharas belagert, einem Befehlshaber, dessen Aufrichtigkeit und Nüchternheit um so größeren Beifall erlangten, je seltener solche Eigenschaften unter den Herulern, den verderbtesten aller Barbaren, zu finden waren. Seiner Wachsamkeit hatte Belisar diesen wichtigen Auftrag anvertraut, und nach einem kühnen Versuch, den Berg zu ersteigen, wobei Pharas hundertzehn Soldaten verlor, erwartete er während einer Belagerung im Winter die Wirkungen der Not und des Hungers auf das Gemüt des vandalischen Königs. Von der weichlichsten Verwöhnung und Üppigkeit, von unbegrenzter Macht über Industrie und Reichtum war er dahin gebracht worden, die Armut der Mauren teilen zu müssen, die ihnen selbst nur aus Unkenntnis einer besseren Lage erträglich war. In ihren rohen Hütten aus Lehm und Hürden, die den Rauch nicht entweichen ließen und das Licht ausschlossen, schliefen sie alle miteinander auf dem Erdboden, vielleicht auf einem Schaffell, mit ihren Weibern, Kindern und dem Vieh. Schmutzig und ärmlich waren ihre Gewänder, Brot und Wein kannten sie nicht, und ihre Hafer- oder Gerstenkuchen, in heißer Asche unvollständig gebacken, wurden von den hungrigen Wilden in einem fast rohen Zustand verschlungen. Die Gesundheit Gelimers hätte unter diesen außerordentlichen und ungewohnten Beschwerden, aus welchen Ursachen er sie immer erdulden mochte, leiden müssen; sein gegenwärtiges Elend wurde noch durch die Erinnerung an vergangene Größe, den täglichen Hochmut seiner Beschützer und durch die begründete Furcht verbittert, daß die leichtsinnigen und käuflichen Mauren zum Verrat an der Gastfreundschaft verleitet werden möchten. Die Kenntnis seiner Lage diktierte Pharas' menschenfreundliches und wohlgemeintes Schreiben. „Wie du selbst", sagte der Fürst der Heruler darin, „bin ich ein schriftunkundiger Barbar, aber ich rede die Sprache des gesunden Menschenverstandes und eines aufrichtigen Herzens. Warum willst du auf deiner hoffnungslosen Hartnäckigkeit beharren? Warum dich selbst, deine Familie und dein Volk in das Verderben stürzen? Aus Liebe zur Freiheit und Abscheu gegen Sklaverei? Ach! Mein teuerster Gelimer, bist du denn nicht schon der erbärmlichste der Sklaven, der Sklave des niederträchtigen Volkes der Mauren? Wäre es nicht vorzuziehen, zu Konstantinopel ein Leben der Armut und Knechtschaft zu führen, als der unumschränkte Monarch des Papuagebirges zu sein? Hältst du es für eine Schande, Justinians Untertan zu sein? Belisar ist sein Untertan, und ich selbst, dessen Herkunft der deinigen nicht nachsteht, schäme mich meines Gehorsams gegen den römischen Kaiser nicht. Dieser großmütige Fürst will dir ein reiches Erbeigentum an Ländereien, einen Platz im Senat und die Würde eines Patriziers gewähren: Das sind seine gnadenreichen Absichten, und du kannst dich vertrauensvoll auf das Wort Belisars verlassen. So lange der Himmel uns zu leiden verurteilt hat, ist Geduld eine Tugend, wenn wir aber die angebotene Erlösung ablehnen, artet sie in blinde und unvernünftige Verzweiflung aus." – „Ich bin nicht unempfänglich", erwiderte der König der Vandalen, „gegen deinen freundschaftlichen und vernünftigen Rat, aber ich kann mich nicht überreden, der Sklave eines ungerechten Feindes zu werden, der meinen unversöhnlichen Haß verdient. Ihn habe ich nie, weder durch Wort noch Tat, beleidigt, und doch hat er gegen mich, ich weiß nicht woher, einen gewissen Belisar gesandt, der mich kopfüber von dem Thron in den tiefsten Abgrund des Elends gestürzt hat. Justinian ist ein Mensch, er ist ein Fürst; fürchtet er nicht für sich selbst ein ähnliches Umschlagen des Glücks? Sende mir, ich bitte dich, mein teurer Pharas, sende mir eine Lyra, einen Schwamm und ein Brot." Von dem vandalischen Boten erfuhr Pharas die Beweggründe dieser sonderbaren Bitte. Es war lange her, daß der König von Afrika Brot genossen hatte; seine Augen trieften infolge der Anstrengungen oder des unaufhörlichen Genusses von

Wein, und er wünschte sich in seinen schmerzlichen Stunden zu trösten, indem er zur Lyra die traurige Geschichte seines eigenen Unglücks sang. Die Menschlichkeit des Pharas war gerührt, er sandte die drei außerordentlichen Geschenke; aber gerade seine Menschlichkeit bewog ihn, die Strenge der Einschließung zu verdoppeln, um seinen Gefangenen desto eher zu zwingen, einen für die Römer so vorteilhaften und zugleich für ihn selbst so heilsamen Entschluß zu ergreifen. Die Hartnäckigkeit Gelimers wich endlich der Vernunft und Notwendigkeit, die feierliche Zusicherung des Lebens und ehrenvoller Behandlung wurde durch den Abgesandten Beliars im Namen des Kaisers gegeben, und Gelimer stieg von seinen Bergen herab. Die erste öffentliche Zusammenkunft fand in einer der Vorstädte von Karthago statt, und als der königliche Gefangene zum erstenmal seine Besieger begrüßte, brach er in lautes Gelächter aus. Die Menge mochte ganz natürlich glauben, daß Gelimer durch den außerordentlichen Schmerz seiner Sinne beraubt worden wäre; in seiner traurigen Lage aber verkündete unzeitige Fröhlichkeit dem einsichtsvolleren Beobachter, daß die eitlen und vergänglichen Szenen menschlicher Größe jedes ernsten Gedankens unwürdig sind.

Ihre Verachtung wurde bald durch ein neues Beispiel einer alten Wahrheit bestätigt: daß der Macht Schmeichelei und den überlegenen Verdiensten Neid anhafte. Die Anführer des römische Heeres erkühnten sich, als Nebenbuhler eines Helden aufzutreten. Ihre geheimen Depeschen meldeten boshafterweise, daß der Eroberer von Afrika, stark durch seinen Ruhm und die Liebe des Volkes, damit umgehe, sich selbst auf den Thron der Vandalen zu setzen. Justininan hörte mit zu offenen Ohren, und sein Schweigen war weit mehr das Ergebnis der Eifersucht als des Vertrauens. Die ehrenvolle Wahl, entweder in der Provinz bleiben oder nach der Hauptstadt zurückzukehren, wurde allerdings der Einsicht Belisars gelassen; aber er zog aus aufgefangenen Briefen und aus der Kenntnis der Gemütsart seines Souveräns weislich den Schluß, daß er entweder seinen Kopf wagen und seine Fahne aufpflanzen oder durch Anwesenheit und Unterwerfung seine Feinde beschämen müsse. Unschuld und Mut entschieden seine Wahl: seine Leibwache, Gefangenen und Schätze wurden sorgfältig eingeschifft, und so glücklich war die Seereise, daß seine Ankunft in Konstantinopel jeder bestimmten Nachricht von seiner Abfahrt aus dem Hafen von Karthago zuvorkam. Eine so arglose Treue zerstreute die Besorgnisse Justinians, der Neid wurde durch die öffentliche Dankbarkeit zum Schweigen gebracht und entflammt, und der dritte Afrikanus erhielt die Ehre eines Triumphes, eine Feier, wie die Stadt Konstantinopel sie nie gesehen und die das alte Rom seit Tiberius den glücklichen Waffen der Cäsaren vorbehalten hatte. Aus dem Palast Belisars bewegte sich der Zug durch die Hauptstraßen nach dem Hippodrom, und dieser denkwürdige Tag schien die von Genserich zugefügten Unbilden zu rächen und die Schande der Römer auszulöschen. Der Reichtum von Nationen ward zur Schau gestellt, die Trophäen kriegerischer wie weibischer Pracht: reiche Rüstungen, goldene Throne und die Staatswagen, deren sich die Vandalenkönigin bediente, die massiven Geräte des königlichen Tisches, der Glanz der Edelsteine, die schönen Statuen und Vasen, der gediegene Goldschatz und die heiligen Gefäße des jüdischen Tempels, die nach ihrer langen Wanderung ehrfurchtsvoll in der christlichen Kirche von Jerusalem niedergelegt wurden. Ein langer Zug edelster Vandalen zeigte deren hohen Wuchs und männliches Aussehen. Gelimer ging langsam voran, er war in ein Purpurgewand gekleidet und bewahrte immer die Majestät eines Königs. Keine Träne entrann seinen Augen, kein Seufzer war zu hören, aber sein Stolz oder seine Frömmigkeit erhielt einigen geheimen Trost aus den Worten Salomons, die er wiederholt aussprach: Eitelkeit! Eitelkeit! Alles ist Eitelkeit! Statt einen von vier Pferden oder Elefanten gezogenen Triumphwagen zu besteigen, schritt der bescheidene Sieger zu Fuß an der Spitze seiner tapferen Gefährten; seine Klugheit mochte eine für einen Untertanen zu erhabene Ehre ablehnen und seine Großmut mit Recht verschmähen, was so oft von den schändlichsten Tyrannen befleckt worden war. Der glorreiche Zug kam durch das Tor des Hippodroms, wurde von dem Jubelruf des Senats und Volkes begrüßt und hielt vor dem Thron, worauf Justinian und Theodora saßen, um die Huldigung des gefangenen Monarchen und des siegreichen Helden zu empfangen. Sie machten beide die üblichen Zeichen der Anbetung, fielen zur Erde nieder und berührten ehrfurchtsvoll den Fußschemel eines Fürsten, der sein Schwert nicht aus der Scheide gezogen, und einer Freudendirne, die auf dem Theater getanzt hatte; man mußte sanfte Gewalt anwenden, um den hartnäckigen Sinn des Enkels Genserichs zu beugen, und auch Belisars Genius, wenn auch seit jeher Knechtschaft gewöhnt, mußte sich insgeheim empört fühlen. Er ward unverzüglich zum Konsul für das nächste Jahr ausgerufen, und der Tag seiner Einsetzung (1. Jänner 535) war ein zweiter Triumph; sein hoher konsularischer Stuhl wurde auf den Schultern gefangener Vandalen getragen und die Beute des Krieges, goldene Becher, reiche Gürtel verschwenderisch unter die Menge geworfen.

Aber der reinste Lohn Belisars lag in der treuen Erfüllung eines Vertrages, wofür er dem Vandalenkönig seine Ehre verbürgt hatte. Die religiösen Bedenken Gelimers, der dem Arianismus anhing, waren mit der Würde eines Senators und Patriziers unverträglich; der entthronte Monarch empfing aber vom Kaiser eine große Besitzung in der Provinz Galatien, wohin er sich mit Familie und Freunden zu einem Leben der Ruhe, des Überflusses und vielleicht der Zufriedenheit zurückzog. Die Töchter Hilderichs wurden mit der ihrem Alter und Unglück gebührenden ehrfurchtsvollen Rücksicht unterhalten, und Justinian und Theodora nahmen die Ehre an, die weiblichen Abkömmlinge Theodosius' des Großen zu erziehen und zu bereichern. Die tapfersten vandalischen Jünglinge wurden in fünf Reitergeschwader eingeteilt, die den Namen ihres Wohltäters führten und im persischen Krieg dem Ruhm ihrer Ahnen Ehre machten. Aber diese seltenen Ausnahmen, Belohnung der Geburt oder Tapferkeit, genügen nicht, das Schicksal einer ganzen Nation zu erklären, deren Anzahl vor einem kurzen und unblutigen Krieg sich auf sechshunderttausend Personen belief. Nach der Verbannung ihres Königs und der Edlen konnte die Schar der Gemeinen ihre Sicherheit erkaufen, indem sie ihren Charakter, ihre Religion und Sprache abschworen, und ihre entartete Nachkommenschaft vermischte sich unmerklich mit der allgemeinen Herde der afrikanischen Untertanen. Aber selbst in der gegenwärtigen Zeit und im Herzen der maurischen Stämme hat ein aufmerksamer Reisender die weiße Gesichtsfarbe und das lange Flachshaar eines nordischen Stammes entdeckt, und man glaubte einst, daß die kühnsten der Vandalen aus den Bereichen der Macht, ja selbst der Kunde der Römer geflohen sind, um an den Gestaden des Ozeans sich einsamer Freiheit zu freuen. Afrika war ihr Reich gewesen, es wurde ihr Gefängnis, denn sie konnten weder die Hoffnung noch auch den Wunsch hegen, zu den Ufern der Elbe zurückzukehren, wo ihre minder abenteuerlichen Brüder noch immer in ihren heimatlichen Wäldern wanderten. Für Memmen war es unmöglich, die Schranken unbekannter Meere und feindlicher Barbaren zu durchbrechen, für tapfere Männer war es unmöglich, ihre Nacktheit und Schmach vor den Augen ihrer Landsleute zu zeigen, die Königreiche zu beschreiben, die sie verloren, und einen Teil an dem geringen Erbe zu verlangen, auf das sie in einer glücklicheren Stunde fast einmütig Verzicht geleistet hatten. Im Lande zwischen der Elbe und Oder sollen mehrere volkreiche Ortschaften der Lausitz von Vandalen bewohnt sein, die dauernd ihre Sprache, Sitten und die Reinheit ihres Blutes beibehalten haben, unwillig die sächsische oder preußische Herrschaft ertragen und mit geheimer und freiwilliger Untertanentreue dem Abkömmling ihrer alten Könige dienen, der in seiner Tracht und gegenwärtigen Lage dem geringsten seiner Vasallen gleich ist. Name und Wohnsitze dieses unglücklichen Volkes könnten wohl dessen Abkommenschaft von einem gemeinschaftlichen Stamm mit den Eroberern von Afrika anzeigen. Aber der Gebrauch eines slawischen Dialektes stellt sie viel gewisser als den letzten Überrest der neuen Ansiedler dar, die auf die schon zu Procopius' Zeit zerstreuten oder vernichteten echten Vandalen folgten.

Wenn Belisar sich versucht gefühlt hätte, mit seinem Gehorsam zu zögern, hätte er selbst gegen den Kaiser die unerläßliche Pflicht behaupten können, Afrika von einem barbarischeren Feind als den Vandalen zu befreien. Der Ursprung der Mauren ist in Dunkelheit gehüllt, sie kannten den Gebrauch der Schrift nicht. Ihre Grenzen lassen sich nicht genau bestimmen, ein unermeßliches Festland stand den libyschen Hirten offen, der Wechsel der Jahreszeiten und Weiden regelte ihre Bewegungen, und ihre rohen Hütten und geringen Hausgerätschaften wurden mit derselben Leichtigkeit weitergeschafft wie ihre Waffen, ihre Familien und ihre Schafe, Ochsen und Kamele. Solange die römische Macht groß war, blieben sie in ehrfurchtsvoller Entfernung von Karthago und der Küste; unter der schwachen Regierung der Vandalen aber griffen sie die numidischen Städte an, besetzten die Küste von Tanger bis Cäsarea und schlugen ihre Zelte ungestraft in der fruchtbaren Provinz Byzacium auf. Die furchtbaren Streitkräfte und das schlaue Benehmen Belisars sicherten die Neutralität der maurischen Fürsten, deren Eitelkeit danach geizte, im Namen des Kaisers die Abzeichen der königlichen Würde zu empfangen. Sie wurden durch den schnellen Erfolg in Staunen versetzt und zitterten in Anwesenheit des Eroberers. Sein bevorstehender Abzug zerstreute bald die Besorgnisse eines wilden und abergläubischen Volkes; die Zahl ihrer Weiber erlaubte ihnen, die Sicherheit ihrer Kinder, die sie als Geiseln gestellt, unberücksichtigt zu lassen, und als der römische Feldherr im Hafen von Karthago die Segel hißte, hörte er fast das Geschrei, sah die Flammen der verheerten Provinz. Dennoch bestand er auf seinem Entschluß, ließ nur einen Teil seiner Leibwache zur Verstärkung der schwachen Besatzungen zurück und vertraute den Oberbefehl von Afrika dem Eunuchen Salomon an, der sich nicht unwürdig erwies, Belisars Nachfolger zu sein. Bei dem ersten Einbruch wurden einige Abteilungen mit zwei Anführern von Verdienst überrumpelt und abgeschnitten; Salomon zog aber schleunig seine Truppen zusammen, drang von Karthago bis in das Herz des Landes und vernichtete (535) in zwei großen Schlachten sechzigtausend Barbaren. Die Mauren verließen sich auf ihre Anzahl, ihre Schnelligkeit und auf ihre unzugänglichen Berge. Der Anblick und der Geruch ihrer Kamele soll einige Verwirrung in die Reiterei der Römer gebracht haben. Sobald sie aber Befehl erhielten, abzusitzen, verlachten sie dieses verächtliche Hindernis; sobald die Kolonnen die Bergspitzen hinanstiegen, wurde die nackte und ordnungslose Schar durch schimmernde Waffen und regelmäßig ausgeführte Bewegungen geblendet, und die Warnung ihrer Prophetinnen, daß die Mauren durch einen bartlosen Gegner besiegt werden würden, ging wiederholt in Erfüllung. Der siegreiche Eunuch rückte bis auf dreizehn Marschtage von Karthago vor, um den Berg Aurasius, zugleich die Zitadelle und der Garten von Numidien, zu belagern. Dieser Berg, ein Teil des großen Atlasgebirges, hatte im Umkreis von hundertzwanzig Meilen eine seltene Verschiedenartigkeit des Bodens und Klimas; die zwischenliegenden Täler und Hochebenen haben Oberfluß an reichen Weiden, immer fließenden Quellen und Früchten von köstlichem Geschmack und ungewöhnlicher Größe. Die Ruinen von Lambesa, einst eine römische Stadt, der Sitz einer Legion, von vierzigtausend Menschen bewohnt, schmücken diese schöne Einöde. Der ionische Tempel des Äskulap ist von maurischen Hütten umgeben, und das Vieh weidet jetzt inmitten eines Amphitheaters unter dem Schatten korinthischer Säulen. Ein scharfer, senkrechter Felsen erhebt sich über die Bergreihen, wo die afrikanischen Fürsten ihre Gattinnen und Schätze in Sicherheit gebracht hatten, und noch geht das Sprichwort unter den Arabern, daß der Mann Feuer verschlingen kann, der es wagt, die zackigen Felsen und die ungastlichen Bewohner des Berges Aurasius anzugreifen. Diese schwierige Unternehmung wurde von Salomon zweimal versucht; das erste Mal zog er sich mit einiger Schmach zurück, und auch das zweite Mal waren seine Geduld und Lebensmittel fast erschöpft, und er hätte wieder abziehen müssen, wenn er nicht dem ungestümen Mut seiner Truppen nachgegeben hätte, die zum Erstaunen der Mauren den Berg, das feindliche Lager und den Gipfel des geminischen Felsens voll Verwegenheit erstiegen. Eine Zitadelle wurde erbaut, um diese wichtige Eroberung zu sichern und die Barbaren an ihre Niederlage zu erinnern; und indem Salomon seinen Marsch nach Westen hin fortsetzte, wurde die längst verlorene Provinz Mauretaniens Sitifi, wieder mit dem Römischen Reich vereint. Der maurische Krieg dauerte noch mehrere Jahre nach der Abreise Belisars fort, aber die Lorbeeren, die er seinem treuen Unterbefehlshaber überließ, dürfen mit Recht seinem eigenen Triumph zugeschrieben werden.

Die durch begangene Fehler erworbene Erfahrung, die zuweilen im reifen Alter dem Individuum nützt, tut dies selten den aufeinanderfolgenden Menschengeschlechtern. Die um ihre gegenseitige Sicherheit unbekümmerten Nationen des Altertums wurden von den Römern einzeln besiegt und in Sklavenbande geschlagen. Diese furchtbare Lehre hätte die Barbaren des Westens bewegen sollen, sich zur rechten Zeit mit einem gemeinsamen Plan und verbündeten Waffen dem unbegrenzten Ehrgeiz Justinians zu widersetzen. Aber derselbe Irrtum wurde wiederholt, dieselben Folgen ergaben sich, denn die Goten sowohl von Spanien als von Italien, die gegen sie drohende Gefahr nicht ahnend, sahen dem schnellen Sturz der Vandalen mit Gleichgültigkeit, sogar mit Freude zu. Nach dem Aussterben des königlichen Hauses bestieg Theudes, ein tapferer und mächtiger Häuptling, den Thron von Spanien, den er früher in Theodorichs und seines unmündigen Enkels Namen verwaltet hatte. Unter seiner Anführung belagerten die Westgoten die Festung Ceuta an der afrikanischen Küste: während sie aber den Sonntag in Frieden und Andacht zubrachten, wurde die Sicherheit des frommen Lagers durch einen Ausfall aus der Stadt gestört, und der König selbst entging mit Schwierigkeit und Gefahr den Händen eines frevelhaften Feindes. Es dauerte nicht lange, so wurde sein Stolz und seine Rache durch eine Bittgesandtschaft des unglücklichen Gelimer befriedigt, der in seiner Not um die Hilfe des spanischen Monarchen flehte. Statt aber jene Leidenschaften den Geboten der Großmut und Klugheit zu opfern, hielt Theudes die Gesandten hin, bis er geheime Nachricht von dem Fall Karthagos empfing; dann entließ er sie mit dem dunklen und verachtungsvollen Rat, in ihrem Vaterland genaue Kunde über den Zustand der Vandalen einzuziehen. Die lange Dauer des italienischen Krieges verschob die Bestrafung der Westgoten, und die Augen Theudes' schlossen sich, bevor er die Früchte seiner mißverstandenen Politik erntete. Nach seinem Tod entstand ein Bürgerkrieg um das Zepter von Spanien. Der schwächere Kandidat bewarb sich um den Schutz Justinians und unterzeichnete aus Herrschsucht den Vertrag über ein Bündnis, das die Unabhängigkeit und das Glück des Landes auf das tiefste verwundete. Mehrere Städte sowohl am Ozean als am Mittelmeer wurden den römischen Truppen übergeben, die sich nachher weigerten, diese Pfänder der Sicherheit oder Bezahlung wieder auszuliefern; und da sie durch beständige Zufuhr aus Afrika verstärkt wurden, behaupteten sie ihre uneinnehmbaren Stellungen zu dem unheilvollen Zweck, die bürgerlichen und religiösen Parteiungen der Barbaren zu entflammen. Siebzig Jahre vergingen, ehe dieser Dorn des Schmerzes aus dem Fleisch der Monarchie gezogen werden konnte, und solange die Kaiser einen Teil dieser fernen und unnützen Besitzungen behielten, konnte ihre Eitelkeit Spanien in der Reihe ihrer Provinzen und die Nachfolger Alarichs unter ihre Vasallen zählen.

Der Mißgriff der Goten, die in Italien herrschten, war minder entschuldbar als der ihrer Brüder in Spanien und ihre Bestrafung auch schneller und schrecklicher. Aus einem Beweggrund persönlicher Rache setzten sie ihren gefährlichsten Feind in den Stand, ihren nützlichsten Bundesgenossen zu vernichten. Eine Schwester des großen Theodorich war mit dem afrikanischen König Thrasimund vermählt worden, bei dieser Veranlassung wurde die Festung Lilybäum in Sizilien den Vandalen abgetreten und die Prinzessin Amalafrida von einem kriegerischen Gefolge von tausend Edlen und fünftausend gotischen Soldaten begleitet, die sich durch Tapferkeit in den Kriegen gegen die Mauren auszeichneten. Ihre Verdienste wurden von ihnen selbst überschätzt und von den Vandalen vielleicht vernachlässigt; sie betrachteten das Land mit Neid und die Vandalen mit Verachtung; ihrer wirklichen oder erdichteten Verschwörung beugte aber ein Gemetzel vor, die Goten wurden erdrückt, und der Einkerkerung Amalafridas folgte bald ein geheimer und verdächtiger Tod. Die beredte Feder des Cassiodorus wurde verwendet, um dem vandalischen Hof die grausame Verletzung jeder geselligen und völkerrechtlichen Pflicht vorzuwerfen; die Rache aber, womit er im Namen seines Souveräns drohte, konnte mit Ungestraftheit verlacht werden, solange das Meer Afrika schützte und es den Goten an einer Flotte fehlte. In der blinden Ohnmacht des Schmerzes und der Entrüstung begrüßten sie freudig die Annäherung der Römer, bewirteten die Flotte Belisars in den Häfen von Sizilien und wurden bald durch die überraschende Nachricht, daß ihre Rache über das Maß ihrer Hoffnungen, vielleicht ihrer Wünsche, erfüllt worden sei, in Freude oder Besorgnis versetzt. Ihrer Freundschaft verdankte der Kaiser das Königreich Afrika, und die Goten konnten vernünftigerweise glauben, daß sie ein Recht hätten, einen nackten Felsen, der erst vor kurzem als Hochzeitsgabe von der Insel Sizilien getrennt worden war, wieder in Besitz zu nehmen. Sie wurden jedoch bald durch Belisars stolzes Gebot enttäuscht, das ihre späte und nützliche Reue erregte. „Stadt und Vorgebirge Lilybäum", sagte der römische Feldherr, „gehörten den Vandalen, und ich fordere sie kraft des Rechtes der Eroberung. Eure Unterwürfigkeit kann die Gnade des Kaisers verdienen, eure Hartnäckigkeit wird sein Mißfallen erregen und muß einen Krieg herbeiführen, der nur mit eurem gänzlichen Verderben enden könnte. Wenn ihr uns zwingt, die Waffen zu ergreifen, werden wir nicht kämpfen, um den Besitz einer einzigen Stadt zu gewinnen, sondern um euch aller Provinzen zu berauben, die ihr unrechtmäßigerweise ihrem gesetzlichen Souverän vorenthaltet." Eine Nation von zweihunderttausend Kriegern hätte die Drohung Justinians und seines Feldherrn als eitel verlachen können: aber in Italien herrschte ein Geist der Zwietracht und Unzufriedenheit, und die Goten ertrugen nur mit Widerstreben eine unwürdige weibliche Regierung.

Die Vorfahren Amalasunthas, der Regentin und Königin von Italien, vereinigten in sich die zwei erlauchtesten Familien der Barbaren. Ihre Mutter, die Schwester Chlodwigs, stammte von den langhaarigen Königen merowingischen Stammes, und das königliche Geschlecht der Amalen wurde in der elften Generation von ihrem Vater, dem großen Theodorich, dessen Eigenschaften auch einen plebejischen Ursprung veredelt hätten, mit Glanz umgeben. Das Geschlecht schloß seine Tochter von dem gotischen Thron aus, aber seine wachsame Liebe zu seiner Familie und seinem Volk machte den letzten Erben des königlichen Stammes, dessen Ahnen sich nach Spanien geflüchtet hatten, ausfindig, und der glückliche Eutharich wurde plötzlich zum Rang eines Konsuls und Fürsten erhoben. Er erfreute sich nur kurze Zeit der Reize der Amalasuntha und der Hoffnung auf die Thronfolge, und seine Witwe blieb nach dem Tod ihres Gatten und ihres Vaters die Vormünderin ihres Sohnes Athalarich und des Königreiches Italien. Sie war ungefähr achtundzwanzig Jahre alt, und die Fähigkeiten ihres Geistes und ihrer Person hatten die völlige Reife erlangt. Ihre Schönheit, die nach der Besorgnis Theodoras selbst die Eroberung eines Kaisers hätte streitig machen können, war durch männlichen Verstand, Tätigkeit und Entschlossenheit ausgezeichnet. Erziehung und Erfahrung hatten ihre Talente ausgebildet, ihre philosophischen Studien wurden nicht aus Eitelkeit gemacht, und obschon sie sich mit gleicher Anmut und Leichtigkeit in der griechischen, lateinischen und gotischen Sprache ausdrückte, bewahrte die Tochter Theodorichs doch im Rate ein kluges und undurchdringliches Stillschweigen. Durch eine treue Nachahmung seiner Tugenden rief sie das Glück seiner Regierung wieder ins Leben, während sie sich mit frommer Sorgfalt bestrebte, seines späteren Alters Fehler zu sühnen und sein dunkles Andenken auszulöschen. Die Kinder des Boethius und Symmachus wurden wieder in ihr väterliches Erbe eingesetzt; ihre außerordentliche Milde gab nie zu, daß ihre römischen Untertanen leiblich oder am Vermögen gestraft wurden, und sie verachtete hochherzig das Geschrei der Goten, die nach vierzig Jahren die Bewohner von Italien noch immer als ihre Sklaven oder Feinde betrachteten. Ihre heilsamen Maßnahmen wurden durch die Weisheit des Cassiodorus geleitet und durch seine Beredsamkeit gefeiert; sie suchte und verdiente die Freundschaft des Kaisers, und die europäischen Königreiche ehrten sowohl im Krieg als im Frieden die Majestät des gotischen Thrones. Aber das künftige Glück der Königin und Italiens hing von der Erziehung ihres Sohnes ab, der durch seine Geburt bestimmt war, die verschiedenen und fast unvereinbaren Berufe des Häuptlings eines Barbarenlagers und der ersten Obrigkeit einer zivilisierten Nation zu vereinen. Athalarich wurde von seinem zehnten Jahr an in jenen Wissenschaften und Künsten unterrichtet, die einem römischen Fürsten entweder nützlich waren oder zur Zierde gereichten, und drei ehrwürdige Goten wurden gewählt, um der Seele ihres jungen Königs die Grundsätze der Ehre und Tugend einzuflößen. Aber der Zögling, der für die Wohltaten der Erziehung unempfänglich ist, muß ihren Zwang verabscheuen, und die Sorgfalt der Königin, welche die Liebe bekümmert und strenge machte, beleidigte den unbezähmbaren Charakter ihres Sohnes und ihrer Untertanen. Als bei einem feierlichen Fest die Goten im Palast von Ravenna versammelt waren, entwich der königliche Jüngling aus den Gemächern seiner Mutter und beschwerte sich unter Tränen des Stolzes und Zornes über einen Schlag, zu dem die Mutter durch seinen halsstarrigen Ungehorsam gereizt worden war. Die Barbaren ahndeten die Unwürdigkeit, die ihrem König angetan worden war, klagten die Regentin der Verschwörung gegen sein Leben und seine Krone an und verlangten gebieterisch, daß der Enkel Theodorichs von der feigen Zucht von Weibern und Pedanten erlöst und wie ein tapferer Gote in der Gesellschaft seinesgleichen und der ruhmvollen Unwissenheit seiner Ahnen erzogen werden solle. Amalasuntha sah sich gezwungen, diesem rohen Geschrei, das mit Ungestüm als der Wille der Nation verkündet wurde, ihre Einsicht und die teuersten Wünsche ihres Herzens zum Opfer zu bringen. Der König von Italien ward dem Wein, den Weibern und den Freuden der Jagd überlassen, und die unbesonnene Verachtung des undankbaren Jünglings verriet die verderblichen Pläne seiner Günstlinge und ihrer Feinde. Von heimischen Gegnern umstellt, ließ sie sich in eine geheime Unterhaltung mit dem Kaiser Justinian ein, der ihr freundschaftliche Aufnahme zusicherte, und sie hatte zu Dyrrhachium in Epirus wirklich bereits einen Schatz von vierzigtausend Pfund Goldes niedergelegt. Ein Glück wäre es für ihren Ruhm und ihre Sicherheit gewesen, wenn sie sich mit Fassung von den sich befehdenden Barbaren nach dem friedlichen Glanz von Konstantinopel zurückgezogen hätte. Aber das Herz der Amalasuntha war von Ehrgeiz und Rachsucht entflammt, und während ihre Schiffe im Hafen vor Anker lagen, wartete sie auf das Gelingen eines Verbrechens, das ihre Leidenschaften als eine Handlung der Gerechtigkeit entschuldigten oder billigten. Drei der gefährlichsten Mißvergnügten wurden unter dem Vorwand eines wichtigen Auftrages und Kommandos nach den Grenzen von Italien gesandt; sie wurden durch ihre geheimen Sendlinge ermordet, und das Blut dieser edlen Goten gab der Königin-Mutter wieder die unumschränkte Herrschaft am Hof von Ravenna, zog ihr aber auch den gerechten Haß eines freien Volkes zu. Sie hatte die Liderlichkeit ihres Sohnes beklagt, bald mußte sie dessen unersetzlichen Verlust beweinen, und der Tod Athalarichs, der im sechzehnten Jahr seines Lebens durch zu frühe Unmäßigkeit hinweggerafft wurde, ließ sie ohne alle feste Stütze und rechtmäßige Gewalt. Statt daß sich die Tochter Theodorichs den Gesetzen ihres Vaterlandes unterwarf, deren Grundmaxime es war, daß die Thronfolge nie von der Lanze auf die Spindel übergehen könne, faßte sie den unausführbaren Plan, mit einem ihrer Vettern den königlichen Titel zu teilen und sich selbst die höchste Macht vorzubehalten. Dieser nahm den Vorschlag mit tiefer Ehrfurcht und erheuchelter Dankbarkeit an, und der beredte Cassiodorus kündete dem Senat und dem Kaiser an, daß Amalasuntha und Theodatus den Thron von Italien bestiegen hätten. Seine Herkunft (denn seine Mutter war Theodorichs Schwester) konnte als ein unvollständiger Anspruch betrachtet werden, aber auf die Wahl der Amalasuntha hatte hauptsächlich ihre Verachtung seiner Habsucht und Mutlosigkeit, die ihn der Liebe der Italiener und der Achtung der Barbaren beraubt hatten, Einfluß gehabt. Theadatus wurde aber durch die Verachtung, die er verdiente, erbittert; in ihrer Gerechtigkeitsliebe hatte sie die Unterdrükkung, die er gegen seine toskanischen Nachbarn ausübte, getadelt und beschränkt, und die vornehmsten Goten, durch gemeinsame Schuld und Rache vereint, verschworen sich, seine untätige und furchtsame Sinnesart aufzustacheln. Die Glückwunschschreiben waren kaum entsandt, als die Königin von Italien auch schon auf einer kleinen Insel im See Bolsena gefangen gesetzt und nach kurzer Einkerkerung im Bad auf den Befehl oder mit Einwilligung des neuen Königs erwürgt wurde (30. April 535), der dadurch seine unruhigen Untertanen das Blut ihrer Herrscher zu vergießen lehrte.

Justinian sah mit Freude die Uneinigkeit der Goten, seine Vermittlung als Bundesgenosse verbarg und beförderte die herrschsüchtigen Absichten des Eroberers. Seine Gesandten forderten in ihrer öffentlichen Audienz die Festung Lilybäum, die Auslieferung von zehn barbarischen Flüchtlingen und gerechten Ersatz für die Plünderung einer kleinen Stadt an der illyrischen Grenze; insgeheim aber unterhandelten sie mit Theodatus, ihnen die Provinz Toskana anheim zu geben, und versuchten Amalasuntha zu verlocken, sich durch freiwillige Übergabe des Königreiches Italien aus ihrer eben so gefährlichen als schwierigen Lage zu ziehen. Ein falsches und knechtisches Schreiben wurde von der gefangenen Fürstin mit zögernder Hand unterschrieben; aber die Aussage der römischen, nach Konstantinopel geschickten Senatoren enthüllte den vollen Umfang ihrer beklagenswerten Lage, und Justinian legte durch die Stimme eines neuen Gesandten seine mächtige Fürsprache für ihre Freiheit und ihr Leben ein. Aber die geheimen Verhaltungsbefehle desselben Ministers waren berechnet, der grausamen Eifersucht Theodoras zu dienen, welche die Anwesenheit und die größeren Reize einer Nebenbuhlerin fürchtete; er beschleunigte durch schlaue und zweideutige Winke ein den Römern so nützliches Verbrechen, empfing die Nachricht von ihrem Tode mit Schmerz und Entrüstung und verkündete im Namen seines Gebieters ewigen Kampf gegen den treulosen Mörder. Die Schuld des Thronräubers verlieh den Waffen Justinians sowohl in Italien wie in Afrika den Schein des Rechtes; aber die Streitkräfte, die er ausrüstete, wären zum Sturz eines mächtigen Königreiches ungenügend gewesen, wenn ihre geringe Anzahl nicht durch den Namen, den Mut und die Talente eines Helden vielfache Kraft gewonnen hätte. Eine auserlesene Schar Leibwachen, die zu Pferd dienten und mit Schild und Lanze bewaffnet waren, folgten der Person Belisars; seine Reiterei war aus zweihundert Hunnen, dreihundert Mauren und viertausend Verbündeten zusammengesetzt, und das Fußvolk bestand bloß aus dreitausend Isauriern. Der römische Konsul steuerte denselben Kurs wie bei dem früheren Zug und warf die Anker bei Catanea in Sizilien aus, um sich von der Stärke der Insel ein Bild zu machen und zu entscheiden, ob er den Angriff wagen oder seine Fahrt in Frieden nach der afrikanischen Küste fortsetzen solle. Er fand ein fruchtbares Land und ein freundlich gesinntes Volk. Trotz dem Verfall des Ackerbaues versorgte Sizilien fortwährend die Speicher von Rom; die Landwirte waren von dem Druck militärischer Einquartierung huldreich befreit, und die Goten, welche die Verteidigung der Insel deren Bewohnern anvertrauten, hatten vollen Grund zu der Klage, daß ihr Vertrauen mit verräterischem Undank vergolten worden sei. Statt um den Beistand des Königs von Italien anzusuchen und diesen zu erwarten, gaben sie freudig der ersten Aufforderung zur Unterwerfung Gehör, und diese Provinz, die erste Frucht der punischen Kriege, wurde nach langer Trennung wieder mit dem Römischen Reich vereint. Die gotische Besatzung von Palermo, die allein zu widerstehen versuchte, wurde nach kurzer Belagerung durch eine eigentümliche Kriegslist bezwungen. Belisar brachte seine Schiffe bis in den tiefsten Hintergrund des Hafens, ließ die Boote durch Taue und Flaschenzüge mühsam bis zu der Mastenspitze emporheben und füllte sie mit Bogenschützen, die von dieser hohen Stellung die Wälle der Stadt beherrschten. Nach diesem leichten, aber glücklichen Feldzug zog der Eroberer (31. Dez. 535) an der Spitze seiner siegreichen Scharen im Triumph zu Syrakus ein und verteilte an dem Tage, der das Jahr seines Konsulates so glorreich endete, Goldmünzen unter das Volk. Er brachte die Winterszeit im Palast alter Könige inmitten der Ruinen einer griechischen Kolonie zu, die einst zweiundzwanzig Meilen im Umkreis hatte; im Frühling aber, um die Zeit des Osterfestes, wurde die weitere Ausführung seiner Pläne durch eine gefährliche Empörung der afrikanischen Truppen unterbrochen. Die Anwesenheit Belisars, der plötzlich mit tausend seiner Garden landete, rettete Karthago. Zweitausend Soldaten von schwankender Treue kehrten unter die Fahne ihres alten Befehlshabers zurück, und er marschierte ohne Zögern über fünfzig Meilen, um einen Feind aufzusuchen, gegen den er Mitleid und Verachtung empfand. Achttausend Rebellen zitterten bei seiner Annäherung, sie wurden bei dem ersten Anprall geschlagen durch die Geschicklichkeit ihres Meisters, und dieser unrühmliche Sieg würde den Frieden von Afrika wiederhergestellt haben, wenn der Sieger nicht eilig nach Sizilien zurückberufen worden wäre, um einen Aufruhr zu stillen, der während seiner Abwesenheit in seinem eigenen Lager entzündet worden war. Unordnung und Ungehorsam waren die allgemeine Krankheit der Zeit, das Talent des Befehlens und die Tugend des Gehorchens wohnte dem Geiste Belisars allein inne.

Obschon Theodatus von einem Heldengeschlecht abstammte, war er doch unbekannt mit der Kunst und abhold den Gefahren des Krieges. Obschon er die Schriften Platos und Ciceros studiert hatte, war die Philosophie doch nicht imstande, sein Herz von den niedrigsten Leidenschaften zu reinigen, der Habsucht und Furcht. Er hatte ein Zepter durch Undank und Mord erkauft; bei der ersten Drohung des Feindes entwürdigte er seine eigene Majestät und die einer Nation, die ihren unwürdigen Souverän bereits verachtete. Durch das frische Beispiel Gelimers bestürzt, sah er sich in Ketten durch die Straßen von Konstantinopel geschleppt; der Schrecken, den Belisar einflößte, wurde durch die Beredsamkeit des byzantinischen Abgesandten Petrus erhöht, und dieser schlaue Anwalt veranlaßte ihn, einen Vertrag zu unterzeichnen, der zu schimpflich war, um die Grundlage eines dauernden Friedens werden zu können. Es wurde festgesetzt, daß in dem Zuruf des römischen Volkes der Name des Kaisers stets jenem des gotischen Königs vorangehe und daß, sooft das Standbild des Theodatus in Erz oder Marmor errichtet würde, das göttliche Bild Justinians stets zu seiner rechten Hand aufgestellt werden solle. Statt die Ehren des Senates zu verleihen, stieg der König von Italien herab, um sie zu ersuchen, und die Einwilligung des Kaisers wurde unerläßliche Bedingung der Vollziehung des Todesurteiles oder der Vermögenseinziehung gegen einen Priester oder Senator. Der schwache Monarch trat den Besitz von Sizilien ab, bot als Gewähr seiner Abhängigkeit jährlich eine dreihundert Pfund schwere Krone von Gold und versprach auf Verlangen seines Souveräns dreitausend Mann gotischer Hilfstruppen zum Dienste des Reiches zu stellen. Durch diese außerordentlichen Zugeständnisse befriedigt, beschleunigte der erfolgreiche Bevollmächtigte Justinians seine Reise nach Konstantinopel; kaum hatte er aber die albanische Villa erreicht, wurde er von dem verzagenden Theodatus zurückberufen; das Gespräch, das zwischen dem König und dem Gesandten stattfand, verdient in ursprünglicher Einfachheit angeführt zu werden: „Meinst du, daß der Kaiser diesen Vertrag genehmigen wird? Vielleicht. Wenn er sich dessen weigert, was wird dann die Folge sein? Krieg. Wird ein solcher Krieg gerecht oder vernünftig sein? Ganz zuverlässig; jedermann muß im Einklang mit seiner Stellung handeln. Was ist deine Meinung? Du bist Philosoph. Justinian ist Kaiser der Römer: es würde einem Schüler Platos schlecht anstehen, das Blut von Tausenden im Kampf für sein Privatinteresse zu vergießen: der Nachfolger des Augustus muß seine Rechte behaupten und durch die Waffen die alten Provinzen seines Reiches wiedererlangen." Diese Schlußfolgerung konnte nicht überzeugen, genügte aber, um den schwachen Theodatus zu beunruhigen und zu unterjochen; er stieg bald zu seinem letzten Anerbieten herab, für die armselige Entschädigung eines Jahrgeldes von achtundvierzigtausend Pfund Sterling das Königreich der Goten und Italiener abzutreten und den Rest seiner Tage in den unschuldigen Freuden der Philosophie und des Ackerbaues zu verleben. Beide Verträge wurden den Händen des Gesandten anvertraut, ein Eid, der schwache Gewähr bot, verpflichtete ihn, den zweiten nicht eher vorzuzeigen, als bis der erste bestimmt verworfen wäre. Der Erfolg läßt sich leicht voraussehen; Justinian forderte und nahm die Abdankung des gotischen Königs an. Sein unermüdlicher Geschäftsträger kehrte von Konstantinopel nach Ravenna mit ausgedehnten Vollmachten und einem schönen Schreiben zurück, welches die Weisheit und Seelengröße des königlichen Philosophen pries, die Pension gewährte und solche Ehren zusicherte, wie sie nur immer einem Katholiken und Untertanen zuteil werden konnten, die endgültige Vollziehung des Vertrages aber weislich auf die Anwesenheit und an das Ermessen Belisars verwies. In der Zeit des Aufschubes waren jedoch zwei römische, in die Provinz Dalmatien eingedrungene Generäle von den gotischen Truppen geschlagen und getötet worden. Aus blinder und verwerflicher Verzweiflung erhob sich Theodatus eigensinnig zu unbegründeter und verderblicher Vermessenheit und erkühnte sich, den Gesandten Justinians, der ihn an sein Versprechen erinnerte, von seinen Untertanen die Pflicht des Gehorsams heischte und dreist das Vorrecht seiner Unverletzlichkeit behauptete, mit

Drohung und Verachtung zu empfangen. Der Heranzug Belisars verscheuchte diesen Traum des Stolzes, und da der erste Feldzug mit Unterwerfung der Insel Sizilien verging, wird der Einbruch in Italien von Procopius in das zweite Jahr des gotischen Krieges verlegt.

Nachdem Belisar hinreichende Besatzung in Palermo und Syrakus zurückgelassen hatte, schiffte er seine Truppen zu Messina ein und landete mit ihnen, ohne auf Widerstand zu stoßen, an den gegenüberliegenden Küsten von Rhegium (536). Ein gotischer Fürst, der die Tochter des Theodatus zur Ehe hatte, war mit einem Heer aufgestellt, um das Tor von Italien zu bewachen; er ahmte aber ohne Zögern das Beispiel eines seinen öffentlichen wie persönlichen Verpflichtungen treulosen Souveräns nach. Der verräterische Ebermor ging mit seinen Anhängern in das römische Lager über und wurde entsandt, um sich knechtisch der Ehre zu erfreuen, am byzantinischen Hofe empfangen zu werden. Von Rhegium bis Neapel rückten Flotte und Heer Belisars, stets einander ansichtig, dreihundert Meilen längs der Seeküste vor. Die Einwohner von Bruttium, Lukanien und Apulien, die Namen und Religion der Goten verabscheuten, gebrauchten die scheinbare Entschuldigung, daß ihre verfallenen Mauern sich nicht verteidigen ließen; die Soldaten zahlten angemessene Preise für reichliche Zufuhr, und nur die Neugierde unterbrach die friedlichen Beschäftigungen des Landwirtes oder Handwerkers. Neapel, das zu einer großen und volkreichen Hauptstadt angewachsen war, zog lange die Sprache und Sitten einer griechischen Kolonie vor, und die Wahl Virgils hatte diese schöne Freistätte veredelt, welche die Freunde der Ruhe und des Studiums aus dem Geräusch, dem Rauch und dem lästigen Prunk Roms wegzog. Sobald der Platz zu Wasser und zu Lande eingeschlossen war, erteilte Belisar den Abgeordneten des Volkes Audienz, die ihn baten, eine seiner Waffen unwürdige Eroberung zu verschmähen, den Gotenkönig auf dem Schlachtfeld aufzusuchen und nach dem Sieg als Roms Souverän von den abhängigen Städten Gehorsam zu fordern. „Wenn ich mit meinen Feinden unterhandle", erwiderte der römische Feldherr mit stolzem Lächeln, „bin ich gewohnt, Rat zu geben, nicht zu empfangen. Ich halte in der einen Hand unvermeidlichen Untergang, in der anderen Frieden und Freiheit, wie Sizilien sie jetzt genießt." Da ihm jede Verzögerung unwillkommen war, gewährte er die annehmbarsten Bedingungen, und seine Ehre bürgte für ihre Erfüllung; allein Neapel war in zwei Parteien geteilt, und die griechische Demokratie wurde durch ihre Redner entflammt, die mit viel Lebendigkeit und einiger Wahrheit der Menge vorstellten, daß die Goten ihren Abfall bestrafen würden, und daß Belisar selbst ihre Tapferkeit und Treue achten müsse. Ihr Rat wurde jedoch nicht völlig unbeeinflußt gegeben; achthundert Barbaren, deren Gattinnen und Kinder zu Ravenna als Geisel für ihre Treue festgehalten wurden, geboten in der Stadt, und selbst die Juden, die reich und zahlreich waren, widersetzten sich mit verzweifeltem Enthusiasmus den unduldsamen Gesetzen Justinians. In einer viel späteren Zeit maß der Umfang von Neapel nur zweitausenddreihundertdreiundsechzig Schritte. Die Festungswerke waren durch Abgründe oder das Meer verteidigt; wenn die Aquädukte zerstört wurden, lieferten die Zisternen und Brunnen Wasser in hinreichender Menge, und der Vorrat an Lebensmitteln reichte hin, um die Geduld der Belagerer aufzureiben. Nach Verlauf von zwanzig Tagen war die Belisars fast erschöpft, ja er hatte sich bereits in die Schmach ergeben, die Belagerung aufzuheben, um noch vor Anbruch des Winters gegen Rom und den gotischen König zu ziehen. Sein Trübsinn wurde aber durch die kühne Neugierde eines Isauriers aufgeheitert, der den trockenen Kanal einer Wasserleitung erforschte und insgeheim hinterbrachte, daß ein Gang durchgebrochen werden könne, um eine Anzahl bewaffneter Soldaten in das Herz der Stadt einzulassen. Nachdem das Werk in aller Stille vollendet worden war, setzte der menschenfreundliche Feldherr die Entdeckung seines Geheimnisses durch eine letzte, aber fruchtlose Warnung vor der drohenden Gefahr auf das Spiel. In der Finsternis der Nacht rückten vierhundert Römer in die Wasserleitung, kletterten mittels eines an einem Ölbaum befestigten Strickes in das Haus oder den Garten einer einsam lebenden Matrone, stießen in ihre Trompeten und ließen ihre Gefährten ein, die von allen

Seiten die Mauern erstiegen und die Tore der Stadt erbrachen. Jedes Verbrechen, das sonst von der Gerechtigkeit des Staates bestraft wird, wurde als Kriegsrecht begangen; die Hunnen zeichneten sich durch Grausamkeit und Schändung des Heiligtums aus, und nur Belisar erschien in den Straßen und Kirchen von Neapel, um die Drangsale zu mildern, die er geweissagt hatte. „Gold und Silber", rief er wiederholt aus, „ist der gerechte Lohn eurer Tapferkeit. Aber schont der Einwohner, sie sind Christen, sind Flehende, sind jetzt eure Mituntertanen. Gebet die Kinder ihren Eltern, die Frauen ihren Männern zurück und beweist durch euren Edelmut, welcher Freunde sie sich durch ihre Hartnäckigkeit beraubt haben." Die Stadt wurde durch die Tugend und das Ansehen des Siegers gerettet, und als die Neapolitaner in ihre Häuser zurückkehrten, fanden sie einigen Trost in der geheimen Freude über ihre verborgenen Schätze. Die barbarische Besatzung trat in den Dienst des Kaisers; Apulien und Kalabrien, von der Anwesenheit der verhaßten Goten befreit, erkannten seine Oberherrschaft an, und die Fangzähne des kalydonischen Ebers, die immer zu Benevent gezeigt wurden, sind von dem Geschichtsschreiber des Belisar interessant beschrieben.

Die getreuen Soldaten und Bürger von Neapel hatten ihre Befreiung von einem Fürsten erwartet, welcher der untätige und fast gleichgültige Zuschauer ihres Verderbens blieb. Theodatus brachte seine Person innerhalb der Ringmauern Roms in Sicherheit, während seine Reiterei auf der appischen Straße vierzig Meilen weit vorrückte und in den pontinischen Sümpfen lagerte, die durch einen neunzehn Meilen langen Kanal kürzlich trockengelegt und in vortreffliches Weideland verwandelt worden waren. Die Hauptstreitkräfte der Goten aber waren in Dalmatien, Venetia und Gallien zerstreut, und das schwache Herz ihres Königs wurde durch eine unglückliche Prophezeiung, die den Sturz seines Reiches zu weissagen schien, in Schrecken gesetzt. Die verworfensten Sklaven haben die Schuld oder Schwäche eines unglücklichen Gebieters angeklagt. In dem freien und müßigen Lager der Barbaren wurde im Bewußtsein ihrer Rechte und ihrer Macht der Charakter des Theodatus einer strengen Prüfung unterworfen; er wurde seines Stammes, Volkes und Thrones für unwürdig erklärt, und ihr Feldherr Vitiges, der sich bereits im illyrischen Krieg durch Tapferkeit ausgezeichnet hatte, mit einstimmigem Beifall auf die Schilde seiner Waffengefährten erhoben (Aug. 536). Auf das erste Gerücht von diesen Ereignissen floh der entthronte Monarch vor der Gerechtigkeit seines Vaterlandes, wurde aber wegen persönlicher Rache verfolgt. Ein Gote, den Theodatus in seiner Liebe gekränkt hatte, holte ihn auf der flaminischen Straße ein und schlachtete ihn, ungerührt von seinem unmännlichen Geschrei, während er auf dem Boden lag, wie ein Opfer (sagt der Geschichtsschreiber) am Fuße des Altars. Die Wahl des Volkes gibt den besten und reinsten Anspruch auf Herrschaft; so groß ist jedoch das Vorurteil jedes Zeitalters, daß Vitiges eilig nach Ravenna zurückzukehren wünschte, um dort mit der Hand der sich sträubenden Tochter der Amalasuntha einen schwachen Schatten erblichen Rechtes zu erlangen. Ein Nationalrat wurde unverzüglich gehalten, und der neue Monarch söhnte den trotzigen Sinn der Barbaren mit einer schmachvollen Maßregel aus, die jedoch das falsche Benehmen seines Vorgängers weise und unerläßlich gemacht hatte. Die Goten willigten ein, sich vor einem siegreichen Feind zurückzuziehen, die Operationen des Verteidigungskrieges bis zum nächsten Frühling zu verschieben, ihre fernen Besitzungen aufzugeben, ja selbst Rom der Treue seiner Bewohner anzuvertrauen. Leuderis, ein greiser Krieger, blieb mit viertausend Soldaten in der Hauptstadt: eine schwache Besatzung, die den Eifer der Römer hätte unterstützen können, aber außerstande war, sich ihren Wünschen zu widersetzen. Für einen Augenblick flammte wirklich religiöser und patriotischer Enthusiasmus in ihren Herzen auf. Sie riefen wütend aus, daß der apostolische Stuhl nicht länger durch den Triumph oder die Duldung des Arianismus befleckt, die Gräber der Cäsaren nicht länger von den Wilden des Nordens mit Füßen getreten werden sollten und begrüßten, ohne zu bedenken, daß Italien zu einer konstantinopolitanischen Provinz herabsinken müsse, töricht die Wiedereinsetzung eines römischen Kaisers als eine neue Epoche der Freiheit und des Wohlstandes. Die Abgeordneten des Papstes und der Geistlichkeit, des Senates und Volkes forderten den Stellvertreter Justinians auf, ihre freiwillige Unterwerfung anzunehmen und in die Stadt, deren Tore zu seinem Empfang geöffnet werden würden, einzuziehen. Sowie Belisar seine neuen Eroberungen, Neapel und Cumä, befestigt hatte, rückte er an den Ufern des Vulturnus zwanzig Meilen weit vor, betrachtete die gefallene Größe von Capua und machte an der Gabelung der lateinischen und der appischen Straße Halt. Das Werk des Zensors bewahrte noch nach einer unaufhörlichen Benutzung von neun Jahrhunderten seine ursprüngliche Schönheit, und nicht ein Riß konnte in den großen, geglätteten Steinen entdeckt werden, aus denen diese harte, obschon schmale Straße so fest gebaut war. Belisar zog jedoch die lateinische Straße vor, die in einiger Entfernung vom Meer und von den Sümpfen längs des Flusses der Gebirge hundertzwanzig Meilen weit hinlief. Seine Feinde waren verschwunden: als er durch das asinarische Tor einzog (10. Dez. 536), entfernte sich die Besatzung ohne Behinderung auf der flaminischen Straße, und die Stadt wurde nach sechzigjähriger Knechtschaft von dem Joch der Barbaren befreit. Leuderis allein weigerte sich aus Stolz und Unzufriedenheit, die Fliehenden zu begleiten, und der gotische Häuptling, selbst eine Trophäe des Sieges, wurde mit den Schlüsseln von Rom an den Hof des Kaisers Justinian gesandt.

Die ersten Tage, die mit den alten Saturnalien zusammenfielen, waren gegenseitigen Glückwünschen und der öffentlichen Freude gewidmet, und die Katholiken schickten sich an, ohne Nebenbuhler das herannahende Fest der Geburt Christi zu feiern. Durch den vertrauten Umgang mit einem Helden erlangten die Römer einigen Begriff von den Tugenden, welche die Geschichte ihren Altvorderen zuschrieb; sie wurden durch die anscheinende Ehrfurcht Belisars gegen den Nachfolger des heiligen Petrus erbaut, und seine strenge Mannszucht sicherte inmitten des Krieges Ruhe und Gerechtigkeit. Sie zollten dem schnellen Erfolg seiner Waffen Beifall, die das umliegende Land bis Narni, Perusia und Spoleto unterwarfen: aber Senat, Geistlichkeit und die unkriegerischen Einwohner zitterten, als sie hörten, er habe beschlossen und werde demnächst gezwungen sein, eine Belagerung durch die Streitkräfte der gotischen Monarchie auszuhalten. Die Maßregeln des Vitiges waren während der Winterszeit mit Emsigkeit und Erfolg vollzogen worden. Aus ihren ländlichen Wohnungen, aus den fernen Besatzungen sammelten sich die Goten zu Ravenna zur Verteidigung ihres Vaterlandes, und so groß war ihre Anzahl, daß, nachdem ein Heer zur Unterstützung von Dalmatien entsandt worden war, hundertfünfzigtausend Streiter unter dem königlichen Banner zogen. Der Gotenkönig verteilte nach Rang und Verdienst Waffen und Pferde, reiche Geschenke und freigebige Versprechungen: er zog längs der flaminischen Straße, verschmähte die nutzlosen Belagerungen von Perusia und Spoleto, vermied den uneinnehmbaren Felsen von Narni und langte zwei Meilen von Rom am Fuße der milvischen Brücke an. Der Engpaß war durch einen Turm befestigt worden, und Belisar kannte den Wert von zwanzig Tagen, die durch den Bau einer anderen Brücke verlorengehen mußten. Aber die Bestürzung der Besatzung des Turmes, die entweder floh oder überging, täuschte seine Hoffnungen und brachte seine Person in die unmittelbarste Gefahr. An der Spitze von tausend Reitern zog der römische Feldherr aus dem flaminischen Tor, um den Boden für eine vorteilhafte Aufstellung zu prüfen und das Lager der Barbaren zu beobachten: während er sie aber noch am anderen Ufer des Tibers glaubte, wurde er plötzlich von ihren unzähligen Geschwadern umzingelt und angegriffen. Das Schicksal Italiens hing von seinem Leben ab, und die Überläufer deuteten auf ein ausgezeichnetes Pferd, einen Fuchs mit weißer Stirne, das er an diesem denkwürdigen Tage ritt. „Zielt auf den Fuchs!" lautete das allgemeine Geschrei. Jeder Bogen ward nach dem verhängnisvollen Ziel gespannt, jeder Wurfspieß danach gerichtet, und der Befehl wurde von Tausenden, die den wahren Grund nicht kannten, wiederholt und befolgt. Die kühneren Barbaren schritten zu dem ehrenvolleren Kampf mit Schwert und Speer, und das Lob eines Feindes ehrt den Fall eines Fahnenträgers Visandus, der den vordersten Posten behauptete, bis er dreizehn Wunden, vielleicht von Belisars Hand selbst, erhalten hatte. Der römische Feldherr war stark, behend und gewandt; seine gewichtigen, tödlichen Streiche fielen nach allen

Seiten; seine treue Leibwache ahmte seine Tapferkeit nach, verteidigte seine Person, und die Goten flohen nach dem Verlust von tausend Mann vor den Waffen eines Helden. Sie wurden in der Hitze bis zu ihrem Lager verfolgt: die Römer, durch die Übermacht gedrängt, zogen sich allmählich, zuletzt in voller Eile, gegen die Stadttore zurück: die Tore wurden den Fliehenden verschlossen und die öffentliche Bestürzung durch das Gerücht, Belisar sei unter den Erschlagenen, auf das höchste gesteigert. Sein Antlitz war in der Tat durch Schweiß, Staub und Blut entstellt, seine Stimme heiser, seine Kraft beinahe erschöpft: aber sein unbezwinglicher Mut blieb ungebrochen, er begeisterte mit diesem Mut seine verzagenden Gefährten, und ihr letzter verzweifelter Angriff wurde von den Barbaren empfunden, als wäre ein neues kräftiges, vollzähliges Heer aus dem Tor der Stadt hervorgebrochen. Das flaminische Tor wurde einem wirklichen Triumph geöffnet, aber erst nachdem Belisar jeden Posten untersucht und für die öffentliche Sicherheit gesorgt hatte, konnte er von Gattin und Freunden veranlaßt werden, sich die nötigen Erfrischungen der Nahrung und des Schlafes zu gönnen. In dem vervollkommneten Zustand der Kriegskunst hat ein Feldherr selten nötig, ja es ist ihm auch nicht verstattet, die persönliche Tapferkeit eines Soldaten zu entfalten, und Belisars Beispiel mag zu den seltenen Beispielen Heinrichs IV., Pyrrhus' und Alexanders gefügt werden. Nach dieser ersten und unglücklichen Kampfprobe mit ihren Feinden ging das ganze Heer der Goten über den Tiber und begann die Belagerung von Rom (März 537), die bis zu ihrem Abzug ein ganzes Jahr dauerte. Was die Phantasie sich immer für ein Bild schaffen mag, begrenzt doch der strenge Maßstab des Geographen den Umfang Roms auf eine Linie von zwölf Meilen und dreihundertfünfundvierzig Schritten, und dieser Umfang, den Vatikan ausgenommen, ist unwandelbar derselbe geblieben, von Aurelians Triumph an bis zur friedlichen, aber ereignislosen Regierung der neueren Päpste. Aber zur Zeit der Größe Roms war der Raum innerhalb der Mauer mit Bewohnern und Häusern angefüllt, und die volkreichen Vorstädte, die sich längs den Heerstraßen hinzogen, gingen strahlenartig von einem gemeinsamen Mittelpunkt aus. Das Unglück fegte diese äußeren Zierden hinweg und ließ selbst einen beträchtlichen Teil der sieben Hügel nackt und öde. Und doch könnte Rom selbst in seinem gegenwärtigen Zustand dreißigtausend Männer von kriegsfähigem Alter in das Feld senden, und trotz dem Mangel an Heereszucht und Übung würde der bei weitem größere Teil, durch die Beschwerden der Armut abgehärtet, imstande sein, die Waffen zur Verteidigung der Religion und des Vaterlandes zu tragen. Die Klugheit Belisars vernachlässigte diese wichtigste Hilfsquelle keineswegs. Seine Soldaten wurden durch den Eifer und die Emsigkeit des Volkes abgelöst, das wachte, während sie schliefen, und arbeitete, während sie ruhten: er nahm die freiwilligen Dienste der tapfersten römischen Jünglinge an, und die städtischen Scharen ersetzten zuweilen auf einem leeren Posten die Truppen, die zu wesentlicheren Diensten abberufen worden waren. Das gerechteste Vertrauen setzte er aber in die Veteranen, die unter seiner Fahne in den persischen und afrikanischen Kriegen gefochten hatten; und obwohl diese tapfere Schar bis auf fünftausend Mann zusammengeschmolzen war, unternahm er es mit dieser geringfügigen Anzahl dennoch, einen Kreis von zwölf Meilen gegen ein Heer von hundertfünfzigtausend Barbaren zu verteidigen. In den Mauern Roms, die Belisar aufführte oder ausbesserte, lassen sich die Materialien alter Bauwerke unterscheiden, und die ganze Befestigung war vollendet bis auf eine Öffnung, die noch zwischen dem pincischen und flaminischen Tore vorhanden ist, welche die Vorurteile der Goten und Römer unter der mächtigen Obhut des Apostels Petrus ließen. Die Zinnen oder Basteien sprangen in scharfen Ecken vor; ein breiter und tiefer Graben schützte den Fuß des Walles, und den Bogenschützen darauf standen Kriegsmaschinen bei: die Balista, eine mächtige Armbrust, die kurze, aber schwere Bolzen schoß, und die Onagri oder wilden Esel, welche nach den Prinzipien der Schleuder Steine und Kugeln von außerordentlichem Umfang warfen. Eine Kette wurde quer über den Tiber gezogen, man machte die Bogen der Wasserleitungen ungangbar, und der Molo oder das Grab Hadrians erhielt zum ersten Male die Bestimmung einer Zitadelle. Dieser ehrwürdige Bau, der die Asche der Antonine enthielt, war ein kreisrunder Turm, der sich von einer viereckigen Unterlage erhob; er war mit weißem Marmor von Paros bekleidet und durch Statuen von Göttern und Helden geziert, und der Verehrer der Künste liest mit einem Seufzer, daß die Werke des Praxiteles oder Lysippus von ihren hohen Gestellen gerissen und in den Graben auf die Köpfe der Belagerer geschleudert wurden. Jedem seiner Unterbefehlshaber übergab Belisar die Verteidigung eines Tores mit dem weisen und klugen Befehl, welche Unruhen immer entstehen möchten, standhaft auf ihren Posten zu verharren und ihrem Feldherrn wegen der Sicherheit Roms zu vertrauen. Die furchtbare Schar der Goten reichte nicht hin, den weiten Umkreis der Stadt zu umspannen: von den vierzehn Toren waren nur sieben von der pränestinischen bis zur flaminischen Straße blockiert, und Vitiges teilte seine Truppen in sechs Lager, deren jedes durch Graben und Wall befestigt war. Am toskanischen Ufer des Flusses, in dem vatikanischen Feld oder Zirkus, war ein siebentes zu dem wichtigen Zweck errichtet, die milvische Brücke und den Lauf des Tibers zu beherrschen: sie näherten sich aber mit Andacht der naheliegenden Kirche des heiligen Petrus, und die Schwelle der heiligen Apostel wurde während der Belagerung von einem christlichen Feind geachtet. Sooft in den Jahrhunderten der Senat irgendeine ferne Eroberung beschloß, erklärte der Konsul den Krieg, indem er im feierlichen Pomp die Tore des Janustempels entriegelte. Die nahe Gefahr machte jede andere Mahnung überflüssig und die Zeremonie war überdies durch die Einführung einer neuen Religion abgeschafft. Aber auf dem Forum blieb der eherne Tempel des Janus stehen, gerade groß genug, um das Standbild des Gottes zu fassen, das fünf Fuß hoch war und eine menschliche Gestalt, aber zwei Gesichter hatte, die nach Osten und Westen schauten. Die Doppeltore waren gleichfalls aus Erz, und ein fruchtloser Versuch, sie in ihren verrosteten Angeln zu drehen, offenbarte das Ärgernis erregende Geheimnis, daß es noch immer Römer gab, die dem Aberglauben ihrer Altvorderen anhingen.

Die Belagerer brachten achtzehn Tage damit zu, um alle Angriffswerkzeuge herbeizuschaffen, die das Altertum erfunden hatte. Faschinen wurden zur Ausfüllung der Gräben, Sturmleitern zur Ersteigung der Mauern verfertigt. Die höchsten Bäume des Waldes gaben Bauholz zu vier Sturmwiddern; ihre Köpfe waren aus Eisen, sie hingen an Tauen, und jeder derselben wurde von fünfzig Menschen regiert. Die hohen, hölzernen Türme bewegten sich auf Rädern oder Walzen und bildeten eine geräumige Hochwarte in einer Ebene mit den Mauern. Am Morgen des neunzehnten Tages wurde ein allgemeiner Angriff vom pränestinischen Tor bis zum Vatikan unternommen: sieben gotische Heeressäulen rückten mit ihren Kriegsmaschinen zum Sturm vor, und die Römer, welche die Wälle füllten, hörten mit Bangigkeit und Zweifel die aufmunternden Versicherungen ihres Befehlshabers. Sowie der Feind sich dem Graben näherte, entsandte Belisar selbst den ersten Pfeil, und so groß war seine Stärke und Geschicklichkeit, daß er den vordersten der barbarischen Anführer durchbohrte. Beifallsjubel und Siegesgeschrei widerhallten längs den Mauern. Er schoß einen zweiten Pfeil ab und erzielte dasselbe Ergebnis, dasselbe Geschrei folgte dem Schuß. Der römische Feldherr gab hierauf den Befehl, daß die Bogenschützen nach den Ochsengespannen zielen sollten; alsbald wurden diese mit tödlichen Wunden bedeckt: die Türme, die sie zogen, blieben nutzlos und unbeweglich, und ein einziger Augenblick vereitelte die mühsamen Pläne des Gotenkönigs. Nach diesem Mißgeschick setzte Vitiges den Angriff auf das salarische Tor fort oder stellte sich vielmehr, denselben fortzusetzen, um die Aufmerksamkeit seines Gegners abzulenken, während seine Hauptmacht das pränestinische Tor und das Grab Hadrians, in einer Entfernung von drei Meilen voneinander, mit aller Kraft angriff. In der Nähe des ersteren waren die doppelten Mauern des Vivariums entweder niedrig oder verfallen, die Befestigungen des letzteren hatten nur eine schwache Besatzung, die Tapferkeit der Goten wurde durch Hoffnung auf Sieg und Beute gesteigert, und wenn ein einziger Posten gewichen wäre, würden die Römer und Rom selbst unwiederbringlich verloren gewesen sein. Dieser gefahrreiche Tag war der ruhmvollste in Belisars Leben. Mitten unter dem Lärmen und Entsetzen blieb der ganze Plan des Angriffes und der Verteidigung seinem Geiste gegenwärtig; er beobachtete die Wechselfälle jedes Augenblickes, erwog jeden möglichen Vorteil, setzte seine Person an dem Schauplatz der Gefahr aus und teilte seinen hohen Willen in ruhigen und entschiedenen Befehlen mit. Der Kampf wurde vom Morgen bis zum Abend grimmig fortgesetzt, die Goten wurden auf allen Seiten zurückgeschlagen, und jeder Römer mochte sich rühmen, dreißig Barbaren besiegt zu haben, wenn das außerordentliche Mißverhältnis der Anzahl nicht durch die Gaben eines einzigen Mannes aufgewogen worden wäre. Dreißigtausend Goten verloren nach den Bekenntnissen eines ihrer eigenen Großen an diesem blutigen Tage das Leben, und die Menge der Verwundeten kam jener der Erschlagenen gleich. Als sie zum Sturm vorrückten, traf kein Wurfspieß ihre enggeschlossenen Reihen ohne Wirkung: bei ihrem Rückzug gesellte sich der Pöbel der Stadt zur Verfolgung und wütete ungestraft im Rücken der fliehenden Feinde. Belisar brach unverzüglich aus den Toren, und während die Soldaten seinen Namen und den Sieg durch Gesänge feierten, wurden die feindlichen Kriegsmaschinen in Asche verwandelt. So groß war der Verlust und die Bestürzung der Goten, daß von diesem Tage an die Belagerung von Rom in eine langwierige und träge Blockade ausartete; sie wurden aber von dem römischen Feldherrn fortwährend beunruhigt, der in den häufigen Scharmützeln gegen fünftausend Mann ihrer tapfersten Truppen tötete. Ihre Reiterei war im Gebrauch des Bogens ungeübt, ihre Bogenschützen dienten zu Fuße, und diese geteilte Macht war unfähig, wider ihre Gegner standzuhalten, deren Lanzen und Pfeile aus der Entfernung wie in der Nähe gleich furchtbar waren. Die vollendete Geschicklichkeit Belisars benutzte die günstigen Gelegenheiten: da er Ort und Zeit wählte, zum Angriff drängte oder zum Rückzug blasen ließ, fehlte es den Geschwadern, die er entsendete, selten an Erfolg. Diese partiellen Erfolge verbreiteten eine ungeduldige Kampfgier unter Soldaten und Einwohnern, welche die Drangsale einer Belagerung zu fühlen begannen. Jeder Plebejer hielt sich für einen Helden, und das Fußvolk, das seit dem Verfall der Heereszucht von der Schlachtlinie ausgeschlossen war, geizte nach den alten Ehren der römischen Legionen. Belisar pries den Geist seiner Truppen, tadelte ihre Verwegenheit, gab ihrem Geschrei nach und bereitete die Gegenmittel einer Niederlage vor, deren Möglichkeit zuzugeben er allein den Mut hatte. Im Viertel des Vatikans siegten die Römer, und wenn die unersetzlichen Augenblicke nicht mit Plünderung des Lagers vergeudet worden wären, hätten sie die mulvische Brücke besetzen und die gotischen Scharen im Rücken angreifen können. Auf dem anderen Ufer des Tibers rückte Belisar von dem pincianischen und salarischen Tor vor. Aber sein Heer von etwa viertausend Mann verlor sich in der geräumigen Ebene und wurde von immer frischen Scharen, welche die durchbrochenen Reihen der Barbaren fortwährend ergänzten, eingeschlossen und erdrückt. Die tapferen Anführer des Fußvolkes waren im Siegen unerfahren: sie starben; der Rückzug (ein eiliger Rückzug) wurde durch die Klugheit des Feldherrn gedeckt, und die Sieger schraken mit Entsetzen vor dem furchtbaren Anblick eines waffenstarrenden Walles zurück. Der Ruf Belisars blieb durch die Niederlage unbefleckt und die eitle Zuversicht der Goten nützte seinen Plänen nicht minder als die Reue und Bescheidenheit der Römer.

Von dem Augenblick, in dem Belisar beschlossen hatte, eine Belagerung auszuhalten, bewahrte seine emsige Fürsorge Rom vor der Gefahr einer Hungersnot, die viel furchtbarer gewesen wäre als die gotischen Waffen. Eine außerordentliche Menge von Korn wurde aus Sizilien herbeigeschafft: die Ernten von Campanien und Toskana wurden zu Frommen der Stadt mit Gewalt weggenommen und die Rechte des Privateigentums unter dem mächtigen Vorwand des Heils des Staates verletzt. Es war leicht vorauszusehen, daß der Feind die Aquädukte zerstören würde: der Stillstand der durch ihr Wasser getriebenen Mühlen war die erste Unannehmlichkeit, die jedoch schleunig beseitigt wurde, indem man große Schiffe vor Anker legte und die Mühlsteine durch die Gewalt des Stroms in Bewegung setzen ließ. Der Fluß wurde bald durch Baumstämme verstopft und durch Leichen verpestet: so wirksam waren jedoch die Maßregeln des römischen Feldherrn, daß die Fluten des Tibers fortwährend die Mühlen trieben und den Einwohnern Trinkwasser lieferten; die entlegenen Viertel wurden durch ihre Brunnen versorgt, und eine belagerte Stadt mochte ohne Murren die Entbehrung der öffentlichen Bäder dulden. Ein großer Teil Roms vom pränestinischen Tor bis zur St.-Pauls-Kirche war nie von den Goten eingeschlossen; ihre Streifzüge dahin wurden durch die maurischen Truppen zurückgewiesen; die Schiffahrt auf dem Tiber und die lateinische, die appische und die ostianische Straße blieben für die Zufuhr von Korn und Vieh sowie für den Abzug der Einwohner, die in Campanien oder Sizilien Zuflucht suchten, frei und ungefährdet. Da Belisar ängstlich wünschte, sich von einer nutzlosen essenden Menge zu befreien, befahl er streng den unverweilten Abzug der Weiber, Kinder und Sklaven; gebot seinen Soldaten, ihr männliches und weibliches Gefolge wegzuschicken und bestimmte, daß sie ihre Rationen zur Hälfte in Lebensmitteln und zur Hälfte in Geld erhalten sollten. Seine Voraussicht wurde durch die Zunahme der öffentlichen Not gerechtfertigt, sobald die Goten zwei wichtige Posten in Roms Nähe besetzt hatten. Der Verlust des Hafens oder, wie er nun heißt, der Stadt Porto beraubte ihn des Landes am rechten Ufer des Tibers und der besten Verbindung mit dem Meer, und er bedachte mit Schmerz und Ingrimm, daß dreihundert Mann, wenn er eine so geringe Zahl hätte missen können, zur Verteidigung seiner uneinnehmbaren Werke hingereicht hätten. Sieben Meilen von der Hauptstraße zwischen der appischen und lateinischen Straße kreuzten sich zwei Hauptaquädukte zweimal und schlossen zwischen ihren massiven und hohen Bögen einen befestigten Raum ein, wohin Vitiges ein Lager von siebentausend Goten legte, um die Zufuhren aus Sizilien und Campanien aufzufangen. Die Kornspeicher Roms leerten sich allmählich, das umliegende Land war durch Feuer und Schwert verwüstet worden, und die kargen Vorräte, die man durch eilige Streifzüge noch erlangen konnte, waren der Lohn der Tapferkeit und wurden mit schwerem Geld erkauft; den Pferden fehlte es nie an Futter, den Soldaten nie an Brot, in den letzten Monaten der Belagerung war aber das Volk dem Mangel, ungesunder Nahrung und ansteckenden Krankheiten preisgegeben. Belisar war ein teilnehmender Zeuge ihrer Leiden: aber er hatte auch die Abnahme ihrer Treue und die Fortschritte ihres Mißvergnügens vorausgesehen und beobachtet. Das Unglück hatte die Römer aus ihren Träumen von Größe und Freiheit geweckt und ihnen die demütigende Lehre erteilt, daß es für ihr wirkliches Glück von geringer Bedeutung wäre, ob der Name ihres Gebieters aus der gotischen oder aus der lateinischen Sprache abgeleitet würde. Der Stellvertreter Justinians schenkte ihren gerechten Klagen Gehör, aber er verwarf mit Verachtung den Gedanken an Flucht oder Übergabe, tat ihrem ungestümen Verlangen nach einer Schlacht Einhalt, hielt sie mit der Hoffnung auf gewisse und schleunige Hilfe hin und sicherte sich selbst und die Stadt gegen die Wirkungen der Verzweiflung oder Verräterei. Zweimal in jedem Monat wechselte er die Posten der Anführer, denen die Bewachung der Tore anvertraut war; die verschiedenartigsten Vorsichtsmaßregeln, Patrouillen, Losungsworte, Lichter, Musik, wurden angewendet, um zu erfahren, was auf den Wällen vorging; man stellte Vorposten jenseits des Grabens auf, und die zuverlässige Wachsamkeit der Hunde ergänzte die zweifelhafte Treue der Menschen. Es war ein Schreiben aufgefangen worden, das dem gotischen König die Versicherung gab, daß das asinarische, an die Kirche des Lateran grenzende Tor insgeheim seinen Truppen geöffnet werden sollte. Auf den Verdacht oder Beweis des Hochverrates hin wurden mehrere Senatoren verbannt und der Papst Sylverius aufgefordert, sich in das Hauptquartier des pincianischen Palastes zu dem Stellvertreter seines Souveräns zu verfügen. Die Geistlichen, die ihrem Bischof folgten, wurden in dem ersten oder zweiten Gemach zurückgehalten und er allein vor Belisar gelassen. Der Eroberer von Rom und Karthago saß bescheiden zu den Füßen der Antonina, die auf einem prachtvollen Ruhebett lehnte; der Feldherr schwieg, die Stimme des Vorwurfs und der Drohung tönte jedoch aus dem Mund seiner herrischen Gattin. Von glaubwürdigen Zeugen angeklagt und durch seine eigene Unterschrift überführt, wurde der Nachfolger des heiligen Petrus seines päpstlichen Schmuckes beraubt, in das geringe Gewand eines Mönchs gekleidet und ohne Verzug nach einem fernen Verbannungsort im Morgenland gesandt (November 537). Auf des Kaisers Befehl schritt die römische

Geistlichkeit zur Wahl eines neuen Bischofs und erkor nach feierlicher Anrufung des heiligen Geistes den Diakon Vigilius, der den päpstlichen Thron mit einer Bestechungssumme von zweihundert Pfund Goldes erkauft hatte. Der Nutzen und folglich auch die Schuld der Simonie wurde dem Belisar zugeschrieben; aber der Held gehorchte den Befehlen seines Weibes, Antonina diente den Leidenschaften der Kaiserin, und Theodora verschwendete Schätze in der eitlen Hoffnung, einen Papst zu erhalten, der gegen das Konsilium von Chalzedon feindlich gesinnt oder gleichgültig wäre.

Das Schreiben Belisars an den Kaiser kündete seinen Sieg, seine Gefahr, seine Entschlossenheit an. „Nach deinen Befehlen sind wir in die Gebiete der Goten eingefallen und haben Sizilien, Campanien und die Stadt Rom zum Gehorsam gegen dich gebracht; aber der Verlust dieser Eroberungen wird schimpflicher sein, als die Erwerbung ruhmvoll war. Bisher haben wir mit Erfolg gegen die Scharen der Barbaren gekämpft, ihre Menge muß aber zuletzt die Oberhand behalten. Der Sieg ist ein Geschenk der Vorsehung, aber der Ruf der Herrscher und Feldherren hängt von dem Gelingen oder Mißlingen ihrer Pläne ab. Erlaube mir mit Freimut zu sprechen; wenn du willst, daß wir leben sollen, sende uns Nahrung; wenn du wünscht, daß wir siegen, sende uns Waffen, Pferde, Menschen. Die Römer haben uns als Freunde und Befreier empfangen; in unserer gegenwärtigen Bedrängnis aber werden entweder sie durch ihr Vertrauen verraten, oder wir durch ihren Verrat und Haß überwältigt werden. Was mich betrifft, ist mein Leben deinem Dienst geweiht; an dir ist es, zu bedenken, ob mein Tod in dieser Lage zum Ruhm und Glück deiner Regierung beitrage." Vielleicht wäre diese Regierung in gleichem Grad glücklich gewesen, wenn der friedliche Beherrscher des Ostens sich der Eroberung von Afrika und Italien enthalten hätte; da aber Justinian nach Ruhm geizte, machte er einige allerdings schwache und matte Anstrengungen, um seinen siegreichen Feldherrn zu unterstützen und zu erlösen. Eine Verstärkung von sechzehnhundert Slawonen und Hunnen wurde von Martin und Valerian herangeführt; da Menschen und Pferde während der winterlichen Jahreszeit in den Häfen von Griechenland ausgeruht hatten, war ihre Kraft durch die Beschwerden einer Seereise nicht geschwächt worden, und sie bewährten ihre Tapferkeit beim ersten Ausfall gegen die Belagerer. Um die Zeit der Sommersonnenwende landete Euthalius zu Terracina mit großen Geldsummen zur Bezahlung der Truppen; er rückte vorsichtig auf der appischen Straße vor, und diese Zufuhr gelangte durch das Tor Capena nach Rom, während Belisar auf der anderen Seite durch ein hitziges und siegreiches Scharmützel die Aufmerksamkeit der Goten ablenkte. Diese zeitgemäße Hilfe, deren Brauchbarkeit und Ruf vom römischen Feldherrn geschickt benutzt wurde, frischte den Mut oder wenigstens die Hoffnungen der Soldaten und des Volkes auf. Der Geschichtsschreiber Procopius erhielt den wichtigen Auftrag, die Truppen und Vorräte herbeizuschaffen, die Campanien liefern konnte oder Konstantinopel gesandt hatte und dem Geheimschreiber Belisars folgte bald Antonina in Person, welche kühn durch die Posten des Feindes drang und mit den aus dem Morgenland zum Beistand ihres Gatten und der Belagerten gesandten Verstärkungen zurückkehrte. Eine Flotte mit dreitausend Isauriern ging in der Bai von Neapel und später zu Ostia vor Anker. Über zweitausend Pferde, zum Teil thrakische, landeten zu Tarent, und nach ihrer Vereinigung mit fünfhundert Soldaten aus Campanien und einem Zug mit Wein und Mehl beladener Wagen traten sie ihren Marsch auf der appischen Straße von Capua bis in die Nähe von Rom an. Die Streitkräfte, die zu Lande und zur See anlangten, wurden an der Mündung des Tibers vereinigt. Antonina berief einen Kriegsrat, es ward beschlossen, durch Segel und Ruder die Gewalt des Stroms zu bezwingen, und die Goten nahmen Anstand, durch übereilte Feindseligkeiten die Unterhandlung zu stören, die der schlaue Belisar begonnen hatte. Leichtgläubig vermeinten sie, nur die Vorhut einer Flotte und eines Heeres zu sehen, die bereits das ionische Meer und die Ebenen von Campanien bedeckten, und diese Täuschung wurde durch die stolze Sprache des römischen Feldherrn unterstützt, als er den Abgesandten des Vitiges Audienz erteilte. Nach einer glänzenden Rede, worin sie die Gerechtigkeit ihrer Sache verteidigten, erklärten sie, daß sie um des Friedens willen geneigt wären, auf den Besitz der

Insel Sizilien Verzicht zu leisten. „Der Kaiser ist nicht minder großmütig", erwiderte sein Stellvertreter mit höhnischem Lächeln, „als Erwiderung einer Gabe, die ihr nicht länger besitzt, schenkt er euch eine alte Provinz des Reiches; er tritt den Goten die Souveränität der britischen Inseln ab." Mit gleicher Festigkeit und Verachtung verwarf Belisar das Anerbieten eines Tributs, er gestattete jedoch den Goten, ihr Schicksal aus Justinians eigenem Mund zu erfahren und willigte mit scheinbarem Widerstreben in einen dreimonatigen Waffenstillstand von der Sonnenwende des Winters bis zu der des Frühlings. Die Klugheit mochte nicht mit Sicherheit den Schwüren oder Geiseln der Barbaren trauen, aber die selbstbewußte Überlegenheit des römischen Feldherrn gab sich durch die Aufteilung seiner Truppen kund. Sobald Furcht oder Hunger die Goten zwangen Alba, Porto und Centumcellae zu räumen, ward ihr Platz sogleich ersetzt; die Besatzungen von Narni, Spoleto und Perusia wurden verstärkt, und die sieben Lager der Belagerer allmählich in die Drangsal einer Belagerung verwickelt. Die Bitten und die Wallfahrt des Bischofs Datius von Mailand blieben nicht ohne Erfolg; er erlangte tausend Thrakier oder Isaurier, um der Erhebung Liguriens gegen seinen arianischen Tyrannen Beistand zu leisten. Um dieselbe Zeit wurde Johann der Blutdürstige, Vitalians Neffe, mit zweitausend auserlesenen Reitern zuerst nach Alba an den fucinischen See und dann an die Grenzen von Picenum am Adriatischen Meer entsandt. „In diese Provinz", sagte Belisar, „haben die Goten ihre Familien und Schätze ohne Bedeckung oder Ahnung einer Gefahr gesandt. Ohne Zweifel werden sie den Waffenstillstand verletzen; lasset sie eure Gegenwart fühlen, bevor sie von euren Bewegungen hören. Schont die Italiener, lasset keine feindlichen, befestigten Plätze in eurem Rücken und bewahrt die Beute getreu zu gleicher und gemeinsamer Teilung. Es wäre nicht gerecht", fügte er lachend hinzu, „wenn, während wir uns hier mit Vernichtung der Drohnen abmühen, unsere glücklicheren Brüder den Honig ausschneiden und genießen."

Die gesamte Nation der Ostgoten war zum Angriff auf Rom herangezogen, aber während der Belagerung fast gänzlich aufgerieben worden. Wenn man einem einsichtsvollen Zuschauer Glauben beimessen darf, hatten die häufigen und blutigen Kämpfe unter den Mauern Roms wenigstens den dritten Teil ihrer ungeheuren Schar hinweggerafft. Ihr schlechter Ruf und das schädliche heiße Sommerklima waren bereits Folgen des Verfalls des Ackerbaues und der Abnahme der Bevölkerung. Hungersnot und Pest und andere Krankheiten wurden durch ihre eigene Zügellosigkeit und die feindliche Stimmung des Landes vermehrt. Während Vitiges gegen sein Schicksal kämpfte, während er zögerte, sich zwischen Schmach und Untergang zu entscheiden, wurde sein Rückzug durch heimisches Unglück beschleunigt. Der König der Goten erfuhr von zitternden Boten, daß Johann der Blutdürstige Verheerungen von den Apenninen bis zum Adriatischen Meer anrichte, daß reiche Beute und unzählige Gefangene von Picenum nach der Festung Rimini gebracht worden wären und daß dieser furchtbare Anführer seinen Oheim geschlagen, seine Hauptstadt mißhandelt und durch geheimen Briefwechsel die Treue seiner Gattin, der herrischen Tochter der Amalasuntha, mißleitet habe. Bevor Vitiges jedoch abzog, machte er eine letzte Anstrengung, die Stadt entweder zu stürmen oder zu überrumpeln. Ein geheimer Gang war in einer der Wasserleitungen entdeckt und zwei Bürger des Vatikans durch Bestechung verlockt worden, die Wache des aurelianischen Tores zu berauschen; ein Angriff wurde gegen die Mauern jenseits des Tibers an einer Stelle, wo sie nicht mit Türmen versehen waren, beschlossen, und die Barbaren rückten mit Fackeln und Strickleitern zur Erstürmung des pincianischen Tores an. Jeder Versuch wurde aber durch die unerschrockene Wachsamkeit Belisars und seiner Veteranenschar vereitelt, die auch in den gefährlichsten Augenblicken die Abwesenheit ihrer Gefährten nicht beklagten; die Goten dagegen, denen es ebensosehr an Hoffnung wie an Nahrungsmitteln mangelte, drangen auf Abzug, bevor der Waffenstillstand abliefe und die römische Reiterei wieder vollzählig wäre. Ein Jahr und neun Tage nach dem Beginn der Belagerung verbrannte ein Heer, noch vor kurzem so stark und so siegessicher, seine Zelte und ging in voller Unordnung über die milvische Brücke zurück. Aber nicht ungestraft; die sich drängenden, in einen engen Paß zusammengepreßten Scharen wurden durch ihre eigene Furcht und den verfolgenden Feind kopfüber in den Tiber getrieben; und der römische Feldherr, aus dem pincianischen Tor brechend, brachte ihnen auf dem Rückzug eine schwere und schmähliche Niederlage bei. Der lange, unbehilfliche Zug der Kranken, der entmutigten Scharen schleppte sich schwer längs der flaminischen Straße hin, von der die Barbaren zuweilen abzubiegen gezwungen waren, um nicht den feindlichen Truppen zu begegnen, die den Weg nach Rimini und Ravenna verteidigten. So stark war aber noch dieses fliehende Heer, daß Vitiges zehntausend Mann zur Verteidigung der Städte, die er vor allem zu bewahren wünschte, entbehren und seinen Neffen Uraias mit einer angemessenen Macht zur Züchtigung des empörten Mailand entsenden konnte. An der Spitze des Hauptheeres belagerte er das nur dreiunddreißig Meilen von der gotischen Hauptstadt entfernte Rimini. Ein schwacher Wall und ein seichter Graben wurden durch die Geschicklichkeit und Tapferkeit Johanns des Blutdürstigen behauptet, der die Gefahren und Beschwerden des geringsten Soldaten teilte und auf einem minder ausgezeichneten Platz den kriegerischen Tugenden seines großen Befehlshabers nacheiferte. Die Türme und Belagerungsmaschinen der Barbaren wurden unbrauchbar gemacht, ihre Angriffe zurückgeschlagen, und die langwierige Blockade, durch welche die römische Besatzung größten Hunger litt, ließ Zeit zur Vereinigung und zum Anmarsch der römischen Streitkräfte. Eine Flotte, die Ankona überrumpelt hatte, segelte längs der Küste des Adriatischen Meeres der belagerten Stadt zu Hilfe. Der Eunuch Narses landete in Picenum mit zweitausend Herulern und fünftausend der tapfersten Truppen des Ostens. Die Felsen der Apenninen wurden überstiegen, zehntausend Veteranen, von Belisar in Person angeführt, zogen rund um den Fuß der Gebirge, und ein neues Heer, dessen Lager von zahllosen Feuern erhellt war, schien auf der flaminischen Straße vorzurücken. Von Staunen und Verzweiflung überwältigt, verließen die Goten die Belagerung von Rimini, ihre Zelte, Fahnen und Anführer und Vitiges, der das Beispiel der Flucht gab oder diese befahl, machte nicht eher wieder Halt, als bis er hinter den Mauern und Sümpfen von Ravenna Schutz gefunden hatte.

Auf diese Mauern und einige Festungen, die sich gegenseitig nicht unterstützten, war jetzt die gotische Monarchie beschränkt. Die Provinzen von Italien ergriffen die Partei des Kaisers, und sein Heer, das allmählich auf zwanzigtausend Mann gebracht worden war, hätte eine schnelle und leichte Eroberung vollenden müssen, wenn diese unbezwingliche Macht nicht durch die Zwietracht der römischen Anführer zersplittert worden wäre. Noch vor dem Ende der Belagerung befleckte eine ebenso ehrsüchtige wie unbesonnene blutige Tat Belisars reinen Ruf. Presidius, ein getreuer Italiener, wurde, als er von Ravenna nach Rom floh, von Konstantin, dem Kriegsstatthalter von Spoleto, roh angehalten und überdies in einer Kirche zweier Dolche beraubt, die reich mit Gold und Edelsteinen besetzt waren. Sobald die öffentliche Gefahr vorüber war, klagte Presidius über den Verlust und die Unbilden; die Klage fand Gehör, aber der Befehl zur Wiedererstattung bei dem Stolz und der Habsucht des Frevlers keinen Gehorsam. Durch diese Verzögerung erbittert, hielt Presidius dreist das Pferd des Feldherrn an, während er über das Forum ritt, und verlangte mit dem Mut eines Bürgers den allen gemeinsamen Schutz der römischen Gesetze. Es ging um die Ehre Belisars. Er berief einen Kriegsrat, forderte von seinem untergebenen Offizier Gehorsam und ließ sich durch dessen unverschämte Antwort reizen, unverzüglich nach seinen Leibwachen zu rufen. Konstantin sah ihren Eintritt als das Zeichen des Todes an, zog das Schwert und stürzte auf den Feldherrn los, der dem Streich gewandt auswich und von seinen Freunden gedeckt wurde, während man den verzweifelten Mörder entwaffnete und in ein anstoßendes Gemach schleppte, wo ihn die Leibwachen auf Belisars willkürliches Geheiß hinrichteten oder vielmehr ermordeten. Über diese übereilte Gewalttat wurde die Schuld Konstantins vergessen, man schrieb insgeheim die Verzweiflung und den Tod dieses tapferen Offiziers der Rache der Antonina zu, und jeder seiner Kollegen fürchtete im Bewußtsein derselben Raubgier ein gleiches Schicksal. Furcht vor dem gemeinsamen Feind schob die Wirkungen ihres Neides und ihrer Unzufriedenheit auf, aber im Vertrauen des nahen Sieges stachelten sie einen mächtigen Nebenbuhler auf, sich dem Eroberer von Rom und Afrika zu widersetzen. Von dem häuslichen Dienst im Palast und der Verwaltung des Privatschatzes wurde der Eunuch Narses plötzlich zum Befehl über ein Heer erhoben; aber der Mut eines Helden, der später das Verdienst und den Ruhm Belisars erreichte, diente nur dazu, Verwirrung in die Operationen des gotischen Krieges zu bringen. Seinen weisen Maßregeln wurde der Entsatz von Rimini durch die Häupter der unzufriedenen Partei zugeschrieben, die Narses aufforderten, ein unabhängiges und gesondertes Kommando zu übernehmen. Das Schreiben Justinians hatte ihm allerdings Gehorsam gegen den Oberfeldherrn anbefohlen, aber die gefährliche Klausel „soweit dem öffentlichen Dienst zuträglich", behielt dem klugen Günstling, der noch bis vor kurzem im vertrauten Verkehr mit seinem Souverän gestanden hatte, einige Freiheit des Urteils vor. In Ausübung dieses zweifelhaften Rechtes war der Eunuch stets anderer Meinung als Belisar, und nachdem er mit Widerstreben in die Belagerung von Urbino gewilligt hatte, verließ er seinen Kollegen bei Nacht und zog zur Eroberung der ämilianischen Provinz von dannen. Die grimmigen und furchtbaren Scharen der Heruler waren der Person des Narses ergeben; zehntausend Römer und Bundestruppen ließen sich bereden, unter seiner Fahne zu marschieren; jeder Unzufriedene benützte die günstige Gelegenheit, um seine wirklichen oder erträumten Unbilden zu rächen, und die übrigbleibenden Truppen Belisars waren von Sizilien bis zum Adriatischen Meer verteilt und zerstreut. Seine Geschicklichkeit und Beharrlichkeit überwältigte jedes Hindernis; Urbino wurde genommen, die Belagerungen von Fäsulä, Orvieto und Auximum begonnen und kräftig fortgesetzt, endlich der Eunuch Narses zu den häuslichen Sorgen des Palastes zurückberufen. Durch die mit Mäßigung gepaarte Herrschaft des römischen Feldherrn, dem selbst seine Feinde ihre Achtung nicht versagen konnten, wurden alle Spaltungen geheilt, jeder Widerstand unterdrückt, und Belisar schärfte die heilsame Lehre ein, daß die Streitkräfte des Staates nur einen Körper bilden und nur von einer Seele belebt werden müßten. Aber während der Dauer der Zwietracht konnten die Goten wieder aufatmen, eine wichtige Jahreszeit war verloren, Mailand zerstört, und die nördlichen Provinzen Italiens waren von einer Überschwemmung durch die Franken heimgesucht worden.

Als Justinian den Plan zur Eroberung von Italien faßte, schickte er Gesandte an die Könige der Franken und beschwor sie bei dem gemeinsamen Bande der Freundschaft und Religion, sich an dem heiligen Unternehmen gegen die Arianer zu beteiligen. Als die Not der Goten größer wurde, ergriffen sie eine gründlichere Überredungsmethode und bestrebten sich umsonst, durch Abtretung von Ländern und Geldgeschenken die Freundschaft oder wenigstens die Neutralität einer leichtsinnigen und treulosen Nation zu erkaufen. Kaum hatten die Waffen Belisars und die Empörung der Italiener die gotische Monarchie erschüttert, ließ sich auch Theodebert von Austrasien, der mächtigste und kriegerischste der merowingischen Könige, bereden, ihrer Not durch eine mittelbare und zeitgemäße Hilfe beizustehen. Ohne die Einwilligung ihres Souveräns abzuwarten, stiegen (538) zehntausend seiner neuen Untertanen, Burgunden, von den Alpen nieder und vereinigten sich mit den Truppen, die Vitiges entsandt hatte, um das empörte Mailand zu züchtigen. Nach einer hartnäckigen Belagerung wurde die Hauptstadt von Ligurien durch Hunger bezwungen, konnte aber keine andere Kapitulation erlangen als sicheren Abzug für die römische Besatzung. Datius, der orthodoxe Bischof, der seine Landsleute zur Empörung und ins Verderben geführt hatte, entkam nach dem üppigen byzantinischen Hof, während die Geistlichkeit, vielleicht die arianische Geistlichkeit, am Fuße ihrer eigenen Altäre von den Verteidigern des katholischen Glaubens niedergemetzelt wurde. Dreihunderttausend Personen männlichen Geschlechts sollen getötet worden sein; die Frauen und die wertvollere Beute wurden den Burgunden überlassen und die Häuser, wenigstens die Ringmauern von Mailand, der Erde gleichgemacht. Die Goten wurden im letzten Augenblick durch die Zerstörung einer Stadt gerächt, die an Umfang und Reichtum, an Glanz der Gebäude und Zahl der Bewohner nur Rom nahestand, und Belisar allein hatte Mitgefühl für das Schicksal seiner verlassenen, dem Untergang geweihten Freunde. Durch diesen glücklichen Zug ermutigt, überzog im nächsten Frühling Theodebert selbst mit einem Heer von hunderttausend Barbaren die Ebenen von Italien. Der König und einige auserlesene Männer waren beritten und mit Lanzen bewaffnet; das Fußvolk, das weder Bogen noch Speere hatte, begnügte sich mit Schild, Schwert und einer doppelschneidigen Streitaxt, in seinen Händen eine tödliche und sicher treffende Waffe. Italien zitterte bei der Annäherung der Franken, und sowohl der Gotenfürst als der Römerfeldherr, beide im gleichen Grad mit ihren Plänen unbekannt, bewarben sich mit Hoffen und Zagen um die Freundschaft dieser gefährlichen Bundesgenossen. Der Enkel Chlodwigs hielt bis zu dem Augenblick, in dem er sich den Poübergang auf der Brücke von Pavia gesichert hatte, seine Absichten geheim, die er endlich enthüllte, indem er fast zu gleicher Zeit die feindlichen Lager der Römer und Goten angriff. Statt ihre Waffen zu vereinigen, flohen sie in größter Überstürzung, und die fruchtbaren, obschon verheerten Provinzen Ligurien und Aemilia blieben den zügellosen Barbarenhaufen, deren Wut durch keinerlei Gedanken an Niederlassung oder Eroberung gemildert wurde, preisgegeben. Unter den Städten, die sie verwüsteten, wird besonders Genua, damals noch nicht aus Marmor erbaut, angeführt, und der Tod Tausender, die nach Kriegsbrauch hingemordet wurden, scheint weniger Abscheu erregt zu haben als die im Lager des allerchristlichsten Königs ungestraft dargebrachten Opfer von Frauen und Kindern. Wenn es nicht eine traurige Wahrheit wäre, daß die ersten und bittersten Leiden die Unschuldigen und Wehrlosen treffen, könnte sich die Geschichte ob des Elends der Sieger freuen, denen es inmitten der Reichtümer an Brot und Wein fehlte, die das Wasser des Po trinken und sich von dem Fleisch siecher Tiere nähren mußten. Die Ruhr raffte ein Drittel des Heeres hinweg, und das Verlangen seiner Untertanen, die vor Ungeduld brannten, über die Alpen zurückzukehren, machte Theodebert geneigt, mit Achtung auf Belisars milde Ermahnungen zu hören. Das Andenken an diesen unrühmlichen und zerstörenden Krieg wurde auf den gallischen Münzen verewigt, und Justinian nahm, ohne das Schwert aus der Scheide gezogen zu haben, den Titel eines Besiegers der Franken an. Der Merowingerfürst fühlte sich durch die Eitelkeit des Kaisers beleidigt, er stellte sich, als bemitleide er den herabgekommenen Zustand der Goten, und sein hinterlistiges Anerbieten eines Bündnisses erhielt durch das Versprechen oder die Drohung Nachdruck, an der Spitze von fünfhunderttausend Mann die Alpen zu übersteigen. Seine Eroberungspläne waren unbegrenzt und vielleicht chimärisch. Der König von Austrasien drohte, Justinian zu züchtigen und vor die Tore von Konstantinopel zu rücken; er wurde von einem wilden Stier über den Haufen gerannt und getötet, während er in den Forsten von Belgien oder Germanien jagte.

Sowie Belisar von seinen auswärtigen und einheimischen Feinden befreit war, verwendete er seine Streitkräfte ernstlich zur endgültigen Unterwerfung von Italien. Bei der Belagerung von Osimo wäre der Feldherr beinahe von einem Pfeil getroffen worden, wenn der Todesschuß nicht von einem seiner Leibwachen, der durch diesen treuen Dienst den Gebrauch seiner Hand verlor, aufgefangen worden wäre. Die Goten von Osimo, viertausend Krieger, sowie diejenigen von Fäsulä und den kottischen Alpen, gehörten zu den letzten, die ihre Unabhängigkeit verteidigten, und ihr tapferer Widerstand, der fast die Geduld des Eroberers erschöpfte, erwarb dessen Achtung. Klug verweigerte er das sichere Geleit, das sie verlangten, um sich mit ihren Brüdern zu Ravenna zu vereinigen; sie retteten aber durch eine ehrenvolle Kapitulation wenigstens die Hälfte ihrer Reichtümer und die freie Wahl, sich entweder in Frieden auf ihre Besitzungen zurückzuziehen oder in den Dienst des Kaisers zu treten, um gegen die Perser zu kämpfen. Die Scharen, welche der Fahne des Vitiges noch immer folgten, übertrafen an Zahl weit die römischen Truppen; aber weder Bitten noch Herausforderungen noch die äußersten Gefahren seiner treuesten Untertanen konnten den Gotenkönig bewegen, aus den Festungswerken von Ravenna zu rücken. Diese Befestigungen waren in der Tat für alle Angriffe, ob gewaltig oder kunstreich, uneinnehmbar, und als Belisar die Hauptstadt einschloß, sah er bald ein, daß nur der Hunger den halsstarrigen Sinn der Barbaren würde beugen können. Das Meer, das Land und die Kanäle des Po wurden durch die Wachsamkeit des römischen Feldherrn geschlossen, und er ging so weit über die Regeln des Kriegsrechtes hinaus, daß er sich erlaubte, die Gewässer zu vergiften und insgeheim die Kornspeicher einer belagerten Stadt in Brand zu stecken. Während er die Blockade von Ravenna betrieb, überraschte ihn die Ankunft von zwei Gesandten von Konstantinopel mit einem Friedensvertrag, den Justinian unklug unterzeichnet hatte, ohne es der Mühe wert zu erachten, den Urheber seines Sieges zu befragen. Durch diese schmähliche und ungesicherte Übereinkunft wurden Italien und die gotischen Schätze geteilt, so daß dem Nachfolger Theodorichs die Provinzen jenseits des Po samt dem königlichen Titel verblieben. Die Gesandten drangen auf Vollzug ihres heilbringenden Auftrages; der eingeschlossene Vitiges nahm mit Entzücken das unerwartete Anerbieten einer Krone an. Die Ehre übte auf die Goten einen geringeren Einfluß aus als Mangel und Hunger, und die Hauptleute des römischen Heeres, die über die Fortsetzung des Krieges murrten, gaben ihre unbedingte Unterwerfung unter des Kaisers Befehle zu erkennen. Wenn Belisar nur den Mut eines Kriegers besessen hätte, würden die Lorbeeren seiner Hand durch Maßregeln der Furcht und des Neides entrissen worden sein; in diesem Augenblick beschloß er jedoch mit der Hochherzigkeit eines Staatsmannes, allein die Gefahr wie das Verdienst edlen Ungehorsams zu tragen. Jeder seiner Offiziere gab schriftlich seine Meinung ab, daß die Belagerung von Ravenna untunlich und hoffnungslos wäre, der Feldherr verwarf den Teilungsvertrag und erklärte seinen Entschluß, Vitiges in Ketten zu Justinians Füßen zu führen. Die Goten entfernten sich voll Bestürzung und Schrecken; diese gemessene Weigerung beraubte sie der einzigen Unterschrift, der sie trauen konnten, und erfüllte ihre Seelen mit der gerechten Besorgnis, daß ein scharfsichtiger Feind den ganzen Umfang ihres beklagenswerten Zustandes entdeckt habe. Sie verglichen Ruhm und Glück Belisars mit den Schwächen ihres übelberatenen Königs, und der Vergleich führte zu einem außerordentlichen Entschluß, in den auch Vitiges mit scheinbarer Ergebung gezwungen willigte. Teilung würde die Macht der Nation vernichtet, Auswanderung ihre Ehre befleckt haben; aber sie bot ihre Waffen, ihre Schätze und ihre Festungswerke von Ravenna, wenn Belisar auf die Herrschaft eines Gebieters Verzicht leisten, die Wahl der Goten gutheißen und das Königreich Italien, das er verdiene, übernehmen wollte. Wenn auch der falsche Glanz eines Diadems die Ergebenheit eines treuen Untertanen in Versuchung führen konnte, mußte doch seine Klugheit die Unbeständigkeit der Barbaren voraussehen und sein verständiger Ehrgeiz die sichere und ehrenvolle Stellung eines römischen Feldherrn vorziehen. Selbst die Geduld und scheinbare Zufriedenheit, womit er in den Vorschlag des Verrates einging, ließ eine böswillige Auslegung zu. Der Stellvertreter Justinians war sich aber seiner eigenen Redlichkeit bewußt; er betrat den dunkeln und krummen Pfad, weil er zu einer freiwilligen Unterwerfung der Goten führen konnte, und seine gewandte Politik überredete sie, daß er geneigt sei, ihren Wünschen zu willfahren, ohne sich zur Erfüllung eines Vertrages, den er innerlich verabscheute, durch Eid oder Versprechen zu verpflichten. Der Tag der Übergabe von Ravenna wurde von den gotischen Abgesandten festgesetzt; eine mit Lebensmitteln beladene Flotte segelte als willkommener Gast in den tiefsten Hintergrund des Hafens; die Tore öffneten sich dem vermeintlichen König von Italien, und Belisar zog, ohne auf einen Feind zu stoßen, im Triumph (Dez. 539) durch die Straßen einer uneinnehmbaren Stadt. Die Römer staunten über ihren Erfolg, die Scharen der hochgewachsenen und leibesstarken Barbaren wurden durch das Bild ihrer eigenen Geduld in Verwirrung gesetzt, und die mannskräftigen Frauen spieen ihren Söhnen und Gatten ins Gesicht und machten ihnen die bittersten Vorwürfe, daß sie ihre Macht und Freiheit an diese Pygmäen des Südens verrieten, verächtlich in ihrer Anzahl und winzig an Wuchs. Bevor die Goten sich von ihrer ersten Bestürzung erholen und auf die Erfüllung ihrer zweifelhaften Hoffnungen dringen konnten, hatte der Sieger seine Macht in Ravenna so fest verankert, daß ihm weder Treue noch Empörung Gefahr bringen konnte. Vitiges, der vielleicht zu fliehen versucht hatte, wurde ehrenvoll in seinem Palast bewacht, die Blüte der gotischen Nation zum Dienst des Kaisers auserlesen, der Rest des Volkes nach seinen friedlichen Wohnsitzen in den südlichen Provinzen entlassen und eine Kolonie Italiener eingeladen, die entvölkerten Städte wieder zu füllen. Die Unterwerfung der Hauptstadt wurde in den Plätzen und Städten Italiens, die von den Römern nicht unterjocht worden, ja wo sie nicht einmal hingekommen waren, nachgeahmt, und die unabhängigen Goten, die noch zu Pavia und Verona unter Waffen standen, geizten nur danach, Belisars Untertanen zu werden. Seine unwandelbare Treue weigerte sich aber, ihren Untertaneneid anders denn als Justinians Stellvertreter zu empfangen, und er fühlte sich durch den Vorwurf ihrer Gesandten nicht beleidigt, daß er lieber Sklave als König sein wolle.

Nach dem zweiten Sieg Belisars war wieder der Neid geschäftig; Justinian schenkte ihm abermals Gehör und der Held wurde zurückgerufen. „Der Rest des gotischen Krieges sei seiner Anwesenheit nicht länger würdig; ein gnädiger Souverän sei ungeduldig, seine Verdienste zu belohnen und seine Weisheit zu Rate zu ziehen; er allein wäre imstande, den Osten gegen die unzählbaren Heere von Persien zu verteidigen." Belisar begriff den Argwohn, nahm die Entschuldigung an, schiffte sich zu Ravenna mit der Beute und den Trophäen ein und bewies durch seinen schnellen Gehorsam, daß eine so rasche Abberufung von der Regierung Italiens nicht minder ungerecht wäre, als sie unklug sein mochte. Der Kaiser empfing sowohl Vitiges als seine edle Gattin mit ehrender Höflichkeit, und da sich der Gotenkönig zu dem athanasianischen Glaubensbekenntnis bequemte, erhielt er mit einem reichen Erbgut an Ländereien in Asien den Rang eines Senators und Patriziers. Jeder Beschauer bewunderte rückhaltlos die Kraft und den Wuchs der jungen Barbaren; sie beteten die Majestät des Thrones an und versprachen, ihr Blut im Dienste ihres Wohltäters zu vergießen. Justinian legte im byzantinischen Palast die Schätze der gotischen Monarchie nieder. Der kriechende Senat wurde zuweilen zugelassen, um sich an dem prachtvollen Anblick zu weiden; den Blicken des Volkes wurde er jedoch neidisch entzogen, und der Eroberer von Italien verzichtete freiwillig, vielleicht ohne Bedauern, auf die wohlverdienten Ehren eines zweiten Triumphes. Sein Ruhm war in der Tat über jeden äußern Pomp erhaben, und das matte und hohle Lob des Hofes wurde selbst in einem knechtischen Zeitalter durch die Ehrfurcht und Bewunderung des Vaterlandes ergänzt. Sooft Belisar auf den Straßen und öffentlichen Plätzen von Konstantinopel erschien, erregte und befriedigte er die Aufmerksamkeit des Volkes. Sein hoher Wuchs und majestätisches Äußere entsprachen dessen Begriffen von einem Helden; der Geringste seiner Mitbürger wurde durch sein gütiges und herablassendes Benehmen ermutigt, und die kriegerische Begleitung, die ihm folgte, gestattete zu seiner Person freieren Zutritt als an einem Schlachttag. Siebentausend Reiter, durch Schönheit und Tapferkeit ausgezeichnet, wurden im Dienst auf persönliche Kosten des Feldherrn erhalten. Ihre Kühnheit hatte sich stets in Einzelkämpfen oder in den vordersten Reihen bewährt, und beide Parteien gestanden, daß in der Belagerung von Rom die Leibwachen Belisars allein die Scharen der Feinde besiegt hätten. Ihre Anzahl wurde beständig durch die tapfersten und treuesten der Feinde vermehrt, und seine glücklichen Gefangenen, die Vandalen, Mauren und Goten, wetteiferten an Anhänglichkeit mit seinen älteren Haustruppen. Durch seine große Freigebigkeit und Gerechtigkeit erwarb er sich die Liebe der Soldaten, ohne die Zuneigung des Volkes zu verwirken. Den Kranken und Verwundeten wurde mit Arzneien und Geld und noch wirksamer durch die wohltuenden Besuche und die Freundlichkeit ihres Befehlshabers geholfen. Der Verlust einer Waffe oder eines Pferdes wurde alsbald ersetzt und jede tapfere Tat durch das reiche und ehrenvolle Geschenk eines Arm- oder Halsbandes, dem das Lob Belisars noch höheren Wert verlieh, belohnt. Die Landleute liebten ihn wegen des Friedens und des Überflusses, den sie unter seiner Fahne genossen. Das Land wurde, statt durch den Durchzug römischer Heere verwüstet zu werden, vielmehr bereichert, und so streng war die Mannszucht ihres Lagers, daß kein Apfel vom Baum gebrochen, kein Pfad in die Kornfelder getreten wurde. Belisar war keusch und mäßig. Niemand konnte sich rühmen, ihn während der Ungebundenheit des Kriegslebens von Wein berauscht gesehen zu haben; die schönsten weiblichen Gefangenen von gotischer und vandalischer Herkunft wurden seiner Umarmung geboten, er wandte sich aber von ihren Reizen ab, und den Gemahl der Antonina traf kein Argwohn, daß er je die Gesetze der ehelichen Treue verletzt habe. Der Zeuge und Geschichtsschreiber seiner Taten hat bemerkt, daß er mitten in den Gefahren des Krieges kühn ohne Unbesonnenheit, klug ohne Furcht, langsam oder schnell, je nach dem Erfordernis des Augenblickes, in der äußersten Bedrängnis von wirklicher oder scheinbarer Hoffnung belebt, aber bescheiden und demütig auf dem Gipfel des Glückes gewesen sei. Durch diese Tugenden kam er den alten Meistern der Kriegskunst gleich oder übertraf sie. Der Sieg folgte zu Wasser wie zu Lande seinen Waffen. Er unterwarf Afrika, Italien und die umliegenden Inseln, führte die Nachfolger Genserichs und Theoderichs als Gefangene fort, füllte Konstantinopel mit der Beute ihrer Paläste und eroberte in sechs Jahren die Hälfte der Provinzen des abendländischen Reiches wieder. An Ruhm und Verdienst, an Reichtum und Macht blieb er ohne Nebenbuhler der erste aller römischen Untertanen; Neid und Mißgunst konnten seine Bedeutung nur vergrößern, und der Kaiser konnte seinem eigenen Scharfblick, der das Genie Belisars entdeckt und hervorgezogen hatte, Beifall zollen.

Es war bei den römischen Triumphen Sitte, daß ein Sklave hinter den Wagen gestellt wurde, um den Sieger an die Wandelbarkeit des Glückes und an die Schwächen der menschlichen Natur zu erinnern. Procopius hat in seinen Anekdoten dieses knechtische und undankbare Amt übernommen. Der Leser kann seine Schmähschrift verwerfen, aber die bestehenden Tatsachen kann er nicht aus seinem Gedächtnis verbannen. Er muß zugeben, daß Belisars Ruf und Charakter durch sein wollüstiges, grausames Weib befleckt wurden und daß der Held einen Namen verdiente, den ein anständiger Historiker nicht aussprechen darf. Die Mutter der Antonina war eine Theaterdirne, und sowohl ihr Vater als ihr Großvater hatten zu Thessaloniki und Konstantinopel das schimpfliche, aber einträgliche Gewerbe von Wagenlenkern betrieben. Sie wurde in den verschiedenen Lagen des Schicksals dieser beiden die Gefährtin, Feindin, Dienerin, Günstlingin der Kaiserin Theodora. Beide Frauen waren sittenlos und herrschsüchtig und durch gemeinsame Freuden eng miteinander verbunden. Das Laster trennte sie, aber schließlich wurden sie durch gemeinsame Schuld wieder ausgesöhnt. Vor ihrer Vermählung mit Belisar hatte Antonina einen Gatten und viele Liebhaber; Photius, der Sohn aus ihrer früheren Ehe, war bereits in einem Alter, daß er sich bei der Belagerung von Neapel auszeichnen konnte. Erst im Herbst ihrer Jahre und Schönheit frönte sie einer schmachvollen Leidenschaft für einen thrakischen Jüngling. Theodosius war in der eunomianischen Ketzerei erzogen worden: die Fahrt nach Afrika wurde durch die Taufe und den glückverheißenden Namen des ersten Soldaten geweiht, der sich einschiffte und der Bekehrte in die Familie seiner geistigen Eltern, Belisar und Antonina, aufgenommen. Noch bevor sie die Gestade von Afrika berührten, artete diese heilige Verwandtschaft in sinnliche Liebe aus, und da Antonina bald die Schranken des Anstandes und der Vorsicht überschritt, wußte nur der römische Feldherr nichts von seiner Entehrung. Während seines Aufenthaltes zu Karthago überraschte er die beiden Liebenden in einem unterirdischen Gemach, einsam, erhitzt, fast nackt. Zorn flammte aus seinen Augen. „Mit Hilfe dieses jungen Mannes", sagte die Antonina, ohne zu erröten, „verberge ich unsere kostbarste Habe vor Justinians Argwohn." Der Jüngling zog seine Gewänder wieder an, und der fromme Gatte ging darauf ein, zu tun, als habe er nichts gesehen. Aus dieser angenehmen, vielleicht freiwilligen Täuschung wurde Belisar in Syrakus durch die beflissene Mitteilung der Macedonia gerissen. Nachdem diese Dienerin ihre Sicherheit beschworen erhalten hatte, führte sie zwei Kämmerlinge an, die wie sie selbst häufig Zeugen des Ehebruchs der Antonina gewesen waren. Schnelle Flucht nach Asien rettete Theodosius vor der Rache eines beleidigten Gemahls, der bereits einem Krieger von seiner Leibwache den Befehl erteilt hatte, ihn zu töten: aber die Tränen der Antonina und ihre Verführungskünste überzeugten den leichtgläubigen Helden von ihrer Unschuld, und er entwürdigte sich, trotz des gegebenen Wortes und seiner besseren Einsicht, soweit, daß er jene unklugen Freunde preisgab, die es gewagt hatten, die Keuschheit seiner Gattin anzuschuldigen oder in Zweifel zu ziehen. Die Rache eines schuldigen Weibes ist unversöhnlich und blutig; die unglückliche Macedonia wurde mit den zwei Zeugen durch ihre grausamen Diener insgeheim verhaftet, man schnitt ihnen die Zungen heraus, zerhackte ihre Körper in kleine Stücke und warf die Überreste in das Meer von Syrakus. Das unbesonnene, aber richtige Wort Konstantins: „Ich würde lieber die Ehebrecherin als den Buben bestraft haben", prägte sich tief ins Herz der Antonina ein. Als zwei Jahre später dieser Anführer sich verzweifelt gegen seinen Feldherren wandte, entschied und beschleunigte ihr blutdürstiger Rat seine Hinrichtung. Selbst die Entrüstung des Photius wurde von seiner Mutter nicht verziehen; die Verbannung ihres Sohnes bereitete die Zurückberufung ihres Geliebten vor, und Theodosius ließ sich herab, die dringende und demütige Einladung des Eroberers von Italien anzunehmen. Als unumschränkter Leiter seines Haushaltes und bei den wichtigsten Aufträgen im Frieden und Krieg erwarb der Günstling sehr schnell ein Vermögen von vierhunderttausend Pfund Sterling, und die Leidenschaft der Antonina blieb nach ihrer Rückkehr nach Konstantinopel glühend und unvermindert. Aber Furcht, Frömmigkeit, vielleicht Ermüdung gaben Theodosius ernstere Gedanken ein. Er fürchtete die üble Nachrede der Hauptstadt und die unkluge Zärtlichkeit der Gattin Belisars, floh vor ihren Umarmungen, zog sich nach Ephesus zurück, schor sein Haupt und suchte in der heiligen Stille des Klosters Zuflucht. Die Verzweiflung der neuen Ariadne wäre kaum durch den Tod ihres Gemahls erklärlich gewesen. Sie weinte, zerraufte ihr Haar, füllte den Palast mit ihrem Weinen: „Sie habe den teuersten der Freunde verloren, einen zärtlichen, einen treuen, einen tätigen Freund!" Aber ihr heißes Flehen, obgleich durch Belisars Bitten verstärkt, war nicht imstande, den frommen Mönch aus seiner Einsamkeit zu Ephesus zu locken. Erst als der Feldherr in den persischen Krieg zog, konnte Theodosius zur Rückkehr nach Konstantinopel veranlaßt werden, und der kurze Zeitraum bis zur Abreise der Antonina ward ohne Scheu der Liebe und Wollust geweiht.

Ein Philosoph mag die Schwächen der weiblichen Natur, die ihn nicht wirklich kränken, bemitleiden und verzeihen; verächtlich aber ist der Mann, der seine eigene Schande in jener seiner Gattin fühlt und doch duldet. Antonina verfolgte ihren Sohn mit unversöhnlichem Haß, und der tapfere Photius war in dem Lager jenseits des Tigris ihren geheimen Verfolgungen ausgesetzt. Durch seine eigenen Unbilden und die Entehrung seines Blutes in Wut versetzt, verleugnete auch er seinerseits die Gefühle der Natur und offenbarte Belisar die Schändlichkeit eines Weibes, das alle Pflichten einer Mutter und Gattin verletzt hatte. Aus dem Staunen und der Entrüstung des römischen Feldherrn ergibt sich die Aufrichtigkeit seines Glaubens; er umfaßte die Knie des Sohnes der Antonina, beschwor ihn, mehr seiner Verpflichtungen als seiner Geburt eingedenk zu sein und beide bekräftigten am Altar den heiligen Eid der Rache und gegenseitigen Verteidigung. Die Macht der Antonina war durch ihre Abwesenheit verringert worden, und als sie mit ihrem Gemahl bei dessen Rückkehr von der persischen Grenze zusammentraf, setzte sie Belisar in der ersten und vorübergehenden Aufwallung seiner Gefühle gefangen und bedrohte ihr Leben. Photius war mehr entschlossen, zu bestrafen, als geneigt, zu verzeihen: er eilte nach Ephesus, erzwang von einem vertrauten Eunuchen seiner Mutter das volle Bekenntnis ihrer Schuld, verhaftete Theodosius, bemächtigte sich seiner Schätze in der Kirche des heiligen Apostels Johannes und verbarg seinen Gefangenen, dessen Hinrichtung nur aufgeschoben wurde, in einer sicheren und abgelegenen Feste von Kilikien. Ein so verwegener Frevel gegen die öffentliche Gerichtsbarkeit konnte nicht ungestraft hingehen, und die Kaiserin nahm Antoninas Partei, die ihre Gunst durch ihren neuerlichen Dienst bei der Absetzung eines Präfekten und der Verbannung oder Ermordung eines Papstes erworben hatte. Nach Beendigung des Feldzuges wurde Belisar zurückberufen: er gehorchte dem kaiserlichen Befehl wie immer. Seine Seele war nicht für Empörung geschaffen: Gehorsam, wie sehr auch den Geboten der Ehre zuwider, sagte seinem Herzen zu, und als er auf Befehl und vielleicht in Gegenwart der Kaiserin seine Gemahlin umarmte, war der zärtliche Gatte geneigt, Verzeihung zu gewähren oder zu erhalten. Die Güte Theodoras hatte für ihre Gefährtin eine kostbare Gunst vorbehalten. „Ich habe eine

Perle von unschätzbarem Werte gefunden, meine teuerste Patrizierin", sagte sie, „sie ist noch von keinem sterblichen Auge gesehen worden, aber Anblick und Besitz des Juwels sind für meine Freundin bestimmt." Nachdem Neugierde und Ungeduld der Antonina den höchsten Grad erreicht hatten, öffnete sich die Türe eines Schlafgemaches, und sie erblickte ihren Geliebten, den die emsigen Eunuchen in seinem verborgenen Kerker entdeckt hatten. Ihr stummes Staunen brach sich bald in leidenschaftlichsten Ausrufungen der Dankbarkeit und Freude Bahn, und sie nannte Theodora ihre Königin, ihre Wohltäterin, ihre Erlöserin. Der Mönch von Ephesus wurde im Palast mit Üppigkeit beherbergt und mit Ehrsucht erfüllt; statt aber, wie ihm versprochen worden war, den Oberbefehl der römischen Heere zu erhalten, erlag Theodosius den Anstrengungen der ersten Liebesnacht. Der Schmerz Antoninas konnte nur durch die Leiden ihres Sohnes gemildert werden. Ein Jüngling von konsularischem Rang und kränklicher Leibesbeschaffenheit wurde ohne Gericht, wie ein Übeltäter und Sklave, bestraft: so groß war jedoch die Standhaftigkeit seines Gemütes, daß Photius die Martern der Geißel und Folter aushielt, ohne die Treue zu brechen, die er Belisar geschworen hatte. Nach dieser unnützen Folter wurde der Sohn der Antonina, indes seine Mutter mit der Kaiserin schmauste, in ihren unterirdischen Verliesen eingekerkert, in denen kein Unterschied zwischen Tag und Nacht war. Zweimal entkam er nach den ehrwürdigsten Heiligtümern von Konstantinopel, der St.-Sophien- und der Frauenkirche: seine Tyrannen waren aber für Religion wie für Mitleid gleich unempfindlich, und der unglückliche Jüngling wurde trotz des Protestes der Geistlichkeit und des Volkes zweimal vom Altar in den Kerker geschleppt. Sein dritter Versuch war von größerem Glück begleitet. Nach Verlauf von drei Jahren gab ihm der Prophet Zacharias oder irgendein weltlicher Freund die Mittel zur Flucht: er entging den Kundschaftern und Leibwachen der Kaiserin, erreichte das heilige Grab von Jerusalem und wurde Mönch. Der Abt Photius wurde nach dem Tode Justinians dazu berufen, die Kirchen von Ägypten auszusöhnen und die Ordnung herzustellen. Der Sohn der Antonina erduldete alles, was man einem Feind antun kann: ihren geduldigen Gemahl aber drückte die größere Pein, sein Wort gebrochen und einen Freund verlassen zu haben.

Im nächsten Feldzug wurde Belisar abermals gegen die Perser gesandt: er rettete den Osten, beleidigte aber Theodora und vielleicht den Kaiser selbst. Eine Krankheit Justinians hatte das Gerücht seines Todes verbreitet, und der römische Feldherr führte in dem Glauben daran die freie Sprache eines Bürgers und Soldaten; sein Amtsgenosse Buzes, der diese Gesinnungen teilte, verlor durch die Verfolgungen der Kaiserin Rang, Freiheit und Gesundheit; die Ungnade Belisars wurde aber durch seine Würde und den Einfluß seiner Gattin gemildert, die den Genossen ihres Glückes wohl zu demütigen wünschte, aber nicht vernichten wollte. Selbst seine Abberufung wurde durch die Versicherung beschönigt, daß der bedenkliche Zustand von Italien durch die bloße Anwesenheit seines Eroberers gebessert werden würde. Kaum kehrte er aber allein und wehrlos zurück, als eine aus Feinden bestehende Kommission nach dem Osten abging, um sich seiner Schätze zu bemächtigen und seine Handlungen anzuschuldigen; die Leibwachen und Veteranen, die seiner persönlichen Fahne folgten, wurden unter die Befehlshaber des Heeres verteilt, und selbst die Eunuchen erkühnten sich, um seine kriegerischen Hausdiener zu losen. Als er mit einem kleinen und ärmlichen Gefolge durch die Straßen von Konstantinopel zog, erregte sein unansehnlicher Aufzug das Staunen und Mitleid des Volkes. Justinian und Theodora empfingen ihn mit kaltem Undank, die knechtische Schar mit Hochmut und Verachtung, und des Abends zog er sich bebenden Schrittes nach seinem verlassenen Palast zurück. Eine erdichtete oder wirkliche Unpäßlichkeit hatte Antonina in ihren Gemächern festgehalten, und sie ging mit verächtlichem Schweigen in dem anstoßenden Porticus auf und nieder, während Belisar sich auf sein Lager warf und mit Schmerz und Entsetzen den Tod erwartete, dem er sooft unter den Mauern Roms Trotz geboten hatte. Lange nach Sonnenuntergang wurde ein Bote von der Kaiserin gemeldet; er öffnete mit banger Neugierde das Schreiben, das sein Schicksal enthielt. „Es kann dir nicht unbekannt sein, wie sehr du mein Mißfallen verdient hast. Ich bin nicht unempfindlich für die guten Dienste der Antonina. Ihren Verdiensten und ihrer Fürbitte habe ich dein Leben gewährt und gestatte dir, einen Teil deiner Schätze zu behalten, die mit vollem Rechte der Staat hätte einziehen können. Zeige deine Dankbarkeit, wie es sich gebührt, nicht in Worten, sondern durch dein künftiges Benehmen." Ich weiß nicht, wie ich das Entzücken, womit der Held diese schimpfliche Begnadigung aufnahm, glauben oder schildern soll. Er fiel vor seiner Gattin zur Erde, küßte die Füße seiner Retterin und versprach mit Feuer, künftig als der dankbare und unterwürfige Sklave Antoninas zu leben. Eine Buße von hundertzwanzigtausend Pfund Sterling wurde von Belisar erhoben, und er übernahm mit dem Titel eines Grafen oder Meisters der kaiserlichen Ställe die Führung des italienischen Krieges. Bei seiner Abreise von Konstantinopel waren seine Freunde, ja selbst das Publikum überzeugt, daß er nach wiedererlangter Freiheit die Maske der Verstellung abwerfen und daß seine Gattin, Theodora, ja vielleicht der Kaiser selbst der gerechten Rache eines tugendhaften Rebellen geopfert werden würden. Ihre Hoffnungen wurden getäuscht, und die unbezwingliche Geduld und Treue Belisars scheint entweder übermäßige Charakterstärke oder besondere Schwäche eines Mannes zu verraten.

ACHTZEHNTES KAPITEL

DIE BARBAREN ZUR ZEIT JUSTINIANS

Zustand der barbarischen Welt. – Festsetzung der Lombarden an der Donau. – Slavenstämme und ihre Einfälle. – Ursprung, Reich und Gesandtschaften der Türken. – Die Flucht der Avaren. – Chosroes I. oder Nushirwan, König von Persien. – Seine glückliche Regierung und Kriege mit den Römern. – Der kolchische oder lazische Krieg. – Die Äthiopier

Unsere Schätzung persönlichen Verdienstes steht im Verhältnis zu den gewöhnlichen Fähigkeiten des Menschengeschlechtes. Die emporstrebenden Bemühungen des Genies oder der Tugend, sei es im tätigen oder beschaulichen Leben, werden eigentlich nicht nach ihrer wirklichen Größe, sondern nach dem Maßen ihres Jahrhunderts oder Vaterlandes beurteilt: die Statur, die unter dem Volke von Riesen gar nicht bemerkt worden wäre, wird unter einem Geschlecht von Zwergen hervorragen. Leonidas und seine dreihundert Gefährten weihten sich bei Thermopylä dem Tode; aber die Erziehung des Kindes, des Jünglings, des Mannes hatte dieses denkwürdige Opfer vorbereitet, ja fast verbürgt, und jeder Spartaner wird eine Tat der Pflicht, deren er und achttausend seiner Mitbürger gleich fähig waren, vielmehr gebilligt als bewundert haben. Der große Pompejus mochte seinen Trophäen die Inschrift geben, daß er zwei Millionen Feinde im Kampf besiegt und fünfzehnhundert Städte vom mäotischen See bis zum Roten Meer bezwungen habe: aber das Glück Roms flog vor seinen Adlern einher, die Völker wurden durch ihre eigene Furcht erdrückt, und die unbesiegbaren Legionen, die er anführte, waren durch die Gewohnheit des Sieges und die Heereszucht von Jahrhunderten ausgebildet worden. Unter diesem Gesichtspunkt verdient der Charakter Belisars mit Recht über die Helden der alten Republiken gestellt zu werden. Seine Unvollkommenheiten hatten ihren Grund in der damaligen Zeit; seine Tugenden waren einmalig, durch Überlegung gewonnen oder von der Natur ihm geschenkt: er hatte keinen Lehrer oder Nebenbuhlers, und so unverhältnismäßig gering waren die Waffen, die seiner Hand anvertraut wurden, daß sein einziger Vorteil in dem Stolze und Übermute seiner Gegner lag. Unter seiner Anführung verdienten die Untertanen Justinians häufig, Römer zu heißen: der unkriegerische Name Griechen wurde ihnen jedoch von den Goten, die sich stellten, als erröteten sie, weil sie mit einem Volke von Schauspielern, Pantomimikern und Seeräubern um das Königreich Italien kämpfen sollten, als Schimpfwort beigelegt. Das Klima von Asien ist in der Tat dem kriegerischen Geiste minder förderlich als das von Europa: jene volkreichen Länder waren durch Üppigkeit, Despotismus und Aberglauben entnervt, und die Mönche waren kostspieliger und zahlreicher als die Soldaten des Ostens. Die ständige Heeresmacht des Reiches hatte einst sechshundertfünfundvierzigtausend Mann betragen, sie war zur Zeit Justinians bis auf hundertfünfzigtausend gesunken, und diese Zahl, wie groß sie auch scheinen mag, war dünn über Meer und Land, in Spanien und Italien, in Afrika und Ägypten, an den Ufern der Donau, den Küsten des Schwarzen Meeres und den Grenzen Persiens verteilt. Der Bürger war ausgeschöpft und doch blieb der Soldat unbezahlt; seine Armut milderte er verderblicherweise durch das Vorrecht des Raubes und der Trägheit, und die verspäteten Zahlungen wurden durch den Betrug jener Beamten, die ohne Mut oder Gefahr die Vorteile des Krieges unrechtmäßigerweise ernteten, vorenthalten und aufgefangen. Die allgemeine und persönliche Not ergänzte die Heere des Staates; im Feld aber und noch mehr vor dem Feind war ihre Anzahl niemals voll. Die unzuverlässige Treue und die ordnungslosen Dienste der barbarischen Söldner mußten den mangelnden Mut der Untertanen Justinians ersetzen. Selbst das kriegerische Ehrgefühl, das oft den Verlust der Tugend und Freiheit überlebt hat, war fast ganz erloschen. Die Generale, die gegenüber früher beispiellos vermehrt wurden, arbeiteten nur daran, den Erfolg ihrer Kollegen zu hemmen und ihren Ruf zu beflecken; ja die Erfahrung hatte sie belehrt, daß das Verdienst zuweilen Eifersucht erregte, Mißgriffe, ja selbst Schuld jedoch die Nachsicht eines gütigen Kaisers erhielten. In einem solchen Zeitalter strahlen die Triumphe Belisars und später des Narses mit unvergleichlichem Glanze, sie sind aber auch von den schwärzesten Schatten der Schmach und Unglücksfälle umgeben. Während der Stellvertreter Justinians die Königreiche der Goten und Vandalen unterjochte, wog der furchtsame, obschon ehrgeizige Kaiser die Streitkräfte der Barbaren ab, nährte ihre Spaltungen durch Schmeichelei und Falschheit und forderte durch seine Geduld und Nachgiebigkeit zur Wiederholung von Untaten auf. Die Schlüssel von Karthago, Rom und Ravenna wurden ihrem Eroberer überreicht, während die Perser Antiochien zerstörten und Justinian für die Sicherheit von Konstantinopel zitterte.

Selbst die gotischen Siege Belisars waren dem Staate nachteilig, weil sie die wichtige Grenze der Oberdonau, die von Theoderich und seiner Tochter so treu bewacht worden war, vernichteten. Um Italien zu verteidigen, räumten die Goten Pannonien und Noricum, welche Provinzen sie in einem friedlichen und blühenden Zustand hinterließen; die Souveränität wurde von dem Kaiser der Römer in Anspruch genommen, der wirkliche Besitz der Kühnheit des ersten Eindringlings preisgegeben. Auf den jenseitigen Ufern der Donau besaßen die Ebenen von Oberungarn und die Berge von Siebenbürgen seit Attilas Tode die Stämme der Gepiden, welche die gotischen Waffen ehrten, und zwar nicht das Gold der Römer, wohl aber den geheimen Beweggrund ihrer jährlichen Hilfsgelder verachteten. Die leeren Befestigungen des Flusses wurden sogleich von diesen Barbaren besetzt, ihre Fahnen auf den Mauern von Sirmium und Belgrad aufgepflanzt, und der ironische Ton ihrer Entschuldigung vergrößerte die der Majestät des Reiches zugefügte Schmach. „So ausgedehnt, o Cäsar, sind deine Gebiete, so zahlreich deine Städte, daß du beständig Nationen suchst, denen du im Krieg oder Frieden diese nutzlosen Besitzungen überlassen kannst. Die Gepiden sind deine tapferen und treuen Bundesgenossen, und indem sie deiner Gabe zuvorgekommen sind, haben sie ein gerechtes Vertrauen in deine Güte bewiesen." Ihre Verwegenheit wurde durch die Art der Rache, zu der Justinian griff, entschuldigt. Statt die Rechte eines Souveräns zur Beschützung seiner Untertanen zu behaupten, lud der Kaiser ein fremdes Volk ein, die römischen Provinzen zwischen der Donau und den Alpen zu stürmen und in Besitz zu nehmen; der Herrschsucht der Gepiden wurden durch die aufstrebende Macht und den emporkommenden Ruf der Lombarden Schranken gesetzt. Dieser verderbte Name verbreitete sich im dreizehnten Jahrhundert durch die Kaufleute und Wechsler, die italienische Nachkommenschaft dieser wilden Krieger; der ursprüngliche Name Langobarden drückt jedoch nur die besondere Länge und Form ihrer Bärte aus. Ich bin nicht gesonnen, ihren skandinavischen Ursprung zu bekämpfen oder zu verfechten und den Wanderungen der Langobarden durch unbekannte Länder und wunderbare Abenteuer zu folgen. Um die Zeit des Augustus und Trajan durchbricht ein Strahl historischen Lichtes die Dunkelheit ihres Daseins, und man wird sie zum erstenmal jenseits der Elbe und Oder gewahr. Unvergleichlich grimmiger als die Germanen, freute sie die Verbreitung des Entsetzen erregenden Wahns, daß ihre Häupter gleich den Köpfen der Hunde gebildet wären und daß sie das Blut der in der Schlacht besiegten Feinde tränken. Ihre geringe Anzahl wurde durch Aufnahme ihrer tapfersten Sklaven ergänzt, und allein, mitten unter mächtigen Nachbarn, verteidigten sie mit den Waffen ihre hochgesinnte Unabhängigkeit. In den Stürmen des Nordens, die so viele Namen und Völker verschlangen, schwamm die kleine Barke der Langobarden immer auf der Oberfläche; sie rückten allmählich nach dem Süden und der Donau, und nach dem Verlauf von vierhundert Jahren erscheinen sie abermals in ihrer alten Tapferkeit und Berühmtheit. Ihre Sitten waren nicht minder grimmig. Die Ermordung eines königlichen Gastes wurde in Anwesenheit und auf Befehl der Tochter des Königs, die durch einige beleidigende Worte gereizt und durch seine winzige Figur in ihren Erwartungen getäuscht worden war, vollzogen und den Langobarden von seinem Bruder, dem König der Heruler, als Preis des Blutes ein Tribut auferlegt. Das Unglück weckte in ihnen den Sinn für Mäßigung und Gerechtigkeit, und der Übermut der Sieger wurde durch die entscheidende Niederlage und vollkommene Zerstreuung der Heruler, die in den südlichen Provinzen von Polen saßen, bestraft. Die Siege der Langobarden empfahlen sie der Freundschaft der Kaiser, und auf die Aufforderung Justinians gingen sie über die Donau, um gemäß dem abgeschlossenen Vertrag die norischen Städte und pannonischen Festungen zu unterwerfen. Aber Raubsucht verlockte sie über diese weiten Grenzen, sie wanderten längs der Küste des Adriatischen Meeres bis Dyrrhachium und nahmen sich mit roher Dreistigkeit heraus, in die Ortschaften und Häuser ihrer römischen Bundesgenossen zu gehen und Gefangene zu ergreifen, die ihren verwegenen Händen entronnen waren. Diese Handlungen der Feindseligkeit, die Ausschweifungen, wie sie behaupteten, einiger umherirrender Abenteurer, wurden von der Nation verleugnet und von dem Kaiser entschuldigt; auf ernstere Weise beschäftigte dagegen ein dreißigjähriger Kampf, der nur mit Ausrottung der Gepiden endete, die Waffen der Langobarden. Diese feindlichen Völker unterbreiteten oft ihre Sache dem Thron zu Konstantinopel, und der schlaue Justinian, dem die Barbaren fast gleich verhaßt waren, fällte ein unvollständiges, zweideutiges Urteil und verlängerte geschickt den Krieg durch zögernden und wirksamen Beistand. Ihre Stärke war furchtbar, da die Langobarden, die Myriaden Krieger ins Feld schickten, fortwährend als der schwächere Teil den Schutz der Römer in Anspruch nahmen. Ihr Herz war unerschrocken, doch so unzuverlässig ist der Mut, daß die beiden Heere plötzlich von einer panischen Furcht ergriffen wurden, voreinander flohen und die feindlichen Könige mit ihren Leibwachen inmitten einer leeren Ebene blieben. Ein kurzer Waffenstillstand wurde geschlossen, bald aber flammte der gegenseitige Haß wieder auf, und das Andenken ihrer Schmach machte den nächsten Kampf nur um so hartnäckiger und blutiger. Vierzigtausend Barbaren kamen in der entscheidenden Schlacht um, welche die Macht der Gepiden brach, den Besorgnissen und Wünschen Justinians eine andere Richtung gab und zuerst den Charakter Alboins, des jugendlichen Fürsten der Langobarden und künftigen Eroberers von Italien bildete.

Das wilde Volk, das in den Ebenen von Rußland, Litauen und Polen wohnte oder wanderte, läßt sich im Zeitalter Justinians auf zwei große Familien der Bulgaren und Slawen zurückführen. Nach den griechischen Schriftstellern leiteten die ersteren, die jene Länder bewohnten, welche an das Schwarze Meer und den See Mäotis grenzten, Name und Abkunft von den Hunnen her, und es wäre überflüssig, das einfache und wohlbekannte Gemälde tatarischer Sitten zu erneuern. Sie waren kühne und geschickte Bogenschützen, die ihrer schnellen und unermüdlichen Rosse Milch tranken und Fleisch aßen, deren Rinder- und Lämmerherden ihrem Wanderlager folgten oder vielmehr vorangingen, deren Einbruch kein Land zu entfernt oder unzugänglich war und die, obwohl unfähig der Furcht, dennoch im Fliehen geübt waren. Die Nation war in zwei mächtige und feindliche Stämme geteilt, die einander mit brüderlichem Haß verfolgten. Sie machten sich wütend die Freundschaft oder vielmehr die Geschenke des Kaisers streitig. Die Bulgaren wurden auf gleiche Weise durch den römischen Reichtum angezogen; sie maßten sich eine unbestimmte Herrschaft über den slawischen Namen an, und ihren schnellen Zügen vermochten nur die Ostsee oder die Kälte und äußerste Armut des Nordens Einhalt zu tun. Dieses selbe Geschlecht der Slawen scheint jedoch zu allen Zeiten den Besitz derselben Länder behauptet zu haben. Ihre zahlreichen Stämme, wie weit entfernt voneinander oder wie feindlich gegeneinander sie auch sein mochten, bedienten sich derselben Sprache (sie war rauh und unregelmäßig) und waren durch die Gleichartigkeit ihrer Gestalt bekannt, die von den schwarzbraunen Tataren abwich und sich dem hohen Wuchs und der weißen Farbe der Germanen näherte, ohne sie zu erreichen. Viertausendsechshundert Dörfer waren über die Provinzen von Polen und Rußland verstreut, und ihre Hütten in einem Lande, dem es sowohl an Steinen wie an Eisen fehlte, eilig aus roh behauenem Holz gebaut. In der Tiefe der Wälder, an den Ufern der Flüsse oder am Rand von Morasten errichtet oder vielmehr verborgen, können wir sie vielleicht nicht ohne Schmeichelei dem Bau des Bibers vergleichen, dem sie durch den doppelten Ausgang, nach dem Land und nach dem Wasser zu, ähnlich waren. Die Fruchtbarkeit des Bodens lieferte im Überfluß weit mehr, als der Arbeit der Eingeborenen entsprach. Ihr Hornvieh und ihre Schafe waren groß und zahlreich, und die Felder, die sie mit Hirse oder Buchweizen besäten, gaben statt des Brotes eine grobe und minder nahrhafte Speise. Die unaufhörlichen Raubzüge ihrer Nachbarn zwangen sie, diesen Schatz in der Erde zu verbergen; wenn aber ein Fremder erschien, wurde jener freigebig von einem Volk beschenkt, dessen sonst unvorteilhafter Charakter durch die Eigenschaften der Keuschheit, Geduld und Gastfreiheit veredelt war. Als obersten Gott beteten sie einen unsichtbaren Herrn des Donners an. Den Flüssen und Nymphen wurde geringere Ehre erwiesen, und der Gottesdienst des Volkes bestand in Gelübden und Opfern. Die Slawen verschmähten, einem Despoten, Fürsten oder auch nur einer Obrigkeit zu gehorchen; aber ihre Erfahrung war zu gering, ihre Leidenschaften zu halsstarrig, um ein System gleicher Gesetze oder allgemeiner Verteidigung zu begründen; freiwillige Ehrfurcht wurde wohl dem Alter und der Tapferkeit gezollt, aber jeder Stamm, jedes Dorf bestand aus einer gesonderten Republik, und alle mußten überredet werden, weil keiner gezwungen werden konnte. Sie fochten zu Fuß, fast nackt und ohne eine andere Verteidigungswaffe als einen unhandlichen Schild; ihre Angriffswaffen bestanden aus Bogen, vergifteten Pfeilen und einem Lasso, den sie aus der Entfernung warfen und den Feind in die laufenden Schlingen verwickelten. Im Feld war das slawische Fußvolk durch Schnelligkeit, Behendigkeit und Keckheit gefährlich; sie schwammen, tauchten, blieben unter dem Wasser, indem sie mittels eines hohlen Rohres Atem schöpften, und ein Fluß oder See wurde oft der ungeahnte Schauplatz ihres Hinterhaltes. Aber das waren die Taten von Spionen und Troßknechten, die Kriegskunst war ihnen unbekannt, ihr Name hatte keinen Ruf, Siege über sie brachten keinen Ruhm.

Ich habe das ungefähre und allgemeine Bild der Slawen und Bulgaren gezeichnet, ohne es zu versuchen, die unmittelbaren Grenzen ihrer Länder zu bestimmen, die selbst die Barbaren nicht genau kannten oder achteten. Ihre Wichtigkeit wurde nach ihrer Nähe am Reich bemessen, und das ebene Land der Moldau und Wallachei ward von den Anten, einem slawischen Stamm, besetzt, der die Titel Justinians um einen Siegernamen vermehrte. Gegen die Anten errichtete er die Befestigungen an der Niederdonau und bemühte sich, das Bündnis eines Volkes zu sichern, das seine Wohnstätten nördlich der Überschwemmungsgebiete hatte, in einem Landstrich von zweihundert Meilen zwischen den Bergen von Siebenbürgen und dem Schwarzen Meer. Aber es fehlte den Anten an Macht und Neigung, die Wut des Stromes zu zähmen. Die leichtbewaffneten Slawen von hundert Stämmen folgten den Fußstapfen der bulgarischen Reiterei mit fast gleicher Schnelligkeit. Die Bezahlung eines Goldstückes für jeden Soldaten sicherte einen bequemen Rückzug durch das Land der Gepiden, die den

Übergang an der oberen Donau beherrschten. Die Hoffnungen oder Besorgnisse der Barbaren, ihre innere Einigung oder Zwietracht, der Zufall, daß ein Strom gefroren oder seicht war, die Nähe der Ernte oder Weinlese, der Wohlstand oder die Not der Römer waren die Ursachen der gleichförmigen Wiederholung ihrer jährlichen Überfälle, die eine verheerende Wirkung hatten. Im selben Jahr, vielleicht im gleichen Monat, in dem sich Ravenna ergab, wurde durch die Hunnen oder Bulgaren ein so furchtbarer Einbruch begangen, daß er fast das Andenken an ihre früheren Streifzüge verwischte. Sie breiteten sich von den Vorstädten von Konstantinopel bis zum ionischen Meerbusen aus, zerstörten zweiunddreißig Städte oder Schlösser, machten Potidäa, welches die Athenienser erbaut und Philipp belagert hatte, der Erde gleich und gingen, hundertzwanzigtausend der Untertanen Justinians hinter ihren Pferden nachschleppend, über die Donau zurück. Bei einem späteren Zug durchbrachen sie die Mauern des thrakischen Chersoneses, zerstörten die Wohnungen und rotteten die Einwohner aus, setzten kühn über den Hellespont und kehrten, mit der Beute aus Kleinasien beladen, zu ihren Gefährten zurück. Eine andere Abteilung, die den Augen der Römer eine unzählbare Schar schien, drang ohne Widerstand vom Paß der Thermopylen bis zur Landenge von Korinth vor. Diese letzte Verheerung Griechenlands scheint man aber, als zu geringfügig, nicht der Betrachtung der Geschichtsforscher für wert zu halten. Die Werke, die der Kaiser zum Schutz, aber auf Kosten seiner Untertanen hatte errichten lassen, dienten nur zur Enthüllung der Schwäche irgendeines vernachlässigten Punktes, und die Mauern, welche die Schmeichelei für uneinnehmbar ausgegeben hatte, wurden entweder von der Besatzung verlassen oder von den Barbaren erstiegen. Dreitausend Slawen, die sich voll Übermut in zwei Scharen teilten, entschleierten die Schwäche und das Elend einer triumphierenden Regierung. Sie gingen über die Donau und den Hebrus, schlugen die römischen Feldherren, die es wagten, sich ihrem Vordringen entgegenzustellen, und plünderten ungestraft die Städte von Illyrien und Thrakien, die Waffen und Volk genug besaßen, um ihre verächtlichen Feinde zu erdrücken. Welchen Ruhm die Kühnheit der Slawen immer verdienen mag, wird derselbe doch durch die mutwillige und kaltblütige Grausamkeit befleckt, die sie gegen ihre Gefangenen verübt haben sollen. Dieselben wurden ohne Unterschied des Ranges, Alters oder Geschlechts gespießt, lebendig geschunden, zwischen vier Pfählen aufgehangen und mit Keulen bis zum Tode geschlagen oder in einem geräumigen Gebäude eingeschlossen, wo man sie mit der Beute und dem Vieh, das den Zug der wilden Sieger behindern mochte, von den Flammen verzehren ließ. Eine unparteiische Erzählung würde die Zahl dieser Schreckenstaten vielleicht vermindern und ihre Art genauer bestimmen; zuweilen mochten sie auch durch die grausamen Gesetze der Wiedervergeltung entschuldigt werden. Bei der Erstürmung von Topirus, dessen hartnäckige Verteidigung die Slawen in Wut versetzt hatte, metzelten sie fünfzehntausend Personen männlichen Geschlechts nieder, schonten aber die Frauen und Kinder; die wertvollsten Gefangenen wurden stets zur Arbeit oder Auslösung aufbewahrt; die Knechtschaft war nicht streng und ihre Auslieferung wurde schnell und unter bescheidenen Bedingungen durchgeführt. Aber der Untertan und Geschichtsschreiber Justinians machte seiner gerechten Entrüstung durch Klagen und Vorwürfe Luft, ja Procopius hat im Vertrauen versichert, daß während einer zweiunddreißigjährigen Regierung jeder jährliche Einbruch der Barbaren zweihunderttausend Einwohner des Römischen Reiches kostete. Die gesamte Bevölkerung der europäischen Türkei, die mit den Provinzen Justinians fast übereinstimmt, dürfte nicht imstande sein, die sechs Millionen Menschen, das Ergebnis jener unglaublichen Schätzung, zu liefern.

Inmitten dieser ruhmlosen Drangsale fühlte Europa den Stoß einer Umwälzung, die der Welt Namen und Volk der Türken zum erstenmal offenbarte. Gleich Romulus wurde der Stifter dieser Nation von einer Wölfin gesäugt, die ihn nachher zum Vater einer zahlreichen Nachkommenschaft machte, und das Bild dieses Tieres in den Fahnen der Türken bewahrte das Andenken oder regte vielmehr die Idee einer Fabel an, die unabhängig voneinander von den Hirten Latiums und Skythiens erfunden worden ist. In der gleichen Entfernung von zweitausend Meilen vom Kaspischen, vom Eismeer, von dem Meer von China und Bengalen, sieht man ein Gebirge, die Mitte und vielleicht der Gipfel von Asien, das in den Sprachen der verschiedenen Völker Imaus, Caf, Altai, die goldenen Berge, der Gürtel der Erde genannt worden ist. Die Gebirgsabhänge enthalten Metalle, und Eisenschmieden wurden zur Verfertigung von Waffen von den Türken betrieben, dem am tiefsten verachteten Teil der Sklaven des Großkhans der Avaren. Ihre Knechtschaft dauerte aber nur solange, bis sich ein kühner und beredter Anführer erhob, der seine Vaterlandsgenossen überzeugte, daß dieselben Waffen, die sie für ihre Gebieter schmiedeten, in ihren eigenen Händen Werkzeuge der Freiheit und des Sieges werden könnten. Sie brachen aus ihren Gebirgen hervor; ein Zepter war der Lohn seines Rates, und die jährliche Feier, wobei ein Stück Eisen im Feuer erhitzt und ein Schmiedehammer der Reihe nach von dem Fürsten und seinen Großen gehandhabt wurde, erinnerte Jahrhunderte hindurch an das demütige Gewerbe und den vernünftigen Stolz der türkischen Nation. Bertezena, ihr erster Anführer, entfaltete seine und ihre Tapferkeit in glücklichen Kämpfen gegen die benachbarten Stämme; als er es aber wagte, um die Hand der Tochter des Großkhans zu werben, wurde das unverschämte Verlangen eines Sklaven und Handwerkers voll Verachtung verworfen. Diese Schmach wurde durch das edlere Bündnis mit einer Prinzessin von China geheilt, und die entscheidende Schlacht, welche die Nation der Avaren fast ganz ausrottete, begründete in der Tatarei das neue und mächtige Reich der Türken (um 550). Sie herrschten über den Norden, gestanden aber die Eitelkeit des Sieges durch ihre treue Anhänglichkeit an die Berge ihrer Väter ein. Das königliche Lager verlor das Altaigebirge selten aus dem Gesicht, von wo der Fluß Irtisch niederströmt, um die reichen Weiden der Kalmücken zu bewässern, welche die größten Schafe und Ochsen in der Welt nähren. Der Boden ist fruchtbar, das Klima mild und gemäßigt, das glückliche Land kannte weder Erdbeben noch Pest, des Kaisers Thron war gegen Osten gekehrt, und ein goldener Wolf auf der Spitze einer Lanze schien den Eingang zu seinem Zelt zu bewachen. Einer der Nachfolger Bertezenas wurde durch Üppigkeit und den Aberglauben von China in Versuchung geführt, aber sein Plan, Städte zu bauen, durch die einfache Weisheit eines barbarischen Ratgebers unausgeführt gelassen. „Die Türken", sagte dieser, „kommen an Zahl nicht dem hundertsten Teil der Bewohner von China gleich. Wenn wir ihrer Macht das Gleichgewicht halten oder ihren Heeren ausweichen, so geschieht es, weil wir ohne feste Wohnungen in der Ausübung des Krieges oder der Jagd umherziehen. Sind wir stark, so rücken wir vor und siegen; sind wir schwach, so ziehen wir uns zurück und sind geborgen. Sobald sich die Türken in die Mauern von Städten einschließen, würde eine einzige verlorene Schlacht ihr Reich vernichten. Die Bonzen predigen nur Demut, Geduld und Entsagung der Welt. Das, o König, ist nicht die Religion von Helden!" Mit geringerem Widerstreben nahmen sie die Lehren des Zoroaster an, der größere Teil der Nation begnügte sich aber ohne Prüfung mit dem Glauben oder vielmehr den Gewohnheiten ihrer Altvordern. Die Ehre des Opfers war für die oberste Gottheit vorbehalten, sie erkannten in rohen Hymnen ihre Verpflichtungen gegen Luft, Feuer, Wasser und Erde an, und ihre Priester zogen aus der Wahrsagekunst einigen Gewinn. Ihre ungeschriebenen Gesetze waren streng und unparteiisch. Diebstahl wurde mit zehnfacher Wiedererstattung bestraft, auf Ehebruch, Mord und Hochverrat stand der Tod, und für die seltene und unsühnbare Schuld der Feigheit konnte keine Bestrafung strenge genug sein. Da die unterworfenen Völker unter den Fahnen der Türken marschierten, zählten diese ihre Reiterei, sowohl Menschen als Pferde, stolz nach Millionen; eines ihrer diensttuenden Heere bestand aus vierhunderttausend Soldaten, und in weniger als fünfzig Jahren standen sie durch Frieden und Krieg mit den Römern, den Persern, den Chinesen in Verkehr. In den nördlichen Grenzen lassen sich einige Spuren von der Form und der Lage von Kamtschatka entdecken, wo ein Volk von Jägern und Fischern hauste, deren Schlitten von Hunden gezogen wurden und deren Wohnungen in die Erde gegraben waren. Die Türken verstanden sich nicht auf die Astronomie; die Beobachtung aber, die ein gelehrter Chinese mit einem achtfüßigen Gnomon anstellte, verlegt das königliche Lager in die Breite von neunundvierzig Graden und setzt die äußersten Fortschritte bis auf drei oder wenigstens zehn Grad vom Polarkreis fest. Unter ihren südlichen Eroberungen war die glänzendste jene, die sie den Nephtaliten oder weißen Hunnen abnahmen, ein gesittetes und kriegerisches Volk, das die Handelsstädte Bokhara und Samarkand besaß, den persischen Monarchen überwunden und seine siegreichen Waffen bis an die Ufer, vielleicht bis an die Mündung des Indus getragen hatte. Gegen Westen drang die türkische Reiterei bis zum See Mäotis vor. Sie zogen über dessen festgefrorene Gewässer. Der Khan, der am Fuße des Altaigebirges wohnte, erließ den Befehl zur Belagerung von Bosporus, einer Stadt, die sich Rom freiwillig unterworfen hatte und deren Fürsten einst die Bundesgenossen der Athener waren. Gegen Osten brachen die Türken in China ein, sooft die Kraft der Regierung erschlafft war, und ich habe in der Geschichte jener Zeiten gelesen, daß sie ihren geduldigen Feind wie Hanf oder Gras niedermähten und daß die Mandarine der Weisheit eines Kaisers Beifall zollten, weil er diese Barbaren mit goldenen Lanzen zurücktrieb. Ein solcher Umfang eines barbarischen Reiches zwang den türkischen Monarchen, drei untergeordnete Fürsten aus seinem eigenen Geblüt zu ernennen, die gar bald ihrer Dankbarkeit und Treue uneingedenk wurden. Üppigkeit, jedem Volke mit Ausnahme eines gewerbefleißigen verderblich, entnervte die Eroberer; die Politik von China bewog die besiegten Nationen, ihre Unabhängigkeit wieder zu erkämpfen, und die Macht der Türken blieb auf eine Periode von zweihundert Jahren beschränkt. Das Wiederaufleben ihres Namens und ihrer Herrschaft in den Südländern Asiens fällt in eine spätere Zeit; die Dynastien aber, welche in ihren heimatlichen Reichen einander folgten, mögen in Vergessenheit schlummern, da ihre Geschichte in keiner Beziehung zu dem Sinken und dem Fall des Römischen Reiches steht.

Im schnellen Laufe ihrer Eroberung bekämpften und unterjochten die Türken das Volk der Ogoren oder Varchoniten an den Ufern des Flusses Til, der sein Beiwort schwarz entweder von seiner dunkeln Farbe oder von seinen düsteren Wäldern führt. Der Khan der Ogoren und dreihunderttausend seiner Untertanen wurden erschlagen und ihre Leichen über einen vier Tagereisen großen Raum verstreut: ihre überlebenden Landsleute huldigten der Macht und Milde der Türken und nur ein kleiner Teil, etwa zwanzigtausend Krieger, zog Auswanderung der Knechtschaft vor. Sie folgten der wohlbekannten Straße der Wolga, bestätigten den Irrtum der Nationen, die sie mit den Avaren verwechselten, und verbreiteten den Schrecken dieses falschen, obschon berühmten Namens, der jedoch seine rechtmäßigen Eigentümer nicht vor dem Joch der Türken hatte retten können. Nach einem langen und siegreichen Marsch langten die neuen Avaren des Kaukasus im Lande der Alanen und Circassier an, wo sie zuerst von dem Glanze und der Schwäche des Römischen Reiches hörten. Sie baten demütig ihren Bundesgenossen, den Fürsten der Alanen, sie nach dieser Quelle der Reichtümer zu führen, und ihr Gesandter wurde mit Erlaubnis des Statthalters von Lazica auf dem Schwarzen Meer nach Konstantinopel eingeschifft (558). Die ganze Stadt strömte herbei, um mit Neugierde und Furcht den Anblick eines fremden Volkes zu genießen; ihr langes Haar, das in Zöpfen über ihre Rücken niederhing, war anmutig mit Bändern umwunden, ihr übriges Gewand aber schien dem der Hunnen zu gleichen. Als sie von Justinian zur Audienz vorgelassen wurden, redete Candisch, der vornehmste der Gesandten, den römischen Kaiser mit folgenden Worten an: „Du siehst vor dir, o mächtiger Fürst, die Stellvertreter des stärksten und zahlreichsten der Völker, der unbezwinglichen, unwiderstehlichen Avaren. Wir haben Neigung, uns deinem Dienste zu widmen; wir sind imstande, alle Feinde, die deine Ruhe stören, zu besiegen und zu vernichten. Wir erwarten aber als Preis unseres Bündnisses, als Lohn unserer Tapferkeit, kostbare Geschenke, jährliche Hilfsgelder und fruchtbare Besitzungen." Zur Zeit dieser Gesandtschaft hatte Justinian über dreißig Jahre geherrscht und über fünfundsiebzig gelebt: sein Geist wie sein Körper waren geschwächt und kraftlos, und der Eroberer von Italien und Afrika strebte, unbekümmert um das bleibende Interesse seines Volkes, nur danach, seine Tage in dem Schoße eines selbst unrühmlichen Friedens zu beendigen. Er teilte dem Senat in einer ausgearbeiteten

Rede seinen Entschluß mit, die Beleidigung zu übersehen und die Freundschaft der Avaren zu erkaufen, worauf sämtliche Senatoren, gleich den Mandarinen von China, die unvergleichliche Weisheit und Voraussicht ihres Souveräns priesen. Die verschiedenen Luxusgegenstände wurden sogleich herbeigebracht, um die Barbaren zu fesseln; seidene Gewänder, weiche und prachtvolle Ruhebetten, mit Gold überzogene Ketten- und Halsbänder. Die Gesandten verließen, zufrieden mit ihrer guten Aufnahme, Konstantinopel, und Valentin, einer der Leibwachen des Kaisers, wurde in ähnlicher Mission in ihr Lager am Fuße des Kaukasus geschickt. Da ihre Vernichtung wie ihr Erfolg dem Reich in gleichem Grade Vorteil bringen mußte, beredete er sie, die Feinde Roms zu bekriegen, und sie ließen sich durch Geschenke und Versprechungen leicht bewegen, ihren herrschenden Neigungen zu folgen. Die Flüchtlinge, die vor den türkischen Waffen flohen, gingen über den Tanais und Borysthenes und drangen, indem sie das Völkerrecht verletzten und die Rechte des Siegers mißbrauchten, kühn in das Herz von Polen und Germanien vor. Noch vor Ablauf von zehn Jahren standen ihre Lager an den Ufern der Donau und Elbe; viele bulgarische und slawische Namen waren von der Erde hinweggetilgt worden, und den Rest ihrer Stämme findet man als Zinspflichtige und Vasallen unter der Fahne der Avaren. Der Chagan, dies war der eigentümliche Titel ihres Königs, stellte sich fortwährend, als pflegte er die Freundschaft des Kaisers, und Justinian hegte den Plan, ihnen in Pannonien Niederlassungen zu gewähren, um der überlegenen Macht der Langobarden das Gleichgewicht zu halten. Aber die Redlichkeit oder Verräterei eines Avaren offenbarte die geheime Feindschaft und die ehrgeizigen Absichten seiner Landsleute, und diese beklagten sich laut über die furchtsame und doch eifersüchtige Politik, die ihre Gesandten festhielt und die Waffen verweigerte, die man ihnen in der Hauptstadt des Reiches zu kaufen gestattet hatte.

Die anscheinende Veränderung in den Gesinnungen des Kaisers darf vielleicht der Gesandtschaft, welche die Besieger der Avaren an ihn schickten, zugeschrieben werden. Die unermeßliche Entfernung, welche ihre Waffen äffte, vermochte ihren Grimm nicht zu mildern: die türkischen Gesandten folgten den Fußstapfen der Besiegten nach dem Jaik, der Wolga, dem Kaukasus, dem Schwarzen Meer, nach Konstantinopel und erschienen endlich vor dem Nachfolger Konstantins mit dem Ansuchen, er möchte sich der Partei von Rebellen und Flüchtlingen nicht ergreifen. Selbst der Handel hatte an diesen merkwürdigen Verhandlungen einigen Anteil; die Sogdianer, nun den Türken zinspflichtig, benutzten die günstige Gelegenheit, im Norden des Kaspischen Meeres eine neue Straße zur Einfuhr der chinesischen Seide nach dem Römischen Reich zu öffnen. Die Perser, welche die Schiffahrt nach Ceylon vorzogen, hatten die Karawanen von Bokhara und Samarkand angehalten und ihre Seide voll Ingrimm verbrannt; einige türkische Gesandte waren in Persien, wie man argwöhnte, an Gift gestorben, und der Großkhan hatte seinem treuen Vasallen Maniach, dem Fürsten der Sogdianer, erlaubt, dem byzantinischen Hofe ein Bündnis gegen ihre gemeinsamen Feinde vorzuschlagen. Glänzende Tracht und reiche Geschenke, die Frucht des orientalischen Luxus, unterschieden Maniach und seine Amtsgenossen von den rohen Wilden des Nordens; ihr Schreiben, in der Schrift und der Sprache Skythiens, zeigte ein Volk, das sich bereits die Anfangsgründe der Wissenschaften zu eigen gemacht hatte; sie zählten die Eroberungen der Türken auf, boten deren Freundschaft und Kriegsbeistand an und bekräftigten ihre Aufrichtigkeit durch schreckliche Verwünschungen, die sie gegen ihre eigenen Häupter und ihren Gebieter Disabul ausstießen, falls Hinterlist geplant wäre. Der griechische Fürst bewirtete die Gesandten eines fernen und mächtigen Monarchen mit hochachtungsvoller Gastfreundschaft; der Anblick der Seidenwürmer und Webstühle vereitelte die Hoffnungen der Sogdianer; der Kaiser gab die flüchtigen Avaren auf oder schien sie aufzugeben, aber er nahm das Bündnis der Türken an, und die Genehmigung des Vertrages wurde von einem römischen Minister nach dem Fuß des Altaigebirges gebracht. Unter den Nachfolgern Justinians wurde die Freundschaft der beiden Nationen durch aufrichtigen und herzlichen Verkehr gepflegt; die hervorragendsten Vasallen erhielten Erlaubnis, das Beispiel des Großkhans nachzuahmen, und einhundertsechs Türken, die bei verschiedenen Anlässen Konstantinopel besucht hatten, reisten zu einer und derselben Zeit nach ihrem Vaterland ab. Die Dauer und Länge der Reise vom byzantinischen Hofe bis zum Altaigebirge ist nicht anzugeben; es wäre schwierig gewesen, den Weg durch die namenlosen Wüsten, über die Gebirge, Flüsse und Moraste der Tatarei zu beschreiben, aber ein interessanter Bericht über die Aufnahme der römischen Gesandten im kaiserlichen Lager ist bis auf uns gekommen. Nachdem sie, einer Sitte zufolge, die noch unter den Söhnen Dschingis-Khans üblich war, mit Feuer und Weihrauch gereinigt worden waren, wurden sie von Disabul zur Audienz gelassen. In einem Tal der goldenen Berge fanden sie den Großkhan in seinem Zelte auf einem Stuhl mit Rädern sitzen, vor den gelegentlich ein Pferd gespannt werden konnte. Nachdem sie ihre Geschenke abgegeben hatten, welche die dazu bestimmten Beamten in Empfang nahmen, drückten sie in einer blumenreichen Rede die Wünsche des römischen Kaisers aus, daß der Sieg die Waffen der Türken stets begleiten, daß ihre Herrschaft lang und glücklich sein und ein enges Bündnis ohne Neid und Falsch für immer zwischen den beiden mächtigsten Nationen der Erde bewahrt werden möge. Die Antwort s entsprach diesen freundschaftlichen Beteuerungen; die Gesandten setzten sich an seiner Seite zu einem Bankett nieder, das den größten Teil des Tages dauerte; das Zelt war mit seidenen Vorhängen umgeben, und ein tatarischer Trank ward aufgetischt, der zumindest die berauschenden Eigenschaften des Weines besaß. Die Bewirtung wurde mit jedem folgenden Tage prachtvoller; in den seidenen Vorhängen des zweiten Zeltes waren verschiedene Figuren eingewirkt, und der königliche Sitz, die Becher, die Gefäße waren aus Gold. Ein dritter Pavillon wurde von Säulen aus vergoldetem Holz getragen; ein Bett aus reinem und massivem Gold ruhte auf vier Pfeilern aus demselben Metall, und vor dem Eingang des Zeltes waren Schüsseln, Becken und Statuen von gediegenem Silber und bewunderungswürdiger Kunst prunkend auf Wagen aufgehäuft, mehr von der Tapferkeit als von dem Fleiß herrührend. Als Disabul seine Heere gegen die Grenzen von Persien führte, folgten die römischen Bundesgenossen viele Tage dem Zuge des türkischen Lagers und wurden nicht eher entlassen, als bis sie sich des Vorranges vor dem Gesandten des großen Königs erfreuten, dessen lautes und maßloses Geschrei die Stille des königlichen Bankettes unterbrach. Chosroes Macht und Ehrgeiz befestigten den Bund zwischen den Türken und Römern, die auf beiden Seiten an seine Staaten grenzten; aber diese fernen Nationen zogen, ohne Rücksicht aufeinander, ihre eigenen Interessen vor, ohne der Verpflichtungen von Eiden und Verträgen eingedenk zu sein. Während der Nachfolger s das Leichenbegängnis seines Vaters feierte, wurde er von den Gesandten des Kaisers Tiberius begrüßt, die einen Einfall in Persien vorschlugen und mit Festigkeit die zornigen und vielleicht gerechten Vorwürfe dieses stolzen Barbaren ertrugen. „Ihr seht meine zehn Finger", sagte der Großkhan, indem er dieselben gegen den Mund führte. „Ihr Römer sprecht mit ebenso vielen Zungen, aber es sind Zungen der Falschheit und des Meineides. Gegen mich führet ihr diese Sprache, gegen meine Untertanen eine andere, und die Nationen werden nacheinander durch eure listige Beredsamkeit getäuscht; ihr stürzt eure Bundesgenossen in Krieg und Gefahr, zieht den Nutzen ihrer Anstrengungen, vernachlässigt aber eure Wohltäter. Beschleunigt eure Rückkehr, meldet eurem Gebieter, daß ein Türke unfähig sei, eine Unwahrheit zu sagen oder zu verzeihen und daß ihn bald die Strafe treffen werde, die er verdiene. Während er sich um meine Freundschaft mit schmeichlerischen und leeren Worten bewirbt, entwürdigt er sich zu einem Bundesgenossen meiner flüchtigen Varchoniten. Wenn ich mich herablasse, gegen diese verächtlichen Sklaven zu ziehen, werden sie bei dem Knall unserer Peitschen zittern, werden wie ein Ameisennest von den Hufen meiner unzählbaren Reiterei zertreten werden. Mir ist die Straße nicht unbekannt, die sie eingeschlagen haben, um euer Reich zu überziehen, auch täuscht mich das eitle Vorgeben nicht, daß der Kaukasus die unübersteigliche Schutzwehr der Römer sei. Ich kenne den Lauf des Dnjestr, der Donau und des Hebrus; die kriegerischsten Nationen sind vor den Waffen der Türken geflohen, und vom Aufgang bis zum Niedergang der Sonne ist die Erde mein Erbteil." Trotz dieser Drohung wurde im Gefühl gegenseitigen Vorteiles bald das Bündnis zwischen Römern und Türken erneuert: aber der Stolz des Großkhans überdauerte seinen Grimm, und als er seinem Freund, dem Kaiser Mauritius, einen wichtigen Sieg meldete, nannte er sich den Gebieter der sieben Geschlechter und den Herren der sieben Klimate der Welt.

Zwischen den Souveränen von Asien sind oft Streitigkeiten wegen des Titels König der Welt entstanden, während der Kampf bewiesen hat, daß er keinem der Mitbewerber gebühren könne. Das Reich der Türken war von dem Oxus oder Gihon begrenzt, und Turan durch diesen großen Strom von der eifersüchtigen Monarchie Iran oder Persien geschieden, die, von geringerem Umfang, vielleicht mehr Macht und eine größere Volksmenge hatte. Die Perser, welche die Türken und Römer abwechselnd angriffen und von ihnen zurückgeschlagen wurden, gehorchten immer dem Hause Sassan, das sich dreihundert Jahre vor dem Regierungsantritt Justinians auf den Thron geschwungen hatte. Sein Zeitgenosse Cabades oder Cobad war im Kriege gegen den Kaiser Anastasius glücklich gewesen; aber die Regierung dieses Fürsten wurde durch bürgerliche und religiöse Unruhen zerrüttet. Ein Gefangener in den Händen seiner Untertanen, ein Verbannter unter den Feinden Persiens, erlangte er seine Freiheit durch Preisgebung der Ehre seiner Gattin und gewann sein Königreich durch die gefährliche und käufliche Hilfe jener Barbaren wieder, die seinen Vater erschlagen hatten. Die Großen argwohnten, Cobad werde den Urhebern seiner Vertreibung, ja selbst denen seiner Wiedereinsetzung niemals verzeihen. Das Volk wurde durch den Fanatismus Mazdaks betört und entflammt, der den gemeinschaftlichen Besitz der Weiber und die Gleichheit aller Menschen predigte, während er die reichsten Ländereien und die schönsten Weiber in den Besitz seiner Sektierer brachte. Der Anblick dieser Unordnungen, die durch seine Gesetze und sein Beispiel genährt worden waren, verbitterte den Lebensabend des persischen Monarchen, und seine Besorgnisse wurden durch das Bewußtsein seiner Absicht vermehrt, die natürliche und herkömmliche Thronfolgeordnung zugunsten seines dritten und geliebten Sohnes, nachher so berühmt unter dem Namen Chosroes und Nushirwan, umzustoßen. Um dem Jüngling in den Augen der Nation höheren Glanz zu verleihen, wünschte Cobad, daß der Kaiser Justinus ihn an Sohnes Statt annehme; die Hoffnung auf Frieden machte den byzantinischen Hof zur Einwilligung in den befremdlichen Vorschlag geneigt, und Chosroes hätte beinahe wohlgegründet scheinende Ansprüche auf die Hinterlassenschaft seines römischen Vaters erworben. Aber der Rat des Quästors Proclus wandte das künftige Unheil ab: man warf die Frage auf, ob die Adoption als bürgerlicher oder militärischer Ritus vollzogen werden solle; der Vertrag wurde unerwartet gelöst, und dieser Schimpf prägte sich dem Herzen Chosroes', der auf dem Wege nach Konstantinopel bereits den Tigris erreicht hatte, tief ein. Sein Vater überlebte die Vereitelung seiner Wünsche nicht lange; das Testament des verstorbenen Souveräns wurde in einer Versammlung der Großen vorgelesen, und eine mächtige Partei, hierauf schon vorher vorbereitet, erhob Chosroes ohne Rücksicht auf das Recht seiner älteren Brüder auf den Thron von Persien. Er hatte diesen Thron während einer glücklichen Periode von achtundvierzig Jahren inne und die Gerechtigkeit Nushirwans wird als Gegenstand unsterblichen Ruhmes von den Völkern des Orients gepriesen.

Aber die Gerechtigkeit der Könige wird von ihnen selbst, ja sogar von ihren Untertanen mit einem weiten Spielraum für die Befriedigung der Leidenschaften oder des Eigennutzes verstanden. Die Tugend Chosroes' war jene eines Eroberers, der im Krieg wie im Frieden durch Ehrgeiz angefeuert und durch Klugheit zurückgehalten wird, der die Größe mit dem Glück einer Nation verwechselt und ruhig das Leben von Tausenden dem Ruhm, ja sogar nur dem Vergnügen eines einzelnen opfert. Als Regent seines Hauses würde der gerechte Nushirwan unseren Gefühlen zufolge den Namen eines Tyrannen verdienen. Seine beiden älteren Brüder waren ihrer gerechten Hoffnungen auf das Diadem beraubt worden, ihr künftiges Leben zwischen dem obersten Range und dem Stande von Untertanen war qualvoll für sie selbst und furchtbar für ihren Gebieter; sowohl Furcht als Rache mochten sie wohl zum Aufruhr verleiten, der geringste Beweis einer Verschwörung genügte dem Urheber des ihnen angetanen Unrechts, und die Ruhe Chosroes' wurde durch den Tod dieser unglücklichen Fürsten samt ihren Familien und Angehörigen gesichert. Ein schuldloser Jüngling wurde durch das Mitleid eines greisen Feldherrn gerettet und entlassen, und diese Handlung der Menschlichkeit, die sein eigener Sohn verriet, wog das Verdienst auf, zwölf Völker zum Gehorsam gegen Persien gezwungen zu haben. Der Eifer und die Klugheit Mebodes' hatten Chosroes das Diadem aufgesetzt, er verschob es aber, dem königlichen Ruf zu folgen, bis er die Pflichten einer Heerschau erfüllt hatte; es ward ihm bedeutet, sich unverzüglich nach dem eisernen Dreifuß, der vor dem Tor des Palastes stand, zu verfügen, wo es Tod bedeutete, ihm Hilfe zu leisten oder sich ihm auch nur zu nähern, und hier schmachtete Mebodes mehrere Tage, bevor sein Urteil mit unbeugsamem Stolz und kaltblütigem Undank von dem Sohn Cobads gefällt wurde. Aber das Volk ist, besonders im Orient, geneigt, die Grausamkeit zu entschuldigen, ja sogar zu preisen, die nach den hervorragendsten Häuptern zielt, nach den Sklaven des Ehrgeizes, die freiwillig gewählt haben, von dem Lächeln eines launenhaften Monarchen zu leben und durch sein Dräuen vernichtet zu werden. In der Vollstreckung der Gesetze, die er zu verletzen keine Versuchung fühlte, und in Bestrafung der Verbrechen, die gegen seine eigene Würde oder das Glück der einzelnen begangen wurden, verdiente Nushirwan oder Chosroes den Beinamen des Gerechten. Seine Regierung war stark, strenge und unparteiisch. Es war die erste Arbeit seiner Regentenlaufbahn, die gefährlichen Lehren des gemeinsamen oder gleichen Besitzes zu unterdrücken; die Ländereien und Frauen, welche die Sektierer Mazdals sich angemaßt hatten, wurden ihren rechtmäßigen Eigentümern zurückgegeben, und die mäßige Bestrafung der Schwärmer oder Betrüger befestigte die häuslichen Rechte der Gesellschaft. Statt mit blindem Vertrauen einem Lieblingsminister Gehör zu schenken, ernannte er vier Wesiere über die vier großen Provinzen seines Reiches: Assyrien, Medien, Persien und Bactrien. Bei der Wahl der Richter, Präfekten und Räte bestrebte er sich, unparteiisch zu sein und die Maske zu durchdringen, die stets in Anwesenheit von Königen getragen wird; er wünschte, in natürlicher Ordnung die Talente an die Stelle der zufälligen Auszeichnung der Geburt oder des Vermögens zu setzen und erklärte in schönen Worten seine Absicht, jene Männer, welche die Armen in ihren Herzen trügen, vorzuziehen und Bestechung vom Sitz der Gerechtigkeit zu verbannen, wie die Magier die Hunde aus den Tempeln ausschließen. Das Gesetzbuch Artaxerxes I. wurde als Richtschnur für die Obrigkeiten erneuert und verkündet, aber die Gewißheit schneller Strafe war die beste Bürgschaft ihrer Tugend. Ihr Benehmen wurde von tausend Augen beobachtet, ihre Worte von tausend Ohren, den geheimen oder öffentlichen Dienern der Regierung, belauscht, und die Provinzen von der indischen bis zur persischen Grenze durch die häufigen Besuche eines Souveräns erfreut, der tat, als ahme er die verschwisterte Sonne in ihrer schnellen und segensreichen Laufbahn nach. Erziehung und Ackerbau betrachtete er als die beiden seiner Fürsorge am meisten würdigen Dinge. In jeder Stadt Persiens wurden die Waisen und Kinder der Armen auf öffentliche Kosten ernährt und erzogen, die Töchter den reichsten Untertanen ihres eigenen Standes zur Ehe gegeben und die Söhne nach Maßgabe ihrer verschiedenartigen Talente zu mechanischen Gewerben verwendet oder zu ehrenvollerem Dienste befördert. Seine Güte half den verlassenen Dörfern; an die Bauern und Pächter, die nachweislich nicht imstande waren, ihre Ländereien zu bebauen, verteilte er Nutzvieh, Samen und Ackerwerkzeuge; mit dem seltenen und unschätzbaren frischen Wasser wurde sparsam umgegangen und es wurde über den dürren Boden von Persien geleitet. Der Wohlstand seines Reiches war Wirkung und Beweis seiner Tugend, seine Laster gehörten dem orientalischen Despotismus an: aber in der langen Nebenbuhlerschaft Chosroes' und Justinians ist das Verdienst und Glück fast beständig auf Seite des Barbaren.

Mit dem Ruhm der Gerechtigkeit vereinigte Nushirwan den Ruf des Wissens; die sieben griechischen Philosophen, die seinen Hof besuchten, waren durch den seltsamen Glauben, ein Schüler Platons sitze auf dem persischen Thron, verlockt und getäuscht worden. Erwarteten sie, daß ein Fürst, der sich mit aller Anstrengung den Arbeiten des Krieges und der Regierung widmete, mit einer Gewandtheit gleich der ihrigen in die dunklen und tiefsinnigen Fragen eindringen werde, welche die Schulen von Athen beschäftigten? Konnten sie hoffen, daß die Vorschriften der Philosophie eines Despoten Leben leiten und Leidenschaften beherrschen würden, der schon in der Kindheit gelehrt wurde, seinen unbeschränkten und wandelbaren Willen als die einzige Regel moralischer Verpflichtung zu betrachten? Die Kenntnisse Chosroes waren prunkend und oberflächlich; aber sein Beispiel weckte die Wißbegierde eines talentvollen Volkes, und das Licht des Wissens goß sich über das persische Reich aus. Zu Gondi Sapor, in der Nähe der königlichen Stadt Susa, wurde eine Arzneischule gegründet, die allmählich zu einer freien Schule der Poesie, Philosophie und Rhetorik anwuchs. Die Annalen der Monarchie wurden verfaßt, und während die neue und beglaubigte Geschichte dem Fürsten und Volke einige nützliche Lehren erteilen mochte, ward die Finsternis der ersten Jahrhunderte durch Riesen, Drachen und die fabelhaften Helden orientalischer Romantik verschönert. Jeder gelehrte oder kühne Fremdling wurde durch die Güte des Monarchen bereichert und durch sein Gespräch geehrt: ein griechischer Arzt erhielt von ihm als edle Belohnung die Freiheit von dreitausend Gefangenen, und die Sophisten, die sich um seine Gunst bewarben, waren über den Reichtum und Stolz des Uranius, ihres glücklicheren Nebenbuhlers, erbittert. Nushirwan glaubte oder ehrte wenigstens die Religion der Magier, ja es lassen sich unter seiner Regierung einige Spuren von Verfolgung entdecken. Er gestattete sich jedoch, die Lehrsätze der verschiedenen Sekten miteinander zu vergleichen, und die theologischen Streitversammlungen, bei denen er häufig den Vorsitz führte, verminderten das Ansehen der Priester und klärten die Köpfe des Volkes auf. Auf seinen Befehl wurden die Werke der berühmtesten Schriftsteller von Griechenland und Indien in die persische Sprache übersetzt, ein sanftes und schönes Idiom, das Mohammed zum Gebrauch des Paradieses empfahl, wenn es auch von der Unwissenheit und dem Übermut des Agathias durch die Bezeichnung roh und unmusikalisch gebrandmarkt worden ist. Mit Recht konnte sich der griechische Geschichtsschreiber wundern, daß man es für möglich hielt, eine vollständige Übersetzung des Platon und Aristoteles in ein fremdes Idiom zu bewerkstelligen, das nicht geeignet war, den Geist der Freiheit und die Feinheiten philosophischer Untersuchungen auszudrücken. Und wenn auch die Vernunftschlüsse der Stagyriten in jeder Zunge gleich dunkel oder gleich unverständlich sein mögen, ist doch offenbar die dramatische Kunst und Sprachvollkommenheit des Schülers Sokrates' unauflöslich mit der Anmut und Vollendung des attischen Stiles verbunden. Nushirwan erfuhr in seinem Streben nach allgemeinem Wissen, daß die moralischen und politischen Fabeln des Pilpay, eines alten Brahmanen, mit eifersüchtiger Ehrfurcht unter den Schätzen der Könige von Indien aufbewahrt wurden. Der Arzt Perozes wurde insgeheim nach den Ufern des Ganges mit dem Befehl entsandt, sich um jeden Preis die Kenntnis dieses wertvollen Werkes zu verschaffen. Durch Gewandtheit erlangte er eine Abschrift, sein gelehrter Fleiß lieferte die Übersetzung, und die Fabeln Pilpays wurden in einer Versammlung Nushirwans und seiner Großen vorgelesen und bewundert. Die indische Urschrift und die persische Abschrift sind seit langer Zeit verlorengegangen; wohl aber wurde dieses merkwürdige Denkmal durch die Wißbegierde der arabischen Kalifen gerettet, in der neueren persischen, türkischen, syrischen, hebräischen und griechischen Sprache aufgefrischt und durch mehrere Übersetzungen in die jetzigen Sprachen Europas allgemein verbreitet. In ihrer gegenwärtigen Gestalt sind der eigentümliche Charakter, die Sitten und die Religion der Hindus gänzlich verwischt, und der innere Wert der Fabeln steht tief unter der geschmackvollen Kürze des Phädrus und der natürlichen Anmut Lafontaines. Fünfzehn moralische und politische Sätze werden durch eine Reihe von Fabeln erläutert; aber die Erfindung ist verworren, die Erzählung weitschweifig und die Lehre kahl und alltäglich. Immerhin mag aber dem Brahmanen das Verdienst gebühren, der Schöpfer einer angenehmen Dichtung zu sein, welche die Nacktheit der Wahrheit schmückt und für ein königliches Ohr vielleicht die Rauheit des Unterrichtes mildert. In einer ähnlichen Absicht, um die Könige daran zu mahnen, daß ihre Kraft nur in der Kraft ihrer Untertanen bestehe, erfanden dieselben Inder das Schachspiel, das gleichfalls unter der Regierung Nushirwans in Persien eingeführt wurde.

Der Sohn Cobads fand sein Königreich in einen Krieg mit dem Nachfolger Konstantins verwickelt, aber seine bedenkliche Lage daheim machte ihn geneigt, den Waffenstillstand zu gewähren, den Justinian zu erkaufen sich sehnte. Chosroes sah die römischen Gesandten zu seinen Füßen. Er nahm elftausend Pfund Goldes als Preis eines ewigen oder unbestimmt lang während Friedens an; einige gegenseitige Austausche wurden geregelt, der Perser übernahm die Bewachung der Tore des Kaukasus, und die Schleifung von Dora ward unter der Bedingung eingestellt, daß es nie der Standpunkt des Oberfeldherrn des Ostens werden sollte. Dieser Zeitraum der Ruhe war von dem herrschsüchtigen Kaiser erbeten und emsig benutzt worden; seine afrikanischen Eroberungen bildeten die erste Frucht des Friedensvertrages mit Persien, und die Habsucht Chosroes' wurde durch einen großen Anteil an der Beute von Karthago befriedigt, die seine Gesandten in einem scherzhaften Ton und unter der Maske der Freundschaft verlangten. Aber die Trophäen Belisars störten den Schlummer des großen Königs, und er vernahm mit Erstaunen, Neid und Besorgnis, daß Sizilien, Italien, selbst Rom in drei glücklichen Feldzügen der Botmäßigkeit Justinians unterworfen worden waren. Ungeübt in der Kunst, Verträge zu verletzen, reizte er insgeheim seinen kühnen und schlauen Vasallen Almondar auf. Dieser Fürst der Sarazenen, der zu Hira residierte, war nicht in den allgemeinen Frieden eingeschlossen worden und führte den kleinen Krieg gegen seinen Nebenbuhler Arethas, den Häuptling des Stammes von Gassan und Bundesgenossen des Reiches, fort. Der Gegenstand ihres Zwistes war eine ausgedehnte Schafweide im Süden der Wüste von Palmyra. Ein Tribut, der seit undenklichen Zeiten für die Erlaubnis, da zu weiden, bezahlt wurde, schien das Recht Almondars außer Zweifel zu setzen, während der Gassanite sich auf den lateinischen Namen Strata, eine gepflasterte Straße, als unwiderleglichen Beweis für die Oberherrschaft und Arbeit der Römer berief. Die beiden Monarchen unterstützten die Sache ihrer beiden Vasallen, und der persische Araber bereicherte, ohne den Ausgang eines langsamen und zweifelhaften Schiedsgerichtes zu erwarten, sein fliegendes Lager mit der Beute und den Gefangenen von Syrien. Statt die Waffen Almondars zurückzuweisen, suchte Justinian, seine Treue zu verführen, während er von den äußersten Enden der Erde die Völker von Äthiopien und Skythien aufrief, in die Gebiete seines Nebenbuhlers einzubrechen. Aber die Hilfe solcher Bundesgenossen war fern und unzuverlässig, und die Entdeckung seiner feindseligen Umtriebe unterstützte die Klagen der Goten und Armenier, die fast zu gleicher Zeit Chosroes um Schutz anflehten. Die Abkömmlinge des Arsaces, in Armenien noch immer zahlreich, waren gereizt worden, die letzten Reste ihrer nationalen Unabhängigkeit und des erblichen Rechtes zu verteidigen; die Gesandten des Vitiges dagegen hatten insgeheim das Reich durchreist, um die drohende, fast unabwendbare Gefahr des Königreiches Italien zu verkünden. Ihre Vorstellungen waren gleichförmig, gewichtig und wirksam. „Wir stehen vor deinem Throne als die Anwälte ebenso deines wie unseres eigenen Interesses. Der ehrgeizige und treulose Justinian strebt nach der alleinigen Herrschaft der Welt. Seit dem ewigen Frieden, der die gemeinsame Unabhängigkeit des Menschengeschlechtes verriet, hat dieser Fürst, in Worten dein Bundesgenosse, in Taten dein Gegner, Freunde wie Feinde gleich mißhandelt und die Erde mit Blut und Verwirrung gefüllt. Hat er nicht die Vorrechte von Armenien, die Unabhängigkeit von Kolchis und die wilde Freiheit der byzanianischen Gebirge verletzt? Hat er nicht mit gleicher Gier sich die Stadt Bosporus am eisbedeckten Mäotis und das Palmental am Gestade des Roten Meeres angemaßt? Die Mauren, die Vandalen, die Goten sind nacheinander unterdrückt worden, und jede Nation ist der ruhige Zuschauer des Verderbens ihres Nachbarn geblieben. Benutze, o König, den günstigen Augenblick, der Osten ist ohne Verteidigung gelassen, während die Heere Justinians und sein berühmter Feldherr im fernen Westen festgehalten werden. Wenn du zögerst und aufschiebst, wird Belisar mit seinen siegreichen Truppen bald von dem Tiber nach dem Tigris zurückkehren, und Persien kann den elenden Trost genießen, zuletzt verschlungen zu werden." Durch solche Gründe ließ sich Chosroes leicht bewegen, ein Beispiel nachzuahmen, das er verdammte; aber der nach kriegerischem Ruhm gierige Perser betrachtete das untätige Kriegführen eines Nebenbuhlers, der seine blutdürstigen Befehle aus der sicheren Feste des byzantinischen Palastes erließ.

Wie sehr Chosroes auch herausgefordert worden sein mochte, mißbrauchte er doch das Vertrauen der Verträge, und die gerechten Vorwürfe der Heuchelei und Falschheit konnten nur durch den Glanz seiner Kriege verschleiert werden. Das persische Heer, das sich in den Ebenen von Babylon gesammelt hatte, umging weislich die festen Städte von Mesopotamien und folgte dem westlichen Ufer des Euphrat, bis es die kleine aber volkreiche Stadt Dura wagte, den Fortschritten des großen Königs Einhalt zu tun. Die Tore von Dura öffneten sich durch Verräterei und Überrumpelung, und nachdem Chosroes seinen Säbel mit dem Blut der Einwohner befleckt hatte, entließ er den Gesandten Justinians, um seinem Gebieter zu melden, an welchem Orte er den Feind der Römer verlassen habe. Der Eroberer heuchelte fortwährend Menschlichkeit und Gerechtigkeit; als er sah, wie eine edle Matrone mit ihrem Kind roh auf der Erde hingeschleppt wurde, weinte er und rief die göttliche Gerechtigkeit an, den Urheber dieser Drangsale zu bestrafen. Eine Schar von zwölftausend Gefangenen wurde indessen für zweihundert Pfund Goldes freigegeben; der Bischof des benachbarten Sergiopolis verbürgte sich mit seinem Worte für die Bezahlung, und im folgenden Jahr trieb die gefühllose Habsucht Chosroes' eine Schuld ein, deren Übernahme edelmütig gewesen, deren Bezahlung unmöglich war. Er drang in das Innere von Syrien vor; ein schwacher Feind, der bei seinem Erscheinen verschwand, entzog ihm die Ehre eines Sieges, und da der persische König nicht hoffen konnte, eine bleibende Herrschaft zu gründen, entfaltete er bei diesem Einbruch die niedrigen und beutegierigen Laster eines Räubers. Hierapolis, Berrhöa oder Aleppo, Apamea und Chalcis wurden nacheinander belagert; sie erkauften ihre Rettung durch ein mit ihrer Stärke und Wohlhabenheit im Verhältnisse stehendes Lösegeld an Gold und Silber, und ihr neuer Gebieter gab die Bedingungen der Übergabe bekannt, ohne sie selbst zu halten. In der Religion der Magier erzogen, übte er ohne Bedenken das gewinnbringende Gewerbe eines Kirchenräubers und gab, nachdem er ein Stück des wahren Kreuzes von Gold und Edelsteinen erleichtert hatte, die nackte Reliquie großmütig zur Verehrung den Christen von Apamea zurück. Erst vierzehn Jahre waren seit der Zerstörung von Antiochia durch ein Erdbeben vergangen; aber die Königin des Ostens, die neue Theopolis, war durch Justinians Freigebigkeit von Grund auf erbaut worden, und die zunehmende Größe der Gebäude und Volksmenge machte bereits das Andenken dieses noch so frischen Unglücks vergessen. Auf der einen Seite war die Stadt durch einen Berg, auf der anderen durch den Fluß Orontes geschützt, der zugänglichste Teil wurde aber von einer mächtigen Anhöhe beherrscht; man vernachlässigte die geeigneten Gegenmittel aus der verächtlichen Furcht, die Schwäche dem Feinde zu entdecken, und des Kaisers Neffe Germanus weigerte sich, seine erhabene Person den Mauern einer belagerten Stadt anzuvertrauen. Die Bevölkerung von Antiochia hatte den eitlen und satirischen Geist ihrer Altvordern geerbt, eine unerwartete Verstärkung von sechstausend Soldaten machte sie übermütig, sie verwarfen das Anerbieten einer günstigen Kapitulation, und ihr zügelloses Geschrei verhöhnte von den Wällen die Majestät des Königs. Unter seinen Augen schritten die persischen Myriaden mit Sturmleitern zum Angriff, die römischen Söldner flohen durch das entgegengesetzte Tor von Daphne, und der mutige Beistand der antiochischen Jugend diente nur zur Vergrößerung des Elendes ihrer Vaterstadt. Als Chosroes in Begleitung der Gesandten Justinians vom Berg niederstieg, stellte er sich, als beklagte er mit wehmütiger Stimme die Hartnäckigkeit und das Verderben des Volkes; aber das Gemetzel wütete mit erbarmungsloser Wut fort, und die Stadt wurde auf Befehl des Barbaren den Flammen überliefert. Die Kathedrale von Antiochia wurde zwar gerettet, aber durch die Habsucht, nicht durch die Frömmigkeit des Siegers; eine ehrenvollere Ausnahme ward der Kirche des heiligen Julian und dem Stadtviertel, wo die Gesandten wohnten, bewilligt, das Umspringen des Windes bewahrte einige entfernte Straßen vor den Flammen, und die Mauern standen weiterhin, um ihre neuen Einwohner zu beschützen und bald zu verraten. Der Fanatismus hatte die Schönheiten von Daphne zerstört, Chosroes atmete aber eine reinere Luft unter seinen Hainen und Brunnen, und einige Götzendiener in seinem Gefolge konnten straflos den Nymphen dieses schönen Ruhesitzes opfern. Achtzehn Meilen unterhalb Antiochias ergießt sich der Orontes in das Mittelländische Meer. Der stolze Perser besuchte die Grenze des eroberten Gebietes und brachte, nachdem er allein im Meere gebadet hatte, ein feierliches Dankopfer der Sonne, oder vielmehr dem Schöpfer der Sonne, den die Magier anbeteten, dar. Wenn diese Handlung des Aberglaubens die Vorurteile der Syrier verletzte, wurden sie anderseits durch die artige, ja gespannte Aufmerksamkeit erfreut, womit er den Spielen des Zirkus beiwohnte; und da Chosroes gehört hatte, daß Justinian die blaue Partei beschützte, sicherte sein strikter Befehl den Sieg des grünen Wagenlenkers. Gründlicheren Trost schöpften die Einwohner aus der Manneszucht seines Lagers und verwendeten sich umsonst für das Leben eines Soldaten, der die Räuberei des gerechten Nushirwan zu getreu nachgeahmt hatte. Durch die Beute von Syrien ermüdet, obschon nicht gesättigt, bewegte er sich endlich langsam gegen den Euphrat, schlug eine provisorische Brücke in der Nähe von Barbalissus und bestimmte die Zeit von drei Tagen zum gänzlichen Übergang seiner zahlreichen Scharen. Nach seiner Rückkehr gründete er, eine Tagereise vom Palast von Ktesiphon entfernt, eine neue Stadt, welche die vereinten Namen Chosroes' und Antiochias verewigte. Die syrischen Gefangenen erkannten Form und Lage ihrer heimatlichen Wohnungen, Bäder und ein stattlicher Zirkus waren zu ihrem Gebrauch erbaut, und eine Kolonie von Musikern und Wagenlenkern rief in Assyrien die Freuden einer griechischen Hauptstadt ins Leben. Durch die Freigebigkeit des königlichen Gründers wurden diesen glücklichen Verbannten reichliche Lebensmittel angewiesen, und sie erfreuten sich des merkwürdigen Vorrechtes, allen Sklaven, die sie als ihre Verwandten anerkennen würden, die Freiheit zu erteilen. Palästinas und Jerusalems geheiligter Reichtum war das nächste Ziel, das den Ehrgeiz oder vielmehr die Habsucht des Chosroes lockte. Konstantinopel und der Palast der Cäsaren schien nicht mehr uneinnehmbar oder weit entfernt, und seine ehrsüchtige Phantasie bedeckte bereits Kleinasien mit den Truppen und das Schwarze Meer mit den Flotten Persiens.

Diese Hoffnungen hätten verwirklicht werden können, wenn der Eroberer von Italien nicht zu rechter Zeit zur Verteidigung (541) des Ostens zurückberufen worden wäre. Während Chosroes seine herrschsüchtigen Pläne an der Küste des Schwarzen Meeres verfolgte, lagerte Belisar an der Spitze eines unbezahlten Heeres ohne Kriegszucht jenseits des Euphrat sechs Meilen von Nisibis. Er beabsichtigte, die Perser durch geschickte Bewegungen aus ihrer uneinnehmbaren Feste zu locken und, indem er seinen Vorteil im Felde verfolgte, ihnen entweder den Rückzug abzuschneiden oder vielleicht mit den fliehenden Barbaren zugleich durch die Tore zu dringen. Er rückte bis auf eine Tagereise von dem persischen Gebiet vor, bezwang die Festung Sisaurane und schickte deren Befehlshaber mit achthundert auserlesenen Reitern nach Italien, um dort dem Kaiser Kriegsdienste zu leisten. Den Arethas und seine Araber entsandte er mit einer Unterstützung von zwölfhundert Römern, um über den Tigris zu setzen und die Ernten von Assyrien, einer fruchtbaren, seit langer Zeit von den Drangsalen des Krieges verschonten Provinz, zu verwüsten. Aber Belisars Pläne scheiterten an dem unzähmbaren Sinn des Arethas, der weder ins Lager zurückkehrte noch Kunde von seinen Bewegungen sandte. Der römische Feldherr blieb in ängstlicher Erwartung auf den gleichen Fleck gebannt, die Zeit zum Handeln verfloß, die glühende Sonne von Mesopotamien entzündete in dem Blut seiner europäischen Krieger Fieber, und die eingeborenen Truppen und Offiziere von Syrien gaben vor, für die Sicherheit ihrer verteidigungslosen Städte zu zittern. Nichtsdestoweniger war dieser Ablenkungsangriff bereits insoweit geglückt, daß Chosroes sich genötigt sah, mit Verlust und Übereilung zurückzukehren, und wenn die Geschicklichkeit Belisars durch Heereszucht und Tapferkeit unterstützt worden wäre, dürfte sein Erfolg wahrscheinlich die sanguinischen Hoffnungen der Öffentlichkeit, die von ihm die Eroberung von Ktesiphon und die Befreiung der antiochischen Gefangenen erwartete, befriedigt haben. Nach Beendigung des Feldzuges (542) wurde er von dem undankbaren Hofe nach Konstantinopel zurückberufen, aber die Gefahren im nächsten Frühling wendeten ihm wieder das Vertrauen und den Oberbefehl zu, und der Held wurde eiligst mit Postpferden und fast allein entsandt, um durch seinen Namen und seine Gegenwart den Einbruch in Syrien zurückzuweisen. Er fand, daß die römischen Feldherren, unter ihnen ein Neffe Justinians, aus lauter Furcht in den Festungswerken von Hierapolis verblieben waren. Statt aber ihren zaghaften Ratschlägen Gehör zu schenken, gebot ihnen Belisar, ihm nach Europus zu folgen, wo er beschlossen hatte, seine Streitkräfte zu sammeln und auszuführen, was ihm Gott gegen den Feind zu unternehmen eingeben würde. Seine feste Haltung an den Ufern des Euphrat hinderte Chosroes, gegen Palästina vorzurükken, und er empfing mit Schlauheit und Würde die Gesandten oder vielmehr Kundschafter des persischen Monarchen. Die Ebene zwischen Hierapolis und dem Strom war mit den Reitergeschwadern bedeckt, sechstausend Jäger, schlank und stark, die ohne Besorgnis vor einem Feind ihr Wild verfolgten. Am jenseitigen Ufer erblickten die Gesandten tausend armenische Reiter, die den Übergang über den Fluß zu bewachen schienen. Das Zelt Belisars war von der gröbsten Leinwand, das einfache Gerät das eines Kriegers, der die Üppigkeit des Orients verachtete. Um sein Zelt waren die Nationen, die seiner Fahne folgten, mit Geschicklichkeit vermengt, aufgestellt. Die Thrakier und Illyrier standen vorn, die Heruler und Goten in der Mitte, den Hintergrund bildeten Mauren und Vandalen, und ihre lockere Aufstellung schien ihre Zahl zu vervielfältigen. Ihre Tracht war leicht und bequem: ein Soldat trug eine Peitsche, ein anderer ein Schwert, ein dritter einen Bogen, ein vierter vielleicht eine Streitaxt, und das ganze Gemälde zeigte die Unerschrockenheit der Truppen und die Wachsamkeit des Feldherrn. Chosroes wurde durch die Schlauheit und das Genie des Stellvertreters Justinians getäuscht und eingeschüchtert. Vertraut mit seines Gegners Talenten, aber unbekannt mit seiner Truppenzahl, scheute er eine entscheidende Schlacht in einem fernen Land, von wo vielleicht keine Person heimkehren mochte, um die traurige Märe zu erzählen. Der große König beeilte sich, über den Euphrat zurückzukehren, und Belisar beschleunigte seinen Rückzug, indem er sich stellte, als würde er sich einer Maßregel widersetzen, die für das Reich so wesentlich war und kaum durch ein Heer von hunderttausend Mann hätte verhindert werden können. Neid mochte der Unwissenheit und dem Stolz einreden, er habe den öffentlichen Feind entkommen lassen: aber die afrikanischen und gotischen Triumphe sind minder glorreich als dieser sichere und unblutige Sieg, in dem weder das Glück noch die Tapferkeit der Soldaten einen Teil vom Ruhm des Feldherr beanspruchen können. Die zweite Abberufung Belisars von dem persischen nach dem italienischen Krieg (543) enthüllte die ganze Größe seiner persönlichen Eigenschaften, die den Mangel an Heereszucht und Mut gehoben oder ersetzt hatten. Fünfzehn Generale führten zusammenhanglos und ohne Ordnung über die Gebirge von Armenien ein Heer von dreißigtausend Römern, die jede kriegerische Manneszucht vermissen ließen. Viertausend im Lager von Dubis verschanzte Perser besiegten fast ohne Kampf diese ordnungslose Schar; ihre ungebrauchten Waffen wurden längs dem Wege verstreut und ihre Pferde erlagen den Anstrengungen der schnellen Flucht. Aber die Araber der römischen Partei siegten über ihre Brüder, die Armenier kehrten zur Treue zurück, die Städte Dara und Edessa widerstanden einem plötzlichen Angriff und einer regelrechten Belagerung, und die Drangsale des Krieges wurden durch jene der Pest zum Erlöschen gebracht. Ein stillschweigendes oder ausdrückliches Übereinkommen zwischen den beiden Souveränen sicherte die Ruhe der östlichen Grenze, und die Waffen Chosroes' beschränkten sich auf den kolchischen und lazischen Krieg, der von den Historikern jener Zeiten nur zu umständlich beschrieben worden ist.

Die größte Länge des Schwarzen Meeres von Konstantinopel bis zur Mündung des Phasis beträgt neun Tagesreisen oder, in einem Längenmaß ausgedrückt, siebenhundert Meilen. Von dem iberischen Kaukasus, dem höchsten und felsigsten Gebirge Asiens, braust dieser Strom mit solchem Gefälle nieder, daß auf einer kurzen Strecke hundertzwanzig Brücken über ihn führen. Er wird auch nicht eher ruhig und schiffbar, als bis er die Stadt Sarapana erreicht, fünf Tage vom Cyrus, der denselben Bergen entquillt, aber in entgegengesetzter Richtung dem Kaspischen Meer zuströmt. Die Nähe dieser beiden Flüsse hat die Möglichkeit oder wenigstens den Gedanken geschaffen, die kostbaren Waren Indiens mit dem Oxus in das Kaspische Meer, dann den Cyrus aufwärts und mit dem Phasis in das Schwarze und Mittelmeer zu senden. Da der Phasis nacheinander alle Flüsse der Ebene von Kolchis aufnimmt, strömt er mit verminderter Eile, aber größerem Wasserreichtum. An der Mündung ist er sechzig Faden tief und über eine halbe Meile breit, aber eine kleine bewaldete Insel liegt mitten im Strombett: sobald das Wasser einen erdigen oder metallischen Niederschlag abgesetzt hat, schwimmt er auf der Oberfläche der Wellen und ist der Fäulnis nicht länger ausgesetzt. In einem Lauf von hundert Meilen, wovon vierzig für große Fahrzeuge schiffbar sind, teilt der Phasis das berühmte Land Kolchis oder Mingrelien in zwei Teile, das von drei Seiten von dem iberischen und armenischen Gebirge eingeschlossen ist und dessen Seeküste sich zweihundert Meilen weit von der Nachbarschaft von Trapezunt bis Dioskurias und an die Grenzen von Circassien ausdehnt. Sowohl Boden als Klima sind durch übermäßige Feuchtigkeit erschlafft; achtundzwanzig Flüsse, außer dem Phasis und seinen zugehörigen Strömen, führen ihre Gewässer dem Meer zu, und die Hohlheit des Grundes scheint auf unterirdische Kanäle zwischen dem Kaspischen und Schwarzen Meer zu deuten. Auf den Feldern, wo Weizen oder Gerste gesät wird, ist die Erde zu weich für den Pflug: das Gom, ein kleines, der Hirse oder dem Koriandersamen nicht unähnliches Korn, liefert die gewöhnliche Nahrung des Volkes, während Brot nur von Fürsten und Edlen genossen wird. Die Weinlese ist indessen reicher als die Ernte, und der Umfang der Reben sowie die Güte des Weines bezeugen die keiner Unterstützung bedürfende Kraft der Natur. Dieselbe Kraft ist fortwährend tätig, das Land mit dichten Wäldern zu bedecken; das Bauholz der Berge und der Flachs der Ebenen liefern alles für den Schiffbau im Überfluß; die wilden und zahmen Tiere, das Pferd, der Ochs, das Schwein, besitzen eine merkwürdige Fruchtbarkeit, und der Name des Fasans zeigt, daß sich seine eigentliche Heimat an den Ufern des Phasis befindet. Die Goldminen südlich von Trapezunt, die noch jetzt mit ziemlichem Ertrag ausgebeutet werden, waren ein Gegenstand der Nationalstreitigkeiten zwischen Justinian und Chosroes; und nicht ohne Grund kann man vermuten, daß eine Ader des edlen Metalls den Kreis der Berge gleichmäßig durchziehe, wenn auch diese geheimen Schätze von der Trägheit der Mingrelier vernachlässigt oder von ihrer Klugheit verborgen werden. Das mit Goldteilchen durchsetzte Wasser wird sorgfältig durch Schaffelle oder Vliese gesiebt: aber das durch dieses Hilfsmittel, das vielleicht die Grundlage einer wundervollen Fabel bildet, gewonnene Gold bildet nur ein schwaches Bild des Reichtums, der aus der jungfräulichen Erde durch die Macht und Industrie alter Könige gewonnen wurde. Ihre silbernen Paläste und goldenen Gemächer erscheinen uns als Phantasieprodukte, der Ruf ihrer Schätze soll die kühne Habsucht der Argonauten erregt haben. Die Sage hat mit einigem Grund behauptet, daß die Ägypter am Phasis eine kenntnisreiche und gebildete Kolonie anlegten, die Leinwand verfertigte, Flotten baute und geographische Karten zeichnete. Der Scharfsinn der Neueren hat den Isthmus zwischen dem Schwarzen und Kaspischen Meer mit blühenden Städten und Nationen bevölkert, und ein geistreicher Schriftsteller, der die Ähnlichkeit des Klimas und seiner Vermutung zufolge auch des Handels bemerkte, hat nicht gezögert, Kolchis das Holland des Altertums zu nennen.

Aber die Reichtümer von Kolchis glänzen nur im Dunkel der Vermutung und Sage, seine wahre Geschichte bietet bloß das gleichförmige Schauspiel der Roheit und Armut. Wenn auf dem Markt von Dioscurias hundertdreißig Sprachen geredet wurden, waren sie nur die unvollkommenen Mundarten ebenso vieler wilder Stämme oder Familien, die in den Tälern des Kaukasus abgeschieden lebten, und ihre Verstreutheit verminderte die Wichtigkeit und vermehrte die Zahl ihrer unbedeutenden Hauptstädte. In dem gegenwärtigen Zustand von Mingrelien ist eine Stadt nur eine Anhäufung von Hütten innerhalb einer hölzernen Einfriedung; die Festungen liegen in der Tiefe der Wälder; die fürstliche Stadt Cyta oder Cotatis besteht aus zweihundert Häusern, und nur der König besitzt ein steinernes Gebäude. Zwölf Schiffe von Konstantinopel und etwa sechzig Barken, die mit den Früchten des Gewerbefleißes beladen sind, gehen alljährlich an den Küsten vor Anker, und die Liste der kolchischen Ausfuhrartikel muß sehr zugenommen haben, da die Eingeborenen nur Sklaven und Häute zum Austausch für das Korn und Salz bieten konnten, das sie von den Untertanen Justinians kauften. Keine Spur ist von den Künsten, Kenntnissen und Flotten der alten Kolchier zu finden: wenige Griechen wünschten oder wagten in die Fußstapfen der Argonauten zu treten, ja selbst die Zeichen einer ägyptischen Kolonie verlieren sich bei näherer Prüfung. Die Beschneidung ist nur bei den Mohammedanern am Schwarzen Meer üblich, und das krause Haar und die schwarzbraune Farbe, die in Afrika herrscht, entstellen nicht länger die vollkommensten Menschengestalten. In den anstoßenden Landstrichen von Georgien, Mingrelien und Circassien hat die Natur, wenigstens unseren Ansichten zufolge, an Gestaltung der Gliedmaßen, Farbe der Haut, Ebenmaß der Gesichtszüge und Ausdruck des Antlitzes das Muster der Schönheit aufgestellt. Nach der Bestimmung der beiden Geschlechter scheinen die Männer zur Tätigkeit, die Weiber zur Liebe geschaffen, und der beständige Zufluß von Frauen aus dem Kaukasus hat das Blut und die Rasse der südlichen Nationen von Asien gereinigt und veredelt. Der eigentliche Distrikt von Mingrelien, bloß ein Teil des alten Kolchis, hat seit langer Zeit eine Ausfuhr von zwölftausend Sklaven ausgehalten. Die Anzahl von Gefangenen und Verbrechern würde zu diesem jährlichen Bedarf nicht ausgereicht haben; aber das gemeine Volk befindet sich gegenüber seinen Gebietern in einem Zustand der Knechtschaft, Verübung von Betrug oder Raub bleibt in einer gesetzlosen Gemeinde unbestraft, und der Markt wird beständig durch den Mißbrauch bürgerlicher und väterlicher Gewalt gefüllt. Ein solcher Handel, der die Menschen zu Tieren herabwürdigt, mag zur Vermehrung der Ehen und Bevölkerung beitragen, weil die Menge der Kinder ihre habsüchtigen und unmenschlichen Eltern bereichert. Aber diese unreine Quelle des Reichtums muß unvermeidlich die Stammessitten vergiften, alles Gefühl für Ehre und Tugend auslöschen und fast den Instinkt der Natur vernichten: die Christen von Georgien und Mingrelien sind die ausschweifendsten aller Menschen, und ihre Kinder, die im zarten Alter in fremde Sklaverei verkauft werden, haben bereits gelernt, die Habsucht des Vaters und Preisgebung der Mutter nachzuahmen. Aber inmitten der rohesten Unwissenheit besitzen die ununterrichteten Eingeborenen eine merkwürdige Gewandtheit des Kopfes wie der Hand, und obwohl Mangel an Einheit und Zucht sie ihren mächtigen Nachbarn überlieferte, hat doch ein kühner und unerschrockener Geist die Kolchier jedes Jahrhunderts beseelt. In den Heerscharen des Xerxes dienten sie zu Fuß, und ihre Waffen bestanden aus einem Dolch oder Wurfspieß, einer hölzernen Hacke und einem Schild aus rohen Häuten. In ihrem eigenen Lande war es jedoch allgemein üblich, zu reiten, der geringste Bauer verschmähte zu Fuß zu gehen, die kriegerischen Edlen besaßen vielleicht zweihundert Pferde und deren fünftausend wurden im Gefolge eines Fürsten von Mingrelien gezählt. Die kolchische Regierungsform ist stets eine reine Erbmonarchie gewesen, und die Macht des Souveräns wird nur durch den unruhigen Geist seiner Untertanen beschränkt. Sooft sie gehorchten, vermochte er ein zahlreiches Heer ins Feld zu führen: es gehörte aber einiger Glaube dazu, um als wahr anzunehmen, daß der einzige Stamm der Suanier aus zweihunderttausend Kriegern bestand.

Die Kolchier rühmten sich, daß ihre Vorfahren den Siegen des Sesostris Grenzen gesetzt hätten, und die Niederlage des Ägypters ist minder unglaublich als sein Siegeszug bis zum Fuß des Kaukasusgebirges. Sie erlagen ohne irgendeine denkwürdige Anstrengung den Waffen des Cyrus, folgten der Fahne des großen Königs in ferne Kriege und lieferten ihm jedes fünfte Jahr einhundert Knaben und ebenso viele Jungfrauen, das schönste Erzeugnis des Landes. Er empfing jedoch dieses Geschenk gleich dem Gold und Ebenholz von Indien, dem Wohlgeruch von Arabien und den Negern und dem Elfenbein von Äthiopien: die Kolchier waren der Herrschaft eines Satrapen nicht unterworfen, und sie behielten sowohl Namen als Art einer selbständigen Nation. Nach dem Sturz des persischen Reiches fügte der König von Pontus, Mithridates, Kolchis zu seinem Gebiet am Schwarzen Meer, und als die Eingeborenen es wagten, ihn zu bitten, er möge seinen Sohn als Herrscher über sie setzen, legte er den ehrgeizigen Jüngling in goldene Ketten und sandte einen Diener an seiner Stelle hin. Bei der Verfolgung des Mithridates drangen die Römer bis an die Ufer des Phasis vor, und ihre Galeeren fuhren stromaufwärts, bis sie das Lager des Pompejus und seiner Legionen erreicht hatten. Aber der Senat und nachher die Kaiser verschmähten es, die ferne und nutzlose Eroberung förmlich in eine Provinz zu verwandeln. Die Familie eines griechischen Rhetors durfte in Kolchis und den angrenzenden Königreichen von der Zeit des Marcus Antonius bis auf jene des Nero regieren, und nach Aussterben des Hauses des Polemo dehnte sich das östliche Pontus, das seinen Namen beibehielt, nicht weiter als bis in die Nähe von Trapezunt aus. Jenseits dieser Genzen wurden die Festungswerke von Hyssus, Absarus, des Phasis, von Dioscurias oder Sebastopolis und Pityus von zureichenden Abteilungen Reiterei und Fußvolk bewacht, und sechs kolchische Fürsten empfingen ihre Diademe von den Stellvertretern der Kaiser. Einer dieser Stellvertreter, der beredte und philosophische Arrian, maß und beschrieb die Küste des Schwarzen Meeres unter der Regierung des Kaisers Hadrian. Die Besatzung, die er an der Mündung des Phasis besichtigte, bestand aus vierhundert auserwählten Legionssoldaten; die steinernen Mauern und Türme, der doppelte Graben und die kriegerischen Maschinen auf dem Wall machten den Platz uneinnehmbar für die Barbaren; aber die neuen Vorstädte, die von Kaufleuten und Veteranen erbaut worden waren, bedurften nach Arrians Meinung einer äußeren Schutzwehr. Als die Kraft des Reiches allmählich abnahm, wurden die am Phasis stehenden Römer entweder abberufen oder vertrieben, und der Stamm der Lazier, deren Nachkommen eine fremde Mundart sprechen und die Seeküste von Trapezunt bewohnen, zwang dem alten Königreich Kolchis seinen Namen und seine Herrschaft auf. Ihre Unabhängigkeit wurde bald durch einen furchtbaren Nachbar gebrochen, der durch Waffengewalt und Verträge die Souveränität von Iberien verworfen hatte. Der abhängige König von Lazica empfing seinen Zepter von dem persischen Monarchen, und die Nachfolger Konstantins ließen sich diese beleidigende Anmaßung gefallen, welche prahlend als ein Recht seit undenklichen Zeiten geltend gemacht wurde. Im Anfang des sechsten Jahrhunderts wurde ihr Einfluß durch Einführung des Christentums wiederhergestellt, das die Mingrelier mit gebührendem Eifer bekannten, ohne die Lehren dieser Religion zu verstehen oder ihre Vorschriften zu beobachten. Nach dem Tod seines Vaters erlangte Zathus durch die Gunst des großen Königs die königliche Würde; aber der fromme Jüngling verabscheute die Zeremonien der Magier und suchte im Palast von Konstantinopel die orthodoxe Taufe, eine edle Gattin und ein Bündnis mit dem Kaiser Justinus. Dem König von Lazica wurde feierlich das Diadem aufgesetzt, und sein Mantel und Unterkleid von weißer Seide mit goldenem Rande zeigte in reicher Stickerei das Bild seines neuen Beschützers, der die Eifersucht des persischen Hofes besänftigte und die Abtrünnigkeit von Kolchis mit den ehrwürdigen Namen Gastfreundschaft und Religion entschuldigte. Das gemeinsame Interesse beider Reiche legte den Kolchiern die Verpflichtung auf, die Engpässe des Kaukasus zu bewachen.

Aber diese ehrenvolle Verbindung wurde bald durch die Habsucht und Herrschsucht der Römer vergiftet. Des Ranges von Bundesgenossen entsetzt, erinnerten Worte und Taten die Lazier beständig an ihre abhängige Lage. In der Entfernung einer Tagesreise jenseits des Apsarus erblickten sie die Festung Petra, die das Küstenland südlich vom Phasis beherrschte. Statt durch die Tapferkeit fremder Söldner beschützt zu werden, wurden die Kolchier durch ihre Zügellosigkeit mißhandelt, die Wohltaten des Handels wurden in ein schmutziges und drückendes Monopol verwandelt und der eingeborene Fürst Gudazes durch den mächtigen Einfluß der Bevollmächtigten Justinians zu einer königlichen Puppe herabgewürdigt. Getäuscht in den Erwartungen, die sie von christlicher Tugend gehegt hatten, setzten die entrüsteten Lazier einiges Vertrauen in die Gerechtigkeitsliebe eines Ungläubigen. Nachdem sie insgeheim die Zusicherung erhalten hatten, daß ihre Gesandten den Römern nicht ausgeliefert werden würden, flehten sie öffentlich um die Freundschaft und den Beistand des Chosroes. Der kluge Monarch erfaßte augenblicklich die Nützlichkeit und Wichtigkeit von Kolchis und entwarf einen Eroberungsplan, der tausend Jahre später von Schah Abbas, dem Weisesten und Mächtigsten seiner Nachfolger, erneuert wurde. Sein Ehrgeiz wurde durch die Hoffnung entflammt, eine persische Flotte aus dem Phasis auslaufen zu lassen, den Handel und die Schiffahrt des Schwarzen Meeres zu beherrschen, die Küste von Pontus und Bithynien zu verheeren, Konstantinopel zu bedrängen, vielleicht anzugreifen, und die Barbaren von Europa zu bewegen, seine Waffen und Unternehmungen gegen den gemeinsamen Feind des menschlichen Geschlechts zu unterstützen. Unter dem Vorwand eines skythischen Krieges führte er seine Truppen in der Stille bis zu den Grenzen von Iberien; kolchische Landeskundige waren in Bereitschaft, sie durch die Wälder und längs den Abgründen des Kaukasus zu leiten, und ein enger Pfad wurde mühsam in eine sichere und geräumige Straße für die Reiterei, ja selbst für die Elefanten verwandelt. Gudazes legte seine Person und sein Diadem dem König von Persien zu Füßen, die Kolchier ahmten die Unterwerfung ihres Fürsten nach, und sobald die Mauern von Petra erschüttert worden waren, kam die römische Besatzung durch eine Kapitulation der drohenden Wut des letzten Sturmes zuvor. Aber die Lazier machten bald die Entdeckung, daß ihre Ungeduld sie getrieben habe, ein viel unerträglicheres Übel zu wählen, als die Drangsale waren, denen sie zu entgehen gewünscht hatten. Das Monopol des Salzes und Getreides wurde durch den Verlust dieser wertvollen Waren wirksam beseitigt. Auf die Herrschaft der römischen Gesetze folgte der Stolz eines orientalischen Despoten, der mit gleicher Verachtung auf die Sklaven, die er erhoben, wie auf die Könige, die er vor dem Fußschemel seines Throns gedemütigt hatte, herabsah. Die Anbetung des Feuers wurde in Kolchis durch den Eifer der Magier eingeführt, ihr unduldsamer Geist reizte die religiöse Inbrunst eines christlichen Volkes und die Gefühle der Natur oder Erziehung wurden durch die ruchlose Sitte verletzt, die Leichen ihrer Väter auf dem Gipfel eines hohen Turmes den Krähen und Geiern preiszugeben. Im Bewußtsein dieses zunehmenden Hasses, der die Ausführung seiner großen Pläne verzögerte, hatte der gerechte Nushirwan geheime Befehle erteilt, den König der Lazier zu ermorden, das Volk in ein fernes Land zu verpflanzen und eine treue und kriegerische Kolonie an den Ufern des Phasis anzulegen. Die wachsame Eifersucht der Kolchier sah das nahende Verderben voraus und wendete es ab. Ihre Reue wurde zu Konstantinopel mehr von Justinians Klugheit als von seiner Milde angenommen, und er gebot dem Dagisteus, die Perser von der Küste des Schwarzen Meeres mit siebentausend Römern und eintausend Zaniern zu vertreiben.

Die Belagerung von Petra (549–551), zu der der römische Feldherr mit dem Beistand der Lazier unverzüglich schritt, ist eines der denkwürdigsten Ereignisse jener Zeit. Die Stadt thronte auf einem schroffen Felsen, der über dem Meere hing und mit dem Lande nur durch einen engen und steilen Pfad verbunden war. Da die Annäherung so schwierig war, konnte ein Angriff für unmöglich gehalten werden; dennoch hatte der persische Eroberer die Festungswerke Justinians vermehrt und die am wenigsten unzugänglichen Punkte durch neue Bollwerke gesichert. Chosroes' Wachsamkeit hatte ferner in dieser wichtigen Festung ein Magazin von Angriffs- und Verteidigungswaffen angelegt, das für die fünffache Zahl nicht bloß der Besatzung, sondern der Belagerer selbst hinreichend gewesen wäre. Der Vorrat von Mehl und eingesalzenen Lebensmitteln war auf Jahre berechnet, der Wein wurde durch Essig und Korn ersetzt, woraus man ein starkes Getränk braute, und die Kenntnis einer dreifachen Wasserleitung entging dem Eifer, ja sogar der Vermutung des Feindes. Aber die beste Verteidigung von Petra war die Tapferkeit von fünfzehnhundert Persern, die den Stürmen der Römer widerstanden, während in einem weicheren Teil des Erdreichs insgeheim eine Mine gegraben wurde. Die Mauer, nur von dünnen und einstweiligen Stützen getragen, schwebte wankend in der Luft; Dagisteus verschob aber den Angriff, bis er die Zusicherung einer bestimmten Belohnung erhalten hatte, und während er der Rückkehr seines Boten harrte, wurde die Stadt entsetzt. Die persische Besatzung war auf vierhundert Mann geschmolzen, worunter sich nur fünfzig Gesunde oder Unverwundete befanden; so groß war aber ihre unbeugsame Standhaftigkeit gewesen, daß sie ihre Verluste vor dem Feind verbargen, indem sie ohne Murren den Anblick und Verwesungsgeruch der Leichen ihrer elfhundert Gefährten ertrugen. Nach dem Entsatz wurden die Lücken eilig mit Sandsäcken verstopft, die Mine mit Erde angefüllt, eine neue Mauer auf einem Rost von festem Bauholz errichtet und eine frische Besatzung von dreitausend Mann nach Petra verlegt, um die Drangsale einer zweiten Belagerung auszuhalten. Die Operationen sowohl des Angriffs als der Verteidigung wurden mit Geschicklichkeit und Hartnäckigkeit geleitet, jeder Teil hatte nützliche Belehrung aus der Erfahrung seiner vergangenen Fehler geschöpft. Ein Stoßwidder von leichtem Bau und mächtiger Wirkung wurde erfunden, von den Armen von vierzig Soldaten hingeschafft und in Gang gesetzt, und sobald dessen wiederholte Stöße die Steine locker machten, riß man sie mit langen eisernen Haken aus den Mauern heraus. Von diesen Mauern aber ergoß sich ein unaufhörlicher Pfeilregen auf die Köpfe der Angreifenden, am gefährlichsten wurden sie jedoch durch eine brennende Mischung von Schwefel und Erdpech verwundet, die in Kolchis nicht ganz unpassend Öl der Medea genannt wurde. Von sechstausend Römern, welche die Sturmleitern bestiegen, war ihr Feldherr Bessas, ein tapferer Veteran von siebzig Jahren, der erste; der Mut ihres Anführers, sein Fall und seine äußerste Gefahr feuerten das unwiderstehliche Drängen seiner Truppen an; ihre überlegene Zahl brach die Macht der persischen Besatzung, ohne ihren Mut zu brechen. Das Schicksal dieser tapferen Männer verdient ausführlicher erwähnt zu werden. Siebenhundert waren während der Belagerung umgekommen, zweitausenddreihundert am Leben geblieben, um die Bresche zu verteidigen. Eintausendundsiebzig fanden im letzten Sturm durch Feuer und Schwert ihren Tod, und wenn siebenhundertunddreißig zu Gefangenen gemacht wurden, gab es darunter nur achtzehn, die nicht ehrenvolle Wunden trugen. Die übrigen fünfhundert entkamen nach der Zitadelle, welche sie ohne Hoffnung auf Entsatz und mit Verwerfung der günstigsten Angebote zu kapitulieren oder in den Dienst des Gegners zu treten, behaupteten, bis sie von den Flammen verzehrt wurden. Sie starben aus Gehorsam gegen die Befehle ihres Fürsten, und solche Beispiele der Tapferkeit mochten ihre Vaterlandsgenossen zu Taten gleicher Verzweiflung und glücklicheren Ausganges aufmuntern. Die unverzügliche Zerstörung der Festungswerke von Petra bezeugte die Überraschung und die Besorgnis des Siegers.

Ein Spartaner würde die Tugend dieser heldenmütigen Sklaven gepriesen und bemitleidet haben; aber das langwierige Kriegführen und der abwechselnde Erfolg der römischen und persischen Waffen vermag die Aufmerksamkeit der Nachwelt nicht am Fuße des Kaukasus festzuhalten. Die Vorteile, die Justinians Truppen errangen, waren häufiger und glänzender: aber die Streitkräfte des großen Königs erhielten beständig Verstärkungen, bis sie sich auf acht Elefanten und siebzigtausend Mann mit Einschluß von zwölftausend skythischen Bundesgenossen und dreitausend Dilemiten beliefen, die aus eigenem Antrieb von dem hyrcanischen Gebirge niedergestiegen und gleich furchtbar im Nah- wie im Fernkampf waren. Die Belagerung von Archäopolis, ein Name, den die Griechen entweder erfunden oder verdreht haben, wurde mit Verlust und Übereilung aufgehoben: aber die Perser besetzten die Pässe von Iberien, Kolchis wurde durch ihre Festungen und Besatzungen in Fesseln geschlagen; sie verzehrten die kärgliche Nahrung des Volkes, und der Fürst der Lazier floh in die Gebirge. Im römischen Lager waren Treue und Manneszucht unbekannt, und die unabhängigen, mit gleicher Macht ausgerüsteten Anführer kämpften miteinander um den Vorrang in Lastern und Verwerflichkeit. Die Perser folgten ohne Murren den Geboten ihres einzigen Befehlshabers, der unbedingt den Verhaltungsvorschriften seines obersten Herrschers gehorchte. Ihr Feldherr war unter den Helden des Orients durch Weisheit im Rat und Tapferkeit im Feld ausgezeichnet. Das vorgerückte Alter des Mermeroes und eine Lähmung an beiden Füßen vermochte weder die Tätigkeit seines Geistes noch auch die seines Körpers zu vermindern, und indem er sich in einer Sänfte vor die Schlachtlinie tragen ließ, flößte er Schreck dem Feinde und gerechtes Vertrauen den Truppen ein, die unter seinen Fahnen stets siegreich gewesen waren. Nach seinem Tode ging der Oberbefehl an Nacoragan, einen stolzen Satrapen, über, der in einer

Unterredung mit den kaiserlichen Anführern sich vermessen hatte, er gebiete über den Sieg so unumschränkt wie über den Ring an seinem Finger. Ein solcher Übermut war der natürliche Grund und Vorläufer einer schmählichen Niederlage. Die Römer hatten allmählich bis an den Rand der Küste zurückgehen müssen, und ihr letztes Lager auf den Ruinen der griechischen Kolonie am Phasis wurde von allen Seiten durch starke Verschanzungen, den Fluß, das Schwarze Meer und eine Galeerenflotte verteidigt. Verzweiflung gab ihren Maßregeln Einheit und ihren Waffen Kraft, sie widerstanden dem Angriff der Perser, und die Flucht Nacoragans ging voran oder folgte dem Gemetzel von zehntausend seiner tapfersten Soldaten. Er entrann den Römern nur, um in die Hände eines unnachsichtigen Gebieters zu fallen, der den Mißgriff seiner eigenen Wahl streng bestrafte: der unglückliche Feldherr wurde lebendig geschunden und seine wie eine Menschengestalt ausgestopfte Haut auf einem hohen Berge aufgestellt: eine schreckliche Warnung für diejenigen, denen künftig der Ruhm und das Glück von Persien anvertraut würde! Chosroes' Klugheit betrieb jedoch allmählich den kolchischen Krieg weniger eifrig, in der wohlbegründeten Überzeugung, daß es unmöglich sei, ein entlegenes Land gegen die Wünsche und Anstrengungen seiner Einwohner zu unterwerfen oder zu behalten. Die Treue des Gubazes hielt die strengsten Prüfungen aus. Er erduldete gelassen die Drangsale des Lebens eines Wilden und verwarf mit Verachtung die glänzenden Lockungen des persischen Hofes. Der König der Lazier war in der christlichen Religion erzogen worden, seine Mutter war die Tochter eines Senators, während seiner Jugend hatte er zehn Jahre als Geheimschreiber im byzantinischen Palast gedient, und ein rückständiges Gehalt gab ihm sowohl Grund zur Beschwerde als auch Anlaß zu bleiben. Die lange Dauer seiner Leiden nötigte ihm endlich eine nackte Darstellung der Wahrheit ab, und Wahrheit war ein unverzeihliches Pasquill auf die Stellvertreter Justinians, die während eines verheerenden Krieges seine Feinde geschont und seine Bundesgenossen mit Füßen getreten hatten. Ihre boshafte Angeberei überredete den Kaiser, daß sein treuloser Vasall bereits auf einen zweiten Abfall sinne: der Befehl traf ein, ihn als Gefangenen nach Konstantinopel zu senden; eingeschaltet war die verräterische Klausel, daß er im Fall eines Widerstandes mit vollem Recht getötet werden könne, und Gubazes wurde, obschon er ohne Waffen wie ohne Argwohn war, inmitten einer freundschaftlichen Unterredung niedergestochen. In den ersten Augenblicken der Wut und Verzweiflung ihrer Rache würden die Kolchier Vaterland und Religion der Befriedigung ihrer Rache zum Opfer gebracht haben. Aber das Ansehen und die Beredsamkeit der wenigen Weiseren erlangte einen heilsamen Aufschub, der Sieg am Phasis stellte den Schrecken der römischen Waffen wieder her, und der Kaiser wünschte sehnlich seinen eigenen Namen von der Anschuldigung eines so schändlichen Mordes losgesprochen zu wissen. Ein Richter vom senatorischen Rang erhielt den Auftrag, das Benehmen und den Tod des Königs von Kolchis zu untersuchen. Er bestieg, von den Dienern der Gerechtigkeit und Strafe umgeben, ein hohes Tribunal; die außerordentliche Rechtssache wurde in Anwesenheit beider Nationen nach römischer Gerichtsform geführt und einem gekränkten Volke durch die Verdammung und Hinrichtung der geringeren Verbrecher einige Genugtuung gewährt.

Im Frieden suchte der König von Persien fortwährend Vorwände zu einem Bruch: kaum hatte er aber zu den Waffen gegriffen, so drückte er sein Verlangen nach einem festen und ehrenvollen Frieden aus. Während den grimmigsten Feindseligkeiten setzten die beiden Monarchen trügerische Unterhandlungen fort, und so groß war Chosroes Übergewicht, daß er, während er die römischen Minister mit Hochmut und Verachtung behandelte, die beispiellosesten Ehren für seine eigenen Gesandten am kaiserlichen Hofe erhielt. Der Nachfolger des Cyrus nahm den Titel Sonne des Orients an und erlaubte seinem jüngeren Bruder Justinian gnädig, über das Abendland mit dem matten und erborgten Schein des Mondes zu herrschen. Diesem pompösen Stil entsprach die Pracht und Beredsamkeit Isdiguns, eines Kämmerers des Königs. Seine Gattin und Tochter mit vielen Eunuchen und Kamelen begleiteten den Gesandten auf seinem Zuge; in seinem Gefolge befanden sich zwei Satrapen mit goldenen Diademen, seine Leibwache bestand aus fünfhundert der tapfersten Reiter Persiens, und der römische Befehlshaber von Dara weigerte sich weislich, mehr als zwanzig Mann von seiner kriegerischen und feindseligen Karawane einzulassen. Nachdem Isdigun den Kaiser begrüßt und seine Geschenke abgegeben hatte, verweilte er zehn Monate in Konstantinopel, ohne wegen irgendeiner ernsten Angelegenheit zu unterhandeln. Statt in seinem Palast eingesperrt zu sein und von den Händen seiner Wächter Nahrung und Wasser zu erhalten, durfte der persische Gesandte die Hauptstadt ohne Spione oder Wachen besuchen, und die Freiheit des Umganges und Handels, die seiner Dienerschaft gestattet wurde, verletzte die Ansichten eines Zeitalters, welches das Völkerrecht mit Strenge, aber ohne Vertrauen und Höflichkeit beobachtete. Infolge einer Nachsicht ohne Beispiel saß sein Dolmetsch, ein Diener, der tief unter einem beachtenswerten Rang stand, an der Tafel Justinians zur Seite des Gesandten, und die Ausgaben für dessen Reise und Bewirtung mochten sich auf tausend Pfund Goldes belaufen. Aber die wiederholten Bemühungen Isdiguns konnten nur einen teilweisen und unvollständigen Waffenstillstand erwirken, der stets mit dem Schatz des byzantinischen Hofes erkauft und auf dessen Andrängen erneuert wurde. Viele Jahre fruchtloser Verheerung vergingen, bevor Justinian und Chosroes durch gegenseitige Ermattung genötigt wurden, für die Ruhe ihres Lebensabends zu sorgen. Bei einer Besprechung, die an der Grenze gehalten wurde, beschrieb jeder Teil ohne die Erwartung, Glauben zu finden, die Macht, die Gerechtigkeit und die friedlichen Gesinnungen seines Souveräns: Notwendigkeit und Interesse geboten jedoch einen Friedensvertrag, der für die Dauer von fünfzig Jahren abgeschlossen, sorgsam in der griechischen wie in der persischen Sprache abgefaßt und durch das Siegel von zwölf Dolmetschen beglaubigt wurde. Die Freiheit des Handels und der Religion wurde festgesetzt und gesichert, die Bundesgenossen des Kaisers wie des großen Königs in dieselben Wohltaten und Verpflichtungen eingeschlossen und die ängstlichen Vorsichtsmaßregeln getroffen, um den zufälligen Streitigkeiten, die sich an der Grenze von zwei feindlichen Nationen erheben könnten, vorzubeugen oder sie zu entscheiden. Nach zwanzig Jahren eines verheerenden, obschon lauen Krieges blieben die Grenzen unverändert, und Chosroes ließ sich bewegen, seine gefährlichen Ansprüche auf den Besitz oder die Souveränität von Kolchis und der davon abhängigen Staaten aufzugeben. Trotz der großen aufgehäuften Schätze des Orients erpreßte er von den Römern eine jährliche Bezahlung von dreitausend Goldstücken, und die Geringfügigkeit der Summe enthüllte die Schmach eines Tributes in ihrer ganzen, nackten Häßlichkeit. Bei einer früheren Erörterung hatte einer der Minister Justinians, der bemerkte, daß die Bezwingung von Antiochia und einiger syrischer Städte den eitlen und ehrsüchtigen Sinn des Barbaren über alles Maß gesteigert hatte, des Wagens des Sesostris und des Rades des Glückes Erwähnung getan. „Du irrst", erwiderte der bescheidene Perser, „der König der Könige, der Herr des Menschengeschlechtes blickt mit Verachtung auf solche geringfügige Erwerbungen nieder und von den zehn Nationen, die seine unbesieglichen Waffen bezwungen haben, betrachtet er die Römer als die mindest furchtbare." Nach dem Orient dehnte sich das Reich Nushirwans von Ferganah in Transoxanien bis Yemen oder dem glücklichen Arabien aus. Er unterwarf die Rebellen von Hyrcanien, bezwang die Provinzen Cabul und Zablestan an den Ufern des Indus, brach die Macht der Euthaliten, beendete den Krieg mit den Türken durch einen ehrenvollen Vertrag und nahm die Tochter des Großkhans unter die Zahl seiner rechtmäßigen Frauen auf. Siegreich und geehrt unter den Fürsten Asiens erteilte er in seinem Palast von Madain oder Ktesiphon den Gesandten der Welt Audienz. Ihre Geschenke oder Tribute, reiche Gewänder, Edelsteine, Sklaven, wohlriechende Spezereien wurden demutsvoll am Fuße seines Thrones dargebracht, und er ließ sich herab, von dem König von Indien zehn Zentner Aloeholz, eine hochgewachsene Jungfrau und einen Teppich anzunehmen, der aus einer seidenweichen Schlangenhaut bestand.

Man hat Justinian sein Bündnis mit den Äthiopiern zum Vorwurf gemacht, gleich als hätte er es versucht, ein Volk wilder Neger in die Gesellschaft der Kulturvölker einzufahren. Aber die Freunde des Römischen Reiches, die Axumiten oder Abessinier, müssen stets von den ursprünglichen Eingeborenen von Afrika unterschieden werden. Die Hand der Natur hat die Nasen der Neger plattgedrückt, ihre Köpfe mit buschiger Wolle bedeckt und ihre Haut mit unvertilgbarer Schwärze gefärbt. Aber das Olivenbraun der Abessinier, ihre Haare, ihre Gestalt und Gesichtszüge stellen sie deutlich als einen Stamm der Araber dar, und diese Abstammung wird durch die Ähnlichkeit der Sprache und Sitten, die Sage einer alten Auswanderung und die geringe Entfernung von den Küsten des Roten Meeres bestätigt. Das Christentum hatte die Nation über die afrikanischen Barbaren erhoben, ihr Verkehr mit Ägypten und den Nachfolgern Konstantins ihr die Anfangsgründe der Künste und Wissenschaften gebracht, ihre Schiffe fuhren des Handels wegen bis zur Insel Ceylon, und sieben Königreiche gehorchten dem Negus oder obersten Fürsten von Abessinien. Die Unabhängigkeit der Homeriten, die in dem reichen und glücklichen Arabien herrschten, wurde zuerst durch einen äthiopischen Eroberer angetastet, der seine erblichen Ansprüche von der Königin von Saba herleitete, und dessen Herrschsucht durch Religionseifer geheiligt wurde. Die Juden, in ihrer Zerstreuung mächtig und tätig, hatten die Seele Dunaans, des Fürsten der Homeriten, verführt. Sie bewogen ihn, die von den kaiserlichen Gesetzen erhört über ihre unglücklichen Brüder verhängte Verfolgung zu vergelten: einige römische Kaufleute wurden mißhandelt, und mehrere Christen von Negra erlangten die Krone des Märtyrertums. Die Kirchen von Arabien flehten den abessinischen Monarchen um Schutz an. Der Negus ging mit einer Flotte und einem Heer über das Rote Meer, nahm dem jüdischen Proselyten Königreich und Leben und rottete ein Fürstengeschlecht aus, das über zweitausend Jahre über das abgelegene Land der Myrrhen und des Weihrauchs geherrscht hatte. Der Eroberer verkündete unverzüglich den Sieg des Evangeliums, bat um einen rechtgläubigen Patriarchen und drückte eine so warme Freundschaft für das Römische Reich aus, daß sich Justinian mit der Hoffnung schmeichelte, den Seidenhandel durch den Kanal von Abessinien ableiten und die Streitkräfte von Arabien gegen den persischen König aufstacheln zu können. Nonnosus, der von einer Familie von Gesandten abstammte, wurde von dem Kaiser ernannt, um diesen wichtigen Auftrag auszuführen (533). Er vermied weislich den kurzen, aber gefährlichen Weg durch die Sandwüsten von Nubien, fuhr den Nil aufwärts, schiffte sich auf dem Roten Meer ein und landete glücklich in dem afrikanischen Hafen von Adulis. Von Adulis bis zur königlichen Stadt Axume ist es in gerader Linie nicht mehr als fünfzig Stunden; die Krümmungen der Gebirge und Engpässe hielten aber den Gesandten vierzehn Tage auf, und während er die Wälder durchzog, sah und zählte er ungefähr über fünftausend wilde Elefanten. Die Hauptstadt war nach seinem Bericht groß und volkreich, und das Dorf Axume zeichnet sich noch durch die Krönung der Könige, die Ruinen eines christlichen Tempels und durch sechzehn bis siebzehn mit griechischen Inschriften versehene Obelisken aus. Der Negus erteilte jedoch eine freie Feldaudienz, thronend auf einem hohen, von vier herrlich aufgezäumten Elefanten gezogenen Wagen und umgeben von seinen Großen und Musikern. Er trug Gewand und Kopfbedeckung aus Leinwand, hielt zwei Wurfspieße und einen leichten Schild in der Hand, und obgleich seine Blöße nur unvollkommen bedeckt war, strahlte er doch in der Barbarenpracht goldener Ketten, Arm- und Halsbänder, reich verziert mit Perlen und Edelsteinen. Der Gesandte Justinians kniete nieder, der Negus hob ihn vom Boden auf, umarmte Nonnosus, küßte das Siegel, las das Schreiben, nahm das Bündnis an und erklärte, indem er seine Waffen schwang, unversöhnlichen Krieg gegen die Feueranbeter. Der Antrag, den Seidenhandel betreffend, wurde jedoch umgangen, und trotz der Zusicherungen, vielleicht der Wünsche der Abessinier verrauchten jene feindlichen Drohungen ohne Wirkung. Die Homeriten waren nicht gesonnen, ihre aromatischen Haine zu verlassen, Sandwüsten zu durchziehen und gegen ein furchtbares Volk zu kämpfen, das ihnen nie im persönliches Leid zugefügt hatte. Statt seine Eroberungen zu erweitern, war der König von Äthiopien nicht einmal imstande, was er bereits besaß, zu verteidigen. Abrahah, der Sklave eines römischen Kaufmannes von Adulis, maßte sich das Zepter der Homeriten an; die afrikanischen Truppen wurden durch die Üppigkeit des Klimas verleitet, und Justinian bewarb sich um die

Freundschaft des Thronräubers, der die Oberhoheit seines Fürsten durch einen geringen Tribut ehrte. Nach langer Glücksdauer wurde die Macht Abrahahs vor den Toren von Mekka gestürzt, seine Kinder von dem persischen Eroberer beraubt und die Äthiopier schließlich von dem Festland von Asien vertrieben. Die Erzählung dieser dunklen und fernen Ereignisse steht in Zusammenhang mit dem Untergang des Römischen Reiches. Wenn sich eine christliche Macht in Arabien behauptet hätte, würde Mohammed in seiner Wiege erdrückt worden sein und Abessinien eine Umwälzung verhindert haben, die den politischen und religiösen Zustand der Welt verändert hat.

NEUNZEHNTES KAPITEL

ENDE DER OSTGOTEN

Empörungen in Afrika. – Wiederherstellung des gotischen Königreiches durch Totila. – Verlust und Wiedereroberung von Rom. – Endliche Eroberung Italiens durch Narses. – Ende der Ostgoten. – Niederlage der Franken und Alemannen. – Letzter Sieg, Ungnade und Tod Belisars. – Tod und Charakter Justinians. – Komet, Erdbeben, Pest

Die Übersicht der Völker von der Donau bis zum Nil hat auf allen Seiten die Schwächen der Römer kundgegeben, und unser gerechtes Staunen wird rege, daß sie es wagten, ein Reich zu erweitern, dessen alte Grenzen sie zu verteidigen nicht imstande waren. Die Kriege, Eroberungen und Triumphe Justinians aber sind eben die schwachen und verderblichen Anstrengungen des Greisenalters, die den Überrest der Kraft erschöpfen und das Erlöschen der Lebensflamme beschleunigen. Er war stolz auf die ruhmvolle Tat der Vereinigung der Länder von Afrika und Italien mit der Republik, aber die Drangsale, die auf Belisars Entfernung folgten, verrieten die Ohnmacht des Siegers und vollendeten den Ruin dieser unglücklichen Länder.

Justinian erwartete von seinen neuen Eroberungen Befriedigung seiner Habsucht und seines Stolzes. Ein raubgieriger Finanzbeamter folgte Belisar auf dem Fuße, und da die alten Steuerregister von den Vandalen verbrannt worden waren, ließ er seiner Phantasie durch ausschweifende Berechnung und willkürliche Besteuerung des Reichtums Afrikas freien Spielraum. Die steigende Höhe der Steuern, die dem Lande von einem fernen Souverän auferlegt wurden, und eine allgemeine Rücknahme der Patrimonial- und Kronländereien beendete bald den Rausch öffentlicher Freude: aber der Kaiser blieb gegen die bescheidenen Klagen des Volkes taub, bis auch er durch das kriegerische Geschrei der Unzufriedenen geweckt und beunruhigt wurde. Viele römische Soldaten hatten sich mit den Witwen und Töchtern der Vandalen vermählt. Kraft des doppelten Rechtes der Eroberung und Erbschaft forderten sie die Ländereien, die Genserich seinen siegreichen Truppen angewiesen hatte, als ihr Eigentum. Mit Unwillen vernahmen sie die kalten und eigennützigen Vorstellungen ihrer Offiziere, daß der Edelmut Justinians sie aus dem Zustand der Wildheit oder Knechtschaft emporgehoben habe, daß sie bereits durch die Beute von Afrika die Schätze, die Sklaven und das bewegliche Eigentum der besiegten Barbaren bereichert wären und daß das alte und rechtmäßige Kroneigentum der Kaiser nur zur Unterstützung jener Regierung, von der schließlich doch ihre eigene Sicherheit und Belohnung abhinge, verwendet werden würde. Die Meuterei ward insgeheim durch etwa tausend Soldaten entflammt, meistens Heruler, welche die Lehren der arianischen Sekte eingesogen hatten und von der Geistlichkeit aufgehetzt worden waren, so daß der Sache des Meineides und der Empörung durch die lösende Macht des Religionsschwärmerei Verzeihung erhielt. Die Afrikaner beklagten den Sturz ihrer in Afrika seit mehr als einem Jahrhundert triumphierenden Kirche, und sie wurden mit Recht durch die Gesetze des Eroberers erbittert, welcher die Taufe ihrer Kinder und die Ausübung jedes Gottesdienstes verbot. Von den Vandalen, die Belisar ausgehoben hatte, vergaß bei weitem der größere Teil über die Ehren des Dienstes im Orient Vaterland und Religion. Aber eine hochherzige, vierhundert Mann starke Schar zwang die Matrosen, als sie auf der Höhe der Insel Lesbos angelangt waren, einen anderen Kurs zu steuern: sie berührten den Peloponnes, landeten an einem öden Küstenstrich von Afrika und pflanzten auf dem Berg Aurasius kühn die Fahne der Unabhängigkeit und Freiheit auf. Während die Truppen der Provinz ihren Vorgesetzten den Gehorsam verweigerten, wurde zu Karthago eine Verschwörung gegen das Leben Salomons, der mit Ehren die Stelle Belisars ausfüllte, angezettelt, und die Arianer hatten frommerweise beschlossen, den Tyrannen während der heiligen Mysterien des Osterfestes am Fuße des Altars zu opfern. Furcht oder Gewissensbisse hielten die Dolche der Mörder zurück, aber die Langmut Salomons machte sie kühn, und nach zehn Tagen brach ein wütender Aufruhr im Zirkus aus (535), der Afrika über zehn Jahre verheerte. Die Plünderung der Stadt und das Blutbad der Einwohner wurde nur durch Finsternis, Schlaf und Trunkenheit unterbrochen: der Statthalter entkam mit sieben Gefährten, darunter der Geschichtsschreiber Procopius, nach Sizilien: zwei Dritteile der Armee waren in den Hochverrat verwickelt, achttausend Anführer sammelten sich im Felde von Bulla und wählten zu ihrem Anführer Stoza, einen gemeinen Soldaten, der aber in hohem Maße die Eigenschaften eines Rebellen besaß. Unter der Maske der Freiheit vermochte seine Beredsamkeit die Leidenschaften seinesgleichen zu leiten oder wenigstens anzutreiben. Er erhob sich zur Höhe mit Belisar und dem Neffen des Kaisers, indem er es wagte, ihm im Felde entgegenzutreten, und die siegreichen Feldherren sahen sich zu dem Bekenntnis gezwungen, daß Stoza einer reineren Sache und eines rechtmäßigen Kommandos würdig sei. In der Schlacht besiegt, nahm er mit Gewandtheit zu den Künsten der Unterhandlung seine Zuflucht, ein römisches Heer wurde seiner Treue abwendig gemacht, und die Anführer, die seinen treulosen Versprechungen Vertrauen geschenkt hatten, auf seinen Befehl in einer numidischen Kirche ermordet. Nachdem jede Hilfsquelle der Gewalt und Treulosigkeit erschöpft war, zog sich Stoza mit einigen verzweifelten Vandalen in die Wildnisse von Mauretanien zurück, erhielt die Tochter eines barbarischen Fürsten zur Gattin und entging der Verfolgung der Feinde durch das Gerücht, daß er tot sei. Das persönliche Ansehen Belisars, der Rang, der Mut und die Mäßigung des Germanus, eines Neffen des Kaisers, sowie die Kraft und der Erfolg der zweiten Verwaltung des Eunuchen Salomon stellten den Gehorsam des Lagers wieder her und wahrten für eine Weile die Ruhe in Afrika. Aber die Laster des byzantinischen Hofes wurden bis in diese ferne Provinz gefühlt, die Truppen beschwerten sich, daß sie weder bezahlt noch abgelöst würden, und sobald das öffentliche Mißvergnügen entsprechend groß geworden war, war Stoza wieder am Leben, in Waffen und vor den Toren von Karthago. Er fiel in einem Zweikampf; er lächelte aber im Todesschmerz, als man ihm hinterbrachte, daß sein Wurfspieß das Herz seines Gegners durchbohrt hatte. Das Beispiel Stozas und die Überzeugung, daß ein glücklicher Soldat der erste König gewesen war, ermutigte den Ehrgeiz Gontharis, und er versprach in einem geheimen Vertrag, Afrika mit den Mauren zu teilen, wenn es ihm gelänge, durch ihre gefährliche Hilfe den Thron von Karthago zu besteigen. Der schwache, in den Angelegenheiten des Friedens wie des Krieges gleich unerfahrene Areobindus war durch seine Vermählung mit der Nichte Justinians zum Amt eines Exarchen erhoben worden. Er wurde plötzlich durch einen Aufruhr der Leibwachen überwältigt, und sein schmähliches Flehen konnte nur die Verachtung, nicht aber das Mitleid des unerbittlichen Tyrannen erregen. Nach einer Herrschaft von dreißig Tagen wurde Gontharis selbst bei einem Bankett von Artaban erdolcht, und es ist in der Tat seltsam, daß ein armenischer Fürst aus dem königlichen Geschlecht des Arsaces bestimmt war, zu Karthago die Herrschaft des Römischen Reiches wiederherzustellen. Bei der Verschwörung, die den Dolch des Brutus gegen das Leben Cäsars entblößte, ist jeder Umstand in den Augen der Nachwelt merkwürdig und wichtig: aber die Schuld oder das Verdienst dieser getreuen oder aufrührerischen Mörder konnten nur die Zeitgenossen des Procopius interessieren, die durch ihre Hoffnungen und Besorgnisse, ihre Freundschaft oder Feindschaft bei den Umwälzungen von Afrika persönlich beteiligt waren.

Dieses Land sank schnell in den Zustand der Barbarei zurück, aus dem es phönizische Kolonien und römische Gesetze gehoben hatten, und jeder Schritt innerer Zwietracht wurde durch irgendeinen beklagenswerten Sieg der Wilden über die zivilisierte Gesellschafft gekennzeichnet. Obschon die Mauren von Gerechtigkeit nichts wußten, vermochten sie doch Unterdrückung nicht zu dulden; ihr Wanderleben und die grenzenlose Wildnis trotzte den Wachen und entging der Unterwerfung eines Eroberers, und die Erfahrung hatte bewiesen, daß weder Eide noch Verpflichtungen ihre Treue und Anhänglichkeit sichern konnten. Der Sieg am Berge Auras hatte sie zu augenblicklicher Unterwerfung gezwungen; wenn sie aber auch den Charakter Salomons ehrten, haßten und verachteten sie doch den Stolz und die Üppigkeit seiner beiden Neffen Cyrus und Sergius, denen ihr Oheim unglücklicherweise die Statthalterschaften von Tripolis und Pentapolis übertragen hatte. Ein maurischer Stamm lagerte unter den Mauern von Leptis, um sein Bündnis zu erneuern und von dem Statthalter die gewöhnlichen Geschenke zu empfangen. Achtzig seiner Abgeordneten wurden als Freunde in die Stadt eingelassen, aber auf den dunklen Verdacht hin, eine Verschwörung angezettelt zu haben, an der Tafel des Sergius niedergemetzelt, und Waffengeklirr und Rachegeschrei hallten durch die Täler des Atlasgebirges von beiden Syrten bis zum Atlantischen Ozean (543–558). Ein persönliches Ungemach, die Hinrichtung oder Ermordung seines Bruders, hatte Antalus zum Feind der Römer gemacht. Bei der Niederlage der Vandalen hatte er sich durch Tapferkeit ausgezeichnet, die Vorzüge der Gerechtigkeit und Klugheit leuchteten glänzender bei einem Mauren, und während er Adrumetum einäscherte, gab er ruhig dem Kaiser zu verstehen, daß der Friede von Afrika durch die Rückberufung Salomons und seiner unwürdigen Neffen wiederhergestellt werden könne. Der Exarch zog mit seinen Truppen aus Karthago, wurde aber in einer Entfernung von sechs Tagereisen in der Nähe von Tebeste durch die überlegene Anzahl und das grimmige Aussehen der Barbaren in Bestürzung versetzt. Er schlug einen Vertrag vor, bewarb sich um eine Versöhnung und erbot sich, die feierlichsten Eide zu leisten. „Durch welche Eide kann er sich binden?" sprachen die Mauren mit Entrüstung. „Will er etwa auf die Evangelien, die heiligen Bücher der Christen schwören? Auf diese Bücher hatte sein Neffe Sergius seine Treue für achtzig unserer unschuldigen und unglücklichen Brüder verpfändet. Bevor wir ihnen zum zweiten Male trauen, laßt uns ihre Kraft durch Bestrafung ihres Meineides und Rettung ihrer eigenen Ehre erproben." Ihre Ehre wurde auf dem Schlachtfeld von Tebeste durch den Tod Salomons und den Verlust seiner ganzen Armee gerettet. Die Ankunft frischer Truppen und geschickter Anführer zügelte bald den Übermut der Mauren, siebzehn ihrer Fürsten wurden in einer Schlacht getötet, und das Volk von Konstantinopel feierte die zweifelhafte und vorübergehende Unterwerfung ihrer Stämme mit lautem Jubel. Aufeinanderfolgende Einbrüche hatten die Provinz Afrika bis auf ein Drittel der Größe von Italien vermindert. Dennoch fuhren die römischen Kaiser länger als ein Jahrhundert fort, über Karthago und die fruchtbare Küste des Mittelländischen Meeres zu herrschen. Aber die Siege wie die Niederlagen Justinians waren der Menschheit gleich verderblich: so groß war die Verödung von Afrika, daß in vielen Gegenden ein Fremder tagelang wandern konnte, ohne auf einen Freund oder Feind zu stoßen. Die Nation der Vandalen war verschwunden: sie zählte einst hundertsechzigtausend Krieger ohne Einschluß der Frauen, Kinder und Sklaven. Diese Anzahl wurde aber weit durch die Menge der maurischen Familien übertroffen, die in einem erbarmungslosen Krieg ausgerottet worden waren. Man vergalt dies den Römern und ihren Bundesgenossen mit gleicher Verheerung. Sie kamen durch das Klima, ihre gegenseitigen Kämpfe und die Wut der Barbaren um. Als Procopius zum erstenmal landete, bewunderte er die Volksmenge der Städte und des Landes, die Handel und Ackerbau mit größter Emsigkeit betrieb. In weniger als zwanzig Jahren war dieses geschäftige Land in eine schweigende Einöde verwandelt worden, die reichen Bürger wanderten nach Sizilien und Konstantinopel aus, und der geheime Geschichtsschreiber hat zuversichtlich behauptet, daß durch die Kriege und die Regierung des Kaisers Justinian fünf Millionen Afrikaner hingerafft wurden.

Die Eifersucht des byzantinischen Hofes hatte Belisar nicht gestattet, die Eroberung von Italien zu vollenden: seine plötzliche Abreise belebte wieder den Mut der Goten, die sein Genie, seine Tugend, ja selbst den löblichen Beweggrund ehrten, der den Diener Justinians veranlaßt hatte, sie zu täuschen und zu verwerfen. Sie hatten ihren König verloren (ein unbedeutender Verlust), ihre Hauptstadt, ihre Schätze, die Provinzen von Sizilien bis an die Alpen und eine Streitmacht von zweihunderttausend prachtvoll mit Pferden und Waffen ausgerüsteter Barbaren. Alles war nicht verloren, so lange Pavia von tausend, durch Ehrgefühl, Freiheitsliebe und die Erinnerung an ihre vergangene Größe begeisterten Goten verteidigt wurde. Der Oberbefehl ward einstimmig dem tapferen Uraias angeboten, und nur in seinen Augen konnte die Schmach seines Oheims Vitiges als Ablehnungsgrund dienen. Seine Stimme lenkte die Wahl zugunsten Hildibalds, dessen persönliches Verdienst durch die eitle Hoffnung gehoben wurde, daß sein Verwandter Theudes, Spaniens Monarch, das gemeinsame Interesse des Gotenvolkes wahren würde. Der Erfolg seiner Waffen in Ligurien und Venezia schien die Wahl der Goten zu rechtfertigen, er offenbarte aber bald der Welt, daß er ebenso unfähig sei, seinem Wohltäter zu verzeihen als ihm zu gebieten. Die Gemahlin Hildibalds fühlte sich durch die Schönheit, die Reichtümer und den Stolz der Gattin des Uraias tief verletzt. Die Ermordung dieses tugendhaften Patrioten erregte die Entrüstung eines freien Volkes. Ein kühner Mörder vollzog das Urteil des Volkes, indem er bei einem Bankett Hildibalds Kopf abhieb. Die Rugier, ein fremder Volksstamm, maßten sich das Recht der Wahl an, und Totila, des ermordeten Königs Neffe, wurde durch Rache in Versuchung geführt, sich selbst und die Besatzung von Trevigo den Händen der Römer zu überliefern. Aber der tapfere und hochbegabte junge Mann ließ sich leicht bereden, den gotischen Thron dem Dienste Justinians vorzuziehen, und sobald der Palast von Pavia von dem rugischen Usurpator gereinigt worden war, hielt er Heerschau über die Nationalmacht von fünfzigtausend Kriegern (541) und unternahm hochherzig die Wiederherstellung des Königreiches Italien.

Die Nachfolger Belisars, elf Generale von gleichem Range, vernachlässigten es, die schwachen und getrennten Goten zu erdrücken, bis sie durch die Fortschritte Totilas und die Vorwürfe Justinians zur Tätigkeit aufgestachelt wurden. Die Tore von Verona wurden insgeheim dem Artabazus an der Spitze von hundert Persern in Diensten des Reiches geöffnet. Die Goten flohen aus der Stadt. In einer Entfernung von etwas über sieben Meilen hielten die römischen Anführer, um die Teilung der Beute zu ordnen. Während sie sich stritten, gewahrte der wirkliche Anzahl der Sieger: die Perser wurden augenblicklich überwältigt, und Artabazus rettete nur durch einen Sprung von der Mauer sein Leben, um es in einigen Tagen durch den Speer eines Barbaren zu verlieren, der ihn zum Zweikampf aufgefordert hatte. Zwanzigtausend Römer trafen bei Faenza und auf dem Berg von Mugello im florentinischen Gebiet auf die Streitkräfte Totilas. Der Feuereifer freier Männer, die um die Wiedererlangung ihres Vaterlandes kämpften, stand wider den lauen Mut von Söldnern, denen es selbst an Disziplin und Kraft fehlte. Bei dem ersten Angriff verließen sie ihre Fahnen, warfen die Waffen weg und zerstreuten sich nach allen Seiten mit einer Eile, die zwar ihren Verlust minderte, aber die Schmach ihrer Niederlage mehrte. Der Gotenkönig, über die Nichtswürdigkeit seiner Feinde errötend, verfolgte mit schnellen Schritten den Pfad der Ehre und des Sieges. Totila setzte über den Po, ging über die Apenninen, schob die wichtige Eroberung von Ravenna, Florenz und Rom auf und marschierte durch das Herz von Italien, um Neapel zu belagern oder vielmehr zu blockieren. Die römischen Anführer, die, eingesperrt in ihre Städte, jeder den anderen ob der gemeinsamen Schmach anklagten, wagten es nicht, sein Unternehmen zu stören. Der Kaiser aber, bestürzt über die Not und die Gefahr Italiens, sandte Neapel eine Flotte Galeeren und eine Schar thrakischer und armenischer Krieger zu Hilfe. Sie landeten in Sizilien, das ihnen reiche Vorräte an Lebensmitteln lieferte; aber das Zögern des neuen Befehlshabers, eines unkriegerischen Beamten, verlängerte die Leiden der Belagerten, und die Hilfe, die er zaudernd und furchtsam entsandte, wurde durch die bewaffneten Fahrzeuge, die Totila im Golf von Neapel aufgestellt hatte, glücklich abgefangen. Der vornehmste Befehlshaber der Römer wurde mit einem Strick um den Nacken an den Fuß der Mauer geschleppt, von wo er mit bebender Stimme die Bürger ermahnte, wie er selbst die Gnade des Siegers anzuflehen. Sie baten um einen Waffenstillstand mit dem Versprechen, die Stadt zu übergeben, wenn nach Verlauf von dreißig Tagen keine ausgiebigere Hilfe erscheinen würde. Statt eines Monats gewährte ihnen der kühne Barbar drei, in der festen Überzeugung, daß der Hunger die Zeit der Übergabe beschleunigen würde. Nach der Bezwingung von Neapel und Cumä unterwarfen sich die Provinzen Lukanien, Apulien und Kalabrien dem Gotenkönig. Totila führte sein Heer gegen die Tore Roms, schlug sein Lager zu Tibur oder Tivoli, zwanzig Meilen von der Hauptstadt, auf und ermahnte Senat und Volk gelassen, die Tyrannei der Griechen mit den Segnungen der gotischen Herrschaft zu vergleichen.

Der schnelle Erfolg Totilas mag zum Teil der Umwälzung zugeschrieben werden, die eine dreijährige Erfahrung in den Gesinnungen der Italiener hervorgebracht hatte. Auf Befehl oder wenigstens im Namen eines katholischen Kaisers war der Papst, ihr geistlicher Vater, der römischen Kirche entrissen und auf einer einsamen Insel entweder ermordet oder dem Verschmachten preisgegeben worden. An die Stelle des edlen Belisar waren in Rom, Ravenna, Florenz, Perugia, Spoleto und an anderen Orten elf Befehlshaber mit verschiedenen oder ähnlichen Lastern gekommen, die ihre Macht zur Befriedigung ihrer Wollust oder Habsucht mißbrauchten. Die Verwaltung der Finanzen war dem Alexander anvertraut worden, einem schlimmen, seit langer Zeit in dem Betrug und der Unterdrückung der byzantinischen Schulen geübten Schreiber, dessen Beiname Psalliction oder die Schere von seiner kunstvollen Gewandtheit stammte, den Umfang der Goldmünzen zu vermindern, ohne ihr Gepräge zu entstellen. Statt die Wiederherstellung des Friedens und Fleißes abzuwarten, legte er den Italienern eine schwere Steuer auf. Seine gegenwärtigen oder künftigen Forderungen waren aber minder verhaßt als ein Verfahren voll willkürlicher Strenge gegen die Personen und das Eigentum aller derjenigen, die unter den gotischen Königen mit der Einnahme und Ausgabe der öffentlichen Gelder zu schaffen gehabt hatten. Die Untertanen Justinians, welche diesen parteiischen Plackereien entgingen, wurden durch die Soldaten, die Alexander betrog und verachtete und die unregelmäßig Sold und Nahrung erhielten, unterdrückt; ihre unvermuteten Streifzüge, um Reichtümer oder Lebensmittel zu erpressen, reizten die Bewohner des Landes, ihre Befreiung durch einen Barbaren zu erwarten oder zu erflehen. Totila war keusch und mäßig, und niemand ward getäuscht, er mochte Freund oder Feind sein, der sich auf seine Treue oder Milde verließ. Der Gotenkönig erließ an die Landwirte von Italien eine Kundmachung, worin er sie ermahnte, ihre wichtigen Arbeiten fortzusetzen und versichert zu sein, daß sie bei Bezahlung der gewöhnlichen Abgaben durch seine Tapferkeit und Heereszucht gegen die Unbilden des Krieges geschützt werden würden. Er griff die festen Städte mit Erfolg an und zerstörte, sobald sie sich seinen Waffen ergeben hatten, die Festungswerke, um das Volk vor den Drangsalen künftiger Belagerungen zu bewahren, die Römer ihrer Verteidigungskünste zu berauben und den langwierigen Krieg der beiden Nationen durch einen gleichen und ehrenvollen Kampf auf dem Schlachtfeld zu entscheiden. Die römischen Gefangenen und Ausreißer fühlten sich bewogen, in den Dienst eines freigebigen und menschenfreundlichen Gegners zu treten, die Sklaven wurden durch das feste und zweckmäßige Versprechen, ihren Gebietern nie wieder ausgeliefert zu werden, angelockt, und aus den tausend Kriegern von Pavia bildete sich allmählich unter dem Namen der Goten eine neues Volk in Totilas Lager. Er erfüllte ehrlich die Bedingungen jeder Kapitulation, ohne aus doppelsinnigen Ausdrücken und unvorhergesehenen Ereignissen irgendeinen boshaften Vorteil zu ziehen. Die Besatzung von Neapel hatte sich Abzug zur See bedungen, die Hartnäckigkeit der Winde hinderte die Fahrt, sie wurden aber edelmütig mit Pferden, Lebensmitteln und einem sicheren Geleit bis an die Tore von Rom versehen. Die Frauen der Senatoren, die in den Villen von Campanien überrascht worden waren, wurden ihren Gatten ohne

Lösegeld wiedergegeben, die Verletzung weiblicher Keuschheit wurde unerbittlich mit dem Tode bestraft, und in der heilsamen Regulierung der Nahrungsmittelverteilung der ausgehungerten Neapolitaner erfüllte der Sieger die Pflichten eines menschenfreundlichen und aufmerksamen Arztes. Die Tugenden Totilas sind gleich lobenswert, machten sie nun aus echter Politik oder aus religiösen Grundsätzen oder aus dem Instinkt der Menschlichkeit hervorgegangen sein: er redete häufig zu seinen Truppen und schärfte ihnen beständig ein, daß Nationallaster und Untergang unzertrennlich verbunden sind, daß der Sieg die Frucht sowohl der sittlichen als der kriegerischen Tugend sei und daß der Fürst, ja sogar das Volk für die Verbrechen verantwortlich wären, die sie zu bestrafen vernachlässigten.

Belisars Freunde wie Feinde drangen mit gleichem Ungestüm auf seine Rückkehr in das Land, das er unterworfen hatte, und der Oberbefehl im gotischen Krieg wurde dem langerprobten Feldherrn aus Vertrauen oder um ihn zu verbannen übertragen (544). Held an den Ufern des Euphrat, Sklave im Palast von Konstantinopel, übernahm er mit Widerstreben die peinliche Aufgabe, seinen eigenen Ruf zu retten und die Fehler seiner Vorgänger gutzumachen. Das Meer stand den Römern offen: die Schiffe und Soldaten sammelten sich zu Salona in der Nähe des Palastes s: er gönnte seinen Truppen Rast und hielt über sie Heerschau zu Pola in Istrien, fuhr um die Spitze des Adriatischen Meeres, segelte in den Hafen von Ravenna und sandte den unterworfenen Städten mehr Befehle als Hilfe. Seine erste wesentliche Rede war an die Goten und Römer im Namen des Kaisers gerichtet, der für eine Weile die Eroberung von Persien aufgeschoben und den Bitten seiner italienischen Untertanen Gehör geschenkt habe. Er rührte sanft an die Ursachen und Urheber der neueren Unglücksfälle, bestrebte sich, die Furcht vor Strafe für das Vergangene zu bannen und die Hoffnung auf Straflosigkeit für die Zukunft zu erwecken und arbeitete mit mehr Eifer als Erfolg an der Vereinigung aller Glieder seiner Statthalterschaft zu einem festen Bund der Liebe und des Gehorsams. Justinian, sein gnädiger Gebieter, sei zur Verzeihung und Belohnung geneigt, und Pflicht sowohl als Interesse gebiete, ihre betörten Brüder, die durch die Künste des Usurpators verführt worden wären, von ihrem Irrtum abzubringen. Kein einziger fühlte sich versucht, die Fahne des Gotenkönigs zu verlassen. Belisar gewahrte bald, daß er entsendet worden sei, um der müßige und ohnmächtige Zuschauer des Ruhms eines jungen Barbaren zu sein, und sein eigenes Schreiben bietet ein echtes und lebendiges Gemälde der Bedrängnis eines edlen Gemütes. „Bester der Fürsten, ich bin in Italien angelangt, entblößt von allen notwendigen Kriegsbedürfnissen, Menschen, Pferden, Waffen und Geld. Auf dem neuerlichen Wege durch Thrakien und Illyrien habe ich mit äußerster Schwierigkeit gegen viertausend Rekruten zusammengebracht, nackt, unerfahren im Gebrauch der Waffen wie in den Übungen des Lagers. Die in der Provinz bereits befindlichen Soldaten sind voll Unzufriedenheit, Furcht und Bestürzung; beim Trompetenschall des Feindes lassen sie ihre Pferde laufen und werfen ihre Waffen weg. Es können keine Steuern erhoben werden, weil Italien sich in den Händen der Barbaren befindet. Mangel an Geld hat mich des Rechtes des Befehlens, ja selbst des Ermahnens beraubt. Vernimm, hoher Gebieter, daß der größere Teil deiner Truppen bereits zu den Goten übergegangen ist. Wenn der Krieg durch Belisars bloße Gegenwart beendigt werden könnte, würden deine Wünsche in Erfüllung gehen: Belisar ist in Italien. Wenn du aber zu siegen verlangst, sind ganz andere Rüstungen erforderlich: ohne eine Streitmacht ist der Feldherrntitel ein leerer Name. Es würde zweckdienlich sein, meinem Dienste meine eigenen Veteranen und Hausleibwachen zurückzugeben. Bevor ich in das Feld rücken kann, muß ich eine angemessene Verstärkung an leichten und an schwerbewaffneten Truppen erhalten, und nur bares Geld ist es, wodurch du die unerläßliche Hilfe einer mächtigen Reiterschar der Hunnen erlangen kannst." Ein Offizier, in den Belisar alles Vertrauen setzte, ward von Ravenna entsandt, um die Hilfe zu beschleunigen und herbeizuführen; die Botschaft wurde aber vernachlässigt und der Bote zu Konstantinopel durch eine vorteilhafte Heirat festgehalten. Nachdem seine Geduld durch Verzögerung und getäuschte Erwartungen erschöpft worden war, fuhr der römische Feldherr über das

Adriatische Meer zurück und erwartete zu Dyrrhachium die Ankunft der Truppen, die unter den Untertanen und Bundesgenossen des Reiches langsam gesammelt wurden. Seine Streitkräfte waren zur Befreiung von Rom, das von dem gotischen König belagert wurde, niemals ausreichend. Die appische Straße war auf vierzig Tagesmärsche hinaus von den Barbaren bedeckt, und da der kluge Belisar eine Schlacht nicht ratsam fand, zog er die sichere und schnelle Fahrt von fünf Tagen von der Küste von Epirus nach der Mündung des Tibers vor.

Nachdem Totila durch Gewalt oder Vertrag die minder bedeutenden Städte in den Mittelprovinzen von Italien unterworfen hatte, schritt er nicht zur Erstürmung, sondern zur Einschließung und Aushungerung der alten Hauptstadt (Mai 546). Rom wurde durch die Habsucht gemartert und durch die Tapferkeit des Bessas verteidigt, eines alten Anführers von gotischer Herkunft, der mit einer Besatzung von dreitausend Mann den großen Kreis der ehrwürdigen Mauern der Stadt besetzt hielt. Aus der Not des Volkes zog er einen ziemlichen Gewinn und freute sich insgeheim der Fortdauer der Belagerung. Zu seinem Nutzen waren die Kornspeicher angefüllt worden. Durch die christliche Milde des Papstes Vigilius war eine große Menge von sizilianischem Getreide angekauft und eingeschifft worden, aber die Schiffe, die den Barbaren entgingen, fielen in die Hände eines raubsüchtigen Statthalters, der den Soldaten nur kärgliche Nahrung gewährte und den Rest an die reichen Römer verkaufte. Der Medimmus oder fünfte Teil eines Scheffels Weizen kostete fünf Goldstücke; deren fünfzig wurden für einen Ochsen, der selten und durch Zufall zu haben war, bezahlt; die Fortschritte der Hungersnot erhöhten selbst diesen außerordentlichen Preis, und die Söldner waren dadurch versucht, sich ihrer Ration, die kaum zur Fristung des Lebens hinreichte, zu berauben. Eine geschmacklose und ungesunde Mischung, worin die Kleie dreifach das Mehl übertraf, stillte den Hunger der Armen: bald sahen sie sich aber dahin gebracht, sich von gefallenen Pferden, Hunden, Katzen, Mäusen zu nähren und gierig das Gras, ja selbst die Nesseln, die unter den Ruinen der Stadt wuchsen, auszuraufen. Eine Schar von Gespenstern, bleich und ausgemergelt, der Leib von Siechtum, die Seele von Verzweiflung gefoltert, umgab den Palast des Statthalters, führte umsonst ins Treffen, daß es die Pflicht eines Gebieters sei, seine Sklaven zu ernähren und bat demütig, er möge entweder für ihren Unterhalt sorgen oder ihnen Flucht gestatten oder den Befehl zu ihrer unverzüglichen Hinrichtung erteilen. Bessas erwiderte mit gefühlloser Kälte, sie ernähren sei unmöglich, sie fortlassen unratsam und die Untertanen des Kaisers töten unerlaubt. Das Beispiel eines gemeinen Bürgers hätte seine Landsleute indessen belehren können, daß es außer der Gewalt eines Tyrannen liege, das Recht zu sterben vorzuenthalten. Ein Vater, durch das Geschrei von fünf Kindern um Brot, das er ihnen nicht geben konnte, im innersten Herzen gemartert, befahl ihnen, seinen Schritten zu folgen, ging mit stiller und ruhiger Verzweiflung nach einer der Brücken des Tibers, bedeckte sein Antlitz und stürzte sich in Gegenwart seiner Lieben und des römischen Volkes kopfüber in den Strom. Den Reichen und Feigherzigen verkaufte Bessas die Erlaubnis wegzuziehen, der größte Teil der Flüchtlinge kam aber auf der öffentlichen Heerstraße um oder wurde von den streifenden Barbaren aufgefangen. Inzwischen stillte der Statthalter die Unzufriedenheit und frischte die Hoffnungen der Römer durch unbestimmte Gerüchte von Flotten und Heeren auf, die von den äußersten Enden des Ostens zu ihrem Entsatz herbeieilen sollten. Vernünftigere Hoffnung schöpften sie aus der Gewißheit, daß Belisar im Hafen gelandet sei, und ohne seine Streitkräfte zu zählen, bauten sie fest auf die Menschlichkeit den Mut und die Talente ihres großen Befreiers.

Der vorsichtige Totila hatte eines solchen Gegners würdige Hindernisse in den Weg gestellt. Viele Meilen unterhalb der Stadt an der engsten Stelle des Flusses verband er die beiden Ufer durch Stricke und feste Balken in Form einer Brücke und errichtete auf demselben zwei hohe Türme, die von den Tapfersten seiner Goten besetzt und mit Geschossen und Angriffsmaschinen im Überfluß versehen waren. Die Anfahrt zur Brücke und zu den Türmen war durch eine starke und massive Kette von Eisen gedeckt und diese Kette an jedem Ende auf den entgegengesetzten Seiten des Tibers durch eine zahlreiche und auserlesene Abteilung Bogenschützen verteidigt. Das Unternehmen, diese Schranken zu durchbrechen und die Hauptstadt zu entsetzen, bietet ein glänzendes Beispiel von Belisars Kühnheit und Geschicklichkeit. Seine Reiterei rückte vom Hafen längs der Heerstraße vor, um die Bewegungen des Feindes einzuschüchtern und dessen Aufmerksamkeit zu teilen. Sein Fußvolk und die Lebensmittel waren auf zweihundert große Boote verteilt, und jedes Boot wurde durch einen hohen Wall von dicken, zur Abschießung von Wurfwaffen mit zahlreichen Löchern versehenen Brettern geschützt. Vorn waren zwei große Fahrzeuge aneinandergekettet, um ein schwimmendes Kastell zu tragen, das die Türme der Brücke beherrschte und eine Fülle von Brennmaterialien, Schwefel und Erdpech enthielt. Die ganze, von dem Oberfeldherrn persönlich angeführte Flotte wurde mühsam stromaufwärts gerudert. Die Kette gab dem Druck nach, und die Feinde, welche die Ufer deckten, wurden entweder getötet oder zerstreut. Sowie man sich dem Hauptbollwerk näherte, legte sich das Brandschiff alsbald an die Brücke an; einer der Türme wurde mit zweihundert Goten von den Flammen verzehrt; die Angreifenden stimmten Siegesgeschrei an, und Rom würde gerettet worden sein, wenn die Weisheit Belisars nicht an dem schlechten Verhalten seiner Offiziere gescheitert wäre. Er hatte dem Bessas vorher den Befehl zugesandt, seine Unternehmungen durch einen Ausfall zur rechten Zeit zu unterstützen, hatte ferner seinem Unterbefehlshaber Isaak eingeschärft, nicht von seiner Stellung vom Hafen zu weichen. Habsucht machte Bessas unbeweglich, und das jugendliche Feuer Isaaks lieferte ihn in die Hände eines überlegenen Feindes. Das übertriebene Gerücht von seiner Niederlage erreichte unverzüglich Belisars Ohr; er hielt inne, verriet in diesem einzigen Augenblick seines Lebens einige Zeichen von Bestürzung und Verwirrung und ließ mit Widerstreben zum Rückzug blasen, um seine Gattin Antonina, seine Schätze und den einzigen Hafen zu retten, den er an der toskanischen Küste besaß. Innerer Verdruß zog ihm ein hitziges, beinahe tödliches Fieber zu, und Rom blieb schutzlos der Milde oder dem Grimm Totilas bloßgestellt. Die Fortdauer der Feindseligkeiten hatte den nationalen Haß gesteigert, die arianische Geistlichkeit wurde schimpflich aus Rom vertrieben, der Archidiakon Pelagius kehrte ohne Erfolg von einer Gesandtschaft in das gotische Lager zurück, und ein sizilianischer Bischof, der Gesandte oder Nuntius des Papstes, wurde beider Hände beraubt, weil er es gewagt hatte, im Dienste der Kirche und des Staates zu lügen.

Der Hunger hatte die Kraft und Zucht der Besatzung von Rom geschwächt. Von einem hinsterbenden Volke konnte sie keine wirksame Unterstützung erhalten, und die unmenschliche Habsucht des Kaufmannes verdarb zuletzt die Wachsamkeit des Befehlshabers. Vier isaurische Schildwachen ließen sich, während ihre Gefährten schliefen und ihre Offiziere abwesend waren, an einem Strick über die Mauer und trugen dem Gotenkönig insgeheim an, seine Truppen in die Stadt einzulassen. Das Anerbieten wurde mit Kälte und Verdacht aufgenommen, sie kehrten ungefährdet zurück, wiederholten ihren Besuch zweimal, der Platz wurde zweimal untersucht, die Verschwörung war bekannt, wurde aber nicht beachtet. Kaum hatte Totila in das Unternehmen eingewilligt, so entriegelten sie das asinarische Tor und ließen die Goten ein (17. Dezember 546). Bis zum Anbruch des Tages standen sie aus Besorgnis eines Verrates oder Hinterhaltes in Schlachtordnung, aber die Truppen des Bessas waren mit ihrem Anführer bereits entronnen, und als man in den König drang, sie während ihres Rückzuges zu beunruhigen, gab er die kluge Antwort: daß es keinen angenehmeren Anblick gebe als den eines fliehenden Feindes. Die Patrizier, die noch Pferde besaßen, Decius, Basilius und andere, begleiteten den Statthalter; ihre Brüder, unter denen der Historiker die Namen Olybrius, Orestes und Maximus nennt, flüchteten in die St.-Peters Kirche; aber die Behauptung, daß nur fünfhundert Personen in der Hauptstadt zurückblieben, flößt Zweifel gegen die Wahrheit seiner Erzählung oder die Richtigkeit seines Textes ein. Sobald das Tageslicht den vollständigen Sieg der Goten beleuchtete, besuchte ihr Monarch voll Andacht das Grab des höchsten der Apostel; während er jedoch am Altar betete, wurden fünfundzwanzig Soldaten und sechzig Bürger in der Vorhalle des Tempels niedergemetzelt.

Der Archidiakon Pelagius stand vor ihm, mit dem Evangelium in der Hand. „O Herr, habe Erbarmen mit deinem Knechte!" „Pelagius", erwiderte Totila mit dem Lächeln des Hohnes, „dein Stolz läßt sich endlich herab zu flehen?" „Ich bin ein Flehender", antwortete der kluge Archidiakon, „Gott hat uns jetzt zu deinen Untertanen gemacht, und als deine Untertanen haben wir Anspruch auf deine Milde." Durch sein demütiges Flehen blieb das Leben der Römer verschont, und die Keuschheit der Jungfrauen und verheirateten Frauen wurde vor den Leidenschaften der hungrigen Krieger bewahrt. Aber sie wurden mit der Erlaubnis zu plündern belohnt, nachdem die kostbare Beute dem königlichen Schatz vorbehalten worden war. Die Häuser der Senatoren waren reich mit Gold und Silber versehen, und die Habsucht des Bessas hatte äußerst schmachvoll nur zum Vorteil des Siegers gearbeitet. Während dieser Umwälzung lernten die Söhne und Töchter römischer Konsuln das Elend kennen, das sie verachtet oder gemildert hatten, irrten in zerrissenen Gewändern durch die Straßen der Stadt und bettelten, oft ohne Erfolg, um Brot vor den Toren ihrer Erbhäuser. Rusticiana, die Tochter des Symmachus und Witwe des Boethius, hatte ihre Reichtümer edelmütig verwendet, um die Drangsale der Hungersnot zu vermindern. Aber die Barbaren waren durch das Gerücht erbittert, daß das Volk auf ihr Anstiften die Standbilder des großen Theodorich umgestürzt habe, und das Leben dieser ehrwürdigen Frau würde seinem Andenken zum Opfer gebracht worden sein, wenn Totila nicht ihre Herkunft, ihre Tugenden, ja sogar den frommen Beweggrund ihrer Rache geachtet hätte. Am folgenden Tage hielt er zwei Reden: in der einen beglückwünschte und ermahnte er seine siegreichen Goten, in der anderen warf er den Senatoren, als den nichtswürdigsten aller Sklaven, ihren Meineid, ihre Torheit, ihren Undank vor und erklärte mit finsterem Ernste, daß ihre Besitzungen und Würden mit vollem Recht an seine siegreichen Waffengefährten abzutreten seien. Indessen willigte er doch ein, ihre Empörung zu verzeihen, und die Senatoren vergolten seine Milde, indem sie Rundschreiben an ihre Pächter und Vasallen in den Provinzen Italiens erließen und ihnen streng einschärften, die Fahne der Griechen zu verlassen, ihre Ländereien in Frieden zu bebauen und von ihren Gebietern Gehorsam gegen einen gotischen Souverän zu lernen. Gegen die Stadt, die so lange den Lauf seiner Siege gehemmt hatte, zeigte er sich unerbittlich; auf seinen Befehl wurde ein Drittel der Mauern an verschiedenen Punkten abgetragen, Brennmaterialien und Maschinen vorbereitet, um die schönsten Gebäude des Altertums zu verbrennen oder einzustürzen und die Welt durch das entsetzliche Dekret in Bestürzung versetzt, daß Rom in einen Weideplatz für das Vieh verwandelt werden solle. Die festen und gemäßigten Vorstellungen Belisars stellten die Vollstreckung ein; er ermahnte den Barbaren, seinen Ruf nicht durch Zerstörung jener Denkmäler zu beflecken, den Ruhm der Toten und die Wonne der Lebendigen bildeten, und Totila ließ sich durch den Rat eines Feindes bewegen, Rom als die Zierde seines Königreiches und als das schönste Pfand des Friedens und der Wiederaussöhnung zu bewahren. Nachdem er den Abgesandten Belisars seinen Entschluß, die Stadt zu verschonen, angekündigt hatte, stellte er sein Heer in einer Entfernung von fünfzehn Meilen von der Stadt auf, um die Bewegungen des römischen Feldherrn zu beobachten, während er mit dem Rest seiner Truppen nach Lukanien und Apulien rückte und auf dem Gipfel des Berges Garganus eines der Lager Hannibals bezog. Die Senatoren wurden in seinem Gefolge mitgeschleppt und später in die Festungen von Campanien eingesperrt, die Bürger mit ihren Weibern und Kindern in die Verbannung gesandt, und Rom blieb während vierzig Tage öder und schauerlicher Einsamkeit überlassen.

Der Verlust von Rom wurde bald durch eine Tat wiedergutgemacht, welche die öffentliche Meinung je nach dem Ausgang unbesonnen oder heldenhaft nannte. Nach dem Abzug Totilas fiel der römische Feldherr an der Spitze von tausend Reitern aus dem Hafen aus, hieb den Feind, der sich seinen Fortschritten widersetzte, in Stücke und besuchte mit Mitleid und Ehrfurcht die leere ewige Stadt (Februar 547). Entschlossen, einen in den Augen der Menschheit so ausgezeichneten Posten zu behaupten, sammelte er den größten Teil seiner Truppen unter der Fahne, die er auf dem

Kapitol aufpflanzte; die alten Einwohner wurden durch Liebe zu ihrer Vaterstadt und Hoffnung auf Nahrung zurückgerufen und die Schlüssel von Rom dem Kaiser Justinian zum zweiten Male übersandt. Die Mauern, soweit sie von den Goten abgetragen worden waren, wurden durch rohe und ungleichartige Materialien ausgebessert, der Graben wiederhergestellt, Fußangeln in Menge auf die Straßen gestreut, um den Zug der Reiterei zu behindern und da keine neuen Tore herbeigeschafft werden konnten, der Eingang durch einen spartanischen Wall seiner tapfersten Soldaten verteidigt. Nach Verlauf von zwanzig Tagen kehrte Totila im Eilmarsch aus Apulien zurück, um das Ungemach und die Schmach zu rächen. Belisar erwartete sein Kommen. Die Goten wurden dreimal in dem allgemeinen Sturm zurückgeschlagen, sie verloren den Kern ihrer Truppen, die königliche Fahne wäre beinahe in die Hände des Feindes gefallen, und der Ruhm Totilas sank, wie er gestiegen war, mit dem Glück seiner Waffen. Was Geschicklichkeit und Mut nur immer vermögen, wurde von Belisar vollbracht; es blieb nichts übrig, als daß Justinian durch eine entsprechend große Anstrengung den Krieg beendigte, den er aus Ehrsucht begonnen hatte. Die Lässigkeit, vielleicht Ohnmacht eines Fürsten, der seine Feinde verachtete und seine Diener beneidete verlängerte die Drangsale Italiens. Nach einem langen Stillschweigen erhielt Belisar den Befehl, in Rom eine hinreichende Besatzung zu lassen und sich selbst in die Provinz Lukanien zu verfügen, deren durch katholischen Eifer entflammte Bewohner das Joch ihrer arianischen Eroberer abgeworfen hatten. In diesem unedlen Krieg wurde der Held, den die Barbaren nicht zu besiegen vermochten, niedrigerweise durch das Zaudern, den Ungehorsam und die Feigheit seiner eigenen Offiziere überwunden. Er ruhte in seinen Winterquartieren zu Crotona in der vollen Überzeugung aus, daß die beiden Pässe der lukanischen Berge von seiner Reiterei bewacht würden. Sie wurden durch Verrat oder Schwäche preisgegeben. Das schnelle Heranrücken der Goten ließ Belisar kaum Zeit, nach der Küste von Sizilien zu entrinnen. Endlich sammelte sich eine Flotte und ein Heer zum Entsatz von Ruscianum oder Rossano, einer von den Ruinen von Sybaris etwas über sieben Meilen entfernten Festung, wohin sich die Edlen von Lukanien geflüchtet hatten. Bei dem ersten Versuch wurden die römischen Streitkräfte durch einen Sturm zerstreut. Bei dem zweiten näherten sie sich dem Gestade, erblickten aber die Berge mit Bogenschützen bedeckt, den Landungsplatz durch einen Wald von Speeren verteidigt und den Gotenkönig nach einer Schlacht dürstend. Der Eroberer von Italien zog sich bedauernd zurück und fuhr fort, ruhmlos und untätig seine Zeit hinzubringen, bis Antonina, die nach Konstantinopel gesandt worden war, um Verstärkungen zu erflehen, nach dem Tode der Kaiserin seine Rückkehr bewilligt wurde.

Die fünf letzten Feldzüge Belisars mochten den Neid seiner Nebenbuhler mäßigen, deren Augen den Glanz seines früheren Ruhmes nicht mitansehen konnten. Statt Italien von den Goten zu befreien, war er gleich einem Flüchtigen an den Küsten umhergeirrt, ohne es zu wagen, in das Land vorzudringen oder die wiederholte Herausforderung Totilas anzunehmen. Aber nach dem Urteil jener wenigen, welche die Maßregeln vom Erfolg zu unterscheiden und die Werkzeuge mit der Ausführung zu vergleichen wissen, erschien er als ein vollendeterer Meister der Kriegskunst als in der Periode seines Glücks, in der er zwei gefangene Könige vor den Thron Justinians führte. Die Tapferkeit Belisars wurde durch das Alter nicht gedämpft, seine Klugheit war durch Erfahrung gereift, aber die sittlichen Tugenden der Menschlichkeit und Gerechtigkeit schienen der harten Notwendigkeit der Zeiten gewichen zu sein. Die Kargheit oder Armut des Kaisers zwang ihn, von jener Richtschnur des Benehmens abzuweichen, die ihm die Liebe und das Vertrauen der Italiener erworben hatte. Der Krieg wurde durch die Unterdrückung von Ravenna, Sizilien und aller treuen Untertanen des Reiches unterhalten, und die strenge Verfolgung Herodians veranlaßte diesen mißhandelten oder schuldigen Befehlshaber, Spoleto den Händen des Feindes zu überliefern. Die Habsucht der Antonina, die zuweilen durch Liebe abgelenkt worden war, herrschte nun einzig und allein in ihrer Brust. Belisar selbst hatte seit jeher eingesehen, daß in einem verdorbenen Zeitalter Reichtümer die Stütze und Zierde des persönlichen Verdienstes sind. Und es läßt sich nicht vermuten, daß er seine Ehre um des öffentlichen Verdienstes willen befleckte, ohne einen Teil der Beute zu seinem persönlichen Nutzen zu verwenden. Der Held war dem Schwert der Barbaren entgangen, aber der Dolch der Verschwörung harrte seiner Heimkehr. Inmitten der Reichtümer und Ehrenstellen beklagte sich Artaban, der den afrikanischen Tyrannen gezüchtigt hatte, über die Undankbarkeit der Höfe. Er strebte nach des Kaisers Nichte Präjecta, die ihren Befreier zu belohnen wünschte, aber die Frömmigkeit Theodorens nahm seine frühere Vermählung als Hindernis. Der Stolz königlicher Abkunft wurde durch Schmeichelei aufgestachelt, und der Dienst, dessen er sich rühmte, bewies seine Fähigkeit zu kühnen und blutigen Taten. Der Tod Justinians war beschlossen, die Verschwörer verschoben aber die Ausführung, bis es ihnen gelänge, Belisar entwaffnet und ohne Hilfe im Palast von Konstantinopel zu überrumpeln. Sie konnten keine Hoffnung hegen, seine langerprobte Treue zu erschüttern und fürchteten mit Recht die Rache oder vielmehr die Gerechtigkeit des alten Feldherrn, der in Thrakien schnell eine Armee sammeln konnte, um die Mörder zu bestrafen und vielleicht die Früchte ihres Verbrechens zu genießen. Der Aufschub gab Zeit zu unbesonnenen Mitteilungen und ehrlichen Geständnissen; Artalan und seine Mitschuldigen wurden vom Senat zum Tode verurteilt, aber die äußerste Milde des Kaisers hielt sie bloß im Palast in Gefangenschaft und verzieh ihnen zuletzt ihre ruchlose Verschwörung gegen seinen Thron und sein Leben. Wenn der Kaiser seine Feinde begnadigte, mußte er herzlich einen Freund umarmen, bei dem er sich nur an Siege erinnern konnte und der seinem Fürsten durch den Umstand der letzten gemeinsamen Gefahr noch teurer gemacht wurde. Belisar ruhte von seinen Mühen in dem hohen Posten eines Oberfeldherrn des Ostens und Grafen der Haustruppen aus; und die älteren Konsuln und Patrizier ließen dem Ersten der Römer, dessen Verdienste über allen Vergleich erhaben waren, ehrfurchtsvoll den Vortritt. Der Erste der Römer blieb aber immer der Sklave seiner Gattin, aber die Knechtschaft der Gewohnheit und Zuneigung wurde minder schmählich, seitdem mit dem Tode Theodorens seine unwürdige Furcht verschwunden war. Ihre Tochter Joannina, die einzige Erbin ihres Vermögens, war mit Anastasius, dem Enkel oder vielmehr Neffen der Kaiserin verlobt worden, deren gütige Anteilnahme die Erfüllung der Wünsche der jungen Liebenden beförderte. Aber die Macht Theodorens erlosch mit ihrem Leben, die Eltern Joanninas kehrten zurück, und ihre Ehre, vielleicht ihr Glück wurde der Rache einer gefühllosen Mutter geopfert, welche die unvollständige Ehe auflöste, bevor sie durch die Zeremonien der Kirche bestätigt worden war.

Zur Zeit der Abreise Belisars (Sept. 548) wurde Perusia belagert, und nur wenige Städte waren für die gotischen Waffen uneinnehmbar. Ravenna, Ankona und Crotona widerstanden dauernd den Barbaren, und als Totila eine Tochter des Königs von Frankreich begehrte, wurde er durch den gerechten Vorwurf gekränkt, daß der König von Italien dieses Titels unwürdig wäre bis ihn das römische Volk als solchen anerkannt hätte. Dreitausend der tapfersten Soldaten waren zurückgelassen worden, um die Hauptstadt zu verteidigen. Auf den Verdacht hin, daß der Statthalter sich ein Monopol anmaße, metzelten sie ihn nieder und ließen Justinian durch eine Abordnung der Geistlichkeit wissen, daß sie, wenn er nicht ihre Vergehen verzeihen würde und ihre Rückstände bezahlte, unverweilt die lockenden Anerbietungen Totilas annehmen würden. Aber der Anführer, der im Oberbefehl nachfolgte (er hieß), erwarb sich ihre Achtung und ihr Vertrauen, und statt daß die Goten eine leichte Eroberung machten, stießen sie auf den kräftigen Widerstand der Soldaten und Einwohner, die geduldig den Verlust des Hafens und aller Zufuhr vom Meere her ertrugen. Die Belagerung von Rom wäre vielleicht aufgehoben worden, wenn die Freigebigkeit Totilas gegen die Isaurier nicht einige ihrer käuflichen Landsleute verlockt hätte, das Beispiel der Verräterei nachzuahmen. In einer finstern Nacht (549), während die Trompeten der Goten auf einer anderen Seite bliesen, öffneten sie in der Stille das St.-Pauls-Tor; die Barbaren stürzten in die Stadt und die fliehende Besatzung wurde abgeschnitten, bevor sie den Hafen von Centumcellä erreichen konnte. Ein in der Schule Belisars gebildeter Soldat, Paul von Kilikien, warf sich mit vierhundert Mann in den Molo Hadrians. Sie wiesen die Goten zurück, fühlten aber das Herannahen der Hungersnot, und ihre Abneigung gegen den Geschmack des Pferdefleisches bestärkte sie in dem Entschluß, es auf den Erfolg eines verzweifelten und entscheidenden Ausfalls ankommen zu lassen. Aber ihr Mut wich schließlich vor den Angeboten zur Kapitulation; sie erlangten ihren rückständigen Sold und ihre Waffen und Pferde, indem sie in die Dienste Totilas traten; ihre Anführer, die eine lobenswerte Anhänglichkeit an ihre Weiber und Kinder vorschützten, wurden ehrenvoll entlassen und über vierhundert Feinde, die an geheiligten Freistätten Schutz gesucht hatten, durch die Milde des Siegers gerettet. Er hegte nicht länger den Wunsch, die Gebäude Roms, das er jetzt als den Sitz des gotischen Königreiches ehrte, zu zerstören: Senat und Volk wurden ihrer Vaterstadt zurückgegeben; reichlich wurde für den Lebensunterhalt gesorgt, und Totila wohnte im Friedensgewand den ritterlichen Spielen des Zirkus bei. Während er den Augen der Menge Unterhaltung gewährte, wurden vierhundert Schiffe zur Einschiffung seiner Truppen ausgerüstet. Er unterwarf die Städte Rhegium und Tarent, setzte nach Sizilien, dem Gegenstand seiner unversöhnlichen Rache, über, beraubte die Insel ihres Goldes und Silbers, der Früchte der Erde und einer riesigen Anzahl Pferde, Schafe und Ochsen. Sardinien und Korsika teilten das Los Italiens, und die Küste Griechenlands wurde durch eine Flotte von dreihundert Galeeren heimgesucht. Die Goten landeten zu Korzyra und dem alten Festland von Epirus und rückten bis Nicopolis, der Trophäe des Augustus, und dem einst durch Jupiters Orakel berühmten Dodona vor. Bei jedem seiner Siege wiederholte der kluge Barbar Justinian sein Verlangen nach Frieden, pries die Eintracht ihrer Vorgänger und erbot sich, die gotischen Waffen im Dienste des Reiches zu verwenden.

Justinian blieb taub für die Stimme des Friedens, vernachlässigte aber dennoch die Fortsetzung des Krieges, und die Trägheit seines Charakters lähmte bis zu einem gewissen Grade den Ungestüm seiner Leidenschaften. Aus diesem heilsamen Schlummer wurde Justinian durch den Papst Vigilios und den Patrizier Cethegus geweckt, die vor seinem Throne erschienen und ihn im Namen Gottes und des Volkes beschworen, die Eroberung und Befreiung von Italien wieder aufzunehmen. In der Wahl des Feldherrn zeigte er sowohl Laune als Einsicht. Eine Flotte und ein Heer segelte unter dem Befehl des Liberius zur Befreiung von Sizilien ab; aber seine Jugend und sein Mangel an Erfahrung, den man nachher entdeckte, bewirkte eine neue Ernennung; und er wurde von seinem Nachfolger eingeholt, noch bevor er das Gestade der Insel berührt hatte. An die Stelle des Liberius wurde der Verschwörer Artalan aus einem Gefängnis zu militärischen Ehrenstellen in der frommen Voraussetzung erhoben, daß Dankbarkeit seine Tapferkeit beleben und seine Treue befestigen werde. Belisar ruhte im Schatten seiner Lorbeeren, aber der Oberbefehl über die Hauptarmee war dem Germanus, dem Neffen des Kaisers, vorbehalten, dessen Rang und Verdienst lange durch die Eifersucht des Hofes niedergedrückt worden war. Theodora hatte ihn in den Rechten eines Privatbürgers, der Verheiratung seiner Kinder und dem Testament seines Bruders verletzt, und so rein und fleckenlos sein Benehmen auch war, zürnte Justinian doch, daß ihn die Mißvergnügten ihres Vertrauens für wert hielten. Das Leben Germanus' war ein Muster unbedingten Gehorsams, er weigerte sich edelmütig, seinen Namen und seine Würde den Parteien des Zirkus preiszugeben, der Ernst seiner Sitten wurde durch schuldlosen Frohsinn gemildert, und seine Reichtümer lieh er ohne Zinsen dürftigen oder würdigen Freunden. Seine Tapferkeit hatte bereits über die Slawen an der Donau und die Rebellen in Afrika triumphiert; das erste Gerücht von seiner Beförderung belebte wieder die Hoffnungen der Italiener, und er erhielt die geheime Zusicherung, daß eine Schar römischer Heeresflüchtlinge die Fahne des Totila verlassen würde. Seine zweite Vermählung mit Malasuntha, der Enkelin Theodorichs, machte Germanus selbst den Goten teuer, und sie zogen mit Widerwillen gegen den Vater eines königlichen Kindes, des letzten Sprossen des Geschlechtes der Amalen. Eine glänzende Ausstattung wurde ihm von dem Kaiser angewiesen, der Feldherr stellte sein Privatvermögen bei, seine beiden Söhne waren volksbeliebt und tätig, und er übertraf in der Schnelligkeit und dem Erfolg seiner Aushebungen die Erwartungen der ganzen Welt. Es war ihm gestattet, einige Geschwader thrakischer Reiterei auszuwählen, die Veteranen sowie die jungen Männer von Konstantinopel und Europa nahmen freiwillige Dienste, sein Ruhm und seine Freigebigkeit drangen bis in das Herz Germaniens und zogen die Hilfe der Barbaren herbei. Die Römer rückten bis Sardica vor, ein Heer von Slawen floh bei ihrer Annäherung, aber zwei Tage vor ihrem letzten Abzug wurde die Ausführung der Pläne des Germanus durch seine Krankheit und seinen Tod beendet. Der Antrieb jedoch, den er dem italienischen Krieg gegeben hatte, wirkte mit Kraft und Erfolg fort. Die Seestädte Ankona, Crotona, Centumcellä widerstanden den Angriffen Totilas. Sizilien wurde durch den Eifer Artalans unterworfen, und die gotische Seemacht an den Küsten des Adriatischen Meeres geschlagen. Die beiden Flotten waren fast gleich: siebenundvierzig bis fünfzig Galeeren; den Sieg entschied die überlegene Kunst und Gewandtheit der Griechen, aber so enge waren die Schiffe aneinandergeraten, daß nur zwölf Goten aus diesem unglücklichen Kampf entrannen. Sie stellten sich, als verachteten sie ein Element, auf dem sie unerfahren waren, aber ihr eigenes Beispiel bestätigte die Wahrheit der Maxime, daß der Herr des Meeres stets die Herrschaft über das Land erlange.

Nach dem Tode des Germanus lachten die Nationen, als sie die befremdende Nachricht hörten, der Oberbefehl über die römischen Heere sei einem Eunuchen anvertraut worden. Aber der Eunuch Narses gehört zu jenen wenigen, die diesen unglücklichen Namen vor der Verachtung und dem Haß des Menschengeschlechtes gerettet haben. Ein schwacher, winziger Körper verbarg die Seele eines Staatsmannes und Kriegers. Seine Jugend war in Handhabung der Spindel und des Webstuhles, in der Sorge des Haushaltes und dem Dienste weiblicher Üppigkeit verflossen; während aber seine Hände geschäftig waren, übte er insgeheim die Gaben eines kräftigen und hellen Geistes. Ein Fremdling in den Schulen und in dem Lager, lernte er im Palast sich verstellen, schmeicheln, überreden, und sobald er in die Nähe der Person des Kaisers versetzt wurde, hörte Justinian mit Überraschung und Wohlgefallen den männlichen Ratschlägen seines Kämmerlings und Privatschatzmeisters zu. Die Talente des Narses wurden durch häufige Gesandtschaften erprobt und ausgebildet; er führte ein Heer nach Italien, erwarb sich eine praktische Kenntnis des Krieges und Landes und wagte es, mit dem Genie Belisars zu wetteifern. Zwölf Jahre nach seiner Rückkehr wurde der Eunuch ausersehen, die Eroberung zu vollenden, welche der erste der römischen Feldherren unvervollständigt gelassen hatte. Statt sich aber durch Eitelkeit und Wetteifer blenden zu lassen, erklärte er mit allem Ernste, daß er, außer mit einer zureichenden Heeresmacht ausgerüstet, nie einwilligen würde, seinen eigenen und seines Souveräns Ruhm auf das Spiel zu setzen. Justinian bewilligte dem Günstling, was er dem Helden verweigert hätte; der gotische Krieg wurde wieder angefacht (552), und die Rüstungen waren der alten Majestät des Reiches nicht unwürdig. Der Schlüssel des öffentlichen Schatzes ward in seine Hände gegeben, um Magazine anzulegen, Soldaten auszuheben, Waffen und Pferde zu kaufen, den rückständigen Sold zu bezahlen und die Treue der Flüchtlinge und Überläufer in Versuchung zu führen. Die Truppen des Germanus waren noch unter Waffen, sie standen zu Salona in Erwartung eines neuen Anführers, und Legionen von Untertanen und Bundesgenossen wurden durch die wohlbekannte Freigebigkeit des Eunuchen Narses geschaffen. Der König der Langobarden erfüllte oder überbot die Verpflichtungen eines Vertrages, indem er zweitausendzweihundert seiner tapfersten Krieger sandte, denen dreitausend ihrer kampfgeübten Anhänger folgten. Dreitausend berittene Heruler fochten unter ihrem angestammten Fürsten Philemuth, und der edle Aratus, der die Sitten und Heereszucht Roms angenommen hatte, führte eine Schar von Veteranen desselben Volkes an. Dagistheus wurde aus dem Gefängnis erlöst, um die Hunnen zu befehligen; Cobad, der Enkel oder Neffe des großen Königs, prangte mit der königlichen Tiara an der Spitze seiner getreuen Perser, die ihn los ihres Fürsten geweiht hatten. Unbeschränkt in Ausübung der Macht, unumschränkter durch die Liebe der Truppen, führte Narses ein zahlreiches und tapferes Heer von Philippopolis bis Salona und marschierte längs der Ostküste des Adriatischen Meeres bis zur Grenze von Italien. Weiteres Vorrücken war erschwert. Der Osten konnte keine hinreichende Anzahl von Schiffen liefern, um solche Mengen von Menschen und Pferden überzusetzen. Die Franken, die sich in der allgemeinen Verwirrung des größeren Teiles der Provinz Venezia bemächtigt hatten, verweigerten den Freunden der Langobarden freien Durchzug. Die Stellung von Verona hielt Tejas mit dem Kern der gotischen Streitkräfte besetzt, auch hatte dieser geschickte Befehlshaber das umliegende Land durch Fällung der Wälder und durch Überschwemmungen unwegsam gemacht. In dieser Verlegenheit schlug ein erfahrener Offizier die trotz dem Schein von Verwegenheit sichere Maßregel vor, daß die Flotte voraussegeln und nacheinander Schiffbrücken über die Mündungen der Ströme, die sich nordwärts von Ravenna in das Adriatische Meer ergießen, über den Timavus, die Brenta, die Etsch und den Po schlagen solle, während das römische Heer behutsam längs dem Meeresufer vorzurücken habe. Neun Tage ruhte er in dieser Stadt und rückte dann gegen Rimini, um der Herausforderung eines übermütigen Feindes zu begegnen.

Die Klugheit drängte Narses zu einem baldigen und entscheidenden Gefecht. Seine Streitmacht war durch die letzte Anstrengung des Staates geschaffen worden; die Kosten jedes Tages vergrößerten die ungeheure Rechnung, und die weder an Heereszucht noch Beschwerden gewöhnten Völker konnten leicht gereizt werden, ihre Waffen unbesonnen gegeneinander oder gegen ihren Wohltäter zu kehren. Dieselben Rücksichten mochten das Ungestüm Totilas gemäßigt haben. Aber er wußte, daß Geistlichkeit und Volk von Italien sich nach einer zweiten Umwälzung sehnten, er fühlte oder argwöhnte die schnellen Fortschritte des Verrates und beschloß das gotische Königreich von dem Schicksal eines einzigen Tages, an dem die Tapferen durch die unmittelbare Gefahr angefeuert und die Mißvergnügten durch Unwissenheit noch im Zaum gehalten werden würden, abhängig zu machen. Der römische Feldherr züchtigte auf seinem Marsch von Ravenna die Besatzung von Rimini, durchzog in gerader Richtung die Berge von Urbino und bog wieder in die flaminische Straße ein, neun Meilen jenseits des durchbohrten Felsens, eines künstlichen und natürlichen Hindernisses, das seine Fortschritte hätte hemmen oder verzögern können. Die Goten waren in der Nähe von Rom versammelt, sie rückten ohne Verzug zur Aufsuchung eines überlegenen Feindes aus, und die beiden Heere näherten sich einander bis auf zwölf Meilen zwischen Tagina und den Gräbern der Gallier. Die Gesandten des stolzen Narses boten nicht Frieden, sondern Begnadigung. Die Antwort des gotischen Königs verkündete den Entschluß, zu siegen oder zu sterben. „Welchen Tag", fragte der Bote, „bestimmst du zum Kampf?" „Den achten", versetzte Totila, aber schon am folgenden Morgen versuchte er einen Feind zu überrumpeln, der List argwöhnte und zur Schlacht gerüstet war. Zehntausend Heruler und Langobarden von erprobter Tapferkeit, aber zweifelhafter Treue waren im Zentrum aufgestellt. Jeder der Flügel bestand aus achttausend Römern, der rechte wurde durch die berittenen Hunnen, der linke durch fünfzehnhundert auserlesene Reiter gedeckt, die je nach den Erfordernissen der Schlacht die Bestimmung hatten, den Rückzug ihrer Freunde zu beschützen oder den Feind in den Flanken anzugreifen. Von seinem eigentlichen Standpunkt an der Spitze des rechten Flügels ritt der Eunuch die Linie entlang, drückte durch Wort und Miene die Zuversicht des Siegers aus, ermahnte die Soldaten des Kaisers, die Schuld und den Wahnsinn einer Bande von Räubern zu bestrafen, und blendete ihre Blicke durch den Anblick von goldenen Ketten, Halsspangen und Armbändern, den Belohnungen kriegerischer Tapferkeit. Den Ausgang eines Zweikampfes nahmen sie als Vorzeichen des Sieges und betrachteten freudig den Mut von fünfzig Bogenschützen, die eine kleine Anhöhe gegen drei aufeinanderfolgende Angriffe der gotischen Reiterei hielten. In der Entfernung von nur zwei Bogenschußweiten brachten die beiden Heere den Morgen in furchtbarer Bereitschaft zu, und die Römer genossen die nötige Nahrung, ohne den Panzer von der Brust zu schnallen oder ihren Pferden den Zaum abzunehmen. Narses erwartete den Angriff, den Totila verschob, bis er seine letzte Verstärkung von zweitausend Goten an sich gezogen hatte. Während der König die Stunden mit vergeblichen Unterhandlungen hinbrachte, zeigte er auf einem kleinen Raume die Stärke und Behendigkeit eines Kriegers. Seine Rüstung war mit Gold ausgelegt, seine Purpurfahne flatterte im Winde, er warf seinen Speer in die Luft, fing ihn mit der Hand, handhabte ihn mit der Linken, sprang rückwärts vom Pferde und wieder in den Sattel und ließ sein feuriges Roß alle Schritte und Bewegungen der Schule durchmachen. Sobald die Verstärkungen angekommen waren, zog er sich in sein Zelt zurück, nahm Tracht und Waffen eines gemeinen Kriegers und gab das Zeichen zur Schlacht. Die erste Linie der Reiterei sprengte mit mehr Mut als Klugheit vor und ließ das Fußvolk der zweiten Linie hinter sich. Sie befand sich bald zwischen den Hörnern eines Halbmondes, zu dem sich die feindlichen Flügel unmerklich gekrümmt hatten, und wurden von jeder Seite mit dem Pfeilregen von viertausend Bogenschützen begrüßt. Ihr Feuer und schließlich Gefahr und äußerste Not brachten sie in ein Handgemenge, in dem sie nur ihren Speer gegen einen Feind brauchen konnten, der mit allen Kriegswaffen in gleichem Grade vertraut war. Ein hochherziger Wetteifer begeisterte die Römer und ihre barbarischen Bundesgenossen, so daß Narses, der ihre Anstrengungen ruhig überschaute und lenkte, im Zweifel war, wem er den Preis höherer Tapferkeit zuerkennen solle. Die gotische Reiterei geriet in Bestürzung und Unordnung, wurde gedrängt und durchbrochen, und statt daß die Linie des Fußvolkes ihre Speere vorhielt oder ihre Zwischenräume öffnete, wurde sie unter die Hufe der fliehenden Reiterei getreten. Sechstausend Goten wurden ohne Erbarmen auf dem Felde von Tagina niedergemetzelt. Ashad, vom Stamm der Gepiden, holte ihren Fürsten mit fünf Begleitern ein; eine treue Stimme rief: „Schone des Königs von Italien!"; doch Ashads Speer durchbohrte Totilas Leib. Die Tat wurde augenblicklich von den treuen Goten gerächt; sie brachten ihren sterbenden Monarchen sieben Meilen weit von dem Schauplatz seiner Schmach weg, und seine letzten Augenblicke waren wenigstens nicht durch die Gegenwart von Feinden verbittert. Mitleid gewährte ihm den Schutz eines armseligen Grabes, die Römer waren aber nicht eher von der Vollständigkeit ihres Sieges überzeugt, als bis sie die Leiche des Gotenkönigs gesehen hatten. Sein mit Edelsteinen verzierter Helm und sein blutiges Gewand wurden Justinian von den Siegesboten zu Füßen gelegt.

Nachdem Narses dem Urheber des Sieges und der gebenedeiten Jungfrau, seiner besonderen Beschützerin, seine Andacht dargebracht hatte, pries, belohnte und entließ er die Langobarden. Die tapferen Wilden hatten die Ortschaften eingeäschert, Frauen und Jungfrauen angesichts des Altars geraubt; ihr Rückzug wurde daher sorgsam von einer starken Abteilung regelmäßiger Truppen bewacht, welche die Wiederholung ähnlicher Greuel verhinderten. Der siegreiche Eunuch setzte seinen Marsch nach Toskana fort, nahm die Unterwerfung der Goten an, hörte den freudigen Zuruf und häufig die Beschwerden der Italiener und schloß die Mauern von Rom mit dem Überrest seines furchtbaren Heeres ein. Längs des weiten Umkreises wies Narses sich selbst und jedem seiner Unterbefehlshaber einen Platz für einen wirklichen oder scheinbaren Angriff an, während er insgeheim einen leichten und unbewachten Eingang bezeichnete. Weder die Befestigungen des Molo des Hadrian noch die des Hafens vermochten den Fortschritten des Siegers lange Einhalt zu tun, und Justinian empfing abermals die Schlüssel von Rom, das unter seiner Regierung fünfmal genommen und wieder erobert worden war. Aber die Befreiung von Rom war das letzte Drangsal des römischen Volkes. Die barbarischen Bundesgenossen des Narses verwechselten nur zu häufig die Rechte des Friedens und Krieges, die Verzweiflung der Goten suchte in blutiger Rache Trost, und dreihundert Jünglinge aus den edelsten Familien, die als Geiseln über den Po gesendet worden waren, wurden von dem Nachfolger Totilas unmenschlich niedergemetzelt. Das Schicksal des Senates gibt eine ergreifende Lehre von dem Wechsel der menschlichen Dinge. Von den Senatoren, die Totila aus ihrer Vaterstadt verbannt hatte, waren einige von einem Unterbefehlshaber Belisars befreit und aus Campanien nach Sizilien gebracht worden; andere fühlten sich zu schuldbelastet, um Vertrauen in Justinians Milde zu setzen, oder waren zu arm, um sich zum Entkommen nach dem Gestade Pferde zu verschaffen. Ihre Brüder schmachteten fünf Jahre im Zustand der Dürftigkeit und Verbannung; der Sieg des Narses belebte ihre Hoffnungen wieder, aber die wütenden Goten hinderten ihre vorschnelle Rückkehr nach der Hauptstadt, und alle Festungen von Campanien wurden mit Patrizierblut befleckt. Nach einer Dauer von dreizehn Jahrhunderten erlosch die Einrichtung des Romulus, und wenn die römischen Großen den Senatortitel fortführten, lassen sich doch nachher nur wenige Spuren von einer öffentlichen Ratsversammlung oder einem verfassungsmäßigen Stand entdecken. Man gehe sechs Jahrhunderte zurück und betrachte, wie die Könige der Erde als die Sklaven oder Freigelassenen des römischen Senates um Audienz flehten!

Der gotische Krieg hatte noch Leben. Die Tapfersten der Nation zogen sich über den Po zurück und wählten Tejas zum Nachfolger und Rächer ihres abgeschiedenen Helden. Der neue König fertigte sogleich Gesandte ab, um die Hilfe der Franken zu erflehen oder vielmehr zu erkaufen und verwendete edelmütig die Reichtümer, die im Palast von Pavia niedergelegt worden waren, zum allgemeinen Besten. Der andere Überrest des königlichen Schatzes wurde von seinem Bruder Aligern zu Cumä in Campanien bewacht, aber das feste Schloß, dessen Stärke Totila vermehrt hatte, von der Armee des Narses belagert. Von den Alpen bis zum Fuße des Vesuv rückte der Gotenkönig in geheimen Eilmärschen seinem Bruder zu Hilfe, täuschte die Wachsamkeit der römischen Anführer und schlug sein Lager an den Ufern des Sarnus oder Drako auf, der von Nucerla nach der Bai von Neapel strömt. Der Fluß trennte die beiden Heere, sechzig Tage vergingen in fruchtlosen Fernkämpfen, und Tejas behauptete diesen wichtigen Posten, bis ihn seine Flotte verließ und mit ihr die Hoffnung auf Unterhalt. Mit widerstrebendem Herzen zog er das lactarische Gebirge hinan, wohin die römischen Ärzte seit Galens Zeiten ihre Kranken wegen der Heilsamkeit der Luft und Milch gesendet hatten. Die Goten ergriffen jedoch bald den heldenmütigen Entschluß, in die Ebene niederzusteigen, ihre Pferde laufen zu lassen und mit den Waffen in der Hand und im Besitz der Freiheit zu sterben (März 553). Der König marschierte an der Spitze, in der rechten Hand einen Speer, in der linken einen großen Schild; mit jenem tötete er die vordersten der Angreifenden, mit diesem fing er die Waffen auf, die jeder gegen sein Leben zu schleudern begierig war. Nach mehrstündigem Kampf ermattete sein linker Arm durch das Gewicht von zwölf Wurfspießen, die in seinem Schilde staken. Ohne seinen Platz zu verlassen oder seine Streiche einzustellen, rief der Held seinen Gefährten laut nach einem frischen Schilde, aber in dem Augenblick, als seine Seite entblößt war, wurde sie von dem Todespfeile durchbohrt. Er fiel: sein auf einer Lanze erhobenes Haupt verkündete den Völkern, daß es kein gotisches Königreich mehr gebe. Aber das Beispiel seines Todes feuerte nur noch mehr die Gefährten an, die geschworen hatten, mit ihrem Anführer zu sterben. Sie kämpften, bis sich Finsternis auf die Erde niedersenkte. Sie ruhten auf ihren Waffen Der Kampf ward mit dem wiederkehrenden Lichte erneuert und mit unverminderter Heftigkeit bis zum Abend eines zweiten Tages fortgesetzt. Die Ruhe einer zweiten Nacht, Wassermangel und der Tod ihrer tapfersten Genossen veranlaßte die überlebenden Goten, die guten Kapitulationsbedingungen anzunehmen, die Narses in Klugheit ihnen zu bewilligen geneigt war. Es blieb ihnen die Wahl, entweder in Italien als Justinians Untertanen und Soldaten zu wohnen oder mit einem Teil ihrer persönlichen Habe abzuziehen, um sich irgendein unabhängiges Vaterland zu suchen. Eintausend Goten verwarfen sowohl den Eid der Treue als auch jenen ewiger Landesmeidung, brachen vor Unterzeichnung des Vertrages auf und bewerkstelligten ihren kühnen Rückzug nach Pavia. Mut und Lage gaben Aligern ein, seinen Bruder lieber nachzuahmen als ihn zu beweinen; als starker und guter Bogenschütze durchbohrte er mit einem einzigen Pfeil Rüstung und Brust seines Gegners; seine kriegerische Geschicklichkeit verteidigte Cumä über ein Jahr gegen die Streitkräfte der Römer. Ihr Fleiß hatte die Grotte der Sibylle in einen ungeheuren Erdgang ausgehöhlt, Brennmaterialien wurden hineingeschafft, um die einstweiligen Stützen zu verbrennen; Mauern und Tore von Cumä sanken in die Höhle, aber die Ruinen bildeten einen tiefen und unzugänglichen Abgrund. Auf einem Felsstück stand Aligern allein und unerschüttert, bis er ruhig die hoffnungslose Lage seines Vaterlandes überblickt hatte und es für ehrenvoller hielt,

Freund des Narses als Sklave der Franken zu sein. Nach Tejas Tode hatte der römische Feldherr seine Truppen geteilt, um die Städte von Italien zu unterwerfen: Lucca hielt eine lange und hartnäckige Belagerung aus, und so groß war die Menschlichkeit oder Klugheit des Narses, daß die wiederholte Wortbrüchigkeit der Einwohner ihn nicht reizen konnte, das verwirkte Leben ihrer Geiseln einzufordern. Er entließ sie vielmehr in Sicherheit, und ihr dankbarer Eifer überwältigte zuletzt die Halsstarrigkeit ihrer Vaterlandsgenossen.

Noch vor Übergabe von Lucca wurde Italien von einer neuen Sintflut von Barbaren überschwemmt. Ein schwacher Jüngling, Chlodwigs Enkel, herrschte über die austrasischen oder östlichen Franken. Die Vormünder Theobalds nahmen die großen Verheißungen der gotischen Gesandten mit Kälte und Widerwillen auf. Aber der Mut eines kriegerischen Volkes überrannte die schüchternen Ratschlüsse des Hofes: zwei Brüder, die Alemannenherzoge Lothar und Bukcelin, warfen sich zu Führern in dem italienischen Krieg auf, und fünfundsiebzigtausend Germanen stiegen im Herbst (553) von den rhätischen Alpen in die Ebene von Mailand nieder. Die Vorhut des römischen Heeres stand in der Nähe des Po unter dem Befehl des Fulcaris, eines kühnen Herulers, der zu unbesonnen wähnte, daß persönliche Tapferkeit die einzige Pflicht und Eigenschaft eines Anführers wäre. Er rückte ohne Ordnung und Vorsicht auf der ämilianischen Straße vor, da erhoben sich die Franken plötzlich aus ihrem Hinterhalt im Amphitheater von Parma; seine Truppen wurden überrumpelt und niedergeworfen, ihr Anführer weigerte sich aber, zu fliehen, und erklärte bis zum letzten Augenblick, daß der Tod minder schrecklich wäre als das zürnende Antlitz des Narses. Der Fall des Fulcaris und der Rückzug der überlebenden Anführer entschied die schwankenden und aufrührerischen Gesinnungen der Goten; sie flohen unter die Fahne ihrer Befreier und nahmen sie in die Städte auf, die noch den Waffen des römischen Feldherrn widerstanden. Der Eroberer von Italien öffnete dem unwiderstehlichen Strom der Barbaren freien Durchgang. Sie rückten vor die Mauern von Cesena und beantworteten mit Drohungen und Vorwürfen die Vorstellungen Aligerns, daß die gotischen Schätze die Anstrengung eines Einfalles nicht mehr bezahlen könnten. Zweitausend Franken wurden durch die Geschicklichkeit und Tapferkeit des Narses selbst vernichtet, indem er an der Spitze von dreihundert Reitern aus Rimini ausfiel, um sie wegen ihres rohen Plünderungszuges zu züchtigen. An den Grenzen von Samnium teilten die beiden Brüder ihre Streitkräfte. Mit dem rechten Flügel übernahm Bukcelin die Plünderung von Campanien, Lukanien und Bruttium; mit dem linken Flügel griff Lothar nach der Beute von Apulien und Kalabrien. Sie folgten der Küste des Mittelländischen und Adriatischen Meeres bis Rhegium und Otranto, und nur die äußersten Landesspitzen von Italien setzten ihrem Zerstörungszug Grenzen. Die Franken begnügten sich als rechtgläubige Christen mit einfacher Plünderung und gelegentlichem Mord. Aber die durch ihre Frömmigkeit verschonten Kirchen wurden von den tempelschänderischen Händen der Alemannen, die ihren heimischen Gottheiten der Wälder und Flüsse Pferdehäupter opferten, ausgeraubt; sie schmolzen oder verunehrten die geweihten Gefäße und befleckten die Trümmer der Heiligtümer und Altäre mit dem Blute der Gläubigen. Bukcelin wurde von Ehrgeiz, Lothar von Habsucht getrieben. Jener strebte nach Wiederherstellung des gotischen Königreichs, dieser kehrte, nachdem er versprochen hatte, seinem Bruder schleunige Verstärkung zuzuführen, auf dem Wege, den er gekommen war, zurück, um seine Schätze jenseits der Alpen in Sicherheit zu bringen. Die Zahl ihrer Truppen war bereits durch Klima und Krankheiten zusammengeschmolzen: die Germanen schwelgten in den Weinen Italiens, und ihre eigene Unmäßigkeit rächte in einem gewissen Grade das Elend eines wehrlosen Volkes.

Mit Anfang des Frühlings (554) sammelten sich die kaiserlichen Truppen, welche die Städte bewacht hatten, achtzehntausend Mann stark, in der Nähe von Rom. Sie hatten die Winterzeit nicht in Müßigkeit hingebracht. Auf Narses' Befehl und nach seinem Beispiel wiederholten sie Tag für Tag kriegerische Übungen zu Fuß und zu Pferde, gewöhnten sich, dem Schall der Trompete zu gehorchen und übten die Schritte und Bewegungen des pyrrhischen Tanzes. Von der Meerenge von Messina bewegte sich Bukcelin mit dreißigtausend Franken und Alemannen langsam gegen Capua, besetzte die Brücke von Casilinum mit einem hölzernen Turm lehnte seine Rechte an den Fluß Vulturnus und deckte das übrige Lager durch einen Wall von spitzen Pfählen und durch eine Wagenburg, deren Räder fest in der Erde staken. Er erwartete mit Ungeduld die Rückkehr Lothars, nicht wissend, daß sein Bruder leider nicht mehr wiederkehren könne, vielmehr der Anführer und sein Heer am Ufer des Sees Benacus zwischen Trient und Verona durch eine seltsame Seuche hinweggetilgt worden waren. Bald näherten sich Narses' Fahnen dem Vulturnus, und Italien harrte angstvoll des Ausganges des entscheidenden Kampfes. Die Talente des römischen Feldherrn leuchteten vielleicht am glänzendsten bei den ruhigen Vorbereitungen, die dem Lärm einer Schlacht vorauszugehen pflegen. Seine geschickten Bewegungen schnitten dem Barbaren die Zufuhren von Lebensmitteln ab, beraubten ihn der Vorteile der Brücke und des Flusses und zwangen ihn, durch Wahl des Bodens und der Zeit der Schlacht dem Willen seines Gegners zu folgen. Am Morgen des wichtigen Tages, als die Schlachtordnung bereits hergestellt war, wurde ein Diener wegen eines geringfügigen Vergehens von seinem Gebieter, dem Anführer der Heruler, getötet. Die Gerechtigkeit oder Leidenschaft Narses' flammte auf: er forderte den Verbrecher vor sich und gab, ohne sich an seine Entschuldigungen zu kehren, dem Bluträcher das Zeichen. Hatte der grausame Gebieter die Gesetze seines Volkes auch nicht verletzt, so war diese willkürliche Hinrichtung nicht minder ungerecht, als sie unklug gewesen zu sein scheint. Die Heruler fühlten die Schmach, sie hielten an: aber der römische Feldherr, ohne ihre Wut zu besänftigen oder ihren Entschluß abzuwarten, rief ihnen, als die Trompeten erschallten, mit lauter Stimme zu, daß sie, wenn sie nicht eilten, ihren Platz einzunehmen, die Ehre des Sieges nicht teilen würden. Seine Truppen bildeten eine lange Front, die Reiterei auf den Flügeln, das schwerbewaffnete Fußvolk in der Mitte, die Bogenschützen und Schleuderer hinten. Die Germanen rückten in der Form eines scharf zugespitzten Keiles vor. Sie durchbrachen das schwache Zentrum des Narses, der sie mit einem Lächeln in der verderblichen Schlinge empfing und seiner Reiterei an den Flügeln befahl, allmählich um ihre Flanken zu schwenken und sie im Rücken zu nehmen. Die Schar der Franken und Alemannen bestand aus Fußvolk, Schwert und Schild hingen an ihrer Seite, und sie gebrauchten als Angriffswaffen eine schwere Streitaxt und einen gekrümmten Wurfspieß, beides nur im Handgemenge oder in geringer Entfernung furchtbar. Der Kern der römischen Bogenschützen, zu Pferd und in völliger Rüstung, umschwärmte ohne Gefahr diese unbewegliche Phalanx, ersetzte durch rührige Behendigkeit den Mangel an Zahl und versandte seine Pfeile nach einer Schar von Barbaren, die statt des Panzers und Helmes nur von leichten Gewändern aus Pelzwerk und Leinwand geschützt waren. Sie hielten an, sie bebten, ihre Reihen gerieten in Verwirrung, und in diesem entscheidenden Augenblick griffen die Heruler, Ruhm der Rache vorziehend, die Spitze der Säule mit furchtbarer Heftigkeit an. Ihr Anführer Sindbal und der Gotenfürst Aligern erwarben den Preis höchster Tapferkeit, und ihr Beispiel feuerte die siegreichen Truppen an, die Vernichtung des Feindes durch Schwerter und Speere zu vollenden. Bukcelin und der größte Teil seines Heeres kamen entweder auf dem Schlachtfeld oder in den Gewässern des Vulturnus oder durch die Hände der erbitterten Bauern um; unglaublich mag es aber scheinen, daß ein Sieg, der von den Alemannen nur fünf überlebten, durch den Verlust von bloß achtzig Römern erkauft worden sein sollte. Siebentausend Goten, die Überreste aus dem Kriege, verteidigten die Festung Campsa bis zum folgenden Frühling, und jeder Bote des Narses verkündete die Unterwerfung der italienischen Städte, deren Namen durch die Unwissenheit oder Eitelkeit der Griechen entstellt wurden. Nach der Schlacht von Casilinum zog Narses in die Hauptstadt ein; die Waffen und Schätze der Goten, Franken und Alemannen wurden zur Schau gestellt; die Soldaten, Blumengewinde in den Händen, sangen Hymnen zu Ehren des Siegers: Rom sah zum letzten Male das Bild eines Triumphes!

Nach einer Herrschaft von sechzig Jahren wurde der Thron der gotischen Könige von den Exarchen von Ravenna, den Stellvertretern des Kaisers der Römer im Frieden wie im Kriege, eingenommen. Ihre Amtsgewalt ward bald auf die Grenzen einer kleinen Provinz beschränkt: Narses selbst aber, der erste und mächtigste aller Exarchen, verwaltete über fünfzehn Jahre (554 bis 568) das ganze Königreich Italien. Gleich Belisar hatte er sich Neid, Verleumdung und Ungnade verdient, der Lieblingseunuch genoß indessen immer das Vertrauen Justinians oder auch: der Anführer eines siegreichen Heeres schüchterte einen furchtsamen Hof ein und hielt dessen Undankbarkeit im Zaum. Aber nicht durch schwache und verderbliche Nachsicht geschah es, daß Narses die Anhänglichkeit seiner Truppen sicherte. Der Vergangenheit uneingedenk und um die Zukunft unbekümmert, mißbrauchten sie die gegenwärtige Stunde des Glücks und Friedens. Die Städte Italiens widerhallten vom Lärm der Zech- und Tanzgelage, die Beute des Sieges wurde in sinnlichen Ausschweifungen vergeudet, und nichts (sagt Agathias) blieb übrig, als ihre Schilde und Helme mit der sanften Laute und dem geräumigen Humpen zu vertauschen. In einer männlichen, eines römischen Zensors nicht unwürdigen Rede tadelte der Eunuch diese ordnungstörenden Laster, die ebensosehr ihre Sicherheit gefährdeten wie ihren Ruhm befleckten. Die Soldaten erröteten und gehorchten, die Heereszucht wurde gekräftigt, die Befestigungen wurden hergestellt, ein Dux zur Verteidigung und zu militärischem Oberbefehl wurde in jeder der vornehmsten Städte ernannt, und das Auge des Narses durchmaß den weiten Raum von Kalabrien bis zu den Alpen. Die Überreste des Gotenvolkes räumten das Land oder mengten sich unter das Volk; die Franken, statt den Tod des Bukcelin zu rächen, gaben ihre Eroberungen in Italien ohne Kampf auf; der rebellische Herulerfürst Sindbal endlich wurde ergriffen und als Opfer der unbeugsamen Gerechtigkeit des Exarchen an einen hohen Galgen gehangen. Der bürgerliche Zustand Italiens ward nach den Erschütterungen eines langen Sturmes durch eine pragmatische Sanktion, die der Kaiser auf Bitte des Papstes kundmachte, hergestellt. Justinian führte seine eigene Jurisprudenz in den Schulen und Gerichtshöfen des Westens ein; er genehmigte dann die Handlungen Theodorichs und seiner unmittelbaren Nachfolger, erklärte aber für ungültig und annullierte jede Urkunde, die unter Totilas Usurpation durch Gewalt erzwungen oder aus Furcht unterschrieben worden war. Ein auf Mäßigung gebautes System ward eingeführt, um die Eigentumsrechte mit der Verjährungszeit, die Ansprüche des Staates mit der Armut des Volkes und Verzeihung der Vergehen mit dem Interesse, der Tugend und der gesellschaftlichen Ordnung in Übereinstimmung zu bringen. Unter den Exarchen von Ravenna sank Rom zum zweiten Rang herab. Den Senatoren wurde jedoch durch die Erlaubnis geschmeichelt, ihre Besitzungen in Italien besuchen und sich ohne Hindernis dem Throne von Konstantinopel nähern zu dürfen; die Regulierung der Maße und Gewichte ward dem Papst und Senat übertragen, und die Besoldungen der Rechtslehrer und Ärzte, der Rhetoren und Grammatiker sollten die Bestimmung erfüllen, in der alten Hauptstadt das Licht der Wissenschaften zu bewahren oder wieder zu entzünden. Justinian mochte wohlwollende Edikte erlassen und Narses seine Wünsche durch Wiederherstellung der Städte und insbesondere der Kirchen unterstützt haben. Aber die Macht der Könige ist am wirksamsten im Zerstören, und die zwanzig Jahre des gotischen Krieges hatten Italiens Elend und Entvölkerung vollendet. Schon im vierten Feldzug und unter Belisars schützender Zucht starben fünfzigtausend Arbeiter in dem kleinen Strich von Picenum vor Hunger, und eine strenge Auslegung der Angaben des Procopius würde den Verlust an Menschen in Italien über die Gesamtsumme seiner jetzigen Bewohner veranschlagen.

Ich wünsche zu glauben, wage aber nicht zu behaupten, daß sich Belisar über den Triumph des Narses aufrichtig freute. Indessen mochte das Bewußtsein der eigenen Taten ihn lehren, das Verdienst eines Nebenbuhlers ohne Eifersucht zu schätzen, und die Ruhe des alten Kriegers wurde durch einen letzten Sieg gekrönt, der den Kaiser und die Hauptstadt rettete. Die Barbaren, die alljährlich die europäischen Provinzen heimsuchten, wurden durch einige zufällige Niederlagen weniger entmutigt, als vielmehr durch die doppelte Hoffnung auf Beute und auf Hilfsgelder angespornt. Im zweiunddreißigsten Winter der Regierung Justinians war die Donau tief gefroren; Zabergan führte die Reiterei der Bulgaren, und seinen Fahnen folgte eine bunte Menge von Slawen; der Barbarenfürst ging ohne Widerstand über den Strom und die Gebirge, breitete seine Truppen über Makedonien und Thrakien aus und rückte mit nicht mehr als siebentausend Reitern bis zur langen Mauer vor, die das Gebiet von Konstantinopel hätte verteidigen sollen. Aber die Werke des Menschen sind ohnmächtig gegen die Kraft der Natur: ein Erdbeben hatte vor kurzem die Grundfesten der Mauer erschüttert, und die Streitkräfte des Reiches waren an den fernen Grenzen von Italien, Afrika und Persien. Die sieben Schulen oder Kompagnien der Leibwachen oder Haustruppen waren bis auf fünftausendfünfhundert Mann, die gewöhnlich in den friedlichen Städten von Asien lagen, vermehrt worden. Aber an die Stelle der tapferen Armenier waren allmählich faule Städter gekommen, die Befreiung von den Pflichten des bürgerlichen Lebens erkauften, ohne sich den Gefahren des Kriegsdienstes auszusetzen. Von Soldaten dieser Art konnten nur wenige dazu gebracht werden, auszufallen und nur wenige veranlaßt werden, im Felde zu bleiben, außer es fehlte ihnen an Kraft und Schnelligkeit, den Bulgaren zu entfliehen. Die Berichte der Flüchtigen übertrieben die Anzahl und Grimmigkeit eines Feindes, der heilige Jungfrauen geschändet und neugeborene Kinder den Hunden und Geiern vorgeworfen habe; eine Schar von Bauern, die um Nahrung und Schutz flehten, vermehrte die Bestürzung der Stadt, und die Zelte Zabergans waren in einer Entfernung von nur zwanzig Meilen an den Ufern eines kleinen Flusses aufgeschlagen, der Melanthias umkreist und dann in die Propontis fällt. Justinian zitterte, und diejenigen, die den Kaiser in seinen alten Tagen gesehen hatten, glaubten, daß er die Lebendigkeit und Kraft seiner Jugend verloren habe. Auf seinen Befehl wurden die goldenen und silbernen Gefäße aus den Kirchen der Umgegend, ja selbst der Vorstädte von Konstantinopel, entfernt; die Wälle füllten sich mit bebenden Zuschauern, am goldenen Tor drängten sich unnütze Generäle und Tribunen, und der Senat teilte die Beschwerden und Besorgnisse der Menge.

Aber die Blicke sowohl des Fürsten als des Volkes waren auf einen schwachen Veteranen gerichtet, der durch die öffentliche Gefahr gezwungen wurde, die Rüstung wieder anzulegen, in der er in Karthago eingezogen war und Rom verteidigt hatte. Die Pferde der kaiserlichen Ställe, der Privatpersonen, ja selbst des Zirkus wurden in Eile zusammengetrieben; Belisars Name weckte den Wetteifer von alt und jung, und er schlug sein erstes Lager im Angesicht eines siegreichen Feindes auf. Seine Klugheit und die Arbeit der befreundeten Bauern sicherten durch Graben und Wall die Ruhe der Nacht; zahllose Feuer wurden angezündet und Staubwolken aufgewirbelt, um den Glauben an seine Heereszahl zu vermehren; seine Soldaten gingen plötzlich von Niedergeschlagenheit zu Verwegenheit über, und während zehntausend Stimmen eine Schlacht begehrten, verheimlichte Belisar sein Wissen, daß er sich in der Stunde der Gefahr nur auf die Festigkeit von dreihundert Veteranen verlassen könne. Am folgenden Morgen rückte die Reiterei der Bulgaren zum Angriff vor. Aber sie hörten das Geschrei von Tausenden, sie sahen die Waffen und die Schlachtordnung der Fronten; sie wurden an ihren Flügeln von zwei in Wäldern gelegten Hinterhalten aus angegriffen; ihre vordersten Krieger fielen durch die Hand des greisen Helden und seiner Leibwachen, und die Schnelligkeit ihrer Bewegungen wurde durch den dichten Angriff und die behende Verfolgung der Römer nutzlos gemacht. In diesem Gefecht verloren die Bulgaren (so eilig war ihre Flucht) nur vierhundert Pferde; aber Konstantinopel war gerettet, und Zabergan, der die Hand seines Meisters fühlte, zog sich zu einer ehrerbietigen Entfernung zurück. Aber zahlreich waren seine Freunde im Rat des Kaisers, und Belisar gehorchte mit Unwillen den Befehlen des Neides und Justinians, die ihm verboten, die Befreiung seines Vaterlandes zu vollenden. Bei seiner Rückkehr nach der Stadt begleitete das der Gefahr noch eingedenke Volk seinen Triumph mit freudigem Zuruf des Dankes, der dem siegreichen Feldherrn als Verbrechen ausgelegt wurde. Als er daher den Palast betrat, schwiegen die Höflinge, und der Kaiser entließ ihn nach einer kalten und wortlosen Umarmung. Einen so tiefen Eindruck machte aber sein Ruhm auf die Gemüter der Menschen, daß Justinian sich im siebenundsiebzigsten Jahre seines Lebens ermutigt fühlte, beinahe vierzig Meilen von der Hauptstadt persönlich die

Wiederherstellung der langen Mauer zu besichtigen. Die Bulgaren verbrachten den Sommer untätig in den Ebenen von Thrakien; das Mißlingen ihrer verwegenen Vorstöße gegen Griechenland und den Chersones hatte sie aber zum Frieden geneigt gemacht. Die Drohung, ihre Gefangenen zu töten, beschleunigte die Bezahlung schwerer Lösegelder, und Zabergan beschleunigte seinen Rückzug infolge eines Gerüchtes, daß auf der Donau Schiffe mit doppeltem Vorderteil erbaut würden, um ihm den Heimweg abzuschneiden. Die Gefahr war bald vergessen, und die nichtige Frage, ob der Souverän mehr Weisheit oder Schwäche gezeigt habe, beschäftigte die müßiggängerische Stadt.

Ungefähr zwei Jahre nach Belisars letztem Sieg kehrte der Kaiser von einer Reise zurück, die er in Thrakien der Gesundheit, der Geschäfte oder der Andacht wegen unternommen hatte. Justinian litt an Schmerzen im Kopfe und die Personen seiner nächsten Umgebung unterstützten das Gerücht von seinem Tode. Vor der dritten Stunde des Tages wurde das Brot aus den Bäckerläden geraubt, man schloß die Häuser, und jeder Bürger bereitete sich mit Hoffnung oder Furcht auf den bevorstehenden Tumult vor. Die Senatoren selbst, von Furcht und Argwohn erfüllt, wurden um die neunte Stunde zusammenberufen und der Präfekt erhielt von ihnen den Befehl, jedes Stadtviertel zu besuchen und eine allgemeine Illumination wegen der Wiederherstellung der Gesundheit des Kaisers anzubefehlen. Die Gärung legte sich, aber jener Vorfall verriet die Schwäche der Regierung und den aufrührerischen Hang des Volkes; die Leibwachen waren zur Meuterei geneigt, sooft ihre Standquartiere verändert wurden oder ihr Sold ausblieb; die häufigen Unglücksfälle, Brände und Erdbeben boten Gelegenheit zu Unordnung, die Zwistigkeiten der Blauen und Grünen, der Rechtgläubigen und Ketzer arteten in blutige Kämpfe aus, und Justinian errötete in Anwesenheit des persischen Gesandten für sich selbst und für sein Volk. Launenhafte Begnadigung und willkürliche Bestrafung erhöhten die Lästigkeit und das Mißvergnügen mit einer langen Regierung; eine Verschwörung wurde im Palast angestiftet, und wenn uns die Namen Marcellus und Sergius nicht trügen, so hatte sich der tugendhafteste mit dem ruchlosesten der Höflinge zu demselben Zwecke verbunden. Sie hatten die Zeit zur Ausführung festgesetzt, ihr Rang gab ihnen Zutritt zur kaiserlichen Tafel; ihre schwarzen Sklaven waren in der Vorhalle und den Portiken aufgestellt, um den Tod des Tyrannen zu verkünden und einen Aufruhr in der Hauptstadt zu erregen. Aber die Unvorsichtigkeit eines Mitschuldigen rettete den elenden Rest von Justinians Leben. Die Verschworenen wurden mit in ihren Gewändern verborgenen Dolchen entdeckt und ergriffen: Marcellus starb durch seine eigene Hand und Sergius wurde von geweihter Stelle fortgerissen. Von Reue gefoltert oder durch Hoffnung auf Rettung verleitet, klagte er zwei Offiziere des Haushaltes Belisars an, und die Folter erpreßte ihnen die Erklärung, daß sie nach den geheimen Befehlen ihres Gebieters gehandelt hätten. Die Nachwelt kann nicht vorschnell glauben, daß ein Held, der in der Kraft seines Lebens die schönsten Lockungen des Ehrgeizes und der Rache verschmäht hatte, sich zur Ermordung seines Fürsten, den er nicht lange zu überleben hoffen konnte, herabzuwürdigen fähig gewesen sei. Seine Anhänger drangen mit Ungeduld auf Flucht; Flucht hätte aber nur durch Empörung unterstützt werden können, und er hatte genug für die Natur und den Ruhm gelebt. Belisar erschien vor dem Rat weniger mit Furcht als mit Entrüstung (5. Dezember 563); nach vierzigjährigen Diensten hatte der Kaiser das Urteil seiner Schuld vorausgefällt und die Ungerechtigkeit wurde durch die Anwesenheit und das Ansehen des Patriarchen geheiligt. Man schonte gnädig das Leben Belisars, belegte aber sein Vermögen mit Beschlag und bewachte ihn in seinem Palast als Gefangenen vom Dezember bis zum Juli. Endlich ward seine Unschuld anerkannt, Freiheit und Ehrenstellen wurden ihm zurückgegeben, und der Tod, der durch Gram und Schmerz beschleunigt worden sein mochte, entrückte ihn der Welt ungefähr acht Monate nach seiner Befreiung (13. März 565). Der Name „Belisar" kann niemals sterben; statt des Leichenbegängnisses, der Denkmäler, der Standbilder, die seinem Andenken mit so vielem Recht gebührten, lese ich nur, daß seine Schätze, die von den Vandalen und Goten gewonnene Beute, vom Kaiser sofort eingezogen wurden. Indessen ließ man jedoch seiner Witwe einen anständigen Teil zur Nutznießung, und da Antonina viel zu bereuen hatte, widmete sie die letzten Reste ihres Lebens und Vermögens der Gründung eines Klosters. Das ist die einfache und echte Erzählung vom Falle Belisars und von der Undankbarkeit Justinians. Daß er der Augen beraubt und durch Neid dahin gebracht wurde, sein Brot mit den Worten zu erbetteln: „Gebt einen Pfennig dem Feldherrn Belisar!", ist eine Erdichtung späterer Zeiten, die als ergreifendes Beispiel der Wechselfälle des Glückes Glauben oder vielmehr Beliebtheit gefunden hat.

Wenn sich der Kaiser über den Tod Belisars zu freuen vermochte, genoß er diese niedrige Genugtuung nur acht Monate, die letzte Periode einer Regierung von achtunddreißig und eines Lebens von dreiundachtzig Jahren. Es würde schwer sein, den Charakter eines Fürsten zu schildern, der nicht der leuchtendste Gegenstand seiner Zeit war; aber die Bekenntnisse eines Feindes können als der sicherste Beweis seiner Tugenden angenommen werden. Die Ähnlichkeit Justinians mit der Büste s wird boshafterweise angeführt, jedoch mit der Anerkennung, daß er eine ebenmäßige Gestalt, eine gesunde Gesichtsfarbe und angenehme Züge besessen habe. Der Kaiser war leicht zugänglich, geduldig im Anhören, verbindlich und leutselig im Gespräch und Meister jener zornigen Leidenschaften, die mit so verderblicher Heftigkeit in der Brust eines Despoten wüten. Procopius lobt sein Temperament, um ihm den Vorwurf ruhiger und überlegter Grausamkeit zu machen; aber in seiner Beurteilung der Verschwörungen, die gegen sein Leben gerichtet waren, wird ein parteiloser Richter die Gerechtigkeit Justinians billigen oder seine Milde bewundern. Er zeichnete sich in den häuslichen Tugenden der Keuschheit und Mäßigkeit aus, aber eine unparteiische Liebe zur Schönheit würde minder verderblich gewesen sein als seine eheliche Zärtlichkeit für Theodora, und seine enthaltsame Lebensweise ward nicht durch die Einsicht eines Weisen, sondern den Aberglauben eines Mönches bestimmt. Seine Mahlzeiten waren kurz und einfach: in feierlichen Fastenzeiten begnügte er sich mit Wasser und Gemüse, und so groß war sowohl seine Kraft wie seine Inbrunst, daß er häufig zwei Tage und ebenso viele Nächte zubrachte, ohne Nahrung zu sich zu nehmen. Im Schlaf war er nicht minder genügsam: nach der Ruhe einer einzigen Stunde weckte die Seele den Körper, und Justinian ging zum Erstaunen seiner Kämmerlinge umher oder studierte bis Tagesanbruch. Ein so rastloser Fleiß verlängerte ihm die Zeit zur Erwerbung von Kenntnissen und Erledigung von Geschäften, und er mochte ernstlich den Vorwurf verdienen, daß er durch kleinliche und verkehrte Emsigkeit in die allgemeine Ordnung seiner Verwaltung störend eingriff. Der Kaiser machte Anspruch, Musiker und Architekt, Dichter und Philosoph, Rechtsgelehrter und Theologe zu sein, und wenn ihm auch das Unternehmen, die christlichen Sekten zu vereinigen, mißlang, ist doch die Prüfung der römischen Gesetze ein edles Denkmal seines Geistes und Fleißes. In der Regierung des Reiches war er minder weise oder minder vom Erfolg begünstigt: das Zeitalter war unglücklich, das Volk unterdrückt und unzufrieden, Theodora mißbrauchte ihre Macht, eine Aufeinanderfolge schlechter Minister beeinträchtigte seine Urteilskraft. Justinian wurde weder im Leben geliebt noch nach seinem Tode bedauert. Liebe zum Ruhm war seiner Brust tief eingepflanzt, er ließ sich aber zu dem armseligen Ehrgeiz nach Titeln, Ehrenbezeigungen, Lob der Zeitgenossen herab, und während er sich bestrebte, die Bewunderung der Römer zu fesseln, verwirkte er ihre Achtung und Liebe. Der Plan zu dem afrikanischen wie zu dem italienischen Krieg war gleich kühn entworfen und ausgeführt, und sein Scharfblick hatte die Talente Belisars im Lager und jene des Narses im Palast entdeckt. Aber der Name des Kaisers wird durch die Namen seiner siegreichen Feldherren verdunkelt, und Belisar lebt noch immer, um seinen Fürsten der Mißgunst und des Neides zu beschuldigen. Die parteiische Gunst der Menschheit pflegt dem Genie eines Eroberers Beifall zu zollen, der seine Untertanen im Feldzug anführt und leitet. Philipps II. und Justinians Charaktere zeichnen sich durch jenen kalten Ehrgeiz aus, der am Krieg Freude findet, aber die Gefahren des Feldes fürchtet. Nichtsdestoweniger stellte eine kolossale Statue aus Erz den Kaiser zu Pferde dar, wie er sich anschickt, in Tracht und Rüstung des Achilles gegen die Perser zu ziehen. Auf dem großen Platz vor der St.-Sophien-Kirche war dieses Denkmal auf einer ehernen Säule und einem steinernen Fußgestell von sieben Stufen aufgestellt; die Säule des Theodosius dagegen, die siebentausendvierhundert Pfund Silber wog, wurde von demselben Platz durch Justinians Habsucht und Eitelkeit fortgeschafft. Spätere Fürsten waren gerechter oder nachsichtiger gegen sein Andenken; der ältere Andronicus ließ anfangs des vierzehnten Jahrhunderts diese Reiterstatue ausbessern und verschönern; seit dem Sturz des Reiches ist sie von den siegreichen Türken zu Kanonen umgegossen worden.

Ich beschließe dieses Kapitel mit den Kometen, den Erdbeben und Pestplagen, die das Zeitalter Justinians in Erstaunen setzten oder mit Unglück heimsuchten.

I. Im Monat September des fünften Jahres seiner Regierung sah man zwanzig Tage hindurch an dem westlichen Viertel des Himmels einen Kometen, der seine Strahlen nach dem Norden sandte. Acht Jahre nachher, während sich die Sonne im Steinbock befand, erschien ein zweiter Komet im Schützen; der Umfang nahm allmählich zu, der Kopf zeigte nach Osten, der Schweif nach Westen, und er blieb vierzig Tage hindurch sichtbar. Die Völker betrachteten die Kometen mit Erstaunen und erwarteten von ihrem unheilvollen Einfluß Kriege oder andere Drangsale, und diese Erwartungen wurden im Überfluß erfüllt. Die Astronomen verbargen ihre Unkenntnis der Natur dieser flammenden Sterne, indem sie dieselben als schwebende Meteore der Luft darstellten, und nur wenige von ihnen bekannten sich zu der einfachen Idee Senecas und der Chaldäer, daß es nur Planeten von längerer Periode und exzentrischer Bahn wären. Zeit und Wissenschaft haben die Vermutungen und Vorhersagen des römischen Weisen gerechtfertigt; das Teleskop hat den Blicken der Astronomen neue Welten geöffnet, und im kurzen Zeitraum von Geschichte und Mythos hat man gefunden, daß ein und derselbe Komet die Erde bereits nach sieben gleichen Umläufen von fünfhundertfünfundsiebzig Jahren wieder besucht habe. Das erste Erscheinen, das eintausendsiebenhundertsiebenundsechzig Jahre vor der christlichen Zeitrechnung stattfand, erfolgt zur Zeit Ogyges', des Vaters des griechischen Altertums. Und diese Erscheinung erklärt die von Varro aufbewahrte Überlieferung, daß unter seiner Regierung der Planet Venus Farbe, Größe, Gestalt und Lauf verändert habe, ein Wunderereignis ohne Beispiel in allen früheren wie in allen folgenden Zeitaltern. Das zweite Auftreten im Jahre elfhundertdreiundneunzig wird in der Fabel der Elektra, der siebenten der Plejaden, die seit der Zeit des trojanischen Krieges auf sechs vermindert sind, dunkel angezeigt. Diese Nymphe, des Dardanus Gattin, vermochte das Verderben ihres Vaterlandes nicht zu ertragen: sie verließ den Reigen ihrer Schwestersterne, floh vom Tierkreis nach dem Norden und erhielt wegen ihrer aufgelösten Locken den Namen Komet. Die dritte Periode verlief im Jahre sechshundertachtzehn, eine Zeitangabe, die genau mit dem furchtbaren Kometen der Sibylle und vielleicht des Plinius übereinstimmt, der im Westen zwei Generationen vor der Regierung des Cyrus sichtbar war. Die vierte Erscheinung, vierundvierzig Jahre vor Christi Geburt, war von allen die glänzendste und wichtigste. Nach dem Tode Cäsars sahen Rom und die Nationen einen langschweifigen Stern während der Spiele, die der junge Octavian zu Ehren der Venus und seines Oheims gab. Die Volksmeinung, daß derselbe die göttliche Seele des Diktators zum Himmel führe, wurde durch die Frömmigkeit des Staatsmannes begünstigt und gepflegt, während sein geheimer Aberglaube den Kometen auf den Ruhm seiner eigenen Zeiten bezog. Der fünfte Besuch ist bereits dem fünften Regierungsjahr Justinians, das mit dem Jahre fünfhunderteinunddreißig der christlichen Zeitrechnung zusammenfällt, zugeschrieben worden. Und es verdient bemerkt zu werden, daß sowohl in diesem wie in dem vorigen Fall dem Kometen, wiewohl nach einem längeren Zwischenraum, eine merkwürdige Blässe der Sonne folgte. Die sechste Wiederkehr im Jahre elfhundertsechs findet sich in den europäischen wie in den chinesischen Chroniken angeführt, und in dem ersten Feuer der Kreuzzüge mochten Christen wie Mohammedaner mit gleichem Grunde wähnen, daß er die Vernichtung der Ungläubigen vorhersage. Die siebente Erscheinung im Jahre tausendsechshundertundachtzig zeigte sich den Blicken eines aufgeklärten Jahrhunderts. Die Philosophie Bayles verscheuchte ein Vorurteil, das Miltons Muse noch vor so kurzer Zeit geschmückt hatte, daß nämlich der Komet „aus seinen furchtbaren Locken Pest und Krieg schüttle". Sein Weg am Himmel wurde von Flamstead und Cassini mit ausgesuchter Geschicklichkeit beobachtet, und das mathematische Wissen eines Bernoulli, Newton und Halley erforschte die Gesetze seines Laufes. Zur achten Periode im Jahre zweitausendzweihundertfünfundfünfzig werden ihre Berechnungen vielleicht von den Astronomen in irgendeiner künftigen Hauptstadt in den sibirischen oder amerikanischen Wildnissen bestätigt werden.

II. Die Annäherung eines Kometen mag den Erdball, den wir bewohnen, beschädigen oder zerstören: bisher aber sind die Veränderungen auf seiner Oberfläche durch die Tätigkeit von Vulkanen und Erdbeben hervorgebracht worden. Die Natur des Bodens zeigt die Länder an, die diesen furchtbaren Erschütterungen am meisten ausgesetzt sind, denn dieselben werden durch unterirdisches Feuer hervorgebracht, und dieses Feuer wird durch die Vereinigung und Gärung von Schwefel und Eisen erzeugt. Aber ihre Zeiten und Wirkungen liegen außer dem Bereich der menschlichen Wißbegierde, und der Naturforscher wird sich bescheiden der Vorherverkündung von Erdbeben enthalten. Ohne die Ursachen zu erläutern, gibt die Geschichte die Perioden an, in denen diese unglücksschwangeren Ereignisse häufig oder selten gewesen sind, und es ist vermerkt, daß dieses Fieber der Erde während der Regierung Justinians mit ungewöhnlicher Heftigkeit wütete. Jedes Jahr wird durch die Wiederholung von Erdbeben bezeichnet, und zwar von einer Dauer, daß Konstantinopel über vierzig Tage erschüttert wurde, und von einer Ausdehnung, daß sich der Stoß der Oberfläche der ganzen Erde oder wenigstens dem Römischen Reich mitteilte. Man spürte eine antreibende oder schwingende Bewegung, ungeheure Spalten öffneten sich, große und schwere Körper wurden in die Luft emporgeschleudert, das Meer überschritt bald seine gewöhnlichen Grenzen, bald wich es von ihnen zurück, und vom Libanon wurde ein Berg losgerissen, in die Wellen gestürzt und schützte als Steindamm den neuen Hafen von Botrys in Phönizien. Der Schlag, der einen Ameisenhaufen trifft, mag seine Myriaden von Insekten im Staube begraben; die Wahrheit zwingt indessen zu dem Geständnis, daß der Mensch fleißig für sein eigenes Verderben gearbeitet hat. Der Bau großer Städte, die ein ganzes Volk innerhalb der Grenzen einer Mauer einschließen, verwirklicht fast Caligulas Wunsch, das römische Volk möchte nur einen einzigen Nacken haben. Zweihundertfünfzigtausend Menschen sollen in dem Erdbeben von Antiochia (20. Mai 526) umgekommen sein, dessen gewöhnliche Einwohnerzahl durch das Zusammenströmen von Fremden zum Himmelfahrtsfest vermehrt worden war. Die Vernichtung von Berytus traf eine kleinere Stadt, aber von weit höherem Wert. Dieser Ort an der Küste von Phönizien war wegen der Lehrstühle des Zivilrechts berühmt, dessen Studium den sichersten Weg zu Reichtum und Ehrenstellen öffnete: die Schulen von Berytus waren mit den aufstrebenden Geistern des Jahrhunderts angefüllt, und durch das Erdbeben verlor mancher Jüngling das Leben, der die Geißel oder der Segen seines Vaterlandes geworden wäre. Bei solchen Unglücksereignissen wird der Architekt zum Feind der Menschheit. Die Hütte des Wilden, das Zelt des Arabers stürzen ein, ohne daß der Bewohner Schaden nimmt, und die Peruaner hatten Recht, als sie die Torheit ihrer spanischen Herrscher verlachten, die mit so großem Aufwand an Geld und Arbeit ihre eigenen Gräber bauten. Die reichen Marmorbilder eines Patriziers zerschmettern sein eigenes Haupt, ein ganzes Volk wird unter den Trümmern der öffentlichen und Privatgebäude begraben, und der allgemeine Brand wird durch die zahllosen Feuer, die für den Unterhalt und die Gewerbe einer großen Stadt notwendig sind, entzündet und genährt. Statt der gegenseitigen Teilnahme, die den Bedrängten Trost und Hilfe bringen könnte, erfahren sie auf die schrecklichste Weise die Laster und Leidenschaften, welche Furcht vor Strafe nicht länger im Zaum hält: die wankenden Gebäude werden durch unerschrockene Habsucht geplündert; die Rache ergreift den Augenblick und wählt ihr Opfer; häufig verschlingt aber die Erde den Meuchelmörder oder Schänder bei Vollziehung seines Verbrechens. Der Aberglaube umgibt die gegenwärtigen Gefahren mit unsichtbaren Schrecknissen, und wenn das Bild des Todes zuweilen der Tugend oder Reue einzelner förderlich sein mag, wird ein erschrockenes Volk doch mehr dazu veranlaßt, das Ende der Welt zu erwarten oder durch knechtische Huldigung den Zorn einer rächenden Gottheit zu sühnen.

III. Äthiopien und Ägypten sind in jedem Jahrhundert als die ursprünglichen Quellen und Brutstätten der Pest gebrandmarkt worden. In einer feuchten, heißen, stillestehenden Luft kommt dieses afrikanische Fieber aus den faulenden Tierresten, insbesondere der Heuschreckenschwärme, die der Menschheit tot nicht minder verderblich sind als lebendig. Die verheerende Seuche, welche die Erde zur Zeit Justinians und seiner Nachfolger entvölkerte, trat zuerst in der Nähe von Pelusium zwischen dem serbonischen Sumpf und dem östlichen Nilkanal auf. Hier teilte sich gleichsam ihr Weg, sie verbreitete sich nach dem Osten über Syrien, Persien und Indien und drang nach dem Westen längs der afrikanischen Küste und über das Festland von Europa vor. Im Frühling des zweiten Jahres wurde Konstantinopel während drei oder vier Monate von dieser Seuche heimgesucht, und Procopius, der ihre Fortschritte und Symptome mit den Augen eines Arztes beobachtete, hat die Kunst und den Fleiß des Thucydides in der Beschreibung der Pest von Athen nachgeahmt. Die Ansteckung gab sich zuweilen durch Geistesgestörtheit kund, und das Opfer verzweifelte, sobald es eines unsichtbaren Gespenstes Drohung gehört oder Schlag gefühlt hatte. Die größere Anzahl aber wurde in den Betten, auf den Straßen, bei ihren gewöhnlichen Beschäftigungen von einem leichten Fieber befallen, so leicht in der Tat, daß weder Puls noch Farbe des Erkrankten irgendein Zeichen der drohenden Gefahr verrieten. Denselben, den nächsten, den dritten Tag trat sie durch das Anschwellen der Drüsen, insbesondere der der Weichen, der Achselgruben und der Ohren zutage; wenn man diese Beulen oder Geschwüre öffnete, fand man darin eine Kohle oder schwarze Substanz von der Größe einer Linse. Schwollen dieselben entsprechend an und eiterten, so wurde der Kranke durch diese gelinde und natürliche Entfernung des Krankheitsstoffes gerettet. Wenn sie dagegen hart und trocken blieben, folgte bald der Brand, und der fünfte Tag war gewöhnlich des Lebens letzter. Das Fieber war häufig von Schlafsucht oder Irrereden begleitet, die Körper der Erkrankten bedeckten sich mit Pusteln oder Karbunkeln, den Zeichen unverzüglichen Todes, und bei Leibesverfassungen, die zu schwach waren, um einen derartigen Ausbruch hervorzubringen, folgte auf Erbrechen von Blut der Brand der Eingeweide. Schwangere Frauen erlagen fast ohne Ausnahme der Pest: doch wurde ein Kind lebendig aus seiner toten Mutter genommen, und drei Mütter überlebten den Abgang ihrer angesteckten Leibesfrucht. Die Jugend war die gefährlichste Lebensperiode, und das weibliche Geschlecht zeigte geringere Empfänglichkeit als das männliche; aber jeder Stand und Beruf wurde mit unterschiedsloser Wut ergriffen, und viele der Geretteten verloren den Gebrauch der Sprache, ohne gegen einen Rückfall gesichert zu sein. Die Ärzte von Konstantinopel waren eifrig und geschickt, aber ihre Kunst wurde durch die verschiedenartigen Symptome und die hartnäckige Heftigkeit der Krankheit genarrt; dieselben Heilmittel brachten entgegengesetzte Wirkungen hervor, und der Ausgang vernichtete launenhaft ihre Prognose über Tod oder Genesung. Die Ordnung der Leichenbegängnisse und das Recht der Gräber wurde umgestürzt; diejenigen, die weder Freunde noch Diener hinterließen, blieben unbestattet auf den Straßen oder in ihren veröedeten Häusern liegen; bis eine obrigkeitliche Person Vollmacht erhielt, die großen Haufen der Leichen zu sammeln, sie zu Lande oder Wasser fortzuschaffen und in tiefen Gruben außer dem Bereich der Stadt zu verscharren. Eigene Gefahr und der Anblick des öffentlichen Elends weckten einige Gewissensbisse auch in den Seelen der verruchtesten Menschen; die Zuversicht der Gesundheit belebte ihre Leidenschaften und Gewohnheiten neuerdings, aber die Philosophie muß die Bemerkung des Procopius zurückweisen, daß das Leben solcher Menschen durch eine besondere Gunst des Glückes oder der Vorsicht bewahrt worden wäre. Er vergaß oder erinnerte sich vielmehr insgeheim, daß die Pest die Person Justinians selbst berührt hatte; aber die enthaltsame Lebensweise des Kaisers bietet, wie in Sokrates' Falle, eine vernünftigere und beachtenswertere Ursache seiner Genesung. Während seiner Krankheit gab sich die öffentliche Bestürzung in der Art der Gewänder der Bürger kund, und ihr Müßiggang und Kleinmut verursachte einen allgemeinen Mangel in der Hauptstadt des Ostens.

Ansteckung ist das unzertrennliche Symptom der Pest, die durch den Atem von den erkrankten Personen in die Lungen und Magen derjenigen Personen übergeht, die sich ihnen nähern. Während Naturkundige vor der Pest zitterten, ist es seltsam, daß das Dasein wirklicher Gefahr von einem Volk, das sich eitlen und eingebildeten Schrecknissen am leichtesten hingab, geleugnet wurde. Die Mitbürger des Procopius hielten sich infolge einer kurzen und einseitigen Erfahrung für überzeugt, daß die Ansteckung auch durch den engsten Umgang nicht mitgeteilt würde, und diese Überzeugung mochte die Emsigkeit der Freunde und Ärzte bei der Pflege der Kranken aufrechterhalten, die durch unmenschliche Vorsicht sonst wohl zu Einsamkeit und Verzweiflung verurteilt worden wären. Aber diese verderbliche Sicherheit mußte gleich dem Vorherbestimmungsglauben der Türken der Ansteckung Vorschub leisten; jene heilsamen Maßregeln, denen Europa seine Rettung verdankt, waren der Regierung Justinians unbekannt, dem freien und häufigen Verkehr mit den römischen Provinzen wurden keine Schranken gesetzt; von Persien bis Frankreich mengten Kriege und Auswanderungen die Völker durcheinander und steckten sie an, und der Peststoff, der jahrelang in einem Baumwollballen lauert, wurde durch den Handel in die fernsten Ländern gebracht. Die Art der Fortpflanzung dieser Krankheit erklärt die Bemerkung des Procopius, daß sie sich stets von der Meeresküste nach dem Binnenlande verbreitete; die abgelegensten Inseln und Gebirge wurden nacheinander heimgesucht; die Plätze, die von der Wut ihres ersten Fluges verschont blieben, waren im folgenden Jahre der Ansteckung allein bloßgestellt. Die Winde mochten dieses feine Gift verbreiten; wenn jedoch die Atmosphäre nicht schon zu dessen Aufnahme bereitet ist, muß die Pest in den kalten oder gemäßigten Klimaten der Erde bald verschwinden. So groß war die allgemeine Verdorbenheit der Luft, daß die Pest, die im fünfzehnten Regierungsjahr Justinians ausbrach, durch keinerlei Wechsel der Jahreszeit gehemmt oder gemildert wurde. Mit der Zeit minderte und zerstreute sich ihre anfängliche Bösartigkeit; die Krankheit ermattete bald, bald lebte sie neu auf; aber erst nach einer unglücksvollen Periode von zweiundfünfzig Jahren erlangte die Menschheit ihre Gesundheit, erhielt die Luft ihre reine und heilsame Beschaffenheit wieder. Es sind keine Tatsachen aufbewahrt worden, um eine Berechnung, und wäre es auch nur eine mutmaßliche, über die Anzahl Menschen anzustellen, die, während diese außerordentliche Sterblichkeit herrschte, hinweggerafft wurde. Ich finde nur, daß in drei Monaten täglich fünf-, endlich zehntausend Personen zu Konstantinopel starben; daß viele Städte des Ostens völlig verödeten, und daß in verschiedenen Bezirken Italiens Ernte und Weinlese auf Halm und Stock vermoderten. Die dreifache Geißel des Krieges, der Pest und der Hungersnot suchte die Untertanen Justinians heim, und seine Regierung wird durch die sichtliche Abnahme des Menschengeschlechtes, das in einigen der schönsten Länder des Erdbodens nie wieder ersetzt worden ist, auf unheilvolle Weise gekennzeichnet.

ZWANZIGSTES KAPITEL

GESETZE UND VERWALTUNG

Umriß der römischen Jurisprudenz. – Die Gesetze der Könige. – Die Tafeln der Dezemvirn. – Die Gesetze des Volkes. – Die Beschlüsse des Senates. – Die Edikte der Prätoren und Kaiser. – Autorität der Zivilisten. – Kodex, Pandekten, Novellen und Institutionen Justinians: I. Personenrechte. II. Sachrechte. III. Privatrechtsverletzungen und Klagen. IV. Verbrechen und Strafen

Justinians eitle Siegestitel sind in Staub zerfallen, aber sein Name als Gesetzgeber bleibt auf einem schönen und unvergänglichen Denkmal eingegraben. Unter seiner Regierung und Obsorge wurde die Ziviljurisprudenz in dem unsterblichen Werke des Kodex, der Pandekten und der Institutionen geordnet; die allgemeine Weisheit der

Römer wurde unbemerkt oder geflissentlich auf die einheimischen Einrichtungen von Europa übertragen, und die Gesetze Justinians gebieten noch fortwährend die Achtung oder den Gehorsam bei unabhängigen Nationen. Weise und glücklich ist der Fürst, der seinen eigenen Ruf mit der Ehre oder dem Interesse einer niemals aussterbenden Ordnung verknüpft. Die Verteidigung ihres Stifters ist die erste Sache, welche in jedem Jahrhundert die Emsigkeit der Rechtsgelehrten angeeifert hat. Sie verewigen mit Frömmigkeit seine Tugenden, verheimlichen oder verleugnen seine Schwächen und züchtigen streng die Schuld oder Torheit der Rebellen, die sich erdreisten, die Majestät des Purpurs zu beflecken. Übertriebene Vergötterung des Herrschers rief wie gewöhnlich den Haß der Gegner hervor; der Charakter Justinians ist der blinden Heftigkeit der Schmeichelei und der Schmähung ausgesetzt worden, und die Ungerechtigkeit einer Sekte (der Anti-Tribonianer) hat dem Fürsten, seinen Gehilfen und Gesetzen alles Lob und jedes Verdienst verweigert. Keiner Partei anhängend, nur für die Wahrheit und Aufrichtigkeit der Geschichte interessiert und von den gemäßigsten und geschicktesten Führern geleitet, gehe ich mit gerechtem Mißtrauen in meine Kräfte an die Erörterung des Zivilrechtes, welches das Leben so vieler Gelehrter ausgefüllt und die Wände so geräumiger Bibliotheken bekleidet hat. In einem einzigen, wenn möglich kurzen Kapitel werde ich die römische Jurisprudenz von Romulus bis Justinian beschreiben, die Arbeiten dieses Kaisers würdigen und dann die Grundsätze einer für den Frieden und das Glück der Gesellschaft so wichtigen Wissenschaft betrachten. Die Gesetze eines Volkes bilden den lehrreichsten Teil seiner Geschichte, und obschon ich mich der Abfassung der Annalen einer im Sinken begriffenen Monarchie gewidmet habe, werde ich doch die Gelegenheit benutzen, um die reine und stärkende Luft der Republik zu atmen.

Die ursprüngliche Regierung Roms war mit einiger politischer Geschicklichkeit aus einem Wahlkönig, einem Rat der Edlen und einer allgemeinen Versammlung des Volkes zusammengesetzt. Das oberste Staatshaupt hatte die Obsorge über Krieg und Religion, es allein schlug die Gesetze vor, die im Senat beraten und schließlich durch Stimmenmehrheit der dreißig Kurien oder Sprengel der Stadt genehmigt oder verworfen wurden. Romulus, Numa und Servius Tullius sind als die ältesten Gesetzgeber berühmt, und jeder von ihnen hat seinen besonderen Anspruch an der dreifachen Einteilung der Jurisprudenz. Die Gesetze, die Ehe, die Kindererziehung und die väterliche Gewalt betreffend, die in der Natur selbst ihren Ursprung zu haben scheinen, werden der natürlichen Weisheit des Romulus zugeschrieben. Das Recht der Völker und der religiösen Verehrung, das Numa einführte, wurde ihm bei seinen nächtlichen Besprechungen von der Nymphe Egeria mitgeteilt. Das Zivilrecht wird der Erfahrung des Servius beigemessen: er wog die Rechte und das Vermögen von sieben Klassen von Bürgern ab und befahl durch fünfzig neue Bestimmungen die Beobachtung der Verträge und die Bestrafung der Verbrechen. Der Staat, den er demokratischer gestaltet hatte, wurde durch den letzten Tarquinier in einer gesetzlosen und despotischen Weise beherrscht; aber nach Abschaffung der königlichen Würde nahmen die Patrizier die Wohltaten der Freiheit für sich in Anspruch. Die Königlichen Gesetze wurden verhaßt oder veralteten; die Priester und Edlen bewahrten schweigend das geheimnisvoll hinterlegte Gut, und nach Ablauf von sechzig Jahren klagten die römischen Bürger fortwährend, daß sie durch die Willkür der Obrigkeiten regiert würden. Aber die positiven Einrichtungen der Könige waren mit den öffentlichen und Privatsitten der Stadt verschmolzen; einige Bruchstücke dieser ehrwürdigen Jurisprudenz sind durch den Fleiß der Altertumsforscher gesammelt worden, und über zwanzig Texte sprechen heute noch die rauhe pelasgische Sprache der Lateiner.

Ich werde die wohlbekannte Geschichte der Dezemvirn nicht wiederholen, die durch die Taten den Ruhm befleckten, in Erz, Holz oder Elfenbein die zwölf Tafeln der römischen Gesetze geschaffen zu haben. Diese waren von dem strengen und eifersüchtigen Geist der Aristokratie diktiert, die nur mit Widerstreben den gerechten Forderungen des Volkes nachgegeben hatte. Aber das Wesentliche der zwölf Tafeln war dem Zustand der Stadt angemessen, und die Römer hatten sich aus der Barbarei erhoben, weil sie die Fähigkeit besaßen, die Einrichtungen ihrer aufgeklärten Nachbarn zu studieren und anzunehmen. Ein weiser Epheser wurde durch Neid aus seinem Vaterland vertrieben; bevor er die Gestade von Latium erreichte, hatte er die verschiedenen Formen der menschlichen Natur und der bürgerlichen Gesellschaft beobachtet; er teilte seine Kenntnisse den Gesetzgebern von Rom mit, und ein Standbild wurde auf dem Forum zum ewigen Andenken des Hermodorus errichtet. Die Namen und Einteilung des Kupfergeldes, der einzigen Münze des jungen Staates, waren dorischen Ursprungs; die Ernten von Campanien und Sizilien halfen dem Mangel eines Volkes ab, dessen Ackerbau häufig durch Krieg und Aufruhr gestört wurde, und da der Handel einmal im Gange war, mochten die Abgeordneten, die aus dem Tiber ins Meer gesegelt waren, von den auswärtigen Häfen mit einer kostbareren Ladung politischer Weisheit zurückkehren. Die Kolonien von Großgriechenland hatten die Künste ihres Mutterlandes herübergebracht und veredelt. Cumä und Rhegium, Crotona und Tarent, Agrigentum und Syrakus waren blühende Städte. Die Schüler des Pythagoras wendeten die Philosophie zum Nutzen der Regierung an; die ungeschriebenen Gesetze des Charondas waren mit Hilfe der Dichtkunst und Musik geschaffen worden, und Zaleucus ordnete die Republik der Locrier, die ohne Veränderung über zweihundert Jahre bestand. Aus einem ähnlichen Beweggrund des Nationalstolzes sind sowohl Livius als Dionysius geneigt zu glauben, daß die Abgeordneten Roms Athen unter der weisen und glänzenden Verwaltung des Perikles besuchten und daß die Gesetze Solons in die zwölf Tafeln übertragen wurden. Wenn wirklich eine solche Gesandtschaft der Barbaren von Hesperien empfangen worden wäre, müßten die Griechen mit dem Namen Rom vor der Regierung Alexanders vertraut gewesen sein, ja die Forschersucht nachfolgender Zeiten würde das schwächste Zeugnis ausgebeutet und gepriesen haben. Aber die athenensischen Denkmäler schweigen, auch scheint es nicht glaublich, daß die Patrizier eine lange und gefährliche Seefahrt unternommen haben sollten, um das reinste Muster einer Demokratie zu kopieren. Wenn man die Tafeln des Solon mit jenen der Dezemvirn vergleicht, findet man allerdings einige zufällige Ähnlichkeiten: einige Bestimmungen, die Natur und Vernunft jeder Gesellschaft geoffenbart haben, einige Beweise gemeinsamen Ursprungs aus Ägypten oder Phönizien. Aber in allen den großen Zweigen der öffentlichen und Privatjurisprudenz sind die Gesetze von Rom und Athen voneinander unabhängig oder gar entgegengesetzt.

Wie aber Ursprung und Wert der zwölf Tafeln immer beschaffen sein mochten, erlangten sie doch jene blinde und parteiische Ehrfurcht, welche die Rechtsgelehrten jedes Landes so gern ihren Munizipaleinrichtungen zollen. Ihr Studium wird von Cicero als ebenso angenehm wie belehrend empfohlen. „Sie vergnügen den Geist durch alte Wörter und das Bild früherer Sitten; sie schärfen die richtigsten Grundsätze der Regierung und Moral ein, und ich scheue mich nicht, zu behaupten, daß das kurze Werk der Dezemvirn an wahrem Wert die Bibliotheken der griechischen Philosophie übertrifft. Wie bewunderungswürdig", fährt Tullius mit wirklichem oder erkünsteltem Vorurteil fort, „ist die Weisheit unserer Altvordern! Nur wir sind die Meister der bürgerlichen Klugheit, und unsere Überlegenheit leuchtet um so mehr, wenn wir unsere Blicke auf die rohe, fast lächerliche Jurisprudenz Drakons, Solons oder Lykurgs werfen." Die zwölf Tafeln wurden dem Gedächtnis der Jugend und dem Andenken des Alters anvertraut; man schrieb sie ab und erläuterte sie mit gelehrtem Fleiße; sie entgingen den Flammen der Gallier, bestanden im Zeitalter Justinians, und ihr späterer Verlust ist durch die Arbeiten neuerer Kritiker unvollkommen ersetzt worden. Obschon man aber diese merkwürdigen Denkmäler als die Richtschnur des Rechtes und die Quelle der Gerechtigkeit betrachtete, wurden sie doch durch die Wucht und die Mannigfaltigkeit neuer Gesetze erdrückt, die nach Verlauf von fünf Jahrhunderten ein unerträglicheres Unheil bildeten als die Laster der Stadt. Dreitausend Erzplatten, die Gesetze des Senates und Volkes, wurden im Kapitol aufbewahrt, und mehrere dieser Gesetze, zum Beispiel das julische gegen die Erpressung, beinhalteten hundert Kapitel. Die Dezemvirn hatten übersehen, die Sanktion des Zaleucus einzuführen, welche die Unantastbarkeit seiner Republik so lange bewahrt hatte. Ein Locrier, der ein Gesetz vorschlug, stand in der Versammlung des Volkes mit einem Strick um den Nacken, und wenn es verworfen wurde, erdrosselte man den Neuerer auf der Stelle.

Die Dezemvirn waren in einer Versammlung der Zenturien, in welchen die Reichtümer die Zahl überwogen, sowohl ernannt als ihre Gesetze in derselben genehmigt worden. Der ersten Klasse der Römer, den Besitzern von hunderttausend Pfund Kupfer, waren achtundneunzig Stimmen gegeben, und nur fünfundneunzig blieben den sechs unteren Klassen, die nach ihrem Vermögen durch die schlaue Politik des Servius eingeteilt worden waren. Aber die Tribunen führten bald die gleißendere und volksbeliebtere Maxime ein, daß jeder Bürger gleiches Recht habe, die Gesetze zu geben, denen er zu gehorchen verpflichtet sei. Statt der Zenturien beriefen sie die Zünfte, und die Patrizier unterwarfen sich nach erfolglosem Sträuben den Beschlüssen einer Versammlung, in der ihre Stimmen so viel galten als die des geringsten Plebejers. So lange jedoch die Zünfte nacheinander über schmale Brücken gingen und laut abstimmten, war das Benehmen jedes Bürgers den Blicken und Ohren seiner Vaterlandsgenossen bloßgestellt. Der zahlungsunfähige Schuldner zog die Wünsche seines Gläubigers in Betracht, der Schützling würde errötet sein, sich den Ansichten seines Beschützers zu widersetzen, dem Feldherrn folgten seine Veteranen, und der Anblick einer ernsten Obrigkeitsperson war eine lebendige Lehre für die Menge. Die neue Methode der geheimen Wahl schaffte den Einfluß der Furcht und Scham, der Ehre und des Interesses ab, und der Mißbrauch der Freiheit beschleunigte die Fortschritte der Anarchie und des Despotismus. Die Römer hatten danach gestrebt, einander gleich zu sein, sie wurden es durch die Gleichheit der Knechtschaft, und die formelle Zustimmung der Zünfte oder Zenturien genehmigte duldsam die Gebote des Augustus. Einmal, nur einmal erfuhr er eifersüchtigen und ernsten Widerstand. Seine Untertanen hatten auf alle politische Freiheit Verzicht geleistet, sie verteidigten die Freiheit des häuslichen Lebens. Ein Gesetz, das die Verpflichtungen der Ehe vergrößern und ihre Bande stärken sollte, wurde mit Geschrei verworfen; Propertius jubelte in den Armen der Delia über den Sieg freier Liebe, und der Reformplan wurde aufgeschoben, bis ein neueres und fügsameres Geschlecht in der Welt entstanden war. Ein solches Beispiel war nicht erst notwendig, um einen klugen Usurpator von dem Unheil der Volksversammlungen zu überzeugen; ihre Abschaffung, die Augustus in der Stille vorbereitet hatte, wurde bei der Thronbesteigung seines Nachfolgers, ohne Widerstand und fast ohne bemerkt zu werden, vollzogen. Sechzigtausend plebejische Gesetzgeber, furchtbar durch die Zahl und sicher in ihrer Armut, wurden durch sechshundert Senatoren ersetzt, deren Ehrenstellen und Leben von der Gnade des Kaisers abhingen. Der Verlust der vollziehenden Gewalt wurde durch das Geschenk der gesetzgebenden Macht vermindert, und Ulpian durfte nach zweihundertjährigem Gebrauch behaupten, daß die Senatsbeschlüsse die Kraft und Gültigkeit von Gesetzen besäßen. In den Zeiten der Freiheit waren die Entschließungen des Volkes häufig von der Leidenschaft oder dem Irrtum des Augenblicks eingegeben: das kornelische, pompejische und julische Gesetz war von einem einzelnen gegen die herrschenden Unordnungen aufgestellt worden; aber unter der Regierung der Kaiser bestand der Senat aus Richtern und Rechtsgelehrten, und in den Fragen der Ziviljurisprudenz wurde die Redlichkeit ihres Urteils selten durch Furcht oder Eigennutz beeinflußt.

Das Stillschweigen oder die Doppeldeutigkeit der Gesetze wurde durch die gelegentlichen Edikte jener Obrigkeiten ergänzt, welche die Ehrenstellen des Staates innehatten. Dieses alte Vorrecht der römischen Könige ging auf die Konsuln und Diktatoren, die Zensoren und Prätoren in ihren bezüglichen Ämtern über, und ein ähnliches Recht maßten sich die Volkstribunen, Ädilen und Prokonsuln an. Zu Rom und in den Provinzen wurden die Pflichten des Untertanen und die Absichten des Regierenden kundgemacht, und die Ziviljurisprudenz durch die jährliche Edikte des obersten Richters, des Prätors der Stadt, reformiert. Sobald er sein Tribunal bestieg, verkündete er die Regeln, die er in der Entscheidung zweifelhafter Fälle zu befolgen sich vorgenommen hatte, sowie die Milderung, die durch seine Unparteilichkeit dem strengen buchstäblichen Sinn der alten Satzungen gegeben werden würde, durch die Stimme des Ausrufers und schrieb sie dann an eine weiße Wand. Ein mehr der Monarchie zusagendes Prinzip des eigenen Ermessens wurde in die Republik eingeführt; die Kunst, den Namen der Gesetze zu ehren und ihre Wirksamkeit zu umgehen, ward von den aufeinanderfolgenden Prätoren ausgebildet; man erfand Spitzfindigkeiten und Fiktionen, um die einfachste Meinung der Dezemvirn umzustoßen, und wenn auch der Zweck heilsam war, litten doch die Mittel häufig an Widersinnigkeit. Man ließ den geheimen oder wahrscheinlichen Wunsch des Verstorbenen über die natürliche Erbfolge und die testamentarischen Formen triumphieren, und der Kläger, der von der Eigenschaft eines Erben ausgeschlossen war, nahm mit Vergnügen von einem gelinden Prätor den Besitz der Güter seines heimgegangenen Verwandten oder Wohltäters an. Bei Privatstreitigkeiten traten Vergütungen und Geldbußen an die Stelle der veralteten Strenge der zwölf Tafeln; Zeit und Raum wurden durch eingebildete Voraussetzungen vernichtet; der Vorwand der Jugend, des Betruges, des Zwanges enthob der Verpflichtung oder entschuldigte die Nichterfüllung eines unbequemen Vertrages. Eine so unbestimmte und willkürliche Gerechtigkeitspflege war dem gefährlichsten Mißbrauch ausgesetzt; Sinn wie Form des Rechtes wurden häufig dem tugendhaften Ruf, lobenswerter Zuneigung und dem Eigennutz oder der Rache zum Opfer gebracht. Aber die Irrtümer oder Laster jedes Prätors hörten mit seinem Amtsjahre auf; nur solche Maximen, die von der Vernunft und dem Gebrauch gebilligt worden waren, wurden von den nachfolgenden Richtern belassen; das Verfahren wurde durch Lösungen neuer Fälle bestimmt, und die Lockungen zur Ungerechtigkeit durch das kornelische Gesetz hinweggeräumt, das den Prätor des Jahres zwang, nicht von dem Buchstaben und dem Geist seiner ersten Kundmachung abzuweichen. Es war der Forschsucht und dem Wissen Hadrians vorbehalten, einen Plan auszuführen, den Cäsars Genie gefaßt hatte, und die Prätur des Salvius Julianus, eines ausgezeichneten Rechtsgelehrten, erlangte Unsterblichkeit durch die Abfassung des ewigen Ediktes. Dieser wohlgeordnete Kodex erhielt die Genehmigung des Kaisers und des Senates, der alte Zwiespalt zwischen Recht und Billigkeit wurde endlich ausgemerzt, und statt der zwölf Tafeln wurde das ewige Edikt als unabänderliche Richtschnur der Ziviljurisprudenz festgesetzt.

Von Augustus bis Trajan begnügten sich die Kaiser, ihre Edikte im Namen der verschiedenen römischen Obrigkeiten kundzumachen, und die Episteln oder Reden des Fürsten wurden ehrfurchtsvoll in die Senatsbeschlüsse eingeschaltet. Hadrian ist der erste gewesen, der ohne Schleier die gesamte Macht der Gesetzgebung ausübte. Und diese seinem tätigen Geist so zusagende Neuerung wurde durch die Duldsamkeit der Zeiten und seine lange Abwesenheit vom Sitz der Regierung unterstützt. Die nachfolgenden Monarchen behielten dieselbe Politik bei, und nach der herben Metapher Tertullians wurde „der düstere und verworrene Wald alter Gesetze durch die Art kaiserlicher Mandate und Konstitutionen gelichtet". Während vier Jahrhunderte, von Hadrian bis Justinian, wurde die öffentliche wie die Privatjurisprudenz durch den Willen des Souveräns gemodelt, und man ließ nur wenig Einrichtungen, göttliche sowohl wie menschliche, auf ihren alten Grundlagen ruhen. Der Ursprung der kaiserlichen Gesetzgebung war durch die Finsternis der Zeiten und die Schrecken eines bewaffneten Despotismus verhüllt, und durch den Knechtssinn oder die Unwissenheit der Rechtsgelehrten, die sich im Sonnenschein des römischen oder byzantinischen Hofes blähten, wurde eine doppelte Fiktion fortgepflanzt. I. Auf Verlangen der alten Cäsaren hatte das Volk oder der Senat zuweilen eine persönliche Ausnahme von der Verpflichtung der Befolgung besonderer Statuten gewährt, und jede solche Nachsicht war eine Handlung der Gerichtsbarkeit, welche die Republik über den ersten ihrer Bürger ausübte. Dieses demütige Privilegium wurde endlich in das Vorrecht eines Tyrannen umgewandelt, und der lateinische Ausdruck „dem Gesetz nicht unterworfen" wurde so ausgelegt, als würde der Kaiser dadurch über jede menschliche Schranke erhoben und als sollte nur sein Gewissen und seine Einsicht die heilige Richtschnur seines Benehmens sein. 2. Eine ähnliche Abhängigkeit lag in den Senatsbeschlüssen, wodurch bei jeder Regierung Titel und Gewalten eines gewählten Staatsoberhauptes bestimmt wurden. Erst als die Begriffe, ja selbst die Sprache der Römer verderbt worden waren, wurde ein königliches Gesetz und ein unwiderrufliches Geschenk des Volkes durch die Phantasie Ulpians oder vielmehr Tribonians geschaffen, und so der Ursprung der kaiserlichen Macht, obschon in der Tat fälschlich und sklavisch in seinen Folgen, auf einen Grundsatz der Freiheit und Gerechtigkeit gestützt. „Der Wille des Kaisers hat gesetzliche Kraft und Wirkung, weil das römische Volk durch das königliche Gesetz dem Fürsten den vollen Umfang seiner eigenen Macht und Souveränität übertragen hatte." Den Willen eines einzigen, vielleicht eines Kindes, ließ man über die Weisheit von Jahrhunderten und die Neigung von Millionen überwiegen, und die entarteten Griechen erklärten mit Stolz, daß die willkürliche Ausübung der Gesetzgebungsmacht mit Sicherheit nur in seinen Händen ruhen könne. „Welches Interesse oder welche Leidenschaft", rief Theophilus am Hofe Justinians aus, „kann die ruhige und erhabene Höhe des Monarchen erreichen? Er ist bereits Gebieter über Leben und Vermögen seiner Untertanen, und diejenigen, die sein Mißfallen trifft, gehören schon zu den Toten." Trotz der Verachtung gegen die Sprache der Schmeichelei darf der Historiker bekennen, daß der unumschränkte Herrscher eines großen Reiches in Fragen des Privatrechts selten durch persönliche Rücksichten bestimmt werden kann. Die Tugend, ja der bloße Verstand muß seinem unparteiischen Gemüt eingeben, daß er der Beschützer des Friedens und des Rechtes sei und daß das Interesse der Gesellschaft untrennbar an seines gebunden ist. Unter dem elendsten und lasterhaftesten Herrscher stützte die Weisheit und Unbescholtenheit Papinians und Ulpians den Thron der Gerechtigkeit, und die lautersten Akten des Kodex und der Pandekten tragen die Namen Caracallas und seiner Minister. Der Tyrann Roms war zuweilen der Wohltäter der Provinzen. Ein Dolchstoß endete die Verbrechen s, aber Nervas Klugheit bestätigte seine Satzungen, die vom Senat in der Freude über seine Befreiung für ungültig erklärt worden waren. Aber in den Reskripten, Antworten auf die Befragungen der Richter, konnten die weisesten Fürsten durch eine parteiische Darstellung des Falles getäuscht werden. Dieser Mißbrauch, der ihre vorschnelle Entscheidung auf dieselbe Linie mit den reifen und durchdachten Handlungen der Gesetzgebung stellte, wurde durch die Einsicht und das Beispiel Trajans umsonst verdammt. Die Reskripte des Kaisers, seine Bewilligungen und Beschlüsse, seine Edikte und pragmatischen Sanktionen waren mit Purpurtinte unterzeichnet und wurden den Provinzen als allgemeine oder spezielle Gesetze überschickt, welche die Obrigkeit zu vollstrecken und denen das Volk zu gehorchen verpflichtet war. Da jedoch ihre Zahl immer mehr und mehr anwuchs, wurde der regelmäßige Gehorsam täglich zweifelhafter und dunkler, bis endlich der gregorianische, der hermogenianische und der theodosianische Kodex den Willen des Souveräns festsetzte und bestimmte. Der erste und der zweite, wovon nur einige Bruchstücke übrig sind, waren von Privatrechtsgelehrten zusammengestellt worden, um die Konstitutionen der heidnischen Kaiser von Hadrian bis Konstantin zu bewahren. Der dritte, noch vorhanden, war auf Befehl des jüngeren Theodosius in fünfzehn Bücher geteilt worden, um die Gesetze der christlichen Fürsten von Konstantin bis zu seiner eigenen Regierung zu heiligen. Jeder dieser drei Kodizes erhielt vor den Tribunalen gleiche Autorität, und der Richter konnte jedes Gesetz, das in das heilige Depositum nicht eingeschlossen war, als unecht oder veraltet unberücksichtigt lassen.

Bei wilden Völkern wird die Schrift unvollständig durch sichtbare Zeichen ersetzt, welche die Aufmerksamkeit wecken und die Erinnerung an irgendeine öffentliche oder private Handlung verewigen. Die Jurisprudenz der ersten Römer erinnerte an pantomimische Szenen, die Worte waren den Gebärden angepaßt, und der geringste Irrtum, die geringste Vernachlässigung in den Förmlichkeiten des Verfahrens reichte hin, um den Inhalt des unbezweifelbarsten Anspruches zu vernichten. Die Gemeinschaft des ehelichen Lebens wurde durch die notwendigen Elemente Feuer und Wasser gekennzeichnet: die geschiedene Gattin stellte den Schlüsselbund zurück, durch dessen Übergabe sie zur Verwaltung des Haushaltes beauftragt worden war. Die Freilassung eines Sohnes oder Sklaven wurde vollzogen, indem man ihn umdrehte und ihm zugleich einen gelinden Backenstreich gab; ein Bau wurde gehemmt, indem man einen Stein warf, Verjährung durch das Zerbrechen eines Zweiges unterbrochen, die geballte Faust war das Zeichen des Pfandes oder Depositums, die rechte Hand reichte man als Symbol der Treue und des Vertrauens. Der Abschluß eines Vertrages wurde durch einen gebrochenen Strohhalm ausgedrückt; Waage und Gewicht waren bei jeder Zahlung erforderlich, und der Erbe, der ein Testament annahm, mußte zuweilen mit den Fingern schnippen, sein Gewand abwerfen und mit wirklichem oder erkünsteltem Entzücken tanzen und springen. Wenn ein Bürger nach gestohlenen Gütern in dem Hause eines Nachbarn forschte, mußte er sich mit einem leinenen Tuch bekleiden und sein Antlitz hinter einer Maske oder einer Larve verbergen, um nicht den Blicken einer Jungfrau oder Verheirateten ausgesetzt zu sein. Bei einer Zivilklage faßte der Kläger seinen Zeugen am Ohr, packte seinen sich sträubenden Gegner beim Nacken und flehte unter feierlichen Wehklagen die Hilfe seiner Mitbürger an. Die beiden Widersacher griffen einer nach des anderen Hand, als ständen sie vor dem Tribunal des Prätors zum Kampf gerüstet; dieser gebot ihnen, den Gegenstand des Streites vorzubringen; sie gingen, kehrten mit gemessenen Schritten zurück, und ein Erdklumpen wurde zu seinen Füßen niedergeworfen, als Zeichen, daß sie um ein Feld stritten. Diese geheime Wissenschaft der Worte und Handlungen des Gesetzes war das Erbteil der Priester und Patrizier. Gleich den chaldäischen Astrologen kündeten sie ihren Klienten die Tage des Geschäftes und der Ruhe an; diese wichtigen Spielereien waren mit der Religion Numas verwoben, und auch nach der Kundmachung der zwölf Tafeln blieb das römische Volk fortwährend durch die Unkenntnis des gerichtlichen Verfahrens in Sklavenbande geschlagen. Der Verrat einiger plebejischer Beamter enthüllte endlich das einträgliche Geheimnis; in einem aufgeklärten Zeitalter wurden diese gesetzlichen Handlungen abwechselnd bespöttelt und befolgt, und dasselbe Altertum, das den Gebrauch dieser Ursprache heiligte, verwischte ihren Sinn und ihre Bedeutung.

Eine edlere Kunst wurde jedoch von den römischen Weisen geübt, die im engeren Sinn als die Begründer des Zivilrechts betrachtet werden können. Die Veränderung in der Sprache und den Sitten der Römer machte den Stil der zwölf Tafeln jedem nachwachsenden Geschlecht immer unverständlicher, und die zweifelhaften Stellen wurden durch die Forschungen der rechtskundigen Altertumsforscher nur unvollständig erklärt: die Zweideutigkeiten bestimmen, den weiten Sinn begrenzen, Grundsätze anwenden, Folgerungen ausdehnen und die wirklichen oder scheinbaren Widersprüche ausgleichen, war eine edlere und wichtigere Aufgabe, und die Deuter der alten Satzungen griffen in aller Stille in den Bereich der Gesetzgebung über. Ihre spitzfindigen Auslegungen und die Einsicht des Prätors reformierten die Tyrannei finsterer Jahrhunderte; wie befremdlich oder verworren auch die Mittel sein mochten, war doch der Zweck der künstlichen Jurisprudenz, die einfachen Gebote der Natur und Vernunft wiederherzustellen, und die Geschicklichkeit amtloser Bürger wurde mit Erfolg verwendet, um die öffentlichen Einrichtungen ihres Vaterlandes zu untergraben. Die fast tausendjährige Umwälzung von den zwölf Tafeln bis zur Regierung Justinians läßt sich in drei Perioden von fast gleicher Dauer teilen, die sich voneinander durch die Art der Lehre und den Charakter der Rechtslehrer unterscheiden. Stolz und Unwissenheit wirkten zusammen, um während der ersten Periode (a. u. c. 303–648) die Wissenschaft des Römischen Rechtes auf enge Grenzen zu beschränken. An den öffentlichen Markt- oder Versammlungstagen sah man die Meister der Kunst auf dem Forum umherwandeln, bereit, den nötigen Rat dem geringsten ihrer Mitbürger zu erteilen, von denen sie dankbare Erkenntlichkeit bei irgendeiner zukünftigen Abstimmung heischten. Hatten sie an Jahren und Würden zugenommen, so saßen sie daheim auf einem Stuhl oder Thron und harrten mit geduldigem Ernst des Besuches ihrer Klienten aus der Stadt und vom Land, die mit Tagesanbruch an ihre Tore klopften. Die Pflichten des gesellschaftlichen Lebens und die Zwischenfälle des gerichtlichen Verfahrens bildeten gewöhnlich den Gegenstand dieser Konsultationen, und die mündliche oder schriftliche Meinung der Rechtsratgeber richtete sich nach den Regeln der

Klugheit und des Gesetzes. Die Jünglinge ihres Standes oder ihrer Familien durften zuhören; ihre Kinder genossen die Wohltat eines privaten Unterrichtes; das mukische Geschlecht blieb z. B. lange wegen seiner erblichen Kenntnis des Zivilrechtes berühmt. Die zweite Periode, das gelehrte und glänzende Zeitalter der Jurisprudenz, kann von der Geburt Ciceros bis zur Regierung des Alexander Severus gerechnet werden. Ein System wurde gebildet, Schulen wurden errichtet, Bücher verfaßt, und sowohl lebende als tote Autoren trugen zur Belehrung des Studierenden bei. Das Tripartitum des Aelius Paetus, genannt der Schlaue, wurde als das älteste Werk der Rechtsgelehrsamkeit bewahrt. Der Zensor Cato leitet seinen Ruf von seinen Rechtsstudien und denen seines Sohnes her; der Name Mucius Scaevola wurde durch drei Rechtsgelehrte berühmt; die Vervollkommnung der Wissenschaft wurde jedoch dem Servius Sulpicius, ihrem Schüler und Ciceros Freund, zugeschrieben, und die lange Reihe, die mit gleichem Glanz unter der Republik wie unter den Cäsaren leuchtete, schließt endlich mit den ehrwürdigen Persönlichkeiten Papinians, Pauls und Ulpians. Ihre Namen und die verschiedenen Titel ihrer Arbeiten sind sorgfältig bewahrt worden, und das Beispiel des Labeo mag einen Beweis von ihrer Fruchtbarkeit und ihrem Fleiß geben. Dieser ausgezeichnete Rechtsgelehrte aus dem augusteischen Zeitalter verbrachte sein Leben teils in der Stadt, teils auf dem Lande, mit Geschäften oder Bücher schreibend. Vierhundert Bücher werden als die Frucht seiner Zurückgezogenheit aufgezählt. Von den Sammlungen seines Nebenbuhlers Capito wird das zweihundertfünfundneunzigste Buch ausdrücklich zitiert, und wenige Lehrer vermochten ihre Ansichten in weniger als hundert Bänden niederzulegen. In der dritten Periode, zwischen der Regierung Alexanders und jener Justinians, waren die Orakel der Rechtswissenschaft fast stumm. Das Maß der Forschung war erfüllt worden, auf dem Thron saßen Tyrannen und Barbaren, die tätigen Geister wurden durch religiöse Zwistigkeiten abgelenkt, und die Professoren von Rom, Konstantinopel und Berytus begnügten sich, demütig die Lehren ihrer erleuchteten Vorgänger zu wiederholen. Aus den langsamen Fortschritten und dem schnellen Verfall dieser Rechtsstudien läßt sich der Schluß ziehen, daß sie einen Zustand des Friedens und hoher Bildung fordern. Aus der Menge der in der Zwischenzeit von den römischen Rechtsgelehrten geschaffenen Werke ergibt sich klar, daß mit dem gewöhnlichen Grad von Urteilskraft, Erfahrung und Fleiß solche Studien betrieben, solche Werke verfaßt werden können. Das Genie Ciceros und Virgils wird um so tiefer gefühlt, weil keines aller folgenden Zeitalter fähig war, ein gleiches oder ähnliches hervorzubringen; aber die ausgezeichnetsten Rechtslehrer konnten die Überzeugung hegen, Schüler zu hinterlassen, die ihnen an Verdienst und Ruf gleichkamen oder sie übertrafen.

Die Jurisprudenz, die dem Bedürfnis der ersten Römer roh angepaßt war, wurde im siebenten Jahrhundert des Bestandes der Stadt durch ihre Vereinigung mit der griechischen Philosophie geglättet und veredelt. Die Scävolas waren durch Übung und Erfahrung belehrt worden; Servius Sulpicius aber war der erste Rechtsgelehrte, der seiner Kunst eine feste und allgemeine Grundlage gab. Um Wahrheit von Falschheit zu unterscheiden, wendete er als untrügliche Regel die Logik des Aristoteles und der Stoiker an, führte besondere Fälle auf allgemeine Grundsätze zurück und gestaltete die formlose Masse in ein glänzendes System der Ordnung. Cicero, sein Freund und Zeitgenosse, entsagte dem Ruf eines eigentlichen Rechtsgelehrten, aber die Jurisprudenz seines Vaterlandes wurde durch sein unvergleichliches Genie geschmückt, das jeden Gegenstand, den es berührt, in Gold verwandelt. Nach dem Beispiel Platons verfaßte er eine Republik und zum Gebrauch seiner Republik eine Abhandlung über die Gesetze, worin er sich bemüht, die Weisheit und Gerechtigkeit der römischen Verfassung von einem himmlischen Ursprung herzuleiten. Das ganze Weltall bildet nach seiner erhabenen Annahme ein unermeßliches Gemeinwesen; Götter und Menschen, die an der gleichen Wesenheit Anteil haben, sind Glieder derselben Gemeinde; die Vernunft schreibt das Gesetz der Natur und der Völker vor, und alle positiven Einrichtungen, wie immer durch Zufall oder Herkommen geändert, entstammen jener Rechtsregel, welche die Gottheit jedem tugendhaften Gemüt eingepflanzt hat. Von diesen philosophischen Mysterien schließt er milde die Skeptiker aus, weil sie sich weigern zu glauben, und die Epikuräer, weil sie sich weigern zu handeln. Die letzteren verschmähen, die Sorge für das Gemeinwohl zu tragen, er rät ihnen, in ihren schattigen Gärten zu schlummern. Aber er bittet inständig, die neue Akademie möge schweigen, weil ihre kühnen Einwürfe nur zu bald den schönen und wohlgeordneten Bau seines erhabenen Systems zerstören würden. Plato, Aristoteles und Zeno stellt er als die einzigen Lehrer dar, die einen Bürger mit den Pflichten des gesellschaftlichen Lebens vertraut machen und unterrichten. Von diesen wurde die Rüstung der Stoiker, als von härtestem Stahl erprobt, mithin vorzüglich, sowohl zum Gebrauch als zum Schmuck in den Schulen der Jurisprudenz getragen. Im Porticus lernten die römischen Rechtsgelehrten leben, denken und sterben; aber sie sogen in einem gewissen Grade die Vorurteile dieser Sekte ein: die Liebe zum Paradoxen, hartnäckige Streitsucht, kleinliches Kleben an Worten und Verbalunterscheidungen. Die Vorherrschaft der Form über die Materie wurde eingeführt, um das Eigentumsrecht zu bestimmen, und die Gleichheit der Verbrechen wird durch eine Meinung des Trebatius unterstützt, daß derjenige, der das Ohr berührt, den ganzen Körper berühre, und daß, wer von einer Korngarbe oder aus einem Weinfaß stiehlt, des Diebstahls des Ganzen schuldig sei.

Waffenhandwerk, Beredsamkeit und juristisches Studium beförderten einen Bürger zu den Ehrenstellen des römischen Staates, und diese drei Berufsarten erhielten zuweilen höheren Glanz durch ihre Vereinigung in einer und derselben Person. Bei Abfassung des Ediktes gab ein gelehrter Prätor seinen besonderen Ansichten Sanktion und Vorzug; die Meinung eines Zensors oder Konsuls wurde mit Ehrfurcht aufgenommen, und eine zweifelhafte Auslegung der Gesetze könnte durch die Tugenden oder Triumphe des Rechtsgelehrten unterstützt werden. Die patrizischen Künste wurden nicht mehr von dem Schleier des Geheimnisses umwoben, und in aufgeklärten Zeiten stellte die Freiheit der Forschung die allgemeinen Grundsätze der Jurisprudenz fest. Feine und verworrene Fälle fanden durch die Erörterung des Forums Aufhellung; Regeln, Axiome und Definitionen wurden als echte Gebote der Vernunft angenommen und die übereinstimmende Ansicht der Rechtslehrer in die Praxis der Tribunale aufgenommen. Aber diese Ausleger konnten die Gesetze der Republik weder geben noch vollstrecken, und die Richter mochten das Ansehen selbst der Scävolas geringschätzen, das häufig durch die Beredsamkeit oder Sophistik eines talentvollen Anwaltes über den Haufen geworfen wurde. Augustus und Tiberius verwendeten zuerst die Wissenschaft der römischen Rechtslehrer als nützlichen Hebel, und ihre knechtischen Bestrebungen paßten das alte System dem Geist und den Absichten des Despotismus an. Unter dem schönen Vorwand, die Würde der Wissenschaft zu schützen, wurde das Vorrecht, legale und gültige Gutachten zu unterzeichnen, auf Rechtsgelehrte von senatorischem oder ritterlichem Rang beschränkt, die durch das Urteil des Fürsten bestätigt worden waren, und dieses Monopol dauerte fort, bis Hadrian jedem Bürger, der sich seiner Fähigkeiten und Kenntnisse bewußt war, die Freiheit der Wahl dieses Berufes wiedergab. Die Klugheit des Prätors wurde nun durch die Sätze seiner Lehrer geleitet; die Richter wurden angewiesen, sowohl dem Text als dem Kommentar des Gesetzes zu gehorchen, und die Einführung der Kodizillen war eine merkwürdige Neuerung, die Augustus auf den Rat der Rechtsgelehrten guthieß.

Das unbedingteste Gebot konnte nur verlangen, daß die Richter mit den Gelehrten übereinstimmen sollten, insofern diese mit sich selbst übereinstimmten. Aber positive Einrichtungen sind oft das Ergebnis der Gewohnheit und des Vorurteils, Gesetze und Sprache sind zweideutig und willkürlich; wo die Vernunft nicht zu entscheiden vermag, wird die Liebe zur eigenen Ansicht durch Mißgunst der Nebenbuhler, Eitelkeit der Lehrer und blinde Anhänglichkeit der Schüler entflammt, und die römische Jurisprudenz teilte sich in zwei einst berühmte Sekten der Proculianer und der Sabinianer. Zwei Rechtsgelehrte, Atejus Capito und Antistius Labeo, schmückten den Frieden des augusteischen Zeitalters: Jener durch die Gunst seines Souveräns ausgezeichnet, der letztere berühmter durch seine Verachtung dieser Gunst und seinen unbeugsamen, obschon harmlosen Widerstand gegen den Tyrannen von Rom. Die Verschiedenartigkeit ihres Temperamentes übte Einfluß auf ihre Gesetzesstudien. Labeo hing der alten Republik an, sein Nebenbuhler bevorzugte die einträglichere Monarchie. Aber das Gemüt eines Höflings ist zahm und unterwürfig: Capito wagte es selten, von den Ansichten oder wenigstens von den Worten seiner Vorgänger abzuweichen, während der kühne Republikaner seine unabhängigen Ideen ohne Furcht vor Widersinnigem oder Neuerungen verfolgte. Die Freiheit des Labeo wurde indessen durch die Strenge seiner eigenen Schlußfolgerungen gefesselt, und er entschied nach dem Buchstaben des Gesetzes dieselben Fragen, die sein Nebenbuhler mit einer dem gemeinen Verstand und den menschlichen Gefühlen mehr zusagenden Rechtlichkeit löste. Wenn ein redlicher Tausch an die Stelle der Bezahlung in Geld getreten war, betrachtete Capito die Verhandlung immer als einen gesetzlichen Kauf. Hinsichtlich des Zeitpunktes der Geschlechtsreife zog er die Natur zu Rate, ohne seine Entscheidung genau auf die Periode zwischen zwölf oder vierzehn Jahren zu beschränken. Dieser Gegensatz der Ansichten pflanzte sich in den Schriften und Lehren der beiden Stifter fort; die Schüler des Capito beharrten in ihrem hartnäckigen Kampf vom Zeitalter des Augustus bis zu jenem Hadrians, und die beiden Sekten entlehnten ihre Namen dem Sabinus und Proclus, ihren berühmtesten Lehrern. Auch die Namen Cassianer und Pegasianer wurden beiden Parteien beigelegt; aber durch eine seltsame Verwechslung befand sich die republikanische Sache in den Händen des Pegasus, eines schüchternen Sklaven s, während der Günstling der Cäsaren durch Cassius verkörpert wurde, der auf seine Abstammung von dem patriotischen Mörder stolz war. Durch das ewige Edikt wurden die Streitigkeiten der Sekten zu einem großen Teil beendet. Der Kaiser Hadrian zog für dieses wichtige Werk das Haupt der Sabinianer vor, die Freunde der Monarchie gewannen die Oberhand, aber die Mäßigung des Salvius Julianus söhnte allmählich die Sieger und Besiegten aus. Gleich den zeitgenössischen Philosophen verwarfen die Rechtsgelehrten des Jahrhunderts der Antonine die Autorität eines Lehrers und nahmen von jedem System die wahrscheinlichsten Lehren an. Ihre Schriften würden jedoch minder bändereich geworden sein, wenn ihre Wahl einmütiger gewesen wäre. Das Gewissen des Richters wurde durch die Anzahl und das Gewicht nicht übereinstimmender Zeugnisse verworren, und jedes Urteil, wozu ihn Leidenschaft oder Eigennutz drängen mochte, wurde durch die Gewähr irgendeines ehrwürdigen Namens gerechtfertigt. Ein nachsichtiges Edikt des jüngeren Theodosius enthob ihn der Mühe, ihre Gründe zu vergleichen oder abzuwägen. Fünf Rechtslehrer, Cajus, Papinian, Paulus, Ulpian und Modestinus, wurden als Orakel der Jurisprudenz aufgestellt; eine Mehrheit war entscheidend; waren ihre Meinungen gleich geteilt, wurde der höheren Weisheit Papinians die ausschlaggebende Stimme zuerkannt.

Als Justinian den Thron bestieg, war die Reform des Römischen Rechtes eine ebenso unerläßliche als schwierige Aufgabe. Im Laufe von zehn Jahrhunderten hatte die unendliche Mannigfaltigkeit der Gesetze und gesetzlichen Meinungen viele tausend Bände angefüllt, die kein Reichtum kaufen und keine Arbeitskraft ordnen konnte. Bücher waren nicht leicht zu finden, und so blieben die Richter arm inmitten von Schätzen, auf ihre ununterrichtete Einsicht beschränkt. Die Untertanen in den griechischen Provinzen verstanden die Sprache nicht, in der über ihr Leben und Eigentum verfügt wurde, und der barbarische Dialekt der Lateiner wurde in den Akademien von Konstantinopel und Berytus unvollständig studiert. Als illyrischer Soldat war Justinian mit diesem Idiom von Kindheit an vertraut; in seiner Jugend hatte man ihn in den Lehren der Jurisprudenz unterrichtet, und als Kaiser wählte er die gelehrtesten Rechtswissenschaftler des Ostens, um mit ihnen an dem Werk der Reform zu arbeiten. Der Theorie der Gelehrten stand die Praxis der Anwälte und die Erfahrung der Richter bei, und das ganze Unternehmen wurde von dem Geist Tribonians beseelt. Dieser außerordentliche Mann, der gleichzeitig das größte Lob und den härtesten Tadel erntete, war in Sida in Pamphylien geboren. Sein Genie umfaßte, gleich jenem Bacons, alles Wissen des Jahrhunderts. Tribonian schrieb sowohl in Prosa als in Versen die merkwürdigsten und verschiedensten Gegenstände: zwei Panegyriken auf Justinian und das Leben des Philosophen Theodotus; über die Natur der Glückseligkeit und die Pflichten der Regierung; über die Bücher Homers und über die vierundzwanzig Arten des Versmaßes; über den astronomischen Kanon des Ptolemäus, die Veränderungen der Monate, die Häuser der Planeten und über das harmonische System des Universums. Mit der griechischen Literatur vereinigte er die Kenntnis der lateinischen Sprache, die Bücher der römischen Rechtsgelehrten waren in seiner Bibliothek vorhanden und ihr Inhalt in seinem Geiste aufgespeichert, und er pflegte auf das emsigste jene Künste, die den Weg zu Reichtum und Beförderung bahnen. Vom Anwalt vor dem Gericht der prätorianischen Präfekten erhob er sich zu den Ehrenstellen eines Quästors, Konsuls und Kanzlers; der Rat Justinians schenkte seiner Beredsamkeit und Weisheit Gehör, und der Neid wurde durch die Milde und Leutseligkeit seines Benehmens verringert. Der Vorwurf der Gottlosigkeit und Habsucht hat die Tugenden oder den Ruf Tribonians befleckt. An einem bigotten und verfolgungssüchtigen Hofe beschuldigte man den ersten Minister geheimen Abscheues gegen den christlichen Glauben und meinte, er hege die Ansichten eines Heiden und Atheisten, die, folgewidrig genug, den letzten Philosophen Griechenlands zugeschrieben worden sind. Seine Habsucht war klarer bewiesen und machte sich lebhafter fühlbar. Wenn ihn als Justizminister Geschenke leiteten, erinnert man sich abermals Bacons; das Verdienst Tribonians kann seine Niederträchtigkeit nicht sühnen, wenn er die Heiligkeit seines Berufes herabwürdigte und jeden Tag aus verworfenem Eigennutz Gesetze gab, abänderte, widerrief. In dem Aufstand von Konstantinopel bewilligte man dem wütenden, vielleicht gerecht entrüsteten Volk seine Entfernung; aber eiligst wurde der Quästor wiedereingesetzt, und bis zur Stunde seines Todes, über zwanzig Jahre, genoß er die Gunst und das Vertrauen des Kaisers. Seine passive und pflichtgetreue Unterwürfigkeit ist von Justinian selbst, dessen Eitelkeit ihn außerstand setzte, zu unterscheiden, wie oft diese Unterwürfigkeit in die gröbste Schmeichelei ausartete, mit Lob beehrt worden. Tribonian betete die Tugenden seines gnadenreichen Gebieters an; die Erde war eines solchen Fürsten unwürdig, und er heuchelte die fromme Furcht, daß Justinian gleich Elias und Romulus der Erde entrückt und lebendig an den Ort himmlischer Glorie versetzt werden könnte.

Wenn Cäsar die Reform des Römischen Rechtes vollbracht hätte, so würde sein schöpferischer Geist, erleuchtet durch Studium und Nachdenken, der Welt ein reines und ursprüngliches System der Jurisprudenz gegeben haben. Was die Schmeichelei auch flüstern mochte, scheute sich der Kaiser doch, seine eigene Ansicht als das Maß des Rechts aufzustellen; im Besitz der gesetzgebenden Macht nahm er die Hilfe und Meinung der Zeit in Anspruch, und seine mühsamen Zusammenstellungen werden durch die Weisen und Gesetzgeber vergangener Jahrhunderte geleitet. Statt einer in ein einfaches Modell von der Hand eines Künstlers gegossenen Statue bilden die Werke Justinians ein Konglomerat aus alten und kostbaren, aber nur zu oft unzusammengehörigen Bruchstücken. Im ersten Jahre seiner Regierung (Febr. 528) gebot er dem getreuen Tribonian, mit neun gelehrten Gehilfen die Satzungen seiner Vorfahren, wie sie seit Hadrians Zeit in den gregorianischen, hermogenianischen und theodosianischen Kodizes enthalten waren, zu prüfen, sie von Irrtümern und Widersprüchen zu reinigen, alles Veraltete und Überflüssige auszumerzen und die weisen, heilsamen, der Praxis der Gerichtshöfe und dem Besten der Untertanen angemessensten Gesetze auszuheben. Das Werk wurde in vierzehn Monaten vollendet, und die zwölf Bücher oder Tafeln, welche die neuen Dezemvirn schufen, waren bestimmt, die Arbeiten der römischen Vorfahren nachzuahmen. Der neue Kodex des Justinian wurde mit seinem Namen beehrt und durch seine kaiserliche Unterschrift bestätigt; authentische Abschriften wurden durch die Federn der Notare und Schreiber hergestellt, an die Obrigkeiten der europäischen, asiatischen und nachher der afrikanischen Provinzen gesandt und das Gesetz des Reiches an feierlichen Festen an den Kirchentüren verkündet. Eine schwierigere Arbeit war noch zu vollbringen: den Geist der Jurisprudenz aus den Entscheidungen und Mutmaßungen, den Fragen und Streitigkeiten der römischen Rechtsgelehrten herauszufinden. Siebzehn Rechtsgelehrte, Tribonian an ihrer Spitze, wurden (Dez. 530) von dem Kaiser ernannt, eine unumschränkte Gerichtsbarkeit über die Werke ihrer Vorgänger auszuüben. Insofern sie seine Befehle nur in zehn Jahren vollzogen hätten, wäre Justinian mit ihrem Fleiß zufrieden gewesen, und die schnelle Abfassung der Digesten oder Pandekten in drei Jahren verdient Lob oder Tadel, je nach der Güte der Ausführung. Aus der Bibliothek Tribonians wählten sie die vierzig berühmtesten Rechtsgelehrten früherer Zeiten; zweitausend Abhandlungen wurden in einen Abriß von fünfzig Büchern zusammengedrängt, und es ist sorgfältig bemerkt worden, daß drei Millionen Zeilen oder Sätze in diesem Auszug auf die mäßige Zahl von hundertfünfzigtausend vermindert worden waren. Die Ausgabe dieses großen Werkes wurde um einen Monat bis nach jener der Institutionen verzögert, weil es vernünftig schien, daß die Elemente des Römischen Rechtes dem Inbegriff desselben vorangingen. Nachdem der Kaiser die Gesamtansichten dieser Privatbürger gebilligt hatte, drückte er ihnen das Siegel seiner gesetzgebenden Vollgewalt auf; ihre Kommentare über die zwölf Tafeln, das ewige Edikt, die Gesetze des Volkes und die Senatsbeschlüsse traten an Stelle der Autorität des Textes, der als eine nutzlose, obschon ehrwürdige Reliquie des Altertums aufgegeben wurde. Der Kodex, die Pandekten und Institutionen wurden zur gesetzlichen Grundlage der Ziviljurisprudenz erklärt, sie allein vor den Gerichtshöfen zugelassen, sie allein in den Akademien von Rom, Konstantinopel und Berytus gelehrt. Justinian richtete an Senat und Provinzen seine ewigen Orakel, und sein Stolz schrieb unter der Maske der Frömmigkeit die Vollendung dieses großen Werkes der Hilfe und Eingebung der Gottheit zu.

Da der Kaiser Ruhm und Neid einer originellen Schöpfung ablehnte, können wir von ihm nur Methode, Auswahl, Treue, die bescheidenen, obschon unerläßlichen Tugenden eines Kompilators, verlangen. Es ist schwierig, unter den verschiedenen Kombinationen von Ideen einer einzigen den Vorzug zu geben; da aber die Ordnung Justinians in seinen drei Werken verschieden ist, können möglicherweise alle irrig sein, und es ist gewiß, daß zwei nicht richtig sein können. In der Auswahl alter Gesetze scheint er seine Vorgänger ohne Neid und mit gleicher Achtung betrachtet zu haben; die Reihenfolge konnte nicht über die Regierung Hadrians hinausgehen, und der engherzige, von Theodosius' Aberglauben eingeführte Unterschied zwischen Heidentum und Christentum war mit Zustimmung der gesamten Menschheit abgeschafft worden. Aber die Jurisprudenz der Pandekten ist auf eine Periode von hundert Jahren, vom ewigen Edikt bis zum Tode des Alexander Severus, beschränkt; die Stimme der Rechtsgelehrten, die unter den ersten Kaisern lebten, ist selten zugelassen worden, und nur drei Namen gehen auf das Zeitalter der Republik zurück. Der Günstling Justinians (hat man mit Bitterkeit behauptet) fürchtete, dem Lichte der Freiheit und der Würde römischer Weiser zu begegnen. Tribonian verurteilte die echte und vaterländische Weisheit des Cato, der Scävolas, des Suspizius zur Vergessenheit, während er Geister anrief, die mehr mit dem seinigen übereinstimmten, Syrier, Griechen und Afrikaner, die nach dem kaiserlichen Hofe strömten, um Latein als eine fremde Sprache und Jurisprudenz als einträgliches Gewerbe zu studieren. Aber die Minister Justinians waren angewiesen, nicht für die Wißbegierde der Altertumsforscher, sondern für das unmittelbare Wohl seiner Untertanen zu arbeiten. Ihre Pflicht gebot, die brauchbaren und praktischen Teile des Römischen Rechtes zu wählen, und wie vortrefflich auch die Schriften der alten Republikaner sein mochten, paßten sie doch nicht zu den neuen Sitten, der Religion und der Regierung. Ja, wenn uns die Lehrer und Freunde Ciceros bewahrt worden wären, würde vielleicht unsere Unparteilichkeit anerkennen, daß, die Reinheit der Sprache ausgenommen, ihr innerer Wert von den Schulen Papinians und Ulpians übertroffen wurde. Die Wissenschaft der Gesetze ist die langsame Frucht der Zeit und Erfahrung, und sowohl Methode als Material steht ganz natürlicherweise den neuesten Autoren zur Seite. Die Rechtsgelehrten unter der Regierung der Antonine hatten die Werke ihrer Vorgänger studiert, ihr philosophischer Geist hatte die Strenge des Altertums gemildert, die Formen des Verfahrens vereinfacht und sich von der Eifersucht und dem Vorurteil nebenbuhlender Sekten befreit. Die Wahl der Autoritäten, welche die Pandekten zusammensetzten, hing von der Einsicht Tribonians ab; aber die Macht seines Souveräns konnte ihn von den heiligen Pflichten der Wahrheit und Treue nicht befreien. Als Gesetzgeber des Reiches konnte Justinian die Satzungen der Antonine widerrufen oder als aufrührerisch die freien Grundsätze verdammen, die von den letzten römischen Rechtsgelehrten behauptet wurden. Aber das Dasein vergangener Tatsachen steht außer dem Bereich des Despotismus, und der Kaiser machte sich des Betruges und der Fälschung schuldig, indem er die Reinheit ihres Textes verdarb, die Worte und Begriffe seiner Tyrannei mit ihren ehrwürdigen Namen überschrieb und mit der Hand der Gewalt die reinen und authentischen Wahrzeichen ihrer Ansichten unterdrückte. Die Veränderungen und Fälschungen Tribonians und seiner Genossen werden dadurch entschuldigt, daß sie Einheitlichkeit erstrebten, aber ihre Bemühungen sind unzureichend gewesen, und die Antinomien oder Widersprüche des Kodex und der Pandekten beschäftigten noch die Geduld und die Spitzfindigkeit der neueren Rechtsgelehrten.

Von den Feinden Justinians ist das unbewiesene Gerücht verbreitet worden, der Urheber der Pandekten habe die Jurisprudenz des alten Rom in der eitlen Überzeugung vernichtet, daß sie entweder falsch oder überflüssig wäre. Ohne ein so abscheuliches Amt zu übernehmen, konnte der Kaiser die Erfüllung dieses zerstörungssüchtigen Wunsches mit aller Sicherheit der Unwissenheit oder Zeit überlassen. Vor Erfindung der Buchdruckerkunst und des Papiers konnten Schreibarbeit und -material nur von den Reichen bezahlt werden, und man kann mit Recht annehmen, daß der Preis der Bücher hundertmal so groß war, als er jetzt ist. Abschriften wurden langsam vervielfältigt und vorsichtig erneuert; Hoffnung auf Gewinn verlockte die frevelhaften Schreiber, die alten Schriftzüge auszulöschen, und Sophokles und Tacitus mußten das Pergament den Meßbüchern, Homilien und den goldenen Legenden abtreten. Wenn dies das Schicksal der schönsten Schöpfungen des Genies war, welche Dauer konnte man für die unerquicklichen und trockenen Werke einer veralteten Wissenschaft erwarten? Die Bücher über Jurisprudenz interessierten wenige und unterhielten niemanden; ihr Wert war von dem jeweiligen Brauch abhängig, und er sank für immer, sobald dieser Brauch durch die Neuerungen der Mode, höheres Verdienst oder die Autorität des Staates geändert wurde. Schon im Zeitalter des Friedens und der Gelehrsamkeit, zwischen Cicero und dem letzten der Antonine, hatte man sehr viele Verluste erlitten, und mehrere Sterne der Schule oder des Forums waren selbst den Wißbegierigen nur durch Überlieferung oder das Gerücht bekannt. Dreihundertsechzig Jahre der Unordnung und des Verfalls beschleunigten das Vergessen, und man kann mit Grund annehmen, daß von den Schriften, an deren Vernachlässigung man Justinian die Schuld gibt, viele in den Bibliotheken des Ostens damals nicht mehr zu finden waren. Man hielt die Schriften Papinians oder Ulpians, die der Reformator geächtet hatte, jeder weiteren Berücksichtigung für unwert; die zwölf Tafeln und die prätorianischen Edikte verschwanden allmählich, und die Denkmäler des alten Rom wurden durch den Neid oder die Unwissenheit der Griechen vernachlässigt oder vernichtet. Selbst die Pandekten entgingen nur mit Schwierigkeit und Gefahr dem allgemeinen Schiffbruch, und die Kritik hat das Urteil gefällt, daß alle Ausgaben und Abschriften des Westens von einer einzigen Urschrift herstammen. Sie wurde in Konstantinopel im Anfang des siebenten Jahrhunderts angefertigt, kam nacheinander durch die Wechselfälle des Krieges und Handels nach Amalfi, Pisa und Florenz und ist nun als eine heilige Reliquie in dem alten Palast der Republik niedergelegt.

Die erste Sorge eines Reformators muß sein, jeder künftigen Reform vorzubeugen. Um den Text der Pandekten, der Institutionen und des Kodex zu bewahren, war der Gebrauch von Ziffern und Abkürzungen streng verboten; und da sich Justinian erinnerte, daß das ewige Edikt unter der Wucht der Kommentare begraben worden war, bedrohte er mit Strafe für Fälschung die verwegenen Rechtsgelehrten, die es wagen würden, den Willen ihres Souveräns auszulegen oder zu verdrehen. Gelehrte, wie Accursius, Bartolus, Cujacius müssen über ihre angehäufte Schuld erröten, außer sie erkühnen sich, sein Recht zu bestreiten, die Herrschaft seiner Nachfolger und die Freiheit des menschlichen Geistes in Fesseln zu legen. Aber der Kaiser war nicht einmal imstande, seine eigene Unbeständigkeit zu meistern, und während er sich rühmte, den Tausch des Diomedes erneuert und Erz in Gold verwandelt zu haben, sah er die Notwendigkeit ein, sein Gold von dem Zusatz unedler Metalle zu reinigen. Kaum waren sechs Jahre seit der Kundmachung des Kodex verflossen, als er auch den unvollkommenen Versuch durch eine neue und genauere Ausgabe desselben Werkes verdammte, das er mit zweihundert seiner eigenen Gesetze und fünfzig Entscheidungen der dunkelsten und verwickeltsten Rechtspunkte bereicherte. Jedes Jahr, ja nach Procopius jeder Tag seiner langen Regierung wurde durch irgendeine Neuerung in den Gesetzen bezeichnet. Viele seiner Satzungen widerrief er selbst, viele wurden von seinen Nachfolgern verworfen, viele setzte die Zeit außer Wirkung; aber sechzehn Edikte und hundertachtundsechzig Novellen sind in den authentischen Grundstock der Ziviljurisprudenz aufgenommen worden. Nach der Meinung eines über die Vorurteile seines Berufes erhabenen Philosophen können diese unaufhörlichen und größtenteils unbedeutenden Abänderungen nur durch die Verderbtheit eines Fürsten erklärt werden, der ohne Scham seine Urteile und Gesetze verkaufte. Die Beschuldigung des geheimen Geschichtsschreibers ist in der Tat deutlich und hart, aber der einzige Fall, den er vorbringt, läßt sich ebensogut der Frömmigkeit oder Habsucht Justinians zuschreiben. Ein reicher bigotter Untertan hatte seine Verlassenschaft der Kirche von Emesa vermacht, und ihr Wert wurde durch die Geschicklichkeit eines Künstlers erhöht, der Schuldbekenntnisse und Zahlungsversprechungen mit den Namen der reichsten Syrier unterschrieb. Sie schützten die herkömmliche Verjährung von dreißig oder vierzig Jahren vor; ihr Einwand wurde aber durch ein rückwirkendes Edikt verworfen, das die Gültigkeit der Ansprüche der Kirche auf die Dauer von einem Jahrhundert ausdehnte. Das Edikt war so ungerecht und verworren, daß es, nachdem es zu dem benötigten Zweck gedient, klüglich von derselben Regierung widerrufen wurde. Wenn auch Unparteilichkeit den Kaiser selbst freispricht und die Schuld seiner Gattin und seinen Günstlingen gibt, muß der Verdacht eines so schändlichen Lasters dennoch die Majestät der Gesetze entwürdigen, und die Verteidiger Justinians müssen anerkennen, daß ein solcher Leichtsinn, aus was immer für einem Beweggrund, eines Gesetzgebers und Mannes unwürdig sei.

Monarchen lassen sich selten herab, die Lehrer ihrer Untertanen zu werden, aber Justinian verdient einiges Lob, weil auf seinen Befehl ein weitläufiges System in eine kurze Elementarabhandlung zusammengefaßt worden ist. Unter den verschiedenen Institutionen des Römischen Rechtes waren die des Cajus im Osten und Westen am meisten beliebt, und ihre Verbreitung mag als Beweis ihres Wertes gelten. Sie wurden von den kaiserlichen Bevollmächtigten, Tribonian, Theophilus und Dorotheus, gewählt, und die Freiheit und Reinheit der Antonine wurde durch gröberes Material eines entarteten Jahrhunderts verwischt. Dasselbe Buch, welches die Jugend von Rom, Konstantinopel und Berytus in das allmähliche Studium des Kodex und der Pandekten einführte, ist noch immer dem Geschichtsschreiber, Philosophen und Richter kostbar. Die Institutionen des Justinian sind in vier Bücher geteilt; sie gehen mit beachtenswerter Methode von I. den Personen zu II. den Sachen und von den Sachen zu III. den Klagen über, und der Artikel IV der Privatstreitigkeiten schließt mit den Prinzipien des Kriminalrechtes.

I. Die Verschiedenheit der Stände und Personen ist die festeste Grundlage einer gemischten und beschränkten Regierungsform. In Frankreich werden die Reste der Freiheit durch den Mut, die Ehre, ja selbst die Vorurteile von fünfzigtausend Edelleuten lebendig erhalten. Zweihundert Familien ergänzen in gerader Erbfolge den zweiten Zweig der englischen Gesetzgebung, der das Gleichgewicht der Verfassung zwischen dem König und den Gemeinen bewahrt. Die Einteilung in Patrizier und Plebejer, Fremde und Untertanen hat die Aristokratie von Genua, Venedig und dem alten Rom gestützt. Die vollkommene Gleichheit der Menschen ist der Punkt, in dem die Extreme der Demokratie und des Despotismus sich berühren, weil die Majestät des Fürsten oder des Volkes beleidigt werden würde, wenn es Menschen gäbe, die über ihre Mitsklaven oder Mitbürger erhöht wären. Während des Verfalls des Römischen Reiches wurden die stolzen Auszeichnungen der Republik allmählich abgeschafft, und der Verstand oder Instinkt Justinians vervollständigte die einfache Form einer unumschränkten Monarchie. Der Kaiser konnte die allgemeine Ehrfurcht nicht ausrotten, die stets dem Besitz erblichen Reichtums oder dem Andenken berühmter Ahnen zuteil wird. Er hatte Freude daran seine Feldherren, Beamten und Senatoren mit Titeln und Vorzügen zu beehren, und seine wandelbare Milde gewährte auch ihren Gattinnen und Kindern einige Strahlen ihres Glanzes. Aber vor dem Auge des Gesetzes waren alle römischen Bürger gleich, und alle Untertanen des Reiches waren Bürger von Rom. Diese unschätzbare Würde war zu einem veralteten und leeren Namen herabgesunken. Die Stimme eines Römers konnte nicht mehr Gesetze geben oder die jährlichen Diener der Macht ernennen; seine verfassungsmäßigen Rechte hätten dem unumschränkten Willen eines Gebieters Zügel anlegen können, und der kühne Abenteurer aus Germanien oder Arabien wurde mit gleicher Gunst zu bürgerlichem oder militärischem Befehl über eroberte Länder zugelassen, den anzunehmen einst nur der Bürger das Recht hatte. Die ersten Kaiser hatten streng über den Unterschied zwischen freier und sklavischer Geburt gewacht, die durch den Stand der Mutter entschieden wurde, und der Unparteilichkeit der Gesetze war Genüge geschehen, wenn ihre Freiheit auch nur während eines einzigen Augenblicks zwischen der Empfängnis und der Niederkunft nachgewiesen werden konnte. Die Sklaven, die von einem großmütigen Gebieter freigelassen wurden, traten sogleich in die Mittelklasse der Libertini oder Freigelassenen ein, die jedoch nie von den Pflichten des Gehorsams und der Dankbarkeit befreit werden konnten; die Früchte ihres Fleißes mochten beliebig beschaffen sein, so erbte ihr Patron und seine Familie den dritten Teil, ja selbst das ganze Vermögen, wenn sie ohne Kinder und Testament starben. Justinian achtete die Rechte der Patrone; seine Nachsicht erlöste aber die beiden unteren Klassen der Freigelassenen von der Schmach; wer immer aufhörte, Sklave zu sein, erhielt ohne Einschränkung und Verzug den Stand eines Bürgers, und endlich wurde auch der Vorzug der edlen Geburt, den die Natur verweigert hatte, durch die Allmacht des Kaisers geschaffen oder bestätigt. Alle Schranken des Alters, der Formalitäten oder der Zahl, die früher eingeführt worden waren, um dem Mißbrauch der Freilassungen und der zu schnellen Zunahme niedriger und dürftiger Römer Zügel anzulegen, wurden von ihm gänzlich aufgehoben, und der Geist seiner Gesetze beförderte das Erlöschen der häuslichen Sklaverei. Indessen waren die orientalischen Provinzen zur Zeit Justinians mit Scharen von Sklaven angefüllt, die entweder als solche geboren oder für ihre Gebieter gekauft worden waren; ihr Preis von zehn bis zu siebzig Goldstücken wurde durch ihr Alter, ihre Kraft und ihre Bildung bestimmt. Aber der Einfluß der Regierung und Religion verminderte fortwährend die Drangsale dieses abhängigen Standes, und der stolze Untertan fühlte sich nicht länger durch unumschränkte Macht über Leben und Glück seiner Leibeigenen geschmeichelt.

Das Gesetz der Natur drängt die meisten Tiere, ihre Jungen zu lieben und aufzuziehen. Das Gesetz der Vernunft schärft dem Menschen die Erwiderung dieser Liebe durch kindliche Liebe ein. Aber die ausschließliche, unumschränkte und ewige Herrschaft des Vaters über seine Kinder ist der römischen Jurisprudenz eigentümlich und scheint ebenso alt wie die Gründung der Stadt zu sein. Die väterliche Gewalt wurde von Romulus selbst eingeführt oder bestätigt, und nach deren Ausübung durch drei Jahrhunderte hindurch in die vierte Tafel der Dezemvirn eingegraben. Auf dem Forum, im Senat oder Lager genoß der erwachsene Sohn eines römischen Bürgers die öffentlichen und Privatrechte einer Person; im Hause seines Vaters war er eine bloße Sache, von den Gesetzen der beweglichen Habe, dem Nutzvieh und den Sklaven gleichgestellt, die ein eigenwilliger Gebieter veräußern oder vernichten konnte, ohne dafür vor irgendeinem irdischen Tribunal verantwortlich zu sein. Die Hand, die den täglichen Unterhalt gewährte, konnte diese freiwillige Gabe zurücknehmen, und was auch der Sohn durch Anstrengung oder Zufall erwarb, ging unmittelbar in das Eigentum des Vaters über. Seine gestohlenen Güter (seine Ochsen oder seine Kinder) konnten durch eine und dieselbe Diebstahlsklage zurückerlangt werden, und wenn dieser oder jener einen Schaden angerichtet hatte, stand es in seiner Willkür, entweder diesen zu vergüten oder dem Beleidigten das schuldige Tier zu überlassen. Aus Not oder Habsucht konnte das Familienoberhaupt frei über seine Kinder wie über seine Sklaven verfügen. Aber der Zustand des Sklaven war insofern weit vorteilhafter, als er durch die erste Freilassung seine veräußerte Freiheit wiedererlangte; der Sohn dagegen wurde seinem unnatürlichen Vater zurückgegeben, er konnte ein zweites und drittes Mal zur Sklaverei verdammt werden, und erst nach dem dritten Verkauf und der dritten Befreiung wurde er von der häuslichen, so oft mißbrauchten Gewalt gänzlich befreit. Ein Vater konnte die wirklichen oder eingebildeten Fehler seiner Kinder mit Geißelhieben, Einsperrung, Verbannung und dadurch bestrafen, daß er sie auf das Land sandte, um in Ketten mit den geringsten seiner Sklaven zu arbeiten. Die Majestät des Vaters war mit der Gewalt über Leben und Tod bewaffnet, und die Beispiele solcher blutiger Hinrichtungen, die zuweilen gepriesen, nie bestraft wurden, lassen sich in den Annalen Roms bis über die Zeiten des Pompejus und Augustus nachweisen. Weder Alter noch Rang noch die konsularische Würde noch die Ehren eines Triumphes vermochten den berühmtesten Bürger aus den Fesseln der Sohnespflicht zu lösen; seine eigenen Nachkommen waren in die Familie ihres gemeinsamen Ahnen eingeschlossen, und die aus der Adoption fließenden Rechte waren nicht minder heilig und nicht minder streng als jene der Natur. Die römischen Gesetzgeber hatten ohne Furcht, wenn auch nicht ohne Gefahr des Mißbrauches, ein unbegrenztes Vertrauen in das Gefühl väterlicher Liebe gesetzt, und der Druck wurde durch die Gewißheit gemildert, daß jede Generation der Reihe nach die erhabene Würde eines Vaters und Gebieters erlangen mußte.

Die erste Beschränkung der väterlichen Gewalt wird der Gerechtigkeit und Menschlichkeit des Numa zugeschrieben, und die Jungfrau, die mit ihres Vaters Einwilligung einen Freien zur Ehe genommen hatte, wurde gegen die Schmach geschützt, die Gattin eines Sklaven zu werden. In den ersten Jahrhunderten, als die Stadt durch ihre lateinischen und tuskischen Nachbarn oft bedrängt und ausgehungert wurde, mochte der Verkauf der Kinder häufig vorkommen; da aber ein Römer die Freiheit seiner Mitbürger gesetzlich nicht kaufen konnte, mußte der Markt bald leer und der Handel durch die Eroberungen der Republik vernichtet werden. Ein unvollständiges Eigentumsrecht wurde den Söhnen endlich zuerkannt, und die dreifache Einteilung in Profectitium, Adventitium und Professionale durch die Jurisprudenz des Kodex und der Pandekten bestimmt. Alle vom Vater beschafften oder verteilten Dinge dienten nur zum Gebrauch und blieben sein Eigentum; wenn jedoch seine Güter verkauft wurden, blieb der Sohnesanteil durch eine günstige Auslegung von den Forderungen des Gläubigers ausgeschlossen. Dem Sohn war von allem, was ihm durch Ehe, Geschenke oder Seitenerbschaft zufiel, das Eigentum gesichert; der Vater aber hatte, er wäre denn ausdrücklich ausgeschlossen worden, auf Lebenszeit die Nutznießung. Als gerechte und kluge Belohnung der militärischen Tapferkeit wurde die dem Feinde abgenommene Beute von dem Krieger allein besessen und vermacht; und eine billige Analogie dehnte dies auf die Erwerbungen durch eine edle Kunst, die Besoldung im Staatsdienst und die geheiligte Freigebigkeit des Kaisers und der Kaiserin aus. Das Leben eines Bürgers war dem Mißbrauch der väterlichen Gewalt minder ausgesetzt als sein Vermögen. Sein Leben konnte indessen den Interessen oder Leidenschaften eines unwürdigen Vaters zuwider sein; die Verbrechen, die aus der Verderbtheit des augusteischen Zeitalters flossen, wurden lebhafter von dessen Menschlichkeit gefühlt, und der grausame Erixo, der seinen Sohn geißelte, bis er verschied, konnte nur von dem Kaiser vor der gerechten Wut des Volkes gerettet werden. Der Despotismus des römischen Vaters wurde der Würde und Mäßigung eines Richters unterworfen. Die Gegenwart und Meinung des Augustus bestätigte gegen einen des Vatermordes Verdächtigen das Verbannungsurteil, das Arius von seinem häuslichen Richterstuhl gesprochen hatte. Hadrian verbannte den eifersüchtigen Vater auf eine Insel, welcher gleich einem Räuber die Gelegenheit benutzt hatte, um einen Jüngling, den blutschänderischen Liebhaber seiner Stiefmutter, zu verfolgen und zu ermorden. Eine Privatgerichtsbarkeit widerstrebt dem Geist der Monarchie; der Vater wurde statt Richter Ankläger und den Obrigkeiten von Alexander Severus befohlen, seine Klagen anzuhören und seinen Spruch zu vollstrecken. Er konnte seinem Sohn nicht mehr das Leben nehmen, ohne die Schuld des Mordes auf sich zu laden und dafür bestraft zu werden, und die Strafe des Verwandtenmordes, wovon ihn das pompejanische Gesetz ausgenommen hatte, wurde schließlich durch Konstantins Gerechtigkeit über ihn verhängt. Ein gleicher Schutz gebührt jeder Periode des Daseins, und die Vernunft muß der Menschlichkeit des Paulus Beifall zollen, weil er den Vater, der sein neugeborenes Kind erwürgt, verhungern läßt, verläßt oder an einem öffentlichen Ort aussetzt, um bei Fremden das Mitleid zu finden, das er ihm selbst verweigert, als des Verbrechens des Mordes schuldig erkennt. Aber das Aussetzen der Kinder war das herrschende und eingewurzelte Laster des Altertums; es wurde von Völkern, die niemals die römischen Begriffe von der väterlichen Gewalt hegten, zuweilen geächtet, häufig erlaubt und fast stets ungestraft ausgeübt; ja die dramatischen Dichter, die sich an das menschliche Herz wenden, sprechen mit Gleichgültigkeit von dieser gewöhnlichen, durch Beweggründe der Sparsamkeit und des Mitleids beschönigten Sitte. Wenn der Vater seine eigenen Gefühle bewältigen konnte, entging er zwar nicht dem Tadel, aber wenigstens der Züchtigung der Gesetze, und das Römische Reich wurde mit Kinderblut befleckt, bis solche Mordtaten von Valentinian und seinem Throngenossen in den Buchstaben und Geist des kornelischen Gesetzes eingeschlossen wurden. Die Lehren der Jurisprudenz und des Christentums hatten nicht hingereicht, um diese unmenschliche Gewohnheit auszurotten, bis zuletzt ihr milder Einfluß durch die Schrecken der Todesstrafe verstärkt wurde.

Die Erfahrung hat bewiesen, daß die Wilden die Tyrannen des weiblichen Geschlechtes sind und daß die Lage der Frauen durch die Verfeinerung des gesellschaftlichen Lebens gewöhnlich verbessert wird. In der Hoffnung auf eine kräftige Nachkommenschaft hatte Lykurg das erforderliche Alter für die Eheschließung erhöht; von Numa dagegen wurde festgesetzt, daß der römische Gatte eine reine und gehorsame Jungfrau im Alter von zwölf Jahren nach seinem Willen erziehen solle. Nach der Sitte des Altertums kaufte er seine Braut von ihren Eltern, und sie vollzog die Coemptio, indem sie mit drei Kupfermünzen die rechtmäßige Einführung in sein Haus und zu seinen Hausgöttern erkaufte. Ein aus Früchten bestehendes Opfer wurde in Gegenwart von zehn Zeugen dargebracht; die das Ehebündnis schließenden Parteien saßen auf demselben Schaffell; sie genossen von einem gesalzenen Kuchen aus Far oder Reis, und diese Confarreatio, die auf die ehemalige Nahrung von Italien deutete, war das Sinnbild ihrer geheimnisvollen Einheit von Seele und Leib. Die Gattin wurde bei dieser Vereinigung streng und anders als der Mann behandelt; sie entsagte dem Namen und der religiösen Verehrung des väterlichen Hauses, um in eine neue Sklaverei zu treten, die nur durch den Titel Adoption geschmückt wurde. Ein unvernünftiges und unzartes Gesetz erteilte der „Familienmutter" (ihre eigentümliche Benennung) die seltsamen Charaktere einer Schwester ihrer eigenen Kinder und einer Tochter ihres Ehemannes oder Gebieters, der mit der Fülle der väterlichen Gewalt bekleidet war. Seine Einsicht oder Laune billigte oder tadelte oder strafte ihr Benehmen; er hatte Gewalt über Leben und Tod, und es wurde eingeräumt, daß in Fällen des Ehebruches oder der Trunkenheit das Urteil mit Recht vollstreckt werden konnte. Sie erwarb und erbte zum alleinigen Vorteil ihres Gebieters; und so klar wurde die Gattin nicht als eine Person, sondern als eine Sache erklärt, daß sie in Ermanglung des ursprünglichen Rechtstitels wie jedes andere bewegliche Gut infolge des Gebrauches und Besitzes während eines Jahres vom Gatten gefordert werden konnte. Der römische Gatte erfüllte oder unterließ nach Belieben die eheliche Pflicht, die von den athenischen und jüdischen Gesetzen mit solcher Strenge eingeschärft wurde; da aber die Vielweiberei unbekannt war, konnte er in sein Bett nie eine schönere oder geliebtere Genossin aufnehmen.

Nach den punischen Siegen geizten die verheirateten Frauen Roms nach den gemeinsamen Wohltaten einer freien und reichen Republik; ihre Wünsche wurden durch die Nachsicht der Väter und Liebhaber erfüllt, und vergeblich widersetzte sich der ernste Zensor Cato ihrem Ehrgeiz. Sie lehnten die Feierlichkeiten der früheren Vermählungen ab, umgingen die Verjährung von zwölf Monaten durch dreitägige Abwesenheit und unterzeichneten, ohne ihren Namen und ihre Unabhängigkeit zu verlieren, die freisinnigen und bestimmten Bedingungen eines Ehevertrages. Die Nutznießung ihres Privatvermögens überließen sie ihren Gatten, sicherten sich aber ihr Eigentumsrecht; ein verschwenderischer Gatte konnte die Besitzungen seiner Frau weder veräußern noch verpfänden; ihre gegenseitigen Geschenke wurden gesetzlich verboten, und wenn der eine oder der andere Teil sich in dieser Beziehung falsch benahm, so konnte er sich einer Diebstahlsanklage aussetzen. Zu diesem lockeren und willkürlichen Vertrag waren religiöse und bürgerliche Feierlichkeiten weiter kein wesentliches Erfordernis, und zwischen Personen von gleichem Rang galt eine offenbare Gemeinschaft des Lebens als hinreichender Beweis der Vermählung. Die Würde der Ehe wurde wieder durch die Christen hergestellt, die alle geistige Gnade von den Gebeten der Gläubigen und dem Segen des Priesters oder Bischofs ableiteten. Ursprung, Gültigkeit und Pflichten dieser heiligen Einrichtung wurden nach der Überlieferung der Synagoge, den Lehren des Evangeliums und den Vorschriften allgemeiner oder Provinzialsynoden regaliert und das Gewissen der Christen durch die Beschlüsse und Strafen ihrer geistlichen Beherrscher eingeschüchtert. Die von Justinian bestellten Obrigkeiten waren jedoch der Obmacht der Kirche unterworfen; der Kaiser zog die ungläubigen Rechtslehrer des Altertums zu Rate, und die Wahl der Ehegesetze in Kodex und Pandekten ist durch die irdischen Beweggründe der Gerechtigkeit, Politik und die natürliche Freiheit beider Geschlechter geleitet.

Außer der Einwilligung beider Parteien, das Wesentliche jedes vernünftigen Vertrages, erforderte die Ehe der Römer die vorläufige Zustimmung der Eltern. Ein Vater konnte zwar durch neue Gesetze gezwungen werden, für die Bedürfnisse seiner erwachsenen Tochter zu sorgen; aber selbst seine Verstandeszerrüttung ließ man nicht allgemein als Grund der Unnötigkeit seiner Beistimmung gelten. Die Ursachen der Auflösung der Ehe wechselten bei den Römern; aber auch das feierlichste Sakrament, die Konfarreation, konnte durch einen Ritus von entgegengesetzter Tendenz vernichtet werden. In den ersten Jahrhunderten konnte ein Familienhaupt seine Kinder verkaufen, und seine Gattin wurde unter die Zahl seiner Kinder gerechnet; der häusliche Richter konnte den Tod über die Verbrecherin verhängen oder sie aus Milde bloß aus seinem Bette und Hause vertreiben; aber die Sklaverei der unglücklichen Frau war hoffnungslos und ewig; außer er machte zu seinem eigenen Frommen das nur dem Manne zuständige Recht der Scheidung geltend. Man hat der Tugend der Römer, die sich der Ausübung dieses lockenden Vorrechtes fünfhundert Jahre lang enthielten, die wärmsten Lobsprüche gezollt; aber diese Tatsache beweist die ungleichen Bedingungen einer Vereinigung, wobei die Sklavin nie ihrem Tyrannen entsagen konnte und der Tyrann seine Sklavin nicht von sich lassen wollte. Als die römischen Frauen die gleichberechtigten und freiwilligen Genossen ihrer Männer wurden, kam das neue Recht auf, daß die Ehe wie jede andere Genossenschaft durch den Rücktritt eines Teiles aufgelöst werden könne. Während drei Jahrhunderte des Wohlstandes und der Verderbnis wurde dieser Grundsatz häufig und unheilvoll mißbraucht. Leidenschaft, Eigennutz, Laune gaben tagtäglich Beweggründe zur Auflösung der Ehe; ein Wort, ein Zeichen, eine Botschaft, ein Brief, die Botschaft durch einen Freigelassenen überbracht, erklärte die Trennung, und die heiligste aller menschlichen Verbindungen artete zu einer vorübergehenden Vereinigung des Nutzens oder Vergnügens aus. Je nach den verschiedenen Lagen des Lebens fühlten abwechselnd beide Geschlechter die Schmach und das Unrecht; eine unbeständige Gattin übertrug ihren Reichtum auf eine andere Familie und überließ eine zahlreiche, vielleicht im Ehebruch erzeugte Nachkommenschaft der väterlichen Gewalt und Fürsorge ihres gewesenen Gatten; eine schöne Jungfrau konnte im Alter arm und elend in die Welt hinausgestoßen werden. Das Sträuben der Römer, als Augustus in sie drang, sich häufiger zu vermählen, zeigt hinreichend an, daß die herrschenden Einrichtungen dem männlichen Geschlecht ungünstiger waren. Eine glänzende Theorie, die beweist, daß die Freiheit der Ehetrennung zu Glück und Tugend nicht beitrage, wird durch diesen freiwilligen und vollkommenen Umstand gestützt. Die Leichtigkeit der Scheidung muß alles gegenseitige Vertrauen stören und den kleinsten Zwist lichterloh aufflammen lassen; der geringe, leicht zu beseitigende Unterschied zwischen einem Gatten und Fremden wird noch schneller vergessen werden, und die Frau, die sich in fünf Jahren den Umarmungen von acht Ehemännern hingeben kann muß jedes Gefühl für Keuschheit verlieren.

Mit ungenügenden Gegenmitteln wurde aus der Ferne mit zögernden Schritten das rasche Umsichgreifen des Übels bekämpft. Die alte Religion der Römer besaß eine besondere Göttin, um die Klagen des ehelichen Lebens anzuhören und zu schlichten; aber ihr Beiname Viriplaca, Versöhnerin der Männer, deutet nur klar darauf hin, von welcher Seite Unterwerfung und Reue stets erwartet wurde. Jede Handlung der Bürger war dem Urteil der Zensoren unterworfen; der erste, der sich des Ehescheidungsrechtes bediente, gab auf ihren Befehl die Beweggründe seines Verhaltens an, und ein Senator wurde ausgestoßen, weil er seine jungfräulich Braut verstoßen hatte, ohne seine Freunde in Kenntnis zu setzen und zu Rate zu ziehen. Sooft eine Klage auf Rückgabe einer Mitgift gemacht wurde, prüfte der Prätor, als Hüter des Rechtes, den Fall und die Charaktere und entschied zugunsten der schuldlosen oder gekränkten Partei. Augustus, der die Gewalten dieser beide Obrigkeiten in sich vereinigte, schlug verschiedene Wege ein, um die Zügellosigkeit der Scheidung zu hemmen oder zu bestrafen. Die Anwesenheit von sieben römischen Zeugen war zur Gültigkeit dieser feierlichen und überlegten Handlung erforderlich; wenn der Mann irgendeine erhebliche Schuld hatte, mußte er, statt einen Aufschub von zwei Jahren zu erhalten, die Mitgift sogleich zurückzahlen, konnte er dagegen das Benehmen seiner Gattin anklagen, büßte sie Schuld oder Leichtsinn mit dem Verlust des sechsten oder achten Teiles derselben. Die christlichen Fürsten waren die ersten, die rechtmäßige Gründe für die Ehetrennung anführten; ihre Satzungen schwanken von Konstantin bis Justinian zwischen dem Herkommen im Reich und den Wünschen der Kirche, und der Verfasser der Novellen ändert nur zu häufig die Jurisprudenz des Kodex und der Pandekten ab. Nach dem strengen Gesetz war eine Gattin verdammt, einen Spieler, einen Trunkenbold, einen Wüstling zu ertragen, außer er machte sich Mordes, Vergiftung oder Kirchenfrevels schuldig, in welchen Fällen die Ehe, wie man meinen sollte, ohnehin durch die Hand des Henkers aufgelöst wurde. Aber das heilige Recht des Gatten, seinen Namen und seine Familie von der Schmach des Ehebruches zu befreien, wurde unwandelbar aufrechterhalten; die Liste der Todsünden, der Männer wie Frauen, wurde durch spätere Verordnungen bald verkürzt, bald verlängert und unheilbares Unvermögen, lange Abwesenheit und klösterliches Gelübde als ehetrennend angenommen. Wer die Gesetze überschritt, zog sich verschiedene und schwere Strafen zu. Die Frau wurde ihres Reichtums und Schmuckes, selbst die Haarnadel nicht ausgenommen, beraubt; nahm der Mann eine neue Braut in sein Bett auf, so war ihre Habe kraft des Rechtes der Rache seiner verstoßenen Gattin verfallen. Die Vermögenswegnahme wurde zuweilen in eine Geldbuße umgewandelt und letztere manchesmal durch Abführung nach einer Insel oder Einsperrung in ein Kloster verschärft; der beleidigte Teil wurde von den Banden der Ehe losgesprochen, der Beleidiger aber auf Lebenszeit oder auf eine gewisse Dauer von Jahren von einer Wiedervermählung ausgeschlossen. Der Nachfolger Justinians gab den Bitten seiner unglücklichen Untertanen nach und stellte die Möglichkeit der Eheauflösung durch beiderseitige Einwilligung wieder her; die Rechtslehrer waren einig, die Theologen uneinig, und das doppelsinnige Wort, welches das Gebot Christi enthält, ist jeder Auslegung fähig, welche von der Weisheit eines Gesetzgebers verlangt werden kann.

Die Freiheit der Liebe und Ehe wurde bei den Römern durch natürliche und bürgerliche Hindernisse in Schranken gehalten. Ein fast angeborener und allgemeiner Instinkt scheint den blutschänderischen Verkehr zwischen Eltern und Kindern in der unendlichen Reihe aufsteigender und absteigender Generationen zu verbieten. In betreff der Seitenverwandten ist die Natur gleichgültig, die Vernunft stumm, der Gebrauch verschieden und willkürlich. In Ägypten wurde die Ehe zwischen Geschwistern ohne Bedenken und Ausnahme zugelassen; ein Spartaner durfte sich mit der Tochter seines Vaters, ein Athenienser mit jener seiner Mutter vermählen; die eheliche Verbindung zwischen Oheim und Nichte sah man zu Athen als eine glückliche Vereinigung der teuersten Verwandten an. Die weltlichen Gesetzgeber Roms wurden nie durch Eigennutz und Aberglauben verleitet, die Eheschließung zwischen nahen Verwandten zu gestatten, aber sie verdammten unbeugsam die Ehe zwischen Geschwistern, schwankten, ob nicht auch Geschwisterkinder mit demselben Verbot belegt werden sollten, ehrten den elterlichen Charakter von Tante und Onkel und behandelten Schwägerschaft und Kindesstattannahme als rechtskräftige Nachahmung der Bande des Blutes. Nach den stolzen Grundsätzen der Republik konnte eine gesetzliche Ehe nur zwischen freien Bürgern eingegangen werden; eine ehrenvolle, wenigstens freie Geburt war für die Gattin eines Senators erforderlich; aber das Blut der Könige konnte sich nie in gesetzlicher Ehe mit dem Blute eines Römers mischen, und der Name einer Fremden zwang Kleopatra und Berenice, als die Konkubinen des Marcus Antonius und Titus leben zu müssen. Diese mit der Majestät in so grellem Widerspruch stehende Benennung kann nur im weitesten Sinn auf die Sitten solcher orientalischer Königinnen angewendet werden. Eine Konkubine im strengen Sinne der Rechtsgelehrten war eine Frau von knechtischem oder plebejischem Herkommen, die einzige und getreue Gefährtin eines römischen Bürgers, der im Stand der Ehelosigkeit blieb. Ihre bescheidene Stellung unter einer Gattin, jedoch über einer Prostituierten, wurde von den Gesetzen anerkannt und gebilligt; vom Zeitalter des Augustus bis zum zehnten Jahrhundert herrschte diese Ehe zweiter Art sowohl im Westen als im Osten vor, und die demütigenden Tugenden einer Konkubine wurden häufig dem Pomp und Hochmut einer edlen Frau vor gezogen. In einer solchen Verbindung genossen die beiden Antonine, die Besten der Fürsten und Menschen, die Freuden der häuslichen Liebe; ihr Beispiel wurde von vielen Bürgern nachgeahmt, die das Zölibat nicht zu ertragen vermochten, aber auf ihre Familien Rücksicht nahmen. Wenn sie zu irgendeiner Zeit ihre natürlichen Kinder zu legitimieren wünschten, wurde diese Umwandlung alsbald durch die Hochzeitsfeier mit einer Genossin von bereits erprobter Fruchtbarkeit und Treue vollbracht. Durch dieses Beiwort natürlich unterschieden sich die Abkommen einer Konkubine von den unechten Kindern des Ehebruches, der Prostitution und der Blutschande, denen Justinian mit Widerstreben den notwendigen Lebensunterhalt gewährt; jene natürlichen Kinder aber erbten den sechsten Teil des Vermögens ihres angeblichen Vaters. Nach der Strenge der Gesetze hatten die Bastarde bloß ein Recht auf Namen und Stand der Mutter, durch welche sie den Charakter eines Sklaven, Fremden oder Bürgers erhielten. Die Verstoßenen jeder Familie wurden ohne Vorwurf als Kinder des Staates adoptiert.

Das Verhältnis zwischen Mündel und Vormund, das so viele Blätter der Institutionen und Pandekten füllt, ist sehr einfacher und gleichförmiger Natur. Person und Eigentum einer Waise müssen stets der Obhut eines einsichtsvollen Freundes anvertraut sein. Hatte der verstorbene Vater seine Wahl nicht erklärt, so waren die Agnaten oder väterlichen Verwandten des nächsten Grades gezwungen, als natürliche Vormünder zu handeln; die Athenienser scheuten sich, den Unmündigen der Gewalt dessen auszusetzen, der durch seinen Tod am meisten gewann; aber ein Grundsatz der römischen Rechtsgelehrsamkeit hat ausgesprochen, daß die Obhut stets dem gebühre, für den die Hoffnung der Erbschaft sprach. Wenn durch die Wahl des Vaters oder die Linie der Blutsverwandtschaft kein tauglicher Vormund bestimmt wurde, geschah dies durch den Prätor der Stadt oder den Präsidenten der Provinz. Aber die Person, die zu diesem öffentlichen Amt ernannt wurde, konnte nach dem Gesetz durch Wahnsinn oder Blindheit, durch Unwissenheit oder Unfähigkeit, durch frühere Feindschaft oder widerstrebendes Interesse, durch die Zahl der Kinder oder Vormundschaften, womit sie bereits belastet war, sowie auch durch die den nützlichen Berufen der Richter, Rechtsgelehrten, Ärzte und Lehrer gewährten Ausnahmen entschuldigt werden. Bis das Kind sprechen, bis es denken konnte, wurde es durch den Vormund vertreten, dessen Vormundschaft mit dem Alter der Mündigkeit ihr Ende erreichte. Ohne seine Zustimmung konnte keine Handlung des Mündels ihn zu seinem Nachteil binden, obwohl er andere zu seinem persönlichen Vorteil verpflichten konnte. Es wäre überflüssig zu bemerken, daß der Vormund oft Bürgschaft leistete, stets Rechnung ablegte und daß Mangel an Ernst oder Redlichkeit ihm eine bürgerliche, ja fast peinliche Klage wegen Verletzung heiligster Vertrauenspflichten zuzog. Das Alter der Mündigkeit war von den Rechtsgelehrten etwas übereilt auf vierzehn Jahre festgesetzt worden; da jedoch die Fähigkeiten der Seele langsamer reifen als jene des Körpers, wurde ein Kurator eingesetzt, um die Habe eines römischen Jünglings gegen dessen eigene Unerfahrenheit oder halsstarrige Leidenschaften zu schützen. Ein solcher Hüter war zuerst durch den Prätor bestellt worden, eine Familie gegen die blinde Verwüstung eines Verschwenders oder Rasenden zu schützen; den Minderjährigen dagegen zwangen dieselben Gesetze, gleichen Schutz anzusuchen, um seinen Handlungen Gültigkeit zu verleihen, bis er das Alter von fünfundzwanzig Jahren erreicht hatte. Frauen waren zur ewigen Bevormundung durch Eltern, Gatten, Vormünder verurteilt; das Geschlecht, das zur Lust und zum Gehorsam geboren ist, wurde nie angesehen, als hätte es das Alter der Vernunft und Erfahrung erreicht. So wenigstens gebot der ernste und hohe Geist alter Gesetze, die jedoch schon vor Justinians Zeit allmählich gemildert worden waren.

II. Das ursprüngliche Recht des Eigentums kann nur durch den Zufall oder das Verdienst früherer Besitzergreifung gerechtfertigt werden, worauf es auch nach der weisen Ansicht der Rechtsgelehrten beruht. Der Wilde, der den Baum höhlt, an der hölzernen Handhabe einen scharfen Stein befestigt, aus dem biegsamen Zweig den Bogen macht, wird berechtigterweise rechtmäßiger Eigentümer des Kahns, der Axt, des Bogens. Allen ist der Stoff gemeinsam; die neue Form, das Erzeugnis seiner Zeit und seines einfachen Fleißes gehören ihm allein. Die hungrigen Brüder des Jägers können ihm ohne Bewußtsein des Unrechtes das Wild des Waldes nicht abnehmen, das durch seine persönliche Kraft und Gewandtheit erlegt worden ist. Wenn seine Fürsorge die zahmen Tiere, deren Natur Aufziehung gestattet, bewahrt und vermehrt, erwirbt er ein ewiges Recht auf Nutzen und Dienstleistung ihrer zahlreichen Nachkommenschaft, weil sie ihm allein ihr Dasein verdankt. Steckt er zu ihrem und seinem Unterhalt ein Feld ab und bebaut es, so verwandelt er eine dürre Wiese in fruchtbaren Boden: Samen, Düngung, Arbeit schaffen neuen Wert, die Ernte beruht auf dem sauren Schweiß des abgelaufenen Jahres. In den Entwicklungszuständen der Gesellschaft können der Jäger, der Hirte, der Landwirt ihre Besitzungen durch jene zwei Gründe verteidigen, die am kräftigsten zum menschlichen Herzen sprechen: daß nämlich, was sie genießen, ihres eigenen Fleißes Frucht sei, und daß jeder, der ihr Glück ihnen neide, sich ein ähnliches durch gleichen Fleiß verschaffen könne. Das fürwahr wäre die Freiheit, der Überfluß einer kleinen, auf eine fruchtbare Insel geschleuderten Kolonie. Die Kolonie aber wächst an, während die Ausdehnung des Bodens dieselbe bleibt; die Gemeinrechte, das gleiche Erbe der Menschheit werden von den Kühnen und Listigen erworben, jedes Feld, jeder Wald durch die Landmarken eines eifersüchtigen Herrn umschrieben; es gebührt besonderes Lob der römischen Jurisprudenz, daß sie das Recht des ersten Besitzergreifers auf die wilden Tiere der Erde, der Luft und des Wassers ausdehnt. Von anfänglicher Gleichheit zur schließlichen Ungerechtigkeit sind die Stufen klein, die Schattierungen fast unwahrnehmbar, und das unumschränkte Monopol wird durch positive Gesetze und erkünstelte Vernunft bewahrt. Der tätige, unersättliche Grundsatz der Eigenliebe kann allein die Künste der Lebenslehren und den Lohn des Fleißes schaffen, und sobald bürgerliche Regierung und ausschließliches Eigentum eingeführt worden sind, waren sie zum Dasein des Menschengeschlechtes notwendig. Mit Ausnahme der eigentümlichen Einrichtungen Spartas haben die weisesten Gesetzgeber ein Landteilungsgesetz als eine irrige und gefährliche Neuerung geächtet. Bei den Römern überstieg das außerordentliche Mißverhältnis des Reichtums die ideellen Schranken einer zweifelhaften Überlieferung und einer veralteten Satzung; einer Überlieferung, die den ärmsten Anhänger des Romulus mit einem ewigen Besitz von zwei Jugera ausstattete, und einer Satzung, die den reichsten Bürger auf das Maß von fünfhundert Jugera oder dreihundertzwölf Acker Landes beschränkte. Das ursprüngliche Gebiet von Rom bestand bloß aus einigen Meilen Wald- und Weideland längs den Ufern des Tibers, und heimischer Austausch konnte zum Nationalreichtum nichts hinzufügen. Die Güter eines Fremden oder Feindes aber gebührten gesetzlich dem ersten feindlichen Besitzergreifer; die Stadt wurde durch das gewinnbringende Gewerbe des Krieges bereichert, und das Blut ihrer Söhne war der einzige Preis, der für die völkischen Schafe, die Sklaven von Britannien oder das Gold und die Edelsteine der asiatischen Königreiche bezahlt wurde. In der Sprache der alten Jurisprudenz, die vor Justinians Zeit verderbt und vergessen worden war, wurde diese Beute durch den Ausdruck Manceps oder Mancipium, mit der Hand Genommenes, unterschieden, und sooft sie verkauft oder freigemacht wurden, verlangte der Käufer Gewißheit, daß sie das Eigentum eines Feindes, nicht eines Mitbürgers gewesen seien. Ein Bürger konnte seine Rechte nur durch offenbare Aufgabe verwirken, und es war nicht leicht anzunehmen, daß ein wertvoller Gegenstand aufgegeben werde. Die Verjährungszeit, die die zwölf Tafeln bestimmten, vernichteten den Anspruch des vorigen Herrn innerhalb eines Jahres für bewegliche, und innerhalb zwei Jahren für unbewegliche Habe, wenn der gegenwärtige Besitzer sie durch eine gesetzliche Handlung von der Person erwarb, die er für den rechtmäßigen Eigentümer hielt. Eine solche auf das Gewissen bauende Ungerechtigkeit, die keine Beimischung von Betrug oder Gewalt hatte, konnte den Mitgliedern einer kleinen Republik selten Schaden zufügen; die von Justinian festgesetzten Perioden von drei, zehn oder zwanzig Jahren paßten besser zu der Ausdehnung eines großen Reiches. Nur in der Dauer der Verjährung haben die Rechtslehrer einen Unterschied zwischen dinglichem und persönlichem Vermögen gemacht, und ihr allgemeiner Begriff von Eigentum ist einfache, gleichförmige und unumschränkte Gewalt. Die untergeordneten Ausnahmen des Gebrauchs, der Nutznießung und des sogenannten „Servituts" zum Vorteil eines Nachbarn auf ein Grundstück oder ein Haus finden sich von den Lehrern der Rechtsgelehrsamkeit weitläufig erklärt. Die Eigentumsrechte, insofern sie durch Mengung, Teilung oder Umwandlung der Substanzen verändert werden, sind von denselben Rechtsgelehrten mit metaphysischer Schärfe erörtert.

Das persönliche Recht des ersten Besitzers muß mit seinem Tode enden; der Besitz aber dauert ohne Anschein einer Veränderung friedlich in seinen Kindern fort, den Genossen seiner Arbeiten, den Teilhabern seines Reichtums. Diese natürliche Art der Erbschaft ist von den Gesetzgebern aller Himmelsstriche und Jahrhunderte beschützt worden, und der Vater wird durch die liebevolle Hoffnung, eine lange Nachkommenschaft werde die Früchte seines Fleißes genießen, ermutigt, erst in ferner Zeit einträgliche Verbesserungen vorzunehmen. Das Prinzip der Erbfolge ist allgemein, die Ordnung aber wurde verschiedenartig durch Zweckmäßigkeit und Laune, den Geist der Nationaleinrichtungen oder irgendein einziges, ursprünglich durch Betrug oder Gewalt entschiedenes Beispiel festgesetzt. Die Jurisprudenz der Römer scheint von der Natur bei weitem weniger abgewichen zu sein als die jüdischen, atheniensischen oder englischen Satzungen. Beim Tode eines Bürgers waren alle seine Nachkommen, sie wären denn bereits von der väterlichen Gewalt befreit gewesen, zur Erbschaft seiner Besitzungen berufen. Das hochmütige Vorrecht der Erstgeburt war unbekannt; die beiden Geschlechter waren gerechterweise gleichgestellt, alle Söhne und Töchter hatten Anrecht auf einen gleichen Teil der väterlichen Verlassenschaft, und war einer der Söhne durch den frühen Tod hinweggerafft worden, so wurde seine Person von seinen hinterlassenen Kindern vertreten und unter sie die Quote verteilt, die auf ihn gefallen wäre. Bei Mangel einer direkten Linie muß das Erbfolgerecht auf die Seitenzweige übergehen. Die Verwandtschaftsgrade werden von den Rechtsgelehrten als aufsteigend von dem letzten Besitzer bis zu einem gemeinsamen Erzeuger und als absteigend von dem gemeinsamen Erzeuger zu dem nächsten Erben festgesetzt: mein Vater steht im ersten Grade, mein Bruder im zweiten, seine Kinder im dritten, und die ganze übrige Reihe läßt sich leicht denken oder in einem Stammbaum darstellen. Bei dieser

Berechnung wurde jedoch eine für die Gesetze, ja selbst die Verfassung Roms wesentliche Unterscheidung gemacht: die Agnaten oder in männlicher Linie Verwandten waren je nach dem Grad zur Teilung berufen; ein Weib aber konnte keine gesetzlichen Ansprüche übertragen und die Kognaten jeder Klasse, Mutter und Sohn nicht ausgenommen, wurden von den zwölf Tafeln als Fremde und Nichtangehörige ausgeschlossen. Bei den Römern war eine Gens oder ein Geschlecht durch gemeinsamen Namen und Hausgottesdienst verbunden; die verschiedenen Beinamen oder Zunamen Scipio oder Marcellus unterschieden voneinander die untergeordneten Zweige des Geschlechtes der Kornelier oder Klaudier; der Mangel der Agnaten desselben Zunamens wurde durch die umfassendere Benennung der Gentiles ersetzt, und die Wachsamkeit der Gesetze bewahrte in demselben Geschlechtsnamen, Religion und Eigentum. Ein ähnliches Prinzip brachte das vokonianische Gesetz hervor, welches das Recht der weiblichen Erbfolge abschaffte. So lange Jungfrauen zur Ehe geschenkt oder gekauft wurden, vernichtete die Adoption als Gattin ihre Hoffnungen als Tochter. Aber durch eine Anzahl einander nachfolgender unabhängiger Frauen wurde ihr Stolz und ihre Üppigkeit gehoben und sie konnten in ein fremdes Haus die Reichtümer ihrer Väter bringen. Die Maximen Catos verlangten eine dauernde, gerechte, ehrbare, mittlere Wohlhabenheit in der Familie, bis weibliche Lockungen allmählich triumphierten und jeder heilsame Zaum in der phantastischen Größe der Republik verlorenging. Die Strenge der Dezemvirn wurde durch die Nachsicht der Prätoren gemildert. Ihre Edikte gaben emanzipierten und nachgeborenen Kindern wieder die Rechte der Natur, und bei Ermanglung von Agnaten zogen sie das Blut der Kognaten dem Namen der Gentiles vor, deren Rechtstitel und Charakter allmählich in Vergessenheit gerieten. Die Menschenfreundlichkeit des Senats setzte in den tertullianischen und orphitianischen Beschlüssen die gegenseitige Erbfolge von Müttern und Söhnen fest. Eine neue und unparteiische Ordnung wurde durch die Novellen Justinians eingeführt, der sich den Anschein gab, die Jurisprudenz der zwölf Tafeln wiederherzustellen. Die Linien der männlichen und weiblichen Blutsverwandten wurden vermischt, die absteigenden, aufsteigenden und seitenverwandtschaftlichen Stämme genau bestimmt, und jeder Grad, je nach Blutsverwandtschaft und Liebe, war in den Besitztümern eines römischen Bürgers erbfolgeberechtigt.

Die Erbfolgeordnung wird durch die Natur oder wenigstens durch die allgemeine und unwandelbare Vernunft des Gesetzgebers bestimmt, häufig aber durch willkürliche und parteiische Testamente verletzt, welche die Herrschaft des Testators über das Grab hinaus verlängern. In einer einfachen Gesellschaftsordnung wird diesem letzten Gebrauch oder Mißbrauch des Eigentumsrechtes selten Raum gegeben; es wurde zu Athen durch die Gesetze Solons eingeführt, und die zwölf Tafeln gestatten dem Familienvater Privattestamente. Vor der Zeit der Dezemvirn trug ein römischer Bürger seine Wünsche und Beweggründe der Versammlung der dreißig Kurien oder Bezirke vor, und das allgemeine Erbrecht wurde für den Einzelfall geändert. Infolge der Erlaubnis der Dezemvirn verkündete jeder Privatgesetzgeber sein mündliches oder schriftliches Testament in Gegenwart von fünf Bürgern, welche die fünf Klassen des römischen Volkes repräsentierten; ein sechster Zeuge bestätigte ihre Zustimmung; ein siebenter wog das Kaufgeld, das ein eingebildeter Käufer bezahlte, und das Besitztum wurde durch erdichteten Kauf und unmittelbare Übertragung veräußert. Diese sonderbare Zeremonie, die das Staunen der Griechen erregte, war noch im Zeitalter des Severus üblich; die Prätoren hatten aber bereits ein einfacheres Testament gutgeheißen, wozu sie nur Siegel und Unterschrift von sieben Zeugen forderten, gegen die keine gesetzlichen Einwürfe erhoben werden konnten und die zur Vollziehung dieser wichtigen Handlung eigens berufen worden waren. Ein Hausherr, der über Leben und Vermögen seiner Kinder gebot, konnte ihre Anteile je nach ihrem Verdienst oder seiner Liebe bemessen, und in seinem Mißfallen bestrafte er nach Willkür einen unwürdigen Sohn mit dem Verlust der Erbschaft und der kränkenden Bevorzugung eines Fremden. Die Erfahrung über unnatürliche Eltern empfahl jedoch einige Beschränkungen ihrer testamentarischen Gewalt. Ein Sohn, ja nach Justinians Gesetzen selbst eine Tochter, konnte nicht mehr grundlos enterbt werden; es war Verpflichtung, das Vergehen, die Ursache der Enterbung anzugeben, und die Gerechtigkeit des Kaisers zählte die Ursachen auf, die allein eine solche Verletzung der ersten Grundsätze der Natur und Gesellschaft rechtfertigen. Wenn der gesetzliche Pflichtteil, ein Viertel, für die Kinder nicht vorbehalten worden war, hatten diese das Recht, die Klage wegen Verweigerung des Pflichtteils zu erheben, angenommen, daß der Verstand ihres Vaters durch Krankheit oder Alter geschwächt worden sei, und sich von dessen strenger Sentenz ehrfurchtsvoll auf die besonnene Weisheit des Richters zu berufen. In der römischen Jurisprudenz herrschte ein wesentlicher Unterschied zwischen Erbschaften und Vermächtnissen. Die Erben, die die Gesamtheit oder einen der zwölf Teile der Verlassenschaft des Testators erbten, stellten seinen bürgerlichen und religiösen Charakter vor, behaupteten seine Rechte, erfüllten seine Verpflichtungen und zahlten die Gaben der Freundschaft oder Großmut aus, die sein letzter Wille unter dem Titel Legate vermacht hatte. Da aber die Unklugheit oder Verschwendung eines Sterbenden seine Verlassenschaft erschöpfen und seinem Nachfolger nur die Gefahr und Mühe überlassen konnte, hatte dieser das Recht, die Falcidia als Eigentum vor Auszahlung der Legate zurückzubehalten, das heißt, ein reines Viertel. Man gestattete ihm eine angemessene Zeit, ob er das Testament annehmen oder ausschlagen werde; wenn er sich des Vorrechtes des Inventariums bediente, konnten die Forderungen der Gläubiger nicht über den Wert der Hinterlassenschaft hinausgehen. Der letzte Wille eines Bürgers konnte bei Lebzeiten desselben abgeändert oder nach seinem Tode unwirksam werden; die Personen, die er zu Erben eingesetzt hatte, konnten noch vor ihm sterben oder die Erbschaft ausschlagen oder irgendeiner gesetzlichen Unfähigkeit unterliegen. In Berücksichtigung dieser Ereignisse war ihm gestattet, zweite und dritte Erben zu ernennen, um einander zu ersetzen; auch konnte die Unfähigkeit eines Wahnsinnigen oder Kindes, sein Eigentum zu vererben, durch eine ähnliche Stellvertretung ausgeglichen werden. Aber die Macht des Testators erlosch mit Annahme des Testaments; jeder Römer, der die Großjährigkeit erreicht hatte, erwarb das unbeschränkte Eigentumsrecht des vererbten Gegenstandes, und die Einfachheit des Zivilrechts wurde nie durch jene langen und verworrenen Erbbestimmungen getrübt, die Glück und Freiheit noch ungeborener Geschlechter beschränken.

Die Eroberungen sowie Förmlichkeiten der Gesetze führten den Gebrauch der Kodizille ein. Wenn ein Römer in einer fernen Provinz des Reiches den Tod plötzlich herannahen fühlte, richtete er ein kurzes Schreiben an seinen gesetzlichen oder testamentarischen Erben, der diese letzte Bitte, deren Vollziehung die Richter vor Augustus nicht zu erzwingen ermächtigt waren, mit Ehren erfüllte oder ungestraft vernachlässigte. Ein Kodizill konnte in was immer für einer Art und in jeder Sprache verfaßt sein, nur mußten fünf Zeugen erklären, daß es wirklich von dem Unterzeichneten sei. Seine Absicht war, wenn auch lobenswert, zuweilen ungesetzlich, und die Erfindung der Fidei-commissa entstand aus dem Kampf zwischen der natürlichen Gerechtigkeit und der positiven Jurisprudenz. Ein Fremder aus Griechenland oder Afrika konnte der Freund oder Wohltäter eines kinderlosen Römers sein, aber nur ein Mitbürger durfte als sein Erbe handeln. Das vokonianische Gesetz, welches die weibliche Erbfolge abschaffte, beschränkte das Legat oder Erbteil eines Weibes auf die Summe von hunderttausend Sesterzen, und eine einzige Tochter war verdammt, in ihres Vaters Hause fast als eine Fremde zu leben. Der Eifer der Freundschaft und väterlichen Liebe verfiel auf einen edlen Kunstgriff; ein befähigter Bürger wurde in dem Testament mit der Bitte oder dem Auftrag ernannt, die Erbschaft der Person zu überantworten, für die sie eigentlich bestimmt war. Anders war das Benehmen der Fideikommißerben in dieser peinlichen Lage; sie hatten geschworen, die Gesetze ihres Vaterlandes zu beobachten, die Ehre aber gebot ihnen deren Verletzung, und wenn sie unter der Maske des Patriotismus ihren Eigennutz begünstigten, verwirkten sie die Achtung jedes ehrenhaften Menschen. Die Erklärung des Augustus löste ihren Zweifel, gab den Testamenten aus Vertrauen und den Kodizillen gesetzliche Heiligung und entwirrte gelinde die Formen und Hemmnisse der republikanischen Jurisprudenz. Da jedoch die neue Praxis der Fideikommisse in einigen Mißbrauch ausartete, wurde der Betraute durch die trebellianischen und pegasianischen Beschlüsse ermächtigt, ein Viertel des Vermögens zurückzubehalten oder auf den wirklichen Erben alle Erbschaftsschulden und Klagen zu übertragen. Die Auslegung der Testamente war strenge und buchstäblich, aber die Sprache der Fideikommisse und Kodizille wurde von der kleinlichen und technischen Genauigkeit der Rechtsgelehrten befreit.

III. Die allgemeinen Pflichten der Menschheit werden durch ihre öffentlichen und Privatverhältnisse auferlegt; ihre besonderen Verpflichtungen gegeneinander können aber nur die Wirkungen 1. eines Versprechens, 2. einer Wohltat oder 3. einer Rechtsverletzung sein, und wenn diese Verpflichtungen durch das Gesetz genehmigt sind, kann der Beteiligte die Erfüllung durch eine gerichtliche Klage erzwingen. Auf dieses Prinzip haben die Rechtsgelehrten aller Länder eine ähnliche Jurisprudenz, die unparteiische Schlußfolgerung allgemeiner Vernunft und Gerechtigkeit, aufgebaut.

1. Die Göttin der Treue (der menschlichen und gesellschaftlichen Treue) wurde nicht bloß in den Tempeln, sondern auch durch das Leben der Römer geehrt; und wenn es gleich diesem Volke an den liebenswürdigen Eigenschaften des Wohlwollens und Edelmutes fehlte, setzte es doch die Griechen durch die aufrichtige und genaue Erfüllung auch der lästigsten Verbindlichkeiten in Erstaunen. Und doch schuf unter demselben Volke nach den strengen Grundsätzen der Patrizier und Dezemvirn ein einfacher Vertrag, ein Versprechen, ja selbst ein Eid keine juristische Verpflichtung, außer es wurde durch die gesetzliche Form einer Stipulation bestätigt. Welches immer die Etymologie dieses lateinischen Wortes sein mochte, bedeutete es den Begriff eines festen und unwiderruflichen Kontraktes, der stets in Form einer Frage und Antwort ausgedrückt wurde. Versprichst du mir einhundert Goldstücke zu bezahlen? war die feierliche Frage des Sejus. Ich verspreche es – war die Antwort des Sempronius. Die Freunde des Sempronius, die für seine Zahlungsfähigkeit und seinen Willen bürgten, konnten je nach der Wahl des Sejus einzeln belangt werden, und die Wohltat der Teilung oder die Ordnung der Reziprokalklagen wich allmählich von der strengen Theorie der Stipulation ab. Die vorsichtigste und überlegteste Einwilligung wurde mit Recht gefordert, um die Gültigkeit eines willkürlichen Versprechens zu erhärten, und der Bürger, der eine gesetzliche Sicherheit hätte erlangen können und sich nicht darum bemühte, verfiel dem Verdacht des Betruges und büßte die Strafe seiner Nachlässigkeit. Aber der Scharfsinn der Rechtsgelehrten arbeitete mit Erfolg an der Verwandlung einfacher Verbindlichkeiten in feierliche Stipulationen. Die Prätoren ließen als die Wächter der gesellschaftlichen Treue jeden vernünftigen Beweis einer freiwilligen und überlegten Handlung zu, die vor ihrem Richterstuhl eine gerechte Verpflichtung schuf, auf der bauend sie Klage und Schadloshaltung gestatteten.

2. Da die Verpflichtungen der zweiten Klasse durch Überlieferung einer Sache eingegangen werden, legen die Rechtsgelehrten ihnen das Beiwort dinglich bei. Dank gebührt dem Urheber einer Wohltat; wer immer mit der Verwaltung des Eigentums eines anderen betraut wird, hat die heilige Pflicht, es zurückzugeben, auf sich genommen. Im Falle eines freundschaftlichen Darlehens liegt der Edelmut bloß auf seiten des Verleihers, bei einem Depositum lediglich auf seiten des Empfängers; bei einem Pfand aber und dem ganzen übrigen eigennützigen Geschäft des gewöhnlichen Lebens wird die Wohltat durch ein Äquivalent vergolten, und die Verpflichtung der Wiedergabe vielfach durch die Natur der Verhandlung modifiziert. Die lateinische Sprache drückt den Grundunterschied zwischen dem Commodatum und Mutuum sehr gut aus, die Armut der deutschen Sprache hat dafür nur die unbestimmte und allgemeine Benennung Darlehen. Bei jenem war der Schuldner verpflichtet, genau dasselbe Ding, womit seinem einstweiligen Bedürfnis abgeholfen worden war, zurückzugeben; bei diesem war es zu seinem Gebrauch und Verbrauch bestimmt, und er entledigte sich dieser mutuellen Verpflichtung, indem er denselben spezifischen Wert nach richtiger Schätzung der Zahl, des Gewichtes und Maßes zurückerstattete. Im Kaufkontrakt wird das unbeschränkte Eigentumsrecht auf den Käufer übertragen, und er vergilt diese Wohltat mit einer angemessenen Summe in Gold oder Silber, dem Preis und allgemeinen

Maßstab aller irdischen Besitzungen. Die Verpflichtung des Mietkontraktes ist von etwas verwickelterer Natur. Ländereien oder Häuser, Arbeit oder Talente können auf einen bestimmten Zeitraum gemietet werden; nach Verlauf dieser Zeit muß die Sache dem Eigentümer mit einer Entschädigung für die Nutznießung und Verwendung des Objektes zurückgegeben werden. Bei diesen entgeltlichen Verträgen, wozu auch der Mandatskontrakt und der Sozietätskontrakt gehören, fingieren die Rechtslehrer zuweilen die Übergabe des Objektes, und zuweilen setzen sie die Einwilligung der Parteien voraus. Das wirklich übergebene Pfand wurde in eine Hypothek verwandelt, und die Abschließung eines Kaufes zu einem bestimmten Preise schließt von diesem Augenblick die Wechselfälle des Gewinnes und Verlustes auf Rechnung des Käufers in sich. Es läßt sich mit Grund voraussetzen, daß jeder Mensch den Geboten seines Interesses Folge leistet, und wenn er die Wohltat einer Handlung annimmt, ist er verpflichtet, deren Kosten zu tragen. In dieses unbegrenzte Gebiet wird der Historiker die Vermietung von Land und Geld, den Pachtschilling jenes und die Zinsen dieses einbezogen finden, insofern sie einen wesentlichen Einfluß auf das Wohl des Handels und Ackerbaues haben. Der Grundbesitzer war oft genötigt, Kapital und Werkzeuge der Landwirtschaft vorzuschießen und sich mit einem Teil der Ernte zu begnügen. Wenn der schwache Pächter durch Zufall, Pest oder Feindesgewalt ruiniert wurde, heischte er nach dem Gesetz einen verhältnismäßigen Nachlaß; fünf Jahre waren der gewöhnliche Termin, und weder gründliche noch kostspielige Verbesserungen ließen sich von einem Pächter erwarten, der jeden Augenblick durch den Verkauf des Grundstückes von demselben vertrieben werden konnte. Der Wucher, das eingewurzelte Übel der Stadt, war durch die zwölf Tafeln eingedämmt und durch das Begehren des Volkes abgeschafft worden. Er wurde durch dessen Notstand und Müßiggang wieder eingeführt, von den Prätoren geduldet und schließlich durch Justinians Kodex festgelegt. Personen von erlauchtem Rang waren auf den mäßigen Gewinn von vier vom Hundert beschränkt; sechs bildeten das ordentliche und gesetzliche Maß der Zinsen; acht waren den Manufakturisten und Kaufleuten gestattet, zwölf für Seeversicherung, welche die weiseren Alten nie zu beschränken versucht hatten, bewilligt; mit Ausnahme dieser gefährlichen, gewagten Unternehmung aber wurde übermäßiger Wucher mit Strenge in Schranken gehalten. Auch die Entgegennahme der geringsten Zinsen wurde von der Geistlichkeit des Ostens wie des Westens verdammt, aber das Gefühl gegenseitigen Nutzens, das bereits über die Gesetze der Republik gesiegt hatte, widerstand mit gleicher Festigkeit den Beschlüssen der Kirche, ja sogar den Vorurteilen der gesamten Welt.

3. Natur und Gesellschaft verlangen strenge die Wiedergutmachung einer Rechtsverletzung, und wer durch eine private Ungehörigkeit leidet, erwirbt ein persönliches Recht zur gesetzlichen Klage. Wenn das Eigentum eines anderen unserer Obsorge anvertraut ist, kann der erforderliche Grad derselben je nach dem Vorteil, den wir aus dem vorübergehenden Besitz ziehen, größer oder kleiner sein; wir werden selten für einen unvermeidlichen Zufall verantwortlich, die Folgen eines willkürlichen Fehlers müssen aber stets dessen Urheber zugeschrieben werden. Ein Römer erlangte seine gestohlenen Güter wieder durch eine Zivilklage wegen Diebstahls, sie mochten durch eine Reihe reiner und unschuldiger Hände gehen, aber keine geringere Zeit als eine Verjährung von dreißig Jahren konnte sein ursprüngliches Recht vernichten. Sie wurden ihm durch den Spruch des Prätors zurückgegeben und der Schade durch doppelten, dreifachen, ja selbst vierfachen Ersatz vergütet, je nachdem die Tat durch geheimen Betrug oder offenen Raub begangen oder der Dieb auf der Tat ertappt oder durch spätere Nachforschungen entdeckt worden war. Das aquilische Gesetz verteidigte das lebende Eigentum eines Bürgers, seine Sklaven und sein Vieh gegen Verletzung durch Bosheit oder Nachlässigkeit; der höchste Preis wurde zuerkannt, den das Tier in irgendeinem gegebenen Zeitpunkt ein Jahr vor seinem Tode hatte; ein ähnlicher Zeitraum von dreißig Tagen galt für die Zerstörung anderer wertvoller Gegenstände. Eine persönliche Beleidigung wird durch die Sitten der Zeiten und die Empfindlichkeit des Betroffenen abgestumpft oder verschärft; der Schmerz oder die Schmach eines Wortes

oder Schlages kann nicht leicht bemessen und in Geld vergütet werden. Die rohe Jurisprudenz der Dezemvirn hatte alle übereilten Insultationen, die nicht bis zum Bruch eines Gliedes gingen, zusammengeworfen, indem sie den Angreifer zu der allgemeinen Strafe von fünfundzwanzig As verurteilte. Aber der Wert dieses Geldes fiel binnen drei Jahrhunderten von einem Pfund bis zum Gewicht einer halben Unze. Die Dreistigkeit eines reichen Römers konnte sich das Vergnügen leisten, das Gesetz der zwölf Tafeln entweder zu brechen oder demselben Genüge zu leisten. Veratius lief durch die Straßen, schlug die arglosen Vorübergehenden in das Gesicht, und sein ihm folgender Säckelträger beschwichtigte unverzüglich ihr Geschrei durch die gesetzliche Zahlung von fünfundzwanzig Kupfermünzen im Werte von etwa einer Mark. Die unparteiischen Prätoren untersuchten und schätzten die besonderen Umstände jeder einzelnen Beschwerde. Bei Zuerkennung der Zivilentschädigung maßte sich der Prätor das Recht an, die verschiedenen Umstände der Zeit und des Ortes, des Alters oder der Würde zu berücksichtigen, welche die Schmach und die Leiden des Beleidigten erhöhen konnten. Wenn er aber die Idee einer Buße, einer Strafe, eines Beispiels zuließ, griff er in das Kriminalrecht ein, obschon er dadurch dessen Unzulänglichkeit ersetzte.

Die Hinrichtung des Diktators von Alba, der durch acht Pferde zerrissen wurde, wird von Livius als das erste und letzte Beispiel römischer Grausamkeit bei Bestrafung der abscheulichsten Verbrechen dargestellt. Aber diese Handlung der Gerechtigkeit oder Rache ward einem auswärtigen Feinde in der Hitze des Sieges und auf Befehl einer einzigen Person zugefügt. Die zwölf Tafeln liefern einen entscheidenden Beweis des Nationalgeistes, weil sie von den weisesten Senatoren entworfen und von der freien Stimme des Volkes angenommen wurden; dennoch sind diese Gesetze gleich den Satzungen des Drakon mit Blut geschrieben. Sie billigen das unmenschliche und ungleiche Prinzip der Wiedervergeltung, und das Gesetz Auge um Auge, Zahn um Zahn, Glied um Glied wurde streng geltend gemacht, außer der Beleidiger konnte durch eine Buße von dreihundert Pfund Kupfer Verzeihung erkaufen. Die Dezemvirn erkannten mit großer Freigebigkeit die geringe Züchtigung der Geißelung und Sklaverei zu, und neun Verbrechen von sehr verschiedener Art wurden für todeswürdig erachtet. 1. Jede Handlung des Verrates gegen den Staat oder des Einverständnisses mit dem öffentlichen Feinde. Die Art der Hinrichtung war ebenso schmerzlich als schimpflich; das Haupt des entarteten Römers wurde in einen Schleier gehüllt, seine Hände auf den Rücken gebunden, und nachdem er von dem Liktor gegeißelt worden war, hing man ihn mitten im Forum an ein Kreuz oder einen fluchbelasteten Baum. 2. Nächtliche Zusammenkünfte in der Stadt, unter was immer für einem Vorwand des Vergnügens, der Religion oder des Gemeinwohls. 3. Die Ermordung eines Bürgers, wofür die allgemeinen Gefühle der Menschlichkeit das Blut des Mörders verlangen. Gift ist noch ruchloser als Schwert oder Dolch; und wir staunen, in zwei entsetzlichen Vorgängen zu entdecken, wie früh eine so listige Bosheit die Einfachheit der Republik und die keuschen Tugenden der römischen Frauen angesteckt hatte. Der Vatermörder, der die Pflichten der Natur und Dankbarkeit verletzte, wurde in einem Sack in den Fluß oder das Meer geworfen, und man gab ihm nacheinander als die passendsten Gefährten einen Hahn, eine Viper, einen Hund und einen Affen mit. Italiens Fauna bringt keine Affen hervor, aber dieser Mangel wurde erst fühlbar, als in der Mitte des sechsten Jahrhunderts zum erstenmal das Verbrechen eines Vatermordes begangen wurde. 4. Böswillige Brandstiftung. Nach vorhergehender Zeremonie der Geißelung wurde der Brandstifter den Flammen überliefert. In diesem einzigen Falle ist unsere Vernunft versucht, die Gerechtigkeit der Wiedervergeltung zu billigen. 5. Gerichtlicher Meineid. Der Bestecher oder boshafte Zeuge wurde vom tarpejischen Felsen herabgestürzt, um seine Falschheit, die wegen der Strenge der Gesetze und des Mangels schriftlicher Beweise noch verderblicher wurde, zu büßen. 6. Die Bestechlichkeit des Richters, welcher Geschenke annahm, um ein ungerechtes Urteil zu fällen. 7. Schmähschriften und Satiren, deren grober Stil zuweilen den Frieden einer ungebildeten Stadt stören konnte. Der Verfasser wurde mit Keulen geschlagen, eine angemessene Züchtigung, es ist aber nicht gewiß, ob man ihn unter den Händen des Henkers verscheiden ließ. 8. Vernichtung oder Zerstörung des Korns. Der Verbrecher wurde als ein der Ceres angenehmes Opfer aufgehangen. Minder unversöhnlich waren Waldgottheiten, da die Ausrottung eines wertvolleren Baumes mit der mäßigen Buße von fünfundzwanzig Pfund Kupfer gebüßt wurde. 9. Magische Zaubersprüche, die nach der Meinung der Hirten Latiums die Gewalt hatten, die Stärke eines Feindes zu schwächen, sein Leben zu rauben und tiefgewurzelte Pflanzungen von ihrem Platz zu versetzen. Noch muß die Grausamkeit der zwölf Tafeln gegen zahlungsunfähige Schuldner erzählt werden, und ich erdreiste mich, den buchstäblichen Sinn des Altertums den glänzenden Ausklügeleien der neueren Kritik vorzuziehen. Nach dem gerichtlichen Beweis oder dem Eingeständnis der Schuld wurden einem Römer dreißig Gnadentage gestattet, bevor man ihn der Gewalt seines Mitbürgers überlieferte. In dessen Privatgefängnis bildeten zwölf Unzen Reis seine tägliche Nahrung, er konnte mit einer fünfzehn Pfund schweren Kette belastet werden, und er wurde dreimal auf dem Marktplatz zur Schau gestellt, um das Mitleid seiner Freunde und Vaterlandsgenossen zu rühren. Nach Verlauf von sechzig Tagen wurde die Schuld durch den Verlust der Freiheit oder des Lebens abgetragen; den zahlungsunfähigen Schuldner traf entweder der Tod, oder er wurde in fremde Sklaverei jenseits des Tibers verkauft; wenn jedoch mehrere Gläubiger gleich halsstarrig und unbarmherzig waren, konnten sie seine Leiche zerschneiden und durch diese schreckliche Zerstückelung ihre Rache befriedigen. Die Verteidiger dieses gräßlichen Gesetzes führen an, daß es Müßiggänger und Betrüger auf das kräftigste abschrecken müsse, Schulden zu machen, die sie nicht zu bezahlen vermöchten; aber die Erfahrung mußte diesen heilsamen Schrecken bald durch den Beweis zerstreuen, daß sich kein Gläubiger finden würde, der auf dieser unnützen Strafe des Todes oder der Verstümmelung bestände. Nach Maßgabe der Milderung der rauhen Sitten Roms wurde der Kriminalkodex der Dezemvirn durch die Menschlichkeit der Ankläger, Zeugen und Richter gemildert, und Straflosigkeit trat an die Stelle übermäßiger Strenge. Das porcische und das valerische Gesetz verbot den Richtern, einem freien Bürger die Todes- oder auch nur eine Leibesstrafe zuzufügen, und die alten Blutsatzungen wurden schlauerweise, vielleicht wahrheitsgemäß, dem Geiste nicht der patrizischen, sondern der königlichen Tyrannei zugeschrieben.

Bei dem Mangel der Strafgesetze und der Unzulänglichkeit der Zivilklagen wurden Friede und Gerechtigkeit in der Stadt unvollständig durch die Privatgerichtsmacht der Bürger erhalten. Die Übeltäter, die unsere Kerker füllen, sind die Auswürfe der bürgerlichen Gesellschaft, und die Verbrechen, für die sie leiden, lassen sich gewöhnlich der Unwissenheit, Armut und viehischen Gelüsten zuschreiben. Wegen Verübung ähnlicher Greuel konnte ein niedriger Plebejer sich auf den heiligen Charakter eines Mitgliedes der Republik berufen und ihn mißbrauchen; der Sklave oder Fremdling aber wurde auf Beweis oder Verdacht der Schuld an das Kreuz genagelt, und diese summarische und strenge Gerechtigkeit konnte ohne Schranken gegen den größten Teil des Pöbels von Rom ausgeübt werden. Jede Familie besaß ihr häusliches Tribunal, welches nicht wie das des Prätors auf die Kenntnisnahme äußerer Handlungen beschränkt war; tugendhafte Grundsätze und Gewohnheiten wurden durch Zucht und Erziehung eingeschärft, und der römische Vater war dem Staat für das Benehmen seiner Kinder Rechenschaft schuldig, weil er ohne höhere Berufung über ihr Leben, ihre Freiheit, ihr Erbe verfügte. In einigen dringenden Notfällen war es dem Bürger erlaubt, seine öffentlichen oder Privatunbilden zu rächen. Die übereinstimmenden jüdischen, atheniensischen und römischen Gesetze billigten die Tötung eines nächtlichen Diebes, bei hellem Tageslicht dagegen durfte ein Räuber nur bei Gefahr oder erhaltener Verletzung des Angegriffenen erschlagen werden. Wer einen Ehebrecher in seinem Ehebett überraschte, durfte seine Rache nach Willkür ausüben, die blutigste und mutwilligste Behandlung wurde durch eine solche Herausforderung entschuldigt, und erst unter der Regierung des Augustus wurde der Gatte gezwungen, den Rang des Frevlers zu erwägen, und der Vater verurteilt, seine Tochter mit ihrem schuldigen Verführer zu opfern. Nach der Vertreibung der Könige war der ehrgeizige Römer, der sich erkühnte, ihre Titel anzunehmen oder ihre Tyrannei nachzuahmen, den Göttern der Unterwelt geweiht; jeder seiner Mitbürger durfte das Schwert der Gerechtigkeit gegen ihn erheben, und die Handlung des Brutus, wie sehr sie auch der Dankbarkeit oder Klugheit widerstreben mochte, war bereits durch das Urteil seines Vaterlandes geheiligt worden. Die barbarische Gewohnheit, im Frieden Waffen zu tragen, sowie die blutigen Maximen der Ehre waren den Römern unbekannt, und während der zwei reinsten Jahrhunderte, von Einführung gleicher Freiheit bis zum Ende der punischen Kriege, war die Ruhe der Stadt nie durch Aufruhr gestört und nur selten durch gräßliche Verbrechen befleckt worden. Lebhafter fühlte man den Mangel der Strafgesetze, weil jedes Laster durch Aufstände daheim und Zwangsherrschaft außerhalb entflammt wurde. Zur Zeit Ciceros erfreute sich jeder Bürger des Privilegs zur Anarchie, alle Beamten der Republik waren den Lockungen der königlichen Gewalt ausgesetzt, und ihre Tugenden verdienen das wärmste Lob als die spontanen Gaben der Natur oder Philosophie. Nachdem Verres, der Tyrann von Sizilien, der Wollust, Raubsucht und Grausamkeit drei Jahre lang gefrönt hatte, konnte er nur wegen Wiedergabe von dreihunderttausend Pfund Sterling belangt werden; ja so beschaffen waren die Gesetze, die Richter, ja vielleicht der Ankläger selbst, daß Verres nach Erstattung des dreizehnten Teils seines Raubes sich in ein üppiges Exil zurückziehen durfte.

Der erste unvollkommene Versuch, das Verhältnis zwischen Verbrechen und Strafen wiederherzustellen, wurde von dem Diktator Sulla gemacht, der inmitten seines blutigen Triumphes mehr danach strebte, die Zügellosigkeit der Römer als ihre Freiheit zu unterdrücken. Er rühmte sich der willkürlichen Ächtung von viertausendsiebenhundert Bürgern; aber in dem Charakter eines Gesetzgebers achtete er die Vorurteile seiner Zeit, und statt das Todesurteil gegen den Räuber und Mörder, den Feldherrn, der ein Heer verriet, den Statthalter, der eine Provinz ruinierte, auszusprechen, begnügte sich Sulla, die Geldentschädigung durch die Strafe der Verbannung oder, in verfassungsmäßigerer Sprache, durch die Untersagung von Feuer und Wasser zu verschärfen. Das kornelische und später das pompejanische und das julische Gesetz führten ein neues System der Kriminaljurisprudenz ein, und die Kaiser verschleierten von Augustus bis Justinian ihre zunehmende Strenge unter dem Namen der ursprünglichen Urheber derselben. Aber die Erfindung und häufige Anwendung von außerordentlichen Strafen ging aus dem Verlangen hervor, die Fortschritte des Despotismus auszudehnen und zu verbergen. Bei Verurteilung erlauchter Römer war der Senat stets bereit, nach dem Willen seiner Gebieter die richterliche mit der gesetzgebenden Gewalt zu vermengen. Es war die Pflicht der Statthalter, die Ruhe ihrer Provinzen durch willkürliche und strenge Verwaltung aufrechtzuerhalten; das römische Bürgerrecht verschwand in dem ausgedehnten Reich, und jener spanische Übeltäter, der sich auf die Vorrechte eines Römers berief, wurde auf Galbas Befehl an ein schöneres und höheres Kreuz geschlagen. Gelegentliche Bescheide ergingen vom Throne, um Fragen zu entscheiden, die wegen ihrer Neuheit und Wichtigkeit die Macht und Einsicht eines Prokonsuls zu übersteigen schienen. Deportation und Enthauptung waren Personen von ehrenvollem Rang vorbehalten; geringere Verbrecher wurden entweder gehangen oder verbrannt oder in den Bergwerken begraben oder den wilden Tieren des Amphitheaters preisgegeben. Bewaffnete Räuber wurden als die Feinde der Gesellschaft bestraft und ausgerottet. Das Wegtreiben von Pferden oder Nutzvieh wurde zu einem Hauptverbrechen gemacht, der einfache Diebstahl aber allgemein als eine Zivil- und Privatrechtsverletzung betrachtet. Die Grade der Schuld und die Arten der Bestrafung wurden nur zu oft dem Ermessen der Machthaber überlassen, und der Untertan blieb in Unwissenheit über die gesetzliche Gefahr, in die er sich durch jede Handlung seines Lebens verwickeln konnte.

Sünde, Laster, Verbrechen sind die Gegenstände der Theologie, Ethik und Jurisprudenz. Sooft ihre Urteile übereinstimmen, bestärken sie sich gegenseitig; sooft sie aber verschiedener Meinung sind, berechnet ein weiser Gesetzgeber Schuld und Strafe nach dem Maße des Unrechtes gegen die Gesellschaft. Nach diesem Grundsatz wird der verwegenste Angriff auf das Leben oder Eigentum eines Bürgers für minder gräßlich erachtet als das Verbrechen des Verrates oder der Empörung, das gegen die Majestät der Republik gerichtet ist; die gefügigen Rechtsgelehrten erklärten einstimmig, daß die Republik in der Person ihres Oberhauptes verkörpert sei, und die Schneide des julischen Gesetzes wurde durch die unaufhörliche Emsigkeit der Kaiser geschärft. Der zügellose Umgang der Geschlechter kann als Trieb der Natur geduldet oder als eine Quelle der Unordnung und Verderbnis verboten werden; aber Ruf, Vermögen und Familie des Gatten werden durch den Ehebruch seines Weibes ernstlich verletzt. Nachdem die Weisheit des Augustus die Willkür der Rache gebrochen hatte, wendete er auf dieses häusliche Verbrechen die Strafe der Gesetze an, und die schuldigen Parteien wurden nach Bezahlung schwerer Geldbußen zu langer, wohl auch zu ewiger Verbannung auf zwei besondere Inseln verdammt. Die Religion tadelt die Untreue des Mannes ebenso wie die der Frau; da sie aber nicht von denselben bürgerlichen Wirkungen begleitet ist, ward der Gattin nie gestattet, ihr Unrecht gerichtlich zu verfolgen, und der Unterschied zwischen einfachem und doppeltem Ehebruch, dem kanonischen Recht so geläufig und so wichtig für dasselbe, ist der Jurisprudenz des Kodex und der Pandekten unbekannt. Ich berühre mit Widerstreben und fertige mit Ungeduld ein hassenswertes Laster ab, dessen Nennung der Anstand verbietet und dessen Idee die Natur verabscheut. Die früheren Römer wurden durch das Beispiel der Etrusker und Griechen verleitet; im wahnsinnigen Mißbrauch des Glücks und der Macht erachtete man jedes unschuldige Vergnügen für schal, ja selbst das skatinische, durch eine Gewalttat veranlaßte Gesetz ward allmählich durch die Zeit und die Menge der Verbrecher abgeschafft. Durch dieses Gesetz wurde die Notzucht, vielleicht nur die Verführung eines freigeborenen Jünglings als eine persönliche Beleidigung durch die elende Entschädigung von zehntausend Sesterzen oder achtzig Pfund gutgemacht; der Schänder durfte bei der Verteidigung oder aus Rache erschlagen werden, und ich wünsche zu glauben, daß in Rom ebenso wie in Athen der freiwillige Abtrünnige seines Geschlechtes der Ehren und Rechte eines Bürgers entsetzt wurde. Aber die Ausübung des Lasters wurde durch die Strenge der öffentlichen Meinung nicht verhindert; der unauslöschliche Flecken auf der Mannheit ward mit den verzeihlicheren Vergehen des Ehebruchs und der Hurerei vermengt, auch war der ausschweifende Liebhaber nicht derselben Unehre ausgesetzt, wie er sie dem männlichem oder weiblichen Genossen seiner Schuld zufügte. Von Catull bis Juvenal klagen die Dichter die Entartung der Zeiten an oder feiern sie, und die Reform der Sitten wurde schwach durch die Vernunft und das Ansehen der Rechtsgelehrten ersetzt, bis der Tugendhafteste der Kaiser die Sünde gegen die Natur als ein Verbrechen gegen die Gesellschaft ächtete.

Ein neuer Geist der Gesetzgebung, achtbar selbst in seinem Irrtum, kam im Reich mit der Religion Konstantins auf. Die Gesetze des Moses wurden als der göttliche Urquell der Gerechtigkeit anerkannt, und die christlichen Fürsten paßten ihre Strafgesetze den Graden sittlicher und religiöser Verwerflichkeit an. Der Ehebruch wurde zum ersten Male zu einem Hauptverbrechen erhoben; man stellte ihn der Vergiftung und dem Mord, der Zauberei und dem Vatermord gleich, ahndete mit gleicher Strafe die leidende wie die tätige Schuld der Knabenschändung, und alle Verbrecher, sie mochten nun Freie oder Sklaven sein, wurden entweder ersäuft oder enthauptet oder lebendig in die rächenden Flammen geworfen. Die Ehebrecher wurden durch die allgemeine Sympathie der Menschheit verschont, die Liebhaber ihres eigenen Geschlechtes aber von ebenso allgemeiner und frommer Entrüstung verfolgt; die unreinen Sitten Griechenlands herrschten fortwährend in den asiatischen Städten, und jedes Laster wurde durch das Zölibat der Mönche und der Geistlichkeit genährt. Justinian erleichterte die Strafe wenigstens für weibliche Untreue; er verurteilte die schuldige Gattin nur zur Einsamkeit und Buße, und nach zwei Jahren konnte sie in die Arme eines verzeihenden Gemahls zurückgerufen werden. Derselbe Kaiser erklärte sich aber zum unversöhnlichen Feind unmännlicher Lust, und die Grausamkeit seiner Verfolgung kann durch die Reinheit seiner Beweggründe kaum entschuldigt werden. Jedem Grundsatz der Gerechtigkeit zum Trotz dehnte er die Wirkung seiner Edikte mit der vorläufigen Gestattung einer kurzen Frist für Bekenntnis und Gnade auf die vergangenen ebenso wie auf die künftigen Vergehen aus. Ein schmerzvoller Tod wurde durch Abnahme des sündhaften Gliedes oder durch Eintreibung von scharfen Rohrspitzen in die Poren und Öffnungen, die am empfindlichsten waren, verhängt, und Justinian verteidigte die Angemessenheit der Hinrichtung damit, daß die Verbrecher ihre Hände verloren haben würden, wenn sie des Sakrilegiums überführt worden wären. In diesem Zustand der Schmach und Pein wurden zwei Bischöfe, Isaias von Rhodus und Alexander von Diospolis, durch die Straßen von Konstantinopel geschleppt, während die Stimme des Ausrufers ihre Brüder ermahnte, sich die furchtbare Lehre zu Gemüte zu führen und die Heiligkeit ihres Standes nicht zu beflecken. Vielleicht waren die Prälaten unschuldig. Ein Urteil des Todes und der Schande ward häufig infolge des geringen und verdächtigen Zeugnisses eines Kindes oder Dieners gefällt; die Schuld eines Anhängers der grünen Partei, eines Reichen oder eines Feindes der Theodora wurde von den Richtern vorausgesetzt, und Knabenschändung ward das Verbrechen derjenigen, denen kein anderes zugeschrieben werden konnte. Ein französischer Philosoph hat bemerkt, daß alles Geheime zweifelhaft sein muß und daß unser natürlicher Abscheu vor dem Laster als Werkzeug der Tyrannei mißbraucht werden kann. Aber die günstige Überzeugung desselben Schriftstellers, daß ein Gesetzgeber sich auf den Geschmack und die Vernunft der ganzen Menschheit verlassen könne, wird durch die unwillkommene Entdeckung des Alters und Umfanges der Seuche umgestoßen.

Die freien Bürger Athens und Roms genossen das unschätzbare Vorrecht, in allen Kriminalfällen von ihrem Vaterland gerichtet zu werden. 1. Die Verwaltung des Rechtes ist das älteste Amt der Fürsten; es wurde von den römischen Königen ausgeübt und von Tarquinius mißbraucht, der allein, ohne Gesetz und Beirat, seine willkürlichen Urteile fällte. Die ersten Konsuln folgten in diesem königlichen Vorrecht nach; aber das heilige Recht der Berufung schaffte bald die Jurisdiktion der Obrigkeiten ab, und alle öffentlichen Rechtssachen wurden durch das oberste Tribunal des Volkes entschieden. Aber eine stürmische, über die Formen der Gerechtigkeit erhabene Demokratie verschmäht bald auch deren wesentliche Prinzipien; der Stolz des Despotismus wurde durch plebejischen Neid vergiftet, und die Helden von Athen mochten oft das Glück des Persers preisen, dessen Schicksal von der Laune eines einzigen Tyrannen abhing. Einige heilsame, vom Volke seinen eigenen Leidenschaften auferlegte Beschränkungen waren zugleich Ursache und Wirkung des Ernstes und der Mäßigung der Römer. Das Recht der Anklage stand lediglich den Obrigkeiten zu. Ein Votum der fünfunddreißig Stämme konnte eine Geldbuße auferlegen; die Urteilsbefugnis in allen Hauptverbrechen blieb jedoch durch Grundgesetz der Versammlung der Zenturien vorbehalten, wo Einfluß und Vermögen von Gewicht waren. Wiederholte Aufrufe und Vertagungen wurden eingeschoben, um dem Vorurteil und Groll Zeit zu lassen, sich zu legen; das ganze Verfahren konnte durch ein günstiges Omen oder durch den Widerstand eines Tribunen vernichtet werden, und solche Prozesse vor dem Volke waren der Unschuld gewöhnlich weniger furchtbar als der Schuld günstig. Diese Vereinigung der richterlichen und gesetzgebenden Gewalt machte es jedoch zweifelhaft, ob der Angeklagte begnadigt oder freigesprochen wurde, und bei Verteidigung eines berühmten Klienten unterbreiteten die Redner von Rom und Athen ihre Gründe ebensoehr der Politik und dem Wohlwollen als der Gerechtigkeit ihres Souveräns. 2. Die Aufgabe, die Bürger zum Gericht über jeden Verbrecher zu berufen, wurde desto schwieriger, je mehr sich die Bürger und Verbrecher beständig vermehrten; man traf daher den leichten Ausweg, die Gerichtsbarkeit des Volkes den ordentlichen Obrigkeiten oder außerordentlichen Inquisitoren zu übertragen. In den ersten Jahrhunderten waren solche Untersuchungen selten und fanden nur gelegentlich statt. Im Anfang des siebenten Jahrhunderts des Bestandes von Rom wurden sie immerwährend gemacht; vier Prätoren erhielten jährlich Vollmacht, über die Staatsverbrechen des Verrates, der Erpressung, Veruntreuung und Bestechung zu Gericht zu sitzen; Sulla fügte neue Prätoren und neue Untersuchungen für solche Verbrechen hinzu, die mehr die Sicherheit der einzelnen angriffen. Durch diese Inquisitoren wurde der Prozeß vorbereitet und geleitet; sie konnten aber nur das Urteil der Mehrheit der Richter aussprechen, die mit einiger Richtigkeit und mehr Voreingenommenheit mit unseren Geschworenengerichten verglichen worden sind. Zur Ausübung dieses wichtigen, obschon beschwerlichen Amtes wurde von dem Prätor jährlich eine Anzahl alter und achtbarer Bürger vorgeschlagen. Nach mehreren verfassungsmäßigen Kämpfen wurden sie in gleicher Anzahl vom Senat, dem Ritterstand und dem Volk gewählt; vierhundertfünfzig waren zu den einzelnen Untersuchungen bestellt, und die verschiedenen Rollen oder Dekurien müssen die Namen von mehreren tausend Römern enthalten haben, welche die richterliche Gewalt des Staates vorstellten. Bei jedem einzelnen Fall wurde eine hinreichende Anzahl Namen aus der Urne gezogen; ihre Redlichkeit wurde durch einen Eid gesichert, die Abstimmung durch Wahlkugeln wahrte ihre Unabhängigkeit, der Verdacht der Parteilichkeit wurde durch die gegenteiligen Verwerfungen des Anklägers wie des Beklagten beseitigt, und die Richter des Milo wurden durch Streichung von fünfzehn Namen auf beiden Seiten auf einundfünfzig Stimmen oder Täfelchen der Lossprechung, Verurteilung oder des ehrenvollen Zweifels herabgesetzt. 3. Der Prätor der Stadt war bezüglich seiner Zivilgerichtsbarkeit in der Tat ein Richter und fast ein Gesetzgeber; sobald er aber die gesetzliche Klage vorgeschrieben hatte, überließ er die Feststellung der Tatsachen häufig einem Abgeordneten. Mit Zunahme der Prozesse erwarb das Gericht der Hundertmänner, in dem er den Vorsitz führte, mehr Gewicht und Ruf. Er mochte nun allein oder mit Hinzuziehung seines Rates handeln, so konnte die unumschränkteste Gewalt einer Obrigkeitsperson anvertraut werden, die jährlich durch die Stimme des Volkes gewählt wurde. Die Einrichtungen und Verfassungsmaßregeln der Freiheit bedurften einiger Erklärung; die Ordnung des Despotismus ist einfach und leblos. Vor dem Zeitalter Justinians, ja vielleicht schon vor Diocletian, waren die Dekurien der römischen Richter zu einem leeren Titel herabgesunken; der demütige Rat der Beisitzer konnte angenommen oder verachtet werden, und in jedem Tribunal wurde die Zivil- wie die Kriminalgerichtsbarkeit von einem einzigen Beamten verwaltet, den der Kaiser willkürlich ernannte oder absetzte.

Jeder eines Hauptverbrechens angeklagte Römer konnte dem gesetzlichen Urteil durch freiwillige Verbannung oder durch freiwilligen Tod zuvorkommen. Bevor seine Schuld gesetzlich bewiesen war, wurde seine Unschuld vorausgesetzt, und seine Person war frei; bis die Stimmen der letzten Zenturie gezählt und kundgemacht worden waren, konnte er sich in Frieden nach einer der verbündeten Städte von Italien, Griechenland oder Asien begeben. Sein Ruf und sein Vermögen wurde durch diesen bürgerlichen Tod wenigstens seinen Kindern bewahrt, und er konnte in jedem vernünftigen und sinnlichen Genuß glücklich sein, wenn ein an den Tumult von Rom gewöhnter Mensch die Einförmigkeit und Stille von Rhodus oder Athen zu ertragen imstande war. Eine kühnere Tat war notwendig, um sich der Tyrannei der Kaiser zu entziehen; aber mit einer solchen Tat machten die Grundsätze der Stoiker, das Beispiel der vortrefflichsten Römer, und die gesetzlichen Ermutigungen zum Selbstmord vertraut. Die Leichen verurteilter Verbrecher wurden der öffentlichen Schmach preisgegeben, und ihre Kinder, was ein ernstes Übel war, kamen durch die Einziehung ihres Vermögens an den Bettelstab. Wenn jedoch die Opfer des Tiberius und Nero den Beschlüssen des Fürsten oder Senates zuvorkamen, wurde ihr Mut und Tod durch den Beifall des Volkes, die Ehren eines anständigen Begräbnisses und die Gültigkeit ihrer Testamente belohnt. Die ausgesuchte Habsucht und Grausamkeit Domitians scheint die Unglücklichen dieses letzten Trostes beraubt zu haben, ja er wurde ihnen sogar stets von den milden Antoninen verweigert. Ein freiwilliger Tod, der im Falle eines Hauptverbrechens zwischen Anklage und Urteil erwählt wurde, wurde als Geständnis der Schuld angesehen und die Habe des Verblichenen unmenschlicherweise dem Schatz einverleibt. Indessen haben die Rechtsgelehrten stets das natürliche Recht eines Bürgers, über sein Leben zu verfügen, geachtet, und die von Tarquinius erfundene Schmach nach dem Tode, um der Verzweiflung seiner Untertanen Einhalt zu tun, ist von den folgenden Tyrannen nie aufgefrischt oder nachgeahmt worden. Die Mächte dieser Welt haben in der Tat ihre Gewalt über denjenigen verloren, der tot ist, und sein Vorhaben, sich zu töten, kann nur durch die religiöse Furcht vor einem künftigen Leben gehindert werden. Selbstmörder werden von Virgil mehr unter die Unglücklichen als unter die Schuldigen gerechnet, und die dichterischen Fabeln von den höllischen Schatten können auf den Glauben oder die Taten der Menschen keinen Einfluß ausüben. Die Vorschriften des Evangeliums aber oder der Kirche haben endlich den Gemütern der Christen eine fromme Knechtschaft auferlegt und verurteilen sie, ohne Murren den letzten Streich entweder einer Krankheit oder des Henkers abzuwarten.

Strafsatzungen bilden nur einen kleinen Teil der zweiundsechzig Bücher des Kodex und der Pandekten, und bei jedem gerichtlichen Verfahren wird über Leben und Tod eines Bürgers mit geringerer Vorsicht und weniger Zögern entschieden als über die gewöhnlichste Frage eines Vertrages oder einer Erbschaft. Dieser sonderbare Unterschied, obschon man die dringende Notwendigkeit, die Ruhe der Gesellschaft zu verteidigen, gleichfalls in Anschlag bringen muß, fließt aus der Natur der Kriminal- und Ziviljurisprudenz. Unsere Pflichten gegen den Staat sind einfach und gleichförmig; das Gesetz ist nicht bloß in Erz oder Marmor, sondern auch in das Gewissen des Verbrechers eingegraben, und seine Schuld wird gewöhnlich durch das Zeugnis einer einzigen Tatsache bewiesen. Unsere Beziehungen zueinander aber sind vielfältig und unendlich; unsere Verpflichtungen werden durch Rechtsverletzungen, Wohltaten und Versprechungen geschaffen, vernichtet, umgeändert, und die Auslegung willkürlicher, oft durch Betrug oder Unwissenheit diktierter Verträge und Testamente liefert dem Scharfsinn des Richters eine lange und mühsame Arbeit. Die Geschäfte des Lebens werden durch die Ausdehnung des Handels und der Herrschaft vervielfältigt; der Aufenthalt der Parteien in den fernen Provinzen eines Reiches erzeugt Zweifel, Verzögerungen und unvermeidliche Berufungen von dem Ortsgericht auf das höchste Gericht. Justinian, der griechische Kaiser von Konstantinopel und des Ostens, war der gesetzliche Nachfolger des lateinischen Hirten, der eine Kolonie an den Ufern des Tibers gegründet hatte. In einer Periode von dreizehn Jahrhunderten waren die Gesetze mit Widerstreben den Veränderungen der Regierung und der Sitten angepaßt worden, aber der löbliche Wunsch, alte Namen mit neuen Einrichtungen zu vereinbaren, störte die Harmonie und vergrößerte den Umfang des dunklen und unregelmäßigen Systems. Gesetze, die bei was immer für einem Anlaß die Unwissenheit ihrer Untertanen entschuldigen, bekennen dadurch ihre eigene Unvollkommenheit; die Ziviljurisprudenz, von Justinian gekürzt, blieb dauernd eine geheimnisvolle Wissenschaft und ein gewinnreiches Gewerbe, die ihr innewohnende Verworrenheit wurde durch den eigennützigen Fleiß der Anwälte verzehnfacht. Die Kosten des Prozesses überstiegen zuweilen den Wert des Gegenstandes, und die wichtigsten Ansprüche wurden aus Armut oder Klugheit der Parteien aufgegeben. Eine so kostspielige Gerechtigkeitspflege mag allerdings zur Verminderung der Prozeßsucht beitragen, aber der ungleiche Druck dient nur zur Vermehrung des Einflusses der Reichen und zur Vergrößerung des Elends der Armen. Durch dieses weitschweifige und kostspielige Verfahren erlangt der reiche Gegner einen sichereren Vorteil, als er durch die zufällige Bestechlichkeit seines Richters erhoffen könnte. Die Erfahrungen über Mißbrauch mögen zuweilen edle Entrüstung erregen und den voreiligen Wunsch erpressen, unsere ausgearbeitete Jurisprudenz für die einfachen und summarischen Beschlüsse eines türkischen Kadi einzutauschen. Bei ruhigerer Überlegung aber sehen wir ein, daß solche Formen und Verzögerungen zum Schutze der Person und des Eigentums der Bürger notwendig sind, daß das Ermessen des Richters das erste Werkzeug der Tyrannei bildet und daß die Gesetze eines freien Volkes jede Frage, die bei Ausübung der Macht und bei den Verhandlungen der Industrie vorkommt, voraussehen und bestimmen sollen. Die Regierung Justinians vereinigte aber die Übel der Freiheit und der Knechtschaft, und die Römer wurden zu gleicher Zeit durch die Vielfältigkeit ihrer Gesetze und die willkürliche Entscheidung ihres Gebieters unterdrückt.

JUSTINIANS NACHFOLGER

*Regierung des jüngeren Justinus. – Gesandtschaft der Avaren. – Ihre Festsetzung
an der Donau. – Eroberung von Italien durch die Langobarden. – Adoption und
Regierung des Tiberius und des Mauritius. -- Zustand Italiens unter den
Langobarden und den Exarchen von Ravenna. – Drangsale Roms. – Charakter
und Pontifikat Gregors des Ersten*

Während seiner letzten Jahre widmete sich Justinian in seinem geschwächten seelischen Zustand himmlischer Betrachtung, und er vernachlässigte die Geschäfte der Welt. Seine Untertanen waren über die lange Dauer seines Lebens und seiner Regierung ungeduldig. Aber alle, die nachdenken konnten, fürchteten den Augenblick seines Todes, der die Hauptstadt in Aufruhr bringen und das Reich in einen Bürgerkrieg verwickeln konnte. Sieben Neffen des kinderlosen Monarchen, die Söhne oder Enkel seines Bruders und seiner Schwester, waren im Glanze fürstlichen Standes erzogen, waren den Provinzen und Heeren in hohen Befehlshaberstellen gezeigt worden; man kannte ihre Charaktere, ihre Anhänger glühten für sie, und da er aus Eifersucht im Alter die Ernennung eines Nachfolgers verschob, konnten sie alle mit gleichen Hoffnungen die Erbschaft ihres Oheims erwarten. Er verschied in seinem Palast nach einer Regierung von achtunddreißig Jahren (14. November 565), und der entscheidende Augenblick wurde von den Freunden des Justinus, Sohnes der Vigilantia, benützt. Um die Stunde der Mitternacht wurde seine Dienerschaft durch eine ungestüme Schar geweckt, die an sein Tor pochte und Einlaß erhielt, nachdem sie sich als die vornehmsten Mitglieder des Senates zu erkennen gegeben hatten. Diese willkommenen Abgeordneten teilten das frische und schicksalschwere Geheimnis von Justinians Tod mit, überbrachten oder erfanden des Sterbenden Bestimmung, seinen geliebtesten und verdienstvollsten Neffen zu krönen, und beschworen Justinus, dem Aufruhr der Menge zuvorzukommen, die sich erheben würde, wenn sie mit Anbruch des Tages erführe, daß sie sich ohne Gebieter befinde. Nachdem Justinus den Ausdruck der Überraschung, des Schmerzes und der geziemenden Bescheidenheit angenommen hatte, fügte er sich auf Anraten seiner Gattin Sophia dem Ansehen des Senates. Er wurde in Eile und Stille nach dem Palast geführt, die Leibwachen begrüßten ihren neuen Souverän, und die kriegerischen und religiösen Feierlichkeiten seiner Krönung wurden emsig vollzogen. Er ward durch die Hand der geeigneten Beamten mit den kaiserlichen Gewändern, den roten Halbstiefeln, der weißen Tunika und dem Purpurmantel bekleidet. Ein glücklicher Soldat, den er sogleich zum Tribunen beförderte, umgab seinen Nacken mit einem militärischen Halsschmuck; vier kräftige Jünglinge erhoben ihn auf einen Schild, er stand fest und aufrecht, um die Anbetung seiner Untertanen zu empfangen, und ihre Wahl wurde durch den Segen des Patriarchen geheiligt, der das Diadem auf das Haupt eines rechtgläubigen Fürsten setzte. Der Hippodrom war bereits mit zahllosen Scharen angefüllt, und sobald der Kaiser auf seinem Thron erschien, vermengten sich die Stimmen der blauen und der grünen Partei in pflichtgetreuem Freudenzuruf. In den Reden, die Justin an Senat und Volk hielt, versprach er, die Mißbräuche, die das Alter seines Vorgängers geschändet hatten, abzustellen, entwickelte die Grundsätze einer gerechten und wohltätigen Regierung und erklärte, daß er an den kommenden Kalenden des Januar in seiner eigenen Person den Namen und die Freigebigkeit eines römischen Konsuls erneuern würde. Die unverzügliche Bezahlung der Schulden seines Oheims war ein festes Pfand seiner Treue und seines Edelmutes; ein Zug von Trägern, die mit Goldsäcken beladen waren, erschien in der Mitte des Hippodroms, und die hoffnungslosen Gläubiger Justinians nahmen diese von der Gerechtigkeit gebotene Bezahlung als freiwillige Gabe an. Vor Ablauf von drei Jahren wurde sein Beispiel von der Kaiserin Sophia nachgeahmt und übertroffen, indem sie viele dürftige Bürger von der Wucht der Schulden und des Wuchers befreite – eine

Handlung der Wohltätigkeit, die auf Dank die größten Ansprüche hat, weil sie der unerträglichsten Not abhilft, wobei aber die Güte des Fürsten am leichtesten durch Verschwendung und Betrug mißbraucht werden kann.

Am siebenten Tage der Regierung gab Justinus den Gesandten der Avaren Audienz, und der Schauplatz war so ausgeschmückt, daß er bei den Barbaren Erstaunen, Ehrfurcht und Schrecken hervorbrachte. Vom Palasttor an waren die geräumigen Höfe und langen Portiken mit den hohen Helmbüschen und vergoldeten Schilden der Leibwachen angefüllt, die ihre Speere und Streitäxte mit größerer Zuversicht zeigten, als sie es auf einem Schlachtfeld bewiesen haben würden. Die Beamten, welche die Macht des Fürsten ausübten oder seine Person umgaben, waren in ihre reichsten Gewänder gekleidet und je nach ihrem kriegerischen oder bürgerlichen Rang aufgestellt. Als der Schleier von dem Heiligtum weggezogen wurde, erblickten die Gesandten den Kaiser des Morgenlandes auf seinem Thron unter einem Baldachin oder Dom, der von vier Säulen getragen und mit einer geflügelten Viktoria gekrönt war. In der ersten Regung des Erstaunens unterwarfen sie sich der Sitte der knechtischen Anbetung des byzantinischen Hofes; sowie sie sich aber vom Boden erhoben, sprach Targetius, das Haupt der Gesandtschaft, mit dem Freimut und Stolz eines Barbaren. Er pries durch den Mund seines Dolmetschers die Größe des Chagan, dessen Milde den Königreichen des Südens ihr Dasein gestatte, dessen siegreiche Untertanen über die gefrorenen Flüsse Skythiens gezogen wären und nun die Ufer der Donau mit unzählbaren Zelten bedeckten. Der verstorbene Kaiser habe durch jährliche und kostbare Geschenke die Freundschaft eines dankbaren Monarchen gepflegt, und die Feinde Roms hätten die Bundesgenossen der Avaren geachtet. Eine gleiche Klugheit werde dem Neffen Justinians eingeben, die Freigebigkeit seines Oheims nachzuahmen und von einem unbesiegten Volke, das am Krieg Gefallen fände und sich in dessen Führung auszeichnete, die Segnungen des Friedens zu erkaufen. Die Antwort des Kaisers wurde in demselben Ton trotzigen Stolzes gegeben, und er leitete sein Vertrauen von dem Gott der Christen, von dem alten Ruhme Roms und von den neuerlichen Triumphen Justinians her. „Das Reich", sagte er, „hat Überfluß an Menschen und Pferden und Waffen genug, unsere Grenzen zu verteidigen und die Barbaren zu züchtigen. Ihr bietet Hilfe, ihr droht mit Feindseligkeiten: wir verachten eure Feindschaft wie eure Hilfe. Die Besieger der Avaren bewerben sich um unsere Freundschaft: sollen wir ihre Flüchtlinge und Verbannten fürchten? Das Geschenk unseres Oheims wurde in eurem Elend auf eure demütige Bitten gegeben. Von uns werdet ihr eine größere Wohltat erhalten, die Kenntnis eurer Schwäche. Entfernt euch, das Leben von Gesandten ist unverletzlich, und wenn ihr wiederkehrt, um unsere Verzeihung anzuflehen, vielleicht werdet ihr dann unsere Güte erfahren." Der Chagan wurde auf den Bericht seiner Gesandten durch die scheinbare Festigkeit eines römischen Kaisers eingeschüchtert, dessen Charakter und Hilfsquellen er nicht kannte. Statt seine Drohungen gegen das morgenländische Reich wahr zu machen, zog er in die armen und wilden Länder Germaniens, die der Herrschaft der Franken unterworfen waren. Nach zwei zweifelhaften Schlachten willigte er in den Rückzug, und der König von Austrasien half der Not seiner Truppen durch unverweilte Lieferung von Korn und Vieh ab. Ein so wiederholtes Mißlingen hatte den Mut der Avaren gebrochen, und ihre Macht würde sich in der sarmatischen Wüste aufgelöst haben, wenn nicht das Bündnis des Langobardenkönigs Alboin ihren Waffen neue Richtung und ihrem ermatteten Glück Aufmunterung in einem dauernden Wohnsitz gegeben hätte.

Während Alboin unter den Fahnen seines Vaters focht, stieß er in der Schlacht auf seinen Nebenbuhler, den Fürsten der Gepiden, und durchbohrte ihn mit seiner Lanze. Die Langobarden, über eine so frühzeitige Tapferkeit jubelnd, baten seinen Vater mit einstimmigem Freudenzuruf, daß der heldenmütige Jüngling, der die Gefahren des Kampfes geteilt habe, zum Siegesschmause zugelassen werden möge. „Ihr kennt", erwiderte der unbeugsame Alboin, „die weisen Satzungen unserer Altvordern. Wie groß auch das Verdienst eines Fürstensohnes sein mag, darf er mit seinem Vater nicht eher an einem Tische sitzen, als bis er seine Waffen von einer fremden und königlichen Hand empfangen hat." Alboin neigte sich ehrfurchtsvoll vor den Einrichtungen seines Vaterlandes, wählte vierzig Gefährten und besuchte kühn den Hof des Gepidenkönigs Turisund, der nach dem Gesetze der Gastfreundschaft den Mörder seines Sohnes umarmte und bewirtete. Als Alboin beim Bankett den Sitz des Jünglings, den er getötet hatte, einnahm, stieg in Turisunds Seele eine wehmütige Erinnerung auf. „Wie teuer ist dieser Platz – wie verhaßt dieser Mensch", waren die Worte, die dem entrüsteten Vater mit einem Seufzer entfuhren. Sein Schmerz erbitterte den Nationalgrimm der Gepiden, und Kunimund, sein anderer Sohn, wurde durch Wein oder brüderliche Liebe zur Rache gereizt. „Die Langobarden", sagte der rohe Barbar, „gleichen an Gestalt und Geruch den Stuten unserer sarmatischen Ebenen." Diese Schimpfrede war eine Anspielung auf die weißen Bänder, womit sie ihre Beine zu umwickeln pflegten. „Füge eine andere Ähnlichkeit hinzu", erwiderte der verwegene Barbar, „ihr habt gefühlt, wie stark sie ausschlagen. Gehe nach den Ebenen von Asfeld und suche nach den Gebeinen deines Bruders, sie sind mit denen der widerwärtigsten Tiere vermengt." Die Gepiden, ein Volk von Kriegern, fuhren von ihren Sitzen auf, und der furchtlose Alboin und seine vierzig Gefährten legten die Hand an ihre Schwerter. Der Tumult wurde durch die Dazwischenkunft des ehrwürdigen Turisund gestillt. Er rettete seine eigene Ehre und das Leben des Gastes, und nach dem feierlichen Ritus der Bekleidung entließ er den Fremden in der blutigen Rüstung seines Sohnes, dem Geschenk eines weinenden Vaters. Alboin kehrte im Triumph zurück, und die Langobarden, die seine beispiellose Unerschrockenheit priesen, sahen sich zur Anerkennung der Tugenden eines Feindes genötigt. Bei diesem außerordentlichen Besuch hatte er wahrscheinlich die Tochter Kunimunds gesehen, der bald nachher den Thron der Gepiden bestieg. Sie hieß Rosamunda, ein sehr ausdrucksvoller Name für weibliche Schönheit, der auch in der englischen Geschichte und Romantik den Liebesmärchen gewidmet ist. Der König der Langobarden (Alboins Vater lebte nicht mehr) war mit der Enkelin Chlodwigs verlobt; aber die Rücksichten der Treue und Politik wichen bald der Hoffnung, die schöne Rosamunde zu besitzen und ihre Familie und Nation dadurch zu beleidigen. Die Künste der Überredung wurden ohne Erfolg versucht, und der ungeduldige Liebhaber erlangte durch Gewalt und List das Ziel seiner Wünsche. Krieg war die Folge, die er voraussah und wollte, aber die Langobarden konnten dem wütenden Angriff der Gepiden, die von einem römischen Heer unterstützt wurden, nicht lange widerstehen. Und da das Anerbieten einer Heirat mit Verachtung verworfen wurde, sah sich Alboin genötigt, seine Beute fahrenzulassen und die Schmach zu teilen, die er Kunimunds Hause zugefügt hatte.

Wenn einen öffentlichen Kampf private Streitigkeiten vergiften, kann ein Schlag, der weder tödlich noch entscheidend ist, nur einen kurzen Waffenstillstand hervorbringen, der dem geschlagenen Kämpfer seine Waffen zu neuer Begegnung zu schärfen gestattet. Die Macht Alboins war der Befriedigung seiner Liebe, Ehrsucht und Rache nicht gewachsen gewesen; er ließ sich herab, die furchtbare Hilfe des Chagans anzufechten, und die Gründe, deren er sich bediente, schildern die Kunst und Politik der Barbaren. Zu dem Angriff auf die Gepiden wäre er durch den gerechten Grund veranlaßt worden, ein Volk auszurotten, das sein Bündnis mit den Römern zu den gemeinsamen Feinden der Nationen und den persönlichen Gegnern des Chagan gemacht habe. Würden sich die Streitkräfte der Avaren und Langobarden zu diesem ehrenvollen Kampf vereinigen, wäre der Sieg sicher und der Lohn unschätzbar, die Donau, der Hebrus, Italien und Konstantinopel würden ohne Schranken ihren unbesieglichen Waffen bloßgestellt werden. Wenn sie aber zögerten und es aufschoben, der Bosheit der Römer zuvorzukommen, würde derselbe Geist, der die Avaren beschimpft habe, sie bis an die äußersten Grenzen der Erde verfolgen. Der Chagan hörte diese glänzenden Gründe mit Kälte und Verachtung an; er hielt die Gesandten der Langobarden in seinem Lager hin, verzögerte die Unterhandlung und schützte abwechselnd seinen Mangel an Neigung oder an Fähigkeit vor, sich in dieses wichtige Unternehmen einzulassen. Endlich erklärte er als endgültigen Preis seines Bündnisses, daß von den Langobarden ihm unverzüglich der zehnte Teil ihres Viehes ausgeliefert, die Beute und die Gefangenen gleich geteilt, die Besitzungen der Gepiden aber das alleinige Eigentum der Avaren werden sollten. Alboin, durch Leidenschaft getrieben, willigte mit Begierde in diese harten Bedingungen, und da die Römer mit der Undankbarkeit und Treulosigkeit der Gepiden unzufrieden waren, überließ Justinus das nicht zu bessernde Volk seinem Schicksal und blieb ruhiger Zuschauer des ungleichen Kampfes. Die Verzweiflung Kunimunds war groß und gefährlich. Er erfuhr, daß die Avaren in seine Grenzen eingebrochen wären; aber in der festen Überzeugung, daß er nach der Niederlage der Langobarden diese fremden Eindringlinge leicht zurückschlagen werde können, stürmte er dem unversöhnlichen Feinde seiner Familie und seines Namens entgegen. Aber der Mut der Gepiden vermochte ihnen nicht mehr als einen ehrenvollen Tod zu sichern. Die Tapfersten der Nation fielen auf dem Schlachtfeld; der König der Langobarden betrachtete das Haupt Kunimunds mit Wonne und ließ aus seinem Schädel einen Becher machen, um die Rache des Siegers zu sättigen oder vielleicht auch um der gräßlichen Gewohnheit seines Vaterlandes zu huldigen. Nach diesem Sieg (566) hemmte kein weiteres Hindernis die Fortschritte der Verbündeten, und sie vollzogen getreu die Bedingungen ihres Übereinkommens. Die schönen Länder Walachei, Moldau, Siebenbürgen und Ungarn jenseits der Donau wurden ohne Widerstand von einer neuen Kolonie Skythiens besetzt, und das dazische Reich der Chaganen bestand glanzvoll über zweihundertdreißig Jahre. Das Volk der Gepiden wurde zerstreut, aber bei Teilung der Gefangenen waren die Sklaven der Avaren minder glücklich als die der Langobarden, deren Edelmut einen tapferen Feind gut aufnahm und deren Freiheit sich mit kalter und überlegter Grausamkeit nicht vertrug. Die eine Hälfte der Beute brachte in das Lager des Alboin mehr Reichtum, als ein Barbar leicht überschauen konnte. Die schöne Rosamunda wurde beredet oder gezwungen, die Rechte ihres siegreichen Liebhabers anzuerkennen, und die Tochter Kunimunds schien jene Verbrechen zu verzeihen, die ihren eigenen unwiderstehlichen Reizen zugeschrieben werden konnten.

Die Zerstörung eines mächtigen Königreiches begründete den Ruhm Alboins. Zur Zeit Karls des Großen wiederholten die Bayern, Sachsen und die anderen Stämme germanischer Zunge fortwährend die Gesänge, welche die Heldentugenden, die Tapferkeit, Freigebigkeit und das Glück des Königs der Langoarden priesen. Aber seine Ehrsucht war noch unbefriedigt, und der Besieger der Gepiden richtete seine Blicke von der Donau nach den reichen Ufern des Po und des Tibers. Fünfzehn Jahre waren kaum vergangen, seit seine Untertanen als Narses' Bundesgenossen das schöne Italien besucht hatten; ihre Erinnerung war mit den Gebirgen, Strömen und Straßen vertraut, und das Gerücht ihres Erfolges, vielleicht auch der Anblick ihrer Beute hatte in dem nachwachsenden Geschlecht die Flamme des Wetteifers und Unternehmungsgeistes entzündet. Ihre Hoffnungen wurden durch Alboins Mut und Beredsamkeit ermuntert, und es wird berichtet, daß er zu ihren Sinnen sprach, indem er bei einem königlichen Schmause die schönsten und ausgesuchtesten Früchte auftischte, die in dem Garten der Welt von selbst wachsen. Kaum hatte er seine Fahne aufgepflanzt, als die eingeborene Macht der Langobarden durch die kühne Jugend Germaniens und Skythiens verstärkt wurde. Die kräftigen Bauern von Noricum und Pannonien hatten wieder die Sitten der Barbaren angenommen, und die Namen der Gepiden, Bulgaren, Sarmaten und Bajuwaren lassen sich in den italienischen Provinzen mit Bestimmtheit nachweisen. Von den Sachsen, den alten Bundesgenossen der Langobarden, nahmen zwanzigtausend Krieger mit ihren Weibern und Kindern die Einladung Alboins an. Ihre Tapferkeit trug zu seinem Erfolg bei, aber ihr Beitritt oder Fernbleiben würde bei der Größe seiner Schar nicht merklich gefühlt worden sein. Jede Art der Religion wurde von ihren Anhängern frei ausgeübt. Der König der Langobarden war in der arianischen Ketzerei erzogen worden, aber die Katholiken durften bei ihrem öffentlichen Gottesdienst für seine Bekehrung beten, während die halsstarrigen Barbaren eine Ziege oder vielleicht einen Gefangenen den Göttern ihrer Väter opferten. Die Langobarden und ihre Bundesgenossen waren durch gemeinsame Anhänglichkeit an einen Anführer vereint, der sich in allen Tugenden und Lastern eines wilden Helden auszeichnete, und der wachsame Alboin sorgte für einen Vorrat von Angriffs- und Verteidigungswaffen zum Gebrauch seiner Mannen. Die bewegliche Habe der Langobarden folgte ihrem Marsch, und ihre Länder überließen sie freudig den Avaren auf das feierliche, ohne Zaudern gegebene und angenommene Versprechen, daß die freiwilligen Auswanderer, wenn ihnen die Eroberung von Italien mißlänge, wieder in ihre vorigen Besitzungen eingesetzt werden sollten.

Sie hätte scheitern können, wenn Narses der Gegner der Langobarden gewesen wäre; jene alten Krieger, die bei dem Sieg über die Goten seine Bundesgenossen gewesen, würden mit Widerstreben gegen einen Feind, den sie fürchteten und achteten, gekämpft haben. Aber die Schwäche des byzantinischen Hofes förderte die Sache der Barbaren, und zum Verderben von Italien geschah es, daß der Kaiser ein einziges Mal auf die Beschwerden seiner Untertanen hörte. Die Tugenden des Narses waren durch Habsucht befleckt, und während seiner fünfzehnjährigen Herrschaft über die Provinz hatte er einen Schatz von Gold und Silber angehäuft, der das bescheidene Maß eines Privatvermögens überstieg. Seine Regierung war drückend oder unbeliebt, und das allgemeine Mißvergnügen wurde von den Abgeordneten Roms freimütig ausgedrückt. Sie erklärten kühn vor Justins Throne, daß ihre Knechtschaft unter den Goten erträglicher gewesen sei als der Despotismus eines griechischen Eunuchen und daß sie, wenn ihr Tyrann nicht unverzüglich entfernt werden sollte, in der Wahl eines Gebieters ihr eigenes Wohl zu Rate ziehen würden. Die Besorgnis vor einer Verschwörung wurde durch die Stimme des Neides und der Verleumdung, die erst vor so kurzer Zeit über Belisars Verdienste triumphiert hatte, erhöht. Ein neuer Exarch, Longinus, wurde ernannt, um den Eroberer von Italien zu ersetzen, und die niedrigen Beweggründe seiner Abberufung gaben sich in dem schimpflichen Befehl der Kaiserin Sophia kund: „Er solle das Waffenhandwerk Männern überlassen und zu seinem eigentlichen Platz unter die Jungfrauen des Palastes zurückkehren, wo man dem Eunuchen wieder eine Spindel in die Hand geben werde." „Ich werde ihr einen Faden spinnen, den sie nicht leicht auflösen können wird", soll die Antwort gewesen sein, die Entrüstung und das Bewußtsein der Verdienste dem Helden entrissen. Statt sich als Sklave und Opfer am Tore des byzantinischen Palastes aufzustellen, zog sich Narses nach Neapel zurück, von wo er (wenn der Glaube jener Zeit Berücksichtigung verdient) die Langobarden aufforderte, die Undankbarkeit des Fürsten und Volkes zu züchtigen. Aber die Leidenschaften des Volkes sind ungestüm und wandelbar, und die Römer erinnerten sich bald der Verdienste und fürchteten die Rache ihres siegreichen Feldherrn. Durch die Vermittlung des Papstes, der deswegen eine Pilgerfahrt nach Neapel unternahm, wurde ihre Reue angenommen; Narses blickte milder, führte eine pflichtgetreue Sprache und willigte ein, seine Residenz auf dem Kapitol aufzuschlagen. Sein Tod, obschon an der äußersten Grenze hohen Alters, erfolgte unzeitig und früh, weil sein Genie allein den letzten und verderblichen Fehler seines Lebens hätte gutmachen können. Die Völker Italiens wurden durch den Argwohn einer Verschwörung oder durch eine wirklich bestehende entwaffnet und vereinigt. Die Soldaten rächten die Schmach und beweinten den Verlust ihres Feldherrn. Sie kannten ihren neuen Exarchen nicht, und Longinus selbst war mit dem Zustand des Heeres und der Provinz nicht vertraut. In den vorher gegangenen Jahren war Italien durch Pest und Hungersnot verheert worden, und das mißvergnügte Volk schrieb die Drangsale der Natur der Schuld oder Torheit seiner Herrscher zu.

Was immer die Gründe von Alboins Sicherheit gewesen sein mögen, erwartete er weder, noch traf er ein römisches Heer im Felde. Er stieg über die Julischen Alpen (568) und blickte mit Verachtung und Sehnsucht auf die fruchtbaren Ebenen nieder, denen sein Erfolg den immerwährenden Namen der Lombardei beilegte. Ein treuer Häuptling wurde mit einer auserlesenen Schar im Forum Julii, dem jetzigen Friaul, aufgestellt, um die Gebirgspässe zu bewachen. Die Langobarden ehrten die Stärke von Pavia und schenkten den Bitten der Trevisaner Gehör; ihre langsamen und unbehilflichen Scharen rückten vor, um Palast und Stadt Verona zu besetzen, und Mailand, das sich eben aus seiner Asche erhob, wurde von Alboin fünf Monate nach seinem Abzug

aus Pannonien eingeschlossen. Entsetzen ging seinem Zug voraus, er fand oder hinterließ überall eine traurige Einöde, und die feigherzigen Italiener nahmen ohne irgendeinen Versuch, sich vom Gegenteil zu überzeugen, an, daß der Fremdling unbezwinglich wäre. Die erschrockenen Scharen flüchteten nach den Seen, Felsen, Morasten,
verbargen einige Trümmer ihres Reichtums und verzögerten so den Augenblick ihrer
Knechtschaft. Der Patriarch Paulinus von Aquileja brachte seine Schätze, kirchliche
wie weltliche, auf der Insel Grado in Sicherheit, und seine Nachfolger wurden von der
jungen Republik Venedig adoptiert, die sich dauernd durch die öffentlichen Drangsale
bereicherte. Honoratus, der auf dem Stuhl des heiligen Ambrosius saß, hatte den
hinterlistigen Antrag einer Kapitulation zu leichtgläubig angenommen, und der Erzbischof wurde samt der Geistlichkeit und den Edlen von Mailand durch Alboins Treulosigkeit gezwungen, hinter den minder zugänglichen Mauern von Genua Zuflucht zu
suchen. Längs der Seeküste unterstützten die Leichtigkeit der Zufuhr, die Hoffnung
auf Hilfe und die Möglichkeit zu entkommen den Mut der Bewohner; aber von den
Bergen von Trient bis vor die Tore von Ravenna und Rom wurden die Binnenländer
von Italien ohne Schlacht oder Belagerung das bleibende Eigentum der Langobarden.
Das unterwürfige Volk lud den Barbaren ein, den Charakter eines rechtmäßigen Souveräns anzunehmen, und der hilflose Exarch blieb darauf beschränkt, dem Kaiser
Justin den schnellen und unwiederbringlichen Verlust seiner Provinzen und Städte zu
melden. Eine einzige Stadt, die von den Goten emsig befestigt worden war, widerstand
den Waffen des neuen Eindringlings, und während Italien durch die siegenden Geschwader der Langobarden unterjocht wurde, blieb das königliche Lager über drei
Jahre vor dem westlichen Tor von Ticinum oder Pavia stehen. Der nämliche Mut, der
die Achtung eines zivilisierten Feindes erwirbt, reizt die Wut eines Barbaren, und der
ungeduldige Belagerer hatte sich durch einen feierlichen Eid zu einem allgemeinen
Gemetzel ohne Unterschied des Alters, Geschlechtes oder Standes verpflichtet. Mit
Hilfe des Hungers kam er endlich dazu, sein blutiges Gelübde zu erfüllen; als aber
Alboin durch das Tor ritt, strauchelte sein Pferd, stürzte und konnte sich nicht wieder-
erheben. Einer seiner Begleiter wurde durch Mitleid oder Frömmigkeit bewogen, dieses wunderbare Zeichen des Zornes des Himmels auszulegen; der Eroberer stutzte,
ließ sich erweichen, steckte sein Schwert in die Scheide, ruhte friedlich in dem Palast
Theodorichs und verkündete der bebenden Menge, daß sie leben und gehorchen solle.
Entzückt von der Lage der Stadt, die ihm durch den Stolz über die schwierige Erwerbung noch teurer wurde, verschmähte der Langobardenfürst den alten Glanz Mailands, und Pavia ward mehrere Jahrhunderte hindurch als die Hauptstadt des Königreichs Italien geehrt.

Die Regierung des Gründers war glänzend, aber kurz; bevor Alboin seine neuen
Eroberungen ordnen konnte, fiel er als ein Opfer häuslichen Verrates und weiblicher
Rache. In einem Palast bei Verona, der nicht für Barbaren erbaut worden war, gab er
seinen Waffengefährten ein Gelage; Trunkenheit war der Lohn der Tapferkeit, und
der König selbst ließ sich durch Hang oder Eitelkeit verleiten, den gewöhnlichen Grad
seiner Unmäßigkeit zu überschreiten. Nachdem er mehrere geräumige Humpen rhätischen oder Falernerweines geleert hatte, rief er nach dem Schädel Kunimunds, dem
edelsten und wertvollsten Stück seines Schenktisches. Der Siegesbecher wurde von
dem Kreis der Langobardenhäuptlinge mit entsetzlichem Beifall empfangen. „Füllt ihn
nochmals mit Wein", rief der unmenschliche Eroberer, „füllt ihn bis zum Rande,
bringt diesen Becher der Königin und bittet sie in meinem Namen, sie möge sich mit
ihrem Vater freuen." In Schmerz und Wut besaß Rosamunda noch die Kraft, zu sagen:
„Der Wille meines Herrn geschehe!" und den Becher mit ihren Lippen berührend,
sprach sie ein stilles Gelübde, daß der Schimpf mit Alboins Blut hinweggewaschen
werden solle. Man dürfte einige Nachsicht mit der Rache einer Tochter haben, wenn
sie nicht bereits die Pflichten einer Gattin verletzt hätte. Unversöhnlich in ihrem Haß
oder unbeständig in ihrer Liebe, hatte sich die Königin von Italien einem Untertanen
in die Arme geworfen: des Königs Waffenträger, Helmichis, war das geheime Werkzeug ihrer Lust und Rache. Gegen den Vorschlag des Mordes konnte er die Einwürfe

der Treue oder Dankbarkeit nicht mehr erheben; aber Helmichis zitterte, wenn er Gefahr und Schuld erwog, wenn er der unvergleichlichen Kraft und Unerschrockenheit eines Kriegers gedachte, den er sooft in die Schlacht begleitet hatte. Er drang darauf und setzte es auch durch, daß einer der tapfersten Krieger der Langobarden dem Unternehmen beigesellt werden solle; aber man konnte dem kühnen Peredeus nicht mehr als das Versprechen, die Sache geheimzuhalten, ablocken, und die Verführungsart, deren sich Rosamunda bediente, offenbart ihre schamlose Gefühllosigkeit für Ehre wie für Liebe. Sie nahm den Platz einer ihrer Frauen, die Peredeus liebte, ein und wußte irgendeinen Vorwand wie Dunkelheit und Stille zu ersinnen, bis sie ihrem Gefährten sagen konnte, er habe die Königin der Langobarden genossen und es müsse entweder sein eigener Tod oder der Tod Alboins die Folge dieses hochverräterischen Ehebruches sein. Er zog vor, lieber der Mitschuldige als das Opfer Rosamundas zu werden, deren unbeugsamer Geist weder der Furcht noch Reue fähig war. Sie erwartete und fand bald den günstigen Augenblick, in dem der König, vom Wein überwältigt, sich von der Tafel zurückgezogen hatte, um seinen Nachmittagsschlaf zu halten (28. Juni 573). Das treulose Weib stellte sich besorgt um seine Gesundheit und Ruhe: die Tore des Palastes wurden geschlossen, die Waffen fortgebracht, das Gefolge entlassen, und nachdem Rosamunda ihn durch zärtliche Liebkosungen in Schlaf gewiegt hatte, entriegelte sie die Türe des Gemaches und drängte die widerstrebenden Verschworenen zu augenblicklichem Vollzug der Tat. Bei dem ersten Geräusch sprang der Krieger vom Lager auf: aber sein Schwert, das er zu ziehen versuchte, war durch Rosamundas Hand in der Scheide befestigt worden und ein kleiner Stuhl, seine einzige Wehr, konnte ihn gegen die Speere der Mörder nicht lange schützen. Die Tochter Kunimunds lächelte bei seinem Fall, seine Leiche wurde unter der Treppe des Palastes begraben, und die dankbaren Nachkommen der Langobarden ehrten Grab und Andenken ihres siegreichen Anführers.

Die ehrsüchtige Rosamunda geizte danach, im Namen ihres Geliebten zu herrschen; Stadt und Palast von Verona wurden durch ihre Macht eingeschüchtert, und eine treue Schar ihrer vaterländischen Gepiden war entschlossen, die Rache ihrer Fürstin gutzuheißen und ihre Wünsche zu unterstützen. Aber die Langobardenhäuptlinge, die in den ersten Augenblicken der Bestürzung und Unordnung geflohen waren, hatten ihren Mut wiedergewonnen und ihre Streitkräfte gesammelt; statt daß die Nation sich ihrer Herrschaft unterwarf, forderte sie mit einstimmigem Geschrei, daß die schuldige Gattin und die Mörder ihres Königs bestraft werden sollten. Sie suchte Zuflucht bei den Feinden ihres Vaterlandes, und eine Verbrecherin, die den Abscheu der gesamten Menschheit verdiente, wurde durch die eigennützige Politik des Exarchen beschützt. Mit ihrer Tochter, der Erbin des Thrones der Langobarden, ihren beiden Liebhabern, ihren getreuen Gepiden und mit der Beute des Palastes von Verona fuhr Rosamunda die Etsch und den Po hinab und wurde auf einem griechischen Schiff nach dem sicheren Hafen von Ravenna gebracht. Longinus erblickte mit Wonne die Reize und Schätze der Witwe Alboins; ihre Lage und ihr früheres Benehmen mochten die ausschweifenden Anträge rechtfertigen, und sie schenkte willig der Leidenschaft eines Ministers Gehör, der selbst noch im Verfalle des Reiches als einer ihresgleichen von Königen geachtet wurde. Der Tod eines eifersüchtigen Liebhabers war ein leichtes und angenehmes Opfer: als Helmichis aus dem Bade stieg, empfing er von den Händen seiner Geliebten den Todestrank. Der Geschmack der Flüssigkeit, ihre schleunige Wirkung und seine Kenntnis des Charakters Rosamundas überzeugten ihn, daß er vergiftet sei: er setzte ihr einen Dolch auf die Brust, zwang sie, den Rest des Tranks zu leeren und vereinigte in wenigen Minuten mit dem Trost, daß er sie nicht überleben werde, um die Frucht ihrer Ruchlosigkeit zu genießen. Die Tochter Alboins und Rosamundas wurde samt der reichsten Beute der Langobarden nach Konstantinopel gebracht; die erstaunliche Kraft des Peredeus verursachte dem kaiserlichen Hofe Ergötzen und Schrecken, seine Blindheit und sein Rachedurst gaben ein vollständiges Bild der Abenteuer Simsons. Durch die freie Wahl der Nation in der Versammlung zu Pavia wurde Clepho, einer ihrer edelsten Häuptlinge, zu Alboins Nachfolger ernannt (Aug. 573).

Noch vor Ablauf von achtzehn Monaten wurde der Thron durch einen zweiten Mord befleckt; Clepho war von der Hand eines Dieners erstochen worden, der Thron blieb zehn Jahre hindurch, während der Minderjährigkeit seines Sohnes Autharis, unbesetzt, und Italien wurde, durch eine herzogliche Aristokratie von dreißig Tyrannen zersplittert, unterdrückt.

Als Justinians Neffe den Thron bestieg, verkündete er eine neue Epoche des Glücks und des Ruhmes. Die Jahrbücher des zweiten Justinus sind aber mit auswärtiger Schmach und heimischem Elend angefüllt. Im Westen verlor das Römische Reich Italien, und Afrika verödete, im Osten wurde es durch die Eroberungen der Perser verkleinert. Ungerechtigkeit herrschte sowohl in der Hauptstadt als in den Provinzen; die Reichen zitterten für ihr Eigentum, die Armen für ihre Sicherheit; die ordentlichen Obrigkeiten waren unwissend oder käuflich; die gelegentlichen Abhilfsmittel scheinen willkürlich und gewalttätig gewesen zu sein, und das Murren des Volkes konnte nicht länger durch die glänzenden Namen eines Gesetzgebers und Eroberers zum Schweigen gebracht werden. Die Ansicht, die dem Fürsten alle Drangsale seiner Zeit beimißt, kann von dem Geschichtsschreiber als ernste Wahrheit oder als heilsames Vorurteil unterstützt werden, indessen ist die Vermutung nicht ohne Grund, daß die Absichten Justinus' rein und wohlwollend waren und daß er seinen Platz ohne Tadel ausgefüllt haben würde, wenn seine Geisteskräfte nicht durch Siechtum geschwächt worden wären, das ihn des Gebrauches der Füße beraubte und in den Palast einkerkerte, fremd den Beschwerden des Volkes wie den Lasten der Regierung. Die späte Kenntnis seiner eigenen Ohnmacht veranlaßte ihn, die Last des Diadems abzulegen, und er zeigte in der Wahl eines würdigen Stellvertreters Spuren eines einsichtsvollen, sogar hochherzigen Geistes. Der einzige Sohn des Justinus und der Sophia starb als Kind; ihre Tochter Arabia war die Gattin des Baduarius, des Oberaufsehers des Palastes und späteren Oberbefehlshabers der Streitkräfte in Italien, der vergeblich danach geizte, die Rechte der Ehe durch seine Annahme an Sohnes Statt zu bekräftigen. Justinus war, solange ihm die Herrschaft ein Gegenstand des Wunsches schien, gewohnt, seine Brüder und Vettern, die Nebenbuhler seiner Hoffnungen, mit Eifersucht und Haß zu betrachten; auch konnte er sich nicht auf die Dankbarkeit von Menschen verlassen, die den Purpur mehr als eine Wiedererstarkung denn als ein Geschenk angesehen hätten. Von diesen Mitbewerbern war einer durch Verbannung und später durch den Tod entfernt worden, und dem anderen hatte der Kaiser selbst solche grausame Beleidigungen zugefügt, daß er entweder seine Rache fürchten oder seine Geduld verachten mußte. Diese häusliche Feindschaft brachte ihn zu dem hochherzigen Entschluß, nicht in seiner Familie, sondern in der Republik einen Nachfolger zu suchen; die schlaue Sophia empfahl Tiberius, den treuen Befehlshaber seiner Leibwache, dessen Tugenden und Glück der Kaiser als die Frucht seiner einsichtsvollen Wahl lieben konnte. Die Zeremonie seiner Erhebung zum Range eines Cäsars oder Augustus wurde im Porticus des Palastes in Anwesenheit des Patriarchen und Senates vollzogen (Dez. 574). Justinus sammelte die ganze noch übrige Kraft seines Geistes und Körpers, aber der Volksglaube, seine Rede sei ihm von der Gottheit eingegeben worden, verrät eine sehr geringe Meinung von den Menschen wie von der Zeit. „Du siehst", sprach der Kaiser, „die Abzeichen der höchsten Gewalt. Du stehst im Begriff, sie nicht aus meinen, sondern aus Gottes Händen zu empfangen. Ehre sie, und du wirst von ihnen Ehre erhalten. Achte die Kaiserin, deine Mutter; du bist jetzt ihr Sohn, vordem warst du ihr Diener. Finde keine Freude am Blut, enthalte dich der Rache, meide jene Handlungen, wodurch ich mir den öffentlichen Haß zugezogen habe, laß dich mehr von der Erfahrung als von dem Beispiel deines Vorgängers leiten. Als Mensch habe ich gesündigt und als Sünder bin ich schon in diesem Leben streng bestraft worden, aber diese Diener (und er zeigte auf seine Minister), die mein Vertrauen mißbraucht und meine Leidenschaften entflammt haben, werden mit mir vor dem Richterstuhl Christi erscheinen. Ich bin von dem Glanze des Diadems geblendet worden, sei du weise und gemäßigt, bedenke, was du gewesen, bedenke, was du bist. Du siehst um dich deine Sklaven und deine Kinder, mit der Macht eines Vaters übernimm seine Zärtlichkeit.

Liebe dein Volk wie dich selbst; pflege die Zuneigung und bewahre die Zucht des Heeres; beschütze das Vermögen des Reichen, hilf der Not des Armen ab." Die Versammlung zollte in Schweigen und mit Tränen dem Rate ihres Fürsten Beifall und sympathisierte mit dessen Reue; der Patriarch sprach die Gebete der Kirche, Tiberius empfing das Diadem kniend, und Justinus, der sich bei der Abdankung seiner Herrschaft am würdigsten zeigte, redete den neuen Monarchen mit folgenden Worten an: „Wenn du willst, lebe ich; wenn du es gebietest, sterbe ich: möge der Gott des Himmels und der Erde deinem Herzen alles eingeben, was ich vernachlässigt oder vergessen habe." Die vier letzten Lebensjahre des Kaisers Justinus vergingen in Zurückgezogenheit; sein Gewissen wurde nicht länger durch die Erinnerung an jene Pflichten gefoltert, die er zu erfüllen unfähig war, und seine Wahl ward durch die kindliche Ehrfurcht und Dankbarkeit des Tiberius gerechtfertigt.

Unter den trefflichen Eigenschaften des Tiberius mochte seine Gestalt (er war einer der höchstgewachsenen und schönsten aller Römer) ihm die Gunst der Kaiserin Sophia erworben haben, und die Witwe des Justinus hegte die Überzeugung, sie werde ihren Rang und Einfluß unter der Regierung eines zweiten und jugendlicheren Gemahls beibehalten. Wenn jedoch der ehrgeizige Thronbewerber in Versuchung geführt worden war, zu schmeicheln und sich zu verstellen, stand es nicht mehr in seiner Macht, ihre Erwartungen oder sein eigenes Versprechen zu erfüllen. Die Parteien des Hippodroms verlangten mit einiger Ungeduld den Namen ihrer neuen Kaiserin zu hören; sowohl das Volk als Sophia wurden durch Ausrufung der Anastasia, der geheimen, obschon rechtmäßigen Gattin des Kaisers Tiberius, in Erstaunen gesetzt. Was immer die Täuschung der Sophia lindern mochte, kaiserliche Ehren, ein prachtvoller Palast, ein großer Haushalt, wurde ihr von der kindlichen Liebe ihres angenommenen Sohnes freiwillig zuerteilt; bei feierlichen Anlässen wartete er der Witwe seines Wohltäters auf und fragte sie um Rat, aber ihr Ehrgeiz verachtete den eitlen Schein fürstlicher Größe, und die ehrfurchtsvolle Benennung Mutter diente mehr zur Erbitterung als zur Stillung des Ingrimms eines gekränkten Weibes. Während sie die schönen Beteuerungen der Hochachtung und des Vertrauens mit höfischem Lächeln empfing und vergalt, schloß die verwitwete Kaiserin ein geheimes Bündnis mit ihren vormaligen Feinden, und Justinian, der Sohn des Germanus, wurde als Werkzeug ihrer Rache gebraucht. Der Stolz des regierenden Hauses ertrug mit Widerwillen die Herrschaft eines Fremden; der Jüngling war mit Recht beliebt, eine aufrührerische Partei hatte mit Justinus' Tode seinen Namen genannt, und sein eigenes unterwürfiges Anerbieten seines Kopfes und eines Schatzes von sechzigtausend Pfund konnte als Beweis der Schuld oder wenigstens der Furcht angesehen werden. Justinian empfing volle Verzeihung und den Oberbefehl über die Armee im Osten. Der persische Monarch floh vor seinen Waffen, und der Freudenjubel, der seinen Triumph begleitete, erklärte ihn des Thrones für würdig. Seine schlaue Beschützerin hatte den Monat der Weinlese gewählt, in dem sich der Kaiser in ländlicher Einsamkeit die Freuden eines Untertanen gestattete. Auf die erste Nachricht von ihren Plänen kehrte er nach Konstantinopel zurück, und die Verschwörung wurde durch seine Anwesenheit und Festigkeit unterdrückt. Von dem Glanz und den Ehren, die Sophia mißbraucht hatte, wurde sie zu einem bescheidenen Lebensunterhalt verdammt; Tiberius entließ ihr Gefolge, fing ihren Briefwechsel auf und vertraute die Bewachung ihrer Person einem zuverlässigen Offizier seiner Leibwache an. Aber der vortreffliche Fürst betrachtete die Verdienste Justinians keineswegs als eine Erschwerung seiner Schuld; nach einem milden Verweis wurde sein Verrat und Undank vergessen und man glaubte allgemein, der Kaiser beabsichtige eine doppelte Verbindung mit dem Nebenbuhler seines Thrones. Die Stimme eines Engels (diese Fabel ward verbreitet) hatte dem Kaiser offenbart, daß er stets über seine einheimischen Feinde triumphieren werde, aber Tiberius setzte größeres Vertrauen in die Unschuld und Hochherzigkeit seiner eigenen Seele.

Neben dem verhaßten Namen Tiberius nahm er den beliebteren Konstantin an und ahmte die reineren Tugenden der Antonine nach. Es gewährt Freude, nach Darstellung der Laster oder der Torheit so vieler römischer Fürsten für einen Augenblick bei einem Charakter auszuruhen, der mit den Eigenschaften der Menschlichkeit, Gerechtigkeit, Mäßigkeit und Standhaftigkeit ausgestattet war; einen König zu betrachten, der leutselig im Palast, fromm in der Kirche, unparteiisch auf dem Richterstuhl und, durch seine Feldherren, siegreich im persischen Krieg war. Die glorreichste Trophäe seines Sieges bestand in einer Schar Gefangener, die Tiberius bewirtete, loskaufte und nach ihrer Heimat in dem mildtätigen Geist eines christlichen Helden entließ. Die Verdienste oder Drangsale seiner Untertanen hatten ein heiligeres Recht auf sein Wohlwollen, und er bemaß seine Güte weniger nach ihren Erwartungen als nach seiner Würde. Diese Maxime, wie gefährlich sie auch einem Verwalter des öffentlichen Wohlstandes sein mochte, wurde durch einen Grundsatz der Menschlichkeit und Gerechtigkeit, der ihn lehrte, das von seinen Untertanen erpreßte Gold als das unreinste Metall zu verabscheuen, im Gleichgewicht erhalten. Zu ihrer Erleichterung, sooft sie durch die Drangsale der Natur oder des Krieges gelitten hatten, beeilte er sich, rückständige und zukünftige Steuern zu erlassen; er verwarf mit finsterem Ernst die knechtischen, durch zehnfache Bedrückung aufgewogenen Vorschläge seiner Minister, und die weisen und gerechten Gesetze des Tiberius erregten die Bewunderung und Sehnsucht nachfolgender Zeiten. Konstantinopel glaubte, der Kaiser habe einen Schatz entdeckt, aber sein wahrer Schatz bestand in Ausübung edler Sparsamkeit und in der Verachtung jedes eitlen und überflüssigen Aufwandes. Glücklich wären die Römer des Ostens gewesen, wenn das schönste Geschenk des Himmels, ein patriotischer Fürst, eine besondere und andauernde Segnung geworden wäre. Aber in weniger als vier Jahren nach dem Tode des Justinus befiel seinen redlichen Nachfolger eine tödliche Krankheit (582), die ihm nur so viel Zeit ließ, das Diadem nach demselben Recht, kraft dessen er selbst es besaß, dem würdigsten seiner Mitbürger zu übergeben. Er wählte Mauritius aus der Schar; ein Urteil, kostbarer als der Purpur selbst: der Patriarch und der Senat wurden vor das Sterbebett des Fürsten berufen; er gab seine Tochter und das Reich her, und sein letzter Rat wurde feierlich durch die Stimme des Quästors verkündet. Tiberius drückte die Hoffnung aus, daß die Tugenden seines Sohnes und Nachfolgers seinem Andenken das edelste Mausoleum errichten würden. Sein Andenken wurde durch die öffentliche Trauer geehrt, aber auch der aufrichtigste Schmerz verdunstet im Gewirr einer neuen Regierung. Die Blicke und der Beifall der Welt wendeten sich bald der neuen Sonne zu.

Der Kaiser Mauritius leitete seinen Ursprung aus dem alten Rom her; seine Eltern aber waren zu Arabissus in Kappadokien seßhaft, und ein seltenes Geschick hatte beide am Leben erhalten, um das Glück ihres kaiserlichen Sohnes zu schauen und zu teilen. Die Jugend des Mauritius war im Waffenhandwerk vergangen; Tiberius beförderte ihn zum Oberbefehl über eine neue und bevorzugte Legion von zwölftausend Bundestruppen; seine Tapferkeit und sein Feldherrntalent zeichneten sich im persischen Krieg aus, und er kehrte nach Konstantinopel zurück, um als gerechten Lohn die Erbschaft des Reiches zu übernehmen. Mauritius bestieg den Thron in dem reifen Alter von dreiundvierzig Jahren und herrschte länger als zwanzig über den Osten und sich selbst, indem er aus seiner Seele die wilde Demokratie der Leidenschaften austrieb und (nach dem eigentümlichen Ausdruck des Evagrius) eine vollkommene Aristokratie der Vernunft und Tugend herstellte. Einiger Argwohn umhüllt das Zeugnis eines Untertanen, obschon derselbe beteuert, daß sein geheimes Lob nie zu den Ohren seines Souveräns gelangen solle; auch scheinen einige Schwächen den Charakter des Mauritius unter das reinere Verdienst seines Vorgängers zu stellen. Sein kaltes und zurückhaltendes Benehmen ließ sich dem Stolz zuschreiben; seine Gerechtigkeit war nicht immer ohne Grausamkeit, seine Milde nicht immer ohne Schwäche, und seine strenge Sparsamkeit setzte ihn zu sehr dem Vorwurf der Habsucht aus. Aber die vernünftigen Wünsche eines unumschränkten Herrschers müssen auf das Glück seines Volkes abzielen; Mauritius besaß Einsicht und Mut, um dieses Glück zu fördern, und seine Verwaltung wurde durch die Grundsätze und das Beispiel des Tiberius geleitet. Die Feigherzigkeit der Griechen hatte eine so vollständige Trennung des Amtes eines Fürsten von jenem eines Feldherrn eingeführt, daß ein gemeiner Soldat, der den Purpur verdient und erhalten hatte, selten oder nie an der Spitze seiner Heere erschien. Der Kaiser Mauritius aber erfreute sich des Ruhmes, den persischen Monarchen wieder auf seinen Thron gesetzt zu haben; seine Unterbefehlshaber führten einen zweifelhaften Krieg gegen die Avaren an der Donau, und er warf einen Blick des Mitleids, unwirksamen Mitleids, auf den verworfenen und bedrängten Zustand seiner italienischen Provinzen.

Aus Italien wurden die Kaiser unaufhörlich durch Schilderungen des Elends und Bitten um Hilfe gemartert, die ihnen das demütigende Geständnis ihrer eigenen Schwäche abnötigten. Die verscheidende Würde Roms offenbarte sich nur in dem Freimut und der Kraft der Klagen: „Wenn du unfähig bist", sprach es, „uns von dem Schwert der Langobarden zu befreien, so rette uns wenigstens vor den Drangsalen der Hungersnot." Tiberius verzieh den Vorwurf und half der Not ab; Korn wurde von Ägypten nach dem Tiber geschafft, und das römische Volk trieb unter Anrufung, nicht des Namens Camillus, sondern des heiligen Petrus, die Barbaren von seinen Mauern zurück. Aber die Unterstützung war einmalig, die Gefahr andauernd und dringend; die Geistlichkeit und der Senat sammelten die Reste ihres vormaligen Wohlstandes, eine Summe von dreitausend Pfund Goldes, und schickten den Patrizier Pamphronius ab, um ihre Geschenke und Klagen an den Stufen des byzantinischen Throns niederzulegen. Die Aufmerksamkeit des Hofes und die Streitkräfte des Ostens waren durch den persischen Krieg abgelenkt; der gerechte Tiberius verwendete aber die überbrachte Summe zur Verteidigung der Stadt, und er entließ den Patrizier mit dem wohlgemeinten Rat, entweder die Langobardenhäuptlinge zu bestechen oder die Hilfe des Königs der Franken zu erkaufen. Trotz dieses Auswegs der Schwäche wurde Italien fortwährend verheert, Rom abermals belagert, und die nur drei Meilen von Ravenna entfernte Vorstadt Classis von den Truppen eines Herzogs von Spoleto besetzt und geplündert. Mauritius erteilte einer zweiten Gesandtschaft von Priestern und Senatoren Audienz; der römische Papst machte in einem Schreiben die Pflichten und Drohungen der Religion mit Kraft geltend, und sein Nuntius, der Diakon Gregorius, war gleich geeignet, die Mächte des Himmels wie jene der Erde anzurufen. Der Kaiser ergriff mit besserer Wirkung die Maßregeln seines Vorfahren; einige gefürchtete Häuptlinge ließen sich bereden, die Freundschaft der Römer anzunehmen, und einer derselben, ein sanfter und treuer Barbar, lebte und starb im Dienste des Exarchen: die Alpenpässe wurden den Franken überliefert, und der Papst ermunterte sie, ihre Eide und Verpflichtungen gegen Unrechtgläubige ohne Bedenken zu verletzen. Childebert, Chlodwigs Urenkel, ließ sich durch Bezahlung von fünfzigtausend Goldstücken bewegen, in Italien einzubrechen; da aber der König von Austrasien mit Wonne eine byzantinische Münze, ein Pfund Gold schwer, betrachtet hatte, konnte er bedingen, daß die Gabe durch gehörige Beimischung solcher achtbarer Stücke seiner Annahme würdiger gemacht werde. Die Herzöge der Langobarden hatten ihre mächtigen Nachbarn von Gallien durch häufige Einbrüche gereizt. Sobald sie gerechte Wiedervergeltung zu fürchten hatten, verzichteten sie auf ihre schwache und ordnungslose Unabhängigkeit; die Vorteile einer königlichen Regierung, der Einheit, Verschwiegenheit und Stärke wurden einstimmig anerkannt, und Autharis, Clephos Sohn, hatte bereits die Kraft und den Ruf eines Kriegers erlangt. Unter der Fahne ihres neuen Königs widerstanden die Eroberer von Italien nacheinander drei Einbrüchen, von denen einer von Childebert selbst angeführt wurde, dem letzten Merowinger, der über die Alpen ging. Der erste Zug scheiterte an der feindseligen Eifersucht der Franken und Alemannen. Im zweiten wurden sie in einer blutigen Schlacht mit mehr Schimpf und Verlust besiegt, als sie seit Gründung der Monarchie je erlitten hatten. Nach Rache dürstend, kamen sie zum drittenmal mit größerer Macht, und Autharius mußte der Wut des Stromes weichen. Die Truppen und Schätze der Langobarden wurden in den ummauerten Städten zwischen den Alpen und Apenninen verteilt. Eine Nation, die für Gefahr weniger empfindlich war als für Ermattung und Verzögerung, murrte bald gegen die Torheit ihrer zwanzig Anführer, und die heißen Dünste einer italienischen Sonne schlugen jene Leiber von jenseits der Gebirge, die bereits durch den Wechsel der

Unmäßigkeit und des Hungers gelitten hatten, mit Krankheit. Die Streitkräfte, die zur Eroberung nicht ausreichten, waren zur Verheerung des Landes mehr als hinlänglich, so daß die bebenden Eingeborenen keinen Unterschied zwischen ihren Feinden und Befreiern zu machen imstande waren. Wenn die Vereinigung der merowingischen und kaiserlichen Truppen in der Nähe von Mailand bewerkstelligt worden wäre, würden sie vielleicht den Thron der Langobarden gestürzt haben, aber die Franken harrten sechs Tage lang des Zeichens, das ein brennendes Dorf geben sollte, während die Griechen ihre Waffen eitlerweise mit der Bezwingung von Modena und Parma beschäftigten, welche Provinzen ihnen nach Abzug ihrer transalpinischen Bundesgenossen wieder entrissen wurden. Der siegreiche Autharis verfolgte sein Recht auf die Herrschaft über Italien. Am Fuße der rhätischen Alpen brach er den Widerstand und plünderte die Schätze einer einsamen Insel im Comersee. An der äußersten Spitze von Italien berührte er mit seiner Lanze eine Säule am Gestade von Rhegium und verkündete, daß diese alte Landmarke die unwiderrufliche Grenze seines Königreiches bleiben solle.

Während einer Periode von zweihundert Jahren blieb Italien zwischen dem Königreich der Langobarden und dem Exarchat von Ravenna ungleich geteilt. Die Ämter und Berufsarten, welche die Eifersucht Konstantins getrennt hatte, wurden durch Justinians Nachsicht wieder vereinigt; achtzehn aufeinanderfolgende Exarchen waren zur Zeit des Verfalls des Reiches mit den vollen Überresten der bürgerlichen, der militärischen, ja selbst der kirchlichen Gewalt bekleidet. Ihr unmittelbarer Sprengel, nachher zum Erbe des heiligen Petrus geweiht, dehnte sich über die neuere Romagna, die Sümpfe von Ferrara und Commachio, fünf Seestädte von Rimini bis Ankona und eine zweite binnenländische Pentapolis zwischen der Küste des Adriatischen Meeres und den Apenninen aus. Drei untergeordnete Provinzen, Rom, Venedig und Neapel, durch feindliche Gebiete von dem Palast von Ravenna getrennt, erkannten sowohl im Frieden als im Krieg die Oberhoheit des Exarchen an. Das Herzogtum Rom schloß die toskanischen, sabinischen und latinischen Eroberungen der vier ersten Jahrhunderte der Stadt ein, und die Grenzen lassen sich deutlich längs der Küste von Civita Vecchia bis Terracina und mit dem Lauf des Tibers von Ameria und Narni bis zu dem Hafen von Ostia bezeichnen. Die zahlreichen Inseln von Grado bis Chiozza bildeten die junge Republik Venedig; aber die zugänglicheren Städte des Festlandes waren von den Langobarden überwältigt worden, die mit ohnmächtiger Wut eine neue Hauptstadt sich aus den Wogen erheben sahen. Die Macht der Herzöge von Neapel war durch die Bai, die naheliegenden Inseln, das feindliche Gebiet von Capua und die römische Kolonie Amalfi begrenzt, deren tätige Bürger durch die Erfindung des Seekompasses das Antlitz des Erdballs entschleiert haben. Die drei Inseln Sardinien, Korsika und Sizilien gehörten noch zu dem Reich, und die Erwerbung des jenseitigen Kalabrien verlegte die Landesgrenze des Autharis von Rhegium nach der Landenge von Consentia. In Sardinien behaupteten die wilden Gebirgsbewohner die Freiheit der Religion ihrer Altvordern; aber die Landwirte von Sizilien waren an ihren reichen und wohlbebauten Boden gefesselt. Rom wurde durch das eiserne Zepter der Exarchen unterdrückt, und ein Grieche, vielleicht ein Eunuch, beleidigte ungestraft die Ruinen des Kapitols. Neapel aber erlangte bald das Vorrecht, seine eigenen Herzöge zu wählen; die Unabhängigkeit von Amalfi war die Frucht des Handels, und die freiwillige Anhänglichkeit von Venedig wurde zuletzt durch ein gleichstellendes Bündnis mit dem Oströmischen Reich veredelt. Auf der Karte von Italien nimmt das Exarchat einen sehr unbedeutenden Raum ein, aber es schloß ein großes Maß von Reichtum, Gewerbefleiß und eine große Volksmenge in sich. Die treuesten und wertvollsten Untertanen entflohen dem Barbarenjoch; die Banner von Pavia und Verona, von Mailand und Padua wurden in den bezüglichen Vierteln von den neuen Bewohnern von Ravenna entfaltet. Das übrige Italien besaßen die Langobarden; ihr Reich dehnte sich von Pavia, dem Königssitz, nach dem Osten, Norden und Westen bis zu den Grenzen der Avaren, Bayern und Franken von Austrasien und Burgund aus. Es enthielt mithin in der Sprache der neueren Geographie die Terra Firma der Republik Venedig, Tirol, das Mailändische,

Piemont, die Küste von Genua, Mantua, Parma und Modena, das Großherzogtum Toskana und einen beträchtlichen Teil des Kirchenstaates von Perugia bis zum Adriatischen Meer. Die Herzöge und zuletzt die Fürsten von Benevent überlebten die Monarchie der Langobarden und pflanzten ihren Namen fort. Von Capua bis Tarent herrschten sie beinahe fünfhundert Jahre über den größten Teil des jetzigen Königreiches Neapel.

Das Verhältnis des siegreichen zu dem besiegten Volk läßt sich am besten durch die Veränderung der Sprache erkennen. Nach diesem Maßstab ergibt sich, daß die Langobarden von Italien und die Westgoten von Spanien minder zahlreich waren als die Franken oder Burgunden, und die Eroberer von Gallien standen ihrerseits an Menge den Sachsen und Angeln nach, welche die Sprachen von Britannien fast ausrotteten. Das neuere Italienisch ist allmählich durch die Vermengung der Nationen gebildet worden; die Ungeschicklichkeit der Barbaren in der feinen Behandlung der Abänderungen und Abwandlungen zwang sie zum Gebrauch von Artikeln und Hilfszeitwörtern, und viele neue Begriffe wurden mit teutonischen Worten benannt. Der Hauptstamm der technischen Wörter wie der des gewöhnlichen Verkehrs ist jedoch lateinischer Abstammung, und wenn wir mit den veralteten bäurischen und städtischen Mundarten des alten Italien besser vertraut wären, vermöchten wir den Ursprung so mancher Ausdrücke nachzuweisen, die von der klassischen Reinheit Roms vielleicht verworfen worden wären. Ein zahlreiches Heer bildet nur eine kleine Nation, und die Streitkräfte der Langobarden wurden bald durch den Abzug von zwanzigtausend Sachsen vermindert, die eine abhängige Stellung verachteten und nach vielen kühnen und gefährlichen Abenteuern in ihre Heimat zurückkehrten. Das Lager Alboins hatte eine furchtbare Ausdehnung, aber ein Lager läßt sich leicht in die Mauern einer Stadt zusammendrängen, deren kriegerische Bewohner über die Oberfläche eines großen Landes nur dünn verstreut sein konnten. Als Alboin von den Alpen niederstieg, verlieh er seinem Neffen, dem ersten Herzog von Friaul, die Herrschaft über die Provinz und das Volk; der kluge Gisulf lehnte aber das gefährliche Amt ab, bis ihm gestattet wurde, unter den edlen Langobarden eine hinreichende Anzahl von Familien zu wählen, um eine immerwährende Kolonie von Kriegern und Untertanen zu bilden. Bei dem Fortschreiten der Eroberung konnte eine ähnliche Auswahl den Herzogen von Brescia oder Bergamo, von Pavia oder Turin, von Spoleto oder Benevent nicht bewilligt werden; aber jeder von diesen und jeder ihrer Kollegen, ließ sich in dem ihm zugewiesenen Distrikt mit einer Schar von Anhängern nieder, die im Krieg unter seiner Fahne fochten und im Frieden seinen Rechtsspruch anerkannten. Ihre Anhänglichkeit war frei und ehrenvoll; sie durften, wenn sie auf die empfangenen Geschenke und Verleihungen Verzicht leisteten, mit ihren Familien in den Bezirk eines anderen Herzogs auswandern, aber ihre Entfernung aus dem Königreich wurde als Verbrechen der Heeresflucht mit dem Tod bestraft. Die Nachkommen der ersten Eroberer schlugen tiefere Wurzel in dem Boden, den sie aus Interesse und Ehre zu verteidigen verpflichtet waren. Ein Langobarde war der geborene Kriegsmann seines Königs und Herzogs, und bei den Friedensversammlungen der Nation wurden die Fahnen entfaltet und sie führten den Namen eines regelmäßigen Heeres. Sold und Belohnung für dieses Heer wurden aus den eroberten Provinzen genommen; aber die Verteilung, die erst nach dem Tod Alboins bewerkstelligt wurde, ist durch abscheuliche Merkmale der Ungerechtigkeit und des Raubes geschändet. Viele der reichsten Italiener wurden getötet oder verbannt, die übrigen unter die Fremdlinge verteilt und ihnen als Tribut die Verpflichtung (unter dem Namen der Gastfreundschaft) auferlegt, den Langobarden den dritten Teil aller Früchte der Ernte zu entrichten. Binnen weniger als siebzig Jahren wurde jedoch dieses künstliche System durch eine einfache und festere Besitzesart ersetzt. Entweder vertrieb den römischen Grundeigentümer sein starker und übermütiger Gast, oder die jährliche Entrichtung von einem Drittel des Ertrages wurde durch eine billigere Übereinkunft in einen angemessenen Teil vom Grundeigentum umgewandelt. Unter diesen Fremdherrschern ward die Landwirtschaft, die Kultur des Getreides, Weines und der Ölbäume mit Geschicklichkeit und Emsigkeit durch Sklaven und Eingeborene betrieben. Angenehmer waren den Barbaren die Beschäftigungen des Hirtenlebens. In den reichen Grasebenen von Venetia führten sie die Zucht jener Pferde ein, wegen welcher die Provinz einst berühmt gewesen war; sie verbesserten sie; mit Erstaunen erblickten die Italiener auch eine fremde Ochsen- und Büffelart. Die Entvölkerung der Lombardei und die Vermehrung der Waldungen bot den Freuden der Jagd einen weiteren Spielraum. Jene wunderbare Kunst, die die Vögel der Luft lehrt, auf die Stimme ihres Gebieters zu hören und seine Befehle zu vollziehen, war dem Scharfsinn der Griechen und Römer fremd geblieben. Skandinavien und Skythien bringen die kühnsten und gelehrigsten Falken hervor, die von den fast stets zu Pferd und im Feld herumstreifenden Einwohnern gezähmt und erzogen wurden. Dieses Lieblingsvergnügen unserer Vorfahren führten die Barbaren in die römischen Provinzen ein, und die Gesetze von Italien erkennen dem Schwert und dem Falken gleiche Würden und Wichtigkeit in und von den Händen eines lombardischen Edlen zu.

So groß war der Einfluß des Klimas und Beispiels, daß die Langobarden der vierten Generation die Abbildungen ihrer wilden Ahnen mit Neugierde und Grausen betrachteten. Ihr Hinterhaupt war geschoren, aber die zottigen Locken hingen über Augen und Mund, und ein langer Bart stellte Namen und Eigentümlichkeit der Nation dar. Ihr Anzug bestand aus weiten, leinenen Gewändern nach Art der Angelsachsen, die mit breiten buntfarbigen Streifen nach ihrem Geschmack geschmückt waren. Beine und Füße waren mit langen Hosen und offenen Sandalen bekleidet, und sogar im Frieden hatten sie ihr treues Schwert an der Seite. Aber diese seltsame Tracht und ihr wildes Aussehen verbarg oft einen milden und großmütigen Charakter, und sobald die Wut der Schlacht sich gelegt hatte, wurden Gefangene und Unterworfene nicht selten durch die Menschlichkeit des Siegers überrascht. Die Laster der Langobarden waren die Wirkungen der Leidenschaft, der Unwissenheit und Trunkenheit, ihre Tugenden aber sind des Lobes um so würdiger, als sie weder durch die Heuchelei der gesellschaftlichen Sitten erkünstelt noch durch den starken Zwang der Gesetze und Erziehung aufgenötigt wurden. Ich würde nicht befürchten, von meinem Gegenstand abzuschweifen, wenn es in meiner Macht läge, das Privatleben der Eroberer von Italien zu schildern; ich erzähle mit Vergnügen die abenteuerliche Minne des Autharis, die den echten Geist des Rittertums und der Romantik atmet. Nach dem Verlust seiner Braut, einer merowingischen Fürstin, verlangte er die Tochter des Königs von Bayern zur Ehe, und Garibald nahm das Bündnis mit dem italienischen Monarchen an. Ungeduldig über die langsamen Fortschritte der Unterhandlung, entrann der feurige Liebhaber seinem Palast und besuchte den Hof von Bayern im Gefolge seiner eigenen Gesandtschaft. Bei der öffentlichen Audienz trat der unbekannte Fremdling dem Thron näher und setzte Garibald in Kenntnis, daß der Gesandte allerdings der Diener des Staates, er allein aber Autharis' Freund wäre, und daß dieser ihm den zarten Auftrag erteilt hätte, einen treuen Bericht von den Reizen seiner Braut zu bringen. Theudelinde wurde gerufen, um sich dieser wichtigen Prüfung zu unterziehen; nach einer Pause stillen Entzückens begrüßte er sie als Königin von Italien und bat demütig, sie möge nach der Nationalsitte dem ersten ihrer neuen Untertanen einen Becher Wein kredenzen. Auf Befehl ihres Vaters gehorchte sie, Autharis empfing seinerseits den Becher, und indem er ihn der Fürstin zurückgab, berührte er insgeheim ihre Hand und fuhr mit seinem Finger über sein Antlitz und seine Lippen. Des Abends teilte Theudelinde ihrer Amme die unbescheidene Vertraulichkeit des Fremdlings mit und wurde durch die Versicherung getröstet, daß eine solche Kühnheit nur von dem König, ihrem Gemahl, ausgehen könne, der durch Schönheit und Mut ihrer Liebe würdig sei. Die Abgesandten wurden entlassen; kaum hatten sie aber die Grenzen von Italien erreicht, so erhob sich Autharis auf seinem Roß, warf die Streitaxt mit unvergleichlicher Kraft und Gewandtheit nach einem Baum und sprach zu den erstaunten Bayern: „Das sind die Würfe des Königs der Langobarden!" Beim Heranzug des fränkischen Heeres flüchteten Garibald und seine Tochter nach den Besitzungen ihres Bundesgenossen, und die Ehe wurde im Palast von Verona vollzogen. Nach Verlauf eines Jahres löste Autharis' Tod sie auf, aber Theudelindens Tugenden hatten sie der Nation teuer gemacht, und es ward ihr gestattet, mit ihrer Hand zugleich das Zepter des Königreichs Italien zu vergeben.

Aus dieser Tatsache sowie aus anderen ähnlichen Ereignissen ergibt sich, daß die Langobarden die Freiheit, ihren Souverän zu wählen, aber auch zugleich Einsicht genug besaßen, die häufige Ausübung dieses gefährlichen Rechtes zu vermeiden. Das öffentliche Einkommen floß aus den Erzeugnissen des Bodens und dem Ertrag der Rechtsverwaltung. Als die unabhängigen Herzöge übereinkamen, daß Autharis den Thron seines Vaters besteigen sollte, statteten sie ihn mit der Hälfte ihrer Domänen aus. Die stolzesten Großen strebten nach der Ehre des Dienstes bei ihrem König; er belohnte die Treue seiner Vasallen durch die widerrufliche Verleihung von Jahrgehältern und Benefizien und sühnte die Unbilden des Krieges durch Stiftung reicher Klöster und Kirchen. Richter im Frieden, Anführer im Krieg, maßte er sich nie die Macht eines einzigen unumschränkten Gesetzgebers an. Der König von Italien berief die Versammlungen der Nation in den Palast oder wahrscheinlicher in die Felder von Pavia; sein Großrat bestand aus den durch Geburt und Rang am meisten ausgezeichneten Personen; die Gültigkeit aber sowie die Vollziehung ihrer Beschlüsse hing von der Genehmigung des getreuen Volkes, des glücklichen Heeres der Langobarden, ab. Achtzig Jahre nach der Eroberung Italiens wurden ihre mündlich überlieferten Gewohnheiten in teutonischem Latein aufgezeichnet und durch Zustimmung des Fürsten und Volkes bestätigt; sie fügten einige neue, ihrer gegenwärtigen Lage angemessenere Bestimmungen hinzu; das Beispiel des Rotharis wurde von den Weisesten seiner Nachfolger nachgeahmt, und die Gesetze der Langobarden sind als die mindest unvollkommenen der Kodizes der Barbaren geschätzt worden. Durch ihren Mut im Besitz der Freiheit gesichert, waren diese rohen und übereilten Gesetzgeber unfähig, die Gewalten der Verfassung abzuwägen oder die feine Theorie der politischen Regierung zu erörtern. Verbrecher, die das Leben des Souveräns oder die Sicherheit des Staates bedrohten, wurden für todeswürdig erachtet; ihre Aufmerksamkeit war jedoch hauptsächlich auf die Verteidigung der Person und des Eigentums der Untertanen beschränkt. Nach der seltsamen Jurisprudenz jener Zeiten konnte Blutschuld durch Geld gesühnt werden; der hohe Preis von neunhundert Goldstücken aber beweist ihre richtige Ansicht vom Wert eines einfachen Bürgers. Minder entsetzliche Verbrechen, eine Wunde, ein Beinbruch, ein Schlag, ein Schimpfwort, wurden mit gewissenhafter, fast lächerlicher Genauigkeit abgewogen, und die Klugheit des Gesetzgebers ermutigte die unedle Gewohnheit, Ehre und Rache für eine Geldvergütung zu verhandeln. Die unwissenden Langobarden im Zustand des Heidentums oder Christentums glaubten unbedingt an die Bosheit und das Urteil der Zauberei; aber die Richter des siebzehnten Jahrhunderts hätten durch die Weisheit des Rotharis, der diesen albernen Aberglauben verlachte und die unglücklichen Opfer der vom Volk oder den Behörden ausgehenden Grausamkeit beschützte, belehrt und beschämt werden können. Ein ähnlicher über seinem Zeitalter und Vaterland stehender Geist eines Gesetzgebers muß Luitprand zuerkannt werden, der den ruchlosen und eingewurzelten Mißbrauch der Duelle zwar duldet, aber auch verdammt, weil er durch eigene Beobachtung erfahren hatte, daß die gerechte Strafe oft der glücklichen Gewalt erlag. Welches Verdienst man immer in den Gesetzen der Langobarden entdecken mag, so waren sie die echte Frucht des Verstandes der Barbaren, die den Bischöfen von Italien nie zu ihren gesetzgebenden Versammlungen Zutritt gönnten. Aber die Reihe ihrer Könige zeichnet sich durch Tugenden und Fähigkeiten aus; die stürmische Folge ihrer Annalen ist mit schönen Zeiten des Friedens, der Ordnung und inneren Glückes geschmückt, und die Italiener erfreuten sich einer milderen und gerechteren Regierung als irgendeines der anderen Königreiche, die auf den Trümmern des abendländischen Reiches errichtet worden waren.

Mitten unter den Waffen der Langobarden und dem Despotismus der Griechen fragen wir abermals nach dem Schicksal Roms, das gegen den Schluß des sechsten Jahrhunderts die unterste Stufe der Erniedrigung erreicht hatte. Die Verlegung des

Sitzes des Reiches und der aufeinanderfolgende Verlust der Provinzen hatte die Quellen des öffentlichen wie des Privatreichtums erschöpft; der stolze Baum, unter dessen Schatten die Nationen der Erde geruht hatten, war seiner Blätter und Zweige beraubt, und man ließ den dürren Stamm auf dem Boden modern. Die Befehlshaber und die Boten des Sieges begegneten einander nicht mehr auf der appischen oder flaminischen Straße, auch unter der feindlichen Annäherung der Langobarden litt man häufig und sie wurden beständig gefürchtet. Den Bewohnern einer mächtigen und friedlichen Hauptstadt, die ohne die mindeste Besorgnis die gartengleiche Umgegend besuchen kann, wird ihre Phantasie nur ein schwaches Bild von der Bedrängnis der Römer geben; sie schlossen und öffneten ihre Tore mit zitternder Hand, sahen von den Mauern die Flammen ihrer Häuser und hörten das Angstgeschrei ihrer Brüder, die wie Hunde zusammengekoppelt und in ferne Sklaverei jenseits des Meeres und der Berge getrieben wurden. Solche unaufhörliche Störungen mußten die Freuden des Landlebens vernichten und dessen Arbeiten hemmen, und die Campagna von Rom versank schnell in einem Zustand trauriger Wildnis. Der Boden war kahl, das Wasser unrein und die Luft verpestet. Neugierde und Ehrgeiz zogen die Nationen nicht mehr nach der Hauptstadt der Welt; wenn aber Zufall oder Notwendigkeit die Schritte eines fremden Wanderers hinlenkten, betrachtete er mit Entsetzen die Öde und Einsamkeit der Stadt und mochte versucht werden, zu fragen: Wo ist der Senat und wo ist das Volk? Zu einer Zeit häufiger Regen trat der Tiber aus seinen Ufern und stürzte mit unwiderstehlicher Gewalt in die Täler der Sieben Hügel. Eine pestartige Krankheit entstand aus der Fäulnis der zurückgebliebenen Gewässer, und solche Fortschritte machte die Ansteckung, daß achtzig Personen inmitten einer feierlichen Prozession verschieden, die den Himmel um Erbarmen anflehten. Eine Gesellschaft, in der zur Ehe ermuntert wird und der Fleiß vorherrscht, ersetzt bald die zufälligen, durch Pest und Krieg erlittenen Verluste, aber der bei weitem größere Teil der Römer war zu hoffnungsloser Armut und Ehelosigkeit verurteilt, die Entvölkerung nahm sichtlich und unaufhörlich zu, und die Pessimisten schienen das herannahende Erlöschen alles menschlichen Lebens zu erwarten. Nichtsdestoweniger überstieg die Anzahl der Bürger das Maß der Lebensmittel, ihre ungesicherte Nahrung wurde von den Ernten Siziliens oder Ägyptens geliefert, und die häufige Wiederkehr der Hungersnot beweist, welche geringe Rücksicht die Kaiser auf eine ferne Provinz nahmen. Die Gebäude von Rom waren dem gleichen Verderben und Verfall ausgesetzt; die morschen Bauten wurden leicht durch Überschwemmungen, Stürme und Erdbeben eingestürzt, und die Mönche, welche die vorteilhaftesten Punkte besetzt hatten, freuten sich ihres niedrigen Triumphes über die Ruinen des Altertums. Man glaubt gewöhnlich, daß Papst Gregor der Erste sich an den Tempeln vergriff und die Statuen der Stadt umstürzte, daß auf Befehl des Barbaren die palatinische Bibliothek in Asche verwandelt wurde und daß insbesondere die Geschichte des Livius das Ziel seiner unsinnigen und unheilvollen Schwärmerei gewesen sei. Die Schriften Gregors offenbaren allerdings seinen unversöhnlichen Abscheu gegen die Denkmäler klassischen Genies, und er belegt mit dem schärfsten Tadel die weltliche Gelehrsamkeit eines Bischofs, der die Wissenschaft der Grammatik lehrte, die lateinischen Dichter studierte und mit derselben Stimme Jupiter und Christus pries. Aber der Beweis seiner zerstörungssüchtigen Wut ist zweifelhaft und neu; der Tempel des Friedens oder das Theater des Marcellus sind durch die langsame Wirkung der Jahrhunderte zerstört worden, und eine förmliche Ächtung würde die Abschriften des Virgil und Livius in jenen Ländern vermehrt haben, die der Tyrannei des geistlichen Diktators nicht unterworfen waren.

Gleich Theben, Babylon und Karthago würde Rom von der Erde verschwunden sein, wenn die Stadt nicht von einem Lebensprinzip beseelt gewesen wäre, das ihr wieder Herrschaft und Ehre verschaffte. Man hielt an der unbestimmten Sage fest, daß zwei jüdische Lehrer, ein Zeltmacher und ein Fischer, einst in dem Zirkus des Nero hingerichtet worden wären, und nach Verlauf von fünfhundert Jahren wurden ihre echten oder angeblichen Reliquien als das Palladium Roms verehrt. Aus dem Morgenland wie aus dem Abendland strömten die Pilger nach der heiligen Schwelle;

aber die Gräber der Apostel wurden durch Wunder und unsichtbare Schrecknisse gehütet, und nicht ohne Furcht nahte der fromme Rechtgläubige dem Gegenstand seiner Verehrung. Es war verderblich, die Leichname der Heiligen zu berühren, und gefährlich, sie anzusehen. Diejenigen, die es auch aus den reinsten Beweggründen wagten, die Ruhe des Heiligtums zu stören, wurden von Gesichten erschreckt oder durch plötzlichen Tod bestraft. Das unverständige Verlangen einer Kaiserin, welche die Römer ihres geheiligten Schatzes, des Hauptes des Apostels Paulus, zu berauben wünschte, wurde mit dem tiefsten Abscheu verworfen; ja der Papst behauptete, höchstwahrscheinlich mit vollem Recht, daß ein Stück Leinwand, das in der Nähe seines Leichnams geheiligt worden, oder etwas Feilicht von seiner Kette, das zuweilen leicht, zuweilen unmöglich zu erlangen war, einen gleichen Grad von Wunderkraft besäße. Aber die Macht sowie die Tugend der Apostel thronte mit lebendiger Gewalt in der Brust ihrer Nachfolger, und auf dem Stuhl des heiligen Petrus saß unter der Regierung des Mauritius der erste und größte aller Gregore. Sein Großvater Felix war selbst Papst gewesen, und da die Bischöfe bereits durch das Gesetz der Ehelosigkeit gebunden waren, mußte der Tod seiner Gattin der Weihe vorausgegangen sein. Die Eltern Gregors, Sylvia und Gordian, gehörten zu den Edelsten des Senates und den Frömmsten der Kirche von Rom; unter seinen weiblichen Verwandten gab es Heilige und Nonnen, und sein eigenes Bildnis samt dem seines Vaters und seiner Mutter wurden fast dreihundert Jahre lang in einem Familiengemälde bewahrt, das er dem Kloster des heiligen Andreas widmete. Zeichnung und Farbengebung dieses Gemäldes legen ein ehrenvolles Zeugnis ab, daß die Malerei von den Italienern des sechsten Jahrhunderts gepflegt wurde; aber man muß sehr geringschätzig von ihrer Gelehrsamkeit und ihrem Geschmack denken, da die Briefe Gregors, seine Predigten und Abhandlungen das Werk eines Mannes waren, der keinem seiner Zeitgenossen an Bildung nachstand; seine Geburt und Talente hatten ihn zum Präfekten der Stadt erhoben, er erwarb sich aber das Verdienst, auf den Pomp und die Eitelkeiten dieser Welt Verzicht zu leisten. Sein großes Vermögen widmete er der Stiftung von sieben Klöstern, eines zu Rom, sechs in Sizilien, und es war Gregors Wunsch, unbekannt in diesem Leben zu bleiben und erst im zukünftigen Ruhm zu ernten. Aber seine Frömmigkeit, und sie war bestimmt aufrichtig, verfolgte gerade jenen Pfad, den ein schlauer und ehrgeiziger Staatsmann gewählt haben würde. Die Talente Gregors und der Glanz, der ihn in seine Zurückgezogenheit begleitete, machten ihn der Kirche teuer und nützlich, und unbedingter Gehorsam war von jeher jedem Mönch als die erste Pflicht eingeschärft worden. Sobald Gregor die Würde eines Diakons erhalten hatte, wurde er nach Konstantinopel gesandt, um da als Nuntius oder Gesandter des apostolischen Stuhles zu residieren. Er nahm kühn im Namen des heiligen Petrus einen Ton unabhängiger Würde an, der auch bei dem verdientesten Laien des Reiches verbrecherisch oder gefährlich gewesen wäre. Er kehrte nach Rom mit gerecht gesteigertem Ruf zurück und wurde nach kurzer Ausübung mönchischer Tugenden durch die einstimmige Wahl der Geistlichkeit, des Senates und des Volkes aus dem Kloster auf den päpstlichen Thron gehoben. Er allein sträubte sich gegen seine Erhebung oder schien sich dagegen zu sträuben, und seine demütige Bitte, Mauritius möchte geruhen, die Wahl der Römer zu verwerfen, konnte nur dazu dienen, seinen Charakter in den Augen des Kaisers und des Publikums höherzustellen. Nachdem die gefürchtete Bestätigung angelangt war, wurde Gregor auf sein Drängen von einigen befreundeten Kaufleuten in einem Korb aus dem Tor von Rom gebracht, und er verbarg sich bescheiden einige Tage in den Wäldern und Gebirgen, bis sein Versteck durch himmlisches Licht, wie die Sage ging, entdeckt wurde.

Das Pontifikat Gregors des Großen dauerte dreizehn Jahre, sechs Monate und zehn Tage (8. Febr. 590 bis 12. März 604) und bildet eine der erbaulichsten Epochen in der Geschichte der Kirche. Seine Tugenden, ja sogar seine Fehler, eine merkwürdige Mischung von Einfalt und List, von Stolz und Demut, von Verstand und Aberglauben, paßten glücklich zu seiner Stellung und zu dem Charakter der Zeit. Er verdammte in seinem Nebenbuhler, dem Patriarchen von Konstantinopel, den antichristlichen Titel eines allgemeinen Bischofs, für dessen Zugestehung der Nachfolger des heiligen Petrus zu stolz, für dessen Anmaßung er zu schwach war, und die geistliche Herrschaft Gregors beschränkte sich auf die dreifache Eigenschaft eines Bischofs von Rom, eines Primas von Italien und eines Apostels des Westens. Er bestieg häufig die Kanzel und entflammte durch seine rauhe, aber ergreifende Beredsamkeit die verwandten Leidenschaften seiner Zuhörer; er deutete und wandte die Sprache der jüdischen Propheten an und gab den durch die Drangsale der Gegenwart entmutigten Herzen des Volkes die Hoffnungen auf eine zukünftige Welt. Seine Vorschriften und sein Beispiel bestimmten die Form der römischen Liturgie, die Einteilung der Pfarren, den Kalender der Feste, die Ordnung der Prozessionen, den Dienst der Priester und Diakonen, die Verschiedenartigkeit und den Wechsel der priesterlichen Gewänder. Bis zu den letzten Tagen seines Lebens hielt er den Meßkanon, der über drei Stunden dauerte; der gregorianische Gesang hat die Vokal- und Instrumentalmusik des Theaters bewahrt, und die rauhen Stimmen der Barbaren versuchten die Melodie der römischen Schule nachzuahmen. Die Erfahrung hatte ihm bewiesen, wie wirksam dieses feierliche Gepränge des Gottesdienstes sei, um die Trübsal zu lindern, den Glauben zu kräftigen, die Wildheit zu mildern und die finstere Schwärmerei des Pöbels zu verscheuchen, und er verzieh gern die Tendenz, die auf Erweiterung der Herrschaft des Priestertums und Glaubens hinzielte. Die Bischöfe von Italien und den naheliegenden Inseln erkannten ihn als ihren eigentlichen Metropoliten an. Das Dasein, die Vereinigung und die Verlegung der bischöflichen Sitze wurden durch sein unumschränktes Ermessen entschieden, und seine erfolgreichen Eingriffe in die Provinzen von Griechenland, Spanien und Gallien dienten zur Rechtfertigung der stolzeren Ansprüche der späteren Päpste. Er legte sich ins Mittel, um den Mißbräuchen der Volkswahlen vorzubeugen, und seine eifersüchtige Sorgfalt bewahrte die Reinheit des Glaubens und der Zucht, in welcher Beziehung er als apostolischer Hirte emsig über die untergeordneten Schäfer wachte. Unter seiner Regierung wurden die Arianer von Spanien und Italien mit der katholischen Kirche ausgesöhnt, und die Eroberung von Britannien umstrahlt den Namen Cäsars mit geringerem Ruhme als jenen Gregors des Ersten. Statt sechs Legionen wurden vierzig Mönche nach jener fernen Insel eingeschifft, und der Papst beklagte die strengen Pflichten, die ihm verwehrten, die Gefahren ihrer geistlichen Kriegsführung zu teilen. In weniger als zwei Jahren konnte er dem Erzbischof von Alexandrien verkünden, daß sie den König von Kent mit zehntausend seiner Angelsachsen getauft hatten und daß die römischen Missionare, gleich jenen der ersten Kirche, nur mit geistigen und übernatürlichen Waffen ausgerüstet waren. Die Leichtgläubigkeit oder Klugheit Gregors war stets bereit, die Wahrheiten der Religion durch das Zeugnis von Geistern, Wundern und Totenerweckungen zu bekräftigen, und die Nachwelt hat seinem Andenken denselben Tribut gezollt, den er reichlich den Tugenden seines eigenen und des vorhergehenden Zeitalters darbrachte. Die himmlischen Ehren sind von den Päpsten freigebig erteilt worden, Gregor aber ist der letzte ihres eigenen Standes, den sie in den Kalender der Heiligen einzutragen gewagt haben.

Ihre weltliche Macht entstand allmählich aus den Drangsalen der Zeiten, und die römischen Bischöfe, die Europa und Asien mit Blut überschwemmt haben, waren genötigt, als die Diener der Liebe und des Friedens zu regieren. Die römische Kirche besaß, wie bereits erwähnt worden, weitläufige Ländereien in Italien, Sizilien und den fernen Provinzen, und ihre Abgeordneten, gewöhnlich Subdiakonen, hatten die Zivil-, ja sogar die Kriminaljurisdiktion über ihre Pächter und Bauern erlangt. I. Der Nachfolger des heiligen Petrus benahm sich in der Verwaltung seines Erbgutes als ein wachsamer und gemäßigter Grundbesitzer, und die Briefe Gregors sind voll heilsamer Vorschriften, sich zweifelhafter und drückender Prozesse zu enthalten, die Echtheit des Maßes und Gewichtes zu bewahren, jeden vernünftigen Aufschub zu gönnen und das Kopfgeld der Leibeigenen, die durch Zahlung einer willkürlichen Geldbuße das Recht, sich zu verehelichen, erkauft hatten, herabzusetzen. Das Einkommen oder der Ertrag dieser Besitzungen wurde auf Gefahr und Kosten des Papstes nach der Mündung des Tibers geschafft; im Gebrauch des Reichtums handelte er als der getreue Verwalter der Kirche und der Armen und verwendete freigebig zu ihrem Besten die unerschöpflichen Quellen der Enthaltsamkeit und Ordnung. Die umfangreiche Rechnung seiner Einnahmen und Ausgaben wurde im Lateran über dreihundert Jahre als das Muster christlicher Sparsamkeit bewahrt. An den vier großen Festen verteilte er an die Geistlichkeit, seine Dienerschaft, die Klöster, die Kirchen, die Kirchhöfe, die Armenhäuser und die Hospitäler von Rom und der Provinz ihre vierteljährigen Unterstützungen. Am ersten Tag jedes Monats verteilte er an die Armen, je nach der Jahreszeit, die bestimmte Menge Korn, Wein, Käse, Gemüse, Öl, Fische, Fleisch, Kleider und Geld, und seine Schätze wurden beständig in Anspruch genommen, um in seinem Namen die außerordentlichen Anforderungen der Dürftigkeit und des Verdienstes zu befriedigen. Der dringenden Not der Kranken und Hilflosen, der Fremdlinge und Pilgrime half seine Güte jeden Tag, jede Stunde ab, und erst dann gönnte sich der Papst ein mäßiges Mahl, wenn er die Schüsseln von seiner eigenen Tafel an seines Mitleids würdige Personen gesendet hatte. Die Not der Zeiten hatte die Edlen und Frauen Roms so herabgebracht, daß sie ohne Erröten das Wohlwollen der Kirche annahmen; dreitausend Jungfrauen empfingen von der Hand ihres Wohltäters Nahrung und Kleidung, und viele italienische Bischöfe flüchteten vor den Barbaren nach der gastlichen Schwelle des Vatikan. Gregor verdiente mit Recht den Namen eines Vaters seines Vaterlandes; ja so groß war die außerordentliche Empfindlichkeit seines Gewissens, daß er sich wegen des Todes eines Bettlers, der in den Straßen von Rom umkam, mehrere Tage hindurch die Ausübung des priesterlichen Amtes untersagte. II. Die Drangsale Roms verwickelten den apostolischen Hirten in die Geschäfte des Krieges und Friedens, und es mochte ihm selbst zweifelhaft sein, ob ihm die Frömmigkeit, ob ihm der Ehrgeiz eingab, die Stelle seines fernen Souveräns zu ersetzen. Gregor weckte den Kaiser aus einem langen Schlummer, setzte ihm die Schuld oder Unfähigkeit des Exarchen und seiner unteren Diener auseinander, beklagte sich, daß die Veteranen von Rom zur Verteidigung von Spoleto hinweggerufen worden wären, ermutigte die Italiener, ihre Städte und Altäre zu wahren, und ließ sich im Drang der Gefahr herab, die Tribunen zu ernennen und die Unternehmungen der Truppen der Provinz zu leiten. Aber der kriegerische Mut des Papstes wurde durch den Gewissenszweifel der Menschlichkeit und Religion gezügelt. Die Auferlegung einer Steuer, obschon der Ertrag im italienischen Krieg verwendet werden sollte, verdammte er freimütig als gehässig und drückend, während er die fromme Feigherzigkeit der Soldaten, die das Kriegsleben mit dem Mönchsstande vertauschten, gegen die kaiserlichen Edikte in Schutz nahm. Wenn wir Gregors eigenen Erklärungen Glauben beimessen, wäre es ihm ein leichtes gewesen, die Langobarden durch ihre inneren Parteiungen auszurotten, ohne einen König, Herzog oder Grafen übrigzulassen, um die unglückliche Nation vor der Rache ihrer Feinde zu retten. Als christlicher Bischof zog er das heilsame Amt des Friedens vor; seine Vermittlung stillte den Tumult der Waffen, aber er kannte die Künste der Griechen und die Leidenschaften der Langobarden zu gut, um mit seinem heiligen Worte für die Einhaltung des Waffenstillstandes zu bürgen. In der Hoffnung auf einen allgemeinen und dauernden Frieden getäuscht, nahm er sich heraus, sein Vaterland ohne Zustimmung des Kaisers oder des Exarchen zu retten. Das Schwert des Feindes schwebte über Rom; die Gefahr wurde durch die milde Beredsamkeit und die rechtzeitigen Geschenke des Papstes abgewendet, der den Ketzern und Barbaren Achtung einflößte. Die Verdienste Gregors begegneten am byzantinischen Hofe beleidigenden Vorwürfen; aber in der Anhänglichkeit eines dankbaren Volkes fand er den edelsten Lohn als Sohn des Landes und die größte Genugtuung als Souverän.

Athenaïs 194, 195, 199
Attalus 160, 161, 162,
169, 170, 173, 303, 304
Attika 362
Attila 51, 193, 200, 201,
208, 209, 210, 211,
212, 213, 214, 215,
216, 217, 218, 219,
220, 221, 222, 223,
224, 225, 227, 228,
229, 230, 231, 232,
233, 234, 235, 236,
237, 238, 250, 258,
263, 264, 319, 326, 405
Augustin 86, 135, 163,
200, 203, 204, 217,
282, 376
Augustulus 240, 263,
264, 265
Augustus 99, 111, 128,
132, 149, 153, 154,
155, 160, 168, 177,
197, 277, 314, 318,
327, 386, 406, 439,
456, 457, 461, 462,
468, 470, 471, 472,
476, 480, 481, 482
Aurelian 12, 154, 186,
346, 355, 390
Autharius (Autharis)
493, 496, 497, 499, 500
Avitus 230, 240, 243,
244, 245, 246, 247,
255, 259, 292, 299

Bacon 462, 463
Bacurius 61, 97
Baduarius 493
Bahram 196, 197
Bartolus 465
Basiliscus 257, 258, 320,
321, 367
Basilius 19, 77, 78, 157,
266, 267, 269, 435
Bassi 103
Bauto 114
Bayle 450
Beda 27, 307, 312
Belisar 280, 337, 344,
345, 352, 366, 368,
369, 370, 371, 372,
373, 374, 375, 376,
377, 378, 379, 380,
381, 382, 383, 385,
386, 387, 388, 389,

390, 391, 392, 393,
394, 395, 396, 397,
398, 399, 400, 401,
402, 403, 404, 405,
416, 418, 419, 428,
429, 431, 432, 433,
434, 435, 436, 437,
438, 439, 440, 442,
446, 447, 448, 449, 490
Bernoulli 451
Bertezena 409
Bläsilla 147
Bleda 209, 210, 219
Boethius 27, 238, 319,
327, 330, 331, 332,
333, 334, 383, 436
Bonifaz 168
Bonifazius 198, 200, 201,
203, 204, 205, 224
Botherich 92, 93
Brunhilde 283
Brutus 90, 182, 365, 429,
481
Buchanan 27
Buffon 353
Bukcelin 444, 445, 446
Buzes 403

Cabades (Cobad) 360,
361, 362, 413
Cajus 462, 466
Caligula 341, 451
Camillus 134, 182, 496
Capito 460, 461, 462
Caracalla 154, 341, 458
Carpilios 225
Cäsar 135, 140, 151, 160,
177, 232, 287, 288,
302, 313, 345, 405,
429, 450, 457, 463, 503
Cäsarius 91, 92, 329
Cassiodor (-us) 232, 235,
324, 327, 382, 383, 384
Cassius 462
Castinus 201
Catilina 140, 260
Cato 152, 256, 275, 331,
332, 460, 464, 470, 475
Catull 236, 482
Caulin 310
Cerca 219, 220
Cerdik 309, 310
Ceres 125, 480
Cethegus 439
Charondas 455

Charto 9
Charybdis 167
Childebert 302, 303, 496
Childerich 253, 287, 288
Chlodwig 234, 276, 277,
285, 286, 287, 288,
289, 290, 291, 292,
293, 294, 295, 296,
297, 300, 301, 302,
303, 305, 310, 326,
383, 398, 444, 488,
496
Chosroes 197, 362, 364,
365, 404, 412, 413,
414, 415, 416, 417,
418, 419, 420, 422,
423, 425, 426
Chrysaphius 222, 223
Chrysostomus 92, 180,
185, 187, 188, 189,
190, 191, 217, 354
Cicero 101, 167, 190,
240, 275, 277, 287,
318, 331, 332, 362,
386, 455, 460, 464,
465, 481
Cinna 90
Claudian 115, 118, 122,
127, 129, 130, 131,
144, 145, 148, 182
Claudius 160
Clepho 492, 493, 496
Clodion 227, 228, 229
Clodwig 169
Clotar 296
Cobad (Cabades) 360,
413, 414, 416, 440
Codrus 155
Cölestian 206
Comito 338
Commodus 73, 341
Constantia 13, 38, 212
Constantinus 170
Constantius 13, 16, 18,
27, 38, 77, 79, 81, 89,
101, 103, 171, 172,
173, 175, 198, 217,
221
Cujacius 465
Cynegius 104
Cyprian, Heiliger 195,
243
Cyrila 280
Cyrus 46, 195, 337, 359,
360, 421, 425, 430, 450

508

San Apollinare nuovo. Ravenna

Kanzel in San Apollinare nuovo. Ravenna

Kaiser Valentinian I. Barletta

Grabmal der Julier. Relief. Saint-Remy

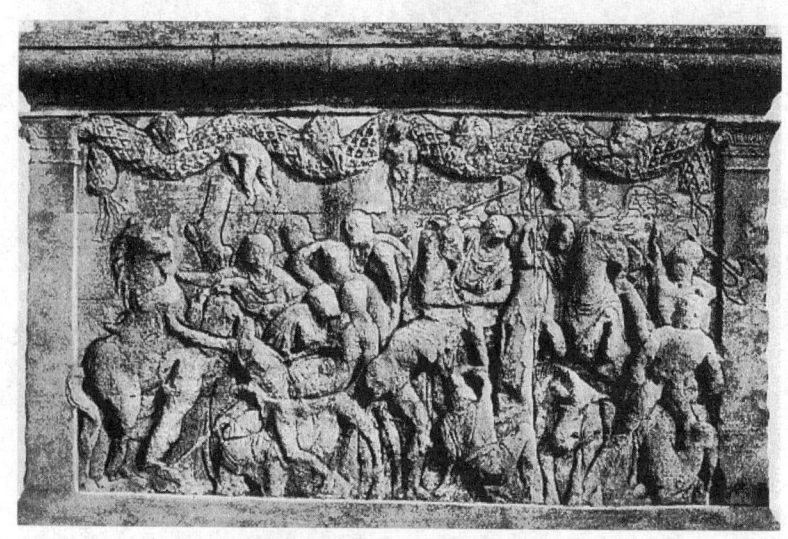

Grabmal der Julier. Relief. Saint-Remy

Statue eines Beamten aus spätantiker Zeit. Rom, Kapitolinisches Museum

Römisches Militärdiplom

Medaillon mit Kaiser Gratian

Medaillon des Kaisers Gratian (Rückseite)

Kaiser Valentinian II. Konstantinopel, Antikenmuseum

Medaillon mit Kaiser Valens (Vorder- und Rückseite)

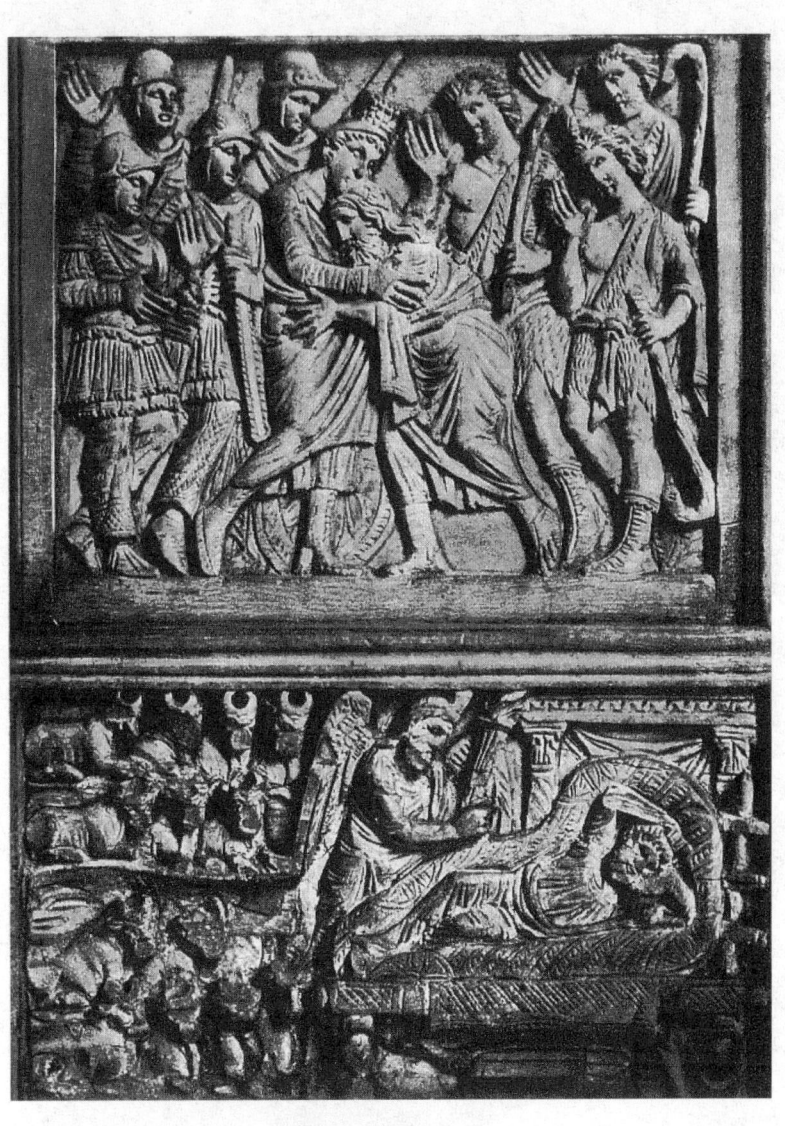

Geschichte Josefs. Detail von der Maximians-Kathedra. Ravenna, Dom

Links: Kaiserin Eudoxia (Elfenbeinschnitzerei). Florenz, Museo Nazionale
Rechts: Elfenbeintafel mit Engel. London, Britisches Museum

Sockel vom Obelisk des Theodosius (mit Darstellung von Wettkämpfen), Konstantinopel

Ruine des Byzantinischen Kaiserpalastes. Konstantinopel

Stadtmauern Theodosius II. Konstantinopel

Hagia Sophia, Konstantinopel, Inneres

Hagia Sophia. Konstantinopel

Hagia Irene. Konstantinopel

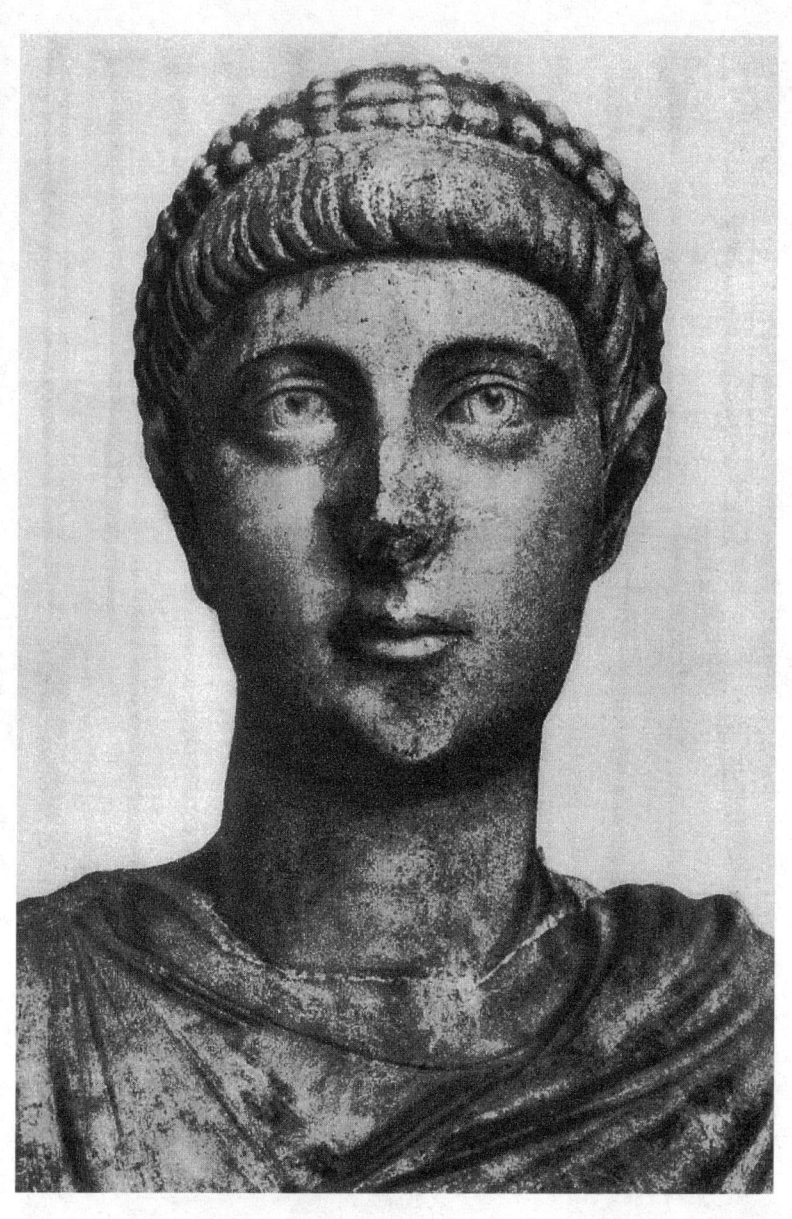

Kopf Kaiser Valentinians II. Konstantinopel, Antikenmuseum

Römisches Schreibgerät

Gefäßhenkel. Neapel, Nationalmuseum

Funde in einem germanischen Grab der Völkerwanderungszeit

Spätantike Münzen (Galla Placidia, Constans usw.)

Jagdrelief vom Konstantinbogen. Rom

Sarkophag. Rom, Lateranensisches Museum

Reliefs vom Konstantinbogen. Rom

Santa Sabina, Rom, Inneres

Santa Costanza, Rom, Inneres

Opferrelief vom Konstantinbogen. Rom

Madonnenrelief. Ravenna, Santa Maria in Porto

Kathedra des heiligen Maximian. Ravenna, Dom

Grabmal der Galla Placidia in Ravenna

Grabmal der Galla Placidia in Ravenna, Inneres

Kapitell. Ravenna, San Giovanni in Fonte

Statue eines gefangenen Barbarenhäuptlings. Rom, Konservatorenpalast

Darstellung römischer Schiffe in Germanien

Spätantike Elfenbeinschnitzerei. Trier

Frühmittelalterliche germanische Steinskulpturen aus dem Rheinland. Mainz, Römisch-Germanisches Zentralmuseum

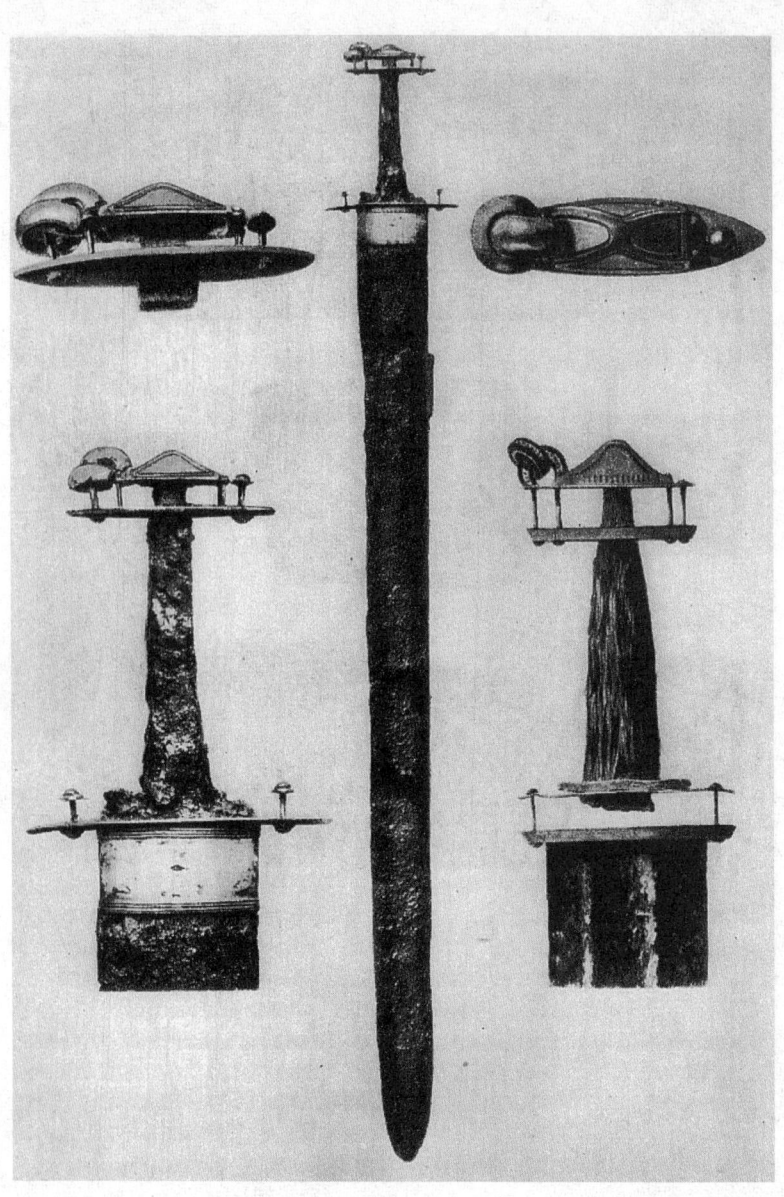

Germanische Schwerter

Grotten des Vatikan, Rom. Inneres der alten Sankt-Peters-Basilika, Fresko

Santa Agnese. Mosaik aus der Zeit Honorius I. Rom

San Paolo, Rom, Mosaik

San Lorenzo in Miranda im Tempel des Antoninus. Rom, Forum Romanum

Krönung einer Märtyrerin. Mosaik. Rom, Santa Maria Maggiore

San Apollinare in Classe. Ravenna

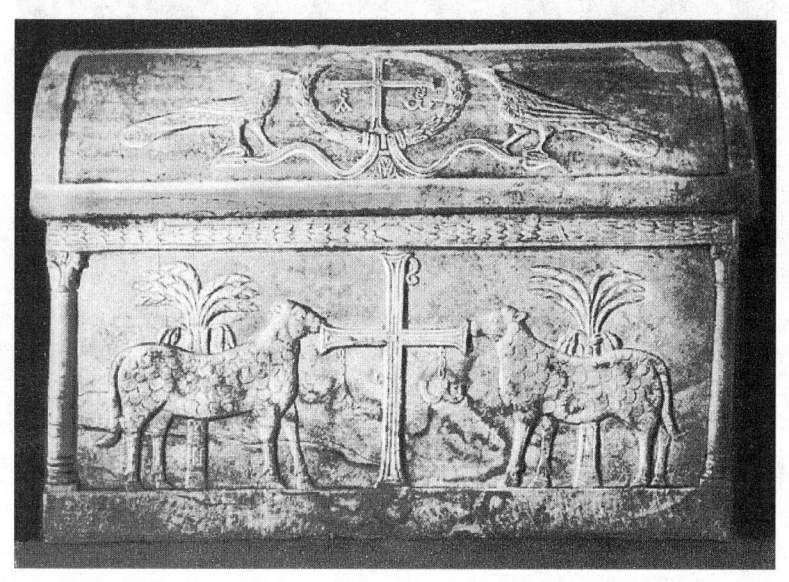

Sarkophag in San Apollinare in Classe. Ravenna

Inneres von San Apollinare in Classe. Ravenna

Grabmal des Theoderich in Ravenna (eines der ersten Denkmäler germanischer Kunst in Italien)

Inneres des Baptisteriums in Ravenna

Kaiser Justinian und sein Gefolge. Mosaik. Ravenna, San Vitale

Kaiserin Theodora und ihr Gefolge. Mosaik. Ravenna, San Vitale

Mosaikporträt der Kaiserin Theodora. Ravenna, San Vitale

Der Palast des Theoderich in Ravenna (oben: Bilder von Kirchenvätern)
Mosaik in San Apollinare nuovo. Ravenna

Palast des Theoderich. Ravenna

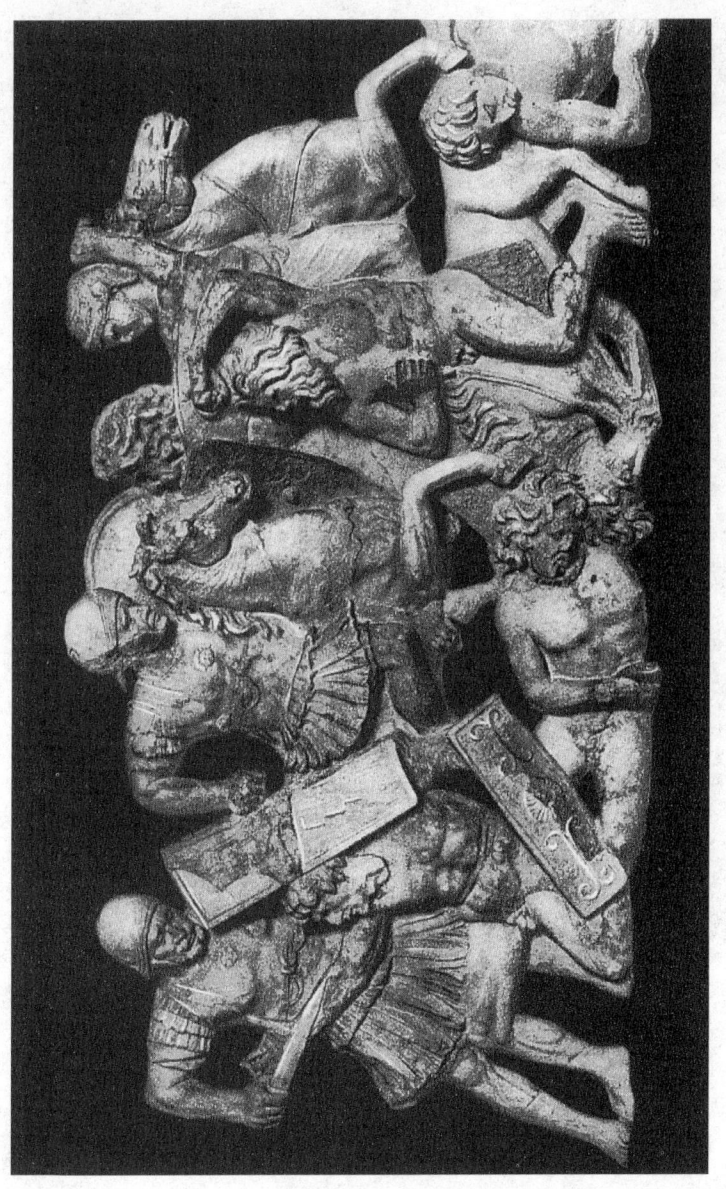

Kampf zwischen Römern und Germanen. Relief. La Granja bei Segovia

Porträt. Konstantinopel, Antikenmuseum

Bronzegefäß. Neapel, Nationalmuseum

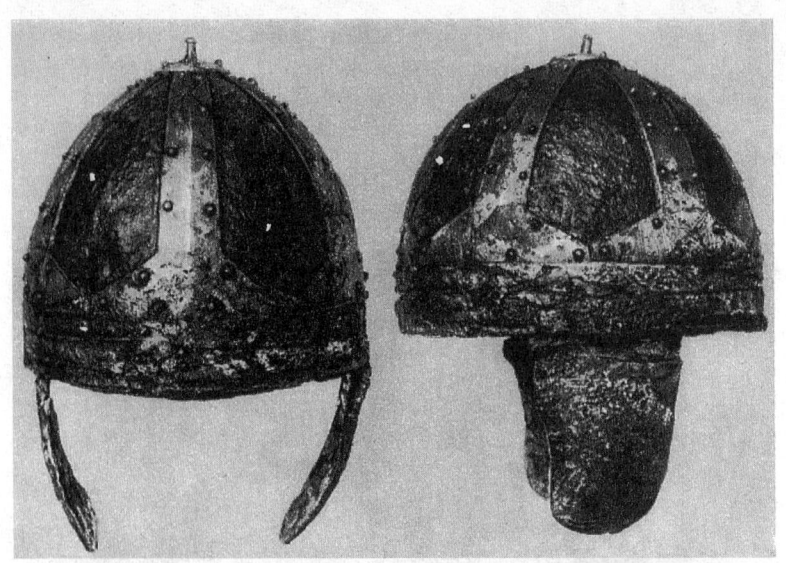

Alemannischer Helm der Völkerwanderungszeit

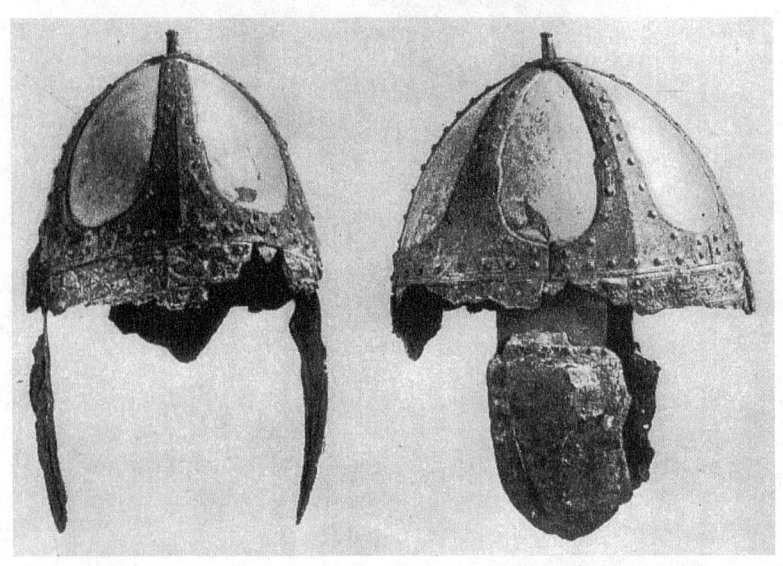

Germanischer Helm der Völkerwanderungszeit

Porphyrkopf Kaiser Justinians. Venedig, San Marco

Seitenpforte von Santa Maria del Carmine. Venedig

Pfeiler von Acre vor San Marco. Venedig

Bronzepferde an San Marco. Venedig

Relief. Rom, Konstantinbogen

Inneres von San Vitale. Ravenna

Mosaikporträt des Kaisers Justinian. Ravenna, San Vitale

Inneres von San Apollinare nuovo. Ravenna

Mosaik in San Apollinare nuovo. Ravenna

Kapitell aus San Apollinare nuovo. Ravenna

Römische Könige. Rom, Vatikan

Spätantike Münzen (Valentinian I., Valens, Theodosius usw.)

Probus-Diptychon. Aosta, Dom

Quirinian-Diptychon. Brescia, Museo civico

Miniatur aus einem Codex des 6. Jahrhunderts. Florenz, Laurenziana

Konsulardiptychon. Brescia, Museo civico

Christlicher Sarkophag. Rom, Lateranensisches Museum

Lipsanothek (Elfenbeinreliquiar des 4. Jahrhunderts). Brescia, Museo civico

Anonymes Diptychon. Novara, Kathedrale

Portal des 6. Jahrhunderts. Rom, Santa Sabina